SEGMENTUM III

3.

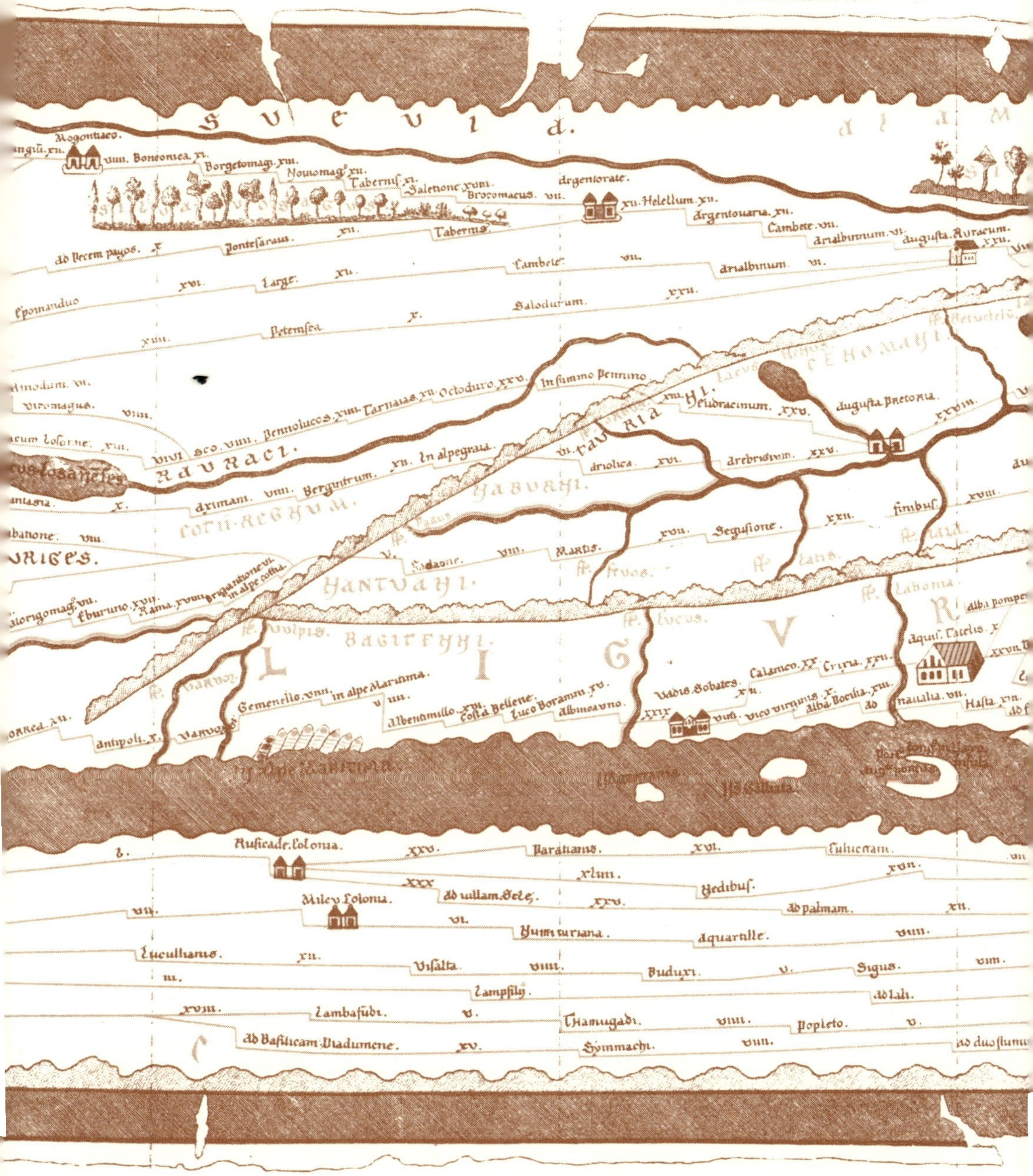


Mainz

Strassburg

Augst

Seealpen

Aosta

Acqui

Vado

Philippeville

Milah

# DIE RÖMER IN DEUTSCHLAND

**PARENTIBUS OPTIMIS**
*In Memoriam*

Joachim von Elbe
# DIE RÖMER IN DEUTSCHLAND
Ausgrabungen, Fundstätten, Museen

Eingeleitet von Rudolf Pörtner

## Bildnachweis

1, 22, 25 Römisch-Germanisches Museum Köln
2 Fotostudio Rohm/Lorch
3, 4, 6, 8, 10, 11, 20, 23, 24, 26, 27, 28, 29, 31, 33, 34, 35, 36, 37, 38 Landesdenkmalamt Baden-Württemberg
5 Landschaftsverband Rheinland, Rheinisches Landesmuseum Bonn
7 Römisch-Germanisches Zentralmuseum Mainz
9 Fremdenverkehrsverein Regensburg
12 Sallburgmuseum Bad Homburg v. d. H.
13, 14, 18, 19, 21, 41, 42 Foto Schafgans, Bonn (Rheinisches Landesmuseum)
15 Photo Stern, Straubing (Gäubodenmuseum)
16 Kunstsammlungen der Stadt Augsburg, Römisches Museum
17, 39 Museum für Vor- und Frühgeschichte, Frankfurt a. M.
30 Museum Wiesbaden
32 Prähistorische Staatssammlung, Museum für Vor- und Frühgeschichte München
40 Verkehrsamt der Stadt Trier
43 Luftbild Albrecht Brugger (freigegeben vom Regierungspräsidium Stuttgart)

## Kartenteil

Karte des Limes und der strategischen Zentren: mit Genehmigung des LEXIKOTHEK-Verlages, Gütersloh: Lexikothek, Panorama der Weltgeschichte, Band 1
Die Entwicklung des Römischen Reiches: mit Genehmigung des LEXIKOTHEK-Verlages, Gütersloh, aus: Lexikothek, Bd. 8

Vorder- und Hintersatz: Ausschnitt aus der Peutingerschen Tafel (Segment II/III/IV), Reproduktion mit freundlicher Genehmigung der Salzburger Hochschulwochen, Salzburg, aus dem Werk von K. Miller „Die Peutingersche Tafel", F. A. Brockhaus, Stuttgart 1962

© 1984 Orbis Verlag für Publizistik GmbH, München
Umschlaggestaltung: Graupner & Partner GmbH, München
Umschlagfoto: Erich Lessing
Zeichnungen: Dorothea von Elbe
Gesamtherstellung: Mohndruck Graphische Betriebe GmbH, Gütersloh
Printed in Germany · ISBN 3-570-13506-3

# Inhaltsverzeichnis

Vorwort 7
Vorbemerkung 9
200 Jahre Friede am Rhein (Rudolf Pörtner) 11
Textteil von A–Z 25–348
Zeittafel 351
Museumsverzeichnis 355
Literaturverzeichnis 361
Register 367

| | | |
|---|---|---|
| 25 **A**achen | 79 Butzbach | 112 **H**eidelberg |
| 28 Aalen | | 116 Heidenheim a. d. Brenz |
| 35 Altkalkar, Kalkar- | 242 **D**alkingen (s. Rainau) | 118 Hermannsdenkmal |
| 35 Altrip | 81 Dangstetten, Küssaberg- | 120 Hienheim |
| 36 Alzey | 82 Darmstadt | 120 Hildesheim |
| 38 Amorbach | 83 Dieburg | 122 Hinzerath, Morbach- |
| 39 Andernach | 84 Dormagen | 122 Holzhausen a. d. Haide |
| 40 Anhausen | 85 Drachenfels | |
| 203 Asberg (s. Mörs-Asberg) | 85 Düren | 123 **I**gel |
| 41 Aschaffenburg | | 125 Isny i. Allgäu |
| 43 Augsburg | 87 **E**chzell | 126 Iversheim, |
| | 87 Eichstätt | Bad Münstereifel- |
| 50 **B**ad Bertrich | 89 Eining, | |
| 50 Bad Dürkheim | Neustadt a. d. Donau- | 128 **J**agsthausen |
| 51 Bad Ems | 90 Epfach, Denklingen- | 129 Jülich |
| 52 Bad Homburg v. d. Höhe | 91 Erbach | |
| 52 Bad Kreuznach | 92 Ernzen | 131 **K**apersburg |
| 55 Bad Münstereifel | 92 Eulbach, Michelstadt- | 131 Karlsruhe |
| 55 Bad Nauheim | | 134 Kellmünz a. d. Iller |
| 56 Bad Neuenahr-Ahrweiler | 94 **F**eldbergkastell | 135 Kempten (Allgäu) |
| 58 Baden-Baden | 95 Felsberg | 138 Koblenz |
| 60 Badenweiler | 96 Frankfurt a. Main | 139 Koblenz-Ehrenbreitstein |
| 61 Bendorf-Sayn | 102 Friedberg | 141 Köln |
| 62 Bingen | 104 Froitzheim, Vettweiß- | 163 Köln-Deutz |
| 64 Birten, Xanten- | | 165 Köngen |
| 66 Bitburg | 106 **G**eißelhardt, Mainhardt- | 166 Konz |
| 67 Blankenheim | 106 Germersheim | 167 Krefeld-Gellep |
| 68 Böhming, Kipfenberg- | 106 Gerolstein | 169 Künzing |
| 68 Bollendorf | 107 Großkrotzenburg | |
| 69 Bonn | 107 Günzburg | 170 **L**adenburg |
| 75 Bonn-Bad Godesberg | 108 Gunzenhausen | 173 Landshut |
| 75 Bonn-Kottenforst | | 174 Lauffen a. N. |
| 76 Boppard | 109 **H**altern | 175 Limes |
| 77 Breisach a. Rhein | 110 Hanau | 182 Lorch |
| 78 Brohltal | 111 Hausen a. d. Zaber, | |
| 242 Buch (s. Rainau) | Brackenheim- | 183 **M**ainhardt |
| 79 Burgsalach | 111 Hechingen-Stein | 184 Mainz |

193 Mannheim
196 Mayen
201 Miltenberg
203 Mörs-Asberg
204 Moseltal
205 München
210 Murrhardt

212 Neckarburken, Elztal-
212 Nehren
213 Nennig, Perl-
236 Nettersheim (s. Pesch)
214 Neumagen-Dhron
216 Neuss
219 Neuwied
222 Nierstein

224 Obernburg a. Main
226 Oberriexingen
227 Öhringen
229 Osterburken
230 Otrang, Fließem-

233 Passau
236 Pesch, Nettersheim-
238 Pforzheim

239 Pfünz, Walting-
240 Pohlheim-Grüningen

242 Rainaù
245 Regensburg
253 Remagen
256 Rheinbrohl
257 Rheinzabern
257 Rißtissen, Ehingen
 (Donau)-
258 Rottenburg a. Neckar
259 Rottweil

265 Saalburg
270 Saarbrücken
274 Satzvey-Firmenich
274 Schlossau, Mudau-
275 Schramberg-
 Waldmössingen
276 Schwäbisch Gmünd
278 Schwangau
279 Schwarzenacker,
 Homburg-
282 Schweinschied
283 Seeon-Seebruck
284 Speyer

287 Stockstadt a. Main
289 Straubing
291 Stuttgart
296 Stuttgart-Bad Cannstatt

301 Theilenhofen
303 Trier
320 Trier-Pfalzel

321 Unterböbingen

323 Waiblingen
323 Walldürn
324 Weißenburg i. Bayern
327 Welzheim
328 Wiesbaden
334 Winningen
334 Worms
338 Würzberg, Michelstadt-

341 Xanten

236 Zingsheim
 (s. Pesch)
347 Zugmantel
347 Zülpich

# Vorwort

*Der Autor dieses Buches, Dr. Joachim von Elbe, entstammt mütterlicherseits der Familie Mendelssohn-Bartholdy, die dem deutschen Kulturleben außer bedeutenden Musikern und Philosophen auch einige berühmte Finanzexperten und Juristen geliefert hat. Er wuchs als Sohn eines preussischen Landrates in Neuwied am Rhein auf, emigrierte später in die USA und wirkte nach dem Zweiten Weltkrieg in der amerikanischen Militärregierung in Berlin und Frankfurt und (während der sechziger Jahre) als Rechtsberater der amerikanischen Botschaft in Bonn an der Neugestaltung und freundschaftlichen Weiterentwicklung des deutsch-amerikanischen Verhältnisses an verantwortlicher Stelle mit. Die Liebe zur Geschichte, insbesondere zur Germania Romana, betrachtet er als Erbteil seiner rheinischen Heimat und damit als angeboren. Das vorliegende Buch hat er zunächst für seine Landsleute in Übersee geschrieben, denen er damit einen Führer für ihre historischen Reisen durch die Bundesrepublik Deutschland an die Hand geben wollte.\* Dieses ABC, dessen Genauigkeit und Gewissenhaftigkeit von der Kritik ebenso hervorgehoben wurde wie sein historisches Engagement und ein feines Gespür für das bedeutsame geschichtliche Detail, hat er auf Wunsch des RV Reise- und Verkehrsverlages ergänzt und erweitert und für deutsche Leser neu geschrieben. In der nun vorliegenden Gestalt gibt es unsere Kenntnisse von „den Römern in Deutschland", lexikographisch geordnet, in ihrer konzentriertesten Form wieder. Es sollte daher schon bald ein unentbehrliches Handbuch für alle Freunde und Kenner der Germania Romana werden – darüber hinaus für alle, die es unternehmen, das unbekannte Land, das sich Deutschland nennt, reisend und forschend zu entdecken.*

\* (1975 unter dem Titel „Roman Germany. A Guide to Sites and Museums" im Verlag Philipp von Zabern, Mainz, erschienen.)

# Vorbemerkung

Das Interesse an Deutschlands römischer Vergangenheit ist heute Gemeingut weiter Kreise. Was noch vor wenigen Jahrzehnten ausschließlich Anliegen gelehrter Fachzeitschriften war, ist Gegenstand der Berichterstattung in Tageszeitungen geworden. Eingedenk ihres Auftrages, über alles Wissenswerte zu informieren, will die Presse dabei sein, wenn ein Römerbau entdeckt, ein Fund römischer Altertümer ans Tageslicht gebracht wird. Nachrichten darüber erscheinen häufig unter Schlagzeilen, wie sie bei wichtigen Ereignissen des Tagesgeschehens verwendet werden. Die Kunde aus der Römerzeit, so heißt es, sei sensationell, aufsehenerregend, ungewöhnlich.

Rudolf Pörtner kommt das Verdienst zu, mit seinem „Fahrstuhl in die Römerzeit" die geschichtliche, geistige und materielle Hinterlassenschaft der Römer in Deutschland dem öffentlichen Bewußtsein nahegebracht zu haben. Während der mehr als zwanzig Jahre seit dem Erscheinen dieses Buches hat eine wahrhaft stürmische Entwicklung auf dem Gebiet der provinzialrömischen Archäologie eingesetzt. Der Schwerpunkt liegt auf der Erhaltung des Römererbes. Die Idee der Konservierung von aufgedeckten Römerstätten in der Form von Freilichtmuseen hat vielerorts Anklang gefunden. Der beispiellose Erfolg des von Professor Hugo Borger aufgebauten Römisch-Germanischen Museums in Köln hat andere Museen zur Neuordnung ihrer Bestände veranlaßt. Daß dabei Kosten nicht gescheut werden, zeigt das Beispiel des Limesmuseums in Aalen, das mit einem Kostenaufwand von mehreren Millionen Mark zu einem eindrucksvollen Schauplatz für die Darstellung römischer Zivilisation und Kultur umgestaltet wurde. Dem geschichtlich Interessierten, der auf den Spuren der Römer wandeln möchte, ist der Limes auf weite Strecken durch die Anlage von Limeswanderwegen erschlossen worden. Die Stadt Regensburg hat ihren Ursprung vor 1800 Jahren in der Römerzeit mit einer historischen Ausstellung römischer Kulturgüter gefeiert, wie sie in diesem Umfang bisher kaum zu sehen war. Der monumentale archäologische Park in Xanten mit den wiedererstandenen römischen Großbauten ist eine internationale Sensation. Auch im Kleinen hat die Bewegung bleibende Werte geschaffen. Was die Wachsamkeit eines einzelnen und reger Bürgersinn in dieser Hinsicht zu leisten vermögen, zeigt ein Vorgang, der sich bei Hechingen, Ortsteil Stein, zugetragen hat (s. u. Hechingen–Stein). Dank der Aufmerksamkeit des dortigen Ortsvorstehers wurden mitten im Wald die Fundamente eines der größten römischen Gutshöfe in Südwestdeutschland entdeckt. Bürger der Umgebung schlossen sich zu einem Förderverein zusammen. Das vorzüglich erhaltene Mauerwerk wurde freigelegt, konserviert und der Öffentlichkeit als Freilichtmuseum zugänglich gemacht, das in kurzer Zeit weit über 10000 Besucher aufweisen konnte.

Angesichts der unvermindert anhaltenden Flut von neuen Entdeckungen und Funden erscheint ein Buch wie das vorliegende, das im wesentlichen eine Bestandsaufnahme darstellt, als ein Wagnis. Daß es unternommen wurde, verdankt der Verfasser der freundschaftlichen Zustimmung von Rudolf Pörtner, der dem Buch ein umfassendes, farbenreiches Panorama des sozialen, religiösen und kulturellen Lebens in Deutschland zur Römerzeit vorangestellt hat, und dem seit Beginn des Unternehmens niemals erlahmenden Interesse von Professor Hugo Borgner und seiner vielfachen Unterstützung.

Verfasser und Verlag sind bemüht gewesen, das Buch so weit wie möglich auf dem neuesten Stand zu halten. In diesem Bemühen sind sie von verschiedenen Seiten unterstützt worden. Es ist dem Verfasser und dem Verlag ein Bedürfnis, an dieser Stelle allen denen herzlich zu danken, die ihrer Bitte um Hilfe in wohlwollender und liebenswürdiger Weise nachgekommen sind oder von sich aus wertvolle Hinweise gegeben haben.

Es sind dies Dr. Dieter Planck, der auch bei der Auswahl der Bilder sein sachverständiges Urteil freundlichst zur Verfügung stellte; Dr. Dietwulf Baatz, Saalburg; Dr. Bernhard Cämmerer, Karlsruhe; Klaus von Einsiedel, Koblenz-Ehrenbreitstein; Dr. Philipp Filtzinger, Stuttgart; Dr. Jochen Garbsch, München; Dr. Paula Glückstein, Haßfurt; Dr. Winfried Hecht, Rottweil; Dr. Inken Jensen, Mannheim; Dr. Alfons Kolling, Saarbrücken; Dr. Heinz-E. Mandera, Wiesbaden; Dr. Renate Pirling, Krefeld; Dr. Johannes Prammer, Straubing; Dr. Klaus Reffel, Miltenberg; Dr. Otto Roller, Speyer; Dr. Winfried Weber, Trier; Dr. Ingeborg Zetsche, Frankfurt.

*Joachim von Elbe*

# 200 Jahre Friede am Rhein

*Handel und Wandel in der Germania Romana*
*Ein halbes Jahrtausend römischer Kolonisation in Deutschland*

Von Rudolf Pörtner

**Ein Staatsstreich in Köln**
In der Nacht vom 1. zum 2. Januar des Jahres 69 erschien der Adlerträger der in Mainz stationierten Vierten Legion in Köln und überbrachte dem Befehlshaber des Militärbezirks Niedergermanien, Aulus Vitellius, die Nachricht, daß die Truppen des obergermanischen Heeres von Kaiser Galba abgefallen seien.
Vitellius verstand den Wink. Obwohl er sich gerade den gewohnten unmäßigen Tafelfreuden hingab, sandte er noch in der gleichen Stunde Boten zu seinen eigenen Legionen und informierte sie über die Vorgänge in Obergermanien. Gleichzeitig ließ er mitteilen, es sei in dieser Situation wohl das Beste, einen neuen Kaiser zu wählen.
Die Rechnung ging auf. Noch am gleichen Tag ritt der Legat der Bonner Legion, Fabius Valens, mit bewaffnetem Gefolge nach Köln und begrüßte Vitellius als Caesar. Die in der Colonia stationierten Einheiten holten ihren neuen Kaiser „ohne Rücksicht auf Tageszeit und Umstände" noch in derselben Nacht aus seinem Palast, drückten ihm das im Marstempel aufbewahrte Schwert Caesars in die Hand und trugen ihn johlend durch die Straßen.
Der Umzug endete mit einer grotesken Szene. Als der Zug zum Praetorium zurückkehrte, stand der Speisesaal, „infolge eines Kaminbrandes", in hellen Flammen. Die abergläubischen Soldaten sahen darin – mit einigem Recht, wie sich später herausstellte – ein böses Vorzeichen. Sie waren bestürzt. Lähmende Stille verbreitete sich. Vitellius rettete die Situation jedoch, indem er ausrief: „Seid guten Mutes, die Flammen leuchten uns voran."
Sueton, dem wir diese Story verdanken, hat für Vitellius nicht viel übrig. Er schildert ihn als einen rüden und fetten Schlemmer, der als Lustknabe in Capri Karriere gemacht hatte und seinen eigenen Beischläfern über Gebühr ergeben war. Wichtiger aber als das Porträt des kaiserlichen Bonvivants und Päderasten ist der Steckbrief der Ereignisse. Der Abfall der Truppen, die Machtübernahme, der Umzug durch die nächtlichen Straßen, das Schwert Caesars – das alles formiert sich zu einem packenden Augenblicksbild und wirft ein helles Schlaglicht auf die Situation in den beiden germanischen Militärbezirken.

**Die ersten 127 Jahre**
Römer und Germanen konnten im Januar 69 bereits auf 127 Jahre ständiger Auseinandersetzung zurückblicken. Ihre Begegnung begann, wie man sich erinnert, im Jahre 58, als Gajus Julius Caesar den germanischen Heerkönig Ariovist bei Mülhausen im Elsaß vernichtend schlug. Im Jahre 55 überschritt er den Rhein, um den dort siedelnden Germanenstämmen, wie er selbst schrieb, „Furcht einzuflößen" und auf diese Weise ihren Drang in den Westen einzudämmen. Zwei Jahre später wiederholte er das Manöver. Im selben Sommer vernichtete er die im Kölner Raum ansässigen, aber offenbar allzu aufsässigen Eburonen.
In dem so entstandenen Vakuum setzte er befreundete Germanenstämme als Wächter gegen die Germanengefahr an. Der bedeutendste dieser Stämme waren die zwischen Main und Lahn behausten Ubier, denen Caesar Staatsbegabung und ein hohes Maß an Gesittung quittiert hat. Ihre Umsiedlung scheint mehr als ein Jahrzehnt in Anspruch genommen zu haben: jedenfalls wurde sie erst unter Vipsanius Agrippa in den dreißiger Jahren des letzten vorchristlichen Jahrhunderts beendet.
Zentrum des neuen ubischen Stammesgebietes wurde das Oppidum Ubiorum im heutigen Kölner Stadtgebiet. Dieses Oppidum, über das wir kaum mehr wissen, als daß es in inniger Symbiose mit zwei römischen Legionslagern lebte und Standort einer Ara, das heißt: eines Staatsaltares, war, sollte die Hauptstadt der großgermanischen Provinz werden, die nach den Vorstellungen des Augustus bis zur Elbe reichte. Drusus, der Stiefsohn des Kaisers, begann nach umfangreichen militärischen Vorbereitungen im Jahre 12 v. Chr. mit der Verwirklichung dieser Pläne. Drei Jahre später erreichte er die Elbe, wo ihm nach Cassius Dio jenes „Weib von übermenschlicher Größe" entgegentrat, das in

der deutschen vaterländischen Literatur des 19. Jahrhunderts so gern zitiert worden ist, und ihm sein baldiges Ende ankündigte. Tatsache ist, daß er vom Pferd stürzte und an den Folgen dieses Unfalls starb.

Sein Bruder Tiberius setzte die Befriedungsaktion fort, und da ihm die fatale Begegnung mit dem Schreckensweib erspart blieb, hatte er Germanien einige Jahre später „dermaßen bezwungen", daß es „fast auf den Status einer tributpflichtigen Provinz" abgesunken war.

Doch dann kam der große Rückschlag: in dem berühmten Jahre 9 n. Chr., das seinen Fanalcharakter im historischen Bewußtsein der Deutschen bis heute bewahrt, vernichtete der Cheruskerfürst Arminius in jener dreitägigen Schlacht im Teutoburger Walde, deren Schauplatz wir noch immer nicht kennen, die drei Legionen des Statthalters Varus und jagte die Römer über den Rhein zurück. Noch einmal sieben Jahre später war der inzwischen zum Kaiser avancierte Tiberius verständig genug, den Plan der Eroberung Germaniens zu den Akten zu legen und die jenseits des großen Stroms lebenden Germanenstämme ihren eigenen Ränken und Rankünen zu überlassen.

Das nächste halbe Jahrhundert ist nur durch wenige Nachrichten erhellt. Die beiden wichtigsten Ereignisse waren aber ziviler Art: Kaiser Claudius erhob die *Oppida* der Treverer und Ubier zu Kolonien und damit zu Städten nach römischem Muster. Das antike Trier firmierte fortan als *Colonia Augusta Treverorum,* Köln schmückte sich mit dem splendiden Namen *Colonia Claudia Ara Agrippinensium,* der im Tagesgebrauch auf die vier Buchstaben *CCAA* zusammengedrängt wurde. Beide gediehen gut in ihren neuen Funktionen, Trier vor allem als Etappen- und Lieferantenstadt, Köln als befestigte Grenzbastion: eine Mischung von Verwaltungs-, Militär- und Wirtschaftsmetropole, deren Mauern, Türme und Paläste einen angemessenen Hintergrund für die Vitellius-Aktion bildeten.

**Der Bataverkrieg**

Die Ereignisse überstürzten sich dann. Der Kaiser von Germanien zog nach Italien, besiegte den Gegenkaiser Otho, der seinerseits bereits seinen spanischen Konkurrenten Galba aus dem Weg geräumt hatte, und fiel dann selbst im Kampf gegen Vespasian, den Sieger dieses ersten Vierkaiserjahres der römischen Geschichte – genauer gesagt: er wurde erwischt, halbnackt und mit einem Strick um den Hals durch die Straßen Roms getrieben, verspottet, verprügelt und gefoltert und, wie in Suetons Kaiserprotokollen nachzulesen ist, „nach seinem Ende mit einem Haken in den Tiber geschleift", womit er dann endgültig aus der Geschichte ausschied.

Die germanischen Militärbezirke standen indes, wie des Vitellius Speisesaal, in hellen Flammen. Das heißt: die niederrheinischen Bataver hatten die Gunst der Stunde genutzt und sich gegen die römische Herrschaft erhoben. Die großen Legionsfestungen Vetera, Neuß und Bonn lagen zerstört am Boden. Zeitweilig beherrschten die von dem Bataverfürsten Civilis geführten Rebellenverbände den gesamten Raum zwischen Nordsee und Mosel, und schon wurden Fäden nach Gallien gesponnen und Träume von einem gallogermanischen Reich gehegt.

Schneller als nach diesen Anfangserfolgen zu erwarten war, stellten die aus Italien zurückgekehrten Legionen die Lage im Jahre 70 jedoch wieder her. Die Aufständischen kehrten nach einer schweren Niederlage bei Vetera erschöpft und dezimiert auf ihre Äcker zurück, und die Besatzer scheinen vernünftig genug gewesen zu sein, auf das fällige Strafgericht zu verzichten. Das Ende dieses Krieges markiert eine kuriose Begegnung irgendwo im Rheindelta.

Auf einer Brücke, deren Mittelteil abgerissen war, schritten der Bataverfürst Civilis und der römische Legat Cerialis aufeinander zu, und der geschlagene Rebellenführer hob zu einer großen Verteidigungsrede an, einem Plädoyer in eigener Sache.

Wir wissen nicht, was er sagte, noch überhaupt, wie es weiter ging. Denn der Bericht des Tacitus bricht an dieser Stelle unvermittelt ab, und die Spuren der beiden Kontrahenten verlieren sich im Dunkel der Geschichte.

Trotzdem gebührt dieser Begegnung im Rheindelta ein besonderer Vermerk. An diesem Tag und an diesem Ort begann nämlich jener sagenhafte zweihundertjährige Friede am Rhein, in dem wir heute das zentrale Ereignis der römisch-germanischen Auseinandersetzung erblicken.

**Im Schutz des Limes**

Erstes sichtbares Markierungszeichen dieses langwährenden Friedens: im Jahre 89 wurden die beiden germanischen Militärbezirke in Provinzen verwandelt – die *Germania superior* mit der Hauptstadt Mainz und die *Germania inferior* mit der Hauptstadt Köln. Das Moselland war bereits vorher der *Gallia Belgica* zugeteilt, Süddeutschland in die rätische Provinz eingeordnet. Das alles gehorchte nun einem Willen, unterstand denselben Gesetzen und wurde nach den gleichen Prinzipien kolonisiert und erschlossen, verwaltet und kultiviert.

Die Armee blieb jedoch die letzte Instanz. Denn wenn auch Friede war, es war ein bewaffneter Friede. Die Legionen mit ihren Hilfstruppen und Trossen waren allgegenwärtig und drückten dem Alltag der Grenzprovinz ihren militärisch-ärarischen Stempel auf.

Von der Nordsee bis zum Vinxtbach bei Bad Breisig bildete der Rhein nicht nur die Grenze, sondern auch die natürliche Schutzwehr des Reiches. Die Zentren der Verteidigungszone auf der Westseite des Stroms waren die großen Legionsfestungen in Nimwegen, Xanten-Vetera, Neuß und Bonn. Dazwischen lag ein knappes Dutzend kleinerer Kastelle, die mit Hilfstruppen belegt waren – selbstständigen Formationen, in denen die Söhne der Bundesgenossen, das heißt: Spanier, Aquitanier, Griechen, Syrer, Afrikaner und was sonst damals an Germaniens Grenzen Wache schob, unter römischer Führung dienten. Die noch verbleibenden Lücken füllten Miniaturfestungen und Wachtürme aus, die so dicht beieinander lagen, daß sich die Besatzungen durch optische Signale verständigen konnten. Alle diese Fortifikationen verband die große Rheinuferstraße, (die auch dem zivilen Verkehr diente).

Bei Rheinbrohl, gegenüber dem Vinxtbach, begann der Obergermanische Limes, der weit über den Strom hinaus ins rechtsrheinische Gebiet griff. Er bestand in seiner Endform aus einer Holzpalisade und einem v-förmigen Graben, dessen Aushub als Erdwall aufgeschüttet wurde: ein dreifach gestaffeltes Hindernis also. Und natürlich gab es auch hier zahlreiche Kastelle und Wachtürme, die an einem befestigten Patrouillenweg aufgereiht waren.

Die imposante Anlage, die anderthalb Jahrhunderte lang Objekt militärischer Beschäftigungstherapie war, durchquerte den Westerwald und den Taunus, umkreiste die Wetterau, erreichte bei Großkrotzenburg den Main, der bis Miltenberg wieder eine „nasse Grenze" bildete, zog zwischen Walldürn und Welzheim eine achtzig Kilometer lange, schnurgerade Linie durch die Landschaft zwischen Neckar und Tauber und endete bei Lorch. Hier begann die über zwei Meter hohe rätische Mauer, die nördlich der Donau – bis sie kurz vor Regensburg, der Bilderbuchfestung am nördlichen Donauknie, den Fluß selbst erreichte – den süddeutschen Raum durchmaß.

**Die Lustbarkeiten der Legionäre**

Militärisch war der Limes, wie wir heute meinen, nicht viel mehr als eine aufwendige Grenzmarkierung, (die ja auch, als es ernst wurde, schnell durchbrochen wurde). Wesentlich höher wird seine wirtschaftliche und zivilisatorische Bedeutung veranschlagt. Denn diese Zusammenballung militärischer Kraft zog natürlich Händler und Glücksritter jeglicher Färbung ins Land, vor allem aus dem keltischen Frankreich: Krämer und Kriegslieferanten, Kneip- und Bordellwirte, Sklavenhändler und fahrende Leute, Spaßmacher und Spekulanten – und natürlich Frauen und „Fräuleins" jeglicher Herkunft und Schattierung, die allabendlich dazu rüsteten, die unbesiegbaren Legionäre auf ihre Weise zu besiegen.

Als Dorado dieses etwas zwielichtigen Volkes kennen wir die *Canabae* genannten Lagervorstädte, die Handwerkerviertel, Kaufmannscity und Vergnügungsrevier zugleich waren. Die Szene war, ob in Bonn oder Mainz oder Straßburg, bei aller Brisanz jedoch bescheiden – eine breite Straße, rechts und links schmalbrüstige, ziemlich tiefe Fachwerkbauten, darin Werkstätten, Magazine und Läden, dazu die obligaten Lust- und Lasterweiden mit ihren Weinkneipen und Sexfilialen – das war eigentlich alles. Aber es genügte, den militärischen Alltag versinken zu lassen. Es genügte, den kargen Sold in eine Brosche oder einen Schal für den weiblichen Anhang umzuwechseln oder die spartanische Lagerkost durch einen Ziegenkäse zu ergänzen. Es genügte auch, den tagsüber aufgestauten Unmut abends mit einem Schoppen mittelmerischen Weins herunterzuspülen oder eines jener Etablissements mit Damenbedienung aufzusuchen, in denen Bacchus und Venus sozusagen vereint agierten, um den Söhnen des Mars das Fell über die Ohren zu ziehen.

Je länger der Friede allerdings währte, umso friedlicher, gesitteter und geordneter ging es auch in den Canabae her. Selbst Gott Amor wurde in der Spätzeit sozusagen bürokratisch befriedigt. Die Soldaten des Imperiums blieben zwar einer Art militärischen Zölibates verpflichtet. Die Vorgesetzten erhoben aber keine dienstlichen Einwände, wenn der Legionär eine dauerhafte Beziehung zu einer Tochter des Landes seinen kostspieligen Abenteuern mit den Heben der Lagerdörfer vorzog. Er beweibte sich zu diesem Zweck mit einer *contu bernalis*, das heißt: Genossin genannten Jungfrau heimischen Geblütes und gründete einen Hausstand mit ihr, so daß die römischen Legionen auch in biologischer Hinsicht autark wurden. Schied der Soldat später aus dem Dienst aus, wurde seine Linkshand-Ehe öffentlich legitimiert und damit sozusagen rechtens.

**Kasernen, Stabsgebäude, Lazarette**

Der militärische Dienst kannte bis zu diesem Zeitpunkt keine Unterbrechung: ein anstrengender, strapazenreicher Dienst, der seinen Mann bis zum Äußersten beanspruchte. Schon die Ausbildung war hart und sauer. Der Legionär mußte lernen, mit Schwert und Pilum umzugehen, Stoßlanze und Dolch zu führen, Eisenhelm und Brustpanzer anzulegen, den hohen, länglichen, gewölbten Schild zu tragen und mit dreißig Kilo Gepäck in fünf Stunden dreißig Kilometer zu marschieren. Er lernte schanzen und sich in geschlossener Formation bewegen, Geschütze bedienen und Belagerungsmaschinen in Position bringen. Er lernte mit einem Kilo Weizen, den er unzermahlen empfing, einen ganzen Tag auszukommen und seinen Sold, etwa fünf Mark in der Woche, so einzuteilen, daß für den abendlichen Durst und die Frauenzimmer, die ihm den Wein servierten, noch ein paar Asse übrig blieben.

Nein, leicht war dieses Legionsleben nicht. Unbarmherziger Drill, tägliches mehrstündiges Exerzieren, magere Kost, die allenfalls zu Kaisers Geburtstag etwas aufgebessert wurde – und für den kleinen Mann die Unmöglichkeit, bis zum Offizier aufzusteigen. Das schloß Beförderungen nicht aus. Allein zwischen dem einfachen Soldaten und dem *Centurio*, dem Führer einer „Hundertschaft", gab es an die achtzig Chargen. Man konnte also unaufhörlich befördert werden und trat dennoch auf der Stelle – eine militärische Ochsentour, in die der Marschallstab im Tornister noch nicht eingeplant war.

Die Hundertschaft lebte zu je acht Mann in etwa zwanzig Quadratmeter großen Gelassen. Mit zweieinhalb Quadratmetern pro Kopf war also auch die Raumration ziemlich karg bemessen. Je zwölf solcher Gelasse, die Unterkünfte zweier Centurien also, lagen einander an einem schmalen Flur gegenüber. Die vierundzwanzig „Stuben" hatten nur einen einzigen Ausgang, der am Dienstzimmer der Centurionen und einer ständigen Wache vorbeiführte – ein stets gegenwärtiger Kontrollapparat, vor dem es kein Entrinnen gab.

Die Kasernen, Stabsgebäude und Lazarette, die Handwerkerstuben und Waffenmagazine, das Lagergefängnis, die Schatzkammer, die veterinärmedizinischen Einrichtungen und was sonst zur wohlbedachten Einrichtung einer römischen Festung gehörte, waren in einem umwallten Viereck untergebracht, das in Vetera an der Lippe-Mündung immerhin 932 Meter lang und 636 Meter breit war, also sechzig Hektar umfaßte. Zwanzigtausend Legionäre waren darin eingepfercht, Mensch an Mensch, wie Getreidekörner in einem Sack.

Kein Wunder, daß es nicht immer leicht war, eine derart massierte Truppe fest am Zügel zu führen. Aufstände gehörten zwar nicht gerade zur Tagesordnung, erregten aber kein sonderliches Aufsehen. Als Kaiser Augustus im Jahre 14 starb, brach bei den vier Niederrhein-Legionen, die gerade zu einem gemeinsamen Sommermanöver bei Neuß zusammengezogen waren, eine Meuterei aus. Typisch die Ziele der putschenden Truppen: sie verlangten mehr Sold, „weniger Arbeit und frühere Pensionierung", und verschafften ihren Forderungen dadurch Nachdruck, daß sie ihre Unterführer umbrachten und in den Rhein warfen.

Mehr als zweihundert Jahre später, anno 235, schlugen rebellierende Truppen in Mainz den Kaiser Severus Alexander tot, den schlanken, schönäugigen Syrer, der wie ein einfacher Soldat unter seinen Soldaten im Feldlager lebte – und wieder ging es um den Sold.

### Der Niedergang

Das Mainzer Ereignis bezeichnet den Beginn des Niederganges. Noch herrschte Friede am Rhein, doch bedurfte es ständig größerer Anstrengungen, ihn zu wahren. Maximinus Thrax, ein riesiger, grober Bauer aus Thrakien, der die Nachfolge des Severus Alexander antrat, trieb die Alamannen zwar in ihre Siedlungsgebiete zurück, aber schon um 260 gingen die Limeskastelle in Flammen auf, und das Imperium mußte seine rechtsrheinischen Gebiete aufgeben.

Kurz nach der Jahrhundertwende brannte es auch am Niederrhein. Fränkische Raubscharen überschritten 257 den Strom, durchbrachen die dünne, viel zu dünne Verteidigungszone, drangen bis tief nach Gallien ein und erreichten sogar Spanien. Wohl stellten die in Trier residierenden Herrscher des „gallischen Zwischenreiches" – das zum ersten Mal die schwindende Macht Roms und die zunehmende Eigenständigkeit der Provinzen sichtbar machte – die Lage wieder her, aber auch sie wurden der Reihe nach von ihren Truppen liquidiert, zuerst der zweite „Kölner Kaiser" Postumus, als er sich weigerte, Mainz zur Plünderung freizugeben, danach auch seine beiden Nachfolger, Victorinus Vater und Victorinus Sohn.

Kaum war dieses Zwischenreich, das sich in einer höchst kritischen Situation militärisch souverän behauptete, von der Szene verschwunden, holten die Franken, die damals etwa im Raum des heutigen Münsterlandes siedelten, erneut zu einem großen Schlag aus. Im Jahre 276 setzten fränkische Heerscharen wieder über den Niederrhein, überrannten jeglichen Widerstand und fielen wie ein Heuschreckenschwarm über die fruchtbaren, reichen Gefilde Galliens her. Kaiser Probus schlug sie zwar in schweren Kämpfen zurück und konnte einige Zeit später den römischen Senat etwas großsprecherisch und unbekümmert um die Zahl der Nullen mitteilen, daß vierzigtausend Feinde getötet, zehntausend Bewaffnete übergelaufen und siebzig gallische Städte von der Geißel der Franken befreit worden seien – der Friede aber war dahin.

Immer wieder fanden Franken und Alamannen nun den Weg über den Rhein. Immer wieder zurückgeschlagen, immer wieder schwer dezimiert, immer wieder furchtbar zur Ader gelassen, waren sie am Ende doch die Stärkeren, und das Imperium erlag ihrer unverbrauchten Kraft.

### Das Ende

Bis zum endgültigen Verlöschen vergingen allerdings noch einmal anderthalb, an der Mosel sogar fast zwei Jahrhunderte. Die Kaiser und Feldherren des römischen Reiches haben diesen Abwehrkampf mit beispielloser Zähigkeit geführt und mit ungezählten Siegen garniert. Mehrfach ist es ihnen gelungen, den drohenden

Exitus abzuwenden. Die diocletianischen Reichsreformen haben dazu ebenso beigetragen wie die Erfolge des jungen Konstantin, der die Rheinfront zu Beginn des 4. Jahrhunderts noch einmal stabilisierte.

Nach Konstantin hat vor allem der Caesar Julian Apostata den Feldzeichen der Legionen noch einmal kriegerischen Ruhm verschafft. Auch ihm gelang es, die vielen leck geschlagenen Stellen der nassen Rheingrenze noch einmal abzudichten. Ebenso haben seine Nachfolger, vor allem der kraftvolle Valentinian I., es an harten Schlägen nicht fehlen lassen. Doch keiner von ihnen vermochte den Niedergang zu stoppen. Es war ein Kampf ohne Sinn. Jede gewonnene Schlacht brachte das Ende näher. Die Legionen des Imperiums siegten sich zu Tode. Schon Caracalla hatte die Friedensliebe germanischer Fürsten mit Gold honoriert. Schon Postumus hatte mit germanischen Söldnern gegen die germanischen Heerhaufen gekämpft. Schon Probus hatte die entvölkerten Gebiete links vom Niederrhein mit Franken aufgefüllt. Und längst führten germanische Heerführer, wie der 355 in Köln ermordete „Reichsfeldherr" Silvanus, die zum großen Teil aus Germanen bestehenden Legionen an.

Nun am Ende des 4. Jahrhunderts beherrschte der Franke Arbogast, in den zeitgenössischen Quellen *comes* und *vir illustris* genannt, in den gallischen und germanischen Provinzen wie ein römischer Caesar: der letzte Fels in der Flut. Nach seinem Ende – Arbogast wurde ausnahmsweise nicht ermordet, sondern gab sich nach einer verlorenen Schlacht am Isonzo selbst den Tod – brachen die Dämme. Als der Vandale Stilicho zu Beginn des 5. Jahrhunderts die letzten römischen Kommandos vom Rhein und Donau in das von König Alarichs Goten bedrohte Mutterland zurückbeorderte, gab es keine Rheingrenze mehr.

Lediglich zwei Inseln blieben zurück: Köln und Trier. Die Grenzstadt und die Hauptstadt behaupteten sich in der brodelnden Flut – wie, vermögen wir nicht zu sagen. Aber noch 456 – fünf Jahre nach der Schlacht auf den Katalaunischen Feldern, in der der römische Heermeister Aëtius, unterstützt von Goten, Franken und Alanen, die Hunnen König Attilas zum Rückzug zwang – verteidigte der Feldherr Ägidius Köln gegen einen fränkischen Angriff. Zum letzten Mal wahrscheinlich, denn die Kämpfe spielten sich in den Straßen der Stadt ab. Zwanzig Jahre später wurde auch das x-mal zerstörte Trier von den Franken besetzt, kampflos wahrscheinlich.

Hier wie dort hatte die römische Herrschaft mehr als fünfhundert Jahre gedauert – ein halbes Jahrtausend kolonialen Daseins, das Land und Menschen von grundauf verändert hatte.

# Handel und Wandel, Städte

**Müngersdorf und andere Gutshöfe**

Etwa sechs Kilometer westlich von Köln, im heutigen Müngersdorf, lag in der augusteischen Zeit eine kleine, erbärmliche Hütte mit einem einzigen in die Erde eingetieften Raum.

Diese Hütte wurde in der Mitte des 1. Jahrhunderts, wahrscheinlich nach der Erhebung Kölns zur Veteranenkolonie, abgerissen und durch ein solides Bauernhaus ersetzt, das während seiner gut hundertjährigen Geschichte mehrfach erneuert und ergänzt wurde, bevor es ebenfalls der Spitzhacke verfiel. Seine Stelle nahm in der Mitte des 2. Jahrhunderts ein aufwendiger Neubau ein: eine zweigeschossige *Villa rustica* mit säulengetragener Vorhalle und fünfzig bis sechzig Zimmern, Fußbodenheizung und dem selbst für kleinere Landhäuser unerläßlichen mehrräumigen Badetrakt.

Um dieses Herrenhaus scharten sich wie Küken um die Henne elf weitere Gebäude: Gesindehaus und Speicher, zwei Scheunen und ein kleiner Schuppen, Ställe für Großvieh und Kleinvieh, Silo und unterirdischer Vorratsraum – eine respektable Anlage also, die einen eindrücklichen Blick in die Bau- und Wirtschaftsgeschichte des römischen Rheinlandes vermittelt.

Ähnlich die Entwicklung auf einem Gutshof bei Mayen in der Eifel. Zu Beginn des 1. Jahrhunderts eine schindelgedeckte Einraumhütte, die sich in frühömischer Zeit in ein rechteckiges Pfostenhaus mit Walmdach verwandelte. Der Einraum mit offenem Herdfeuer wurde dabei allerdings beibehalten. Ja, dieser Raum ist sogar in der Endgestalt in spätrömischer Zeit noch erkennbar, wenn auch nur als Zentrum einer reich gegliederten Baugruppe, deren säulengetragene Vorhalle zwei vorspringende Eckbauten flankierten. Eine aus drei Räumen bestehende Badeanlage, die von der Halle aus beheizt wurde, ließ auch in Mayen keinen Zweifel daran, daß der Hofbesitzer sich wohltemperierter Verhältnisse erfreute und an den Annehmlichkeiten der lateinischen Zivilisation reich bemessenen Anteil hatte.

Die Villa von Mayen gehörte einer gallorömischen Bauernfamilie, die man der Schicht der heimischen freien Hofbesitzer zurechnen darf.

Wir kennen weder die Rechte noch die Größe dieser Schicht. Doch war sie an der Mosel stärker als am Rhein. Die landwirtschaftlich genutzten Flächen im unmittelbaren Grenzbereich wurden zum größten Teil von den am Strom stationierten Legionen bewirtschaftet, in der Regel durch Veteranen, die befehlsgewohnt über Tagelöhner, Kriegsgefangene und Sklaven regierten. Möglich, daß auch der Müngersdorfer Betrieb ursprünglich einem römischen Offizier, sozusagen als Abfindung für treue Dienste, zugeteilt wurde und daß dieser Offizier auch ein Stadthaus im nahen Köln besaß und zu den lateinischen Honoratioren der Kolonie zählte. Seine Nachkommen haben das 2,7 Quadratkilometer große Gut wahrscheinlich nicht mehr selbst bewirtschaftet, sondern verpachtet. Die Mehrzahl der großen Latifundien dürfte jedenfalls lateinischen Bauern gehört haben, die ein durch Pachtzahlung ausreichend abgesichertes Stadtleben dem anstrengenden Dasein auf dem Lande vorzogen.

Doch waren auch die Herrenhäuser auf dem Lande mit allem Luxus und allen Finessen der römischen Stadtkultur ausgestattet. Die Müngersdorfer Villa ist kein Einzelfall, ja, sie wurde durch eine Reihe von Landpalästen an der Mosel noch bedeutend an Pracht und Größe übertroffen.

Der berühmteste ist der von Nennig, dessen hundert Meter breites Hauptgebäude von einer über sechshundert Meter langen Säulenhalle umschlossen wurde. Zentrum des Prunkbaues war ein Festsaal mit einem zehn mal sechzehn Meter großen Fußbodenmosaik – dem berühmten Gladiatorenmosaik. Die Villa enthielt vier in sich geschlossene Wohnungen. Dazu kamen zwei Nebenbauten, die vielleicht als Gästehäuser dienten, sowie ein Badehaus mit sieben Räumen und beheizten Schwimmbecken. Rundherum ein ummauerter Park mit Grotten, Wasserspielen und lauschigen Winkeln – eine Anlage von extremer Künstlichkeit, die ihren unbekannten Schöpfer jedoch als Mann von Geschmack und Kultur auswies.

**Weinbau und Imkerwirtschaft**

Mit Landwirtschaft dürfte er allerdings kaum noch etwas zu tun gehabt haben; allenfalls haben ihm ein paar Rebenhänge gehört, die ihm den notwendigen Haustrank für das Gesinde lieferten – er selbst wird die schweren und süßen Gewächse des Südens bevorzugt haben.

Dem Weinbau an der Mosel hat der spätrömische Dichter Ausonius – ein hochgebildeter Herr aus Bordeaux, der am Kaiserhof in Trier als Prinzenerzieher wirkte – in seinem *Mosella*-Gedicht ein glanzvolles literarisches Denkmal gesetzt. Reicher an Fakten als des Ausonius mythologisch überfrachtetes Poem sind jedoch die Reliefs, die am Ende des vorigen Jahrhunderts in den Fundamenten des konstantinischen Kastells von Neumagen an der Mosel entdeckt wurden: Exempel einer heiter-beschaulichen Friedhofskunst, die in eindrucksvollen Bildern und Szenen vom Dasein der alten Treverer, vor allem der Moselwinzer, berichtet.

Am bekanntesten ist das Neumagener Weinschiff: ein Boot mit vier bauchigen Fässern, das von sechs Ruderern bewegt wird, sechs bärtigen derben Kumpanen, die sich kraftvoll in die Riemen legen. Aber auch die Leiden und Freuden der Winzer selbst haben die unbekannten Steinmetzen höchst realistisch dargestellt: die Arbeit in den peinlich gepflegten Weingärten etwa, das Pflanzen der Rebstöcke, die Schädlingsbekämpfung, die Lese, die Kelterung – ein steinerner Bilderbogen, der bei näherer Betrachtung dem Kultur- oder Wirtschaftshistoriker mancherlei interessante Erkenntnisse vermittelt.

Da lassen sich zum Beispiel aus der Form der Winzermesser und der achterförmigen Bindung der Rebe griechische Einflüsse erkennen. Vielleicht hatte der Weinbau also schon in vorrömischer Zeit die Schieferhänge der Mosel erobert – was auf dem uralten Handelsweg über Marseille und das Rhonetal durchaus möglich gewesen wäre. Jedenfalls tut man dem tüchtigen Kaiser Probus allzuviel Ehre an, wenn man ihn als den deutschen Winzervater feiert. Indem er den notleidenden Weinbauern Steuererleichterungen gewährte und die schwer geschädigten Weinberge mit dem Schweiß römischer Legionäre düngen ließ, hat er sich nach den Germanenstürmen in der zweiten Hälfte des 3. Jahrhunderts allerdings bedeutende Verdienste um die Rebgärten an Rhein und Mosel erworben. Aber ob die Römer nun den Wein nach Deutschland gebracht haben oder nicht – mit Sicherheit machten sie Kirschen und Pfirsiche sowie Birnen und Quitten in unseren Breiten heimisch, ebenso Zwiebeln und Gurken, Rettich und Fenchel, Petersilie und wahrscheinlich auch den Spargel. Sie selbst lernten hier die Mohrrüben kennen; auch der Roggen ist wahrscheinlich durch Vermittlung der römischen Kolonisten von Germanien in die südlichen Länder gelangt. Und schon damals galt Schweineschinken aus den germanischen Provinzen als gastronomische Kostbarkeit.

Das ändert aber nichts an der Tatsache, daß das Imperium auch in der Landwirtschaft vorwiegend als der gebende Teil auftrat. Nicht zuletzt war die hochentwickelte Imkerwirtschaft sozusagen italischer Import. Man findet ihre Spuren vor allem in der Nähe der großen Städte und Legionärslager – ein Beweis dafür, daß marktwirtschaftliches Denken schon damals in der Landwirtschaft Eingang fand. Das ist auch in Köln-Müngersdorf festzustellen. Der Gutshof nahm in der Spätzeit mehr und mehr den Charakter einer Getreidefarm an. Die Schweine- und Rinderzucht verkümmerte. Schlachtvieh wurde vor allem aus Belgien importiert, wo es wesentlich billiger war.

**Militärische Fiskalwirtschaft – private Unternehmerwirtschaft**

Mit anderen Worten: die germanischen Provinzen und das Moselland erlebten eine wirtschaftliche Blüte, die die der meisten anderen Provinzen übertraf. Die Tatsache, daß an Germaniens Grenzen zeitweise acht Legionen – das heißt: ein Drittel der römischen Militärmacht überhaupt – stationiert waren, hat zu dieser Entwicklung wesentlich beigetragen, denn das waren Veteranen und ihren legitimen und illegitimen Anhang dazugerechnet, immerhin an die zweihunderttausend Mann. Eine gewaltige Kaufkraft, ein riesiges Reservoir aufgestauter Konsumbereitschaft.

Freilich war die Truppe bemüht, sich nach Möglichkeit selbst zu versorgen. Sie hatte ihre eigenen Güter, sie unterhielt eigene Ziegeleien, sie verfügte über riesige Steinbrüche, sie baute Festungen und Straßen, schuf Handwerkerstuben, stellte Töpferöfen auf, betrieb Waffenwerkstätten, legte Schiffsländen und Ladevorrichtungen an, grub Kanäle und schützte den Strom durch Deiche – doch blieb sie natürlich in mancherlei Beziehung auf die Zufuhr von draußen angewiesen. Das galt vor allem für Leder und Stoffe und alle Dinge des „gehobenen Bedarfs", nicht zuletzt den Wein, der für die Legionäre des Imperiums so etwas wie ein Lebenselixier war.

Der zweihundertjährige Friede am Rhein gab dann aber auch der privaten Initiative Raum, sich kräftig zu entfalten. Die militärische Fiskalwirtschaft ergänzte eine private Unternehmerwirtschaft, deren frühkapitalistische Organisationsformen zumindest zeitweise die Wirtschaftsstruktur bestimmt haben dürften. Außer italischen Fabrikanten und Händlern haben vor allem gallische Kaufleute sehr bald gemerkt, daß an Mosel, Rhein und Donau das Geld auf der Straße lag, und ihre Erfahrungen dort gewinnbringend angelegt. Außer den ungezählten Kelten – die somit friedlich zurückeroberten, was ihre Väter in kriegerischen Auseinandersetzungen verloren hatten – sind wahrscheinlich auch viele Germanen aus den rechtsrheinischen Gebieten in den Provinzen des Imperiums ansässig geworden, vor allem als „Ambulante" und Fremdarbeiter. Die Keramik einiger Limeskastelle im Taunus weist beispielsweise deutlich ostgermanische Züge auf.

So trug außer Grundbesitzern und Soldaten auch die Privatwirtschaft wesentlich zur ökonomischen Wohlfahrt bei. Sie produzierte außer Luxuswaren alles, was die hochentwickelten Grenzprovinzen benötigten. Zwischen Lüttich und Aachen siedelten sich, gestützt auf die Eisen- und Kupfervorkommen am Nordrand der Ardennen, zahlreiche metallverarbeitende Betriebe an, die vor allem Bronzewaren und Küchengeräte herstellten. Blei wurde bei Mechernich abgebaut. Den gewaltigen Steinbedarf befriedigten, außer den großen Legionsziegeleien, Steinbrüche in der Eifel, im Pfälzer Wald und im Odenwald. Basalt kam zum Beispiel aus der Gegend von Mayen, Tuff aus dem Nette- und Brohltal, Trachyt wurde bei Berkum und am Drachenfels abgebaut. Granit lieferte der Felsberg im Odenwald, der einzige in Europa bekannte Steinbruch, in dem schon in der Antike Hartstein gebrochen wurde. Im Felsenmeer des Felsberges im Odenwald liegen noch heute 324 römische Werkstücke, darunter die neuneinhalb Meter lange „Riesensäule", die wie die übrigen Halb- und Dreiviertel-Fabrikate unter Denkmalschutz steht.

Die Textilindustrie konzentrierte sich auf Trier, wo die moselländische Schafzucht gute Wolle in Hülle und Fülle lieferte. Hauptabnehmer war die Armee. Trier war auch ein bedeutendes Töpferzentrum. Schon im 2. Jahrhundert beherrschten die Keramikmanufakturen der nachmaligen Residenz einen Markt, der weit über die Region hinaus bis Mailand, Lyon und Bordeaux reichte. Noch größer war der Aktionsradius der Sigillata-Fabriken von Rheinzabern in der Pfalz, deren Erzeugnisse sogar Britannien und donauabwärts Ungarn erreichten. Insgesamt kennen wir mehr als vierzig Töpferorte: Köln, Sinzig und Remagen am Rhein, Blickweiler bei Saarbrücken, Heiligenberg und Ittenweiler im Elsaß – um nur diejenigen zu nennen, deren Produktionen nicht nur technisch, sondern auch künstlerisch einigen Ansprüchen genügten.

Und dann das Glas, das nach der Erfindung des farblosen Glases im 3. Jahrhundert nirgendwo in solchen Mengen und in solcher Vollendung wie in Köln hergestellt wurde. Kölnisches Glas schlug die italische und ägyptische Konkurrenz zumindest im mitteleuropäischen Raum fast völlig aus dem Feld. Die wunderbaren Gebilde, etwa der Schlangenfadengläser oder der herrlichen Diatretgläser, die noch heute unsere Bewunderung erregen, sind aber auch in den Donauprovinzen, in Südrußland, in England, ja, sogar in Ägypten festgestellt worden, wo sie selbst dem alexandrinischen Glas mit Erfolg begegneten.

**Die Urbanisierung des Lebens**

Diese florierende Wirtschaft hat auch die gesellschaftlichen Strukturen der Grenzprovinzen wesentlich verändert. Es formierte sich unübersehbar ein leistungsfähiger Mittelstand, der seine Rechte auch gegenüber der Armee und der imperialen Bürokratie geltend machte. Wir kennen ihn vor allem aus den durch Inschriften auf Gedenksteinen belegten Organisationen, die in der Zeit des zweihundertjährigen Friedens wie Pilze aus der Erde schossen. Sie nennen zahlreiche gesellschaftliche Vereinigungen, die auf einer gemeinsamen Tätigkeit basieren: Händlerklubs, Kaufmannsvereinigungen, Eselstreibergilden, Ärzteinnungen, Philosophenvereine, Zimmermannszünfte – überhaupt: Berufsgenossenschaften jeglicher Art, die vom Staat gefördert, später sorgar gefordert wurden. Die Schiffer zum Beispiel waren in Zünften zusammengeschlossen, die nach Stromgebieten gegliedert waren. Sie gehörten zum „niederen Mittelstand" und rekrutierten sich – im Gegensatz zum gehobenen Mittelstand, der durchweg aus Einwanderern bestand – in der Regel aus dem heimischen Kleinbürgertum, das aber in Städten wie Köln oder Mainz durchaus die Chance hatte, in die Provinzialbourgeoisie aufzusteigen.

Einen dieser Schiffer kennen wir sogar mit Namen: den Mainzer Blussus, der sich schon zu seinen Lebzeiten mit Frau und Sohn in Stein verewigen ließ: ein sichtlich mit sich und der Welt zufriedener Herr, dessen fleischige Hand mit unverkennbarem Wohlwollen auf dem prall gefüllten Geldbeutel liegt.

Innungen, Zünfte, Klubs, Werkstätten, Manufakturen, Fabriken – alle diese Worte weisen über den Bereich des wirtschaftenden Menschen hinaus auf die Urbanisierung des Lebens, die eines der Grundphänomene der römischen Kolonisation war. Deutschland hat in dieser Epoche seiner Geschichte zum ersten Mal die Stadt kennengelernt, mit all ihren Vorzügen, Auswüchsen und besonderen Kennzeichen: der Verwaltung und öffentlichen Hygiene, Wasserleitungen und Bädern, einer geregelten Geldwirtschaft, der Baukunst und der Baupolizei, Restaurants, Theatern und öffentlichen Spielen – und was sonst notwendig ist, Menschen in Ballungsräumen nicht nur mit dem Notwendigsten, sondern auch mit einem hohen Maß an Komfort und kulturellen Gütern zu versorgen.

### Xanten und Köln

Diese Städte lagen zum überwiegenden Teil unmittelbar am Rhein. Die nördlichste war die *Colonia Traiana,* deren Reste im Vorfeld des heutigen Xanten seit anderthalb Jahrhunderten Objekt wissenschaftlicher Forschung sind. Die CT ging aus einem kleinen Markt- und Händlerflecken hervor, dessen Wurzeln noch in die voraugustische Zeit zurückreichen. Was Trajan veranlaßte, die kleine ländliche Händlersiedlung in den Rang einer mit allen Rechten ausgestatteten Kolonie zu erheben, ist nicht bekannt. Aus den archäologischen Befunden geht aber hervor, daß das kaiserliche Projekt ebenso großzügig wie planvoll in Szene gesetzt wurde. Die bestehende Siedlung wurde „dem Erdboden gleichgemacht" und radikal niedergewalzt. Auf der so gewonnenen Baufläche entstand dann inmitten der flachgewellten Niederrheinlandschaft eine Stadt mittelmeerischen Charakters. Ein rechteckiger, schachbrettartiger Grundriß, eine zwei Meter starke Umfassungsmauer mit vier Toren, zwei Hauptstraßen, die sich im Zentrum der Stadt kreuzten, große Verwaltungsbauten, städtische Thermen und ein Amphitheater (dessen Reste in den dreißiger Jahren ausgegraben und konserviert wurden), komfortable Villen und ein großes Handwerkerviertel – das alles weist auf eine aktive, geschäftstüchtige *urbs* hin, die zumindest am unteren Niederrhein keine Konkurrenz hatte. Am römischen Köln gemessen, war die *Colonia Traiana* freilich nur eine Stadt von regionaler Bedeutung. Die *Colonia Claudia Ara Agrippinensium* war zwar nur 13 Hektar größer, besaß aber eine ungleich stärkere Strahlungskraft und Bedeutung.

Das römische Köln war politisches Zentrum, Verwaltungsstadt und wirtschaftliche Metropole zugleich. Von einer vier Kilometer langen Stadtmauer umgeben, der ersten Stadtmauer in Deutschland überhaupt, bedeckte es eine nahezu quadratische Fläche von 96 Hektar, also fast einem Quadratkilometer, zählte es in seiner Blütezeit vielleicht vierzigtausend Einwohner und erfreute sich, wie wir annehmen dürfen, eines respektablen Wohlstands. Kronzeuge des Reichtums, der sich in seinen Mauern speicherte, ist das 1941 bei Anlage eines Luftschutzbunkers am Dom entdeckte Dionysosmosaik, das neben dem vielbesuchten Statthalterpalast unter dem Rathaus als Teil des neuen Römisch-Germanischen Museums inzwischen einer der Magneten des kölnischen Fremdenverkehrs geworden ist – ein Geviert von 10,70 mal 7,70 Meter Größe, auf dem ein Reigen locker beschwingter Bilder aus der Welt des antiken Weingottes Platz gefunden hat.

Was sonst aus dieser Zeit die bewegte Geschichte von fast zwei Jahrtausenden überdauert hat, tritt weniger spektakulär in Erscheinung. Immerhin steht noch einer der rundbauchigen, hübsch verzierten Türme, die in regelmäßigen Abständen in die Stadtmauer eingelassen waren. Reste der Mauer selbst wurden in den letzten Jahren beim U-Bahn- und Tiefgaragenbau wiederholt angeschnitten und nach Möglichkeit ins Stadtbild hineinkomponiert. Teile der Umfassungsmauer des kapitolinischen Tempels sind in einem Kindergarten bei St. Maria im Kapitol sichtbar konserviert. Von einem Kellerrestaurant in der Kleinen Budengasse aus kann man in einen wohlerhaltenen Abwässerkanal hinabsteigen. Auch der achtzig Kilometer lange Aquaedukt, der die Römerstadt mit frischem Eifel-Quellwasser versorgte, bringt sich noch mit respektablen Resten in Erinnerung.

Wer dieses Wunderwerk antiker Technik, dessen Kapazität für eine Stadt von 300 000 Einwohnern ausreichte, genauer anschauen will, muß sich allerdings in die Eifel bemühen, wo die mehr als mannshohe Leitung an verschiedenen Stellen noch über weite Strecken begangen werden kann.

## Mainz und Augsburg

Ähnlich der Steckbrief des römischen Mainz, mit dem Unterschied allerdings, daß *Moguntiacum* nicht nur Verwaltungs- und Handelsstadt, sondern auch Garnison sowie Etappen- und Nachschubzentrum der am Obergermanischen Limes stationierten Truppen war. Die Archäologen haben auch hier den antiken Stadtplan längst erkundet. Sie kennen den Standort des Lagers. Sie können sagen, wo das Theater, wo das Forum lag. Sie kennen die Lagervorstadt, die verschiedenen Kaufmanns-Vici am Strom, die Mainzer Rheinbrücke, den rechtsrheinischen Brückenkopf, der heute noch Kastel heißt – und in diesem Kastel sogar eine hervorragend eingerichtete antike Falschmünzerei. Geblieben sind allerdings nur einige spärliche Reste: so der sogenannte Drusus-Turm, ein rundlicher Steinklotz, der wahrscheinlich einmal ein römisches Grabmal war, einige Pfeiler der römischen Wasserleitung und die Mainzer Jupitersäule, die in zweitausend Bruchstücken aus der Erde geborgen und in monatelanger, mühseliger Arbeit wieder zusammengesetzt wurde.

Eine Straßenkarte aus römischer Zeit, das *Itinerarium Antonini* etwa oder die *Tabula Peutingeriana,* zeigt aber auch eine Reihe kleinerer Orte am Rhein und im Rheinland, Worms und Speyer zum Beispiel, die als Vororte des Vangionen- und des Nemeter-Gaues (ebenso wie Wimpfen, Rottenburg oder Ladenburg im rechtsrheinischen Dekumatenland) der Gruppe der *civitates* genannten mittleren Verwaltungsstädte angehörten; Festungen wie Boppard oder Altrip, Kreuznach oder Breisach; oder Kur- und Erholungsorte wie Wiesbaden, Baden-Baden oder Badenweiler, Bertrich oder Aachen, deren heiße Quellen von den rheuma- oder gichtgeplagten Soldaten und Bürokraten des Imperiums offenbar stark frequentiert wurden.

Mittelpunkt und Hauptstadt Süddeutschlands war das römische Augsburg, das Tacitus die „glänzendste Stadt Rätiens" genannt hat, obwohl es fraglos nicht mit den größeren und glanzvolleren Residenzen am Rhein konkurrieren konnte. Doch eine gewisse Kargheit ist nicht nur das Zeichen der Hauptstadt, sondern der Donauprovinz überhaupt. Verglichen mit dem Reichtum, der sich an der großen rheinischen Handelsstraße ansammelte, scheint man es in Bayern damals nur zu mäßigem Wohlstand gebracht zu haben. Es gab deshalb auch nur wenige größere Siedlungen. Erwähnung verdient allenfalls (wenn man von Regensburg, der mächtigen Festung am nördlichen Donauknie absieht) *Cambodunum,* das heutige Kempten, das bereits in römischer Zeit als Einkaufsstadt des Allgäus wirtschaftliche Bedeutung erwarb.

## Trier – Rom an der Mosel

Doch selbst die rheinischen Städte verblassen neben der großen, glanzvollen Stadt an der Mosel, die bis heute das Bild der Römerzeit in Deutschland am sichtbarsten und eindrücklichsten präsentiert – verblassen neben Trier, einer der Residenzen des spätrömischen Reiches, die eine Reihe markanter Bauten und Denkmäler in das 20. Jahrhundert hinübergerettet hat: die Porta Nigra, das großartigste aller römischen Stadttore, die (Basilika genannte) Palastaula Konstantins, den Kernbau des Doms, zwei ausgedehnte Thermenanlagen, die Brücke über die Mosel, das Amphitheater, Speicheranlagen am Fluß, herrliche Mosaiken – und natürlich hunderttausende von Kleinfunden (deren schönste im Trierer Landesmuseum ausgestellt sind). Noch die Reste der Trierer Bauten geben einen Begriff von der Pracht und Größe dieser Residenz, die in ihrer Blütezeit im 4. Jahrhundert rund 70 000 Einwohner zählte und von einer sechseinhalb Kilometer langen, siebeneinhalb Meter hohen und mit 50 Türmen bewehrten Mauer umgeben war. Trier war damals Weltstadt, eine Metropole, die als Residenz, Verwaltungszentrum und Handelsplatz eine weit über ganz Westeuropa hinausstrahlende Bedeutung besaß. Das „belgische Rom" wird es in einer Grabschrift aus dem Jahre 367 genannt – fraglos mit einigem Recht.

In Trier regierten die Caesaren der westlichen Reichshälfte. Von Trier aus wurden Gallien und Spanien, Britannien sowie die belgischen und germanischen Provinzen verwaltet. Trier war Münzprägestätte und Verkehrszentrum. In Trier lebten tausende von hohen Beamten. Der kaiserliche Palastbezirk mit der unvergleichlichen Palastaula, den riesigen Thermen und der 346 vollendeten ersten Bischofskirche – einer Doppelbasilika, die zehntausend Gläubige faßte – war eines der geschlossensten Bauensembles der Antike. Im Amphitheater fanden regelmäßig Spiele statt. Die Rennbahn in seiner Nachbarschaft konnte es nach zeitgenössischen Berichten mit dem *Circus Maximus* in Rom aufnehmen. Luxusvillen und Bürgerhäuser, Kasernen und Sportplätze, Markthallen, Speicher und Hafenanlagen, dazu eine Umgebung, mit den splendidesten Villen und schönsten Gärten, die wir aus dieser Zeit in Deutschland kennen – diese Stadt war in der Tat wie keine zweite Stadt in Deutschland ein Ableger der großen Tibermetropole, die dem Imperium ihren Namen gab.

Ein illustrierter Kalender aus dem Jahre 354 nennt Trier in einem Atemzug mit Rom, Byzanz und Alexandrien. Auf dem dazugehörigen Bild erscheint die Kaiserstadt an der Mosel als ranke Amazone, die einen gefesselten Barbaren bewacht.

# Kunst, Architektur, Religion

**Die Kunst als Mittel der Kolonisation**

Irgendwann in der ersten Hälfte des 2. Jahrhunderts ließ ein reicher Herr im römischen Köln – ein Kaufmann vielleicht, ein hoher Beamter, ein Weinhändler, ein Schiffsbesitzer, wir wissen es nicht – seine Villa mit farbigen Wandgemälden ausmalen. Er war ein gebildeter Mann und ein Freund heiteren und guten Lebens, und so suchte er sich aus den Musterbüchern, die ihm vorgelegt wurden, Bilder und Szenen aus der Welt des Weingottes Bacchus aus. Eroten und Satyrn bei der Weinernte. Ein Faun, der aus einem Weinschlauch einen großen Mischkrug füllt. Hirtengott Pan, Mänaden und Tänzerinnen. Korinthische Kapitele. Bäume in Kandelaberform. Und einen ganzen mythologischen Tiergarten, bevölkert mit Panthern, Schwänen, Greifen, geflügelten Pferden und jenen Chimären genannten feuerspeienden Ungeheuern, die aus Löwenkopf, Ziegenleib und Schlangenschwanz wunderlich zusammengesetzt waren.

Bei den Grabungen zu Füßen des Kölner Doms sind diese Wandgemälde in Gestalt von farbigem Bauschutt kürzlich wiederentdeckt worden. Auch in Bonn und Xanten hat man Reste derartiger Wandmalereien gefunden, ebenso in Trier und im Limeskastell Echzell (bei Friedberg in Hessen). Wandbilder, die – genau wie die zahlreichen erhaltenen Mosaiken, Plastiken, Skulpturen, Bronzegußarbeiten, Schauspielermasken – keinen Zweifel daran lassen, daß mit den Legionen des Imperiums auch die Musen nach Deutschland kamen. Und mit ihnen: antike Formen, antikes Denken, antike Mythologie.

Anders ausgedrückt: die Römer an Mosel, Rhein und Donau brachten nicht nur die Allgegenwart ihres straff organisierten Staates mit, repräsentiert durch Soldaten und Beamte, Legionslager und Städte, Gesetze, Straßen und einen hochentwickelten zivilisatorischen Apparat; sie machten die germanischen Grenzprovinzen auch mit dem Phänomen der Kunst bekannt.

Freilich, auch die Kunst war für sie ein Mittel der Kolonisation: Werkzeug ihres Willens, die eroberten Länder bis in ihre entferntesten Winkel mit dem Mutterland zu verschmelzen. Auch die Kunst hatte die Aufgabe, das Imperium sichtbar und präsent zu machen. Sie erfüllte sie, indem sie es verherrlichte: seine Geschichte, seine Siege, seine Kaiser, seine Götter. Keine Festung ohne Kaiserbüsten, Altäre und Weihesteine. Keine Stadt ohne repräsentative Bauten und Denkmäler. Keine Villa ohne Mosaiken und Wandmalereien. Keine Tempel ohne Götterbilder. Keine Grabstelle ohne Grabmal.

**Majestas Imperii**

Aber wenn es zum großen Teil auch Staatskunst war, die da produziert wurde, Fließbandkunst aus Fabriken und Manufakturen, so besaß sie doch Reichtum, Kraft und innere Fülle. Das gilt zumindest für die Architektur in der *Germania Romana*. Wenn die alten germanischen Provinzen des Imperiums bis heute ein integrierender Teil der abendländischen Baulandschaft geblieben sind, so geht das nicht zuletzt auf ihr römisches Erbe zurück. Mag man die Bauten der Legionen als typische Fiskalbauten abtun, die hauptstädtische Architektur in Trier, Mainz oder Köln hatte hauptstädtischen Rang. Die Porta Nigra, das besterhaltene römische Stadttor überhaupt, läßt bis heute etwas von der *majestas imperii* spüren, ebenso der atemberaubende Innenraum der trierischen Palastaula, die in ihrer ursprünglichen Gestalt Zentrum eines der großartigsten Bauensembles der Antike war.

Die Erde der germanischen Provinzen hat aber auch eine große Zahl hervorragender Porträtplastiken bewahrt. Der vielumstrittene Augustus-Kopf aus Mainz, die Marmorbüste der jüngeren Agrippina, der Bonner Marmorkopf des Kaisers Septimius Severus, der Bronzekopf des dritten Gordian aus dem Limeskastell Niederbieber – sie alle beweisen, daß die staatlichen Werkstätten auch in Gestalt von Serienprodukten die Großen des Imperiums würdig zu präsentieren verstanden.

Die Porträtplastiken beschönigen nichts, sie sind trocken, sachlich und genau wie Caesars Kriegsberichte, und sie geben mit unbestechlichen Augen die individuellen Züge des Modells vortrefflich wieder, doch lassen sie bei aller Naturnähe eine gewisse Neigung zur Abstraktion erkennen – eine Eigenart, die sie mit der griechischen Plastik teilen.

Überhaupt lebt in den Werken der römischen Kunst im besetzten Germanien das „Griechische" in mancherlei Gestalt fort, am eindrucksvollsten in den großen Kölner und Trierer Mosaiken, die eindrücklich bestätigen, wie sehr sich zumindest die römische und romanisierte Oberschicht der germanischen Provinzen der griechischen Welt verbunden fühlte. In dieselbe Richtung verweisen die zahlreichen der griechischen Sagenwelt entlehnten Sequenzen, die – wie die jüngsten Entdeckungen der Archäologie in Deutschland so anschaulich zeigen – im Repertoire der römischen Wandmaler eine so bedeutende Rolle spielten. Die Schöpfer dieser Wandbilder sind unbekannt. Immerhin deuten die Neuentdeckungen von Köln, Bonn und Xanten daraufhin, daß es sich um Werke einer rheinischen Malerschule handelte, die in hadrianischer Zeit in der Provinzhauptstadt „nach guten italischen Musterbüchern" arbeitete.

Solche Werkstätten widmeten sich auch den plastischen Künsten, der Steinbildhauerei vor allem, die dem römischen Deutschland ungezählte Grabmäler, Weihealtäre und Kultbilder geschenkt hat. Den höchsten Ruhm in dieser Sparte genießen noch immer die schon genannten Neumagener Reliefs, die ausgerechnet auf Grabdenkmälern Bilder von kraftvoller Wirklichkeitsnähe und vulgärer Daseinsfreude übermittelt haben. Große Kunst sind sie allerdings nicht. Große Kunst ist in den germanischen Grenzprovinzen nur selten entstanden. Die vielbewunderten Schaustücke in den deutschen Museen sind durchweg Importe aus dem Mutterland. Und doch kommt dieser Provinzkunst eine erhebliche Bedeutung zu. Die Kulturhistoriker verdanken ihr zahlreiche Stichworte und Einsichten.

**Frau Venus als Spindheilige**
Ihre fast unübersehbare Produktion hat zum Beispiel weit mehr als alle schriftlichen Quellen die ungemein bizarre und reichgegliederte Szene der religiösen Verhältnisse in den germanischen Provinzen erhellt. Die Steinmetzen lieferten tausende und abertausende von Weihesteinen, mit denen sich die Spender ihren Lieblingsgöttern erkenntlich zeigten, und unübersehbare Mengen von kleinformatigen Devotionalien für den Alltag zu Hause oder in der Kaserne. Die keramischen Werkstätten und die Ateliers der Bronzegießer warfen ganze Armeen von Götterstatuetten auf den Markt, Jupiterstatuetten vor allem, die den Herrn des Olymp als bärtigen, kräftig gebauten Barockgott darstellen, ganz thronende Majestät, in der Hand das Blitzebündel, Sinnbild seiner Macht und seines göttlichen Zorns. Auch Venusfiguren hat die von römischen Legionären eroberte, besetzte und bewachte germanische Erde sozusagen in Legionsstärke freigegeben: hübsche, meist unbekleidete Frauenzimmer mit schwellenden Formen, die man sich recht gut als Spindheilige römischer Soldaten vorstellen kann; desgleichen Regimenter von „Herkulessen", den antiken Muskelmännern und Allesbezwingern (wie den Mainzer Hirschjäger oder den athletisch gebauten Ringkämpfertyp aus der Götzenburg Jagsthausen, deren stilistische Merkmale an Werke des griechischen Bildhauers Lysipp erinnern).

Jupiter, Venus, Herkules – solche Namen besagen, daß der antike Götterhimmel oder, wenn man so will, die römische Nationalreligion, ergänzt um den Kaiserkult, selbstverständlich auch in den germanischen Provinzen Eingang fand, mit all den dazugehörigen Bauten und dem obligaten rituellen Zubehör.

Das Imperium hatte jedoch keinen religiösen Ehrgeiz. Missionarische Ambitionen waren ihm fremd. Seine Legionen zogen nicht aus, Herzen und Hirne zu erobern. Sie maßten sich nicht an, die Freiheit, die Liebe und das Paradies zu bringen. Die Herrschaft des Reiches gründete sich auf die Macht seiner Waffen, seiner Gesetze, seiner Ordnung, nicht auf metaphysischen oder pseudophilosophischen Ansprüchen.

Das gab ihm, bei aller Härte und Brutalität, der es bei der Verfolgung seiner Ziele fähig war, ein hohes Maß an Toleranz. Wenn man von den kultischen Pflichtübungen für den jeweiligen Kaiser absieht, war Religion ausschließlich Privatsache, die von keiner übergeordneten Instanz beeinflußt oder gar gelenkt wurde. Jedermann hatte das Recht, sich seinen eigenen Götterhimmel anzulegen und unter dem Dach seines Hauses soviel metaphysisches Hauspersonal zu halten, wie es seinen Wünschen entsprach.

So gab es, um ein Wort des älteren Plinius zu zitieren, in den Ländern des Imperiums mehr Götter als Menschen. Altäre und Altärchen, an denen die Himmlischen mit Wein und Kuchen genährt und mit Weihrauch umnebelt wurden, gehörten fest zum Inventar – auch in den germanischen Grenzprovinzen.

**Mythologische Koexistenz**
Die Traditionen und Gewohnheiten des Mutterlandes wurden dabei bedenkenlos übernommen. Außer den ständig wiederkehrenden Formeln – die häufigste ist die Buchstabenfolge VSLLM (Votum Solvit Laetus Libens Merito – Der Geber hat hiermit sein Gelübde voll Freude gern erfüllt, wie es der Gott verdient) – erinnern auch die Götterdarstellungen an die einschlägigen Produktionen des Mittelmeerraumes. Während die Frühzeit noch die mehrköpfigen, gehörnten oder mit Hirschgeweihen ausgerüsteten Gestalten der keltogermanischen Mythologie kennt, wurden die Repräsentanten der heimischen Götterwelt den Angehörigen des olympischen Ensembles später immer ähnlicher.

Das heißt: das heimische Götteraufgebot wurde

kurzerhand vereinnahmt. Die Römer lösten das schwierige Problem der mythologischen Koexistenz dadurch, daß sie ihre eigenen Götter mit denen der unterworfenen identifizierten – und umgekehrt. Tacitus hat diesen Vorgang *interpretatio Romana* genannt und damit die noch heute gebräuchliche gängige Formel geprägt.

Der Alltag der germanischen Grenzprovinzen liefert für diese Praxis zahlreiche Beispiele. Der römische *Mercurius* – als latinisierter Hermes sozusagen Superminister von Wirtschaft, Verkehr und Wissenschaft – war als *Mercurius Augustus* der Protektor der römischen Kolonisation. Doch begegnen wir ihm auch in anderer Gestalt. Als *Mercurius Arvernus* erinnert er an die in Südfrankreich beheimateten keltischen Arverner. Auch der keltische *Cissonius*, ein ostgallischer Haupt- und Staatsgott, ging eine Namensehe mit ihm ein. Zwischen Heidelberg und Miltenberg gab es einen *Mercurius Cimbrianus*. Und die niederrheinischen Germanen verehrten einen *Mercurius*, in dem viele Forscher das Urbild des Wotan zu erkennen glauben. *Mars* und *Hercules* übertrugen einen Teil ihrer Eigenschaften und Zuständigkeiten auf *Ziu* und *Donar*. Ein *Lenus Mars* war im Trierer Land, ein *Apollo Grannus* bei Baden-Baden zu Hause. *Hercules Magusanus* genoß am Niederrhein hohe Verehrung.

Die Besatzer suchten aber auch gute Beziehungen zu den heimischen Götterkabinetten herzustellen. Die Neußer Legionäre erwiesen der germanischen *Sunuxal* militärische Ehren. Soldaten des Kaisers Severus Alexander vertrauten ihr Schicksal der Göttin *Hludana* an. Ebenso standen die *Matronen*, eine keltogermanische Trias ländlicher Schutzgöttinnen, bei den Legionen in hohem Ansehen. Mit germanischen Gardereitern fanden die freundlichen Feld-, Wald- und Wiesenpflegerinnen sogar den Weg vom Rhein zum Tiber – genau wie die keltische *Epona*, die Pferdegöttin der reitfreudigen Treverer, auf die auch die Freunde des Turf in Rom gern ihre Hoffnungen setzten.

### Die nahöstlichen Kulte

Ein wichtiges Ferment im religiösen Stoffwechsel der *Germania Romana* waren schließlich die orientalischen Religionen. Mit nahöstlichen Soldaten und mittelmeerischen Händlern, Handwerkern und Sklaven in die Mosel-Rhein-Donau-Provinzen gelangt, fanden sie in dem lebhaften Geist und der Sensibilität des hier ansässig gewordenen Völkermischmaschs einen überaus fruchtbaren Nährboden. Schrittmacher ihres Erfolges war der vom Beginn des 2. Jahrhunderts überall im Imperium grassierende Massenaberglaube persisch-ägyptischer Herkunft. Entscheidend für ihre Verbreitung war jedoch die Tatsache, daß sie mit ihren Jenseitsversprechungen die Herzen und Seelen der unsicher gewordenen Menschen der Spätantike stärker ansprachen als die alten Götter (und ihre „interpretierten" keltogermanischen Verwandten). So haben die hellenistisch-orientalischen Sekten mit der zunehmenden Gefährdung des Lebens die alten Religionsvorstellungen auch in den germanischen Grenzprovinzen mehr und mehr überwuchert. Die ägyptische *Isis* – um nur die wichtigsten Ableger der nahöstlichen Großkulte zu nennen – ist nicht nur in der Schweiz und in Österreich, sondern auch im Frankfurter Raum belegt; auch in Mainz, in Bonn und Köln bestanden Filialen der ägyptischen Toten- und Schiffergöttin. Aus Kleinasien kam der Kult der Großen Göttermutter vom Ida-Gebirge, kurz *Kybelekult* genannt, dessen tiefe, noch im 4. Jahrhundert festzustellende Wirkung am sichtbarsten die Neußer „Blutgrube" bezeugt. Doch hat man auch in Augst und Windisch, in Baden-Baden und in Heidelberg, in Mainz und in Köln unübersehbare Spuren der *Kybele*-Verehrung entdeckt. Während die *Große Mutter* – und ihr schöner, junger Geliebter *Attis* – vor allem die Frauen anzog, war der persische Lichtgott *Mithras* vornehmlich das Idol der Soldaten. Dieser kämpferischste aller importierten Götter hat die germanische Militärgrenze im 2. und 3. Jahrhundert souverän beherrscht – Limesland war *Mithras*-Land. Lediglich der in Syrien beheimatete *Jupiter Dolichenus*, ein blitzeschleudernder, beilschwingender Stierreiter, hat ihm in dieser Hinsicht einige Konkurrenz gemacht. Auch *Mithras*, der „Unbesiegbare", der als Überwinder des Urstieres gewissermaßen der Schöpfer der Welt wurde, hat sich bis ins 4. Jahrhundert behauptet. Auch er hat, genau wie *Isis* und *Kybele*, *Sabazios* und *Semele* und wie sonst die Erlöserfiguren der Mysterienkulte hießen, erst vor dem jungen Christentum kapituliert.

### Wiege des christlichen Deutschlands

Wo das erste Vaterunser in Deutschland gesprochen wurde, wissen wir nicht. Keine Chronik berichtet von den frühen Christengemeinden an Mosel, Rhein und Donau. Wir kennen weder ihre Anfänge noch ihre Schicksale. Und doch haben wir heute eine ziemlich genaue Vorstellung von der Christianisierung der westlichen Landesteile Deutschlands.

Die literarischen Quellen fließen spärlich, überliefern aber erstaunliche Fakten. Schon der heilige *Irenäus*, der um 177 Bischof von Lyon wurde, spricht in einer Streitschrift von „den in Germanien gegründeten Kirchen". *Tertullian* von Karthago, sein etwas jüngerer Zeitgenosse, bestätigt diesen Hinweis durch den Satz, daß Christus auch bei den Skyten, Dakern und Germanen herrschte. Und *Sozomehos*, ein Advokat aus Byzanz, der um die Mitte des 5. Jahr-

hunderts die Kirchengeschichte des *Eusebius* fortsetzte, erzählt von christlichen Priestern, die während der Kriege des *Gallienus* (260–268) im Rheinland von den Barbaren gefangengenommen wurden, diese aber durch die Macht ihrer Frömmigkeit dazu bekehrten, sich taufen und „der Kirche einverleiben" zu lassen.
*Eusebius* selbst nennt zum ersten Mal einen rheinischen Bischof, und zwar *Maternus* von Köln, der 313 in Rom zusammen mit zwei gallischen Kirchenfürsten als Schlichter in einem theologischen Streit auftrat. In der gleichen Angelegenheit begegnen wir ein Jahr später in Arles dem Bischoff *Agritius* von Trier. Trier wird von da an häufiger genannt: Kirchenvater *Ambrosius* (vielleicht in der Mosel-Residenz geboren) weilte 383/84 in diplomatischer Mission in der Kaiserstadt. *Hieronymus* ging hier seinen Studien nach, und nach *Sulpicius Severus* wurde die Bekehrung des heiligen *Augustin* durch einen Bericht „über das schnelle Aufblühen und den Bekennermut" der christlichen Gemeinde Triers bewirkt.
Um in Trier zu bleiben – hier haben Grabungen den Nachweis erbracht, daß bereits die altchristliche Bischofskirche an der Stelle des heutigen Doms stand. Ein riesiges Bauwerk: eine Doppelkathedrale von 110 mal 112 Meter Grundfläche, in deren beiden nebeneinanderliegenden Basiliken nicht weniger als zwölftausend Menschen Platz fanden – die größte Kirche, die je in Deutschland gebaut wurde.
Auch die Geschichte des Kölner Doms ist nach den Grabungen der letzten Jahre bis in die römische Zeit zurückzuverfolgen. Wenn auch noch viele Detailfragen zu klären sind, so steht doch fest, daß die frühchristliche Bischofskirche genau unter der Vierung des heutigen Doms lag, daß sie mit ihrer Südostecke die nordöstlich-rückseitige Ecke des Mercurius-Augustus-Tempels berührte und daß dieser Tempel ihr im letzten Viertel des 4. Jahrhunderts weichen mußte.
Aber nicht nur der Dom wurzelt in römischer Zeit. Köln kennt eine Reihe von Gotteshäusern, deren Fundamente schon in römischer Zeit gelegt wurden. Eine Tafel in der Südwand des Chores von *St. Ursula* berichtet, daß ein gewisser *Clematius*, ein Mann von „senatorischem Rang", „durch gottgesandte, feurige Gesichte wiederholt gemahnt" diese Basilika (nach Grabungsbefund 22 Meter lang und 18 Meter breit) aus eigenen Mitteln wiederherstellen ließ. *St. Maria im Kapitol* steht auf den Resten des kapitolinischen Tempels und bewahrt im Grundriß die drei Zellen, in denen Jupiter, Minerva und Juno verehrt wurden. Unter *St. Severin* sind die Fundamente der römischen Friedhofskirche konserviert, mit denen die Geschichte des Kölner „Süddoms" am Anfang des 4. Jahrhunderts begann. Der Urbau von *St. Gereon*, ein ovales Dekagon von 23 Meter Länge und 20 Meter Breite, das bereits in konstantinischer Zeit entstand, lebt in dem heutigen romanischen Gotteshaus weiter.
Wie *St. Gereon*, *St. Severin* und *St. Ursula* in Köln umschließen auch der Xantener Dom, die Stiftskirche *St. Quirinus* in Neuß und das Bonner Münster antike *cellae memoriae*. Auch sie gingen aus Märtyrergedenkstätten hervor, in denen an gemauerten Tischen und umlaufenden Sitzbänken Gedächtnismähler veranstaltet wurden – ein Brauch, den die jungen Christengemeinden von heidnischen Sekten übernahmen.
Die Ergebnisse der Kirchengrabungen – einer der jüngsten Sparten der Bodenforschung – werden durch die Funde zahlreicher frühchristlicher Grabsteine und Kunstgegenstände ergänzt, die sich auf Trier, Köln und den Mittelrhein konzentrieren. Hier also wird die Wiege der Christenheit in Deutschland gestanden haben. Dieser Befund paßt in das historische Bild. Es waren nicht Missionare, die die Botschaft des neuen Glaubens von der zweiten Hälfte des 2. Jahrhunderts an in den germanischen Grenzprovinzen verkündeten, sondern Händler, Handwerker und kleine Gewerbetreibende, die zum überwiegenden Teil aus den Randzonen des östlichen Mittelmeeres kamen. Ihre Vorstellungen und Sehnsüchte schlugen zunächst in den Vorstädten Wurzeln, in den Quartieren der kleinen Leute, die ihre bedrängten Herzen der „frohen Kunde" am bereitwilligsten öffneten und hernach der Sauerteig der mählich fortschreitenden Christianisierung wurden.
Die entscheidenden Fortschritte sind allerdings erst von der zweiten Hälfte des 3. Jahrhunderts an festzustellen, als nach dem Zusammenbruch des Limes der zweihundertjährige Friede am Rhein in die Jahrhunderte der Unruhe, des Niedergangs und der ständigen Gefährdung überging.
Das Ende aller Dinge vor Augen, fühlten sich auch in der *Germania Romana* immer mehr Menschen von der Lehre Jesu Christi angesprochen, die versprach, was ihnen hier nicht mehr zuteil wurde: Glaube, Liebe, Hoffnung – und ein besseres Jenseits, nach einem elenden Erdenleben.
Ein psychologisch leicht zu erklärender Vorgang, der dennoch welthistorische Dimension gewann – obwohl aus der Not der Spätantike geboren, war es doch die frühchristliche Kirche, die die Fackel antiken Denkens, die das Licht antiker Weisheit und Humanität weitergab.

# A

## AACHEN

Als „Lieblingspfalz" und späterer Begräbnisplatz Karls des Großen und Krönungsstadt deutscher Könige von 936 bis 1531 nimmt Aachen unter den historischen Stätten Deutschlands einen besonderen Rang ein. Die karolingische Pfalzkapelle und der Marmorthron Karls des Großen gehören zu den bedeutendsten Zeugnissen frühmittelalterlicher deutscher Geschichte.

Aachen ist indessen nicht nur bedeutend als Schauplatz historischer Ereignisse. Durch seine Quellen, die zu den heißesten Mitteleuropas gehören, genießt die Stadt als Kur- und Badeort internationalen Ruf. Diese seit Urzeiten sprudelnden Heilquellen sind es auch, die Aachen mit der Geschichte des römischen Deutschlands verknüpfen. Zwischen 89 und 120 n.Chr. bauten dort Pioniertruppen der VI. in Novaesium (→ Neuss) stationierten Legion und der XXX. Legion aus Vetera (→ Birten) weitläufige Militärbäder, in denen die Soldaten des niedergermanischen Heeres Heilung von Krankheiten finden und neue Kräfte für ihren anstrengenden Dienst sammeln konnten.

Nach neuesten Forschungen lagen die römischen Bäder im Herzen der heutigen Stadt zwischen Dom und „Büchel", einer Straße nordöstlich des Domes. Die Anlagen umfaßten in der Gestalt eines großen zusammenhängenden Heilbezirks zwei Thermen (an der Stelle des Domes und am Büchel) mit Umkleideräumen, Wannenbädern, Latrinen und Schwimmbekken, von denen eines die auch nach heutigen Vorstellungen beachtliche Größe von 16 x 6,40 m aufwies. Zwischen den beiden Thermenkomplexen lag ein von einer Säulenhalle umgebener Kultplatz mit, soweit bisher festgestellt werden konnte, zwei verschieden großen gallorömischen Umgangstempeln und einer überwölbten Quellfassung, die vermutlich ein Heiligtum (Nymphaeum) war.

Die Römer nannten die Bäder „Aquae Granni", die Quellen des Grannus, nach dem keltischen Wassergott Grannus, als Heilgott von den Römern mit Apollo gleichgesetzt. Man nimmt an, daß schon seit vorrömischer Zeit, als die Gegend von dem keltisch-germanischen Stamm der Eburonen bewohnt war, das Hauptheiligtum des Gottes bei diesen Quellen lag.

Der lateinische Name „Aquae Granni" ist weder in der antiken Literatur noch durch Inschriften bezeugt. Er hat sich aber offenbar bis in die karolingische Zeit erhalten. In lateinischen Texten dieser Epoche erscheint er als „apud Aquasgrani" oder „Aquisgrani" (bei oder zu den Quellen des Grannus) oder einfach als „Aquis". Der lateinische Name lebt bis heute in der italienischen und spanischen Bezeichnung für Aachen fort („Aquisgrana", bzw. „Aquisgran"). Der deutsche Name „Aachen", so wird angenommen, leitet sich von dem fränkischen Wort „ahha" für Wasser ab.

Ein aus der ersten Hälfte des zweiten nachchristlichen Jahrhunderts stammender Weihealtar für Apollo, der 1957 an der Schwertbadquelle in Aachen-Burtscheid entdeckt wurde (jetzt im Treppenaufgang des ersten Stocks des Rheinischen Landesmuseums in Bonn als Leihgabe aufgestellt), gilt als Kultbild des Apollo Grannus.

Das Relief der Vorderseite zeigt den thronenden Gott mit Köcher und Bogen auf dem Rükken. Er hält in der linken Hand die Leier und in der rechten das „plektrum", den kurzen Stab aus Metall oder Elfenbein, mit dem die Leier geschlagen wurde.

Der Kopf des Gottes ist zerstört, eine Erscheinung, die auch von anderen Götterbildern bekannt ist. Sie geht vermutlich auf eifernde Christen zurück, die damit der heidnischen Gottheit ihre magisch-religiöse Kraft zu nehmen glaubten. Die Inschrift nennt als Stifter des Altars einen hohen römischen Offizier, Lucius Latinius Macer, Sohn des Lucius, aus der tribus (Stimmkörper) Publilia, gebürtig aus Verona, ehemals „primus pilus" (ranghöchster centurio) der IX. Spanischen Legion und zur Zeit der Weihung des Altars im Rang eines „praefectus castrorum" (Lagerkommandant). Er stiftete den Altar für sich und seine Angehörigen in Erfüllung eines Gelübdes, wie der Gott es verdient hatte ("votum solvit libens merito"), sicherlich aus Dankbarkeit für seine Genesung an den Quellen des Heilgottes.

Die Legio IX Hispana nahm im Jahre 43 n. Chr. an der Eroberung Britanniens teil und stand bis in die Zeit Hadrians (117–138) in Eburacum (York) in England.

Als Hinweis auf ein weiteres keltisches Heiligtum bei den Aachener Quellen wird der Votivstein angesehen, der dem Mercurius mit dem sonst unbekannten und unerklärt gebliebenen Beinamen „Susurrio", dem Flüsterer, geweiht ist. Der Stein wurde 1910 zwischen den beiden Ostpfeilern der Pfalzkapelle gefunden, wo er als Fußplatte des Petrusaltars gedient hatte. (Er ist jetzt im Treppenhaus des Stadtarchivs, Fischmarkt 3, aufgestellt, nachdem er fast ein halbes Jahrhundert unter freiem Himmel gestanden hatte.) Nach der Inschrift war Stifter des Steines Victorinus, Sohn des Vadinius. Die ersten drei Buchstaben des Götternamens sind getilgt, wahrscheinlich eine symbolische „Enthauptung" des Gottes zur Zeit der Christianisierung des Landes.

gerliche Siedlung, die in spätrömischer Zeit ein Industriegelände mit Töpfereien, Bronze- und Messingwerkstätten und wahrscheinlich auch Glashütten besaß. Die jüngste in Aachen gefundene Münze datiert aus der Zeit des Kaisers Gratian (375–383).

Was zwischen dem Rückzug der Römer und dem Wiederaufleben der Siedlung in karolingischer Zeit in Aachen geschah, darüber läßt sich nur mutmaßen. Die römischen Bäder mit ihren Bauten fielen wahrscheinlich in Trümmer, aber die Kontinuität der Siedlung blieb erhalten. Mit dem lateinischen Ortsnamen, der dann in mittelalterlichen Urkunden wieder ans Licht trat, bewahrte die bodenständige Bevölkerung manche der technischen Errungenschaften der Römerzeit, bis gegen Ende des 8. Jahrhunderts Pippin, der Vater Karls des Großen, und Karl der Große selbst in den verfallenen Bauten der Römer ihre Königshöfe errichteten.

Vom römischen Aachen sind nur wenige Spuren sichtbar. Eine nach dem II. Weltkrieg im römischen Thermenbezirk am Büchel in einzelnen Stücken gefundene römische Säule mit korinthischem Kapitell ist vor dem Kaiserbad in

*Aachen, Römische Säulenhalle*

Aus einer Bemerkung des Cassius Dio (155–235 n.Chr.) in seiner „Römischen Geschichte", daß Carcalla (211–217) bei den Quellen der großen Heilgötter, unter anderem auch bei dem keltischen Gott Grannus, Genesung von seiner schweren Krankheit gesucht habe, hat man geschlossen, daß der Kaiser auch in Aachen zur Kur geweilt habe.

Wegen der günstigen Verkehrslage der Bäder mit Verbindungen nach Trier und zu der großen Durchgangsstraße von Köln über Jülich-Maastricht nach Reims – die römische Ortsstraße ist bis heute im Zug der Jakob- und Großkölnstraße erhalten – entwickelte sich bald eine bür-

der Buchkremerstraße wieder aufgerichtet worden. Ein Teilstück der Säulenhalle des Tempelbezirks kam 1970 zutage. Die Bogen sind an der Rückwand der Oberlichthalle des Rheinischen Landesmuseums in Bonn mit den Originalteilen rekonstruiert. Ein Abguß steht an der Fundstelle. Die römischen Arkadenfragmente bilden einen malerischen Kontrast zu der mittelalterlichen Architektur des nahen Domes und erinnern wirkungsvoll an die römische Vergangenheit der Stadt. Teile einer römischen Fußbodenheizung und einer römischen Wasserleitung sind im Keller des Ungarnbades in der Buchkremerstraße erhalten.

Auch der Besucher des karolingischen Aachen trifft auf mancherlei Spuren des römischen Altertums. Das ist die Folge des geschichtlichen Ereignisses, das man als die „karolingische Renaissance" zu bezeichnen pflegt. Ihr politischer Gehalt bestand in der Idee, das fränkische Königtum mit dem römischen Kaisertum zu verbinden. Die Stellung des fränkischen Königs als neuer römischer Imperator sollte auch im Bild der fränkischen Königsresidenz in Erscheinung treten. Aachen sollte das „neue Rom" werden. So ließ Karl der Große Denkmäler der römischen Antike nach Aachen schaffen. Einige der Porphyr- und Granitsäulen im Mittelgeschoß der Pfalzkapelle stammen aus römischen Bauwerken in Rom und Ravenna.

Ursprünglich waren alle Säulen im Mittelgeschoß antik. Da sie lediglich der künstlerischen Wirkung dienten und keine statische Funktion hatten, konnten sie von den Franzosen 1794 ausgebaut und nach Paris verbracht werden. Nur ein Teil der Säulen wurde 1814 zurückerstattet. Die fehlenden Säulen und Kapitelle sind durch Nachbildungen ersetzt.

Teile von römischen Säulen (Schäfte und Kapitelle) von Fundplätzen in Aachen sind im Kreuzgang an der Nordwestecke des Domes ausgestellt.

Der Thron Karls des Großen in der Pfalzkapelle besteht ganz aus Resten antiken parischen Marmors. Auf der Außenseite der südlichen Wange sind ein Mühlespiel eingeritzt sowie Graffiti aus vorkarolingischer Zeit, wie sie etwa auf Fußböden antiker Tempel vorkommen. Sie wurden entdeckt, als man die Backsteinwände beseitigte, mit denen der Thron zum Schutz gegen Zerstörung nach dem ersten schweren Luftangriff auf Aachen im Jahre 1941 umgeben worden war.

Man hat sich gefragt, warum Karl der Große diese durch Gebrauch schadhaft gewordenen Platten für einen so erhabenen Gegenstand wie den Kaiserthron verwendete. Felix Kreusch vermutet, daß die Platten aus einem bedeutenden Bau des Altertums stammten und Karl der Große gerade sie von dieser Stelle trotz ihrer Schäden haben wollte. „... er hätte für seinen Thron sicherlich frische, unbeschädigte Platten verwenden können. Solche hätten aber für ihn nicht die durch ihre frühere Verwendung geheiligte Bedeutung gehabt."

Ein fast ein Meter hoher bronzener Pinienzapfen und die Bronzeskulptur einer sitzenden Bärin (manchmal fälschlicherweise als Wolf bezeichnet) in der Vorhalle des Domes stammen gleichfalls aus römischer Zeit. Sie standen ehemals im Vorhof der Pfalzkapelle. Die Bärin, so wird angenommen, ist Teil eines Standbildes der keltischen Göttin Artio, auch „Dea Arduinna" genannt, einer Wald- und Heilgöttin, Göttin der Eifel und der Ardennen. Das dazugehörige Bild der Göttin wurde wahrscheinlich in der Zeit des frühen Christentums entfernt, wie das abgesägte und nur roh ergänzte linke Vorderbein des begleitenden Bärentieres noch erkennen läßt. Der Pinienzapfen – wahrscheinlich eine Gußarbeit der römischen Kaiserzeit mit mittelalterlichen Ergänzungen – bildete wie sein Gegenstück, die pigna im Atrium von Alt-St. Peter in Rom (heute im Belvederehof des Vatikans), mit Wasserspeiern in den Schuppen die Krönung eines Brunnens.

Eine mittelalterliche und nur teilweise erhaltene Inschrift auf dem Pinienzapfen preist die vier Flüsse des Paradieses – Pison, Gihon, Tigris und Euphrates – als den Ursprung allen Wassers und nennt einen Abt Udalrich als Stifter der Bronze.

Der aus dem 2. Jahrhundert n. Chr. stammende römische Proserpinasarkophag – das Relief auf dem Sarkophag stellt die Sage vom Raub der Proserpina durch Pluto dar – jetzt auf dem Michaelschor in der Nikolauskapelle zwischen Pfalzkapelle und Kreuzgang aufgestellt, enthielt die Gebeine Karls des Großen, bis sie 1165 von Barbarossa erhoben und 1215 im Karlsschrein niedergelegt wurden. (Der Karlsschrein steht auf einem Podest im Abschluß des Domchores, der im 15. Jahrhundert an die Pfalzkapelle angefügt wurde).

Schließlich sei noch auf eine besondere Kostbarkeit des römischen Altertums hingewiesen: eine Kamee aus braunrotem Sardonyx mit dem Profilkopf des Kaisers Augustus aus der frühen Kaiserzeit. Sie schmückt das sogenannte Lotharkreuz (in der Schatzkammer des Domes), ein Vortragkreuz aus dem 14. Jahrhundert, das besonders bei Krönungsfeierlichkeiten verwendet wurde.

**Museum der Stadt Aachen**
in der Burg Frankenberg. Bismarckstraße 68. – Die Burg wurde im 13. Jahrhundert als Wohnsitz eines Adelsgeschlechts außerhalb der ersten Stadtbefestigung erbaut und wiederholt umgebaut und restauriert, zuletzt nach dem II. Weltkrieg. Nach mancherlei Schicksalen, darunter Ausbau zu einem „landtagsfähigen Rittergut", erhielt die Burg im Jahre 1961 ihre jetzige Bestimmung als Heimatmuseum.

Eine kleine Sammlung römischer Fundstücke aus Aachen und Umgebung befindet sich in den Räumen des Burgturms (u. a. ein spätrömisches Säulenkapitell sowie ein keltisches Kopfrelief). Beides sind Funde aus einer Grabung in der Bücheltherme. In den Standvitrinen sind neben mittelalterlicher Keramik Töpferwaren der Römerzeit aus dem 2. bis 4. Jahrhundert n. Chr. ausgestellt, darunter Terra Sigillata, eine Reibschüssel (mortarium), eine Bilderschüssel, ein zweihenkeliger Becher und Henkelkrüge, ein Krug in der Form eines Fasses mit vier Öffnungen. Unter römischen Bronzegegenständen befinden sich Nadeln, eine Klappschere, Löffel, ein Rasiermesser.

## AALEN

Der Ortsname bewahrt bis heute die Erinnerung an ein römisches Kavallerieregiment (ala), das vor 1800 Jahren hier in Garnison lag. Die „Ala II Flavia pia fidelis Domitiana milliaria" – so lautet der volle Titel des 1000 Mann starken Regiments – war unter Kaiser Vespasian (69 – 79 n.Chr.), dem Begründer der flavischen Dynastie, nach Abschluß der Kämpfe um den Thron und Unterdrückung des batavischen Aufstandes 69/70 aus restlichen Auxiliareinheiten im Rheinland aufgestellt worden.

Die Ehrentitel „pia fidelis Domitiana" (die pflichtbewußte und getreue mit dem Beinamen Domitiana) erhielt die Ala gemeinsam mit allen anderen Verbänden des niedergermanischen Heeres, einschließlich der Rheinflotte, für loyale Haltung während des Aufstandes 88/89 des Mainzer Legaten L. Antonius Saturninus gegen Domitian. Bald nach diesem Ereignis wurde das Regiment nach Aquileia (→ Heidenheim), etwa 20 km südlich von Aalen, verlegt. Von dort kam es um etwa 150 nach Aalen in die unmittelbare Nähe des rätischen → Limes, seit Caracalla (211 – 217) die rätische Mauer. Es hielt diese Stellung mehr als hundert Jahre bis zur Eroberung des Limes durch die Alamannen um etwa 260.

Den Grundriß des unter Kaiser Antoninus Pius (138 – 161) errichteten Kastells der Ala bildete ein nicht ganz regelmäßiges Rechteck mit abgerundeten Ecken, Eck- und Zwischentürmen und vier Toren. Jedes Tor war von Türmen flankiert und hatte zwei Durchfahrten. Das Stabsgebäude (principia) bestand entsprechend den für alle Kastelle geltenden Richtlinien aus einer großen Torhalle über der Hauptlagerstraße (via principalis), der Verbindungsstraße zwischen dem rechten und linken Lagertor, einem Mittelhof, an dessen Seiten Büros und andere Diensträume lagen, und einer Querhalle. In der Mitte einer rückwärtigen Zimmerreihe lag in einer Apsis das Fahnenheiligtum (sacellum), religiöses Zentrum des Lagers, in dem die Feldzeichen und das Bildnis des regierenden Kaisers aufbewahrt wurden. Ein Keller unterhalb des sacellum diente zur Unterbringung der Truppenkasse und der Ersparnisse der Soldaten. Die Kasernen im Inneren des Kastells entsprachen in ihrem Aussehen den Innenbauten, die man im Kastell Heidenheim nachgewiesen hat. Im vorderen Teil des Kastells (praetentura) waren 16 Kasernen für je eine turma (Schwadron) und im rückwärtigen Teil (retentura) 8 Turmenkasernen untergebracht. (Eine turma bestand aus 42 Reitern.) Dazu kamen Stallungen für etwa 1115 Pferde.

Über das zum Kastell gehörige Lagerdorf (vicus) gibt es nur spärliche Hinweise. Siedlungsspuren sind vor allem im Nordosten und Südwesten des Kastells entdeckt worden. Reste eines größeren Badehauses wurden nordöstlich des Nordtores festgestellt; es wird neben dem Militär auch der Zivilbevölkerung zugänglich gewesen sein.

Mit dem Kastell von Aalen verbinden sich einige Superlative: Es war das größte Auxiliarlager am Limes. Das 2. Flavische Reiterregiment war die stärkste Kavallerieeinheit der am Limes stationierten Streitkräfte, „die vornehmste Auxiliartruppe Rätiens". Der Regimentskommandeur (praefectus alae) war der ranghöchste Offizier der rätischen Auxiliarverbände nach dem Provinzstatthalter (procurator), dem alle Hilfstruppen in der Provinz unterstellt waren, bis etwa zum Jahr 172, als die III. Italische Legion in der Provinz stationiert wurde (zunächst wahrscheinlich bei → Eining und von 179 ab in → Regensburg) und ihr Kommandeur, der „legatus Augusti pro praetore", Statthalter und Oberkommandierender in der Provinz wurde. Etwa die Hälfte des Geländes des ehemaligen Römerkastells wird jetzt vom Friedhof an der St. Johann-Straße eingenommen. Die alte St. Johanniskirche wenige Meter vor dem Ausfallstor (porta praetoria) des Kastells Aalen ist, wie bei Instandsetzungsarbeiten 1973 festgestellt wurde, ursprünglich mit römischen Steinen (Spolien der Lagerbauten und eines Jupiter-Dolichenus-Tempels) erbaut worden. (Die Steine römischer Herkunft sind in den Außenmauern sichtbar gemacht.) In den Fundamenten der abgebrochenen gotischen Ostwand wurde ein Inschriftenstein für Jupiter Dolichenus gefunden (s. u.); er diente wahrscheinlich als Basis für ein Bildnis des Gottes, das in einem außerhalb des Lagers vermuteten Tempel (ähnlich wie bei Kastell → Pfünz) gestanden haben mag. Die Fundamente des linken Lagertores (porta principalis sinistra) wurden 1964 ausgegraben und sind unterhalb des Eingangs zum Limesmuseum (siehe unten) konserviert. (Eine Rekonstruktionszeichnung des Tores auf einer Steinplatte befindet sich an der Ausgrabungsstätte.)

Die St. Johann-Straße verläuft entlang der Nordseite des Kastells. Ein Blick auf die Straße von der Ecke Kastellstraße-St. Johann-Straße gegenüber der Stadthalle vermittelt einen Eindruck von der Größe des Kastells. Ein Grundriß des Lagers am Eingangstor des Friedhofes veranschaulicht die Lage des Kastells innerhalb der modernen Umgebung und zeigt den Standort der vier Tore sowie des Stabsgebäudes im Inneren des Kastells.

Wer in Aalen auf den Spuren der Römer wandelt, kann sich über ihr Leben und Wirken im römischen Württemberg auf dreifache Weise informieren: im Limesmuseum, in den archäologischen Ausgrabungen im Kastell und im römischen Parkmuseum bei der Stadthalle.

Dabei steht das **Limesmuseum** in der St.-Johann-Straße in unmittelbarer Nähe der Stadthalle (Hinweisschilder in der Stadt zeigen den Weg) an erster Stelle. 1963/64 auf dem Gelände des Reiterkastells etwa vier Kilometer vom Limes entfernt als Zweigmuseum des Württembergischen Landesmuseums Stuttgart erbaut, war das Limesmuseum seit seinem Bestehen für alle an Geschichte und Aufbau des römischen Heeres, dem Hauptthema des Museums, Interessierten ein Anziehungspunkt ersten Ranges. Mit dem Um- und Ausbau in den Jahren 1979/81 wurde das Museum Sammelpunkt für die reichen Neufunde aus zahlreichen Notgrabungen der letzten Jahre am obergermanisch-rätischen Limes und ein „Zentrum der Information" über die Geschichte des Limes.

Das umfangreiche Material (Originalfunde, Nachbildungen, graphische Darstellungen, Pläne, Texte, Karten, Modelle und Dioramen) ist in lichten Räumen entlang großer Wandflächen, in frei stehenden Vitrinen und auf „Inselsockeln" weiträumig, aufgelockert und leicht überschaubar aufgestellt, so daß selbst der Anflug von „Schwellenangst" vermieden wird. Ebensowenig stellt sich trotz der Vielfalt der ausgestellten Gegenstände Beklemmung oder Ratlosigkeit ein; denn die Gegenstände sind nach Themengruppen geordnet, die den Besucher „kontinuierlich-methodisch" durch die Ausstellung führen. Man ist vom Augenblick des Betretens an von der Großzügigkeit und dem vorzüglichen Geschmack der Anlage gefangen. So wird der Besuch des Museums auch zum ästhetischen Genuß.

Als besonderer Vorzug für den Besucher erweist sich der reich illustrierte, die Themen der Ausstellung auf breiter wissenschaftlicher Grundlage behandelnde *Führer durch das Museum* von Dr. Philipp Filtzinger (3., erw. Auflage, Stuttgart 1983). Mit seiner Fülle geschichtlicher und kulturgeschichtlicher Details und eingehenden Literaturnachweisen ist das Buch eine hervorragende Quelle der Anregung und Belehrung und ein unentbehrliches Hilfsmittel für den Besuch des Museums.

Die nachfolgenden Bemerkungen sollen dem Leser Aufbau und Umfang der Sammlungen vor Augen führen.

Im Eingangsbereich erinnert eine Büste des Kaisers Antoninus Pius (136–161 n. Chr.) daran, daß während der Regierungszeit dieses Kaisers der *äußere Limes* angelegt und damit zum letzten Mal die Grenzen des Römischen Reiches nach Osten vorgeschoben wurden. Zur Sicherung dieser Grenze wurde damals u. a. das Kastell Aalen gegründet. Auf den Odenwald-Limes, der bis zu diesem Zeitpunkt die Ostgrenze sicherte, wird durch Nachbildungen der in der *Schneidershecke*, einem Wachtturm des Odenwaldlimes, aufgefundenen Sandsteinstatuen von Mars, Salus publica und Victoria hingewiesen (→ Schlossau). Der Grabstein des Titus Flavius Bassus von der Ala Noricorum aus dem 1. Jahrhundert n. Chr. (das Original des Grabsteins befindet sich im Römisch-Germanischen Museum in Köln) veranschaulicht in Uniform und Bewaffnung den Typ der Reiter, die in Aalen stationiert waren. Die Entwicklung der Wachttürme am obergermanisch-rätischen Limes wird anhand originalgetreuer Modelle veranschaulicht. (S. Abb. 3)

Das Obergeschoß, wo der Rundgang beginnt, ist fast ausschließlich dem *Verteidigungssystem des Römerreiches* und in einer Reihe von Einzelthemen dem *römischen Heerwesen* gewidmet. Den Besucher begrüßt zunächst eine Kolossalstatue des Kaisers Trajan (98–117 n. Chr.), eine Nachbildung der Marmorstatue im Louvre in Paris. Die Statue symbolisiert die oberste Befehlsgewalt, die dem Kaiser zustand. So mag auch die überlebensgroße, bronzene Statue ausgesehen haben, deren Bruchstücke am Limestor bei Dalkingen gefunden wurden (Vitrine 1) und mit der wahrscheinlich Kaiser Caracalla dargestellt war (→ Rainau).

Höchst instruktiv sind die ausgezeichneten *Karten* der kaiserlichen und senatorischen Provinzen des Reiches und ihrer Provinzialhauptstädte am Ende der Regierungszeit des Kaisers Trajan; von den Feldzügen des Drusus und Tiberius in Germanien bis zur Elbe (15 v. Chr. bis 6 n. Chr.), die aber dem Reich nicht die von Augustus erstrebte Angliederung der „großrömischen Provinz" (provincia Germanica magna) brachte; seit der Niederlage des Varus im Teutoburger Wald im Jahre 9 n. Chr. war der Rhein wieder, wie zur Zeit Cäsars, die Grenze des Reiches. Als Folge des Scheiterns der „großgermanischen Lösung" entsteht unter den Kaisern Domitian, Hadrian, Antoninus Pius und Caracalla das Grenzsicherungssystem des *obergermanisch-rätischen* Limes, dessen Bauphasen auf einer großflächigen Karte unter der Bezeichnung „Baden-Württemberg wird römisch" verfolgt werden können.

Zu dem auf die Grenzsicherung folgenden Thema *Abwehr eines feindlichen Angriffs* werden die für diesen Zweck erforderlichen militärischen Ausrüstungsgegenstände gezeigt, darunter die Nachbildung eines Horns (cornu), das für die akustische Übermittlung von Befehlen oder auch – wie in einer Zeichnung veranschaulicht wird – von Meldungen über feindliche Annäherungen entlang des Limes von Turm zu Turm bis zum nächsten Kastell verwendet wurde; Wurflanzen (pila), die, von Legionären in Salven geschleudert, den Schild des Gegners unbrauchbar machten und ihn damit zum Nahkampf zwangen.

*Aufbau und taktische Entwicklung der römischen Armee* vom Milizheer der Republik bis zum Berufsheer der Kaiserzeit wird in einem Wandbild dargestellt.

Zum Thema *Bewaffnung der Legion* zeigt ein Foto den Grabstein des C. Valerius Crispus, Soldat der VIII. Legion Augusta, die in Argentorate-Straßburg in Garnison lag und an den rechtsrheinischen Feldzügen unter Vespasian 73–74 und Domitian 83–89 teilgenommen hatte. (Das Original des Grabsteines befindet sich im Museum in → Wiesbaden.) Das Relief verdeutlicht den kriegsmäßig ausgerüsteten Legionär mit Lederhosen, Lederpanzer, Wurflanze, Schwert, Dolch und rechteckigem Schild.

Von Ausrüstungsgegenständen des Legionärs werden gezeigt: in Nachbildungen die Helme von → Neuss und → Worms; eiserner Dolch; Gürtel (cingulum); Nachbildung eines Rechteckschildes (scutum); Wurflanzen; das Original eines Hornmundstückes sowie zwei T-förmige Verbindungsstücke für Griffstange und Rohre eines Hornes. Eine Nachbildung des sog. „Schwertes des Tiberius" veranschaulicht in einem

**Aalen**

Prachtexemplar das Kurzschwert (gladius). (Das Original ist im Britischen Museum. Weitere Einzelheiten siehe Römisch-Germanisches Zentralmuseum in → Mainz.) Ferner: Nachbildungen eines Ovalschildes (parma), von Beinschienen aus Bronze (Originale im Museum in → Regensburg). Soldatenschuhe sowie ein Ziegelbruchstück mit dem Abdruck eines genagelten Soldatenschuhes erinnern daran, daß sich das römische Heer über weite Strecken des Weltreiches zu Fuß bewegte; Fotos von der Trajanssäule in Rom und Zinnfiguren von Soldaten auf dem Marsch zeigen die Art, wie die Soldaten ihr Marschgepäck (Koch-, Eß- und Trinkgeschirr, eiserne Ration) an einer Stange über der linken Schulter trugen. Das schwere Gepäck (Zelte, Lagergerät, Pionierausrüstung, Waffen etc.) wurde von Pferden und Maultieren im Troß befördert.

Fotos von der Trajanssäule und Bildnisse auf Soldatengrabsteinen lassen die verschiedenen Arten von Offiziers- und Soldatenpanzern (Ketten-, Schienen- und Schuppenpanzern) erkennen. Der hier im Bild gezeigte Grabstein des Marcus Caelius, Centurio der XVIII. Legion, im Muskelpanzer (das Original im Museum in → Bonn) illustriert am Beispiel des Verstorbenen, wie militärische Auszeichnungen auf dem Panzer getragen wurden. In einem weiteren Foto von der Trajanssäule sieht man das Eintreffen der von Bonn kommenden Legio I Minervia auf dem dakischen Kriegsschauplatz im Herbst 101 n.Chr. Feldzeichen (Stangenfeldzeichen – signum – und Reiterfahne – vexillum) werden in Zeichnungen vorgeführt.

Die Besatzungen der Wachttürme und Kastelle am rechtsrheinischen Limes wurden ausschließlich von *Hilfstruppen* (auxilia) gestellt. Den Oberbefehl führten die für die einzelnen Abschnitte zuständigen Legionskommandeure (legati legionis) in Mainz (Moguntiacum); Straßburg (Argentorate) und seit 179 n.Chr. Regensburg (Castra Regina).

Die Hilfstruppen waren in Infanterie-Einheiten (cohortes), Kavallerie (alae) und aus Infanterie und Kavallerie gemischte Abteilungen (cohortes equitatae) gegliedert. Die Abteilungen waren entweder 500 Mann (quingenariae) oder 1000 Mann (milliariae) stark; neben den regulären Einheiten gab es Spezialtruppen, wie Bogenschützen und Schleuderer und kleinere Aufklärungs- und Beobachtungsabteilungen (numeri). Die Hilfstruppen wurden überwiegend aus Reichsangehörigen, die nicht das römische Bürgerrecht besaßen, rekrutiert. Römische Bürger konnten als Freiwillige in Auxiliareinheiten dienen. Es kam vor, daß Hilfstruppen das römische Bürgerrecht als Auszeichnung verliehen wurde. Auxiliarverbände führten Namen entweder nach dem ersten Rekrutierungsbezirk (Spanien, Rätien, Thrakien u.s.f.) oder nach der Provinz, in der sie stationiert waren (Cohors Germanica), nach dem Namen eines Kaisers (Ala Flavia) oder eines Offiziers (Ala Longiniana).

Nach Ablauf einer 25jährigen Dienstzeit wurden dem ehrenvoll entlassenen Auxiliarsoldaten für sich und seine Frau, mit der er zusammengelebt hatte, sowie für die gemeinsamen Kinder vom Kaiser das römische Bürgerrecht und das Recht der gesetzlichen Eheschließung verliehen.

Zum Nachweis dieser Rechte im Zivilleben erhielt der Soldat bei seiner Entlassung eine von sieben Zeugen beglaubigte Abschrift des auf einer ehernen Tafel in Rom angeschlagenen kaiserlichen Erlasses. Dieses *Militärdiplom* bestand aus zwei Bronzetafeln und enthielt neben dem Text des Erlasses bestimmenden Text den Namen des Berechtigten und eine Liste der militärischen Einheiten, deren Mitglieder am gleichen Tage entlassen wurden. (Siehe die Nachbildung des „Weißenburger Militärdiploms" in Vitrine 17. Das Original befindet sich in der Prähistorischen Sammlung in → München.)

Fotos von Grabsteinen römischer Auxiliarsoldaten vermitteln einen Eindruck von *ihrem Aussehen und ihrer Bewaffnung* und veranschaulichen gleichzeitig die oben kurz skizzierte Organisation der Auxilia: Pintaius war Feldzeichenträger (signifer) in der 5. Kohorte der Asturen, einem Volksstamm aus dem nördlichen Spanien; Firmus starb als Mitglied einer Kohorte von Rätern, den Bewohnern der Provinz Rätien (nördliches Alpenvorland und Zentral- und Ostalpen); Vonatorix war Kavallerist in der Ala Longiniana, nach dem Regimentskommandeur Longinus benannt; die Ala war in Gallien rekrutiert worden und stand in Bonn. (Die Originale aller drei Grabsteine befinden sich im Rheinischen Landesmuseum in Bonn.) Annaius war Soldat der in Dalmatien ausgehobenen 4. Kohorte von Dalmatiern (das Original im Museum in → Bad Kreuznach); Gaius Romanius Capito hatte als Reiter der in der Provinz Noricum (in den Ostalpen südlich der Donau) ausgehobenen Ala Noricorum gedient (das Original des Grabsteins befindet sich im Mittelrheinischen Landesmuseum in → Mainz). Die Grabinschriften enthalten neben militärischen Angaben auch Einzelheiten aus dem Leben der Verstorbenen, wie Alter und die Zahl der nach dem Jahressold (stipendium) berechneten Dienstjahre.

*Von Ausrüstungsgegenständen der Hilfstruppen* sind zu sehen: Originalteile eines Reiterhelms aus Faurndau bei Göppingen; Reste eines Kettenpanzers; Bruchstücke eines Schienenpanzers; das Langschwert (spatha); Kurzschwert (gladius); Dolch (pugio) Ortbänder (unterer Abschluß der Scheide); Schildbuckel; Geschoß- und Lanzenspitzen; Gesichtshelme (aus Stuttgart-Bad Cannstatt und Welzheim) für Paraden und Reiterspiele; Bruchstücke von Bogenverstärkern; Trensen; Sattelbeschläge; Hufeisen und Hufschuhe; Sporen; Fußfessel mit Schloß; Handfessel; Gürtelbeschläge; Gürtelschnallen; eine Pfeife aus Bein; Beschläge in Form einer Benefiziarierlanze; Messer; Axt; Hacke; Fibeln; ein Stempel mit der Zahl VI.

Das Thema *Festungskrieg* wird in Wandzeichnungen, Fotos von der Trajanssäule und Modellen behandelt. Zu den Belagerungswerkzeugen gehörten Wandeltürme (turres ambulatoriae) und Mauerbrecher, „aries" (Widder) genannt. Die Artillerie bestand aus Torsionsgeschützen, mit denen Pfeile, Speere oder Steinkugeln geschleudert wurden. Die Soldaten gaben den Geschützen Spitznamen, wie „scorpio" (Skorpion wegen des „Stiches", den das Geschütz versetzte) oder „onager", der Name des wegen seines tödlichen „Rückstoßes" gefürchteten Wildesels.

Gezeigt werden Modelle des „scorpio" (Pfeilgeschütz), des „onager" (Schleudergeschütz), eines Wandelturmes und des „Widders" sowie steinerne Geschützkugeln, Pfeile und Bogen und sog. Pila muralia, an beiden Enden zugespitzte und in der Mitte mit einer Handhabe versehene Stäbe, die als Annäherungshindernisse, Abwehrwaffe oder Wurfgeschoß dienten.

Das römische Heer war weitgehend *Selbstversorger*. Die Truppe hatte ihre eigenen Handwerker, Schmiede, Waffenschmiede, Schlosser, Zimmerleute, Tischler, Zeltmacher, Sattler, Schuster und fertigte Ziegel und Töpferwaren an. Das Militär baute Straßen, Brücken, Wasserleitungen und schmiedete Waffen. Szenen solcher Tätigkeiten zeigen Fotos von der

Trajanssäule. Von Werkzeugen der *Pioniere und Handwerker* sind u. a. ausgestellt: Schmiedezange, Feuerschaufel, Faschinenmesser, Amboß, Meißel, eiserne Nägel, Beile, Hacken, Sägeblätter, Löffelbohrer.

Die Einrichtung der Legions- und Kohortenlager wird an Plänen des Legionslagers Novaesium (→ Neuss) und des Kohortenkastells Quintana (→ Künzig) erläutert. Die Form der groma, des Visierinstrumentes des römischen Feldmessers (gromaticus oder agrimensor), mit dem die beiden Hauptlagerstraßen (cardo maximus und decumanus maximus) vermessen wurden, ist aus Zeichnungen zu ersehen. Die groma bestand aus zwei im rechten Winkel sich überkreuzenden Armen, an deren Enden bleierne Lote hingen.

Zum Thema *Reiterkastell Aalen* ist von besonderem Interesse das 1976 aufgenommene Luftbild der principia (Stabsgebäude des Kastells). Die darin kenntlich gemachten Umrisse des Kastellzentrums führten zur Erwerbung des Geländes durch das Land Baden-Württemberg und ermöglichten die systematische Ausgrabung der Fundamente der principia. (Die Luftbildforschung ist ein verhältnismäßig neuer Zweig der Archäologie. Sie beruht auf der Entdeckung, daß antike Bodendenkmäler, die keine Oberflächenspuren hinterlassen haben, oftmals Verfärbungen im Gelände verursachen, die als feine Linien und Streifen auf Luftaufnahmen zutage treten.)

Den *Funden aus dem Kastell Aalen* ist eine Sonderausstellung gewidmet. Gezeigt werden u. a. ein Gesichtshelm (rekonstruiert), ein steinernes Köpfchen des Schutzgeistes der Aalener Reiter; ein goldenes Kettchen mit kobaltblauen Glasperlen; ein vergoldetes Bronzeblech mit eingravierten Darstellungen des Jupiter Dolichenus, der Juno Regina, der Göttin Minerva, Mars, eines Priesters. Das Bronzeblech wurde 1895 im Keller unter dem Fahnenheiligtum des Stabsgebäudes des Kastells Aalen gefunden.

Ein Hinweis, daß Jupiter Dolichenus von den Aalener Reitern verehrt wurde, ergibt sich auch aus dem in den Fundamenten der St.-Johannes-Kirche gefundenen Weihestein, der dem Gott von Titus Vitalius Adventus, decurio (Rittmeister) der Ala II Flavia, für sein und seiner Familie Wohl gewidmet war. Bemerkenswert unter weiteren Funden sind Gegenstände aus Eisen (Geschützbolzen, Lanzenspitzen, Messer, Schlüssel, Nägel, Löffelbohrer, Hufeisen und Hufschuhe) und aus Bronze (Armband, Gürtelschnalle, Glocke, Schildbuckel) und der untere Teil eines der Holzpfosten, die das Dach der Vorhalle trugen.

Funde aus Kastell Lorch, Schirenhof, Böbingen, Buch und Heidenheim enthalten u. a. die bronzene Statuette eines Siegesmals (tropaion). Derartige Zeichen wurden auf Schlachtfeldern an der Stelle errichtet, wo sich der Feind zur Flucht wenden mußte; sie bestehen aus einem Stamm oder Pfahl, der die eroberten Waffen des Feindes trägt. Ferner: bronzener Adler, wahrscheinlich von einem Paradehelm; Bruchstück eines Militärdiploms; zahlreiche Schlüssel, Geschoß- und Lanzenspitzen; ein Fingerring mit Eingravierung; Fibeln; Messer; Hacken; Löffel.

Zu den Lagern der Legionen und Hilfstruppen gehörten *Zivilsiedlungen* mit handwerklichen Betrieben (Töpfereien, Schmiedewerkstätten). Gastwirte und Händler versorgten die Truppen mit Marketenderwaren und anderen, im „Kommiß" nicht erhältlichen Annehmlichkeiten. Die Lagervorstädte von Legionsfestungen hießen „canabae" (Ursprung des Wortes „Kneipe"); die Lagerdörfer der Auxiliarkastelle wurden „vici" genannt.

Die Anlage von Lagerdörfern veranschaulichen Pläne der Lagerdörfer der Kastelle → Saalburg und → Köngen. Vom Leben in den Lagerdörfern berichten Terra-Sigillata-Geschirr, Spielsteine, Würfel, Austernschalen, Schuhe, Bruchstücke von Fensterglas, Fibeln, Lampen, Bronzespiegel, Münzen.

In den Garnisonen herrschte intensives *religiöses Leben*. Man verehrte römische, einheimische und orientalische Gottheiten; unter den einheimischen Gottheiten sind vor allem Epona, die keltische Pferdegöttin, und Sirona, eine keltische Heil- und Gesundheitsgöttin, zu nennen. Besonders beliebt bei den Soldaten war der persische Licht- und Sonnengott Mithras. Er verspricht wirksame Hilfe in der Schlacht und unterstützt die Verteidiger von Wahrheit und Gerechtigkeit im Kampf gegen die Bosheit der Dämonen und der höllischen Mächte. Andere orientalische Gottheiten, deren Kult im römischen Germanien bezeugt ist, sind die ägyptische Gottheit Isis, Jupiter Dolichenus (s. o.) und Kybele, die große Göttermutter aus Kleinasien. Bronzestatuetten verschiedener römischer Götter und Göttinnen geben ein Bild von der Mannigfaltigkeit des römischen Götterhimmels. Unter den Ausstellungsstücken zum Thema *Religion* ist hervorzuheben eine im Hafen von Marseille gefundene Marmorstatue des Jupiter Dolichenus. Sie zeigt den Gott im Soldatenpanzer auf dem Stier stehend, an den sich ein Adler mit ausgebreiteten Schwingen anlehnt; ferner Reliefs von Epona und von Herecura, der Göttin der Unterwelt; eine Säulentrommel mit Gigantenkampfszenen; eine Nachbildung des Mithras-Kultbildes von Osterburken (siehe Beschreibung unter → Karlsruhe). Die Ausbreitung der mithraischen Religion in Obergermanien und Rätien wird auf einer Karte veranschaulicht.

Was der Besucher des Museums aus Texten, Schaubildern, Ausstellungsstücken über das römische Heer und seine Organisation und vom Leben der Soldaten im römischen Deutschland erfährt, wird in einzigartiger Weise ergänzt durch ein *Zinnfiguren-Diorama* „Ein Sommertag des Jahres 213 n.Chr. am rätischen Limes". Das Diorama schildert in einer Folge lebendiger Einzelszenen in einer wirklichkeitsgetreu nachgebildeten schwäbischen Ablandschaft einen Tag im Leben des Reiterkastells Aalen.

Die Zeit ist der Spätsommer des Jahres 213 n.Chr. Auf die Nachricht vom Erscheinen alamannischer Reiterverbände am Limes läßt Caracalla ein großes Heer, bestehend aus Einheiten des obergermanischen und rätischen Heeres, Abteilungen von wohl fast allen Legionen Europas und der Legio II Traiana aus Nicopolis bei Alexandria in Ägypten, für einen Präventivschlag gegen die Alamannen am Limes zusammenziehen. (Der genaue Bereitstellungsraum für diese Armee ist in der Geschichte nicht überliefert; das Diorama verlegt ihn nach Aalen.)

Die Beschreibung beginnt am Ausfallstor (porta praetoria) des Kastells. Geführt vom Rittmeister (decurio) und seinem Stab verläßt eine Schwadron (turma) das Kastell in Richtung auf den Limes. Währenddessen treffen die ersten Marschkolonnen von Legionären mit Legionsadler, Feldzeichen und Hornisten auf dem Gelände vor dem Kastell ein. Der gromaticus vermißt das Feldlager für die anrückenden Truppen mit der groma. Seine Gehilfen markieren mit bunten Fahnen die beiden Hauptlagerstraßen sowie die Lage der Innenbauten. Im nahen Wald wird Bauholz geschlagen. Pferde tummeln sich auf einer Koppel. Der kommandierende General der im Anmarsch befindlichen Legion (legatus legionis) hat auf einem Hügel seine Offiziere zum Kriegsrat versammelt.

Auf dem vom Militär betriebenen Gutshof (villa rustica) mit seinen verschiedenen Werkstätten geht das Leben seinen gewohnten Gang. Auf den Feldern wird die Ernte eingebracht. Eine aus Gallien importierte Mähmaschine steht zum Einsatz bereit. Auf dem Gutshof steht ein den vier Wegegöttinnen geweihter Stein und eine Jupitergigantensäule. Beide tragen Inschriften. Die Spitze der ausreitenden Schwadron hat einen Meilenstein erreicht und wird vom Regimentskommandeur (praefectus alae) und seinem Stab überholt. In der Nähe des Limes ist unter Leitung hoher Offiziere eine größere Gefechtsübung der im Bereitstellungsraum versammelten Einheiten im Gang. Die sich bekämpfenden Abteilungen üben verschiedene Kampfesarten (Lanzensalven, Einbruch mit dem Schwert und Nahkampf).

Am Limesdurchgang werden Reisende und Kaufleute von den dort postierten Wachen abgefertigt.

Das Diorama wurde im Jahre 1969 von Bankdirektor Richard Probst mit Zinnfiguren von Sammlern aus aller Welt geschaffen. Es soll vor allem Jugendliche für die Provinzial-Archäologie interessieren. Aber auch Erwachsene werden aus dem mit großer Sachkenntnis und offenbarer Begeisterung geschaffenen Bildwerk Nutzen ziehen können.

Weitere Zinnfiguren-Dioramen zum Thema *Die Feinde Roms* zeigen die Niederlage der Römer bei Caudium im Jahre 321 v. Chr.; die Elefantenschlacht bei Tunis 255 v. Chr. und die Übersiedlung der Ubier vom rechten Rheinufer auf das linke Ufer im Jahre 38 v. Chr. durch M. Vipsanius Agrippa, Statthalter in Gallien, auf das Gelände des heutigen Köln, wo das Oppidum Ubiorum, Vorort der Ubier, gegründet wurde.

Im Erdgeschoß fesselt den Besucher zunächst die im Original aufgestellte *Jupitergigantensäule aus Walheim*. Säulen dieser Art finden sich gewöhnlich auf Gutshöfen. Der Himmelsgott reitet, Blitze schleudernd, über den am Boden kauernden, schlangenbeinigen Giganten, Sohn der Erde, hinweg, der schreiend den Mund aufreißt. Die Gruppe gilt als Symbol des Sieges des Guten über das Böse. Von der Säule erhofft sich der Landmann Abwendung von Seuchen und Gefahren, wie Blitzschlag, Hagel und Gewitterregen, oder sie ist Ausdruck des Dankes für eine gute Ernte. Unterster Teil der Säule ist ein Viergötterstein mit Juno, Hercules, Minerva und Merkur; darauf folgt auf einer Abdeckplatte ein Siebengötterstein (die sieben Wochengötter, denen der Bildhauer manchmal, wie hier, aus technischen Gründen ein achtes Bildfeld hinzufügte, auf dem ein weiteres Götterrelief oder die Inschrift angebracht ist). Der Säulenschaft ist mit Schuppen und Weinranken verziert, das Kapitell mit Akanthusblättern und Reliefköpfen der vier Jahreszeiten. (Die Jupitergruppe auf dem Kapitell ist kein Originalfund, sondern Nachbildung eines bei Pforzheim gefundenen Jupitergigantenreiters.)

Unter den im Erdgeschoß aufgestellten *Steindenkmälern* befindet sich der in Rottenburg aufgefundene Weihealtar für Jupiter, gestiftet von der Ala Vallensium, einer im Wallis rekrutierten Reitereinheit; ein Altar für Apollo Pythius (so hieß der Gott als Sieger über den bei Delphi hausenden Drachen Python), Weihung eines Hauptmanns der VIII. Legion, der zum Befehlshaber einer Kohorte von Helvetiern an den Limes abkommandiert war; ein Altar für Fortuna, gestiftet von einem Hauptmann der Brittones Murreses, einer nach der Murr, Nebenfluß des Neckars, benannten Aufklärungsabteilung aus in Britannien ausgehobenen Soldaten, für seine Kameraden („pro salute commilitonum") – die Einheit war offenbar bei Benningen (am Einfluß der Murr in den Neckar) stationiert; ein von den Tempelgenossen an der Erms (confanenses Armisenses) dem Jupiter geweihter Altar; eine Statue der Fortuna balnearis, Beschützerin der Badeanlage und Bewahrerin vor Krankheiten – sie stammt aus einem Bad bei Weinsberg, Kreis Heilbronn.

Hauptthemen der Ausstellungen im Erdgeschoß sind das *Freilichtmuseum am rätischen Limes* (→ Rainau-Buch), ein Lagerdorf am rätischen Limes, das bürgerliche Leben in Lagerdörfern, römische Gutshöfe, Acker-, Garten- und Obstbau, Töpfereien, römische Straßen und Straßenkarten, Geld und Währung, römische Grabsteine, Durchbruch der Alamannen durch den Limes und Siedlungskontinuität in Aalen, Walheim und Köln.

Das Modell einer *Hypokaustanlage* macht alle Einzelheiten dieser im ganzen Reich verbreiteten Fußbodenheizung sichtbar. Dazu Originalstücke von Hypokaustpfeilern aus Ziegelplatten und behauenem Sandstein sowie Hohlziegel (tubuli).

Ein holzverschalter *Brunnen* mit einem hölzernen Schöpfeimer, der mit einem Seil über eine Rolle hochgezogen wird, ist im Original ausgestellt.

Die Herstellung von Ziegeln und Töpferwaren wird in originalgetreuen Modellen von *Töpfer- und Ziegelöfen* gezeigt.

Mehr als tausend römische *Gutshöfe* sind bis jetzt in Baden-Württemberg nachgewiesen (dazu eine Lagekarte). Das Hauptgebäude dieser Gutshöfe entspricht überall dem Grundtypus der Portikusvilla mit Eckrisaliten und einer Mittelhalle. Drei originale Portikussäulen von verschiedenen Gutshöfen vermitteln einen Eindruck von der Höhe des Säulenganges. Zwei dickbauchige Amphoren zeigen, wie Vorräte, etwa von Getreide, auf den Gutshöfen gehalten wurden. Kellerfenster, Abstellnische und Kellertisch sind typisch für die Keller von Gutshäusern.

Neben Gutshöfen bestimmen *Kastelle und Lagerdörfer* den Siedlungscharakter der Landschaft am Limes. Aus dem Ostkastell von Welzheim stammt der berühmte Fund von weit über hundert zum Teil sehr gut erhaltenen Lederschuhen, die in einem Brunnen des Lagers gefunden wurden; sie reichen von Kinderschuhen bis zu halbhohen Stiefeln. Im Brunnenschlamm lagen außerdem Samen und Früchte von Obst, Gemüse und Getreide. Das Ostkastell ist auch der Fundort des bereits erwähnten Gesichtshelms und von pila muralia.

Reiche Ausbeute an Funden lieferte das *Lagerdorf Rainau-Buch*, u.a. Holzkästen mit Schloß und Schiebedeckel; hölzerne Leiter und Leiterstange; Holzpfosten mit Strick; Holzeimer mit Eisenreifen; eine Löwenfibel, ein bronzener Hahn, Holzschaufel, ein hölzernes Joch, ein Holzpflock sowie zahlreiche Münzen.

Zum Thema *Acker-, Garten- und Obstbau* sind Originale von Gartengeräten, Beile, Sicheln, Pickel, Gabel, Spaten, ausgestellt sowie Mühlsteine aus Basaltlava. Ein Sandsteinrelief der Diana und Victoria erinnert an die Jagd, wohl eine der Hauptbeschäftigungen des Gutsherrn.

Zahlreich sind auch die Funde aus römischen Gutshöfen, u.a. Kuhglocken, Lampen, Sicheln, Winzermesser, Feuerschaufeln, Terra-Sigillata-Schüsseln, Ketten und Kettenaufhänger, Flaschen, ein bronzener Dodekaeder, Wetzstein, Getreiderost, Pflanzenreste, Tierknochen, Austernschalen. Daß man auf Gutshöfen auch ärztlich versorgt wurde, zeigt ein im römischen Gutshof von Sontheim a.d.Br. gefundenes Arztbesteck (Instrumentarium eines Chirurgen). Ein

Foto des Reliefs einer gallischen Mähmaschine illustriert eine Frühform technisierter Landwirtschaft.
Ein Wochengötterstein, ein Viergötterstein und ein Eponarelief symbolisieren die Verbundenheit des Landmanns mit der Welt der Schutzgottheiten, die ihn vor Krankheiten und Gefahren schützen und volle Scheunen und Keller gewähren.
Zahlreiche Produkte der *Großtöpferei von → Waiblingen*, wie Krüge, Töpfe, Schüsseln, Becher, Teller, beweisen die Leistungsfähigkeit des Betriebes und die Mannigfaltigkeit seiner Erzeugnisse. Eine reiche Sammlung von terra sigillata, dem römischen Tafelgeschirr, stammt aus der Manufaktur von → Rheinzabern (Tabernae).
Neben den Landwirten waren *Kaufleute* die Träger des Wirtschaftslebens. Von den hier ausgestellten Weihedenkmälern für Hercules, Diana und den Genius convenarum aus →Öhringen kennen wir einen „Verein von Kaufleuten" (collegium convenarum).
Für das Funktionieren eines hochentwickelten Wirtschaftssystems war ein gut ausgebautes Straßennetz, wenn auch ursprünglich für militärische Zwecke bestimmt, unerläßliche Voraussetzung. Zum Thema *Römische Straßen und Straßenkarten* wird auf einer Karte das römische Straßennetz in Süddeutschland mit Meilensteinen und Straßenstationen gezeigt. Der Meilenstein von Vemania (hier ein Abguß; das Original im Württembergischen Landesmuseum) und der Leugenstein (die Leuge ist ein keltisches Entfernungsmaß und wurde seit Septimius Severus auf den Meilensteinen der gallischen und germanischen Provinzen verwendet) aus Pforzheim (Portus) aus dem Jahre 245 n. Chr. werfen ein Licht auf die vorzügliche Organisation des römischen Straßensystems.
Zum gleichen Thema: Fotografie eines römischen Reisewagens sowie Originale von vier Radreifen aus Eisen und die vergrößerte Nachbildung eines Ausschnittes aus der „Tabula Peutingeriana", einer aus dem 12. oder 13. Jahrhundert stammenden Kopie einer antiken Weltkarte des 4. nachchristlichen Jahrhunderts, nach dem Augsburger Humanisten Konrad Peutinger (1465–1547) benannt; sie befindet sich in der Österreichischen Nationalbibliothek in Wien. Der hier ausgestellte Ausschnitt zeigt Südwestdeutschland, als das Land bereits von den Alamannen erobert war.
Zum Thema *Straßenstationen* sind Weihesteine von Benefiziariern aufgestellt. Benefiziarier waren vom Statthalter oder Truppenkommandeur von den niederen Diensten befreite Unteroffiziere, die u. a. den Straßenpolizeidienst versahen. Die Steine sind gewöhnlich Jupiter, den Schutzgeistern des Ortes, den Zwei-, Drei- und Vierwegegöttern gewidmet sowie allen anderen Göttern („dis deabus omnibus"; „ceteris dis deabus" – siehe auch →Obernburg und →Osterburken). Dazu zahlreiche Kleinfunde von Straßenstationen, wie sie auch sonst in römischen Häusern vorkommen, u. a. Kerzenleuchter, Lampen, Pfeifen aus Bein, Spielsteine, Nähnadeln, Messer, Schere, Schlösser, Waagschalen und Waagegewichte, Eisenmanschetten als Verbindungsstücke einer Holzrohr-Wasserleitung, Schlüssel mit Drehschloß, Bruchstück eines Fenstergitters, Zweihenkelkrug.
Das Thema *Geld* wird u. a. in Texten über die Tageslöhnung eines Legionärs und die Münzprägung behandelt. Ein Foto des bekannten Trierer Reliefs einer Pachtzahlung illustriert den Zahlungsverkehr im täglichen Leben. Die ausgestellten Münzen reichen von Augustus (31. v. Chr. bis 14 n. Chr.) bis zu Gallienus (253–268 n. Chr.). Von der sog. „Falschmünzerwerkstatt bei Ristissen" des 3. Jahrhunderts werden Tonformen und ausgegossene Münzen sowie die Nachbildung eines Gußkanals gezeigt (wobei fraglich ist, ob es sich wirklich um eine „Falschmünzerwerkstatt" oder vielleicht um eine zur Behebung des Mangels an Kleingeld in Notzeiten amtlich zugelassene Münzwerkstatt handelt).
Bevor mit der Besetzung des Limesgebietes durch die Alamannen das Ende der Römerherrschaft in Baden-Württemberg und damit der Ausstellung erreicht ist, wird mit einer Reihe von Steindenkmälern auf den menschlichen Tod Bezug genommen. Wenn auch in Württemberg nur Bruchstücke von turmartigen *Grabdenkmälern* bekannt geworden sind, so sind doch steinerne Pinienzapfen, die übliche Bekrönung solcher Grabdenkmäler, erhalten geblieben. Von einem Pfeilergrab stammt auch die Skulptur eines Löwen, Symbol des Grabwächters. Andere Totenmale: der Steinsarkophag eines jungen Mädchens und Grabsteine mit Angaben von Namen und Lebensalter der Verstorbenen. Das Grabmonument eines Soldaten zeigt die auf Soldatensteinen übliche Totenmahlszene.
Auf die Ala II Flavia milliaria weist ein von Rittmeister (decurio) Sextus Aelius Victor gestifteter Grabstein hin. Auf dem Gräberfeld des Kastells Schirenhof, dem größten bisher systematisch untersuchten römischen Friedhof in Württemberg, sind zahlreiche Grabbeigaben, zum großen Teil Töpferwaren, gefunden worden.
Mit der für 234 n. Chr. geplanten Offensive gegen die Alamannen kommen im Orient aufgestellte *Panzerreiter* auf den europäischen Kriegsschauplatz.
Von ihrer Anwesenheit in Württemberg zeugt der Grabstein der bei Cannstatt gefallenen beiden Brüder Aurelius Saluda und Aurelius Regrethus, Reiter der „Ala nova firma milliaria catafractaria". Er ist der einzige in Württemberg gefundene figürliche Soldatengrabstein. Die catafractarii waren schwergepanzerte Reiter, die mit Severus Alexander (222 bis 235 n. Chr.) in den Westen kamen (siehe auch Museum in ɩWorms).
In Verbindung mit dem Durchbruch der Alamannen im Jahre 233 n. Chr. steht der „bisher größte und wertvollste Depotfund des 3. Jahrhunderts in Württemberg" aus 13 holzverschalten Schachtbrunnen des Lagers Rainau-Buch (im Innenhof des Erdgeschosses ausgestellt). Die Dorfbewohner, Angehörige der Soldaten des Kastells Buch, Handwerker, Händler, Marketender, Wirte hatten ihren Hausrat beim Anrücken der Alamannen in aller Eile in Brunnen versteckt – auf Nimmerwiedersehen, wie sich herausstellen sollte. Unter den ausgestellten Funden befinden sich Bronzekannen, eine eiserne Feldflasche, ein großer Kessel mit Dreifuß, eiserne Werkzeuge, eine Bratpfanne mit Untergestell, Eimer mit Henkel, Kochtöpfe mit Henkel, Schlüssel, das hölzerne Figürchen eines Stoffballenträgers, Hackmesser, Schere, Axt, Sense, eine Amorstatuette mit Schale, eine Opferschale mit Stiel, ein Salbenfläschchen (aryballos), Gitterrost, Kelle, Sieb mit Stempel „Saturninus fecit", die Marmorstatuette des Mars im Offizierspanzer mit Helm, Schild und Lanze und das Bruchstück eines Fenstergitters.
Ging auch das Limesgebiet verloren, so hat sich die Zeit der Römerherrschaft doch vielfach in den Grundrissen moderner, aus Römersiedlungen hervorgegangener Städte erhalten. Diese *Siedlungskontinuität* zeigt sich am Beispiel von Aalen, Walheim und Köln. Die „Hauptstraße" in Walheim und die „Hohe Straße" in Köln liegen noch heute im Zuge der via principalis der Römerkastelle. In Walheim sind außerdem noch die rückwärtige Lagerstraße und die

# Aalen

*Aalen, Aalenkastell (Diorama)*

Ausfallstraße (via praetoria) in den Straßenzügen der Stadt erhalten. Selbst der Standort der groma, von dem aus die Lagerstraßen vermessen wurden, läßt sich noch bestimmen. In der Neckarstraße von Walheim, dem decumanus maximus des Lagers, stand die im Erdgeschoß des Museums im Original aufgestellte Jupitergigantensäule.

Von der Wirklichkeit des Kastells kann sich der Besucher der **archäologischen Ausgrabungen des Kastellgeländes** vor und hinter dem Museum ein Bild machen. Vor dem Eingang liegen die bis zu vier Meter hoch erhaltenen und konservierten Mauerreste des linken Lagertores (porta sinistra). Zwei Türme flankieren rechts und links das Tor mit seinen zwei Durchfahrten. Von der porta sinistra führt die sieben Meter breite Hauptlagerstraße (via principalis) in die Vorhalle des Stabsgebäudes (principia). Die im Zusammenhang mit dem Erweiterungsbau des Museums durchgeführten Grabungen haben ergeben, daß diese zunächst in Holz gebaute Halle im späten 2. oder frühen 3. Jahrhundert durch eine Steinhalle ersetzt wurde.

Ausgegraben, restauriert und als Freilichtmuseum der Öffentlichkeit zugänglich gemacht sind die Fundamente der principia. Das Gebäude war 22 Meter breit und erreichte bei einer Seitenlänge von über 50 Meter eine Giebelhöhe von etwa 20 Meter. Von den sich beiderseits an das Fahnenheiligtum anschließenden Raumfluchten sind bisher nur die nördlichen vier Räume freigelegt (ein rechteckiger Raum mit Bodenheizung, ein quadratischer Raum, der durch eine Trennmauer in zwei rechteckige Räume unterteilt ist, ein Gang und ein größerer Raum mit Fußbodenheizung). Die Ausgrabungen der wohl größten principia innerhalb eines Auxiliarlagers sind noch im Gange. Es ist geplant, die Grabungen bis 1985 abzuschließen.

Als dritte Bildungsstätte bietet sich dem Besucher des römischen Aalen das **Römische Parkmuseum bei der Stadthalle** an. Dort sind Kunststeinnachbildungen von 16 in Württemberg gefundenen *römischen Steindenkmälern* des 2. und 3. nachchristlichen Jahrhunderts aufgestellt. (Für nähere Einzelheiten s. ein im Limesmuseum erhältliches Führungsblatt und P. Filtzinger, Limesmuseum Aalen, S. 231 ff.).

1. Meilenstein. Die Entfernung „A Portu" (von → Pforzheim) ist mit 5 leugae (keltisches Entfernungsmaß, 1 leuga = 2,2 km) angegeben.
2. Weihealtar für die Vierwegegöttinnen (deae quadriviae) (S. → Stuttgart, Lapidarium, Stein Nr. 14).)
3. Jupitergigantensäule von Walheim. Über einem Viergötterstein mit Juno, Merkur, Herkules und Minerva als Basis und einem Siebergötterstein als Zwischensockel erhebt sich eine mit Schuppen und Weinranken verzierte Säule, deren Kapitell (mit Darstellungen der vier Jahreszeiten) von der Figur des blitzschleudernden Jupiter, der über einen Giganten hinweggaloppiert, bekrönt ist.
4. Siebengötterstein (Zwischensockel einer Jupitergigantensäule).
5. Jupiter fährt im Wagen über einen schlangenfüßigen Giganten hinweg.
6. Merkur mit klassischen Attributen (Flügelhut, Schlangenstab, Beutel, Bock zu seinen Füßen).
7. Trauernder Jüngling.
8. Grabstein, von Flavius Serenus für seine Mutter (70), seine Gattin Victoria (40) und seinen Sohn Hermes (19) gesetzt.
9. Viergötterstein, Sockel einer Jupitergigantensäule.
10. Diana.
11. Minerva (Fundort → Öhringen)
12. Mithrasaltar.
13. Relief: Rückkehr von der Reise. Oben: Epona, die keltische Pferdegöttin; unten: Reiseszene.
14. Epona, von Pferden umgeben, mit Futterkorb im Schoß.
15. Herecura, keltische Vegetationsgöttin.
16. Weiherelief für Merkur, Apollo, Minerva mit Darstellung der Suovetaurilia, das Opfer der drei für die menschliche Ernährung wichtigsten Tiere (sus – Schwein; ovis – Schaf; taurus – Stier).

**Limeswanderung.** Der „Wanderführer für Aalen und Umgebung" (Verlag Albert Wahl, Aalen) empfiehlt eine Limeswanderung (S. 78), die von der Kapelle von Affalterried (westlich von Wasseralfingen) ihren Ausgang nimmt. Auf dem Weg Onatsfeld – Hüttlingen wird der Limes am Verbindungsweg nach Seitsberg erreicht.

Ein Besuch des Museums in Aalen sollte vor allem mit einer Besichtigung des Freilichtmuseums am rätischen Limes im Ostalbkreis bei → Rainau-Buch verbunden werden.

## ALTKALKAR

Ungefähr halbswegs zwischen dem Dorf Kehrum und dem Monreberg auf dem Gebiet der Gemeinde Altkalkar erstreckt sich ein Gelände, das die Flurbezeichnung „Bornscher Hof" trägt. Nichts deutet äußerlich darauf hin, daß dies historischer Boden ist. Hier lag vor 1900 Jahren eines der römischen Auxiliarkastelle des niedergermanischen → Limes mit dazugehöriger bürgerlicher Siedlung. Der Name des Kastells, Burginatium, erscheint auf der Tabula Peutingeriana und in dem Itinerarium Antonini. (Vielleicht besteht eine sprachliche Verbindung zwischen „Burginatium" und „Bornscher Hof".)

Das Kastell schützte einen Teil der Limesstraße, die von der Grenze zwischen Ober- und Niedergermanien am Vinxtbach auf dem linken Rheinufer zum Lager bei Valkenburg (das „Pretorium agrippine" der Peutingerschen Tafel?) in Südwestholland führte.

Seit Jahrhunderten sind in dieser Gegend römische Funde zutage getreten, aber verläßliche Daten über Größe und Lebensdauer von Burginatium wurden erst im Rahmen der systematischen Erforschung des niedergermanischen Limes durch das Rheinische Landesmuseum in Bonn nach dem II. Weltkrieg gewonnen. Augusteische Keramik und Münzen, deren Reihe mit Caesar und Augustus beginnt, lassen darauf schließen, daß das Kastell möglicherweise schon unter Augustus (30 v.Chr. – 14 n.Chr.), spätestens aber unter Tiberius (14 – 37 n.Chr.) entstanden ist. Daß das Kastell bis zum Ende des 4. Jahrhunderts bestanden hat, wird durch Münzfunde aus der Zeit der Kaiser Valens (364–378) und Honorius (393–423) wahrscheinlich gemacht.

Über das weitere Schicksal von Burginatium nach dem Ende der römischen Herrschaft am Rhein um die Mitte des 5. Jahrhunderts ist nichts bekannt. Aus schriftlichen Aufzeichnungen geht hervor, daß noch im 16. Jahrhundert bedeutende Reste antiker Bauten vorhanden waren.

Burginatium war ein Reiterkastell. Von den frühen Garnisonen ist nichts bekannt. Zuerst als Besatzung des Kastells nachweisbar ist die Ala Noricorum. Das Regiment war, wie sein Name besagt, in der römischen Provinz Noricum ausgehoben worden und gehörte um die Mitte des 1. Jahrhunderts n.Chr. zum obergermanischen Heer. Im Bataveraufstand 69/70 wurde die Ala nach Niedergermanien verlegt und kam in frühflavischer Zeit nach Burginatium. Von dort wurde sie um 83 nach Durnomagus (→ Dormagen) versetzt.

Der Name des Regiments erscheint auf dem Grabstein des Gaius Julius Primus, Sohn des Adarus, vom Stamm der Treverer; der Stein wurde 1851 bei Wegebauarbeiten in der Nähe von Kehrum gefunden. Die Treverer waren im Alterum wegen ihrer reiterlichen Fähigkeiten berühmt. Ein Kontingent treverischer Reiterei diente in Caesars Armee. Wie aus der Inschrift hervorgeht, starb Primus im Alter von 27 Jahren nach siebenjähriger Dienstzeit. Er hatte es bis zum „stator" gebracht, einem mit Polizeifunktionen betrauten Militärbeamten im Stabe des Regimentskommandeurs (praefectus alae). Die Tatsache, daß der Vater des Verstorbenen noch den keltischen Namen Adarus führt, während der Sohn bereits die „tria nomina" des römischen Bürgers angenommen hat, dokumentiert die Romanisierung der einheimischen Bevölkerung.

Zu späteren Besatzungstruppen von Burginatium gehörten die Ala Vocontiorum (ein keltischer Stamm aus der Provincia) und die in Afrika ausgehobene Ala Afrorum Veterana. Die Ala Vocontiorum ist durch einen bei Xanten gefundenen Grabstein für den Reiter Silvanus bezeugt. Der Stein wurde von der Schwester für den verstorbenen Bruder und für sich selbst zu Lebzeiten errichtet. Silvanus war ein Treverer und war sicherlich, wie sein Kamerad Primus, aus der seinem Stamm eingeborenen Liebe zu Pferden Kavallerist geworden. (S. a. Museum in → Xanten.)

## ALTRIP

Der Name des Ortes hat fast unverändert seinen lateinischen Ursprung bewahrt. Hier auf dem „hohen Ufer" (alta ripa) des Rheins ließ Kaiser Valentinian I. um 368 im Zuge der Befestigung der Rheinlinie ein starkes Steinkastell bauen. Damals mündete an dieser Stelle der Neckar in den Rhein. Infolge einer Veränderung des Rheinlaufes im Mittelalter rückte die Mündung des Neckars in die Gegend von Ludwigshafen. Die Festung Valentinians verband Neckarmündung und linkes Rheinufer in der Form eines „halbierten Sechsecks." Bei Altrip überschritt ein römisches Heer 369 den Rhein in einem letzten Versuch, die verlorenen rechtsrheinischen Gebiete zurückzuerobern, um damit die direkte Verbindung der Reichshauptstadt Trier mit den Donauländern wiederherzustellen. Der

*Alzey, Nymphenaltar*

Plan scheiterte. Der Rhein blieb die Grenze des Reichs.
Reste der Festung auf dem linken Rheinufer wurden 1926/27 ausgegraben. Die Mauerzüge waren 3 m dick. Die breite Seite des Kastells von 132 m Länge war dem Rhein zugekehrt. Wie in anderen Kastellen Valentinians lagen Baracken und Depots an den Innenseiten der Kastellmauer. Festungsbauten wie Altrip ,,blieben unübertroffen, bis die Erfindung des Schießpulvers gänzlich neue Verteidigungsprobleme schuf" (Oxford Classical Dictionary, Artikel ,,Fortifications").
Die Straße nach Altrip zweigt von der Bundesstraße 9 ungefähr halbwegs zwischen Ludwigshafen und Speyer ab. Man erreicht nach 3 km von der Abzweigung Waldsee und gelangt von dort auf der sich anmutig zwischen Wäldern und Wiesen hinschlängelnden Straße nach 7 km nach Altrip. Mit Ausnahme des Stadtnamens, einer ,,Valentinianstraße" und einigen römischen Säulenresten vor der Kirche (die möglicherweise von Arkaden innerhalb der Festung stammen) erinnert nichts mehr daran, daß hier einst eine mächtige römische Festung stand. Das jetzt flache Ufer ist durch einen Deich erhöht, der die Stadt gegen Überflutungen schützt und zu Spaziergängen einlädt.
Die Stadt ist stolz darauf, Geburtsort des 915 in Trier verstorbenen Mönches Regino zu sein, des Verfassers der ältesten deutschen Weltgeschichte, einer ,,Chronica", die von der Geburt Christi bis zum Jahre 906 reicht. Ein Steindenkmal vor der Kirche ist dem Gedenken von Altrips großem Sohn gewidmet.
(Römische Funde aus Altrip befinden sich im Historischen Museum der Pfalz in → Speyer.)

## ALZEY

Auf der Inschrift eines den Nymphen geweihten Altars, der in Alzey zusammen mit anderen römischen Steindenkmälern in den Fundamenten eines spätrömischen Bauwerkes gefunden wurde, werden als Stifter die ,,Vicani Altiaiensis" genannt, Bürger des vicus Altiaia. Der Name Alzey deutet unverkennbar auf diesen römischen Ursprung hin.
Vor der Ankunft der Römer um etwa 40 n.Chr. saßen in dieser Gegend Kelten und seit der frühen Kaiserzeit die germanischen Vangionen, die im Gefolge des Suebenfürsten Ariovist im 1. vorchristlichen Jahrhundert nach Südwestdeutschland gezogen waren. Dank der verkehrsgünstigen Lage am Schnittpunkt wichtiger Durchgangsstraßen, die so bedeutende Städte wie Mogontiacum (Mainz), Augusta Treverorum (Trier), Divodurum (Metz) und Borbetomagus (Worms) miteinander verbanden, entwickelte sich die römische Siedlung zu einem blühenden Marktort. Eine inzwischen versiegte Schwefelquelle war Mittelpunkt eines heiligen Bezirks zur Verehrung des Götterpaares Apollo Grannus und Sirona. Neben diesen keltischen Heilgöttern hatten dort auch römische Götter (Jupiter, Juno, Herkules, Vulkan, Merkur und Venus) ihren Kult. Zahlreiche Altäre und Weihereliefs dieser und anderer Gottheiten lassen auf einen Götterhain schließen, der in der Mannigfaltigkeit der Kulte, wenn auch nicht in seiner Ausdehnung und Fülle an Bauten dem Tempelbezirk im Trierer Altbachtal ähnlich gewesen sein mag.
Mit der Eroberung des → Limes durch die Alamannen um 260 n.Chr. endete für Alzey eine mehr als zweihundertjährige Friedenszeit. Alamanneneinfälle im 3. Jahrhundert fügten dem Ort erheblichen Schaden zu. Die Wiederherstellung geordneter Zustände unter Constantius Chlorus (293 – 306) und Konstantin dem Großen (306–337) brachte eine kurze Periode des Wiederaufbaues und Friedens. Ein erneuter Germaneneinfall um 353 führte, wie es scheint in einer plötzlich über den vicus hereingebrochenen Katastrophe, zur völligen Zerstörung der Ortschaft. Der Sieg Kaiser Julians über die Alamannen bei Argentorate-Straßburg im Jahre 357 stellte die römische Herrschaft in diesen Gebieten wieder her. Wegen ihrer strategischen Lage am Knotenpunkt wichtiger Straßen wurde die Siedlung in das Befestigungssystem einbezogen, das Kaiser Valentinian I. (364 – 375) an der Rheingrenze und im

innergallischen Raum errichtete. Auf den planierten Trümmern des ausgebrannten vicus entstand zwischen 364/67 und 369 ein festungsartiges Kastell.

Daß Valentinian wiederholt in Alzey residierte, ist durch mehrere Edikte bezeugt, die er von dort zwischen 370 und 375 erlassen hat. Das Kastell wurde von seiner Besatzung aufgegeben, als die römischen Truppen um 406 zum Schutz Italiens gegen die Westgoten vom Rhein abgezogen wurden. Alzey fiel an die Burgunder, die sich als römische „foederati" in dem Gebiet niedergelassen hatten. Im Kastell gefundene burgundische Keramik weist auf eine Besetzung der Festung durch Burgunder hin. Bestrebungen der Burgunder, entgegen einem Gebot des römischen Feldherrn Aëtius ihre Herrschaft weiter auszudehnen, führten im Jahre 436 zur fast vollständigen Vernichtung des Stammes durch ein hunnisches Kontingent in römischen Diensten. Die überlebenden Reste der Burgunder wurden in Savoyen angesiedelt. Der Untergang des Burgunderreiches hat im „Nibelungenlied" einen späten Nachklang gefunden. Die Gestalt des „Volker von Alzei", so wird vermutet, bewahrt die Erinnerung an den letzten burgundischen Kommandanten der spätrömischen Festung.

In fortlaufenden Ausgrabungen seit 1929 sind Teile der Festung freigelegt worden. Vom vicus haben sich nur wenige Spuren gezeigt. Die Grundmauern der westlichen Außenseite des Kastells und von Kasernenanbauten wurden konserviert und sichtbar gemacht. Die Estrichfußböden der Kasernenbauten waren 1925 teilweise noch vorhanden, wurden aber herausgeschlagen, als der Eigentümer des Grundstükkes seinen Acker in eine Obstplantage verwandelte und die Trümmer auf die Pflanzlöcher streute, damit sie den Obstbäumen als kalkhaltige Nahrung dienten. Das Kastell hatte einen quadratischen Grundriß von 165 m Seitenlänge. Die Wehrmauer war 3 m dick und etwa 10 m hoch und war mit 14 Rundtürmen bewehrt. Die beiden Tore der Festung waren von mächtigen rechteckigen Türmen flankiert. Vor der Mauer verlief in einem Abstand von 11 Metern ein Spitzgraben. Im südlichen Teil wurden an der Innenseite doppelgeschossige Kasernen festgestellt. In der Nordostecke lag ein Gebäude, in dessen Fundamenten die oben erwähnten Steindenkmäler des Kultbezirkes vermauert waren. Man nimmt an, daß es sich bei diesem Gebäude um die christliche Kapelle der Festung gehandelt habe, zumal sich später an der gleichen Stelle die frühmittelalterliche St. Georgskirche erhob. Andere wollen in dem Gebäude das praetorium, die Wohnung des Festungskommandanten, sehen, die auch Kaiser Valentinian bei seinen Besuchen in Alzey als Residenz gedient haben mag.

Die sichtbaren Reste des Kastells liegen östlich neben dem Neubau des Mädchengymnasiums in der Jean-Braun-Straße (nach dem Entdecker des Kastells benannt). Eine Rekonstruktionszeichnung des Kastells und ein Bild des oben erwähnten Nymphenaltars mit einem römischen Beamten daneben an der Stirnwand eines Neusiedlungshauses in der Jean-Braun-Straße lenken die Aufmerksamkeit des Besuchers auf die historische Bedeutung dieses Geländes. Eine Tafel an der Ausgrabungsstätte enthält eine Rekonstruktionszeichnung desjenigen Teils des Kastells, dessen Grundmauern hier sichtbar gemacht worden sind, sowie einen Gesamtplan des Kastells mit genauen Angaben der gesicherten, festgestellten und vermuteten Teile. Der beim Betreten der Ausgrabung ins Auge fallende Steinblock ist das Fundament des südlichen Turmes des Westtores. Man beachte auch die in den Grundmauern einiger Barakenräume noch sichtbaren Türschwellen.

### Museum Alzey, Antoniterstraße 41

Die Funde in der **römischen Abteilung** stammen aus Alzey (vicus und Kastell) und von Fundstellen im Kreis Alzey (ausgegrabenen Einzelgehöften – villae rusticae – und Gräberfeldern). Die Fundstücke umfassen Keramik, gläserne Gegenstände, Metallgeräte, Waffen, Münzen, Schmuck, architektonische Fragmente und Steindenkmäler.

Unter den *keramischen Erzeugnissen* befinden sich Behälter (dolia) mit Resten von Schwarzbiermaische aus dem 4. Jahrhundert n.Chr. („ältester bekannter Bierfund auf deutschem Boden"). Ausgestellt sind ferner: eine Reibschüssel mit Ausguß, wahrscheinlich ein Spezialgefäß für die Milchverarbeitung; eine große spätrömische Amphore; spätrömischer Firniskrug mit aufgemaltem Trinkspruch; Terra-Sigillata-Service; große reliefverzierte Terra-Sigillata-Schüsseln; Teller (schwarz- und rotbelgische Ware) mit radial angeordneten Fabrikstempeln und andere belgische Keramik; Tonlampen; aus Keramikscherben gearbeitete Spielsteine; Terrakotten; Fragmente von Gesichtsurnen; Wärmflaschen; großer verzierter Gurtbecher; helltonige Grätenbecher aus dem 1. Jahrhundert n. Chr.; Fehlbrände aus einer römerzeitlichen Töpferei.

Unter Erzeugnissen des *metallverarbeitenden Gewerbes* befinden sich: bronzene Beschläge; Scharnierteile; Teile von Zirkeln und kleinen Waagen; eiserne Lampen; Eisenschlüssel, eiserner Sporn; landwirtschaftliches Gerät; Schreibgriffel; eiserne Waffen; ein frühchristlicher Brotstempel; Bronzeglöckchen; bronzene Tierfiguren; Maurersenkblei; ein spätrömischer Kessel mit Vergoldung.

*Toiletten- und Schmuckgegenstände* umfassen: zweiseitiger Kamm; Nadeln; Täfelchen zum Anreiben von Schminke; Fibeln, darunter eine durchbrochen gearbeitete Rundfibel; Ringschmuck; Glas-, Bronze- und Gagatschmuck.

*Römisches Glas* ist vertreten durch zylindrische und Kugelgläser; große Ampullen; Urnen für die Asche der Verstorbenen; gerippte Schale aus dunkelblauem Glas; spätrömische Gläser.

In einem *Münzfund* stammt die jüngste Münze aus dem Jahre 268 n. Chr. – stummer Zeuge für die Zerstörung des Ortes bei einem Germaneneinfall um 270.

Von *römischen Bauten* kommen tegulae (Leistenziegel, Dachziegel) mit Stempel der in Mainz stationier-

ten XXII. Legion P(rimigenia) P(ia) F(idelis) und andere mit Abdrücken von Tierpfoten; Ziegel von einer Heizanlage; verschiedene Ziegelplatten; Verputzreste, teilweise farbig verziert; Marmorreste von Innenverkleidungen; Architekturstücke.
*Modelle* vermitteln einen Eindruck vom Aussehen des Kastells Alzey und einer villa rustica mit Bad und Säulengang aus der Umgebung von Alzey.
*Götterbilder aus dem vicus Alzey:* ein Minerva-Relief, eine bronzene Merkurstatuette und ein Merkuraltärchen, zu Ehren des göttlichen Kaiserhauses dem Merkur zum Wohlergehen des Sabinus geweiht. Der Altar stand auf einem dem Dedikanten zur Verfügung gestellten öffentlichen Platz.
Die *Weihedenkmäler* in der **Steinhalle** des Museums sind Spolien, die in den Fundamenten des spätrömischen Baues in der Nordostecke des Kastells Alzey entdeckt wurden. Die Verwendung der Göttersteine in den Mauern der frühchristlichen Kultstätte ist, wie festgestellt werden konnte, aus bautechnischen Gründen allein nicht zu erklären, sondern war offenbar, wie dies auch von anderen Beispielen her bekannt ist, eine bewußte Symbolhandlung, mit der die Entmachtung der heidnischen Götter zum Ausdruck gebracht werden sollte.
Das für die Ortsgeschichte wichtigste Steindenkmal ist der bereits mehrfach erwähnte *Nymphenaltar.* Die Inschrift besagt, daß der Altar zu Ehren des göttlichen Kaiserhauses von den Bürgern des vicus Altiaiensis unter der Obhut („cura") von Octonius Tertius und Castonius Cassius (wohl die Namen der Bürgermeister des Ortes) den göttlichen Nymphen („divis Nymphis") (die Gottheiten der Alzeyer Heilquelle) errichtet wurde, und zwar, wie sich mit Hilfe des angegebenen römischen Datums und der Konsulnamen bestimmen läßt, am 22. November 223 n. Chr. Auf Grund dieser „steinernen Geburtsurkunde" konnte die Stadt am 22. November 1973 ihr 1750jähriges Bestehen feiern. Zwei mit je einer kleineren Säule verbundene 4 m hohe Säulen sind möglicherweise Reste des monumentalen Zugangs zum Quellheiligtum.
Die Sammlung enthält ferner u. a.:
Denkmäler, die auf *Apollo* und *Sirona*, Heilgottheiten der Schwefelquelle, Bezug haben: Ein kleiner Votivaltar, „Apollini et Sironae" gewidmet; ein Bauquader mit einer Weihinschrift für ein dem Apollo Grannus am 28. April 175 n. Chr. gewidmetes Kultgebäude („Apollini Granno Martius Senopius Novellus dedicavit XV K. Sep. Pisone et Iuliano Cos."); ein Altar mit flacher Schale und der Inschrift: „Cum sua aede Apollini Deo Demionco Primius Poppilius V S L L M." Der Altar zusammen mit einem Tempel wurde dem Apollo mit dem einheimischen Namen Demioncus (wohl mit Apollo Grannus zu identifizieren – E. Künzl) von Primius Poppilius in Erfüllung eines Gelübdes freudig, gerne und nach Gebühr gewidmet.
Sitzbildnis der *Merkur* mit Hahn, Widder und Schildkröte; thronender *Jupiter* mit Adler und Rad; der Kopf fehlt (Enthauptung durch eifernden Christen?). Die Beigabe eines Rades als Attribut für Jupiter zeigt, daß der römische Gott, gekennzeichnet durch den Adler, mit dem keltischen Himmelsgott *Taranis* (Taranucnus) verbunden ist (s. a. Museum in → Obernburg); Fragment eines drehbaren Kultbildes aus einem Doppelheiligtum der *Venus* und des *Vulkans.*
Der Schmiede-und Feuergott Vulkan erscheint mit seinen gewöhnlichen Attributen, Hammer in der Rechten und in der Linken die Zange; ein Hirsch im Hintergrund zeigt, daß hier in der Gestalt des Vulkans eine einheimische Gottheit verehrt wurde, die dem römischen Gott ähnlich war; mehrere *Viergöttersteine;* sie dienen als Sockel von Jupitergigantensäulen. Auf einem der Steine sind *Minerva* mit Helm, Lanze und Schild, *Merkur* mit Flügelhut, Beutel und Heroldstab, und, nach einer Deutung E. Künzls, *Apollo* *Grannus* und *Sirona*, die Heilgottheiten der Alzeyer Quellen, dargestellt; auf einem anderen Stein mit *Minerva, Herkules* und *Venus* erscheint *Vulkan* mit Zange, Fackel und ihm zur Seite wiederum der Hirsch. Der große Unterbau einer Jupitersäule aus zwei viereckigen Blöcken zeigt auf dem unteren Block *Merkur, Juno, Minerva* und *Herkules;* der obere Block trägt auf der Vorderseite eine Weihinschrift an Jupiter, den Besten und Größten, und auf den anderen Seiten Reliefdarstellungen von *Fortuna, Victoria* und *Mars.* Der Name des Dedikanten, Misionius Victor Martialis, Sohn des Carmanius Lucunnesus Cassius, scheint in Beziehung zu der Götterreihe des Steines gestanden zu haben. Auf einigen der Steinen sind noch deutlich Reste der ursprünglichen Farbe zu sehen.
Eine Säulentrommel mit den Reliefs von *Minerva, Vulkan, Neptun, Victoria* (nur die Oberkörper sind zu sehen) stammt von einer Jupitersäule, die ähnlich wie die Mainzer Jupitersäule mit Reliefdarstellungen von Göttern verziert war, aber „nach dem Durchmesser der Trommel zu urteilen, ...größer als ihr Mainzer Vorbild gewesen ist". Mehrere Statuensockel mit *Herkulesreliefs* deuten darauf hin, daß diesem Gott im heiligen Bezirk von Alzey besondere Verehrung zuteil wurde. Ein kleiner Altar mit der fragmentarischen Inschrift „Deo Invicto Adiutorius Tertius" zeigt, daß auch der persische Lichtgott *Mithras* zu den in Alzey verehrten Gottheiten gehörte. Ein in der nördlichen Torwange des westlichen Kastelltores gefundener Quaderstein mit der Inschrift „Locabis Secundius" könnte Teil des Sitzsteines eines Theaters gewesen sein mit dem Namen dessen, dem der Sitz zustand.
In der Steinsammlung sind schließlich noch Teile einer Wasserleitung aus Tonröhren und Steintrögen zu sehen.

## AMORBACH

Wegen seiner idyllischen Lage und „romantisch verklärten Atmosphäre" möchte man ohne Bedenken annehmen, dass der Ort nach dem römischen Liebesgott benannt ist. Und doch steht der Ortsname in keinerlei Beziehung zum klassischen Altertum. Er ist vielmehr das Ergebnis einer Verbalhornung. Der Name, so versichern die Sachverständigen, leitet sich von „Amerbach" oder „Amarbach" ab und ist ein Flußname, der seit 1010 „Amorbach" geschrieben wird.
Ganz ohne eine Verbindung zu den Römern ist der Ort indessen nicht. Ein 1912 auf dem Gelände des Klosterfriedhofes gefundener Weihestein des „beneficiarius" (Wegepolizeioffiziers) Petronius deutet auf eine römische Wegepolizeistation in Amorbach hin. Dies ist umso wahrscheinlicher, als Amorbach zwischen den Linien des Odenwaldlimes (→ Limes ) und dem sogenannten „vorderen Limes" liegt, deren Verbindungsstraßen sicherlich polizeilicher Überwachung bedurften. (Als Kuriosum aus der neueren Geschichte des Ortes sei vermerkt, daß Amorbach in der kurzen Zeitspanne von 1803–1816 fünfmal den „Landesherrn" wechselte. Ehemals zu Kurmainz gehörig, ging Amorbach 1803 in den Besitz der Fürsten von Leiningen über. 1806 trat das Fürstentum seine

Souveränität an Baden ab. 1810 wurde das Gebiet hessisch. Seit 1816 gehört Amorbach zu Bayern.)

Römische Funde aus Limeskastellen in der Nähe von Amorbach sind im **Heimatmuseum,** der ehemaligen Amtskellerei, untergebracht. Neben römischen Funden enthält das Museum Volkskunst aus dem Odenwald und Gedenkstücke aus der Geschichte des Fürstenhauses Leiningen.

Die römischen Funde umfassen eiserne Geräte, Dachziegel, Inschriftsteine, Graburnen, ein Modell des Limeskastells Hesselbach, ein Rekonstruktionsgemälde des Badegebäudes des Kastells bei → Würzberg.

## ANDERNACH

Andernach ist als römisches Kastell in die Geschichte eingetreten. Sein lateinischer Name Antunnacum ist keltischen Ursprungs und weist auf eine vorrömische keltische Siedlung hin. Die ältere Forschung nahm an, daß Antunnacum eines der fünfzig Kastelle oder „Praesidia"gewesen sei, die Drusus, jüngerer Bruder des Tiberius und Stiefsohn des Kaisers Augustus, nach einer Schilderung des römischen Geschichtsschreibers P. Annius Florus um 15 v.Chr. zur Vorbereitung der von Augustus geplanten Eroberung Germaniens im linksrheinischen Gebiet errichten ließ.

Neuere Forschungen in Andernach haben diese Annahme nicht bestätigt. Es hat sich vielmehr ergeben, daß die Entstehung des Kastells in die Zeit des Kaisers Tiberius (14–37 n.Chr.) fällt, als nach der vernichtenden Niederlage des römischen Feldherrn P. Quinctilius Varus im Teutoburger Wald 9 n.Chr. (→ Hermannsdenkmal) und der endgültigen Einstellung der grossen Offensive gegen Germanien durch Tiberius im Jahre 16 der Rhein wieder wie zu Caesars Zeiten die Grenze des Reichs bildete. Durch eine Kette von Kastellen auf dem linken Ufer des Stromes, darunter Antunnacum, sollte die Rheingrenze gegen die germanischen Völkerschaften östlich des Rheins geschützt werden.

Einige der Besatzungen von Antunnacum sind durch Inschriften auf Altären und Grabsteinen aus Andernach bezeugt: Die Cohors II civium Romanorum pia fidelis Domitiana durch einen Weihealtar, den Gaius Domitius Rufinus, decurio (Rittmeister) und seine Kameraden (commilitones) für Jupiter, Juno, Mars und Herkules zwischen 89 und 96 n.Chr. weihten. Rufinus ist durch seinen Rang als Befehlshaber einer Reiterabteilung ausgewiesen; die Kohorte war demnach teilweise beritten (cohors equitata). Da die Angehörigen der Hilfstruppen aus Nichtbürgern rekrutiert wurden, wird die Kohorte das römische Bürgerrecht als Auszeichnung erhalten haben. Die Ehrentitel „pia fidelis" (pflichtbewusst, getreu) waren den Verbänden des niedergermanischen Heeres von Kaiser Domitian (81–96) wegen ihrer Treue zu seinem Haus während der Rebellion des Kommandeurs der beiden Mainzer Legionen, L. Antonius Saturninus, im Jahre 88/89 verliehen worden.

Eine Cohors Raetorum wird auf dem Grabstein des Infanteristen (miles) Firmus, Sohn des Ecco, aus dem Stamm Montani (vermutlich eine Völkerschaft Rätiens) genannt. Firmus starb mit 36 Jahren; wie lange er gedient hatte, lässt sich aus der nur unvollständig erhaltenen Inschrift nicht feststellen. (Das Original des Grabsteins befindet sich im Museum in → Bonn.)

Im Laufe der Zeit entstand in der Nähe des Kastells eine bürgerliche Siedlung. Das Kastell verlor seine militärische Bedeutung und wurde aufgegeben, als nach den Chattenkriegen Domitians 83–89 die Grenze des Reiches auf das rechte Rheinufer verlegt und durch den → Limes geschützt wurde. Die bürgerliche Siedlung blieb bestehen und erhielt kräftigen Auftrieb durch den Bau eines Rheinhafens, der privatwirtschaftlichen und als Stützpunkt der kaiserlichen Rheinflotte (classis Augusta Germanica) auch militärischen Zwecken diente. (Die Flotte war unter Augustus zur Überwachung des Rheins und zum Transport von Truppen und Material gegründet worden. Sie erhielt die Ehrenbeinamen „pia fidelis Domitiana" gleichzeitig mit dem niedergermanischen Heer wie oben beschrieben. Die Hauptbasis der Rheinflotte lag bei der Alteburg in Köln.)

Dass Andernach Flottenstation gewesen ist, wird aus Inschriften auf einigen Weihealtären aus Andernach geschlossen.

So waren die Dedikanten eines der Minerva gewidmeten Altars die „dolabrarii" der Rheinflotte, eine nach ihrem Werkzeug, der „dolabra" (Beil) benannte Arbeiterabteilung („Minervae dolabrarii ....classis Augustae Germanicae piae fidelis V S L L M.")

Similio war Matrose in der Rheinflotte und gehörte zur Schiffsmannschaft des Kapitäns Cresimus („miles ex c(l)asse Germanica pia fideli Domitiana pleromate Cresimi"); er widmete einen Altar den Muttergottheiten seiner engeren Heimat („matribus suis"). Similio stammte demnach aus der Gegend vom Niederrhein, dem zentralen Verbreitungsgebiet des Matronenkultes; sein Kapitän dagegen war Grieche.

Der Hafen von Andernach diente vornehmlich als Verladeplatz für Basalt und Tuffstein aus dem benachbarten → Brohltal und aus Bergwerken um → Mayen. Die Steine wurden als Baumaterial für Städte und Festungen gebraucht, fanden aber auch Verwendung für Altäre, Weihesteine und Sarkophage. Zu den wichtigsten Erzeugnissen der Mayener Basaltlavaindustrie gehörten grosse und kleine Mühlsteine. Viele halbfertige Mühlsteine wurden in einem Gebäude der römischen Zivilsiedlung von Andernach gefunden, wo sie offenbar zur weiteren Bearbeitung und zum Abtransport per Schiff gelagert waren.

Hinter dem Schutzwall des Limes genoss Andernach zwei Jahrhunderte friedlicher Entwicklung. Dem wirtschaftlichen Wohlstand entsprach ein reges religiöses Leben. Auf dem steil über der Stadt aufragenden Krahnenberg gab es einen heiligen Bezirk, der römischen Göttern und der keltischen Göttin Rosmerta gewidmet war. Mit dem Fall des Limes um die Mitte des 3. Jahrhunderts wurde Andernach wieder Grenzstadt. Im Zuge der von Konstantin dem Grossen und seinen Nachfolgern im 4. Jahrhundert durchgeführten Befestigungung der Rheinlinie wurde auch Andernach um 359 zu einer starken Festung ausgebaut. Nach der Eroberung des Rheinlandes durch die Franken in der Mitte des 5. Jahrhunderts wurde Andernach merowingischer Königshof. Von 1167 bis zum Ende des 18. Jahrhunderts gehörte die Stadt zu den Besitzungen des Erzbischofs von Köln.

Die Mauer des spätrömischen Kastells ist im Nordwesten, Westen und Süden der Stadt teilweise erhalten. Sie bildet dort das Fundament und die unteren Teile der mittelalterlichen Stadtbefestigung. Andere Spuren des römischen Andernach über der Erde sind nicht erhalten. Nur im Straßensystem der Stadt zeigt sich teilweise noch die römische Vergangenheit. So verläuft bis heute die Hochstraße im Zuge des cardo maximus (Hauptstraße) der römischen Siedlung. Am Nordende der Straße befindet sich am Haus Nr. 3 ein Hinweis auf die Lage des römischen Doppeltores („Kölner Pforte"), mit dem hier die Straße abschloss. Der Grundriss des Tores ist durch weiße Linien im Straßenpflaster gekennzeichnet. Dies entspricht genau der Situation in → Köln. Auch dort hat sich die Hauptstraße der römischen Colonia in der „Hohen Straße" erhalten, die im Norden von der „Porta Paphilia" abgeschlossen wurde.

Der städtebauliche Reiz von Andernach beruht heute auf den mittelalterlichen Bauwerken, von denen indessen keines auf römische Ursprünge zurückgeht: die Liebfrauenkirche (katholische Pfarrkirche Mariä Himmelfahrt), Hauptbeispiel der Spätromanik am Mittelrhein; der „Runde Turm", Wahrzeichen der Stadt, zwischen 1448 und 1452 erbaut, mächtigster Turm der mittelalterlichen Wehranlagen; er widerstand einem Sprengversuch der Franzosen im Jahre 1689; der gotische Rheinkran von 1554, der bis 1911 in Betrieb war; in der Mitte der Rheinfront die Kornpforte (Rheintor), ältestes mittelalterliches Doppeltor am Rhein; und die eindrucksvollen Reste der erzbischöflichen Burg aus dem 14. Jahrhundert, südlichste Festung der Kölner Erzbischöfe.

**Stadtmuseum.**
Hochstraße im Haus v.d. Leyen, um 1600 als Stadtpalais für den kurfürstlich-kölnischen Amtmann Georg v.d. Leyen erbaut.

Der Raum rechts vom Eingang ist der römischen Vergangenheit gewidmet. Rekonstruktionszeichnungen (rechts an der Wand) des Kastells Antunacum aus dem 1. Jahrhundert und des römischen Rheinhafens verdienen wegen ihrer lebendigen Anschaulichkeit besondere Bedeutung. Die maßstabgerechte Nachbildung der Badeanlage aus dem Gutshof (villa rustica) beim heutigen Marienstätter Hof veranschaulicht die Übernahme römischer Lebensgewohnheiten durch die einheimische Bevölkerung.

Den Rheinübergang Caesars, wahrscheinlich bei Urmitz, im Jahre 55 v. Chr., illustriert ein *Modell der Kriegsbrücke*, die Caesar über den Rhein schlagen ließ und deren Konstruktion im Vierten Buch, Kapitel 17, seines „Gallischen Krieges" beschrieben ist. Eine *Lagekarte* orientiert über die spätrömische Festung Andernach.

Das in Antunacum im 1. nachchristlichen Jahrhundert stationierte Militär ist durch einen Abguss des *Grabsteines* des Infanteristen Firmus von der Raeterkohorte (s.o.) vertreten, sowie durch einen *Altar*, den ein Arbeitskommando (vexillatio) der gleichen Kohorte dem Hercules Saxanus, Schutzgott der Steinbrüche, gewidmet hat.

Unter Kleinfunden – meistens Grabbeigaben aus dem 1. – 5. Jahrhundert n. Chr. – befinden sich: Belgische *Keramik* aus augusteischen Brandgräbern um Christi Geburt (Urnen, Becher, Schälchen, Teller mit Herstellerstempel); Terra Sigillata (Schalen, Scherben von Bilderschüsseln, Fragmente einer Formschüssel, Scherben mit Darstellungen von Gottheiten, Jagd- und Zirkusszenen).

*Trinkbecher* aus terra nigra mit weissen Ornamenten und den Aufschriften: Misce und merum – Misch unverdünnten Wein. Wein- und Wasserkrüge, einhenkelige Krüge, Amphoren (Vorratsgefäße, Graburnen mit Knochenresten).

*Glasgefässe* (Trinkbecher, Parfüm- und Salbenfläschchen, Vorratsgefäße). *Tonfiguren* von Hausgöttern, Öllampen, Schreibgriffel aus Elfenbein und Bronze, Gewandnadeln, Schmuckscheibe mit Leopardenkopf, Löwenlöffel.

*Werkzeuge* und Ausrüstungsgegenstände aus Basalt- und Tuffsteinbrüchen (eine Grubenlampe, Hacken, Beile, Schaufeln, Nägel). *Weihealtäre* (Abgüsse) für römische Gottheiten. Torso einer römischen Göttin.

---

# ANHAUSEN

An der Straße von Neuwied nach Dierdorf, ungefähr 8 km von der Kreuzung mit Bundesstraße 42 und kurz nach zwei Haarnadelkurven, erscheint rechts an der Straße ein Parkzeichen, das auf einen Parkplatz in dem an die Straße grenzenden Wald hinweist. Der Parkplatz ist Ausgangspunkt für einen von der Forstverwaltung eingerichteten „Lehr- und Wanderpfad". Zahlreiche Holzschilder an diesem Pfad unterrichten den Wanderer über Pflanzen und Bäume des Waldes.

Unmittelbar am Parkplatz befindet sich ein gut erhaltenes Stück des römischen → Limes, der vom Ende des 1. Jahrhunderts n.Chr. bis 259 in dieser Gegend die Grenze des römischen Reichs bildete. Der Limes – ein Teil hier als „Heidegraben" bezeichnet – lässt sich leicht nach beiden Richtungen hin verfolgen.

Ebenfalls in unmittelbarer Nähe des Parkplatzes liegen die Reste eines kleinen römischen Kastells, im Limeswerk „Kastell Anhausen" genannt. Das Kastell war 1418 qm groß, war von einer Steinmauer umgeben, hatte steinerne Türme und im Inneren einen acht Meter tiefen, mit Holz verschalten Brunnen. Das Kastell diente offenbar einer kleinen Abteilung als Unterkunft. Von hier aus wurden Patrouillen für den Grenzwall und Posten für die nahegelegenen Wachttürme abgestellt. Von den Mauern und Türmen des Kastells reichte der Blick bis zu den Kastellen von Heddesdorf (→ Neuwied) und Bendorf und nach deren Aufgabe zu dem Großkastell bei Niederbieber (→ Neuwied).

Der Limes selbst konnte auf weite Strecken überschaut werden. Das Kastell sicherte zugleich einen vorrömischen Völkerweg, der hier den Grenzwall überschritt und zum Rhein führte.

Zur Zeit der Ausgrabung des Kastells zu Beginn dieses Jahrhunderts stand die Umfassungsmauer bis zu 1 m über dem Boden. Heute sind nur noch Erdhügel und das Brunnenloch sichtbar. Eine Tafel an der Ausgrabungsstätte unterrichtet über die wichtigsten Daten des Kastells. Holztische und -bänke laden zu Picknicks ein.

## ASBERG (Siehe Mörs-Asberg)

## ASCHAFFENBURG

In römischer Zeit bildete bei Aschaffenburg der Main die Grenze des Reichs. Sie verlief hier als sogenannter „nasser" → Limes, der sich von → Großkrotzenburg bis → Miltenberg erstreckte. Auf dem linken Ufer lagen eine Reihe von Kastellen zur Verstärkung der natürlichen Barriere des Flusses, u. a. → Stockstadt, Niedernberg und → Obernburg. Funde aus dem Bereich dieser Kastelle sind im

**Stiftsmuseum der Stadt Aschaffenburg**
im ehemaligen Kapitelhaus des Stiftes St. Peter und Alexander untergebracht.

Den römischen Funden sind zwei Räume im Erdgeschoß des Museums links vom Eingang gewidmet. Die Altäre in der *Steinsammlung* (erster Raum) stammen aus den Kastellen Stockstadt und Obernburg und sind Weihungen an römische, einheimische und orientalische Gottheiten. Unter den Dedikanten begegnen uns mehere „beneficiarii consularis", in den Inschriften gewöhnlich abgekürzt „BF COS", altgediente, dem Provinzialstatthalter unmittelbar unterstellte und mit wegepolizeilichen Aufgaben betraute Soldaten. An Grenz- und Flußübergängen, wie beispielsweise bei Stockstadt, versahen sie auch den Zolldienst.

An erster Stelle unter den *römischen Göttern* steht Jupiter, der Beste und Größte (Jupiter Optimus Maximus). Man wendet sich meistens an ihn allein, so ein centurio der VIII. Legion und Titus Aurelius Firminus, centurio der XXII. in Mainz stationierten Legion, der in Obernburg eine Einheit von Brittonen kommandierte (s.u.); er stiftete gleich zwei Altäre, wohl für besondere Wohltaten; denn mit den Weihungen erfüllte man Gelübde, wie der Gott es verdient hatte.

Neben Jupiter werden *Juno* und der *Schutzgeist des Ortes* (genius loci) auf dem Altar des Benefiziariers Justus vom Jahr 181 n. Chr. genannt. Manchmal wird der Altar zusätzlich „allen übrigen Gottheiten" gewidmet, um das Risiko zu vermeiden, durch Weglassen einer der zahlreichen Gottheiten deren Zorn zu erregen.

Von besonderem Interesse ist der Weihestein aus Obernburg, den der Regimentsarzt Marcus Rubrius Zosimus aus Ostia bei Rom für das Heil seines Chefs, des Kommandeurs (praefectus) Lucius Petronius Florentinus der 4. teilweise berittenen Aquitanerkohorte römischer Bürger, dem *Jupiter, Apollo, Aesculap, der Salus und der Fortuna* in Erfüllung eines Gelübdes widmete. („Iovi Optimo Maximo Apollini et Aesculapio, Saluti, Fortunae sacrum. Pro salute L. Petroni Florentini praefecti cohortis IIII Aquitanorum equitatae civium Romanorum Marcus Rubrius Zosimus medicus cohortis supra scriptae domum Ostia V SL L M.")

Die Inschrift bewahrt nach Kellner bis heute die Geschichte einer Krankheit und wunderbaren Genesung. Der Kommandeur war offenbar im Lager schwer erkrankt. Zosimus glaubte, angesichts dieser schweren Erkrankung nicht allein auf seine ärztliche Kunst vertrauen zu sollen. Er rief die Hilfe Jupiters und aller Heilgötter an und gelobte ihnen im Falle der Genesung seines Chefs einen schönen Altar. Florentinus wurde gesund, und Zosimus setzte den Göttern, wie sie es verdient hatten, in Erfüllung seines Gelübdes einen Weihestein. Der geheilte Kommandeur hat dann noch selbst aus Dank für die Wiederherstellung seiner Gesundheit Jupiter einen Weihestein gestiftet. (→ Obernburg.)

Mehrere von Benefiziariern errichtete Altäre für *Merkur* zeugen von der Beliebheit des Gottes der Kaufleute, des Warenverkehrs und des Gewinns. Der Wirkungskreis des Gottes ging im Provinzialkult über reine Geschäftsangelegenheiten hinaus, wie eine Statue des Gottes mit Bacchusknaben und der Inschrift „Deo Invicto Mithrae Mercurio Q.P. Gemellus" aus dem zweiten Mithrasheiligtum von Stockstadt zeigt.

Auf einem Dreigötterstein (in der Mitte des Raumes; die Säulentrommel gehört nicht dazu) sind *Mars, Proserpina und Victoria* dargestellt. Vielleicht gehörte der Stein zu einer Jupitersäule. Der Stein wurde in der ersten Hälfte des 13. Jahrhunderts vom Kastell Obernburg nach Aschaffenburg gebracht, um als Spolie beim Bau der Stiftskirche verwendet zu werden. Die Inschrift „Ramung me fecit" entstand wahrscheinlich bei der Überführung des Steins; Ramung mag einer der Steinmetzen gewesen sein, die damals an der Stiftskirche arbeiteten (E. Schneider).

Der Sockel einer *Geniusstatuette* trägt eine griechische Weihinschrift und ist möglicherweise die Stiftung eines griechischen Kaufmanns.

In den Bereich *einheimischer Gottheiten* führt der Altar, der am 13. August 178 n.Chr. für *Apollo und Diana* von einer Abteilung von Brittonen und einer Kundschaftertruppe aus Obernburg unter dem Kommando des bereits erwähnten Centurion Titus

**Aschaffenburg**

Aurelius Firminus errichtet wurde. („Apollini et Dianae numerus Brittonum et exploratio Nemanigensis curam agente Tito Aurelio Firmino enturione Legionis XXII Primigeniae piae fidelis V S L L M. Idibus Augustis Orfito et Rufo consulibus.") (Wegen der in der Inschrift genannten Brittonen s.u. Eulbach.) Mit Diana wird die keltische Quellgöttin *Sirona* gemeint sein, die zusammen mit Apollo, dem Heil- und Gesundheitsgott, verehrt wurde und in den germanischen Provinzen mit Diana identifiziert erscheint (Kellner).

Unter *orientalischen Gottheiten* ist der persische Lichtgott *Mithras* mit Weihungen aus Mithrasheiligtümern des Kastells Stockstadt vertreten. Sandsteinfiguren des *Cautes und Cautopates*, den beiden Begleitern des Gottes und Verkörperungen von Oriens und Occidens (mit nach oben und nach unten gekehrten Fackeln), wurden von Titus Martialis Candidus gestiftet. Zu den orientalischen Gottheiten, die in Obernburg und Stockstadt verehrt wurden, gehört *Jupiter Dolichenus*, der Himmelsgott aus der syrischen Stadt Doliche. Ihm widmete im Jahre 191 Publius Ferrasius Avitus, vom Claudischen Stimmbezirk, centurio in der in Argentorate (Straßburg) stationierten VIII. Legion, einen Altar zu Ehren des Göttlichen Kaiserhauses.

Der Dedikant war vor seinem Kommando in der VIII. Legion „aquilifer" (Adlerträger) in der I. Legion Adiutrix (einer aus Marinesoldaten von Nero (54–68) gebildeten Reservelegion), eine Tatsache, die er offenbar mit Stolz in der Inschrift vermerkt („I O M Dolicheno. In honorem domus divinae P. Ferasius Claudia Avitus Savaria centurio Legionis VIII Augustae piae fidelis constantis Commodae ex aquilifero Legionis I adiutricis pro se et suis V S L L M."). In enger Kultbeziehung zu Jupiter Dolichenus stand die „Magna Mater Deum", die kleinasiatische Göttermutter *Kybele*. Zwei der Göttermutter gewidmete Steine wurden 1950 in Stockstadt zusammen mit einem Weihestein für *Virtus*, der personifizierten Tugendgottheit der Tapferkeit, in einem Halbkreis stehend aufgefunden. Sie mögen zu einem Metroon, Heiligtum der Großen Mutter, gehört haben. (Dedikant des Virtussteines war der oben als Stifter zweier Sandsteinfiguren des Mithraskultes genannte Titus Martialis Candidus.) Die drei Steine sind im nächsten Raum aufgestellt.

Zu erwähnen sind noch der *Grabstein* für den Soldaten Diomedes der Zweiten Spanierkohorte, die eine Zeitlang in Stockstadt lag, und der ungewöhnliche Grabstein aus Niedernberg für den Soldaten Marcellus, Sohn des Bolgedo. Der Verstorbene war ein gebürtiger Sequaner und hatte in der 1. Kohorte römischer Bürger 23 Jahre lang gedient. („Marcellus Bolgedonis miles Coh I civium Romanorum civis Sequan stip XXIII H F C."). Die Inschrift ist von einem Kranz umgeben; darüber Darstellungen von Widdern. Ferner eine kleine Skulptur eines Ebers über einem am Boden liegenden Mann, möglicherweise von einem Grabmal; ein Mühlstein und eine steinerne Fensterumrahmung von einem Keller in Stockstadt.

Der nächste Raum enthält *römische Funde aus Stockstadt, Obernburg und Niedernberg*. An der Wand eine Karte des „nassen" Limes und ein Rekonstruktionsgemälde des Kastells und der Römerstadt von Stockstadt (beachte die Benefiziarierstation am Mainufer mit Altarsteinen nahe der Anlegestelle).

Die Funde enthalten:

1. Ein Becken zu Kultzwecken mit Bildfries am Aussenrand; Bauziegel; Ziegel der Vierten Vindelikerkohorte; Graburne mit Asche; dreihenkeliger Krug; Reibschalen; Vorratsamphore; Geschützkugeln; Heizungskacheln.

2. Gräberkeramik und Bronzen, darunter Tassen; Zierscheibe für ein Schwertgehänge; Spinnwirtel; Schlüssel; Dominostein; Henkelkanne; Faltenbecher; Fibeln; Reste einer Halskette aus Bronze mit blauen und weissen Glasperlen; Teilstück einer Wasserleitung.

3. Gebrauchskeramik; Eisengeräte: Schloss mit Kette; Sense; Lanzenspitzen; Nägel in verschiedenen Grössen. Vorratsamphoren aus einem Keller der bürgerlichen Siedlung von Stockstadt mit eingeritzten Buchstaben F V D O P. In der Fensternische ein Ziegel der XXII. Legion mit einem runden Abnahmestempel: „Iustum fecit" (geprüft und für richtig befunden).

4. Grabgefäße; Grablämpchen.

5. Terra-Sigillata-Gefäße; Bronzezirkel.

6. Sogenannter „kleiner Münzfund" aus Stockstadt bestehend aus 34 Silberdenaren aus der Zeit von 68–169 n.Chr. (Der Schatz befand sich in einem Henkelkrug aus dem 16. Jahrhundert. Der Sammler hatte den Schatz offenbar in unsicheren Zeiten vergraben und später nicht mehr bergen können.) – Haarnadeln aus Bein und Bronze; ärztliches Instrument (Löffelsonde); Weihefigur der Magna Mater.

*Aschaffenburg, Bronzener Silenkopf*

7. Ein vorzüglich erhaltener bronzener Wasserspeier in der Form eines *Silenkopfes* (am Hinterkopf sitzt noch ein Stück Rohr an), in Niedernberg gefunden. Nach E. Schneider konnte aus dem bekannt gewordenen Kulturnachlaß des römischen Imperiums bisher noch kein weiteres Beispiel für die Verwendung einer Silenmaske als Wasserspeier nachgewiesen werden. Zwei ebenso bedeutsame Funde wie der Silenkopf sind im Anbau zu diesem Raum ausgestellt: Der sogenannte „*Große Schatzfund*" und eine *eiserne Gesichtsmaske*. Beide Funde stammen aus Stockstadt. Der Münzfund kam im Jahr 1962 beim Bau einer Papiermaschine der Aschaffenburger Zellstoffwerke zutage. In einem Tonkrug waren sechs Goldmünzen (aurei) und 1254 Silberdenare enthalten. Die Münzen umfassen den Zeitraum von Trajan (98–117 n.Chr.) bis zu Marc Aurel (161–180). Es wird angenommen, daß der Schatz während des Chatteneinfalls im Jahre 169, der die Mainlinie erreichte, vergraben wurde.

Der eiserne Gesichtshelm entspricht den Bronzehelmen, die bei → Straubing gefunden wurden. Helme dieser Art wurden von Auxiliarkavalleristen bei Militärparaden zu kultischen Zwecken getragen. (Man könnte versucht sein, in der Helmmaske ein Porträt ihres Trägers zu sehen. Die bisher in Deutschland gefundenen Gesichtshelme zeigen individuelle Gesichtszüge und unterscheiden sich auch in der Barttracht.)

Von der Terrasse des Schlosses an der Mainfront sieht man stromabwärts dort, wo der Main ein Knie bildet, das ockerfarbige **„Pompejanum"**, ein von König Ludwig I. von Bayern 1840/48 im Stil des pompejanischen Hauses „Castor und Pollux" erbautes, mit mittelmeerischer Vegetation umpflanztes Sommerschloß. Die Wände im Inneren waren mit Gemälden geschmückt, die die gesamte griechische Mythologie wiederzugeben versuchten. Ein antikes Mosaik, opfernde Römerinnen darstellend, das dem König von Papst Gregor XVI. geschenkt worden war, bedeckte den Boden des Sommertrikliniums (Speisesaal).

Das im II. Weltkrieg fast vollständig zerstörte Schloß ist inzwischen im Äußeren wieder aufgebaut. Nach Vollendung der Innenarbeiten, die den alten Zustand soweit wie möglich wiederherstellen sollen, wird Aschaffenburg um ein reizvolles Museum reicher sein.

Man gelangt zum Pompejanum entweder zu Fuß durch den Schloßgarten oder mit dem Wagen auf der Pompejanumstraße, die von der Hanauer Straße abzweigt.

Die Ruinen des **Kastellbades von Stockstadt** sind im Park von **Aschaffenburg-Nilkheim** wiederaufgebaut.

## AUGSBURG

Wie so manche deutsche Stadt, die auf eine römische Gründung zurückgeht, bewahrt auch Augsburg in seinem Namen die Erinnerung an seine römische Vergangenheit. An der Schwelle seiner Geschichte steht die „Augusta Vindelicum" (auch „Augusta Vindelicorum" genannt), die kaiserliche Stadt im Gebiet der Vindeliker. Das Siedlungsgebiet der keltischen Vindeliker und Räter im Voralpengebiet war im Jahre 15 v. Chr. von Drusus und Tiberius, Stiefsöhnen des Kaisers Augustus, in einem kurzen Sommerfeldzug erobert worden. Der Feldzug diente sowohl der Sicherung gegen räuberische Einfälle keltischer Stämme wie auch der Vorbereitung der von Augustus geplanten Ausdehnung des Reiches bis zur Donau und Elbe. Nach der Eroberung wurden starke römische Streitkräfte im Voralpenraum stationiert. Man nimmt an, daß die Truppen in der Nähe von Augsburg konzentriert waren.

Bei der Ausschachtung einer Kiesgrube in Augsburg-Oberhausen am Zusammenfluss von Wertach und Lech kamen in den Jahren 1910–1912 zahlreiche römische Eisenfunde, wie Nägel, Zeltpflöcke, Handwerkszeug jeder Art, Waffen, Pferdegeschirrteile, Hufeisen, Ringe, Ketten sowie Töpfereiwaren und Münzen zutage, die als Ausrüstungsgegenstände römischer Legionen gedeutet wurden und auf ein Legionslager hinwiesen. Wo sich dieses Lager befand, ist allerdings bis heute noch nicht geklärt. Die Fundstelle der Eisengeräte kommt aus verschiedenen Gründen als Standort des Lagers nicht in Betracht. Man hat sich darauf geeinigt, allgemein vom „römischen Legionslager in Augsburg-Oberhausen" zu sprechen.

Als Anfangs- und Enddatum der gefundenen Gegenstände gilt der Zeitraum von 10 v.Chr. bis 16 n.Chr. Was die Stärke der Lagerbesatzung anlangt, so hat man aus der Zahl der Fundgegenstände auf mindestens eine, wahrscheinlich aber zwei Legionen geschlossen. Eine der Legionen, so wird angenommen, war die XVI. Legion Gallica; sie ist auf dem Nackenschutz eines in Burlafingen bei Neu-Ulm gefundenen Legionärshelms (jetzt in der Prähistorischen Staatssammlung in → München) genannt. Die Ausrüstungsgegenstände der Legionen sind wahrscheinlich durch eine plötzliche Überschwemmungskatastrophe an ihre Fundstelle gelangt.

Mit der Aufgabe der augusteischen Expansionspolitik in Germanien durch Tiberius im Jahre 16 n.Chr. wurden die Truppen aus dem Lager Augsburg-Oberhausen abgezogen und nach Vindonissa (Windisch in der Schweiz) verlegt. Nach Abzug der Legionen entstand in der Nähe des verlassenen Lagers eine bürgerliche Siedlung, die den Namen „Augusta Vindelicum" („Augusta Vindelicorum") erhielt. Zur Zeit der Renaissance, als die Augsburger Humanisten ihre Aufmerksamkeit der römischen Vergangenheit ihrer Stadt zuwandten, glaubte man, der Name deute auf eine Gründung der Stadt durch Augustus hin. Dem vermeintlichen Gründer zu Ehren wurde im Jahre 1593 auf dem Rathausplatz ein Monumentalbrunnen mit einer Bronzestatue des Kaisers errichtet. Das Bildnis des Kaisers, in klassischer Haltung, mit Lorbeerkranz und Panzer, und die bronzenen Brunnenfiguren gehören zu den bedeutendsten Schöpfungen der Renaissanceplastik in Deutschland. Wenn auch Augustus die Stadt nicht gegründet hat, so mag er sie geplant haben und dies sollte der Name „Augusta" zum Ausdruck bringen.

Unter Claudius (41–54) wurden die eroberten Voralpenländer zur Provinz Rätien zusammengefasst. Augusta Vindelicum wurde Sitz der Provinzialverwaltung mit einem procurator an der Spitze, der zugleich den Oberbefehl über die in der Provinz stationierten Auxiliartruppen führte.

Von der Geschichte des römischen Augsburg ist nur wenig bekannt. Kaiser Hadrian erhob die Stadt wahrscheinlich während einer Inspektionsreise 122 zu einem Gemeinwesen mit städtischer Selbstverwaltung („Municipium Aelium Augustum"). Die Verwaltung lag in den Händen von decuriones (Gemeinderäten) und städtischen Beamten (zwei Bürgermeistern – duoviri iure dicundo, zwei Stadträten mit polizeilichen Aufgaben – duoviri aedilicia potestate, und zwei Finanzbeamten – quaestores.) Als Provinzialhauptstadt verfügte Augsburg über bedeutende öffentliche Bauten, wie den Palast des Statthalters, Wohnhäuser der Beamten, Kasernen für die Leibwache, Thermenanlagen und Tempel.

Mit mehr als 10 000 Einwohnern muß Augsburg wie andere Städte ähnlichen Ranges einen imponierenden Anblick geboten haben. Das kommt in den Worten Tacitus' zum Ausdruck, der in seiner „Germania" Augsburg als die „glanzvolle Hauptstadt der Provinz Rätien" bezeichnet („splendidissima Raetiae provinciae colonia"). Als Folge der Markomannenkriege Marc Aurels 166–180 wurde die III. Italische Legion in der Provinz stationiert, seit 179 in → Regensburg (castra Regina). Damit ging die Verwaltung der Provinz an den Legionskommandeur, den „legatus Augusti pro praetore", über.

Augsburg blieb Amtssitz des Statthalters. Unter Diokletian (284–305) wurde Rätien in eine westliche Alpenprovinz (Raetia prima) mit der Hauptstadt Curia (Chur) und eine nordöstliche Provinz (Raetia secunda) mit der Hauptstadt Augsburg, eingeteilt. Zivil- und Militärgewalt wurden getrennt. Die zivilen Statthalter der Provinzen (praesides) residierten in ihren jeweiligen Hauptstädten. Augsburg wurde Amtssitz des militärischen Oberbefehlshabers beider Provinzen (Dux provinciae Raetiae primae et secundae).

Um die Wende zum 4. Jahrhundert wird es die ersten Christen in Augsburg gegeben haben. Ein Opfer der Christenverfolgung unter Diokletian wurde die heilige Afra, die 304 in Augsburg den Märtyrertod erlitt. Aus einer über ihrem Grab errichteten Kapelle entwickelte sich im Mittelalter das spätgotische Münster zu St. Ulrich und Afra.

Das späteste literarische Zeugnis des römischen Augsburg findet sich in der Lebensbeschreibung des hl. Martinus von Tours von Venantius Fortunatus (um 530–600), in der er seine Reise von Gallien nach Italien beschreibt. (Der Text dieser Stelle ist in der Kapelle 17 des Römischen Museums – s.u. – reproduziert.) Der genaue Zeitpunkt der Eroberung Augsburgs durch die Alamannen ist nicht bekannt. Die Lage der Stadt an wichtigen europäischen Handelsstrassen, eine Erbschaft der römischen Zeit, sicherte ihr Überleben und machte Augsburg im Mittelalter zu einem der grossen Handelszentren Europas. Das Haus Fugger, im Mittelalter durch Webereien und Bergbau zu großem Reichtum gelangt und Bankier von Päpsten und habsburgischen Kaisern, wirkt noch im modernen Augsburg nach.

Die römischen Schichten liegen zum Teil bis zu 7 m unter dem heutigen Straßenniveau.

Kein Bauwerk aus römischer Zeit hat sich über dem Erdboden erhalten. Durch sorgfältige Beobachtungen bei Bauarbeiten in der Stadt, vornehmlich in neuester Zeit, ist es gelungen, Teile der römischen Stadtbefestigung (Wall und Graben), das westliche Doppeltor in der Nähe der Heilig-Geist-Kirche, Reste von Wasserleitungen, eine Doppeltherme in der Pettenkoferstrasse, eine grosse Thermenanlage in der Georgenstrasse, Kultbauten und Häuser mit Bodenheizung und Mosaikfußböden zu ermitteln. Der Dom, so wird angenommen, nimmt den Platz des römischen Forums ein. Architekturteile von grossen öffentlichen Bauten – im Römischen Museum ausgestellt – mögen dazu beitragen, das Bild von der „glanzvollen Hauptstadt der Provinz Rätien" im Geist des Beschauers wieder aufleben zu lassen.

Abgesehen vom Namen der Stadt erinnert die Maximilianstraße – wegen ihrer stilistischen Geschlossenheit eine der schönsten Straßen Europas – an die römische Vergangenheit. Die Straße liegt z. T. im Zug der Via Claudia Augusta, der ältesten Verbindung zwischen Adria und Donau. Sie wurde von Drusus nach den Eroberungskämpfen des Jahres 15 v.Chr. angelegt und von seinem Sohn Claudius (41–54 n.Chr.) ausgebaut. (Die Straße führte von Verona durch das Etschtal über Bozen, Fernpaß, Füssen, Epfach nach Augsburg und erreichte bei Burghöfe die Donau mit Anschluß nach Westen an die Donautalstraße.)

Unter den Augsburger Humanisten, die sich im 15. und 16. Jahrhundert um die Entdeckung und Bewahrung des römischen Erbes ihrer Heimatstadt verdient gemacht haben, ist vor allem Conrad Peutinger bekannt geworden. Sein Name ist mit der Tabula Peutingeriana verknüpft, einer von Conrad Celtis, gleichfalls aus Augsburg, entdeckten und seinem Freund Peutinger zur Veröffentlichung überlassenen mittelalterlichen Kopie einer (verlorenen) römischen Weltkarte aus dem 3. nachchristlichen Jahrhundert. Die Karte befindet sich jetzt in der Österreichischen Nationalbibliothek in Wien. Das Wohnhaus Peutingers (Peutingerstrasse Nr. 11) ist erhalten und dem Besucher durch eine Tafel mit folgender Inschrift kenntlich gemacht: „In diesem Haus lebte Conrad Peutinger, Stadtschreiber, Humanist und Gelehrter, Freund Kaiser Maximilians, geboren 1465, gestorben 1547. Die Stadt Augsburg errichtete diese Tafel zum 500. Geburtstag ihres berühmten Sohnes."

**Römisches Museum,** Dominikanergasse 15.
Die beträchtliche Sammlung römischer Altertümer und vorgeschichtlicher Funde, die in den letzten 400 Jahren in Augsburg zum Vorschein

gekommen sind und im Maximilianmuseum untergebracht waren, befindet sich seit 1966 in der ehemaligen Dominikanerkirche St. Magdalena. Die Kirche, von 1513–1515 als zweischiffige Hallenkirche erbaut, war 1807 säkularisiert worden und wurde seitdem zu verschiedenen weltlichen Zwecken benutzt, die ihr erheblichen Schaden zufügten. Die Restaurierung der Kirche ist 1913 begonnen und in den sechziger Jahren beendet worden. Als sich herausstellte, daß die Kirche als Stätte der Kirchenmusik, wie ursprünglich vorgesehen, wegen Überakustik nicht geeignet war, beschloss man, den Raum für die Ausstellung der archäologischen Bodenfunde Augsburgs und seiner Umgebung nutzbar zu machen. Mit Ausnahme der wichtigsten Steindenkmäler und Skulpturen sind die Funde in den Seitenkapellen der Kirche untergebracht. Dadurch bleibt die Wirkung der weißschimmernden, lichten Doppelhalle als einer bedeutsamen Sehenswürdigkeit erhalten. – Die ausgestellten Gegenstände sind nach Sachgebieten geordnet. Die römischen Fundstücke befinden sich in den Kapellen 5 – 16. Durch die Sammlungen führt der vom Leiter des Museums, Dr. Leo Weber, verfasste Führer „Römisches Museum" (Städtische Kunstsammlungen Augsburg, Band III. Augsburg 1973). Die wichtigsten Objekte sind außerdem in einem Auswahlkatalog eingehend beschrieben und durch Abbildungen hervorgehoben. Die nachfolgenden Bemerkungen beschränken sich mit einigen Ergänzungen auf einen allgemeinen Überblick.

Der *römische Steinsarkophag* gegenüber der Pförtnerloge stammt aus dem 3. Jahrhundert n. Ch. und war bis 1492 die Grablege des 807 verstorbenen Bischofs Simpert von Augsburg. Im späten 18. Jahrhundert wurde der Sarg für den Bau der Lechbrücke nach Friedberg verwendet. Joh. Nep. von Raiser (1768–1853), ein um die Sammlung und Erhaltung römischer Altertümer in Augsburg hochverdienter Beamter der Kreisverwaltung von Augsburg, ließ den Sarg in das von ihm 1822 gegründete Antiquarium Romanum im Gymnasium bei St. Anna bringen.

Links und rechts von der ersten Säule sind zwei steinerne *Pinienzapfen* aufgestellt. Derartige Pinienzapfen dienten als Bekrönung von Pfeilergrabmälern und sind in Augsburg sehr zahlreich gefunden worden. Die Humanisten glaubten, daß der Pinienzapfen das Wahrzeichen der Augusta Vindelicum gewesen sei, zumal ein Pinienzapfen auf dem Grabrelief von zwei Männern (rechts neben Säule 7) zu erkennen ist, die vielfach als Bürgermeister oder Ratsherren des römischen Augsburg gedeutet worden sind. So kam es, daß der Pinienzapfen in das Wappen und Siegel der Stadt Augsburg aufgenommen wurde. Ein Pinienzapfen schmückt auch den Giebel des Rathauses.

Die Vitrine zwischen Säule 2 und 3 enthält einen *Plan des römischen Augsburg*, mit den wichtigsten heutigen Bauten und Strassen. Vor Säule 3 ist ein 1973 gefundener *Grabstein* des C. Iulius Secundinus aufgestellt; der Verstorbene war im Jahre 200 n.Chr. decurio (Ratsherr) im Municipium Aelium Augustum. Es folgt vor Säule 4 ein ebenfalls 1973 gefundener *Teil eines Pfeilergrabmals;* nach der Inschrift liess Pompeianius Silvinus das Denkmal für seinen liebevollen Bruder („fratri piissimo") Pompeianius Victor, der mit 30 Jahren starb, und für sich selbst zu Lebzeiten setzen. Auf den Seiten sind Szenen aus einem Wirtshaus dargestellt. (S. u. Kapelle 7/8.)

*Augsburg, Pfeilergrab*

Gegenüber der vierten Säule, zwischen der Kapelle 4 und 5, steht ein *römischer Meilenstein* von der Römerstraße Augsburg – Kempten (Cambodunum). Der Stein wurde unter Kaiser Septimius Severus und seinen beiden Söhnen Caracalla und Geta im Jahr 201 errichtet. Der Name des Geta in der zehnten Zeile war ausgemeißelt worden, als er nach seinem Tod der damnatio memoriae (Auslöschung des Namens und Versagen göttlicher Ehren nach dem Tod) verfiel. – Die Inschrift besagt, daß die genannten Herrscher die Straßen und Brücken wiederherstellen liessen und daß die Entfernung des Steins von Augsburg („ab Augusta") 40 Meilen betrug.

In der Vitrine zwischen Säule 4 und 5 werden antike *Helme* gezeigt, unter ihnen ein römischer Legionärshelm und ein spätrömischer Eisenhelm, der mit vergoldetem Silberblech überzogen ist. Der Helm mag einem Offizier der „equites Stablesiani", einer berittenen Garde beim Stab des Oberbefehlshabers der rätischen Provinzen, gehört haben.

Zwischen Kapelle 5 und 6 befindet sich das oft abgebildete *Weihereliefür Merkur* aus dem 2. nachchristlichen Jahrhundert. Das Relief zeigt den Gott mit Flügelhut (petasus) und Mantel (chlamys) über der linken Schulter. In der linken Hand hält er den Heroldsstab (caduceus), in der rechten Hand den Geldbeutel. Flügelschuhe sind nicht erkennbar. Unten links ein Ziegenbock, rechts ein Hahn. Das i.J. 1500 aufgefundene Standbild war schon Peutinger und Welser bekannt. Die zuweilen geäußerte Annahme, daß Albrecht Dürer durch das Bildwerk in der Gestaltung seines „Adam" beeinflußt wurde, besteht nach Dr. Leo Weber „kaum zu Recht."

Die *Sarkophage* zwischen den Säulen 5 und 6, und 6 und 7 sind römisch und wurden um 700–800 n.Chr. zur Bestattung von Vornehmen der damaligen Zeit wiederverwendet; dabei mal „die Skelette der Römer herausgenommen" (Weber). (Vgl. dazu den römischen Sarkophag im Museum in → Jülich.) In der Mitte des Raumes ist das berühmte *Pfeilergrab von Augsburg-Oberhausen* aufgebaut. Das Grabmonument kam 1709 bei einer Ausschachtung in Oberhausen an der Römerstraße nach → Günzburg zutage und wurde zunächst an seinem Fundort, wenn auch fehlerhaft, aufgestellt. 1822 kam es in das Antiquarium Romanum. Es gehört zu den am besten erhaltenen römischen Pfeilergräbern in Deutschland (die anderen sind die→ Igelersäule und neuerdings das Poblicius-Grabmal im Römisch-Germanischen Museum in → Köln).

Auf einem Stufenunterbau ist ein Sockel mit Inschrift aufgesetzt. Dann folgt ein Zwischengesims, das den mit Skulpturen auf drei Seiten geschmückten Hauptteil trägt. Darüber befindet sich ein Giebelfeld mit einem teilweise erhaltenen Schuppendach, das wahrscheinlich mit einem Pinienzapfen bekrönt war. Nach der Inschrift hat Titus Flavius Martialis das Denkmal seinem Vater, Titus Flavius Primanus, seiner Mutter, Traiana Clementina, und seinem Bruder, Titus Flavius Clemens, Soldat der III. Italischen Legion und Schreiber des Statthalters („militi Legionis III Italicae exacto consularis"), der 24 Jahre lebte, für sich und seine Eltern zu Lebzeiten setzen lassen.

Die Reliefs stellen dar: Vorne (von links nach rechts) der Bruder (in Uniform), die Mutter, der Vater (durch die Schriftrolle wohl als Beamter gekennzeichnet), rechts der Stifter (ebenfalls Beamter). Schmalseiten: Links Opferszene, rechts Dienerin. Giebelaufsatz: Vorne Gefäss (cantharus) und zwei Pfaue. Links Blumenkorb mit Band und Blättern. Rechts Erote. Auf dem Stufenunterbau eine Setzwaage, Steinmetzhammer und Hobel, wahrscheinlich **Ritualsymbole im Totenkult, deren Bedeutung noch unklar ist.**

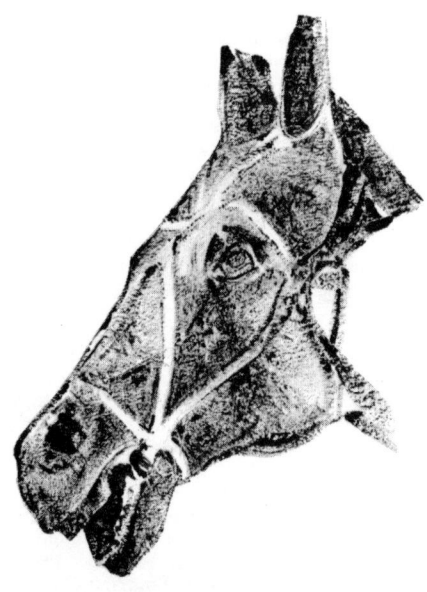

*Augsburg, Pferdekopf*

**Das bereits oben erwähnte** *Grabmal von zwei Männern* **zeigt die Verstorbenen in römischer Toga mit Schriftrollen in den Händen (Bestallungsurkunde als Beamte? Testamentrolle?) Daß sie städtische Beamte waren, ist nicht nachweisbar.** In einer Nische zwischen Kapelle 6 und 7 ein lebensgroßer, ehemals vergoldeter *Pferdekopf aus Bronze*. Er wurde 1769 in der Wertach gefunden. Der vorzüglich erhaltene Kopf mit geöffnetem Maul, geblähten Nüstern und Zaumzeug ist ein Meisterwerk naturalistischer Darstellung. Wahrscheinlich gehörte der Kopf zur Reiterstatue eines römischen Kaisers, die auf dem Forum gestanden haben mag, ähnlich dem Standbild Marc Aurels auf dem Kapitol in Rom. Der Kopf datiert etwa von der zweiten Hälfte des 2. Jahrhunderts. Das Bronzedenkmal war vermutlich bei den Alamanneneinfällen um die Mitte des 3. Jahrhunderts zerschlagen und in Trümmern verschleppt worden.

Das gegenüber dem Pferdekopf aufgestellte große *Holzfaß* aus Kempten (um 100 n. Chr.) ist ein schönes Beispiel für die handwerkliche Fähigkeit der Holzbearbeiter in römischer Zeit.

Unter den *Grabdenkmälern* an der Ostwand der Kirche befinden sich der Grabstein eines Ehepaares – beide in römischer Tracht; der Grabstein, den Claudia Constantina ihrem allerliebsten und liebevollsten Bruder („fratri dulcissimo hac pientissimo") Claudius Constantinus, der 30 Jahre lebte, seiner Frau Ispanilla, die mit 26 Jahren starb, und ihrem kleinen vierjährigen Sohn Reticius setzen liess; ein Reitergrabstein (möglicherweise für einen Angehörigen einer thrakischen Truppe) mit gut erhaltener farbiger Bemalung. *Kapelle 5* ist den Funden aus dem *Doppellegionslager* Augsburg-Oberhausen und der *Eroberung des Voralpenlandes* durch die Römer gewidmet.

Eine *Wandkarte* informiert über das Gebiet zwischen Inn und Donau zur Römerzeit. Auf der Karte vermerkt ist der vermutete Standort des Legionslagers; ferner frühe binnenländische Garnisonen; Kastelle zur Sicherung der Donaugrenze; spätrömische Wehranlagen; Fundstellen von Münzschätzen, die in den Zeiten der Germaneneinfälle vergraben wurden; Zivilsiedlungen; spätrömische burgi; Verlauf des Limes; Römerstraßen.

In Vitrinen sind ausgestellt: 1. Messer, Lanzen, Speer- und Pfeilspitzen, Dolche, Beschläge. 2. Chirurgische Instrumente; Amulette; Schreibgriffel (stili); Schlüssel; strigilis (Schabeisen). 3. Pferdegeschirr. 4. Zeltpflöcke; Sonden; Hufeisen; Pferdeschuhe. 5. Nägel; Ketten; Zangen; Spitzhacken; Eisenkeile; Spaten; Fragmente eines Mühlsteins.

An der Wand über den Schaukästen befindet sich eine Photographie des dem Kaiser Augustus von Senat und Volk gewidmeten Siegesdenkmals bei La Turbie, in der Nähe von Monaco *(Tropaeum Alpium)*. Es wurde 7/6 v. Chr. zur Feier der Unterwerfung des Alpengebietes gebaut. Die Inschrift (auf dem Monument selbst bis auf geringe Reste verwittert, aber durch Plinius d.Ä. in seiner „Naturalis Historia" überliefert) nennt 45 Alpenstämme, darunter die Vindeliker, die unter Leitung und Planung des Kaisers („eius ductu auspiciisque") unter die Herrschaft des römischen Volkes gebracht wurden.

Die in der *Kapelle 6* ausgestellten Gegenstände stehen unter dem Motto des an der Wand reproduzierten Zitats aus Tacitus' Germania von der „splendidissima Raetiae provinciae colonia" und sollen einen Einblick in das vielfältige *Handels- und Wirtschaftsleben* in der Augusta Vindelicum geben. Mit ihren mehr als 10 000 Einwohnern, darunter etwa 1000 Angehörige des Statthalterstabes, bot die Stadt einen aufnahmefähigen Absatzmarkt für Gewerbe jeglicher Art. Unter den durch Grabinschriften bezeugten *Gewerben* befinden sich ein negotiator porcarius (Schweinehändler); die Inschrift berichtet gleichzeitig, daß der Verstorbene Stadtrat war und einen baufällig gewordenen Tempel des Janus Matutinus auf eigene Kosten wiederherstellen liess. Ferner: negotiator vestiariae et linteariae (Textilhändler); negotiator artis purpurariae (Händler mit Purpurstoffen); negotiator artis cretariae et flatuariae (Händler mit Keramik und Metallwaren). Töpferwaren wurden in Töpfereien in Westheim bei Augsburg gefertigt.

Gezeigt werden vor allem Steinreliefs von Grabdenkmälern, die ähnlich den Reliefs auf der Igeler Säule Szenen aus dem Leben des Verstorbenen darstellen. Das links vom Eingang aufgestellte Relief eines *Hirten mit Schafherde* wurde 1830 in der spätrömischen Festungsmauer am Lorenzberg bei → Epfach gefunden und gehört zu den bekanntesten Bildwerken des Museums. Dargestellt ist links ein Hirte mit einem Lamm auf dem Arm, rechts vorne Schafe neben einem Baum. Wegen des vermeintlichen Symbolgehaltes („Der gute Hirte") wurde das Relief lange Zeit als frühchristliches Denkmal aufgefasst. Das Bildwerk wird aber um die Mitte des 2. Jahrhunderts entstanden sein und hat nichts mit dem christlichen Glauben zu tun; es nimmt Bezug auf den Beruf des Verstorbenen, den man sich als einen Gutsbesitzer mit einer Schafszucht vorstellen könnte.

Bemerkenswert durch die Lebendigkeit der Szene und das dargestellte Gewerbe ist das „*Im Warenmagazin*" betitelte Grabrelief. Vier Arbeiter verschnüren mit erheblicher Kraftanstrengung einen grossen Warenballen, vermutlich Wolle. Daneben steht der Magazinverwalter mit aufgeschlagenem Notizbuch und Schreibgriffel in der rechten Hand und beobachtet die Arbeiter bei ihrem Tun. (Die Nachbildung von Schreibtafel und Schreibgriffel und der Deckel eines Tintenfasses sind in der Tischvitrine ausgestellt.) Die auf der oberen Fläche des Steins abgebildeten Steinmetzwerkzeuge finden sich häufig auf Grabdenkmälern, wie bereits oben beim Oberhausener Pfeilergrab beobachtet werden konnte. Das Relief dürfte von einem grossen Turmgrabmal eines Textilkaufmannes stammen.

Andere hier ausgestellte Grabreliefs zeigen einen Frachtwagen mit Pferdegespann; zwei Sklaven verladen Frachtgut; Lastenträger und einen vierrädrigen Wagen mit Fass.

An der Wand befinden sich eine *Karte* mit den wichtigsten *Strassen der Römerzeit* und ein Ausschnitt aus der *Tabula Peutingeriana* nach dem Original; darunter eine moderne Veröffentlichung der Karte von Konrad Miller (Die Peutingersche Tafel. Stuttgart 1962).

Besondere Beachtung verdient der in einer Glasvitrine rechts neben dem Eingang aufgestellte Hals einer Vorratsamphore. Die mit schwarzer Tinte in Kursivschrift aufgemalte Inschrift lässt erkennen, dass in der Amphore Fischsauce des Valerius Maximus „feinster Qualität" enthalten war. („Liq(namen) scomb(ri) excel(lens) M. Valeri Maxumi"). Die Fischsauce (garum oder liquamen), hier von Makrelen (scombri) hergestellt, gehörte zu den beliebtesten Würzsaucen der römischen Küche und wurde fabrikmäßig produziert. Man ließ Fischinnereien, kleine Fische oder Fischstückchen, vorzugsweise von Makrelen, eingesalzt in der Sonne stehen, rührte die Mischung von Zeit zu Zeit um, sodass sie in Gärung geriet, und liess die Sauce dann über ein Sieb ablaufen. Das feinste garum oder liquamen kam aus Spanien, weil dort die Makrelen besonders häufig waren. Auch in Pompeji florierte eine Fischsauceindustrie. Die Amphore legt Zeugnis davon ab, dass die Bewohner der Provinzen auf das echte „Liquamen scombri" zum Würzen ihrer italischen Speisen nicht zu verzichten brauchten. Ein großartiges Strassennetz, das die Länder des Imperiums miteinander verband, ermöglichte den Warenaustausch zwischen allen Teilen des Reichs.

Die Schrift auf dem Amphorenhals und die handschriftliche Einritzung auf dem Bruchstück eines Dachziegels („Pilumenus Vitiolae Donum") dienen zugleich als Beispiele für die Handschrift zur römischen Zeit.

In der *Doppelkapelle 7 und 8* werden Fresken der Frührenaissance gezeigt. Der Raum ist in der Hauptsache dem Gedächtnis der Augsburger Bürger von Peutinger bis Ohlenroth gewidmet, denen die Erhaltung des römischen Erbes der Stadt in erster Linie zu verdanken ist. Hier befindet sich auch der Grabstein Conrad Peutingers. Er wurde bei der Einebnung der Johanneskirche (s.u.) im Jahre 1808 mit anderem Steinmaterial verkauft. Der „Sonnenwirt" in Kriegshaber, jetzt ein Teil von Augsburg, erwarb ihn und benutzte ihn als Kegelplatte; daher die neun Vertiefungen. Der oben genannte Joh.R. von Raiser entdeckte den Stein und verschaffte ihm eine würdige Aufstellung in seinem Museum. Die lateinische Grabinschrift ist nach römischem Vorbild verfasst und besagt, dass Conrad Peutinger 82 Jahre, zwei Monate und 12 Tage lebte und in diesem Familiengrab mit seiner Gattin Margarete Welser ruht. Die Söhne haben „aus Liebe, Achtung und frommem Sinn" dieses Monument errichtet. (Es mag hier vermerkt werden, dass auch der Grabstein Joh. R. von Raisers ein Museumsstück geworden ist. Er befindet sich im Maximilianmuseum. Die Inschrift rühmt den Verstorbenen als einen Mann „qui in rebus Romanis et Germanis pervestigandis singularem operam posuit Antiquarium Romanum Aug. Vind. condidit".)

In Kapelle 7 werden *farbige Abdrücke* der Seiten des oben erwähnten Grabmals des Pompeianius gezeigt. Auf der linken Bildseite sieht man den Ausschank von Wein an einen Käufer, der einen Krug mitgebracht hat; rechts sind Figuren an einem Tisch beim Brettspiel dargestellt; der rechte Spieler hält ein Hündchen auf dem Schoß.

Zwei *Bauinschriften* an der Ostwand des nördlichen Kirchenschiffs wurden 1830 in den Mauern des spätrömischen Kastells auf dem Lorenzberg bei Epfach gefunden. Sie berichten von Bauten unbekannter Verwendung des Statthalters Claudius Paternus Clementianus (etwa 65–130 n. Chr.) und zählen (rückläufig) die Ämter auf, die Clementianus im Militär- und Staatsdienst bekleidet hatte. Er begann seine Laufbahn als Präfekt der 1. Marineinfanteriekohorte (praefectus Cohortis I Classicae), wurde Stabsoffizier (tribunus militum) der XI. Legion Claudia, übernahm danach das Kommando des mit einer Torques ausgezeichneten Kavallerieregiments Siliana römischer Bürger (praefectus equitum Alae Silianae torquatae civium Romanorum) und war nacheinander kaiserlicher Statthalter (procurator Augusti) der Provinzen Judäa, Sardinia, Africa und Noricum.

Im nördlichen Kirchenschiff entlang den Kapellen sind aufgestellt: *Grabaltar* (mit Resten der ursprünglichen Farben), den Gaius Iulius Achilleus, „decurio suae civitatis" (Stadtrat), sich und der Aurelia Antonilla, „coniugi pudicissimae, feminae rarissimae" (seiner keuschesten Gattin, einer ganz seltenen Frau), seinem Sohn Gaius Iulius Antoninus und seiner Tochter Aurelia Iulia, „filiae infanti dulcissimae", dem süssesten Kind, das ein Jahr, 8 Monate und 16 Tage lebte, gesetzt hat;

*Grabaltar* für Victorinus Longinus, „eques Alae II Flaviae singularis", Reiter in der Garde des Statthalters mit dem Beinamen Flavia; den Altar liess Claudius Latinus, „aedituus singularium heres", Tempelhüter der Gardereiter, als Erbe setzen. Die Inschrift auf dem Sockel der Merkurstatue (sie bezieht sich nicht auf die Statue) berichtet, dass Marcus Paternius Vitalis für *Mercurius Cimiacinus* einen Räucheraltar (ara turaria) aufstellen ließ; der Dedikant hatte auch einen Tempel gebaut und darin ein Standbild (signum) des Gottes errichtet. Nach Kellner „könnte in dem Beinamen des Gottes eine Ableitung von cimex (Wanze) vorliegen und Merkur speziell als Ungeziefervertilger verehrt worden sein"; die hier aufgestellte Merkurstatue und die Merkurstatue in Kapelle 15 stammen von einem Merkurheiligtum in Gersthofen bei Augsburg, die Vitalisinschrift aus Epfach.

Weihestein für *Apollo Grannus*, keltischer Heilgott. Der Säule 3 gegenüber ein Weihealtar aus dem Kastell Burghöfe (Summuntorium) für *Apollo* mit dem Beinamen *Augustus Sanctus Conservator*. Stifter des Altars war Marcus Scandilius Pabatus, Kommandant der Ala Auriana („praefectus equitum Alae Aurianae"), die als Besatzung des Kastells Biriciana (→ Weissenburg) bezeugt ist.

Freistehend: Das *Modell* einer *villa suburbana* aus dem 3. Jahrhundert n. Chr. (Rekonstruktion eines römischen Gutshofes am Lauschberg bei Stadtbergen in der Nähe von Augsburg). Vitrine mit einer Sammlung *römischer Bronzen*, darunter die Statuette einer

**Augsburg**

sandalenlösenden Venus (s.a. Museum in → Bonn); Schuppenpanzer, in Augsburg nahe des Domes gefunden; er weist auf eine thrakische Reitereinheit hin; Kanne mit einer Attache in der Form eines jugendlichen Satyr und einer Pferdebüste am Henkel über dem Ausguß; vergoldete Statuette eines Genius; ein phallisches Amulett; Statuette eines Adlers; ein silbernes Dosenortband.

Die *Doppelkapelle 12 und 13* ist dem römischen *Grabkult* gewidmet. Die überlebensgroßen Figuren des Grabmals eines Ehepaares sind mit römischen Gewändern bekleidet. Die Frau trägt in ihrer linken Hand ein Schmuckkästchen, der Mann in beiden Händen Schriftrollen, deren Bedeutung noch ungeklärt ist. In einer Vitrine sind Grabbeigaben ausgestellt, die vor allem in Frauengräbern vorkommen, wie Schminksteine zum Zermahlen von Schminkpulver, Parfumfläschchen, Haarnadeln, Gemmen, Fibeln und Schnallen, Armringe, Ohrringe. Ferner: ein Grab aus dachförmig zusammengestellten Ziegelplatten und weitere Grabbeigaben, darunter eine tönerne Kinderrassel in der Form eines Hahnes.

Hier ausgestellt, wenn auch nicht zum Grabkult gehörig, ist ein Teil des großen *Münzschatzfundes von → Kellmünz,* der im September 1952 bei Ausschachtungsarbeiten zum Vorschein kam. Außer einer Goldmünze des Galerius Maximianus (305 – 311) besteht der Schatz überwiegend aus sog. folles, Kupfermünzen mit einem leichten Silberüberzug, die von Diokletian (294 – 305) und seinen Mitregenten seit 295 ausgegeben wurden. Es wird angenommen, daß es sich um militärische Gelder handelt und daß der Schatz im Sommer 308 vergraben wurde, als die Festung Caelius Mons (Kellmünz) im Kampf zwischen Maxentius, der Rätien unter seine Herrschaft zu bringen suchte, und Maximianus in Flammen aufging.

Die Herkunft der Münzen von Münzstätten südlich der Provinz Rätien, wie Ticinum, Rom und Karthago, illustriert nach Kellner, die Bedeutung der Alpenverbindung von Rätien zum italischen Kernland. „Dieser Verbindung gegenüber stehen die Ost-Westbeziehungen zu den anderen Provinzen damals anscheinend stark im Hintergrund."

*Kapelle 14* zeigt Fundstücke zum Thema: *Römische Architektur und Handwerk.* Eine Bauinschrift, im Peutingerschen Garten außerhalb der Stadt gefunden, berichtet, dass Flavia Veneria Bessa nach einem Traum dem Pluto und der Proserpina eine Kapelle aus eigenen Mitteln erbauen ließ („Plutoni et Proserpinae Flavia Veneria Bessa ex visu aedem de suo posuit VSLM."). Eine andere Bauinschrift nennt als Datum für die Weihung eines Gebäudes den Tag vor den Iden des Oktober (14. Oktober), als Gentianus und Bassus Konsuln waren (211 n.Chr.).

Von verschiedenen Bauten stammen ein Eckgesims mit Konsolen und Kassetten, Säulentrommeln, ein profiliertes Werkstück, Ziegel, Rohre, Mosaikstücke. Eine Sammlung römischer Handwerkszeuge schließt die Ausstellung in diesem Raum ab.

*Kapelle 15* enthält *römisches Glas und Keramik.* Die Gläser stammen wahrscheinlich überwiegend aus den Glashütten von Köln. Ein Glasbecher mit der Darstellung einer Weinernte gilt als Erzeugnis aus Norditalien. – Unter Keramikgegenständen befinden sich Formen aus der Töpferei von Westheim bei Augsburg zur Herstellung von Lampen; Terra Sigillata, das feine römische Tafelgeschirr, Importware aus Süd-, Mittel-, und Ostgallien sowie Rheinzabern, und gewöhnliche Haushaltskeramik, darunter rätische Becher, Reibschalen; ferner „Lichthäuschen" (Gegenstände des Totenkults?).

An der Wand über der Glasvitrine restaurierte und ergänzte *Wandmalereien* aus Augsburg. Unter einer Merkurstatuette ein Relief mit der Darstellung eines Tropaeums (Siegeszeichen; s.a.Museen in → Aalen und → München).

In *Kapelle 16* ist eine Privatsammlung von Bronzen ausgestellt; ferner römische Bronzeglocken, Gefäßhenkel, Bronzegefäße, römische Kleinplastik, Terrakotten und Spiegel. In der Mitte des Raumes ein *Dreigötterstein,* Basis einer Jupitergigantensäule, mit Darstellungen von Victoria, Merkur und Mars. In der Datenangabe wurde der Name des Kaisers Geta (2. Konsulat) nach seiner damnatio memoriae getilgt (s. den Meilenstein o.).

Gegenstände in *Kapelle 17* beziehen sich auf die Zeit der *Völkerwanderung und der Merowinger* (6. bis 8. Jahrhundert n. Chr.). Als Hinweis auf Augsburg im Jahre 565 ist hier die Stelle aus der „Vita St. Martini" von Venantius Fortunatus reproduziert, in der der Dichter seine Reise von Gallien nach Italien und seinen Besuch in Augsburg beschreibt. Die Übersetzung der Stelle lautet: „Wenn dir erlaubt ist, die barbarischen Flüsse zu überqueren, sodaß du friedlich den Rhein und die Donau überschreiten kannst, gelangst du nach Augsburg, wo die Wertach und der Lech zusammenfließen. Dort wirst du die Gebeine der heiligen Märtyrerin Afra verehren. Wenn der Weg frei ist und der Bajuware dich nicht behindert, weil er ja den Brenner besetzt hält, dringe durch die Alpen, wo sich der Inn in reißenden Strudeln dahinwälzt."

*Kapelle 18* ist Zeugnissen des *frühen Christentums* in Augsburg gewidmet, u. a. den Grabungsergebnissen bei St. Ulrich und Afra. Unter den ausgestellten Gegenständen sind besonders bemerkenswert zwei Bruchstücke eines frühchristlichen Grabsteins, die 1929 bei der abgebrochenen Johanniskirche (s.u.) gefunden wurden. Die fragmentarische Inschrift nennt drei Truppenteile des römischen Ostheeres, die es erlauben, wie Kellner nachweist, die Inschrift in die Zeit um 400 anzusetzen. Die Inschrift ist das späteste Zeugnis für die Anwesenheit römischen Militärs in Rätien. „Das Grabmal verrät weiter, daß die Familie zu einer sozial gehobenen Schicht gehörte. Die Verhältnisse in Augsburg waren also um 400 noch derart, daß in der Stadt eine gehobene Schicht lebte und ihre Angehörigen repräsentative Grabsteine anfertigen ließen."

Am Ausgang sind noch zu beachten eine Sammlung keltischer und römischer *Münzen* und zwei *Inschriftsteine* aus der Zeit, als mit der Befestigung der Iller-Donau-Grenze die römische Herrschaft in der Provinz Rätien noch einmal konsolidiert werden konnte. Die eine ist eine Ehreninschrift aus Augsburg für *Kaiser Probus* von 281, dem Wiederhersteller der Provinzen und öffentlichen Bauten, dem überaus fürsorglichen und an Tapferkeit alle früheren Herrscher überragenden Kaiser („restitutori provinciarum et operum publicorum providentissimo ac super omnes retro principes fortissimo imperatori"); die andere ist Diokletian gewidmet (290 n.Chr.), dem fürsorglichsten Herrscher, dem Lenker der Welt, unserem Herrn, dem Begründer ewigen Friedens („providentissimo principi, rectori orbis ac domino, fundatori pacis aeternae".) Stifter des Probussteins ist der Stellvertreter des Statthalters der Provinz Rätien („;..inus vir perfectissimus agens vices praesidis provinciae Raetiae"), der Diokletianinschrift der Statthalter Septimius Valentio, „vir perfectissimus, praeses provinciae Raetiae". Beide führen den Titel „Excellenz" (vir perfectissimus).

Ein **Freilichtmuseum** römischer Steindenkmäler stellt die „Römermauer" auf dem Fronhof im Süden des Domes dar. Die Mauer wurde 1954 zur Aufbewahrung und Sichtbarmachung von Architekturfragmenten und Reliefs des 1.-4. nachchristlichen Jahrhunderts errichtet. Man sieht dort, u. a. (von links – Peutingerstrasse – nach rechts): Pinienzapfen von einem Grabdenkmal; Architrave und Gebälk von einem großen öffentlichen Gebäude; Grabmal eines römischen Beamten; Unterteil eines Pinienzapfens; Schuppendach von einem Pfeilergrabmal; Grabrelief eines Ehepaares, an den Seiten ein Knecht und eine Magd; ein von dem Statthalter der Provinz Rätien („legatus Augusti pro praetore provinciae Raetiae") C. Julius Alexius Avitus Alexianus (204–207), Mitglied des Priesterkollegiums für den Kult des Kaiserhauses, dem Deus patrius Sol Elagabalus (orientalischer Sonnengott von der Heimat des Dedikanten) gewidmeter Altar; Grabstein eines Soldaten der III. Italischen Legion; Teil eines Grabmals mit dem Relief eines Fasses; ein als Weihwasserbecken verwendeter antiker Steinbock; eine Grabinschrift für Tiberius Claudius, Sohn des Tiberius, vom Sergischen Stimmkörper; Teil einer Ehreninschrift „Omnibus honoribis in re publica sua functo" – Mit allen Ehren seines Gemeinwesens ausgezeichnet; Grabstein der Priesterin Silvia Maternina; mehrere Architekturteile.

Gegenüber der Römermauer liegen die 1930 ergrabenen **Fundamente der frühchristlichen Kirche St. Johannis.** Die Kirche wurde 1808 abgebrochen. Wie auf einer Tafel zu lesen ist, wurden in einem viereckigen Brunnenschacht eines römischen Wohnhauses (an der Ausgrabungsstätte sichtbar gemacht) die ersten Christen Augsburgs zur Zeit der heiligen Afra getauft. Noch vor 536 wurde ein kleiner geosteter Kirchenbau mit Altar und halbrunder Priesterbank angebaut, über dem im 10. Jahrhundert Bischof Ulrich eine dreischiffige, dem Täufer Johannes gewidmete Taufkirche mit Apsis errichtete.

# B

## BAD BERTRICH

Bad Bertrich gehört zu den zahlreichen Heilbädern, deren Quellen, wie es in Reiseführern heißt, ,,schon von den Römern benutzt wurden''. Wie den Bewohnern der Augusta Raurica (Augst bei Basel) das nahe Badenweiler als Kurort diente, so suchten die Bürger der Augusta Trevorum (Trier) Erholung von den Beschwerden des städtischen Lebens in den Quellen Bad Bertrichs. Drei betonierte Bassins von je 3,5 m Breite eines römischen Gemeinschaftsbades mit Wärmeeinrichtungen wurden 1881 unter dem jetzigen Kurplatz aufgedeckt. Sie liegen dort noch heute in einer Tiefe von 3 Metern.

Funde, unter ihnen Überreste von römischen Heizungsanlagen, vom sogenannten ,,Römerkessel'', einer kegelförmigen Erhebung im Üssbachtal östlich des Bades, lassen darauf schließen, daß man sich hier auch im Winter zur Kur aufhielt. Andere Funde deuten auf ,,Wandelhallen, Gartenanlagen und künstliche Teiche. Auch gab es schon eine Art Andenkenhandel, der vornehmlich tönernes Kleinzeug, unter anderem hübsche Lämpchen, an den Gast zu bringen suchte'' (Pörtner). Heilquellen waren häufig besonderen örtlichen Gottheiten geweiht. Schutzgöttinnen der Quellen Bad Bertrichs waren Vercana und Meduna, denen dankbare Kurgäste Votivaltäre stifteten. Wie Grabfunde ergeben haben und neuerdings auch ein in der Nähe des Badegebäudes zutage getretener Münzschatz (fast ausschließlich folles, eine Münzsorte der diokletanisch-konstantinischen Zeit), bestand der Badeort bis in die römische Spätzeit.

Vom Römerbad sind keine sichtbaren Spuren mehr vorhanden. Nur Namen wie ,,Hotel Römerbad'' oder die Inschrift im Durchgang zwischen Kurhotel und Kurgarten: ,,Schon Römer und Kurfürsten fanden sich ein und tranken zur Quelle hier goldenen Wein'', erinnern an die römische Vergangenheit des Ortes. Einige Funde aus der Römerzeit sind im ,,Schlößchen'', das 1786/7 als Kurfürstliches Badegebäude errichtete ,,Kleine Kurhaus'', in einem Schaukasten ausgestellt.

Die Funde umfassen eine Statuette (Abguß; das Original befindet sich im Besitz des Fürsten von Hohenzollern-Sigmaringen) der Diana. Sie wurde 1858 südlich von Bad Bertrich bei der Freilegung einer römischen Villa gefunden. Die Göttin, bekleidet mit hochgeschürztem, doppelgegürteltem dorischem Chiton, ist dargestellt, wie sie mit vorgestelltem linkem Fuß dahineilt, links neben ihr die Hirschkuh im Sprung, der ein Jagdhund an die Kehle fährt; ein Weihealtar für Vercana und Meduna, gestiftet von Lucius Tacitus ,,gerne und freudig in Erfüllung eines Gelübdes, wie die Göttinnen es verdient haben'', sicherlich weil er in ihren Quellen Genesung gefunden hatte; Hohlziegel von der Heizungsanlage des Bades; Wasserrohre aus Ton und Blei von römischen Wasserleitungen; Bruchstücke von Ölkrügen und Lampen; eine Axt; Löwenkopf, früher am alten Trinkbrunnen angebracht; Säulenkapitelle von Tempeln der Diana, Vercana und Meduna; sie wurden auf dem Gelände der evangelischen und katholischen Kirche gefunden und sind Zeugnisse für die oft beobachtete Erscheinung, daß sich christliche Kirchen über heidnischen Heiligtümern erheben; schließlich eine Reihe von Münzen aus der Zeit von 200–500 n. Chr.

## BAD DÜRKHEIM

Was den Besuch des malerischen Kurortes in einem der berühmtesten Weinanbaugebiete für den Liebhaber römischer Altertümer empfehlenswert macht, ist ein nordöstlich der Stadt gelegener römischer Sandsteinbruch, im Volksmund ,,Kriemhildenstuhl'', auch ,,Brunholdisstuhl'' genannt.

Der Kriemhildenstuhl diente dem römischen Militär zur Steingewinnung. Im Gegensatz zu anderen als römisch erkannten Steinbrüchen ist der Kriemhildenstuhl seit dem Altertum nicht mehr genutzt worden. Freilegungen in den 30er Jahren dieses Jahrhunderts haben die Abbruchwände des Steinbruchs bis zur Höhe von 20 m wieder sichtbar gemacht. Spuren der römischen Steinbruchtechnik sind an vielen Stellen erhalten geblieben. Deutlich lassen sich die verschiedenen Stadien des Abbruchs verfolgen, von den Wandabschnitten, die nacheinander abgearbeitet wurden, bis zu einzelnen freigelegten Blöcken mit Einschnitten der Eisenkeile an der Basis. Auch die „gekurvten Schrothiebe" kann man überall an den Wänden noch sehen. Ist der Steinbruch schon wegen dieser Zeugnisse antiker Steingewinnungstechnik ein eindrucksvolles Denkmal aus der Römerzeit, so erlangt er zusätzliche Bedeutung durch Wandinschriften und Felszeichen. Häufig erscheinen an den Wänden die Schriftzeichen „LEG XXII PPF". Sie besagen, daß Arbeitskommandos (vexillationes) der in Mainz stationierten Legio XXII P(rimigenia) P(ia) F(idelis) (nach Fortuna Primigenia benannt und mit den Ehrentiteln pflichtbewußt und getreu ausgezeichnet) den Steinbruch bearbeitet haben.

Auch eine Weiheinschrift der Legion für Jupiter, den Besten und Größten, und für den Genius (Schutzgott) des Kaisers Septimius Severus (193–211 n. Chr.) wurde in eine Wand des Steinbruchs gemeißelt („IOM ET GENIO IMPERATORE LUC SEPTIMO SEVER VEXL L XXII PPF"). Inschriften wie „Gettonius", „Ursuodomus" beziehen sich wahrscheinlich auf Namen von Befehlshabern der Arbeitskommandos.

Felszeichen (Räder, Tiere, insbesondere Pferde, ein Lanzenschwinger – rote Pfeile an den Wänden weisen darauf hin –) sind verschieden gedeutet worden. Manche wollen in ihnen keltisch-germanische Kultsymbole sehen. Wie Röder bemerkt, sind sie vermutlich die Zeichen militärischer Arbeitsgruppen. Der gute Erhaltungszustand der Inschriften und Felszeichen erweckt den Eindruck, als seien sie erst vor kurzer Zeit entstanden.

Der Betrachter des Steinbruchs bedarf keiner besonderen Phantasie, um sich die Mainzer Legionäre in ihren Arbeitskitteln vorzustellen, wie sie, geschäftigen Ameisen gleich, den Steinbruch beleben, und mit ihren Spitzhacken und Hämmern die Steinblöcke aus den Abbruchbahnen herausbrechen. Der Steinbruch ist wahrscheinlich im 3. Jahrhundert von den Truppen verlassen worden.

Man erreicht den Kriemhildenstuhl am Hang des Kästenberges von der Sonnenwendstraße aus. Kurz vor dem Sonnenwendsanatorium biegt ein Fußpfad nach rechts ab in ein Gehölz von Edelkastanien, die, worauf ein Zeichen aufmerksam macht, aus ihrer mittelmeerischen Heimat von den Römern hier eingebürgert wurden. Ein „Waldlehrpfad-Naturpfad" führt in steilen Serpentinen in etwa 30 Minuten zum römischen Steinbruch.

Modelle des Kriemhildenstuhls sind in den Museen von → Koblenz-Ehrenbreitstein und → Speyer zu sehen.

**Das Heimatmuseum** in der ehemaligen Präfektur, einem klassizistischen Gebäude von 1812 enthält u. a. Funde aus der Römerzeit.

## BAD EMS

Die seit alters her sprudelnden und insbesondere seit dem 19. Jahrhundert weltberühmten „Emser Quellen" boten den wasserliebenden Römern hinreichenden Anreiz zur Niederlassung. Aber mehr noch als die Heilquellen waren es strategische Gründe, die die Römer veranlaßten, an diesem Platz seßhaft zu werden.

Hier überschritt der → Limes, die befestigte Grenze des Römerreiches zwischen Rhein und Donau, die Lahn (etwa an der Stelle, wo heute die obere Brücke die Lahn überquert). Eine Öffnung in der Befestigungslinie durch einen Fluß erforderte besondere militärische Sicherungen. Ein unter Kaiser Hadrian (117–138 n. Chr.) aus einem domitianischen Erdkastell entstandenes Steinkastell lag rückwärts vom Limes im ehemaligen „Dorf Ems", in dessen Straßenplan der Grundriß des Kastells heute noch teilweise erhalten ist. Die Martins-Kirche nimmt etwa die Stelle des Stabsgebäudes (principia) ein.

Ein wesentlich kleineres Kastell lag auf der Südseite der Lahn dicht beim heutigen Bahnhof (zwischen Alexander-, Bahnhof- und Badhausstraße). Die Besatzungen der beiden Kastelle waren numeri, kleine Aufklärungs- und Beobachtungsabteilungen. Die genaue Stärke und Bezeichnung der Emser Garnison ist nicht bekannt.

Nach Überquerung der Lahn steigt der Limes vom Südufer des Flusses in südwestlicher Richtung zum Wintersberg auf. Auf der Höhe steht ein im Jahre 1874 auf römischen Fundamenten errichteter steinerner Wachtturm. Eine nach spätrömischen Vorbildern verfaßte lateinische Inschrift besagt, daß der Wachtturm am Limes des ehemaligen Römerreichs, von den Unbilden der Zeiten zerstört („speculum limitis Imperii olim Romani temporum invidia consumptam"), zu Ehren Kaiser Wilhelms I., des „größten Siegers über Gallien und Wiederherstellers des Deutschen Reichs", aus Beiträgen der Bürger von Ems von Grund auf wieder erneuert wurde.

Man erreicht den Turm entweder mit dem Kraftwagen über die Braubacherstraße zum Wintersberg oder zu Fuß vom Bahnhof auf der Wintersbergerstraße bis zu einem Punkt, wo der Limeswanderweg – durch einen stilisierten römischen Wachtturm markiert – nach links abbiegt. Der Weg führt streckenweise am Limes entlang, der hier gut zu beobachten ist und ein lohnendes Ausflugsziel darstellt.

## BAD HOMBURG v. d. Höhe

Obwohl anzunehmen ist, daß die Heilquellen von Bad Homburg schon in römischen Zeiten bekannt waren, hat sich ihre Nutzung durch die Römer nicht nachweisen lassen. Römische Gebäudereste, die man innerhalb des Stadtgebietes angetroffen hat, gehörten zu „villae rusticae", kleinen Landgütern oder Nebengebäuden größerer Betriebe. Eine geschlossene Siedlung (vicus) gab es nicht. Die Gegend fiel endgültig in die Hände der Alamannen um 260 n. Chr. Das bedeutete auch das Ende der römischen Gutshöfe.

Römische Siedlungsspuren sind heute nicht mehr sichtbar. Trotzdem gebührt Bad Homburg ein Platz auf der Reisekarte des römischen Deutschlands als Ausgangspunkt für einen Besuch der → Saalburg, dem wiederaufgebauten römischen Kastell im Taunus (in etwa 5 km Entfernung auf der Straße nach Usingen). Eine Verbindung zur Saalburg stellt auch das Homburger Schloß her, das Landgraf Friedrich II., der „Prinz von Homburg" des Kleist'schen Dramas, von 1680–1685 an Stelle einer mittelalterlichen Burg der Grafen von Epstein unter teilweiser Verwendung von Steinen aus der Saalburg erbaute.

Eine Nachbildung der auf der Saalburg im Jahr 1723 entdeckten Inschrift zu Ehren Kaiser Caracallas ist im „Weißen Turm", dem Bergfried des mittelalterlichen Schlosses, inmitten von Saalburgsteinen eingemauert. (Das Original der Inschrift befindet sich im Fahnenheiligtum der Saalburg.)

## BAD KREUZNACH

Der Name „Kreuznach" hat seinen Ursprung in „Cruciniacum", die Bezeichnung für eine keltische Siedlung, die von den Römern übernommen wurde, als sie sich dort zu Beginn des 1. nachchristlichen Jahrhunderts niederließen. Die Endsilbe „-acum" bedeutet soviel wie Besitz, Eigentum. Cruciniacum ist das Dorf oder die Siedlung des Crucinius. Bad Kreuznach bewahrt in seinem Namen die Erinnerung an den aus grauer Vorzeit stammenden keltischen Gründer des Ortes. Mit Kreuz als christlichem Symbol hat der Name nichts zu tun.

Bei der keltischen Siedlung befand sich ein Übergang über die Nahe, auf den sternförmig Straßen zuliefen, und Salzquellen. Die sich daraus ergebende wirtschaftliche und strategische Bedeutung des Ortes veranlaßte die Römer, an dieser Stelle in den Jahren zwischen 1 und 20 n. Chr. einen militärischen Straßenposten zu errichten, aus dem sich bald ein blühender Marktort entwickelte.

Der römische vicus lag östlich der heutigen Stadt im Winkel, der von den Eisenbahnlinien nach Bingen und Bingerbrück gebildet wird; im Süden erstreckte sich ein Gräberfeld. Die Bevölkerung – man schätzt sie auf 500–600 Einwohner, für damalige Verhältnisse ein größerer Ort – bestand vorwiegend aus Veteranen der Legionen und Hilfstruppen, die sich dort nach ihrer Militärzeit eine bürgerliche Existenz gründeten.

Die Namen von über 70 dieser ältesten „Kreuznacher" sind durch einzigartige Urkunden überliefert, die allerdings niemals als „Einwohnerverzeichnis" gedacht waren.

Es handelt sich um sogenannte „Fluch-" oder „Verfluchungstäfelchen" (defixionum tabellae), etwa 1 mm starke, mit dem Namen des Verfluchten und Verwünschungsformeln beschriftete Bleibleche, die man in die Gräber steckte, um sie dem Gott der Unterwelt zukommen zu lassen, wenn er die Seelen der Verstorbenen abholte. So übergab eine eifersüchtig Liebende die Namen von Nebenbuhlerinnen den unterirdischen Mächten („nomina data ... ad inferos") damit sie diese „durch Gewalt dahinraffen". Auf einem anderen Fluchtäfelchen sind die Namen von 12 „Sklaven" einer Kultgemeinschaft verzeichnet. Der Schreiber verwünscht sie in die Hölle („hos ad inferos consecramus"). (Eine der Tafeln befindet sich im Kreuznacher Museum, s. u.).

Unter den Kreuznacher Bürgern befanden sich „Vollbürger aus Italien, Kelten aus Gallien, Spanien und den Alpengebieten, Griechen, Thraker, Kleinasiaten, Syrer u. a.". Auf den Bleitäfelchen werden auch Berufe genannt: ein Kupferschmied, ein Färber, ein Holzhändler. Weitere Berufe lassen sich aus anderen Quellen herleiten. Reste einer ausgegrabenen Töpferei lassen auf Keramiker, Säulen und Inschriften auf Steinmetze und Bildhauer schließen. Auch Glasbläser mag es gegeben haben, wie aufgrund zahlreicher, in Gräbern gefundener Glasgefäße vermutet wird.

Das Schicksal des römischen Kreuznach ähnelt demjenigen des benachbarten → Alzey. Nach einer fast 200-jährigen Periode friedlicher Entwicklung wurde der Ort in den Alamannenstürmen während der zweiten Hälfte des 3. Jahrhunderts zerstört, nach der Wiederherstellung geordneter Verhältnisse in konstantinischer Zeit wieder aufgebaut, um endgültig in der Mitte des 4. Jahrhunderts nach erneuten Germaneneinfällen unterzugehen. Wegen der strategischen Bedeutung des Platzes am Zugang zur Kaiserstadt Trier und zum Inneren Galliens ließ Valentinian I. (364–375) in den Ruinen der römischen Siedlung – ähnlich wie in Alzey – um 370 ein Kastell anlegen. Die Festung war fast genau quadratisch mit ungefähr 163 m in der Länge und Breite. Die Umfassungsmauern waren 3 m stark und 10 m hoch. Wahrscheinlich war die Besatzung der Festung eine Abteilung der Mainzer XXII. Legion, wie aus einer Inschrift auf einem Grabmal (im Museum) geschlossen werden kann.

Im Schutz der Festung konnte sich für kurze Zeit eine neue bügerliche Siedlung entwickeln. Nach dem Abzug der römischen Truppen aus dem Rheinland zu Beginn des 5. Jahrhunderts wurde die Festung von Burgundern besetzt, die als römische Föderaten die Aufgabe hatten, die Rheingrenze gegen Germaneneinfälle zu sichern. Das Reich der Burgunder zerfiel, als der römische General Aëtius im Jahre 436 aus Furcht vor einer weiteren Ausdehnung der burgundischen Herrschaft den Großteil des burgundischen Volkes mitsamt Königsfamilie und Adel von Hunnen im römischen Dienst vernichten ließ. Der Untergang des burgundischen Königreichs hat acht Jahrhunderte später im Nibelungenlied literarischen Ausdruck gefunden.

Die römische Festung in Kreuznach blieb zunächst unzerstört. Erst im 13. Jahrhundert wurden die Mauern als Steinbruch für den Bau eines Stadtteils auf dem rechten Naheufer, heute die ,,Altstadt", verwendet. ,,Mit der Kastellmauer nahmen die Bürger ein Stück ihrer alten Heimat in den neuen Stadtteil mit". Wie auf einer Zeichnung aus der ersten Hälfte des 19. Jahrhunderts zu sehen ist, waren die Grundmauern des quadratischen Kastells damals noch deutlich im freien Feld als mit Hecken bewachsene Wälle zu erkennen. Heute steht nur noch ein kleiner Rest der ursprünglichen Nordostmauer auf dem Gelände des staatlichen Gymnasiums in der Schlachthofstraße, ein ehrwürdiges Denkmal aus Kreuznachs spätrömischer Vergangenheit. Das Bauwerk heißt zu Unrecht ,,Heidenmauer". Valentinian I., der sie errichtete, war Christ.

## Karl-Geib-Museum, Bad Kreuznach

Die römischen Exponate des Museums lassen sich in drei Gruppen einteilen: Römische Steindenkmäler in der Eingangshalle; im Saal 2 (Eingang rechts am anderen Ende der Halle) Funde aus römischer Zeit und dem frühen Mittelalter; im Anbau (Mosaikhalle) das Gladiatoren-Mosaik mit Szenen aus dem Amphitheater.

Die meisten *Steindenkmäler* in der Eingangshalle haben keine unmittelbare Beziehung zum römischen Kreuznach. Sie sind zum größten Teil Grabsteine von einem römischen Militär- und Zivilfriedhof, der bei der Anlage des Bahnhofs in Bingerbrück im Jahre 1856 zum Vorschein kam.

Der erste Grabstein auf der rechten Seite ist Scenus, dem Sohn des Assenio, aus der 1. Kohorte von Pannoniern (einem Volksstamm aus dem heutigen Ungarn) gewidmet. Der Soldat starb mit 35 Jahren nach einer Dienstzeit von 17 Jahren. Sein Kamerad Breucus (sein Grabstein steht auf der linken Seite), ein Angehöriger des pannonischen Volksstammes der Breuci, war 36 Jahre alt, als er nach 16 Dienstjahren starb. Auch Bato und Annaius waren Regimentskameraden; ihre Truppe war die 4. Delmaterkohorte.

Beide hatten 15 Jahre gedient, als sie – wahrscheinlich im gleichen Gefecht – fielen. Der Grabstein von Annaius, Sohn des Pravaius, vom Stamme der Daverzer (ein dalmatinischer Volksstamm), ist besonders gut erhalten. (Alle Grabsteine waren im Altertum bemalt.) Das Relief zeigt den Verstorbenen in voller Figur in der Bekleidung und Bewaffnung des Kohortensoldaten in Tunika und Sagum (Mantel); am zweimal um den Leib geschlungenen Koppel hängen an seiner rechten Seite das lange Schwert der Hilfstruppen (spatha) und links

*Bad Kreuznach, Grabstein des Annaius*

der Dolch (pugio). Der Unterleib ist durch acht mit Metallplättchen beschlagene Lederriemen geschützt, die von einer rechteckigen Metallplatte festgehalten werden. In der rechten Hand hält der Soldat zwei Lanzen und in der linken den großen Schild.

Die Inschriften auf den beiden ersten Soldatengrabsteinen auf der linken Seite der Eingangshalle berichten interessante Einzelheiten aus dem Leben der Verstorbenen. Beide waren altgediente Soldaten der 1. Kohorte von Bogenschützen (Cohors I sagittariorum). Hyperanor, aus Lappa, einer Stadt an der Nordwestküste von Kreta, starb im Alter von 60 Jahren nach 18 Dienstjahren. (Die Zahl ,,XVIII" ist auf der Inschrift klar erkennbar. Es dürfte sich aber um einen Schreibfehler des Steinmetzen handeln. Es ist zum mindesten zweifelhaft, ob Hyperanor erst im Alter von 42 Jahren in die Armee eintrat. Der Führer durch das Museum von Bingen, wo sich ein Abguß des Grabsteins befindet, gibt Hyperanor 43 Dienstjahre, was bedeuten würde, daß Hyperanor mit 17 Jahren Soldat wurde. Das erscheint einleuchtend. Der Steinmetz mag ein schlechtgeschriebenes ,,L" für ein ,,V" gehalten haben. So wurde aus ,,XLIII" die Zahl ,,XVIII".)

Sein Kamerad Tiberius Julius Abdes (dem Namen nach ein römischer Bürger) kam aus Sidon (Phoenizien) und führte den Beinamen ,,der Panther" (pantera). Er starb im Alter von 62 Jahren nach 40 Jahren Militärdienst.

Zwischen den beiden Soldatengrabsteinen steht ein Doppelgrabstein aus der bürgerlichen Siedlung (vicus), die sich, wie bei anderen Truppenlagern, auch beim Bingener Kastell gebildet hatte. Tiberius Julius Eunus, ein römischer Bürger griechischer Abkunft,

setzte den Grabstein für seine Frau Julia Quinta (40) und seinen Sohn Julius Severus (25).
Ein Fund aus Kreuznach ist das Grabdenkmal, das Julius Spektatus, Reiter (eques) der XXII. Legion und Leibwächter (protector) des Präfekten, und seine Frau Solemnia Severa für Mutter und Schwiegermutter Claudia Accepta errichteten. Eine Abteilung der in Mainz stationierten XXII. Legion bildete wahrscheinlich, wie oben ausgeführt, die Besatzung der spätrömischen Festung. Der „praefectus" wird der Kommandant der Festung gewesen sein.
Neben der Treppe sind Kultdenkmäler aus Kreuznach aufgestellt: Eine Jupitergigantensäule und Altäre, darunter ein Weihestein, den Calvisia Secundina der „Matri Deum" (Kybele, der großen Göttermutter aus Kleinasien) gewidmet hatte.
Die Tür zum Saal „*Römerzeit – Frühes Mittelalter*" ist als ein Tor des Kastells Cruciniacum gestaltet, mit Reliefs von Viktorien, die heimkehrende Krieger mit Siegeskränzen schmücken.
Anschauungsmaterial bieten eine *Karte des* → *Limes*; ein Gemälde des römischen Friedhofs, der 1856 beim Bau des Bingerbrücker Bahnhofs gefunden wurde; und ein Rekonstruktionsbild der spätrömischen Festung mit einer Karte zur Lage des Kastells im Stadtplan von Kreuznach.
Einer *Münzensammlung* sind eingehende historische Daten aus dem Leben der auf den Münzen dargestellten römischen Kaiser beigefügt.
Unter den *Funden aus dem spätrömischen Kastell* sind bemerkenswert: eine Gürtelschnalle, ein Kästchenbeschlag mit Christogram, Zwiebelkopffibeln und als Zeugnisse des Handelsverkehrs Scherben von Terra-Sigillata-Gefäßen aus → Rheinzabern und Töpfereien in Süd- und Mittelgallien.
Schaukästen in der Mitte des Raumes und entlang der Fensterwand enthalten *Gegenstände aus dem römerzeitlichen Marktflecken* (1.–3. Jahrhundert n. Chr.) und aus Gräbern, darunter: Geräte aus Eisen und Knochen; Wetzsteine; Kastenbeschläge; Tierknochen; Äxte; Terra Sigillata von 5–400 n. Chr., darunter Teller, Tassen, Formschüsseln; Handwerkszeug; die Greifzange eines Kranes; Breithacke; Glocken; Schere; Spitzhacke; Knochennadeln; Spielsteine; Spinnwirtel; Gagatmesser mit Knochenscheide; ein Fluchtäfelchen; Amphorenscheibe mit graffito; Schüsseln; Henkelkrüge; Lampen; Aschenurnen; Gläser; Henkelflaschen; ein Parfümfläschchen mit Wachsresten; Faltenbecher; Mischkrug mit Inschrift; „Misce"; Trinkkrug mit dem Motto: „Reple" (Fülle nach!); Deichselbeschläge; Terrakotten; Phallusamulett. Bronzegeräte umfassen Waagen, Gewichte, Türbeschläge, Schloßriegel, Schlüssel, Geräte zur Schönheitspflege wie Nippzangen, Nadeln, ferner Löffel, Fingerringe; Fibeln jeder Art.

Der berühmteste römische Fund des Museums, das *Gladiatorenmosaik*, ist in einem an die Eingangshalle anschließenden Anbau untergebracht. Das vielfarbige Mosaik gehört zu den hervorragendsten Zeugnissen römischer Kunst in Deutschland und übertrifft alle anderen Mosaike außerhalb des Trierer Raumes und Kölns.
Das Gladiatorenmosaik wurde im Winter 1893/94 in der Hüffelsheimer Straße beim Ausschachten eines Wohnhauses gefunden. Systematische Ausgrabungen ergaben, daß es sich um ein Fußbodenmosaik aus dem Speisesaal einer palastartigen Villa handelte. Die Villa, um 250 n. Chr. erbaut, danach nur für kurze Zeit, aber im 4. Jahrhundert erneut bewohnt, erstreckte sich mit über 100 m Frontbreite am Hang des Ellerbaches. Mächtige, zwei Stockwerke hohe Säulen mit über 80 cm Durchmesser schmückten die Vorderseite (für eine genaue Beschreibung der Villa siehe Guthmann, Bad Kreuznach und Umgebung in römischer Zeit, S. 40).
Im Jahre 1966 wurde gegenüber der Stelle, wo das Gladiatorenmosaik gelegen hatte, ein weiterer großer Mosaikfußboden gefunden, der eine südliche Meereslandschaft darstellt, mit einem Kolossalgemälde des griechischen Meeresgottes Okeanos, umgeben von Fabeltieren aus dem Meer (jetzt in der Steinhalle des Mittelrheinischen Landesmuseums in Mainz).
Unter dem Gladiatorenmosaik befand sich eine noch völlig intakte antike *Fußbodenheizung*. Das Gladiatorenmosaik war zunächst am Fundort belassen worden, erlitt erhebliche Schäden nach 1945 und wurde schließlich nach sorgfältiger Restaurierung in einem eigens für diesen Zweck errichteten Anbau des Museums mitsamt der Unterflurheizung der allgemeinen Besichtigung zugänglich gemacht. Die ausgebesserten Schadensstellen im Mosaik sind deutlich gekennzeichnet.
Beschreibungen der Mosaike sind im Museum erhält-

*Bad Kreuznach, Gladiatorenmosaik*

lich (siehe auch Guthmann, op. cit. Seite 44 ff; Zabernführer Band 12, Seite 155 ff.) Hier mag der Hinweis genügen, daß die Bilder des Gladiatorenmosaiks den Ablauf der Kämpfe im Amphitheater in folgender Reihenfolge darstellen: Kampf von Tieren untereinander (Bär und Hirsch; Leopard und Eber; Löwe gegen Stier; Panther gegen Wildesel); Kampf der bestiarii (Tierkämpfer); schließlich als Höhepunkt Gladiatorenkämpfe: (dem Beschauer gegenüber) ein Netzkämpfer (retiarius) gegen seinen Verfolger (secutor); zwei Thraker, der eine mit einem Krummdolch (scimitar), der andere mit einer Lanze bewaffnet; zwei „murmillones", noch in der Ausbildung begriffene Schüler der Gladiatorenschule; ein linkshändiger Thraker versucht, nach Verlust seines Schildes einem Samniten das Krummschwert in die ungeschützte Seite zu stoßen, während der Samnit mit seinem Schwert zum entscheidenden Hieb ausholt. Im Kreisbild eine Tierhetze: zwei Jäger kämpfen gegen neun Tiere.

Die römische Heizungsanlage unterhalb des Gladiatorenmosaiks kann über eine Wendeltreppe erreicht werden. Dort befindet sich auch eine eingehende Beschreibung der Anlage.

## BAD MÜNSTEREIFEL

Das im „Romanischen Haus", dem ältesten Wohnhaus des Ortes (1167) untergebrachte **Toni-Hürten-Heimatmuseum** (benannt nach dem Heimatforscher, der es betreute und erweiterte) zeigt

*Kleinfunde aus der Römerzeit* (Gebrauchskeramik; Mayener Henkelkrüge und Feldflaschen; Fußbodenkacheln aus dem 2.–3. Jahrhundert; Handmahlstein; eiserne Beinfessel; Sammelfund aus einem Römergrab bei → Iversheim mit Amphore, Trinkglas, Kännchen, Bronzefibel, Bronzenadel; Münzen von Tiberius (14 n. Chr.) bis Lucius Verus (169); *Steindenkmäler* aus dem Tempelbezirk bei → Pesch (Rekonstruktionszeichnung); Bruchstücke von Matronenaltären, Matronenkopf, Früchte, zwei Weihealtäre, der eine von Atilia Amata den „Matronis Vacalinihis" (die Schreibung des Matronennamens ist schwankend) gewidmet; Stifter des anderen ist Albinus, ein beneficiarius consularis (dem Provinzstatthalter unmittelbar unterstellter Wegepolizeimeister) der XXX. Legion; er stiftete den Altar für sich und die Seinen in Erfüllung eines Gelübdes.

Vor allem aber bietet das Romanische Haus interessante Beispiele für die Verwendung des „*Kanalsinters*", des Kalkniederschlags aus der römischen Wasserleitung nach → Köln, der in romanischer Zeit wegen seines marmorähnlichen Aussehens als Werkstoff für Säulenbasen und -kapitelle vorzugsweise in Kirchen verwendet wurde. Bei der Restaurierung des romanischen Hauses 1963 wurde Sinter als Material in Fensterbrettern und Säulen entdeckt (im 1. Stock des Hauses zu sehen).

## BAD NAUHEIM

Der Straßenname „Am Römerkastell" im neuen Südteil der Stadt und eine Inschrift am letzten Haus in der Kurstraße erinnern daran, daß die Neubauten über einem römischen Erdkastell aus dem 1. Jahrhundert n. Chr. errichtet sind. Bildnisse eines Römerlagers im Bau, eines römischen Feldzeichenträgers (aquilifer) und eines Medaillons mit der Büste des Kaisers Domitians (81–96 n. Chr.) an der Stirnwand eines der neuen Häuser weisen zusätzlich auf die historische Bedeutung des Platzes hin.

Das Holz-Erde-Kastell, dessen Spuren unter den modernen Bauten begraben liegen, war einer der kleinen Militärposten, die im Feldzug Domitians gegen die Chatten (83/85) beim Vormarsch der römischen Armee in der Wetterau und entlang des Taunuskammes angelegt wurden. Das Nauheimer Kastell war mit einer Abteilung der XIV. Legion Gemina Martia Victrix belegt. (Die Legion war in augusteischer Zeit aus zwei Legionen gebildet – daher der Name Gemina – und hatte wegen erfolgreicher Teilnahme an der Eroberung Britanniens die Ehrentitel Martia Victrix erhalten.)

Das Römerkastell ist verschwunden, aber Nauheim besitzt ein sichtbares Denkmal aus der Römerzeit in den Grundmauern eines römischen Signalturms auf dem Johannisberg, der steilen Anhöhe im Nordwesten der Stadt (in wenigen Minuten zu Fuß vom Restaurant Johannisberg aus zu erreichen). Die Ruine wurde 1909 ausgegraben. Der Turm war fast quadratisch (5,7 x 5,6 m). Die etwa 1 m starken Mauern sind bis zu einer Höhe von 2 m erhalten. Ebenfalls erhalten sind die Reste des Fußbodenbelages im Turm. Der Belag ist aus rautenförmigen Ziegelplättchen gefügt und liegt, wie eine Inschrift besagt, auf einer Aschenschicht mit keltischen Gefäßscherben aus dem 2. Jahrhundert v. Chr.

An der Ausgrabungsstätte gefundene Dachziegel tragen den Stempel eines Arbeitskommandos der XIV. Legion, („vexillari Legionis XIIII Geminae Martiae Victricis"). Erbauer des Turmes war aber die XXII. Legion; sie löste die XIV. in Mainz ab. Töpferscherben datieren den Turm etwa in die Mitte des 2. Jahrhunderts. Durch den Fußbodenbelag und die seltsam sich überschneidenden Mauerenden unterscheidet sich der Turm von anderen bekannten Limeswachttürmen. Der Turm diente, so wird vermutet, zur Beobachtung der Römerstraßen in der Wetterau und des sie umschließenden Limes.

Ein moderner Aussichtsturm auf dem Johannisberg (auch als Observatorium benutzt) ist der umgebaute Turm der ältesten, 1254 zum ersten Mal beurkundeten Kirche der Gegend.

Bad Nauheim verdankt seinen Ruf als internationaler Kur- und Badeort seinen warmen, salz- und kohlesäurehaltigen Quellen. Der Besucher, der sich dem Badezentrum von der breiten Bahnhofsallee her nähert, gewahrt die Quellen als weiße Dampffahne, die aus den Steinschalen der Quellfassung emporsteigt. Die Kelten, die hier in der La-Tène-Zeit siedelten, nutzten die Quellen zur Salzgewinnung. Es gibt keine archäologischen Hinweise dafür, daß die Römer diese Praxis fortsetzten oder die Quellen zum Baden benutzten.

Das **Salzmuseum** ist im wesentlichen der Veranschaulichung von Methoden der Salzgewinnung gewidmet. Bilder an den Wänden zeigen Bad Nauheim, wie es in keltischer, römischer und karolingischer Zeit ausgesehen haben mag.

Ausgestellt sind Funde aus dem römischen Erdkastell (1. Jahrhundert n. Chr.) und aus der Limeszeit (90–260). Zu den ersteren gehören Terra-Sigillata-Schüsseln; Fragmente einer Terra-Sigillata-Tasse mit dem Stempel „Felix Sergi"; Ziegel der vexillatio der XIV. Legion. Unter den Funden aus der Limeszeit befinden sich eiserne Geräte, Kesselhaken, eine Schmiedezange, Nägel, Keramik, Ringgriffmesser, querschneidige Äxte, Lanzenspitzen, Gewichte, Spinnwirtel, ein Räuchergefäß, Spielwürfel. Eine frührömische Terra-Sigillata-Schüssel wurde auf dem neuen Nauheimer Friedhof gefunden, der weitgehend ein römisches Brandgräberfeld überdeckt. Ein Modell zeigt den Zustand des Signalturmes auf dem Johannisberg im Zeitpunkt der Ausgrabung 1909. Ein gleichartiger Wachtturm wurde auf römischen Fundamenten 1926 auf dem Gaulskopf wiederaufgebaut (→ Kapersburg). Die Mittel zum Wiederaufbau gab der amerikanische „Strumpfkönig" Gustav Oberländer, als er in Bad Nauheim zur Kur weilte.

## BAD NEUENAHR-AHRWEILER

Die Großgemeinde im romantischen Ahrtal – als Ergebnis der Verwaltungsreform der 60er Jahre durch den Zusammenschluß von Bad Neuenahr und Ahrweiler entstanden – ist wegen ihrer Heilquellen, malerischen Bauwerke aus dem Mittelalter und nicht zuletzt wegen des roten „Ahr-Burgunders" jährlich das Ziel ungezählter Besucherscharen. Daneben hat die römische Vergangenheit der Gegend bis in die jüngste Zeit nur ein bescheidenes Interesse erregt. Zeugnisse der Römerzeit sind mehr durch Zufall als durch systematische Forschungen zutage gekommen – bei Eisenbahnbauten, bei der Anlage von Straßen, der Vergrößerung von Ortschaften, der Intensivierung der Landwirtschaft. Bei der Freilegung der 1852 wiederentdeckten Apollinarisquelle und den folgenden Erweiterungsbauten wurden Bronzefibeln und Spangen aus der ersten Hälfte des nachchristlichen Jahrhunderts, Ton- und Glaßgefäße und Münzen aus spätrömischer Zeit geborgen.
Zwischen 1910 und 1912 wurde westlich des Bahnhofs von Ahrweiler ein ausgedehntes römisches Siedlungsgelände, offenbar ein großer Gutshof, entdeckt und eine Badeanlage mit Hypokaust, halbkreisförmiger Wanne, Vorraum und Heizraum mit Feuerkanal ausgegraben. Auch sonst sind vielfach im Stadtgebiet Reste römischer Ansiedlungen beobachtet worden. Dazu kamen Münzschätze (darunter ein Fund von über 7000 Münzen), Teile von Römerstraßen und Reste römerzeitlicher Wasserleitungen.
So bedeutsam diese Entdeckungen für die Kenntnis der Verhältnisse in der römischen Epoche des Ahrtales gewesen sind – sie konnten über die Fachkreise hinaus kaum ein Echo in breiteren Schichten finden. Die Lage änderte sich, als die Zeitungen Ende der fünfziger Jahre von Spuren einer bis dahin unbekannten großen Römersiedlung berichteten, die im Dickicht des seit karolingischer Zeit unberührten Ahrweiler Stadtwaldes entdeckt worden waren. Die Geschichte hatte damit begonnen, daß Ahrweiler Bürger, von Waldarbeitern auf merkwürdige Erdbuckel und Schlackenberge im Unterholz des Waldes aufmerksam gemacht, Grabungen vornahmen, bei denen sie auf Eisenschlacke und römisches Mauerwerk stießen. Systematische, seit 1959 vom Institut für Vor- und Frühgeschichte an der Universität Bonn durchgeführte Untersuchungen ergaben, daß es sich bei diesen Entdeckungen um eine weitläufige, mauerumschlossene Eisenschmelzersiedlung handelte, die im Wechsel von Zerstörung und Wiederaufbau vom 1. bis 4. Jahrhundert n. Chr. bestanden hat.
Das Industriegebiet umschloß zahlreiche Hüttenanlagen zur Eisengewinnung, Schmiedewerkstätten, Wohnbauten, Begräbnisplätze und Verteidigungsanlagen. Die Eisenschmelzöfen waren in Gebäuden untergebracht, die mit Werkshallen vergleichbar waren.
Gut erhalten war das Löschbecken, in dem das glühende Eisen abgeschreckt wurde. Verhüttet wurde das in dieser Gegend anstehende Brauneisenerz. Mehrere Eisenerzschürfgruben wurden in dem Industriegelände festgestellt. Als Brennmaterial diente vornehmlich Holzkohle. Ob auch Steinkohle verwendet wurde, ist eine Frage, die bisher noch nicht mit Sicherheit geklärt werden konnte, wenn auch die Möglichkeit der Verwendung von Steinkohle in der rheinischen Eisenverhüttung zur Römerzeit keineswegs ausgeschlossen werden kann, seitdem man Kohlenstücke in Eisenschmelzöfen des Bonner Legionslagers gefunden hat.
Wenn das Eisen aus dem Brauneisenstein herausgeschmolzen war, wurde der Schutt auf Haufen gekippt. So entstanden die zahlreichen Schlackenhalden, die im Zusammenhang mit der Siedlung im Wald verstreut lagen.
In einer erklärenden Bemerkung im Ahrgau-Museum (s. u.) wird die römische Technik der Eisenverhüttung im Ahrweiler Wald folgendermaßen beschrieben: „Das Eisenschmelzen geschah in der bis ins 18. Jahrhundert üblichen Manier. In immer wieder erneuerten Öfen wurden Holz, Holzkohle und das Brauneisenerz erhitzt. In der glühenden Masse setzte sich das schwerere Eisen nach unten ab. Der so angereicherte Teil der Schmelze wurde nach bestimmter Zeit herausgeholt, in Löschtöpfen gesprengt, die Schlacke ausgelesen und das Eisen in Aufheizöfen wieder zusammengebacken. Die letzten Reste der Schlacke wurden ausgeschmiedet."
Die Anlage wurde von genossenschaftlich organisierten Eisenschmelzern betrieben. Sie lebten mit ihren Leuten und Familien außerhalb der Industriesiedlung. Das Gelände war von mehreren Straßen durchzogen, die den An-

schluß an die Fernstraßen des römischen Reichs herstellten. Dazwischen lagen Zisternen und Wasserleitungen. In einiger Entfernung von den Siedlungen fand man Gräber, deren Beigaben auf soliden Wohlstand der Verstorbenen schließen ließen.

Die Produktionskapazität der Verhüttungsanlagen im Ahrweiler Stadtwald ging sicherlich weit über den Bedarf der unmittelbaren Umgegend hinaus. Von dort mögen die rheinischen Legionen ihren Bedarf an Roheisen für die Herstellung von Waffen und Geräten gedeckt haben. „Jedenfalls wurde mehr Eisen erzeugt, als für den Ahrkreis benötigt war, und es wurde verhandelt; die für die Hebebühne des Theaters in → Xanten benützten Gewichte sind z. B. aus diesem Ahrweiler Eisen geschmiedet worden" (Kleemann).

Eine vom Städtischen Verkehrsamt Ahrweiler herausgegebene „Wanderwege-Karte für das Stadtgebiet Ahrweiler" (beim Verkehrsverein am Marktplatz erhältlich) gibt eine kurze Beschreibung der römischen Ausgrabungen im Ahrweiler Stadtwald und der Wanderwege, die zu den Ausgrabungen und einem römischen Gräberfeld führen (Stein-, Urnen- und Ziegelgräber).

**Das Ahrgau-Museum** ist in der Volksschule, Altenbaustraße 5, untergebracht.

Es enthält in der kleinen archäologischen Abteilung römische Funde, darunter Teile einer Wasserleitung aus Bruchsteinen in Mörtel mit einem Verstrich von Ziegelbeton auf der Innenseite, und dazugehörigem Schlammkasten; Grabbeigaben aus Gräbern der Eisenschmelzersiedlung; Glas; Töpferwaren aus Sinzig; einen Stein des Ahrweiler Römerbades. Photographien veranschaulichen die Verhüttungsanlagen und Gräber im Ahrweiler Stadtwald.

Vom heutigen Zeitpunkt (1984) an gerechnet, werden noch einige Jahre vergehen müssen, bevor eines der eindrucksvollsten Denkmäler aus der Römerzeit nördlich der Alpen der Öffentlichkeit zugänglich gemacht werden kann.

Es handelt sich um eine in ihrem Erhaltungszustand einmalige Ruine einer römischen Villa. Sie kam im März 1980 beim Bau der Bundesstraße 267 im Stadtteil Ahrweiler zutage. Bis dahin hatte es keinerlei Hinweise auf ihre Existenz gegeben. Die ersten Anzeichen waren Bruchstücke von Ziegeln, die der Bagger an die Oberfläche befördert hatte und die einen aufmerksamen Bürger veranlaßten, das Landesamt für Denkmalspflege Rheinland-Pfalz von diesen, wie es zunächst schien, bescheidenen Zeugnissen römischer Vergangenheit in Kenntnis zu setzen.

Was sich dann nach kurzen Grabungen zeigte, erregte Aufsehen weit über die Grenzen des Landes Rheinland-Pfalz hinaus. Allmählich entwickelte sich aus den Grabungen ein Römerbau, dessen aufgehendes Mauerwerk durchweg eine Höhe zwischen 1,30 m und 1,60 m aufwies. Die Wände waren innen und außen verputzt und mit rostroten, gelben und schwarzen Farbtönen bemalt. Einige Wände zeigten in der Sockelzone vorzüglich erhaltene, qualitätsvolle Bemalungen von Marmorimitationen. Andere hatten Ornamente, Weinreben- und Kandelabermotive. Auch eine bildliche Darstellung wurde entdeckt. Sie zeigt einen Mann in anbetender oder opfernder Haltung. In den meisten Räumen war der Estrich vollständig erhalten. Wieder andere waren durch Fußbodenheizung (Hypokausten) beheizbar. Die Heizungsanlagen waren noch in fast betriebsfähigem Zustand. In einer Küche stand der Herd mit Backofen, wie er von den Bewohnern benutzt worden war, mit vollständig intakten Herdplatten. Selbst die ehemaligen Hausbewohner meldeten sich zu Wort: In einem Raum fand sich, auf dem farbigen Wandverputz mit einem stilus eingeritzt, ein Zwiegespräch zwischen Vater und Sohn? Hauslehrer und Schüler?

„Qui bene non didicit, carullus esse solet" (Wer nicht gut lernt, pflegt ein Dummkopf zu bleiben) lautete die in gestochener Schrift und gepflegter Sprache an die Wand gekritzelte Mahnung. Darunter mit ungelenker Hand und grammatischen Fehlern die Antwort: „Die Schläge des grausamen Gratius haben mich belehrt."

Der Grundriß der Villa entsprach dem in diesen Breiten üblichen Gebäudetyp der Portikusvilla, wenn auch ohne Eckrisaliten, wie sie noch auf einer Zeichnung aus der ersten Zeit der Entdeckung zu sehen waren. An einem mit Fenstern versehenen Korridor lagen seitliche Raumgruppen, die einen zentralen Hauptraum umschlossen. Umgestürzte Fachwerkwände – die Hohlräume für die inzwischen vergangenen Holzpfosten in fischgrätenförmig verputztem Mauerwerk waren noch deutlich erkennbar – lassen Schlüsse auf die Höhe des Gebäudes zu. Zum Haus gehörte ein größerer Badetrakt. Wegen der ungewöhnlich luxuriösen Ausstattung der Villa nimmt man an, daß kein einheimischer Gutsbesitzer Eigentümer der Anlage gewesen ist, daß es sich vielmehr um das Wohnhaus eines hohen Beamten der Provinzialverwaltung oder möglicherweise auch eines hohen Militärs, vielleicht sogar des Kommandeurs der Bonner Legion handelt, der sich hier in einer landschaftlich hervorragenden Gegend einen, wie man heute sagen würde, „Zweitwohnsitz" geschaffen hatte.

Die Villa ist etwa 100 Jahre lang bewohnt gewesen und wurde um 260 n. Chr., als die Germanen den Limes durchbrochen hatten, planmäßig aufgegeben. Das verlassene Gebäude ist wohl, ähnlich wie die Villa in Otrang, von den eingedrungenen Germanen durch Feuer zerstört worden. Anzeichen deuten darauf hin, daß sich in den Gebäuderesten noch eine Zeitlang Leben abgespielt hat, das aber dann allmählich erlosch. Die Ruine versank unter dem sich ständig vom Steilabhang des Silberberges lösenden Hangschutt. So wurde die Anlage über die Jahrhunderte hinweg vor weiterem Verfall und wohl auch vor Steinraub bewahrt. Nach der endgültigen Konservierung wird der Besucher nicht, wie sonst bei Ruinen dieser Art üblich, einen Grundriß und Fundamentzüge zu sehen bekommen; er wird vielmehr entlang des Korridors die Räume auf den Fußböden, die schon die Hausbewohner betreten haben, durchschreiten und so den Gesamtkomplex der Villa wie die ehemaligen Bewohner auf sich wirken lassen können. Dem Liebhaber römischer Mauertechnik bieten sich wegen des hervorragenden Erhaltungszustandes des Mauerwerks viele interessante Detailbeobachtungen (Hypokausten, Treppen, Wölbungen, Wände, Türwangen und Schwellen, Feuerungsräume).

## BADEN-BADEN

Der Benutzer der Thermalbäder von Baden-Baden setzt eine Tradition fort, die an diesem Ort vor rund 1900 Jahren von den Römern begründet wurde. Bevor die Römer kamen, hatten die hier ansässigen Kelten ihren Heilgott Grannus, von den Römern mit Apollo gleichgesetzt, an den Quellen verehrt. Wahrscheinlich in der zweiten Hälfte des ersten nachchristlichen Jahrhunderts begründeten die Römer in der Nähe der Quellen ein Kastell, das von der 26. Kohorte freiwilliger römischer Bürger (Cohors XXVI voluntariorum civium Romanorum) und der teilweise berittenen 7. Räterkohorte (Cohors VII Raetorum equitata) besetzt war. Beide Kohorten hatten vorher in Vindonissa (Windisch in der Schweiz) gelegen. Ein zu dieser Zeit am Ausgang des Oostales errichtetes Gebäude „war mit Dampfheizung und Wasserleitung ausgestattet... Mit einiger Phantasie könnte man vermuten, es sei ein Sanatorium für rheumakranke Legionäre gewesen, die nach Baden-Baden zur Kur kamen". (Haebler).
Aus der römischen Militärstation entwickelte sich eine bürgerliche Niederlassung, die nach der Errichtung des → Limes und dem Bau einer Militärstraße von Mainz nach Offenburg über Heidelberg und Baden-Baden zu einem städtischen Gemeinwesen und vielbesuchten Badeort, „Aquae" genannt, heranwuchs. Die Badestadt wurde Vorort eines mit Selbstverwaltungsrechten ausgestatteten Gaues (Civitas Aquensis).
Im Jahre 197 n. Chr. besuchte der Kronprinz, der spätere Kaiser Caracalla (Marcus Aurelius Severus Antoninus), die Stadt. Die Kunde von diesem glanzvollen Ereignis ist der Nachwelt in einer zu Ehren des kaiserlichen Prinzen von der „respublica Aquensis" errichteten Steininschrift überliefert. (Das Original der Inschrift befindet sich im Steinsaal des Badischen Landesmuseums in → Karlsruhe.) Caracalla kehrte im Jahre 213 noch einmal nach einem erfolgreichen Feldzug gegen die Alamannen, als Kaiser und „größter Sieger über die Germanen", in die Stadt zurück. Der Besuch galt den Heilquellen des Apollo Grannus, die dem Kaiser Genesung von schwerer Erkrankung bringen sollten. Die Kur hatte offenbar die erhoffte Wirkung. Als Folge des kaiserlichen Besuchs wurde Aquae „eine der großartigsten Schöpfungen der antiken Badelust überhaupt" (Pörtner). Aus Bruchstücken einer 1848 am Marktplatz von Baden-Baden aufgefundenen Steininschrift geht hervor, daß der Kaiser nach Entfernung der Felsen das Bad ausbauen, die Warmbäder wiederherstellen und mit Marmorplatten ausschmücken ließ („pro liberalitate sua remotis saxis balineum perfecit caldaria restituit et abacis marmoreis exornavit"), alles offenbar aus Dankbarkeit für die Wiederherstellung seiner Gesundheit, die ihn zu dieser „großzügigen Maßnahme" veranlaßte. Ein weiterer Gunstbeweis war die Verleihung des kaiserlichen Familiennamens. Seit 213 durfte sich der Gau „Civitas Aurelia Aquensis" nennen (eine allerdings nicht unbestrittene Annahme; s. K. Ekkerle in „Die Römer in Baden-Württemberg", S. 216).
Der palastartigen Innenausstattung der Bäder entsprach ein technisch hochentwickeltes Wasserleitungs- und Abwässersystem. „Das römische Bäderviertel muß als Ganzes eine konstruktiv hervorragende Anlage gewesen sein ... zugleich ein Werk kommunaler Sozialhygiene, das erst wieder am Ende des 19. Jahrhunderts in der Stadt Baden-Baden in ähnlich umfassender Form geschaffen wurde, als man die Kanalisation baute" (Haebler).
Mit der Invasion der Alamannen um 260 n. Chr. versank der Glanz der Badestadt. Die Gebäude wurden zerstört. Auf den Ruinen lagerte sich im Lauf der Zeit eine Sinterschicht aus den weiterfließenden Quellen ab. Eine neue Blüte erlebte die Stadt im Mittelalter. Sie endete in den Wirren des Dreißigjährigen Krieges und der Eroberungskriege Ludwig XIV. Wieder verschwand Baden-Baden im Dunkel der Geschichte, um im 19. Jahrhundert zu neuem Ruhm als elegantes Weltbad aufzusteigen.
Überreste der Kaiserthermen wurden 1846 unter dem Marktplatz entdeckt und in den darauffolgenden Jahren systematisch untersucht. Dabei stieß man auf runde und rechteckige Badebecken, Bronzerohre und Abflußleitungen. Wände und Böden waren mit Marmorplatten

bedeckt. So ergab der archäologische Befund, daß die Beschreibung der Badeanlagen in der Stiftungsurkunde von 213 keine bloße Prahlerei war. (Ein Modell der Kaiserbäder befindet sich im Museum, s. u.) Reste einer kleineren Badeanlage wurden 1847 unter dem Römerplatz gefunden. Weitere Räume wurden bei der Fundamentierung des Augustabades 1891 freigelegt. Drei Räume dieser Thermen, „Soldatenbad" genannt, mit Hypokaustheizung, wurden 1900 zur Besichtigung zugänglich gemacht.

Hinweise auf die **„Römischen Bad-Ruinen"** an mehreren Stellen in der Stadt erleichtern das Auffinden. (Ein Führungsblatt mit einer eingehenden Beschreibung und Illustrationen der Ruinen ist an der Kasse erhältlich.) Wie in der Beschreibung ausgeführt, fesselt bei den Resten unter dem Römerplatz der Einblick in die römische Technik. „Der interessanteste und diesseits der Alpen nirgends mehr in solcher Vollkommenheit und Ausdehnung erhaltene Teil der Ruine ist die Heizungsanlage; die Hypocausis, eine Zentralheizung, bei der Böden und Wände durch Warmluft beheizt wurden."

Bei einem modernen Betriebsversuch mit einem römischen Heizungssystem, so berichtet Fritz Kretzschmer, erwies sich die Heizung als „wunderbar angenehm ... Als reine Strahlungsheizung war sie frei von Zugerscheinungen, auch wenn die ins winterliche Freie führende Außentür geöffnet wurde. So wurde auch der reichlich vorhandene Staub nicht aufgerührt. Die Luft blieb angenehm wie angewärmte Frischluft. Die Gleichmäßigkeit der Wärme ist bemerkenswert. Der Temperaturschreiber zeichnete tagelang eine wie mit einem Lineal gezogene Linie." In der Badruine aufgestellt ist ein Weihestein für Minerva; Stifter sind Valerius Perimus, „architectus cohortis" und Vittalis, „lappidarius...et sui lappidarii"; „Baumeister und Steinmetzen gehörten vermutlich der 26. Bürgerkohorte an" (K. Eckerle). Ferner ein Weihestein, den Lucius Cassius Manius, Soldat der Legio I Adiutrix, dem Merkur weihte; der Dedikant wird zu dem Bautrupp gehört haben, der zusammen mit einem Arbeitskommando der XI. Legion ein größeres Bauwerk in Baden-Baden aufführte (s. u.).

## Stadtgeschichtliches Museum im Marstallgebäude des Neuen Schlosses.

Die Sammlungen im Erdgeschoß umfassen Funde aus der Römerzeit (Steindenkmäler, Urnen, Tongefäße, Münzen und Gebrauchsgegenstände). Am Eingang zu der römerzeitlichen Abteilung stehen überlebensgroße Modelle eines Legionärs und eines germanischen Kriegers. Im Einzelnen sind ausgestellt:

*Auf der linken Seite:* Nachbildung eines Hypokaustsystems mit römischen Steinen; Modell der Ruinen des Kaiserbades unter dem hinteren Marktplatz vor dem ehemaligen Gasthaus „Zur Rose"; ein Viergötterstein (Gipsabguß) mit Darstellungen der Juno und Minerva und des Herkules und Merkur; solche Steine dienten als Sockel für Jupitergigantensäulen; Terra Sigillata und kleine Bronzen (Fibeln, eine Pinzette, Lampen); Ziegel mit dem Stempel der in Argentorate (Straßburg) stationierten VIII. Legion (Baden-Baden war das „Kurbad" der VIII. Legion).

Ein Votivstein für Jupiter, den Besten und Größten, gewidmet von einem Trompeter (möglicherweise der 26. Bürgerkohorte) („IOM Valerius Aprilis Buc(inator) Votum Solvit Laetus Libens Merito"); Statuettenpostament mit Weihung an die keltische Heilsgöttin Visuna von Lucius Salvius Similis, einem Angehörigen des in Lothringen ansässigen Stammes der Mediomatriker (der Name der Stadt Metz leitet sich von Mediomatrici ab), sicherlich eine Danksagung an die Gottheit für Genesung in den Heilquellen Baden-Badens; ein Votivstein, der Göttin Minerva von einem Legionär der XIV. Legion gewidmet (die Legion stand zu Beginn und Ende des 1. nachchristlichen Jahrhunderts in Mainz); römische Münzen; Bruchstücke einer römischen Thermal-Wasserleitung. Bilder an der Stirnseite des Raumes zeigen römische Baureste auf dem Marktplatz und Römerplatz.

*Auf der rechten Seite* (von der Stirnseite auf den Eingang zu): Römischer Dachziegel; ein römischer Ziegel mit dem Abdruck von Wolfspfoten; römische Bronzen (Nadeln, Instrumente); auf einer Steinplatte Figuren von Gigantenreitern; Abguß der von der „respublica Aquensis" im Jahre 197 n. Chr. zum Andenken an den Besuch Caracallas gesetzten Inschrift. Bruchstücke einer Bauinschrift der I. und XI. Legion (sie bezieht sich offenbar auf einen größeren Bau, der von Abteilungen der beiden Legionen in Baden-Baden aufgeführt wurde) („Imperatore Nerva Traiano Caesare Augusto Germanico, pontifice maximo, tribuniciae potestatis II, consule II, patre patriae Legio I Adiutrix et Legio XI Claudia ..." Unter dem Kaiser Nerva Trajan, dem erlauchten Caesar, dem Germanenbesieger, dem Oberpriester, Inhaber der tribunizischen Gewalt im zweiten Jahr, Konsul zum zweiten Mal, hat die I. Reservelegion und die XI. Legion, die Claudische, ... ausgeführt).

Die Legio I Adiutrix hatte Nero aus Seesoldaten der Flotte gebildet; sie stand von 71–86 n. Chr. in Mainz. Die Legio XI Claudia pia fidelis hatte Kaiser Claudius (41–54 n. Chr.) ausgehoben; sie wurde im Jahre 71 von Dalmatien nach Vindonissa (Windisch in der Schweiz) verlegt und gehörte, wie die I. Legion, zum obergermanischen Heer. Die Ehrentitel „pflichtbewußt, getreu" hatte die Legion wegen ihrer loyalen Haltung zu Claudius im Jahre 42 während der Militärrevolte des dalmatischen Statthalters Camillus Scribonianus erhalten. – Abguß eines unter der Regierung des Kaisers Antoninus Pius (138–161) errichteten Meilensteins. Die Entfernung ist mit vier leugae „Ab Aquis" (von Baden-Baden) angegeben. Die leuga ist ein gallisches Längenmaß (ungefähr 2,2 km), seit Septimius Severus offizielles Längenmaß im Westen.

Grabstein des Caius Veturius Dexter, römischer Bürger aus Placentia (jetzt Piacenza), vom veturischen Stimmbezirk; er starb mit 40 Jahren nach 15jähriger Dienstzeit als Angehöriger der Kompanie des Hauptmanns Victor der 26. Kohorte freiwilliger römischer Bürger („miles Cohortis XXVI voluntariorum civium Romanorum centuria Victoris"); ein zweiter, neben dem Dexterstein gefundener Soldatengrabstein zeigt die Figur eines Soldaten in Hochrelief; der untere Teil fehlt vom Knie abwärts; keine Inschrift.

Zusätzlich zu den vorstehend beschriebenen Exponaten des Stadtgeschichtlichen Museums sind noch zu nennen: Votivstein zu Ehren des Gottes Merkur, gestiftet von Valerius Pruso; ein Übersichtsplan der bisher aufgefundenen römischen Ruinen; Pflastersteine einer Römerstraße; Dachziegel mit dem Stempel der „LEG VIII AUG."; drei im Jahre 1911 ausgegrabene Jupiter-Giganten-Reiter; Inschriftstein vom Zunftgebäude der Zimmerleute (fabri tignarii); Gipsabgüsse von ehemals in der Sammlung römischer Altertümer (seit 1804) in Baden-Baden befindlichen und 1858 beim Neubau des Friedrichsbades in die großherzogliche Sammlung in Karlsruhe überführten römischen Steindenkmälern: Kopf einer Merkurfigur; Brunnenstein der 26. Kohorte freiwilliger römischer Bürger; Votivplatte zu Ehren Neptuns von der Schiffergesellschaft (contubernium nautarum); Leugenstein a. d. J. 213 n. Chr.

## BADENWEILER

Der Ort verdankt seinen Ruf als eines der beliebtesten und meistbesuchten Kurbäder Deutschlands dem glücklichen Zusammentreffen von im wesentlichen drei Faktoren: Seine Lage am Südwesthang des Schwarzwaldes mit einer großartigen Fernsicht in die Oberrheinebene und auf die am gegenseitigen Rheinufer gelegenen Vogesen; ein mildes Klima mit südlicher Vegetation und frühzeitigem Frühling; und heilende Thermalquellen. Kein Wunder, daß diese Vorzüge schon die Römer veranlaßten, sich

Südwestdeutschlands durch die Alamannen nach dem Fall des → Limes um 260 bestanden hat. Man nimmt an, daß die Trümmer der Wohnhäuser, Werkstätten und Läden durch einen Erdrutsch verschüttet wurden und nun unwiederbringlich unter der heutigen Ortschaft und dem Kurpark vergraben liegen.

Die Erhaltung der römischen Therme ist einem Umstand zu verdanken, der leicht zu ihrer endgültigen Vernichtung hätte führen können, wenn nicht ein wachsamer Ortsgeistlicher dazwischen getreten wäre... „einer jener Seelenhirten, die als Respektspersonen ihrer Gemeinde zugleich die guten Geister der frühen deutschen Altertumsforschung waren" (Pörtner). Im Jahre 1783 ließ der Markgraf, später Großherzog von Baden das Amtshaus von Badenweiler als sein Absteigequartier umbauen. Die Steine dazu sollten „im Gmür" geholt werden, einem unterhalb des Ortes gelegenen alten Gemäuer, das schon seit dem Mittelalter den Einwohnern als bequemer Steinbruch gedient hatte.

Anfang 1784 stieß man bei den Arbeiten auf ein

*Badenweiler, Römerbad (Rekonstruktion)*

bald nach der Besetzung Südwestdeutschlands in den ersten Regierungsjahren Kaiser Vespasians (69–79) hier niederzulassen.

Sichtbares Zeichen ihrer Anwesenheit in Badenweiler ist die mit Recht berühmte römische Badruine, eines der besterhaltenen Denkmäler antiker Baukunst und Kultur auf deutschem Boden. Andere Überreste aus der römischen Vergangenheit des Ortes – sein lateinischer Name ist bis heute unbekannt geblieben – kamen im Lauf der Zeit an verschiedenen Stellen zum Vorschein, so die Grundmauern und Architekturteile eines größeren Gebäudes, möglicherweise eines Tempels, beim Bau der neuen evangelischen Kirche im Jahre 1893 (ein Beispiel für die häufig beobachtete Erscheinung einer christlichen Kirche auf dem Boden eines vorchristlichen Heiligtums).

Münzfunde lassen darauf schließen, daß der Ort von der Zeit Vespasians bis zur Eroberung

wohlerhaltenes Gewölbe und ein Badebecken. Auf einen Bericht des Ortspfarrers über den Fund hin ließ die Regierung in Karlsruhe die Abbrucharbeiten einstellen und verfügte die sorgfältige Aufräumung und Erhaltung der „kostbaren Ruine". Sogar ein Schutzdach wurde errichtet, das wiederholt, zuletzt 1952, erneuert wurde.

Die Badruine ist seit ihrer Entdeckung systematisch erforscht worden, zuletzt zwischen 1929 und 1935 von Dr. H. Mylius, der die Ergebnisse seiner Untersuchungen 1936 veröffentlichte. Mehrere Bauperioden konnten unterschieden werden. Die Umkleideräume der letzten Bauphase, wie sie der jetzige Zustand der Ruine wiedergibt, sind spätere Anbauten, als man die Umkleidehallen des ursprünglichen Hauptbaues durch Eintiefen zu Badebecken umwandelte und damit die Zahl der Badebecken verdoppelte.

Der Nordbau erlebte die meisten und umfassendsten Veränderungen. Ursprünglich diente er als Trink- und Wandelhalle und zugleich als sakraler Mittelpunkt des Bades, wo der Steinsockel mit dem Bildnis der Quellgottheit Abnoba, der Schutzpatronin des Bades, aufgestellt war. (Der Inschriftstein befindet sich jetzt in der westlichen Eingangshalle. Er wurde 1794 in stark beschädigtem Zustand aufgefunden. Von der Inschrift sind nur die Worte „Dianae Abnobae" erhalten geblieben. Die einheimische Göttin Abnoba, vielfach als Schutzgöttin des Schwarzwaldes gedeutet, ist hier mit Diana gleichgesetzt, die in den germanischen Provinzen als Göttin der Heilquellen erscheint. (S. a. Museum → Aschaffenburg.) Zwischen dem Nordbau und dem Hauptbau bestand zunächst keine Verbindung. Diese wurde erst geschaffen, als im Nordbau zwei Schwitzbäder mit dazwischenliegender Kesselheizung – Teile der bronzenen Wasserkessel sind gefunden worden – und, ebenfalls eine spätere Zutat, Kaltwasserwannen eingerichtet wurden. Der Umbau hatte offenbar den Zweck, den Badevorgang dem üblichen Schema von Heiß-, Lau- und Kaltbad anzupassen (Doppelfeld).

Ihr Licht erhielten die Räume durch verglaste Fenster. Das Thermalwasser wurde dem Becken durch Wasserspeier zugeführt, die über dem Beckenrand angebracht waren. Das verbrauchte Wasser ergoß sich durch eine Öffnung am Boden der Becken in starke Bleirohre (die zum Teil noch vorhanden sind) und wurde in einen Abwässerkanal geleitet. Die geringe Tiefe des Beckens gestattete kein Schwimmen; man erging sich im seichten Wasser, lehnte sich gegen die Ränder oder ließ sich auf Sitzstufen nieder.

Wir kennen den Baumeister dieser großartigen antiken Kuranstalt nicht; vielleicht war er ein mit dem städtischen Bauwesen vertrauter Architekt aus der nächsten größeren Stadt, der römischen Bürgerkolonie Augusta Raurica (Augst bei Basel). Soviel scheint festzustehen: Wir haben es nicht mit einem Militärbad zu tun, wie bei den meisten römischen Bädern auf deutschem Boden. Badenweiler scheint ein ziviler Badeort gewesen zu sein, der vor allem von den Bewohnern der Augusta Raurica und der Gutshöfe und Marktflecken des Breisgaus aufgesucht wurde.

Wie in anderen Badeorten römischen Ursprungs manifestiert sich hier geschichtliche Kontinuität: Die gleichen Quellen, deren Wasser die Becken und Wannen der römischen Kuranstalt füllte, versorgen die modernen Heilbäder von Badenweiler und bringen Erholung und Heilung den heutigen wie vor 1900 Jahren den römischen Kurgästen.

Führungen durch die Badruine finden zweimal wöchentlich statt. Johannes Helm, der seit vielen Jahren die Führungen leitet, gibt in seiner in Buchhandlungen erhältlichen Broschüre „Das römische Kurbad zu Badenweiler" eine eingehende Beschreibung der Ruine. Vor der Besichtigung sollte man sich durch einen Rundgang von außen einen Gesamteindruck von Plan und Größe des Römerbades verschaffen. Man sieht vom oberen Parkweg die vier rechteckigen Becken, die beiden äußeren mit einer Apsis versehen; ferner die Einstiege und Sitzstufen und teilweise noch den Bodenbelag aus geschliffenen Kalksteinplatten. Auffallend ist die streng symmetrische Anordnung der Räume. Eine Mittelwand teilt das Gebäude in zwei gleiche Hälften. Man hat verschiedene Erklärungen für die Doppelgestalt des Baues versucht: daß die Bäder nach Geschlecht oder sozialen Klassen getrennt gewesen seien oder wechselweise benutzt wurden, um eine Reinigung zu ermöglichen.

Keine dieser Erklärungen läßt sich beweisen. Helm vermutet, daß „die Zweiteilung in Badenweiler nicht unbedingt auf ein Zweckmotiv zurückgehen muß, sondern daß den Baumeister vielleicht überwiegend künstlerische Interessen bewogen haben, den Gesamtplan symmetrisch zu gestalten." Beachtenswert sind noch die Ausmündungen der Steinkanäle für die Entwässerung der beiden mittleren Becken in der Fassade des nördlichen Vorbaues (vom unteren Parkweg aus zu sehen).

## BENDORF-SAYN

Einer der ersten im Zusammenhang mit der Erforschung des → Limes durch die Reichslimeskommission wiederaufgebauten Wachttürme steht auf dem Pulverberg bei Sayn, einem Ortsteil von Bendorf. Der Turm wurde 1912 nach dem Muster eines Reliefs auf der Trajanssäule in Rom von Professor Georg Loeschcke, dem Streckenmeister für den nördlichen Limesabschnitt, neben den damals noch in einer Höhe von 1,50 m erhaltenen Fundamenten eines antiken Römerturmes errichtet.

Der Turm ist quadratisch mit einer Seitenlänge von ungefähr 6 m und besteht in seinem unteren Teil aus unbehauenen Bruchsteinen. Der Eingang befindet sich ungefähr 2 m über dem Erdboden und ist nur vermittels einer Leiter zugänglich. Das Obergeschoß besteht aus Holz mit einer umlaufenden Galerie und ist mit einem Strohdach bedeckt. Im Inneren führt eine Leiter zum Obergeschoß.

Vier bis fünf Soldaten hielten Wache auf dem Turm und patrouillierten von hier aus den ihnen zugewiesenen Limesabschnitt. Sie wurden nach drei bis vier Stunden abgelöst. Die Ablösungen für den Sayner Wachtturm kamen wahrscheinlich von dem Kleinkastell bei → Anhausen. Die

Wachen auf den Türmen verständigten sich durch Horn-, Rauch- oder Feuersignale.

In römischer Zeit war der Gipfel des Pulverberges frei von Bäumen. Man hatte eine weite Sicht über das Brexbachtal hin bis nach Sayn und darüber hinaus bis Andernach und konnte sogar mit Signalposten, die auf den Vulkankegeln des Maifeldes bei Mayen ihren Standort hatten, Verbindung aufnehmen. Der Pulverbergturm ist ein Beweis für das militärische Geschick der Römer, mit dem sie ihre Beobachtungsstellen auf weithin sichtbaren Punkten anlegten.

Heute ist der Pulverberg mit Bäumen bewachsen und hat seine Aufgabe verloren, als Warte zu dienen. In unmittelbarer Nähe des Wachtturms sind Spuren des Limes sichtbar.

Man erreicht den Turm auf einem mit einem stilisierten römischen Wachtturm markierten Waldweg. Die Wanderung beginnt bei der ehemaligen Prämonstratenserabtei St. Maria und Johannes Ev. (heute katholische Pfarrkirche) im Brexbachtal am Nordausgang von Sayn. Man geht zunächst auf einer asphaltierten Straße im Brexbachtal (Friedhof zur Linken) bis zum zweiten Eisenbahnviadukt. Man überquert den Brexbach auf einer Holzbrücke (rechts von der Straße) und folgt dem Fußpfad durch den Wald. Der Pfad führt schließlich in Serpentinen auf den Pulverberg. Kurz bevor man den Turm erreicht, schneidet der Pfad den Limes. In den Limes hineingebaut ist eine Art Grotte zum Andenken an Professor Loeschcke (Loeschcke-Ruhe 1913). Der Ausflug dauert ungefähr 1 1/2 Stunden.

## BINGEN

Name und Lage der Stadt sind römisches Erbe. Der Name leitet sich von Bingium ab, der romanisierten Form eines älteren keltischen Namens. In römischer Zeit überquerte eine Brücke etwa in der Höhe der heutigen Pfarrkirche St. Martin die Nahe im Zug der wichtigen linksrheinischen Militärstraße von Mainz nach Köln. (Die sogenannte „Drususbrücke" oberhalb von Bingen ist trotz ihres Namens nicht römischen Ursprungs. Sie wurde um 983 von dem Mainzer Erzbischof Willigis erbaut und ist die älteste nachrömische Steinbrücke Deutschlands. Ob eine römische Brücke an dieser Stelle stand, läßt sich nicht nachweisen.)

Das zum Schutz der Brücke angelegte Kastell – seine genaue Lage hat sich bisher nicht feststellen lassen – war in der Mitte des 1. nachchristlichen Jahrhunderts von Einheiten der Hilfstruppen (4. Delmaterkohorte, 1. Pannonierkohorte und 1. Kohorte von Bogenschützen) und vermutlich auch von einer Abteilung der damals in Mainz stationierten IV. Legion Macedonica besetzt. In flavischer Zeit (69–96) wurden die Hilfstruppen abgezogen.

Die Bewachung der Brücke wurde von Abteilungen der Mainzer Garnison übernommen, vornehmlich von der XXII. Legion, wie aus Inschriften und Ziegelstempeln zu schließen ist. Nach der Heeresreform Diokletians in der zweiten Hälfte des 3. Jahrhunderts stand in Bingen ein Kontingent von „milites Bingenses" unter dem Kommando eines Präfekten. Während des Bataveraufstandes (69/70) errang bei Bingen im Jahre 70 n. Chr. ein römisches Heer einen Sieg über den Tevererfürsten Julius Tutor, der mit den Aufständischen gemeinsame Sache gemacht hatte.

Neben seiner Lage an der linksrheinischen Militärstraße war Bingen Ausgangspunkt für die wichtigen Fernstraßen nach Bad Kreuznach, Alzey und Worms, vor allem nach Trier über den Hunsrück. Die in der Nähe des Kastells schon in augusteisch-tiberischer Zeit entstandene Zivilsiedlung entwickelte sich infolge dieser günstigen Verkehrslage zu einem ansehnlichen Gemeinwesen. Seine größte Blüte erreichte der Ort im 3. Jahrhundert. Zahlreiche Grabfunde aus Bingen legen Zeugnis ab von der wirtschaftlichen Bedeutung der Stadt. Unter ihnen ragt insbesondere ein fast komplettes Arztinstrumentarium hervor, das 1925 in der Cronstraße gefunden wurde (s. u. Museum).

Wegen seiner strategischen Bedeutung wurde Bingen in das Festungssystem einbezogen, das nach den Germaneneinbrüchen im 3. und 4. Jahrhundert auf dem linken Rheinufer angelegt wurde. Im Jahre 359 umgab der spätere Kaiser Julian, damals Caesar des Westens, Bingium mit einer Mauer, deren Verlauf im Norden an der Kirchstraße, im Westen entlang der Nahe und im Süden an der Nahestraße festgestellt werden konnte.

Im Gegensatz zu Boppard ist von der spätrömischen Mauer nichts mehr sichtbar. Auch sonst gibt es im Stadtbild keine römischen Überreste. Nur die Erde birgt noch Zeugnisse der römischen Vergangenheit. Unter dem Turm der Burg Klopp liegen römische Mauerreste. Die Pfarrkirche St. Martin steht auf den Grundmauern eines römischen Tempels und gehört damit zu den zahlreichen Beispielen christlicher Kirchen, die über heidnischen Kultstätten entstanden sind.

**Heimatmuseum der Stadt Bingen. Burg Klopp.** Die Ursprünge der Burg, bis 1282 Druseburg genannt, gehen wahrscheinlich, wie oben angedeutet, auf die römische Zeit zurück. Die Burg war Sitz der Burgmannen und später des Amtsmannes des Erzbischofs von Mainz. Von den Franzosen 1689 zerstört, wurden die Befestigungen 1713 von einer Mainzer Garnison gesprengt. In den Jahren 1875/79 wurden Burg und Turm auf den Resten des alten Burggebäudes in der heutigen Gestalt wiederaufgebaut.

Durch die Sammlungen des Museums geleitet ein von Dr. Heinrich Bayer verfaßter Führer (im Museum erhältlich). Die folgenden Bemerkungen sollen kurz über den Aufbau des Museums und die wichtigsten Ausstellungsstücke unterrichten.

Der Rundgang beginnt im Kellergeschoß, dem „Verlies" der Burg mit einer Sammlung von *Steindenkmälern* (Grabsteinen und religiösen Monumenten). Unter den Grabsteinen befinden sich *Soldatengrabsteine* der Auxiliarsoldaten Annaius und Hyperanor (Fundort Bingen-Bingerbrück, Bahnhof; hier Abgüsse; die Originale im Museum in→ Bad Kreuznach) und des Legionärs Lucius Fabius der IV. Legion Macedonica (sie lag von 40 bis 70 n. Chr. in Mainz); Lucius Fabius war römischer Bürger und war im Bürgerverband Galeria stimmberechtigt; er starb mit 40 Jahren nach 21jähriger Dienstzeit. Ferner einige *bürgerliche Grabsteine* (der Iulia Quinta und des Tiberius Severus; der Macrina; des Lucius Cominius Pollentinus und der Cominia Secunda).

Weitere Steindenkmäler sind im Erdgeschoß aufgestellt, darunter *Soldatengrabsteine* (des Beusas, Sohn des Suttus, Soldat der 4. Delmaterkohorte; des Tiberius Iulius Abdera (Abguß); das Original im Museum im → Bad Kreuznach); ein *Familiengrabstein* für Aurelius Cornicularius und Cobilunius, Waffenmeister der XXII. Legion; und verschiedene *bürgerliche Grabmonumente* (für den Arzt Quintus Avitius Hermes, das ihm seine Gattin errichtete; für Aiia und ihre Kinder, von dem Treverer Caius Coiedus „aus Liebe" gestiftet; für den Metzger Caius Vescius Primus, Freigelassener des Caius; Sohn und Tochter des früheren Herren des Verstorbenen ließen den Grabstein auf Veranlassung ihres Vormundes, der ebenfalls ein Freigelassener ihres Vaters war, setzen). Zu den bürgerlichen Grabdenkmälern gehört auch eine Figur des Attis, des jugendlichen Begleiters der kleinasiatischen Göttermutter Kybele; er erscheint häufig auf Grabsteinen als Symbol der Wiederauferstehung.

Die römischen Ausstellungsstücke sind in der „*Römischen Abteilung*" im ersten und zweiten Stock untergebracht. Eine „*Sammlung römischer Siedlungsfun-*

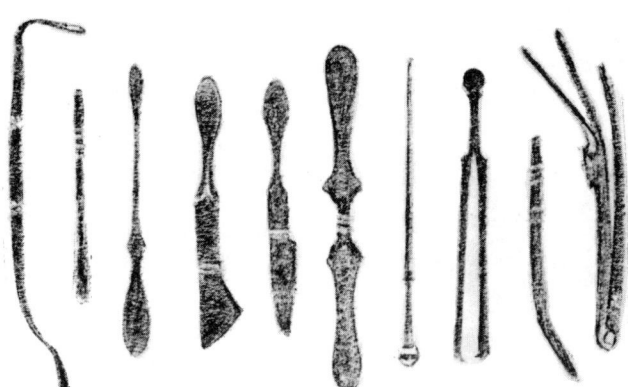

*Bingen, Römisches Arztinstrumentarium*

Zeugnisse für die Verehrung des persischen Lichtgottes *Mithras* im römischen Bingen sind Denkmäler aus einem Mithrasheiligtum: ein Altar mit der Büste des Gottes; die Inschrift besagt, daß „zu Ehren des göttlichen Kaiserhauses" Secundinus, Tertinus und ihr Nachbar dem „Soli Invicto Mitrae" einen Altar errichtet haben; die Strahlenkrone des Gottes ist durchbrochen; sie konnte von hinten mit einer Lampe beleuchtet werden und umgab so den Kopf des Gottes mit einem Glorienschein; das flackernde Licht muß in dem dunklen Kultraum geheimnisvoll gewirkt haben; ein Altar aus dem Jahr 236, der dem „Deo Invicto Mitrae" von den Brüdern Aulus Gratius Iouvenius und Aulus Gratius Potens aus eigenen Mitteln gewidmet war.

Iouvenius hatte den höchsten Weihegrad der Mithrasmysten erreicht; er war „pater sacrorum", d .h. Vorsteher der Gemeinde und Leiter der Kultzeremonien und Weihungen; Potens war Soldat der XXII. Legion und nach der nur unvollständig erhaltenen Inschrift („MATRIC...") Führer der Matrikelliste. Ferner eine Skulptur der Felsgeburt des Gottes.

Auf die Verehrung *Merkurs* weist ein in der Pfarrkirche St. Martin gefundenes Relief hin, das den Gott mit Heroldsstab und begleitet von Hahn und Bock zeigt. Das Fragment einer an der gleichen Stelle gefundenen Bauinschrift bezeugt einen Tempel mit dem Standbild des *Mercurius Toutenus (Tourenus)*, eine mit Merkur gleichgesetzte einheimische Gottheit. Man beachte auch die im Erdgeschoß aufgestellten drei Eichenbalken mit eisernem Schuh von einem Pfahlrost der römischen Nahebrücke.

*de*" enthält Gegenstände, die einen Einblick in die *Technik des Hausbaues* geben (Ziegelplatten von Hypokaustheizungen, Heizungsrohre, Wandziegel, bemalter Wandverputz, Leistenziegel und Hohlziegel zur Dachbedeckung), und andere Funde aus römischen Siedlungsstätten (villae rusticae, Häusern des vicus), darunter Terrakotten, Terra Sigillata, Fibeln, Bilderschüssel, Öllampen. *Keramik* aus römischen Gräbern ist chronologisch nach Jahrhunderten angeordnet.

Die Sammlung beginnt mit Keramik des 1. Jahrhunderts n. Chr. (ein- und doppelhenkelige Krüge, Amphoren, glattwandige und rauhwandige Ware); besonders ausgestellt ist die bodenständige sog. „*Belgische Ware*" (eine einheimische Nachahmung der römisch-italischen Keramik mit hochglänzendem schwarzem (terra nigra) oder rötlichem (terra rubra) Überzug). *Geschlossene Gräberfunde* aus Gräbern des 1. bis 4. Jahrhunderts n. Chr. enthalten Gegenstände des täglichen Gebrauchs, darunter Keramik, einen bronzenen Spiegel, Lampen, Löffel.

*Römische Gläser* aus der Zeit vom 1. bis 4. Jahrhundert n. Chr. sind in einer besonderen Ausstellung zusammengestellt. „Ein Juwel unter den Binger Gläsern ist ein Schweinchen aus grünem Glas mit aufgelegten blauen Augen. Es hat wohl als Salbenbehälter auf dem Toilettentisch einer römischen Dame gestanden." Unter den *Schmuckgegenständen* befindet sich eine Sammlung von *Bronzefibeln*; ferner Ringe, Armreifen, ein runder Handspiegel. Unter den *Öllampen* sind Bilderlampen und sog. Firmenlampen mit dem Namensstempel des Herstellers vertreten.

Eine Sammlung von *Keramik des 2. und 3. Jahrhunderts n. Chr.* enthält Schwarzfirnisware und Gefäße mit Goldglimmerüberzug. Unter *Terra Sigillata,* dem feinen römischen Tafelgeschirr, befinden sich Gefäße mit Reliefschmuck und Verzierungen in Barbotinetechnik. Zu den Grabfunden aus der Cronstraße gehört das berühmte *Arztinstrumentarium,* der „Kronschatz" des Museums. Die Instrumente lagen in einer bronzenen Schüssel. Das fast vollständige Instrumentarium enthält Schröpfköpfe, Schädelbohrer, Skalpells, Löffel, Pinzetten, Wandhaken, Sonden, Ständer zum Aufhängen der Schröpfköpfe. (Ausgestellt sind Nachbildungen einzelner Stücke; die Originale befinden sich an sicherem Ort.)

*Bingen, Nilpferd mit Uräusschlange*

Die ebenfalls zu dem Fund gehörige Bronzestatuette eines Nilpferdes mit Uraeusschlange mag ein Erinnerungsstück des verstorbenen Arztes an seine Studienzeit in Alexandria gewesen sein. Der Fund datiert von 110 n. Chr. Aus einem anderen Grabfund von der Cronstraße stammen *römische Waffen und Eisengegenstände,* darunter landwirtschaftliche Geräte. Eine *Münzsammlung* in der Abteilung „Mittelalter" enthält u. a. römische Münzen.
Den Sammlungen angeschlossen ist ein *Weinmuseum,* in dem Wein- und Trinkgefäße aus rund 2000 Jahren gezeigt werden, darunter römische Trinkgefäße und Krüge, sowie zwei römische Spitzamphoren, in denen in römischer Zeit Wein transportiert wurde. Zum Lagern wurden die Amphoren in den lockeren Sandboden des Kellers gesteckt.

## BIRTEN, XANTEN-

Zwischen Xanten und dem Dorf Birten (jetzt ein Stadtteil von Xanten) erhebt sich aus der niederrheinischen Tiefebene bis zu etwa 50 m Höhe der Fürstenberg, geologisch die Endmoräne eines eiszeitlichen Gletschers. Die friedliche Landschaft von Wald und Feld läßt nicht vermuten, daß vor rund 1900 Jahren der Fürstenberg Standort der mächtigen römischen Doppellegionsfestung Vetera und Schauplatz von Ereignissen war, die den Lauf der Geschichte Europas bestimmt haben.

Der Name der Festung, ihre Entstehung und ihr Ende waren aus literarischen Quellen des Altertums, insbesondere den Annalen und Historien des Tacitus, seit langem bekannt. Ebenso bestand aufgrund von geographischen Andeutungen der antiken Schriftsteller und zahlreicher römischer Funde kein Zweifel an der Lage von Vetera auf dem Fürstenberg.

Die Festung, zunächst als Holz-Erde Lager erbaut, verdankte ihre Entstehung dem Entschluß des Kaisers Augustus, die Grenze des Reiches bis an die Elbe auszudehnen, teils aus strategischen Rücksichten: mit der Ausdehnung der römischen Herrschaft bis zur Elbe sollte eine Verbindung zwischen Nordsee und Donaugrenze geschaffen und damit eine Verkürzung der Verbindungslinien und eine Stärkung der Nordgrenze erreicht werden; teils als Vergeltung gegen wiederholte Angriffe germanischer Stämme auf Gallien. Bereitstellungsräume für die Invasionsarmeen auf dem linken Rheinufer waren Mainz und Vetera. Beide Orte lagen Flußmündungen gegenüber; die Täler boten natürliche Einfallschneisen in das Innere Germaniens, das Maintal gegenüber Mainz und die Lippe bei Vetera.

Der Name Vetera dürfte, wie Professor Hans Lehner bemerkt, ein einheimischer Ortsname gewesen sein. Er hat nichts mit dem lateinischen Adjektiv vetus (alt) zu tun. So heißt die Festung bei antiken Schriftstellern auch stets „Vetera" oder „Vetera castra", niemals „Castra vetera". Professor Lehner hält es nicht für unmöglich, daß der heutige Name des Dorfes Birten, in dessen Gemarkung ein großer Teil von Vetera liegt, auf den Ortsnamen Vetera zurückzuführen ist.

Die Offensive mit Vetera als Stützpunkt begann im Jahr 12 v. Chr. unter dem Kommando von Drusus, Stiefsohn von Kaiser Augustus und jüngerem Bruder von Tiberius. Der Feldzug und spätere militärische Operationen unter Tiberius brachten die römische Armee bis zur Elbe. Der Sieg des Germanenfürsten Arminius in der Schlacht im Teutoburger Wald 9 n. Chr. über den römischen Statthalter P. Quinctilius Varus, der in der fast völligen Vernichtung von drei Elitelegionen mit ihren Hilfstruppen gipfelte, setzte der augusteischen Expansionspolitik in Germanien ein Ende. Es wird angenommen, daß die drei varischen Legionen XVII, XVIII und XIX (die XVII. und XIX. möglicherweise vorübergehend im Durchzug) von Vetera zu ihrem Untergang in den Wäldern Germaniens aufgebrochen sind.
Eine Bestätigung für diese Annahme sieht man vor allem in dem berühmten Grabstein für den centurio der XVIII. Legion Marcus Caelius, der laut Inschrift im Feldzug des Varus fiel („occidit bello Variano"). (Das Original des Grabsteins

befindet sich im Rheinischen Landesmuseum in → Bonn. Ein Abguß des Steines ist auf dem Platz vor der Kirche in Birten aufgestellt.) Der Grabstein wurde auf dem Gräberfeld von Vetera in der Nähe von Birten gefunden.

Mit der Einstellung der römischen Offensive unter Tiberius im Jahre 16 n. Chr. als Folge der Varusniederlage und fehlgeschlagener späterer Versuche unter Germanicus, die römische Herrschaft in Germanien wiederherzustellen, wurde der Rhein die Grenze des Reiches wie zur Zeit Caesars. Die festen Plätze auf der linken Rheinseite blieben bestehen, neue wurden geschaffen. Vetera, bisher Basis und Winterlager für die östlich des Niederrheins in Germanien operierenden Armeen, wurde Grenzfestung und möglicherweise unter Claudius (41–54), spätestens aber unter Nero (54–68) in Stein ausgebaut.

Zwei Legionen lagen in Vetera in Garnison, zunächst die V. Legion Alaudae (die von Caesar aus gallischen Freiwilligen gebildete „Lerchenlegion") und die XXI. Legion Rapax („die alles an sich Reißende", die „alles vor sich hinwegfegt", wie Webster den Beinamen der Legion erklärt). Die XXI. Legion wurde i. J. 43 von der XV. Legion Primigenia (nach Fortuna Primigenia genannt) in Vetera abgelöst.

Während des Bataveraufstandes 69/70 unter Julius Civilis wurde Vetera zweimal von den Aufständischen eingeschlossen und schließlich, nachdem sich die Besatzung ergeben hatte, erobert und zerstört. Der Aufstand wurde in einer Schlacht unweit von Vetera endgültig niedergeschlagen. (Die Schlacht wurde dadurch gewonnen, daß ein mit dem Gelände vertrauter batavischer Überläufer die römische Kavallerie über festen Boden in dem sonst sumpfigen Gelände in den Rücken der Aufständischen führte.)

Vetera wurde nicht wiederaufgebaut. An ihre Stelle trat eine neue Festung – in der Literatur als Vetera II bezeichnet – ungefähr 1,5 km östlich vom Fürstenberg in der Nähe des Rheinufers auf der heutigen Bislicher Halbinsel, die in römischer Zeit hochwasserfrei war. Vetera II war nur von einer Legion besetzt; die andere Legion wurde zur wirksamen Kontrolle des batavischen Aufstandsgebiets nach Nijmegen (Noviomagus) verlegt.

Die Garnison von Vetera II war zunächst (von 70–92) die XXII. Legion Primigenia pia fidelis. Ihr folgte die VI. Legion Victrix aus Novaesium (→ Neuss) und schließlich die von Kaiser Trajan aufgestellte XXX. Legion Ulpia (Trajans Familienname) Victrix. Das genaue Ende von Vetera II ist ungewiß. Es besteht eine gewisse Wahrscheinlichkeit dafür, daß die Festung noch im 4. Jahrhundert besetzt war.

Vetera I ist unter Leitung des Bonner Museums von 1904–1914 und von 1925–1934 systematisch erforscht worden. Vetera II wurde 1954 durch Zufall beim Baggern in Kieslagern der Bislicher Halbinsel entdeckt. In den Schöpflöffeln der Baggermaschinen kamen römische Funde zutage, darunter der Bronzesockel einer Geniusstatuette mit einer sich auf die XXX. Legion beziehenden Inschrift (s. Museum→ Xanten). Auch stießen die Bagger auf Mauerwerk. Durch den Einsatz eines Tauchers mit Sauerstoffgerät gelang es, die Ausdehnung der Mauerreste festzustellen, die den Schluß zuließen, daß hier die bisher nur vermutete Legionsfestung Vetera II gestanden hatte. Die Festung war im Mittelalter im Rhein versunken. Ihre Reste liegen heute 7–10 m tief unter Kiesanschwemmungen, die weitere Forschungen unmöglich machen.

Im Gegensatz dazu konnten bei den Ausgrabungen von Vetera I zahlreiche Einzelheiten des Festungsbaues ermittelt werden. Das steinerne Zweilegionenlager bildete ein regelmäßiges Rechteck (932–636) mit einem Flächeninhalt von 59,28 ha und war von einem Doppelgraben und einer Lehmziegelmauer umgeben. Der nordsüdlich verlaufende Decumanus maximus bildete die Mittelachse der Festung und, wie aus Ziegelstempeln der Legion festgestellt werden konnte, auch genau die Scheidelinie zwischen den beiden in Vetera liegenden Legionen: Die rechte (westliche) Seite der Festung galt als Ehrenplatz und wurde von der V. Legion als der „älteren und vornehmeren" der beiden Legionen eingenommen. In der Mitte der Festung lag der gewaltige Komplex des Stabsgebäudes (principia), mit Amtsräumen und Waffenkammern der 30 Manipel um einen fast quadratischen Säulenhof.

Zu beiden Seiten der principia lagen die Quartiere der Legionskommandeure. Nach dem Befund handelte es sich um wahre Paläste mit säulenumgebenen Gärten, die nach den Worten Lehners „die Gartenanlagen im Kaiserpalast in Rom und in den weitläufigen Prachtvillen Italiens den begrenzten Verhältnissen des Militärlagers entsprechend in bescheidenerem Maße wiederholten."

Wie Webster bemerkt, spiegelte sich in den gewaltigen Ausmaßen seiner Behausung die gesellschaftliche Stellung des Legionskommandeurs als Senator. Sie ermöglichte es ihm, seinen Haushalt mitsamt Mobiliar und Tafelgeschirr mit sich zu führen und seinen gewohnten Lebensstil selbst an den äußersten Grenzen des Reichs beizubehalten. Auch bot sich ihm so Gelegenheit, „mit dem blendenden Glanz römischer Zivilisation, wie sie sich in den Gebäuden, ihrer Ausschmückung und Ausstattung darstellte, auf die einheimischen Vornehmen und politischen Führer Eindruck zu machen".

Die Wohnungen der Militärtribunen (Stabsoffiziere) erwiesen sich als elegante Peristylhäuser mittelmeerischen Stiles von fast quadratischem

Grundriß mit Räumen verschiedener Größe, die um einen säulenumstandenen Hof gruppiert waren. Ein großes Gebäude nördlich der principia hat man versuchsweise als Sitz und Amtsgebäude des Lagerkommandanten (praefectus castrorum) gedeutet. Auch das Lazarett (valetudinarium) und Infanteriekasernen sind gefunden worden. Das Steinmaterial für diese Bauten (Tuff, Basalt, Grauwacke) kam aus römischen Steinbrüchen in der Eifel und im → Brohltal. Die Lagervorstadt (canabae legionis) mit Wohnungen und Läden von Kaufleuten und Handwerkern lag südlich der Festung teilweise auf der Gemarkung von Birten.

Nichts von dem ehemaligen Glanz der römischen Festung ist heute mehr sichtbar. Der Pflug hat seit langem Mauern und Gräben der Erde gleichgemacht. Die römischen Prachtbauten, deren Steinmaterial von Legionären und ihren Hilfskräften in das an Steinen arme Land am Niederrhein geschafft worden war, dienten späteren Generationen als gebrauchsfertige Steinbrüche. Erhalten blieb lediglich das in Holz-Erde gebaute Amphitheater, wo den Soldaten und Zivilisten Kampfspiele zur Unterhaltung geboten wurden und das auch als militärischer Übungsplatz gedient haben mag.

Die antiken Holzbauten (eine Brüstung zum Schutz gegen die Vorgänge in der Arena und die Sitzreihen an den Hängen) sind längst in dem durchlässigen Sandboden vergangen, aber der ovale Erdwall des Theaters ist seit dem Altertum im wesentlichen unberührt geblieben. Das Amphitheater galt frühzeitig als die Stätte, an der der heilige Victor, Schutzpatron des Xantener Domes (→ Xanten), mit Kameraden der Thebäischen Legion seines christlichen Glaubens wegen den Märtyrertod erlitten hatte. Der Ort wurde christliche Kultstätte, bis er in neuester Zeit in ein Freilichttheater umgestaltet und so seiner ursprünglichen Bestimmung als Schaubühne zurückgegeben wurde.

Ein Grundriß des Doppellagers Vetera und ein Modell des Stabsgebäudes sind im Museum in Xanten ausgestellt. Modelle des valetudinariums und eines Legatenpalastes sind im Museum in → Bonn zu sehen. Ein Zeichen „Amphitheater" an der Bundesstraße 57 kurz vor Birten führt nach links zur Kirche von Birten und von dort nach ungefähr 80 m auf der „Römerstraße" zum Amphitheater.

## BITBURG

Für den Reisenden im Rheinland verbindet sich der Name der Stadt fast zwangsläufig mit „Bitburger Pils", das ihm in eindringlichen Werbungen empfohlen wird. Der berechtigte Stolz auf dieses Erzeugnis heimischen Gewerbefleißes sollte nicht über die Tatsache hinwegtäuschen, daß die Geschichte der „Bierstadt Bitburg" älter ist als der Ruhm ihrer Brauerei.

Bitburg geht in seinen Ursprüngen auf den römischen „vicus Beda" zurück, ein von Beamten, Händlern, Kaufleuten, Gastwirten, Ärzten und Schreibern bewohntes Gemeinwesen. Die römische Niederlassung wiederum entstand aus einem vorrömischen Marktflecken der germanisch-keltischen Treverer. Die Stadt ererbte von ihren antiken Vorgängern die günstige Lage auf einem Hochplateau, das eine weite Rundsicht über das Bitburger Land gestattet und als geographischer Mittelpunkt der Gegend ideale Bedingungen für einen Marktort bietet. Durch den vicus Beda führte die Militärstraße Trier–Köln. (Auch die heutige Stadt liegt am Schnittpunkt mehrerer Straßen. Die Hauptstraße verläuft in der Richtung der alten Römerstraße.) Inschriften aus den Jahren 198 und 253 n. Chr. lassen darauf schließen, daß Beda ein Theater besaß, ein untrügliches Zeichen für Wohlstand und Bedeutung des Ortes. Eine andere Inschrift aus dem Jahre 245 berichtet von einem Feuer- oder Signalturm, den die „iuniores vici", eine militärisch organisierte Vereinigung der jungen Männer des Ortes, auf einem von der Gemeinde zur Verfügung gestellten Platz auf eigene Kosten errichtet hatten.

Die Bedeutung des nur unvollständig überlieferten Wortes „fara...rem" für Feuerturm ist umstritten. Für diese Deutung spricht, daß die Wasserarmut des hochgelegenen Beda, die sich bei Bränden verhängnisvoll auswirken konnte, einen solchen „Platz zum Ausschau" als wünschenswert erscheinen ließ. Mit dem Bau eines Feuerturmes konnten die jungen Männer des Ortes gleichzeitig ihr soziales Verantwortungsgefühl für ihre Mitbürger unter Beweis stellen.

Ein Tempelbezirk und das Forum lagen auf der jetzt von der Liebfrauenkirche eingenommenen Höhe, eines der zahlreichen Beispiele für die Entwicklung einer christlichen Weihestätte über einem heidnischen Kultbezirk.

Die wachsende Gefahr einer germanischen Invasion nach dem Fall des → Limes um 259/260 veranlaßte Kaiser Postumus (258–268), Schöpfer des kurzlebigen gallischen Sonderreiches, feste Plätze im Inneren Galliens als zweite Verteidigungslinie westlich der Rheingrenze anzulegen. Dazu gehörte auch Beda. Zwischen 260 und 265 entstand innerhalb des Ortes auf der Höhe ein für zwei Kohorten bestimmtes Kastell; es schloß den Tempelbezirk und das Forum ein.

Das Kastell hielt dem Germanensturm von 275 nicht stand; es wurde erobert und zerstört. Um 300, unter Kaiser Konstantin, wurde der Ort neu befestigt. Eine 3,80 m starke Mauer, bewehrt mit 13–14 Rundtürmen, umschloß über ovalem Grundriß den Ort und die in nordsüdlicher Längsrichtung durchlaufende Straße Trier–Köln. Teile der römischen Mauer dienten im Mittelalter als Fundamente für die Stadtmauer.

Reste der spätrömischen Festungsmauer sind

an der Straße „Römermauer" und auf der Ostseite des neuerbauten Rathauses sichtbar, wo die Römermauer an ihrer Bauart in „opus spicatum" kenntlich ist. („Opus spicatum" ist ein „Fischgrätenverband", der ein dem Fußbodenbelag entstammendes Muster imitiert.) Die Türme des Rathauses und des Pfarrhauses westlich der Liebfrauenkirche wurden auf römischen Grundmauern errichtet und haben die Form der Römertürme beibehalten. (Ähnliche Beispiele geschickter Verbindung des Alten mit dem Neuen liefert die Römermauer in → Köln.) Einzelne Mauerzüge des Postumus-Kastells erschließen sich für den Kundigen durch Erhebungen im Straßenniveau.

**Kreismuseum, Denkmalstraße.** Das kleine, von Dr. Josef Hainz, Verfasser des römischen Teils der „Geschichte von Bitburg" mit viel Umsicht und Sachverstand verwaltete Museum enthält Steindenkmäler und Gräberfunde, meistens Keramik.

Unter den *Steindenkmälern* befindet sich ein 25 cm hoher Pinienzapfen aus hellem Sandstein, der wahrscheinlich als Bekrönung für ein Grabmal diente; ein innerhalb des Tempelbezirks in der Nähe der Liebfrauenkirche gefundener Votivstein mit dem Reliefbildnis des Sonnengottes Sol (der Stein mag aus der Zeit des Kaisers Aurelianus stammen, als der Sonnengott zum höchsten Reichsgott erhoben wurde); Reste eines Sandsteinbildnisses des Vulkan mit Hammer, Zange und Amboß; Fragment einer doppelseitigen Weihetafel für Apollo Grannus und Sirona, keltische Quell- und Heilgottheiten; der Stein wurde 1824 zusammen mit vielen Münzen (Opfergaben dankbarer Patienten) in der Nähe einer nie versiegenden Quelle gefunden

Ferner eine Reihe von sogenannten „Halbwalzendeckeln", einer Spezialität der Trierer Gegend; die Steine dienten als Verschluß von Brandgräbern; Grabstein eines Mediomatrikers (die Mediomatrici waren ein keltischer Stamm; der Name der Stadt Metz leitet sich von ihnen her); ein Grenzstein bei Neidenbach mit der Inschrift: „Finis Pagi Carucum", vermutlich zur Markierung der Gaugrenze zwischen Treverern und Caroesern, einem kleinen Stamm, der im Gebiet nördlich von Bitburg ansässig war. Ein pagus (Gau) war in der Frühzeit der römischen Eroberung eine verwaltungsmäßige Unterteilung eines Stammesbezirks; Abgüsse der oben erwähnten Bauinschriften (die Originale befinden sich im Rheinischen Landesmuseum in → Trier).
Die *Keramikfunde* bestehen aus Terra-Sigillata-Gefäßen (darunter eine Reihe von Tintenfässern); Gesichtskrügen; den Hals einer Amphore; Hohlziegeln; Wasserleitungsrohren; vor allem aus einheimischer „geflammter Speicherware", so genannt nach dem südöstlich von Bitburg gelegenen Ort Speicher, der von der 1. Hälfte des 2. Jahrhunderts n. Chr. bis etwa zum 4. Jahrhundert Mittelpunkt einer Industrie grobkörniger Keramik war. Speicherware wurde über weite Gebiete exportiert. Man hat sie im heutigen Belgien, in Straubing und Augsburg gefunden.
Nach den Germaneneinbrüchen im 3. Jahrhundert verlor die Speicherware an Güte, wahrscheinlich als Folge der Abwanderung der geübten Meister nach sicheren Gegenden und des damit verbundenen Zusammenbruchs der Produktionseinrichtungen (Wightman).

*Die Metallgegenstände* umfassen eine 9 cm hohe Bronzestatuette eines bärtigen Mars; der Gott ist dargestellt mit Panzer und korinthischem Helm; eine Ritterkette aus früh-augusteischer Zeit; eiserner Brückenschuh; ein eiserner Kerzenhalter; ein großes Kupferrohr.
Von einer römischen Villa bei Folkert stammt Wandverputz in 38 verschiedenen Marmormustern. Die Villa war offenbar von der gleichen Größe wie die Villa von → Otrang. (Es wird angenommen, daß noch etwa 10 Villen vom Ausmaß der Otrangvilla im Boden der Gegend Trier–Bitburg vergraben liegen).
*Die Römischen Glasgegenstände* sind Produkte Kölner Glashütten.
Wichtiger *Neufund* ist ein mit zwei Hauszeichnungen versehener Hausschüttenstein; ferner ein Grabstein mit Grabnische, dessen Rand Schriftzeichen aufweist.

## BLANKENHEIM

Der betriebsame Luftkurort im Schnittpunkt der Bundesstraßen 258 und 51 wird überragt von der mittelalterlichen Stammburg der Grafen von Blankenheim. In ihren Räumen befand sich einst eine berühmte Sammlung römischer Altertümer, die zur Zeit der Renaissance von Graf Hermann von Blankenheim-Manderscheid (1548–1604) begründet worden war. Der größte Teil der Bestände ging in den Kriegswirren am Ende des 18. Jahrhunderts zugrunde oder wurde in andere Sammlungen verbracht. Nur wenige Stücke des ehemaligen Blankenheimschen „Antikenkabinetts" sind erhalten geblieben. Sie befinden sich heute teils im Römisch-Germanischen Museum in Köln, teils im Rheinischen Landesmuseum in Bonn.
Eine andere Verbindung Blankenheims zum römischen Altertum ist eine weitläufige villa rustica, deren Grundmauern im Jahre 1894 nordwestlich der mittelalterlichen Stadt entdeckt wurde. Durch systematische Erforschung der Ruine in den Jahren 1913/14 konnte festgestellt werden, daß die Villa im 1. Jahrhundert n. Chr. entstanden war und ungefähr vier Jahrhunderte lang bestanden hatte. Im Verlauf dieser langen Besitzdauer wurde die Villa mehrfach umgebaut.
Aus einem langgestreckten Rechteckbau mit vorspringenden Flügeln entwickelte sich ein vielräumiger Gebäudekomplex. Besonders gut erhalten war die Badeanlage mit dem Hypokaust und den Hohlziegeln des Warmbades und das Kaltbad mit einer in die Wand eingelassenen Wanne. Auch der ursprüngliche Fußbodenbelag war größtenteils noch vorhanden. Überreste einer Eisenverhüttungsanlage innerhalb des Gutsbezirks ließen den Schluß zu, daß „dieser Gutshof nicht nur der Erzeugung landwirtschaftlicher Güter diente, sondern auch Mittelpunkt einer Eisenverhüttung war"(Jannsen, Zabernführer, Bd. 26, S. 96).
Über die Bewohner der Villa ist nichts bekannt. Ein in der Nähe von Blankenheim gefundener

Grabstein für Capitonia Vera, von ihrem Gatten, einem Ratsherrn (decurio) aus Köln errichtet, steht in keiner Beziehung zu dem römischen Gutshof.
Die Ruinen sind inzwischen verschwunden. Nach einer Auskunft im Heimatmuseum wurden die Steine nach dem II. Weltkrieg zur Ausbesserung von Wegen verwendet.

**Kreismuseum Blankenheim**
„im Hirtenturm" (Teil der mittelalterlichen Stadtbefestigung). Römische Gegenstände befinden sich im 2. Stock.
Rechts an der Wand eine archäologische Fundkarte des Kreises Schleiden.
Ein Modell der gallorömischen Tempelanlage, dem sogenannten „Heidentempel", bei → Pesch.
Ausgestellt in Vitrinen sind römische Grabfunde aus dem Kreis Schleiden (Tonteller, Krüge, Becher); Ziegel mit Legionstempeln; Scheren, terra nigra, (die schwarze „belgische" oder einheimische Keramik).
Von besonderem Interesse ist ein bei Nettersheim gefundenes Bruchstück eines *Weihedenkmals für die „Deae Aufaniae"* (zu sehen sind das Originalbruchstück und eine Nachbildung des ergänzten Weihesteins). Bei Nettersheim stand ein den Matronis Aufaniabus geweihtes Heiligtum. Das Steinrelief zeigt die drei Muttergöttinnen auf einer Bank in Kleid und Mantel. Die beiden äußeren Göttinnen tragen große Hauben, die mittlere offenes Haar. Auf dem Schoß halten sie Körbe mit Früchten.
Die Inschrift nennt als Stifter den „beneficiarius consularis" (Wegepolizeimeister unter dem unmittelbaren Kommando des Statthalters) Marcus Aurelius Agripinus, dem Zunamen nach ein Kölner Bürger, und besagt, daß der Stein in Erfüllung eines Gelübdes den Göttinnen „pro salute invicti Antonini Augusti" gewidmet wurde. (Nach Lehner bezieht sich der Kaisername entweder auf Caracalla oder Elagabalus, was bedeutet, daß der Stein zwischen 212 und 222 gesetzt wurde.)
Wie in einer erklärenden Bemerkung zu dem Stein ausgeführt wird, leben die drei Matronen „im Volksglauben hier und da noch in der Eifel als ‚die drei Juffen' oder als ‚St. Fides, St. Spes und St. Caritas' fort."
– Fotografien von Modellen zeigen die villa rustica bei Blankenheim im ersten Bauzustand und in späteren Bauperioden.

## BÖHMING, KIPFENBERG-

In römischer Zeit lag etwa 400 m südwestlich des Dorfes mitten im Altmühltal ein kleines Kastell für eine bisher unbekannt gebliebene Einheit, wahrscheinlich einen Numerus. Das Kastell wurde im Zuge der Grenzverstärkung unter Kaiser Antoninus Pius (138–161 n. Chr.) an der Ostseite des rätischen Bogens angelegt und schützte als vorgeschobener Posten zusammen mit dem Kohortenkastell→ Pfünz den Übergang des rätischen→ Limes über die Altmühl. Während der Markomannenkriege Marc Aurels 166–180 wurde das Kastell zerstört.
Aus einer Bauinschrift vom Jahre 181 (s. Museum in → Eichstätt) geht hervor, daß die Verteidigungsanlagen des Kastells von Arbeitsabteilungen der in Regensburg stationierten III. Italischen Legion und der 1. Breukerkohorte aus Pfünz unter dem Kommando eines centurio dieser Legion neu errichtet wurden. Die Bauinschrift erwähnt, wie ähnliche Inschriften aus → Öhringen, ausdrücklich den Provinzstatthalter, dem offenbar die Entscheidung über größere militärische Bauvorhaben zustand. Die Garnison von Böhming war dem Kommandeur der Pfünzer Kohorte unterstellt. Das Kastell wurde beim Alamanneneinfall von 233 zerstört und nicht wiederaufgebaut.
Bei der Kirche von Böhming, die innerhalb des Kastells steht, ist die Kastellumwehrung noch als flacher Erdwall sichtbar.

## BOLLENDORF

Wie aus der Zahl der bekannten und vermuteten römischen Landhäuser zu schließen ist, muß das anmutige Tal der Sauer(ein Nebenfluß der Mosel) schon im Altertum die Menschen veranlaßt haben, sich hier niederzulassen. Heute bildet das waldreiche Gebiet des Sauertales den deutsch-luxemburgischen Naturpark.
In seiner Mitte liegt der Luftkurort Bollendorf. In unmittelbarer Nähe des Ortes, auf einem Abhang oberhalb des Flusses, wurde 1907 eine römische villa rustica freigelegt und z. T. in den Grundmauern konserviert. Es handelte sich dabei um den Typ einer kleinen Risalitvilla, wie er von zahlreichen bäuerlichen Wohnhäusern im römischen Rheinland, aber auch in der Schweiz, Belgien und Holland, bekannt ist. Die Villa stammte in ihrer ursprünglichen Gestalt aus dem 1. nachchristlichen Jahrhundert und hat bis an das Ende des 4. Jahrhunderts bestanden.
Mindestens drei Bauphasen konnten festgestellt werden. Die Villa bestand zunächst aus einem überdachten rechteckigen Raum mit vorspringenden Eckbauten, die eine unterkellerte Veranda mit Portikus flankierten. Bei späteren Umbauten und Erweiterungen wurde vor allem ein Bad eingebaut, ein untrügliches Zeichen für die fortschreitende Romanisierung auch der Landbevölkerung, die sich in ihren Lebensgewohnheiten und Ansprüchen nach den badefreudigen Römern richteten. Die Villa scheint um die Mitte des 3. Jahrhunderts durch Feuer teilweise zerstört worden zu sein, ob durch plündernde Germanen oder einen Brand im Heizraum des Bades (Wightman), läßt sich nicht entscheiden. Beim Wiederaufbau wurde die Villa erweitert. Ein Wohnzimmer erhielt eine Hypokaustheizung.
Man erreicht die Ruine auf dem Wege zur Burg (ehemals Sitz des Probstes der Probstei Echternach, seit 1797 in Privatbesitz und 1945 durch Beschuß stark zerstört und seitdem unbewohnt). Ein verwittertes Schild „Römische Villa" weist auf die Ruine hin.

Vom Berghang – solche Lagen gehörten zu den bevorzugten Siedlungsstellen für römische Gutshöfe (s. → Otrang) – hat der Besucher wie einst der Eigentümer zur Römerzeit einen herrlichen Blick über das bewaldete Flußtal. Ein Modell der Villa befindet sich im Rheinischen Landesmuseum in → Trier.

Vom **Ortsteil Weilerbach** gelangt man zum „**Dianadenkmal**", einem aus einem Felsblock gehauenen rechteckigen Weihestein, den Quintus Postumius Potens der Göttin in Erfüllung eines Gelübdes widmete („Deae Dianae Q. Postumius Potens Votum Solvit"). Die beiden unteren Teile des sauber gearbeiteten dreistufigen Denkmals sind vorzüglich erhalten. Von der Reliefskulptur des obersten Teils sind Reste von flankierenden Säulenpaaren zu erkennen. Das Bildnis der Göttin wurde offenbar in christlicher Zeit zerstört.

## BONN

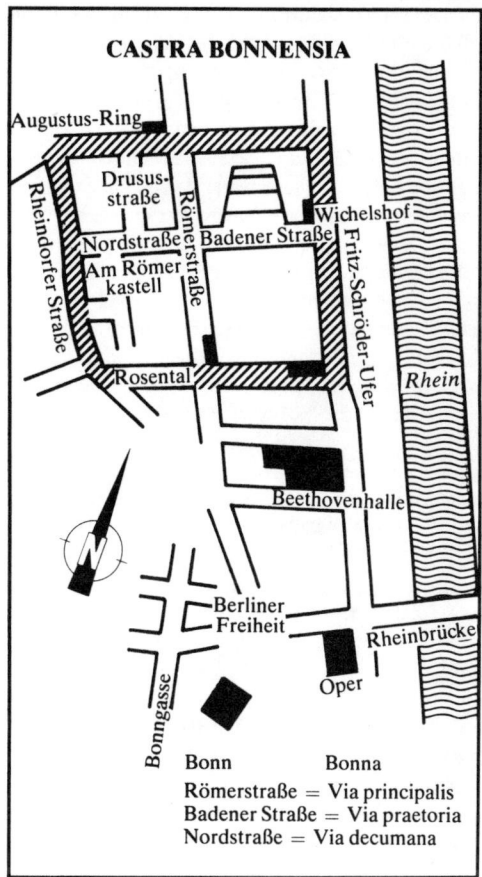

Bonn — Bonna
Römerstraße = Via principalis
Badener Straße = Via praetoria
Nordstraße = Via decumana

Der Name der Stadt leitet sich von einer keltisch-germanischen Siedlung her. Die Römer bewahrten ihn für die Nachwelt, als sie an der Stelle der Siedlung ein Militärlager anlegten, das sie „Castra Bonnensia" oder einfach „Bonna" nannten. Der Name ging später auf eine in der Nähe der römischen Festung entstandene mittelalterliche Stadt über und ist heute, nachdem Bonn die Hauptstadt der Bundesrepublik Deutschland geworden ist, in der ganzen Welt bekannt.

Die Geschichte der Stadt beginnt zwischen 20 und 10 v. Ch. mit der Begründung eines militärischen Stützpunktes an der Stelle, die heute von Minoritenplatz und Rathaus eingenommen wird. Bei Grabungsarbeiten im Jahre 1952 wurden hier Reste eines vieleckigen Kastells aus dem 2. Jahrzehnt v. Chr. festgestellt, das später von einem Auxiliarkastell, zunächst in Holz-Erde und dann in Stein, überbaut wurde. Es könnte sich bei dem älteren Lager aus augusteischer Zeit um eines der 50 Kastelle handeln, die Drusus, Stiefsohn des Augustus und jüngerer Bruder von Tiberius, um 15. v. Chr. auf dem linken Rheinufer zur Vorbereitung der von Augustus geplanten Offensive gegen Germanien anlegen ließ. Als Garnisonen des Hilfstruppenlagers vor dem Bataveraufstand 69/70 n. Chr. sind durch Soldatengrabsteine mehrere Kavallerie- und Infanterieeinheiten bezeugt (Ala Pomponiani Gallorum; Ala I Tungrorum; Ala Longiniana; Cohors I Thracum; Cohors V Astrurum). Spätere Garnisonen des Auxiliarlagers, das bis in das 3. Jahrhundert bestand, sind unbekannt. Südlich des Lagers (im nördlichen Teil der heutigen Adenauerallee) erstreckte sich das bei Hilfstruppenlagern übliche Lagerdorf (vicus).

Im Zug der Auflösung des Doppellegionslagers bei → Köln zwischen 30 und 40 n. Chr. wurde die Legio I Germanica zum Schutz eines Rheinüberganges an die Stelle verlegt, wo sich das Mittelrheintal zum Niederrhein öffnet und die Sieg aus dem Gebirge in die rheinische Tiefebene tritt. Das Legionslager, castra Bonnensia genannt, das um 35 gebaut wurde, lag ungefähr 1 km nördlich des Auxiliarlagers auf einer steil vom Rheinufer aufsteigenden Fläche, die eine weite Sicht in das Rheintal bot. Zunächst ein Holz-Erde Bau, wurde die Legionsfestung nach der Zerstörung im Bataveraufstand in Stein wiederaufgebaut und war noch im 4. Jahrhundert besetzt.

Nach der Eroberung des Rheinlandes durch die Franken um 450 entstand in ihren Mauern eine fränkische Siedlung, die nach einigen Jahrhunderten verödete. Die Bauten der castra Bonnensia wurden noch im 13. Jahrhundert als Steinbruch verwendet. Ein vom Militärbereich getrennter Zivilort Bonna entwickelte sich zwischen der Legionsfestung und dem Auxiliarlager im Gebiet des heutigen Bertha-von-Suttner-Platzes (nicht die als „canabae legionis" bezeichnete und der Oberhoheit der Legion unterstehende Lagervorstadt, die westlich der Festung vermutet wird).

Weder castra Bonnensia noch diese Siedlung sind die unmittelbaren Vorgänger der mittelalterlichen Stadt. Ihr Kern liegt in der Gegend des heutigen Münsters. Um 400 wurde dort auf einem ursprünglich heidnischen, später christlichen Gräberfeld über den Gräbern der Märtyrer Cassius und Florentius, den Schutzheiligen Bonns, eine Märtyrerkirche errichtet, aus der sich über eine karolingische Stiftskirche im 11. Jahrhundert die Kirche des Erzbischofs von Köln, das heutige Münster, entwickelte.

Bei Ausgrabungen 1928/30 unterhalb des Münsters fand man eine cella memoriae (Rekonstruktion im Museum, s. u.), die, so wird angenommen, die Stelle der Gräber der beiden Heiligen bezeichnet. Auch wurden in den Fundamenten der spätrömischen Märtyrerkirche zahlreiche Weihesteine, insbesondere Altäre der keltisch-germanischen Muttergottheiten, gefunden, die wahrscheinlich von einem nahegelegenen heiligen Bezirk stammen. (Blöcke von Teilen des römischen Matronenheiligtums aus Drachenfelsstrachyt sind an der Westseite des Münsters angebracht.) In der Verwendung der römischen Weihesteine als Baumaterial für die Kirche wurde zum Ausdruck gebracht, daß „das Christentum die Macht der alten Götter überwunden hatte" (Borger).

Neben der Märtyrerkirche war ein nach dem hl. Cassius benanntes Stift entstanden. Der gesamte Gebäudekomplex (Stift, Bischofskirche und Bischofspalast) erhielt im Mittelalter die Bezeichnung „civitas Verona". Ein Marktort, „oppidum Bonnense", der auf dem Boden des Zivilorts Bonna entstanden war, wurde 1243 in den Mauerkreis der civitas eingeschlossen. Damals verschwand der Name Verona. An seine Stelle trat der aus der Antike stammende Name Bonn. Die Entwicklung Bonns aus dem Siedlungskern um das Münster erklärt auch die Tatsache, daß es in der Stadt Bonn eine „Bonngasse" gibt (Beethovens Geburtshaus liegt dort). Die „Bonngasse" war Zugangsstraße zur Siedlung und Römerfestung Bonna.

Die Lage der Legionsfestung war durch Funde römischer Altertümer, insbesondere Münzen, seit dem 16. Jahrhundert in allgemeinen Zügen bekannt. Systematische Forschungen auf dem Gelände begannen 1818, wurden 1876 – 1878 fortgesetzt und zwischen 1954 und 1966 zu Ende gebracht, als die letzten, noch unbebauten Teile für eine städtische Wohnsiedlung in Anspruch genommen wurden.

Die Ausgrabungen ließen einen fast genau quadratischen Grundriß der Festung erkennen (528 x 524 m). Die Hauptlagerstraße (via principalis) verlief in nordsüdlicher Richtung parallel zum Rhein. Die Ostwestachse bildeten die via praetoria, die an der via principalis endete, und die via decumana, die, vom Westtor herkommend, auf das Stabsgebäude (principia) in der Mitte der Festung zuführte. Von den Innenbauten hat man außer den principia das quaestorium (Lagerkommandantur), das valetudinarium (Lazarett), fabricae (Werkschuppen), horrea (Getreidespeicher), den carcer (Gefängnis), ausgedehnte Bäder, Mannschaftsbaracken, Offizierswohnungen und Wirtschaftsgebäude feststellen können.

Von besonderem Interesse waren fünf Schmelzöfen für Eisen- und möglicherweise auch Kupfererze. Fast als Sensation wurde empfunden, daß man als Heizmaterial außer Holz auch Steinkohle fand. In der Festung wurden offenbar Waffen und eiserne Werkzeuge geschmiedet.

Nicht im Zusammenhang mit Ausgrabungen in der Legionsfestung steht das Grab eines hohen Offiziers, das im März 1972 in der Jakobstraße entdeckt wurde. Dort hatten Bagger einen Sandsteinsarkophag ans Licht gebracht. Man fand im Inneren ein Skelett, das mit einer dicken Kalkschicht bestreut war. In der Kalkschicht hatten sich Falten des Gewandes und Gewebemuster von der Kleidung des Toten abgedrückt. Kleine Gewebereste deuteten auf farbige Seidenstoffe hin. Es handelte sich offenbar um das Grab eines hohen Offiziers der Festungsgarnison. Unter den Grabbeigaben fand sich eine vergoldete Zwiebelkopffibel, die an der Stirnseite das Christogram trug. Derartige vergoldete Gewandnadeln wurden in spätrömischer Zeit von Staatsbeamten und hohen Funktionären getragen.

Mit der Erhebung Bonns zur Hauptstadt der Bundesrepublik Deutschland nach dem II. Weltkrieg setzte überall im Stadtbezirk eine rege Bautätigkeit ein. Soweit die Bauten auf altrömischem Boden entstanden, vor allem auf dem Gelände zwischen Rhein und Adenauerallee, wo die meisten Regierungs- und Verwaltungsgebäude errichtet wurden, kamen zahlreiche römische Funde zutage, die vielfach zu neuen Erkenntnissen über die römische Vergangenheit Bonns führten. Gräberfelder unter dem Postministerium und weiter südlich im Bereich des Allianzhochhauses kennzeichneten die heutige Adenauerallee als die Via Appia, die Totenstraße des römischen Bonn. Weiter entdeckte man, etwa zwischen Auswärtigem Amt und der Villa Hammerschmidt, Viehfarmen, die offenbar zum Militärbereich gehörten, sowie im Garten des Palais Schaumburg bazarartige offene Verkaufsbuden und im rechten Winkel dazu Gassen, flankiert von kleinen Werkstätten mit Bratöfen, Fleischhaken und Rinderknochen, wo sicherlich Rauchfleisch zur Versorgung der Legionsfestung hergestellt wurde.

Bei Ausschachtungsarbeiten für den Kanzlerbungalow im Park des Palais Schaumburg traf man auf Brennöfen und Tontöpfe. „Gewöhnliche Kommissware" – so beurteilten Archäologen die Qualität des Tongeschirrs. Das Legionsgebiet erstreckte sich entlang dem Rheinufer, wo die meisten neuen Regierungsgebäude stehen.

"Das amtliche Bonn ruht also zum größten Teil auf römischen Fundamenten" (Pörtner). Die Militärverwaltung unterhielt Wirtschaftsbetriebe und Truppenstationen auch auf dem rechten Rheinufer. Das wird aus einer Steininschrift geschlossen, die im November 1969 im Flußbett der Sieg gefunden wurde und die besagt, daß die I. minervische Legion die „Aurelianischen" Viehweiden erweiterte.

Die Garnisonen von Bonn waren nacheinander die I. Legion Germanica von etwa 35–70 n. Chr.; sie war in den Aufstand der rheinischen Legionen während der Wirren nach dem Tod Neros (68) verwickelt und wurde wegen schmählichen Verhaltens im Bataveraufstand 69/70 aufgelöst. Ihren Platz im Bonner Lager nahm zunächst die Legio XXI Rapax ein. Ihr folgte, als die Legion nach Mainz verlegt wurde, im Jahre 83 die I. Legion Minervia.

Die Legion war von Domitian begründet und nach Minerva, der Schutzgöttin des Kaisers, benannt worden. Sie wurde 89 nach der Niederschlagung des Aufstandes des Mainzer Legionskommandeurs Antonius Saturninus wegen Loyalität gegenüber Domitian zugleich mit anderen Einheiten des niedergermanischen Heeres und der Rheinflotte mit den Ehrentiteln „pia, fidelis" (pflichtbewußt und getreu) ausgezeichnet.

Die lange Garnisonszeit in Bonn – sie dauerte, soweit bisher nachweisbar, bis zum Ende des 3. Jahrunderts – wurde zweimal durch Kriegseinsatz unterbrochen. Sonderkommandos der Legion nahmen unter dem Befehl des späteren Kaisers Hadrian am II. Dakerkrieg Trajans teil (105/106). Im Partherkrieg Marc Aurels (162/165) kämpften Truppen der Legion am Alontasfluß (heute Terek) im östlichen Kaukasus. Das ergibt sich aus der Inschrift auf einem Altar, den ein Soldat der Legion den Aufanischen Muttergottheiten widmete (im Römisch-Germanischen Museum in → Köln), offenbar als Zeichen der Dankbarkeit für seine glückliche Rückkehr in seine rheinische Garnison. Das äußerlich unscheinbare Denkmal legt Zeugnis ab von einer bewundernswerten Leistung auf dem Gebiet der Truppenbewegung und -versorgung und gibt, wie kaum ein anderes Beispiel, Einblick in das Funktionieren der weltweltweiten römischen Heeresorganisation.

Oberirdisch ist vom römischen Bonn nichts mehr vorhanden. Der quadratische Grundriß der Legionsfestung ist aber bis heute im Straßenbild der Stadt erkennbar. Das Festungskarree wird gebildet von Augustusring-Rheindorferstraße - Rosental - Fritz - Schroeder - Ufer (siehe Karte). Auch die wichtigsten Straßenzüge innerhalb der Festung sind erhalten geblieben. Römerstraße in der Mitte des Quadrats ist die via principalis. Sie wird im rechten Winkel von der Nordstraße (via decumana) und von der Badenerstraße (via praetoria) geschnitten. Die Lage des Südtores ist durch einen in die Wand eines Hauses auf der Ostseite der Römerstraße eingelassenen römischen Grabstein eines Fahnenträgers mit Feldzeichen gekennzeichnet. In ähnlicher Weise ist das Nordtor an der Kreuzung von Römerstraße und Augustusring durch die Grabstele eines Soldaten der I. Legion markiert. Am „Schänzchen" (seit 1844 „in wechselvoller Geschichte Sitz der Burschenschaft Alemannia") verkündet eine Tafel, daß „hier die Südostecke des Römerlagers Castra Bonnensia lag." (Ein Sandsteinrelief an der gleichen Stelle zeigt römische Soldaten beim Trinkgelage mit germanischen Kriegern. Eine lateinische Inschrift (à la Viktor von Scheffel) erklärt dazu, daß nach der Eroberung der Festung durch die Alamannen den Römern nichts anderes übrig blieb, als mit den Wölfen – oder vielmehr Füchsen – zu heulen. („Castris per Alemannos captis ululandum est Romanis cum lupis vel potius ulpibus").

Wer sich einen Begriff von der Ausdehnung der römischen Legionsfestung verschaffen will, der sollte das Karree abschreiten, beginnend am „Schänzchen" mit einem Spaziergang auf der Promenade des Fritz-Schroeder-Ufers. Etwa auf der Mitte zwischen dem „Schänzchen" und dem verlängerten Augustusring steht der orangefarbene Wichelshof, ehemals das Herrenhaus des Gutes, das einen großen Teil des Römerlagers einnahm. Der Wichelshof steht an der Stelle der porta praetoria. Sein Name wird von dem lateinischen Wort „vigilia", Wache, Wachposten, abgeleitet. Mit einiger Phantasie kann man sich an der Stelle des Wichelshofes das doppeltürmige, von Wachposten besetzte Lagertor vorstellen und zu beiden Seiten oberhalb des Steilufers die graue, zinnenbewehrte Steinmauer der Festung.

**Rheinisches Landesmuseum, Colmantstraße.**
Das Museum ist aus dem ehemaligen Provinzialmuseum hervorgegangen, das 1945 weitgehend zerstört wurde. Der unzerstörte Teil des Museums (Altbau) wurde 1969 mit dem modernen Bau verbunden. Wie schon der Name besagt, ist das Museum Zeugnissen der rheinischen Kunst und Geschichte gewidmet. Mehr als ein Drittel der ausgestellten Gegenstände bezieht sich auf die römische Epoche des Rheinlands. Eine Auswahl aus den Beständen des Museums gibt der „Kurzführer durch das Museum" von Werner Hilgers (1973). Weitere Informationen über die römischen Sammlungen findet der Besucher in den „Kleinen Museumsheften" (Nr. 1: Die römische Besiedlung des Rheinlands, von Christof B. Rüger; Nr. 2: Römische Steindenkmäler, von Ernst Künzl); dem Auswahlkatalog 1963 „Aus rheinischer Kunst und Kultur; „Römische Bronzen" von

Heinz Menzel, und „Die römischen Streitkräfte am Niederrhein" von H. von Petrikovits.

Die nachfolgenden Bemerkungen sollen einen allgemeinen Überblick über das Wichtigste vermitteln, was den Besucher der römischen Abteilung des Museums erwartet.

Schon vor dem Eingang zum Museum und in der Eingangshalle trifft der Besucher auf römische Altertümer. An der Colmantstraße steht der Abguß eines *Weihesteins für den Gott Mars Camulus* (das Original wird im Burghof von Kleve aufbewahrt und stammt aus Rindern, dem antiken Harenatium). Der Weihealtar stand offenbar vor einem Tempel, den die Remer, ein gallischer Stamm – ihr Name lebt in ihrem Hauptort „Reims" fort – dem keltischen Gott Mars Camulus für das Wohl des Kaisers Claudius (so die Inschrift) zu errichten beschlossen hatten („Marti Camulo sacrum. Pro salute Tiberii Claudi Caesaris Augusti Germanici Imperatoris cives Remi qui templum constituerunt").

Der Name „Tiberii" ist, wie deutlich am Schriftbild erkennbar, ein späterer Zusatz. Ursprünglich hieß es dort „Neronis". Der Name Neros wurde nach seinem schmählichen Ende getilgt und durch „Tiberii" ersetzt. Dadurch erhielt man die Titulatur seines Vorgängers Claudius.

Die von einem Lorbeerkranz auf der Rückseite des Steines eingerahmten Buchstaben „OCS" sind eine Abkürzung für „ob cives servatos" (als Gegenleistung für die Rettung der Bürger). Es ist nicht bekannt, welche Tat Neros die Remer veranlaßte, dem Kaiser ihre Dankbarkeit in dieser Weise zum Ausdruck zu bringen.

Ebenfalls vor dem Eingang steht seitlich ein ca. 4 m langes Teilstück der Eifelwasserleitung mit Kontrollschacht im Original.

Das in der Eingangshalle zur Rechten aufgestellte *Felsdenkmal des Herkules Saxanus* stammt von der Wand eines römischen Tuffsteinbruchs im → Brohltal und war von Einheiten des niedergermanischen Heeres, die sich im Brohltal Steine für ihre Bauten holten, für den Schutzpatron der Steinbrüche gesetzt worden. Man beachte die noch mit Farbe überzogenen Stuckreste. Die Astralzeichen über den Nischen „sind schwer zu verstehen" (Lehner); sie bezeugen orientalischen Einfluß.

Im Inneren der mittleren Nische ist in starkem Relief ein Altar ausgehauen, der auch die Inschrift trägt: (zu ergänzen Iovi Optimo Maximo) „et Herculi Saxano Legio VI Victrix pia fidelis, Legio X Gemina pia fidelis, Legio XXII Primigenia pia fidelis, et alae, cohortes, classis, quae sub Quinto Acutio sunt cura Marci Iulii Cossuti centurionis Legionis VI Victricis piae fidelis"). Die Inschrift nennt als Einheiten, die den Altar stifteten, die VI., X. und XXII. Legion, Kavallerieregimenter, Infanteriekohorten und die Rheinflotte, die alle dem Statthalter von Niedergermanien und Oberbefehlshaber des niedergermanischen Heeres, Quintus Acutius (Nerva) unterstanden und in ihren Arbeiten von dem centurio der VI. Legion, Marcus Julius Cossutus, beaufsichtigt wurden. Das Denkmal nimmt „mit seinem symmetrischen Aufbau und der seltsamen Abstraktion innerhalb der zahlreichen Saxanusweihungen einen außergewöhnlichen Rang ein" (Künzl).

In der Eingangshalle befindet sich noch ein von Marcus Pompeius Potens, Zollpächter des $2^1/_2$ % gallischen Inlandzolles und des Lirensischen Zollbezirks („conductor XXXX Galliarum et portus Lirensis"), den *Aufanischen Muttergöttinnen* gestifteter Weihestein. (Zum Zollgebiet der Quadragesima Galliarum gehörte der Westen des Reichs mit allen gallischen Provinzen, den beiden Germanien und Rätien. Was der Lirensische Zollbezirk ist, hat sich nicht feststellen lassen.) Ferner der *Sockel einer Statue des Caracalla*, die auf der Rückseite des Stabsgebäudes der Bonner Legionsfestung gefunden wurde.

Das Rheinland war in römischer Zeit Grenzmark und wurde in seinem Charakter wesentlich vom Militär bestimmt. Der Rundgang beginnt daher mit einer Darstellung der *römischen Armee in ihrer Doppelrolle als Eroberer und Verbreiter römischer Zivilisation*. Eine *Landkarte* zeigt den Verlauf der als niedergermanischer → Limes bezeichneten Kette römischer Militärposten auf dem linken Rheinufer von der Nordsee bis zum Vinxtbach. Das Modell von *Novaesium* (→ Neuss) gibt eine Vorstellung von Umfang und Anlage einer römischen Legionsfestung. *Ziegelstempel* unterrichten über einige in Niedergermanien stationierte Einheiten (LEG VI Victrix in Neuss; LEG XV in Vetera I; LEG XXII in Vetera II).

Eine *Bauinschrift* „LEG I M(inerva)...pia fidelis Antoniniana" gibt Kunde von der Bautätigkeit der Bonner I. Legion Minerva (das Gebäude, das die Inschrift schmückte, ist unbekannt geblieben). Die Inschrift ist zugleich ein historisches Dokument der innerpolitischen Zustände in der 1. Hälfte des 3. Jahrhunderts n. Chr. In der zweiten und dritten Zeile der Inschrift ist deutlich das getilgte Wort „Maximiniana" zu erkennen. Dies war der Beiname, den die Legion zur Zeit des Kaisers Maximinus Thrax (235 – 238) führte. Der Beiname wurde nach der Ermordung des Kaisers getilgt. Ursprünglich (was gleichfalls zu erkennen ist) stand dort „Antoniniana pia fidelis", der Beiname der Legion zur Zeit Caracallas (211 – 217) oder des Kaisers Elagabalus (218 – 222). Diese Fassung wurde nach der Tilgung der Maximiniana-Inschrift in einer neuen 4. Zeile wiederhergestellt. Habent sua fata inscriptiones.

Das Thema „*Die kämpfende Truppe*" wird durch Soldatengrabsteine, Waffen und militärische Ausrüstungsgegenstände (Helme, Schwerter), Feldzeichen (Benefiziarier-, Kohortenfeldzeichen), Ehrenzeichen (Phalerae, goldener Fingerring eines optio -Leutnants), und Signaltrompete veranschaulicht. Der Grabstein des *Q. Petilius Secundus*, aus der tribus (Stimmbezirk) Oufentina, aus Mailand (Mediolanum), Soldat der XV. Legion Primigenia, zeigt den *Legionär* in voller Uniform mit Schwert, Dolch und Lanze. Die *Hilfstruppen* sind durch drei Grabstelen vertreten: *Vonatorix* war gallischer Reiter; er starb mit 45 Jahren nach 17-jähriger Dienstzeit in der Ala Longiniana, nach ihrem Kommandeur Longinus benannt, der die Ala zu Anfang des 1. Jahrhunderts aufgestellt hatte.

Das Grabrelief stellt den Verstorbenen zu Pferde dar, in Tunika und Schuppenpanzer, mit Schwert und Schild, wie er mit erhobener Lanze nach rechts galoppiert; *Pintaius* war Feldzeichenträger der Cohors V Asturum aus Spanien; er hatte, wie Vonatorix, in Bonn in Garnison gelegen (s. o.); er erscheint in dem Relief mit den Abzeichen seines Ranges, Bärenfell und Bärenschädel; in der Rechten hält er das Feldzeichen (signum) mit Lanzenspitze, darunter Kranz, Querholz, Phalera, Adler mit Blitzbündel, Halbmond, Quaste; *Firmus* repräsentiert den Typ des Auxiliarinfanteristen; er war Soldat der Cohors Raetorum, die im 1. Jahrhundert n. Chr. in → Andernach gestanden hatte und später für das Kastell Schirenhof (→ Schwäbisch-Gmünd) bezeugt ist; mit dem Verstorbenen dargestellt ist der Sklave Fuscus und ein Mann in der Toga, vermutlich der Erbe.

Die Truppe war weitgehend Selbstversorger und daher mit vielerlei Arbeiten beschäftigt, wenn sie nicht im kriegerischen Einsatz stand, was bei der langen Friedenszeit selten vorkam. Eine umfangreiche Sammlung von *eisernen Werkzeugen* für die Stein- und Holzbearbeitung und *landwirtschaftliche Geräte* veranschaulichen die *zivilisatorische Arbeit der römischen Truppe*.

Inschriften auf Altären legen Zeugnis davon ab, daß Soldaten Steinbrüche betrieben und daß das gewonnene Material von der Flotte zu Baustellen transportiert wurde, z. B. zum Bau des Forums in der Colonia Ulpia Traiana bei → Xanten, wie auf einem Weihestein der Rheinflotte nach einem Steintransport berichtet wird. Die stark verwitterte Inschrift wird folgendermaßen gelesen: „Pro salute imperatoris Antonini Augusti Pii felicis vexillatio classis Germanicae piae fidelis, quae est ad lapidem citandum forum coloniae Ulpiae Traianae iussu Claudi Iuliani legati Augusti pro praetore curam agente Gaio Sunicio Fausto trierarcho Bradua et Varo consulibus votum solvit libens merito."

Für das Wohl des Kaisers Antoninus Pius, des Glücklichen, hat die Arbeitsabteilung der Rheinflotte, der pflichtbewußten, getreuen, welche zum Steinebrechen für das Forum der Colonia Ulpia Traiana abkommandiert ist, auf Befehl des kaiserlichen Statthalters Claudius Julianus und unter Aufsicht des Kapitäns Gaius Sunicius Faustus zur Zeit des Konsulats von Bradua und Varus ( = 160 n. Chr.) ihr Gelübde gern und nach Gebühr erfüllt.

Ein lebendiges Bild von Steinbrucharbeiten römischer Soldaten und ihrer zivilen Helfer vermittelt ein bis in die Einzelheiten naturgetreues *Diorama des Drachenfelssteinbruchs* (siehe → Drachenfels). Eine in einem römischen Tuffsteinbruch bei Kruft gefundene Felseinritzung eines karikaturistisch verzerrten Steinbrucharbeiters, der mit einem übermäßig schweren Eisenpickel Steine bricht, ist ein zeitgenössisches Dokument, dazu bestimmt, die Mühsal des Steinebrechens drastisch vor Augen zu führen.

Die Technik des römischen *Brückenbaues* wird am Modell einer Brücke gezeigt, die Caesar im Jahre 55 v. Chr. in der Gegend von Neuwied über den Rhein schlug. Das Modell ist nach der Beschreibung gearbeitet, die Caesar von dem Brückenbau in seinem „Gallischen Krieg" (IV, 17) gegeben hat.

Eine Reliefkarte „*Besiedlung des römischen Rheinlandes*" führt in den zivilen Bereich ein. Planung und Anlage einer römischen Stadt werden an dem Modell der Colonia Ulpia Traiana (Xanten) deutlich gemacht. Ein Beispiel für städtische Wasserversorgung liefert die Wasserleitung, die dem römischen → Köln frisches Quellwasser von der Eifel zuführte. Karte und Modell veranschaulichen Verlauf und Bau dieser Leitung. Dazu werden in einer Vitrine Ton- und Bleileitungen und verschiedenes Wasserleitungszubehör gezeigt. Landwirtschaftliche Geräte und die Zeichnung einer villa rustica sollen auf die Bedeutung der landwirtschaftlichen Produktion im dichtbesiedelten Hinterland des Rheines aufmerksam machen.

Unter dem Stichwort „*Bauwesen und Verkehr*" zeigt ein ungewöhnlich reichhaltiges Modell einer römischen Großbaustelle (Bau der Stadtmauer, eines Stadttores und der Kaianlage der Colonia Ulpia Traiana) den technischen Ablauf verschiedener Bauarbeiten (im einzelnen: Vermessen des Mauerverlaufs mit Hilfe der groma, dem römischen Vermessungsinstrument; schwimmende Rampe; die hölzerne Kaianlage; Anlieferung der Baumaterialien – Holz, Steine, Kalk – auf Lastkähnen und Flößen; Zurichten von Steinblöcken zu handlichen Quadern; Gußmauertechnik (opus caementicium); Baumaschinen (Baustellenmodell s. Tafelteil Abb. 4). Vom Straßenbau und -verkehr zeugt ein Meilenstein aus Koblenz (98/99 n. Chr.); das Modell eines römischen Ankers weist auf die Schiffahrt hin. Im Zusammenhang mit aufgefundenen Wagenteilen und Beschlägen wird ein römischer Reisewagen im Modell gezeigt. Das Brennen von Kalk wird an einem Modell der römischen Kalköfen gezeigt, die 1966 bei → Iversheim gefunden wurden. Die Öfen wurden vom Militär betrieben, ebenso wie die in → Dormagen aufgedeckte Ziegelei, die hier im Modell zu sehen ist.

Zum Thema „*Wirtschaft und Handel*" werden durch Karten die in römischer Zeit im Rheinland ausgebeuteten Bodenschätze und die Lage von Terra-Sigillata-Manufakturen in Gallien und Germanien vor Augen geführt. Ein Bleibarren mit dem Stempel der XVI. Legion zeigt, daß die Armee auch Bleiminen betrieb. Modelle von Töpferöfen geben ein Bild von der Technik des Tonbrennens. Den Ausfuhr- und Einfuhrhandel veranschaulichen Waren, die das römische Rheinland in andere Provinzen oder in Länder außerhalb des römischen Reiches exportierte (Gläser und Terrakotten aus Köln, Bronzegefäße aus der Nordeifel) oder von dort importierte (Tongefäße aus Italien und Südfrankreich, Glasperlen aus Ägypten u. a.). Unter Gegenständen, die beim Austausch von Gütern Verwendung finden, werden Waagen, Gewichte und Geldbörsen gezeigt. Der Grabstein eines Backwarenhändlers (negotiator pistorius) dient als Beispiel für Gewerbebetriebe im römischen Bonn.

Den „*römischen Alltag*" veranschaulichen zahlreiche Gegenstände des täglichen Gebrauchs, darunter Tongefäße aller Art, Eßgeschirr, Löffel, Messer. Das Relief des Treverers C. Julius Primus auf seinem Grabstein demonstriert die Sitte des Römers, Mahlzeiten auf einem Sofa liegend einzunehmen.

„*Kleidung und Schmuck der Römer*" wird an Bildtafeln und durch Fundgegenstände anschaulich gemacht. (S. Tafelteil Abb. 13 u. 14.)

In der Abteilung "*Wohnen, Spiel und Sport*" gibt ein nach Grabungsergebnissen im Rheinland und anderswo gestaltetes Modell eines vornehmen römischen Hauses ein lebendiges Bild von römischer Wohnkultur. Dazu werden in Vitrinen verschiedene Gerätschaften des römischen Haushalts gezeigt (Lampen, Kerzenhalter, Möbelbeschläge). Die Welt des Theaters und Sports illustrieren ein Modell des Amphitheaters der Colonia Ulpia Traiana und Tonlampen mit Abbildungen von Gladiatorenkämpfen und Zirkusszenen.

Vom hohen Stand der *römischen Heilkunst* zeugen chirurgische Instrumente und Salbenstempel von Augenärzten. Die bekannte Weiheinschrift für Lenus Mars in griechischen und lateinischen Hexametern von dem Griechen Tychikos (1883 in dem keltisch-römischen Bergheiligtum auf dem Mart-( = Mars)berg in der Gemarkung Pommern a. d. Mosel gefunden) ist ein Beispiel für die Sitte, den Heilgöttern als Dank für Genesung einen Weihestein zu stiften.

*Schreibgerät und Schriftbeispiele* sollen „einen Eindruck davon vermitteln, wie wichtig die römische Zeit auch für die Bildung der Bevölkerung war."

Die *Religion des Rheinlandes zur Römerzeit* wird in drei Abteilungen dargestellt: 1. *Die römischen Staatsgötter*. Dazu werden u. a. gezeigt: ein im Bereich von Vetera castra (→ Birten) gefundener Altar der kapitolinischen Trias (Jupiter in der Mitte, rechts Juno, links Minerva); eine Jupitersäule mit Sitzstatuette des Jupiter; weitere Statuen des sitzenden Jupiter; ein Viergötterstein (Sockel einer Jupitersäule); Statuette des Silvanus; Sandsteinstatue des Genius der Fahnen- und Kaiserbildnisträger des Kastells Niederbieber (→ Neuwied-Niederbieber).

2.*Einheimische Gottheiten und ihre Kulte* sind vertreten durch eine Statuette der keltischen Pferdegöttin Epona; Weihealtäre für Herkules Magusanus und Mercurius Gebrinius; zwei Weihealtäre für die Aufanischen Matronen (einer von C. Candidinius Verus, Stadtrat von Köln („decurio Coloniae Claudiae Arae Agrippinensium"), der andere von Titus Statilius Proculus, Kommandeur der Bonner Garnison („praefectus Legionis I Minerviae piae fidelis") und seiner Frau Sutoria Pia gestiftet; einer der am besten erhaltenen Matronensteine stammt aus dem Tempelbezirk von → Nettersheim und ist eine Weihung des Straßenpolizisten Marcus Aurelius Agripinus; ein Modell des

Tempelbezirks von → Pesch; Kultgeräte und Weihegaben.
In der 3. Abteilung *Orientalische Gottheiten und Magie* sind ausgestellt ein Modell des Taufkellers der Magna Mater Deum (Kybele) aus → Neuss; Weiherelief für den persischen Lichtgott Mithras aus → Dormagen, von einem Posaunisten (bucinator) gestiftet; ein Altar des Mithraskults aus Bonn; die halbmondförmige Öffnung konnte von der Rückseite durch eine Lampe beleuchtet werden; Sandsteinkopf des Jupiter Ammon, einer Verbindung des höchsten ägyptischen Gottes mit Jupiter; Amulette; Fluchtäfelchen (s. → Bad Kreuznach).
Zum Thema "*Grab und Jenseits*" zeigt ein farbenprächtiges Modell einer römischen Gräberstraße die Vielfalt römischer Grabdenkmäler, die nach römischer Sitte an den Ausfallstraßen der Städte errichtet wurden. Als Grabbeigaben gefundene Gegenstände des täglichen Gebrauchs (hier in mehreren Vitrinen ausgestellt) zeigen, was man dem Toten für seine Reise ins Jenseits mitzugeben für nötig hielt.
Die Gegenstände in der Oberlichthalle des ehemaligen Altbaues stellen eine Sammlung ausgesuchter Beispiele *römischer Kunst im Rheinland* dar. Unter ihnen befinden sich Architekturteile (Bogen einer Säulenhalle aus → Aachen), Plastiken, ein Fußbodenmosaik, römischen Bronzen, Silber, Glasgegenstände.
Die Exponate umspannen den Zeitraum von der frühen Kaiserzeit bis zur spätrömischen Zeit.
Unter den ausgestellten *Steindenkmälern* ist vor allem bemerkenswert der von dem Bruder des Verstorbenen gesetzte Grabstein des Marcus Caelius aus Bologna, Hauptmann 1. Ranges der XVIII. Legion, der im Alter von 53$^1/_2$ Jahren im Varusfeldzug fiel; die Gebeine seiner beiden Freigelassenen durften an der gleichen Stelle beigesetzt werden ("Marco Caelio, Titi filio, tribu Lemonia, Bononia, primo ordini legionis XIIX, annorum LIII semissis, occidit bello Variano. Ossa libertorum (?) inferre licebit. Publius Caelius, Titi filius, tribu Lemonia, frater fecit".) Der Tote ist in voller Rüstung und mit seinen militärischen Ehrenzeichen, darunter der „corona civica", der höchsten militärischen Auszeichnung für die Rettung eines römischen Bürgers unter Lebensgefahr in der Schlacht, dargestellt. (S. Tafelteil Abb. 41.)
Der Stein ist als archäologisches Denkmal der Varus-Schlacht im Teutoburger Wald 9 n. Chr. gedeutet worden. v. Petrikovits (Auswahlkatalog, S. 34) weist darauf hin, daß sich die Formulierung „occidit bello Variano" nur allgemein auf einen varianischen Feldzug bezieht. Caelius kann auch in einem Kampf vor der Varus-Schlacht gefallen sein.
Ferner: Matronenaltar des Q. Vettius Severus, Stadtkämmerer von Köln ("Quaestor CCAA"); in der künstlerischen Qualität der Skulpturen und der klassischen Vollendung der „capitalis quadrata" der Inschrift (beachte die Licht- und Schattenwirkung) hat die römische Provinzialkunst einen Höhepunkt erreicht; Familiengrabstein aus Nickenich: Die Verstorbenen sind in drei Nischen nebeneinanderstehend dargestellt; rechts und links zwei Männer in römischer Kleidung mit einer Schriftrolle (Bürgerrechtsrolle?) in der vorgestreckten Linken, in der Mitte eine Frau in römischer Tracht mit einem Knaben mit einer Schriftrolle; sie trägt über einem einheimischen Gewand die römische palla und reichen Schmuck; an der Hand hält sie einen Knaben, der wie die Männer gekleidet ist und, wie sie, eine Schriftrolle in der Hand hält. Das Grab wird bewacht von Sphinx und Löwen. Auf der linken Schmalseite ein keulenbewaffneter Mann mit gefesselten Gefangenen, vielleicht eine Erinnerung an eine Kriegstat eines der Verstorbenen. „Die Stilisierung der Gewänder zeigt den Manierismus, in dem die italische Volkskunst am Rhein nach der Mitte des 1. Jahrhunderts n. Chr. endete" (Schoppa).

*Bonn, Matrona*

Beispiele *römischer Porträtkunst* verschiedener Stilarten sind ein Porträtkopf des Kaisers Septimius Severus (193 – 211 n. Chr.); eine bronzene Büste Gordians III. (238 – 244) aus dem Kastell Niederbieber (→ Neuwied); Porträtbüste einer römischen Kaiserin (möglicherweise Faustina d. Ä., Gemahlin des Kaisers Antoninus Pius), einer jungen Frau und ein Knabenkopf von einem Grabmal aus → Zülpich.
Die *römische Mosaikkunst* wird durch das Sonnengott-Mosaik in der Mitte des Saales repräsentiert; es bildete den Fußboden im Speisesaal einer römischen Villa.
Der Sonnengott ist dargestellt, wie er auf seinem Viergespann das Himmelsgewölbe, symbolisiert durch die Zeichen des Tierkreises, umfährt. Das Mosaik wurde 1895 in Münster-Sarmsheim bei Bingerbrück gefunden.
Eine Sammlung *figürlicher Bronzen* in mehreren Vitrinen an der rechten Wand legt Zeugnis ab für die hohe Kunstfertigkeit der römischen Bronzegießer. Hervorzuheben sind insbesondere die Krone eines unterlebensgroßen Kultbildes der Großen Göttermutter Kybele (im Bereich von Vetera castra gefunden); eine sandalenlösende Venus, Kopie eines griechischen Originals; über 100 Repliken der Figur sind bekannt; eine als Apollo oder Aeskulap gedeutete Figur eines Jünglings (ähnliche Figuren in den Museen in → Karlsruhe und → Köln); Herkules mit Amazone.
In den Schaukästen an der gegenüberliegenden Wand sind *Gläser aus dem Rheinland* ausgestellt (Becher, Krüge, Öl- und Parfümflaschen). Bemerkenswert ist vor allem eine farbige, kugelförmige Glasflasche mit aufgemaltem Bild eines Wagenrennens sowie ein aus flaschengrünem Glas gefertigtes Trinkhorn, das zu den schönsten und besterhaltenen Beispielen seiner Gattung gehört. Die Wandung ist mit braunen und blauen Glasdrähten und Nuppen in blau und braun verziert. Die Verwendung von Glasfäden als Auflagen, eine vor allem in Kölner Glashütten entwickelte Technik, stempelt das Trinkhorn als Kölner Erzeugnis.
Die Kopie einer lebensgroßen *Bronzestatue*, die 1858 im Rhein bei Lüttingen gefunden wurde, stellt einen schreitenden Knaben dar, der wahrscheinlich in seinen ausgebreiteten Händen ein Tablett hielt und daher als „stummer Diener" bezeichnet wird.
Das Original befindet sich in der Antikenabteilung in Berlin.
Auf der Empore rechts neben dem Treppenaufgang sind aufgestellt: ein Altar für Victoria, der wahrscheinlich von der Rheinflotte gestiftet wurde; ein

Weihealtar für Apollo aus → Aachen, gestiftet von einem hohen römischen Offizier als Dank für seine Genesung an den Heilquellen des Apollo Grannus; das Fragment eines Grabreliefs mit der Darstellung eines Familienmahles; es wurde 1963 auf dem Bonner Münsterplatz in der Mauer eines karolingischen Hauses gefunden.

Im Keller des Museums ist die *cella memoriae*, die 1928 unter dem Bonner Münster gefunden wurde (s. o.), zum Teil ergänzt wieder aufgebaut.

## BONN-BAD GODESBERG

Der Name Godesberg leitet sich von „Wotansberg" ab, ähnlich dem hessischen „Gudensberg", und weist darauf hin, daß der Berg in heidnischer Zeit dem höchsten Gott der Germanen heilig war. Daß der Berg auch eine römische Vergangenheit hat, war zwar oft vermutet worden. Bruchstücke römischer Keramik, römische Münzen und andere Kleinfunde aus dem römischen Altertum im Bereich des Godesberges sprachen für diese Annahme. (Die Funde sind 1945 bei der Zerstörung des Heimatmuseums zugrunde gegangen.) Auch fanden sich im Mauerwerk der mittelalterlichen Godesburg Reste römischer Flachziegel, die offenbar beim Bau der Burg aus vorgefundenem Schutt wiederverwendet worden waren.

Sichere archäologische Beweise für die Anwesenheit der Römer auf dem Godesberg lieferten aber erst Ausgrabungen, die im Zusammenhang mit dem Umbau der Burgruine in den Jahren 1959/60 vom Bonner Museum durchgeführt wurden. An der Stelle der Burg fand man Grundmauern eines rechteckigen römischen Bauwerks, das sich etwa auf das 2. bis 4. Jahrhundert n. Chr. datieren ließ.

Der Zweck des Gebäudes hat sich bisher nicht feststellen lassen. Die Vermutungen schwanken zwischen einem Tempel zu Ehren Merkurs und einer römischen Festung, worauf vor allem die strategisch günstige Lage des beherrschenden Berges und die Stärke der aufgedeckten Mauern hindeuten. (Einer Legende zufolge soll i. J. 360 Kaiser Julian, damals Caesar des Westens, den Godesberg in die Befestigungslinie eingeschlossen haben, die auf dem linken Rheinufer zur Abwehr der Franken errichtet wurde.)

Nach der Eroberung des Rheinlandes durch die Franken im 5. Jahrhundert wurde der Godesberg ein heiliger Bezirk des Germanengottes Wotan. Die Übernahme des Christentums durch die rheinischen Franken im 6. Jahrhundert führte zur Umwandlung des heidnischen Heiligtums in eine christliche Kultstätte. Auf der Kuppe des Berges entstand eine dem Erzengel Michael geweihte Kapelle. Sie mußte im 13. Jahrhundert dem Burgbau weichen. An ihre Stelle trat etwa auf halber Höhe des Berges die in ihrer barocken Umgestaltung noch heute bestehende Michaelskapelle. Sie hat den Charakter des Berges als einer Kultstätte vom Altertum bis zur Gegenwart kontinuierlich bewahrt.

Obwohl sichere Beweise bisher fehlen, läßt sich vermuten, daß die Mineralquellen, denen Godesberg seinen Titel als „Bad" verdankt, schon den Römern bekannt waren und von ihnen zu Heilzwecken benutzt wurden. Darauf läßt ein römischer Altar schließen, den man Ende des 16. Jahrhunderts in den Trümmern der zerstörten Godesburg fand. Es handelt sich um eine aus dem Ende des 2. Jahrhunderts n. Chr. stammende Weihung an die Glücksgöttinnen „Fortunae Salutares" und die Heilgottheiten Aesculapius und Hygia, die von „Quintus Venedius Rufus Marius Maximus Lucius Calvinianus" (die vielen Namen beruhen auf Adoption und Hinzufügung der Namen mütterlicher Verwandter), damals Kommandeur der in Bonn stationierten I. Legion Minervia, gestiftet worden war. Der Stein, so wird angenommen, galt als Zeichen der Dankbarkeit für Genesung in einem unweit der Godesburg gelegenen Heilbad. (Der Stein befindet sich im Rheinischen Landesmuseum in Bonn).

Die im Atriumhof am Theaterplatz aufgestellte „Probussäule" ist nicht antik. Sie wurde 1892 im Auftrag des Bankiers Karl von der Heydt für seinen später der Reblaus zum Opfer gefallenen Weinberg auf der Wacholderhöhe bei Muffendorf geschaffen und diente als Basis für eine (verloren gegangene) Büste des Kaisers Marcus Aurelius Probus (276 – 282 n. Chr.), „Vater des deutschen Weinbaus".

## BONN-KOTTENFORST

Nach Tacitus' Bericht („Germania", Kap. 5) zeigte die Landschaft Germaniens „zwar im einzelnen eine gewisse Abwechslung"; doch im großen und ganzen war sie durch „schreckliche Urwälder und häßliche Sümpfe" entstellt. In diesen ungeheuren Wäldern und unwegsamen Sumpfgebieten verlor Rom im Jahre 9 n. Chr. die Schlacht um das „Größere Germanien".

Im Kottenforst, einer ausgedehnten Waldlandschaft im Westen und Süden von Bonn, glaubt man einen Rest dieser Urwälder Germaniens zu erkennen, die die Römer auf ihrem Vormarsch in das Innere Germaniens im Jahre 12 v. Chr. antrafen. Als Sumpfwald hat der Kottenforst der Besiedlung durch den Menschen widerstanden und ist seit Urzeiten Wald geblieben. Jahrhundertelang war er das Jagdgebiet der Kurfürsten von Köln.

Neben seiner Bedeutung als Erholungsgebiet im dichtbesiedelten Rheintal bietet der Kottenforst auch dem historisch Interessierten, insbesondere dem Freund römischer Altertümer, manches Entdeckenswerte. Die römische Wasserleitung, die Köln für 250 – 300 Jahre mit frischem Quellwasser aus der der Eifel versorgte (s. → Köln), durchschneidet den Kottenforst auf einer Länge von ungefähr 3 km und kann an einzelnen Stellen beobachtet werden.

Unweit des Parkplatzes Buschhoven an der Bundesstraße 56 ist ein Teil des gemauerten Römerkanals freigelegt. Der Verlauf der römischen Wasserleitung wird auf einer dort aufgestellten Tafel erläutert. Andere Teile lassen sich als Graben im Walde verfolgen. (Im Mittelalter wurden die Steine des Wasserleitungskanals als Baumaterial verwendet; nur der ausgehobene Graben blieb zurück.) Er ist vor allem in der Nähe des „Eisernen Mannes" zu sehen, einer etwa 1,20 m großen, rostbraunen Eisensäule auf einem freien Platz an einer Wegekreuzung.

Viele Deutungen über Herkunft, Alter und Zweck des „Eisernen Mannes" sind versucht worden, u. a., daß die Eisenstange das Merkzeichen eines römischen Feldmessers sei. Wie Kreuer betont, stammt der „Eiserne Mann" ohne Zweifel nicht aus römischer Zeit. Nach neueren Forschungen ist er kurz vor 1625 als Grenzmarkierung gesetzt worden.

Der „Eiserne Mann" kann auf dem „Karl-Kaufmann-Weg" vom Parkplatz Buschhoven aus erreicht werden. Der Graben der römischen Wasserleitung ist etwa 150 m westlich des Weges erkennbar. Auch vom Parkplatz Dünstekoven führt ein Weg dorthin.

Vom „Eisernen Mann" erreicht man den römischen Wasserleitungskanal auf dem Weg in südwestlicher Richtung bis zur ersten Biegung nach rechts. Von dort ungefähr 300 m, bis der Graben rechts und links des Weges sichtbar wird. (Siehe Topographische Karte Naturpark Kottenforst-Ville, Landesvermessungsamt Nordrhein-Westfalen.)

## BOPPARD

Der Name der Stadt ist aus dem römerzeitlichen Bodobriga, auch Baudobriga oder Bontobriga, entstanden und ist keltischen Ursprungs, was auf frühgeschichtliche Besiedlung schließen läßt. Das ehrwürdige Alter teilt Boppard mit anderen Städten römischer Herkunft. Was der Stadt eine Sonderstellung im römischen Deutschland einräumt, ist der Ruf, „die besterhaltenen römischen Kastellmauern" auf deutschem Boden zu besitzen.

Die Mauern sind Überreste einer spätrömischen Festung, die nach neuesten Erkenntnissen wahrscheinlich schon unter Caesar Julian kurz nach 355, und nicht, wie bisher allgemein angenommen wurde, unter Valentinian I. (364 – 375) erbaut und um 406 oder wenig später von der Besatzung verlassen wurde.

Die Festung lag an der größten Rheinschleife mit weiter Übersicht über das Rheintal und sperrte den Zugang zu einer Straße, die über den Hunsrück zur Kaiserresidenz Trier führte. Diese für die Anlage eines militärischen Stützpunktes taktisch und geographisch hervorragend geeignete Lage war schon in frühkaiserlicher Zeit im Zug des Ausbaues der römischen Rheintalstraße entsprechend genutzt worden. Als Zeugnis dafür, daß in augusteischer Zeit in Boppard ein Kastell bestanden hat, gilt u. a. ein Soldatengrabstein, der 1826 beim Abbruch der mittelalterlichen Michaelskapelle an der Nordseite der St. Severus-Kirche gefunden wurde. Die Inschrift berichtet von einer bemerkenswerten militärischen Laufbahn. Der Verstorbene (sein Name ist der teilweisen Zerstörung des Steins beim Einbau in das Mauerwerk der Kirche zum Opfer gefallen) war „princeps secundus", centurio der zweiten Centurie der zweiten Kohorte der XIV. Legion Gemina, die von 13 v. Chr. bis 43 n. Chr. und dann wieder nach ihrem Einsatz bei der Eroberung und Besetzung Britanniens von 71 – 92 in Mainz lag. Der centurio starb nach 46 Dienstjahren. Davon diente er 16 Jahre als Legionär und 23 Jahre als centurio. Er war vier Jahre lang „curator veteranorum". (Die Legionäre blieben nach 20 Dienstjahren für weitere vier Jahre in der Armee und wurden als Veteranen in besonderen Einheiten unter dem Kommando eines curator veteranorum zusammengefaßt.) Nach seiner Verabschiedung wurde der Verstorbene nochmals vom Kaiser persönlich zum weiteren Dienst aufgefordert („evocatus").

Unterhalb der Inschrift sind die militärischen Auszeichnungen des verdienten Offiziers abgebildet: 2 „torques" (Halsringe aus Bronze oder anderem Metall) und 9 „phalerae" (kreisförmige Metallscheiben). Der Verstorbene hatte wahrscheinlich zur Zeit seines Todes ein Sonderkommando im Bopparder Kastell. Das Denkmal wird aus dem ersten Aufenthalt der XIV. Legion in Mainz stammen (Lehner).

Nach der Verlegung der Reichsgrenze in Gebiete östlich des Rheins in flavischer Zeit (69 – 96 n. Chr.) verlor das Kastell seine militärische Bedeutung und wurde aufgelassen. Die bürgerliche Siedlung von Händlern und Handwerkern am Rande des Kastells blieb bestehen. Die spätrömische Festung bildete ein Rechteck von 308 x 154 m und lag parallel zum Rhein. Der Innenraum entsprach „zwei aneinander gereihten Grundflächen des Kastells Alzey".

Auf der Landseite war das Kastell mit Gräben gesichert und auf allen vier Seiten von einer bis 3 m starken Mauer umgeben, die auf den Schmalseiten mit vier, auf den Langseiten mit acht halbrunden Türmen befestigt war. In den Ecken standen dreiviertelrunde Türme. Die Türme waren in Pfeilschußweite (etwa 25 – 30 m) voneinander entfernt und waren mit „milites ballistarii" (Artillerieeinheiten) besetzt. Die Truppen unterstanden dem Kommando des Oberbefehlshabers in Mainz (Dux Mogontiacensis). Im Mittelalter diente die römische Festungsmauer dem Schutz der Innenstadt.

Eine Besichtigung der Mauerreste – im antiken Kern teilweise bis zu 9 m hoch erhalten und meistens hinter Häusern und in Gärten versteckt – beginnt am besten beim „Hotel Römerhof" nahe der „Alten Burg", dem mittelalterlichen Schloß der Erzbischöfe von Trier. Am Hotel ist ein Teil des Innenraums des Nordost-Eckturms mit dem typischen Fischgrätenverband (opus spicatum) des römischen Mauerwerks zu sehen (siehe auch → Bitburg). In der Straße „Burggraben" verweist eine Tafel auf die „Ostmauer mit zwei Türmen des römischen Kastells Bodobriga – im Mittelalter weiterbenutzt" und in der Mergstraße auf die „südliche Mauer mit Turm".

In der „Römerstube" des Hotel-Restaurants „Zum Römer" in der Karmeliterstraße ist ein Mauerstück mit schönem Sockelprofil zu sehen, das einen guten Eindruck vom Aussehen der mächtigen Festungsmauer vermittelt. (Der Rundgang ist im einzelnen in einem Faltblatt von Dr. Günther Stein, Speyer, beschrieben; das Faltblatt ist im Städtischen Verkehrsamt, Karmeliterstraße, erhältlich.)

Ein weiteres Bindeglied der Stadt mit ihrer römischen Vergangenheit bildet die katholische Pfarrkirche St. Severus. Die Kirche steht an der Stelle einer in der zweiten Hälfte des 5. Jahrhunderts von der alteingesessenen romanisierten Zivilbevölkerung, die hinter den Mauern der verlassenen Festung Zuflucht gefunden hatte, in den Ruinen des römischen Kastellbades unter teilweiser Weiterbenutzung der Mauerzüge errichteten Gemeinde- und Taufkirche. Der Grundriß des Taufbeckens, ebenso der Grundriß der vom Altar bis in das Kirchenschiff hineinragenden Kanzel (Ambo) (beide 1963/66 unter dem Langhaus und zwischen den Türmen entdeckt) sind im Fußboden der Kirche durch Steinsetzungen nachgezeichnet. (Das Taufbecken ist konserviert und über eine Treppe unter dem Fußboden zugänglich.)

Für die Errichtung christlicher Kirchen innerhalb römischer Badeanlagen gibt es in Deutschland zahlreiche Beispiele (Echzell, Marköbel, Tholey, Boos, Zülpich). Das berühmteste Beispiel einer solchen Umwandlung außerhalb Deutschlands ist die Kirche Santa Maria degli Angeli in Rom, die Michelangelo in das Tepidarium der Diokletiansthermen hineinbaute.

Unter römischen Funden im **Heimatmuseum** befinden sich: eine kleine Bronzestatuette des Mars; Krug und Gesichtsurne; Ziegelstempel der XXII. Legion (nach jüngsten Feststellungen gehen die Ziegel auf die Befestigungstätigkeit Julians zurück); eine Terrakotte der reitenden Epona (keltische Schutzgöttin der Pferde) im Damensitz auf einem nach links gewendeten Pferd. Die farbliche Fassung der Statuette hat sich dank günstiger Bodenverhältnisse „in erstaunlicher Frische über mehr als anderthalb Jahrtausende erhalten" (H. Eiden).

## BREISACH a. Rhein

Die Stadt liegt am Fuß und auf der Höhe des Breisacher Berges, eines vom Rheinufer ungefähr 85 m steil aufsteigenden Basaltfelsens, nach dem St. Stephansmünster, das ihn seit dem 14. Jahrhundert krönt, der Münsterberg genannt. Die Römer kannten den Berg unter dem Namen mons Brisiacus. Er gehörte zum Gebiet der keltischen Sequaner, die ihn besiedelten. Für die Römer hatte der Berg während der langen Friedenszeit von der Eroberung des Alpenvorlands im Jahre 15 v. Chr. bis etwa zur Mitte des 3. nachchristlichen Jahrhunderts keine militärische Bedeutung. Dies änderte sich, als nach dem Fall des → Limes die Alamannen bis an den Rhein vorstießen und die gallischen Provinzen bedrohten.

Wegen seiner beherrschenden Lage wurde mons Brisiacus in das Verteidigungssystem einbezogen, das die neue Grenze des römischen Imperiums an Rhein, Iller und Donau schützen sollte. Auf der Kuppe des Berges entstand eine jener mächtigen Festungsanlagen der spätrömischen Grenzverteidigung, die von anderen Städten längs des Rheins (→ Andernach, → Koblenz, → Boppard und → Altrip) her bekannt sind. Der genaue Zeitpunkt der Errichtung des Kastells steht nicht fest. Bisher wurde das Kastell als eine Gründung Valentinians I (364 – 375 n. Chr.) angesehen. Neuere Grabungsergebnisse sprechen aber für eine Entstehung schon in früherer Zeit.

Ein von Valentinian am 30. August 369 in Breisach erlassenes Edikt („datum Brisiaci") bekundet die Anwesenheit des Kaisers auf der Festung. (Das Edikt wurde in den Codex Theodosianus aufgenommen, eine von Kaiser Theodosius II. (408 – 450) veranlaßte Sammlung von Kaiserkonstitutionen. Das Edikt betrifft die „palatini", eine von Valentinian geschaffene Einsatztruppe aus „aufgewerteten Hilfstruppen", und bestimmt, daß niemand den der Truppe zustehenden Urlaub schmälern dürfe.) Die Besatzung des Kastells wird, wie von anderen spätantiken Festungen bezeugt ist, eine Legionsabteilung gewesen sein. (In Breisach ist ein Ziegelfragment mit dem Stempel der Legio I Martia gefunden worden. Die von Diokletian (284 – 305 n. Chr.) neu gegründete Legion war zur Besetzung der sequanischen Provinzen bestimmt und scheint ihr Standlager im Castrum Rauracense (Kaiseraugst bei Basel in der Schweiz) gehabt zu haben.)

Manche Einzelheiten des spätrömischen Kastells konnten durch systematische Grabungen

# Breisach a. Rhein, Brohltal

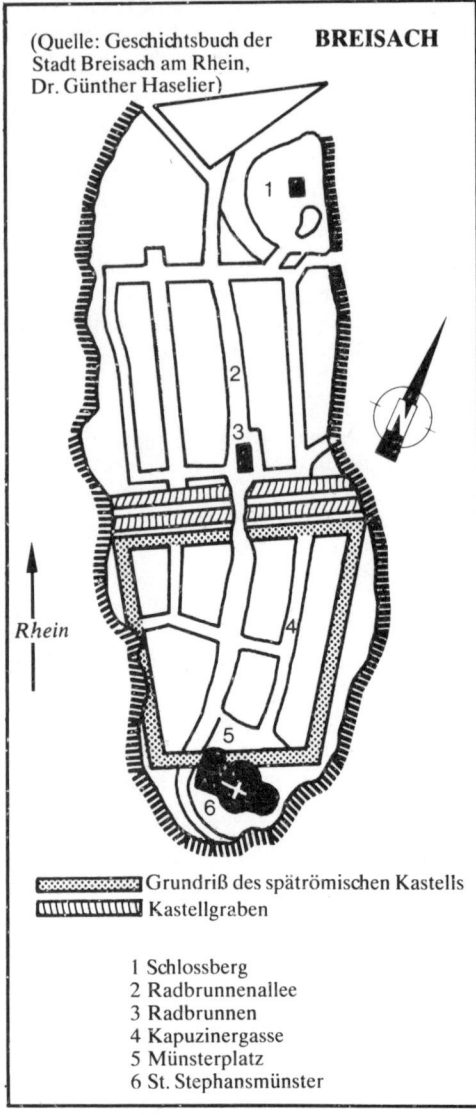

(Quelle: Geschichtsbuch der Stadt Breisach am Rhein, Dr. Günther Haselier)

**BREISACH**

▓▓▓▓▓ Grundriß des spätrömischen Kastells
⅏⅏⅏ Kastellgraben

1 Schlossberg
2 Radbrunnenallee
3 Radbrunnen
4 Kapuzinergasse
5 Münsterplatz
6 St. Stephansmünster

1937/38 und ab 1967 ermittelt werden. Nach dem archäologischen Befund bildete die Festung ein trapezförmiges Viereck auf dem Südteil des Münsterberges. Die Nordmauer, etwa 3 m stark, zog sich in einer Länge von 200 m quer über den Münsterberg an seiner höchsten Stelle von der Steilwand im Osten bis zur Steilwand im Westen (ungefähr 150 m südlich des „Radbrunnenturmes"; der „Radbrunnen" ist ein nach einem gewaltigen Tretrad benannter, 42 m in den Felsen gehauener mittelalterlicher Brunnen).
Der Mauer waren zwei Festungsgräben vorgelagert. In der Mitte der Mauer – im Zug der mittleren der drei Straßen, die in nordsüdlicher Richtung auf das Münster zulaufen – wurde ein Tor festgestellt. Auch fand man die Grundmauern eines nach außen vorspringenden, etwa 5,50 m dicken Turms. Die Südmauer der Festung erstreckte sich entlang der Nordseite des Münsters. Mit Ausnahme eines Stücks der westlichen Umfassungsmauer, das in die Terrassenwand des Münsterberghotels einbezogen ist, haben sich oberirdisch keine Spuren der Kastellanlage erhalten. Die Fundamentmauern eines Gebäudekomplexes im Innenraum der Festung, die 1969/70 ergraben wurden, sind im Pflaster des Münsterplatzes durch andersfarbige Steine kenntlich gemacht. Wer, vom Norden kommend, am Radbrunnenturm vorbei, auf das Münster zugeht, bewegt sich „auf der gleichen Spur, auf der die Römer ihr Kastell betreten und es verlassen haben" (Haselier).
Keine Anzeichen sind gefunden worden, die auf eine gewaltsame Zerstörung der Festung hindeuten. Wahrscheinlich wurde sie aufgegeben, als die römischen Truppen zu Beginn des 5. Jahrhunderts vom Rhein abgezogen wurden. Die römische Festungstradition hat den Abzug der Römer um viele Jahrhunderte überdauert. Breisach war im Mittelalter eine der berühmtesten Festungen am Rhein. Als „Schlüssel und Ruhekissen des Heiligen Römisches Reichs deutscher Nation" war ihr Besitz jahrhundertelang ein Streitobjekt zwischen den rivalisierenden Mächten Österreich und Frankreich und wurde nicht weniger als ein dutzendmal zerstört und wiederaufgebaut. 1743 ließ Kaiserin Maria Theresia von Österreich die Festungswerke schleifen; Breisach sollte nicht länger ein Anreiz für Frankreich sein. 1806 fiel die Stadt an Baden.
Am Ende des II. Weltkrieges wurde Breisach noch einmal fast vollständig zerstört. Wiedererstanden aus der Asche und eingedenk seiner wechselvollen Geschichte im Spannungsfeld europäischer Zwietracht bekannte sich Breisach als erste deutsche Stadt in einer Probeabstimmung im Jahre 1950 zum Gedanken eines freien und geeinten Europas.

## BROHLTAL

Eine der Zufahrtsstraßen zu der berühmten Benediktinerabtei Maria Laach am Laacher See führt durch das Brohltal, ein enges, dichtbewaldetes Seitental des Rheins. Das Gebiet um das Brohltal und den Laacher See ist eines der jüngsten Vulkangebiete Europas. Nach Schätzungen der Geologen fallen die letzten Vulkanausbrüche in die Mitte des 10.–9. Jahrhunderts v. Chr.
Die Gegend ist reich an vulkanischen Bodenschätzen. Im Brohltal finden sich vor allem Ablagerungen von Tuffstein, der sich hervorragend als Baumaterial eignet. Tuffsteinbrüche sind vielfach zu beiden Seiten des Brohltales zu sehen. Manche von ihnen gehen auf die Römerzeit zurück.

Zahlreiche Inschriften und Altäre, die in Steinbrüchen des Brohltales gefunden wurden, legen Zeugnis davon ab, daß Einheiten des niedergermanischen Heeres zu Ende des 1. und am Beginn des 2. nachchristlichen Jahrhunderts im Brohltal Tuffstein gebrochen haben. Die Altäre sind für gewöhnlich Jupiter, dem Besten und Größten, und Herkules Saxanus, dem Schutzpatron der Steinbrucharbeiter, gewidmet. Herkules erscheint auch als „Invictus" (der Unbesiegte) und „Barbatus" (der Bärtige).

Die Arbeitskommandos wurden von allen Einheiten des niedergermanischen Heeres gestellt. So werden auf den Weihesteinen die VI., X., XXI. und XXII. Legion, Hilfstruppen (Kavallerie- und Infanterieregimenter, alae und cohortes) „pedites singulares" (die Garde des Höchstkommandierenden der Provinz) und Trompeter (tubinices) einer nicht näher bezeichneten Einheit als Stifter genannt. Auch Matrosen der Rheinflotte fehlen nicht. Die berühmteste der Weiheinschriften aus dem Brohltal ist das im Rheinischen Landesmuseum in → Bonn aufgestellte Felsdenkmal des Herkules Saxanus.

Die gebrochenen Steine wurden wahrscheinlich auf Rheinkähnen zu den verschiedenen Baustellen befördert – ein Vorgang, der noch heute am Rheinufer von Brohl beobachtet werden kann.

## BUCH (Siehe Rainau)

## BURGSALACH

Auf der Straße von Burgsalach zum Forsthaus Laubenthal, etwa 1,3 km vom Limes entfernt, liegt an der alten Römerstraße von → Pfünz nach → Weissenburg, die es zweifellos zu überwachen hatte, das oft als „burgus" bezeichnete „Kleinkastell in der Harlach". Der römische Wehrbau ist vollständig freigelegt und zur Besichtigung konserviert. Die Mauern sind bis zu 2 m hoch erhalten und lassen Grundriß und Innenbebauung klar erkennen.

Das Kastell bildete ein Quadrat von 32 m Seitenlänge mit scharfkantigen Ecken und besaß ein einziges, halbkreisförmiges nach innen gezogenes Tor, über dem sich vermutlich ein Turm erhob. Die Innenräume der zweigeschossigen Anlage waren an die Wehrmauern angebaut und um einen rechteckigen Binnenhof gruppiert.

Dem Eingang gegenüber befand sich ein Raum mit einer Apsis, der als Fahnenheiligtum gedient haben wird. Mehrere kleine Räume in der Südostecke werden als Kommandantenwohnung gedeutet. In der Südwestecke lag das Treppenhaus zum Obergeschoß, von dem nicht feststeht, ob es lediglich eine Verteidigungsgalerie war oder weitere Unterkunftsräume enthielt.

Das Kastell wird gleichzeitig mit dem Bau der rätischen Mauer in der ersten Hälfte des 3. Jahrhunderts n. Chr. entstanden sein. Durch seinen Grundriß und seine Größe unterscheidet es sich von anderen bisher bekannten Kleinkastellen am Limes (Dalkingen bei → Rainau und Rötelsee bei → Welzheim). Sein Bautyp weicht grundlegend von dem reichseinheitlichen Schema der früh- und mittelkaiserzeitlichen Kastelle ab. Mit seinen starken Mauern und den an die Umwehrung angebauten Innenbauten gilt das Kleinkastell im Harlach als Vorläufer der spätantiken centenaria oder burgi und der größeren Grenzfestungen, die die gleichen Merkmale aufweisen. Das macht die einmalige Bedeutung dieses interessanten Bauwerkes aus. Die Besatzung, die, nach dem Fahnenheiligtum zu schließen, ein eigenes Feldzeichen besaß, wird die Stärke einer Centurie (80 Mann) unter dem Kommando eines centurio besessen haben und war vermutlich der in Weissenburg stationierten Ala unterstellt.

In der Nähe des Kastells ist ein hölzerner Limeswachtturm mit Palisadenzaun rekonstruiert (nach dem Muster des Wachtturms im Mahdholz bei Rainau). In kurzer Entfernung davon liegen die Reste eines freigelegten und im Bestand gesicherten Steinwachtturmes.

Beim „Burgus in der Harlach" befindet sich der Parkplatz des „Naturparks Altmühltal", von dem aus Kastell und Wachtturm zu erreichen sind.

## BUTZBACH

Das Gelände im Winkel zwischen Bundesstraße 3 (von Butzbach nach Gießen) und Ebersgönser Weg (die Zugangsstraße zur amerikanischen Wohnsiedlung „The Roman Way Village") führt im Volksmund den Namen „Hunnenburg". Er bezieht sich auf ein römisches Kohortenkastell, das dort vor rund 1900 Jahren zum Schutz des nahen → Limes angelegt wurde. Der lateinische Name des Kastells ist nicht bekannt. Oberirdisch ist von der „Hunnenburg" nichts mehr zu sehen.

Nach den Feststellungen der Reichslimeskommission bei Grabungen in den Jahren 1892 und 1897 hatte das Kastell die übliche Form eines Rechtecks. Zur Zeit Domitians (81–96 n. Chr.) zunächst in Erde und Holz errichtet, wurde das Kastell unter Hadrian (117–138) in Stein umgebaut und später durch einen Anbau vergrößert. Ein kleineres Kastell Degerfeld nordwestlich des Hauptkastells kontrollierte den Limesdurchgang einer wichtigen Handelsstraße, die von Süden her, auch am Kastell vorbei, in das „Freie Germanien" führte.

Die erste Besatzung des Kastells war die Cohors II Raetorum, die wahrscheinlich zunächst in → Wiesbaden gelegen hatte. Die Kohorte wurde gegen Ende der Regierung Hadrians auf die → Saalburg verlegt und durch die vorher in → Heidelberg-Neuenheim stationierte Cohors II Augusta Cyrenaica equitata ersetzt. Das Kastell wurde um 233 nach dem ersten großen Alamanneneinfall aufgegeben, danach aber noch einmal um 250 vorübergehend besetzt.

Das Gelände der Hunnenburg blieb seit 1897 ungestört, bis im Dezember 1953 die amerikanische Armee, die in Butzbach militärische Anlagen unterhielt, mit dem Bau einer Wohnsiedlung für Mitglieder der Streitkräfte und ihrer Angehörigen zwischen Lachenweg und Ebersgönser Weg begann. Wegen der Nähe des Bauvorhabens zur Hunnenburg wurde der Fortschritt der Arbeiten von den Behörden der Landesdenkmalpflege sorgfältig beobachtet. Bald verbreitete sich die Kunde, daß die Bagger auf Straßen und Grundmauern gestoßen waren. Wie die Untersuchungen ergaben, befand man sich mitten im Lagerdorf (vicus) des römischen Kastells. Während die Bauarbeiten weitergingen, konnten Archäologen in Notgrabungen Mauerreste von über 60 Häusern, Straßen und ein Kanalisationssystem freilegen. Die geschlossene Siedlung, so wurde geschätzt, hatte aus ungefähr 300 Häusern bestanden, die 2000 Menschen Platz boten. Die über den üblichen Umfang eines Lagerdorfs hinausgehende Größe des Butzbacher vicus läßt sich durch seine günstige Lage an einer wichtigen Durchgangsstraße erklären.

Die Rechteckhäuser der Ortschaft hatten eine Länge von 12 bis 26 m und eine Breite von 3,8 bis 8 m und waren mit ihrer Schmalseite zur Straße orientiert. In den ausgegrabenen Kellern fand man Treppenzugänge, Wandnischen und Mauerwerk mit Rillenverputz. Von urbaner Innenausstattung der Häuser zeugten Verputzreste mit grünen und roten Pflanzenmustern auf weißem Untergrund. Auch fanden sich Spuren von Hypokaustanlagen. In einem Keller traten, in einer isolierenden Ton-, Sand- und Lehmpackung erhalten, eine Eichenlade und die Reste eines Fasses, eine Balkenwaage und ein Weinkrug mit dem eingeritzten Namen des Eigentümers zutage.

Unter den zahlreichen Kleinfunden waren Terra-Sigillata-Scherben verschiedener Herkunft (Importe aus Südgallien, Blickweiler, Rheinzabern, Trier), Bronzegegenstände (Figuren, Fibeln, Schüsseln), Glas, Münzen von Domitian bis Philippus Arabs (244 – 249), ein Steinaltar der Wegegöttinnen, eine Jupitergigantensäule. (Die meisten Funde aus dem römischen Butzbach befinden sich im Landesmuseum in → Darmstadt.)

Viele Ziegelsteine und Tongefäße trugen den Stempel der in Mainz stationierten Legio XXII Primigenia pia fidelis, zu deren Kommandobereich das Butzbacher Lager gehörte. Die militärische Einheit, die fast 1900 Jahre später die Wohnsiedlung für ihre Mitglieder auf Grundmauern mit Ziegelstempeln der XXII. Legion errichtete, war das 22. Infanterieregiment der amerikanischen Armee. Deutsche und amerikanische Zeitungen berichteten damals über diese seltsame „Wiederholung der Geschichte". Die Spuren des römischen Lagerdorfes haben der neuen Wohnsiedlung Platz machen müssen, deren Häuser, wie ihre römischen Vorgänger, mit der Schmalseite zur Straße stehen. Der Name der amerikanischen Siedlung, „The Roman Way Village", erinnert daran, daß sie auf römischen Fundamenten errichtet ist.

Der „Schrenzer", eine Anhöhe im Westen der Stadt, mit einer umfassenden Fernsicht über die Stadt und die nördliche Wetterau, ist Standort eines wiederaufgebauten hölzernen Limeswachtturms. Er gehört der domitianischen Bauperiode des Limes an. Der römische Grenzwall kann von hier aus im nahen Wald verfolgt werden. (Den „Schrenzer" erreicht man über die Kleebergerstraße.)

**Heimatmuseum in der ehemaligen Michaelskapelle**, Griedelerstraße 18.

Das Museum verfügt über eine reichhaltige Sammlung von Keramik, vor allem auch Ziegel und Tonwaren mit dem Stempel der XXII. Legion. Außerdem zahlreiche Kleinfunde in Horn, Leder und Bronze sowie eiserne Werkzeuge und Waffen. Auf dem Kastellgelände, das überbaut wird, sind Grabungen im Gange, so daß mit weiterem Zuwachs für das Museum zu rechnen ist.

# D

**DALKINGEN (Siehe Rainau)**

**DANGSTETTEN, KÜSSABERG-**

Beim Abbau einer Kiesgrube in der Nähe des südwürttembergischen Ortes an der deutschschweizerischen Grenze gegenüber dem schweizerischen Bad Zurzach kamen im Jahre 1967 überraschend römische Tonscherben und Münzen zutage. Von einer römischen Niederlassung an dieser Stelle war bis zu dieser Zeit nichts bekannt gewesen. Untersuchungen der Fundstätte durch das Landesdenkmalamt Baden-Württemberg, Abt. Bodendenkmalpflege Freiburg, ergaben, daß man auf die Spuren eines römischen Legionslagers von beträchtlicher Ausdehnung (420 x 300 m) gestoßen war. In mehreren Grabungskampagnen konnten Befestigung und Innenbauten des Lagers weitgehend geklärt werden.

Das Lager war von einer Holz-Erde-, durch hölzerne Türme verstärkten Mauer, der ein Spitzgraben vorgelagert war, umgeben und besaß vier von Türmen flankierte, nach innen gezogene Torbauten, mit zwei getrennten Eingängen. Von Innenbauten konnten der Wohnbau des Kommandanten (praetorium), die principia (Stabsgebäude), ein großer Getreidespeicher (horreum), Reiter- und Infanteriekasernen, Werkstätten (fabrica legionis), darunter eine Töpferei, mehrere Schmelzöfen, Schmiedeessen, eine Schnitzerwerkstatt und Hinweise auf Anlagen zur Holz- und Lederbearbeitung festgestellt werden.

Nach dem gegenwärtigen Stand der Kenntnisse ist das Lager von Dangstetten das älteste Legionslager in Süddeutschland. Durch Münzfunde hat sich die Zeitdauer der Belegung von 15 bis 9/8 v.Chr. mit ziemlicher Sicherheit bestimmen lassen. Nichts deutet auf gewaltsame Zerstörung hin. Das Lager wurde offenbar im Zusammenhang mit der Verlegung der Truppen an einen anderen Standort planmäßig geräumt.

Hatte schon die Zufallsentdeckung eines fast 2000 Jahre alten Römerlagers Aufsehen erregt, so wurde als noch sensationeller die Nachricht empfunden, daß das Lager, wie eine Zeitung damals berichtete, ,,von den Truppen des Varus'' erbaut worden war. Aus der Inschrift auf einem Bronzetäfelchen ,,L(egio) XIX C(ohors) III'' ging nämlich hervor, daß die XIX. Legion im Lager von Dangstetten stationiert war. Die Legion gehörte, wie aus anderen Quellen bekannt ist, zusammen mit der XVII. und XVIII. Legion zu dem Heer, das unter dem Kommando des Statthalters P. Quinctilius Varus in der Schlacht im Teutoburger Wald im Jahre 9 n.Chr. von dem Cheruskerfürsten Arminius und seinen Germanenstämmen vernichtet wurde.

Seit der Entdeckung einer Terra-Sigillata-Scherbe mit dem Graffito ,,PRIN LEG XIX'' in → Köln im Jahre 1970 wird angenommen, daß die XIX. Legion eine Zeitlang im Kölner Doppellegionslager gelegen hatte, bevor sie - wahrscheinlich nach kurzem Aufenthalt in Vetera castra (siehe → Birten) – in den Wäldern Germaniens unterging. Ein weiteres Zeugnis der XIX. Legion ist ein 1971 an der via principalis des Hauptlagers von→ Haltern gefundener Bleibarren mit dem Stempel der Legion. So lassen sich aufgrund dieser Funde die Bewegungen der XIX. Legion seit Beginn der Germanenkämpfe im Jahre 15 v.Chr. vom Aufmarschgebiet in Süddeutschland bis nach Niedergermanien verfolgen.

Zu den Hilfstruppen der Legion im Dangstetter Lager gehörten, wie aus anderen Funden hervorgeht, orientalische Bogenschützen und Reitereinheiten keltischer Stämme.

Das überaus reiche Fundmaterial besteht überwiegend aus Keramik, darunter Gebrauchsgeschirr aus der Lagerproduktion, mittel- und oberitalische Sigillata, Trinkgeschirr aus Südgallien, Lampen, Teilen von Waffen und Pferdezubehör, Werkzeugen, landwirtschaftlichem Gerät, zahlreichen Fibeln (zum Verschließen der Militärmäntel), Gegenständen aus dem Alltagsleben der Soldaten (Schreibgriffel, Kno-

**Dangstetten, Darmstadt**

chenwürfel, Spielsteine) und aus dem religiösen Bereich, darunter eine von einer Schlange umwundene bronzene Votivhand, die auf den Kult des phrygisch-thrakischen Gottes Sabazios hindeutet.

Sichtbare Spuren des Römerlagers sind nicht mehr vorhanden. Es besteht der Plan, nach Abschluß der durch den Kiesabbau bedingten Rekultivierungsarbeiten ein kurzes Stück der Lagerbefestigung zu rekonstruieren. Auch ohne durch oberirdische Reste an die Anwesenheit der Römer erinnert zu werden, gibt die geographische Lage des Platzes dem Besucher Veranlassung, an dieser Stelle der Römer zu gedenken. Sie läßt das militärische Geschick erkennen, mit dem die römischen Offiziere den Standort für das Legionslager wählten: Eine Hochfläche 400 m vom Rheinufer entfernt, die eine gute Sicht über das Rheintal bot, und die Öffnung des Klettgautales im Nordosten als natürliche Einfallschneise für das geplante Vordringen in die germanischen Gebiete nördlich des Hochrheins. (Zugang zum Lagerareal von der Straße Dangstetten–Rheinheim.)

## DARMSTADT

Die römische Siedlung, von der die Stadt ihren Anfang nahm, ist längst im Dunkel der Geschichte verschwunden; sie erweckt heute kaum allgemeines Interesse. Was der Stadt einen hervorragenden Platz im „römischen Deutschland" sichert, ist das **Hessische Landesmuseum** mit seiner Sammlung römischer Altertümer, unter denen sich einige der besten Beispiele römischer Provinzialkunst befinden, die je auf deutschem Boden zutage getreten sind.

von Seegottheiten (Meeresthiasos) dar. Die Mitte nimmt eine teilweise zerstörte Oceanusbüste ein. Vom Kopf sind nur noch die schlangenartigen Haare zu erkennen. Auf dem Sockel der Büste liegt ein Seedrachen, auf den ein Erote zuschwebt. Darunter ist der Name des Künstlers verzeichnet: „Pervincus fecit".

In buntem Reigen bewegen sich um die Mitte (von der oberen Langseite von rechts): eine Nereide, die sich von einem Delphin durch die Wogen ziehen läßt; ein Seelöwe und auf seinem Rücken ein flügelschlagender Schwan; auf der linken Schmalseite ein Seekentaur, der unter seinem linken Arm eine Muschel hält, und auf ihn zuschwimmend ein Seepferd; ein Delphin stößt zwischen den beiden Figuren nach unten. Vor dem Beschauer links ein Seekentaur, der auf einer trichterförmigen Muschel bläst; er folgt einem Delphin, der von einem zügelhaltenden Eroten geritten wird. Das einzige vollständig erhaltene Bild auf der rechten Schmalseite stellt einen Seekentaur dar, der in seinem rechten Arm ein Ruder hält.

In der Apsis des Oberlichtsaales, auf einem modernen Sockel, steht der aus Speyer stammende *Bronzekopf eines Knaben,* „vielleicht die bezauberndste Bronze in ganz Deutschland. Dem genialen Künstler ist es gelungen, durch eine realistische Wiedergabe des großen Kopfes mit großen Ohren, der kindlichen Gesichtszüge und des schlanken Halses die rührende Unfertigkeit des zarten Knabenalters in vollkommener Weise darzustellen" (MacKendrick). „Die üppige Formulierung der Wangen, das Heraufschieben der rechten Braue, die Gegensätzlichkeit eines mächtigen Hinterkopfes und eines extrem dünnen Halses weisen das reizvolle Privatporträt in die Zeit um 240 n.Chr." (Büttner und Bracker in „Die Römer am Rhein").

Rechts und links sind zwei Viergöttersteine aufgestellt; sie dienten als Sockel für Jupitergigantensäulen. Unter den übrigen Ausstellungsgegenständen befinden sich:

Links am Eingang das Sandsteinrelief einer Satyrmaske von einem Grab (3. Jahrhundert); rechts ein frühchristlicher Grabstein. In den Schaukästen: *Römische Gläser,* hauptsächlich rheinischer Manufaktur (Köln, 2.–3. Jahrhundert n.Chr.): Henkelkrug; kleine Parfümflasche; Schale mit blauen Bändern.

*Terrakotten und Keramik:* Statuette des Priapos; Ton-

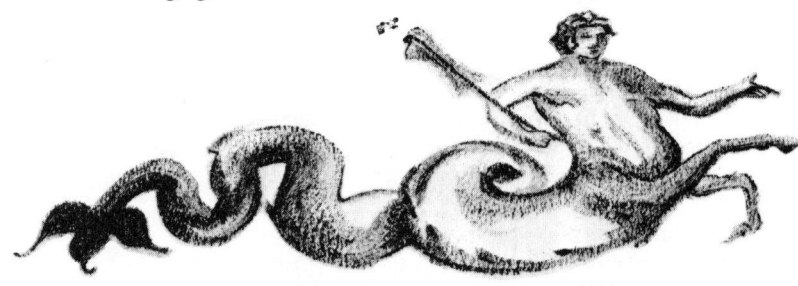

*Darmstadt, Römisches Figurenmosaik*

Kernstück der provinzialrömischen Ausstellung ist ein auf das ausgehende 2. Jahrhundert n. Chr. datiertes *Figurenmosaik,* das dem Besucher in einem nach Art eines römischen Peristylhofes gestalteten Oberlichtsaal wirkungsvoll vor Augen geführt wird. Das Mosaik wurde 1849 beim Bau des Bahnhofs von Bad Vilbel bei Frankfurt zwischen den Fundamenten einer römischen Therme entdeckt. Es war einem Bassin des Hauptbadesaales vorgelagert und wurde im Altertum mit Wasser überspült. „Durch die unruhige Bewegung des Wassers schienen die Figuren in ihrem Element Leben zu gewinnen" (Parlasca).

Das reichbebilderte Mosaik stellt eine Versammlung

lampen; ein Räucherbecher; Figuren eines Silens, von Hunden und Widdern.

*Bronzegegenstände:* ein Kummetaufsatz mit zwei Pantherköpfen; ein Löwe als Geräteaufsatz; Bronzeeimer mit Maultierkopfattaschen und Bügelhenkeln; Zügelhalter von einem Wagen; Figuren (Fortuna mit Steuerrad, Viktoria mit Kranz, Büstengewicht einer Schnellwaage, menschlicher Kopf mit nach hinten gezogenem Haar, Kopf eines jugendlichen Satyrs von der Lehne eines Bettgestells); Klappmessergriff; reichverzierter Henkel einer großen Weinkanne; kleine Bronzelampe; Henkelgriff eines großen Bronzebeckens; ein Askos (Schlauchkanne).

*Funde aus* → Butzbach (1954/55): Bronzeschale mit figürlich verziertem Stielgriff; Seiher mit Halbdeckel; Bronzeschale mit vier Zapfen; Bronzefibeln mit Emailleeinlagen; figürlich gestaltete Kastengriffe; kleine Silberplatte, auf der in Durchbrucharbeit der Sonnengott dargestellt ist, wie er seinen von vier Rossen gezogenen zweirädrigen Wagen besteigt (die Platte war im Altertum möglicherweise auf Leder angeheftet und mag Teil eines Pferdegeschirrs gewesen sein). „Es ist bestimmt keine Serienware und hat auch bisher noch keine Parallele" (W. Jorns). „Besonders reizvoll ist durch die teilweise Vergoldung erzielte mehrfarbige Wirkung" (A. Büttner). — Statuette Merkurs mit Flügelkappe und Geldbeutel; Medusenkopf; römische Münzen, darunter ein aureus des Trajan und Denare von Tiberius bis Septimius Severus. Im Untergeschoß (über die Treppe in der Apsis zu erreichen) sind ausgestellt, u. a.: Neben der Treppe eine *Jupitergigantensäule* (Sandstein) aus Butzbach (2. Hälfte des 2. Jahrhunderts n.Chr.); Meilenstein, gesetzt unter Kaiser Maximinus Thrax (235–238 n.Chr.).

Im Hauptsaal: Unterer Teil einer Jupitergigantensäule, ein sogenannter *Viergötterstein,* aus → Dieburg, eine hervorragende Arbeit. In Stil und künstlerischer Ausführung zeigen die Reliefs des Steins Ähnlichkeiten mit dem Dieburger Mithrasaltar des Silvinus und werden daher diesem Künstler zugeschrieben, wenn auch sein Signum fehlt; die Inschrift nennt als Stifter des Steines einen decurio (Ratsherrn) der civitas Auderiensium (D.C.A.); Dieburg war der Hauptort dieser civitas (Gau).

Eine Spitzamphore aus Bad Vilbel; Bildpfeiler mit der Darstellung der Taten des Herkules; eine bauchige Vorratsamphore; Keramik: sog. belgische oder einheimische Ware (Schwarzfirnisware) und Terra Sigillata (Bilderschüssel, Teller, Tassen, Henkelkrüge, Kragenschüssel), Schuppenbecher, Warzenbecher, Gesichtsurne, Becher mit Griesbewurf, Spruchbecher, Jagdbecher. In einer Vitrine sind römische landwirtschaftliche Geräte aus dem 2. nachchristlichen Jahrhundert zu sehen.

# DIEBURG

Die Stadt geht zurück auf eine römische Gründung aus domitianischer Zeit. Nach der Errichtung des → Limes wurde die römische Siedlung Etappenort für die Kastelle am Main und im nördlichen Odenwald. Noch heute liegt Dieburg wie in römischer Zeit am Schnittpunkt wichtiger Straßen. Unter Kaiser Trajan (98–117 n.Chr.) wurde Dieburg unter dem Namen Auderia Hauptort des Gaues der Auderiensier (civitas Auderiensium). (Auf einem seinem Genius geweihten Altar wird der Ort „Vicus V.V." genannt. Die Deutung „Vicus Vetus Ulpius" dürfte wegen der Beziehung zum Familiennamen Trajans eine gewisse Wahrscheinlichkeit für sich haben.) Im 3. Jahrhundert n.Chr. erhielt der Ort wegen seiner wirtschaftlichen und strategischen Bedeutung zum Schutz gegen drohende Alamanneneinfälle eine seinen Kernbereich umfassende Wehrmauer, die teilweise noch in Straßenzügen des heutigen Dieburg erkennbar ist.

Oberirdisch sind keine Spuren der römischen Siedlung mehr vorhanden. In der Gegend der heutigen Wallfahrtskirche wird das Forum vermutet. Auch hat man die Fundamente eines großen Gebäudes, wahrscheinlich der Basilika, festgestellt. Im Umkreis der Stadt lagen fünf große Gräberfelder. Die Kontinuität der Siedlung in den engeren Grenzen der römischen Umwehrung nach der Eroberung des Limesgebietes durch die Alamannen 259/60 n.Chr. wird angenommen. In karolingischer Zeit lag in Dieburg ein fränkischer Königshof.

Als sichtbares Zeichen des städtischen Wohlstandes in der Römerzeit haben sich eine Reihe von Steindenkmälern erhalten, insbesondere das berühmte Mithras-Kultbild, das 1926 in den Resten eines am Ostrand der Stadt gelegenen Mithrastempels entdeckt wurde.

Das Relief ist das zentrale Ausstellungsstück des **Kreis- und Stadtmuseums** (Schloß Fechenbach). Es gehört zur Gruppe der um eine Mittelachse drehbare Altäre des persischen Lichtgottes. Je nach den Erfordernissen der Kulthandlungen konnte die Vorder- oder Rückseite der versammelten Gemeinde dargeboten werden. Als Stifter des Denkmals nennen Inschriften auf beiden Seiten der Plastik die Brüder Silvestrius Silvinus und Silvinus Perpetus und deren Enkel Silvinus Aurelius. Silvinus bezeichnet sich als Angehöriger der Bildhauerzunft („ars quadrataria") und gilt als Schöpfer des Altars. Perpetus nennt als seinen Beruf das Schuhmacherhandwerk („ars sutoria") Das Hauptbild der *Vorderseite* zeigt Mithras als Bogenschützen zu Pferde, nach rechts galoppierend, begleitet von drei Hunden. Er jagt einen Hasen, das antike Sinnbild des Mondes, der von der siegreichen Sonne erlegt wird. Zu beiden Seiten des Gottes, auf je einer cratera (Mischkrug) stehend, sieht man seine Begleiter Cautes mit erhobener und Cautopates mit gesenkter Fackel, Sinnbilder für den Auf- und Niedergang des Lichts.

Um das Hauptbild gruppieren sich Szenen aus der Mithraslegende, wie sie auch auf anderen Mithrasaltären vorkommen, u. a. die Felsgeburt des Mithras, Mithras Ähren und Halme schneidend; im Mittelfeld oben ein Tempel, hinter dessen Säulen ein liegender Stier, den Mithras, hier dargestellt wie er einen Stein nach dem Stier wirft, aus dem Tempel befreit und auf dem Rücken davonträgt. Der Stier entkommt noch einmal und wird von Mithras verfolgt (Szene rechts oben). Mithras opfert den Stier und schleppt ihn kopfüber hinter sich her; ein Baum mit drei Ästen, die in drei Köpfen mit phrygischen Mützen enden (Mithras und seine Begleiter Cautes und Cautopates); Mithras und Sol beim heiligen Mahl; Himmelfahrt des Mithras.

Die reichgestaltete *Rückseite* ist dem Phaetonmythos gewidmet, dessen sich der Künstler bedient, um die mithraische Lehre vom feurigen Ende der Welt bildlich darzustellen. In der Mitte Helios, der Sonnengott (der Kopf ist, wie der Mithraskopf auf der Vorderseite, wohl von eifernden Christen abgeschlagen worden), umgeben von vier weiblichen Gestalten, den vier Jahreszeiten. Dem Thron des Sonnengottes nähert sich von links sein Sohn Phaeton mit der Bitte, ihm für einen Tag den Sonnenwagen zu überlassen, dessen vier Pferde von den vier Windgöttern herangeführt werden, ein Zeichen, daß die Bitte gewährt ist. Nach dem Mythos verliert Phaeton die Gewalt über die Sonnenrosse und verursacht einen Weltenbrand. Die Gestalten unterhalb des Thronpostamentes repräsentieren den Himmel (Büste des bärtigen Caelus) und zu beiden Seiten Tellus, die Erdgöttin, und Oceanus (Jüngling mit Krug).

Im Gegensatz zu den meisten Mithrasaltären, die den

Gott als Stiertöter darstellen, erscheint Mithras auf der Dieburger Altartafel als berittener Jäger. Friedrich Behn, der als erster das Dieburger Kultbildnis beschrieben hat, sah in dem reitenden Lichtgott eine Angleichung an den Germanengott Wotan und meinte, daraus auf gewisse sektiererische Gedanken in der Dieburger Mithrasgemeinde schließen zu sollen, die, so glaubte er, auch in einzelnen Bildern eines bei Rückingen gefundenen Mithrasaltars zum Ausdruck kommen. (S. a. das Relief des reitenden Mithras aus dem Mithräum an der Neuenheimer Landstraße im Museum in → Heidelberg.) Vermaseren weist darauf hin, daß die Darstellung des Gottes als Jäger nicht auf den Westen beschränkt ist. Wenige Jahre nach der Entdeckung des Dieburger Altars wurde in Dura-Europos am Euphrat ein Wandgemälde mit dem jagenden Mithras aufgefunden.

Eine weitere Besonderheit des Dieburger Altars ist das Randbild des Baumes mit den drei Köpfen. „Das kann nichts anderes sein als die bildliche Darstellung der Lehre von der Dreieinigkeit" (Behn).

Wegen des hohen künstlerischen Ranges der Reliefs auf der Rückseite des Altars steht ihr Schöpfer, Silvestrius Silvinus, nach der Ansicht Behns „in der ersten Reihe, wo nicht an der Spitze aller Bildhauer, die in römischer Zeit in den Ländern nördlich der Alpen gearbeitet haben." Die Komposition der Reliefs stammt von einer römischen Vorlage, und Silvinus „bleibt der unbestrittene Ruhm, das von Haus aus breitrechteckige Bild in geradezu meisterhafter Weise in ein Rund hineinkomponiert zu haben, eine in der gesamten provinzial-römischen Plastik einmalige Leistung." (Ähnlich Schoppa, Die Kunst der Römerzeit S. 32). Silvinus war ein Angehöriger des westgallischen Stammes der Bituriger, deren plastische Kunst, wie Behn betont, diejenige anderer gallischer Stämme weit überragte. So ist das Dieburger Altarbild zugleich ein Zeugnis für den Einfluß gallischer Kunst in den germanischen Provinzen. (Ein möglicherweise ebenfalls von Silvinus geschaffenes Denkmal, ein Viergötterstein, ist im Museum in → Darmstadt aufgestellt.)

Aus dem Mithräum stammen ferner: Fragment einer Darstellung der Felsgeburt des Mithras; ein Relief des stiertragenden Mithras; mehrere auf Merkur bezügliche Steinplastiken (Fragment einer Statue des Gottes, ein Altar, Fragment eines Reliefs); Herkulesstatue; zwei opfernde Genien (die Köpfe sind abgeschlagen); sie stützen sich mit der Rechten eine Opferschale auf einen Altar; thronende Muttergottheit.

Das Fragment eines Grabmals aus der Mitte des 2. Jahrhunderts n.Chr. wurde in der evangelischen Stadtkirche von Groß-Umstadt entdeckt. Das im Ganzen stark beschädigte, in einigen Einzelheiten aber gut erhaltene Relief (beachtenswert der mit einer Fransendecke versehene Falttisch) stellt ein Familienmahl dar (eine ähnliche Szene findet sich auf einem Grabrelief aus Bonn im dortigen Museum). Säulenreste (z. Z. wegen Bearbeitung noch nicht ausgestellt) lassen auf die Straßen begleitende Laubengänge schließen.

Die zahlreichen *Kleinfunde* der (noch im Aufbau befindlichen) römischen Sammlungen umfassen:

*Baumaterialien* (Dachziegel; Hypokaustziegel; Hohlziegel; Wandkacheln; Fußbodenfliesen; bemalter Wandverputz).

*Aus Horn und Knochen gefertigte Gegenstände:* Nähnadeln (dazu ein Fingerhut); Haarnadeln; Spielsteine (darunter aus einem Brandgrab im Feuer des Scheiterhaufens beschädigte Steine); Fragmente von Messergriffen; ein unvollendet gebliebenes Werkstück für die Fertigung von Würfeln; Netzknüpfer; bearbeitete Geweihstücke.

*Eisengeräte:* Meißel; Kelle; Sichel; Haken; Rebmesser; Glocke; Schlüssel; Beschläge eines Holzkastens; Henkeltopf.

*Bronzegegenstände:* Kannendeckel mit Phallusdarstellung; Kannengriffe; Kasten-, Eimerhenkel; Büchsendeckel; Lampenhaken; Löffel; Beschlag eines Holzkästchens.

*Chirurgische Instrumente* (Sonden, Ohrlöffel, Messer, Haken, Spachteln).

*Keramik und Glas,* darunter terra-nigra-Gefäß mit einer durch Rädchen eingedrückten Verzierung; Krüge und Becher verschiedener Typen aus Ton und Glas; Saugfläschchen aus Ton und Glas; bemalter großer Teller; Schüssel mit Austerschalen; Küchengeschirr; Fragment einer großen Reibschale mit Ausguß; Amphorenmündungen; Vorratsgefäße; Fragment einer Terra-Sigillata-Reibschale mit Barbotineverzierung.

*Kultgegenstände:* Gesichtsurne; Fragment einer Kultmaske; Räucherkelche; Terrakottafigur einer Göttin.

*Grabbeigaben in Fundlage* aus einem Brandgrab und einem Plattengrab aus Dachziegeln.

*Tierspuren und -reste:* Ziegel mit dem Abdruck einer Hundepfote; Wildschweinschädel (aus einem Brunnen).

*Graphische Darstellungen:* Zeichnung des oben erwähnten Weihealtars für den „Genius Vici V.V."; Stadtplan von Dieburg mit der Markierung des römischen Siedlungsbereichs und der Mauerumwehrung des 3. Jahrhunderts; Karte der Provinz Starkenburg zur Römerzeit; Rekonstruktionszeichnung einer villa rustica; Grundriß des Mithräums; Photos von römischen Hausfundamenten aus Dieburg und von dem Oberteil eines Marsreliefs.

# DORMAGEN

Im Namen der Stadt steckt noch fast unverändert die uralte keltische Ortsbezeichnung Dornomagnus oder Durnomagus. Die Endsilbe -magus, die auch in anderen keltischen Ortsnamen aus der Römerzeit vorkommt (→ Neumagen, → Remagen) bedeutet soviel wie Feld, Niederlassung, Markt. Die Römer übernahmen das keltische Wort zur Bezeichnung eines Kastells, das im Zuge des niedergermanischen → Limes im 1. Jahrhundert n.Chr. errichtet wurde. Nach neuesten Forschungen lag das Kastell auf der Niederterrasse am linken Rheinufer im Zentrum der heutigen Stadt. Wie aus Münzfunden zu schließen ist, hat das Kastell bis ins 4. Jahrhundert bestanden.

Die Besatzung des Kastells seit etwa 83 n.Chr. war ein Kavallerieregiment, die Ala Noricorum, die zuvor in Burginatium (→ Altkalkar) gelegen hatte. Sie blieb die Garnison von Dormagen während des 2. und 3. Jahrhunderts. Spätere Einheiten sind nicht bekannt. Angehörige der Ala Noricorum sind aus Inschriften auf Weihedenkmälern des persischen Lichtgottes Mithras bekannt, so ein Posaunist („Deo Soli Invicto imperio Gaius Amandinius Verus bucinator votum solvit laetus libens merito") (s. Museum in → Bonn) und ein doppeltbesoldeter Soldat („Deo Soli Invicto Mithrae... duplarius al(a)e Noricorum...").

Bei Dormagen wurden Reste einer Militärziegelei gefunden, die von einem Arbeitskommando (vexillatio) der zunächst in Köln und später in Bonn stationierten I. Legion Germanica betrieben wurde. Vier Brennöfen waren z. T. mit gestempelten Ziegeln der I. Legion erbaut worden (ein Modell der Ziegelei befindet sich im Museum in Bonn).

## DRACHENFELS

Das Trachytgestein des Drachenfels und seines Ausläufers, des Rüdenet, beide im Nutzland der römischen Militärverwaltung auf dem rechtsrheinischen Uferstreifen gelegen, wurde seit der mittleren Kaiserzeit vom römischen Militär ausgebeutet. Drachenfelstrachyt hat sich in römischen Bauten und Denkmälern von Remagen bis Nijmegen in Holland feststellen lassen. Mittelalterliche und neuzeitliche Steingewinnung am Drachenfels hat die Spuren des römischen Abbruchs größtenteils zerstört. Erst in jüngster Zeit ist es gelungen, einige römische Abbruchwände durch Felszeichen und Spaltspuren am Westabhang des Drachenfels nachzuweisen.

Im Gegensatz zu diesen wenigen Anzeichen aus der Römerzeit am Drachenfels sind zahlreiche Spuren römischer Steingewinnung im Felsenmeer des Rüdenet erhalten geblieben. Eine Reihe der dort in Versturzlage verstreuten Trachytblöcke zeigen deutlich die von römischen Steinhauern in den Felsen getriebenen Schalrinnen und Keillöcher.

Der Befund im Rüdenet lieferte das Anschauungsmaterial, aus dem das figurenreiche, lebendige Diorama der Steinbrucharbeiten römischer Soldaten und ihrer Helfer im Rheinischen Landesmuseum in → Bonn zusammengestellt wurde. Im gleichen Museum befindet sich der Weihestein aus Rüdenettrachyt, dessen Inschrift besagt, daß Steine zum Bau des Forums der Colonia Ulpia Traiana (→ Xanten) von der Rheinflotte an ihren Bestimmungsort befördert wurden.

Ein Fußweg führt südwestlich der Drachenburg unterhalb des Drachenfels zum Felsenmeer des Rüdenet. Dort befindet sich eine Gaststätte mit Blick ins Rheintal.

## DÜREN

Das Dürener Land war in römischer Zeit dicht mit Einzelhöfen (villae rusticae) besiedelt. Aus diesen Siedlungen stammen die meisten römischen Fundgegenstände in der **„Archäologischen Sammlung des Leopold-Hoesch-Museums der Stadt Düren."** Sie vermitteln ein Bild von der römischen Zivilisation, die mit dem Einzug der Römer über das ganze Land verbreitet wurde.

Die Sammlung beginnt mit *Keramik* aus dem *1. Jahrhundert n.Chr.:* Aus Gallien importierte Terra-Sigilata-Schüsseln und Teller und terra nigra, die bodenständige Keramik, darunter ein handbemalter Kochtopf; große Henkelflasche; Becher, Schüsseln und Teller.

Aus der *mittleren Kaiserzeit (2. Jahrhundert)* stammt ein Sigillata-Teller mit dem rücklaufenden Stempel „Catullus"; Faltenbecher; dreihenkelige Flasche aus weißem Ton; kleine quadratische Glasflasche; Honigtopf; Kochtopf; Tintenfaß; kleine Bronzefigur eines nackten Jünglings mit Schwert; Tonfiguren von Tieren (Hahn, Hund) aus Kindergräbern; ein großer Bronzetopf mit Graffitiaufschrift; Webstuhlgewichte; Spinnwirtel; Lampe; eine Bilderschüssel des Töpfermeisters Perpetuus aus → Rheinzabern.

Unter Funden aus dem *3. Jahrhundert* befinden sich ein großer Sigillata-Teller mit aufgelegtem Rankenmuster; Sigillata-Schüssel; Kerzenhalter; ein vollständiges Gedeck bestehend aus Schüsseln, Näpfen, Krug und Becher.

Aus dem *4. Jahrhundert* (Spätkaiserzeit) datieren Krüge aus weißem Ton mit rotem Bandmuster; Kochgeschirr; Terra-Sigillata-Näpfe („die während der ganzen Römerzeit gebräuchliche Form des Eßnapfes"); Glasflasche; Spruchkrug mit der Aufschrift: „Da mi" (gib mir zu trinken); ein Sauggefäß; Gesichtsurne.

Verschiedene *Geräte* umspannen die gesamte Römerzeit, darunter Lampen, Nägel, eine Jäte.

Daß *Austern* zu den bevorzugten Delikatessen gehörten, die man auch im fernen Germanien nicht missen wollte, bezeugen die zahlreichen Funde von Austernschalen (s. a. Heidelberg, Jülich, Saalburg).

Ein *Altar der kleinasiatischen Göttermutter Kybele* (Fundort Pier) weist auf die Verehrung der orientalischen Gottheit im Dürener Land hin (hier ein Abguß; das Original im Museum in Bonn). Nach der Inschrift wurde der Altar zum Wohl eines (nicht genannten) Kaisers von einer Kultgenossenschaft gewidmet („Pro salute imperatoris Augusti Matermagnae consacrani libentes merito"). (Der Name der „großen Göttermutter" wird hier grammatisch als ein Wort behandelt.) Als frühestes Datum des Steins gilt das Ende des 2. Jahrhunderts n.Chr.

Bruchstück eines *skulptierten Grabmals* mit der Darstellung von Iphigenie, Orestes und Pylades (Fundort Freinz-Lamersdorf, Kr. Düren; hier ein Abguß; das Original in Bonn). Iphigenie erscheint als Priesterin mit dem Standbild der Artemis im linken Arm; zu beiden Seiten Orestes und Pylades mit gezücktem Schwert. „Szenen aus dem Iphigenienmythus waren auf den gallorömischen Grabdenkmälern, namentlich der Moselgegend, sehr beliebt. Das Giebelfeld wird also wohl auch von einem größeren Grabdenkmal stammen" (Lehner). (Vgl. dazu den „Iphigenienpfeiler" im Lapidarium des Museums in → Trier.)

*Weihedenkmal für die Göttin Sunuxsal*, von Ulpius Hunicius geweiht (Abguß; Original in Bonn). Sunuxal war die Stammesgöttin der Sunnici (Sunici), die zwischen Ubiern und Tungrern (in der Gegend um Aachen) wohnten (Fundort Eschweiler, Kr. Aachen). (S. a. → Remagen.)

Torso eines *sitzenden Jupiter* (von einer Jupitersäule).

*Römische Werkstücke und Handwerkszeug* aus Bronze und Eisen (Hufeisen, Kettenglieder, Haken, Brechstange, Beschläge, Zange, Nägel, Schere, Kreuzschlaghammer, Kummeisen).

Oberer Teil einer *Jupitersäule* mit Reliefs der Juno und Minerva.

*Weihedenkmal für die Matronae Arvagastae*, von Aulus Vettius Victor gestiftet (Abguß; Original in Bonn). Die drei Göttinnen sind in der üblichen Tracht der Matronen (s. den Stein des Quintus Vettius Severus in → Bonn), auf einer Bank sitzend mit Früchtekorb im Schoß, dargestellt. Der Matronenname Ar-

# Düren

vagastae kommt sonst nicht vor. Lehner bemerkt, daß der Name an den deutschen Namen „Arbogast" erinnert (so hieß der fränkische Heermeister des Westens unter Valentinian II. Ende des 4. Jahrhunderts n. Chr.).

*Altar der Ardbinna,* von Titus Iulius Aequalis geweiht (gefunden 1859 bei Gey, Kr. Düren. Abguß, Original in Bonn). Die Göttin ist identisch mit der Dea Arduinna, Göttin des Ardennenwaldes (S. a. → Aachen).

Eine *Sammlung römischer Gläser* enthält kantige und runde Flaschen aus grünlichem und bläulichem Glas, Becher, Schalen, Vialen, zweihenkelige Flasche. Stifter eines Altars für die *Matronae Corstvahenae* (Fundort Derichsweiler 1950), war C. Caldinius Avaco.

Unter *Baumaterialien* finden sich römische Wasserleitungsrohre aus Ton; Ziegel für Dächer und Hypokaustheizungen.

Eine Sammelausstellung zeigt Funde aus der *römischen Töpfersiedlung des Verecundus bei Soller,* Krs. Düren (Ausgrabungen 1932/33), aus der zweiten Hälfte des 2. Jahrhunderts n.Chr. – Die Siedlung bestand aus Fachwerkbauten und überdeckten Hallen. Eines der Gebäude war ein Wohnhaus mit mehreren heizbaren Räumen; auch ein Bad gehörte dazu. Der Töpfereibezirk war von mehreren Wasser- und Kanalleitungen durchzogen.

Aus der Wohnsiedlung stammen Bleirohre, Wandverputz, Kerzenleuchter, Salbölflasche, Fensterglas, Spielzeug, Sieb, Gefäßgriff, Spinnwirtel, Münzen (Hadrian, Faustina d.Ä.). Von Erzeugnissen der Töpferei sind ausgestellt: Krüge, sog. Firnisware (rot- und schwarzgefärbtes Geschirr), Tiegel, Näpfe mit Deckel. Außerdem fabrizierte Verecundus große Reibschüsseln und Tonfässer und machte Versuche mit grüner Glasur. Er stempelte seine Ware mit seinem Namen: Verecundus fecit.

# E

## ECHZELL

Das Römerkastell bei Echzell (Hessen) gehört zu den größten militärischen Anlagen am Limes. Nach seiner Fläche von 5,2 ha zu urteilen, bot es Platz für eine Besatzung von 1000 Mann. Es wird angenommen, daß eine Kavallerie- und eine Infanterieeinheit von je 500 Mann in Echzell lagen. Die Identität der Einheiten hat sich bisher nicht mit Sicherheit feststellen lassen. Baatz nimmt an, daß unter den Alen die Ala I Flavia Gemina, die Ala Indiana Gallorum und die Ala Moesica felix torquata, und von Kohorten die Cohors XXX voluntariorum civium Romanorum in Betracht kommen.

Die Bedeutung des Kastells liegt aber weniger in diesen Einzelheiten als in einem Fund, für den es bisher keine Parallele in der Limesforschung gibt. Bei der Freilegung einer Mannschaftsbaracke innerhalb des Kastells fand man 1965 in einem schon im Altertum zugeschütteten Keller unter dem Offiziersquartier der Baracke tausende von bemalten Wandverputzstücken. Die Stücke ließen sich in mühevoller Arbeit zu Wandmalereien zusammensetzen, die einst die Wohnung eines Reiteroffiziers schmückten.

Themen der Malerei sind Szenen aus der griechischen Mythologie. Das Mittelfeld der Wand wird vom Bildnis der Fortuna und des Herkules eingenommen. Beide Gottheiten sind an ihren Attributen zu erkennen: Fortuna mit Füllhorn und Rad; Herkules mit Keule und Löwenfell. Die Bilder in den Seitenfeldern sind inhaltlich Pendants: Links ist Theseus dargestellt, wie er mit einem Krummstab den Minotauros im Labyrinth tötet; rechts legt Dädalus mit einem Hammer letzte Hand an den Flügel des Ikaros zu dessen verhängnisvollem Flug.

Das Überraschende an den Malereien ist, daß sie in einem Limeskastell zutage kamen, ein bisher einmaliger Fall. Es handelt sich nicht um „große Kunst, wohl aber um gutes Kunsthandwerk" (Baatz). Der Maler war sicherlich nicht ein Angehöriger der Echzeller Reitertruppe. Möglicherweise hatte man eine Malerwerkstatt in der Provinzhauptstadt Mainz mit der Ausschmückung der Offizierswohnung beauftragt. Vom kunsthistorischen Standpunkt sind die Wandmalereien von Echzell nicht „Schöpfungen... eines besonderen Stilwillens der Provinzialkunst, sondern Erzeugnisse einer unbeholfenen Volkskunst" (Doppelfeld).

Als „menschliche Urkunden" legen die Malereien Zeugnis ab von dem Bildungsstand des römischen Offiziers, der die ihm von Haus aus vertrauten Fabeln der griechischen Götter- und Heldensagen auch in seiner entlegenen germanischen Garnison nicht missen wollte. „Diese Erinnerungszeichen griechisch-römischer Kultur am Rande der zivilisierten Welt haben etwas Rührendes und Bewegendes, wie Ansichten von Zuhause an den Wänden des Offiziersklubs eines britischen Militärpostens in den Kolonien" (MacKendrick). Das Kastell, um 90 n.Chr. zunächst in Holz und Erde erbaut und später in Stein erneuert, hat bis etwa 260 bestanden und ist innerhalb dieses Zeitraums zweimal zerstört und wieder aufgebaut worden. Die Fundamente eines Teiles der Haupträume des außerhalb des Kastells gelegenen Bades sind in einem Kellerraum unter der evangelischen Pfarrkirche des Ortes erhalten.

Echzell ist auch der Fundort einer ehemals mit Silberblech überzogenen eisernen Gesichtsmaske eines römischen Paradehelmes, wie er von römischen Kavalleristen bei Paraden und Kampfspielen getragen wurde (im → Saalburgmuseum). (Siehe auch → Straubing)

## EICHSTÄTT

Eine spätrömische Siedlung ist durch Gräberfunde in Eichstätt bezeugt, aber weder ist ihr römischer Name bekannt, noch sind Spuren der Siedlung erhalten geblieben. Der Ort, so wird angenommen, verdankte seine Entstehung dem Vorkommen von Eisenerz nördlich von Eichstätt.

Etwa 6 km östlich von Eichstätt liegen die Reste des Römerkastells Vetoniana (→ Pfünz), das

# Eichstätt

zusammen mit einem vorgeschobenen Kleinkastell bei → Böhming den Übergang des rätischen Limes über die Altmühl sicherte. Funde aus den beiden Kastellen, ihren Zivilsiedlungen und aus dem vicus Nassenfels sind in dem **Ur- und frühgeschichtlichen Museum,** einer Abteilung des **Juramuseums auf der Willibaldsburg,** dem Restbau der sich mächtig über Stadt und Altmühltal erhebenden ehemaligen fürstbischöflichen Residenz, ausgestellt.

Der Besucher wird zunächst mit einer Texttafel in die *Geschichte der archäologischen Forschungen und Sammlungen in Eichstädt* eingeführt. Dabei werden die Anregungen Theodor Mommsens zur provinzialrömischen Forschung und die Verdienste von Friedrich Winkelmann und Karl v. Popp um den Aufbau der Sammlungen hervorgehoben. Ein Foto des Gedenksteins am Pfahlrain bei Denkendorf erinnert an die Steinpfeiler, die König Maximilian II. Joseph von Bayern (1848–1864) um 1860 zur Kennzeichnung von Limes, Kastellen und Römerstraßen errichten ließ und die als „Maxsteine" in der Bevölkerung bekannt sind. (Im freien Feld ist der Verlauf des rätischen Limes, die sog. „Teufelsmauer", wo antike Spuren fehlen, häufig durch Büsche und Hecken erkennbar.)

Den Rahmen der römischen Sammlungen bilden Themengruppen, die in Texten mit graphischen Darstellungen, Plänen und Karten beschrieben werden. Nach ihnen richtet sich auch die Anordnung der Funde.

In einem *Lateinische Sprache und Schrift, Schreibutensilien und Schriftdenkmäler* betitelten Text wird darauf hingewiesen, daß Latein nicht nur Amtssprache der Verwaltung und Kommandosprache der Armee gewesen ist, sondern auch der Provinzbevölkerung als Mittel des Verständnisses für Religion und Götterwelt der Römer gedient hat.

Latein als Kommandosprache des römischen Heeres verdeutlichen zwei militärische Bauinschriften. Die Inschriften vermitteln zugleich eine Vorstellung von der Arbeit der Truppe und der Befehlsgewalt im Heer. Die größere der beiden hier ausgestellten Inschriften wurde vor dem Südwesttor des Kleinkastells Böhming gefunden. Sie stammt aus dem Jahre 181 n. Chr., als Commodus Kaiser war, und berichtet von Bauarbeiten der in Regensburg stationierten III. Italischen Legion und der Besatzung des Kastells, der 500 Mann starken 1. teilweise berittenen Kohorte von Breukern, einem Stamm aus Pannonien, dem heutigen Ungarn: „Imperatore Caesare Lucio Aurelio Antonino Augusto Commodo Armeniaco, Parthico, Germanico, Sarmartico tribunicia potestate VI, consule III Patre Patriae Spicio Ceriale Legato Augusti pro praetore vexillarii Legionis III Italicae vallum fecerunt curam agente Iulio Iulino centurione Legionis III Italicae item portas cum turribus IIII perfectas ab Aelio Forte centurione Legionis III Italicae, praeposito cohortis I Breucorum Imperatore III Burro consulibus." (Unter dem Kaiser Caesar Lucius Aurelius Antoninus Augustus Commodus, dem Sieger über die Armenier, Parther, Germanen und Sarmaten, im sechsten Jahr seiner tribunizischen Gewalt, als er zum dritten Mal Konsul war, Vater des Vaterlandes, und unter dem kaiserlichen Legaten mit dem Rang eines Praetors Spicius Cerialis, hat ein Kommando der III. Italischen Legion die Umfassungsmauern hergestellt unter Leitung des Julius Julinus, centurio der III. Italischen Legion. Ebenso wurden die Tore mit vier Türmen vollendet unter Aelius Fortis, centurio der III. Italischen Legion und Kommandeur der Breukerkohorte, als der Kaiser zum dritten Mal und Burrus Konsuln waren.)

Beim genauen Betrachten der Inschrift fallen Farbspuren, vor allem in der obersten Zeile, auf. Sie stellen eine Art „Wiedergutmachung" dar. Nach seiner Ermordung war Commodus der damnatio memoriae verfallen. Sein Name mußte in der Inschrift getilgt werden. Später nahm der Senat sein Verdammungsedikt zurück. Der Name des Kaisers wurde daraufhin mit Stuck und Farbe wieder in die Inschrift eingesetzt.

Die kleinere Inschrift auf einem Quader aus Jurakalk befand sich am Westtor, der porta principalis sinistra, des Kastells Pfünz und gibt Kunde von Steinbauten durch die dort stationierte Breukerkohorte („cohors I Breucorum civium Romanorum") zur Zeit des Kaisers Antoninus Pius (138–161).

Zum Thema Schreibgerät wird eine Sammlung von Schreibgriffeln aus Pfünz gezeigt, von denen die meisten, so wird angenommen, aus der Zivilsiedlung stammen. Dazu Metallettern, zum Teil vergoldet, von Inschriften und eine Trägerplatte aus Solnhofer Schiefer mit eingelegten Metallbuchstaben. Zu schriftlichen Dokumenten gehören auch Stempel und Ritzinschriften auf Terra-Sigillata-Scherben sowie im weitesten Sinne Spielutensilien (Spielsteine aus Ton, Glas und Bein) und Münzen. Letztere wurden zum größten Teil in Rom geprägt und ermöglichen die Datierung des Kastells von spätdomitianischer Zeit (90 n. Chr.) bis zu Kaiser Severus Alexander (222–235).

Das für Fundmaterial aus römischen Kastellen wichtigste Thema – das Militär – wird in einem Text über *Römische Kriegskunst und Waffentechnik* zusammen mit einem Grundrißplan des Kastells Pfünz behandelt und durch zahlreiche Funde von Waffen- und Ausrüstungsteilen für Fußsoldaten und Reiter und militärisches Gerät anschaulich gemacht. Zu den Funden gehören ein Reiterhelm (die Besatzung von Pfünz war teilweise beritten), Helmkämme, Helmbuschhalter, Pioniergeräte (Brecheisen, eiserne Kette), Schildbukkel, Lanzen-, Speer- und Pfeilspitzen, Hufschuhe, Teile von Pferdegeschirr, Handfesseln für Kriegsgefangene mit Schlüsseln sowie Feldzeichen; ferner Teile von Paraderüstungen und Schuppenpanzern, Schleudergeschosse mit rekonstruierter Schleuder, Beschläge militärischer Ausrüstungsgegenstände, Ortband (Ende der Schwertscheide), Schwertriemenhalter, ein eisernes Langschwert, Knaufbeschläge aus Bronze und ein Knauffragment aus Elfenbein.

Zum Thema Militär gehören auch Karten des römischen Weltreiches, seiner Militärgrenze zwischen Donau und Rhein und der Provinzen des Reiches zur Zeit Trajans; eine Karte von der Bildung der Provinz Rätien und dem Bau des Limes sowie von Straßen und Straßenstationen, Siedlungen und Gutshöfen an Donau und Altmühl. Die straffe Organisation des Weltreiches ermöglichte den Fernhandel und Warenaustausch zwischen den einzelnen Teilen des Reiches (dazu hier Gefäße mit Inhaltsangaben). Die hohen Transportkosten verleiteten allerdings auch zur Nachahmung von Importwaren.

Schon in den Zivilbereich hinein reicht das Thema *Römische Meß- und Baukunst, Baumaterialien und Bautechnik.* Zur Erläuterung dient das Schema einer Fußbodenheizung, die Zeichnung einer groma und der Grundriß des Kastellbades von Pfünz. Der Grundriß der Prunkvilla von Westernhofen mit einer Darstellung des dort gefundenen Mosaiks (nähere Beschreibung siehe → München) und die Abbildung einer villa rustica fallen in den Themenbereich *Zivilsiedlungen bei Kastellen, Straßendörfer und Gutshöfe.*

Funde zum Thema *Bau* umfassen Werkzeuge des zivilen Handwerks, Schlüssel und Schloßhaken, Schloßbleche mit Befestigungsnägeln, Schloßriegel, Haken- und Schiebeschlüssel, Äxte, Sägeblatt, Löffelbohrer, Meißel, Hirschgeweihe als Rohmaterial für Handgriffe, Nadeln aus Bein und Eisen, Schere, Ahle, Farbtöpfchen mit Farbresten, bemalten Wandverputz, Abziehsteine, Eisenbeschläge für Holzspaten, Hau- und Stockzwinge, Zimmermannszirkel, Türbeschläge, Haken und Angeln, Vergitterung eines Kellerfensters, Teile einer Bodenheizung, Hypokaustziegel, Maurerkelle, Hammer, Beton mit Flechtwerkabdrücken, Maurerhaken zur Ziegelbefestigung. Kernstück dieser Ausstellung ist der obere Teil einer groma, des Visiergeräts, des Feldmessers, aus Pfünz, ein einmaliger Fund.

Das vollständige Gerät bestand aus einem rechtwinkeligen Achsenkreuz aus Eisenstäben, das waagerecht auf einem Stativ drehbar gelagert war. Von den vier Enden des Achsenkreuzes hingen Lote herab. Durch Zielen entlang der Senkschnüren konnte der Feldmesser seinem Gehilfen die Punkte für die Aufstellung von Pfosten zur Markierung eines gradlinigen Weges geben. Das Instrument wurde vor allem zur Anlage der zueinander senkrecht verlaufenden Hauptstraßen eines Kastells verwendet. Die groma wurde im Mittelpunkt des geplanten Lagers aufgestellt und mit ihrer Hilfe die Richtung der Lagerstraßen (decumanus und cardo) ausgelegt. An den Endpunkten des Achsenkreuzes standen die vier Tore des Lagers. Außer diesem etwas „robusten" Gerät gibt es noch ein zierlicheres aus Bronze, „eines der seltensten und kostbarsten Instrumente". Es wurde in Pompeji im Laden des Verus, eines „faber aerarius" (Verkäufer von Bronzegegenständen) im Haus Nr. 3 der Insula 6, Regio I gefunden.

Unter Funden zum Thema *Hausgeräte, Küchengefäße, Küchen- und Tafelgeschirr, Vorratshaltung* befinden sich: Schüsseln, Flaschen, eiserner Bratrost, Dreifuß, Schöpfkelle, Küchenmesser, ein mit Originalteilen rekonstruierter Holzkübel, Handdrehmühle, Vorratsgefäß, Reibschalen und Reibkugeln, Glashals, Terra-Sigillata-Becher, ein Weinseiher, Teller, rauchgeschwärzte Schüssel, bemalte Flasche, rätische Henkeldellenbecher.

Bescheiden wirken die Funde zum Thema *Schmuck- und Trachtenzubehör, Toilettengegenstände, Schmuckkästchen* (Armreifen, Ohrlöffel, Gewandschaften aus Bronze und Silber). Offenbar trieb man in den Lagerdörfern der Kastelle Pfünz und Böhming keinen großen persönlichen Aufwand.

Über *Religion und kultische Götterbilder, Totenkult* unterrichtet ein mit einer Zeichnung von Friesen mythischer Hippokampen aus Pförring und Pfünz, dem Grundriß des Dolichenustempels bei Pfünz und der Darstellung eines Pfeilergrabes mit Pinienzapfen bebilderter Text. Funde zu diesem Thema umfassen: Amulette, Ritualgefäße, Weihegaben (darunter eine kleine tönerne Hand), Relieffragmente eines genius loci, Skulpturenfragmente (Arm eines genius loci); die Statue des genius loci von Nassenfels, eine Weihung des Claudius Vitio, der die Statue auch selbst angefertigt hatte, wie aus der Inschrift hervorgeht: „In honorem Domus Divinae genio loci signum Claudius Vitio libens, laetus merito fecit dedicavit Apro consule" (Zu Ehren des Kaiserhauses hat Claudius Vitio dem Schutzgott des Ortes gerne, freudig und nach Gebühr ein Standbild angefertigt und es gewidmet unter dem Konsulat von Aper – um 207 n. Chr.).

Die *Steinskulpturen*, vielfach als Spolien in Bauten verwendet, stammen größtenteils aus Nassenfels, dem „vicus Scuttariensium". Der Ortsname ist durch eine in der Friedhofsmauer gefundene Inschrift überliefert und dürfte von Scuttara, dem keltischen Namen der Schutter, einem Nebenflüßen der Donau, abgeleitet sein. Der vicus war wirtschaftlicher Hauptort und zugleich verwaltungsmäßiger Mittelpunkt für das Limesgebiet nördlich der Donau und als Etappenort hinter dem Limes eine blühende Marktgemeinde mit großen Steinbauten (Bädern, Töpfereien, Werkstätten).

Die Skulpturen stellen dar: Frauenkopf mit Bemalung; behelmten männlichen Kopf, wohl eines Gottes; Basis einer Fortunasäule; Knabenstatue; Apollorelief; Hand einer Statue des Gottes Vulkan; Relief der keltischen Pferdegöttin Epona (bis 1920 im Giebel eines Bauernhauses eingebaut). Das Relief gilt als östlichster Vertreter seines Typs. Mit den Steindenkmälern ausgestellt ist Reliefkeramik (Sigillataschüssel mit figürlicher Barbotinverzierung).

Funde zum *Totenkult* umfassen: Aschurnen, Grabbeigaben (Tierfiguren, Miniaturgefäße, Räucherkelche, Öllämpchen). Ein steinerner Pinienzapfen aus Pfünz bildete die Bekrönung eines Grabmals. Zum Abschluß: Grabstein eines Offiziers der Breukerkohorte für seine Gattin, die mit ihm, fern von der Heimat, die Unbilden des Lagerlebens an der Nordgrenze des Reiches getragen hatte: „Dis Manibus Valeriae Honoratae Publius Creperius Verecundianus Praefectus Cohortis I Breucorum uxori" (Den Totengöttern. Der Valeria Honorata, seiner Gattin, Publius Creperius Verecundianus, Kommandeur der 1. Kohorte der Breuker).

## EINING, NEUSTADT a. d. Donau-

Das Römerkastell Abusina (der Name ist von Abens, einem Nebenfluß der Donau, abgeleitet) bei Eining (jetzt Teil von Neustadt a. d. Donau) ist das am vollständigsten ausgegrabene und am besten konservierte Kastell am rätischen Limes. Es ist zugleich das Kastell mit der längsten Geschichte, die von Anfang bis zum Ende durch Baureste nachweisbar ist. Zunächst ein Holz-Erde-Bau und später wiederholt in Stein erneuert und umgebaut, hat das Kastell von ungefähr 80 n.Chr. bis zum Beginn des 5. Jahrhunderts bestanden, als die römischen Truppen von Rhein und Donau abgezogen wurden, um Italien gegen germanische Invasionen zu verteidigen. Als eine weitere Besonderheit mag gelten, daß mit Ausnahme der ersten Jahrzehnte, in denen die Cohors IIII Gallorum und ihr folgend (bis etwa 153) eine Abteilung (vexillatio) der Cohors II Tungrorum milliaria equitata die Garnison bildeten, das Lager jahrhundertelang kontinuierlich von der gleichen Auxiliareinheit besetzt war, einer Kohorte von Briten, die hier, weit von ihrer Inselheimat entfernt, für das römische Reich die Grenzwacht an der Donau hielten.

Die Kohorte war zunächst teilweise beritten, wie sich aus ihrer Bezeichnung ergibt (Cohors III Britannorum equitata), verlor dann aber vermutlich ihre Reiterei und wurde auch sonst an Zahl verringert, als das Kastell in spätrömischer Zeit durch den Einbau einer Befestigung im südwestlichen Teil auf ungefähr ein Zehntel seiner ursprünglichen Fläche reduziert wurde. In der Notitia dignitatum, dem Staatshandbuch aus dem 4./5. Jahrhundert, ist die Garnison von Abusina als Cohors III Britannorum verzeichnet.

Die wechselvolle Geschichte des Kastells ist von Professor Paul Reinecke in seinem Kurzführer „Das römische Grenzkastell Abusina bei Eining-Donau" im einzelnen beschrieben (beim Eintritt an der Kasse erhältlich). Außerdem orientiert den Besucher eine Hinweistafel am Eingang des Lagers über die wichtigsten Daten. Zusätzliche Erklärungen erhält der Besucher während der Führungen, die je nach Bedarf veranstaltet werden.

Die nachfolgenden Bemerkungen beschränken sich daher auf einige wesentliche Punkte.

Das Lager zeigt den üblichen rechteckigen Grundriß mit abgerundeten Ecken, mit je einem Tor etwa in der Mitte der vier Seiten, Tor-, Eck- und Zwischentürmen, Umwehrung und Graben. Jedoch wird das Lager, abweichend von dem normalen Schema, von der Ost-West-Achse (via praetoria und via decumana) nicht in zwei gleichgroße Hälften geteilt. Der Grund für diese Asymmetrie der Kastellanlage liegt darin, daß ursprünglich die Nordseite des Lagers an der Römerstraße zum Donauübergang hin als die Feind-(Prätorial-)Seite gedacht war. Noch während des Baues wurde die Prätorialfront auf die Ostseite verlegt. Die ursprüngliche porta praetoria wurde zur porta principalis sinistra (der Besucher betritt das Kastell durch dieses Tor).

Die Gebäude im Inneren richteten sich nach dieser Umstellung. In der Mitte liegt das Stabsgebäude (principia) mit Halle, Innenhof, Verwaltungsräumen und halbrundem sacellum (Fahnenheiligtum), das einen kellerartigen Tresorraum besitzt, in dem die Kriegskasse und die Ersparnisse der Soldaten aufbewahrt wurden. An der Nordostecke der principia liegen mehrere heizbare Räume, die, so wird angenommen, anläßlich eines Besuchs Caracallas im Jahr 211 oder 213 angebaut wurden.

Eine weitere Abweichung von dem allgemeinen Kastellschema stellen die Grundmauern in der Südwestecke des Kastells dar. Sie gehören zu einem kleinen, stark bewehrten spätrömischen Kastell mit kräftigen Mauern und vorspringenden Bastionen, das nach dem Verlust des Limesgebiets unter Aurelian (270–275 n.Chr.) und Probus (276–282) angelegt wurde. Die Mannschaftsbaracken waren an die Innenseiten der Mauern angebaut. In der Mitte befand sich ein 22 m tiefer Brunnen (noch sichtbar). Valentinian I. (364–375) fügte im Süden eine Artilleriebastion an.

Die Grundmauern außerhalb des Lagers gehören (im Westen) zu einem großen heizbaren Wohngebäude. Es wurde in der älteren Literatur als die Villa des Lagerkommandanten angesprochen, gilt aber heute, wie ein ähnliches Gebäude bei der → Saalburg, als eine Art Gästehaus (mansio) für prominente Besucher, durchreisende Offiziere und Beamte in dienstlichem Auftrag.

Östlich davon liegen die mehrfach umgebauten Kastellbäder. Ein Einzelbad an der Südseite ist wahrscheinlich ursprünglich für Caracalla während seines Besuches bestimmt gewesen und mag später als „Offiziersbad" gedient haben.

Abusina war nach Westen durch eine Militärstraße mit einer Reihe von Kastellen verbunden, darunter Celeusum (Pförring) und Germanicum (Kösching).

Ein etwa 4 km langer Abschnitt der Römerstraße ist zwischen Theising und Ettling (rund 2 km nordwestlich von Pföring) als Feldweg mit Schotterstraße erhalten.

Ein Wachtturm auf dem Weinberg etwa 2 km nordöstlich des Kastells hielt die Sichtverbindung zum Limes aufrecht. „Vom Weinberg aus bietet sich ein hervorragender Rundblick auf das Ende des rätischen Limes und die römischen Anlagen von Eining" (Th. Fischer).

Nach dem Bau der spätrömischen Festung siedelte sich die Bevölkerung der vor dem Osttor gelegenen bürgerlichen Niederlassung innerhalb der Mauern des verlassenen Kastells an. Der vicus war lange Zeit ungeschützt den Raubzügen eingedrungener Germanen ausgesetzt gewesen.

Die Funde aus Abusina sind auf verschiedene Museen aufgeteilt. Der größte Teil befindet sich im Stadt- und Kreismuseum (Stadtresidenz) in → Landshut; dort ist auch ein Modell des Kastells mit der eingebauten spätrömischen Befestigung zu sehen. Andere Funde werden in der Prähistorischen Staatssammlung in → München und im Museum der Stadt → Regensburg (mit einer eingehenden Karte des Lagers) aufbewahrt.

## EPFACH, DENKLINGEN-

Der Ortsname hat sich über das mittelalterliche Eptaticum aus dem römischen Abodiacum entwickelt und ist Zeugnis für das kontinuierliche Weiterleben einer Bevölkerung an diesem Ort von der Römerzeit bis zur Gegenwart. (Seit 1972 bildet Epfach einen Teil der Gemeinde Denklingen).

Die geschichtlichen Anfänge von Abodiacum liegen auf dem Lorenzberg, einer nordöstlich von Epfach in einer Lechschleife gelegenen, 14 m hohen, etwa 250 m langen und 100 m breiten Anhöhe. An dieser Stelle kreuzte die später als via Claudia bekannte Militärstraße von Italien nach Augsburg die Straße Kempten–Salzburg, die hier den Lech überschritt. Um etwa 10 v.Chr., wenige Jahre nach der Eroberung des Alpenvorlandes durch die Römer, wurde auf dem Lorenzberg eine Militärstation mit 80 Mann angelegt. Die Truppe hatte die Aufgabe, Nachschub und Meldewesen an diesem strategisch wichtigen Punkt zu sichern. Der Posten wurde um 50 n.Chr. aufgegeben, als unter Kaiser Claudius die Garnisonen aus dem Inneren der Provinz Rätien an die Donau verlegt wurden.

Der Militärstation folgte eine bürgerliche Siedlung im Gebiet des heutigen Epfach. Dank ihrer verkehrsgünstigen Lage an Straßenkreuzung und Flußübergang entwickelte sich die Niederlassung zu einem blühenden Marktort. Abodiacum gehört, so wird vermutet, zu den wenigen Plätzen in Rätien, die den Rang eines municipium, d. h. einer Gemeinde mit Selbstverwaltung nach italischem Recht, erhielten.

Für den Wohlstand der dort ansässigen Familien sprechen aufwendige Grabdenkmäler, von denen Teile im Museum von → Augsburg zu sehen sind. Auch lassen Bauinschriften auf bedeutende öffentliche Bauten schließen. Aus Abodiacum stammte möglicherweise Claudius Paternus Clementianus (65–130 n.Chr.), zuletzt kaiserlicher Statthalter der Provinz Noricum, dessen glänzende militärische und zivile Laufbahn im römischen Staatsdienst auf einer der Bauinschriften aus Abodiacum (s. Museum in Augsburg) vermerkt ist. Der Alamanneneinfall von 233 beendete die fast 200-jährige Periode friedlicher Entwicklung. Abodiacum wurde zerstört, für eine kurze Zeit wiederaufgebaut, aber nach dem Fall des → Limes 259/60 endgültig aufgegeben.

Wie an anderen Orten der Provinz, → Kempten (Cambodunum) und → Kellmünz (Caelius Mons), suchte auch die Bevölkerung von Abodiacum Schutz vor plündernden Horden auf einer benachbarten Höhe. Die alte Militärstation auf dem Lorenzberg bot die gewünschte Zuflucht. Hier wurde um 300 eine bis zu 3 m starke Schutzmauer errichtet, die durch breite Gräben zusätzlich gesichert wurde. Das Material zum Mauerbau mußte die verlassene Stadt hergeben, insbesondere der Friedhof mit seinen Steindenkmälern. Beim Mauerbau verwendete Architekturteile, Bilder- und Inschriftsteine kamen 1830 zutage, als man in Epfach daranging, die damals noch vorhandene spätrömische Mauerruine auf Abbruch zu verkaufen.

Einige der schönsten römischen Grabmonumente und andere Skulpturen konnten gerettet und in das Antiquarium Romanum in Augsburg gebracht werden. Im Römischen Museum in Augsburg befindet sich auch die Zeichnung, die der Landrichter Lorenz Boxler 1830 von der Mauer anfertigte, bevor sie den Steinbrechern zum Opfer fiel. Ihre Verwendung als Baumaterial hat die Steindenkmäler zwar der Nachwelt erhalten; die Zweckentfremdung legt aber auch Zeugnis ab für die verzweifelte Lage, die die Bevölkerung zwang, die mit der Entweihung von Totengedenksteinen verbundenen rechtlichen und religiösen Risiken auf sich zu nehmen, um zu überleben. (Das berühmteste Beispiel für die Verwendung von Grabmonumenten für einen spätrömischen Festungsbau bietet→ Neumagen).

Die Befestigungen konnten offenbar nicht verhindern, daß die Siedlung auf dem Lorenzberg mit ihren Holzhäusern um 353 als Folge eines Alamanneneinfalls abbrannte. Abodiacum wurde um 370/80 wiederaufgebaut und erhielt bald danach eine ständige Garnison. Seitdem diente der Ort als Versorgungsstation und Pferdewechsel für das Grenzheer und durchziehende Truppen. Rätien blieb weiterhin Durchgangsgebiet, vor allem für Truppenbewegungen von Oberitalien zur Donau und vom Rhein zu den östlichen Provinzen. Aus dieser Zeit dürften einige Kamelknochen stammen, die unter vielen Haustierknochen auf dem Lorenzberg festgestellt wurden. „Nur Truppen aus dem Orient können Kamele mit sich geführt haben" (J. Werner).

Zu den wenigen Steinbauten auf dem Lorenzberg gehört ein rechteckiger Bau, den man als eine frühchristliche Gemeindekirche gedeutet hat. Eine aus dem 4. Jahrhundert stammende Tonlampe mit Christogram, die auf dem Lorenzberg gefunden wurde, wird als sicheres archäologisches Zeugnis für eine christliche Gemeinde in Abodiacum angesehen.

Die Befestigung auf dem Lorenzberg wurde Anfang des 5. Jahrhunderts geräumt. Der verlassene Ort diente den Alamannen zunächst als Begräbnisstätte. Die zum Gräberfeld gehörige Ansiedlung wird im Bereich des heutigen Dorfs gelegen haben, wie die Kontinuität der Namenstradition vermuten läßt.

Von den spätrömischen Befestigungen auf dem Lorenzberg sind nur noch Grabungsspuren zu sehen. Auf der Höhe des Lorenzberges erinnern zwei Meilensteine und ein kleiner Mauerrest an die römische Vergangenheit.

## ERBACH

Im Schloß der Grafen zu Erbach-Erbach befindet sich eine der bedeutendsten und eindrucksvollsten Privatsammlungen griechischer, etruskischer und römischer Altertümer in Deutschland. Die Sammlungen stellen das Ergebnis mehrerer Kunstreisen dar, die Graf Franz I., der letzte regierende Graf, bevor die Grafschaft 1806 an das Großherzogtum von Hessen-

Darmstadt fiel, Ende des 18. Jahrhunderts nach Italien unternahm.

Bemerkenswert sind insbesondere eine Reihe von antiken Marmorplastiken aus Pompeji und der Hadriansvilla in Tivoli, unter ihnen eine Büste Alexanders des Großen von Lysippus (330 v.Chr.), ein griechischer Athletenkopf und verschiedene Porträtköpfe römischer Kaiser, einschließlich einer Büste Caesars. Die Sammlungen enthalten ferner antike Silber- und Kupfermünzen und rot- und schwarzfigurige Amphoren aus Italien und Sizilien.

Graf Franz war nicht nur ein kenntnisreicher und kunstsinniger Sammler von antiken Kunstgegenständen aus Italien, sondern auch ein Liebhaber einheimischer Denkmäler des römischen Altertums. Er fand sie in Kastellen und Wachttürmen des Odenwaldlimes, der Teile der Grafschaft Erbach durchzieht (→ Limes), und wurde so einer der ersten Erforscher des Limes. Einige seiner Ausgrabungen sind im Englischen Garten von → Eulbach aufgestellt.

Ein Denkmal des Grafen in römischer Toga ziert den Platz vor der gräflichen Residenz.

## ERNZEN

Der anmutige Ferienort im deutsch-luxemburgischen Naturpark besitzt ein einzigartiges Denkmal aus der Römerzeit. Im Jahre 1964 wurden bei Straßenarbeiten römische Architektur- und Inschriftteile gefunden, die nach den Feststellungen des Entdeckers, Dr. Josef Hainz vom Bitburger Kreismuseum, zu einer Kultstätte für den keltischen Gott Intarabus gehörten. Das Heiligtum bestand aus einer Aedicula (Tempelchen) und einem Weihealtar. Das Götterbild war verschwunden.

Eine unvollständig erhaltene Inschrift besagt, daß ein Mann mit dem Beinamen Germanus Götterstatue und Altar auf seine Kosten gestiftet hatte. („Deo Intarabo sua impense Germanus"). Intarabus wurde von den Römern teils mit Mars in seiner Eigenschaft als Vegetationsgottheit, teils mit Silvanus, dem Gott des Waldes, der Gehöfte und Gärten, gleichgesetzt.

Die Originalteile der Kultstätte sind mit Ergänzungen im Lapidarium des Rheinischen Landesmuseums in → Trier aufgestellt. An der Fundstelle ist das kleine Heiligtum im Ganzen rekonstruiert. Es wird mit gutem Grund angenommen, daß der gegenüberliegende Bauernhof auf dem Boden einer römischen villa rustica steht.

So kann sich der Besucher der antiken Weihestätte leicht in die gallorömische Vergangenheit versetzt fühlen, als überall im Grün der Wiesen und Wälder die weißen, säulenbestandenen und mit roten Ziegeln bedeckten Gutshäuser die Landschaft belebten.

## EULBACH, MICHELSTADT-

Aus der bürgerlichen Niederlassung eines römischen Kastells entwickelte sich ein Ort, der im Dreißigjährigen Krieg unterging. An seiner Stelle steht heute das Jagdschloß der Grafen zu Erbach-Erbach. Das Kastell wurde 1806 von Graf Franz I. (→ Erbach) ausgegraben und ein Tor des Kastells im gegenüberliegenden „Englischen Garten" aufgebaut.

Der „Englische Garten" wurde 1802 von dem kurfürstlichen Gartenarchitekten Friedrich Ludwig von Sckell (1750–1823), dem Schöpfer des Englischen Gartens in München und anderer Parks in Deutschland, auf Veranlassung des Grafen Franz „auf völlig kahlem Feld" angelegt. Eine besondere Note erhielt der Park durch römische Architekturteile, die Graf Franz von Kastellen und Wachttürmen des Odenwaldlimes in den Park bringen und dort aufstellen ließ. Er verband auf diese Weise die sentimentale Vorliebe seiner Zeit für Ruinen, meistens künstliche, in romantischen Parkanlagen mit dem praktischen Zweck, einige echte Antiquitäten der Nachwelt in einer Art Freilichtmuseum zu erhalten.

Das erste „Römerdenkmal", das der Besucher des Gartens antrifft, ist ein am Ende einer breiten Lindenallee aufgerichteter Obelisk. Wie die lateinische Inschrift besagt („Ex ruderibus castelli Romani ad Wirzberg exstructus"), besteht der Obelisk aus Steinen des Römerkastells von → Würzberg und ist in verkleinertem Maßstab eine Nachahmung des Obelisken vom Sonnentempel in Heliopolis, den Kaiser Augustus von Ägypten nach Rom bringen und im Circus Maximus aufstellen ließ; dort wurde er im Jahr 1587 unter Papst Sixtus V. ausgegraben und an seine gegenwärtige Stelle auf der Piazza del Popolo gebracht. Um den Obelisk sind Grabsteine römischer Soldaten aufgestellt.

Auf seinem Rundgang durch den Park sieht der Besucher als nächstes Denkmal aus der Römerzeit das Osttor des Kastells Eulbach, das neben der Parkmauer 150 m vom Jagdschloß Eulbach entfernt aufgedeckt und mit Steinen von der Fundstelle hier wiederaufgebaut wurde. Auf dem Weg zum Tor sind römische Weihealtäre aufgestellt. Einer der Altäre ist eine Weihung an die Göttin Fortuna von einer militärischen Einheit der Brittones Triputienses.

Die Inschrift lautet: „Fortunae sacrum Brittones Triputienses qui sunt sub cura T. Mani T. Fili Pollia Magni Senope centurionis Legionis XXII PPF". Die Brittones Triputienses gehören zu den Brittonen, die wahrscheinlich um 142 n.Chr. von Nordengland nach der Niederschlagung eines Aufstandes in den Odenwald umgesiedelt und dort zunächst mit dem Bau von Kastellen und Türmen am Limes beschäftigt wurden. (Die aus Brittonen gebildeten numeri führten unterscheidende Beinamen, die zum Teil von Nebenflüssen des Neckars und Mains entlehnt waren. So gab es einen Numerus Brittonum Murrensium (nach dem Fluß Murr) und Brittones Elantienses, die ihren Namen von dem Fluß Elz erhalten hatten.) Der Name „Triputienses" wird als „Dreiborn" gedeutet. Wo dieser „Born" gelegen hat, konnte allerdings bisher nicht ermittelt werden.

Die auf dem Fortuna-Weihestein genannte Abteilung stand unter dem Kommando des centurio T. Manius Magnus der in Mainz stationierten XXII. Legion Primigenia pia fidelis. Manius Magnus kam aus Sinope, dem modernen Sinop, am Schwarzen Meer. Die Stadt war im Altertum ein bedeutender Handelsplatz und Geburtsort des Philosophen Diogenes.

Ein zweites im Park wiederaufgebautes Tor stammt vom Kastell → Würzberg. Dem Besucher wird auffallen, daß die Rekonstruktionen von Eulbach und Würzberg in keiner Weise dem von anderen Auxiliarlagern her bekannten Schema entsprechen. (Die Tore waren regelmäßig von Türmen flankiert.) Baatz bemerkt dazu, daß die etwas phantasievollen Rekonstruktionen zwar weder im Grundriß noch im Aufbau den römischen Zustand richtig wiedergeben. „Sie sind aber ein liebenswertes Zeugnis einer frühromantischen Bemühung um das Verständnis des Limes." Schließlich befindet sich im Park noch der Sockel eines steinernen Wachtturms, der ebenfalls von seinem ursprünglichen Standort am Odenwaldlimes hierher versetzt wurde.

# F

## FELDBERGKASTELL

Unter den Bauwerken am → Limes, deren Spuren bis heute erhalten sind, bietet das „Limeskastell am kleinen Feldberg" unweit der → Saalburg das am besten konservierte Beispiel eines für eine Aufklärungsabteilung bestimmten Hilfstruppenlagers. Errichtet in der Mitte des 2. Jahrhunderts n.Chr. als Holz-Erde-Bau, wurde das Kastell zu Anfang des 3. Jahrhunderts in Stein umgebaut, aber schon bald darauf, etwa in der Mitte des 3. Jahrhunderts, zusammen mit dem Limes aufgegeben.

Obwohl von geringem Unfang (0,7 ha Fläche), entsprach das Kastell in seiner Anlage dem üblichen Schema, das in seinen Grundzügen sowohl für Legionsfestungen wie für die Lager der Hilfstruppen galt: Eine rechteckige Befestigung (Graben, Erdwall oder Steinmauer) mit abgerundeten Ecken, vier Tore mit Doppeltürmen, Ecktürmen, in der Mitte des Lagers das Stabsgebäude (principia) mit Fahnenheiligtum (sacellum) und einem unterirdischen Schatzraum für die Aufbewahrung der Kriegskasse und der Ersparnisse der Soldaten.

Das Kastell am Feldberg diente der Überwachung eines Limesabschnittes und der Sicherung eines Limesdurchgangs. Die Garnison bestand aus einer berittenen Kundschafterabteilung, der „Exploratio Halicanensium Alexandriana". Der Name der Einheit ist durch die Inschrift auf einem Sockelstein für eine Büste der Kaiserin Julia Mamaea, der Mutter des Kaisers Severus Alexander (222 – 235) bezeugt („Juliae Mameae Augustae, matri Severi Alexandri Augusti nostri, castrorum, senatus patriaeque. Exploratio Halicanensium Alexandriana devota numinis eius."

Der Kaiserin Julia Mamaea, der Mutter unseres Kaisers Severus Alexander, Mutter der Truppenlager, des Senats und des Vaterlandes, geweiht von der ihrer Majestät ergebenen Kundschafterabteilung von Halicanensiern mit dem Beinamen Alexandriana).

Die Bezeichnung der Kaiserin als „Mutter der Truppenlager, des Senats und des Vaterlandes" bezieht sich auf Ehrentitel, die der Kaiserin vom Senat verliehen waren und häufig auf Inschriften für die Kaiserin vorkommen. (Auch ihre Tante, Julia Domna, die Mutter Caracallas, trug diese Titel. Siehe Inschriften in den Museen von → Landshut und → Murrhardt.)Mit den Titeln waren gewisse Ehren und Rechtspositionen verbunden. Der Titel „mater castrorum" beispielsweise schloß die Kaiserin „in den offiziellen Kaiserkult der Truppen ein, wofür gerade die Feldberginschrift ein Beleg ist" (Baatz).

Das Denkmal der Kaiserin war ursprünglich im Fahnenheiligtum des Lagers aufgestellt; die Büste wurde aber wohl nach der Ermordung der Kaiserin und ihres Sohnes in Mainz zerstört. Der Sockelstein wurde zum Teil zerschlagen und zum Teil als Türschwelle im Kastellbad verwendet, wo er, mit Ausnahme eines Bruchstücks, das noch im Fahnenheiligtum geblieben war, im Jahre 1892 bei Ausgrabungen des Saalburgmuseums gefunden wurde. (Er steht jetzt auf der Westseite des Innenhofes der Saalburg.)

Die ungefähr 150 Mann starke Kundschaferabteilung gehörte zu den als numeri bezeichneten Einheiten der Hilfstruppen. Sie rekrutierten sich aus der einheimischen Bevölkerung in der Nähe ihres Standortes. Im Stammesnamen der Angehörigen der Exploratio Halicanensium glaubt Schleiermacher einen Anklang an den benachbarten Berg „Altkönig" (ältere Form Alkin oder ähnlich) zu erkennen. Der Beiname Alexandriana weist auf Kaiser Severus Alexander hin; solche Beinamen wurden von militärischen Einheiten gewöhnlich während der Regierungszeit des betreffenden Kaisers geführt. Der numerus dürfte dem Kommandeur der naheliegenden Saalburg unterstellt gewesen sein und gehörte zum Wehrbereich der XXII. Legion in Mainz.

Das Kastell wurde zuerst 1892 erforscht und 1928 in seiner gegenwärtigen Gestalt konserviert. Kleinfunde aus dem Lager sind im Saalburgmuseum untergebracht. Sichtbar sind von den Resten des Kastells der Graben und die Umfassungsmauer in einer Höhe von etwa 2 m, die Fundamentmauern der vier Tore mit Doppeltürmen und der Ecktürme, im Inneren vor allem die Mauerreste des apsisförmigen Fahnenheiligtums mit der kellerartigen Vertiefung des Tresorraumes. Mauerreste im Westteil des Lagers gehören wahrscheinlich zum Magazin (Horreum) und einer Stützmauer. Im Ostteil mag die Kommandantenwohnung gelegen haben.

Der Großteil der Gebäude im Inneren des Lagers waren Holzbauten (Mannschaftsbaracken, Ställe), deren Spuren bei den Ausgrabungen festgestellt werden konnten. Zwischen Kastell und Limes lag das Bad, jetzt ein Schutthaufen, im Volksmund „Heidenkirche" genannt. Von der bürgerlichen Siedlung südwestlich und südöstlich des Kastells im Quellgebiet der Weil ist nichts mehr zu sehen.

Der Limes in der Nähe des Lagers ist zweimal verlegt worden. Ältere Wachttürme liegen südlich der Straße zum Großen Feldberg.

Man erreicht das Kastell von den Parkplätzen am „Roten Kreuz" und „Heidenkirche". (In der ersten Hälfte des 19. Jahrhunderts war das „Rote Kreuz" Zollstation an der Grenze zwischen dem Großherzogtum Hessen und dem Herzogtum Nassau.)

## FELSBERG

Unter den römischen Steinbrüchen in Deutschland (.→ Bad Dürkheim, Kriemhildenstuhl, → Drachenfels) nimmt das Felsenmeer am Felsberg im Odenwald wegen der zahlreichen, gut erhaltenen Werkstücke und vieler anderer sichtbarer Spuren römischer Steinbrucharbeiter einen besonderen Platz ein.

Der Felsberg ist ein 515 m hoher Syenitgipfel östlich vom Melibokus, dem höchsten Berg des Odenwaldes, im Naturpark „Bergstraße". Sein „Felsenmeer" aus wollsackartigen, durch Verwitterung und Bodenfliesen entstandenen Felsblöcken lieferte den Römern seit dem Ausgang des 2. nachchristlichen Jahrhunderts den für Säulen von Prachtbauten und als Sockel von Weihealtären begehrten Granit. Felsberggranit ist in römischen Steindenkmälern in Mainz und Trier festgestellt worden. Die vier runden Säulen im „Quadratbau", mit dem Kaiser Gratian um 380 den Dom von Trier erweiterte, bestanden aus Felsberggranit. (Das Bruchstück einer dieser Säulen, der sogenannte „Domstein", liegt jetzt vor dem Südwestportal des Doms.) Zur Zeit der Errichtung dieses Baues war das Land rechts des Oberrheins einschließlich des Odenwaldes schon seit mehr als einem Jahrhundert im Besitz der Alamannen und der römischen Herrschaft entzogen. Die Säulen des Gratiansbaues beweisen, daß Pioniereinheiten der römischen Armee auch nach der Aufgabe des rechtsrheinischen Dekumatenlandes noch im 4. Jahrhundert die Aufträge der Baumeister im Steinbruch des Felsberges erfüllten (W. Jorns). Nach dem Fall des Limes 259/60 trennte kein „eiserner Vorhang" die von den Germanen eroberten und besiedelten ehemals römischen Gebiete vom römischen Reich links des Rheins.

Von der Tätigkeit der römischen Steinmetze zeugen Steinhauerwerkzeuge (Zweispitz, Hämmer), die im Felsenmeer gefunden wurden, vor allem aber die „Römersteine", unvollendet gebliebene Werkstücke, die „heute noch ... gigantenhaft unter den Buchen liegen". Die Werkstücke haben nach ihrer Gestaltung Namen wie „Schiff", „Riesensarg", „Altarstein", „Pyramide", „Riesensäule", „Riesenrutsche", „Geschrammter Stein".

Sägeschnitte an der Riesensäule, so wird berichtet, erinnern an den Versuch eines Pfalzgrafen, den Stein 1776 nach Heidelberg zu schaffen. Der Versuch scheiterte am Protest des Kurfürsten von Mainz. Auch sollen im Mittelalter Wallfahrten zu der Riesensäule stattgefunden haben. Sie stand damals noch aufrecht; eine Nische an der Unterseite mag zur Aufnahme eines Heiligenbildes gedient haben. 1814 soll man erwogen haben, die Säule als Denkmal auf dem Leipziger Schlachtfeld aufzustellen.

Spaltspuren und Keillöcher an den Felsblöcken haben Aufschlüsse über die Technik der römischen Steinbearbeitung ergeben. So konnte z.B. am Altarstein festgestellt werden, daß Blöcke mit riesigen Sägen zerlegt wurden. Wie Mössinger ausführt, war es ein französischer Geologe im 19. Jahrhundert, der den vermuteten römischen Ursprung der Werkstücke anhand der hinterlassenen Spuren der antiken Steinbrucharbeiten nachweisen konnte. Als Mitglied des Gelehrtenstabes Napoleons hatte er römische Steinbrüche in Oberägypten kennengelernt. Bei der Prüfung der Felsbergsteine entdeckte er die gleichen Arbeitsweisen am Altarstein und anderen Blöcken im Felsenmeer.

Die Römersteine und ein Freilichtmuseum, das nicht von uns Heutigen, sondern von den römischen Steinmetzen selbst geschaffen wurde, sind ein beliebtes Ausflugsziel. Wie nirgends anderswo verbindet sich hier eine herrliche Waldlandschaft, die zu ausgedehnten Spaziergängen einlädt, mit einzigartigen Zeugnissen aus der römischen Vergangenheit.

Der „Parkplatz Römersteine" im Naturpark Bergstraße-Odenwald ist von Lautertal-Beedenkirchen aus zu erreichen. Am Parkplatz orientiert ein Hinweisschild über die Lage der Steine und die Wanderwege. Der Rundgang dauert ungefähr eine Stunde. Wer von Reichenbach kommt, sieht dort an der Straße ein vom Felsberg stammendes römisches Säulenstück mit einer Platte; es diente im Mittelalter als Fußteil eines Prangers.

## FRANKFURT a. MAIN

In den Zeiten des „Heiligen Römischen Reichs deutscher Nation" waren seit dem 16. Jahrhundert Domhügel und Römerberg zeremonieller Mittelpunkt des Reichs. Dort wurden inmitten prunkvoller Feierlichkeiten die deutschen Könige gewählt und als „erwählte römische Kaiser" gekrönt. (Goethe war als Knabe Zeuge der Krönung Josefs II. am 3. April 1764 und hat in „Dichtung und Wahrheit" eine lebendige Schilderung des Ereignisses hinterlassen.)

Im Römerreich der Antike spielte der Domhügel eine wesentlich bescheidenere Rolle. Spätestens seit der Eingliederung des Frankfurter Raumes in den römischen Herrschaftsbereich als Ergebnis des Feldzuges Domitians gegen die Chatten 83–85 n.Chr. entstand dort ein kleines Kastell. Seine genaue Lage ist unbekannt: nur Reste des Kastellbades wurden westlich des Domes aufgedeckt. Man fand u.a. Ziegelstempel der XIV. Legion und der ihr in Mainz gegen Ende des 1. Jahrhunderts nachfolgenden XXII. Legion. Die militärischen Anlagen wurden zu Beginn des 2. Jahrhunderts abgebrochen. Statt ihrer entstanden Zivilbauten.

Mit der alamannischen Landnahme nach dem Fall des → Limes 259/60 endete auch hier die römische Herrschaft. Nach der fränkischen Eroberung um 500 nahm ein fränkischer Königshof den Domhügel ein; bei seinem Bau wurden Ziegel der alten Römerbauten verwendet.

Römische Baureste zusammen mit karolingischem und spätmittelalterlichem Mauerwerk sind in einem „**Historischen Garten**" auf dem Domhügel konserviert. Die römischen Baureste (unmittelbar links neben der Hinweistafel) stammen vom Kastellbad (sudatorium – Schwitzbad; praefurnium – Heizungsraum; ein Abwässerkanal und Gebäudereste).

Im Zusammenhang mit der Wiederaufnahme der Offensive rechts des Rheins in flavischer Zeit (69–96 n.Chr.) entstanden an der Vormarschstraße in die Wetterau auf dem Gebiet des heutigen **Frankfurt-Heddernheim** Erdkastelle und später an gleicher Stelle wahrscheinlich zwei Holz-Erde- und ein Steinkastell. Mit einer Fläche von 5,2 ha, d.h. fast doppelt so groß wie die → Saalburg, bot das Steinkastell einer Besatzung von 1000 Mann Platz. Die Garnison mag aus einem 1000 Mann starken Reiterregiment (der Ala I Flavia Gemina, von der Inschriften überliefert sind) oder, wie ebenfalls angenommen wird, aus zwei je 500 Mann starken Truppenkörpern bestanden haben. Als Folge der Heeresreform Trajans (98–117) wurde das Kastell aufgelassen und die Garnison in ein Grenzkastell an den Limes (vermutlich → Echzell) verlegt.

Nach dem Abzug der Truppen blieb das Lagerdorf des Heddernheimer Kastells als Vicus Nida bestehen. Militärstraßen verbanden den Ort mit der Legionsfestung Mainz, dem Feldbergkastell und der Saalburg. Als Etappenort für zahlreiche Limeskastelle und als Umschlagplatz für Massengüter (Getreide, Holz, Ziegel) und die Produkte des freien Germaniens entwickelte sich der Vicus zu einer wohlhabenden Handelsstadt. Auch gab es hier ein blühendes Töpfergewerbe, Werkstätten für Metall- und Beinverarbeitung und andere Gewerbebetriebe.

Spätestens unter Hadrian (117–138) wurde Nida Vorort des Gaues der Taunensier (civitas Taunensium). Die Stadt bestand aus Fachwerkhäusern mit steinernen Kellern und besaß eine Reihe öffentlicher Gebäude für die Verwaltung und das Gerichtswesen, mehrere Bäder, von denen eines, die sog. Westthermen, so groß war wie die Zentraltherme von Pompeji; ein anderes, die Ostthermen, waren mit einem Unterkunftshaus (mansio) verbunden. Zu den öffentlichen Gebäuden gehörten ferner Lagerhäuser, ein Theater, möglicherweise auch ein Amphitheater und Tempel, darunter mehrere Heiligtümer für den persischen Lichtgott Mithras.

Das heraufziehende Unwetter der Germanenstürme zu Beginn des 3. Jahrhunderts veranlaßte die Bewohner, die Stadt mit einer 2 m breiten Mauer, der ein 7 m breiter Spitzgraben vorgelagert war, zu umgeben. Nach dem Fall des Limes 259/60 verschwand Nida als eines der Zentren römischer Zivilisation rechts des Rheins. Die Stätte, im Volksmund das Heidenfeld genannt, blieb bis zum späten Mittelalter als Wüstung liegen. 1927–29 entstand auf dem Südteil des Geländes die moderne „Römerstadt". Mit der Errichtung der „Nordweststadt", dem großen neuen Frankfurter Stadtteil, der 1961/73 auf dem Nordteil des Heidenfeldes entstanden ist, wurde diese „größte archäologische Fundstätte im heutigen Land Hessen" endgültig überbaut.

Von den Gebäuden der glänzenden Römerstadt sind oberirdisch keine Reste erhalten geblieben. Nur Straßen, nach römischen Kaisern benannt, erinnern noch an die römische Vergangenheit. Das reiche Fundmaterial aus dem Vicus Nida (Steindenkmäler, Keramik, Bronzegüsse, Münzen, Ziegel, militärische Ausrüstungsgegenstände) ist in den Museen von → Wiesbaden und Frankfurt (s.u.) untergebracht.

Ein drittes Kastell innerhalb des Gebiets von Groß-Frankfurt lag auf dem steilen Flußufer des Mains am Zusammenfluß von Main und Nidda im Stadtteil **Höchst**. Es wurde wahrscheinlich in augusteischer Zeit angelegt und sicherte die Wasserstraßen von Main und Nidda bis nach Heddernheim. Eine große römische Militärziegelei wurde 1892 am Niddaufer bei Frankfurt-Nied entdeckt. Die Straße „Im Ziegelfeld" trägt davon ihren Namen.

Tanzende Mänade und jugendlicher Satyr, Ausschnitt aus dem Dionysosmosaik (Römisch-Germanisches Museum Köln)

2  Rekonstruierter römischer Wachtturm bei Lorch, wo der rätische und der obergermanische Limes zusammentrafen

3  Modell eines Wachtturms des rätischen Limes (Limesmuseum Aalen)

4  Bau eines Stadttors. Modell einer römischen Baustelle im Rhein. Landesmuseum Bonn

5  Archäologischer Park Xanten: wiederhergestellter Turm der Stadtmauer

6 Römischer Gutshof Mundelsheim: Teil der freigelegten Badeanlage mit Hypokaustheizung

7 Eigelstein (auch Drususstein genannt) auf der Zitadelle Mainz

8 Rainau-Buch: Ausgrabungen im Jahre 1976

9 Die Porta Praetoria in Regensburg, seit 1649 in ein Gebäude einbezogen

10 Die Kaiserthermen in Trier, eindrucksvolles Zeugnis römischer Baukunst auf deutschem Boden

11 Hausen an der Zaber: Nachbildung der dort 1964 gefundenen Jupitergigantensäule

12 Das Haupttor (Porta Praetoria) des wieder aufgebauten Kastells Saalburg

**Museum für Vor- und Frühgeschichte der Stadt Frankfurt am Main.** Sitz des Museums seit 1953 ist das „Holzhausenschlößchen", früher Landgut der Familie Holzhausen und seit 1910 Eigentum der Stadt Frankfurt. Umgebaut 1727–1729 von Louis Remy de la Fosse im Regencestil.

Unter den im Holzhausenschlößchen ausgestellten *Steindenkmälern* (kurze Beschreibung von Dr. Ulrich Fischer im 2. Bildheftchen des Museums: „Römische Steine aus Heddernheim") befinden sich zwei, für die es keine Parallelen anderswo gibt:
Eine ins erste Drittel des 3. Jahrhunderts n.Chr. datierte Sitzstatue der vermutlich keltischen Göttin Candida, 1965 in einem Brunnen gefunden. Laut Inschrift ist der Stein eine Weihung des centurio der 2. Raeterkohorte (Besatzung der Saalburg) Lucius Augustius Justus in Erfüllung eines Gelübdes („Deae Candidae Reginae Lucius Augustius Iustus centurio Cohortis II Raetorum VSLLM"). Die „strahlende" (candida) Göttin, die Königin, war vor Auffindung dieses Denkmals unbekannt. Sie wurde wahrscheinlich bei den Kelten am Oberrhein und in Ostgallien verehrt und erscheint hier in „römischem Gewand".
Ferner eine Weiheinschrift, der „Salus Augusta" (dem Heil des Kaisers) gewidmet; sie war an einem Kultgebäude (schola) angebracht, das von den „dendrophori Augustales" aus eigenen Mitteln auf einem von der Gemeinde Nida zur Verfügung gestellten Platz errichtet war.
Die Inschrift, die erste Dendrophoreninschrift in Deutschland und zugleich ein unmittelbares Zeugnis für den römischen Namen Nida, lautet: „Saluti Augustae dendrophori Augustales consistentes Med...itemque Nidae scholam de suo fecerunt. Loco adsignato a vicanis Nidensibus."
Die Dendrophori (Baumträger), als sakrale Bruderschaft organisierte Kultdiener der Großen Göttermutter aus Kleinasien, Kybele, trugen am 22. März, dem Tag der offiziellen Eröffnung des Frühlingsfestes, die heilige Pinie, Symbol des Attis, des Geliebten der Göttin, zu einem Tempel in der Stadt. Mitglieder der Kultgenossenschaft waren hauptsächlich Holzhändler und Holzarbeiter; sie standen in enger Verbindung zur Zunft der Zimmerleute und versahen den Feuerlöschdienst.
Andere Steindenkmäler: Ein Mithrasaltar, auf der Vorderseite Darstellung der Felsgeburt des Gottes („petram genetricem"), auf dem Giebel die Inschrift: „Deo Invicto Mithrae". Der Altar war von Senilius Carantinus, auch Cracissius genannt, einem Angehörigen des keltischen Stammes der Mediomatriker („civis Mediomatricus"), gestiftet. Auf den Seiten die beiden Begleiter des Gottes, rechts Cautes mit erhobener und links Cautopates mit gesenkter Fackel, das aufflammende und verlöschende Licht symbolisierend; links unten der Adler des Jupiter mit Blitz auf der Himmelskugel; rechts unten sitzender Oceanus; am Giebel die Köpfe der Windgötter (ein Reliefblock aus einem Mithräum von Nida mit dem Gott als Stiertöter auf der Vorderseite und auf der Rückseite Mithras und Sol beim heiligen Mahl befindet sich im Museum in → Wiesbaden);
ein kleiner Weihealtar für Proserpina, Göttin der Unterwelt;
ein Viergötterstein mit Juno, Minerva, Herkules und Merkur (jetzt in der Römischen Ausstellung, s. u.), Sockel einer Jupitergigantensäule.
Unter den im Holzhausenschlößchen ausgestellten *Kleinfunden*, überwiegend aus Nida (1.–3. Jahrhundert), befinden sich:
*Terrakotten-Figuren* (Venus, Dioskuren, Muttergottheit, Hahn, Taube, Granatapfel).

*Keramik:* Terra Sigillata; terra nigra; rotbemalte Ware; grünglasierte Ware; Tonlampen.
*Bronze- und Eisengegenstände*: Geschirr, Sattelbeschlag, Schöpfsieb, Eimerattache, Schlüsselgriff, Adleraufsatz, Gefäßhenkel, Dreifuß, Figur eines mithrischen Löwen, Leuchter, Kettenanhänger.
Waffenteile (Ringknauf von einem Schwert, Ortbänder von Schwertscheiden, Dolchgriff); militärische Abzeichen und Ehrenzeichen (phalerae); Panzerteile; Pferdegeschirr.
Neolithisches Steinbeil, als Glättgerät benutzt; Zirkel, Nägel. Kapseldeckel, figürliche Beschläge, durchbrochene Zierscheibe, Riemenbeschlag, Maurersenkel, Bronzeglocke.
Fingerring mit Glasperlen; Emaillenscheibenfibel und andere Fibeln (Gewandnadeln); Schminkkästchen (darin lagen noch Reste roter und gelber Fettschminke;) Spiegel; Pinzetten; kosmetische Spachteln; Rasiermesser; Hautabschaber.
Näh- und andere Nadeln, Löffel.
Bronzetäfelchen mit der Inschrift: „I O M Dol Masias Sequens Ex I Sol", offenbar eine Widmung für Jupiter Dolichenus, den Himmelsgott von Doliche im Kommagene, der von den Römern mit Jupiter identifiziert wurde; vergoldeter Buchstabe von einer Inschrift.
*Kleinplastiken*: Frauenkopf mit Diadem aus Sandstein (vermutlich Venus darstellend); Tänzerin; Marmorkultbild des Mithras; mithrischer Dämon; Relief der keltischen Pferdegöttin Epona; Maskenfragment.
*Funde von den Altstadtgrabungen* auf dem Domhügel 1953–1964 umfassen Keramik, darunter eine Terra-Sigillata-Schüssel aus dem ersten Quartal des 2. nachchristlichen Jahrhunderts; Firnisware (begriester Faltenbecher; andere Gefäße mit Barbotineverzierung; römisches Fensterglas; römischer Wandverputz; Mayener Keramik (spätrömisch, 4.–5. Jahrhundert); römische geflammte Ware; Ziegelstempel der XIV. Legion; ein Sesterz Trajans; Arm einer Venusstatuette; Darstellung der Jagdgöttin Diana im Fragment einer Schüssel; Spinnwirtel; Austernschalen. (Die Funde sind im Historischen Museum Frankfurt ausgestellt.)
Ein großer Teil der Fundgegenstände aus Nida-Heddernheim, die bisher der Öffentlichkeit nicht zugänglich waren, ist zusammen mit einigen Funden aus dem Holzhausenschlößchen seit Januar 1976 in der **„Römischen Ausstellung**" des Museums im Deutschordenhaus, Brückenstraße 3–7, zu sehen. Das Fundmaterial ist nach Themengruppen angeordnet (Vicus Nida; Waffen; Schreiben und Lesen; Handel; Keramik; Fehlbrände; rotbemalte Ware; Glas; Magie; Weihegaben; Münzwesen; Beleuchtung; Jupitersäulen; Wandmalerei).
Ein Faltblatt (die Farben zu den einzelnen Themen entsprechen dem Aufbau der Ausstellung) mit Abbildungen besonders interessanter Gegenstände begleiten den Besucher durch die Ausstellung. Die folgenden Bemerkungen beschränken sich auf eine kurze Übersicht.
*Rekonstruktionszeichnungen* der Westthermen und der Ostthermen mit Unterkunftshaus vermitteln einen Eindruck von der dem städtischen Charakter der Siedlung angemessenen Großzügigkeit der Badeanlagen. Der dazu ausgestellte untere Teil einer Säule vom Eingang der Ostthermen gibt eine Vorstellung von der wirklichen Größe der Bauten.
Vom *religiösen Leben* zeugen Kultbilder des Jupiter und des Mithras; sie sind am stärksten in Nida vertreten.
Den *Totenkult* veranschaulichen Grabdenkmäler, darunter die dachförmige Bekrönung eines Grab-

mals, das Ambirenius Fronto sich und seiner Frau Faustina setzen ließ. Unter Gegenständen, die mit der *Bautätigkeit und dem Wohnwesen* in Nida zusammenhängen, finden sich eine römische Wasserwaage, eine Maurerkelle, ein eiserner Stechzirkel, Hohlziegel, ein Stück eines Estrichs, Wandverputz mit roter Bemalung, Bodenfliesen.

Zu den *Steindenkmälern* im Vorraum kommen im Hauptraum hinzu: Teile einer Jupitergigantensäule von hoher bildhauerischer Qualität (Reitergruppe, Säulenkapitell mit den vier Jahreszeiten; sie wurden 1973 in einem Brunnen in der Nähe der Titusbrücke gefunden (s. Tafelteil Abb. 39); Relief eines Liktors (Begleiter von städtischen Beamten) mit Mantel und Stab, daneben der Fuß eines mit der Toga bekleideten Mannes, eine von mindestens vier Reliefplatten; der obere Teil eines Grabsteins mit vier Personen.

Glanzstück und Mittelpunkt der Themengruppe *„Waffen"* sind zwei prachtvolle *Reiterhelme*, der eine mit Helmkopf, Nackenschutz und rechter Wangen-

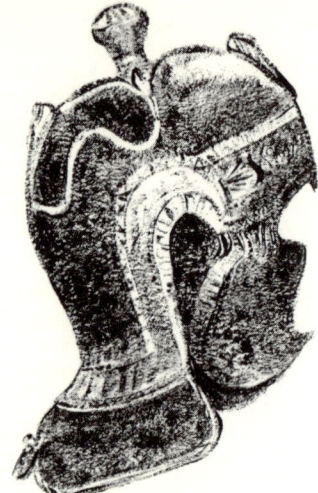

*Frankfurt, Römischer Paradehelm*

klappe, auf der Minerva eingraviert ist (die linke Wangenklappe fehlt), der andere mit vollem Wangen-, Hals- und Kinnschutz, mit großem Kamm, der vorne in einem Adlerkopf endet, Nackenschutz und Gesichtsmaske; Gesichtshelme wurden von der Hilfstruppenkavallerie bei Paraden und Reiterspielen getragen (s. → Straubing). Mit den Reiterhelmen ausgestellt sind *Legionärshelme*, zwei mit Wangenklappen, einer mit abstehendem Nackenschutz.

Zum Thema *„Lesen und Schreiben"* werden u.a. verschiedene Ritzschriften (Graffiti) auf Tonscherben gezeigt; ferner ein Tintenfaß aus Bronze und Nachbildungen einer Pergamentrolle und eines antiken Schreibtäfelchens.

Eine Vorstellung von der Weiträumigkeit des *Handels* im römischen Weltreich vermitteln Amphoren mit den Stempeln von Versandfirmen aus Spanien und Südgallien und Importwaren (Bronzegefäße, Gläser, darunter Balsamarien, Badeflaschen, Terra Sigillata aus Süd- und Ostgallien).

*Münzen* konnten in Sparbüchsen aufbewahrt werden; zum Mitführen verwendete man Armringbörsen.

Der größte Teil der hier ausgestellten *Keramik* wurde in Nida hergestellt (Reibschalen, Krüge, Saugflaschen, verschiedene Formen von Faltenbechern, Firnisbecher mit Griesbewurf, dazu rotbemalte Wetterauer Ware). Das Modell eines Töpferofens mit Gefäßsäulen gibt Aufschluß über die Technik des Tonbrennens.

Unter den auf *Magie und Aberglauben* bezüglichen Gegenständen finden sich Gesichtsurnen, ein bleiernes „Fluchtäfelchen" mit Inschriften auf beiden Seiten. (Zu Fluchtäfelchen im allgemeinen vgl. oben Bad Kreuznach.)

Zu den Erzeugnissen der Nidaer *Beinschnitzer* gehören Waffenbeschläge, Griffe, Haarnadeln, Nähnadeln, Würfel, Scharnierteile. Als *Weihegaben* legten die Gläubigen oft Ton- und Bronzefiguren von Gottheiten an den Kultstätten nieder.

Für die häusliche *Beleuchtung* verwandten die Römer Öllampen aus Ton und Bronze (hier in reicher Auswahl gezeigt) und Kerzen, die man auf Halter steckte. Eine Seltenheit sind die in Nida gefundenen Wandputzreste mit figürlicher *Bemalung*. U.a. erhalten sind Bruchteile eines Medaillons mit bekränztem Kopf, der den Frühling darstellt.

Weitere Funde aus römischer Zeit sind in den sehr hübschen Heimat-Museen in Frankfurt-Höchst und Frankfurt-Schwanheim ausgestellt.

Frankfurt ist Sitz der **Römisch-Germanischen Kommission** (gegründet 1902), zu deren Arbeitsgebiet Vor- und Frühgeschichte, einschließlich der römischen Provinzialarchäologie, gehört. 1938 wurde sie Nachfolgerin der Reichslimeskommission.

**Liebighaus, Schaumainkai 21.**

Die Sammlung antiker Skulpturen, die zu den bedeutendsten in Europa zählt, enthält vor allem die berühmte „Athena" des Myron, eine römische Kopie nach dem Original aus dem 5. Jahrhundert v.Chr,

# FRIEDBERG

Das Wahrzeichen der Stadt ist der mächtig aufragende „Adolfsturm" der mittelalterlichen Stauferburg, erbaut 1347, so wird berichtet, mit dem Lösegeld, das ein Graf Adolf von Nassau für seine Freilassung aus der Gefangenschaft der Burgmannen hatte zahlen müssen. Auf einem Basaltfelsen gelegen, der wie ein Schiffsrumpf in die Ebene hineinragt, schützte die Burg eine uralte Nord-Süd-Verbindung durch die Senke zwischen Taunus und Vogelsberg.

Die strategische Bedeutung des Burgberges war schon von den Römern auf ihrem Vormarsch in das Innere Germaniens 10/9 v.Chr. erkannt und der Felsen zur Anlage eines militärischen Stützpunktes genutzt worden. Tacitus' Bericht in Buch I, Kapitel 56 seiner „Annalen" von einem Kastell, das Germanicus im Jahre 15 n.Chr. bei seinem Feldzug gegen die Chatten und Cherusker auf den noch sichtbaren Resten eines Stützpunktes seines Vaters Drusus „auf dem Taunusgebirge" anlegte („positoque castello super vestigia paterni praesidii in monte Tauno"), bezieht sich, so wird angenommen, auf die Anhöhe bei Friedberg.

Dort befand sich seit vorrömischer Zeit eine

kleine befestigte Siedlung, deren keltischer Name Tun oder Taun (umwehrte, umfriedete Ansiedlung; der Name steckt noch im heutigen „Friedberg" – umfriedeter, geschützter Berg) von den Römern in der latinisierten Form „Taunus" für ihr Kastell übernommen wurde. (Die Bezeichnung „Taunus" für das Mittelgebirge zwischen Lahn, Rhein, Main und der Wetterau kam zum ersten Mal im 17. Jahrhundert auf, als man glaubte, Tacitus habe mit seiner Bemerkung diese Gegend gemeint. Vorher hieß der heutige Taunus „Höhe", ein Ausdruck, der sich beispielsweise in dem Ortsnamen Bad Homburg vor der Höhe erhalten hat).

Nach der Eroberung der Wetterau als Ergebnis der Chattenkriege Domitians (83/85 und 88/89) wurde der Stadtberg, der wahrscheinlich unter Vespasian (69–79 n.Chr.) erneut besetzt worden war, zu einem starken Kastell ausgebaut. Die Besatzung bildeten zunächst die 1. und 4. Aquitanierkohorte. Nach Abzug der beiden Kohorten (die 4. kam nach → Obernburg) lag in Friedberg eine tausend Mann starke, teilweise berittene Kohorte von Damaszener Bogenschützen (Cohors I Flavia Damascenorum milliaria equitata sagittariorum).

Neben dem Kastell entstand eine bürgerliche Siedlung von Händlern, Handwerkern und ausgedienten Soldaten, offenbar von einiger Bedeutung, wie die Existenz von drei Heiligtümern des persischen Lichtgottes Mithras, die in Friedberg entdeckt wurden, vermuten läßt. Kastell und Siedlung bestanden bis zum Fall des → Limes 259/60; beide wurden von den Alamannen zerstört. Auf den Trümmern des Kastells entstand um 1170 die Burg der Staufenkaiser, und auf dem Gebiet der Römersiedlung erwuchs die mittelalterliche Stadt.

Vom Römerlager sind bemerkenswerte Reste eines Bades erhalten, das vermutlich zur Wohnung des Kommandanten gehört hat. Sie wurden 1963 bei der Errichtung eines Schulneubaues freigelegt und sind im Keller des Aufbaugymnasiums, Burg 10, konserviert (ähnlich wie das Römerbad in → Rottenburg im Keller des Eugen-Bolz-Gymnasiums). Das römische Mauerwerk steht teilweise bis zu 1,15 m hoch über der antiken Erdoberfläche.

Gut erhalten ist vor allem der Warmbaderaum (caldarium) mit einem Teil der Fußbodenheizung (Hypokaust) und einem Warmwasserbecken mit Tonplattenbelag und Abfluß. Auch das Kaltwasserbecken ist noch gut sichtbar (siehe im einzelnen das Führungsblatt von Dr. K. Rübeling, Das römische Badegebäude in der Burg Friedberg/Wetterau).

Die römische Vergangenheit Friedbergs offenbart sich noch in anderen Erscheinungen. So hat die Stauferburg den rechteckigen Grundriß des Römerkastells bewahrt. Das „frappierendste Zeugnis für die Fortdauer der römischen Vergangenheit" aber bietet die Stadt selbst. Die Lage von Burg und Stadt entspricht genau dem Verhältnis des römischen Kastells zu seinem Lagerdorf.

„Die breite Straße, vom Haupttor der Burg beginnend, wird zu beiden Seiten von einer Flucht von Geschäftshäusern begleitet, die nur wenige Meter Straßenfront, aber eine Tiefe von dreißig, vierzig und mehr Metern haben, die typische Lagervorstadt der römischen Grenzprovinz" (Pörtner). „Diese mittelalterlichen schmalen, aber weit nach hinten reichenden Parzellen, die möglichst vielen Eigentümern Anteil an der Marktstraße erlauben, entsprechen in ihrer Funktion sehr genau den gleichartigen römischen canabae, wie sie vom Kastell Zugmantel oder neuerdings von → Butzbach bekannt geworden sind" (Schleiermacher).

**Wetterau-Museum.** (Ein kurzer „Wegweiser durch die Sammlungen", mit Abbildungen, von Dr. Wilhelm Betz, ist an der Kasse erhältlich.) Die römischen Exponate (Vitrinen 10–17) umfassen Funde vom Kastell auf dem Burgberg, von der bürgerlichen Siedlung, von römischen Friedhöfen der Umgegend und von Kastell → Kapersburg. Die Gegenstände sind gut beschildert. Die nachfolgenden Bemerkungen beschränken sich auf einen allgemeinen Überblick. (Beachte u. letzter Absatz.)

Unter den im oberen Raum, außerhalb des Lapidariums, aufgestellten *Steindenkmälern* befindet sich eine ausdrucksvolle römische *Porträtbüste* eines bärtigen Mannes aus dem 2. Jahrhundert n.Chr. (aus der Privatsammlung eines Friedberger Bürgers; kein Fried-

*Friedberg, Römische Porträtbüste*

berger Fund); ein Weihestein mit dem Relief der keltischen Pferdegöttin *Epona;* die Göttin sitzt zwischen zwei Pferden und Mauleseln, eine Schale im Schoß; zu beiden Seiten vor den Pferden kleine Altäre mit Opferfeuer; der Altarstein stammt aus dem Kastell Kapersburg.

Aus dem gleichen Kastell eine *Bauinschrift,* die von

der Errichtung eines Getreidemagazins durch die Besatzung des Kastells, einem „numerus Nidensium", unter Leitung des Legionskommandeurs Aiacius Modestus im Jahre 198 oder 209 berichtet („Imperatoribus L. Septimio Severo Pio Pertinaci et M. Aurelio Antonino Augustis et P. Septimio Getae Caesari horreum numeri N. curam agente Aiacio Modesto legato"); eine Nachbildung der Inschrift ist im Giebel des Magazingebäudes (Museums) der → Saalburg angebracht.

Ein *Weihestein*, ebenfalls vom Kastell Kapersburg, für den Genius der „veredarii" (Kuriere zu Pferde) des numerus Nidensium, mit Füllhorn und Opferschale; der Name des Stifters ist nur unvollständig überliefert („In honorem domus divinae genio veredariorum numeri N... tionius Romus").

Unter den *Funden aus augusteischer Zeit vom Burgberg*: ein in Lyon (Lugdunum) geprägter Kupferas mit dem Gegenstempel des Varus, Statthalter in Germanien; ein römischer einhenkeliger Krug; Terra Sigillata aus Arretium; Weinamphore; sogenanntes belgisches (terra nigra) Geschirr.

*Aus der späteren Zeit* des Kastells ein bronzener Reiterhelm (Nachbildung), wohl Eigentum eines Reiters der teilweise berittenen Damaszenerkohorte; der Helm wurde 1878 in der Nähe der Burg gefunden.

*Funde von einem römischen Gräberfeld bei Heldenbergen*: Vierkantige Glasflasche, Terra Sigillata, Scherben von Terra-Sigillata-Gefäßen, die auf dem Scheiterhaufen verbrannt und gesprungen sind und später mit den Aschenresten vergraben wurden.

*Funde aus dem Kastell Kapersburg*: Steingewichte, Steinstopfen eines großen Gefäßes, Speerspitzen, Nägel, Bleirohre einer Wasserleitung, Schlüssel, ein Sporn, Mittelring für hölzerne Rohre, Ziegelstempel der XXII. Legion P (rimigenia) P(ia) F(idelis), Schreibgriffel, Spielsteine.

*Funde von einem römischen Gräberfeld bei Büdesheim*: Räucherbecher, Salbgefäß, Reibschale, Öllampen, Glocken.

*Funde aus der Römerstadt Friedberg*: Funde aus Töpfereien zeigen die Arbeit der Töpfer, z.B. Werkzeuge aus dem Arbeitsraum vor dem Töpferofen, Proben verschiedenfarbigen Tons, die in großen Klumpen vor einem Ofen lagen, Aufsatz eines Töpferofen-Kamins, früher als „Lichthäuschen" bezeichnet. Ferner: Tongefäße und Reibschalen, Sigillata-Scherbe mit eingeritztem „M"; in dieser Weise kennzeichneten die Soldaten ihre Trinkbecher (in Wirtshäusern?); Scherben einer Bilderschüssel aus → Rheinzabern; Napf aus imitierter Sigillata (einheimische Arbeit) mit Sieb vor dem Ausguß; eine dreizackige Hacke. Schließlich: Das *„römische Eieropfer"* (Vitrine 17), ein merkwürdiger Fund aus der Flur „Im Ohrloch" zwischen Friedberg und Bad Nauheim, hier ausgestellt „wie er zutage kam: zahlreiche römische Becher in einer Grube, in einigen Reste von Eierschalen. Ein Eieropfer? Eine Kultstätte?"

In der *römischen Abteilung der Steinsammlung* sind vor allem Funde von Mithrasheiligtümern in Friedberg ausgestellt, so ein Relief des Gottes als Stiertöter aus einem unterirdischen Mithrasraum; links und rechts die beiden Fackelträger Cautes und Cautopates, die den Aufgang und Untergang des Tagesgestirns symbolisieren; Altäre für Mithras; als Stifter einer der Altäre wird Gaius Paulinius Justus genannt, ein „beneficiarius consularis", der unter dem unmittelbaren Befehl des Statthalters Leiter einer Wegepolizeistation war (in Friedberg liefen mehrere Straßen zusammen); die Inschrift auf einem der Mithrassteine („Soli Invicto Imperatori" – dem Sonnengott, dem unbesiegbaren Herrscher) bezieht sich, so wird angenommen (W. Jorns), auf Caracalla und setzt den als Gott und Kaiser verehrten Herrscher dem unbesiegbaren Sonnengott gleich.

Ein Mithrastorso war in der Mauer des einstigen Leonhardsfriedhofes vermauert. Die Inschrift auf einem Weihestein für Mars und Viktoria nennt als Stifter Soemus Severus, cornicularius (Stabsoffizier einer Legion) und Befehlshaber der berittenen Bogenschützen der I. Flavischen Damaszenerkohorte.

Von anderen römischen Steindenkmälern sind noch zu nennen ein Löwenkopf und eine Sphinx, beide wohl von Grabmälern; ein Meilenstein aus dem Jahre 249, der die Entfernung von Nida (Frankfurt–Heddernheim), dem Hauptort der civitas Taunensium, nach Friedberg mit 10 Leugen angibt (die leuga war ein gallisches Längenmaß; eine leuga entsprach 2,2 km; 22 km ist die genaue Luftlinienentfernung zwischen beiden Orten); ein Weihestein für Muttergottheiten (matronae); ein Altarstein für die Vierwegegöttinnen; er bezeichnete sicherlich eine Wegekreuzung und war von dem Stifter, Marcus Campanius Pervincus, auf seinem eigenen Grundstück aufgestellt.

Die provinzialrömische Abteilung des Wetterau-Museums zeigt sich seit 1979 in neuer Gestalt. Wichtigste Veränderung ist die Aufgliederung der Fundgegenstände nach folgenden Themengruppen: Tägliches Leben; Architektur; Garnison; Kult und Weihung; Mithräum; Handel und frühkaiserzeitliche Feldzüge.

Zu den bereits beschriebenen Gegenständen treten hinzu vor allem unter dem Thema Architektur ein mächtiges Säulenfragment, Bauteile aus Kastellen und Villen der Wetterau, verschiedene Arten von Ziegeln und Estrich und Fensterglas und unter Handel Marmor aus Carrara und Koch- und Eßgeschirr aus Terra Sigillata, das auf intensive Wirtschaftsbeziehungen zu gallischen und rheinischen Töpferzentren hinweist.

## FROITZHEIM, VETTWEISS-

Siedlungsspuren, die auf Luftbildern zutage getreten waren, veranlaßten das Rheinische Landesmuseum in Bonn, in den Jahren 1962–64 auf dem Gelände einer römischen Villa in der Nähe von Froitzheim Untersuchungen durchzuführen.

Die Tatsache, daß es in diesem fruchtbaren Lößgebiet nördlich der Eifel zahlreiche römische Villen gab, war der Fachwelt seit langem bekannt. Auch hatten schon 1909 Ausgrabungen an dieser Stelle stattgefunden.

Was die Ausgräber von 1962/64 überraschte, waren Funde von ungewöhnlichen Marmorbruchstücken und Steinchen eines Glasmosaiks. Die Marmorsorten, so ergab sich, waren zum größten Teil „Importware" aus Belgien, Italien, Nordafrika und dem östlichen Mittelmeergebiet. Aus diesem Befund schlossen die Ausgräber, daß es sich bei der Froitzheimer Villa um ein Herrenhaus mit reicher Innenausstattung, wie marmorverkleidete Wände und kostbare Glasmosaike, gehandelt haben muß.

An der Villa interessierte nicht nur die Inneneinrichtung, die an kaiserliche Bauten in Trier erinnerte. Interessanter vom historischen und architektonischen Standpunkt war die Entdeckung von drei Kleinbefestigungen vom sogenannten „burgus"-Typ westlich der Villa.

Jede der Befestigungen bestand aus einer quadratischen Palisadeneinfassung mit vorgelagertem Graben und einem quadratischen Holz- oder Steinturm in der Mitte. Funde von Geschützbolzen und Steinkugeln deuteten darauf hin, daß die Befestigungsanlagen mit Artillerie bestückt waren. Es ist bekannt, daß in der Spätantike Geschütze in zunehmendem Maße zur Verteidigung fester Plätze benutzt wurden.

Die Villa selbst stammte aus dem 2. Jahrhundert n.Chr. Die Befestigungen wurden sicherlich erst angelegt, als um die Mitte des 3. Jahrhunderts n.Chr. die Franken den Limes durchstoßen hatten und das Hinterland der Rheingrenze bedrohten. Damals griff die Bevölkerung zum Selbstschutz. Gut umwehrte Plätze wie die Froitzheimer Villa konnten sich plötzlichen Überfällen gegenüber behaupten.

Von der Villa sind über dem Boden keine Spuren mehr sichtbar. Auch gibt es keine Anhaltspunkte dafür, wer der Eigentümer dieser großzügigen Anlage gewesen war. Ein hoher Hofbeamter oder ein begüterter Provinziale, etwa ein „Stadtrat" aus Köln, könnten in Frage kommen.

Das Bild, das sich aus dem archäologischen Befund von diesem „Landhaus mit Artillerieschutz" rekonstruieren läßt, vermittelt eine gute Vorstellung von der Unsicherheit im rheinischen Grenzgebiet nach den ersten Frankenstürmen und legt zugleich Zeugnis ab von der Entschlossenheit der Bevölkerung, durch Einsatz örtlicher Mittel den Eindringlingen Widerstand zu leisten.

# G

## GEISSELHARDT, MAINHARDT-

Wer auf der Straße von → Öhringen nach → Mainhardt fährt, bemerkt kurz vor der Ortschaft Geißelhardt am Waldrand westlich der Straße einen hölzernen Turm in der Gestalt eines römischen Limeswachtturms. Der rekonstruierte Turm steht unmittelbar am → Limes, der dort im nahen Wald streckenweise verfolgt werden kann. (Zum Römerturm führt ein Fahrweg rechts von der Straße ab durch freies Feld. Vom Turm hat man eine Aussicht rings über das einstige Limesgebiet.)

Der Limes kreuzt die Straße nach Mainhardt kurz hinter Geißelhardt. Viele Jahre lang, bevor es der Witterung zum Opfer fiel, markierte die Kreuzung ein humorvolles Holzschild mit den geschnitzten Figuren eines bärtigen Germanen und eines römischen Legionärs, die sich über den Limes hinweg mißbilligend betrachten. Nach der Inschrift unter den Figuren ruft der Germane dem Römer zu: „Machet, daß ihr...", erhält aber als Antwort nur ein verächtliches: „Hm?"

## GERMERSHEIM

Die Stadt geht in ihren Anfängen auf ein römisches Kastell zurück, das unter Kaiser Claudius (41 – 54 n.Chr.) an der Mündung der Queich in den Rhein errichtet wurde. Mit der Verlegung der oberrheinischen Grenze auf das Ostufer des Stromes in flavischer Zeit (69 – 96) verlor das Kastell seine militärische Bedeutung. Die bürgerliche Siedlung blieb bestehen; ihr Name ist als „vicus Iulii" überliefert.

Der Vorstoß der Alamannen zum Rhein nach dem Fall des Limes 259/60 rückte den Ort wieder in die vorderste Verteidigungslinie des Reichs. Vicus Iulii war einer der festen Plätze, mit denen Kaiser Julian, damals Caesar des Westens, im Jahre 356 die Rheingrenze gegen Franken und Alamannen sicherte. Als Garnison ist eine Einheit von milites Anderetianorum überliefert.

Nach dem Ende der Römerherrschaft auf dem linken Rheinufer im 5. Jahrhundert versank der Ort im Dunkel der Geschichte. Unter König Rudolf von Habsburg wurde die Stadt 1276 neu begründet und als Festung ausgebaut. Die mittelalterlichen Befestigungen wurden 1674 von den Franzosen niedergelegt. Nach dem Wiener Kongreß von 1815 wurde Germersheim eine Festung des Deutschen Bundes und war nach 1866 eine bayerische Festung bis zum Ende des I. Weltkrieges.

In den Jahren 1922/23 wurden die Festungswerke nach den Bestimmungen des Versailler Vertrages bis auf einige architektonisch wertvolle Gebäude geschleift. Heute liegen in Germersheim deutsche und amerikanische Armeeeinheiten.

Die militärische Rolle, die Germersheim seit römischer Zeit immer wieder als befestigter Platz gespielt hat, legt Zeugnis ab von dem sicheren Urteil der römischen Festungsbauer in der Wahl militärischer Stützpunkte. Die Verteidigungsaufgabe, die Germersheim zu erfüllen hatte, wandelte sich allerdings grundlegend im Lauf der Geschichte. Die spätrömische Festung hielt die Grenzwacht am Rhein gegen Bedrohung vom Osten. Die Bundesfestung Germersheim war eines der Glieder in dem europäischen Sicherheitssystem, das nach den Erfahrungen der Napoleonischen Epoche geschaffen wurde, um Zentraleuropa gegen Angriffe aus dem Westen zu schützen.

## GEROLSTEIN

Im Namen der Vorstadt Sarresdorf auf dem rechten Kyllufer steckt die Erinnerung an die „Villa Sarabodis", einen großen römischen Gutshof, aus dem sich Sarresdorf entwickelte. Einige Grundmauern der Villa, darunter die Badeanlage, sind freigelegt und sichtbar.

Das **Kreismuseum** im ehemaligen Pfarrhaus bewahrt Funde aus der Römerzeit (Münzen, Keramik und andere Gebrauchsgegenstände) auf.

# GROSSKROTZENBURG

Wie andere deutsche Städte (→ Bonn, → Boppard, → Heidenheim, → Obernburg) hat Großkrotzenburg seine Herkunft von einem römischen Kastell im Ortsplan bewahrt. Die vier Tore des Kastells sind durch Straßen gekennzeichnet: Die Kirchstraße (Verlängerung der Bahnhofstraße an der Laurentiuskirche) verläuft auf der Linie der via principalis, die Süd- und Nordtor miteinander verband. Die Breitestraße führt durch das Westtor (porta decumana), und an der Kreuzung Sackgasse und Steinweg stand das Osttor, die porta praetoria mit Blick zum → Limes, der sich parallel zur Bahnhofstraße erstreckte. In den Außengassen der Altstadt zeichnet sich das Rechteck der Umfassungsmauer des Kastells ab. Die Kirchhofsmauer ruht auf dem Unterbau der Südmauer des Kastells.

Wer sich dieser stummen Zeugen aus der römischen Vergangenheit der Stadt nicht bewußt ist, dem hilft das Wappen der Gemeinde: Die Mauerzinnen im oberen Teil des Wappens erinnern an den Ursprung der Stadt von einem römischen Kastell. (Die Schlüssel im unteren Teil verweisen auf die 800-jährige Zugehörigkeit der Stadt zum Bistum Mainz.)

Das Kastell entstand zu Beginn des 2. Jahrhunderts n. Chr. als nördlicher Endpunkt des „nassen" Limes, der vom Main zwischen Großkrotzenburg und Wörth (später, seit der Mitte des 2. Jahrhunderts Miltenberg) gebildet wurde. Das Westufer des Stromes war mit Auxiliarkastellen besetzt. Als Garnison von Großkrotzenburg ist die Vierte Kohorte von Vindelikern (Cohors IIII Vindelicorum), einem keltischen Stamm aus dem Alpenvorland (Augsburg, Augusta Vindelicum), bezeugt. Die Kohorte betrieb eine Ziegelei, deren Produkte, wahrscheinlich ihres besonders guten Materials wegen, weithin am Limes als Baustoff verwendet wurden. Eine Benefiziarierstation kontrollierte einen Brückenübergang.

Außer der Ziegelei und der Benefiziarierstation sind im Umkreis des Kastells das Bad, ein römischer Friedhof, zwei Heiligtümer für den persischen Lichtgott Mithras und eine Römerstraße festgestellt worden.

Römische Funde, darunter Steininschriften, sind in einem Museum bei der Altentagesstätte nahe der Laurentiuskirche untergebracht.

# GÜNZBURG

Die Herkunft der Stadt von einer römischen Siedlung ist außer Funden durch den Namen verbürgt, den eine seit dem Altertum am gleichen Platz ansässige Bevölkerung bis zur Gegenwart bewahrt hat. Der Name leitet sich von Guntia her, der römischen Bezeichnung für eine vorrömische Siedlung der vindelikischen Kelten am Zusammenfluß von Günz und Donau.

Ein in der Unterstadt von Günzburg im Jahre 1910 gefundenes Bruchstück einer Bauinschrift, die nach der Kaisertitulatur (Vespasians) dem Jahr 77/78 n.Chr. angehört, gilt als Zeugnis für die Existenz eines Kastells für ein nicht näher bezeichnetes Reiterregiment (ala) in Günzburg spätestens seit dieser Zeit. Nicht geklärt ist die Frage, ob es sich dabei um eine Neugründung gehandelt hat oder um den Ausbau in Stein eines früheren Kastells aus claudischer Zeit (41–54), als die Garnisonen aus dem Inneren an die Donaugrenze vorverlegt wurden.

Seit dem Bau der Militärstraße von Straßburg durch den Schwarzwald über Rottweil zur oberen Donau und weiter nach Augsburg, der Hauptstadt der Provinz Rätien, im Zusammenhang mit der Neuordnung des Grenzschutzes an Rhein und Donau unter Domitian (81–96) war Günzburg ein Durchgangspunkt des Verkehrs zwischen Ost und West. Die Straße kreuzte hier die Donau; in der Sicherung des Donauübergangs lag die besondere Aufgabe des Kastells. Das Kastell verlor seine Bedeutung und wurde aufgelassen, als um die Wende des 1. Jahrhunderts die Grenzen von Obergermanien und Rätien weiter nach Osten und Norden vorgeschoben wurden. An die Stelle von Günzburg im Grenzschutzsystem trat das Alenkastell Aquileia (→ Heidenheim), das mit Günzburg durch eine teilweise heute noch vorhandene Straße verbunden wurde. Gleichzeitig mit der Verschiebung der Grenze wurde die Straße nach Augsburg durch eine weiter nördlich verlaufende Militärstraße ersetzt.

Neben dem Kastell hatte sich eine größere bürgerliche Siedlung entwickelt, deren wirtschaftliche Blüte auf der Nachbarschaft des Kastells und ihrer Lage am Flußübergang und an der Durchgangsstraße von Obergermanien nach den Donauprovinzen beruhte. Die Auflassung des Kastells und die Ablenkung des Durchgangsverkehrs auf die nördliche Route war zwar ein schwerer Schlag für den Ort. Der Donauübergang, der die Verbindung zu den Grenzkastellen vermittelte, und ein dichtbesiedeltes Hinterland sicherten aber der Stadt ihr wirtschaftliches Überleben als binnenländischer Marktort.

Nach dem Fall des → Limes 259/60 und der Besetzung des Dekumatenlandes durch die Alamannen war die Donau wieder wie in frühkaiserlicher Zeit die Grenze des Reichs und Günzburg Frontstadt an einer von Germaneneinfällen bedrohten Grenze. Im neuen Verteidigungssystem, dem Donau-Iller-Rhein-Limes, der gegen Ende des 3. Jahrhunderts angelegt wurde, fiel Günzburg erneut die Aufgabe zu, den wichtigen Donauübergang zu sichern, auf den mehrere von den Alamannen auf ihrem Vormarsch benutzte Straßen zuliefen. Das spätrömische Kastell von Günzburg war eine burgusartige Anlage mit starken Mauern und vorspringenden Türmen, von denen sich Spuren in der Unterstadt erhalten haben.

Als Besatzung des Kastells wird für das Ende des 4. Jahrhunderts in der Notitia dignitatum, einem Staatshandbuch aus dem 4. und 5. Jahrhundert, ein Kontingent von „milites Ursariensium" unter einem Präfekten erwähnt; die Soldaten stammten möglicherweise von der spanischen Stadt Urso, nach anderen von einer istrischen Insel. Neben dem Kastell hat in spätrömischer Zeit noch eine bürgerliche Siedlung bestanden; sie überdauerte die Auflösung der römischen Herrschaft in Rätien und bildet heute den Kern der Altstadt, wo die „Römerstraße" an sie erinnert. „Ohne Lücke reicht die Kontinuität der Stadt über das Mittelalter hinaus bis vor den Beginn unserer Zeitrechnung zurück" (Reinecke).

*Günzburg, Altar der Gontia*

**Heimatmuseum.** Unter den ausgestellten Steindenkmälern befindet sich das obenerwähnte Bruchstück der Bauinschrift von 77/78; ein der Göttin Gontia (entweder die Flußgöttin der Günz oder die Göttin der Ansiedlung) von C. Iulius Flaventinus, centurio der I. Italischen Legion, geweihter Altar; ein Weihealter für Neptun, gestiftet von Mühlenarbeitern (molinarii) in Günzburg (ein Beweis für das Vorhandensein von Mühlen an der Günz).

Der Friedhof der bürgerlichen Siedlung lieferte zahlreiche Grabbeigaben, vor allem Tongeschirr aus flavischer Zeit (italischer und provinzialrömischer Herkunft), sowie Keramik germanischer Fertigung. Ferner ein Eimerchen aus Lavezstein mit Bronzefassung, Armbrustfibeln, Gürtelschmuck.

## GUNZENHAUSEN

Die Stadt am nördlichsten Punkt des rätischen → Limes war Standort eines kleinen Römerkastells, das etwa zwischen 139 und 161 n.Chr. im Zug einer Verstärkung des Ostabschnittes des Limes errichtet und als Folge eines Alamanneneinfalls um 242 aufgegeben wurde. Seine Besatzung bestand aus einem nicht bekannten kleinen Truppenteil (Numerus?).

Vom Kastell sind keine Spuren mehr vorhanden. Die Lage des Stabsgebäude (principia) in der Mitte des Kastells ist durch die Kirche markiert. „Das Südtor lag unter dem freien Platz zwischen Kirche und Messnerhaus..., das Osttor an der Nordostecke des Dekanatsgebäudes, das Westtor unter der östlichen Häuserzeile der Weißenburger Straße" (Schleiermacher). Ein Mithrasheiligtum wurde bei Gunzenhausen beobachtet, aber nicht ausgegraben.

Im Burgstall, dem Gehölz hinter dem „Gemeinschafts-Diakonissenmutterhaus Hensolthöhe", sind Überreste von Wachttürmen der rätischen Mauer, im Volksmund „Teufelsmauer" genannt, sichtbar, darunter die Grundmauern eines ungewöhnlich großen rechteckigen, im Inneren durch eine Mauer unterteilten Turmes (4,7 x 6,3 m) in unmittelbarer Nähe des Bismarckturmes, der nach einer Inschrift im Jahre 1901 „aus den hier ausgegrabenen Steinblöcken einer alamannischen Ringmauer und aus Steinen der Römermauer" gebaut wurde; weiter auf dem Weg in den Wald die Fundamente eines diagonal zur rätischen Mauer angelegten Turmes. Im Park hinter dem Diakonissenmutterhaus ist der Verlauf der „Teufelsmauer" durch Hinweisschilder gekennzeichnet.

Das **Heimatmuseum am Marktplatz** enthält römische Funde aus dem Kastell und aus römischen Siedlungen der Umgebung.

# H

## HALTERN

Die Stadt ist nach den Worten Rudolf Pörtners „für den Archäologen ... so etwas wie ein Paradepferd seiner Wissenschaft." Hier kamen zum ersten Mal in der Geschichte der deutschrömischen Provinzialarchäologie eindrucksvolle Zeugnisse der großen Offensiven zutage, die in augusteischer Zeit von den Bereitschaftslagern am Niederrhein in das Innere Germaniens unternommen wurden mit dem Ziel, die Grenzen Roms bis an die Elbe auszudehnen.

Römische Spuren im germanischen Kernland können nicht überraschen. Bis zur Schlacht im Teutoburger Wald im Jahre 9 n.Chr. war das Land fast ein Vierteljahrhundert von den Römern besetzt und befand sich zu dieser Zeit in den Anfangsstadien der Entwicklung zu einer römischen Provinz.

1838 fand ein preußischer Offizier auf der Kuppe des Annabergs etwa 2,5 km südöstlich der Stadt ein römisches Befestigungswerk aus der Zeit der Germanenfeldzüge unter Kaiser Augustus. Das Kastell war eine dreieckige Anlage mit einem Flächeninhalt von 7 ha, groß genug für eine Besatzung von 3000 Mann. Die Umwehrung bestand aus Spitzgraben, Wall und Palisaden, war mit Türmen verstärkt und besaß zwei Tore.

Bei Untersuchungen der Fundstelle und ihrer Umgebung seit 1899 fand man im Raum zwischen Annaberg und der Stadt Haltern vier weitere militärische Einrichtungen: Auf dem Silverberg, einem Plateau etwa 30 m über der Lippeniederung, ein annähernd quadratisches Feldlager von 36 ha Innenfläche, das zwei Legionen Platz bot, und, dieses Lager zum Teil überdeckend, ein jüngeres, halb so großes (etwa 18 ha) und nur für eine Legion bestimmtes Lager, das sogenannte „Hauptlager", von fast rechteckigem Grundriß, mit abgerundeten Ekken, umgeben von zwei Spitzgräben, dahinter eine Holz-Erde-Mauer mit vier Toren. Die Seitentore, durch die via principalis miteinander verbunden, und die porta praetoria im Süden lagen genau in der Mitte der Fronten, während das Nordtor, die porta decumana, stark nach Westen verschoben war. Von den Innenbauten konnten das Stabsgebäude (principia), Häuser der Stabsoffiziere, das Lazarett (valetudinarium), Kasernen und fünf Töpferöfen für Gebrauchs- und Feinkeramik und Lampen festgestellt werden.

Die beiden anderen militärischen Anlagen, unterhalb der Legionslager am nördlichen Steilufer der Lippe gelegen, waren ein „Anlegeplatz", wo Haufen von verkohlten Weizenkörnern gefunden wurden und den man daher als ein großes Magazin gedeutet hat, sowie östlich davon ein in verschiedenen Bauphasen entstandenes Befestigungssystem, die sogenannten „Uferkastelle", wahrscheinlich ein Brückenkopf, der hier eine Lippebrücke sicherte.

Die Ausgrabungen, durch zwei Weltkriege unterbrochen, wurden 1952 wieder aufgenommen und werden fortgesetzt. Unter neuesten Funden interessiert vor allem ein aus dem Hauptlager stammender Bleibarren mit dem Stempel der XIX. Legion. Wenn auch nach Ansicht des Ausgrabungsleiters der Barren nicht genügt, um die Anwesenheit der Legion in Haltern zu erweisen, so gibt der Fund doch zum ersten Mal Kunde von einer der drei in der Varusschlacht untergegangenen Legionen im Gebiet rechts des Niederrheins. (S.a. → Dangstetten und → Köln.)

Was die Zeitfolge der Halterner Lager anlangt, so wird angenommen (allerdings nicht unbestritten, wie vieles, was mit Haltern zusammenhängt), daß nach der Auflassung des Kastells auf dem Annaberg das Feldlager bis etwa um die Zeit von Christi Geburt bestanden hat. Dann folgten das Hauptlager und die Uferbauten, die nach der Varusschlacht aufgegeben oder durch Feuer zerstört wurden. Über dem Boden ist von den Römerkastellen nichts mehr zu sehen.

Das Aufsehen, das die Entdeckung der Halterner Kastelle erregte, gab der seit nahezu hundert Jahren andauernden Suche nach dem Römerkastell Aliso neuen Auftrieb. Die Geschichte dieser an Erfolgen und Enttäuschungen reichen archäologischen Suchaktion kann man bei Rudolf Pörtner und Werner Böcking nachlesen. Hier mag es genügen, das „Problem Aliso" in großen Zügen darzustellen.

Aus antiken Quellen ist bekannt, daß Drusus im Jahre 11 v. Chr. „am Zusammenfluß von Lupia und Elison" ein Kastell anlegte. Mit Lupia, so wird allgemein angenommen, kann nur die Lippe gemeint sein. Für einen Fluß Elison gibt es keinen Anhaltspunkt. Der Name des Drususkastells ist in den Quellen nicht genannt. In anderem Zusammenhang wird aber von römischen Schriftstellern ein Kastell Aliso an der Lippe erwähnt. Dorthin flüchteten die Überreste der im Jahre 9 n. Chr. in der Varusschlacht aufgeriebenen Legionen. Tacitus berichtet, daß Germanicus bei seinem Feldzug im Jahre 16 n. Chr. „das am Fluß Lupia angelegte Kastell" entsetzt und „das ganze Gebiet zwischen dem Kastell Aliso und dem Rhein mit neuen Grenzwegen und Dämmen befestigt" habe.

Wenn Aliso das einzige Römerlager an der Lippe war und mit dem von Drusus erbauten Kastell gleichbedeutend ist, dann besteht eine an Sicherheit grenzende Wahrscheinlichkeit, daß Haltern das langgesuchte Aliso ist. Nun sind aber im Lauf der Jahre noch weitere Römerkastelle an der Lippe, für gewöhnlich etwa 18 km oder eine Tagesmarschleistung einer Legion voneinander entfernt, entdeckt worden, insbesondere ein Lager bei Oberraden, wo ein alter Hofname „Elsey" mit seinem Anklang an Aliso oder Elison den Anspruch, das gefundene Lager sei Aliso, aufs stärkste zu stützen schien. (1977 kam dort ein Teil des Befestigungswalles mit 2000 Jahre alten, noch erhaltenen Eichenbalken zutage.)

Nach dem archäologischen Befund hat aber das Lager bei Oberraden nur bis zum Jahre 8 v. Chr. bestanden und konnte nicht das Aliso sein, das Germanicus im Jahre 16 n. Chr. aus germanischer Umklammerung befreite. Auch das Lager bei Haltern ist spätestens 9 n. Chr. untergegangen. So lautet denn auch das Urteil des gegenwärtigen Grabungsleiters in Haltern, daß „Aliso bis jetzt nicht Haltern gleichgesetzt werden kann". Die bisherigen Forschungsergebnisse haben aber die Vermutung Mommsens bestätigt, daß auf der Invasionsroute entlang der Lippe mehrere Kastelle bestanden haben, die, wie bereits erwähnt, in Abständen einer Tagesmarschleistung einer Legion voneinander entfernt lagen.

Abgesehen von der Entdeckung verschiedener Römerlager an der Lippe sind die Bemühungen der Ausgräber durch reiches Fundgut belohnt worden. Die aus Grabungen am Anfang dieses Jahrhunderts stammenden Funde waren bis zum Ende des II. Weltkrieges im Römisch-Germanischen Museum von Haltern untergebracht.

Das Museum wurde im März 1945 zerstört, die ausgelagerten Funde teils geraubt oder vernichtet. Die Funde bestanden aus militärischen Ausrüstungsstücken, Gegenständen des täglichen Gebrauchs wie Fibeln, Pinzetten, Salbölfläschchen, Spiegel, Lampen, Tintenfässer, Spielsteine, Glasreste und aus einer umfangreichen Münzsammlung. Ein Besucher des damaligen Museums (Bergengruen) hat seinem Empfinden beim Anblick dieser Gegenstände folgendermaßen Ausdruck verliehen: „Es erstaunt immer wieder, wenn man sich durch solchen Augenschein überzeugen darf, in wie hohem Maße vormarschierende Kolonisationsheere die sichere Kultur ihrer Heimat in noch ungesichertes Neuland tragen. Das ist nicht römisch allein: allen wahrhaft großen Armeen ist es eigentümlich, daß mit ihren Feldzeichen eine noch nach Jahrhunderten ablesbare Quintessenz ihres Landes in die Ferne gelangt."

Die seit 1952 wieder aufgenommenen Ausgrabungen haben so reiches Fundmaterial zutage gefördert, daß die Aussicht besteht, den Totalverlust von 1945 wenigstens einigermaßen auszugleichen. Unter dem neuen Fundgut befinden sich mehrere tausend Münzen, ein eisernes Katapult, Terra Sigillata mit Töpferstempeln, eiserne und bronzene Gewandnadeln (fibulae), Scherben feiner Millefiori-Gläser, dickwandige Bronzeteller. Der Großteil der Funde ist zur Zeit im Landesmuseum für Vor- und Frühgeschichte in Münster magaziniert.

Eine Auswahl wird in einem Notmuseum des **Römisch-Germanischen Museums der Stadt Haltern** gezeigt, darunter Sigillata-Geschirr, Bronzegegenstände, Kleinwaffen, Millefioriglas, Kultgefäße aus Ton, Reste von Wasserleitungen aus Blei, Fibeln, Schmuck, Werkzeuge der Soldaten und Handwerker (Schlosser, Nägelschmiede, Bronzegießer, Lederarbeiter), Legionärshelm, bronzene Adlerlampe. Möglicherweise handelt es sich bei diesen Gegenständen um die Hinterlassenschaft der in der Varusschlacht vernichteten Legionen.

## HANAU

Das **Historische Museum** in Schloß Philippsruhe beherbergt Römerfunde aus dem Hanauer Land, insbesondere aus dem Kastell Rückingen, darunter eine große Anzahl von Skulpturen aus einem Mithrasheiligtum. Sie wurden 1959 in einem römischen Brunnen bei Rückingen gefunden. Besondere Erwähnung verdient das im Zusammenhang mit der Schilderung des Mithrassteines von → Dieburg genannte Kultbild, das auf der Rückseite in der oberen Reliefzone den persischen Lichtgott als Jäger zu Pferde mit Lasso und von verschiedenen Tieren umgeben zeigt.

## HAUSEN a. d. Zaber, BRACKENHEIM-

Im Jahre 1964 wurden beim Ausheben einer Baugrube zahlreiche Bruchstücke römischer Steindenkmäler gefunden. Die Fundstelle war schon seit langem als Örtlichkeit eines römischen Gutshofes (villa rustica) bekannt. Die Steine erwiesen sich als Teile von zwei Jupitergigantensäulen, Reliefs der keltischen Göttinnen Epona und Herecura (hier beide als Vegetationsgottheiten aufzufassen) und Architekturteile. Eine der Jupitergigantensäulen war fast vollständig erhalten, so daß Nachbildungen im Lapidarium in → Stuttgart (dort auch die Originalteile) und in der Nähe der Fundstelle aufgestellt werden konnten. (S. Abb. 11 u. 36.)
Die Säule wird um 200 n. Chr. entstanden sein und wurde im 3. Jahrhundert bei einem Alamanneneinfall zusammen mit der Zerstörung des Gutshofes gestürzt und zerschlagen. Dabei wurden auch die Götterbildnisse z. T. verstümmelt. Die Bruchstücke wurden in einer Grube vergraben.
Nach der Inschrift auf der Frontseite der Sockelbasis (innerhalb eines Kranzes aus Eichenblättern über einem Adler mit ausgebreiteten Schwingen) war der Stifter der Säule Gaius Vettius Connougus, ein römischer Bürger einheimischer (keltischer) Abstammung, wie der (unrömische) Beiname Connougus vermuten läßt. Er wird der Eigentümer des Gutes gewesen sein und stiftete die Säule in Erfüllung eines Gelübdes, wahrscheinlich wegen guter Ernte, dem besten und größten Jupiter und seiner Gemahlin Juno, der Königin („IOM et Iunoni Reginae C. Vettius Connougus votum solvit laetus libens merito").
Die anderen drei Seiten des Sockels sind mit Reliefs von Gottheiten geschmückt: Auf der linken Seite Apollo mit Bogen, Pfeil und Köcher; auf der Rückseite Diana im Gewand der Jägerin, in der Linken den Bogen; mit der Rechten holt sie einen Pfeil aus dem Köcher; auf der rechten Seite Venus und Vulkan in der Arbeitstracht des Handwerkers, einen Hammer in der Rechten und eine Schmiedezange in der Linken, die er auf einen Amboß stützt.
Von einem Gesims getrennt, erhebt sich über dem Sockel ein achteckiger Stein mit dem Bild der Siegesgöttin Victoria auf der Vorderseite und anschließend nach links die Büsten der sieben Gottheiten der Wochentage: Saturn – Samstag; Sol – Sonntag; Luna – Montag; Mars – Dienstag; Merkur – Mittwoch; Jupiter – Donnerstag; Venus – Freitag. Die darüber aufragende, mit Eichenblättern im Relief verzierte Säule endet in einem Kapitell, das die Büsten der vier Jahreszeiten trägt.
Die weiblichen Verkörperungen der Jahreszeiten sind durch ihre Haartrachten gekennzeichnet: der Frühling mit Blütenkranz; der Sommer mit Ähren; der Herbst mit Früchten im Haar. Der Winter (nur ein Bruchstück ist erhalten) ist mit einem Mantel um den Kopf gegen Kälte geschützt. Die Säule ist gekrönt von einem blitzeschleudernden Jupiter, der über einen am Boden liegenden Giganten hinwegreitet.
Als religiöses Denkmal stellt die Säule den durch die Wochengötter und Jahreszeiten symbolisierten ewigen Jahresablauf dar, über den der höchste Himmelsgott als Sieger über die Urkräfte der Erde (die Giganten) gebietet.
Die Rekonstruktion einer ähnlichen Jupitergigantensäule von Walheim, Kr. Ludwigsburg, ist im römischen Parkmuseum beim Limesmuseum in → Aalen aufgestellt. (S. a. Museum in → Karlsruhe und Freilichtmuseum beim Bischofshof in → Ladenburg für weitere Beipiele von Jupitergigantensäulen.)

## HECHINGEN-STEIN

Der Aufmerksamkeit des Ortsvorstehers von Stein (zur Gemeinde Hechingen gehörig) ist es zu verdanken, daß 1976 in einer Gegend, wo „über römische Funde ... absolut nichts bekannt" war, die Grundmauern einer der größten römischen Gutsanlagen in Baden-Württemberg entdeckt wurden.
Bei der Suche nach baulichen Überresten eines mittelalterlichen Weilers war er in einem Wald auf einen von Dickicht überwucherten Erdhügel gestoßen, unter dem sich, wie eine nähere Untersuchung ergab, die Trümmer einer römischen villa rustica verbargen. In mehreren Grabungskampagnen während der Jahre 1977–1980 wurde der gesamte Gebäudekomplex mitsamt einer Badeanlage freigelegt und konserviert. Es handelte sich bei dem Fund um eine Portikusvilla mit Eckrisaliten, ein Haustyp, der aus vielen anderen Beispielen römischer Gutsanlagen im süddeutschen Raum bekannt ist. Das Besondere an dieser Villa war ihre Größe – sie umfaßte 30 Räume – und der vorzügliche Erhaltungszustand des aufgehenden, stellenweise noch über mannshoch erhaltenen Mauerwerks.
Mehrere Bauperioden konnten festgestellt werden. Die älteste Anlage geht auf die Zeit zurück, als unter Kaiser Domitian in den 80er Jahren des 1. nachchristlichen Jahrhunderts die römischen Truppen von der Donau auf die Schwäbische Alb vorverlegt und der Limes gebaut wurde. Der Eigentümer des Gutes, wohl durch Armeelieferungen reich geworden, konnte in der Folgezeit das Gutshaus um mehrere Räume im nördlichen Teil erweitern und an die West- und Ostseite Flügel ansetzen, die in Apsiden (halbrunde Pavillons?) abschlossen. Die nach Süden ausgerichtete Frontseite des Gutshauses wurde so im Laufe der Zeit von ur-

sprünglich 32 m auf 46 und schließlich 75 m erweitert. Die Eckrisalite des alten Baues wurden durch zweigeschossige Neubauten etwa von der Größe einer heutigen 3- bis 4-Zimmer-Wohnung ersetzt. Ein allen Anforderungen römischer Badekultur entsprechendes Bad wurde durch einen offenen Säulengang mit der Portikushalle verbunden – alles in allem ein repräsentativer, von solidem Wohlstand zeugender Bau.

Die Anlage scheint bis 230 n. Chr. bestanden zu haben und wurde wohl auf die Kunde von einer bevorstehenden Alamannen-Invasion, die auch 233 n. Chr. eintrat, planmäßig verlassen.

Den Besucher der Fundstätte erwartet als besondere Attraktion der vom Fundament bis zum Dach originalgetreu wiederaufgebaute Ostrisalit. Ähnliches ist bisher in bezug auf eine römische Gutsanlage nur bei der Villa von Otrang versucht worden, wo ein Teil der südlichen Portikusfassade auf römischen Grundmauern rekonstruiert wurde.

Der Wiederaufbau des Eckrisaliten entsprach einem schon bei der Freilegung der Grundmauern von vielen Seiten geäußerten Wunsch nach einer „Römervilla zum Anfassen"; denn die Einbildungskraft reicht gewöhnlich nicht aus, um Mauerzüge zu ganzen Gebäuden zu ergänzen. Keiner Phantasie dagegen bedarf es beim Anblick der in den Ruinen erhaltenen Estrichböden, z. B. in der Nordwestecke, wo die Deckplatten über Hypokaustpfeilern, der Mörtelestrich und Hohlziegel (tubuli) noch an Ort und Stelle so liegen, wie die Bewohner des Hauses sie gesehen und erlebt haben; der Fußboden hat sich nicht verändert, seitdem die Bewohner des Hauses ihn betreten hatten.

Den gleichen Eindruck unmittelbarer römischer Gegenwart vermitteln die Hypokaustanlagen in anderen beheizten Räumen mit ihren überwölbten Heizkanälen und Befeuerungsräumen (praefurnia). Die Hypokaustpfeiler bestehen hier durchweg aus behauenen Steinen, während sie sonst häufig aus übereinandergeschichteten Ziegelplatten konstruiert sind. Ebenso sind vielfach noch Türschwellen *in situ* erhalten.

Kleinfunde (ein Kerzenhalter aus Bronze mit stilisiertem Löwenkörper, eine Amphore, ein Bronzekessel mit Eisenhenkel, Löffel, Gürtelschnallen, Würfel, Stilus und die steinerne Darstellung eines delphinartigen Meerestieres) sollen an ihrem Fundort ausgestellt werden.

Man erreicht die Villa über die Bundesstraße 32. Ein Weg führt unmittelbar gegenüber dem Ortsausgang von Stein zur Fundstelle.

Am Anfang des Weges befindet sich rechts eine Tafel mit Hinweisen zur Geschichte der Fundstelle und einer Karte, die den Gesamtumfang der Gutsanlage und die Lage der ausgegrabenen Teile kenntlich macht.

## HEIDELBERG

Der Name der Stadt erweckt Vorstellungen von Schloßbeleuchtungen, verlorenen Herzen, vom „Großen Faß" und seinem Wächter Perkeo „im Heidelberger Schloß, an Wuchse klein und winzig, an Durste riesengroß" (Victor von Scheffel).

Weniger lebendig im allgemeinen Bewußtsein ist die Tatsache, daß Heidelberg am Anfang seiner Geschichte eine römische Garnison- und Industriestadt war, deren Spuren sich bis heute in einem Teil des städtischen Straßennetzes erhalten haben. Die Lage Heidelbergs am Austritt des Neckars aus den Bergen des Odenwaldes in die Rheinebene hat seit altersher Siedlungen an sich gezogen. Der fruchtbare Lößboden der Rheinniederung, eine Neckarfurt und uralte Verkehrswege boten günstige Bedingungen zur Besiedelung. Die Römer besetzten die Gegend in der Mitte des 1. Jahrhunderts n. Chr. vornehmlich aus strategischen Rücksichten, um die Kontrolle des Neckarüberganges am Schnittpunkt von Ost-West- und Nord-Südverbindungen in die Hand zu bekommen.

Das erste Kastell im Gebiet des heutigen Stadtteils Neuenheim an der Ladenburger und Keplerstraße (sogenanntes Ostkastell) hatte die Aufgabe, diesen wichtigen Flußübergang zu sichern. Dem Ostkastell folgten in flavischer Zeit (69–96 n. Chr.) nach der Besetzung des unteren Neckarlandes als Folge des Feldzuges des Straßburger Legaten Cn. Pinarius Cornelius Clemens weitere Kastelle in der heutigen Gegend Jahnstraße und Kastellweg (sogenannte Westkastelle), zunächst Erde-Holz- und später Steinbauten.

Als Besatzung eines der frühen Holzkastelle ist durch Inschriften die Cohors XXIIII voluntariorum civium Romanorum (freiwillig in den Hilfstruppen dienende römische Bürger) nachgewiesen. In dem späteren großen Steinkastell lag die teilweise berittene Zweite cyrenaische Kohorte (Cohors II Augusta Cyrenaica equitata). (Heukemes vermutet, daß die 500 Mann starke Kohorte ihren Namen von in der Cyrenaika (Nordafrika) verrichteten Kriegstaten ableitete.) Die 24. Kohorte freiwilliger römischer Bürger wurde zur Zeit Domitians (81–96 n. Chr.) nach Benningen und von dort nach der Vorverlegung des Limes auf die Linie Miltenberg-Lorch unter Kaiser Antoninus Pius (138–161) nach → Murrhardt verlegt. Die cyrenaische Kohorte kam im Zuge der Neuorganisation des obergermanischen → Limes unter Hadrian (117–138) nach → Butzbach.

Aus dem Lagerdorf (vicus) der Kastelle, oder möglicherweise aus verschiedenen Lagerdörfern auf beiden Ufern des Neckar im Gebiet von Neuenheim und Bergheim (auf dem Gelände der heutigen Kliniken), entwickelte sich dank der günstigen Verkehrslage und reicher Tonvorkommen eine bedeutende Industriesiedlung (ihr Name ist nicht überliefert). Die aus der Frühzeit der römischen Besetzung stammende Holzbrücke war gegen Ende des 2. Jahrhunderts durch eine steinerne Pfeilerbrücke ersetzt worden.

In der Gegend des heutigen Römerplatzes vor der Ludolf-Kehl-Klinik liefen verschiedene Überlandstraßen (eine davon ist die heutige Römerstraße) auf die Brücke zu. Acht Meilensteine aus der Zeit von 220–253 sind dort gefunden worden, ebenso ein Jupiteraltar mit einer Inschrift, die auf eine Wegepolizeistation unter Leitung eines beneficiarius consularis der in Straßburg (Argentorate) stationierten VIII. Legion hindeutet (der Stein befindet sich im Museum, s. u.). Wir kennen den Namen des Brückenbauers von einer auf dem Mittelpfeiler der Brücke errichteten Weiheinschrift, die besagt, daß „Valerius Paternus, architectus" zusammen mit Aelius Macer dem Neptun eine Kapelle mit Standbild gestiftet haben (s. u. Museum).

Zahlreiche Töpferöfen zu beiden Seiten des Neckars – mehr als ein halbes Hundert sind bisher gefunden worden – legen Zeugnis ab von einer hochentwickelten Töpferindustrie, deren Produkte – u. a. verzierte Terra Sigillata und einheimische terra nigra – bis weit in das Hinterland abgesetzt wurden. Die Erinnerung an den Töpfermeister Publius Attius Rufinus wird durch einen nach ihm benannten Platz in Neuenheim, wo seine Töpferwerkstatt lag, wachgehalten.

Die Entdeckung von gut ausgebauten Flußmauern am Neckarufer läßt auf einen Umschlagplatz für die Verschiffung von Schwergütern wie Mühlsteine aus Eifelbasalt (→ Mayen) auf Rhein und Neckar schließen.

Vom religiösen Leben im römischen Heidelberg künden die Reste von Heiligtümern des persischen Lichtgottes Mithras, die im Stadtteil Neuenheim gefunden wurden, sowie Weihesteine römischer und einheimischer Gottheiten, darunter Mercurius Cimbrianus, der „vermutlich den germanischen Wotan vertrat" (Heukemes), von einem heiligen Bezirk auf dem Heiligenberg.

Reiches Fundmaterial lieferten zahlreiche Einzelgräber und ausgedehnte Gräberfelder links und rechts der alten Römerstraße nach Ladenburg und der heutigen Eppelheimerstraße sowie der Berliner Straße in Neuenheim. Unter den Grabdenkmälern befanden sich Turmgrabmäler, ein sicheres Zeichen für den kaufmännischen Wohlstand im römischen Heidelberg.

Die Gründung des Gaues der Neckarsweben unter Kaiser Trajan (civitas Ulpia Sueborum Nicretum) mit Lopodunum (→ Ladenburg) als Vorort, mag zum Aufschwung des Heidelberger vicus, der dem Gau angehörte, mit beigetragen haben.

Der Alamanneneinfall von 233 brachte wirtschaftlichen Niedergang und der Fall des Limes 259/60 das Ende der Römersiedlung. Auf ihren Trümmern entstanden im 6. Jahrhundert die Orte Neuenheim und Bergheim. Die römische Steinbrücke verschwand. Erst in neuerer Zeit wurden die beiden Ufer wieder durch Brücken miteinander verbunden, nachdem jahrhundertelang die alte Neckarfurt als einziger Flußübergang gedient hatte.

**Kurpfälzisches Museum, Palais Morass,** Hauptstraße 97.

Die römischen Funde (Gegenstände des täglichen Gebrauchs, Baukeramik, Eisengeräte, Steindenkmäler) sind in der Abteilung „Archäologie" im Erdgeschoß, Raum 18–21, ausgestellt. Sie umfassen die Zeit der Römerherrschaft im unteren Neckartal vom 1. bis zum 3. nachchristlichen Jahrhundert und stammen größtenteils aus dem Steinkastell, dem Lagerdorf (vicus) und vom großen Gräberfeld in der Berlinerstraße, wo sie als Grabbeigaben zutage traten.

Eine besondere Attraktion und einzigartige Einführung in die römische Vergangenheit bilden auf jüngsten archäologischen Erkenntnissen beruhende Modelle. Wer sie betrachtet, fühlt sich in die Zeit vor fast 2000 Jahren versetzt; so lebendig und wirklichkeitsgetreu präsentiert sich in diesen Nachbildungen römisches Leben.

Der Blick des Besuchers fällt zunächst auf das Modell des Westtores, der *porta principalis dextra*, des römischen Steinkastells (Raum 20). Eine Inschrift über dem Tor nennt die Besatzung des Kastells, die Cohors II Augusta Cyrenaica equitata. Eine Abteilung der Kohorte verläßt das Lager. Auf der Wehrmauer sind Posten aufgestellt. Hinter der Mauer sieht man den aufgeschütteten Erdwall.

In zeitlichem Zusammenhang mit dem Modell des Lagertores steht ein die gesamte Längsseite der Wand in Raum 19 einnehmendes, einem imposanten Gemälde gleichendes Modell der *römischen Neckarbrücke* aus dem 2. Jahrhundert. Eingerahmt wird das Modell von zwei auf die Brücke bezüglichen zeitgenössischen Steindenkmälern: dem bereits erwähnten Inschriftsockel mit den Resten einer *Neptunstatue*, die in einem Heiligtum auf dem mittleren Pfeiler der Brücke stand und dem Neptun als dem Schutzgott der Brücke gewidmet war („In honorem domus divinae Neptuno aedem cum signo Valerius Paternus architectus et Aelius Macer ex voto posuerunt" – Zu Ehren des göttlichen Kaiserhauses haben Valerius Paternus, Baumeister, und Aelius Macer in Erfüllung eines Gelübdes dem Neptun ein Heiligtum mit Standbild errichtet) sowie dem ebenfalls schon genannten *Jupiteraltar* mit Weiheinschrift eines beneficiarius consularis der in Straßburg stationierten VIII. Legion („Iovi Optimo Maximo aram et columnam pro se et suis C. Vereius Clemens miles legionis VIII Augustae beneficiarius consularis VSLLM" – Dem Jupiter, dem Besten und Größten, hat Gaius Vereius Clemens, Soldat in der VIII. Legion mit dem Beinamen Augusta, und Wegepolizeimeister unter dem unmittelbaren Kommando des Statthalters für sich und die Seinen einen Altar und eine Säule in freudiger und williger Erfüllung eines Gelübdes nach Gebühr gestiftet). Vereius Clemens und seine Leute waren für die Sicherheit des wichtigen Flußübergangs verantwortlich und für ihre schwierige Mission auf den Schutz und Beistand des höchsten Staatsgottes angewiesen. Die Inschrift weist ferner darauf hin, daß der Stifter des Altars dem Jupiter eine Jupitergigantensäule errichten ließ, die vermutlich vor der Straßenstation aufgestellt war.

Die durch die beiden Inschriftsteine geschichtlich bezeugten Fakten sind im Modell wiedergegeben: in der Mitte der Brücke das Neptunheiligtum und am Südende die Straßenpolizeistation und davor die Jupitergigantensäule. Die dazu aufgestellte „Artillerie" (Schleudergeschütze) soll offenbar die Bereitschaft zur Verteidigung der Brücke bekräftigen.

Beachtenswert die in allen Einzelheiten getreue Nachbildung der auf den Steinpfeilern aufliegenden Holzkonstruktion. Am Neckarufer ein Hebekran für Quadersteine. Über die Brücke ziehen in kriegsmäßiger Marschordnung unter Vorantritt des Feldzeichenträgers (signifer) die Infanteristen der Kohorte, gefolgt von den Schwadronen der berittenen Abteilung.

*Originalstücke* sind Holzpfosten aus Pfeilern der Pfahlbrücke, ein eiserner Bootshaken aus dem Pfahlrost der Brücke und, ein Kuriosum (in der Vitrine „Der Neckar als archäologische Quelle" gezeigt), ein eiserner Pfahlschuh der römischen Brücke in trautem Verein mit einem eisernen Pfahlschuh der amerikanischen Pionierbrücke von 1946.

Der römischen Neckarbrücke folgt im historischen Ablauf der von Kaiser Valentinian I. (364–375) bei Ladenburg am Neckarufer erbaute *Burgus*, hier in einem eindrucksvollen Modell mit gemaltem Hintergrund dargestellt. Der quadratische, fünfstöckige, mit einem Zeltdach gedeckte wuchtige Wehrturm in rotem Ziegelsteinbau ist von einer mit vier Ecktürmen bestückten zinnenbewehrten Mauer umgeben, die das Flußufer auf drei Seiten hermetisch gegen den inneren Bereich der Festungsanlage abschließt. Der Burgus steht nahe der Brücke, die er schützen soll. Bei näherem Hinsehen erkennt man, daß sich um die Festung ein dramatisches Geschehen abspielt. Germanen sind in die Stadt eingedrungen. Die Besatzung des Burgus ist in höchstem Alarmzustand versetzt und steht auf der Mauerkrone bis zum Flußufer hinunter zum Einsatz bereit. Das Dach der hohen, die Häuser überragenden Basilika ist bereits durch Feuer beschädigt. Ein Haus am Flußufer ist vollständig eingeäschert; von einem anderen stehen nur noch geborstene, mit Malereien geschmückte Wände. Auf der Uferstraße liefern sich römische Soldaten mit den Eindringlingen erbitterte Kämpfe. Über die Brücke sprengt Verstärkung heran.

Der Kampf der Römer war vergebens. Militärische Machtmittel reichten nicht mehr aus, um dem Germanensturm Einhalt zu gebieten. In seiner spätrömischen Wehrhaftigkeit aber ist der Burgus Zeugnis für den eisernen Willen Valentinians, die Reichsgrenze von der Nordsee bis nach Raetien gegen die germanischen Invasoren zu verteidigen.

Aus der Zeit der Alemanneneinfälle um 233, als die römische Herrschaft im Heidelberger Raum zum ersten Mal ernsthaft bedroht war, stammt ein *Schatzfund* von 90 Kupfer- und Silbermünzen, die vor dem Westtor des Kastells in einem aus Steinplatten hergerichteten Versteck verborgen waren und 1953 dort entdeckt wurden. Die Münzen reichen über einen Zeitraum von 63 bis 233. Die Kupfermünzen zeigen Spuren langen Gebrauchs, während die meisten Silbermünzen – Denare aus der Zeit des Kaisers Severus Alexander – stempelfrisch und kaum benutzt waren. Auf einer der Silbermünzen ist das Portrait des Kaisers besonders deutlich zu erkennen. Über das Schicksal des Münzschatzes nach seiner Auffindung berichtet eine Museumsnotiz, daß zunächst 14 Bauarbeiter den Schatz unter sich verteilten. Einige Münzen gelangten sogar bis nach England. Nach „abenteuerlichem Suchen" konnte der Schatz schließlich wieder vollständig zusammengebracht werden.

Nicht nur Münzen, auch sonstiges wertvolles Hab und Gut wurde damals vor plündernden Germanen vergraben, z. B. Tongefäße, darunter eine „gerade aus der Sigillata-Fabrik von Rheinzabern" gelieferte qualitätvolle Reibschüssel.

Was Reichhaltigkeit und Mannigfaltigkeit anlangt, so nimmt *Keramik* in den Sammlungen des Museums den ersten Platz unter den Fundgegenständen des täglichen Gebrauchs ein.

Wie in römischer Zeit getöpfert wurde, zeigen Modelle (in Raum 19) einer römischen Töpferwerkstatt in Heidelberg-Neuenheim und im Bergheimer Viertel. Dazu Fotos von Ausgrabungen solcher Anlagen.

Die Gebrauchskeramik im Kastell und im Lagerdorf kam aus einheimischer und auswärtiger Produktion. Eine reiche Sammlung tönerner Öllampen verschiedener Typen besteht vornehmlich aus Firmenlampen (nach dem „Firmenstempel" auf dem Boden der Lampe) und stammt aus dem großen Gräberfeld in der Berlinerstraße.

Im einzelnen: eine Sigillata-Schüssel des südgallischen Töpfers Censor (mit dem Stempel „Officina Censoris") aus La Graufesenque; eine Sigillata-Tasse ebenfalls aus südgallischer Werkstatt; birnenförmige Spitzamphore italischer Herkunft; eine Schüssel mit Horizontalrand, die als Kochtopf diente; Tongriffpfanne zum Braten; Misch- und Klärgefäße für Würzwein; eine Spitzamphore für Wein; Haushaltware aus Heidelberger Töpferöfen, darunter kultisch verwendete Räucherkelche; eine metallimitierende Kanne; Terra-Nigra-Gefäße; Fehlbrände aus verschiedenen Werkstätten; orangerot überzogene Ware in Glanztontechnik („zählt zu den besten Heidelberger Erzeugnissen der Römerzeit"); Reibschüssel mit Kragenrand zum Zerkleinern von Gemüsen, Salat, Gewürzen für pikante Tunksoßen, die Innenseite war mit Quarzkörnchen aufgerauht; verschiedene Schüsseln, deren Zweckbestimmung durch ihren Inhalt (Obst, Rosinen, Körner) deutlich gemacht wird. Eine Sammlung reliefverzierten Terra-Sigillata-Luxusgeschirrs aus Gallien, darunter ein 12teiliges Gedeck, ist gesondert ausgestellt; die Reliefdekorationen waren mit Formschüsseln geprägt oder im Barbotineverfahren aufgetragen (vor dem Brand wurden Reliefverzierungen aus leicht formbarer Tonmasse mit Pinsel, Spachtel oder einer kleinen Röhre freihändig auf die Oberfläche eines Tongefäßes aufgetragen); Faltbecher, Amphoren, Becher rätischer Ware; Henkelkrüge; Räuchergefäß mit gewellten Kanten geschmückt; ein anderes mit Rädchenornamenten; Teller und Näpfe; Bruchstücke einer Gesichtsurne.

Zu den Haushaltsgegenständen gehören *Glasgefäße* verschiedenster Formen. Das Museum besitzt eine Sammlung römischer Luxusgläser aus Heidelberger Brandgräbern. Die Gläser wurden in syrischen, italischen, gallischen und rheinischen Glashütten gefertigt und gelangten als Beigaben in die Brandgräber vornehmer Verstorbener. Die meisten Gläser wurden in der Glut des Scheiterhaufens zerstört. Anhand der Schmelzstücke ist es aber gelungen, verlorene Formen wiederherzustellen. Zum Vergleich mit zerstörten römischen Gläsern werden in einer Vitrine (Raum 21) Stücke aus dem rheinischen Kunsthandel gezeigt, der noch über römische Gläser aus altem Kölner Bestand verfügt. Bemerkenswert unter den unversehrt gebliebenen Gläsern ist ein als zylindrisches Kännchen ausgestaltetes Glas, das eine seltene Zirkusszene zeigt; ein ungewöhnlich kostbarer Fund ist ein Balsamarium, das 1964 noch flüssiges Öl enthielt – ein 1800 Jahre altes Parfüm.

Unter den Funden befinden sich ferner langhalsige, bauchige, kuglige, birnenförmige Fläschchen (Balsamarien) für Öle, Salben, Parfüms; Glasurnen; als Aschenurne verwendete Vierkantflasche; Reliefgläser (eines dieser Gläser wie eine Traube in Amphorenform); Rippenschale; Kannen; Becher.

Unentbehrlicher Gegenstand des täglichen Gebrauchs war die „*fibula*" (Brosche aus Bronze, Silber oder emailliert); sie diente als Schmuck und hielt gleichzeitig den Stoff nach Art der Sicherheitsnadel zusammen. Fibeln verschiedener Formen sind hier zusammen mit *Schmuckstücken* ausgestellt.

Zum *Schreiben* verwendete man Griffel (stili) aus Knochen, Eisen oder Bronze, mit denen man die Schrift auf mit Wachs überzogene Holztäfelchen (hier in Nachbildungen) einritzte. Man schrieb auch mit Federn auf Papyros oder Pergament, von denen in Mitteleuropa allerdings keine Spuren gefunden wurden. Nur Tintenfässer aus Ton oder Bronze haben sich erhalten, wie das hier ausgestellte Beispiel zeigt; dazu ein bronzenes Tintenfaßdeckelchen in „feinster Tauschiertechnik" mit Silbereinlage.

Unter *Toilettengegenständen*, vor einem Foto des bekannten Neumagener Reliefs „Die Morgentoilette" (im Museum in Trier ausgestellt), finden sich bronzene Pinzetten zum Auszupfen der Augenbrauen; Schminksteine; Bronzespachtel; ein Metall hinterlegter Spiegel; Haarnadeln.

Streiflichter zum Thema *Ernährung* liefern Austernschalen; Brotlaibe (in Nachbildungen); die bereits erwähnten Schüsseln mit verschiedenen Lebensmitteln; Knochenreste. Vorräte hielt man in Amphoren im Keller des Hauses (hier im Modell). Zur Küchenausrüstung gehören Kochtöpfe, Küchenmesser, Waagschale.

Haus und Eigentum sicherte man mit *Schlüsseln* (Hebe-, Steckschüssel).

Für die *Freizeitgestaltung* hatte man Würfel- und Brettspiele mit Spielsteinen, die aus Glas oder Knochen bestanden. Ein rundes Spielbrett aus Stein ist durch strahlenförmig vom Mittelpunkt ausgehende Linien in Abschnitte zerlegt, auf denen Spiel- oder Zählsteine liegen.

Zur *Baukeramik* gehören Ziegelplatten mit Stempeln von Militär- und Privatziegeleien. Die im Heidelberger Kastell gefundenen Bauziegel weisen Stempel der Kastellbesatzung (Coh XXIIII, Coh II Augusta Cyrenaica) und von Legionen auf, die dem Heidelberger Kastell Ziegel lieferten (Leg XIIII, Leg VIII, Leg XXI Rapax). Dazu Wasserleitungsrohre aus Ton, Hypokaustziegel (eine Hypokaustanlage ist im Modell dargestellt).

Aus Heidelberger Werkstätten der Römerzeit (Maurer, Steinmetze, Schmiede, Schlosser, Zimmerleute, Schreiner) kommen *Werkzeuge* in sehr gutem Erhaltungszustand, deren Formen vielfach dem noch heute benutzten Handwerkszeug entsprechen: Haken, Äxte, Feuerhaken, Kette, Maurerkelle, Hammer, Nägel, Amboß zum Nagelschmieden. Unter Eisengeräten ferner: Brennstempel der Ala Scubulorum (die Truppe kam 70 nach Obergermanien, wo sie bis 260 verblieb); eine Axt mit Brennstempel der „Coh II Aug equitata Cyre" und zwei Brennstempel mit den Besitzernamen AS und GAM.

Im Gegensatz zu dem reichen Fundgut aus dem zivilen Bereich gibt es unter den Funden außer einem Schildbuckel aus einem Keller des Kastellgebäudes keine *militärischen Ausrüstungsgegenstände*. Dieser Mangel erklärt sich aus der Tatsache, daß die Ausrüstung des Soldaten dem Staat bzw. der jeweiligen Truppeneinheit gehörte und dem Soldaten daher auch nicht mit ins Grab gegeben wurde. Die Bewaffnung galt als Kriegsmaterial in fast modernem Sinn. Wesentlicher Bestandteil der römischen Sammlung sind *Steindenkmäler* (Grabsteine, Weihesteine, Altäre, Skulpturen).

Inschriften und Bildnisse auf *Grabsteinen* geben vielfach Auskunft über Einzelheiten aus dem Leben des Verstorbenen und über die Person des Stifters. Neben den Lebensdaten wird häufig der Beruf des Verstorbenen genannt; wir lernen die Mitglieder seiner Familie kennen.

Dem „verehrungswürdigsten Gatten Volcius Mercator", der im Alter von 40 Jahren starb, setzte den Grabstein Luteia, Tochter des Carantus („Dis Manibus. Volcio Mercatori annorum XXXX Luteia Caranti filia coniugi pientissimo posuit"). Volcius Mercator ist im keltischen Mantel mit Winkelmaß in der Linken dargestellt; er wird ein einheimischer Baumeister gewesen sein.

Auf einem Grabrelief sind drei Figuren beim Totenmahl dargestellt, darunter in Flachrelief eine Tanzszene, im Giebel eine sitzende Sphinx (als Grabwächter). Die Inschrift lautet: „Dis Manibus. Vigellius Nonni filius annorum XVII Iulio Tertio et Caeliae coniugi suae Nonnus Blandi filius faciendum curavit. Filio et suae coniugi piissimae de sua pecunia". (Den Totengöttern. Vigellius, Sohn des Nonnus, 17 Jahre alt. Für Julius Tertius und seine Gattin Caelia hat Nonnus, Sohn des Blandus, dieses Grabmal setzen lassen. Für den Sohn und seine innigstgeliebte Gattin, auf seine eigenen Kosten.)

Respectus, der mit 23 Jahren starb, war Bürger der Civitas Sueborum Nicretum und hatte als Kundschafter im römischen Heer gedient. Sein Bruder Candidus ließ ihm aus Liebe den Grabstein setzen. („Die Manibus. Respecto Beri filio, annorum XXIII, civi Suebo Nicreti exploratori Candidus Beri filius fratri pro caritate".) Das Grabrelief zeigt den Verstorbenen zu Pferde, bewaffnet mit zwei Lanzen und Rundschild, darüber ein militärisches Zeichen, möglicherweise eine Dekoration.

Ein doppelgiebeliger Grabstein aus dem 3. Jahrhundert war später als Grabumfassungsplatte verwendet worden. Den Grabstein hatte Pacus seinem Bruder Secundus, dessen Gattin Masvetinca und deren Tochter (seiner Nichte) Placidia sowie seinem Bruder Mattius auf eigene Kosten setzen lassen. Den Platz zur Aufstellung des Grabsteines gab ihm Ungario. („Dis Manibus. Pacus Bervi filius fratribus monumentum posuit. Secundo Bervi filio et Masvetincae coniugi et Mattio et Placidiae neptiae filiae Secundi. De sua pecunia. Ungario locum dedit".)

Zu den *Steindenkmälern* aus dem kultischen Bereich gehören zwei Viergöttersteine. Der eine (Raum 18) wurde zusammen mit einem von Quintus Ursus gestifteten Jupiteraltar und einem Säulenstein 1830 in der Stadtmauer von Ladenburg entdeckt; der andere (Raum 21) wurde 1935 bei Sinsheim in einer mittelalterlichen Kirche eingebaut gefunden. Beide Steine sind Sockel von Jupitergigantensäulen. (Derartige Säulen mit einem reitenden Jupiter als Bekrönung, unter den Hufen des Pferdes ein gefallener, schlangenfüßiger Gigant, kommen vor allem in der Nähe römischer Gutshöfe vor. Die Reliefbilder auf den vier Seiten des Sockels zeigen gewöhnlich Juno, Minerva, Hercules und Vulcan.) Bei dem 1935 aufgefundenen Stein haben sich bisher nur die Gestalten der Diana und des Vulcan identifizieren lassen. Die versuchsweise ergänzte Inschrift bezeichnet als Stifter des Steines die „vicani Saliobrienses" (Einwohner von Saliobriva). Die in der Größe passende Deckplatte „gehört nicht zum Sinsheimer Fund, sondern stammt von einem in der Nähe von Gaiberg gefundenen und mit dem Sinsheimer Stein im wesentlichen gleichartigen Denkmal". Die Inschrift auf der Vorderseite der Platte lautet: „IOM SVATIONIA IUSTINA REST". Die Skulptur eines Jupiterkopfes aus Buntsandstein bildete die Bekrönung einer Jupitergigantensäule.

Von Heiligenberg bei Heidelberg stammt eine Sandsteinplatte mit Weihinschrift für Mercurius Cimbrianus („In honorem domus divinae. Deo Mercurio Cimbriano aedem cum signo Tettius Perpetuius Carus VSLLM" – Zu Ehren des göttlichen Kaiserhauses hat Tettius Perpetuius Carus in williger und freudiger Erfüllung eines Gelübdes, wie der Gott es verdient hat, dem Mercurius Cimbrianus eine Kapelle mit Standbild gestiftet).

Zum kultischen Bereich gehört eine (im Treppenaufgang ausgestellte) rekonstruierte bemalte *römische Kellerwand*, 1968 in Heidelberg-Neuenheim gefunden, vermutlich die Wand eines Kultkellers; eingelassen in die Wand sind die Bronzefigur eines Lar, römischer Schutzgott des Hauses; Füllhorn und Opferschale fehlen.

Von hohem kulturhistorischen Interesse sind die in Raum 21 aufgestellten *Weihealtäre für den persischen Lichtgott* Mithras: der Altar von Heidelberg-Neuenheim (das Original in Karlsruhe – dort auch Beschreibung des Kultbildes) und das Relief des „Heiligen Kultmahles" der Lichtgötter Sol und Mithras (Original im Lobdengaumuseum in Ladenburg; dort nähere Beschreibung).

Ferner: zwei Altäre aus einem Mithrasheiligtum von Schlechtbach, der eine dem „Deo Invicto" von Lucius Vitruvius Quintus, der andere dem „Deo Soli", von Vitalius Severus gewidmet, beides Weihungen „in williger und freudiger Erfüllung von Gelübden" für erwiesene Wohltaten des Gottes. „Der unbesiegbare Gott ist hier ebenso der persische Mithras wie der ... Sonnengott" (Heukemes).

Ein in Heidelberg-Neuenheim gefundenes Mithrasrelief zeigt den Gott zu Pferde mit dem Globus in der rechten Hand, wie er, von Löwe (Feuer) und Schlange (Erde) begleitet, durch einen Zypressenwald reitet. Wie Vermaseren ausführt, ist dieses Relief dem Gemälde von Dura-Europos (→ Dieburg) am nächsten verwandt. Mithras ist hier nicht als Jäger dargestellt wie auf anderen Bildern des reitenden Mithras aus dem römischen Germanien, sondern als Kosmokrator, „als Herrscher über den Kosmos, weil er den Globus in der rechten Hand hält". Aus dem gleichen Mithraeum stammen Bildnisse des Cautes und Cautopates, der beiden Begleiter des Gottes, mit erhobener und gesenkter Fackel, die den Wechsel von Licht und Finsternis, von Werden und Vergehen, verkörpern.

Das Thema *Römisches Begräbniswesen* wird durch ein Diorama des römischen Gräberfeldes in der Berlinerstraße von Heidelberg-Neuenheim anschaulich gemacht. Die Nachbildung entspricht der tatsächlichen Fundlage. Die Erdschichten, unter denen die Gräber gefunden wurden, sind im Querschnitt dargestellt. 1500 Gräber aus dem 1.–3. Jahrhundert wurden dort zwischen 1950 und 1971 ausgegraben.

Auf dem Gräberfeld die Skelette eines Mannes, eines Kindes und eines Pferdes. Man erkennt verschiedene Gräberformen: Steinsarkophag; Ziegelplattengrab aus giebelartig gegeneinandergestellten Platten; als Aschenurne verwendete Vierkantflasche; ein als Behälter für den Leichenbrand dienendes unvollendetes Werkstück eines Säulenkapitells.

Die gebräuchlichste Form zur Aufbewahrung des Leichenbrandes waren tönerne Aschenurnen; Glasurnen kommen wegen ihrer Kostbarkeit nur selten vor. Über das Gräberfeld verstreut sind Grabbeigaben, meistens Keramik, entsprechend dem römischen Brauch, dem Toten Geschenke oder Besitztümer (Schmuck, persönliche Habe) auf den Weg ins Jenseits mitzugeben oder in die Flammen des Scheiterhaufens zu werfen. Neben schlicht ausgestatteten Gräbern gab es aufwendige Pfeilergräber, ähnlich wie die Igeler Säule. Bei Rohrbach wurden Fragmente eines solchen Pfeiler- oder Turmgrabes aus dem 2. Jahrhundert gefunden. Man nimmt an, daß der Verstorbene überlebensgroß mit einer Schriftrolle in der Hand dargestellt war. Der Pfeiler wird mit mythologischen Reliefdarstellungen überzogen und wie die Igeler Säule mit der Skulptur der Entführung des Ganymedknaben durch Zeus als Adler bekrönt gewesen sein, Sinnbild der „Entrückung des Verstorbenen in göttliche Gefilde". (Eine Zeichnung macht deutlich, wie ein Pfeilergrab an einer römischen Straße ausgesehen hat.)

„Zu den interessantesten Funden" unter den 1500 Bestattungen gehört ein 1969 vom Museum geborgenes, geschlossenes Brandgrab für eine „vornehme Persönlichkeit". Unter den Beigaben war eine mit „Fortis" gezeichnete Firmenlampe und eine Schüssel mit den Knöcheln eines Spanferkels. „Als man die zahlreichen Scherben von Tongefäßen wieder zusammengesetzt hatte, machte man die Entdeckung eines bekannten Sigillata-Speiseservices, bestehend aus kleinen, mittelgroßen und großen Behältern, die einst zur Aufnahme pikanter Würzen und Delikatessen bestimmt waren." Als Lieferanten der Sigillata ließen sich anhand der eingedrückten Stempel eine Reihe südgallischer Töpfer ermitteln. Andere Beigaben waren Münzen, ein strigilis aus Eisen. Eiserne Nägel stammten von der Totenbahre.

Unter *Zeugnissen des römischen Totenkultes* findet sich ein Pinienzapfen, gewöhnlich die Bekrönung eines Pfeilergrabmals, „Symbol des ewigen Lebens", sowie Terrakotten von Hühnern, Hunden und Pferden. Wie in einer Museumsnotiz bemerkt wird, muß man sich fragen, ob diese Terrakotten im Totenkult nicht eine ähnliche Bedeutung hatten wie die Grabbeigaben von Geflügel, auch von Hunden und Pferden, „als Wegzehrung oder als Begleiter des Toten ins Jenseits".

## HEIDENHEIM a. d. Brenz

Der Ort verdankt seinen Eintritt in die Geschichte einer Verschiebung der römischen Reichsgrenze von der Donau auf die Schwäbische Alb unter der Regierung Kaiser Domitians (81–96 n. Chr.).

Im Jahre 73/74 hatte der Legat des obergermanischen Heeres (exercitus superior), Cn. Pinarius Cornelius Clemens, in einem Vorstoß von Straßburg (Argentorate) aus zur Donau das obere Neckartal besetzt. Im Anschluß an diesen Feldzug wurden die Befestigungen am südlichen Donauufer auf die Schwäbische Alb vorverlegt. An die Stelle des Kastells Guntia (→ Günzburg) an der Donau trat das römische Heidenheim (vermutlich identisch mit dem in der Tabula Peutingeriana erwähnten Aquileia). Im Kastell Aquileia – es entstand nach neuesten Forschungen nicht vor dem Jahr 90 – lag als Besatzung ein 1000 Mann starkes Kavallerieregiment, die Ala II Flavia milliaria. Wie der Beiname besagt, wurde das Regiment in flavischer Zeit aufgestellt; es hatte als Teil des niedergermanischen Heeres an der Niederschlagung des Aufstands des Mainzer Legaten L. Antonius Saturninus im Jahre 88/89 teilgenommen und war wegen Treue zu Kaiser Domitian zusammen mit allen anderen Einheiten des niedergermanischen Heeres mit den Ehrentiteln „pia fidelis Domitiana" ausgezeichnet worden. Die Ala wurde um 150 in das Kastell → Aalen verlegt.

Aus dem Lagerdorf entwickelte sich im 2./3. Jahrhundert n. Chr. eine bürgerliche Siedlung. Das verlassene Kastell diente den Bewohnern als Steinbruch für ihre Bauten. Der Ort war wichtiger Verkehrsknotenpunkt; hier trafen sich sternförmig Ost-West- und Nord-Süd-Verbindungen. Ein Hortfund von Bronzemünzen Trierischer Prägung aus den Jahren 341–346 läßt darauf schließen, daß die römische Besiedlung Heidenheims auch nach dem Fall des → Limes 259/60 und der alamannischen Landnahme bis ins 4. Jahrhundert fortbestand.

Das Reiterkastell hatte die übliche Rechteckform mit abgerundeten Ecken. Die Langseite maß 271 m, die Schmalseite 195 m. Die Kastellmauer war mit Eck- und Zwischentürmen bewehrt. Die vier Tore waren von Türmen flankiert und hatten zwei Durchfahrten. Der Grundriß des Kastells hat sich bis zur Gegenwart deutlich im Straßennetz der Stadt erhalten. In groben Zügen gesehen markieren die Paulinenstraße die nördliche, die Brenzstraße (ein wenig nach Süden verschoben) die südliche, die Karlstraße die westliche und der Bahnhofsvorplatz die östliche Grenze der Kastellumwehrung. Die Marienstraße bis zum Schnittpunkt mit der Olgastraße und den Bahnhofsanlagen verläuft im Zuge der via decumana.

An der gleichen Stelle fand man bei Ausgrabungen während eines Straßendurchbruchs 1961/62 die Fundamente der Apsis des Fahnenheiligtums (sacellum) der principia (Stabsgebäude) mit Kellerraum, wo die Truppenkasse und die Ersparnisse der Soldaten aufbewahrt wurden. Auch wurden die Grundmauern eines Turmes des Südtores (porta decumana) an der Ecke Brenzstraße-Marienstraße freigelegt. Die principia erstreckten sich von der Kreuzung Olgastraße-Marienstraße bis etwa zum Altarraum der Marienkirche. Von der Marienkirche ab bildet die Marienstraße die via praetoria. Das Ausfallstor, die porta praetoria, liegt am Treffpunkt von Marienstraße und Paulinenstraße. In der Nord-West-Ecke des Lagers wurden die Fundamentgräben von drei Kasernen mit je zwölf Zeltgenossenschaften (contubernia) und den Offiziersquartieren an den Schmalseiten der Kasernen aufgedeckt. Vom Kastell sind über der Erde keine Spuren mehr sichtbar.

Um so eindrucksvoller, was uns die römische Zivilsiedlung als sichtbares Denkmal hinterlassen hat. Es kam auf dem Gelände der Bundespost zwischen Bahnhof- und Friedrichstraße im Zuge eines Bauvorhabens im Jahre 1980 zutage. Auf dem gleichen Areal waren schon früher römische Mauerreste entdeckt worden. So war man im Jahre 1911 bei Bauarbeiten für eine Malzfabrik auf die Grundmauern eines großen römischen Gebäudes mit einer Heizungsanlage gestoßen. Ein Teil der Hypokaustanlage wurde damals geborgen und im Museum auf Schloß Hellenstein ausgestellt. 1929 fand man in der Baugrube für eine Kraftwagenhalle der Bundespost gut erhaltene römische Mauerzüge. Kein Wunder, daß sich das Landesdenkmalamt Baden-Württemberg einschaltete, als man von Bauabsichten der Bundespost auf diesem Gelände erfuhr.

In zwei je sechs Monate dauernden „Notgrabungen" in den Jahren 1980 und 1981 wurde freigelegt, was der Grabungsleiter Dr. Dieter Planck als ein „archäologisches Kulturdenkmal von besonderer wissenschaftlicher und heimatgeschichtlicher Bedeutung" bezeichnete: eine der größten römischen Badeanlagen Süddeutschlands in ungewöhnlich gutem Erhaltungszustand. Es ergab sich, daß hier ursprünglich das Kastellbad der Ala II Flavia milliaria gelegen hatte. Nach dem Abzug der Ala in das Limeskastell Aalen um 150 n. Chr. übernahm die fortbestehende und selbständig gewordene Zivilsiedlung das Gelände und errichtete dort, teilweise auf den Grundmauern des Militärbades, ein aufwendiges Badegebäude, wie es sich nur ein städtisches Gemeinwesen mit reichen finanziellen Mitteln für Bau und Unterhaltung leisten konnte.

Die Großartigkeit der Anlage läßt vermuten, daß sich das ehemalige Kastelldorf zu einer der „bedeutendsten Siedlungen im nordwestlichen Teil der Provinz Rätien" entwickelt hatte und möglicherweise auch Hauptort einer noch unbekannten civitas gewesen ist.

Die Thermen bedeckten, wie vermutet wird, eine Fläche von mindestens 7000 qm. Auf der Westseite befinden sich in vier zusammenhängenden Räumen mit Fußbodenheizung das Warmbad (caldarium) und das Laubad (tepidarium). Eine bauliche Besonderheit des südlichen Raumes des Warmbades ist eine Apsis mit hohem Gewölbe, wie fünf große Strebepfeiler an der Außenseite der Apsis erkennen lassen. An die vier Räume schließt sich nach Osten eine lange, gleichfalls mit einer Fußbodenheizung ausgestattete Halle an. Es wird angenommen, daß dieser über 40 m lange Raum das Schwitzbad (sudatorium) gewesen ist. Im Süden dieser Halle liegt ein zentraler Heizungsraum mit großem praefurnium (Feuerungsraum). Verschiedene Räume ohne Fußbodenheizung rechtwinklig zur großen Halle bildeten möglicherweise das Kaltbad (frigidarium). Es folgen ein großer Innenhof und im Südosten drei weitere Räume mit Fußbodenheizung, von denen einer eine Apsis besaß. Möglicherweise handelt es sich hier um einen Teil des Militärbades, der beim Umbau des Bades aufgegeben wurde. Beachtenswert: eine vorzüglich erhaltene, halbrunde unbeheizte Badewanne.

Während der Ausgrabung wurde am Südrand des Badegebäudes eine große römische, zweigeteilte Kalkgrube entdeckt. Die Holzverschalung und die Eichenbohlen auf der Sohle waren noch in ihrem ursprünglichen Zustand erhalten. Die dendrochronologische Untersuchung dieses Holzes hat die Datierung der Errichtung der jüngeren Badeanlage für die Jahre um 156 n. Chr. ermöglicht.

Die Fußbodenheizung weist ungewöhnliche Verschiedenheiten auf. Die Hypokaustpfosten der Caldarien sind gemauert, diejenigen der Laubäder bestehen aus Ziegelplatten. Die Fußbodenheizung des Südteils der großen Halle besteht aus parallel verlaufenden, massiven Mauern, die an vier Stellen durch überwölbte Kanäle unterbrochen werden, so daß hier eine Art Kanalheizung entstand.

Ein großer Teil der Badeanlagen ist im Untergeschoß des neuen Postgebäudes konserviert und kann von einem hölzernen Umlaufsteg aus in seinem ganzen Umfang besichtigt werden. Die gewaltigen Ausmaße der Anlage, das mächtige, teilweise noch übermannshoch erhaltene Mauerwerk vermittelt einen ähnlich starken Eindruck von römischer Architektur und Steinbauweise wie die Mauerreste des Prätoriums unterhalb des Kölner Rathauses.

Der Zugang zur römischen Badeanlage liegt in der Theodor-Heuss-Straße. Über dem Eingang befindet sich ein Oberlichtsaal, wo der Besucher vor Betreten der Ruine anhand von Modellen und Plänen einen Überblick über die geschichtliche Entwicklung der Stadt Heidenheim in vor- und frühgeschichtlicher Zeit sowie auch Informationen über das römische Badewesen erhalten soll.

Weitere Funde sind in Vitrinen innerhalb der Anlage ausgestellt.

(Das Manuskript dieses Abschnitts wurde vor der Eröffnung der Anlage abgeschlossen.)

**Museum in der Schloßkirche von Schloß Hellenstein.** (Mittelalterlicher Burgbau, nach Zerstörung durch Brand im 16. Jahrhundert als Residenz der Herzöge von Württemberg wiederaufgebaut, Ende des 18., Anfang des 19. Jahrhunderts zum Teil abgebrochen; die Ruinen seit 1857 als Denkmal erhalten.)

Unter den in Schaukästen ausgestellten *römischen Kleinfunden* befinden sich: Gebrauchskeramik (Töpfe, Reibschüssel, Krüge, Teller) und Terra Sigillata (glatte Ware, mit Graffiti versehene Bodenbruchstücke von Tellern, Bruchstücke verzierter Schüsseln); Ziegelstempel der Ala II Flavia; Bruchstück einer Gesichtsurne; eine zierliche Schale mit gewellter Randkante (der Fuß ist ergänzt); Amphoren; große Öllampe; römischer Schmuck und Geräte (Armringe, Ohrringe, Gewandspangen, darunter eine emaillierte Brosche in der Form eines Pferdes, Handspiegel, eine Panthermuschel als Anhänger, Schreibgriffel, Spachtel, Messer, Löffel, ein Beil aus Eisen, Beschlagstücke, ein hervorragend erhaltener Bronzeschlüssel).

*Karten* zeigen das Römerkastell und die Umgebung von Heidenheim zur Römerzeit mit dem römischen Straßennetz.

Von einem Wohnhaus der Zivilsiedlung ist eine *Fußbodenheizung* unter Verwendung der Originalstücke nach dem Grabungsbefund aufgebaut. *Steindenkmäler*, die in oder in der Umgebung von Heidenheim gefunden wurden, sind z.T. durch Photographien vertreten:

Altar mit Inschrift für *Merkur* („Mercurio sacrum. Ex voto Aelius Florentinus pro salute Primitivi fili VSLLM." – In williger und freudiger Erfüllung eines Gelübdes, wie der Gott es verdient hat, hat Aelius Florentinus dem Merkur diesen Altar geweiht (als Dank) für die Gesundheit seines Sohnes Primitivus). (Das Original befindet sich in Stuttgart.) – Nach Kellner zeigt diese dieser Weihestein (wie auch eine Merkurweihung aus → Weißenburg), daß man hier „einen wichtigen keltischen Gott mit dem vielseitigen und beliebten Merkur identifiziert; sein Wirkungskreis ging ja weit über Geschäftsangelegenheiten hinaus."

*Bauinschrift* (das Gebäude, zu dem die Inschrift gehörte, ist nicht bekannt), im Inneren der ev. Kirche von Hausen ob Lontal eingemauert, mit dem Namen des Kaisers Gallienus (253–268), das späteste römische Inschriftdokument in Württemberg.

*Grabstein*, früher an der Pfarrkirche in Heidenheim eingemauert („Dis Manibus. Titus Flavius Vitalis civis Kaletus vixit annos LXX. Flavius Aucus libertus et heres faciendum curavit" – Den Totengöttern. Titus Flavius Vitalis, kaletischer (keltischer?) Bürger, hat 70 Jahre gelebt. Flavius Aucus, sein Freigelassener und Erbe, hat diesen Grabstein errichten lassen); ein Weihealtar für *Jupiter*, als Eckstein des Chorfundaments der Friedhofskirche in Heidenheim verwendet.

Auf der Empore ist eine von Kaminfegermeister Reiser aus Heidenheim zusammengestellte *Sammlung römischer Münzen* von der Republik bis Kaiser Arcadius (395–408 n. Chr.) ausgestellt. Die Sammlung enthält Münzen sämtlicher römischer Kaiser (weströmischer seit der Teilung des Reichs.)

# HERMANNSDENKMAL

Die Schlacht im Teutoburger Wald im Jahre 9 n. Chr., in der germanische Stämme unter Führung des Cheruskerfürsten Arminius das Heer des römischen Statthalters P. Quinctilius Varus

*Hermannsdenkmal*

vernichteten, gehört sicherlich zu den bedeutendsten Ereignissen in der Geschichte Roms auf deutschem Boden. Tacitus (Annalen II, 88) sagt von Arminius, er sei „unstreitig der Befreier Germaniens" gewesen („liberator haud dubie Germaniae"). Das Hermannsdenkmal, das Ernst von Bandel von 1838–1875 auf der höchsten Kuppe des Teutoburger Waldes errichtete, um am Ort der Varusschlacht die Erinnerung an den germanischen Sieger wachzuhalten, kann aber nur mit Vorbehalt unter die „Römerstätten in Deutschland" eingereiht werden.

Seit dem 17. Jahrhundert, als man die als Osning oder Lippischen Wald bezeichnete Gebirgskette zwischen mittlerer Weser und Rhein in Anlehnung an den von Tacitus im Zusammenhang mit der Varusschlacht genannten „Teutoburgiensis saltus" mit „Teutoburger Wald" gleichsetzte, in der unbewiesenen Annahme, daß dort die Schlacht stattgefunden habe, ist die Suche nach dem „wahren" Schlachtfeld nicht mehr abgebrochen. Ähnlich wie im Fall des Römerkastells Aliso (→ Haltern) hat man mit oft kriminalistischem Scharfsinn die spärlichen geographischen Hinweise der antiken Schriftsteller auf den Ort der Varusschlacht im Gelände aufzuspüren versucht.

Dabei sind bisher insgesamt 30 Plätze als mögliche Schlachtfelder ermittelt worden. Rudolf Pörtner und Werner Böcking haben die Geschichte dieser Bemühungen, wie die Alisoforschung, im einzelnen dargestellt. Ein vielversprechender Versuch aus jüngster Zeit, das Schlachtfeld mit dem Fundort des Hildesheimer Silberschatzes (→ Hildesheim) in Verbindung zu bringen (Kurt Lindemann, Der Hildesheimer Silberfund -Varus und Germanicus, 1967), hat nicht die erhoffte Klärung gebracht.

Auch andere Einzelheiten der Varusschlacht – In welcher Richtung marschierte Varus? Wurde er im Marschlager oder auf dem Marsch angegriffen? – sind auf Grund der antiken Quellen nicht mit Sicherheit zu ermitteln. Selbst der deutsche Name des Siegers beruht auf Vermutung. In den Berichten römischer Historiker, der einzigen Überlieferung seiner historischen Existenz, heißt er Arminius.

Arminius wurde in Rom erzogen und in den Ritterstand erhoben. Er war jahrelang Befehlshaber germanischer Hilfstruppen im römischen Heer gewesen. Die Gleichsetzung von Arminius mit Hermann kam erst im 17. Jahrhundert auf, als man den deutschen Freiheitshelden mit einem angeblichen germanischen Kriegsgott Herimannus in Verbindung brachte. Obwohl Tacitus (in Buch II, c. 88 seiner zwischen 115 und 117 n. Chr. veröffentlichten „Annalen") berichtet, daß er „noch immer", d. h. mehr als 100 Jahre nach der Schlacht, bei den barbarischen Völkern besungen werde („caniturque adhuc barbaras aput gentes"), gibt es in der deutschen Heldensage keine Hinweise auf den Befreier Germaniens. (Es hat allerdings nicht an Versuchen gefehlt, die Sagengestalt des Nibelungenhelden Siegfried mit dem historischen Arminius zu verbinden.)

Das Bild des Cheruskerfürsten ist erst in verhältnismäßig neuerer Zeit durch dramatische Bearbeitungen der Hermannsschlacht (Klopstock 1769; Heinrich von Kleist 1808; Christian Dietrich Grabbe 1838) als Verkörperung heldischen Freiheitssinnes und deutscher Einigungsbestrebungen in das allgemeine Bewußtsein eingedrungen.

Aus den antiken Berichten (Velleius Paterculus, Cassius Dio, Florus und Tacitus) lassen sich etwa die folgenden „harten" Tatsachen vom Verlauf der Varusschlacht herausschälen: Im Herbst des Jahres 9 n. Chr. wurde die Armee des römischen Legaten Varus, bestehend aus drei Legionen, der XVII., XVIII. und XIX., drei Kavallerie- und sechs Infanterieregimentern der Hilfstruppen mitsamt Troß auf dem Rückmarsch vom Sommerlager an der Weser zu den Winterlagern am Rhein von vereinten germanischen Stämmen unter Führung des Cheruskerfürsten Arminius in der Gegend der mittleren Weser und oberen Lippe überfallen und in einer mehrere Tage dauernden Schlacht in sumpfigem Waldgelände und während heftiger Regengüsse fast vollständig aufgerieben. Abteilungen und Versprengte konnten sich in die Festung Aliso retten, bevor sie das schützende Lager Vetera castra (→ Birten) am Niederrhein erreichten. Varus und einige seiner Offiziere stürzten sich auf dem Schlachtfeld ins eigene Schwert.

Die vernichtende Niederlage hatte für Rom weittragende Folgen. Wie Tacitus betont, hatte Arminius das römische Volk nicht am Anfang seiner Geschichte getroffen, sondern das in höchster Blüte stehende Reich herausgefordert („florentissimum imperium lacessierit"). Der Nimbus der militärischen Überlegenheit der Römer war zerstört. Zwar konnte Germanicus in seinen „Rachefeldzügen" von 14–16 mit der ehrenvollen Bestattung der in der Varusschlacht Gefallenen und der Rückführung zweier von den Germanen erbeuteter Legionsadler die Schmach der Niederlage einigermaßen auslöschen. (Den letzten der drei Varus-Adler mußten die Chauken, ein germanischer Stamm an der Nordseeküste, im Jahre 41 an den römischen Feldherrn Gavinius Secundus herausgeben.) Das Gebiet zwischen Rhein und Elbe, das schon weitgehend als römische Provinz gegolten hatte, blieb aber der römischen Hoheit entzogen.

Die augusteische Politik der Expansion in das Innere Germaniens war gescheitert; der Niederrhein wurde wieder wie zur Zeit Caesars die Grenze des Reichs und blieb es bis zum Ende der Römerherrschaft. Die drei Legionen, die ihre Adler eingebüßt hatten, galten als aufgelöst und blieben aufgelöst. Sie wurden nicht wieder aufgestellt; ihre Nummern verschwanden aus der römischen Armeeliste.

Bekannt ist die verzweifelte Klage des alternden Augustus auf die Schreckensnachricht von der Varusschlacht: „Quinctili Vare, legiones redde!" (Quinctilius Varus, gib mir meine Legionen wieder!).

P. Quinctilius Varus war in der Provinz Africa und dann in Syrien Statthalter gewesen, bevor er 7 n. Chr. als Legat des Kaisers das Kommando über die römischen Truppen am Rhein übernahm. Durch seine Heirat mit einer Großnichte von Augustus war er mit dem Kaiserhaus verwandt. Er soll vornehmlich durch den Versuch, das als fremdartig verhaßte römische Gerichtsverfahren in den eroberten germanischen Gebieten einzuführen, die Germanenstämme zum Aufruhr getrieben haben. Sein Bild auf einer Porträtmünze im Römisch-Germanischen Zentralmuseum in → Mainz zeigt einen Kopf auf einem dicken Hals und „weiche, fast schwammige Züge", die auf üppigen Lebensgenuß und Unentschlossenheit im Handeln hindeuten.

Aber das Äußere seiner Erscheinung mag täuschen. Nach dem Urteil des römischen Schriftstellers Velleius Paterculus, der Varus persönlich kannte, war dieser „ein Mann von scharfem Verstand, von Natur aus friedfertig, ruhig und zurückhaltend in seiner Lebensart und seinem Auftreten." Die ehrenvolle Laufbahn, die Varus zu den höchsten Staatsämtern führte, scheint dieses Urteil zu bestätigen. 13. v. Chr. war Varus zusammen mit dem späteren Kaiser Tiberius Consul und danach, wie oben erwähnt, Statthalter in den Provinzen Africa, Syrien und Germanien.

(Das Hermannsdenkmal ist am besten von Detmold aus zu erreichen.)

## HIENHEIM

Ungefähr 2 km nördlich von Hienheim auf der Straße nach Kehlheim steht ein Steindenkmal auf der rechten Straßenseite. Es wird „Hadrianstein" genannt und markiert die Kreuzung der Straße mit der rätischen Mauer (→ Limes), die am Donauufer endet. Reste der Mauer sind auf beiden Straßenseiten sichtbar. Nach Süden, donauaufwärts, sieht man den Kirchturm von → Eining, in dessen Nähe sich das Römerkastell Abusina befindet.

Der Hadrianstein wurde von König Maximilian II. Joseph von Bayern (1848–1864) errichtet. Der König, aus starkem geschichtlichen Interesse ein Förderer der Denkmalpflege in seinem Land, hatte den Verlauf des Limes an zahlreichen Stellen durch Gedenksteine, sogenannte „Maxsteine" (→ Eichstätt), im Gelände kennzeichnen lassen.

Der Hadrianstein trägt die folgende Inschrift in gotischen Schriftzeichen: „Hier auf dem linken Donauufer beginnt der von den römischen Kaisern Trajan, Hadrian und Probus in den Jahren 117–282 nach Christus gegen die Teutschen angelegte, bis an den Rhein laufende Wall, auch Teufelsmauer genannt."

## HILDESHEIM

Der Name der Stadt ist mit dem „glänzendsten Altertumsfund auf deutschem Boden" (Koepp) verbunden.

Es geschah am Spätnachmittag des 17. Oktober 1868. Während ein Kommando des 3. Hannoverschen Infanterieregiments Nr. 79 mit dem Bau eines Schießstandes am Westabhang des Galgenberges bei Hildesheim beschäftigt war, stieß einer der Soldaten mit einer Hacke auf eine „spiralförmig gewundene Stange", die er für altes Eisen hielt und beiseite warf.

Bei weiteren Ausschachtungsarbeiten an der gleichen Stelle kam dann ein römischer Silberschatz zutage, der zu den größten und bedeutendsten Funden antiken Silbergeschirrs gehört und als „Hildesheimer Silberfund" in die Geschichte der deutschen Archäologie eingegangen ist. (Die näheren Fundumstände sind bei W. Böcking nachzulesen; vgl. auch Lindemann, op. cit.) Da die Fundstelle auf Armeegelände lag, stand der Militärverwaltung die Verfügung über den Schatz zu. Er wurde als Geschenk des Königs von Preußen der Antikenabteilung der Berliner Museen überwiesen. Die glücklichen Entdecker erhielten eine ansehnliche Abfindung.

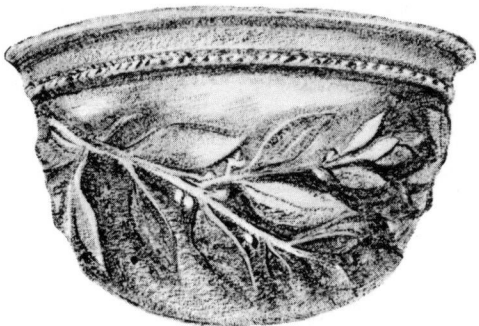

*Hildesheimer Silberschatz*

Der Schatz besteht aus 74 Stücken römischen Tafelsilbers vorwiegend italischer, zum Teil aber auch gallischer Herkunft. Neben Tafelservice für drei Person mit Tellern und Näpfen und Geräten zum Anrichten und Auftragen der Speisen, darunter ein Dreifußtischchen, mehreren Kasserollen und einer Eierschale für 12 Eier, gehören zu dem Hildesheimer Silberschatz eine Anzahl von Bechern mit Pflanzen- und Maskenornamenten, feinziselierte Humpen, Kannen, ein großer Krater (Mischkrug) mit Blattverzierungen, die an Muster der ara pacis in Rom erinnern, und vor allem prachtvolle Prunkschalen mit getriebenen Relieffiguren am Schalenboden.

Eine der Figuren stellt Athena dar, in einer felsigen Landschaft sitzend, im linken Arm den Schild, in der rechten Hand das Steuerruder; eine andere Figur zeigt den jungen Herkules, wie er die Schlangen erwürgt. Eine Reihe von Geräten tragen Besitzerinschriften. Insgesamt vier Namen konnten ermittelt werden.

Seit der Auffindung des Schatzes haben vornehmlich zwei Fragen die Gelehrten beschäftigt: Wer war der letzte Besitzer des Schatzes und wann ist der Schatz vergraben worden? Man hat den Schatz frühzeitig mit der Varusschlacht in Verbindung gebracht. So glaubte man, er habe Varus gehört und sei in der Teutoburger Schlacht von den Germanen erbeutet worden (→ Hermannsdenkmal); die bei Hildesheim gefundenen Stücke seien der Beuteanteil von Arminius gewesen.

Lindemann (op. cit.) geht noch einen Schritt weiter, indem er den Fundort mit dem Varus-Schlachtfeld in unmittelbare Beziehung bringt; als alles verloren schien, sei der Schatz am Ort der Schlacht vergraben worden. Nach Lehner könnte der Schatz einem der Legaten der in Vetera castra (→ Birten) stationierten Legionen gehört haben und wäre dann bei der Zerstörung der Festung im Bataveraufstand 70 n. Chr. in germanische Hände gelangt.

Die Annahme, daß der Schatz das Tafelsilber von Varus gewesen sei, stößt auf die Schwierigkeit, das Alter verschiedener Stücke zu bestimmen. So ist es zweifelhaft, ob der Silberfund in seiner Gesamtheit der augusteischen Zeit angehört. Einzelne Stücke hat man auf das 2. Jahrhundert n. Chr. datiert; andere werden sogar als spätantik angesehen. Böcking faßt die Meinungen dahin zusammen, daß der Silberschatz germanische Beute gewesen sei und von dem Zweitbesitzer in einer gefahrvollen Lage innerhalb seines Gehöfts vergraben wurde.

In Hildesheim (Martin Boyken-Walter Konrad „Zu Gast in Hildesheim" und W. Konrad, Führer durch die heimatkundliche Abteilung des Roemer-Pelizaeus-Museums) vertritt man die Ansicht, daß ein Händler auf einer der sich bei Hildesheim kreuzenden Handelsstraßen mit dem Schatz unterwegs gewesen sei und, von habgierigen Barbaren bedrängt, den Schatz abseits des Weges vergraben habe und daß, so wenig Licht auch alle bisherigen Untersuchungen historischer und kunstwissenschaftlicher Art in der Frage nach der Ursache der Vergrabungen des Schatzes gerade in Hildesheim gebracht haben, sein Vorhandensein in jedem Fall die verkehrsgeographische Lage Hildesheims in der Frühzeit deutlich mache.

Silbernes Tafelgeschirr war in der Antike eine Art Statussymbol. Für hochgestellte Persön-

*Hildesheimer Silberschatz (Mischkrug)*

lichkeiten gehörte ein silbernes oder goldenes Service zur Repräsentation. Hohe Offiziere und Beamte wollten auch in der Provinz ihr „üppiges Prunkgerät an kostbarem Eß- und Trinkgeschirr, das sie aus Rom gewohnt waren, nicht vermissen" (Lehner) und nahmen daher wenigstens Teile ihres häuslichen Tafelsilbers auf ihre Posten in fernen Ländern mit. So mag der Schatz dem Varus oder einem anderen vornehmen Römer gehört haben. Daß schließlich im Stammland der Cherusker diese erlesenen Erzeugnisse antiken Kunstgewerbes „wie aus dem Märchen" ans Tageslicht traten, ist ein Beweis für den Zauber der römischen Weltkultur, deren Ausstrahlung sich auch in entlegene Grenzräume erstreckte.

Die Originalstücke des Schatzes sind in der 1976 neuerbauten Schatzkammer der Antikenabteilung der Staatlichen Museen in Berlin-Charlottenburg, Schloß-Straße (westlicher Stülerbau) ausgestellt. Nachbildungen einzelner Stücke befinden sich in den Museen von → Aalen, im Roemer Pelizaeus-Museum in Hildesheim, und im Rheinischen Landesmuseum in → Trier.

Der Fundort des Schatzes ist am Ende der Silberfundstraße (im Osten der Stadt) durch einen Findlingsblock markiert. Er trägt die Inschrift: „Hildesheimer Silberfund. 17/X 1868. 3. H.I.R. 79." Bei näherem Zusehen erkennt man auf der Oberseite des Steins Meßzeichen und einen Pfeil, der auf die Fundstelle hinweist.

## HINZERATH, MORBACH-

Unweit von Hinzerath lag in römischer Zeit der vicus Belginum an der Stelle, wo die Römerstraße vom Rhein zur Mosel (heute zum Teil auf der „Hunsrückhöhenstraße" verlaufend) die Grenze zwischen den Provinzen Belgica und Germania superior überschritt. Der sogenannte „Stumpfe Turm" bei Hinzerath auf der Südseite der B 327, ungefähr 1 km nordöstlich von der Abzweigung der B 50, galt früher als Rest der Römersiedlung. Der Turm stammt aber aus dem Mittelalter. Er war Wartturm für die von Erzbischof Balduin von Trier (1285–1354) im Jahre 1312 erbaute Wasserburg Baldenau. An der Stelle des Turmes erreichte die Römerstraße ihren höchsten Punkt (569 m).

Eine befestigte Strecke der alten Römerstraße ist von Morbach aus ungefähr 3 km nördlich auf der B 269 zu erreichen. Es ist die links nach Mühlheim abbiegende Straße bis zur ersten Rechtskurve. Die Römerstraße führt geradeaus weiter als unbefestigter Weg durch den Wald (für den allgemeinen Verkehr gesperrt). Auf dieser Straße reiste der Dichter Decimus Magnus Ausonius (310–395 n. Chr.), Erzieher des Prinzen Gratian, Sohn von Valentinian I., am Trierer Hof, als er von dem Alamannenfeldzug von 369, auf dem er den Kaiser begleitet hatte, von Bingen nach Trier zurückkehrte. Er hat seine Reise in dem Gedicht „Mosella" beschrieben.

## HOLZHAUSEN a. d. Haide

Der Reisende auf der landschaftlich reizvollen „Bäderstraße" (zwischen Bad Ems – Bad Schwalbach – Schlangenbad und Wiesbaden) kann einen Aufenthalt in Holzhausen an der Kreuzung der „Bäderstraße" mit der „Hessenstraße" mit einem kurzen Ausflug zum → Limes und der Besichtigung der Reste eines römischen Kastells verbinden. (Ein Wanderweg führt vom Parkplatz am Südausgang des Ortes nach ungefähr $1^1/_2$ km zum Kastell.)

Das Kastell wurde vermutlich am Ende des 2. nachchristlichen Jahrhunderts in Holz erbaut und im Zusammenhang mit dem Feldzug Caracallas gegen die Alamannen im Jahre 213 als Vorsichtsmaßnahme gegen einen drohenden Alamanneneinfall durch Steinbauten verstärkt. Auf einer im Kastell gefundenen Bauinschrift (im Museum in → Wiesbaden) wird als Besatzung die Cohors II Treverorum Antoniniana genannt. Die Kohorte wird unter Caracalla (darauf deutet der Beiname „Antoniniana") aus einem Numerus Treverorum, für den das Kastell wohl ursprünglich erbaut war, hervorgegangen sein.

Der germanisch-keltische Stamm der Treverer bewohnte die Gegend um die untere und mittlere Mosel und Teile der Eifel und des Hunsrücks. Das Kastell hat nur kurze Zeit bestanden. Es wurde beim Alamanneneinfall 233 zerstört und nicht wiederaufgebaut.

Mit einer Fläche von 1,4 ha ist Holzhausen das kleinste Kohortenkastell am obergermanischen Limes. Sichtbar ist noch die gesamte Umwehrung mit Resten der vier Tore und der vier Ecktürme. Vom Stabsgebäude (principia) sind die Grundmauern des Fahnenheiligtums (sacellum) mit Apsis und Reste von zwei weiteren Räumen erhalten.

# I

## IGEL

Das Dorf Igel auf dem linken Moselufer ungefähr 8 km südwestlich von Trier an der Bundesstraße 49 (der alten Römerstraße Reims-Trier) besitzt eines der „reichsten und aufwendigsten Monumente, die uns die Antike nördlich der Alpen hinterlassen hat" (Zahn). Das Monument ist unter dem Namen „Igeler Säule" bekannt und stellt ein Grabmal der Secundinier dar, einer alteingesessenen, romanisierten und durch den Tuchhandel reich gewordenen treverischen Großgrundbesitzerfamilie.

Das aus der ersten Hälfte des 3. nachchristlichen Jahrhunderts stammende Denkmal gehört zum Typ der Pfeilergrabmäler (andere Beispiele aus dem römischen Deutschland sind das Grabmal von Oberhausen im Römischen Museum von → Augsburg und das Poblicius-Grabmonument im Römisch-Germanischen Museum in → Köln); es erhebt sich auf einem 4 m hohen Sockel zu einer Höhe von etwa 23 m. Das Grabmal war bekrönt von einem Adler (nur ein Bruchteil ohne Kopf ist erhalten), der sich mit ausgebreiteten Flügeln auf einem Pinienzapfen niedergelassen hat.

Der Ortsname Igel wurde früher mit dem Adler des Denkmals in Verbindung gebracht (lateinisch „aquila", althochdeutsch „eigil", französisch „aigle", englisch „eagle"). Nach neuerer Auffassung entstand der Name aus dem mittellateinischen Wort „agulia", mit dem soviel wie Obelisk oder jedes hochaufragende Denkmal bezeichnet wurde (ähnlich „Eichelstein" in → Mainz und „Eigilsteintor" in Köln).

Das Denkmal steht noch heute an der gleichen Stelle, an der es die Brüder Lucius Secundinius Aventinus und Lucius Secundinius Securus um 250 n. Chr. für sich zu ihren Lebzeiten und für verstorbene Familienmitglieder hatten errichten lassen, sicherlich unweit ihres (bisher noch nicht aufgefundenen) Gutshauses. Es verdankt seine Erhaltung der mittelalterlichen Legende, daß in der Hauptszene der Reliefbilder die Vermählung des Kaisers Constantius Chlorus mit Helena, die später heilig gesprochen wurde, dargestellt sei. Damit wurde das Denkmal, ähnlich wie die Reiterstatue Marc Aurels auf dem Kapitol zu Rom, die man für ein Bildnis Konstantins des Großen hielt, ein christliches Monument und blieb vor der Zerstörung bewahrt. An der soliden Bauart der Säule scheiterte auch der Versuch des Grafen von Mansfeld, „einer der größten Kunstmarder seiner Zeit" (Pörtner), im Jahre 1575 das Grabmal abbrechen und in seinem Schloßpark bei Luxemburg wieder aufstellen zu lassen.

*Igel, Römisches Grabmal*

Was aber trotz mehrfacher Restaurierungsbemühungen nicht verhindert werden konnte, war die zerstörerische Wirkung von Zeit und Wetter. Viele Reliefbilder sind in den mehr als 1700 Jahren seit der Aufstellung der Säule durch Verwitterung fast vollständig vernichtet worden. Das gesamte Denkmal wurde im Jahre 1907 in dem damaligen Erhaltungszustand in widerstandsfähigem Kunststein abgeformt und die Nachbildung im Innenhof des Rheinischen Landesmuseums in → Trier aufgestellt. Jeder kann sich durch Augenschein von dem Ausmaß der Zerstörungen überzeugen, die selbst ein so verhältnismäßig kurzer Zeitraum von 70 Jahren seit der Abformung der Säule an dem Original angerichtet hat.

Goethe, der das Monument auf dem Weg zwischen Trier und Luxemburg im August und Oktober 1792 besuchte und in seiner ,,Kampagne in Frankreich 1792" beschrieben hat, hatte damals angeregt, daß ,,irgendein Ingenieur, welchen die gegenwärtigen Kriegsläufte in diese Gegend führen und vielleicht eine Zeitlang festhalten, sich die Mühe nicht verdrießen lassen (möge), das Denkmal auszumessen und, insofern er Zeichner ist, auch die Figuren der vier Seiten wie sie noch kenntlich sind, uns zu überliefern und zu erhalten."

Dies geschah 1829 durch den Modelleur H. Zumpft und den Zeichner Carl Osterwald. Ihre Ergebnisse wurden in einer Schrift veröffentlicht, zu der Goethe das Vorwort schrieb. Ein Modell der Säule wurde auf der Grundlage dieser Untersuchungen in der Sayner Eisenhütte (aus dem Anfang des 19. Jahrhunderts; ,,älteste gußeiserne Hallenkonstruktion in Europa") gegossen und ist im Kreismuseum in → Neuwied zu sehen.

Das Grabmal war noch vor wenigen Jahren von den Gebäuden eines Weinbauerngehöfts umgeben. Für den Durchreisenden auf der engen Dorfstraße war das altertümliche Denkmal zwischen den Häusern nur für einen flüchtigen Augenblick zu sehen. Inzwischen ist die Hauptstraße erweitert und ein freier Raum um das Denkmal geschaffen worden. Wenn auch besser sichtbar, so entspricht der gegenwärtige Zustand noch nicht dem antiken Bild, wie es sich in Goethes Vorstellungen abzeichnete.

,,Da mir bekannt war, wie glücklich die Alten ihre Gebäude und Denkmäler zu setzen wußten, warf ich in Gedanken sogleich die sämtlichen Dorfhütten weg und nun stand es an dem würdigsten Platze. Die Mosel fließt unmittelbar vorbei, mit welcher sich gegenüber ein ansehnliches Wasser, die Saar, verbindet; die Krümmung der Gewässer, das Auf- und Absteigen des Erdreichs, eine üppige Vegetation geben der Stelle Lieblichkeit und Würde."

Man sieht das Denkmal am besten in seiner Gesamtheit im Rahmen der von Goethe beschriebenen Landschaft vom gegenüberliegenden Ufer aus. (Eine Fähre verbindet Igel mit Wasserliesch auf dem rechten Moselufer.)

Alle Seiten der Säule sind reich mit Reliefdarstellungen geschmückt. Sie waren ursprünglich leuchtend bemalt. Eine Vorstellung von der Bemalung vermittelt die Nachbildung eines ähnlichen Grabmals in dem Modell einer römischen Totenstraße im Rheinischen Landesmuseum in → Bonn.

Das Grabmal ist aus acht architektonisch gegliederten Bestandteilen zusammengesetzt: Auf einer Grundplatte vier leicht zurückweichende Stufen; ein verhältnismäßig niedriger Sockel, der vom Hauptteil durch ein Gesims getrennt ist; der Hauptteil, eingerahmt von flachen, reliefgeschmückten korinthischen Pilastern; sie stützen ein Architravgebälk; darüber, durch ein weitausladendes Gesims getrennt, die Attika ungefähr von der gleichen Höhe wie der Sockel; Dreieckgiebel; über ihm ein geschupptes Pyramidendach; als Bekrönung ein Pinienzapfen und auf ihm eine Skulpturengruppe, die den Raub Ganymeds durch den Adler des Zeus darstellt.

Der reiche, kunstvoll gearbeitete Bilderschmuck ist von Eberhard Zahn in Heft 6/7 ,,Rheinische Kunststätten" (Rheinischer Verein für Denkmalpflege und Heimatschutz, Köln (Deutz), Deutsche Freiheit) eingehend beschrieben worden. Hier mögen zur Einführung und allgemeinen Orientierung die folgenden Bemerkungen genügen:

*Süd- (Vorder-)Seite.* Die Reliefs auf den Stufen sind zerstört; auf dem Sockel (in schlechtem Erhaltungszustand) eine Szene im Tuchladen: Viele Personen sind um zwei Tische versammelt; im Hintergrund Wandgestelle mit gestapeltem Tuch. (Wie Behn bemerkt, genoß das gallische Tuch auch im Mittelmeergebiet einen sehr guten Ruf; gallische Tuchfabrikanten belieferten die Armee mit besonders haltbarem Uniformstoff); Hauptbild mit stark verwitterter Inschrift, die mit Ergänzungen, soweit möglich, folgendermaßen gelesen wird: ,,D Publio Aelio Secundino Patri M suo exevocato Augusti et Securii S… et … nod o filis Secundinii Securi et Publiae Paccatae coniugi Secundinii Aventini et L. Saccio Modesto et Modestio Macedoni filio eius Lucii Secundinius Aventinus et Secundinius Securus Parentibus Defunctis et sibi vivi ut haberent fecerunt" (Den Totengöttern. Dem Publius Aelius Secundinus, ihrem Vater, ehemaligem kaiserlichen Veteranen-Freiwilligen, dem Si … und …, Sohn des Secundinus Securus, der Publia Paccata, der Gemahlin des Secundinius Aventinus, und dem Lucius Saccius Modestus und seinem Sohn Modestius Macedo haben die Lucier Secundinius Aventinus und Secundinius Securus ihren verstorbenen Anverwandten und für sich selber, damit sie es schon zu Lebzeiten besitzen, dieses Denkmal errichten lassen.)

Nach einem der verschiedenen Erklärungsversuche stellt das Hauptbild den Abschied eines der Söhne des Secundinius Securus von seinem Vater (rechts vom Beschauer) dar, indem er die Hand reicht, und von seinem Onkel Aventinus im Chlamys (griechisches Oberkleid); darüber in Medaillons in der Mitte Publia Paccata, zu ihren Seiten ein Knabe, möglicherweise der andere, ebenfalls bereits verstorbene Sohn des

Securus, und der Vater der beiden Stifter des Denkmals, Publius Aelius, der vom Kaiser zu besonderer Dienstleistung berufene Veteran; im Architrav ein Familienmahl: zwei nach römischer Sitte auf Speisesofas liegende Männer, die ihren auf Korbstühlen am gedeckten Tisch sitzenden Frauen Trinkbecher reichen.
Links ein Schankraum; ein Diener füllt Wein in einen Becher. Rechts die Anrichte mit Theken und Schüsseln. In der Attika eine Tuchprobe. Im Giebel der Raub des Hylas durch die Quellnymphen. Als Bekrönung ein Kapitell mit gebundenen Giganten; darüber der Pinienzapfen, Symbol des ewigen Lebens, mit dem Raub Ganymeds durch den Zeusadler.
*Ostseite*: Die Reliefs auf den Stufen sind vollständig zerstört; Sockel: Eine Tuchwerkstatt; Hauptbild: Achilles' Bad im Styx. Architrav: eine Küchenszene mit Köchen bei der Arbeit; rechts ein gemauerter Herd, in der Mitte ein Tisch mit Reibschüssel, links eine Anrichte. Attika: Pachtzahlung. Im Giebel die Mondgöttin.
*Nordseite*: Die Stufen waren offenbar schon frühzeitig verschüttet, sodaß die Reliefs verhältnismäßig gut erhalten sind. Die Bilder zeigen kämpfende Seetiere, Treideltransport von Tuchballen auf der Mosel, Delphine mit Eroten; auf dem Sockel: Verschnürung eines Warenballens; das Hauptbild zeigt die Himmelfahrt des Herkules, umgeben von den Zeichen des Tierkreises und in den Ecken die vier Windgötter; Architrav: Transport von Waren im Gebirge; Attika: Eros mit zwei Greifen; im Giebel der Sonnengott.
*Westseite*: Auf den Stufen eine Komposition ähnlich wie auf den Stufen der Nordseite; Sockel: Ein vierrädriger Lastwagen; das Hauptbild ist dem Mythos von Perseus und Andromeda gewidmet. Oben: Perseus befreit Andromeda; unten: Perseus zeigt Andromeda das Haupt der Medusa; Architrav: Pächter zahlen ihre Pacht in Naturalerzeugnissen; Attika: Der Gutsherr mit Kutscher (beide tragen einen Ärmelrock) auf einem zweirädrigen Wagen auf der Fahrt in die Stadt; er passiert bei der Ausfahrt aus dem Torbogen (des Gutshofs?) einen Meilenstein, auf dem die Entfernung mit 4 leugae („L IIII") angegeben ist (das sind etwa 9 km und entspricht der Entfernung vom Grabmal oder der nahegelegenen Villa zur Römerbrücke von Trier); im Giebel der Mythos von Mars und Rhea Silvia, Vater und Mutter von Romulus und Remus.

In den Bildern aus dem Alltagsleben spürte Goethe „die Lust und Liebe, seine persönliche Gegenwart mit aller Umgebung und den Zeugnissen von Tätigkeit sinnlich auf die Nachwelt zu bringen. Hier stehen Eltern und Kinder gegeneinander, man schmaust im Familienkreise; aber damit der Beschauer auch wisse, woher die Wohlhabigkeit komme, ziehen beladene Saumrosse einher, Gewerb und Handel wird auf mancherlei Weise vorgestellt." Mommsen sah in Darstellungen, wie sie auf der Igeler Säule erscheinen, einen Beweis dafür, „daß in diesem schönen Lande bereits vor anderthalb Jahrtausenden friedliche Tätigkeit, heiterer Genuß und warmes Leben pulsiert hat."
Die Reliefs auf der Igeler Säule verbinden Szenen aus dem Alltagsleben mit mythologischen, auf das Fortleben nach dem Tode bezüglichen Darstellungen. „So waltet denn auch", schreibt Goethe, „über das Ganze der antike Sinn, in dem das wirkliche Leben dargestellt wird, allegorisch gewürzt durch mythologische Andeutungen."

## ISNY i. Allgäu

In der Gemeinde Großholzleute, etwa 2 km östlich von Isny, liegt der Bettmauerberg, ein an zwei Seiten steil zur Argen abfallender Bergsporn. Schon im Mittelalter wurde hier nach Altertümern gegraben. Im vorigen Jahrhundert suchte man dort nach einem Isistempel und fand dabei die Fundamente eines römischen Wehrturmes. Der Berg erwies sich damit als Standort des im Itinerarium Antonini (Straßenverzeichnis aus der Zeit Caracallas) und der Notitia dignitatum (Staatshandbuch des 4./5. Jahrhunderts) erwähnten und an dieser Stelle auch vermuteten spätrömischen Kastells Vemania. Die Anlage wurde von 1966–71 systematisch ausgegraben und ist das erste Beispiel eines vollständig erforschten Festungsbaues der Spätantike.
Den Grundriß des Kastells bildete ein unregelmäßiges Fünfeck. Die unterschiedlich breite Umfassungsmauer (von 0,90 m bis etwa 2,00 m) war an den Ecken mit Türmen bewehrt; zwei von ihnen und die Tortürme waren wahrscheinlich mit Geschützen bestückt. Das zwingerartige Tor lag in der Nordwestecke. Die Innenbauten – Kasernen und Stallungen – standen entlang der Mauer. Ein zum Teil heizbarer, ziegelgedeckter Steinbau mit eingebautem Bad gilt als das Quartier des Festungskommandanten. Auch einige der Mannschaftsunterkünfte besaßen Heizanlagen. Eisenschmiede, Schuster und Bronzegießer hatten Werkstätten im Kastell.
Das Kastell war im Zug der Neuorganisation der Grenzsicherung nach dem Fall des obergermanisch-rätischen → Limes 259/60 als Teil des Donau-Iller-Rhein-Limes vermutlich unter Kaiser Probus (276–282) erbaut worden und wurde beim Abzug der römischen Truppen aus Rätien zu Beginn des 5. Jahrhunderts aufgegeben. Während seines fast 130-jährigen Bestehens ist es mehrfach zerstört und wiederaufgebaut worden. Von den unruhigen Zeiten alamannischer Überfälle zeugen ein goldener Frauenschmuck und mehrere Münzschätze, die damals im Kastell Vemania vergraben wurden und bei den jüngsten Untersuchungen zutage kamen. Der aus Halsketten, Ohr-, Finger- und Armringen bestehende Schmuck gilt als der bedeutendste römische Schmuckfund nördlich der Alpen.
Das Kastell war Hauptquartier des Kommandeurs der Ala II Valeria Sequanorum, einer von Diokletian (Gaius Valerius Diocletianus) neu aufgestellten Einheit; dort lag auch der Stab und eine Abteilung des Reiterregiments. In strategisch günstiger Lage auf einer Höhe über dem Flußbett mit weitem Blick in das Land der Alamannen, sicherte das Kastell den unteren Abschnitt des Donau-Iller-Rhein-Limes, der sich von Vemania bis nach Bregenz erstreckte.

Er war mit zwölf bis fünfzehn, von Abteilungen der Ala bemannten Zwischenkastellen (burgi) befestigt.

Der Grenzschutz auf der sich östlich anschließenden Strecke unterstand der in → Kempten (Cambodunum) stehenden Legionseinheit.

Zahlreiche Kleinfunde aus Vemania, die Einblick in das Alltagsleben eines römischen Grenzkastells der Spätantike geben (Keramik, Metallfragmente), sind im Württembergischen Landesmuseum in Stuttgart ausgestellt.

## IVERSHEIM, BAD MÜNSTEREIFEL-

Bei der Verlegung von Hochdruckrohren für eine neue Wasserleitung entlang der Bundesstraße 51 wurde im Jahre 1966 nördlich von Iversheim eine römische Kalkbrennerei entdeckt, die, was Ausdehnung und Erhaltungszustand anbetrifft, alles übertraf, was bisher nicht nur im Rheinland, sondern in ganz Europa von römischen Einrichtungen dieser Art bekannt war. Zwar wußte man seit dem vorigen Jahrhundert aus römischen Steininschriften und der gelegentlichen Beobachtung einzelner Kalköfen, daß schon die Römer die Kalkmulden in der Gegend von Iversheim ausgebeutet hatten. Das Neuartige an der von 1966–1968 auf Veranlassung des Rheinischen Landesmuseums in Bonn freigelegten Iversheimer Anlage aber war die Tatsache, daß es sich hier um einen regelrechten Industriebetrieb handelte, bestehend aus sechs in einer Reihe angeordneten Kalköfen, die von einer 30 m langen und 6 m breiten Werkhalle umschlossen waren. Die birnenförmigen, aus Grauwacke mit Ton gemauerten Brennöfen waren z. T. 4 m tief und hatten einen Durchmesser von 3 m.

Einer der Öfen enthielt noch den in römischer Zeit fertiggebrannten, inzwischen seit langem durch die Bodenfeuchtigkeit verhärteten Kalk, ein Zeichen dafür, daß die Arbeiten plötzlich, vielleicht wegen eines Germaneneinfalls, abgebrochen werden mußten. Vor den Ofenschnauzen lagen kleine, fast quadratische, von den Ausgräber als „Küchen" bezeichnete Schutzhütten für die Heizer. An die Brennanlage angeschlossen war ein Arbeits- und Wohnlager mit Unterkunfts- und z. T. farbig ausgemalten Aufenthaltsräumen.

Die Anlage war in der Mitte des 2. Jahrhunderts n. Chr. errichtet worden und hat mit einer kurzen Unterbrechung, als die Öfen während eines Germaneneinfalls um 270 zerstört und wiederaufgebaut wurden, ungefähr 150 Jahre lang bis um 300 bestanden. Aus Inschriften auf Weihesteinen, die am Ausgrabungsort gefunden wurden, ergab sich, daß die Iversheimer Kalkbrennerei ein militärischer Betrieb der in Vetera castra ( → Birten) stationierten XXX. Legion Ulpia Victrix gewesen war.

Auf einem ebenfalls am Ausgrabungsort gefundenen Weihestein wird außerdem die Legion III Cyrenaica genannt, die ihren Standort in der Provinz Arabia im Mittleren Osten hatte. Ihre Anwesenheit im Rheinland ist sonst nirgends belegt. Es wird angenommen, daß ein Arbeitskommando der Legion unter Kaiser Gallienus wohl zur Zeit der ersten Frankeneinfälle zwischen 260 und 268 n. Chr. nach Iversheim beordert wurde, um die dortige Belegschaft zu verstärken oder während eines Kampfeinsatzes zu ersetzen.

Im vorigen Jahrhundert in der Nähe von Iversheim gefundene Inschriftsteine zusammen mit Spuren von Kalköfen deuten darauf hin, daß auch die in Bonn stationierte Legio I Minervia bei Iversheim eine Kalkbrennerei betrieben hat. Einer der Weihesteine war von M. Sabinianius Quietus, „miles medicus" (Militärarzt) der I. Legion für den Genius des Arbeitskommandos (vexillatio) gesetzt worden. Die vexillatio selbst stiftete der germanischen Göttin Hluthena einen Altar für das Wohl des Kaisers Severus Alexander und seiner Mutter Julia Mamaea (zwischen 222 und 235 n. Chr.). Wahrscheinlich haben noch mehrere Kalkbrennereien dort bestanden, möglicherweise auch zivile Betriebe.

Man nimmt an, daß alle diese Unternehmen ein großes „Kalkzentrum" bildeten, das die zahlreichen Baustellen im gesamten römischen Rheinland – Festungs- und Städtebauten, ländliche Siedlungen und Straßenbau – mit Kalk belieferte. Man hat u. a. festgestellt, daß der bei Bauten in der Colonia Ulpia Traiana bei → Xanten verwendete Kalk aus Iversheimer Vorkommen stammt.

Ein Arbeitskommando für eine Kalkbrennerei von der Art des Iversheimer Betriebes umfaßte sechzig Mann mit Schlägern, Brechern und Brennern. Dazu kamen ärztliches Personal (s. o.; der Betrieb war offenbar nicht ganz ungefährlich), Schreiner, Schreiber, Bäcker und Köche. Für bestimmte Aufgaben gab es Spezialisten. So nennen Inschriften einen Kalkingenieur („architectus discens"), der den Bau von Kalköfen leitete, und einen Kalkbrennermeister („magister calcariorum"), der für den technischen Ablauf des Brennvorgangs verantwortlich war. Die Arbeitskommandos standen unter dem Befehl eines Präfekten („praefectus vexillationis"), zuweilen auch eines centurio. Die Soldaten arbeiteten in Schichten, um die Öfen Tag und Nacht in Betrieb zu halten. Der Arbeitsvorgang spielte sich so ab, daß der oberhalb der Brennerei gebrochene Dolomit zu den Öfen gebracht und dort zur Beschickung aufgearbeitet wurde.

Als Brennmaterial verwendete man das im

Erfttal reichlich vorhandene Weiden- und Pappelholz. Der fertige Kalk, in Fässern verpackt, wurde entweder zu Lande (auf der gegenwärtigen B 51, der alten Römerstraße) oder zu Schiff auf der für kleinere Transportschiffe im Altertum schiffbaren Erft versandt.

Fachleuten moderner Kalkwerke war aufgefallen, daß die Feuerlöcher (Schnauzen) der Iversheimer Kalköfen etwa in halber Höhe angebracht waren und nicht, wie zu erwarten gewesen wäre, am Boden in der Höhe der Brennsohle. Um die Zweifel zu beseitigen, ob ein Ofen ohne Zugloch am Boden überhaupt brennen könne, wurde in einem von der Rheinisch-Westfälischen Kalkwerke A.G. ,,Arminia" in Dornap geleiteten Versuch der römische Kalkbrennprozeß in einem der Iversheimer Kalköfen, der zu diesem Zweck wiederhergestellt wurde, ,,originalgetreu" wiederholt. Der Versuch gelang und stellte den römischen Ingenieuren ein glänzendes Zeugnis aus. Mit der zunächst als seltsam empfundenen Anordnung des Feuerlochs wurde unter geschickter Ausnutzung der Luftströmungen die notwendige Brenntemperatur von 1000° C nicht nur erreicht, sondern sogar überschritten. (Eine eingehende Schilderung der einzelnen Phasen des Brennversuchs gibt Walter Sölter, Leiter der Iversheimer Ausgrabungen, in ,,Römische Kalkbrenner im Rheinland", Düsseldorf 1970.) Mit dem Versuch konnte auch das Produktionsvolumen der Iversheimer Kalkfabrik festgestellt werden. Die Beobachtungen ergaben für die Brennerei einen Monatsertrag von 200 t Dolomit-Stückkalk. Zehn Betriebe im Iversheimer Kalkzentrum konnten somit 40 000 Zentner Kalk im Monat produzieren.

Vier der Iversheimer Kalköfen sind im Grabungsbefund erhalten und in einem für Besucher zugänglichen Schutzbau untergebracht. Zugang von der B 51 über einen (ungeschützten) Bahnübergang. Oberhalb des Schutzbaues lagen die antiken Steinbrüche und rechts unten, an der Straßenseite, befand sich das Arbeitslager. Der zu dem Brennversuch rekonstruierte Ofen liegt außerhalb des Schutzbaues links neben dem Eingang.

Im Schutzbau können die Öfen von oben eingesehen werden. Dort steht auch ein Abguß (das Original ist im Rheinischen Landesmuseum in → Bonn) eines der Minerva als Beschützerin des Handwerks von Titus Aurelius Exoratus, Soldat der XXX. Legion und ,,magister calcariorum" gestifteten Altars.

An einem nach dem Grabungsbefund gearbeiteten Modell des Iversheimer Kalkwerkes im Bonner Museum läßt sich der Brennvorgang in seinen einzelnen Phasen beobachten. Der erste Ofen (von links nach rechts) zeigt (in der Oberansicht im Spiegel) die zwei Kammern des Ofens, die kleinere untere Kammer (Feuerkammer) und die umlaufende Bank in der Mitte. Der zweite Ofen ist der für den Brennversuch rekonstruierte Ofen. Man sieht das Gewölbe der Kalksteine, das auf dem hölzernen Lehrgerüst (zweiter Ofen von rechts) aufgebaut ist. Im mittleren Ofen sieht man noch die (bis auf ein Viertel abgebaute) Kalkfüllung aus der Römerzeit. Hinter dem vierten Ofen liegen unvollständig gebrannte Kalksteine, die beim nächsten Brand noch einmal verwendet werden. Der fünfte Ofen ist im Bau. Der sechste Ofen ist zwar wegen zu enger Nachbarschaft zum fünften Ofen in Gefahr einzustürzen; er ist aber mit einer vollen Ladung Kalk beschickt und kann angezündet werden.

# J

## JAGSTHAUSEN

Im Schloßmuseum von Jagsthausen (s. u.) befindet sich das Original der „berühmtesten Prothese der Welt", die eiserne Hand Götz von Berlichingens, des streitbaren Ritters und zeitweiligen Führers im Bauernkrieg, von einem Nürnberger Harnischmacher als Ersatz für die bei der Belagerung von Landshut 1504 verlorene Rechte gefertigt. Dort ist auch ein neuzeitliches Duplikat des mittelalterlichen Meisterwerks in Edelstahl ausgestellt, an dem die Beweglichkeit der Hand dem Besucher vorgeführt wird.

In der alljährlichen Aufführung von Goethes „Götz von Berlichingen" im Hof der Jagsthausener Götzenburg, 1480 Geburtsstätte des Ritters und seit 1300 ununterbrochen im Besitz der Freiherrn von Berlichingen, lebt die Gestalt des Ahnherrn in seiner alten Heimat stets von neuem wieder auf.

Aber die Geschichte Jagsthausens ist älter als die mittelalterliche Vergangenheit des Ortes. In der Römerzeit lag hier ein Kastell. Es hatte die Aufgabe, einen wenige hundert Meter nordöstlich vom Kastell gelegenen Übergang des → Limes über die Jagst zu schützen und einen uralten Handelsweg vom Osten nach dem Rhein zu überwachen.

Das Kastell war um die Mitte des 2. Jahrhunderts n. Chr. gebaut worden, als der Limes vom Neckar und Odenwald nach Osten vorverlegt wurde. Seine Besatzung war eine Kohorte von Germanen, denen das römische Bürgerrecht wahrscheinlich als Auszeichnung für bewiesene Tapferkeit schon vor der Entlassung aus der Armee verliehen worden war (Cohors I Germanorum civium Romanorum). Daß die Kohorte teilweise beritten war (equitata), ist zwar aus Inschriften nicht nachweisbar, wird aber wegen der für eine normale Kohorte ungewöhnlichen Größe des Kastells (2,8 ha) vermutet.

Wie aus Inschriften erkennbar ist, wurde die Kohorte nicht, wie sonst bei Auxiliarkohorten üblich, von einem praefectus, sondern von einem im Rang höherstehenden tribunus befehligt. (Der tribunus war ein Stabsoffizier der Legion und war im Einsatz bei den Hilfstruppen Kommandeur einer 1000 Mann starken Kohorte (cohors milliaria) oder einer 500-köpfigen Kohorte (cohors quingenaria), wenn sie aus römischen Bürgern bestand. Damit betonte man die privilegierte Stellung von Hilfstruppeneinheiten, in denen römische Bürger dienten (Webster, S. 107).)

Ungefähr 200 m südlich des Kastells lag das Bad, aus dem zahlreiche Inschrift- und Skulptursteine erhalten sind (s. u. Museum). Wahrscheinlich befand sich beim Lager auch eine Straßenkontrollstation; das ergibt sich aus Weihesteinen, die von beneficiarii consularis (Wegepolizeimeistern) der VIII. und XXII. Legion gestiftet worden waren. Die Steine waren in der Kirche von Olnhausen vermauert. Einer der Steine befindet sich noch in der Kirchenwand neben der Treppe zur Kanzel.

Südlich und westlich des Kastells schloß sich eine ausgedehnte Zivilsiedlung an. Mehrfach aufgedeckte Reste von Heizungsanlagen (Hypokausten) und andere Funde zeugen von einem gewissen Wohlstand der Bewohner und lassen darauf schließen, daß das Lagerdorf von Jagsthausen zu den bedeutenderen Siedlungen am Limes gehört hat.

Vom Kastell ist über dem Boden nichts mehr zu sehen. Seine Spuren sind aber in der neuzeitlichen Bebauung des Platzes erhalten. Die Grenzen der Kastellumwehrung werden im Norden von der Götzenburg, im Westen vom Neuen Schloß (18. Jahrhundert) bezeichnet. (Beide Gebäude liegen nicht innerhalb des Kastellbereichs.)

Das „Rote Schloß" (16./17. Jahrhundert) bei der Pfarrkirche liegt in der Mitte des Kastells und überdeckt einen Teil des Stabsgebäudes (principia). Die Straße nach Berlichingen verläuft ungefähr auf der Linie der via principalis, der Verbindungsstraße zwischen den beiden Seitentoren des Kastells. Fast die ganze Südhälfte des Kastells wird von dem nördlichen Teil des Dorfes eingenommen.

**Schloßmuseum im Turm der Götzenburg.**
Eine Karte am Eingang orientiert über die Lage des Kastells.

Den Hauptbestandteil der Ausstellungsobjekte bilden *Inschriftsteine und Skulpturen*, darunter:
Ein aus dem Jahr 179 n. Chr. datierter, von einem beneficiarius consularis („BF COS") der VIII. in Straßburg (Argentorate) stationierten Legion Augusta für sich und die Seinen („pro se et suis") gestifteter *Altarstein*. Reliefs auf den Seiten des Steines zeigen Opferinstrumente (Pfanne, Krug, Messer).
Fragment einer *Bauinschrift;* die Erwähnung des Namens des Kaisers Antoninus Pius (138–161 n. Chr.) datiert die Inschrift auf einen Zeitpunkt vor dem Jahr 161. Sie ist die älteste bekannte Inschrift aus dem Gebiet des vorderen Limes; ein von dem Fahnenträger (signifer) Junius Juvenis dem Jupiter, der Königin Juno, dem Mars, Herkules, den heimischen Göttern, allen Göttern und Göttinnen („diis patribus, dis deabusque omnibus") gewidmeter und auf seinem eigenen Grundstück errichteter *Weihestein;*
ein *Fortunarelief;* die Göttin ist dargestellt mit Füllhorn, Steuerruder und Rad; der Stein wurde 1886 im Kastellbad gefunden;
eine Weihung an *Fortuna* in ihrer doppelten Eigenschaft als Schutzgöttin des Bades („balinearis") und als die Göttin, die eine glückliche Rückkehr verbürgt („redux"), von Valerius Valerianus, tribunus (Kommandeur) der ersten Germanenkohorte, die zur Zeit der Widmung unter den Kaisern Philippus Arabs und seinem Sohn (244–249) den Beinamen „Philippiana" führte („In honorem domus divinae deae Fortunae sanctae balineari reduci Valerius Valerianus tribunus cohortis I Germanorum Philippianae votum posuit Imperatoribus dominis nostris Philippis Augustis tertium et iterum consulibus libens laetus merito");
*Bauinschrift* aus den Jahren zwischen 244 und 247; sie berichtet von dem Wiederaufbau oder der Renovierung des durch Alter baufällig gewordenen Bades unter dem Oberbefehl des Quintus Caecilius Pudens, von senatorischem Rang, Legat der Kaiser mit dem Rang eines Praetors, und unter Leitung des Quintus Mamilius Honoratus, Kommandeur der Ersten Germanenkohorte mit dem Beinamen Philippiana. Die Namen der Kaiser Philippus und seines Sohnes sowie der Beiname der Kohorte sind ausgemeißelt, da das Andenken der beiden Kaiser nach ihrem Tod im Jahre 249 vom Senat verflucht wurde (damnatio memoriae).
Dies geschah nicht mit der Inschrift auf dem Fortunaaltar, wahrscheinlich weil der Stein innerhalb des Bades stand und nicht, wie die Bauinschrift, ständig den Blicken der Öffentlichkeit ausgesetzt war. („Imperatores Caesares Marcus Iulius Philippus Pius Felix invictus Augustus et Marcus Iulius Philippus Augustus balineum Cohortis I Germanorum Philippianae vetustate conlabsum restituerunt, curante Quinto Caelio Pudente, viro clarissimo, legato Augustorum pro praetore, insistente Quinto Mamilio Honorato, tribuno Cohortis supra scriptae");
Teile einer *Jupitergigantensäule* (ein Altar gestiftet von Atusonius Victorinus für Jupiter und der Oberteil der Säule mit Schuppenornament und den Köpfen der vier Jahreszeiten);
Terra Sigillata mit → Rheinzabern mit dem Stempel des Töpfers M...; Bilderschüssel; Krüge; Räucherbecher; Aschenurne aus einem römischen Brandgrab.
*Aus dem Kastellbad:* Teile der Bodenheizung; Bausteine von der Nordmauer mit dem Stempel der in Mainz stationierten XXII. Legion Primigenia pia fidelis; metallene Verbindungsringe für eine Wasserleitung aus Holzrohren; Wasserrohr aus Blei; gestempelte Ziegelplatte der XXII. Legion; Tonrohre einer Wasserleitung; steinerne Verschlußstücke für tönerne Wasserleitungen; bemalter Wandverputz; Bruchstücke einer Amphore.
Unter den *Kleinfunden* (in der Mitte des Raumes) ist von besonderem Reiz die *Bronzestatuette des sitzenden Herkules* nach Lysippos (4. Jahrhundert v. Chr.); sie wurde im Gebiet des Lagerdorfes gefunden; ein kunstliebender „Dorfbewohner" hatte sie wahrscheinlich aus Italien bezogen. Ferner: Münzen; ein Stück Fensterglas; Schlüssel; eine Brosche mit Emailleinlage; Nadeln; eine Lampe; ein silberner Löffel.

Jagsthausen eignet sich für einen Ausflug zum „Pfahldöbel" (döbel = Graben), dem besterhaltenen und im Wald eindrucksvollsten Stück des obergermanischen Limes (Paret). Heute noch erhebt sich die Wallkrone bis 4 m über die Grabensohle, was der ursprünglichen Abmessung entspricht.
Zufahrt: Von Jagsthausen nach Sindringen – Westerbach – Pfahlbach. Hinter Pfahlbach bis zur Kreuzung mit der von Osten aus Friedrichsruh kommenden Straße (ein moderner Wasserturm steht an der Kreuzung). Von dort nach rechts auf dem asphaltierten Forstweg in den Wald. Nach ungefähr 150 m wird der Limes links vom Weg (durch ein Zeichen in der Form eines stilisierten römischen Wachtturms markiert) sichtbar.

# JÜLICH

Wie noch im Namen erkennbar, geht die Geschichte der Stadt auf die Römerzeit zurück. Jülich verdankt seine Entstehung dem vicus Iuliacum (Iuliacensis), einer schon für das frühe 1. nachchristliche Jahrhundert nachweisbaren Siedlung am Knotenpunkt der römischen Staatsstraßen Köln-Aachen-Maastricht und Köln-Tongern-Bavai und einem Übergang über die Rur. Die Siedlung wurde im Bataveraufstand 69/70 zerstört, aber wiederaufgebaut und entwickelte sich dank ihrer verkehrsgünstigen Lage zu einer blühenden Handels- und Industriestadt. Die Einwohnerzahl wird auf 2000 geschätzt.
Etwa seit dem Jahre 70 unterhielt die damals in Novaesium (→ Neuss) und später in Vetera II (→ Birten) stationierte VI. Legion Victrix in Jülich einen Benefiziarierposten zur Überwachung des Flußübergangs und der wichtigen Verkehrsadern. Als Zeugnis dafür gelten mehrere im vorigen Jahrhundert aufgefundene Ziegel mit dem Stempel der VI. Legion (LEG. VI VICTR.) und ein schon 1551 entdeckter und seit 1933 im Rheinischen Landesmuseum in Bonn aufbewahrter Weihestein, den ein explorator (Kundschafter) der VI. Legion den Matronae Rumanehae setzte.
Die fränkische Invasion von 259 fügte dem Ort erheblichen Schaden zu. Wegen seiner strategischen Bedeutung erhielt Jülich wahrscheinlich in konstantinischer Zeit (1. Hälfte des 4. Jahr-

**Jülich**

hunderts) in verringertem Umfang eine starke Umwehrung, die ähnlich wie in Beda (→ Bitburg), Noviomagus (→ Neumagen) und Jünkerath die Durchgangsstraße in der Form eines mit Türmen bewehrten polygonalen Mauerrings umschloß. Reste der spätrömischen Kastellmauer sind auf dem Rathausgelände und unter der katholischen Pfarrkirche gefunden worden.

Fränkische Gräber, die im Stadtkern von Jülich aufgedeckt wurden, bezeugen die Kontinuität der Besiedlung nach der Eroberung des Rheinlands durch die Franken im 5. Jahrhundert.

Das vortrefflich eingerichtete **Römisch-Germanische Museum Jülich** ist in dem „Kleinen Führer durch das Museum" von W. Scharenberg, dem Leiter des Museums, im einzelnen beschrieben. Die folgenden Bemerkungen sollen über den Aufbau und – mit einigen Ergänzungen – über die wichtigsten Stücke der Sammlung unterrichten.

Glanzstück der *Steinsammlung* ist der *Sockel einer Jupitersäule*. Er wurde 1951 beim Wiederaufbau der im II. Weltkrieg zerstörten Pfarrkirche im Fundament einer Brechsteinmauer gefunden. Wegen seiner hohen künstlerischen Qualität wurde der Block unter den bedeutenden Neufunden aus der Zeit von 1945–1975 in der Ausstellung des Kölner Römisch-Germanischen Museums „Das neue Bild der alten Welt" im Sommer und Herbst 1975 gezeigt. Trotz bruchstückhafter Erhaltung haben sich alle wesentlichen Elemente des Denkmals bestimmen lassen. Nach der Inschrift auf der Frontseite war der Stein eine Weihung der Gemeinde Jülich an Jupiter, den Besten und Größten („Iovi Optimo Maximo Vicani Iuliacenses").

Auf den drei anderen Seiten des Blocks waren Gottheiten dargestellt („Dreigötterstein"). Das einzige klar erkennbare Relief auf der rechten Seite zeigt eine Gottheit, die durch ihre Attribute – Schild und Eule – als Minerva gekennzeichnet ist. Die behelmte Göttin ist mit Peplos und Mantel bekleidet und hält in der gesenkten Linken den Schild, der auf einem kleinen Altar ruht. Der rechte Arm fehlt.

Die Göttin lehnt an einem über Eck gestellten Pfeiler oder Altar, auf dem ihr heiliges Tier, die Eule, sitzt. Das Gesicht ist abgeschlagen. Das Relief ist von einem breiten, rankengeschmückten Rahmen eingefaßt.

Unter den anderen Steindenkmälern befindet sich ein *römischer Steinsarkophag* aus rötlichem Eifelsandstein, der nach den Grabbeigaben (u. a. Langschwert, Hiebschwert, Lanze, Pfeilspitze, Gürtelschnalle, silbertauschierte Eisenteile) ein zweites Mal in fränkischer Zeit zur Bestattung eines fränkischen Adligen benutzt wurde. (Die Reste des „römischen Skeletts" wurden nicht einfach entfernt, sondern fanden sich in einer Ecke des Sarkophags.)

Der schon zur Zeit der Grablegung beschädigte Dekkel war mit dem Fragment eines Matronenweihesteins ausgebessert worden, nach der fast vollständig erhaltenen Inschrift eine Weihung der Iulia Attia, Tochter des Verus, an die „Matronis Gesationum", die Muttergottheiten der Gesationen, wohl eine Orts-, Sippen- oder Stammesgemeinschaft.

Ein weiterer Matronenstein nennt die „Matronae Etrahenae et Gesahenae" und ist eine Weihung des Marcus Iulius Amandus. „Daß hier zwei Matronennamen... erscheinen, kann seinen Grund darin haben, daß auch offenbar zwei Stifter da sind, von deren Namen nur einer erhalten ist. Es kann aber auch darin liegen, daß Amandus seinen Matronen von väterlicher und mütterlicher Seite (Matronis paternis et maternis) das Denkmal weiht" (Lehner).

Ein im Mauerfundament unterhalb der Kirche gefundener Weihestein war den Aufanischen Matronen von Quintus Bratonius Gratus geweiht. Die Inschrift auf dem Fragment eines Matronensteines „Curia Amrat..." bezeichnet möglicherweise den Mittelpunkt eines Stammesgebiets (vgl. die „Curia Arduennae" in der Nähe von Bastogne).

Ferner: Architekturteile mit der Figur eines Legionärs, vermutlich von einem Grabmal; Fragmente von geschuppten Jupitersäulen; dazu Teile von Bekrönungen solcher Säulen: ein reitender Jupiter über einem gefallenen schlangenfüßigen Giganten (Jupitergigantensäule) und ein thronender Jupiter, wie er auf rheinischen Jupitersäulen üblich ist.

Eine *Landkarte* veranschaulicht die *römische Besiedlung* des Kreises Jülich, Römerstraßen und die Lage von Einzelhöfen (villae rusticae). Die Zahl der römischen Gutshöfe im ganzen Kreisgebiet wird auf über 600 geschätzt. Die Bundesstraße 55 verläuft im Zug der Römerstraße Köln-Jülich.

Aus *Wohnhäusern* stammen Ziegel von Hypokaustheizungen, Dachziegel, einige mit Abdrücken von Tierpfoten, und farbiger Wandputz. *Wasser* bezog man aus Brunnen und Quellen. Mehrere römische Wasserleitungen sind im Stadtgebiet beobachtet worden. Das *Modell einer römischen Wasserleitung* ist aus Originalteilen zusammengesetzt; dazu werden weitere Teilstücke von Wasserleitungen gezeigt. Eine Drainageleitung im Quellgebiet war mit fehlgebrannten Dachziegeln abgedeckt.

Zu den *Gewerbebetrieben* im römischen Jülich gehörten *Töpfereien*; einige ihrer Erzeugnisse sind hier ausgestellt, dazu das Modell eines Töpferofens. Aus einer römischen *Schmiedewerkstatt* kommen Roheisenklumpen, Hufeisen, ein Wetzstein, Äxte, Nägel. Ein *Webgewicht* deutet auf Textilherstellung hin.

Unter *Gegenständen des täglichen Gebrauchs* finden sich Tonwaren aller Art (Becher, Krüge, Reibschalen, Teller, große Vorratsgefäße mit dazugehörigen Verschlußstöpseln); Terra-Sigillata-Gefäße aus Ostgallien, Rheinzabern, Sinzig und Trier, glatte und verzierte Ware, insbesondere eine Schale mit der Darstellung von Minerva und Merkur; terra nigra, einheimische Tongeschirr, und gefirnisste Keramik; eine Getreidemühle aus Basaltlava; Brettspielsteine aus farbiger Glasmasse.

Was man in vicus Iuliacum *aß*, läßt sich aus Knochenfunden von Tieren (Rinder, Schweine) erkennen; Austernschalen sind vielfach in Jülich in Kulturschichten und Abfallgruben gefunden worden. *Metallgegenstände* umfassen bronzene Türbeschläge, einen silbernen Löffel; das *Kunstgewerbe* ist mit einer römischen Bronzebüste aus dem 2. Jahrhundert n. Chr. und der Terrakottafigur einer Matrone vertreten.

Eine *Sammlung römischer Gläser* enthält eine Nuppenschale, Faltenbecher, ein Kantenfläschchen. Von *militärischen Ausrüstungsgegenständen* sind nur Schildbuckel und Lanzenspitzen gefunden worden.

Eine *Münzreihe* aus dem Boden Jülichs beginnt mit einem As des Augustus (23 v. Chr.) und schließt mit einer Münze Valentinians II. (375–392). Sie umspannt die gesamte römische Epoche in der Geschichte der Stadt.

# K

## KAPERSBURG

Das seit dem 15. Jahrhundert unter dem Namen Kapersburg bekannte Römerkastell am → Limes hat zahlreiche Funde (im Wetterau-Museum in → Friedberg) geliefert und gut sichtbare Spuren hinterlassen. Nach dem Befund von Grabungen und Untersuchungen, die bis ins 18. Jahrhundert zurückgehen, lassen sich drei Bauphasen unterscheiden: Das Kastell wurde etwa um 100 n. Chr. als Holz-Erde-Bau errichtet, in der ersten Hälfte des 2. Jahrhunderts in Stein umgebaut und vergrößert und vermutlich in der zweiten Hälfte des gleichen Jahrhunderts als Folge der Verstärkung seiner Besatzung nochmals erweitert. Ähnlich wie die → Saalburg wurde das Kastell im Alamannensturm um 259/60 aufgegeben.

Als Besatzung ist durch Inschriften ein Numerus Nidensium nachgewiesen, eine etwa 150 Mann starke, vorwiegend zu Kundschafterzwecken am Limes verwendete und aus der einheimischen Bevölkerung rekrutierte Truppe. Der Name Nidenses hängt mit Nida zusammen, dem Hauptort der Civitas Taunensium (→ Frankfurt-Heddernheim).

Die Nidenses werden die Bewohner der näheren Umgebung des Kastells gewesen sein. Eine im Lager gefundene Inschrift bezeugt ferner als Teil der Besatzung eine Abteilung von veredarii, berittenen Kurieren, für die wahrscheinlich das Lager in der zweiten Hälfte des 2. Jahrhunderts erweitert wurde.

Von den Innenbauten des Lagers sind das Stabsgebäude (principia) mit Fahnenheiligtum (sacellum) und zum Teil heizbaren Nebenräumen (Amtsstuben?), Mannschaftsbaracken, ein als Quartier des Kommandanten (praetorium) im Ostteil des Lagers gedeutetes Gebäude und das horreum (Getreidemagazin), das letztere durch eine an seiner Stelle gefundene Inschrift nachgewiesen. (Eine Nachbildung der Inschrift ist am Giebel des als Museum dienenden Getreidemagazins der Saalburg angebracht.)

Von den Lagerbauten sichtbar sind noch Überreste der Umwehrung mit Toren und Ecktürmen und der Spitzgraben. Besonders konserviert sind Teile der Mauer, das Ost- und Westtor und die Grundmauern der steinernen Innenbauten. Der größte Teil der Steine wurde im Jahre 1832 als Baumaterial für die Kirche und Schule in Pfaffenwiesbach verwendet.

Ähnlich wie beim → Feldbergkastell befindet sich das Kastellbad – selbst für eine kleine Truppe von ,,Einheimischen" ein unentbehrliches Erfordernis – außerhalb des Lagers zwischen Kastell und Limes. Das Lagerdorf, dessen Lage östlich des Kastells durch Funde nachgewiesen ist, ist bisher nicht näher untersucht worden.

Man erreicht die Kapersburg von Pfaffenwiesbach aus (Beschilderung). (Siehe ,,Der Limes im Hochtaunus", Archäologische Karte. Herausgegeben vom Saalburgmuseum, 1963.)

Nördlich der Kapersburg befinden sich unmittelbar am Limes zwei Kleinkastelle: das **Kastell im Ockstädter Wald** (mit sichtbaren Spuren der Umwehrung und von Innenbauten, die aber möglicherweise aus der Zeit nach der Auflassung des Kastells stammen); und das **Kastell Kaisergrube** (die Steine des Kastells stecken in den Mauern des nahegelegenen Bergwerks). Ungefähr 500 m nordöstlich erhebt sich auf der Höhe des **Gaulskopfes** ein rekonstruierter steinerner Wachtturm. Er wurde neben der Ruine eines steinernen Römerturmes nach dem Vorbild der vom Odenwaldlimes her bekannten Wachttürme erbaut (siehe → Bad Nauheim, Salzmuseum).

## KARLSRUHE

Am Übergang der Römerstraße Heidelberg-Straßburg über das Flüßchen Alb im Gebiet der Karlsruher Gartenvorstadt Grünwinkel entstand um 80 n. Chr. eine wegen ihrer verkehrsgünstigen Lage sicherlich nicht unbedeutende Siedlung. Ihr Vorhandensein ist durch zahlreiche Einzelfunde, den Kellerraum eines Hauses, einen Ziegelofen (am Fundort konserviert) und ein Gräberfeld archäologisch nachgewiesen.

**Karlsruhe**

Die Siedlung verschwand wahrscheinlich nach der Besetzung der Oberrheinebene durch die Alamannen um 260 n. Chr. Zwischen der heutigen Stadt und der Römersiedlung besteht kein geschichtlicher Zusammenhang. Karlsruhe ist eine moderne Gründung. Die Stadt entstand im Anschluß an die Erbauung eines Residenzschlosses des Markgrafen Karl Wilhelm von Baden-Durlach im Hardtwald im Jahre 1715. Wenn auch keine „Römerstätte", so nimmt Karlsruhe doch wegen der eindrucksvollen Sammlung römischer Altertümer des **Badischen Landesmuseums** einen hervorragenden Platz auf der Karte des römischen Deutschlands ein.

Seit 1919 war das Badische Landesmuseum im Großherzoglichen Schloß untergebracht. Das Schloß wurde im September 1944 bei einem Luftangriff bis auf Reste der Außenmauer vernichtet. Nach dem Kriege wurde es für das Badische Landesmuseum in seiner ursprünglichen äußeren Gestalt wiederhergestellt. Der Innenbau wurde nach den Grundsätzen moderner Museumsarchitektur völlig neugestaltet.

Große, lichtdurchflutete, ohne feste Abgrenzung ineinander übergehende Ausstellungssäle schaffen eine die Aufnahmebereitschaft fördernde Atmosphäre. Sie wird verstärkt durch die lockere, weiträumige Verteilung der Ausstellungsgegenstände, die es dem Besucher gestattet, die einzelnen Kunstwerke sorgfältig und in Ruhe zu betrachten, ohne durch die enge Nachbarschaft anderer Gegenstände abgelenkt zu werden. Die Sammlungen selbst bestehen aus einer Auswahl der künstlerisch wertvollsten Objekte. Eine Anhäufung von Gegenständen unterschiedlicher Qualität ist vermieden worden.

Römische Kunstwerke und provinzialrömische Denkmäler sind im Westflügel des Erdgeschosses, Raum D, und im Lapidarium (Untergeschoß) ausgestellt.

Das Auge des Besuchers wird zunächst gefesselt von einem aus dem römischen Klassizismus des 1. nachchristlichen Jahrhunderts stammenden *Jünglingskopf aus Porphyr*. Einige sehen in ihm das posthume Porträt des jugendlichen Augustus. Nach einer anderen Interpretation handelt es sich um eine Darstellung des Gaius Caesar, Enkel und Adoptivsohn von Augustus. Beispiele römischer Porträtkunst sind ferner der Marmorkopf eines jungen Mannes aus der gleichen Entstehungszeit; das *Marmorporträt einer alten Frau* von einem römischen Grabrelief aus Attika; ein von L. Plutius Hermes für seine beste und liebevollste Gattin („optimae ac piissimae coniugi") gesetzter Grabstein; die Verstorbene ist in der Tracht der ägyptischen Göttin Isis dargestellt und damit als „Isismystin", das heißt als in die Mysterien der Göttin eingeweihte Anhängerin des Kultes ausgewiesen; auf den Seiten des Grabsteins Reliefs von Hermanubis (griechischer Name für den ägyptischen Todesgott Anubis) und Osiris, dem Gatten der Isis; Das Grabdenkmal ist römisch und datiert von 110–120 n. Chr. Unter den anderen *römischen Skulpturen* befinden sich: kämpfender Gigant aus einer römischen Villa,

*Mithrasaltar von Heidelberg-Neuenheim*

eine römische Kopie nach einem hellenistischen Original; Kindersarkophag mit Darstellungen von Eros und Psyche; hängender Marsyas aus rötlichem Marmor, ebenfalls eine Kopie nach einem griechischen Original; Marmorstatue des Gottes Silvanus; Sarkophagrelief des Raubs der Proserpina, ein auf Sarkophagen häufig wiederkehrendes Motiv. Zu erwähnen ist schließlich ein römisches Mosaik mit dionysischen Bildern (Kopf des Dionysus, einer Mänade, eine tragische Maske) von der Mitte des 2. Jahrhunderts n. Chr.

Zu den bedeutendsten *Steindenkmälern provinzialrömischer Kunst* auf deutschem Boden gehören die *Mithraskultbilder von* → Heidelberg-Neuenheim und → Osterburken. Beiden gemeinsam ist das Hauptbild, das den persischen Lichtgott als Stiertöter zeigt, und die Darstellung der Stierlegende auf Seitenbildern.

Auf dem *Hauptbild des Neuenheimer Altars* (in der Mitte des Raumes gegen die Treppe) sieht man links oben (vom Betrachter) die Büste des Sonnengottes mit Strahlenkranz, rechts die Mondgöttin. Zu beiden Seiten des stiertötenden Gottes stehen seine Begleiter Cautes mit erhobener Fackel als Symbol des aufgehenden, und Cautopates mit gesenkter Fackel als Symbol des untergehenden Lichtes; darunter die üblichen Bilder von Hund, Schlange, Skorpion, Löwe und Krater (Weinmischgefäß).

Die Bildstreifen auf der oberen Leiste zeigen in den Ecken die Köpfe von Windgöttern; Mithras bricht Zweige von einer Zypresse; Mithras mit dem Bogen auf einen Felsen zielend (das Wasserwunder); in der Mitte Sol und Mithras auf dem aufsteigenden Sonnenwagen, daneben die Mondgöttin auf absteigendem, zweispännigem Ochsenwagen. Zu sehen sind außerdem Mithras als Bogenschütze und eine Mithrasbüste zwischen Blättern.

Die *Seitenbilder* stellen dar (nach Vermaseren) *links von oben nach unten:* Felsgeburt des Mithras mit Schwert in der rechten und Globus in der erhobenen linken Hand; Saturn übergibt Jupiter über einem Altar das Blitzbündel; liegende Gestalt auf einem Felsen (Oceanus oder Caelius); Mithras trägt kniend den Globus auf seinen Schultern; *rechts von oben nach unten:* der grasende Stier; Mithras trägt den Stier auf den Schultern; Mithras auf dem Rücken des galoppierenden Stiers; Mithras trägt den getöteten Stier davon.

Das reicher gestaltete *Kultbild von Osterburken* („un-

ter sämtlichen Mithrasmonumenten wegen seiner Größe und seiner zahlreichen Einzeldarstellungen bei weitem das hervorragendste", Cumont, „Germania Romana" IV, S. 54) zeigt die gleichen Nebenfiguren auf dem *Hauptbild* wie der Neuenheimer Altar: Cautes und Cautopates zu Seiten des Gottes, unten Schlange, Skorpion, Löwe und Hund, der das Blut des Stieres leckt, sowie der Mischkrug. Über dem Hauptbild des Gottes das Himmelsgewölbe mit den Zeichen des Tierkreises.
*Linkes Eckbild:* der aufsteigende Sonnengott, begleitet vom Morgenstern. Oben links in der Ecke Kopf eines Windgottes und eine Reihe von Nebenbildern aus der Mithraslegende: Mithras' Felsgeburt; der dem Gott heilige Rabe; Mithras schneidet Zweige von einem Baum; Mithras aus dem Wipfel eines Baumes wachsend. Im Scheitelbild eine Götterversammlung mit dem thronenden Jupiter, der von Victoria bekränzt wird.
*Im rechten Eckbild* die versinkende Mondgöttin im Ochsenzweigespann, dazu der herabstürzende Abendstern, unter ihm der schreitende Stier. In der rechten oberen Ecke der Kopf eines Windgottes.
Auf den *Seitenpfeilern* sind dargestellt *(links von unten nach oben)*: Kopf in einer Blattrosette (oder einem wolkigen Kreis, Symbol des Chaos); liegende Frau (Gaia, Erde) mit Atlas; drei Frauen in langen Gewändern (die Parzen); Saturn überreicht Jupiter über einem Altar das Blitzbündel (wie auf dem Neuenheimer Kultbild) oder auch Jupiter und Kronos; Jupiter im Gigantenkampf; liegender Mann (Oceanus).
*Rechts (von oben nach unten):* Mithras (stehend) schießt Wasser aus einem Felsen; vor ihm zwei knieende Orientalen; Mithras wird vom Stier davongeschleift; Mithras hinter dem Wagen des Sol; Sol kniet vor Mithras, der eine phrygische Mütze über ihm hält; Mithras und Sol schütteln einander die Hand über einem Altar; Mithras als reitender Bogenschütze (s. → Dieburg); Mithras und Sol beim heiligen Mahl an einem Tisch mit dem Fell des getöteten Stiers.
Die Sammlung provinzialrömischer Steindenkmäler in diesem Raum enthält ferner:
*Ehreninschrift* tut den Sohn des Kaisers Septimius Severus, den Kronprinzen Marcus Aurelius Antoninus, später als Kaiser unter seinem Beinamen „Caracalla" bekannt, errichtet 197 n. Chr., dem Jahr seiner Ernennung zum „imperator destinatus" („Marco Aurelio Antonino, Caesari, Imperatori destinato, Imperatoris Lucii Septimii Severi Pertinacis Augusti filio, respublica Aquensis"); der Stein war bis 1804 im Glockenturm der Stiftskirche von Baden-Baden eingemauert. Es wird angenommen (wenn auch gesicherte Nachweise dafür fehlen), daß die Gaugemeinde Baden-Baden (respublica Aquensis) die Inschrift zur Erinnerung an einen Besuch des Prinzen anfertigen ließ.
*Grabinschrift* des Lucius Aemilius Crescens, aus „Ara", eine für „Colonia Claudia Ara Agrippinensium" (Köln) gebräuchliche Abkürzung, Soldat der XIV. Legion; er starb im Alter von 34 Jahren nach 14jähriger Dienstzeit. (Die XIV. Legion lag von 13 v. Chr. bis 43 n. Chr. und dann wieder von 71 bis 92 in Mainz; in der Zwischenzeit nahm sie an der Eroberung und Besetzung Britanniens teil und erhielt während dieser Zeit wegen ihrer Verdienste bei der Unterdrückung des Aufstandes der Königin Boudicca die Ehrentitel „Martia Victrix".) Das Relief im unteren Teil des Steins zeigt einen vierrädrigen Reisewagen, der von zwei Pferden gezogen und von einem Kutscher mit Peitsche gelenkt wird. Der Stein wurde in Baden-Baden gefunden; der Soldat mag dort zur Kur geweilt haben, als ihn der Tod überraschte.
*Grabstein* des Hauptmanns (centurio) und Kommandeurs der 1. Thrakerkohorte Lucius Valerius Albinus aus Offenburg.
*Weiherelief* der keltischen Unterweltsgötter *Sucellus und Nantosvelta* (zuweilen auch als „Hammergott" und Herecura, Unterwelts- und Vegetationsgöttin, bezeichnet) aus dem Keller eines römischen Wohnhauses in Karlsruhe-Grünwinkel.
*Weiherelief* für *Merkur* und seine einheimische Begleiterin *Rosmerta.*
*Sandsteinkopf* einer kleinen *Merkurstatue,* ein „wirkliches Spitzenstück provinzialrömischer Kunst am Oberrhein" (Cämmerer). Kopf und Oberkörper eines Schwertkämpfers von einem *Grabmal.*
*Drei-Götter-Gruppe* (Salus, Mars, Victoria); allen drei Statuen fehlen die Köpfe; aus einem Limeswachtturm bei → Schlossau, wo sie zusammen mit einer Bauinschrift (s. u. Lapidarium) gefunden wurden. Reitergruppe und Kapitell von einer *Jupitergigantensäule* aus Sinsheim-Steinfurt. „Das bronzene Blitzbündel Jupiters – man möchte es kaum glauben – ist wirklich echt". Die Reliefs auf dem Kapitell stellen die vier Jahreszeiten dar: Frühling mit Blütenkranz; Sommer mit Ähren; Herbst mit Früchten und Winter mit einem Kopfband zum Schutz gegen Kälte (s. a. → Hausen). Eine Jupitergigantensäule (ohne krönende Jupitergigantengruppe) von Berwangen, eine Weihung von Candidus, Sohn des Vintrio, in Erfüllung eines Gelübdes, wie der Gott es verdient hatte.
*Viergöttersteine,* die Sockel von Jupitergigantensäulen: Der aus Pforzheim-Brötzingen stammende Block zeigt Venus mit Gans, Sol, Vulkan und Juno, eine sonst nirgends auf Steinen dieser Art vorkommende Gruppe von Gottheiten; auf einem kleineren sind Mars, Victoria und Fortuna dargestellt; über einer (leeren) Inschriftplatte schwebt der nur fragmentarisch sichtbare Adler Jupiters. Teile von Jupitergigantensäulen sind ein Relieffragment des Herkules, eine Säule, die Figur eines Jupitergigantenreiters aus Pforzheim und möglicherweise ein kleiner Weihealtar an Jupiter.
*Weihestein* für *Neptun,* der Genossenschaft der Schiffer von Cornelius Aliquandus aus eigenen Mitteln geschenkt („In honorem domus divinae deo Neptuno contubernio nautarum Cornelius Aliquandus de suo dedit"); der Stein wurde 1748 in einem Keller in Baden-Baden gefunden. (Über das merkwürdige Schicksal des Steins s. „Die Römer in Baden-Württemberg", S. 261 f.)
Von einem *Grabmal* stammt ein Reliefpfeiler mit der Darstellung eines Mannes in Tunika und einer tanzenden Mänade; von einem Pfeilergrabmal ein Zwischenblock mit einem Bildzyklus von Herkulestaten.
*In Schaukästen:* Römisches *Glas* aus rheinischen und syrischen Werkstätten; rheinisches und nordafrikanisches *Terra-Sigillata*-Geschirr; provinzialrömische Kleinbronzen, darunter *Statuette eines Jünglings,* gefunden in Mechtersheim bei Speyer; Gegenstücke dazu befinden sich in den Museen von → Bonn und → Köln; während man früher annahm, daß es sich um eine Darstellung des Narcissus handelt, gilt der Jüngling jetzt allgemein als Heilgott, Apoll oder Äskulap, der in der rechten Hand den (fehlenden) von einer Schlange umwundenen Stab hält; ein aus Silber getriebener Spiegel mit dem Porträt des Kaisers Domitian (81 – 96 n. Chr.); hellenistische Terrakotten.
Das **Lapidarium** enthält eine Reihe von Steindenkmälern mit Inschriften, die für die Geschichte Südwestdeutschlands zur Römerzeit aufschlußreich sind. (Im Vorraum) zwei *Sitzsteine* aus dem Schauspieltheater von Lopodunum (→ Ladenburg), Stiftungen an die Gemeinde Lopodunum mit den Namen der Stifter („Lopodunensibus Quintus Vennonius" – „Vicanis Lopodunensibus Quintus Gabinius").
*Altarstein* mit der Weihung an den *Genius des ulpischen Gaues der Neckarsweben* mit vier Reliefnischen, gleichfalls aus Lopodunum, dem Vorort des Gaues („Genio civitatis Ulpiae Sueborum Nicretum V S L L M").
*Weihealtar für Minerva,* gestiftet in williger und freu-

diger Erfüllung eines Gelübdes vom Bläserkorps der teilweise berittenen Ersten Kohorte der Sequaner und Rauriker („Minervae aeneatores Cohortis I Sequanorum et Rauricorum equitatae votum solverunt laeti libentes merito"); die Kohorte ist als Besatzung der Kastelle von Oberscheidental und später → Miltenberg bezeugt.

Ein *Brunnenstein* mit Reliefs von Mischwesen und Hermenpfeilern und einem Löwenkopf als Wasserspeier, eine Stiftung der 26. Kohorte freiwilliger römischer Bürger aus → Baden-Baden. (Ein weiterer inschriftlicher Beleg für die Stationierung der Kohorte in Baden-Baden ist der inzwischen in der Schausammlung nicht mehr gezeigte *Grabstein* des L. Reburrinius Candidus, Soldat der Kohorte und – was ihn als römischen Bürger ausweist – Mitglied der Claudischen Bürgerklasse von Köln („Claudia Ara").

*Viergötterstein,* Teil einer Jupitergigantensäule aus Au a. Rh. mit Darstellungen von Juno, Apollo, Herkules und Minerva. Statuette der Göttin *Diana Abnoba* (s. → Badenweiler), von Lucius Moderatus in Erfüllung eines Gelübdes gewidmet; die Göttin (der Kopf fehlt) ist dargestellt, wie sie mit der rechten Hand einen Pfeil aus dem Köcher zieht; links von der Göttin ein Hund, der einen Hasen jagt.

*Grabstein* für L. Ferridius Felix, Freigelassenen des Balbus, und den Sklaven Modestus, aus dem Stamm der Treverer („Modesto servo natione Treverorum"); der Stein wurde 1975 in der Kirchhofsmauer von Rheinheim am Hochrhein entdeckt. Mittelstück eines *Grabmonuments* aus Wilferdingen mit mythologischen Szenen.

*Bauinschrift* (auf dem Füllstein eines Türentlastungsbogens) von einem Limeswachtturm (zwischen Schlossau und Hesselbach im Odenwald) zu Ehren des Kaisers Antoninus Pius (138–161); die Inschrift nennt die „Brittones Triputienses" als Erbauer des Turms (s. → Eulbach für Näheres über diese Einheit).

*Bauinschrift* von einem Odenwaldwachtturm im Waldbezirk „Schneidershecke" bei Schlossau (oben im Zusammenhang mit der Drei-Götter-Gruppe im Steinsaal erwähnt); die Inschrift war Jupiter, dem Besten und Größten, von einem Arbeitskommando der teilweise berittenen Ersten Kohorte der Sequaner und Rauriker in williger und freudiger Erfüllung eines Gelübdes, wie ihr Gott es verdient hatte, wegen der erfolgreichen Errichtung eines Wachtturms unter Leitung des Antonius Natalis, Hauptmanns der pflichtbewußten und getreuen XXII. Legion mit dem Beinamen Primigenia, gewidmet („I O M vexillatio Cohortis I Sequanorum et Rauricorum equitatae sub cura Antonii Natalis centurionis Leg XXII Primigeniae piae fidelis ob burgum explicitum V S L L M"); die in Mainz stationierte XXII.Legion stellte die Offiziere für die Hilfstruppen am Odenwaldlimes.

Von den vier hier ausgestellten *Meilensteinen* sind drei vom Gau Baden-Baden („Civitas Aurelia Aquensis", „Civitas Aquensis") gesetzt und geben die Entfernung von Baden-Baden („Ab Aquis") an: nach Nöttingen mit 17 Leugen ( = 37,4 km); nach Sinzheim bei Bühl mit 4 Leugen ( = 8,8 km) auf zwei der Meilensteine; einer von ihnen nennt Kaiser Gordianus III. (238–244 n. Chr.) als „restitutor orbis". Der vierte in Heidelberg gefundene Meilenstein war dem Kaiser Elagabalus (218–222) (sein Name wurde nach seiner damnatio memoriae gelöscht) von der Civitas Ulpia Sueborum Nicretum in Ehren Ergebenheit („devotissima") geweiht und mißt die Entfernung von Ladenburg („A Lopoduno") mit vier Leugen.

*Weihealtar* für die Alhiahenischen Matronen („Matronis Alhiahenibus Iulius Veranius Super pro se et suis V S L "); die beckenförmige Vertiefung auf der Oberseite des Steins diente noch im vorigen Jahrhundert als Weihwasserbecken in der katholischen Kirche von Neidenheim; die Matronen, keltisch-germanische Muttergottheiten mit mannigfachen, auf Örtlichkeiten oder Stämme bezüglichen Zunamen, wurden vor allem am Niederrhein verehrt (s. Museum in → Bonn); der Zuname „Alhiahenae" ist nur durch diesen Stein belegt.

*Weihealtar für Fortuna,* im Umkleideraum des Kastellbades von → Walldürn gefunden. Die Inschrift lautet: „Deae Fortunae sanctae balineum vetustate conlapsum exploratores Stu... et Brittones gentiles et officiales Brittonum dediticiorum Alexandrianorum de suo restituerunt curam agente Tito Flavio Romano centurione legionis XXII Primigeniae piae fidelis idibus Augustis Lupo et Maximo consulibus". Danach haben die in der Inschrift genannten Auxiliartruppen (die Kundschafter der Stu..., die Brittones gentiles und die Anführer der Brittones dediticii mit dem Beinamen Alexandriani) unter der Leitung eines Hauptmanns der XXII. Legion das durch Alter baufällig gewordene Bad aus eigenen Mitteln wiederaufgebaut. Das Datum der Inschrift ist der 13. August 232 n. Chr.; Oberteil eines großen *Altarsteins* aus Baden-Baden.

Relief der Göttin *Victoria.*
Reliefstein mit *Apollo, Minerva und Merkur.*

In einem angrenzenden Raum ist der *Keller einer villa rustica* bei Wössingen, der 1966 beim Straßenbau entdeckt wurde, mit den Originalsteinen, dem Fugenverputz und roter Bemalung wiederaufgebaut. Der Keller stellt „unverfälschtes römisches Originalmauerwerk" dar. Der hier aufgestellte Steinstich stammt zwar nicht vom Fundort des Kellers (ebenso wie das Fortunarelief in einer der Abstellnischen); er gehört aber zum üblichen Inventar eines Römerkellers (s. → Oberriexingen).

*Wandvitrinen* im Lapidarium enthalten Kleinbronzen, Schmuck und Geräteteile.

## KELLMÜNZ a. d. Iller

Name und geographische Lage des Ortes sind eine Erbschaft aus der Römerzeit. Der Name entwickelte sich aus dem antiken Caelius Mons (Celio Monte im Itinerarium Antonini und Caelio in der Notitia Dignitatum) über das mittelalterliche Cheleminza. Die Lage von Kellmünz auf dem westlichen Ausläufer des Illertalabhanges fast 35 m über der Iller erinnert an das in spätrömischer Zeit auf dieser beherrschenden Höhe angelegte Kastell, aus dem der Ort entstanden ist.

In der älteren und mittleren Kaiserzeit lag am Illerübergang der Straße Straßburg – Rottweil – Augsburg und ihrer Kreuzung mit einer Straße durch das Illertal eine bürgerliche Siedlung von einiger Bedeutung. Sie wurde aufgegeben, als nach dem Verlust des → Limes 259/60 n. Chr. die Grenze des Reiches an die Iller heranrückte und eine neue Verteidigungslinie entlang der Iller und Donau geschaffen wurde. Die Bevölkerung zog sich auf die Höhe des Caelius Mons zurück.

Auf drei Seiten von der Iller, zur damaligen Zeit ein wilder Bergstrom, umflossen, war der Berg gut zu verteidigen und wurde zu einem der befestigten Plätze am Donau-Iller-Limes ausgebaut. Von der Festung bot sich eine weite Sicht über das verlorene Dekumatenland. „Wer das

Tal heraufkam, mußte am Kastell vorbei."
Der Grundriß der Festung war ein unregelmäßiges Viereck. Die Mauern auf der Ost-(Land-)seite waren 12 m hoch und bis zu 3,70 m dick; von etwas geringerer Stärke im Süden, Norden und Westen, wo der Fluß und der steile Abhang einen natürlichen Schutz boten. Wie dies auch bei anderen spätrömischen Festungsbauten geschah (→ Epfach, → Neumagen), wurden als Baumaterial für die Mauerfundamente Skulpturen und Architekturteile, vielfach auch von Grabmonumenten, aus der bürgerlichen Siedlung verwendet. Der einzige Zugang zum Kastell lag in der Ostmauer. Ähnlich wie im spätrömischen Kastell von Abusina (→ Eining), wurde er von zwei Toren, einem äußeren und inneren, gebildet, die von Türmen flankiert waren. Die Tore lagen nicht in gerader Linie, sondern waren so zu einander verschoben, daß der Eintretende zunächst einen kleinen, rechteckigen Hof überqueren mußte, wo er mit dem Rücken den Geschossen der Turmbesatzung ausgesetzt war.
Die Besatzung von Caelius Mons war die Cohors III Herculea Pannoniorum, die, wie der Beiname andeutet, Kaiser Maximianus Herculius (286–305) aufgestellt hatte. Befehlshaber war ein Tribun. Die Festung wurde in die Kämpfe der zweiten Tetrarchie verwickelt, als Maxentius versuchte, die zur Diözese Italia gehörige Provinz Raetia unter seine Herrschaft zu bringen. Er stieß bei Kellmünz auf Widerstand. Die Festung ging zwar in Flammen auf, wurde aber wiederaufgebaut. Sie wurde wahrscheinlich geräumt, als Anfang des 5. Jahrhunderts die römischen Truppen von Rhein und Donau abgezogen wurden.
Die Bevölkerung verblieb am Ort und wurde allmählich von den Alamannen aufgesogen, die seit der ersten Hälfte des 5. Jahrhunderts den Raum zwischen Iller und Donau zu füllen begannen. Es gibt keine Hinweise für ein gewaltsames Ende des Ortes. Kellmünz „ist einer der wenigen Orte Schwabens, für den man seit der Römerzeit eine ununterbrochene Kontinuität der Siedlung annehmen kann" (Kellner).
Durch Untersuchungen der Festung zwischen 1901 und 1913, meistens von privater Seite, sind Fundamentreste der Westmauer und dreier halbrunder Türme mit einem äußeren Durchmesser von 7,80 m aufgedeckt worden. Dazu kamen mitten in der Mauerfront die Überreste eines rechteckigen Turmes, dessen Grundmauern von dem Eigentümer des Grundstücks für den Bau eines Sommerhäuschens benutzt wurden. Vom Turm aus hat man einen weiten Blick über das oberschwäbische Land und das Allgäu hin bis zur Gegend am Bodensee. Von Südwesten her gesehen, markieren der wiedererrichtete Rechteckturm und die Kirche die Lage des Kastells.

Unter den in Fundamenten der Kastellmauer und eines Torturmes entdeckten *Skulpturen und Architekturteilen* aus der bürgerlichen Siedlung befinden sich mehrere z. T. nur fragmentarisch erhaltene lebensgroße männliche und weibliche Gestalten, darunter der Torso eines Mannes in römischer Bürgertracht (Tunika und Toga) und einem Dokumentenkasten (scrinium) neben dem linken Fuß (ähnlich der Policiusstatue im Museum in → Köln); marmorne Sitzfigur einer Frau mit Stola und Halskette und mit Hündchen auf dem Schoß; zwei Männerbüsten; Oberteil einer weiblichen Gewandstatue; ein korinthisches Kapitell mit Akanthusblättern und das Kapitell einer Halbsäule, vielleicht von einem Tempel. Die Figuren stammen vermutlich von einem Grabmonument. Die qualitätvollen Skulpturen und das verwendete Material – Marmor aus Laas im Vintschgau – lassen auf einen gewissen Wohlstand der Bewohner schließen.
Unter dem *Ziegelmaterial* aus dem römischen Kellmünz befinden sich Ziegel mit dem Stempel des Carinianus, der zusammen mit dem Töpfermeister Carinus eine 1912 bei Bregenz entdeckte Ziegelei betrieben hatte; sie gehört zu den größten derartigen Anlagen diesseits der Alpen. Von *Metallfunden* ist eine Bronzescheibe mit der Darstellung eines Medusenhauptes erwähnenswert. Auch sind Terra-Sigillata-Scherben vorwiegend aus mittelkaiserlicher Zeit (Schalen, Bilderschüsseln) zutage gekommen; sie stammen wahrscheinlich von der bürgerlichen Siedlung.
Einer der bedeutendsten Funde ist ein *Münzschatz*, der 1952 beim Ausheben einer Baugrube in Kellmünz ans Licht gebracht wurde. Er bestand ursprünglich, so wird angenommen, aus ungefähr 3000 Stück, war aber bis auf 1153 zusammengeschmolzen, als er zur wissenschaftlichen Untersuchung vorgelegt wurde. Ein Teil des Schatzes ist in Kapelle 13 des Römischen Museums in → Augsburg ausgestellt (s. dort auch weitere Einzelheiten). Die anderen Funde aus Kellmünz werden z. T. in Privatsammlungen, z. T. in der Prähistorischen Staatssammlung in → München aufbewahrt.

## KEMPTEN (Allgäu)

Die Stadt hat ihren Ursprung in einer römischen Siedlung mit dem keltischen Namen Cambodunum, den die Römer von dem geographisch bisher noch nicht lokalisierten Hauptort der Estionen, einem Stamm der keltischen Vindeliker, übernahmen. Das römische Cambodunum lag auf dem Lindenberger Ösch, einem Stadtteil Kemptens auf dem rechten Illerufer. Die Gründung der Stadt fällt in die ersten Regierungsjahre des Kaisers Tiberius (14–37 n. Chr.).
Das Gebiet der Vindeliker im Voralpenland war im Jahre 15 v. Chr. von den Römern erobert worden. Nach dem Abzug der römischen Legionen im Jahre 17 n. Chr. aus diesem Gebiet – seit Kaiser Claudius (41–54) die Provinz Raetia – wurde das Land durch eine Postenkette entlang der großen Fernstraßen militärisch gesichert. Cambodunum, an der West-Ost-Verbindung von Gallien nach Noricum gelegen, erhielt damals eine Garnison, die es nach kurzer Zeit wieder verlor, als die Binnenlandgarnisonen um die Mitte des 1. Jahrhunderts an die Donaugrenze verlegt wurden.

Dank seiner günstigen Lage an einer Hauptverkehrsader entwickelte sich Cambodunum zu einem bedeutenden Handelsplatz. Die Stadt erlitt erhebliche Zerstörungen, als die innerpolitischen Wirren nach dem Tod Neros im Dreikaiserjahr 68/69 n. Chr. und der Aufstand der Bataver 69/70 unter Julius Civilis die Grundfesten des Reiches erschütterten. Nach der Wiederherstellung geordneter Zustände wurde Cambodunum in flavischer Zeit schöner und größer wiederaufgebaut.

Als Hauptort des Gaues (civitas) der Estionen hatte die Stadt politisches Gewicht; ob sie die Rechtsstellung eines autonomen römischen Municipiums erhielt, läßt sich nicht nachweisen. Cambodunum war Verwaltungszentrum und zugleich religiöser Mittelpunkt. Es wird angenommen, daß ein großer heiliger Bezirk, der sich im Südosten an das Forum anschloß, mit einem erhöhten Brandopferaltar in seiner Mitte dem Kult der Roma und des Augustus gewidmet war und als zentrales Staatsheiligtum für das Voralpenland die gleiche Bedeutung hatte wie der Altar von Lugdunum (Lyon) für Gallien, die Ara Ubiorum in → Köln für Niedergermanien und die Arae Flaviae (→ Rottweil) für das Dekumatenland. Ein kleinerer heiliger Bezirk lag im Nordwesten am entgegengesetzten Ende der Forumstraße. Mittelpunkt war ein gallorömischer Umgangstempel für die Verehrung der einheimischen Gottheiten der Estionen.

Durch die Verlegung der Ost-West-Handelswege weiter nach Norden als Ergebnis der Angliederung des Neckar- und Maingebietes an das römische Reich gegen Ende des 1. Jahrhunderts hatte die Stadt an wirtschaftlicher Bedeutung verloren schon bevor sie in den Alamannenstürmen der Jahre 233 und 259/60 zerstört wurde. Die überlebende Bevölkerung suchte Zuflucht auf einer heute als „Burghalde" bezeichneten Höhe auf dem linken Illerufer, die nach Art der spätrömischen Befestigungen mit einer starken Mauer umgeben wurde. (Eine längere Strecke der Mauer ist als Fundament der neuzeitlichen Mauer des protestantischen Friedhofs erhalten geblieben.) Verglichen mit der Größe der vergangenen Stadt waren die Wohnviertel auf der Burghalde bescheiden und den militärischen Notwendigkeiten angepaßt. Von den Annehmlichkeiten städtischen Lebens (Bäder, beheizte Wohnungen, Theater) konnte nichts in die beengten Wohnverhältnisse der Festungsstadt übernommen werden.

Als Besatzung diente eine Abteilung der in → Regensburg stationierten III. Italischen Legion. Cambodunum gehörte zum Verteidigungssystem des spätrömischen Donau-Iller-Rhein-Limes (→ Limes). Die Festung sicherte den Limesabschnitt von Vemania (→ Isny) bis in die Gegend von Memmingen. Mit dem Abzug der römischen Truppen aus Rätien zu Beginn des 5. Jahrhunderts wurde auch Cambodunum aufgegeben. Über das weitere Schicksal der Siedlung ist nichts bekannt. Vom spätrömischen zum mittelalterlichen Cambodunum-Kempten führen weder schriftliche noch archäologische Quellen. Aber der Name der Stadt blieb erhalten und bezeugt das Weiterleben einer Bevölkerung an diesem Ort.

Nach der Übersiedlung der Restbevölkerung auf das linke Illerufer versanken die Trümmer Cambodunums auf dem Lindenberger Ösch unter Wiesen und Feldern. Die Örtlichkeit wurde bis in die neueste Zeit nicht überbaut. So ergab sich hier (ähnlich wie in → Xanten) die Gelegenheit, durch Ausgrabungen den geschlossenen Plan einer Römerstadt auf deutschem Boden festzustellen. In Untersuchungen seit 1885 bis heute konnte der antike Grundriß von Cambodunum weitgehend erforscht werden. Aus dem Befund entwickelte sich das Bild einer nach den Grundsätzen mediterranen Städtebaues angelegten Stadt mit breiten Fahrbahnen und Fußgängersteigen, mehrstöckigen Privathäusern, einem prachtvollen Forum mit Tempel und Amtsgebäuden, mehreren Badeanlagen und einem in keiner anderen Stadt im römischen Deutschland bisher aufgefundenen „Unterkunftshaus", einem Bau mit Kontoren und Gästezimmern, einem Abstellplatz („Parkplatz") für Wagen im Hof und Zugang zu Bädern, wahrscheinlich „eine Kombination von Gesellschaftshaus und Gästehaus im Besitz von Kaufmannsvereinigungen" (siehe den Rekonstruktionsversuch des Hauses in Weber, „... als die Römer kamen", S. 45).

H. J. Kellner läßt in seinem Buch „Die Römer in Bayern" (S. 42 ff.) auf einem Rundgang die Stadt in ihrer ganzen Pracht vor unserem geistigen Auge erstehen. „Die Innenstadt von Cambodunum bot mit ihren öffentlichen und privaten Steinbauten, mit ihren langen Säulengängen, mit ihren Straßen und Plätzen, mit ihren Standbildern und Tempeln sicherlich jedem Besucher ein eindrucksvolles Bild."

Von der antiken Stadt ist über dem Boden nichts mehr zu sehen. Aber der Besucher des Lindenberger Ösch wird auf die verschiedenste Weise daran erinnert, daß er sich hier auf historischem Boden befindet. Eine Tafel am Haus Brodkorbweg 12 verkündet: „Hier auf dem Lindenberger Ösch lag während der römischen Kaiserzeit von Tiberius (14–37 n. Chr.) bis Gallienus (253–268) die Stadt Cambodunum." Eine Tafel an einem Haus in der Ulrichstraße erinnert an den Heimatforscher August Ulrich, der „1884 die römische Stadt Cambodunum fand." Es gibt einen „Cambodunum-Park", einen „Römerweg", eine „Thermenstraße". Wer den steilen Steinrinnenweg zum Cambodunum-Park hinaufsteigt, erfährt durch eine Hinweistafel, daß „dies einst römischer Hauptaufstieg nach Cambodunum war..." (Die Mauer an dieser Stelle ist die mittelalterliche Stadtmauer von Kempten.)

Bilder an Häusern der Merktstraße zeigen Grundriß und Gebäude des Forums (jetzt die dem Cambodunum-Park vorgelagerte Wiese, die der Jugend als Fußballspielplatz dient), den Opferstein der Pferdegöttin Epona (siehe unten Museum) und einen keltischen Hirten.

Die attraktivste und eindrucksvollste Gedenkstätte ist aber sicherlich die 1954/55 im Stil eines römischen Peristylhauses gebaute Lindenbergschule am Cambodunum-Park. Ein Wandgemälde im Vestibül links vom Eingang stellt die Landschaft um Kempten zur Römerzeit dar mit Meilenstein (s. u. Museum), einem römischen Reiter und Planwagen. Die Tür zur Wohnung des Hausmeisters auf der rechten Seite des Vestibüls ist als Eingang zu einem römischen Haus gestaltet. Die Klassenräume gruppieren sich um einen quadratischen Hof mit Säulenumgang. Bilder an den Wänden des Innenhofes zeigen Bauten des römischen Kempten und Szenen aus dem täglichen Leben der Bewohner von Cambodunum.

Rechts hinter der Tür zum Innenhof ist eine Sonnenuhr zu sehen mit folgendem lateinischen Distichon: „Sie retorquere possis duo paene milia annorum appareat oculis oppidum Cambodunum" (könntest du drehen zurück die Uhr fast 2000 Jahre böte sich dir im Auge hier Cambodunum die Stadt).

## Römische Sammlung Cambodunum im Zumsteinhaus

(1802 im klassizistischen Stil für die Familie Zumstein erbautes Privathaus).

An der Wand in der Eingangshalle eine Wiedergabe der ältesten Erwähnung von Cambodunum in der „Geographia" von Strabo (63 v. Chr. – 19 n. Chr.) im griechischen Urtext und einer lateinischen Übersetzung von Casaubonus („Hestiones quoque Vindelicorum sunt et Brigantii, urbes ipsorum Brigantium et Cambodunum").

Auch die Estionen und Brigantier gehören zum Stamm der Vindeliker. Ihre Städte heißen Brigantium (Bregenz) und Cambodunum). Gegenüber: Eine Zeichnung des Tropaeum Alpium, das der römische Senat zum Gedächtnis der Eroberung des Alpen- und Voralpenlandes unter der Regierung des Kaisers Augustus errichten ließ. Die Inschrift erwähnt auch die Vindeliker unter den Alpenstämmen, die der Herrschaft des römischen Volkes unterworfen wurden (s. Römisches Museum in → Augsburg, Kapelle 5, für weitere Einzelheiten). Daneben zeigt eine Karte die römische Provinz Raetia.

Über die *Ausgrabungen auf dem Lindenberger Ösch* orientieren Bauteste (Ziegelfußböden, Architekturteile, Ziegelkeil eines Bogensturzes, Teile eines Hausdaches, Reste von bemaltem Wandverputz), ein Maurerhammer und Zeichnungen und Modelle (Tempelbezirk der keltischen Estionen, Rekonstruktionsversuch der großen Therme, eine Hypokaustheizung).

In einer Seitennische des Vorraums ist ein großes *Modell des Forums von Cambodunum* aufgestellt. Es zeigt, um einen Ehrenhof gruppiert: (Südfront) Eingangstempel, flankiert von der Wohnung des Prätors und einer Lagerhalle; (Westseite) Markthalle, Basilika, Kerker, Schatzhaus; (Nordseite) Stallungen, Lagerhalle, Kurie (Rathaus); (Ostseite) Läden, Wechselstube. An der Wand ist der Auszug aus der „Vita S. Martini" des Venantius Fortunatus mit der Beschreibung seiner Reise von Gallien nach Italien wiedergegeben, in der Augsburg erwähnt wird (s. Römisches Museum in Augsburg, Kapelle 17).

In dem Raum „*Die Römerstadt Cambodunum*" wird dem Besucher die Stadt, von der Burghalde aus gesehen, in einem Diorama vorgeführt. Hier steht auch der Meilenstein, der auf dem Wandbild in der Lindenbergschule dargestellt ist. Er trägt folgende Inschrift (nach der Titulatur der Kaiser Septimius Severus und Caracalla): „Vias et pontes rest(ituerunt) A Camb(oduno) M(ilia) P(assuum) XI"... haben die Straßen und Brücken wiederhergestellt. Von Kempten 11 Meilen. Die fehlenden Buchstaben sind ergänzt).

In dem Raum mit der Bezeichnung „*Leben in der Römerstadt*" steht der *Altar der keltischen Pferdegöttin Epona* aus dem Tempelbezirk der einheimischen Gottheiten, das einzige religiöse Steindenkmal, das in Cambodunum gefunden wurde. Andere Gegenstände, die sich auf das religiöse Leben in der Römerstadt beziehen, sind ein Bronzekopf des Merkur und eine Opferpfanne mit Griff in der Form eines Widderkopfes.

In Schaukästen ausgestellte *Gegenstände des täglichen Gebrauchs*: Speiseservice, Tintenfaß, Schreibgriffel, Schreibtafel, Nähzeug, Gebrauchsgeschirr, feine Keramik (Terra Sigillata), eine Prunkschüssel, Bronzegeschirr, Eimerhenkel. Außerdem Bruchstücke schöner Gläser, ärztliche Instrumente, darunter ein Schröpfkopf, Amulette, Fensterglas, Spielsteine.

Unter anderen *Metallgegenständen* befinden sich: Dolch mit schöner Verzierung, ein anderer mit silbertauschierter Scheide, Kurzschwert, Gefäßattache (Ammonskopf), Zierknopf, Kannendeckel, Zierteile, Gefäßgriff, Schloß und Schlüssel, Teile von Pferdegeschirren.

*Schmuckgegenstände*: Fibeln, Halsketten, Anhänger, Armreife, Finger- und Siegelringe.

Der „*Schatzfund von Wiggensbach*" enthält neben 407 Denaren goldene und silberne Schmuckstücke (zwei goldene Ohrgehänge, zwei filigranverzierte silberne Scheibenfibeln, Emaillefibeln, Fingerringe, Halsketten). Der Schatz wurde vermutlich beim Alamanneneinfall um 233 vergraben und ist stummer Zeuge eines Vorgangs, den H. J. Kellner folgendermaßen beschreibt: „Als die Katastrophe über Kempten hereinbrach, rafften ein Kemptener Bürger seine Barschaft und seine Frau ihren wertvollen Schmuck zusammen und flohen nach Westen in die Wälder. Aber schon nach 8 Kilometern, beim heutigen Wiggensbach, zweifelten sie so stark am Gelingen ihrer Flucht, daß sie ihre Habe dem Boden anvertrauten im Glauben, so eher das Leben retten zu können. Das gelang ihnen nicht, so daß sie ihren Schatz nicht wieder holen konnten."

Zeugnisse für *Handwerksbetriebe* in Cambodunum, sowie für Wald- und Ackerbau und Milchwirtschaft (bis heute einer der wichtigsten Industriezweige in Kempten) sind metallene Handwerkzeuge zur Holzbearbeitung, ein Gabeleisen, Nägelzieher, Scharniere, Wagenteile, Beschläge, Herdglocken, Ketten, Beile.

In einem der *Schreibkunst* gewidmeten Schaukasten finden sich neben Schreibgriffel und Schreibtafel zwei Bleitäfelchen mit Inschriften, die sowohl als die ersten Zeugnisse lateinischer Handschrift im Westen Rätiens wie auch ihres Inhalts wegen besonderes Interesse beanspruchen: Ein Bleianhänger, wie er zur Bezeichnung von Waren verwendet wurde; die vordere Seite trägt den Namen des Herstellers (hier offenbar eines Schneiders) „Scitos Biraci" (Scitos, ein keltischer Name, Sohn des Biracus); auf der Rückseite ist die Ware und ihr Preis angegeben: „Sag(um) VII" (ein Mantel zum Preis von 7 Denaren).

Die andere Bleitafel ist eine „defixionum tabella" (Fluchtäfelchen; für Einzelheiten siehe → Bad Kreuznach); sie war in einem Haus eingemauert. Der Text ist eine Zauberformel, mit der ein gewisser Quartus zum Schweigen verflucht wird. Die „Mutae" sollen dabei helfen. (Muta war eine Nymphe, die Zeus ihrer Geschwätzigkeit wegen stumm gemacht hatte.) („Mutae tacitae. Ut mutus sit Quartus. Agitatus erret ut mus fugiens aut avis adversus basyliscum. Ut eius os mutum sit, mutae. Mutae dirae sint, mutae tacitae sint, mutae. Quartus ut insaniat, et eriniis rutus sit et Quartus orco. Ut mutae tacitae ut mutae sint ad portas aureas." – Oh ihr schweigsamen Mutae. Quartus soll stumm sein. Er soll herumirren wie eine flüchtige Maus oder ein Vogel im Angesicht der Basylisken. Sein Mund soll stumm sein, oh Mutae. Die Mutae sollen schweigsam sein, oh Mutae. Quartus soll den Verstand verlieren. Quartus soll zu den Erinyen verstoßen sein und zum Orkus. Die Mutae sollen schweigend sein. Sie sollen stumm sein bei den goldenen Pforten.)

## KOBLENZ

Die Stadt bietet dem Ankömmling je nach der Beförderungsart zwei Gesichter dar: Wer von einem Rheinschiff an Land geht, begegnet einer Stadt mit modernen Gebäuden verschiedenster Baustile. Dies ist die „Rheinstadt" Koblenz. Wer sich dagegen, von Norden kommend, mit dem Wagen oder der Eisenbahn über eine der Moselbrücken der Stadt nähert, sieht, auf einer Erhebung über dem Fluß zusammengedrängt, eine Stadt mit mittelalterlichen Türmen, die „Moselstadt" Koblenz.

In ihr lebt die römische Vergangenheit fort wie im Namen der Stadt, der sich von einem Lager am Zusammenfluß von Rhein und Mosel, „castra ad Confluentes", herleitet. Entgegen einer früheren Ansicht, die Koblenz mit einem der fünfzig von Drusus um 15 v. Chr. im linksrheinischen Gebiet errichteten Kastelle in Zusammenhang brachte, ist nach neuesten Erkenntnissen das Kastell erst nach der Schlacht im Teutoburger Wald (9 n. Chr.) entstanden, als die Rheinlinie unter Tiberius (14–37 n. Chr.) gegen Angriffe der unbesiegten Germanenstämme aus dem Osten gesichert wurde.

Das Kastell auf dem hochwasserfreien Hügel über der Mosel, der heute die Altstadt trägt, diente dem Schutz des Übergangs der linksrheinischen Heerstraße über die Mosel und mehrerer von Koblenz ausgehender Straßen in die Eifel und über den Hunsrück in das Landesinnere. Die Rheinstraße überquerte die Mosel ursprünglich auf einer Furt in der Gegend der heutigen neuen Moselbrücke, bevor, möglicherweise in der zweiten Hälfte des 2. Jahrhunderts n. Chr. oder im 3. Jahrhundert, eine Brücke unterhalb der Balduinbrücke etwa in der Verlängerung der Löhrstraße gebaut wurde, wobei nicht geklärt ist, ob es eine reine Holzkonstruktion war oder eine Brücke mit Steinpfeilern.

Es wird angenommen, daß etwa um 100 n. Chr. auch eine Pfahlbrücke über den Rhein geschlagen wurde, möglicherweise im Zug der heutigen Rheinstraße etwa 50 m stromabwärts von der ehemaligen Schiffsbrücke, die von 1819–1944 die beiden Ufer verband und auf deren Linie heute eine Personenfähre verkehrt.

Das Tiberiuskastell war zunächst ein Holz-Erde-Bau und war von einer Auxiliareinheit belegt. Nach seiner Zerstörung im Bataveraufstand 69/70 wurde das Kastell unter Vespasian in Stein wiederaufgebaut. Mit der Errichtung des obergermanischen → Limes unter Domitian (zwischen 83 und 90) verlor das Kastell seine militärische Bedeutung als Grenzwacht und wurde aufgegeben.

Die bürgerliche Siedlung, die sich beim Kastell gebildet hatte, blieb bestehen und entwickelte sich in einer 150 Jahre währenden Friedenszeit zu einer Stadt mit ansehnlichen Bauten. Funde aus Gräbern entlang der „Totenstraße" (der heutigen Löhrstraße) und Bruchstücke von Grabmälern, die nach Art der → Igeler Säule mit Reliefdarstellungen aus dem Leben der Verstorbenen geschmückt waren, geben Kunde von Leben und Beschäftigung der römischen Bewohner. Nach dem archäologischen Befund setzte sich die Bevölkerung von Confluentes aus Händlern, Kaufleuten, Handwerkern, darunter Schmieden und Metallarbeitern für Edelmetall und Bronzeschmuck, und Fischern zusammen. Auch von dem religiösen Leben der Einwohner gibt es archäologische Zeugnisse. So stiftete ein staatlicher Steuerpächter den „quadriviis" (Kreuzweggottheiten) einen Weihestein. Der Kult der großen Göttermutter Kybele aus Kleinasien ist durch einen Weihestein belegt. Spuren für die Verehrung der keltisch-germanischen Matronae (Muttergöttinnen) haben sich nachweisen lassen. 1968 wurde auf dem Florinsmarkt ein Keller freigelegt, der als Kultstätte für Epona, die keltische Pferdegöttin, gedient hatte.

Im Koblenzer Stadtwald lag ein ummauerter Tempelbezirk mit einem Doppelheiligtum für Merkur und seine einheimische Gefährtin Rosmerta; mehrere Bruchstücke des Doppelgötterbildes, darunter der Oberteil des Hauptes der Göttin und die Hand Merkurs mit Geldbeutel, Schildkröte und Schlange, sind gefunden worden. Der Tempel für die beiden Gottheiten in der Form eines gallorömischen Umgangstempels datiert aus der ersten Hälfte des 1. nachchristlichen Jahrhunderts und wurde, wie aus Münzfunden geschlossen werden kann, bis zum Beginn des 5. Jahrhunderts als Heiligtum benutzt.

Dem Verlust des obergermanisch-rätischen Limes um 259/60 folgten Vorstöße der Franken in das linksrheinische Gebiet. Mit der Errichtung einer Verteidigungslinie längs des linken Rheinufers kehrte auch Koblenz, wie andere bisher offene Städte am Rhein, zu seiner ursprünglichen Rolle als Grenzfestung zurück. Die Stadt erhielt in konstantinischer Zeit eine 2,50 m starke, mit 19 Türmen bewehrte Mauer. Der Grundriß der Festung war ein unregelmäßiges Rechteck auf einer Fläche von 5,8 ha.

Der spätrömische Befestigungsring verlief von der Alten Burg parallel zur Straße „An der Moselbrücke", bog dann nach Osten ab und zog durch die Mitte des Häuserblocks Altenhof und Altengraben, am Nordrand des Häuserblocks „Am Plan" vorbei quer über Schul- und Braugasse zwischen Florinspfaffengasse und Kornpfortstraße über die „Danne" zum Flußufer und am Flußufer entlang zurück zur Alten Burg. In der Mauer lagen zwei Tore: Das Südtor in der Mitte der heutigen Marktstraße zwischen Altengraben und Am Plan; es war 4 m breit und war flankiert von Rechtecktürmen, die nach innen und außen vorsprangen; das Nord- oder Brückentor ungefähr 30 m östlich vom Osttor der Alten Burg. Die Gasse „Unterm Stern" bewahrt in ihrem Namen bis heute die Erinnerung an eine Ausfallpforte („sub posternea").

Nach der Eroberung des Rheinlandes durch die Franken im 5. Jahrhundert wurde ein Teil der Festung mit dem heutigen Pfarrhaus der Liebfrauenkirche fränkischer Königshof. Später wurde das gesamte Gebiet der Festung von der mittelalterlichen Stadt eingenommen.

Als historische Fußnote mag erwähnt werden, daß Koblenz bis zur Gegenwart Festungs- und Garnisonstadt geblieben ist und zu verschiedenen Zeiten von fremden Truppen besetzt war. Der römischen Besatzung folgten im Lauf der Geschichte Soldaten aus allen Teilen Europas (Franzosen, Russen, Schweden, Dänen, Belgier, Spanier und Portugiesen, Österreicher, Ungarn, Polen und Türken); aus Afrika Marokkaner und Senegalesen; nach dem I. und II. Weltkrieg auch Amerikaner, Kanadier und Neuseeländer. Zur Zeit ist Koblenz Garnison der Bundeswehr.

Von den Türmen der spätrömischen Befestigung sind zwei im Pfarrhaus der Liebfrauenkirche in Teilen erhalten geblieben: Der nördliche Turm des Pfarrhauses an der Danne ist bis zum Dachansatz der alte Römerturm. Auch der Südturm des Pfarrhauses enthält noch Teile eines römischen Festungsturmes. Weitere Reste von Türmen der spätrömischen Festung befinden sich unter dem Chor von St. Florin und am Hinterhaus Entenpfuhl Nr. 19. Von den beiden Türmen der Alten Burg steht der östliche auf römischem Unterbau. Andere sichtbare Überreste aus der Römerzeit bei Koblenz sind die Ruinen des Doppelheiligtums für Merkur und Rosmerta im Koblenzer Stadtwald. (Das Heiligtum kann von der „Römerstraße" im Stadtwald auf einer von der „Eisernen Hand" nach Osten führenden Waldschneise erreicht werden.)

### Städtisches Mittelrhein-Museum

im ehemaligen Kauf- und späteren Rathaus (1419), zusammen mit dem Schöffenhaus (1530) und Bürresheimer Hof (1659; 1944 ausgebrannt und 1961/65 als Museum wiederhergestellt).

Die kleine Sammlung römischer Funde im Untergeschoß enthält *Steindenkmäler,* vor allem den *Grabstein des Vegeius,* der in der mittelalterlichen Stadtmauer eingemauert war. Der Stein gehört zu den am besten erhaltenen Grabdenkmälern des römischen Koblenz. Im oberen Teil die Reliefs von drei Personen, links eine Frau mit einem Buch auf dem Schoß; die Füße ruhen auf einem Schemel; in der Mitte stehend ein Mann in langem Gewand; rechts eine Frau auf einem Polsterstuhl. Die Figuren stellen wahrscheinlich Mann, Frau und Mutter dar. Die Inschrift auf der Trennleiste ist stark beschädigt. Im unteren Teil die Brustbilder von fünf Knaben in Tunika und Mantel; sie halten Opfergaben in der rechten Hand. Auf beiden Seiten des trauernde Attis mit gekreuzten Beinen auf einem Akanthusblatt stehend; über ihm eine sichelförmige Pelta.

Ferner: Torso eines römischen Legionärs; Meilensteine, zwischen 1898 und 1899 in der heutigen Römerstraße gefunden; sie wurden zu Ehren der Kaiser Claudius (41 – 54 n. Chr.) und Nerva (96 – 98) gesetzt und geben die Entfernung von Mainz mit 59 Meilen an („A MOG (untiaco) M(ilia) LIX") (s. → Mainz, Mittelrheinisches Museum).

Unter den *in Schaukästen ausgestellten Kleinfunden* befinden sich Tongefäße; ein großer Bronzeteller mit Silberauflage; Glasflasche; kosmetische Geräte; ein Parfümfläschchen; Fibeln; Terra-Sigillata-Ware von Trier mit Relief (Darstellung eines Gladiatorenkampfes); Keramik von → Mayen; eine „Feldflasche"; Gesichtsvase.

## KOBLENZ-EHRENBREITSTEIN

Die Festung hat keine römischen Vorgänger. Erst seit dem 12. Jahrhundert wurde der Felsen in mehreren, über Jahrhunderte sich erstreckenden Bauphasen unter den Kurfürsten von Trier befestigt. Die Festungsanlagen wurden 1801 von den Franzosen gesprengt. Die gegenwärtige Festung geht auf einen Neubau von 1816–1832 durch preußische Festungsingenieure zurück.

Ein römisches Kastell lag nördlich von Ehrenbreitstein im heutigen Koblenz-Niederberg. Es wurde zur Zeit Domitians (81–96 n.Chr.) als Basislager im rückwärtigen Verteidigungssystem des → Limes angelegt und diente gleichzeitig als Brückenkopf auf dem rechten Rheinufer. Seine Besatzung war seit etwa 100 n.Chr. die Cohors VII Raetorum equitata, die vorher in → Baden-Baden gelegen hatte.

**Landesmuseum Koblenz.** Staatliche Sammlung für technische Kulturdenkmäler. Festung Ehrenbreitstein.

Der Eingang ist an der „Hohen Ostfront" mit dreibogigem Wachtportikus.

Im Verlauf der in letzter Zeit durchgeführten Trennung des Landesmuseums von der Bodendenkmalpflege (Landesdenkmalamt) ist auch die Ausstellung römischer Altertümer auf dem Ehrenbreitstein neu gestaltet worden. Das Landesmuseum ist ein technisches Museum; was dort an römischen Gegenständen zu sehen ist, bezieht sich auf die Entwicklung der Technik. So dienen römische Steindenkmäler als Beispiele römischer Steinbearbeitung. Unter den Gegenständen befinden sich:

Teile einer Weiheinschrift; der Stein wurde bereits im Altertum zersägt.

Bruchstücke eines Grabmals mit dem Relief eines Jünglings.

Blöcke mit Teilen eines *Reiterkampffrieses*. Die Reliefs zeigen anstürmende Reiter im Kampf mit Germanen. Einer der Krieger ist neben anderen Merkmalen durch seinen ovalen Schild, der mit rundem Schildbuckel, Mittelrippe und Spiralornamenten verstärkt ist, als Germane gekennzeichnet. Die Blöcke wurden seit 1860 bei Baggerarbeiten und im Zusammenhang mit der Moselkanalisierung 1944 und zuletzt 1969 an der Stelle der römischen Moselbrücke gefunden, wo sie wahrscheinlich zum Beschweren der Brücke und zum Schutz der Pfahlroste gegen Hochwasser und Eisgang dienten; sie gehören „zu den bedeutendsten Funden römischer Plastik am Mittelrhein" (Bellinghausen). Es handelt sich um Bruchstücke von Grabdenkmälern.

Ob in den Kampffriesen eine bestimmte historische Reiterschlacht dargestellt ist, etwa das entscheidende Eingreifen der römischen Kavallerie in der Schlacht bei Vetera castra im Jahre 70 n.Chr. gegen die aufständischen Bataver wird zwar gelegentlich angenommen, läßt sich aber nicht nachweisen. „Trotzdem können die Reiterkämpfe in mehr allgemeiner Weise an die Taten der Verstorbenen im Kampf gegen die Germanen – sehr wahrscheinlich gerade der Bataver und ihrer Verbündeten – erinnern" (Gabelmann).

Ferner: eine kleine Statuette der Minerva; ein Reitergrabstein.

Im Museum befindliche Steindenkmäler aus *Sandstein* umfassen u.a.:

Baublock mit Resten einer Weiheinschrift aus dem 3. Jahrhundert n.Chr.;

Statuenbasis mit Eroten und Meeresungeheuern, 2./3. Jahrhundert n.Chr.;

Kopf eines kaiserlichen Prinzen, um 200 n.Chr.;

Kolossalkopf des Kaisers Septimius Severus, um 200 n.Chr.;

römischer Tischfuß mit einer Darstellung der drei Grazien.

Tuffstein ist seit der Römerzeit einer der wichtigsten rheinischen Baustoffe. Im Raum Mühlenwerke (M) wird an Hand eines Modells ein römischer Untertageabbau in der Vordereifel gezeigt. Das Teilstück einer römischen Wasserleitung von Pellenz bei Miesenheim ist im Raum Wasserwirtschaft (Q) ausgestellt.

Römische Funde aus dem Bereich des Landesdenkmalamtes Koblenz sind in der wegen der Qualität der Exponate höchst bemerkenswerten und durch Photos und Übersichtspläne (z.B. des spätrömischen Festungsareals in Boppard) anschaulich gestalteten Schausammlung: „Römer an Rhein und Mosel" zusammengefaßt. (Man erreicht die Austellung im Anschluß an die Sammlungen des Landesmuseums.) Zentralstück und deshalb auch optisch in den Mittelpunkt der Ausstellung gerückt ist die hervorragend erhaltene Drachenstandarte aus dem Kastell Niederbieber (s. Seite 222). Schon wegen dieses „im gesamten römischen Weltreich und darüber hinaus einmaligen" Parade-Feldzeichens ist der Besuch der Sammlung jedem an römischen Militärwesen Interessierten dringend zu empfehlen. Hinzu kommen Werkzeuge und Geräte aus den Kastellen Heddesdorf und Niederbieber (S. 220f), Grabbeigaben, Weihesteine, Glasuren, ein Schatz-Tongefäß mit Abdrücken von Münzen aus diokletianisch-konstantinischer Zeit, ein eisenbewehrter Eichenpfahl der römischen Moselbrücke, eine Reihe seltener Wagenbestandteile, die steinerne Abbildung einer gallischen Mähmaschine (vallus) und – zur besonderen Beachtung empfohlen – eine Ziegelplatte, die zur Abdeckung der Fußbodenheizung in einem Raum des römischen Gutshofes bei Schuld (Ahr) gedient hatte. Auf der Platte waren vor dem Brand am Fabrikationsort Buchstaben und Zahlen in Kursivschrift eingeritzt worden. „Offensichtlich handelt es sich um eine Art Gedächtnisstütze für den Vorarbeiter oder Verwalter des Betriebes" (H. Eiden). Auflösung und Übersetzung des Textes nach H.-G. Kolbe zitiert Eiden wie folgt: „Pulsator accipet lamnas LXXX imbrices murales N XX qunios dodrantes N XX sextum Kalandas Augustas Justius Optatus accipit... N secundarias N? Lamnas N XII imbrices N XXX. Titus Tusaucus T.f. venit adnos XV Kal. Augustas – Pulsator erhält Platten LXXX, Mauerziegel N XX, Dreiviertelkeile N XX am 27. Juli. Justius Optatus erhält... N zweite Wahl N? Platten N XII, Ziegel N XXX. Titus Tusaucus Titi filius kam zu uns am 18. Juli." (Ein im Museum erhältliches Faltblatt von Hauptkonservator Dr. K. Wilhelmi gibt einen Gesamtüberblick über die Sammlung).

Andere, ehemals im Museum gezeigte Steindenkmäler waren nach dem Material, aus dem sie gearbeitet waren, angeordnet. So enthielt ein Raum Denkmäler aus lothringischem Kalkstein von der Gegend südlich von Metz, dem „beliebtesten Bau- und Bildhauerstein im Rheinland des ersten und zweiten nachchristlichen Jahrhunderts". Die wichtigsten Gegenstände aus diesem Steinmaterial sind oben aufgeführt.

Ein anderer Raum war Steindenkmälern aus *Sandstein* gewidmet. Sandstein eignete sich hervorragend als Bau- und Werkstein. Er kam im koblenzer Raum nicht vor und wurde aus dem Trierer Gebiet, von der Nahe, der Pfalz und aus dem Odenwald eingeführt. Ein Diorama des Kriemhildenstuhls bei → Bad Dürkheim (ein Steinbruch der in Mainz stationierten XXII. Legion mit Inschriften und Gruppenzeichen römischer Legionäre) veranschaulichte die technischen Vorgänge bei der Gewinnung dieses Steinmaterials.

Außerdem wurden Steindenkmäler aus *Basaltlava* von der Gegend um → Mayen als Beispiele für die Verwendung dieses Materials zur Römerzeit gezeigt. Der poröse Lavastein wurde vor allem für Reib- und Mühlsteine verwendet. In einem Diorama wurde die Geschichte der Basaltlavagewinnung gezeigt. Römische Spaltspuren konnten an einem Basaltblock beobachtet werden.

Aus dem gleichen Material war eine römische Handmühle gearbeitet, wie sie an Soldaten zum Ausmahlen ihrer Getreiderationen ausgegeben wurde. Jede Zeltgenossenschaft (contubernium) von sechs bis acht Mann erhielt eine Mühle zugeteilt.

Zu dem von den Römern bevorzugten Steinmaterial gehörten ferner *Trachyt* vom → Drachenfels und *Granit* vom Felsenmeer des → Felsberges im Odenwald. Trachyt wurde in großen Blöcken gewonnen und vornehmlich für Quaderbauten, weniger zu Steinmetzarbeiten verwendet.

(Der alte Kölner Dom und zahlreiche rheinische Kirchen sind aus Drachenfelstrachyt erbaut.)

Unter den Steindenkmälern aus *Tuffstein* (s. o.) sind vor allem Weihealtäre für Herkules Saxanus, den Schutzgott der Steinbrüche, bemerkenswert.

# KÖLN

Die zweitausendjährige Geschichte Kölns beginnt mit der Stadt der Ubier (oppidum Ubiorum). Der ursprünglich zwischen Lahn und Main ansässige germanische Stamm der Ubier hatte sich zu Caesars Zeiten den Römern gegenüber in ihrem Kampf gegen die Sweben hilfsbereit erwiesen und wurde wegen dieser Haltung von anderen germanischen Stämmen hart bedrängt. Auf ihre Bitte verpflanzte M. Vipsanius Agrippa, Schwiegersohn und Feldherr des Kaisers Augustus, die Ubier im Jahre 38 v. Chr. auf das linke Rheinufer in die Gegend der heutigen Kölner Bucht.

Das Gebiet war ehemals von den Eburonen bewohnt gewesen, einem keltisch-germanischen Stamm, den Caesar im Jahre 54 v. Chr. als Vergeltung für die Vernichtung einer römischen Armee fast vollständig ausgerottet hatte. In den fruchtbaren und jetzt fast menschenleeren Raum drängten andere Germanenstämme nach. Das Land drohte zu einem ständigen Unruheherd zu werden. Mit der Umsiedlung der römerfreundlichen Ubier in diese Gegend wurde ein gefährlicher Zündstoff an der Nordgrenze des Reichs beseitigt.

Für die Ubier wurde eine Stadt angelegt, deren rechtwinkeliges Straßennetz auf einer limitatio (Landvermessung) römischer Feldmesser beruhte. Die Hauptstraße in ost-westlicher Richtung wurde nach dem Sonnenaufgang am Geburtstag des Kaisers Augustus (23. September) orientiert; die Nord-Süd-Achse lag in der Richtung auf Rom.

Im Jahre 9 v. Chr. wurde in der Stadt nach dem Vorbild von Lugdunum (Lyon), wo Drusus im Jahre 12 v. Chr. einen Altar zu Ehren der Göttin Roma und des Augustus errichtet hatte, ein Nationalheiligtum für die Ubier geschaffen. Dieser Ubieraltar (ara Ubiorum) sollte nach der von Augustus während seines Besuchs in Gallien 16–13 v. Chr. beschlossenen Eroberung Germaniens bis zur Elbe sakraler Mittelpunkt und Kultstätte für die Verehrung Roms und des Kaisers in der neuen Provinz werden, ähnlich wie der heilige Bezirk in Cambodunum (→ Kempten) für das Alpenvorland und die Arae Flaviae (→ Rottweil) für das Dekumatenland.

Es scheint, daß auch die Stadt der Ubier von den militärischen Auswirkungen der grossen Offensive in das Innere Germaniens betroffen wurde, zu deren Vorbereitung die Konzentration von Legionen am Rhein gehörte. Bei Ausgrabungen des Römisch-Germanischen Museums im Jahre 1969 an der Südseite des Kölner Domes im Zusammenhang mit dem Bau einer Untergrundgarage wurde in den untersten Schichten eine arretinische Terra-Sigillata-Scherbe mit dem eingeritzten Graffito „PRIN LEG XIX" entdeckt. Die Scherbe, so wird angenommen, stammte von dem Eßgeschirr des princeps, des nach dem primipilus ranghöchsten centurio der XIX. Legion und gilt – neben anderen Spuren – als Beweis, daß schon vor dem Jahre 9 n. Chr., als die Legion, zusammen mit der XVII. und XVIII. in der Schlacht im Teutoburger Wald (→ Hermannsdenkmal) vernichtet wurde, in Köln ein Lager bestanden hat, in dem die XIX. Legion, oder eine Abteilung (vexillatio) der Legion, eine Zeitlang gelegen hatte (s. a. → Dangstetten).

Aus den Annalen des Tacitus (I, 39) ist ein Zweilegionenlager bei Köln („aput aram Ubiorum") in tiberischer Zeit bekannt. Dorthin kamen nach der Katastrophe im Teutoburger Wald die in Eile in Rom ausgehobene Legio I Germanica und die Legio XX Valeria Victrix, die vorher in Pannonien garnisoniert war. (Nach dem II. Weltkrieg ist es gelungen, das Lager der I. und XX. Legion im Gebiet des oppidum Ubiorum westlich und südlich des Domes zu lokalisieren.)

Zwischen den Jahren 30 und 40 n. Chr., als von den rechtsrheinischen Germanen keine unmittelbare Gefahr mehr drohte, wurde das Kölner Legionslager aufgegeben. Die I. Legion wurde nach → Bonn versetzt. Standort der XX. Legion wurde Novaesium (→ Neuss); sie blieb dort nur kurze Zeit bis zu ihrer Teilnahme an der Eroberung Britanniens im Jahre 43 n. Chr. Von weittragender Bedeutung für die weitere Entwicklung der Stadt war die Übernahme des Kommandos über die Rheinarmee durch Germanicus, Sohn des Drusus, der seit 13 n. Chr. mit seiner Familie in der Ubierstadt residierte. Während des Feldzuges im Jahre 15 gegen die Chatten und Cherusker mit dem Ziel, den in der Schlacht im Teutoburger Wald gefallenen Soldaten ein ehrenvolles Begräbnis zu geben und die verlorenen Legionsadler wieder einzuholen, gebar ihm seine Frau Agrippina, die er in der Stadt zurückgelassen hatte, eine Tochter, Agrippina die Jüngere. Im Jahre 49 heiratete Agrippina die Jüngere ihren Onkel Claudius. Auf ihre Bitte ließ der Kaiser im Jahre 50 auf dem Gebiet des verlassenen Zweilegionenlagers im Kern der Ubierstadt, dem Geburtsort der Kaiserin, eine Veteranenkolonie anlegen. Die ehemaligen Lagerstraßen dienten als Straßennetz für die neue Siedlung. Die via principalis, die Verbindungsstraße zwischen den Seitentoren des Lagers, wurde der cardo maximus, die Nord-Süd-Achse der Stadt (heute die „Hohe Straße" von Köln, s. u.).

Mit der Erhebung zur colonia erhielt das oppidum Ubiorum die Rechte einer römischen Stadt mit ähnlichen Verwaltungsorganen wie Rom, z. B. zwei Bürgermeistern („duoviri"), einem Stadtkämmerer („quaestor") und Markt- und Polizeibehörden („aediles"). Auch war mit der Erhebung zur colonia das Recht auf eine Stadtmauer verbunden, ein Zeichen, daß die Einwohner der Stadt Bürgerrecht und Bürgerfreiheit besaßen.

Die neue Kolonie nannte sich Colonia Claudia Ara Agrippinensium. „Claudia" bezog sich auf den Kaiser, der ihr die Würde einer colonia verliehen hatte; mit „ara" war das Heiligtum der Ubier gemeint, und die Bürger der Stadt nannten sich „Agrippinenses" nach der Kaiserin, die den Anstoß zur Gründung der Kolonie gegeben hatte. Das Gelände des ehemaligen Doppellegionslagers bot Siedlungsraum für Veteranen aus den verschiedensten Teilen des Reichs, aus Südfrankreich, Spanien, Nordafrika, Ägypten, Griechenland und Italien. Aus diesem Völkergemisch erwuchsen die „cives Agrippinenses"; sie besäßen in der tribus Claudia ihren eigenen Stimmbezirk.

Obwohl der Traum einer römischen Provinz Groß-Germanien unerfüllt blieb und die „ara Ubiorum" nicht, wie ursprünglich geplant, zentrales Heiligtum für das Gebiet zwischen Rhein und Elbe wurde, erreichte die colonia dennoch eine führende Stellung am römischen Niederrhein. Sie wurde Sitz des Oberbefehlshabers des niedergermanischen Heeres, Hauptort der civitas (Gebietskörperschaft) Agrippinensis und nach der Bildung der beiden germanischen Provinzen unter Domitian Residenz des Statthalters der Provinz Niedergermanien („legatus Augusti pro praetore provinciae Germaniae inferioris").

Für einige Jahre war Köln sogar Kaiserresidenz und Reichshauptstadt, als der Statthalter von Gallien und Militärbefehlshaber am Rhein, Marcus Cassianius Latinius Postumus, nach erfolgreichem Aufstand gegen Kaiser Gallienus im Jahre 258 Köln eroberte und dort als Kaiser eines selbständigen gallischen Sonderreiches residierte, das die beiden germanischen Provinzen Nieder- und Obergermanien, Gallien, Spanien und Britannien umfaßte.

Postumus bildete nach dem Vorbild Roms einen Senat und prägte eigene Münzen. Er wurde 268 von seinen Truppen ermordet, als er ihnen die Plünderung von Mainz untersagte, dessen Befehlshaber sich gegen seine Herrschaft erhoben hatte. Kaiser Aurelianus stellte 274 nach der Niederlage von Tetricus, des letzten gallischen Sonderkaisers, die Reichseinheit wieder her. Postumus kommt das Verdienst zu, die Rheingrenze erfolgreich gegen Germaneneinfälle verteidigt zu haben (s. → Limes).

Köln hatte zu verschiedenen Zeiten römische Kaiser oder künftige Kaiser in seinen Mauern gesehen. Nach Neros Tod im Jahre 68 n. Chr. wurde auf Betreiben des Kommandeurs der I. Legion in Bonn, Fabius Valens, und des Legionslegaten des obergermanischen Heeres, Caecina Alienus, der Oberbefehlshaber des niedergermanischen Heeres, Aulus Vitellius, in Köln zum Kaiser ausgerufen. Auf einem Umzug durch die Stadt trug er das Schwert Caesars, das im Marstempel in Köln aufbewahrt wurde. Vitellius zog 69 mit einem Teil des niedergermanischen Heeres nach Rom, um das Erbe Neros anzutreten, wurde aber noch im gleichen Jahr nach dem Sieg Vespasians, den der Osten des Reiches auf den Schild erhoben hatte, in Rom erschlagen.

Trajan, Statthalter von Obergermanien und Kommandeur der Rheinarmee, erhielt im Jahre 98 während eines Aufenthalts in Köln durch seinen künftigen Nachfolger Hadrian die Nachricht vom Tode Nervas, mit dem ihm die Kaiserwürde zufiel. Kaiser Gallienus richtete im Jahre 257 während der Abwehrkämpfe gegen die Germanen sein Hauptquartier vorübergehend in Köln ein. Konstantin der Große war um 310 in Köln, als die Festung Divitia (→ Deutz) am linken Rheinufer angelegt wurde.

Im Jahre 355 wurde Köln nochmals Schauplatz einer Kaiserproklamation, als sich der Heermeister (magister equitum et peditum) Silvanus, von fränkischer Abkunft, dort zum Kaiser ausrufen ließ. Seine Herrschaft dauerte nur kurze Zeit. Er wurde von Abgesandten des rechtmäßigen Kaisers Constantius II. erschlagen, als er in einer christlichen Kapelle („conventiculum ritus Christiani") des kaiserlichen Palastes Zuflucht suchte.

Mit Ausnahme einer Flottenstation auf der Alteburg bei Köln-Marienburg und einer Leibgarde des Statthalters und Oberbefehlshabers hatte Köln seit dem Abzug der I. und XX. Legion keine militärische Besetzung mehr. Das Fehlen einer ständigen Garnison machte die Stadt Angriffen gegenüber verwundbar. Im Bataveraufstand des Iulius Civilis 69/70 retteten die römerfreundlichen Ubier und die Veteranenbevölkerung die Stadt vor der Zerstörung. Während der Germaneneinfälle in der zweiten Hälfte des 3. Jahrhunderts wurde Köln wiederholt bedroht.

Kaiser Konstantin dem Großen gelang es, durch den Bau der Festung Divitia und einer Brücke im Jahre 310 die Grenze bei Köln zu stabilisieren. Während die Brücke viele Jahrhunderte bestand, war der angestrebte Frieden weniger dauerhaft. Um 355 fiel die Stadt erneuten Germanenstürmen zum Opfer. Zwar konnte Julian, damals Caesar des Westens, Köln noch einmal den Franken entreißen. Aber die Römerherrschaft war damals schon weitgehend gebrochen. 388 ging die Stadt bei einem Frankeneinfall in Flammen auf. Ein letzter Versuch des römischen Generals Aegidius in der Mitte des 5. Jahrhunderts, die colonia für das Reich zu erhalten, schlug fehl. Seit 458 war die Stadt endgültig in der Hand der Franken.

Die mächtige, nach der Erhebung der Ubierstadt zur colonia 50 n. Chr. erbaute Stadtmauer hat die Stadt nicht vor Invasion und Eroberung schützen können, obwohl sie nie ernsthaft beschädigt wurde und über 1000 Jahre lang bestanden hat. Die Mauer war ursprünglich ungefähr 8 m hoch und hatte eine Stärke von 2,50 m; sie besaß 9 Tore und 21 Türme. Drei Tore konnten bisher näher identifiziert werden, darunter das Nordtor. Es bestand aus einem zweigeschossigen Mittelbau, der von rechteckigen Türmen flankiert war. In der Mitte lag eine breite Durchfahrt für den Wagenverkehr und an den Seiten besaß das Tor zwei Fußgängerpforten. Das Baumaterial von Trachyt, Basalt und Grauwacke kam aus römischen Steinbrüchen, darunter dem → Drachenfels im Siebengebirge, und Steinbrüchen an der unteren Mosel.

Zu den öffentlichen Großbauten der colonia gehörten ferner Thermenanlagen, ein Theater und Amphitheater und der Palast des Statthalters, die spätere Regia. Der Götterverehrung dienten zahlreiche Kultstätten, vor allem ein Kapitol für die Göttertrias Jupiter, Juno und Minerva, ein Jupitertempel, Tempel für Mars, Jupiter Dolichenus, die ägyptische Isis und mehrere Heiligtümer des persischen Lichtgottes Mithras.

Im Lauf der fast zweihundertjährigen Friedenszeit seit ihrer Gründung entwickelte sich die Colonia zu einer blühenden Handelsmetropole. Ihre Einwohnerzahl in der Zeit des größten wirtschaftlichen Aufschwungs wurde auf 40 000 geschätzt. Die Bürger Kölns genossen alle Annehmlichkeiten einer hochentwickelten städtischen Kultur. Mit Laubengängen gesäumte Straßen gewährten beim Einkauf Schutz gegen die Witterung.

Man wohnte in Steinhäusern mit Zentralheizung und fließendem Wasser, Mosaikfußböden und Wandmalereien nach pompejanischem Muster. Frisches Quellwasser aus der Eifel – 24 Millionen Liter am Tag – strömte in unaufhörlichem Durchlauf in das städtische Röhrensystem. Die Abwässer wurden durch ein Netz von unterirdischen Kanälen in den Rhein geleitet. Schon die Einwohner der Ubierstadt waren für ihre Wasserversorgung nicht ausschließlich auf Brunnen und Pumpen angewiesen (wie die Bevölkerung Kölns während des ganzen Mittelalters bis in die Mitte des 19. Jahrhunderts). Sie erhielten frisches Trink- und Gebrauchswasser aus dem Quellgebiet des nahegelegenen Vorgebirges durch eine z. T. unterirdische Leitung. Als sich der Wasserbedarf infolge Ausdehnung der Stadt nach ihrer Erhebung zur colonia erhöhte, reichten die Vorgebirgsquellen nicht mehr aus. Neue Quellen wurden im weiter entfernt liegenden Eifelbergland erschlossen und das Wasser über eine drucklose Gefälleleitung („als Kanal so gebaut, daß in ihr das Wasser wie im Bachbett von selbst weiterfloß" – Haberey) zu einem Verteilerbecken in der Stadt (in der Gegend der heutigen Straße „Im Laach" und „Marsilstein" bei der Kirche St. Aposteln und Hahnenstraße) geführt. (Der Name „Marsilstein" bezieht sich auf einen Bogen der römischen Wasserleitung, der noch im Mittelalter aufrecht stand.) Baustoffe für den Wasserkanal waren Grauwacke und Tuff; die Kanalrinne war mit wasserdichtem Zement ausgekleidet.

Die Leitung verlief in einem unterirdischen Kanal („so blieb das Wasser im Sommer frisch und kühl, im Winter war es frostgeschützt"), durch Tunnels, überquerte Täler auf Bogenbrücken und wurde auf Pfeilern im Abstand von 3 m in die Stadt geführt. Von oben zugängliche Einstiegschächte dienten der Überwachung und Reinigung des Kanals. Setzbecken sorgten für die Reinhaltung des Wassers. Ein System von Bleirohren verteilte das Wasser in Bäder, Straßenbrunnen, öffentliche Bedürfnisanstalten und an private Abnehmer.

Die Eifelwasserleitung ist als „großartiges Denkmal der Baufertigkeit der Römer" (Stelzmann), „ein Wunderwerk der Technik" (Kretzschmer), „eine der großartigsten Leistungen römischer Ingenieurkunst in Deutschland" (Signon) bezeichnet worden.

Dieses Urteil erscheint gerechtfertigt, wenn man sich den Aufwand an Erfindungsgeist und Arbeitskraft für ein Kulturbauwerk vom Ausmaß der Eifelwasserleitung in einem noch weitgehend unerschlossenen Land vergegenwärtigt, wie z. B. (nach Haberey) das Ausholzen der Trasse, Wegebau, Steinbruch- und Steinmetzarbeiten, das Kalkbrennen, Beschaffung von Kies, Sand und Ziegelsplitt, Instandhaltung von Werkzeugen und Geräten; dazu Unterbringung, Kleidung und Verpflegung der Belegschaft, die auf 250 Mann bei einer Bauzeit von fünf Jahren geschätzt wird.

Sorgfältige Planung und eine hochentwickelte Landvermessungs- und Nivelliertechnik waren erforderlich, um über eine Strecke von etwa 77 Kilometern eine Gefälleleitung von den Eifelhöhen bis in die Rheinebene zu schaffen. Der zu überwindende Höhenunterschied betrug etwa 360 m. Dabei mußten Berge untertunnelt und Täler überquert werden. Spätestens seit Anfang des 5. Jahrhunderts, als die römische Verwaltung im Rheinland aufhörte zu funktionieren, floß kein Wasser mehr durch die Leitung. Der Kanal blieb als Bauwerk noch ein halbes Jahrtausend bestehen, bis er den Steinbrechern im Mittelalter zum Opfer fiel, die es vor allem auch auf den „Kanalsinter" abgesehen hatten, der an den Wänden des Wasserkanals abgesetzte Niederschlag von kohlensaurem Kalk. Wegen seines marmorartigen Aussehens war „Eifeler Kanalsinter" als Werkstoff für Säulen, Basen, Kapitelle, Altar- und Grabplatten sehr begehrt. (S. → Bad Münstereifel)

Der Reichtum des römischen Köln beruhte auf Handel und einheimischer Industrie. Der feine weiße Ton unmittelbar vor den Toren Kölns war der Ansatzpunkt für bedeutende *keramische Werkstätten*. Die Kölner Töpfererzeugnisse umfaßten Gebrauchsgeschirr aller Art, Schüsseln, Schalen, Krüge, Lampen, Kinderspielzeug und insbesondere „Jagdbecher", so genannt nach plastischen Auflagen, die Jagdszenen darstellen.

Kölner Terrakotten waren ein begehrter Ausfuhrartikel. Um sich gegen Nachahmungen zu schützen, versahen die Töpfer bisweilen ihre Erzeugnisse mit Namen und Ursprungsort, wie etwa Meister Fabricius, der auf die Rückseite einer kleinen tönernen Gruppe rheinischer Muttergottheiten die Worte stempelte: „CCAA Ipse Fabricius f(ecit)" (Dies hat kein anderer als Fabricius in Köln hergestellt).

Höhepunkt des römischen Kunsthandwerks am Rhein und zugleich Quelle beträchtlichen Wohlstandes war die Kölner *Glasindustrie*. Etwa von 100 n. Chr. an wurde der chemisch fast reine Quarz im Kölner Gebiet für die Herstellung von Glas ausgebeutet. Besondere Kostbarkeiten der Kölner Glasherstellung waren die Schlangenfadengläser. Weiße oder farbige Glasfäden wurden aus freier Hand auf die Gefäßwände aufgelegt. („Es sind schnell, ganz leicht und mit unerhörter Meisterschaft aufgebrachte Wellen-, Blatt- und Schnörkelornamente", Doppelfeld.) Zu den Kölner Glasererzeugnissen gehören ferner Parfümfläschchen in den verschiedensten Formen. Einige ähneln modernen Eau-de-Cologne-Flaschen.

Wir kennen einen Kölner Parfümhändler mit Namen. Er hieß Sextus Haparanius; auf seinem Grabstein (s. u. Museum) wird er als „negotiator seplasiarius" bezeichnet. In den Kölner Glaswerkstätten wurden auch figürlich geschliffene Gläser hergestellt. Die Krone der Kölner Glasmacherkunst bilden die sogenannten „Diatret-Gläser" oder Netz-Diatrete. Von den bisher im ganzen Gebiet des ehemaligen Römerreichs bekannt gewordenen knapp 20 Exemplaren sind drei in Köln gefunden worden, darunter das reichste und schönste Exemplar der ganzen Gattung, ein mehrfarbiger Becher, der 1960 bei Ausschachtungsarbeiten in Köln-Braunsfeld geborgen wurde (s. u. Museum).

Die Diatret-Gläser (nach dem griechischen Wort „diatretos", in durchbrochener Technik) wurden nach einer nicht unbestritten gebliebenen Ansicht im Schleifverfahren hergestellt: Der äußere Mantel eines dicken Glasbechers wurde in Edelsteintechnik solange unterschnitten, bis davon nur noch ein feiner Maschenkorb, von wenigen zarten Stäben gehalten, übrigblieb. Man kann sich von der handwerklichen Geschicklichkeit und Geduld, die eine solche Arbeit erforderte, kaum eine Vorstellung machen.

Auch das Gesetz nahm auf die unendliche Arbeit und Mühe, die mit der Herstellung von Diatret-Gläsern verbunden war, Rücksicht: die „diatretarii" konnten sich durch eine Klausel im Werkvertrag gegen Schadensersatzansprüche des Bestellers schützen, selbst für den Fall, daß das Werkstück bei der Arbeit fahrlässig beschädigt oder zerstört wurde.

Zu den *Handwerkerzweigen* im römischen Köln gehörten neben Töpfereien und Glaswerkstätten auch eine Metallgießerei, Betriebe zur Lederverarbeitung, für Gagat- und Bernsteinarbeiten und Edelsteinschleiferei. Auch eine

Werkstatt für Marmorinkrustationen konnte festgestellt werden.

Feste Landstraßen verbanden Köln mit den wichtigsten Städten, wie Trier, Aachen und den militärischen Stützpunkten entlang des Rheins. Ihre Lage am Rhein verschaffte der Stadt einen zusätzlichen Vorteil. Schon seit den Tagen der Ubier gab es in Köln einen Hafen mit Speichern und technischen Anlagen für Handel und Schiffahrt. Köln stand in unmittelbaren Handelsbeziehungen zu Britannien.

Was ist vom römischen Köln bis heute erhalten geblieben? Zunächst der **Name.** Köln (lange Zeit mit „C" geschrieben) ist aus „Colonia" zusammengezogen. Wie bereits oben erwähnt, nannte sich die Stadt „Colonia Claudia Ara Agrippinensium", nachdem sie durch Kaiser Claudius im Jahre 50 auf Betreiben seiner Frau, der Kaiserin Agrippina der Jüngeren, zur colonia erhoben worden war. Der Name hat im Laufe der Jahrhunderte Wandlungen durchgemacht. „Colonia Agrippinensium", „Claudia Agrippinensium", „Claudia Agrippina", oder auch bloß „Agrippina" und „Ara" sind verbürgt.

Schließlich blieb von dem ursprünglichen Namen nur noch der Bestandteil „Colonia" übrig. So hieß die Stadt seit der zweiten Hälfte des 5. Jahrhunderts, und so heißt sie noch heute. Der Name bewahrt die Erinnerung an den Gründungsakt eines römischen Kaisers und an die Frau, die für diesen Akt verantwortlich war. Im Italienischen und Spanischen ist der Name „Colonia" in seiner lateinischen Form unverändert erhalten geblieben, in anderen Sprachen, wie im Englischen und Französischen, hat er sich den Erfordernissen dieser Sprachen angepaßt.

Das **Straßennetz** der Kölner Altstadt bewahrt weitgehend den Stadtplan des römischen Köln, im Gegensatz zu den anderen deutschen Städten römischen Ursprungs, wie Mainz und Trier, deren moderne Straßenzüge kaum noch Beziehungen zur römischen Vergangenheit aufweisen. Der „cardo maximus", die Nord-Süd-Achse der Römerstadt, lebt im Zuge der Hohen Straße fort, die „als Hauptgeschäftsstraße von Köln ihre Funktion über 2000 Jahre bis auf den heutigen Tag beibehalten hat" (Filtzinger).

Die Römerstraße war allerdings mehr als fünfmal so breit wie die Hohe Straße. Als Fortsetzung der linksrheinischen Limesstraße durch die Stadt übernahm sie deren Breite von 32 m. Sie war innerhalb der Stadt von Laubengängen begleitet; der eigentliche Straßenkörper wurde dadurch auf 22 m Breite reduziert. Wahrscheinlich war die Straße als Hauptverkehrsader und Durchgangsstraße von Anfang an mit Basaltsteinen gepflastert.

Parallelstraßen zur Hohen Straße, wie Herzogstraße, Kämmergasse, Bachemstraße gehen vermutlich ebenfalls auf römische Straßenzüge zurück. Der „decumanus maximus", die Hauptstraße des römischen Köln in ost-westlicher Richtung, ist in der Schildergasse erhalten. Die dazu parallel verlaufenden Straßen Breitestraße, Brückenstraße, Glockengasse, Sternengasse und Agrippastraße liegen im Zug von Römerstraßen.

Die Pflasterung einer „echten" Römerstraße wurde 1970 bei Augrabungen an der Stelle der jetzigen Zufahrt zur Tiefgarage unter dem Römisch-Germanischen Museum entdeckt. Die Straße, ungefähr 5,10 m breit, führte zum Hafen und ist unweit der Fundstelle südlich des Museums zum Teil wieder ausgelegt worden. (Eine Plexiglasscheibe mit der Lage des Zweilegionenlagers der I. und XX. Legion und der Colonia Claudia Ara Agrippinensium über einem Luftbild von Köln im Limesmuseum in → Aalen verdeutlicht die Beziehungen zwischen dem römischen und dem heutigen Straßennetz.)

Während Trier einige der am besten erhaltenen Römerbauten nördlich der Alpen aus seiner Glanzzeit als römische Kaiserresidenz und Reichshauptstadt bewahrt hat, ist von **Bauwerken des römischen Köln** nur wenig erhalten geblieben. Köln blieb auch nach dem Ende der Römerherrschaft eine betriebsame Handelsstadt. Bauwerke aus der römischen Zeit – Bäder, Tempel, Paläste, private Wohnhäuser – wurden als Steinbrüche benutzt und durch Neubauten ersetzt.

Bis in die Neuzeit hat sich dieser Trend fortgesetzt. Noch 1826 wurde der Mittelbogen des römischen Nordtores, die sogenannte „porta Paphia" (verballhornt aus „Paffinporze" gleich Pfaffenpforte), der als Teil der Domdechanei seit dem Altertum stehen geblieben war, im Zuge der Domfreilegung abgebrochen, bis auf Reste eines Seitentores und 13 Steine der feldseitigen Archivolte, die im Römisch-Germanischen Museum (s. u.) wieder zusammengesetzt wurden.

Heute werden römische Baureste, die bei Bauarbeiten zu Tage kommen, sorgfältig am Fundort erhalten, manchmal mit erheblichen Kosten. Eindrucksvolle Beispiele für diesen neuen Geist der erhaltenden Denkmalspflege sind die Ruinen des praetoriums, die 1953 beim Wiederaufbau des Rathauses entdeckt wurden (s. u.), das Dionysos-Mosaik (s. Museum) und Teile der römischen Stadtmauer (s. u.).

Im Folgenden sollen die wichtigsten oberirdischen oder durch Ausgrabungen sichtbar gemachten römischen Baureste beschrieben werden. Wir beginnen mit dem „stattlichsten Denkmal der Stadtgeschichte", der **Römermauer** mit ihren Türmen und Toren.

Ausgangspunkt für einen 4 km langen Rundgang entlang der römischen Stadtmauer ist der Domvorplatz. Dort ist eines der Seitentore des

Nordtores, das zusammen mit dem Mittelbogen 1826 erhalten geblieben ist, an seinem ursprünglichen Standort wieder aufgerichtet worden. Durch das Nordtor trat die große, von Xanten nach Mainz verlaufende Rheinstraße in die Römerstadt ein. Teile der Grundmauern des Tores und ein Abschnitt der Mauer (zusammen mit einem Kultkeller und Brunnen) sind in der Tiefgarage am Dom zu sehen.

Zugang zu diesen äußerst sehenswerten Resten ist durch eine mit einem blauen „P" versehene Tür rechts neben dem Eingang zur U-Bahnstation Dom-Hauptbahnhof. Man gewinnt hier einen Eindruck von der zyklopenhaften Wucht des dreistufigen Mauerwerks.

Vom Domvorplatz in die Komödienstraße, die hier dem (nicht mehr sichtbaren) Zug der Mauer folgt. Haus Nr. 14 steht auf den (an der Treppe zur Burgmauer) sichtbaren Fundamenten eines Römerturmes, dessen Gestalt das Haus bewahrt hat. Wenige Meter weiter überschneidet die nach dem II. Weltkrieg hier erweiterte Komödienstraße die Mauer. Ein Reststück der Mauer ist auf dem Bürgersteig stehengeblieben (im Volksmund „Sarg der Agrippina" genannt). Ebenfalls erhalten wurde beim Neubau der Straße an der Kreuzung Komödienstraße/Tunisstraße ein Mauerstück mit Sockelansatz und das Halbrund eines Turmes, der nach dem mittelalterlichen Eigentümer eines ehemals in der Nähe befindlichen Hauses „Lysolphturm" genannt wird.

Auf der Komödienstraße weiter zu dem von der kapitolinischen Wölfin, dem Wahrzeichen Roms, überragten „Römerbrunnen", einer 1915 zum Gedächtnis der römischen Vergangenheit Kölns an der Römermauer errichteten Anlage mit Brustbildern römischer Kaiser und dem Zitat aus Tacitus, Annalen XII, 27, über die Gründung der Veteranenkolonie: „Sed Agrippina, quo vim suam sociis quoque nationibus ostentaret, in oppidum Ubiorum, in quo genita erat, veteranos coloniamque deduci impetrat, cui nomen inditum e vocabulo ipsius. ac forte acciderat, ut eam gentem Rhenum transgressam avus Agrippa in fidem acciperet."

Aber um ihre Macht auch den verbündeten Völkern zu zeigen, setzte es Agrippina durch, daß in die Stadt der Ubier, ihren Geburtsort, der nach ihr benannt wurde, eine Kolonie von Veteranen entsandt wurde. Der Zufall hatte es gefügt, daß ihr Großvater Agrippa die Unterwerfung dieses Stammes, als dieser den Rhein überschritten hatte, entgegengenommen hatte (Übersetzung von Walther Sontheimer).

Wir steigen zur Burgmauer über die Treppe hinauf (in der Ostmauer des Zeughauses sichtbare Spuren der Römermauer) und gehen für ungefähr 100 m an einem völlig erhaltenen Reststück der Römermauer entlang, überqueren die Mohrenstraße und gelangen zur Ecke Zeughausstraße/St. Apernstraße.

*Köln, Römerturm*

**Dort steht das am besten erhaltene Monument** des römischen Köln, der Römerturm an der Nordwestecke der Stadtumwehrung. Der Turm ragt ungefähr 6 m über das heutige Straßenniveau und reicht 3–4 m in das Erdreich. Die Zinnen sind erst in späterer Zeit aufgesetzt worden. Der obere Teil ist reich mit mosaikartigen Motiven geschmückt (Rosetten, Halbrosetten, Dreiecke, Bänder und eine Tempelfront), die aus verschiedenfarbigen Steinen (Kalkstein und roter Sandstein) zusammengesetzt sind. Derartige Ornamente sind aus Pompeji bekannt. Wahrscheinlich war die gesamte Römermauer ähnlich bunt geschmückt (wie an dem Reststück der Römermauer in → Worms beobachtet werden kann). Der Turm diente im Mittelalter als Abortanlage für das benachbarte Nonnenkloster St. Clara. „Dieses etwas anrüchige Schicksal hat den runden Römer vor dem Abbruch bewahrt" (Signon).

Wir wenden uns auf der St. Apernstraße nach Süden und treffen gegenüber dem Hotel Intercontinental an der Ecke Helenenstraße innerhalb einer kleinen Grünanlage auf einen Halbturm der römischen Stadtbefestigung. Römisch sind allerdings nur die Fundamente; alles andere ist rekonstruiert. Ein großes Stück der Römermauer kam zutage, als nach dem II. Weltkrieg die Ruinen zerstörter Häuser zwischen Mauritiussteinweg (südlich der Hahnenstraße) und Thieboldgasse (südlich des Neumarkts) und südlich der Alexianerstraße abgetragen wurden. Die Mauerreste stehen jetzt inmitten von Neubauten.

An der „Griechenpforte" erreichen wir die Südwestecke der römischen Stadtbefestigung. Der dem Nordturm entsprechende Südturm ist noch als Stumpf sichtbar. Der Südteil der Römermauer folgte dem Lauf eines Baches, der jetzt unter der Straße fließt. Die Straßennamen „Alte Mauer am Bach", „Rothgerberbach", „Blaubach" und „Mühlenbach" bewahren die Erinnerung an Bach und Mauer. Eine moderne Mauer aus rotem Ziegelstein ahmt hier auf eine kurze Strecke die Römermauer nach; der Einschuß von Bruchstücken echter Römersteine stellt die Beziehung zur antiken Mauer her. Bei Neubauten im weiteren Verlauf der Römermauer ging man ebenfalls behutsam vor. So wurde ein Stück der Römermauer mit dem Fundament eines halbrunden Turmes in ein modernes Haus einbezogen und ein runder Turm der römischen Stadtumwehrung nachgebildet.

An der Ecke „Hohe Pforte" und Blaubach-Mühlenbach stand das südliche Haupttor der Römerstadt, das Gegenstück zum Nordtor. Außer dem Namen ist von dem Südtor nichts mehr erhalten. Hier erreichte die Militärstraße von Mainz nach Xanten die Stadt und durchlief sie als cardo maximus. Durch dieses Tor ritt gegen Abend des 1. Jannuar 69 n. Chr. die Kavallerie der I. Legion, von Bonn kommend, unter dem Kommando ihres Legaten Fabius Valens in die Stadt ein, um der Erhebung des Statthalters Aulus Vitellius zum Kaiser Nachdruck zu verleihen. Ein Stück der Römermauer wird noch einmal sichtbar, bevor wir die Südostecke der römischen Stadtbefestigung erreichen.

Hier, am Mühlental, wurden 1965 bei einem Neubau die Reste eines aus Tuffsteinquadern zusammengefügten, annähernd quadratischen, turmartigen Bauwerks entdeckt. Es stellte sich heraus, daß der Turm älter war als die claudische Mauer, die beiderseits angefügt war, und demnach aus der Zeit stammen mußte, als die Stadt noch das „oppidum Ubiorum" war. Man hat das Bauwerk als Molenkopf gedeutet, der „als in den Ubierhafen hineingeschobene Eckbastion der südlichen Mole die südliche Einfahrt in das Hafenbecken sicherte". Derartige Molenköpfe waren als dreistöckige Türme gebaut.

Das Bauwerk gehört unter der Bezeichnung „Ubiermonument" zu den Sehenswürdigkeiten des römischen Köln. Von der östlichen Römermauer ist oberirdisch nichts mehr zu sehen. Ein kleines Stück der Stadtmauer mit einem Auslaß für Abwässer der römischen Stadtentwässerung ist in der Tiefgarage unter Pippinstraße 16 (zugänglich von Plektrudengasse, einer Sackgasse bei „Vor St. Martin" am Malzbüchel) erhalten. Der Name „Obermarspforten" erinnert an das Tor, das zur römischen Rheinbrücke und zum Kastell Divitia (Deutz) führte. Die Römermauer verlief weiter im Zuge Judengasse – Bürgerstraße – Unter Taschenmacher, um in der Gegend des Doms an den Nordteil der Mauer anzuschließen. An der 1970 freigelegten Hafenstraße befand sich ein Tor zum Hafen.

Zu den eindruckvollsten Bauresten des römischen Köln gehören die gewaltigen Fundamente des **Statthalterpalastes (praetorium)** im Keller des neuen Rathauses. Am Seiteneingang in der Budengasse verkündet eine Tafel, daß „hier im Jahre 1953 beim Bau des Rathauses das praetorium des römischen Köln ausgegraben und sichtbar gemacht wurde". Hinter diesen wenigen Worten verbirgt sich die Geschichte einer archäologischen Sensation und einer Großtat auf dem Gebiet des Denkmalschutzes.

Seit langem hatte die Frage nach dem Ort des praetorium die Altertumsfreunde in Köln bewegt. Daß es bestanden hatte, wußte man aus literarischen Quellen, in denen das praetorium als Schauplatz historischer Ereignisse genannt war. Hinzu kam ein 1630 in der Nähe der jetzt aufgedeckten Ruinen gefundener Weihestein aus dem 3. Jahrhundert n. Chr., dessen Inschrift besagt, daß Quintus Tarquitius Catulus, Statthalter des Kaisers, das zusammengefallene praetorium in neuer Gestalt hatte wiederaufbauen lassen („Dis conservatoribus. Quintus Tarquitius Catulus, legatus Augusti cuius cura praetorium in ruinam conlapsum ad novam faciem restitutum"). Schon damals glaubte man, das praetorium sei in der Nähe des Rathauses zu suchen. Aber es fehlte an schlüssigen Beweisen. Diese kamen schließlich bei Ausschachtungen für den Wiederaufbau des im II. Weltkrieg zerstörten Rathauses zutage.

In dem ausgedehnten Ruinenfeld, das die Bagger freigelegt hatten, fand man hunderte von Ziegelstempeln von Legionen des niedergermanischen Heeres und der Rheinflotte. Sie legten Zeugnis davon ab, daß hier ein Römerbau der öffentlichen Hand gestanden hatte. Während einer mehrmonatlichen Pause in den Bauarbeiten gelang es dem Scharfsinn der Archäologen, aus dem Gewirr der ineinander verschachtelten Mauerzüge eine durch mehrere Jahrhunderte reichende Baugeschichte zu rekonstruieren.

Vier Bauperioden haben sich unterscheiden lassen: Bald nach der Erhebung der Stadt zur colonia wurde auf einer erhöhten Niederterrasse über dem Rhein und dem Rheinhafen dicht hinter der Stadtmauer ein Gebäude nach Art einer Portikusvilla mit langgestrecktem Mitteltrakt und vorspringenden Nord- und Südecken errichtet. (Neuerdings wird vermutet, daß in den Bau die principia (Stabsgebäude) des Zweilegionenlagers eingeschlossen waren.) Die Terrasse wurde durch Mauern mit dazwischenliegenden, tonnengewölbten Ladenräumen abgestützt. Nach Westen schloß sich ein Peristylhof mit beheizten Büroräumen an. In der zweiten Bauperiode in flavischer Zeit (69–96 n. Chr.) wurde die Anlage um 6 m zum Rhein hin vorge-

**Köln**

schoben. Das Bauwerk begann offenbar in der Folgezeit zu verfallen, so daß in der dritten Bauperiode (erste Hälfte des 3. Jahrhunderts), wie der Catulusstein berichtet, das praetorium völlig neugestaltet wurde. Die Gebäudefront wurde wieder zurückgenommen. Dem Palast vorgelagert war ein ausgedehnter Bazarhof.

In der Umwandlung des Statthaltersitzes zum Kaiserpalast (regia) zu Beginn des 4. Jahrhunderts erreichte der ursprüngliche Baugedanke einer Portikusvilla mit beherrschender Front zum Rhein seine endgültige Gestalt. In der Mitte der Vorhalle erhob sich ein mächtiger, nach außen achteckiger und innen runder Bau; er gilt als Empfangshalle für Repräsentationszwecke. Nach der Stadt zu lag ein Hof mit Büro- und Wohnräumen. Der Bau war verputzt und trug einen in rosa und pompejanisches Rot gefaßten Farbanstrich.

Der Besucher der gewaltigen Ruinen mag sich der historischen Ereignisse erinnern, die sich an diesem Ort zugetragen haben. Hier wurde Vitellius im Jahre 69 n. Chr. zum Kaiser proklamiert; von hier aus begab er sich auf den Umzug durch die Stadt, in der Hand Caesars Schwert. Währenddessen brach im Speiseraum des Palastes ein Feuer aus. Vitellius sah darin ein gutes Omen für seine Sache. „Das Feuer hat für uns geleuchtet", rief er seinen erschreckten Begleitern zu.

Hier empfing Trajan die Nachricht von seiner Thronbesteigung. Gallienus wird 257 im praetorium residiert haben, und Kaiser Postumus (258–268) regierte von hier aus eine Zeitlang das gallische Sonderreich. Konstantin der Große wird die regia bewohnt haben, als um 310 die Festung Deutz und die Rheinbrücke gebaut wurden. Wahrscheinlich befand sich in diesem Bau auch die kleine christliche Kapelle, (das „conventiculum ritus Christiani") in der 355 der Franke Silvanus erschlagen wurde, nachdem er sich zum Kaiser hatte ausrufen lassen.

Nach der fränkischen Eroberung diente der Palast als Königshof, bis er abgebrochen wurde. Im Mittelalter entstand über seinen Trümmern das Rathaus der Stadt. Dort verblieb der Sitz des Stadtregiments bis heute. So ist in Köln seit der Römerzeit bis zur Gegenwart ununterbrochen von der gleichen Stelle aus regiert worden. Ausgrabungen im Jahre 1967 am Rathaus haben weitere Fundamente südlich des praetorium ans Licht gebracht, insbesondere die Grundmauern eines Apsidenraumes, den man als die Aula Regia des 4. Jahrhunderts n. Chr. angesprochen hat.

Das praetorium ist von der Budengasse aus zugänglich. Man gelangt entweder „mit dem Fahrstuhl in die Römerzeit" oder über eine Treppe zu den von einer geschwungenen Betondecke abgesicherten Mauerresten. Ursprünglich war dieser Raum als Heizungskeller für das neue Rathaus bestimmt. Die Erhaltung der römischen Mauern hat den Bau um 1 Million DM verteuert.

Die meisten der früher im Vorraum aufgestellten römischen Fundgegenstände sind jetzt im Römisch-Germanischen Museum untergebracht. Am Ort verblieben sind: Stadtplan des römischen Köln; Modell von zwei Jochen und ein. vollständiges Modell der von Konstantin dem Großen gebauten Rheinbrücke; Säulenstümpfe; Grundriß des praetorium mit Angabe der verschiedenen Bauperioden; der Catulusstein; Terra-Sigillata-Becher; verschiedenes römisches Glas; ein wiederaufgebauter römischer Brunnen; Legionsziegel, die beim Ausschachten der praetorium-Mauern gefunden wurden, u. a. der Leg. I Minervia (in Bonn stationiert); Leg. XXII (lag von 71–92 in Vetera, später in Mainz); Leg. XXX (seit 117 in Vetera); Ziegel der Rheinflotte (Classis Germanica); Ziegel des niedergermanischen Heeres (Exercitus Germanicus inferior; das Heer hatte auf dem rechten Rheinufer eine Heeresziegelei „Transrhenana"); Ziegel mit eingeritztem Mühlespiel und mit dem Abdruck von Hundepfoten.

Ein Modell des praetorium ermöglicht es dem Besucher, seinen Standort vor dem Rundgang zu bestimmen. Der Besuch beginnt an der nordöstlichen Ecke. Wir gehen an dem mit rechteckigen Vorlagen gegliederten Unterbau der Vorhalle entlang und kommen zum achteckigen Zentralbau. Die durch die häufigen Umbauten im Lauf der Jahrhunderte ineinandergeschachtelten Mauerreste bilden für den Besucher ein verwirrendes Bild. Einige Einzelheiten lassen sich indessen deutlich erkennen: ein Raum mit Hypokaustheizung; ein vorzüglich erhaltenes Sammelbecken für Abwässer (am Ende des Ganges links nach Umschreiten des Achteckbaues).

Auch fesseln den Besucher die durch die lange Baugeschichte bedingten Verschiedenheiten der römischen Mauertechnik: Die wuchtigen Quadern verkörpern besonders eindrucksvoll den altrömischen Baugedanken; die Wand oberhalb des Abwässerbeckens gibt ein gutes Bild vom sorgfältig gearbeiteten, spätrömischen opus mixtum (zwei oder mehrere Ziegellagen im Wechsel mit Kalksteinschichten).

Zu den römischen Bauwerken, die im Kölner Raum auf uns gekommen sind, gehört auch die **Grabkammer von Weiden** (Ortsteil von Lövenich) an der ehemaligen Römerstraße von Köln nach Jülich (Iuliacum), jetzt Bundesstraße 55, 9 km südlich vom Südchor der Apostelkirche, dem Westtor des römischen Köln. Ein Hinweisschild „Römergrab" führt zu Haus Nr. 328 auf der Nordseite der Aachener Straße, auf dessen Grundstück sich die Grabkammer befindet.

Nach Professor Dr. Fritz Fremersdorf, ehemaligem Direktor des Römisch-Germanischen Museums in Köln, zählt die Weidener Grabkammer „unstreitig zu den bedeutendsten Denkmälern römischer Zeit im ganzen Norden; denn nördlich der Alpen gibt es nichts, das an Vortrefflichkeit der Erhaltung und Vollständigkeit der Ausstattung mit ihr verglichen werden könnte."

Die Grabkammer verdankt ihre Entdeckung im Jahre 1843 einem Zufall, wie dies so oft bei der Auffindung römischer Altertümer in Köln der Fall gewesen ist. Beim Ausschachten einer Baugrube für ein Wirtschaftsgebäude stieß der Eigentümer des Grundstücks auf steinerne Treppenstufen, die zu einem durch eine Marmorplatte verschlossenen Eingang führten. In der Annahme, vor einer unterirdischen Schatzkammer zu stehen, zertrümmerte der Entdecker „in ungeduldiger Habgier", wie es in einem frühen Fundbericht heißt, die Steinplatte, fand aber nichts dahinter außer einer zähen, aus Mergel mit Ziegeln und Steinen bestehenden Erdmasse. In seinen Erwartungen getäuscht, wollte er die Grube wieder zuschütten. Interessierte Bürger konnten ihn von seinem Vorhaben abhalten. Sie ließen nach Übernahme der Kosten die Fundstelle durch einen Bergmann sachgemäß freilegen.

Was zutage kam, war eine Grabanlage in der Art eines „columbarium" (Taubenschlages) mit Nischen zur Aufnahme von Aschenurnen. Das Deckengewölbe der Kammer war eingestürzt. Innerhalb der Grabkammer entdeckte man drei Büsten, einen Sarkophag, zwei steinerne Sessel und eine Reihe von kleineren Gegenständen. Die Anlage wurde von der Generaldirektion der Königlichen Museen in Berlin erworben und nach ihrer Wiederherstellung der öffentlichen Besichtigung zugänglich gemacht.

Die zur Grabmauer führenden Treppenstufen sind neu, ebenso die Eingangstür an der Stelle der von dem Grundstückseigentümer in seinem Übereifer zertrümmerten marmornen Verschlußplatte. (Die Platte wurde zusammengefügt und ist in der Grabkammer rechts vom Eingang aufgestellt.) Die Steinplatte konnte im Altertum mit Hilfe eines Gegengewichts auf und ab bewegt werden. Der zum Anfassen an der Platte angebrachte Bronzegriff war noch vorhanden und dient jetzt dem gleichen Zweck an der modernen Tür. Die drei von der Eingangstür in die Kammer führenden Stufen sind römisch.

Die Kammer hat einen rechteckigen Grundriß. Wände und Tonnengewöbe bestehen aus Tuffsteinquadern von römischen Steinbrüchen im Brohltal. Der rote Sandstein des Türrahmens stammt aus der Gegend von Trier. Die Tuffsteinblöcke sind so sorgfältig zugerichtet und ohne Mörtel so eng geschichtet, daß sie praktisch fugenlos aufeinanderpassen. Ob die Wände verputzt oder bemalt waren, läßt sich nicht mehr entscheiden.

In der West-, Nord- und Südwand befindet sich je eine Hauptnische. Die Hauptnischen sind bis zur Höhe von kleineren Nischen – den „Nistplätzen" des Taubenschlages –, von denen es in der Grabkammer insgesamt 29 gibt, mit gelbem Marmor ausgekleidet. Diese Marmorverkleidung, so wird angenommen, sollte den Nischen das Aussehen von Klinen (Lagerstätten zum Speisen) geben, wie man sie vielfach auf Grabsteinreliefs sehen kann, z. B. auf dem Longinusstein (im Römisch-Germanischen Museum, s. u.). Das Relief stellt den Verstorbenen auf einer Kline liegend beim Totenmahl dar. So sollte auch mit den Klinen in der Grabkammer die Teilnahme der Verstorbenen am Totenmahl angedeutet werden.

Was dem Besuch der Weidener Grabkammer seinen besonderen Reiz verleiht, sind drei lebensgroße Marmorbüsten, die man am Fundort belassen hat. Sie sind in den Hauptnischen aufgestellt, rechts die Büste eines Mannes, links die einer Frau und in der mittleren Nische gegenüber dem Eingang die Büste eines jungen Mädchens. Es dürfte sich um die Porträts eines Ehepaares und seiner Tochter handeln.

Wer die dargestellten Personen sind, ist nicht bekannt; es fehlt jede Inschrift. Das Material der Büsten ist toskanischer Marmor. Aus diesem Grund und wegen ihrer hohen künstlerischen Qualität gelten die Büsten des Mannes und der Frau als stadtrömisch. Die Mädchenbüste ist weniger qualitätsvoll. Dem Gesichtsausdruck fehlt die edle Strenge, die sowohl die Züge des Mannes wie auch der Frau prägt. Von Interesse ist die Haartracht des Mädchens, oder vielmehr der Mangel einer Haartracht; denn was man als Frisur bezeichnen kann, ist nur über Stirn und Schläfen und im Nacken angebracht. Die ganze Schädeldecke ist abgearbeitet und mit parallel verlaufenden Eintiefungen versehen.

Fremersdorf vermutet, daß man die ursprüngliche Frisur „in einer späteren Zeit nach Entstehung der Büste für nicht mehr zeitgemäß oder modern genug hielt und sie deshalb veränderte. Das geschah einmal durch Abarbeitung vorhandener Teile, sodann aber sicherlich durch Anbringung einer neuen Frisur, die wohl nur in Stuck erfolgt sein kann. Bei der Auffindung war dieser vielleicht noch zum Teil vorhanden, dürfte dann aber einer achtlosen Reinigung zum Opfer gefallen sein." Als Entstehungszeit der Büsten gilt das späte 2. nachchristliche Jahrhundert.

Rechts und links vom Eingang stehen zwei Sessel aus Kalkstein. Es sind bis in alle Einzelheiten getreue Nachbildungen geflochtener Korbsessel mit Polstern. Die Sessel sollten den weibli-

**Köln**

chen Verstorbenen beim Totenmahl dienen; denn nach römischer Sitte saß die Frau beim Essen, während der Mann auf dem Speisesofa liegend die Mahlzeit einnahm. (Solche Szenen sind u. a. von Reliefs auf der → Igeler Säule bekannt.)

Der in der Mitte der Grabkammer aufgestellte, reich mit Reliefs geschmückte Marmorsarkophag ist ein „Jahreszeitensarkophag" mit Darstellungen der Jahreszeiten und dem Medaillon eines Ehepaares. Er stand, so wird vermutet, ursprünglich in einem Bau oberhalb der Kammer und ist dann gleichzeitig mit der Tonnendecke in die Kammer gestürzt. Für die Aufstellung des Sarkophags außerhalb der Kammer spricht vor allem seine Größe, die es verhindert hätte, den Sarkophag durch die enge Tür in die Kammer zu bringen, und ferner die Tatsache, daß die Rückseite des Sarkophags unbearbeitet geblieben ist, was darauf schließen läßt, daß der Sarg gegen eine neutrale Rückwand gestanden hat, die es aber in der Grabkammer nicht gibt.

Auch von der Sache her paßt ein zur Aufnahme einer Körperbestattung bestimmter Sarkophag nicht in einer Grabanlage zur Aufbewahrung von Aschenurnen. Zwei Säulenstücke aus Sandstein, die in der Kammer gefunden wurden, könnten von einem Bau oberhalb der Grabkammer stammen (→ Nehren). Der Sarkophag gilt, wie die Büsten, als Erzeugnis einer stadtrömischen Werkstatt. Er wird mit erheblichen Kosten über die Alpen oder auf dem Wasserweg an den Rhein gekommen sein. Der Sarg wird auf die Mitte des 3. Jahrhunderts n. Chr. datiert.

Die Kleinfunde aus der Kammer wurden schon frühzeitig in die Museen nach Berlin geschafft und sind dort in den Wirren des II. Weltkrieges z. T. abhanden gekommen. Die Funde bestanden aus Ton- und Glasgefäßen, darunter ein Salbengefäß, in dem bei der Auffindung noch ein zu duftendem Wachs verhärtetes Salböl vorhanden war; Glieder einer Halskette aus Bernstein; figürlich geschnitztes Elfenbeinplättchen; Silberschale mit Goldfäden von einem Gewand; eine weibliche Figur (römische Matrone) (in der Antikenabteilung der Staatlichen Museen in Berlin) aus Chalzedon; die Figur weist in der Kopfpartie eine Ähnlichkeit mit der Marmorbüste der Frau in der Grabkammer auf. Nachbildungen einzelner Stücke sind im Vorraum der Grabkammer ausgestellt.

Bei der Anlage dürfte es sich um das Mausoleum einer reichen Grundbesitzerfamilie handeln, der es für viele Generationen als letzte Ruhestätte diente. Die Grabkammer ist wahrscheinlich im 1. Jahrhundert n. Chr. gebaut worden und hat, wie aus Münzfunden zu schließen ist, bis um die Mitte des 4. Jahrhunderts bestanden. Die Büsten, der Sarkophag und die Anspielungen auf das Totenmahl in der Innenausstattung der Kammer lassen den Schluß zu, wie Fremersdorf nachweist, daß die Familie dem altitalisch-etruskischen Kulturkreis entstammte und enge Beziehungen zu Oberitalien und Rom besessen haben muß.

Spuren des Gutshauses, der villa rustica, sind bisher nicht gefunden worden. Das hat seinen Grund darin, daß der Boden in dieser Gegend äußerst fruchtbar ist und bis zum letzten genutzt wird, sodaß Mauern und sonstige Baureste, die der landwirtschaftlichen Bearbeitung hinderlich waren, schon frühzeitig restlos beseitigt wurden.

Weitere, kleinere römische Grabkammern sind im Südwesten Kölns erhalten. Eine wurde 1928 in der Nähe des Südfriedhofs entdeckt und eingezäunt. Die andere kam beim Bau des Bahnhofsgebäudes für die Bonn-Kölner Vorgebirgsbahn 1899 in Efferen zutage. Sie lag an der Römerstraße von Köln nach Zülpich (Tolbiacum) und ist im Keller des Hauses Kaulardstraße 2 erhalten. Die beiden Sarkophage aus weißem Sandstein waren offenbar schon früher entdeckt und ihres Inhalts beraubt worden, wie die zerschlagenen Sargdeckel vermuten lassen.

Einige **Kirchen** in Köln sind in verschiedener Weise mit der Römerzeit verbunden. Der Mittelbau der Kirche **St. Gereon** gehört in seiner wesentlichen Bausubstanz der Mitte des 4. Jahrhunderts an und ist zugleich das höchste römische Bauwerk auf Kölner Boden. Die römischen Mauern sind bis zu 17 m hoch über dem heutigen Straßenniveau erhalten. Die Kirche steht auf einem aus augusteischer Zeit stammenden, im Nordwesten des römischen Köln gelegenen Gräberfeld und wurde nach der Legende von Konstantin dem Großen und seiner Mutter Helena zum Gedächtnis von Angehörigen der gleichfalls legendären Thebäischen Legion begründet, die hier unter ihrem Führer St. Gereon als Christen den Märtyrertod starben. (Ähnliche Legenden sind für den Bau des Münsters in → Bonn und des Domes zu → Xanten bezeugt.) Die um einen ovalen Grundriß des Zehneckbaues (Dekagon) angelegten Konchen waren zur Aufnahme der Leichen der Märtyrer bestimmt. Das Innere der Kirche war mit einem Fries von Goldmosaiken mit den Gestalten der Märtyrer geschmückt, von dem die Kirche ihren Namen „ad sanctos aureos" erhielt.

Die gegenwärtige Basilika St. Gereon stammt aus dem 13. Jahrhundert. Sie wurde im II. Weltkrieg stark beschädigt. Ausgrabungen im Zusammenhang mit dem Wiederaufbau der Kirche brachten einen im Nordpfeiler des Dekagons vermauerten Altar für die ägyptische Göttin „Isis mit den unzähligen Namen" (Isis Myrionymos) zutage. (Der Altar befindet sich zur Zeit als Leihgabe im Römisch-Germanischen Museum, s. u.) In der Opferschale auf der Oberseite des Altars fanden sich noch Aschen-

reste vom letzten Opfer sowie eine Münze Trierischer Prägung des Kaisers Constans, Sohn Konstantins des Großen, aus der Zeit um 345. Der Münzfund läßt den Schluß zu, daß der Isiskult noch in der ersten Hälfte des 4. Jahrhunderts an dieser Stelle lebendig war und danach von der christlichen Kirche abgelöst wurde.
Der Märtyrersarg in der Krypta der Kirche trägt die Inschrift: „Hic recondita sunt corpora Thebeorum Mart R." (An dieser Stelle sind die Gebeine der Thebäischen Märtyrer beigesetzt.) Ebenfalls mit frühchristlichem Märtyrerkult verbunden ist die **Basilika St. Ursula** in der Ursulastraße in der Nähe des Hauptbahnhofs. Sie steht an der Stelle einer am Rande eines römisch-christlichen Gräberfeldes vor der Nordmauer des römischen Köln im 4. Jahrhundert errichteten Märtyrer-Kirche und ist mit der Legende von den elf christlichen Jungfrauen verbunden, die hier mit ihrer Anführerin, der hl. Ursula, den Märtyrertod fanden. (Die 11 Flämmchen im Kölner Stadtwappen bewahren die Erinnerung an die Märtyrerinnen.)
Wie aus einer im südwestlichen Chorpfeiler der Kirche eingelassenen spätrömischen Bauinschrift hervorgeht, wurde die ursprüngliche Kirche im 5. Jahrhundert von Clematius, einem vornehmen Römer senatorischen Ranges, der aus dem östlichen Teil des Reichs an den Rhein gekommen war, auf seine Kosten neu erbaut. (Ein Abguß der Inschrift befindet sich im Römisch-Germanischen Museum, s. u.) Die früher geäußerte Annahme, daß es sich bei der Inschrift um eine Fälschung aus dem 16. Jahrhundert handele, hat der archäologische Befund widerlegt. Bei Ausgrabungen während des II. Weltkrieges und danach stieß man unter dem romanischen Langhaus der Kirche auf die Reste eines antiken Kirchenbaues, der noch in der Spätantike umgebaut wurde. Das entspricht genau dem Bericht der Clematius-Inschrift (siehe I. Kölner Römer-Illustrierte, S. 231).
Die älteste Kirche auf Kölner Boden mit erhaltener Bausubstanz aus spätrömischer Zeit ist die **Basilika St. Severin.** Die Kirche steht wie St. Gereon und St. Ursula auf einem heidnisch-christlichen Gräberfeld, das sich längs der Römerstraße von Köln nach Bonn (heute Severin- und Bonner Straße) hinzog und seit dem 1. nachchristlichen Jahrhundert ununterbrochen bis in das 4. Jahrhundert belegt wurde. In der ersten Hälfte des 4. Jahrhunderts stand an der Stelle der heutigen Kirche eine kleine Totenmemoria. Beim Bau dieser Memoria waren Architekturteile von Grabdenkmälern verwendet worden. Es gibt keinen Anhaltspunkt dafür, daß ein Märtyrergrab den Anstoß für den Kirchenbau gegeben hat.
Am Ende des 4. Jahrhunderts wurde die Totenmemoria unter dem Kölner Bischof St. Severin zu einer dreischiffigen Anlage mit einer Vorhalle im Westen umgebaut. Es wird angenommen, daß in der Vorhalle der hl. Severin, der um 400 starb, beigesetzt wurde und so der spätrömischen Friedhofskirche seinen Namen gab. Im 5. und 6. Jahrhundert wurde die dreischiffige Kirche durch umfassende Neubauten unter Beibehaltung des spätrömischen Baues weiterentwickelt. Die Kirche in ihrer heutigen Gestalt ist im wesentlichen ein spätgotischer Bau.
Ausgrabungen unterhalb der Kirche ermöglichen es, der Baugeschichte der St. Severinkirche von der frühchristlichen Totenmemoria an, deren Apsis erhalten ist, bis zu den späteren Umbauten nachzugehen. Außerdem kann man dort römische Sarkophage und fränkische Plattengräber aus Kalkstein *in situ* betrachten. Hier „kann der Mensch des 20. Jahrhunderts über ein paar Treppenstufen hinabsteigen in die Frühzeit der Stadt. Er kann zwischen unverfälschten, wenn auch ruinösen Mauern des 3. und 4. Jahrhunderts herumgehen, zwischen Fundamenten und Sarkophagen" (Signon). Die Ausgrabungen, die 1959 dem Publikum zugänglich gemacht wurden, mußten allerdings 1969 wieder geschlossen werden, weil sich in den gotischen Gewölben der Kirche Risse gezeigt hatten.
Wie schon erwähnt, bewahrt der Name der Kirche **St. Maria im Kapitol,** wie neue Ausgrabungen ergeben haben, die Erinnerung an den Tempel der Kapitolinischen Trias Jupiter, Juno und Minerva, der an der gleichen Stelle gestanden hatte. Der Tempel erhob sich auf einem Podium über der Rheinfront im Südwesten der Römerstadt. „Vom Rhein her führte auf der östlichen Giebelseite eine Freitreppe zwischen vorgezogenen Treppenwangen in die Säulenvorhalle."
Der mit Trachytplatten gepflasterte Tempelbezirk nahm eine ganze Insula ein und war von einer Mauer umschlossen. (Teile der Umfassungsmauer sind unter dem Kindergarten konserviert.) Der hochaufragende Tempel muß vom Rhein her ein eindrucksvolles Bild geboten haben.
Auch in der Umgebung des **Domes** haben sich Baureste erhalten, die auf das religiöse Leben im römischen Köln Bezug haben. Der Tempel des Mercurius Augustus, von dem eine Bauinschrift aus flavischer Zeit (69–96 n. Chr.) schon im vorigen Jahrhundert ostwärts des Domes gefunden wurde, wurde unter dem südlichen Seitenschiff des Domes festgestellt, und bei Ausgrabungen für die Tiefgarage am Dom wurde ein Kultraum des persischen Lichtgottes Mithras freigelegt.
Wie schon erwähnt, besaß die Colonia ein ausgedehntes **Abwässersystem**. Bei der Besichtigung der Römermauer haben wir bereits einen Kanalauslaß in der Tiefgarage Pippinstraße 16

# Köln

gesehen. Ein beträchtliches Stück eines mannshohen Abwässerkanals ist unter der kleinen Budengasse erhalten und vom Kellerrestaurant „Wirtshaus im Spessart" Ecke Unter Goldschmied zugänglich.

Keine literarischen Zeugnisse des Altertums berichten von der **Eifelwasserleitung**, die über eine Entfernung von 77 Kilometern die Colonia mehrere Jahrhunderte lang mit Bergquellwasser versorgte. Die Geschichte des römischen Aquädukts mußte aus den wenigen Bauresten, die den Steinräubern des Mittelalters und der Spitzhacke der Neuzeit entgingen, abgelesen werden.

Im eigentlichen Kölner Stadtgebiet sind nur geringe Reste der Wasserleitung erhalten. Ein westlich des Wallraf-Richartz-Museums am Kolpingplatz aufgestelltes Teilstück des unterirdischen Leitungskanals zeigt die U-förmige Rinne. Die Wölbung besteht aus Grauwacke. Innen ist der Kanal mit Kalkmörtel ausgekleidet, „dessen Festigkeit und Härte heute selbst Bauleute immer wieder überraschen" (Haberey).

Das letzte Überbleibsel des Aquädukts, der das Wasser im Zuge der Berrenrather Straße in die Stadt leitete, ist ein Pfeilerstumpf gegenüber dem Haus Nr. 465. Vom „Marsilstein", einem Aquäduktpfeiler, der noch bis zum Beginn des 18. Jahrhunderts aufrecht stand, war bereits oben die Rede.

Verfolgt man die Berrenrather Straße in südwestlicher Richtung nach Efferen zu, gewahrt man etwa 300 m nach Überqueren der Militärringstraße auf der linken Straßenseite ein Gitterwerk. Es umschließt ein Wasserhaus (Entschlammungsanlage) der ersten römischen Wasserleitung aus dem Vorgebirge nach Köln. Die Anlage wurde 1927 entdeckt, als die ehemaligen Festungswerke in einen Grüngürtel umgestaltet wurden. Dem damaligen Kölner Oberbürgermeister Konrad Adenauer ist die Erhaltung des einzigartigen Bauwerkes zu verdanken.

Das Wasserhaus stammt aus augusteischer Zeit, wie sich aus Münzen feststellen ließ. Es besteht aus mehreren Becken: in einem rechteckigen Sammelbecken setzten sich Schlamm und Sinkstoffe ab, die nach Schließung der Hauptleitung durch einen Absperrschieber in ein zweites, kleineres Becken abgeleitet wurden. So wurde das Wasser geklärt, bevor es die Stadt erreichte. Seit der Errichtung der späteren Eifelwasserleitung wurde die Entschlammungsanlage nicht mehr benutzt. Die alte Leitung diente als Fundament für die Pfeiler und Bögen des neuen Aquädukts.

Eine gute Vorstellung von diesem Umbau, bei dem der „Eifelkanal" mit dem „Vorgebirgskanal" vereinigt wurde, gibt ein Teilstück, das auf der Westseite des Sportplatzes der Realschule in **Hermülheim** (am Ortseingang auf der Westseite der Krankenhausstraße) unter einem Schutzdach konserviert ist. Drei volle und zwei Halbbögen der neuen Leitung sind dort auf den alten Kanal aufgesetzt.

Weitere Teile der Eifelwasserleitung sind an folgenden Stellen sichtbar:

**Buschhoven** an der Bundesstraße 56. Der dort freigelegte Aufschluß und weitere Teile sind unter → Bonn, Kottenforst, beschrieben.

**Kreuzweingarten,** oberhalb des Ortes an der Straße „Am Römerkanal" und beim Sportplatz sind mehrere Abschnitte der römischen Wasserleitung freigelegt. Man erreicht den „Römerkanal" von der Ortsmitte auf der Straße nach Antweiler. (S. a. → Satzweih-Firmenich.)

**Breitenbenden** (ungefähr 2 km südlich von Mechernich). Auf der Straße nach Holzheim (links ab beim Ortausgang) nach ungefähr 400 m (von der Ortsmitte) an der Stelle einer scharfen Linkskurve wird rechts am Straßenhang die Öffnung des römischen Leitungskanals sichtbar. Der Einschnitt des Kanals auf der rückwärtigen Seite wird auf einem Fußweg erreicht, der von der Straße Breitenbenden–Holzheim kurz unterhalb der Kanalöffnung nach rechts einbiegt. Im Beton der Gewölbedecke des Kanals sind deutlich die Abdrücke der Schalbretter zu erkennen. An den Kanalwänden Sinterbelag und auf dem Boden eingeschwemmter Lehm.

**Vussem** (2 km südlich von Breitenbenden). Am Wegezeichen „Zum römischen Aquädukt" nach links auf den Weg zum Sportplatz einbiegen. Drei der ursprünglich 10 oder 12 Pfeiler des Aquädukts, der hier in eine Länge von 75 m ungefähr 10 m hoch das Tal überquerte, sind auf den ursprünglichen Fundamenten, die noch als

*Vussem, Römischer Aquädukt*

Stümpfe vorhanden waren, in den Jahren 1960/61 wiederaufgebaut worden.

**Kallmuth.** Auf der Straße von Vussem nach Eiserfey biegt man bei Vollem rechts ab nach Kallmuth. Bevor man Kallmuth erreicht, sieht man auf der Südseite des Kallmuthbachtales ein rechteckiges, flachgedecktes Betongebäude mit einer Reihe kleiner Fenster. Vor dem Gebäude ist ein Parkplatz mit Bänken. In dem Gebäude befindet sich eine 1953 ergrabene, wiederhergestellte und 1957 durch einen Schutzbau zugänglich gemachte Brunnenstube („Klausbrunnen" genannt) der römischen Wasserleitung. In der rechteckigen Kammer sammelte sich das auf der Hangseite durch die wasserdurchlässige Mauer hervorquellende Wasser und lief, nachdem es in der Kammer etwa 30 cm hoch gestiegen war, durch eine Rinne in der gegenüberliegenden Wand über ein kleines Klärbecken in die unterirdische Leitung nach Köln. (Schlüssel zur Brunnenstube in dem Haus oberhalb der Anlage.)

Bei **Urfey** und **Weyer** (auf dem Weg nach Münstereifel) waren die römischen Quellfassungen noch so gut erhalten, daß man sie lediglich an das moderne Rohrnetz anzuschließen brauchte. „Die Leute von Weyer und vom Urfeytal wissen nicht viel von den Menschen, die vor 1800 Jahren ihre Äcker bebauten, aber sie trinken das Wasser, das damals gefunden und nutzbar gemacht wurde" (Pörtner).

Der „**Grüne Pütz**" bei Nettersheim ist der am weitesten entfernte Ausgangspunkt der römischen Wasserleitung. Dort ist zu sehen: Ein Teilstück der Sickerleitung; die römische Brunnenstube mit Eckbekrönungsstein und einem Medusenbild als Schutzgeist zur Abwehr des Bösen; ein intaktes Originalstück des Wasserkanals mit Einblicksmöglichkeit und ein geschlossener, teilweise rekonstruierter Abschnitt des Kanals. Die Anlage wurde mit dem Ziel wiederhergestellt, „den ‚Grünen Pütz' wieder richtig mit steuerbarem Wasserdurchfluß und mit seiner Aufgabe als Sammel- und Klärbehälter funktionieren zu lassen", so daß der Betrachter „Leitungen und Brunnenstube nicht als museale, tote Relikte, sondern als durchdachte und zweckmäßig-schöne wasserbautechnische Einrichtung" sieht (A. Jürgens, Rheinisches Landesmuseum Bonn, Sonderheft 1977, S. 94).

**Römisch-Germanisches Museum**
Roncalliplatz.
Das Museum wurde am 4. März 1974 eröffnet. Als „das modernste und schönste Antikenmuseum Europas, wenn nicht der Welt", als ein „Juwel in der europäischen Museumslandschaft" gepriesen, konnte das Museum unter der Leitung seines Schöpfers, Professor Hugo Borger, schon nach weniger als drei Monaten nach der Eröffnung eine halbe Million Besucher zählen. Dieser spektakuläre Erfolg beruht nicht nur auf der Qualität der ausgestellten Gegenstände wie dem Poblicius-Grabmal, dem berühmten Dionysos-Mosaik, der Sammlung römischer Gläser, die als die größte der Welt gilt, und einer Fülle von Inschriftsteinen; was dem Museum vor allem seine außergewöhnliche Anziehungskraft verleiht ist die vom üblichen Museumsschema abweichende Art der Präsentation.

„Die Denkmäler sollen zu Worte kommen." Dieser Kernsatz kann als Leitmotiv der Ausstellung vorangestellt werden. (Er stammt aus der zur Eröffnung des Museums erschienenen „Kölner Römer-Illustrierten", einem reich bebilderten Katalog, der den Besucher in die römische Vergangenheit Kölns einführt und ihn durch das Museum begleitet.)
Zu diesem Zweck sind Grabmäler, Standbilder, Porträtköpfe, Weihesteine, Kapitele und Giebel, nach Themengruppen geordnet, auf „Sockelinseln" in Großräumen ohne Zwischenwände aufgestellt, gleichsam auf Bühnen, von denen die Gegenstände, von allen Seiten sichtbar, den Besucher im wahrsten Sinne des Wortes „ansprechen". Das macht den hohen Reiz dieser „Inszenierung" aus. Sie nimmt den Besucher gefangen und verhindert „Schwellenangst", die leicht beim Anblick einer Sammlung antiker Steindenkmäler entsteht. Die Themen der Sockelinseln werden in dazu gehörenden Kleinfunden, die in Wandvitrinen ausgestellt sind, weitergeführt. Wer sich über allgemeine Eindrücke und ästhetischen Genuß hinaus bilden will, findet in der vorzüglichen Beschriftung, in 25 über das ganze Museum verteilten audiovisuellen Bildprogrammen, einer Handbibliothek und der schon erwähnten „Römer-Illustrierten" eingehende Belehrung. Angesichts dieses reichen Bildungsmaterials sollen die nachfolgenden Bemerkungen lediglich als Einführung dienen und Orientierungshilfe leisten.
Das Museum steht auf „römischem" Boden. Das Dionysos-Mosaik, das zusammen mit dem Poblicius-Pfeilergrabmal zu den Hauptdenkmälern des Museums gehört, liegt noch an der gleichen Stelle, an der es 1941 beim Bau eines Luftschutzbunkers entdeckt wurde. Um den Kernbau des Museums zieht sich ein offenes Terrassengeschoß, in dem Steindenkmäler, auf Stangen nach Art von Collagen montierte Architekturbruchstücke und steinerne Urnen aufgestellt sind. Mehr noch als im Innenraum des Museums wird hier der Eindruck erweckt, als befinde man sich inmitten eines römischen Ruinenfeldes, das den Passanten mit suggestiver

Kraft zu dem Museum zieht, wie übrigens auch die großen Fenster auf der Westseite, die den Blick auf Poblicius-Grabmal und Dionysos-Mosaik Tag und Nacht freigeben. Von der Eingangshalle mit einigen Steindenkmälern betritt man eine hochragende Halle, die vom Poblicius-Grabmal eingenommen wird. Den Boden der Halle bildet das Dionysos-Mosaik. Daran schließt sich das Dionysos-Geschoß, das der Darstellung des täglichen Lebens im römischen Köln gewidmet ist. Darüber erhebt sich die Große Ausstellungshalle, die über eine Treppe vom Dionysos-Geschoß aus erreicht wird.

Einer Anregung des Museums folgend beginnt der Rundgang auf dem untersten, dem Dionysos-Geschoß. Hier „stößt man überall auf Bekanntes und Wiedererkennbares... Hat man sich auf diese sehr menschliche Weise vertraut gemacht, ...werden sich auch die Gegenstände im Obergeschoß des Museums mit Leben erfüllen."

Das *Dionysos-Mosaik*, ein Bilderteppich von nahezu anderthalb Millionen kleiner Steine aus Kalkstein, Schiefer, Terra-Sigillata-Bruchstücken und Glaspaste, der den Fest- und Speisesaal (oecus) eines weitläufigen Hauses schmückte, und Wandmalereien aus einem benachbarten Haus sind Beispiele für den persönlichen Geschmack und die finanzielle Leistungsfähigkeit der jeweiligen Hauseigentümer und gehören zu den Ausstellungsobjekten, die in den Bereich des häuslichen Lebens der Bewohner des römischen Köln einführen. (S. Tafelteil Abb. 1.)

Das Haus mit dem Mosaik lag in einem Wohnblock (insula). Seine Räume waren um einen Innenhof gruppiert, ein Bautyp, der vor allem aus Pompeji bekannt ist. In seiner letzten Gestalt stammt das Haus aus dem 2. nachchristlichen Jahrhundert. Die prunkvolle Innenausstattung erhielt das Haus in den Jahren 260–280. Eine Brandschicht, die das Mosaik bei seiner Auffindung bedeckte, läßt vermuten, daß das Haus bei einem der Germaneneinfälle um 355 oder 388 zerstört wurde. Das Mosaik verschwand kurz nach seiner Entdeckung im Jahr 1941 unter dem Fußboden eines Luftschutzbunkers und wurde erst 1946 der Allgemeinheit zugänglich gemacht. Mehrere Jahre später wurde es erneut den Blicken der Öffentlichkeit entzogen.

Man hatte beobachtet, daß die Farben des Mosaiks, die bei der Entdeckung noch so frisch waren wie in römischer Zeit, allmählich verblaßten. Der Grund für diese Erscheinung lag, wie sich schließlich herausstellte, in einer Kombination von Bodenfeuchtigkeit und Luftverschmutzung. Das Mosaik war nur durch eine „Radikalkur" zu retten.

Das schwierige Rettungswerk wurde Sachverständigen des Istituto Centrale del Restauro in Rom anvertraut. Wie Signon schildert, wurde das ganze Mosaik mit Jute-Leinwand verklebt, wie ein Teppich auf eine Holzrolle gewickelt und nach Entfernung des Untergrundes auf einen Stahlrahmen aufgelegt, der auf Steinklötzen ruhte, sodaß die Luft auch an der Unterseite des Mosaiks vorbeistreichen konnte. Eine Klimaanlage sorgte für die gleichmäßige Zufuhr reiner Luft.

Hauptthema des Mosaiks ist Dionysos, der Gott des Weines, und sein Gefolge von Satyrn und Mänaden. Das Bild in der Mitte zeigt den trunkenen Gott, von einem jugendlichen Satyr gestützt, zu seinen Füßen ein umgestürzter, zweihenkeliger Kantharos. Auf den das Mittelbild umgebenden Achteckfeldern sieht man Maenaden und Satyrn in bacchanalischem Tanz, begleitet von Flöten, Kastagnetten, Tympanon und Panflöte; eine Satyrfamilie – der Vater lockt seinen Sprößling mit einer Weintraube –; Gott Amor, der in nachlässiger Haltung auf einem gefügig dreinschauenden Löwen vorbeireitet.

Auf kleineren quadratischen Feldern sind dargestellt: ein weiblicher Panther, das heilige Tier des Weingottes; der bockfüßige Pan, der an einem Strick einen Ziegenbock nach sich zieht; ein jugendlicher Silen auf einem umgestülpten Korb sitzend und die Hirtenflöte blasend, und ein alter Silen auf einem Esel reitend.

Die äußeren Felder zeigen Dinge, die auf die Bedeutung des Raumes als Speisesaal hinweisen. Der Gast, der den Speisesaal vom Garten her betritt, wird mit einer Portion Austern begrüßt, schon bei den Römern eine beliebte Vorspeise. Hauptgerichte sind angedeutet durch Pfauen, Enten, Perlhühner und der Nachtisch durch Früchte aller Art (Herzkirschen, Feigen, Quitten, Äpfel).

Garten- und Erntearbeit symbolisieren ein Wagen mit Gartenwerkzeugen, der von zwei Papageien gezogen wird und ein mit Trauben, Sinnbild des Herbstes, gefüllter Wagen, an dem zwei Purpurhühner angebunden sind. Ein Haushund und eine Schildkröte warten im Hintergrund auf Speisereste von der Tafel. Insgesamt stellt das Mosaik ein Bild des guten Lebens dar, wie es der südländische Hauseigentümer, mag er nun ein reicher Getreidehändler oder ein hoher Verwaltungsbeamter gewesen sein (beide Vermutungen sind geäußert worden) von seiner Heimat her gewohnt war und das er sich auch an der fernen Nordgrenze des Reiches leisten konnte.

Gegenstände in einer Vitrine an der Rückseite der Trennwände zwischen Dionysos-Mosaik und den Ausstellungsräumen des Dionysos-Geschosses illustrieren ein „*Alltagsvergnügen*" des Römers. Wie heute liebte man das Spiel, wie ein Ziegel mit eingeritztem Mühlespiel, ein Schälchen mit Würfeln, ein Bronzehelm als Würfelbecher, ein Elfenbeindöschen mit Spielsteinen und eine Öllampe mit der Darstellung von Brettspielen dartun.

Trinkbecher, einige mit Sprüchen wie „Reple" (Fülle mich), „Vivas" (Du sollst leben) deuten auf fröhliches Zechen hin. Ein lachender Negerkopf zeigt Freude am Ungewöhnlichen. Auch die Musik gehörte zu den häuslichen Vergnügungen. Dies wird durch ein Flötenfragment aus Horn und eine tönerne Panflöte veranschaulicht.

Die nächste Vitrine ist der „*Grundausstattung des Hauses*" gewidmet. Dazu gehören Riegel, Schlüssel, ein Schloß mit Schloßblende, das Eisengestell eines hölzernen Wassereimers, ein bronzener Wasserhahn, Teile einer Wasserleitung, Ringe für Vorhänge, Beleuchtungsgegenstände (Fackeln, Laternen, Kerzen, ein silberner Kerzenständer, Talg- und Öllampen, darunter mehrschnäuzige Lampen, eine Lampe mit herzförmigem Henkel) und Möbelteile (Scharnierbänder, Eckbeschläge, Gerätefüße).

Auf einem Mosaikfußboden, aus schwarz-weißen ineinandergreifenden Kreisen mit jeweils einem Hakenkreuz in der Mitte – es wurde 1969 neben dem Haus mit dem Dionysos-Mosaik entdeckt – sind Tische aufgestellt. Jeder der Tische ist mit dem *Grundstock des Eßservices für eine Person*, wie es der Römer bei einer Hauptmahlzeit benötigte, gedeckt: zwei verschiedene Teller sowie zwei unterschiedlich große Näpfe. Das Material des Geschirrs ist überwiegend Terra Sigillata, das übliche Tafelgeschirr, unserem Porzellan entsprechend. Der hier aufgestellte Grabstein für Oluper, Kavallerist in einem nordafrikanischen Regiment, soll die Sitte des Mannes, beim Essen auf einem Speisesofa zu lagern, veranschaulichen. Ebenfalls der Veranschaulichung römischer Eßkultur dient die Ausstellung von *kostbarem Tafelgeschirr* (Bronzeschalen, Bronzekannen, muschelförmige Schüsseln, versilbertes Bronztablett, silberne Teller und Löffel, Schöpfkelle, Sieb) und von *feinem Ge-*

*Köln, Grabmal des Poblicius*

schirr (Bilderschüssel, Elfenbeinlöffel, große Messer, Glas- und Tongefäße).
Eine voll eingerichtete *Küche* zeigt die Reichhaltigkeit des Küchengeschirrs und die Art, wie es in der Küche aufbewahrt wurde. Der Boden aus Ziegelplatten (sie stammen aus Köln wie sämtliche hier ausgestellten Gefäße) war nicht typisch für römische Küchen; der Boden bestand meistens aus gestampftem Lehm. Nur in großen Häusern verwendete man Ziegelplatten. In der Küche wärmte man auch das Wasser für Bettflaschen (zwei Exemplare sind auf dem obersten Regal im ersten und dritten Fach – von links nach rechts – zu sehen). Ferner werden gezeigt u. a. Vorratsamphoren, dolia (Fässer), Teller der verschiedensten Größe und Tiefe, Sätze von Schüsseln, Krüge für Wasser, Wein, Öl, Essig und Getreide, Reibschüsseln (mortaria) mit rauher Innenseite, Kochtöpfe und Siebe, ein eiserner Rost.
Der neben der Küche mit drei oberen Steinreihen wiederaufgebaute *römische Brunnen* stammt aus dem praetorium. Die Steinblöcke des Brunnenschachts waren ursprünglich ohne Verklammerung zusammengesetzt. Gegenüber dem Brunnen ein Mühlstein. Die nach einem Vorbild aus Pompeji nachgebildete *steinerne Schlafstatt* soll das im allgemeinen kärgliche Mobiliar des römischen Hauses veranschaulichen. Auf das steinerne Bett legte man Matratzen und Kissen. Daneben gab es für die Wohlhabenden hölzerne Betten, die aus einem rechteckigen, von vier Füßen getragenen Rahmen mit Kopfstütze und Rückenlehne bestanden und manchmal mit kostbarer Einlegearbeit aus Elfenbein, Schildpatt und Gold verziert waren. Das *Individium und die römische Familie* sind das Thema der Steindenkmäler in der Mitte des Raumes und der anschließenden Vitrinen. Inschriften auf Grabsteinen geben Aufschluß über Grundsätze der römischen Namengebung. Der Grabstein für Messulenus Iuvenis demonstriert die Sitte des freigelassenen Sklaven, den Vornamen seines früheren Herrn anzunehmen („Caio Messuleno Iuveni Cai liberto"). Am Grabstein der Albania Avita läßt sich die Vererbung von Familiennamen erkennen (der Sohn leitete seinen Rufnamen von der Mutter her, der Rufname der Tochter war die weibliche Form des väterlichen Rufnamens).
Aus der Kinderwelt berichtet eine kleine Marmorgruppe mit Kindern beim Huckepackspielen; der Grabstein des Knaben Vernaclus, der nur neun Tage lebte („vixit diebus VIIII"); ein zweimal verwendeter Grabstein, auf dem das Bildnis eines Knaben in die Figur einer Frau eingemeißelt ist.
Gegenstände in der Vitrine „ *Kleidung – Medizin*" („Man muß sich kleiden und Sorge für seine Gesundheit tragen") umfassen Spangen (fibulae), mit denen das Gewand zusammengehalten wurde, Gürtelschnallen, Näh- und Spinnutensilien, darunter eine Sammlung von Nähnadeln verschiedener Größe und Form, Fingerhüte, Nadeln zum Netzeknüpfen, Ledersohlen und Abfälle aus einer Lederwerkstatt, verziertes Schuhoberleder, Riemenschuh, Nadeln zur Lederbearbeitung.
Unter medizinischen Instrumenten befinden sich Skalpelle, Pinzetten und sogenannte Ohrlöffel; ein bronzenes Kästchen mag Salben und Tinkturen enthalten haben; ferner Tiegel und Dosen, ein Ring zum Stempeln von weichem Material, z. B. Augensalben. Die Vitrinen auf der Südseite des Raumes enthalten Gegenstände, die zum Bild des Mannes, der Frau und des Kindes gehören.
Der *Mann* war Verwalter des Hauses, war für die Finanzen verantwortlich und vertrat die Familie vor den Hausgöttern. Wie die Frau legte auch der Mann Wert auf Körperpflege und sorgfältige Haartracht. Gegenstände, die dies veranschaulichen sollen, schließen ein: Striegel (strigilis, gebogene Eisen, die dazu dienten, die Salbe nach Turnübungen im Bad abzustreifen); bronzene Ölflasche; Rasiermesser; Barbierschere; Porträtkopf eines bärtigen Mannes; Metallgefäß für Münzen; Bronzestatuette Merkurs mit Geldbeutel; Siegelringe; Schreibgeräte (Tintenfaß, Federhalter und Federn; ein bei St. Severin in einem Grab gefundenes Tintenfaß enthielt beim Auffinden noch flüssige Tinte, die ein bronzebeschlagener Korkverschluß vor dem Verdunsten bewahrt hatte); ein Büchlein mit fünf Elfenbeinseiten; eine Schnellwaage mit kugeligem Bleigewicht; ein tönerner Hausaltar mit Lampe.
Die *Frau* war Genossin und Mitarbeiterin des römischen Mannes. Hier werden vor allem Gegenstände gezeigt, die sich auf den Wunsch der Frau nach vorteilhaftem Aussehen, sorgfältiger Frisur und schönem Schmuck beziehen, darunter: Öl- und Salbkügelchen; Ampullen (Balsamarien); Haarnadeln; Pinzetten; ein versilberter Spiegel mit Handgriff; tönerne Frauenköpfe mit verschiedenen Haartrachten; beinerner Kasten mit Schubdeckel; Verlobungsring; die Figur eines Liebespaares und einer Statuette der Venus, Göttin der Liebe und Schönheit.
Das *Kind* spielte und lernte. Gezeigt werden Kinderspielzeug (tönerne Rasseln, Figuren von Pferden, Hühnern, z. T. auf Rollen zum Ziehen, einst bunt bemalt); Nuckelfläschchen; Täfelchen; Schreibgriffel; Holztäfelchen mit dem Abdruck von Schriftzügen, die sich auf dem Holz durch die längst vergangene Wachsschicht erhalten haben; sie zeigen Schreibübungen von ABC-Schützen, flüchtig in Kursivschrift hingeworfene Notizen, unter denen einige Namen (Modestus, Tullis, Victor) noch lesbar sind; ein bronzener Griffel mit der fehlerhaften Inschrift: „Hego scribo sinem manum" (ich schreibe ohne Hand; „hego" statt „ego" ; „sinem manum" statt „sine manu" – („In Colonia machte man sich nichts daraus, ‚hego' zu sagen und die Fälle ein wenig umzufunktionieren – eingekölschtes Latein." Signon); die Figur (Karikatur) eines Lehrers.

## Köln

Ein Schaukasten mit *Münzen* gibt ein Bild von Wertverhältnissen der frühen Kaiserzeit.

Der Raum auf der Südseite des Dionysos-Geschosses ist dem *Totenkult* gewidmet. Ausgestellt sind Steinsärge, Grabdenkmäler, Graburnen und (in Vitrinen) Grabbeigaben von „*Gräbern der Reichen*" (darunter ein Paar gläserner Schuhe) und den *Gräbern der Armen* (meist billige Tonware). Die Inschrift auf dem großen Steinsarkophag in der Mitte des Raumes für Apollonia Victorina Bessula scheint eine frühere ersetzt zu haben; es bestehen Zweifel an ihrer Echtheit. Die große Sphinx von einem Grabmal (die Römer schrieben dem Fabelwesen die Fähigkeit zu, das Grab vor Dämonen zu schützen) ist die schönste unter den Sphinx-Dastellungen im Besitz des Museums. Auf dem Sarg für Taiana Herodiana ist die Verstorbene mit der einheimischen Haube dargestellt, die auch in Abbildungen von Muttergottheiten auf Matronensteinen zu sehen ist (s. Museum in → Bonn).

Das Grabdenkmal des C. Iulius Baccus, aus Lyon, Soldat der Ersten Thraker-Kohorte, zeigt den Verstorbenen beim Mahl, ein Thema, das häufig auf Soldatengrabsteinen wiederkehrt. Es soll die Hoffnung ausdrücken, daß dem Verstorbenen in der Nachwelt ein schwelgerisches Leben winkt als Lohn für die Mühsal auf Erden.

In der Inschrift auf dem Grabdenkmal für den Freigelassenen Bruttius Acutus (sein ehemaliger Herr war Hauptmann in der V. Legion Alaudae) wird der Verstorbene „contubernalis" (Lebensgefährte) genannt, was bedeutet, daß seine Gattin, die den Stein setzen ließ, eine Sklavin war, die mit dem Verstorbenen keine rechtsgültige Ehe („iustae nuptiae") eingehen konnte und den Verstorbenen daher auch nicht „coniux" oder „maritus" (Gemahl) nennen durfte. Der Zusatz „Sit tibi terra levis" (Möge dir die Erde leicht sein) weist darauf hin, daß es sich um eine Körper-, und nicht, wie sonst üblich, eine Brandbestattung handelte.

Die Inschrift auf dem Grabstein für Iovincatus berichtet, daß der Verstorbene Soldat der Zweiten Alpenkohorte („miles ex cohorte Alpina II") gewesen war. Die Einheit war nicht etwa eine Spezialtruppe von „Gebirgsjägern", sondern eine Infanterietruppe, die aus Angehörigen von Alpenstämmen zusammengesetzt war.

Den Abschluß der Abteilung „Totenkult" bildet das hochaufragende *Grabdenkmal für Lucius Poblicius*, Veteran der V. Legion Alaudae (man beobachtet es am besten von den Absätzen der zur Großen Ausstellungshalle führenden Treppe).

Das Grabmal ist eine unter Verwendung zahlreicher Originalstücke zusammengesetzte Rekonstruktion. Einige Architekturstücke und Statuenteile waren schon 1884 bei Erdarbeiten am Chlodwigplatz zum Vorschein gekommen und seitdem im Besitz der Museen in Köln und Bonn, ohne daß sich bestimmen ließ, ob und wie die einzelnen Teile ein Ganzes bildeten. Das wurde erst möglich, als die Hauptmasse der Originalblöcke 1964/65 entdeckt wurden, durch einen Zufall, wie so oft bei römischen Altertümern in Köln. In- und ausländische Zeitungen berichteten damals über den als Sensation angesehenen Fund und die ungewöhnlichen Begleitumstände.

Bei Ausschachtungsarbeiten für die Erweiterung eines Herrenwäschegeschäfts am Chlodwigplatz (im Zug der Severin- und Bonner Straße) waren die beiden Söhne des Geschäftsinhabers auf mächtige, reliefgeschmückte Sandsteinquadern römischen Ursprungs, wie sich bald herausstellte, gestoßen. Trotz behördlicher Warnungen gegen die Fortführung der Arbeiten wegen ungenügender Sicherheitsvorkehrungen ließen sich die jugendlichen Amateurarchäologen nicht abschrecken. Zusammen mit Freunden gelang es ihnen, nach sorgfältiger Planung und unter Anwendung bergmännischer Methoden und eines selbstgebauten, motorgetriebenen Flaschenzuges in etwa dreijähriger Arbeit 65 Steinblöcke verschiedener Größe zum Teil aus 9 m Tiefe zutage zu fördern. Die passenden Teile wurden provisorisch im Keller des Hauses zu einem Denkmal zusammengefügt.

Nach längeren Verhandlungen wurden die Fundstücke von der Stadt Köln für das damals noch im Stadium der Planung befindliche neue Römisch-Germanische Museum erworben und nach entsprechender Änderung der Baupläne zusammen mit den bereits vorhandenen und nunmehr bestimmbaren Teilen als das Grabdenkmal des Lucius Poblicius im Museum aufgestellt.

Als Datum des Denkmals gilt die erste Hälfte des 1. Jahrhunderts n. Chr., genauer die Zeit vor 42. Das Grabmal ist damit das älteste rheinische Pfeilergrabmal und älter als alle anderen in Deutschland bekannten Grabmäler dieser Art (das Grabmal von Oberhausen im Museum von → Augsburg und die → Igeler Säule).

Das 14,60 m hohe Denkmal besteht aus drei Stockwerken: Auf dem von Pilastern begrenzten Untergeschoß mit der Inschrift und einem Girlandenfries erhebt sich über einem ausladenden Gesims ein zweites Geschoß von gleicher Höhe, das nach der Art eines offenen Tempels mit vier Säulen gestaltet ist. Zwischen den Säulen der Vorderseite stehen zwei männliche und eine weibliche Statue; eine zweite kleinere weibliche Figur steht auf der Ostseite zwischen der letzten Säule und einem Pilaster. Über dem Mittelgeschoß mit einem Architrav, den ein Waffenfries schmückt – eine Anspielung auf die militärische Tüchtigkeit des verstorbenen Veteranen –, und getrennt von einem Gesims liegt das pyramidenförmige Schuppendach, an den Ecken Tritonen, Begleiter der Verstorbenen zu den Inseln der Seligen, und bekrönt von einer Figurengruppe, die Aeneas mit Vater und Sohn auf der Flucht aus Troja darstellt.

Auf der Ost- und Westseite des Obergeschosses befinden sich Reliefdarstellungen des Gottes Pan, von Fachleuten als hervorragende bildhauerische Arbeiten gerühmt, und von Maenaden, von denen eine die Hälfte eines Rehkitzes hält. Pan, Satyrn und Maenaden gehören zum Gefolge des Gottes Bacchus (Dionysos), der nicht nur Spender des Weins, sondern auch Herr über Leben und Tod ist.

Nach der (ergänzten) Inschrift ist das Denkmal für Lucius Poblicius, Sohn des Lucius, aus der Bürgerabteilung Teretina (in Mittelitalien zwischen Rom und Neapel gelegen), Veteran der V. Legion Alaudae, auf Grund des Testaments, und für seine Tochter Paulla und für die noch lebenden Publius Modestus und Lucius Poblicius errichtet worden. Das Grab soll nicht auf die Erben übergehen (eine häufig auf Grabmälern verwendete Formel, mit der die Veräußerung der Grabstätte verhindert wurde). („Lucio Poblicio Luci filio Teretina veterano Legionis V Alaudae ex testamento et Paullae filiae et vivis Poblicio Modesto, Lucio Poblicio – Hoc monumentum heredem non sequetur.")

Die vollständig erhaltene Statue in der Mitte stellt vermutlich den verstorbenen Lucius Poblicius dar, angetan mit der Toga des römischen Bürgers, in der rechten Hand den Bürgerbrief und links am Boden das scrinium, einen Behälter für Buchrollen (siehe eine ähnliche Darstellung → Kellmünz). Als Veteran hatte sich Lucius Poblicius in Köln niedergelassen und war, wie das aufwendige Grabmal beweist, zu beträchtlichem Wohlstand gelangt.

Sein früheres „Regiment", die V. Legion Alaudae, war von Caesar aus gallischen Freiwilligen aufgestellt worden. Die Helme der Legionäre waren mit einem Helmbusch geziert, der an die Haube der „Haubenlerche", im Gallischen alauda genannt, erinnerte. Davon erhielt die Legion ihren Beinamen. Da die Legion ursprünglich aus Nichtbürgern bestand, hatte sie

zunächst keine Nummer. Sie wurde erst in die Armeeliste aufgenommen, nachdem ihr 49 v. Chr. wegen Tapferkeit das römische Bürgerrecht verliehen worden war. Die Legion stand seit 9 n. Chr. in Vetera (→ Birten).
In den Thronwirren nach dem Tode Neros im Jahre 68 nahm sie für Vitellius Partei. Teile der Legion marschierten siegreich in Rom ein. Stammeinheiten, die in Vetera geblieben waren, wurden in den Bataveraufstand des Iulius Civilis 69–70 verwickelt und in Vetera, nachdem sie sich den Aufständischen ergeben hatten, niedergemacht. Nach dem Sieg Vespasians über seine Rivalen wurden die in Italien gebliebenen Teile der Legion nach Dakien versetzt, wo sie entweder untergingen oder aufgelöst wurden. (Über Datum und Umstände des Endes der Legion werden in der Literatur verschiedene Meinungen vertreten, auf die hier nicht eingegangen werden kann.)
Unter den 70 noch lesbaren Namen auf dem Tropaeum von Adamklissi, das Trajan zum Gedächtnis der in den Dakerkriegen gefallenen Soldaten errichten ließ, werden 9 als „Agrippinenses", Kölner Bürger, bezeichnet. „Das Heer vom Rhein hatte wie die Städte am Rhein schon in den ersten hundert Jahren ein eigenes, ein rheinisches Gesicht bekommen" (Doppelfeld).
Das Grabmal stand an der Militärstraße von Köln nach Bonn. Man hat sich gefragt, wie es dazu kam, daß das Monument in Stücken unter die Erde gelangte und nicht, wie etwa die Igeler Säule, heute noch aufrecht steht. Es ist die Meinung vertreten worden, daß das Monument gewaltsam zerstört worden sei, weil in der Inschrift die V. Legion genannt war. Wegen ihres Verhaltens im Bataveraufstand oder wegen ihrer später angeblich unter unehrenhaften Umständen erfolgten Auflösung (die Legion soll im Dakerkrieg 86 n. Chr. ihren Adler verloren haben) sei die Legion der Verdammung anheimgefallen und alle auf sie bezüglichen Erinnerungsstücke seien vernichtet worden.
In seiner Schrift „Die Auffindung des Poblicius-Grabmonuments in Köln" hat Dr. Peter La Baume die These von der gewaltsamen Zerstörung des Denkmals überzeugend widerlegt. Er weist auf den guten Erhaltungszustand der aufgefundenen Stücke hin, der sich mit einer absichtlichen Zerstörung durch Menschenhand nicht vereinigen lasse. Außerdem wären die wertvollen Quadern sicherlich als Baumaterial verwendet worden, wenn das Denkmal mit Vorbedacht abgetragen worden wäre. Nichts weist darauf hin. Im Gegenteil, das Denkmal ist recht vollständig aufgefunden worden. Dr. La Baume führt die Zerstörung des Denkmals auf eine Naturkatastrophe zurück. Entweder habe ein reißender Bach oder ein plötzlich ausbrechender Rheinarm das Denkmal unterspült und auf diese Weise zu Fall gebracht. Darauf deutet auch die Tatsache hin, daß die skulptierten Quadern in eingeschwemmtem Lehm gefunden wurden. Wenige Jahre nach der Errichtung des Poblicius-Denkmals erhielt die Ubiersiedlung mit ihrer Erhebung zur colonia eine italische Stadtverfassung und damit das Recht, eine Mauer mit Toren und Türmen zu bauen.
An diese *Stadtwerdung Kölns* erinnert der *Mittelbogen des römischen Nordtores*, der sich dem Besucher beim Betreten der Großen Ausstellungshalle als erstes darbietet. Ihn begrüßt, wie einst den Fremdling, der sich von Norden her der Stadt näherte, der stolze Name der Stadt, dessen Anfangsbuchstaben „CCAA" (Colonia Claudia Ara Agrippinensium) auf der Feldseite des Bogens eingemeißelt sind. Die darunter sichtbaren Reste einer später wieder getilgten Inschrift („IA GALLIEN") werden mit einer vorübergehenden Änderung des Stadtnamens zur Zeit der Kaiser Valerianus und Gallienus („VALERIANA GALLIENA") (253–268 n. Chr.) in Zusammenhang gebracht.

Der hinter dem Torbogen aufgebaute *Teil eines Turmes der römischen Stadtmauer* gehört gleichfalls zum Thema: Köln wird Stadt. In dem Turm, der von dem Lysolphturm (s. o.) abgeformt ist, ist eine Handbibliothek untergebracht.
Rechts schließt sich die Insel mit dem Thema „*Agrippa vermißt das Land der Ubier*" an. Neben einer überlebensgroßen Porträtbüste von Agrippa, dem Gründer des oppidum Ubiorum und damit letztlich von Köln, stehen Denkmäler, die sich auf den Straßenbau und das römische Straßensystem beziehen; ein Weihestein für die Göttinnen der Kreuzwege, Straßengabelungen, Straßen und Pfade („quadriviis, trivis, viis, semitis") und ein Meilenstein, der die Entfernung von Köln („A Colonia Agrippinensium") mit 1 gallischen leuga ( = 2,2 km) angibt. Die Vermessung von Grundstücken bekundet ein von den Besitzern des „ersten Ackerviertels" (scamnum primum) des Dorfes (vicus) Lucretius (eines noch nicht bestimmten Teils des Kölner Stadtgebietes) gewidmeter Weihestein.
In den Wandvitrinen sind einheimische Keramik in keltischer Tradition aus der ersten Hälfte des 1. nachchristlichen Jahrhunderts, einheimische Keramik unter römischem Einfluß, Trachtenschmuck der Ubier, Münzfunde und sogenannte „Belgische Ware", eine Nachahmung klassischer Terra Sigillata in schwarz und rot (terra nigra und terra rubra), die auch am Niederrhein getöpfert wurde, ausgestellt.
Diese Funde leiten über zur nächsten Insel mit dem Titel: „*Oppidum Ubiorum, Stadt der Ubier*". Die Ubier waren ein durch keltische Kultur geprägter Germanenstamm, der, wie bereits erwähnt, Bundesgenosse der Römer war. Hier werden u. a. gezeigt Bildnisse des Kaisers Augustus, unter dessen Herrschaft die Stadt der Ubier begründet wurde (ein Jugendbildnis des Kaisers, manchmal auch als Bildnis seines Enkels und Adoptivsohnes C. Caesar gedeutet, und ein Kopf des Kaisers im Gewand des Oberpriesters); Porträtkopf einer Ubierin mit der für die verheiratete Frau charakteristischen Haube, die auch auf Altären der Muttergottheiten zu sehen ist; Grabdenkmäler von zwei Bewohnern der Ubierstadt, des Sklavenhändlers (mango) Gaius Aiacius (20–30 n. Chr.) („Mango" wird auch als Teil des Namens – Beiname, cognomen – nicht als Berufsbezeichnung, gedeutet) und der Bella aus Reims; Mosaikstücke vom Fußboden eines Hauses der Ubierstadt.
Die auf der Insel „*Das Militär erschließt das Land*" zusammengestellten Steindenkmäler veranschaulichen die zivilisatorische Rolle des römischen Heeres. Menschen verschiedener Nationalität lernten, friedlich zusammenzuleben. Neues Wissen, neue Götter kamen ins Land, die öffentliche Ordnung wurde geschützt.
Der Rheinarmee ist die Verbreitung römischer Kultur in Köln zu verdanken. Ihr Oberbefehlshaber war eine Zeitlang Germanicus, dessen Porträtbüste hier aufgestellt ist, zusammen mit der seiner Tochter, Agrippina der Jüngeren, auf deren Betreiben das oppidum Ubiorum zur Kolonie erhoben wurde. Grabdenkmäler von Soldaten aus dem heutigen Belgien, aus der Türkei, aus Südfrankreich, die in Köln lebten und dort starben, zeigen das bunte Völkergemisch, aus dem das römische Heer zusammengesetzt war. Ein Fries mit Darstellungen von Waffen und Orden von der Grabkammer eines römischen Offiziers soll an die militärische Tüchtigkeit des Verstorbenen erinnern (ähnlich wie der Waffenfries auf dem Architrav des Poblicius-Grabmals).
Ein Standbild der Heilgöttin Hygieia (das beschädigte Original und eine Nachbildung der vollständigen Statue) steht hier als Symbol für den hohen Stand der römischen Gesundheitspflege. Das Standbild wurde zusammen mit einem (verlorengegangenen) Bruchstück einer Statue gefunden, die wahrscheinlich den

## Köln

Gott der Heilkunde Asklepios, lateinisch Aesculapius, darstellte. Ein Inschriftfragment mit dem Namen „Asklepios soter" (Asklepios der Retter) gehört zu der gleichen Fundgruppe. („Der Steinmetz kam mit den ungewohnten griechischen Buchstaben nicht zurecht, wie erste Versuche mit dem Sigma (C) in der ersten Zeile zeigen.").

Zwei Altäre für Jupiter sind von beneficiarii consularis, Wegepolizeimeistern unter dem unmittelbaren Befehl des Statthalters (consularis), gestiftet und dienen hier als Hinweis, daß die Armee auch polizeiliche Aufgaben zu erfüllen hatte. Die gegenüberliegenden Vitrinen zeigen Glas- und Tongegenstände von der Art, wie sie im Troß des Militärs in die neue Provinz am Rhein gelangten.

Gegenstände in der danebenstehenden Vitrine stehen unter dem Motto: „ *Politik im Handformat* ". Bildnisse von Mitgliedern des Herrscherhauses (hier das berühmte Glasporträt des Kaisers Augustus – kein Kölner Erzeugnis –; die Glasbüste eines kaiserlichen Prinzen, vermutlich des späteren Kaisers Constantin II., jüngstem Sohn Konstantins des Großen), Medaillons, Dekorationen (phalerae), Münzen mit Kaiserbildnissen und Darstellungen geschichtlicher Ereignisse dienten „ im Handformat" bestimmten politischen Zwecken, insbesondere dem Gedanken von der Fortdauer des Reiches und der Herrschaft durch den gesicherten Bestand der Dynastie.

Damit wird der Übergang hergestellt zu den Steindenkmälern auf der Insel „ *Herrschaft, Straßen, Plätze und Stadtplanung* ". Das Bildnis des Kaisers auf Straßen und Plätzen der Stadt war symbolisch für die zentrale Stellung des Herrschers, von dem alle politische Macht ausging. Auf die Zentrale (Rom) war auch die Verwaltung ausgerichtet. Selbst eine von Rom so weit entfernte Stadt wie Köln galt in Planung und Verwaltung als Abbild der Metropole.

Unter den Denkmälern, die die „Allgegenwart und Macht des Herrscherhauses" in der Stadt dokumentierten, steht die Bauinschrift aus dem Jahre 67 n. Chr. sowohl wegen ihres Inhalts wie auch wegen der edlen Klassizität des monumentalen Schriftbildes an erster Stelle. Die Inschriftplatte wurde 1970 unter der Hafenstraße an der Südseite des Museums entdeckt. Sie dürfte von einem öffentlichen Gebäude stammen, das Kaiser Nero von Soldaten der in der Inschrift genannten XV. Legion (damals in Vetera → Birten stationiert) während der Statthalterschaft des Legaten Publius Sulpicius Scribonius Rufus errichten ließ. (Doppelfeld [„Der Rhein und die Römer"] nimmt an, daß die Platte von einer Kolossalstatue Neros herrührt.)

Das Gedächtnis Neros wurde nach seinem Selbstmord 68 vom Senat verdammt (damnatio memoriae). Das hatte zur Folge, daß alle Nero-Erinnerungen ausgelöscht werden mußten. Der Name Neros wurde allerdings von der Inschrift nicht getilgt, wie dies bei anderen Inschriften geschah (siehe Jupitersäule in → Mainz). Vielmehr wurde die Platte im Ganzen entfernt und als Deckplatte eines Abwässerkanals verwendet. Dieses unrühmliche Ende mag die Schmach der Namenstilgung noch übertroffen haben, war aber zugleich auch die Ursache für den hervorragenden Erhaltungszustand der Inschrift, deren Buchstaben sogar noch Spuren der ursprünglichen roten Farbe zeigen. Der in der Inschrift genannte Legat Publius Sulpicius Rufus war Statthalter in Niedergermanien zu der gleichen Zeit als sein (Zwillings-?)Bruder, der in der Inschrift auf der Mainzer Jupitersäule genannten Publius Sulpicius Scribonius Proculus, Statthalter der Provinz Obergermanien war. Beide Brüder zogen es vor, freiwillig aus dem Leben zu scheiden, statt sich einem Prozeß vor Nero auszusetzen, bei dem sie wegen angeblicher Umtriebe gegen den Kaiser denunziert worden waren.

Ähnlich wie die Neroinschrift diente auch die Bauinschrift für ein Heiligtum des Jupiter Dolichenus mit den für jeden sichtbaren Namen der regierenden Herrscher Caracalla (Marcus Aurelius Antoninus) und seines Bruders, Publius Septimius Geta, sowie ihrer Mutter Julia der Verherrlichung des Kaiserhauses. Das Standbild eines Imperators (nur als Torso erhalten) war ebenfalls Symbol der alles überragenden kaiserlichen Macht. (Das Material des Standbildes ist lothringischer Sandstein statt des üblicherweise bei Standbildern dieser Art verwendeten Marmors, was auf Versorgungsschwierigkeiten schließen läßt, wie sie in den ersten Regierungsjahren Vespasians in den Provinzen bestanden hatten.)

Weihesteine für die Schutzgöttinnen Lucretia und Gantuna dokumentieren die Einteilung des Stadtgebietes in Bezirke mit eigenen örtlichen Schutzgottheiten.

In die Welt der Einwohner Kölns – sie nannten sich „*Agrippinenses* " – führen die nächsten Steindenkmäler von einem Grabtempel. Neben Pfeilergrabmälern, wie dem Poblicius-Denkmal, gehörten Grabtempel zu den aufwendigen Grabbauten vormögender Bürger. Porträtköpfe und Skulpturen auf Grabsteinen zeigen Gesichter von Agrippinenses. Die Bewohner Kölns waren vielfach Veteranen, die nach ihrer Entlassung aus der Armee nicht mehr in ihre frühere Heimat zurückkehrten, sondern sich in Köln niederließen, wie z. B. Marcus Valerius Celerinus, Veteran der X. Legion. Er war aus Spanien an den Rhein gekommen. Nach seiner Entlassung aus dem Militärdienst „ging er mit gefülltem Beutel nach Köln, lernte eine Kölnerin kennen und lieben, heiratete sie, wurde Kölner Bürger und vergaß, nach Spanien zurückzukehren" (Filtzinger).

Inschriften auf Grabsteinen von der Insel „ *Menschen und Verwaltung in der Stadt* " enthalten neben Hinweisen auf die ethnische Vielgestaltigkeit der Kölner Bürgerschaft Angaben, die mit der städtischen Verfassung Kölns und seiner Stellung als Provinzhauptstadt und Kaiserresidenz unter Gallienus 257 und während der Zeit des gallischen Sonderreichs unter Postumus (258–268) zusammenhängen.

Die Amtsbezeichnung „decurio", Ratsherr, erscheint in der Inschrift auf dem Steinsarkophag für Deccia Materna, deren verstorbener Vater, Deccius Fruendus, das Amt eines Kölner Ratsherrn bekleidet hatte („quondam decurionis CCAA"), und auf einem Weihestein für Liber Pater und Herkules, der von „Vannius Adiutor, decurio" gestiftet war.

Während seiner kurzen Rolle als Kaiserresidenz war eine Prätorianergarde in Köln stationiert. Darauf deutet die Inschrift auf dem Grabstein für Liberalinius Probinus, „tribunus praetorianus" (Oberst in der Praetorianergarde) hin, den ihm seine Witwe Barbarinia Accepta hatte setzen lassen, zugleich für ihre Tochter Liberalinia Probina, die möglicherweise zur selben Zeit wie ihr Vater gestorben war. (Der Grabstein trägt zwei Inschriften. Ungefähr 100 Jahre vor seiner Verwendung durch die Offizierswitwe hatte der Stein als Grabmal für Maria Marcellina, Gattin des Veteranen C. Julius Maternus, gedient.)

Vier aus einem Block gehauene Grabsteine stammen von der Grabstätte einer Familie, die aus der Gegend von St. Quentin in Frankreich nach Köln übergesiedelt war.

Das Thema vom Kölner Bürger wird weitergeführt in der Sammlung von Grabmälern und Weihealtären auf der Insel „ *Gewerbe und Handel* ". Köln war vornehmlich eine Industrie- und Handelsstadt. Kein Wunder, daß Merkur, dem Gott des Handels, besonders viele Weihungen dargebracht wurden, entweder auf Geheiß des Gottes („ex iussu") oder in Erfüllung eines Gelübdes, das der Gott es verdient hatte („votum solvit libens merito").

Unter den gewerbetreibenden Kölner Bürgern werden in den Weiheinschriften genannt: Ein Händler mit Steinmetzarbeiten (negotiator artis lapidariae); ein Mitglied der Berufsgenossenschaft der Zimmerleute (ex collegio fabrum tignariorum); ein Zimmermann (ticnarius); ein Metzger (negotiator lanio); ein Mitglied der in Köln ansässigen Mehlhändler (ex collegio pisstricorum consistentium CCAA); ein Parfümhändler (negotiator séplasiarius); ein Händler (negotiator); ein Geldwechsler und Bankier (negotiator nummularius); ein Inkassoagent (coactor argentarius). Amphoren dienten als Verpackungsmaterial und als Vorratsgefäße.

Zur Veranschaulichung von *Handwerk, Handel und Industrie* im römischen Köln dienen auch die Fundgegenstände in den benachbarten Vitrinen. Vom Bauhandwerk zeugen Maßstäbe und Zirkel aus Bronze und Ziegelstempel. Die Kölner Töpfer und Glasindustrie ist vertreten durch Töpferwaren aus dünnwandigem, weißen Ton, eine Kölner Spezialität ebenso wie Terra-Sigillata-Becher mit Jagdszenen; zahlreiche Parfüm- und Salbenbehälter aus Glas; Schminkasten; langhalsige Kugelflaschen mit Salbenrückständen; Terrakottenfiguren von Gottheiten; manche der Terrakotten sind, wie bereits oben erwähnt, mit dem Namen des Fabrikanten und dem Herstellungsort als Schutz gegen Nachahmungen gestempelt; Merkurstatuetten; Metallgefäße (getriebene Bronzekanne); Pokal mit eingedelltem Rand. Eine ganze Wand ist geschmückt mit den Erzeugnissen Kölner Töpferwerkstätten (Kochtöpfe, Mischkrüge, Becher) und Kölner Glashütten (vielfältige Formen von Flaschen, Urnen, Henkelkrügen, Salben- und Parfümbehälter). Zu sehen sind ferner: Bilderschüsseln, rheinische Sigillaten mit Barbotineverzierungen, birnenförmiger Henkelkrug mit dem plastisch eingesetzten Kopf eines Gottes.

Das Thema „*Einheimische Gottheiten*" wird in einer reichen Sammlung von Weihealtären behandelt, insbesondere Altären für keltisch-germanische Muttergottheiten (matres, matronae). Sie werden gewöhnlich als Dreiheit verehrt und tragen mannigfaltige Beinamen, die, so wird angenommen, dem Familien- oder Ortskreis entstammen. Römer vom höchsten Staatsbeamten bis zum einfachen Soldaten verehrten einheimische Gottheiten.

Von besonderem Interesse in dieser Hinsicht ist ein der germanischen Göttin der militärischen Tapferkeit und Tugend, Vagdavercustis, von Seiner Exzellenz, Titus Flavius Constans, Kommandeur der Praetorianergarde, gewidmeter Altar („Deae Vagdavercusti Titus Flavius Constans praefectus praetorio eminentissimus vir"). Der Dedikant ist dargestellt, wie er nach römischem Ritus der germanischen Göttin ein Opfer darbringt. Als Kommandeur der Praetorianergarde bekleidete Titus Flavius Constans eine Spitzenstellung in der römischen Hierarchie. Er wird sich aus wichtigem (uns unbekanntem) Anlaß in Köln aufgehalten haben, als er – in der zweiten Hälfte des 2. Jahrhunderts n. Chr. – der germanischen Gottheit seine Verehrung erwies. Unter zahlreichen *Weihealtären für die Matronae* ist der mit der Nr. 8 bezeichnete Altar besonderer Beachtung wert. Die knappe Inschrift auf dem unscheinbaren Steindenkmal berichtet von einem welthistorischen Ereignis. Der Altar war von C. Iulius Mansuetus, Soldat in der in Bonn stationierten I. Legion Minervia, in Erfüllung eines Gelübdes freudig und nach Gebühr den Aufanischen Muttergottheiten gewidmet. In einem Zusatz zu der Weiheformel sagt Mansuetus von sich: „Fuit at Alutum flumen secus montem Causasum" (er war beim Alutus(Alontas)fluß am Kaukasusgebirge). Alontas ist der Fluß Terek in Südrußland, der ins Kaspische Meer fließt.

Aus der Inschrift ergibt sich, daß Mansuetus mit Teilen der I. Legion von Bonn am Partherfeldzug des Kaisers Marc Aurel (162/66 n. Chr.) teilgenommen hatte, als Truppen aus dem Westen des Reichs das Ostheer verstärken mußten. Offenbar hatte Mansuetus den Schutzgottheiten seiner rheinischen Garnisonsstadt für den Fall seiner Rückkehr aus Rußland an den Rhein ein Dankopfer gelobt. Mit diesem bescheidenen, den Mitteln eines einfachen Soldaten angemessenen Weihealtar erfüllte Mansuetus sein Gelübde.

Ein weitgespanntes und ständig in gutem Zustand erhaltenes Straßennetz ermöglichte Reisen im römischen Weltreich über weite Entfernungen. Ein nach antiken Vorbildern rekonstruierter *Reisewagen* soll den römischen Reisekomfort veranschaulichen. „Der Wagen war bequem, hatte ausreichenden Gepäckraum, und man konnte darin auch schlafen" (Kretzschmer). Anlaß für die Rekonstruktion gab eine seit längerem im Besitz des Museums befindliche Sammlung von bronzenen Wagenbeschlägen, in sich selbst kleine figürliche Kunstwerke, mit denen der Wagen geschmückt war.

In einer Vitrine sind weitere Gegenstände zum Thema „ *Pferd und Wagen* " ausgestellt: Zwischenauflagen für Wagenbalken; Beschlagbänder; figürlich gestaltete Tülle; Tülle mit Ringverteiler als Basis für eine Merkurstatue; Beschlagringe; Trensengestell; eine Tonbilderlampe (mit der Darstellung des Vorgespanns eines Leichenwagens); Aufhängervorrichtung in Form eines Fingers; Bestandteile eines Zaumgeschirrs.

Neben dem Straßennetz dienten Flüsse als Verkehrswege. Köln war seit den Zeiten der Ubierstadt ein bedeutender Rheinhafen. Ausstellungsobjekte auf der Insel „ *Güterumschlag im Rheinhafen* " sollen die Stellung der Colonia als eines der wichtigsten Binnenhäfen des römischen Weltreiches bekunden und zugleich Auskunft geben über Menschen, die mit der Schiffahrt befaßt waren, und ihre religiösen Vorstellungen auf diesem Gebiet.

Letztere werden veranschaulicht durch Masken bärtiger Flußgötter; durch eine Reihe von Weihungen an die Göttin Fortuna, Schutzgöttin der wichtigen Getreidetransporte, durch einen Weihestein für die keltische Göttin Nehalennia, Schutzpatronin der Seefahrt, insbesondere Göttin der Englandfahrer (ihr Haupheiligtum befand sich auf der holländischen Insel Walcheren vor der Südwestküste Hollands, die auch Kölner Kaufleuten als Ankerplatz für den Handel mit Britannien diente; viele von ihnen hatten dort der Göttin aus Dankbarkeit Weihesteine errichtet); eine Weihinschrift für Apadeva, eine einheimische Quellgöttin; ein Relief für Quellnymphen.

Die Bedeutung Kölns für den Handel mit Britannien wird durch eine Weihinschrift dokumentiert, die Gaius Aurelius Verus, Freigelassener des Gaius, für den Gott Apollo setzte. In der Inschrift, in schöner capitalis quadrata auf einer schwarzen Marmortafel, nennt sich der Stifter „negotiator Britannicianus" (im Britannienhandel tätig). Die Tafel war mit Zustimmung des Stadtrates aufgestellt („loco dato decreto decurionum").

Auf einigen Grabsteinen werden Mitglieder der Rheinflotte genannt; so der Matrose Aemilius und der Untersteuermann (proreta) Horus (in der Tracht eines römischen Bürgers), der aus Alexandria in Ägypten stammte und in Köln im Alter von sechzig Jahren starb. (Im unteren Teil das Relief eines Vorschiffs mit seinen Aufbauten; auf dem Vorschiff hatte der für den Ausguck verantwortliche Untersteuermann seinen Platz.)

*Eichenholzpfähle* mit Eisenschuhen, wie der hier aufgestellte, aus dem Rhein geborgene Pfahl, dienten als Fundamentroste der Kaianlagen des Kölner Rheinhafens. Die drei an dem Pfahl angebrachten *Kugelgewichte* stammen von einer römischen Standwaage, wie sie in Häfen und auf Märkten verwendet wurden. Die anderen Eichenholzpfähle, ebenfalls im Rhein gefunden, gehörten zu einem Fundamentrost der Brücke,

**Köln**

die Konstantin der Große im Jahre 310 zwischen Köln und der rechtsrheinischen Festung Divitia errichten ließ.

Das Bruchstück eines Steines mit dem Bild eines Elefanten soll darauf hinweisen, daß man in Rom, wie heute noch in Indien, Elefanten zum Transport schwerer Lasten einsetzte.

In einer zu dieser Insel gehörenden Vitrine werden Gegenstände gezeigt, die sich auf „*Hafen und Schiffahrt*" beziehen: eine bronzene Galionsfigur in der Form einer Maske des Gottes Oceanus; mehrflammige Tonlampe in der Gestalt eines Schiffes; ein Schiff aus Bernstein mit drei musizierenden Eroten (über seine Verwendung ist nichts bekannt; der Fundort beweist, daß es in Köln Werkstätten für Bernsteinverarbeitung gab); ein bronzener Delphin.

Die folgenden Vitrinen sind verschiedenen Themen gewidmet: „*Vergnügen und Elend*" wohnten auch im römischen Köln eng beieinander. Vom frohen Zechen berichten schwarztonige Becher mit Trinksprüchen, Mädchennamen; eine Feldflasche. Die Kehrseite findet Ausdruck in den Gesichtern trunkener alter Frauen, die auf einem Weinkrug und in einem an der Westseite des Domes gefundenen Marmorkopf dargestellt sind.

Zum Thema „*Philosophie und Politik in der Antike*" werden gezeigt: Bronzene Kelche mit figürlich verzierten Henkeln; der Astronom und Poet Aratos mit der Maske eines Kabiren (Fruchtbarkeitsgottheit); eine Büchse mit einer bronzenen Maenade; Tongefäß in der Gestalt eines Satyrkopfes; Trinkgefäß aus Ton mit grotesker Maske; Bronzegerät in der Gestalt des mißgebildeten ägyptischen Gottes Bes; Bronzeköpfchen eines Satyrknaben; Herkules mit dem nemeischen Löwen; Kopf eines Lehrers der neuplatonischen Schule., Weihrauchgefäß in der Form eines Priesterkopfes.

Gegenstände in der Vitrine „*Aus der Residenzstadt des Postumus*" illustrieren den verfeinerten Geschmack der reichen Oberschicht, als Köln unter Postumus (258–268) kaiserliche Residenz war. Zu sehen sind u. a. Glas und Edelsteine, ein Salbenbehälter aus Achat, ein Parfümbehälter in der Form eines Fäßchens, ein Skyphos (tassenförmiger Trinknapf mit zwei am Mündungsrand waagerecht abstehenden Henkeln). Als Pedant zu diesen Gegenständen wird in der danebenstehenden Vitrine der „*Reichtum römischer Gläser*" gezeigt (Schliffteller, Schliffbecher, Nuppenschale, Henkelkanne, Trinkhorn, Flasche).

Die auf der Insel „*Kunst und Politik*" zusammengestellten Steindenkmäler erinnern daran, daß Architektur und bildende Kunst im römischen Köln oft für politische Ziele eingesetzt wurden und daß die Politik auch das Schicksal von Kunstwerken bestimmen konnte. Architekturteile (Bruchstücke von Säulen, Gesimsen) könnten von öffentlichen Gebäuden stammen, in denen sich die Macht des Herrschers manifestierte. Die Skulptur des Herkules mit dem Löwen verkörpert den Sieg des Bösen über das Übel oder, politisch gesehen, den Sturz des Tyrannen.

Bildnisse von Philosophen oder Kunstwerke, in denen eine philosophische Lehre Ausdruck fand, waren Zerstörungen aus politischen Motiven ausgesetzt. So verschwanden im römischen Köln nach dem erfolgreichen Aufstand des Postumus Bilder des Philosophen Plotin, der mit Gallienus, dem gestürzten Kaiser, eng befreundet war. Andererseits es unter der Herrschaft des Postumus, den ein Anhänger des griechischen Philosophen Diogenes war, „unbedenklich", ein Relief wie das hier gezeigte von Eber und Hund zu besitzen oder öffentlich aufzustellen, weil in der Skulptur der von Schülern des Diogenes formulierte Gedanke zum Ausdruck kam, daß der Schwächere oft des Stärkeren Herr wird. Nach seinem Sieg ließ Postumus Bildnisse von Mitgliedern des früheren Herrscherhauses verstümmeln, wie der Marmorkopf des Prinzen Valerianus, Sohn des Gallienus, verdeutlicht.

Der kleine, am Kölner Neumarkt gefundene Marmorkopf der Athena Parthenos (vor der marmorinkrustierten Wand) mag das Bildnis der Stadtgöttin gewesen sein. „Es ist eine ansprechende Vermutung, daß der Marmorkopf der Colonie als Palladium oder glückverheißendes Bild der Schützerin der Städte, Pallas, gedient habe" (Doppelfeld).

Die bunte Mannigfaltigkeit von Säulenresten und Kapitellen, die auf der Insel „*Römische Großbauten*" aufgestellt sind, lassen den Reichtum und Prunk der öffentlichen Bauten der Colonia, von denen oberirdisch nichts mehr erhalten ist, wenigstens erahnen. Mit der schematischen Rekonstruktion einer marmornen Inkrustationswand aus Materialien, die nachweislich im römischen Köln verwendet waren, soll die aufwendige Innenausstattung Kölner Häuser verdeutlicht werden.

Bevor wir die berühmte Sammlung römischer Gläser betrachten, ein Blick auf das *Philosophenmosaik*. Es wurde 1844 im Garten des Bürgerhospitals gefunden. (Heute steht dort die Kunsthalle.) Das Mosaik datiert aus der zweiten Hälfte des 3. Jahrhunderts n. Chr., also aus der Zeit, als Postumus in Köln regierte, und mag den Fußboden eines Palastes oder einer „Philosophenschule" geschmückt haben. Nach einem Münzfund zu schließen, wurde das Gebäude noch in der zweiten Hälfte des 4. Jahrhunderts benutzt. Das Mosaik wurde im Zweiten Weltkrieg erheblich beschädigt, konnte aber weitgehend wiederhergestellt werden.

In sieben achteckigen Bildfeldern befinden sich Brustbilder von griechischen Dichtern und Philosophen („Die Sieben Weisen") mit griechischen Namensbeischriften (Kleobulos, Sokrates, Cheilon, Plato, Aristoteles, Sophokles und in der Mitte Diogenes). Die dargestellten Personen gelten allerdings als Denker aus der Mitte des 3. Jahrhunderts.

Insbesondere glaubt man, in dem mit Diogenes bezeichneten Bildnis den Philosophen Plotin zu erkennen, der erst nach der Machtergreifung von Postumus in den „ungefährlichen" Diogenes „umfunktioniert" wurde, indem man den Namen veränderte und dem kreisrunden Bildrahmen durch Hinzufügen eines Schattens den Anschein der Tonne des Philosophen gab. Die Wandgemälde („wie in Pompeji") rings um das Mosaik stammen aus dem bei Ausgrabungen an der Südseite des Domes 1969/70 entdeckten Wohnraum. Dargestellt sind u. a. die göttliche Pomona, eine Weinlese, Pan und Satyr. Beachtenswert auch die für provinzielle Wandmalereien Galliens, Germaniens und Rätiens charakteristischen sog. Schirmkandelaber (Ständer mit schirmartigen Plattformen und fasrig ausgefransten Rändern).

Die in sechs quadratischen Vitrinen mit je drei Geschoßfächern ausgestellte *Sammlung römischer Gläser* gilt als die bedeutendste der Welt. Die einzelnen Abteilungen sind gut beschriftet. Zur Orientierung mögen hier die folgenden Hinweise genügen:

*Vitrine 1* enthält *Buntgläser* des 1. und 2. nachchristlichen Jahrhunderts (meistens aus Oberitalien), und anderes, z. B. einen Doppelhenkelbecher aus Bergkristall. Unter den Gläsern: Salbenfläschchen, Taubenfläschchen, blau-goldene Rippenschale, Millefiori-Gläser, Schminkkugel, Doppelhenkelbecher.

*Vitrine 2. Naturfarbenes Glas* des 1. und 2. nachchristlichen Jahrhunderts: Henkelkrüge, Aschenurnen, Griffschale, Badeflasche (aryballos), liegendes Fäßchen, Fläschchen in der Form einer Amphore.

*Vitrine 3. Formgeblasenes Glas und Nuppenglas*: Nuppenbecher, Flasche mit Nuppen, Trinkhorn mit Nuppen; Traubenflasche; ein im Korbsessel sitzender Affe mit Kapuzenmantel, der in den Vorderpfoten

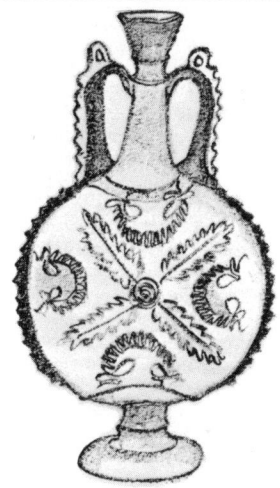

*Köln, Schlangenfadenvase*

eine Hirtenflöte (syrinx) hält (s. Mittelrheinisches Museum in → Mainz für eine ähnliche Figur in Bronze); Kopfflasche, Doppelkopfgefäß, Merkurflaschen.
*Vitrine 4 . Kölner Glas* : Schlangenfadenglas, Sechskantflasche, ein Service mit Griffschale und Henkelkanne; das „Meisterwerk", das prächtigste aller erhaltenen Fadengläser, eine Zierflasche mit weißen, blauen, roten und goldenen Auflagen; zwei Pokale aus grünem Glas mit weißen Schlangenfäden, Flasche mit Täubchen, Becher, Flasche mit Muscheldekor, **Dellenflasche, Kerzenleuchter.**

*Köln, Parfümbehälter (Glas)*

*Vitrine 5 . Schliffgläser* : Teller, zweihenkelige Flasche, Schale mit aufgesetztem Medaillon, kugeliger Becher mit einer Darstellung der Lynkeussage, Schale mit Jagdszenen, zweihenkelige Flasche mit Lotosblumen, zweihenkeliger Becher (Skyphos); die „Zirkusschale", das Hauptwerk der Schliffgläser am Rhein; dargestellt ist ein Wagenrennen um das Haupt des Sonnengottes als Mittelpunkt.
*Vitrine 6 . Sonderformen* : Henkelflasche mit Federmuster, Henkelkanne mit Innenkännchen, Konchylienbecher (auf dem Becher plastisch aufgesetzte Lebewesen des Meeres; siehe auch Museum in → Trier), Parfümbehälter in der Form eines Ebers; das „Diatretglas", 1960 in Köln-Braunsfeld gefunden, mit smaragdgrünem Netzwerk, goldgelbem Kragen und rotvioletter Inschrift in griechisch: „Pie zesais kalos aei" (Trinke, damit du immer gut lebst); das Glas wurde um die Wende zum 4. Jahrhundert n. Chr. angefertigt (zur Technik der Herstellung s. o.); Salbenbehälter, Trinkhorn, Becher mit Netzmuster.
Wir wenden uns zunächst nach rechts zur Insel mit dem Thema „ *Kulturbetrieb* ". Das Wort „Kultur" ist hier in weitestem Sinne gebraucht. Es umfaßt Wissenschaft, Dichtung, bildende Kunst, Musik und Vergnügungen (öffentliche Spiele, Theater, Amphitheater). Auf den geistigen Bereich verweisen der Kölner He-

sionesarg mit Darstellungen aus der griechischen Mythologie, ein für den gebildeten Römer wesentlicher Wissenszweig; Marmortorso des Jägers Meleager, einer griechischen Sagengestalt; an der Wand ein teilweise zerstörtes Fußbodenmosaik mit dem Bildnis des Philosophen Epikur; auf die Musik beziehen sich das Grabdenkmal für den griechischen Flötenspieler Ruphus – er mag sich auf einer „Tournee" befunden haben, als er in Köln starb – und der Grabstein des Sidonius und Xantias, ersterer ebenfalls ein Flötenspieler, während Xantias, wie in der metrisch gebundenen Grabinschrift berichtet wird, die Kunst der Stenographie beherrschte und als Privatsekretär der einzige war, der seines Herrn Geheimnisse wissen durfte („..arcana qui solus sui sciturus domini fuit").
In die Welt der öffentlichen Spiele führt ein Altar für Diana, Göttin der Jagd, dessen Stifter, ein centurio der in Vetera ( → Birten) und später in Novaesium (→ Neuß) stationierten VI. Legion Victrix pia fidilis, in der Inschrift verkündet, daß er einen neuen Zaun für das Tiergehege des Zirkus aus eigenen Mitteln errichten ließ (der Stein gilt als Beweis, daß es in Köln ein Amphitheater gab, dessen genaue Lage allerdings bisher noch nicht einwandfrei ermittelt werden konnte); der Stifter eines ebenfalls der Diana geweihten Weihesteins, ein centurio der in Bonn stationierten I. Legion Minervia, rühmt sich, in sechs Monaten fünfzig Bären gefangen zu haben, sicherlich für Tierkämpfe in der Arena („intra menses sex captis ursis numero L")..
Die Tatsache, daß die Stifter in beiden Fällen Offiziere benachbarter Legionen waren, deutet darauf hin, daß das Kölner Amphitheater weitgehend vom Militär betrieben und unterhalten wurde. Daß auch Gladiatorenkämpfe dort stattfanden, beweisen Grabsteine für zwei Gladiatoren und für einen Gladiatorentrainer (gladiatorum pater) und das Kölner Gladiatorenmosaik; die Bilderstreifen des Mosaiks zeigen Gladiatorengruppen, Spielleiter, Trainer, Aufseher und einen Teil der Sitzreihen (cavea).
Fundgegenstände in den ersten beiden Vitrinen gehören bereits zum Thema *Religion und Totenkult,* dem der größte Teil der Nordseite der Großen Ausstellungshalle gewidmet ist. Den „ *Kultischen Alltag* " und die Verbindung des Einzelnen mit den Göttern veranschaulichen Statuetten von Hausgöttern, denen Speise- und Trankopfer dargebracht wurden, Statuetten opfernder Männer und Frauen, Fruchtbarkeits- und Schutzamulette, Kerzenleuchter, Weihrauchbehälter, Öllampen.

*Köln, Diatretglas*

**Die übrigen Wandvitrinen nehmen wieder das Thema der Insel „Kulturbetrieb" auf. Die ausgestellten Bronzestatuetten sind bezeichnend für das Bestreben des gebildeten Römers, sich mit Kopien griechischer Meister zu umgeben und in der griechischen Sagenwelt bewandert zu sein. (Von der Bronzestatuette des**

**Köln**

jugendlichen Asclepios gibt es Gegenstücke in den Museen von → Bonn und → Karlsruhe.)
Das Fragment eines Grabaltars mit eingemeißelten griechischen Worten und Spruchbecher aus Trier, auf denen griechische Sprüche – allerdings mit lateinischen Buchstaben – geschrieben sind, bezeugen den Gebrauch des Griechischen als Zweitsprache.
Gegenstände in der Wandvitrine „*Öffentliche Schauspiele*" umfassen Mosaiken, eine Lampe mit der Darstellung eines Schauspielers, einen Krug mit der Darstellung eines Grotesktänzers, eine mit einer plastischen Maske verzierte Lampe. Zum Thema „*Gladiatorenspiele*" werden u. a. gezeigt: eine Feldflasche mit der Darstellung eines Gladiatorenkämpfers; eine Lampe in der Form eines Gladiatorenhelmes; ein Taschenspiegel mit Darstellungen von Gladiatoren.
In den folgenden Vitrinen wird eine einzigartige Sammlung von *Schmuckgegenständen* gezeigt, zeitlich von der Antike bis zur Völkerwanderungszeit reichend, und örtlich Byzanz, die Donauländer und die Lombardei umfassend. Aus der Fülle der ausgestellten Gegenstände: Hellenistisch-römischer Schmuck; Römische Ohrringe; Fibeln, Anhänger; Ohr- und Halsschmuck; Ringe, Ketten, Anhänger aus Gold und Bernstein; Silberbeschlag über Bronzekern mit durchbrochener Rankenverzierung und der Aufschrift: Ausonis vivas; vergoldete Bronzefibel mit durchbrochener Inschrift: Utere felix (Sei glücklich, solange du sie trägst); goldener Fingerring mit der Inschrift: Amo te merito (Ich liebe dich wie du es verdienst); römische Schmuckstücke aus Köln; Gagat-, Elfenbein- und Bernsteinschmuck.
Bevor wir uns dem letzten Thema, *Religion und Totenkult*, zuwenden, ein Blick in die *Studienausstellung* im Zwischenstock. Ausgestellt sind römische *Münzen*, ferner eine ungewöhnlich reiche Sammlung römischer *Lampen*, nach Gruppen geordnet: Formenentwicklung der Tonlampen; Lampen mit Darstellungen aus der Götter- und Sagenwelt; Warzen- und Vogelkopflampen; Lampen mit Tierdarstellungen; mit Darstellungen des Theaters und Zirkus; mit Amor- und erotischen Szenen; sogenannte Firmenlampen (mit dem Namen des Herstellers gestempelt).
*Bronzegegenstände* umfassen: Geräteteile, Löffel, Messergriffe, Glocken, Mobiliarzubehör, Schlüssel und Schlösser, Nadeln, darunter Nähnadeln zum Nähen von Stoffen und Leder und für die Herstellung von Netzen, Haarnadeln, medizinische Geräte.
Die Denkmäler auf der Insel „*Neue Erlöser*" zeigen, daß im römischen Köln neben römischen und einheimischen Göttern auch griechische und orientalische Gottheiten verehrt wurden.
Die Darstellung des „*Guten Hirten*" auf einem Grabdenkmal mit einer weiblichen Büste in einem Medaillon und der Aufschrift: „Memoriae" verkörpert „das Bild der Menschenfreundlichkeit und Menschenliebe, des rettenden Heils".
Die auf den Schmalseiten beim Stillen und Warten eines Säuglings dargestellte *Amme* („*nutrix*") Severina hat ebenfalls religiöse Bedeutung und mag eine einheimische Muttergöttin darstellen.
Griechische Gottheiten sind durch Bildnisse des Fruchtbarkeitsgottes *Priapos*, des Weingottes *Dionysos-Bacchus* und einen Altar für *Semele*, Mutter des Dionysos, und ihre Schwestern vertreten.
Der Kult ägyptischer Gottheiten ist bezeugt durch eine Weiheinschrift für *Isis* mit den unzähligen Beinamen („Isis Myrionymos") (der Stein wurde verbaut im Nordpfeiler des Dekagons von St. Gereon gefunden, s. o.); den Sockel eines Bildnisses des *Apis*-Stieres; das Bruchstück eines Altars mit der Inschrift: „Isidi invicte" (Der unbesiegten Isis) (Rückseite und Unterteil des Fragments wurden im Mittelalter in ein romanisches Würfelkapitell umgearbeitet und in der St. Ursula-Kirche verbaut, wo der Altar gewissermaßen als Symbol des Sieges des Christentums dienendes

Glied des christlichen Baues war); Altar und Weihestein für den ägyptischen Allgott *Sol Serapis* (mit einer die Fundstelle beschreibenden mittelalterlichen Inschrift).
Der Kult des persischen Lichtgottes *Mithras* war vor allem beim Militär, aber auch in den Städten verbreitet. In Köln sind bisher drei mithraische Kultstätten nachgewiesen; eine davon wurde 1970 bei Ausschachtungsarbeiten südlich des Domes aufgedeckt. Unter den Steindenkmälern auf dieser Insel ist der Mithraskult vertreten durch ein Altarbild, das die Felsgeburt des Gottes zeigt; das Bruchstück einer Weihung („Deo Invicto Mithrae Soli"), bezeichnenderweise von einem Veteranen gestiftet, und ein Relief von Cautopates, eines der beiden Begleiter des Gottes, der mit seiner gesenkten Fackel den Untergang der Sonne symbolisiert.
Auf der nächsten Insel sind Teile von „*Bauten und Bilder der alten Götter*" zusammengestellt, darunter das Bruchstück einer Bauinschrift am Tempel des Gottes Mercurius Augustus, dessen Fundamente unter dem Dom gefunden wurden; das Bruchstück von einer Inschrift von einem öffentlichen Bauwerk vom Ende des 4. Jahrhunderts (der unbekannte Bau wurde auf Befehl des Oberkommandierenden Flavius Arbogastes, eines Franken, errichtet); Bruchstücke von Jupitersäulen.
Von den „*Ersten Christen in Köln*" berichten Inschriften auf Steindenkmälern, die auf der Insel zur Rechten aufgestellt sind, u. a. die Bauinschrift des Clematius von der Kirche St. Ursula (s. o.) (hier ein Abguß vom Original) und Inschriften auf einer Reihe von Grabdenkmälern, meistens von Kindern, darunter die häufig zitierte Inschrift auf dem bei St. Severin gefundenen Grabstein des „Engelchen" Concordia („Concordia hic iacet pia parentibus. Vixit annum semissem. Innocens in caelis habetur." Concordia ruht hier. Sie war der Liebling ihrer Eltern. Sie lebte 1½ Jahre. Als unschuldiges Kind weilt sie nun im Himmel).
Bezeichnend für den kulturellen Verfall in spätrömischer Zeit ist die unbeholfene, von klassischen Vorbildern stark abweichende Buchstabenform und Anordnung der Inschrift auf dem Grabstein für den „im Barbarenland in der Nähe von Deutz von einem Franken erschlagenen" Leibwächter Viatorinus (den Grabstein hatte der stellvertretende Kommandant der Deutzer Garnison – „vicarius tribuni Divitiensium"; s. u. Deutz – setzen lassen) und das durch die germanische Aussprache korrumpierte Latein auf dem Grabstein für Leo („In oh tumulo requiescet in pace bone memorie Leo. Vixit annos XXXXXII, transiet nono idus ohtuberes; „oh" steht hier für „hoc", „ohtuberes" für „octobres").
Das Thema „*Römische und orientalische Gottheiten*" wird in den Schaukästen in der Mitte des Raumes noch einmal aufgenommen.
In sieben Schaukästen werden Bronzestatuetten und Tonfiguren römischer Gottheiten gezeigt (*1*. Apollo und Diana, Sol und Luna; *2. und 3*. Aphrodite – Venus; *4*. Bacchus – Dionysos, Eros und Merkur, Priapos; *5*. Mars, Victoria, Herkules; *6*. Athena – Minerva; *7*. Jupiter, Athena – Minerva.)
In vier Schaukästen sind Bildnisse und Kultgegenstände orientalischer Gottheiten ausgestellt. (*1*. Kybele, die Große Mutter der Götter aus Kleinasien mit Attis. Eine Tonstatuette der Göttin wurde vom Kölner Meister Servandus gezeichnet: „Servandus CCAA Fecit"; *2*. Isis, Harpokrates (ägyptischer Sonnengott und Gott des Schweigens), Anubis (Sohn des Osiris, ägyptischer Totengott), Osiris; *3*. Himmels- und Lichtgötter: Jupiter – Serapis, Apisstier, Statuette des Jupiter-Dolichenus, Kulthand des Jupiter-Sabazios; *4*. Mithras, Fragment eines Kultgefäßes.)
Höchster Gott der Römer und zugleich Sinnbild der weltlichen Macht des Reiches war Jupiter Optimus

Maximus. Steindenkmäler für „*I.O.M., Kaiser der Götter – Gott der Kaiser*", bilden daher den logischen Abschluß der den Göttern im römischen Köln gewidmeten Abteilung. Jupiter (der Kopf ist meist abgeschlagen) wird sitzend dargestellt. Als selbstständige Großplastik kommt dieser Typus in den Provinzen nur ausnahmsweise vor. Das Bildnis des thronenden Jupiter bildet durchweg die Bekrönung einer Säule oder eines Pfeilers. In dieser Form muß man sich die hier aufgestellten Monumente vorstellen.

Jupiter in der Gestalt eines Reiters, der über ein unter den Hufen des Pferdes liegendes schlangenfüßiges Wesen hinwegsprengt, ist der Typus einer Jupiterdarstellung, wie er auf sogenannten Jupitergigantensäulen, meistens in ländlichen Gegenden, erscheint.

Unter den Stiftern von Weihesteinen für Jupiter befinden sich ein centurio der XXX. in Vetera (→ Birten) stationierten Legion, der für die Stallmeister und die Leibgarde des Statthalters zuständig war („curam agens stratorum et peditum singularium consularis") und Lucius Aemilius Carus, Kommandeur einer Legion („legatus Augusti").

Ein Weihestein für Jupiter war zweimal verwendet worden. Die ältere Weihung auf der einen Seite des Steines ist bis auf den Namen des Gottes ausgetilgt. Mit der Weihung wurde der Stein Eigentum des Gottes; nur der Name des Stifters oder die Weiheformel durften bei einer zweiten Verwendung des Steins geändert werden, und dies war offenbar hier geschehen.

Der Löwe war als Symbol der alles überwindenden Macht des Todes; er war zugleich Beschützer des Grabes gegen Dämonen und Grabräuber. Skulpturen von Löwen als „*Grabwächter*" bildeten daher vielfach die Bekrönung von Grabdenkmälern.

Die Bruchstücke von vier *Säulen* im Innenhof (zwei aus Sandstein wurden 1969/70 bei den Ausgrabungen am Dom inmitten von Haustrümmern gefunden; die Marmorsäulen stammen aus dem Kunsthandel) mögen vor dem geistigen Auge des Betrachters ein Bild vom Glanz der Bauten im römischen Köln heraufbeschwören.

Das *Terrassengeschoß* mit seinen lose im Freien aufgestellten Steindenkmälern lädt, entweder zu Beginn oder am Ende eines Museumsbesuchs, dazu ein, was Professor Borger im Vorwort zur „Römer-Illustrierten" so beschreibt: „Bummeln Sie, wie Sie sonst an Schaufenstern vorbeigehen. Bleiben Sie nur stehen, wo Sie meinen, es lohne sich für Sie." Beschriftungen sorgen für das Verständnis der einzelnen Denkmäler. Hier mag nur auf einige hingewiesen werden.

Grabmal für Aurelia Gaiana aus dem Libanon. Sie kam an den Rhein als Frau eines Legionärs der in Bonn stationierten I. Legion, die an den Partherfeldzügen im Orient teilgenommen hatte; Bruchstück einer Grabinschrift für einen Kölner Ratsherrn („Dec CCAA sibi fecit"); Bruchstück einer Bauinschrift für ein Gebäude „mit der gesamten Ausstattung"; auch der Preis wird angegeben; Grabstein für den Sohn eines Freigelassenen der Kaiserin Livia (Gattin des Kaisers Augustus); Grabdenkmal für den Kavalleristen Marcus Sacrius Primigenius vom Stamm der Remer (aus der Gegend von Reims), der schon mit 15 Jahren in die Armee eintrat und im Alter von 26 Jahren starb; eine Weihinschrift für die swebischen Matronen (ein interessanter Hinweis auf die Verbreitung des Matronenkults in Südwestdeutschland; s. Matronenweihedenkmäler in den Museen von → Karlsruhe, → Mainhardt und → Stuttgart, Römisches Lapidarium Nr. 46); Grabdenkmal für den Kavalleristen Lucius vom Stamm der Marsaker (sie lebten auf den Inseln vor Holland), der in einem nordafrikanischen Reiterregiment (Ala Afrorum) gedient hatte.

Das Regiment war ursprünglich in Nordafrika ausgehoben worden und behielt den Namen des Rekrutierungsbezirks bei, auch als der Ersatz später aus der Gegend kam, wo das Regiment stationiert war, hier am Niederrhein; Bruchstück eines Grabdenkmals für den Sklaven Anicetus, einen der wenigen im römischen Köln bezeugten Sklaven; Grabmal für den Reiter Albanius Vitalis von der Ala Indiana. Der Name des Regiments bezieht sich auf Iulius Indus, einen vornehmen Treverer, der das Regiment aufgestellt hatte; Bruchstück eines Grabmals für eine Familie aus der Trierer Gegend.

Das Denkmal datiert vom 1. Jahrhundert n. Chr. und zeigt die damals schon erheblich fortgeschrittene Romanisierung der einheimischen Kelten. Die jüngeren Mitglieder der Familie tragen bereits römische Namen; Grabmal für Claudius Victor mit Angaben über die militärische Karriere des Verstorbenen. Den Stein setzte Modius seinem unvergleichlichen Onkel („avunculo incomparabili").

## KÖLN-DEUTZ

Der Stadtteil Deutz auf dem rechten Rheinufer gegenüber Köln verdankt Ursprung und Namen dem spätrömischen Kastell Divitia, das Konstantin der Große um 310 n. Chr. im Frankenland als Brückenkopf zum Schutz der Colonia Agrippina gegen Angriffe rechtsrheinischer Germanenstämme anlegen ließ.

Als wichtigstes archäologisches Zeugnis für die Gründung des Kastells in der Zeit Konstantins gilt neben Münzen und Ziegelstempeln eine 1128 in den Trümmern der Festung aufgefundene und in einer zeitgenössischen Abschrift überlieferte Bauinschrift (das Original ist verschollen). Die Inschrift lautet: „Virtute domini Constantini Maximi, pii, felicissimi, invicti Augusti, suppressis domitisque Francis in eorum terris castrum Divitensium sub praesentia principis sui devoti numini maiestique duoetvicensimani fecerunt. x Vota xx." (Nachdem durch die Tüchtigkeit unseres Herrn Konstantins des Großen, des frommen, des überaus glücklichen und unbesiegten Augustus, die Franken vollständig besiegt waren, hat die seiner erlauchten und göttlichen Majestät ergebene XXII. Legion im Frankenland in Anwesenheit des Herrschers das Kastell der Divitensier erbaut. Nach der Feier des zehnjährigen Regierungsjubiläums wurden Gelübde für weitere 10 Jahre dargebracht.)

Der Name „Divitia" für das „castrum Divitensium" begegnet zum ersten Mal auf dem in das 4. nachchristliche Jahrhundert datierten Grabstein des Leibwächters Viatorinus (s. o. Köln, Museum), der, wie die Inschrift berichtet, „in barbarico iuxta Divitia" (im Barbarenland bei Deutz) von einem Franken erschlagen wurde. Die in der Bauinschrift erwähnten, im belgischen Gallien beheimateten Divitenser (oder Divitienser) werden verschiedentlich im Zusammenhang mit militärischen Einheiten genannt. So ist auf einer Steininschrift ein „numerus Exploratorum Germanicorum Divitiensium" als Besatzung des um 190 n. Chr. erbauten und 260 zerstörten Kastells Niederbieber

(→ Neuwied) bezeugt. Im spätrömischen Bewegungsheer gab es eine Legio II Italica Divitiensium. Angesichts der in der konstantinischen Inschrift genannten Pioniertruppe ist auch die XXII. Legion als „Divitienser-Legion" angesehen worden, von der das Kastell wohl seinen Namen erhalten hat.

Ob schon früher an der Stelle der konstantinischen Festung eine römische Militärstation als eine Art Vorwerk zum Schutz Kölns bestanden hat, ist nicht mit Sicherheit nachzuweisen. Nach Fremersdorf ist von einer Besiedlung des rechtsrheinischen Gebiets gegenüber dem römischen Köln nichts bekannt; „es war wohl eine Art Niemandsland". G. Precht (Der niedergermanische Limes) weist darauf hin, daß es keinen archäologischen Beleg für vorkonstantinische Anlagen bei Deutz gibt, schließt allerdings, ebenso wie Jüttner, die Möglichkeit nicht aus, daß „an dieser Stelle ältere Garnisonen (lagen), so daß der Name (Divitia) vom numerus Divitiensium abgeleitet ist."

Petrikovits nimmt an, daß Divitia als Auxiliarkastell am niedergermanischen Limes (→ Limes) schon seit der ersten Hälfte des 3. Jahrhunderts bestanden hat. Theodor Mommsen

Tore konnten durch Fallgitter gesperrt werden. Die 16 längsrechteckigen Baracken innerhalb der Festung waren mit der Schmalseite nach der via praetoria orientiert und boten einer Besatzung von 900 bis 1000 Mann Platz.

Um die Festung zog sich in 32 m Entfernung ein 12 m breiter und 3 m tiefer Graben mit einer Zugbrücke vor dem Osttor. Das Westtor der Festung war mit dem linksrheinischen Köln durch eine Brücke verbunden, die an der Stelle der heutigen Salzgasse – Obermarspforten in die Stadt einmündete.

Der hölzerne Überbau mit einer 10 bis 12 m breiten Fahrbahn ruhte auf 19 Steinpfeilern, die mit hölzernen Pfahlrosten im Strombett verankert waren. Die Pfeiler waren stromaufwärts gegen den Wasserdruck und als Eisbrecher zugespitzt und auf der Gegenseite flach abgerundet. (Diese Konstruktion läßt sich noch an den Pfeilern der römischen Moselbrücke in → Trier beobachten.) Die Pfeiler standen in ungleichen Abständen voneinander, wahrscheinlich aus Gründen der Schiffahrt oder wegen der Stromverhältnisse. (Ein Modell der konstaninischen Rheinbrücke ist im Vorraum des praetorium in Köln aufgestellt.)

*Köngen, Auxiliarkastell*

verlegt die Gründung von Deutz in die Zeit des Kaisers Claudius (41-54 n. Chr.). Damals seien zwar alle römischen Besatzungen vom rechten Rheinufer zurückgenommen worden. Als Ausnahmen von dieser allgemeinen Regel habe es aber einzelne Übergangspunkte und Ausfallstore gegeben, wie insbesondere Deutz gegenüber Köln.

Die quadratische Festung mit einer Seitenlänge von 141 m war ein mächtiges Bauwerk. Seine aus Tuffquadern mit Ziegeldurchschuß bestehende Wehrmauer war 3,35 m stark und mit 14 vor die Mauer vorspringenden Rundtürmen befestigt. An den Enden der 5 m breiten ostwestlichen Mittelstraße (via praetoria) lagen Torbauten mit einer Durchfahrt, die von zwei zur Feldseite vorspringenden Türmen flankiert war. Die

Es gilt als sicher, daß die Festung nicht zerstört wurde; die Römer haben sie kampflos geräumt. Die nachfolgenden Franken benutzten die Anlage als Königshof. Im Mittelalter entstand in seinen Mauern ein Kloster. Im Jahre 1242 wurden die römischen Festungsanlagen geschleift. Aber Deutz hat seine Bedeutung als befestigter Platz, als der es in die Geschichte eintrat, bis in die Neuzeit nie ganz verloren. Während des Dreißigjährigen Krieges war Deutz für einige Jahrzehnte mit einer Befestigung umgeben.

Nach dem Übergang der rheinischen Gebiete an Preußen 1815 wurde Deutz – etwa 1400 Jahre nach dem Abzug der römischen Truppen – noch einmal Festung und Garnison für nahezu hundert Jahre. Kürassiere, Pioniere und Artilleristen bildeten die Festungsbesatzung. Das bronzene Reiterstandbild eines Deutzer Kürassiers am Rheinufer nahe der Römerfestung, das dem Gedächtnis des Gefallenen gewidmet ist, kann zugleich als Sinnbild gelten für die Militärgeschichte der Stadt, die von den Römern bis in die jüngste Vergangenheit reicht.

Die Rheinbrücke Konstantins hat 500 Jahre lang bestanden, bis sie um 800 unbrauchbar geworden war und abgebrochen wurde. Das ganze Mittelalter hindurch bis ins 19. Jahrhundert hat es zwischen Köln und Deutz keine feste Verbindung für den Wagen- und Fußgängerverkehr gegeben. Erst 1822 wurde eine Schiffsbrücke gebaut. Sie wurde 1915 durch eine Hängebrücke ersetzt. Nach ihrer Zerstörung im Zweiten Weltkrieg trat 1948 an ihre Stelle die jetzige Köln-Deutzer Brücke. Die erste Eisenbahnbrücke entstand 1855/59.

Von der spätrömischen Festung sind noch die massiven Grundmauern des Osttores erhalten. Dieses Monument „von hoher kulturgeschichtlicher und nationaler Bedeutung" (Fremersdorf) hatte viele Jahre lang innerhalb einer Grünfläche einen würdigen Platz. Jetzt liegen die altertümlichen Baureste aus den geschichtlichen Anfängen der Stadt im Schatten des Hochhauses der Lufthansa-Hauptverwaltung. Die moderne Kulisse sollte nicht den Sinn trüben für die militärische und politische Bedeutung dieses kleinen Fleckchens Erde vor 1600 Jahren.

Durch diese (inzwischen zerstörte) sehr enge Durchfahrt von nur 1,80 m Breite, die gerade einen Wagen durchließ, führte der Weg vom Barbarenland in das Römische Reich.

Der Fremdling, dem der Zugang durch das schwerbewachte riesige Torgebäude gestattet wurde, erblickte, wenn er die Rheinbrücke durch das Westtor betrat, auf dem gegenüberliegenden Ufer des mächtigen Stromes die glänzende Römerstadt mit ihren Mauern, Türmen und Toren, vor ihm das hochragende Osttor der Stadt, zur Rechten die langgestreckte, braunrote Fassade des Kaiserpalastes mit dem wuchtigen Achteckturm in der Mitte und ein wenig zur Linken auf einem Podium über dem Rhein die weißschimmernden Säulen des kapitolinischen Tempels.

## KÖNGEN

Auf dem linken Steilufer des Neckars gegenüber der Lautermündung im Bereich der Gemeinde Köngen lag in römischer Zeit das Auxiliarkastell Grinario. Es gehörte zu der Reihe von Kastellen, die im Zusammenhang mit dem Vorrücken der Römer zum mittleren Neckar unter Kaiser Domitian um 85 n. Chr. zur Sicherung der neugewonnenen Gebiete angelegt wurden.

Von seiner Lage etwa 30 m über der Flußaue gewährte das Kastell eine weite Sicht über das Neckar- und Lautertal bis zu den Höhen der Schwäbischen Alb. Ursprünglich ein Holz-Erde-Kastell, wurde das Lager um die Jahrhundertwende in Stein umgebaut, mit einer etwa 1,20 m starken zinnenbewehrten, mit vier Eck- und zehn Zwischentürmen befestigten Mauer und vier Doppeltoren. Mit seiner Fläche von 2,4 ha bot das Kastell Platz für eine teilweise berittene Kohorte von 500 Mann (cohors quingenaria equitata).

Der Name der Garnison ist nicht bekannt. Von den Innenbauten des Lagers sind Teile der principia (Stabsgebäude) mit dem Fahnenheiligtum und einige Gebäude undeutbarer Zweckbestimmung festgestellt worden.

Das Lager wurde geräumt, als um die Mitte des 2. Jahrhunderts unter Kaiser Antoninus Pius die Neckar- und Odenwaldlinie (→ Limes) aufgegeben und die Grenze etwa 30 km nach Osten vorverlegt wurde. Die Garnison von Grinario kam nach → Lorch.

Nach dem Abzug der Truppen dehnte sich das Lagerdorf (vicus) in den Bereich der ehemaligen Befestigung aus. Damals entstand das hinter dem rechten Lagertor an der Hauptlagerstraße aufgedeckte Badegebäude. Dank seiner verkehrsgünstigen Lage entwickelte sich das Lagerdorf zu einer blühenden Siedlung. Sie hat sicherlich bis zur Aufgabe des rechtsrheinischen Gebiets der Provinz Obergermanien um 260 n. Chr. bestanden. Grinario ist auf der Tabula Peutingeriana verzeichnet. Verwaltungsmäßig gehörte der Ort zum Gau (civitas) Sumelocenna (→ Rottenburg).

Teile der Wehrmauer und der südliche Eckturm des Steinkastells wurden 1911 vom Schwäbischen Albverein wiederhergestellt. Eine lateinische Inschrift oberhalb des Turmeingangs berichtet von dem Ereignis:

„Turris castelli Grinarionensis primo saeculo exeunte quondam exstructa anno post Christum natum MCMXI sodalitatis Albanae Suebicae cura et sumptua a solo restituta" – Im Jahre 1911 hat der Schwäbische Albverein diesen Turm des Kastells Grinario, der gegen Ende des 1. Jahrhunderts n. Chr. erbaut worden war, auf seine Kosten von Grund aus wiederherstellen lassen.

Die Rekonstruktion an der Südecke des Kastells „gibt einen hervorragenden Eindruck von Aufbau und Aussehen der Lagerbefestigung" (D. Planck).

Ein weiterer Anziehungspunkt in Köngen ist eine Sammlung von *Steindenkmälern* (Weihesteine, Skulpturen, Inschriften), die für Grinario von Bedeutung sind. Sie sind entweder im Original oder in Nachbildungen im Lagerbereich (Park) oder im Untergeschoß des Turmes aufgestellt.

Unter ihnen befinden sich: die Nachbildung eines Meilensteines (Original im Lapidarium des Württembergischen Landesmuseums in Stuttgart, Nr. 16), der in der Nähe seines ursprünglichen Standorts vor dem rechten Kastelltor an der Straße nach Sumelocenna (Rottenburg) aufgefunden wurde. Der Stein stammt aus dem Jahre 129 n. Chr. und gibt die Entfernung von Rottenburg („A Sumelocenna") mit 29 römischen Meilen gleich 43 km an, was der tatsächlichen Entfernung entspricht;
ein Hochrelief der keltischen Pferdegöttin Epona aus den principia des Kastells. Die Göttin ist dargestellt mit einem Fruchtkorb im Schoß, hinter ihr zwei Pferde;
eine Bauinschrift zu einem Jupiterheiligtum des vicus Grinario, die vom Bau der Umfassungsmauer des Jupiterheiligtums durch die sumelocennischen Bürger des vicus berichtet. „Neben dem Ortsnamen bezeugt diese Inschrift die Zugehörigkeit von Grinario zur civitas Sumelocennensis";
die Votivinschrift für zwei Statuen des Mercurius Visucius und der Göttin Visucia, gewidmet von Publius Quartonius Secundinus, Bezirksrat (decurio) von Sumelocenna, der offenbar in Grinario seinen Wohnsitz hatte (s. a. Lapidarium in Stuttgart, Nr. 25);
ein Altar, den der Benefiziarier (Straßenpolizist) Emeritus Sixtus, Soldat in der XXII. (in Mainz stationierten) Legion, Jupiter, dem genius loci, Fortuna und den Göttern und Göttinnen („dis deabusque") für sich und die Seinen aufstellen ließ („pro se et suis posuit"). Der Stein stammt aus Stuttgart-Bad Cannstatt, das mit zwei Benefiziarierstationen links und rechts des Neckars die Zentrale des Fernverkehrs vom Rhein zur Donau war;
Relief der drei Matronen oder Muttergottheiten, die besonders am Niederrhein, in Gallien und Britannien verehrt wurden;
ein 1976 in Köngen gefundenes Bruchstück eines monumentalen Mithrasreliefs, das bezeugt, daß in Grinario ein Mithrasheiligtum gestanden hatte;
die Statuette eines „schlafenden Jünglings" ist Teil eines Grabmals. Sie „verkörpert den Todesschlaf und die Totentrauer und ist Ausdruck der tiefen Religiosität der Bevölkerung" (D. Planck).

Im Park aufgestellt ist eine Kunststeinnachbildung der Jupitergigantensäule aus Walheim a. N. (Das Original befindet sich im Limesmuseum in Aalen.) Ein beim Ausbau der Kastellecke gefundener Dreigötterstein, eine Widmung des Titus Aelius Victor, weist darauf hin, daß es auch in Köngen Jupitergigantensäulen gegeben hat.

Im **Museum im Kastellturm** sind Kleinfunde aus Kastell und Lagerdorf ausgestellt; darunter Schreibgerät (Schreibgriffel, Tintenfässer), Götterbilder, Schmuck, Keramik. Texte und Fotos unterrichten über die Geschichte von Grinario und über archäologische Forschungen und Sammlungen in Köngen.
„Das Kastell selbst, das als Ruine noch vollständig im Boden liegt und damit das einzige römische Kastell am Neckar darstellt, das noch nicht teilweise oder vollständig bebaut ist, stellt ein Kulturdenkmal von ganz besonderer Bedeutung dar. Das Gelände bleibt für die Zukunft erhalten und darf nicht bebaut werden."
(D. Planck)

Man erreicht das Kastell (es ist auf der Höhe sichtbar) von der Bundesstraße 313 (Abfahrt von der Autobahn Stuttgart–Ulm bei Wendlingen) über Adolf-Ehrmann-Straße und Ringstraße. Der Weg ist ausgeschildert.

## KONZ

Die Stadt am Zusammenfluß von Mosel und Saar leitet ihren Namen vom römischen Contionacum ab (er wurde noch bis zum Beginn dieses Jahrhunderts mit „C" geschrieben). Auf dem heutigen Kirchenhügel lag im 4. nachchristlichen Jahrhundert der Sommerpalast der in Trier residierenden Kaiser.
Der Palast gehörte zum Typ der römischen Portikusvillen. Die zur Mosel hin gerichtete, 84 m lange Front bestand aus einer Wandelhalle mit in der Mitte und an den Ecken vorspringenden Risaliten. Von der vorgelagerten Aussichtsterrasse hatte man einen hervorragenden, weiten Blick über die Saarmündung und das Moseltal bis nach Trier.
In der Mittelachse der Anlage stand eine heizbare, den ganzen Komplex überragende rechteckige Apsidenhalle, die wohl, ähnlich wie die Aula Palatina des Trierer Kaiserpalastes, als Empfangssaal des Kaisers gedient hat. Zu beiden Seiten des Mittelbaues lagen, um Peristylhöfe gruppiert, die Wohnräume des Kaisers und seines Gefolges. Im Westflügel des Palastes befand sich eine ausgedehnte Badeanlage. Die Innenwände waren marmorverkleidet, die Außenwände verputzt und mit grünen, roten und gelben Malereien geschmückt.
Einige der in den Codex Theodosianus aufgenommenen Edikte Valentinians I. aus den Sommermonaten des Jahres 371 nennen Contionacum als Ausfertigungsort. Als Hinweis auf den Kaiserpalast in Konz gilt auch die Stelle in der „Mosella" des Ausonius (310–395), Prinzenerzieher am Trierer Hof, in der der Dichter die Mündung der Saar als „zu Füßen der kaiserlichen Mauern liegend" („sub Augustis murris") beschreibt.
Der Platz der kaiserlichen Villa wird jetzt von der modernen Pfarrkirche St. Nikolaus eingenommen. Reste der nördlichen Portikusmauer in der von den spätrömischen Bauten Triers her bekannten Mauertechnik von weißen Kalksteinen mit rotbraunen Ziegelbändern sind auf der Terrasse vor der Kirche erhalten. Dort steht auch eine Rokokostatue des Kaisers Konstantin des Großen mit folgender Inschrift: „Hic steterunt aedes Sancti Constantini Magni. Sic pia affectione Pastor Fischer me adesse iubit" – (Hier stand der Palast des hl. Konstantins des Großen. Demgemäß hat Pastor Fischer in frommer Verehrung mich (d. h. die Statue) hier aufstellen lassen).

Baureste der Badeanlage sind auf der Westseite der Kirche inmitten von Grabdenkmälern des neuzeitlichen Friedhofes zu sehen. In einem Raum unter der Kirche ist die Heizungsanlage der Apsidenhalle des Kaiserpalastes konserviert. Dort findet man auch beschreibende Hinweise, eine Tafel mit dem Grundriß des Palastes und eine Rekonstruktionszeichnung, die den Palast so zeigt, wie er sich dem Betrachter vom heutigen Bahnhof aus gesehen dargestellt hätte.

## KREFELD-GELLEP

Der Stadtteil Gellep an der östlichen Grenze des Gebiets der Stadt Krefeld bewahrt in seinem Namen die Erinnerung an eine vorrömische Ubiersiedlung. Die Römer nannten sie Gelduba. In der mittelalterlichen Form Geldapa für Gellep tritt der römische Ursprung des Namens noch deutlich hervor.

Gelduba wird im antiken Schrifttum mehrfach genannt. Im 4. Buch seiner „Historien" berichtet Tacitus von einem Lager, das zwei Legionen auf ihrem Marsch vom Rhein nach Vetera castra zum Entsatz der dort von aufständischen Batavern eingeschlossenen Truppen bei dem unbefestigten Ort Gelduba errichtet hatten (69 n. Chr.). Eine von batavisch-germanischen Truppen den Römern vor dem Lager gelieferte Schlacht konnte von den Römern nur knapp nach hohen Verlusten gewonnen werden. Das Lager blieb kurze Zeit als Nachschubbasis bestehen und wurde schließlich von den Römern abgebrochen. Plinius d. Ä. beschreibt in seiner „Naturkunde" eine (bis heute unbestimmt gebliebene) Gemüseart, die bei Gelduba, einem erhöht am Rheinufer gelegenen Kastell („castellum Rheno impositum") ausgezeichnet gedeihe und alljährlich nach Rom für die Tafel des Kaisers Tiberius geliefert werde, der eine besondere Vorliebe für dieses Gemüse gehabt habe. (Die Gegend von Gellep ist heute für ihren Spargel bekannt.)

Plinius hatte das Kastell wahrscheinlich während seiner Militärzeit am Ober- und Niederrhein mit eigenen Augen gesehen. Schließlich verzeichnet das Itinerarium Antonini, ein Reiseführer aus der ersten Hälfte des 3. Jahrhunderts n. Chr., Gelduba als Standort eines Reiterregiments (ala), möglicherweise der Ala Afrorum veterana, die auch sonst am Niederrhein bezeugt ist (siehe → Altkalkar). (Die alte römische Reitertradition lebte in moderner Zeit wieder auf, als vor dem I. Weltkrieg ein Husarenregiment in Krefeld stationiert wurde.) Systematische Untersuchungen seit den fünfziger Jahren dieses Jahrhunderts bis zur Gegenwart haben zusammen mit den historischen Quellen folgendes Bild von den römischen Militäranlagen bei Gellep ergeben: Reste des von Tacitus erwähnten Legionslagers konnten im Baggersee südöstlich von Gellep nachgewiesen werden. Die Lage des von Plinius beschriebenen castellum ist jetzt für den sog. „Gelleper Berg" gesichert, einen in römischer Zeit hochwasserfrei am Rheinufer gelegenen Hügel. Die Gelleperstraße (Fortsetzung Römerstraße) ist auf einer Länge von 165 m identisch mit der via principalis, der Verbindungsstraße zwischen den beiden Seitentoren des Kastells.

Fünf bis sechs Bauperioden haben sich unterscheiden lassen: Zwischen 71 und 75 zunächst als Holz-Erde-Bau errichtet, wurde das Kastell, wahrscheinlich seit der Mitte des 2. Jahrhunderts, mehrmals in Stein umgebaut. Das Kastell gehörte zur Befestigungslinie des niedergermanischen → Limes und war eines jener Auxiliarkastelle, die die Lücken zwischen den großen Legionsfestungen ausfüllten. Auf Grund von Münz- und Keramikfunden wird angenommen, daß das Kastell gegen Ende des 4. Jahrhunderts von der Besatzung geräumt wurde. Wahrscheinlich lag der örtliche Grenzschutz damals schon, d. h. vor Abzug der Legionen vom Rhein Anfang des 5. Jahrhunderts, in den Händen von föderierten Franken, die auf dem linken Rheinufer angesiedelt waren.

Von den Großbauten des Lagers konnten das Stabsgebäude (principia) und das linke Seitentor (porta principalis sinistra) ermittelt werden. In der Verlängerung der via principalis nach Südosten wird das Lagerdorf vermutet.

Vom archäologischen Standpunkt vielleicht noch bedeutsamer als die nunmehr gesicherte Kenntnis von der Örtlichkeit des Kastells war die Entdeckung und systematische Untersuchung eines römisch-fränkischen Gräberfeldes, das sich in einem offenen Halbbogen um das Kastellgelände erstreckte. Es handelt sich dabei um das „größte zusammenhängende, modern ausgegrabene Gräberfeld der Völkerwanderungszeit, das wir aus ganz Europa kennen" (Pirling).

Seit seiner Entdeckung 1934/35 wurden annähernd 4000 Gräber vom 1. bis zum Ende des 7. Jahrhunderts freigelegt. Unter den in jüngster Zeit aufgedeckten Gräbern befinden sich Gräber von Gefallenen der Kämpfe während des Bataveraufstandes, von denen Tacitus berichtet. Manche der Gefallenen sind mit ihren Pferden begraben worden.

Das wichtigste Ergebnis der Grabungen war der Nachweis, daß seit Abzug der Römer zu Anfang des 5. Jahrhunderts keine Unterbrechung in der Belegung des Gräberfeldes eingetreten war. Die fränkischen Siedler fuhren fort, ihre Toten an dem alten, günstig gelegenen Platz zu bestatten. Ihre z. T. reich ausgestatteten Gräber legen zugleich Zeugnis ab von der Fortdauer römischer handwerklicher Fertigkeiten.

# Krefeld-Gellep

## Museumszentrum Burg Linn

Burg Linn ist eine niederrheinische Wasserburg, die sich seit dem 13. Jahrhundert im Besitz der Kurfürsten von Köln befand. Die im folgenden beschriebenen Sammlungen aus der Römerzeit sind in einem Gebäude untergebracht, das im II. Weltkrieg innerhalb des Bereiches der Burg als Luftschutzbunker errichtet wurde und damals schon für eine spätere Verwendung als Museum vorgesehen war – ein bemerkenswertes Beispiel für die „Umwandlung von Schwertern in Pflugscharen." Die Fundgegenstände aus der Römerzeit sind im Erdgeschoß untergebracht. Sie datieren vom 1. bis zum 4. nachchristlichen Jahrhundert.

Zur Einführung dienen eine *Karte* des niedergermanischen Limes mit erklärender Beischrift, ein *Lageplan* des Kastells Gelduba innerhalb des Ortsbereichs von Gellep und (im zweiten Saal links an der Wand) die *Rekonstruktionszeichnung* eines römischen Auxiliarkastells von der Art des Geldubakastells.
Zwei *rekonstruierte Gräber* aus dem 4. Jahrhundert dienen als Beispiel für die Bestattungsgräber des römisch-fränkischen Gräberfeldes. Das eine der Gräber ist ein aus zehn Dachziegeln (tegulae) gebildetes Plattengrab. Grabbeigaben sind vier Tongefäße, deren einstiger Inhalt den Toten mit Speise und Trank auf seinem Weg ins Jenseits versorgen sollte.
Das andere Grab bestand aus einem hölzernen Sarg, dessen Umrisse noch kenntlich sind; die eisernen Sargnägel blieben erhalten. Außer Ton- und Glasgefäßen für Speise und Trank wurden dem Toten eine bronzene Gewandspange (fibula), eine Gürtelschnalle, ein eisernes Messer und eine Kupfermünze als Fahrgeld für den Fährmann Charon beim Übersetzen über den Acheron beigegeben.
Ein großer Teil der ausgestellten Tongefäße (Becher, Näpfe, Schalen) ist Terra-Sigillata-Ware, das feine römische Tafelgeschirr, das dem Toten zur Aufnahme der Wegzehrung einzelnen Stücken oder als ganzes Service (z. B. ein Satz von Näpfen) mit ins Grab gegeben wurde. Die Gegenstände stammen von verschiedenen niederrheinischen Fundplätzen und geben ein Bild von der Entwicklung der Terra-Sigillata-Keramik von qualitätvollen, reliefgeschmückten Einzelstücken bis zur Massenware des 4. Jahrhunderts.
Auch Keramik mit schwarzem Glanztonüberzug („Schwarzfirnisware") aus dem 4. Jahrhundert wurde auf dem Gelleper Gräberfeld gefunden. Von besonderem Interesse ist ein kleiner, grauer, von Dr. Renate Pirling 1966 entdeckter Tonbecher, auf dessen Wandung ein lateinisches „Weingedicht" in Kursivschrift eingeritzt ist, ein „Unikum aus der Römerzeit des Niederrheins" und „ein einmaliges Dokument römischen Alltagslebens" (Alföldy).
Das Gedicht, mit dem sich das Gefäß an den Trinker wendet, wird folgendermaßen gelesen: „Suge de mea, si vis, vita, rem nemo vita bibit talem. Te precor tene me verum si tangat XXXXV merum. Praesta, si me amas, non despice quod dat seriose a iltum meum." – „Homo sum ne da comas potum." – (Schlürfe aus meinem Inhalt, wenn du willst, mein Liebchen; denn niemand trinkt in seinem Leben etwas so Gutes. Ich flehe dich an, schenke mir Glauben, auch wenn dieser ungemischte Wein nur 45 Denare kostet. Trinke also, wenn du mich magst, verachte nicht, was dir mein Bauch mit vollem Ernst gibt. – Zusatz von zweiter Hand, wahrscheinlich von einem verärgerten Gast, der „ein Haar in der Suppe" gefunden hatte: Ich bin ein Mensch – gib mir nicht Haare zu trinken.)

Ausgestellt sind ferner Becher mit weiß-aufgemalten Trinksprüchen (sog. Spruchbecher), wie sie beim Zechen im Wirtshaus gebraucht wurden; weißtonige Krüge mit roter Bemalung; Amphoren; sog. terra nigra, eine einheimische Nachahmung der römischen Terra Sigillata.
Aus Gelleper Gräbern stammen ferner Becher, Krüge und Fäßchen mit gelbem, grünem und rotbraunem Glasurüberzug (Saal 3, Vitrine links vom Eingang). Für diese Keramik gibt es in der gesamten Rheinzone keine Parallele; wohl aber kennt man Gegenstücke dieser Keramik aus Pannonien, dem heutigen Ungarn. Wie Dr. Pirling bemerkt, tritt diese Ware unvermittelt im 4. Jahrhundert in Gellep auf. Es wird vermutet, daß sie in Gelduba von einem Töpfer hergestellt wurde, der „das Rezept dieser Glasurherstellung und wahrscheinlich auch die Rohstoffe dazu aus Pannonien mitgebracht hatte... Warum die auffallende und sicherlich höchst begehrte Tonware nicht zu den übrigen römischen Niederlassungen der Zeit wenigstens im Rheinland gelangte, ist rätselhaft, zumal mit Keramik sonst in dieser Zeit ein schwunghafter Handel getrieben wurde."
Das Museum verfügt über eine reiche Sammlung *römischer Glasgefäße*, überwiegend Grabbeigaben aus spätrömischer Zeit. Ursache für diesen Reichtum an römischem Glas war vermutlich die Nähe der Kölner Glasindustrie.
Ein Sammelfund aus einem römischen Grab des 4. Jahrhunderts enthält 5 Glasgefäße, darunter ein Trinkhorn und das Glanzstück der Gläsersammlung, eine halbkugelige Schale aus hauchdünnem, fast völlig entfärbtem Glas mit eingeritzter figürlicher Verzierung. Dargestellt ist der jugendliche Gott Bacchus mit zwei Gestalten aus seinem Gefolge beim Gelage unter einem Baldachin. Auf dem Rand ein Trinkspruch: „Bibe et propina tuis" (Trinke und trinke auch auf das Wohl der Deinen).
Unter den ausgestellten Glasgefäßen des 1.–4. Jahrhunderts befinden sich: ein weiteres Trinkhorn; Becher verschiedener Formen und Größen; Rippenschale; Schlangenfadenglas (→ Köln); Parfümfläschchen; Karaffen; Nuppengläser mit verschiedenfarbigen Nuppen; zweihenkelige Kannen; Schalen; ein großer grüner Glasteller; Vasen; Dreifachkanne.
In den Gelleper Gräbern wurden nur wenige *Metallgegenstände* gefunden. Hier werden gezeigt: Bronzestatuette einer Venus mit Eule; ein sog. Pentagondodekaeder (Vermessungsinstrument? siehe → Mainz, Mittelrheinisches Landesmuseum und → Saalburg Museum für den gleichen Gegenstand); Bronzeglöckchen; Bronzebeschläge von einem hölzernen Kästchen (rekonstruiert) mit Schlüsselschild und Schlüssel; bronzener Teller; Becher; Zwiebelkopffibeln, zur Männertracht gehörend; eiserne Messer, teilweise mit Silberbeschlägen; silberner Kerzenhalter; eiserner Schildbuckel.
Zu den Grabfunden gehören auch Reste benagelter Schuhe; Kopf einer Venusterrakotte; silberner Spiegel; Schminktafel aus Marmor; Nadeln; Ringe; Ohrringe; bronzene Haarnadel mit Vogelkopf; Salbenlöffel; ungeschnittene Gemme; Armringe und ein Schminkdöschen mit zugehörigem Stift aus Gagat (Pechkohle); gläserne Spielsteine; Ketten aus farbigen Glasperlen; Armreifen aus Bronze; bronzene Gürtelschnalle, Fibel in der Form eines Fisches.
In einem Seitenraum wird der Besucher durch ein audiovisuelles Programm in die Ausgrabungen von Gellep eingeführt. Außerdem befinden sich dort Nachbildungen (die Originale sind in der Antikenabteilung der Staatlichen Museen in Berlin) von zwei berühmten Funden aus der Gegend von Krefeld: die *Bronzestatue eines Knaben*, die 1858 im Rhein bei Lüttingen gefunden wurde (z. Zt. nicht ausgestellt); es handelt sich dabei um einen „stummen Diener", der auf seinen ausgebreiteten Händen ein Tablett tragen konnte), und die

sogenannten *„Lauersforter Phalerae"*, römische Militärdekorationen, die im gleichen Jahr wie der „stumme Diener" bei dem Hofgut Lauersfort (Kreis Moers) gefunden wurden. Die Art, wie römische Orden auf der Uniform getragen wurden, zeigt der Grabstein des hochdekorierten centurio Marcus Caelius (hier ein Abguß; das Original ist im Bonner Museum).
Der hier aufgestellte Steinsarkophag ist der einzige, der auf dem römisch-fränkischen Gräberfeld gefunden wurde. In allen anderen Gräbern waren die Toten in Plattengräbern oder einfachen Holzsärgen beigesetzt. Der Sarkophag besteht aus Trachyt-Tuff, vermutlich aus der Eifel. Er war bei der Auffindung völlig leer und wurde wahrscheinlich schon im Altertum ausgeräubt.
Ferner *Steindenkmäler* (ein Militärgrabstein, 1975 im Hafengebiet von Krefeld-Gellep gefunden, für einen exillarius der 2. Varcianerkohorte, die wahrscheinlich seit dem 2. Jahrhundert n. Chr. ihr Standlager in Gelduba hatte; Grabstein der Valeria Itaia, 1972 bei Ausgrabungen im Kastell Gelduba gefunden).
Wichtigstes Steindenkmal (an anderer Stelle im Museum ausgestellt) ist ein Matronenweihestein. Er wurde im November 1977 in einer Kiesgrube in Gellep entdeckt. Auf der Vorderseite sind drei Matronen sitzend dargestellt; darunter ist in neun Zeilen eine Inschrift angebracht, die jedoch nur teilweise lesbar ist. Der Stein ist von mehreren Soldaten den octocannischen Matronen geweiht.
In einer Sonderausstellung (Sammlung Heynen) werden Lampen, Bronzebeschläge, ein bronzener Waagebalken mit Einkerbungen u. a. gezeigt. Eine Feinwaage (Schalenwaage) zum Nachwiegen von Münzen ist in einer Vitrine auf der ersten Etage zusammen mit einer Auswahl römischer und fränkischer Münzen aus Gelleper Gräbern zu sehen.

## KÜNZING

Künzing nimmt in der römischen Provinzialarchäologie einen besonderen Platz ein. Von allen Kastellen am rätischen → Limes ist das Kastell bei Künzing durch moderne Ausgrabungen am besten und vollständigsten erforscht worden. Außerdem kam dort ein Hortfund von römischen Waffen, Geräten und Ausrüstungsgegenständen zutage, der an Menge und Vielfalt der Gegenstände nirgends sonst seinesgleichen hat. Der Name des Ortes leitet sich über das mittelalterliche Quincina von „castra Quintana" ab, Lager der Fünften, nämlich der Cohors V Bracaraugustanorum, einer in der Gegend von Bracara Augusta in Spanien rekrutierten Truppe, die zeitweilig im Lager von Künzing stationiert war. Im Ortsnamen von Künzing ist daher, ähnlich wie bei → Passau, die Erinnerung an eine Einheit des römischen Heeres erhalten.
Das Lager hat von etwa 90 n. Chr. bis in die Mitte des 3. Jahrhunderts bestanden und hat während dieser Zeit verschiedene Bauperioden erlebt. Es wurde im Zuge der Grenzverstärkung an der oberen Donau unter Domitian zunächst als Holzkastell angelegt. Seine Besatzung war die Cohors III Thracum civium Romanorum equitata (Dritte teilweise berittene Thrakerkohorte römischer Bürger). Die Truppe nahm am Jüdischen Feldzug Hadrians 132/136 teil und wurde in Künzing durch die bereits erwähnte Fünfte Kohorte von Bracaraugustanern ersetzt. Damals erhielt das Lager eine steinerne Wehrmauer. Das Kastell wurde bei einem Alamanneneinfall bald nach 242/44 niedergebrannt. Im Zusammenhang mit dem Bau des Donau-Iller-Rhein-Limes gegen Ende des 3. Jahrhunderts wurde bei dem zerstörten Lager ein Grenzstützpunkt angelegt. Die Örtlichkeit dieses spätrömischen Kastells hat sich bis heute noch nicht feststellen lassen. Sein Kommandant war der Präfekt der Ala I Flavia Raetorum. Das Kastell verschwand, aber sein Name blieb erhalten.
Der Lageplan der Innenbauten und die Konstruktion der Wehranlagen des Auxiliarkastells konnten durch Ausgrabungen von 1958 bis 1966 genau bestimmt werden. Südlich der Verbindungsstraße zwischen den beiden Seitentoren (via principalis) lag in der Mitte das Stabsgebäude (principia) mit sacellum (Fahnenheiligtum), Verwaltungsräumen und Waffenkammern, westlich davon die Wohnung des Kommandanten (praetorium) und östlich ein Getreidespeicher (horreum) und das Lazarett (valetudinarium). (Hier mag jeder Platz belegt gewesen sein, als eine Massenerkrankung im Lager grassierte, die sich durch eine analytische Untersuchung des Inhalts einer Abortgrube hat nachweisen lassen. Es handelte sich um eine „erhebliche Wurmverseuchung durch den Darmschmarotzer Trichuris trichinra" (Kellner).)
Die Mannschaften waren in acht Baracken im vorderen Teil des Lagers (retentura) und einer weiteren Baracke im rückwärtigen Lagerteil untergebracht. Dazu kamen Ställe und eine Werkstatt (fabrica).
Während der Grabungen 1958–1966 kamen im Bereich der Waffenkammern der bereits oben erwähnte *Sammelfund eiserner Waffen und Geräte* sowie Teile einer *bronzenen Paradeausrüstung* zutage. Die Gegenstände gerieten bei der Zerstörung in den Boden und wurden nicht wieder geborgen.
Der Hortfund ist von einmaliger Bedeutung für die Kenntnis von Bewaffnung und Ausrüstung einer Auxiliartruppe in der Mitte des 3. Jahrhunderts.
Ständiger Aufbewahrungsort des Fundes ist die Prähistorische Staatssammlung in → München. Dort ist auch eine Rekonstruktionszeichnung des Kastells zu sehen.

# L

## LADENBURG

Die mittelalterliche Stadt mit der mächtigen St. Galluskirche aus dem 13./14. Jahrhundert hat ihren Ursprung in dem Lagerdorf (vicus) eines römischen Kastells, dessen Namen Lopodunum die Römer vermutlich von einer vorrömischen, bisher noch nicht lokalisierten keltischen Siedlung übernommen hatten. Das Kastell wurde zur Zeit Vespasians (69–79 n. Chr.) im Zusammenhang mit dem Vorrücken der Römer in das obere Main- und Neckargebiet zunächst als Holzkastell angelegt und später unter Domitian (81–96) in Stein umgebaut. Durch einen in der mittelalterlichen Stadtmauer entdeckten Weihestein für die keltischen Muttergottheiten Suleviae ist als Besatzung des Kastells ein Reiterregiment, die Ala I Cannenefatium, bezeugt. Dedikant des Steins war Lucius Gallionius Januarius, decurio (Rittmeister) der Ala. (Der Stein befindet sich im Museum in Mannheim.) Die Cannenefaten, ein germanischer Volksstamm, hatten ihren Wohnsitz an der niederländischen Nordseeküste und waren mit den Batavern verwandt.

Zu Beginn des 2. Jahrhunderts wurde das Regiment zum Einsatz in den Dakerkriegen Trajans aus dem Kastell abgezogen; es ist für das Jahr 116 in Pannonien nachgewiesen. Das Kastell wurde aufgelassen; mit dem Bau des → Limes hatte es seine militärische Bedeutung verloren.

Das Lagerdorf blieb bestehen und wurde in der Folgezeit Hauptort der civitas Ulpia Sueborum Nicretum (Gau mit Selbstverwaltung der Nekkarsweben), einer Gründung Trajans, wie sich aus dem Beinamen der civitas (Ulpius war Trajans Familienname) ergibt. Seine Lage am Nekkar und an der Fernstraße von Mainz nach Heidelberg begünstigte das wirtschaftliche Aufblühen des Ortes und seine Entwicklung zu einer stadtähnlichen Siedlung. Die Bürger Lopodunums wohnten in Häusern mit Hypokaustheizungen und Wandmalereien.

In Anbetracht seiner Bedeutung als Verwaltungsmittelpunkt der Gegend besaß Lopodunum öffentliche Einrichtungen und Bauten, wie sie von Orten dieser Art her bekannt sind. Nachgewiesen sind bisher ein Forum, Thermen, verschiedene Heiligtümer, darunter ein Mithräum (für den persischen Lichtgott Mithras) und ein nicht näher deutbares orientalisches Heiligtum, ein mächtiges Schauspieltheater in der Nähe des Südtores der Römerstadt und vor allem eine Marktbasilika, die zu den „größten und monumentalsten römischen Bauschöpfungen nördlich der Alpen" zählt.

Die im Vergleich zur Bedeutung des Ortes unverhältnismäßige Größe der Basilika macht es wahrscheinlich, daß sie als Marktzentrum für das gesamte Rhein-Neckar-Gebiet gedacht war. Für ein solches „überregionales" Bauwerk mögen die Finanzkräfte der civitas nicht ausgereicht haben. „Die gewaltigen Ausmaße und der italische Charakter der Basilika lassen kaiserliche Munifizenz vermuten" (Heukemes). Entgegen einer früheren Ansicht, daß der Bau im 3. Jahrhundert n. Chr. begonnen, aber wegen der drohenden Gefahr einer alamannischen Invasion nie vollendet wurde, gilt heute die Meinung, daß der Bau kurz nach der Gründung des zivilen Verwaltungsmittelpunktes entstanden ist. „Die Verwaltung bedurfte eben zur Abwicklung ihrer rechtlichen Funktionen von Anfang an einer solchen baulichen Einrichtung" (Heukemes).

Zu Anfang des 3. Jahrhunderts wurde die Stadt zum Schutz vor drohenden Alamanneneinfällen mit einer starken Wehrmauer umgeben. Sie konnte dem Alamannensturm in der Mitte des 3. Jahrhunderts ebensowenig standhalten wie der Limes. Die Stadt wurde weitgehend zerstört; die Erhaltung des römischen Ortsnamens Lopodunum–Ladenburg) zeugt aber vom Fortleben einer provinzialrömischen Restbevölkerung. In spätrömischer Zeit wurde das Gebiet im Lopodunum noch einmal vorübergehend von den Römern besetzt, als Valentinian I. im Jahre 368 versuchte, von der Festung Alta Ripa (→ Altrip) aus das verlorene Limesgebiet bis zur Donau wiederzuerobern. Beim Bau der Festung soll Valentinian Steinmaterial aus dem verfallenen Lopodunum verwendet haben. Die Offensive schlug fehl; der Rhein wurde wieder römische Grenze.

Der römische Ort hat nur wenige Spuren im heutigen Ladenburg hinterlassen. Die Hauptstraße von Lopodunum ist im Zug Heidelbergstraße-Neugasse-Kellereigasse-Wormserstraße erhalten. Die St. Galluskirche erhebt sich auf den Grundmauern der Marktbasilika, von denen Reste in der Krypta der Kirche und im Kirchgarten auf der Südseite der Kirche zu sehen sind. Fundamentzüge der Basilika sind auf der Kirchenstraße durch rote Pflastersteine gekennzeichnet. ,,Beim Betreten der Kirche umfängt uns ein weiter Raum... Dieses für eine gotische Kirche ungewohnte Raumgefühl wird dadurch bedingt, daß bei ihrer Erbauung die Basilikafundamente mitverwendet worden sind und diese daher die Ausmaße des heutigen Bauwerks bestimmen. Wenn man berücksichtigt, daß die Länge der Kirche der Breite der Basilika entspricht, so kann man noch heute die imposante Größe dieses römischen Bauwerks erahnen" (Karl Hoffmann).

Auf der Nordseite des Schulgebäudes neben der St. Sebastianskapelle (gegenüber dem Lobdengaumuseum im Bischofshof) sind Reste der Kastellmauer und von dem Westtor (porta praetoria) des Kastells die Fundamente des Nordturmes (mit schönem Sockelprofil) erhalten. Ein Teil des Mauerverlaufs des Kastells ist auf der Hauptstraße in der Nähe des Bischofshofes durch Linien im Pflaster markiert.

Vor dem Museum lagert der Steinblock einer Sitzstufe aus dem Schauspieltheater mit der Inschrift: Optati Tetrici; es könnte sich um eine Stiftung des Optatus Tetricus handeln. Neben dem Museum im Bischofshof sind Mauer- und Säulenreste eines großen römischen Gebäudes mit Säulenportikus aus dem 2. Jahrhundert sichtbar. Es erstreckt sich unter dem Bischofshof. Dazwischen liegen Mauerzüge aus dem 4. Jahrhundert und darüber die Fundamente des mittelalterlichen ,,Pfaffenturms".

Beim Neubau des Rathauses 1979 wurden eine spätrömische Stadtmauer sowie die noch 8 m hoch erhaltenen Mauerzüge eines spätrömischen burgus entdeckt, dessen Mittelturm in der Westfront des neuen Rathauses konserviert wurde. (Ein Modell des burgus ist im Kurpfälzischen Museum in Heidelberg zu sehen.)

**Lobdengau-Museum im Bischofshof** (ehemaliger Wormser Bischofssitz). (Der Name Lobdengau leitet sich von Lopodunum her. Der mittelalterliche Gau umfaßte das Gebiet der ehemaligen römischen civitas. Ladenburg hatte als Hauptort des Lobdengaues die gleiche Stellung wie Lopodunum in der civitas Ulpia Sueborum Nicretum.) Die ausgestellten Gegenstände sind sorgfältig beschriftet. Einen Rund-

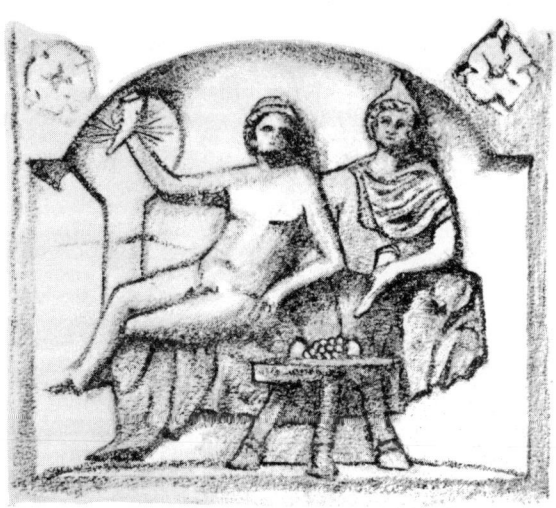

*Ladenburg, Sol-Mithrasrelief*

gang durch das Museum beschreibt Dr. B. Heukemes in seinem ,,Führer durch das Lobdengau-Museum" (in ,,Ladenburg am Neckar" 1970).

Die folgenden Bemerkungen geben einen nach Sachgruppen geordneten Überblick über die in den Räumen 2–5 ausgestellten römischen Fundgegenstände.

Unter den *Steindenkmälern* befindet sich das Glanzstück des Museums, das 1965 von Dr. Heukemes in einem Mithräum im Südteil von Lopodunum entdeckte, aus dem 2. nachchristlichen Jahrhundert stammende *Sol-Mithrasrelief* (im Kellerraum 3). Wegen seines ausgezeichneten Erhaltungszustandes (sogar Reste einstiger Stuckierung und Bemalung sind noch sichtbar) und der ungewöhnlichen Darstellung des Gottes nimmt das Kultbild unter allen bekannten Mithrassteinen einen besonderen Rang ein.

Der bekannte Mithrasforscher Marten J. Vermaseren urteilt: ,,In dem Ladenburger Relief scheint mir wahrhaft ein Höhepunkt mithraischer Kunst in Germanien erreicht zu sein." Das Relief zeigt die beiden Lichtgötter beim Mahl ausgestreckt auf dem Fell des getöteten Stieres liegend: rechts Mithras mit phrygischer Mütze und Schultermantel, links Helios-Sol mit Stirnreif. Beide halten ein Trinkhorn in der Hand. Den Hintergrund für das Trinkhorn Sols bildet die Sonnenscheibe auf einem Pfeiler. Auf dem Opfertisch, der auf drei Stierbeinen ruht, liegen Weintrauben und ovale Kuchen. Die Geste des Mithras, der seine Rechte freundschaftlich dem Sonnengott auf die rechte Schulter legt, bedeutet nach Vermaseren, daß er Sol, seinen ersten Mitstreiter, den Gläubigen der Gemeinde vorstellt.

Im gleichen Raum befindet sich das Kapitell einer Jupitergigantensäule mit Büsten der vier Jahreszeiten. Beachtenswert sind auch in der Quaderwand wiederverwendete römische Steine und Ziegel. Auf dem Gesims des Sichtfensters auf halber Treppenhöhe steht eine kleine Skulpturgruppe, die einen sitzenden Jupiter mit Juno darstellt. (Von dem Fenster sind die oben erwähnten Mauer- und Säulenreste des römischen Bauwerkes unterhalb des Bischofshofes zu sehen.)

In Raum 2 sind *Grabfunde der Neckarsweben* ausgestellt (Urnen, römische Keramik, Reste von bronzenen Weinsieben). Unter *Steindenkmälern* in Raum 2 und 4 befinden sich Teile der 1973 in einem römischen Steinbrunnen entdeckten Jupitergigantensäule (s. Freilichtmuseum u.) mit Viergötterstein; Weihesteine für Jupiter, den Besten und Größten („I. O. M.") von Dacius Privatus und Quintus Julius Karus, der seinen Namen mit dem griechischen K statt des üblichen C schreibt;

zwei Reliefdarstellungen der *keltischen Pferdegöttin Epona*. Die eine zeigt die Göttin auf dem Rücken eines Pferdes im Damensitz, im Schoß einen Korb mit Früchten. Das andere, kleinere Relief (in einer Wandvitrine ausgestellt) ist dadurch bemerkenswert, daß die reitende Göttin eine Peitsche in der Hand hält, die bisher einzige Darstellung dieser Art. – Schließlich Säulenfuß eines Kellersteintisches.

Zur Veranschaulichung der Römerzeit in Ladenburg dienen eine Reihe von *Fototafeln und Schaubildern*: Münzporträts römischer Kaiser, die für die Geschichte des Ortes von Bedeutung sind (von Vespasian bis Valentinian I.); eine Rekonstruktionszeichnung des Steinkastells Lopodunum; Schaubild des römischen vicus; Fototafeln mit Grundriß, Schnitt und Ansicht der Marktbasilika; Fototafel eines römischen Steinkellers aus dem 2./3. Jahrhundert mit einer dort eingelagerten Säule.

Fundgegenstände aus dem *Militärbereich* umfassen: Ziegelstempel der VIII. Legion Augusta aus Straßburg; der beiden Mainzer Legionen I Adiutrix und XXII Primigenia pia fidelis; der 24. Kohorte freiwilliger römischer Bürger aus Heidelberg-Neuenheim; Waffen, darunter ein verschweißtes Kurzschwert; Schwertgriff mit halbmondförmigem Knauf; Spitze einer Lanze (pilum); Amphore und zwei Krüge mit Angaben der militärischen Eigentümer der Gefäße und ihrer Einheiten (Gaius Attius Augustalis aus der centuria (Kompanie) des centurio Valerius Secundus; ein Soldat unter dem Kommando der Imagius; eine turma (Schwadron) des decurio (Rittmeisters) Cornelius Genialis. (Acht Kerben auf dem rechten Henkel der Amphore bezeichnen Maßeinheiten für den Inhalt des Gefässes.)

Zum Thema *Götterkult und Jenseitsglaube* werden gezeigt: eine (ergänzte) tönerne Schauspielermaske, die unweit des Schauspieltheaters gefunden wurde; die Maske wurde bei Götterspielen getragen; drei Steinständer mit trichterartigen Durchbohrungen, die, so wird vermutet, im Mithraskult verwendet wurden; Räucherkelch; Grabmalaufsatz in der Form eines Pinienzapfens, Symbol ewigen Lebens.

Auf *Gewerbe und Industrie* in Lopodunum beziehen sich: Erzeugnisse lokaler Töpfer, Lampenformer, Ziegel- und Kalksteinbrenner (römische Hohlziegel, Hypokaustplatten, Lampen, ein Fehlbrand von einem römischen Kalkofen). Der Abdruck einer genagelten Fußsohle auf einem Ziegelstein „muß um die Mitte des 2. Jahrhunderts entstanden sein, da die gleichen typischen Nagelreihen mit dem Doppelnagel in der Mitte mehrfach auf Funden aus dieser Zeit vorkommen."

Eine Fototafel zeigt eine in Ladenburg aufgefundene römische Getreidedarre, in der zuletzt Emmerweizen, vermutlich Ausgangsprodukt zur Bierherstellung, getrocknet wurde; am Fundort lag noch eine große Menge gerösteter Weizenkörner.

Zu *Tierfunden* aus der Römerzeit gehören unter anderem: Pfotenabdrücke auf Ziegelplatten von großen Hunden (Doggen, Schäferhunden) und Katzen; ein Kuhschädel.

Die reiche Sammlung von *Keramikgegenständen* (importierte und einheimische Ware) umfaßt: Amphoren (zum Versand von Olivenöl, Würzsoße (garum), Ölsardinen) mit dem Stempel des Herstellers der Amphore aus Astigi in Andalusien und dem Namen des Olivenproduzenten Lucius Junius Melissus, Mitglied einer der reichsten Familien im römischen Spanien; Terra Sigillata aus Süd-, Mittel- und Ostgallien, u. a. eine Bilderschüssel mit Hund und Eber aus der Werkstatt des Germanus von La Graufesenque (etwa 70–80 n. Chr.); Tassen; Schüsseln; ein- und zweihenkelige Krüge; Kochtöpfe; Griff einer Kasserolle; Becher; Teller mit Barbotineverzierung; dreischnauzige Lampe; Faltenbecher (die Falten zum besseren Greifen); Lichthauben (Wind- oder Nachtlicht); Firmenlampen (mit dem Namen des Herstellers gestempelt).

Unter anderen *Gegenständen des täglichen Gebrauchs* befinden sich: Messer; Schreibgriffel; Schlüssel; Würfel und Steine eines Brettspiels; Schleifstein; Mühlstein aus Basaltlava; *Toilettengegenstände* (Haarnadeln aus Bein, Salbentöpfchen zur Erhöhung der Griffigkeit mit Gries belegt, Balsamarium, Vierkantglasflasche, Schminkplatte mit beinernem Spachtel, in der Hypokaustheizung eines römischen Badegebäudes gefunden); *medizinische Instrumente* (Skalpell, Knochenschaber, Wundlöffel, Pinzette).

*Bauten und Baustoffe*. Von römischen Wohnhäusern stammen Wandmalereien, die an Qualität ähnlichen Malereien aus Kölner Wohnhäusern nicht nachstehen („Wände wie in Pompeji" → Köln, Museum), und deren Motive aus dem dionysischen Bereich sicherlich aus dem gleichen Musterbuch wie die Kölner Bilder ausgewählt sind. Auch die Thematik der Ladenburger Malereien mag, ähnlich wie in Köln, auf die Benutzung des Raumes als Speisezimmer hindeuten. Die Malereien datieren in beiden Fällen aus dem 2. Jahrhundert n. Chr.

Eine römische Portikussäule (2. Jahrhundert) aus Buntsandstein deutet an, daß die Häuser des vicus nach südländischer Art Säulenhallen aufwiesen. Die Häuser waren mit Ziegelsteinen gedeckt (hier Beispiele von Leistenziegel – tegulae), die Wände mit Platten verkleidet (siehe die Verkleidungsplatten mit Kammstrich gerauht) und geheizt (tubuli, Vierkantrohre von Wandheizungen). Wie in der Beschreibung ausgeführt, dienten die tubuli nicht nur zur Heizung. Im Sommer ermöglichten sie durch Lüftung eine Kühlung und Trockenhaltung der verputzten und bemalten Innenwände, „eine der hervorragendsten römischen Erfindungen".

Die Wasserversorgung wird an Tonröhren einer römischen Wasserleitung (hier von einer villa rustica) demonstriert. Die Fertigung der Rohre mit gerillten Muffen zur dichten Verbindung der Rohrschüsse zeigt äußerste Präzision. Die Rohre waren im ganzen Reich genormt; damit ersparte man sich umständliche Rohrberechnungen (siehe das Normenblatt für Wasserrohre bei Kretzschmer, S. 56). Ein Terrazzobodenstück vermittelt eine Vorstellung vom Fußbodenbelag eines Hauses.

Unter der Bezeichnung „**Freilichtmuseum beim Bischofshof**" sind römische Baureste und Steindenkmäler zusammengefaßt, von denen einige bereits oben bei der Beschreibung der sichtbaren Reste von Kastell und vicus Lopodunum erwähnt wurden. Hinzu kommen:

Drei römische Steinpfeiler von der Art, wie sie als Stützen für Laubengänge entlang der Forumstraße verwendet wurden (am Abschluß des Parks an der Hauptstraße);

ein römischer Steinbrunnen in der Stützmauer an der Hauptstraße;

im Bischofshof: Nachbildung der Jupitergigantensäule mit Altar (Originalteile im Lobdengaumuseum), die in einem römischen Brunnen gefunden wurde. Die Säule wurde offenbar zweimal zerstört. Nach dem ersten „Brunnensturz" während des Alamannenüberfalls 233 wurde die beschädigte Säule wiederhergestellt und zusammen mit dem Jupiteraltar neu aufgerichtet. Beim Alamannensturm 259/60 wurden Säule und Altar von den Eroberern in den Brunnen geworfen, wo sie jetzt zutage kamen.

Als Sockel für die Säule dient ein Viergötterstein mit Darstellungen von: (Vorderseite) Herkules mit Bogen, Köcher, Keule und Löwenfell und den drei Hesperidenäpfeln in der Linken; (linke Seite) Merkur mit seinen Attributen Flügelhut, Heroldstab, Geldbeutel und Widder; (Rückseite) Juno mit Diadem und Schleier, in der Linken ein Weihrauchkasten, in der Rechten eine Opferschale, aus der sie eine Spende in die Flammen des Opferaltars gießt; (rechte Seite) Minerva mit Helm, Lanze und Schild und dem Gorgoneion (Medusenhaupt) auf der Ägis; neben ihrer linken Schulter auf einem Pfeiler die Eule.

Die Inschrift auf dem Zwischensockel besagt, daß der Stifter, Novanius Augustus, die Säule zu Ehren des göttlichen Kaiserhauses für Jupiter, den Besten und Größten, und die Königin Juno auf seinem eigenen Boden wiederhergestellt hat („In honorem domus divinae Iovi Optimo Maximo et Iunoni Reginae Novanius Augustus in suo restituit"). Die Frauenköpfe auf dem Säulenkapitell stellen die vier Jahreszeiten dar. Die Säule krönt der blitzeschleudernde Jupiter, der über einen schlangenbeinigen Erdgiganten hinwegsprengt (s. für ähnliche Säulen → Aalen, Parkmuseum, → Hausen, → Karlsruhe, Museum und → Stuttgart, Römisches Lapidarium).

Der nach der Wiederherstellung der Säule geschaffene Jupiteraltar trägt die Inschrift: „Iovi Optimo Maximo aram Augustus posuit libens laetus merito" (Augustus stiftete den Altar für Jupiter, den Besten und Größten, willig, freudig und nach Gebühr). Im Bischofshof befindet sich ein 9 m tiefer römischer Steinbrunnen und eine Säule mit unheilabwehrender Phallusverzierung; beide Denkmäler können von der rechten Fensternische in Raum 4 des Museums besichtigt werden. Östlich von der St. Sebastianskapelle ist eine steinerne römische Abwässerrinne aufgestellt.

## LANDSHUT

Die in zwei Räumen des **Stadt- und Kreismuseums** in der Stadtresidenz aufbewahrten römischen Funde stammen zum überwiegenden Teil aus dem Römerkastell Abusina (→ Eining). Dazu kommen einzelne Funde aus anderen Kastellen des rätischen → Limes.

Im Vorraum zu den Abusinafunden sind ausgestellt (in Wandvitrinen):

von *Regensburg*: Krüge und Lampen von einem römischen Gräberfeld;

von *Alkofen*: (in der Nähe von Kelheim auf dem rechten Donauufer): Becher des Töpfermeisters Regalis; Kleingeräte aus Bronze und Bein; Münzen; Tonfiguren; Terra-Sigillata-Geschirr; Eisengeräte (Ketten, Haken, Messer); Ringe; ein Langschwert; Schildbuckel; Speerspitzen; Eisenschlacke. (Die Funde, so wird vermutet, stammen aus einem in der Mitte des 2. Jahrhunderts n. Chr. erbauten Zwischenkastell des rätischen Limes. Als Garnison wird ein numerus angenommen. In der Nähe des Kastells lag eine Zivilsiedlung.

Die Funde umspannen den Zeitraum von der Gründung des Kastells bis zur alamannischen Invasion 259/60. Aus dem Fundmaterial von Alkofen wird auch geschlossen, daß Teile der III. Italischen Legion, die um 172 nach Rätien verlegt wurde, vorübergehend dort gestanden hatten, bevor die Legion um 179 ihr ständiges Lager in → Regensburg bezog.);

vom *Ostenfeld* (im Bereich des Lagers von Sorviodurum → Straubing): Krüge, Terra-Sigillata-Scherben; mortarium (Reibschüssel);

von → *Künzing*: Terra Sigillata; Eisengeräte (Meißel, Nägel und Lanzenspitzen; Pfahlschuh; Schlüssel; Ziegelstempel der III. Italischen Legion; römische Gleitwaage mit Laufgewicht);

von *Eugenbach und Altdorf*: Messer, Terra Sigillata (Krüge, Schalen, mit Victor F. gestempelt); eine Bronzestatuette; Beschlag eines Türschlosses; eiserne Geräte (Nägel, Haken); Ziegel von einer Hypokaustanlage.

In einer Tischvitrine sind weitere Funde aus *Künzing und Straubing* ausgestellt: Bronzestatuette des Merkur; eine kleine Lampe mit einem Satyrkopf; Bronzekanne mit einem in einer Gesichtsmaske auslaufenden Handgriff; Bronzebuchstaben; Spielstein mit dem Namen Primanus gekennzeichnet; römischer Hakenschlüssel; goldene Ohrringe; Gemme eines Fingerrings; Röllchen aus Goldblech; Gewandnadel mit Hakenkreuz; Ortband eines Kurzschwertes.

Der Rundgang durch den Raum mit Funden aus *Abusina* beginnt bei der Wandvitrine rechts vom Eingang. Ausgestellt sind:

Bruchstücke von Bronzestatuetten; Bruchstücke von Tongefäßen mit figürlichem Schmuck; sog. „Räucherkelche";

große Reibschale mit Ausguß; Bruchstücke rätischer glasierter Ware; Bruchstücke von Terra Sigillata verschiedener Werkstätten, meistens aus Heiligenberg; Bruchstücke von Sigillata-Reibschalen mit bemaltem Rand;

Terra-Sigillata-Bilderschüssel; Scherben verzierter Terra-Sigillata-Gefäße, meistens Erzeugnisse von → Rheinzaberner Töpfereien;

Lanzenspitzen; Pfeilspitzen; Bruchstücke von Panzerhemden (zusammengerostet), wie sie von der Auxiliarkavallerie getragen wurden (die Besatzung von Abusina war eine teilweise berittene Kohorte); Bruchstücke von Langschwertern mit Ortband; Teile von Helmen; steinerne Geschützkugeln; Fensterglas; Schildbuckel; Schildfesseln; Kurzschwerter; Schwerthaken; Ortbänder; Pferdegeschirr (Trensen, Sporen, Hufschuh, Augenschutzkorb);

Hohlziegel (mit Grätenmuster zum Festhalten des Mörtels); Nägel; Wandverputz mit Bemalung; *Ehreninschrift* von 213 für Caracalla (am Nordtor – porta principalis sinistra – von Abusina gefunden): „Imperatori Caesari M. Aurelio Antonino Pio Felici Augusto Tribunicia Potestate XV, Imperatori II, Consuli III, Designato IIII, Patri Patriae sacratissimo ac felicissimo principi. Cohors III Britannorum Antoniniana equitata". (Dem Kaiser Marcus Aurelius Antoninus (Caracalla voller Namen), dem frommen, glücklichen, erhabenen, überragenden Sieger über die Parther und Britannier, dem Oberpriester, im fünften Jahr seiner tribunizischen Gewalt, Feldherr zum zweiten Mal, Konsul zum dritten Mal, viermal zum Konsul

bestimmt, dem Vater des Vaterlandes, dem höchstgesegneten und glücklichsten Fürsten. Die Dritte teilweise berittene Kohorte von Britanniern mit dem Beinamen Antoniniana). Der Beiname bezieht sich auf Caracalla und wurde von der Kohorte während der Regierungszeit des Kaisers getragen. Die Inschrift dürfte mit einem Besuch Caracallas in Abusina zusammenhängen.
(Unterhalb der Inschrift von rechts und links): Gefäß mit eingeritzter Inschrift und dem Namen des Besitzers; Krug mit den Buchstaben „... grippae", wohl Teil eines Besitzernamens; Bruchstücke von Terra Sigillata; von Glasgefäßen mit Herstellerstempel; Ziegel aus Ziegeleien der in Regensburg stationierten III. Italischen Legion; Ziegelstempel der Dritten Britannischen und der Ersten Canathener Kohorte, letztere die Besatzung von Straubing; Ziegel mit dem Herstellerstempel des Marcus Vindelicius Surinus.
Bruchstück einer Inschrift für Caracalla (der Wortlaut dürfte der obenstehenden Inschrift entsprochen haben); sie wurde an der Nordwestseite des Mittelgebäudes des Kastells mit der Schriftseite an die Mauer gelehnt gefunden.
Bruchstück von einer (Bau?) Inschrift aus den Jahren 79/81: "... patre patriae censore et Caesare divi Vespasiani filio Domitiano sacerdote. Cohors IIII Gallorum". (Die erste Garnison des Lagers war die Vierte Kohorte von Galliern); vergoldete Bronzebuchstaben von einer Inschrift für Kaiser Caracalla; sie wurde an allen Doppeltoren des Lagers mit Ausnahme der porta decumana gefunden.
*Fortuna-Altar*, geweiht von dem Kommandeur der Dritten Britannischen Kohorte (im Apodyterium, dem Umkleideraum, des Hauptbadegebäudes gefunden): „In honorem domus divinae. Deae Fortunae Augustae sacrum. Fabius Faustinianus praefectus Cohortis III Britannorum. Votum solvit animo lubens."
Amboß, Ziegel mit Abdrücken von Tierspuren; Toilettengegenstände (Haarnadeln); Meißel; Maurerkelle; Löffelbohrer. Äxte; Beile; Vorstecker für Radnaben; Zirkel; zusammenklappbarer Maßstab; Schreibgriffel; Schlüssel, Messer; Scheren; Spaten.
Ein großer bronzener Wasserbehälter und ein Waschbecken stammen aus der Badeanlage des Kastells Quintana (Künzing).
(Vitrine an der Südseite): Große Krüge; Bruchstücke von Glasgefäßen aus dem Keller des sacellum (Fahnenheiligtum); spätrömische Gewandnadeln; Beleuchtungsgeräte (Ton-, Bronzelampen, Kerzenhalter); kleiner geschlossener Fund (Bronzegefäß, Tonschale, kurzes Schwert, runde und viereckige Spielsteine), vielleicht Eigentum eines Soldaten.
Modell des Lagers Abusina mit dem spätrömischen Einbau.
Aus dem Bereich des Kohortenkastells: Spätrömische Beinnadeln, Halsbänder, Gürtelschnallen, Beinkämme, Gewandnadeln; spätrömische Gefäße; Pfeilspitzen.
Aus einem spätrömischen Brunnen im Bereich des alten Kastells: Terra-Sigillata-Schüsseln; Schwarztonschale; Reste von Kämmen.
Tischvitrine in der Mitte des Raumes: Spätrömischer Goldschmuck; spätrömische Armringe; Börsenarmreif und Bruchstück eines Börsenarmreifs. Eine Übersicht über das römische Geld im östlichen Rätien (Münzen aus dem 1. und 2. Jahrhundert n. Chr.). Spätrömischer Bronzefingerring mit der rückläufigen Inschrift: „Vivas in Deo" (mögest du in Gott leben); der Ring gilt als archäologisches Zeugnis für die rasche Ausbreitung des Christentums in Rätien nach dem Toleranzedikt von Mailand vom Jahre 313.
Kleine Gegenstände aus Bronze und Edelmetall, z. T. mit Emailleeinlage (Fibeln, Fingerringe mit Intarsien). Bruchstücke eines Militärdiploms (Entlassungsurkunde eines Auxiliarsoldaten). Bronzetäfelchen (Eigentumsmarken), mit denen Soldaten ihre Ausrüstung kenntlich machten, hier des Schützen (pedes, Fußsoldat) Statutus aus der Kompanie (centuria) des Sextilius („Centuria Sextili Statuti p(editis)"); des Soldaten Firmus aus der Kompanie des Ninicus („Centuria Ninici Firmi militis"). Beide Täfelchen stammen von Waffenstücken.
(Zwischen den Fenstern): Abguß (das Original wurde im II. Weltkrieg zerstört) des Weihealtars („Kaiseraltar") von 211 n. Chr. für das Kaiserhaus (Caracalla, seinen Bruder Geta und deren Mutter Julia Domna), die kapitolinische Trias und den Genius der Dritten Britannischen Kohorte, vom Kommandeur der Kohorte gestiftet. Das Relief unter der Inschrift stellt den Dedikanten dar, wie er, von zwei Personen assistiert, das Stieropfer darbringt; links ein Diener mit dem Stier, rechts Diener mit Korb.
Die Inschrift lautet: „Pro Salute Imperatoris M. Aurelii Antonini Pii Felicis et Pii Septimii Getae Augustorum et Juliae Augustae matris Augustorum et kastrorum Iovi Optimo Maximo et Iunoni Reginae et Minervae sacro Genio Cohortis III Britannorum aram Titus Flavius Felix praefectus ex voto posuit lubens merito dedicavit Kalendis Decembribus Gentiano et Basso Consulibus". – Zum Heile der beiden Kaiser Marcus Aurelius Antoninus (Caracalla), des frommen und glücklichen, und des frommen Geta und der Julia Augusta, Mutter der Kaiser und der Lager, setzte der Präfekt Titus Flavius Felix diesen Altar und weihte ihn willig und nach Gebühr dem Jupiter, dem Besten und Größten, der Königin Juno und der Minerva und dem Genius der Dritten Britannischen Kohorte, an den Kalenden des Dezember im Konsulatsjahr von Gentianus und Bassus (1. Dezember 211) –.

## LAUFFEN a. N.

Versucht man sich vorzustellen, wie es zur Römerzeit in Baden-Württemberg auf dem flachen Land ausgesehen haben mag, so fällt zunächst das einheitliche Siedlungsbild der Landschaft auf. Es wird beherrscht von Einzelgehöften (villae rusticae) zwar unterschiedlicher Größe, aber doch von gleichförmigem Grundtyp. Es handelt sich dabei um ein zumeist an Talhängen gelegenes, quadratisches oder rechtwinkliges Wohnhaus mit auf der Vorderseite durch einen Säulengang (porticus) verbundenen, seitlich vorspringenden Eckrisaliten. Je nach Vermögenslage des Eigentümers konnte der Bau 40 oder mehr Räume umfassen und zwei bis drei Stockwerke hoch sein. Einzelne Räume waren heizbar, die Wände getüncht und bemalt und die Fußböden mit Platten oder Mosaiken belegt. Selbstverständliches Zubehör, auch bei kleineren Gehöften, war ein Bad, das entweder im Hause selbst untergebracht oder, gesondert gelegen, mit dem Haupthaus durch einen überdeckten Gang verbunden war.
Zum Gutsbetrieb gehörten Nutzbauten (Gesindehäuser, Getreidespeicher, Scheunen, Ställe, Schuppen und Werkstätten). Der Wirtschaftshof war in der Regel von einer Mauer umgeben. Das Wasser bezog man aus Brunnen oder führte es mit Wasserleitungen (Holz-, Ton- oder Bleirohre) aus nahen Quellen heran. Die

zwischen Wiesen, Feldern und Wäldern verstreut liegenden, weißgetünchten, mit roten Ziegeln bedeckten, säulengeschmückten Gutshäuser müssen der Landschaft ein reizvolles Gepräge gegeben haben.

Mehr als 1000 solcher Gutshöfe sind allein in Baden-Württemberg nachgewiesen. Stellvertretend für sie alle mag das römische Landgut dienen, das in den Jahren 1977–1979 bei Lauffen a. N., Kreis Heilbronn, vollständig ausgegraben, konserviert und der Öffentlichkeit in einem Freilichtmuseum unter dem Thema „Der Gutshof, die Landwirtschaft und der Weinbau in römischer Zeit im Neckartal" zugänglich gemacht worden ist.

Der Hof hatte bei seiner Entdeckung im Rahmen der Rebflurbereinigung durch den vorzüglichen Erhaltungszustand des Mauerwerks und die von keinen späteren Eingriffen gestörte Vollständigkeit der Anlage die Aufmerksamkeit weiter Kreise auf sich gezogen. Dieser einmalige Glücksfall und die Lage des Gutshofes in der anmutigen Reblandschaft des Neckartales ließ den Wunsch entstehen, das aufgedeckte Mauerwerk als lebendiges Zeugnis landwirtschaftlicher Tätigkeit in römischer Zeit der Allgemeinheit intakt zu erhalten. Im Zusammenwirken zwischen Denkmalspflege, örtlichen und regionalen Behörden und den beteiligten Eigentümern gelang es, diesen Gedanken in die Tat umzusetzen. Das Ergebnis ist eine die römischen Gebäude umschließende, gartenbaulich ansprechend gestaltete Grünanlage, die in einzigartiger Weise der Bildung und der Erholung dient. In einem kleinen botanischen Garten werden außerdem Weinbau und landwirtschaftliche Erzeugnisse der römischen Zeit dargestellt. Bildsteine, Inschriften und Architekturteile verstärken den Eindruck antiker Umwelt.

Die Gutsanlage besteht aus vier auf einem mauerumschlossenen Hof gelegenen Gebäuden: ein älteres Wohnhaus mit unmittelbar auf den Felsen aufgesetzten Mauern, die teilweise noch Fugenputz und Fugenstrich besitzen. Im Wohnraum fanden sich Reste von bemaltem Wandputz; ein zweites steinernes Gebäude, das als „älteste Kelter im Lande" angesehen wird; eine Art Scheuer oder Remise zur Aufbewahrung landwirtschaftlicher Geräte und schließlich das als Portikusvilla mit Eckrisaliten gebaute Haupthaus, das wohl mit zunehmendem Wohlstand an die Stelle des älteren Wohnhauses trat, wenn auch letzteres erhalten blieb (als Wohnsitz für das „junge Paar"?).

Die beiden Eckrisaliten – einer davon besaß einen angebauten „Aussichtspavillon" – waren beheizbar und zwei Stockwerke hoch. Ein durch seine längliche Form ungewöhnlicher Raum wird vom Grabungsleiter Dr. Dieter Planck als Küche angesprochen. Bemerkenswert vor allem der an das Haus im Norden angebaute Badetrakt. Kalt- und Warmwasserwannen, eine Sitzbank längs der Badezimmerwand und die Estriche in den unbeheizten Räumen waren unversehrt erhalten. An den Badetrakt angeschlossen befand sich die Toilette des Hauses. Toilette und Bäder wurden durch einen im Halbrund außen um den Badetrakt geführten, sorgfältig gemauerten und innen verputzten Kanal entwässert. Wasser wurde mit Hilfe einer mit Eisenringen verbundenen hölzernen Deichelleitung von einer naheliegenden Quelle in den Hof geleitet.

In der Scheuer wurden die Fragmente eines Sandsteinreliefs des Gottes Merkur sowie zahlreiche Eisengeräte gefunden. Zum Fundgut der Gutsanlage gehörten außerdem: eine große Anzahl von Tongefäßen (Krüge und Amphoren), häufig mit weißer Bemalung, sowie Dachplatten mit Wischzeichen, Finger- und Tierpfotenabdrücken. In der Kelter konnten verkohlte landwirtschaftliche Erzeugnisse sowie ein kleines, neuzeitlichem Muster entsprechendes Rebmesser geborgen werden. Hier wie bei anderen Römerbauten bieten sich dem Betrachter außerdem viele bauliche Details, wie Fußbodenheizung, Wandheizung mit Hohlziegeln, Badewannen und die Kanalisation der Bäder und der Toilette.

Es wird angenommen, daß der Gutshof etwa um die Mitte des 2. Jahrhunderts n. Chr. angelegt wurde. Seine Bewohner sind dort in behaglichen äußeren Umständen, einer komfortablen Wohnung mit prächtiger Aussicht über die Flußlandschaft des Neckartales, bis um die Mitte des 3. Jahrhunderts friedlich der Landwirtschaft und dem Weinbau nachgegangen. Mit der Annäherung der Alamannen werden die Bewohner ihr Gut aufgegeben haben. Die Anlage ist dann, wie es auch anderswo geschehen ist, von den Eroberern durch Brand zerstört worden.

Der römische Gutshof ist von der Autobahnausfahrt Ilsfeld nach ungefähr 7 km zu erreichen.

## LIMES

„Das gewaltigste Römerwerk auf deutschem Boden" (Koepp), „ein Bodendenkmal von riesiger Ausdehnung" (Schleiermacher), „ein riesiges Befestigungssystem... eine gewaltige Bauleistung" (Pörtner), „das erstaunlichste Wahrzeichen der römischen Besetzung in Deutschland" (MacKendrick), das „bedeutendste antike Denkmal auf deutschem Boden" (Roeren). Mit diesen Worten charakterisieren Schriftsteller in ihren Werken über das römische Deutschland die als Limes bezeichnete befestigte Grenze des römischen Reiches in den

Provinzen Obergermanien und Rätien und deren sichtbare Überreste.

Die Bedeutung des Wortes „Limes" als römische Reichsgrenze hat sich seit Tacitus eingebürgert. Ursprünglich bezeichnete „limes" einen Weg oder Feldrain, der zwei Grundstücke voneinander trennte. Im militärischen Bereich bedeutete das Wort eine Straße, die von römischen Truppen beim Vormarsch in feindliches Gebiet angelegt und mit Wachttürmen und kleinen Militärposten gesichert wurde. Daraus entwickelte sich der Begriff des Limes als befestigte Grenze, wo ein solcher Weg die Trennungslinie zwischen dem Land der Barbaren und dem römischen Reich bildete.

In dieser Bedeutung ist das Wort in den heutigen Sprachgebrauch übergegangen. „Limes" ist die militärisch gesicherte Grenze des Römerreichs schlechthin. Man unterscheidet mehrere „Limites" im römischen Deutschland. Sie sollen im folgenden kurz beschrieben werden.

Der **niedergermanische Limes** (der Ausdruck wird schon im 4. nachchristlichen Jahrhundert gebraucht: „,.. ad inferiorem Germaniae limitem") ist die Militärstraße, die vom Kastell Valkenburg an der Rheinmündung bis zur Grenze der Provinz Niedergermanien am Vinxtbach (bei Bad Breisig) die Legionsfestungen, Auxiliarlager und kleineren Kastelle auf dem linken Rheinufer miteinander verband.

Dieser Rheinlimes entstand zur Zeit des Kaisers Tiberius (14–36 n. Chr.) „aus den übriggebliebenen Bereitstellungs-, Nachschub- und Überwinterungslagern links des Rheins", als der von Augustus konzipierte Plan zur Eroberung Germaniens bis zur Elbe sieben Jahre nach der Katastrophe der Schlacht im Teutoburger Wald (9 n. Chr.) endgültig aufgegeben wurde. (Eine eingehende Darstellung des Systems der befestigten Plätze am Niederrhein einschließlich der militärischen Sicherungsanlagen im Hinterland der Provinz Niedergermanien findet sich in der Materialiensammlung zur Geschichte des Niedergermanischen Limes von J. E. Bogaers und C. B. Rüger mit einem Beitrag von H. von Petrikovits (Köln 1974). Hier mögen einige allgemeine Bemerkungen genügen.)

Der Rheinlimes hat bis in die spätrömische Zeit auf der ursprünglichen Linie, wenn auch in wechselnder Stärke, bestanden. Die Anzahl der am niedergermanischen Limes stationierten Truppen (Legionen und Auxiliareinheiten) wird für das Ende des 2. Jahrhunderts auf 22 000 Mann (etwa 12 000 Legionssoldaten und 10 000 Hilfstruppen) geschätzt. Sie waren auf die beiden Legionslager Vetera castra und Bonna und etwa 11 Auxiliarlager und kleinere Kastelle verteilt. Die gut ausgebaute und ständig in gutem Zustand erhaltene Limesstraße gestattete rasche Truppenbewegungen. Die beiden Legionslager lagen etwa drei Tagesmärsche, die Hilfstruppenkastelle etwa einen halben Tagesmarsch voneinander entfernt. Der Rheinstrom wirkte als Annäherungshindernis und wurde von der Rheinflotte militärisch kontrolliert.

Die erste große Erschütterung erlebte der Rheinlimes während des Bataveraufstandes unter Julius Civilis (69/70). Wie Tacitus berichtet, wurden damals alle Lager der unteren Rheinarmee zerstört. Vespasian (69–79) stellte die Festungslinie wieder her und verstärkte sie durch neue Truppen.

Fast zweihundert Jahre lang hat der niedergermanische Limes den Frieden am Rhein gesichert. Die Lage war sogar so günstig, daß Truppen zeitweilig für andere Aufgaben im Reich vom Rhein abgezogen werden konnten. So wurde die Bonner Legion unter dem Befehl Hadrians im II. Dakerkrieg 105/106 eingesetzt und hat am Partherkrieg Marc Aurels (162/166) teilgenommen.

Seit dem Beginn der Frankenstürme in der zweiten Hälfte des 3. Jahrhunderts ist die Geschichte des niedergermanischen Limes durch wechselvolle Kämpfe gekennzeichnet. Einer der Gründe für die Errichtung eines gallischen Sonderreiches im Jahre 258 durch den Usurpator M. Cassianius Latinius Postumus war die Notwendigkeit einer Kommandozentrale unmittelbar an der gefährdeten Rheingrenze. Postumus gelang es, 10 Jahre lang den Rheinlimes zu halten und sogar noch zu verstärken; er war „der Retter der römischen Sache in dieser schwersten Krise des westlichen Reiches". Aber schon bald nach dem Sturz des gallischen Sonderkaisertums im Jahre 274 durchbrachen die Franken den Limes und verwüsteten weite Gebiete Galliens. Militärische Gegenschläge unter Probus (276–282) stellten die Grenzverteidigung am Rhein wieder her.

Seine Nachfolger suchten der ständig wachsenden Invasionsgefahr durch Neuordnung des Heeres und intensiven Festungsbau zu begegnen. Diokletian schuf neben den Grenztruppen (limitanei) bewegliche Einsatztruppen (comitatenses). Constantius Chlorus, der erste Caesar des Westens, stellte drei neue Legionen zur Sicherung des niedergermanischen Limes auf. Sein Sohn, Konstantin der Große, stieß zweimal in fränkisches Gebiet jenseits des Rheins vor und begann mit dem Wiederaufbau und der Modernisierung der Festungswerke des Rheinlimes. Damals entstand in dem mächtigen Bollwerk des „castrum Divitensium" (→ Köln-Deutz) ein neuer Festungstyp. Es gelang, die Grenze für eine Generation zu stabilisieren.

In den Jahren 352–355 fanden neue, verheerende Frankeneinfälle statt; die Limesbefestigungen wurden fast vollständig zerstört und ihre Besatzungen aufgerieben. In einer letzten Kraftanstrengung unter Julian, dem Caesar des

Westens, und Valentinian I. (364–375) wurden die Wehranlagen des Rheinlimes noch einmal wiederhergestellt und in einem Festungsbauprogramm ohnegleichen verstärkt.

Die gewaltigen Festungsbauten Valentinians I. entlang der Rheinlinie und im Inneren des Landes (→ Andernach, → Boppard, → Altrip, → Alzey, → Bad Kreuznach) wirkten zwar eine Zeitlang als Wellenbrecher, konnten aber die immer mächtiger anschwellende Flut der Germanenheere nicht aufhalten, die sich in zahlreichen, aufeinanderfolgenden Wellen über die Rheingrenze in das gallische Hinterland ergoß. Nach dem Abzug der römischen Truppen vom Rhein unter Stilicho zu Beginn des 5. Jahrhunderts „zerbröckelte alle militärische Macht Roms im Nordwesten des Rheins".

Eine genaue Jahreszahl, mit der die Geschichte des niedergermanischen Limes endet, läßt sich nicht bestimmen. Städte wie Köln und das Land bis nach Trier waren seit der zweiten Hälfte des 5. Jahrhunderts in der Hand der Franken.

Gegenüber dem Endpunkt des niedergermanischen Limes an der Mündung des Vinxtbaches in den Rhein schloß sich auf dem rechten Rheinufer der **obergermanisch-rätische Limes** an. Dies ist der „klassische" Limes, der römische Grenzwall zwischen Rhein und Donau, von dem oben die Rede war und dessen sichtbare Überreste als archäologisches Denkmal, wie aus den zitierten Bemerkungen hervorgeht, in Mitteleuropa nicht ihresgleichen haben.

In seinem endgültigen Bauzustand ist der Limes das Ergebnis einer längeren geschichtlichen Entwicklung. Er entstand in flavischer Zeit (69–96), als der römische Machtbereich über Rhein und Donau hinaus nach Osten und Norden erweitert wurde. Seit dem Verzicht auf die Eroberung Germaniens bis zur Elbe unter Tiberius im Jahre 16 n. Chr. hatten die beiden Flüsse die Grenze des römischen Reichs gebildet. Der ungünstige Verlauf der Grenze am Oberrhein bei Basel, wo fremdes Land wie ein Keil in das römische Staatsgebiet hineinragte, hatte sich in den Wirren nach Neros Tod als Hindernis für schnelle Truppenbewegungen zwischen den Rhein- und Donauprovinzen erwiesen.

Der Feldzug des Legaten der Straßburger Legion, Cn. Pinarius Cornelius Clemens, in den Jahren 73/74 brachte die Römer an den oberen Neckar und in den Besitz der „agri decumates", eine möglicherweise keltische, als das „Land der zehn Kantone" gedeutete Bezeichnung für das Schwarzwaldgebiet. (Die Verwendung des Ausdrucks als Landschaftsname ist allerdings umstritten.) Damit war es gelungen, durch eine Querverbindung vom Oberrhein zur oberen Donau und weiter nach Augsburg, der Hauptstadt der Provinz Rätien, das Rheinknie bei Basel abzuschneiden. Zugleich wurde das neugewonnene Land durch Kastelle gesichert.

Dem Vordringen im Süden folgte nach dem erfolgreichen Abschluß der Chattenkriege Domitians 83/85 und 88/89 die Erweiterung des römischen Herrschaftsbereichs an Main, Neckar und Donau. Die Chatten, ein mächtiger Germanenstamm mit Hauptsitz in der Gegend von Kassel und Fritzlar, Vorfahren der heutigen Hessen, bedrohten, so glaubte man in Rom, die römische Stellung am Mittelrhein.

In einem Präventivschlag, der vom Legionslager Mainz aus mit einer Armee von fünf Legionen (die I. und XIV. aus Mainz, die VIII. aus Straßburg, die XI. aus Windisch und die XXI. aus Bonn), den dazugehörigen Hilfstruppen und Teilen von in Britannien stationierten Legionen im Jahre 83 in das Gebiet der Chatten geführt wurde, fiel die Wetterau, der fruchtbare Landstrich zwischen Taunus und Vogelsberg und Fortsetzung der oberrheinischen Tiefebene nach Norden, in römische Hand.

Bei ihrem Vormarsch hatten die Truppen Postenwege mit hölzernen Beobachtungstürmen auf dem Taunuskamm und in der östlichen Wetterau angelegt. Die Offensive kam in der Gegend von Gießen zum Stillstand. Nach der endgültigen Niederwerfung der Chatten, die am Aufstand des Mainzer Statthalters L. Antonius Saturninus im Jahre 88 teilgenommen hatten, wurde dieser Postenweg die Grenze des römischen Reiches.

Zum Schutz der Wetterau, die als vorspringender Eckpunkt in das Feindesland hineinragte, wurde die Grenze nach Nordwesten durch den Westerwald bis an den Rhein unter Einbeziehung des Neuwieder Beckens ausgedehnt. Im Süden erreichte die Grenze bei Großkrotzenburg den Main, lief dann am linken Ufer des Flusses entlang bis in die Gegend von Wörth und führte durch den Odenwald (Odenwaldlimes) bis zum mittleren Neckar, wo sie sich an die früher dort angelegte Kastellreihe anschloß. An der Donau, in der Provinz Rätien, entstanden in dem Gebiet nördlich des Flusses neue Kastelle, die mittels eines Landstreifens in der Schwäbischen Alb mit der Grenzlinie am mittleren Neckar verbunden wurden.

Unter Trajan (98–117) verlagerte sich das militärische Schwergewicht an die untere Donau und nach Osten. Im Westen war Trajan auf Konsolidierung der neu erworbenen Gebiete bedacht.

So wurde der Limes in Obergermanien verstärkt und der Grenzschutz in Rätien weiter ausgebaut. Die Bevölkerung suchte er durch die Errichtung von Gauen mit Selbstverwaltung (civitates) und durch die Gründung von Städten fest in die neue Ordnung einzugliedern. Trajans Nachfolger Hadrian (117–138) setzte die defensive Politik des Ausbaues und der Sicherung des Limes fort. Entlang der gesamten Grenzlinie wurde ein Palisadenzaun aus Eichenpfählen

errichtet. Damit wurde eine wirksame polizeiliche Überwachung der Grenze erreicht.
Der Limes konnte nur an bestimmten Kontrollpunkten überschritten werden. Die Palisade war zugleich sichtbares Zeichen für die Reichweite des römischen Herrschaftsbereichs und galt als Warnung an mögliche Feinde, daß das Überschreiten der Palisadengrenze Krieg mit dem römischen Reich bedeutete.
Militärisch verstärkt wurde der Limes durch Verlegung von Auxiliareinheiten aus dem Inneren an die Grenze, durch die Anlage von Kastellen für numeri, kleine, aus der einheimischen Bevölkerung der Nachbarschaft gebildete Einheiten für den Patrouillendienst entlang des Limes und durch den Ersatz hölzerner Wachttürme durch Steinbauten.
In der Mitte des 2. Jahrhunderts, unter Kaiser Antoninus Pius, wurde die Odenwald-und Nekkarlinie aufgegeben und die Grenze um ungefähr 30 km nach Osten vorverlegt (sog. „äußerer" oder „vorderer" Limes). Der obergermanische Limes zog sich seitdem von Wörth über Miltenberg am Main nach Walldürn und von dort auf einer 80 km langen, schnurgeraden Linie bis zum Haghof bei → Welzheim, „ein glänzendes Zeugnis römischer Vermessungskunst" (Webster) und „eine Ingenieurleistung, die im römischen Imperium bei Anlage eines Limes ohne Parallele ist" (A. Böhme, Zabernführer 24, S. 23).
Über die Gründe der Vorverlegung des Limes gibt es verschiedene Vermutungen. Sicherlich spielten rein militärische Gesichtspunkte eine wesentliche Rolle. Mit der Neuorganisation der Grenze wurde der tiefeinspringende Winkel zwischen Obergermanien und Rätien erheblich verkürzt. Die schnurgerade Linie ermöglichte eine rasche Übermittlung von Nachrichten. Baatz führt aus, daß das römische Einflußgebiet östlich vom Neckar seit der Mitte des 2. Jahrhunderts offenbar unter germanischen Übergriffen zu leiden hatte. „Dahinter müssen Völkerbewegungen und Machtverschiebungen im germanischen Raum gestanden haben." Der vordere Limes wurde, wie Baatz bemerkt, im Gegensatz zu anderen Limesabschnitten besonders intensiv überwacht. Schleiermacher sieht in Anlehnung an Fabricius den akuten Anlaß zum Vorschieben des Limes in dem Verhalten der deportierten Brittonen (→ Eulbach). Mit dem neuen Limes wurde eine Linie geschaffen, „von der aus sich unruhige Elemente im Inland ebensogut oder noch besser überwachen ließen als der Nachbar im Ausland."
Vielleicht unter Caracalla (211–217), als zum ersten Mal alamannische Reiterscharen am Limes auftauchten, oder schon am Ende des 2. Jahrhunderts (der letztere Zeitpunkt wird neuerdings bevorzugt) wurde der gesamte Limes auf einer Länge von 558 km ausgebaut und verstärkt. Der obergermanische Limes erhielt hinter der Palisade Spitzgraben und Erdwall. Am rätischen Limes wurde die Palisade auf einer Strecke von 166 km durch eine 1,2 m starke und 3 m hohe Steinmauer ersetzt, „eine der gewaltigsten technischen Leistungen der Frühzeit" (Kellner). Gleichzeitig mit dem Bau der Mauer wurden in Rätien kleinere quadratische Befestigungen (centenaria) mit scharfkantigen Ecken und nur einem Tor errichtet (s. → Burgsalach). Mit diesen Maßnahmen hatte der Limes seine endgültige Gestalt gewonnen.
Durch einen Präventivkrieg suchte Caracalla der drohenden alamannischen Invasion zuvorzukommen. Im Jahre 213 führte er persönlich ein Heer durch den rätischen Limes („per limitem Raetiae") und besiegte die Alamannen am Main. Aber 20 Jahre später, als große Teile des römischen Heeres im Osten gegen die Parther kämpften, gelang es den Alamannen, den Limes zu durchbrechen. Eine Reihe von Kastellen wurde vernichtet, das Provinzgebiet geplündert und verwüstet.
Maximinus Thrax (235–238), Nachfolger des ermordeten Severus Alexander, konnte noch einmal die Alamannen vertreiben und die Grenze stabilisieren. Bei einem erneuten Alamannensturm 259/60 wurde jedoch der Limes auf breiter Front überschritten. Die unter den flavischen Kaisern rechts des Rheins und nördlich der Donau erworbenen Gebiete gingen dem römischen Reich verloren. Rhein und Donau bildeten wieder die Grenze des Reiches. Spätere Versuche einer Rückeroberung des Limesgebietes schlugen fehl.
In seinem letzten Bauzustand bestand der obergermanische Limes aus einer 328 km langen, nur an bestimmten Übergangsstellen unterbrochenen Palisade aus mannshohen Eichenpfählen. Dahinter zog sich in einem Abstand von ungefähr 1–2 m ein 2 m tiefer und oben 6–7 m breiter Spitzgraben. Ihm folgte ein mindestens 2 m hoher und auf der Krone 2 m breiter, aus dem Grabenaushub gebildeter Erdwall, der von einem Patrouillenweg begleitet war.
Einige Meter hinter dem Erdwall standen in unregelmäßigen Abständen von 300 bis 1000 m vier- oder sechseckige (niemals runde) bis zu 7,60 m hohe, mit Ziegeln, Schiefer oder Schindeln gedeckte steinerne Wachttürme. Der Turmeingang lag ungefähr 1,50–2 m über dem Erdboden und war über eine Leiter zugänglich. Das Innere des Turmes war in ein Wohn- und Beobachtungsgeschoß eingeteilt, letzteres mit großen Fenstern und einer umlaufenden hölzernen Galerie. (Manche Einzelheiten der Konstruktion sind unsicher. So ist es zweifelhaft, ob die Steintürme einen Aufbau von Fachwerk hatten wie einige der am Limes in den letzten Jahrzehnten rekonstruierten Wachttürme.)
Die Türme standen in Hör- und Sichtverbin-

dung miteinander. Meldungen von Turm zu Turm wurden durch Feuer-, Rauch- oder Hornsignale übertragen. An Grenzübergängen standen oft zwei oder mehr Türme. Die Besatzung eines Turmes bestand aus vier bis fünf Mann. Mehrere 100 m hinter dem Grenzwall lagen in einem Abstand von 5 bis 17 km die Kastelle der Hilfstruppen und kleinere Wehrbauten. Ähnlich wie die Wachttürme waren auch die Kastelle nach einem für das ganze Reich einheitlich festgelegten Schema gebaut. Die Lager waren anfänglich in Holz-Erde-Bauweise angelegt und wurden erst später im Zuge der allgemeinen Verstärkung des Limes in Stein umgebaut. Der Grundriß der Kastelle war ein Rechteck mit abgerundeten Ecken. Jedes Kastell war mit einem oder mehreren Spitzgräben und einer zinnenbewehrten Mauer umgeben. Je ein Tor, von zwei Türmen flankiert, lag ungefähr in der Mitte jeder der vier Seiten. Eine Straße in der Längsachse des Lagers (via praetoria) führte auf das meist feindwärts gerichtete Haupttor, die porta praetoria. Das gegenüberliegende Tor hieß porta decumana.

Die von den beiden Toren auf den Längsseiten (porta principalis dextra und porta principalis sinistra) ausgehende Straße in der Querrichtung hieß via principalis. Sie führte an dem in der Mitte des Kastells gelegenen Stabsgebäude, den principia, vorbei. Dort befanden sich die Verwaltungs- und Versammlungsräume, Waffenkammern und das sacellum (Fahnenheiligtum), wo die Feldzeichen und die Statue des regierenden Kaisers aufbewahrt wurden. Das sacellum hatte meistens einen Keller für die Lagerkasse und die Ersparnisse der Soldaten.

An die principia schlossen sich seitlich die Wohnung des Kommandanten (praetorium), Getreidespeicher und das Lazarett an. Der übrige Raum des Lagers war von Mannschaftsbaracken, Ställen (in Kavallerielagern und Infanteriekastellen mit Reiterabteilungen) und Werkstätten ausgefüllt.

Zu jedem Kastell gehörte ein außerhalb der Umwehrung gelegenes Bad und ein Lagerdorf (vicus) von Handwerkern, Händlern und Gastwirten. Die Kastelle waren von unterschiedlicher Größe je nach Art und Stärke der für den Limesabschnitt benötigten Truppen. (Ein in allen wesentlichen Teilen wiederaufgebautes Auxiliarkastell für eine 500 Mann starke Kohorte mit Reiterabteilung ist die → Saalburg. Viele Museen zeigen Modelle von Auxiliarkastellen.) Am rätischen Limes waren die Steintürme vielfach in die Mauer eingebunden. Die Kastelle lagen, wie am obergermanischen Limes, in kurzem Abstand hinter der rätischen Mauer.

Die Gesamtstärke der Limesbesatzung (ohne die in Obergermanien und Rätien stationierten Legionen) wird im Durchschnitt auf 25 000 bis 30 000 Mann geschätzt.

### Zur Geographie des Limes

Der obergermanische Limes beginnt auf dem rechten Rheinufer zwischen Bad Hönningen und Rheinbrohl gegenüber dem Vinxtbach. (Der Name des Baches wird von „finis" (Grenze) hergeleitet. Seit augusteischer Zeit bildete er die Grenze zwischen den Wehrbezirken des obergermanischen und niedergermanischen Heeres und seit Domitian zwischen den Provinzen Ober- und Niedergermanien.)

Hier standen in römischer Zeit zwei Altäre, die beim Brückenbau über den Vinxtbach im Jahre 1810 gefunden wurden: Einer der Weihesteine war von zwei Soldaten der in Vetera stationierten XXX. Legion (des niedergermanischen Heeres) den Grenzgöttern, dem Schutzgeist des Ortes und Jupiter, dem Besten und Größten, gewidmet („Finibus et Genio loci et I. O. M."). Der Stifter des anderen Altars für „I O M et Genio loci Iunoni Reginae" war „Tertinius Severus, miles Legionis VIII Augustae, beneficiarius consularis", Soldat der VIII., in Straßburg stationierten Legion Augusta und Wegepolizeimeister unter dem direktem Befehl des Provinzstatthalters. Auf der linken Schmalseite des Altars befindet sich das signum der Straßenpolizeistation (statio beneficiarii), eine große Fahnenspitze mit einer von zwei Löchern durchbohrten Scheibe. Der Altar stand auf dem südlichen Ufer des Vinxtbaches, also im Bereich des obergermanischen Heeres, zu dem die VIII. Legion gehörte.

Vom „caput limitis" steigt der Limes auf die benachbarte Höhe und zieht in einer Entfernung von 6 bis 8 km parallel zum Rhein durch den westlichen Teil des Westerwaldes, überquert bei Bad Ems die Lahn, steigt den Taunus hinauf, wendet sich bei Bad Schwalbach nach Osten und verläuft hinter dem Taunus über den Kleinen Feldberg zur Saalburg. Dort wendet er sich nach Norden und erreicht bei Pohlheim-Grüningen seinen nördlichsten Punkt, biegt dann in einem Winkel von fast 90 Grad nach Osten, umschließt die Wetterau und erreicht bei Großkrotzenburg den Main, der von hier bis Miltenberg eine „nasse" Grenze bildet. Bei Wörth zweigt der ältere Odenwaldlimes ab.

Der spätere Limes verläuft von Miltenberg nach Walldürn und von dort, wie bereits erwähnt, in einer schnurgeraden Linie zum Haghof bei Welzheim. Die Orte Osterburken, Jagsthausen, Öhringen, Mainhardt, Murrhardt und Welzheim markieren die Lage von Kastellen an dieser Linie und demonstrieren bis heute die schnurgerade Richtung des Limes, wovon man sich überzeugen kann, wenn man diese Orte mit einem Lineal auf einer Landkarte miteinander verbindet. Bei Lorch wird der rätische Limes erreicht, der sich in einem weiten Bogen mit Gunzenhausen als Scheitelpunkt bis Hienheim an der Donau erstreckt.

**Limes**

Außer der Erwähnung der Holzpalisade von Biographen des Kaisers Hadrian hat kein antiker Schriftsteller dieses gewaltige Bauwerk römischer Ingenieurskunst in seinen imponierenden Ausmaßen und technischen Einzelheiten beschrieben. Zeitgenössische Quellen, aus denen sich ein Bild von Limesbauten gewinnen läßt, sind die Darstellungen von Wachttürmen auf den Friesen der Trajans- und Marc-Aurel-Säule in Rom und die erhaltenen Reste der Bauwerke.

Unsere heutige Kenntnis des Limes beruht in erster Linie auf der Wissenschaft des Spatens. Seit dem 18. Jahrhundert haben sich einzelne Forscher mit dem Limes beschäftigt, so der hohenlohische Archivar und Historiker Christian Ernst Hansselmann (1699–1775) und Graf Franz zu Erbach-Erbach (s. → Erbach), dessen Interesse vorwiegend dem in seinem Gebiet gelegenen Odenwaldlimes galt.

Eine systematische Erforschung des gesamten obergermanisch-rätischen Limes wurde erst durch die auf Anregung von Theodor Mommsen 1892 gegründete Reichslimeskommission durchgeführt. Seit der Bewilligung öffentlicher Mittel für die Arbeiten der Kommission durch den Reichstag im Jahre 1892 konnte der Limes in einem großzügigen Grabungsprogramm erforscht werden. Die Ergebnisse der Grabungen bis 1937 sind in dem 14bändigen „Limeswerk" veröffentlicht („Der obergermanisch-rätische Limes des Römerreichs". 1894–1937. Herausgegeben von E. Fabricius und anderen).

Auf dem Ackerland und auf bebautem Gelände sind die Spuren des Limeswalles verschwunden. Die Limesbauten haben jahrhundertelang als bequeme Steinbrüche gedient. Trotz der Zerstörungen sind Reste des Grenzwalles und einiger Bauten im Schutz von Wäldern erhalten geblieben. Die Erinnerung an die große Palisade des Römerreiches lebt in Ortsnamen wie „Pfahlbach", „Pfahlbronn", „Pfahldorf", „Pfahlheim", „Pohlheim" fort. Namen wie „Heidengraben", „Heidenkirche", „Heidenmauer" weisen auf die „heidnischen" Römer als Urheber dieser Bauten hin. Der rätische Limes erhielt im Volksmund den Namen „Teufelsmauer". Ein solches Bauwerk überschritt offensichtlich die Kräfte gewöhnlicher Menschen.

Eine Beschreibung der sichtbaren Reste des Limes, von Wachttürmen und Kastellen an dieser Stelle würde den Rahmen des Buches sprengen. In seinem Buch „Der römische Limes. Archäologische Ausflüge zwischen Rhein und Donau, 1974" gibt D. Baatz eine auf den neuesten Stand der Wissenschaft gebrachte Darstellung von Geschichte und Archäologie des Limes nebst einer Beschreibung seines gesamten Verlaufs. Der baden-württembergische Teil des obergermanisch-rätischen Limes wird eingehend in „Die Römer in Baden-Württemberg" (herausgegeben von Philipp Filtzinger, Dieter Planck und Bernhard Cämmerer, 1976) sowie in dem 1980 erschienenen Führer „Der Limes in Südwestdeutschland" von Willi Beck und Dieter Planck behandelt; die genaue Beschreibung des Limesverlaufs, der sichtbaren Überreste und konservierten Bauten wird durch detaillierte Streckenskizzen und Illustrationen veranschaulicht. Die Fortsetzung des rätischen Limes auf bayerischem Gebiet enthält „Der Limes in Bayern" von Günter Ulbert und Thomas Fischer (Stuttgart 1983).

1959 veröffentlichte Wilhelm Schleiermacher seinen archäologischen Wegweiser für Autoreisen und Wanderungen am römischen Limes (1967 in dritter Auflage erschienen). Darstellungen einzelner Abschnitte des Limes finden sich im „Handbuch der historischen Stätten Deutschlands" in den Bänden Hessen, Baden-Württemberg und Bayern. Am Odenwaldlimes entlang führt L. Rettig (Anhang zu Friedrich Mössingers Schrift „Die Römer im Odenwald").

Reste des Limes und seiner Bauten, die in Wäldern versteckt oder offen in der Landschaft oder bei Siedlungen zutage liegen, bieten lohnende Ziele für Wanderungen.

Wer den Limes für sich selbst entdecken und seinen Verlauf im Gelände verfolgen möchte, benötigt Karten großen Maßstabs wie z. B. die Topographische Karte 1:500 000 (herausgegeben vom Landesvermessungsamt) oder einschlägige Wanderkarten privater Verlage wie z. B. des Reise- und Verkehrsverlags für Südwestdeutschland. An manchen Stellen des Limes sind von örtlichen Wandervereinen Limeswanderwege (im Westerwald und Taunus mit Markierungszeichen in der Form eines weißen stilisierten römischen Wachtturms gekennzeichnet) angelegt. Ein solcher Wanderweg ist beispielsweise von Bad Ems zum Römerkastell Marienfels auf der Topographischen Karte (1:50 000) des Landesvermessungsamts Rheinland-Pfalz L 5712 „Bad Ems" verzeichnet. Von Lorch bis Gunzenhausen ist der Verlauf des Limes durch Betonstelen mit der Aufschrift „Limes" einheitlich markiert.

Wer die Reste des römischen Grenzwalls betrachtet, den römische Soldaten vor rund 1900 Jahren mit ihrem Schanzzeug anlegten, sieht nur einen verschwindend kleinen Bruchteil des gewaltigen Bauwerkes, das sich über Berg und Tal, von Horizont zu Horizont, über hunderte von Kilometern im Gelände erstreckte. Hier verlief die Grenze des römischen Reiches. Auf der einen Seite dehnten sich die undurchdringlichen Wälder des Germanenlandes. Auf der anderen Seite öffnete sich die ganze Weite der zivilisierten Welt. Von hier aus führten Wege zu den großen Städten des Reichs, nach Rom, nach

Afrika und Asien. Solche Gedanken mögen den Wanderer bewegen, wenn ihm die Reste des römischen Grenzwalls in der Stille deutscher Wälder begegnen.

An folgenden, in diesem Buch beschriebenen Römerstätten finden sich Hinweise auf den Limes:

**Aalen**: Limesmuseum, Limeswanderweg;
**Anhausen**: Limesabschnitt, Reste eines Kleinkastells;
**Bad Ems**: Rekonstruierter Limeswachtturm, Limeswanderweg;
**Bad Homburg v. d. Höhe**: Steinreste von der Saalburg;
**Bad Nauheim**: Fundamente eines Beobachtungsturmes;
**Bendorf-Sayn**: Rekonstruierter Limeswachtturm, Limesreste;
**Böhming**: Kastellumwehrung;
**Burgsalach**: Kleinkastell (centenarium) rekonstruierter hölzerner Wachtturm;
**Butzbach**: Rekonstruierter Limeswachtturm, Limesreste, Museum;
**Eichstätt**: Museum;
**Eining**: Limeskastell Abusina;
**Eulbach**: Wiederaufgebaute Reste von Limeskastellen und eines Limeswachtturms, Weihesteine;
**Feldbergkastell:** Limeskastell, Limesreste;
**Geißelhardt**: Rekonstruierter Limeswachtturm, Limesreste;
**Gunzenhausen**: Reste der rätischen Mauer;
**Hienheim**: Reste der rätischen Mauer;
**Holzhausen auf der Haide**: Limeskastell, Limesreste;
**Jagsthausen**: Museum, Limesreste (Pfahldöbel);
**Kapersburg**: Limeskastell, Limesreste, rekonstruierter steinerner Wachtturm (Gaulskopf);
**Köngen**: Teilweise rekonstruiertes Limeskastell;
**Lorch:** Rekonstruierter hölzerner Wachtturm;
**Mainhardt**: Museum;
**Murrhardt**: Museum; Reste von steinernen Limeswachttürmen;
**Neuwied-Oberbieber**: Rekonstruierter Limeswachtturm;
**Obernburg**: Museum;
**Öhringen**: Museum;
**Osterburken**: Limeskastell;
**Passau**: Museum;
**Pfünz**: Limeskastell;
**Pohlheim-Grüningen**: Rekonstruierter Limeswachtturm, Limesreste;
**Rainau**: Limesfreilichtmuseum (Rätische Mauer, Wachtturm, Kastell Buch, Limestor bei Dalkingen);
**Rheinbrohl**: Rekonstruierter Limeswachtturm;
**Saalburg**: Rekonstruiertes Kastell, Limesreste, Museum;
**Schlossau**: Reste von Limeswachttürmen;
**Theilenhofen**: Kastellbad;
**Unterböbingen**: Kastellreste;
**Walldürn**: Limeslehrpfad, Reste von Wachttürmen, Badgebäude;
**Weißenburg**: Limeskastell (Grundriß), Museum;
**Welzheim**: Kleinkastell Rötelsee, archäologischer Wanderweg;
**Würzberg**: Kastellbad;
**Zugmantel**: Rekonstruierter Wachtturm, archäologischer Wanderweg.

Nach dem Verlust des obergermanisch-rätischen Limes wurde wahrscheinlich schon unter Kaiser Probus (276–282) eine neue Verteidigungslinie an den Grenzflüssen Donau, Iller und Rhein aufgebaut. Dieser neue **Donau-Iller-Rhein-Limes** war, ähnlich wie der niedergermanische Limes, eine an den Flußufern entlangführende Militärstraße, die eine Kette befestigter Plätze miteinander verband. Die „nasse" Grenze machte Wall und Graben überflüssig. Die Grenze wurde gesichert durch Kastelle mit festen Garnisonen und dazwischenliegende kleinere Wehranlagen, sogenannte „burgi" für ungefähr 15–20 Mann, die nach Art der Wachttürme des alten Limes als Stützpunkte für Grenzpatrouillen dienten und zum Austausch von Signalen miteinander in Sichtverbindung standen.

Die Kastelle dieses spätrömischen Limes hatten mit den alten Auxiliarkastellen nichts mehr gemein. Während nach Baatz die Auxiliarkastelle nichts anderes waren als „befestigte Kasernen", waren die Kastelle des Donau-Iller-Rhein-Limes auf Verteidigung eingerichtete steinerne Festungen von unterschiedlicher Größe, mit quadratischem, rechteckigem oder polygonalem Grundriß, mächtigen, bis zu 3 m starken Mauern, viereckigen oder halbrunden Eck- und Zwischentürmen, oft mit Geschützen bestückt, die den Angreifer mit Geschossen überschütten konnten.

Die Kastelle hatten für gewöhnlich nicht mehr als zwei Tore. Die Innenbauten waren an die Mauern angelehnt. Die Besatzung der großen Kastelle bestand aus neu aufgestellten Einheiten, Abteilungen der in Castra Regina (Regensburg) stationierten III. Italischen Legion und in zwei Fällen (Abusina → Eining und → Passau) den alten Garnisonen.

Einige Kastelle boten genügend Raum, um im Notfall die zivile Bevölkerung der Umgebung aufzunehmen. Insgesamt gesehen waren die spätrömischen Kastelle „Befestigungswerke, die unübertroffen blieben, bis die Erfindung des Schießpulvers gänzlich neue Verteidigungsprobleme schuf" (I. A. Richmond in The Oxford Classical Dictionary, 2nd ed., Artikel „Fortifications").

Gegen Ende des 4. Jahrhunderts zerfiel allmählich, ähnlich wie am niedergermanischen Limes, die Grenzverteidigung an Iller und Donau. Wiederholt gelang es den Alamannen und anderen Völkerschaften, den Limes zu durchbrechen, wenn auch Rätien damals noch nicht endgültig verloren ging. Erst als nach dem Abzug der römischen Truppen aus Rätien zu Anfang des 5. Jahrhunderts große Haufen germanischer Volksstämme den Westen überfluteten, hörte auch für Rätien die planmäßige Grenzsicherung auf. Der Limes an Iller und Donau wie am ganzen Rhein hatte seine Rolle als zentral organisiertes Grenzsicherungssystem ausgespielt.

## LORCH

Im heutigen Ortskern lag in römischer Zeit ein Kohortenkastell des obergermanischen → Limes. Ein Teil der nördlichen Hälfte des Kastells wird von der heutigen Kirche eingenommen. Außer dem Fundament des Nordturms des westlichen Lagertores, das beim evangelischen Gemeindezentrum (Kirchstraße 30) restauriert ist, sind von dem Kastell oberirdisch keine Spuren mehr sichtbar. Als Besatzung gilt eine nicht näher bekannte, teilweise berittene, 500 Mann starke Kohorte, die bis um die Mitte des 2. Jahrhunderts n. Chr. in → Köngen gelegen hatte.

In unmittelbarer Nähe des Parkplatzes am Kloster Lorch steht ein 1969 rekonstruierter hölzerner Limeswachtturm (s. Tafelteil Abb. 2). Eine Betonstele markiert den Limes, der als leichte Bodenschwelle in der Wiese zwischen Straße und Waldrand zu sehen ist. Hier befand sich auch die Grenze zwischen den Provinzen Obergermanien und Rätien. In der Nähe von Lorch begann die rätische Mauer.

Zwei Fragmente eines römischen Architravs, der vermutlich als Türsturz über einem der Lagertore angebracht war, sind über dem Westportal der Klosterkirche eingemauert. Auf dem linken Stein sind die ehemaligen Buchstaben „IMP (erator) CAE (sar)" nicht mehr zu erkennen.

Unter den im **Heimatmuseum** (im Kloster Lorch) ausgestellten Fundgegenständen aus dem Bereich des Kastells Lorch befindet sich eine Nachbildung des Grabsteins, den ein Geschirrhändler seinen Eltern setzte (Original im Lapidarium in → Stuttgart, Nr. 20); ein Relief der keltischen Pferdegöttin Epona; eine Merkurstatuette; Keramik; Münzen; Tonlampe; ferner eine Karte „Lorch und Umgebung".

# M

## MAINHARDT

Teile der Gemeinde liegen über einem römischen Kastell aus der Zeit, als der → Limes unter Kaiser Antoninus Pius (138–161 n. Chr.) vom Odenwald und Neckar um ungefähr 30 km auf eine Linie von Miltenberg bis Lorch vorverlegt wurde. Das Kastell hatte die Aufgabe, einen alten Höhenweg von den Salzlagern bei Schwäbisch Hall nach Heilbronn am Neckar (etwa im Zuge der heutigen B 14) zu überwachen. Bei dem Lager befand sich eine kleine bürgerliche Siedlung. Ob das Kastell beim Alamanneneinfall in der ersten Hälfte des 3. Jahrhunderts Schaden genommen hatte, wie die Nachbarkastelle → Öhringen und → Murrhardt, läßt sich nach dem spärlichen archäologischen Befund nicht bestimmen. Ebensowenig läßt sich feststellen, ob das Kastell erst bei dem Alamannensturm 259/60 zerstört oder schon vorher aufgegeben wurde. Die Besatzung des Kastells war die Erste teilweise berittene Kohorte von Asturern (Cohors I Asturum equitata). Die Asturer waren im Nordwesten Spaniens ansässig und hatten seit den Zeiten des Kaisers Augustus Hilfstruppen für das römische Heer gestellt. Die Kohorte hatte um die Mitte des 1. Jahrhunderts n. Chr. zeitweilig in Mainz gestanden, war dann nach Höchst am Main versetzt worden und wurde um 100 nach Walheim am Neckar verlegt. Von dort kam sie im Zusammenhang mit der Vorverlegung der Reichsgrenze um die Mitte des 2. Jahrhunderts nach Mainhardt. Zu Beginn des 3. Jahrhunderts wurde die Kohorte den in Britannien stationierten Streitkräften zugeteilt. Ihr Ersatz in Mainhardt, wenn es ihn gab, ist nicht bekannt.

Auf Inschriften von Weihealtären für Jupiter und durch Graffiti auf Tongeschirren sind Namen von Offizieren und Mannschaften der Kohorte überliefert. Darunter befindet sich der Kohortenkommandeur (praefectus) Gaius Julius Artemo. Von ihm ist bekannt, daß er später zum Stabsoffizier (tribunus) in der Legio II Adiutrix, einer von Vespasian (69–79 n. Ch.) aus Flottensoldaten gebildeten und in Pannonien stationierten Reservelegion, aufrückte, eine normale Beförderung in der militärischen Karriere eines Kohortenkommandeurs.

Aus den meist keltischen Soldatennamen ergibt sich, daß die Kohorte während ihrer Garnisonzeit in Mainhardt kaum noch Asturer in ihren Reihen hatte. Seit Hadrian (117–138) war es üblich, den Ersatz für die Hilfstruppen aus der Bevölkerung ihrer Standorte oder anderer Provinzen zu nehmen. Die Einheiten behielten aber die Namen ihrer ursprünglichen Aushebungsbezirke bei.

Ca. 40 m der Süd- und Westmauer des Kastells sowie ein Turm zwischen der neuen Schule und Festhalle wurden in römischer Bauweise restauriert. Dort ist auch der Doppelgraben des Lagers in den Wiesen erkennbar. Hauptstraße – Marktplatz – Kirchstraße verlaufen entlang der Frontseite des Kastells. Die Südseite des Heimatmuseums markiert in etwa die Lage der porta praetoria (Ausfallstor). 1975 wurde am Ostrand des Ortes unmittelbar am Limes ein bisher unbekanntes Kleinkastell entdeckt und durch das Landesdenkmalamt Baden-Württemberg in Stuttgart ausgegraben.

Fundgegenstände aus Kastell und Lagerdorf sind im **Heimatmuseum** in der ehemaligen katholischen Kirche an der Hauptstraße untergebracht. (Schlüssel im Textilhaus Pasler gegenüber; bei Herrn Konrektor H. Clauss, Kettenring 52, oder bei der Gemeindeverwaltung am Marktplatz).

Das liebevoll und mit großem Verständnis eingerichtete kleine Museum ist ein Beispiel dafür, wie echter Sinn für Erhaltung und Pflege von Zeugnissen der Vergangenheit auch eine bescheidene Sammlung römischer Altertümer zu einer attraktiven und belehrenden Ausstellung zu gestalten vermag.

Ein maßstabgetreues Modell des Römerkastells 1:200 und ein Plan des Lagerdorfes veranschaulichen das römische Mainhardt.

Unter *Steinplastiken* sind vor allem bemerkenswert die in der Vitrine rechts vom Eingang ausgestellten vier Sandsteinreliefs einer Muttergottheit, die „schönsten Funde Mainhardts", wie im „Kleinen Museumsführer" der Gemeinde Mainhardt bemerkt wird. Sie zeigen die Göttin mit einem Kind auf dem Arm, auf dem Schoß und an der Seite. Während Terrakottenfiguren solcher Muttergottheiten häufig vorkommen (siehe beispielsweise Museum in → Trier), sind Sandsteinreliefs dieser Art äußerst selten.

Daß in einem Kastell mit Reiterei die keltische Pferdegöttin *Epona* verehrt wurde, ist nicht überraschend. In Mainhardt wurden zwei Bildnisse der Göttin gefunden. Das Original des auf einer Fototafel (neben der Marienfigur) abgebildeten Reliefs befindet sich in Stuttgart. Eine Löwenplastik bekrönte einst ein Grabmal: Der Löwe galt als Symbol der alles überwindenden Macht des Todes und diente gleichzeitig als Grabwächter. Die hier ausgestellten steinernen Schleuderkugeln gehören zur Munition von Schleudergeschützen, die auf den Ecktürmen des Kastells aufgestellt waren.

Von *römischen Gebäuden* stammen Hypokaustplatten einer Warmluftheizung, möglicherweise von der Wohnung des Kommandeurs (praetorium); ferner Hohlziegel (tubuli), die, in die Wände eingelassen, die im praefurnium unter dem hochliegenden Fußboden erzeugten heißen Abgase nach oben zu Öffnungen unter dem Dach abführten; Bruchstücke von Dachziegeln; Tonrohre von einer Wasserleitung und eiserne Manschetten zur Verbindung von Holzrohren. Unter den *Keramikgegenständen* befinden sich Terra-Sigillata-Teller (mit den Töpfernamen Firmanus und Iunius gestempelt) und Tassen; Faltenbecher; Räucherkelch; ein rheinischer Becher mit einer Jagdszene; Kragenrandschüssel; Fragmente von Bilderschüsseln; Öllampen; Reibschalen; Krüge; Topfdeckel; Amphoren; ein Fehlbrand; ein geschwärzter Teller und eine in gleicher Weise verfärbte Tasse zeigen die Spuren eines Feuers, dem das Haus, in dem sie gefunden wurden, zum Opfer gefallen war. Auf einer großen Amphore (rechts neben der Marienfigur) sind die Anfangsbuchstaben des Eigentümers eingeritzt (RD). Die Gegenstände stammen hauptsächlich von Töpfereien aus → Rheinzabern in der Pfalz; es scheinen aber auch Handelsbeziehungen zu der nahegelegenen Töpferei von → Waiblingen bestanden zu haben. Eine Kuriosität ist ein kleines *Tonköpfchen*, das möglicherweise von einem Deckel oder Amphorengriff stammt („die Spielerei eines Töpfers?"). Als Grabbeigabe gilt eine zweihenkelige Viereckflasche aus grünem *Glas*, wie sie häufig den Toten mitgegeben wurde.

Zusammen mit einigen *Werkzeugen* (Äxte, Meißel, Lot, Reste eines Hiebmessers, Nägel) sind *militärische Ausrüstungsgegenstände* ausgestellt (Speerspitzen; die Vierkantspitze eines Wurfspeers - pilum; Pfeil- und Geschoßspitzen; ein Schwertringhalter; der Rest eines Sporns; Stirnschutz eines Helmes (Helmkalotte); die Hälfte einer Handschelle.

Zu den wegen ihres historischen Interesses wichtigsten Fundgegenständen gehören die bereits oben erwähnten *Weihesteine für Jupiter Optimus Maximus*. Die Steine wurden alljährlich von der Truppe anläßlich des „dies Imperii" (Wiederkehr der Thronbesteigung des Kaisers) oder bei der Erneuerung der Gelübde zum Jahresanfang in einem feierlichen Akt beim Exerzierplatz vor dem Lager aufgestellt.

Die Erste Kohorte der Asturer setzte folgende Steine: „Iovi Optimo Maximo Cohors I Asturum cui praeest C. Iulius Artemo praefectus LLM" (Dem Jupiter, dem Besten und Größten geweiht unter der Asturerkohorte unter dem Kommando des Präfekten Gaius Julius Artemo. Die Kohorte hat ihr Gelübde willig, freudig und nach Gefühl erfüllt).

„Iovi Optimo Maximo Cohors I Asturum equitata cura agente Marco Mevio Marci Filio Fabia Capriolo praefecto" (Dem Jupiter, dem Besten und Größten, aufgestellt von der teilweise berittenen Asturer-Kohorte unter Leitung des Präfekten Marcus Mevius Capriolus, Sohn des Marcus, aus dem fabischen Stimmbezirk). Ähnlich lautet die Inschrift auf einem Stein, der geweiht wurde, als der Leiter der Feierlichkeit Diodotus hieß.

Auch Einzelne sind unter den Stiftern der Weihesteine, so der optio (Leutnant) Cobrunius Divixtus und ein beneficiarius consularis (Wegepolizeimeister unter dem unmittelbaren Befehl des Statthalters), der den Stein „auf Geheiß des Gottes" (ex iussu) setzte, als Kaiser Commodus zum 3. Mal Konsul war (181 n. Chr.) Der Stifter hatte möglicherweise ein Dauerkommando bei dem Kastell, das, wie oben bemerkt, eine wichtige Handelsstraße zu überwachen hatte. – Auf einem als Mahlstein benutzten Weihestein ist die Inschrift völlig zerstört.

Links von der Marienfigur sind auf Fototafeln zwei Genien abgebildet, die 1837 gefunden wurden. Die Skulpturen befinden sich in Stuttgart. Fototafeln von den neuesten Ausgrabungen kommen hinzu.

# MAINZ

Der Name der Stadt leitet sich vom lateinischen Mogontiacum her (im frühen Mittelalter zu Maganzia gekürzt, das im französischen Mayence und im italienischen Magonza weiterlebt). Er ist keltischen Ursprungs und bedeutet soviel wie „Siedlung des Mogontius"; der Personenname Mogontius weist auf den gallischen, von den Römern mit Apollo gleichgesetzten Gott Mogon hin.

Der einheimische Name ging auf ein Militärlager über, das die Römer in Holz-Erde-Bauweise auf den Höhen des linken Rheinufers gegenüber der Mündung des Main um das Jahr 13 v. Chr. für die Stationierung von zwei Legionen anlegten. (Dies gilt jetzt allgemein als Zeitpunkt für die Gründung des Mainzer Kastells im Gegensatz zu der Annahme, das Kastell sei bereits 38 v. Chr. während der ersten Statthalterschaft des Agrippa entstanden. Dieses letztere Datum wurde dem 2000-jährigen Jubiläum der Stadt im Jahre 1962 zugrunde gelegt.)

Vor dem Lager entwickelte sich in der frühen Kaiserzeit die bei Legionsfestungen übliche Lagervorstadt (canabae) mit Gewerbebetrieben für den militärischen Bedarf sowie Händlern und Gastwirten, deren Waren und Dienstleistungen auf persönliche, von der Militärverwaltung nicht berücksichtigte Bedürfnisse der Soldaten ausgerichtet waren.

Ähnlich wie Vetera castra ( → Birten) gegenüber der Mündung der Lippe war auch Mogontiacum gegenüber der Mainmündung als Ausgangspunkt für die Offensive bestimmt, die nach den Plänen des Augustus zur Eroberung Germaniens bis zur Elbe führen sollte. Drusus, Stiefsohn des Augustus, zog von Mainz aus in den Jahren 10 und 9 v. Chr. mit einer Heeresgruppe von zwei Legionen und Auxiliartruppen gegen die Chatten und die Elbstämme zu Felde. Bevor er seine Mission der Unterwerfung dieser Stämme erfüllen konnte, verunglückte er im Jahre 9 tödlich durch einen Sturz vom Pferd.

Zur Ehrung seines Gedächtnisses wurde alljährlich an seinem Todestag an einem für den gefallenen Feldherrn in Mainz errichteten Kenotaph eine Truppenparade abgehalten.

Von Mainz aus sind auch späterhin mehrfach Kriegszüge in das Innere Germaniens unternommen worden. Die Legionsfestung diente Germanicus als Basis für die Strafexpedition gegen die Germanen im Jahre 15 n. Chr., die das Ziel hatte, die in der Varusschlacht (→ Hermannsdenkmal) verlorenen Legionsadler zurückzubringen und den Gefallenen ein ehrenvolles Begräbnis zu geben. Sein Sohn Caligula hielt sich im Jahre 39 zur Vorbereitung seines Germanenfeldzuges in Mainz auf; ein Anschlag auf sein Leben, in den der Legat Cornelius Lentulus Gaetulicus verwickelt war, schlug fehl. Die Verschwörer wurden hingerichtet.

Damals wurde im Zusammenhang mit dem geplanten Unternehmen bei dem heutigen Stadtteil Weisenau ein Auxiliarkastell angelegt, wahrscheinlich für eine berittene Truppe. Das Lager wurde möglicherweise später zu einem Legionslager ausgebaut, das als Übergangslager für neu nach Mainz verlegte Legionen gedient haben mag (K. H. Esser). Es wurde wahrscheinlich nach Abzug der XXI. Legion um 86 n. Chr. aufgegeben. Eine Zivilsiedlung hatte dort frühestens seit augusteischer Zeit bestanden; sie scheint bis ins 4. Jahrhundert gedauert zu haben.

Während des Bataveraufstandes 69/70 n. Chr. fiel Mogontiacum in die Hände der Aufständischen und wurde zerstört. Unter Vespasian (69–79) wurde die Legionsfestung in Stein erneuert. Domitian versammelte im Jahre 83 in Mainz ein Heer bestehend aus vier obergermanischen Legionen und der XXI. Legion Rapax vom niedergermanischen Heer und vier Abteilungen der in Britannien stationierten Legionen samt Hilfstruppen für seinen Krieg gegen die Chatten. Das Heer überschritt den Rhein auf einer festen Brücke. Frühere Invasionsarmeen (10–15 000 Mann mit Pferden und Tross) waren im Fährbetrieb über den Rhein gesetzt worden.

Zur Sicherung des Rheinübergangs wurde auf dem Mainz gegenüberliegenden Ufer ein befestigter Brückenkopf angelegt. Sein Name castellum Mattiacorum hat sich bis heute in dem Ortsnamen Kastel erhalten. Im Jahre 88 erhob sich der Mainzer Legat Antonius Saturninus gegen Domitian. Mit ihm machten die Chatten gemeinsame Sache. Der Aufstand wurde 89 durch das Eingreifen des niedergermanischen Heeres und der Rheinflotte niedergeschlagen. Für ihre Treue zum Kaiserhaus erhielten die niedergermanischen Einheiten und die Flotte die Ehrentitel „pia fidelis" (pflichtbewußt und getreu).

Die Schaffung eines breiten Vorgeländes durch die Eingliederung großer Gebiete rechts des Rheins in flavischer Zeit (69–96) veränderte die strategische Lage der Mainzer Legionsfestung. Statt der Verteidigung an der Rheingrenze zu dienen, wurde Mainz Waffenplatz und Nachschubbasis für die in Obergermanien stationierten Streitkräfte. Die Garnison wurde auf eine Legion reduziert. Seit 92 stand in Mainz die Legio XXII Primigenia pia fidelis. Die Legion hatte zuvor in Vetera castra gelegen; sie verblieb in Mainz als „Hauslegion" bis zur Aufgabe der Festung um 360/70. Ihr Kommandeur war Militärbefehlshaber und zugleich Statthalter der Provinz Obergermanien (Legatus Augusti pro praetore provinciae Germaniae superioris), die sich vom Vinxtbach bei Bad Breisig bis nach Basel erstreckte, mit Mainz als Hauptstadt.

Die mit der Errichtung des → Limes einsetzenden friedlichen Zeiten am Rhein brachten der Zivilsiedlung bei der Mainzer Festung wirtschaftliche Blüte. Sie beruhte vor allem auf dem Handel mit dem Militär. Auch der Rheinhafen förderte den allgemeinen Wohlstand, wie der Grabstein des durch Schiffsfracht reich gewordenen Reeders Blussus (im Mittelrheinischen Landesmuseum, s. u.) deutlich macht. Trotz seiner wirtschaftlichen und politischen Bedeutung wurde Mogontiacum Stadt im Rechtssinne mit Selbstverwaltungsorganen nach italischem Vorbild (municipium) offenbar erst in spätrömischer Zeit.

Der drohende Verlust des Limesgebiets als Folge alamannischer Einbrüche in der ersten Hälfte des 3. Jahrhunderts versetzte die Legionsfestung wieder in die strategische Rolle, die sie zu Beginn ihrer Geschichte eingenommen hatte, nämlich als Stützpunkt für militärische Unternehmungen in das rechtsrheinische Germanien zu dienen. Im Jahre 234 wurde in Mainz eine Heeresgruppe aus Truppen europäischer und orientalischer Legionen für den bevorstehenden Krieg gegen die Alamannen versammelt. Kaiser Severus Alexander eilte 235 mit seiner Mutter Julia Mamaea von Rom nach Mainz, um den Oberbefehl über die Invasionsarmee zu übernehmen. Als er versuchte, den Krieg durch Verhandlungen mit den Alamannen zu vermeiden, wurden er und seine Mutter von den Truppen erschlagen.

Maximinus mit dem Beinamen Thrax (wegen seiner thrakischen Herkunft), der im Auftrag des Kaisers die militärischen Vorbereitungen in Mainz geleitet hatte, wurde von den Truppen zum Kaiser erhoben. Es gelang ihm, die Alamannen noch einmal zurückzuschlagen und die Limesgrenze im großen und ganzen zu stabilisieren.

Aber 259/60 durchbrachen die Alamannen erneut den Limes. Die unter den Flaviern gewonnenen Gebiete rechts des Rheins gingen dem

**Mainz**

Reich verloren. Mainz wurde wieder Grenzfestung. Um 292 diente Mainz zum letzten Mal in seiner Geschichte als Aufmarschbasis für eine Offensive in die rechtsrheinischen Gebiete, als Constantius Chlorus, Schwiegersohn des Kaisers Maximianus Herculius, von Mainz aus auf der alten römischen Marschroute quer durch das alamannische Gebiet einen Befriedungsfeldzug unternahm, der ihn bis an den Donauübergang bei Günzburg führte. Dauernde Gewinne wurden indessen nicht erzielt.

Bald nach der Mitte des 3. Jahrhunderts wurde das Kerngebiet der bürgerlichen Siedlung mit einer Mauer umgeben, die sich an die Festungsmauer anschloß. Die mit der Aufgabe der Festung um 360/70 in der Stadtmauer entstandene Lücke wurde durch einen neuen Mauertrakt geschlossen. Ein 1862 in Lyon gefundener Bleiabschlag eines Goldmedaillons zeigt auf seinem unteren Teil eine von hohen Mauern mit runden Türmen umgebene Stadt, die die Bezeichnung „Mogontiacum" trägt, eine Brücke über den Fluß „Renus" und rechts eine mit „Castel" bezeichnete Stadt. Das Medaillon wird auf das Jahr 297 n. Chr. datiert und gilt als die älteste bildliche Darstellung von Mainz.

Mainz gehörte zu den drei wichtigsten Städten des gallischen Sonderreichs – die beiden anderen waren Köln und Trier –, das M. Cassianius Latinius Postumus, Statthalter von Gallien und Militärbefehlshaber am Rhein, im Jahre 258 in Köln errichtet hatte. Sein Gebiet umfaßte die beiden germanischen Provinzen, Gallien, Spanien und Britannien. Im Jahre 268 erhob sich der Mainzer Legat Laelianus gegen den Kaiser des gallischen Sonderreichs. Der Aufstand wurde unterdrückt, aber Postumus wurde von seinen Truppen in Mainz erschlagen, als er ihnen die Plünderung der Stadt verweigerte.

Um die Mitte des 4. Jahrhunderts fiel Mainz in die Hände der Germanen, die vom Rhein her in die gallischen Gebiete drängten. Der Sieg Julians, damals Caesar des Westens, im Jahre 357 über die Alamannen bei Straßburg stellte zwar in Mainz die römische Herrschaft wieder her; aber die Lage blieb gefährlich, wie ein plötzlicher alamannischer Überfall auf die Stadt im Jahre 368 beweist, bei dem Tausende von Christen während eines Gottesdienstes von den Eindringlingen umgebracht wurden.

Auch nach der Auflassung des Legionslagers in der Zeit Julians oder Valentinians I. um 360/70 war Mainz militärisch und verwaltungspolitisch bedeutsam als Sitz des Dux Mogontiacensis, dessen Kommandobereich die Garnisonen von Andernach bis Seltz im Elsaß umfaßte, und war vermutlich Standort eines Truppenkörpers, der „milites Armigeri", deren Unterkünfte innerhalb des Stadtbereichs allerdings bisher noch nicht ermittelt werden konnten. Mainz spielte noch einmal eine Rolle in der Reichspolitik, als im Jahre 411 die Burgunder, die damals als römische „foederati" Mainz besetzt hielten, Iovinus zum Kaiser in Gallien erhoben. Mit seiner Ermordung zwei Jahre später verschwanden die letzten Reste römischer Autorität in Mainz.

Die Namen **Mainz** und **Kastel** bewahren die Erinnerung an die römische Vergangenheit der Stadt. Der Straßenname „Kästrich" im Bereich des ehemaligen Legionslagers (castra) verrät deutlich seinen römischen Ursprung. Zu den wenigen sichtbaren Spuren des römischen Mainz zählt der „Eichelstein"; ferner Pfeilerstümpfe einer römischen Wasserleitung und Teile der römischen Stadtmauer. Von großen öffentlichen Gebäuden, die eine Stadt vom Range Mainz' besessen haben muß, wie Tempel, Bäder, Verwaltungsgebäude, ist oberirdisch nichts erhalten geblieben. Reste eines Theaters wurden 1884 beim Bau des Südbahnhofs entdeckt. Aus Bauquadern, die in der spätrömischen Mauer gefunden wurden, hat sich das Bild eines oktogonalen Baues im Legionslager rekonstruieren lassen. Seit dem Beginn ihrer Geschichte als Festung in römischer Zeit haben Zerstörung und Wiederaufbau das Schicksal der Stadt bestimmt.

Das heute 22 m, ursprünglich 25 m hohe, „**Eichelstein**" oder „**Eigelstein**" genannte römische Steindenkmal in der Zitadelle hat zylindrische Form mit kubischem Sockel, wie etwa der Grabmalrundbau der Cecilia Metella an der Via Appia bei Rom. Von dem ehemaligen kugelförmigen Dach und der antiken Verkleidung aus Sand- u. Kalksteinblöcken ist nichts mehr vorhanden. Das heutige unförmige Äußere ist die Folge der Verwendung des Bauwerks als Steinbruch im 16. Jahrhundert. Im Mittelalter wurde das Monument als Wachtturm benutzt und zu diesem Zweck in sein Inneres eine Wendeltreppe eingebaut (s. Tafelteil Abb. 7).

Über die Bedeutung des Denkmals gibt es verschiedene Theorien. Nach einer bis ins Mittelalter zu verfolgenden Tradition handelt es sich um den bei Sueton, Cassius Dio und Eutropius für Mainz überlieferten Kenotaph des Drusus, an dem, wie oben bemerkt, alljährlich am Todestag des Verstorbenen militärische Paraden stattfanden. Die Verwendung von Spolien im Baukörper datiert den Eichelstein jedoch an das Ende des 1. nachchristlichen Jahrhunderts oder sogar in hadrianische Zeit. Die Errichtung eines Drususdenkmals nach dem Untergang der julisch-claudischen Dynastie erscheint (nach Klumbach) wenig wahrscheinlich. Es dürfte sich daher, wie Klumbach annimmt, um das Grabmal eines Unbekannten frühestens aus dem 2. Jahrhundert n. Chr. handeln. Andere (Mühlberg, K. H. Esser) dagegen meinen, daß die Datierung des Denkmals an das Ende des 1. Jahrhunderts oder später nicht unbedingt seine Verbindung mit der Drususüberlieferung ausschließt. Der Eichelstein könnte „einen freilich bescheideneren und schadhaft gewordenen Vorgänger an derselben Stelle ersetzt und so dessen Tradition bewahrt haben".

Auch über die Herkunft des Namens gibt es verschiedene Erklärungen. So soll der seit dem 16. Jahrhundert gebräuchliche Name Eichelstein mit der eichelförmigen Gestalt zusammenhängen, die das Denkmal durch den mittelalterlichen Steinraub angenommen hatte. Die aus dem 13. Jahrhundert überlieferte Bezeichnung „Eigilstein" deutet dagegen auf einen Adler (lateinisch aquila, aigil im Alt-Hochdeutsch) hin, der ehemals das Bauwerk bekrönt haben mag. Neuere Forschungen leiten den Namen von dem mittelalterlichen Wort „agulia" oder „agila" her, das soviel wie Obelisk, Säule oder allgemein jedes hochaufragende Denkmal bedeutet (siehe auch → Igeler Säule).

Der Eichelstein stand in einem Gräberfeld zwischen Zitadelle und Albansberg an der von dem Legionslager in östlicher Richtung nach Straßburg und Basel führenden Straße (Klumbach). Die Mehrzahl der hier aufgefundenen Gräber stammt aus der Zeit nach 90 n. Chr.

(Der Eichelstein kann von der Stadtmitte her zu Fuß erreicht werden. Er steht innerhalb eines kleinen Parks in der südlichen Bastion der ehemaligen Zitadelle. Der Eingang zur Zitadelle liegt an der Zitadellenstraße wenige Meter vom Eisenbahnübergang in der Nähe des Südbahnhofs.)

Ähnlich wie der Eichelstein haben auch die als **„Römersteine"** bezeichneten Überreste von Pfeilern einer 8 km langen römischen Wasserleitung durch Steinraub ihre heutige unansehnliche Gestalt erhalten. Die stark beschädigten Steinpfeiler trugen ehemals die Bögen eines Aquädukts, der einen Wasserkanal in schätzungsweise 35 m Höhe über das Zahlbachtal zum Legionslager führte.

Das Wasser kam von Quellen bei Drais und Finthen („ad fontes"?) und mündete in ein Sammelbecken vor der Südwestecke des Legionslagers, von wo es durch Tonrohre an die Verbrauchsstellen und in das Badegebäude geleitet wurde. Der größte, noch in einer Höhe von 10 m erhaltene Pfeiler in der Talsohle war ursprünglich 25 m, d. h. mehr als doppelt so hoch wie heute. Von der Kalksteinquaderverkleidung sind Reste nur noch an einem Pfeiler erhalten. Der Bau der Wasserleitung datiert in die Zeit Vespasians (69–79 n. Chr.).

(Die Römersteine stehen gegenüber dem St. Hildegardis-Krankenhaus in der Nähe des Sportplatzes an der Unteren Zahlbachstraße im Zug der Binger Straße).

Ein Teil der **römischen Stadtmauer** ist am Haus Nr. 19 der Hinteren Bleiche zwischen Zanggasse und Gärtnergasse zu sehen. Er kam bei der Zerstörung von Häusern im II. Weltkrieg zutage. Der Alexanderturm an der Ecke Augustusstraße/Kupferbergstraße steht auf den Fundamenten eines römischen Mauerturmes. An die römische Mauer erinnert auch die Richtung der drei Bleichen, die parallel zur Nordfront der römischen Stadtummauerung verlaufen. Die Nordecke der römischen Mauer wird vom Kurfürstlichen Schloß eingenommen. Sonst erinnert im Stadtplan von Mainz kein Straßenzug mehr an das römische Straßennetz.

Von der **römischen Rheinbrücke** hatten sich die Reste von 18 Pfahlrosten, auf denen die steinernen Brückenpfeiler ruhten, bis in die Mitte des 19. Jahrhunderts erhalten. Sie mußten schließlich wegen Gefährdung der Schiffahrt beseitigt werden. Einer der Pfahlroste wurde damals im Hof des Großherzoglichen Schlosses aufgebaut, ist aber seit längerem verschwunden (siehe Abbildung 145 in F. Koepp, Die Römer in Deutschland, S. 148).

In Köln und Trier begegnet man Baudenkmälern aus der römischen Vergangenheit inmitten der modernen Stadt. In Mainz liegen die spärlichen antiken Baureste, mit Ausnahme von Teilen der römischen Mauer, außerhalb des Stadtkerns. Was aber auch in der Mainzer Innenstadt die Erinnerung an die Römerzeit wachruft, sind neben der Brunnenanlage am Ernst-Ludwig-Platz vor allem die Nachbildungen von zwei römischen Steindenkmälern, die aus aufgefundenen Bruchstücken zusammengesetzt werden konnten, der Jupitersäule am Deutschherrenplatz und des Dativius-Victor-Bogens auf dem Ernst-Ludwig-Platz.

Die **Jupitersäule** wurde, in ungefähr 2000 Stücke zerschlagen, 1904/05 beim Ausschachten einer Baugrube in der Sömmeringstraße gefunden (die Originalbruchstücke befinden sich, in drei Teile zusammengesetzt, im Mittelrheinischen Landesmuseum, s. u.). Die Säule war wohl bei der Einführung des Christentums zerstört und die Bruchstücke vergraben worden. Sie trug in römischer Zeit eine vergoldete Bronzestatue Jupiters, von der ebenfalls Reste gefunden wurden. Zusammen mit der Statue war die Säule etwa 12 m hoch. Sie gliedert sich architektonisch in einen stufenförmigen Unterbau, zwei Sockel, auf denen die aus fünf Trommeln zusammengesetzte Säule ruht, und ein korinthisches Kapitell, das das Postament der Jupiterstatue trägt.

Die Inschrift auf der Vorderseite des zweituntersten Sockels gibt Auskunft über Zweck und Datum der Säule. Sie lautet (fehlende Buchstaben ergänzt):

„Iovi Optimo Maximo. Pro salute Neronis Claudi Caesaris Augusti Imperatoris canabari publice Publio Sulpicio Scribonio Proculo legato Augusti pro praetore cura et impensa Quinti Iuli Prisci et Quinti Iuli Aucti". (Dem Jupiter, dem Besten und Größten, haben die

*Mainz, Jupitersäule*

Die Säule stand in römischer Zeit weithin sichtbar im Gebiet des Rheinhafens. Sie war ein religiöses Denkmal zu Ehren des obersten Himmelsgottes und zugleich Sinnbild der Autorität des römischen Reiches. Auf den Sockeln und Säulenschäften sind alle Gottheiten dargestellt, die für die römische Staatsreligion von Bedeutung waren und die Herrschaft des römischen Kaisers Nero symbolisierten. Möglicherweise bildete die Säule den religiösen Mittelpunkt der Siedlung. Im einzelnen sind die Deutungen der Götterdarstellungen unsicher. Die folgenden sind Deutungsversuche nach Körber und Quilling (Zabernführer, Bd. 11, S. 124).

*Vorderseite:*
1. Sockel: Jupiter
2. Sockel: Inschrift
1. Trommel: Victoria
2. Trommel: Vulkan
3. Trommel: Venus oder Aequitas
4. Trommel: Nero bei der Darbietung eines Opfers oder der Genius der canabarii
5. Trommel: Juno

*Linke Seite (vom Betrachter):*
1. Sockel: Maia, Merkur oder Felicitas, Merkur
2. Sockel: Dioskur
1. Trommel: Mars
2. Trommel: Virtus oder Rom
3. Trommel: Pax
4. Trommel: Lar
5. Trommel: Luna

*Rechte Seite:*
1. Sockel: Fortuna, Minerva
2. Sockel: Dioskur
1. Trommel: Neptun
2. Trommel: Honos oder Lyon
3. Trommel: Vesta oder Gallia
4. Trommel: Lar
5. Trommel: Sol

*Rückseite:*
1. Sockel: Herkules
2. Sockel: Apollo
1. Trommel: Diana
1. Trommel: Ceres
3. Trommel: Proserpina oder Italia
4. Trommel: Bacchus
5. Trommel: keine Darstellung

canabarii (Bewohner der Legionscanabae) auf Grund einer öffentlichen Entschließung (dieses Denkmal geweiht) für das Wohlergehen des erhabenen Kaisers und Feldherrn Nero, als Publius Sulpicius Scribonius Proculus Oberbefehlshaber und Statthalter war. Quintus Julius Priscus und Quintus Julius Auctus haben für die Durchführung der Entschließung Sorge getragen und die Kosten dafür übernommen.)
Die Worte „pro salute" an Stelle der sonst bei Widmungen an Mitglieder des Kaiserhauses häufigen Formel „in honorem" ermöglichen die Datierung der Säule auf die Jahre zwischen 58 und 67 n Chr., als Nero mehreren Verschwörungen entgangen war und seine Rettung den Bürgern im Reich Anlaß zur Danksagung gab. Neros Name wurde nach seinem Tod (68) wegen der über ihn verhängten Ächtung seines Gedächtnisses (damnatio memoriae) in der Inschrift ausgemeißelt, allerdings nicht so tief, daß er nicht noch erkennbar ist. Der Hinweis auf eine öffentliche Entschließung der Bewohner der Legionscanabae deutet auf „Ansätze einer kommunalen Selbstverwaltung" hin, wenn auch die Siedlung damals noch nicht den Rechtsstatus einer Stadt (municipium) besaß. Der in der Inschrift genannte Statthalter Publius Sulpicius Scribonius Proculus hatte einen Bruder, Publius Sulpicius Scribonius Rufus, der in Niedergermanien den gleichen Posten bekleidete wie sein Bruder in Obergermanien (s. → Köln, Museum).

Auf dem Gesims des untersten Sockels nennen sich Samus und Severus, Söhne des Venicarius, als Künstler des Bilderschmucks der Säule („Samus et Severus Venicari filii sculpserunt"). Aus dem Vatersnamen wird geschlossen, daß die beiden Bildhauer Gallier waren und aus Südfrankreich stammten, das schon lange vor der Errichtung der Mainzer Jupitersäule unter römischem Einfluß gestanden hatte und durchaus romanisiert war. Von dort konnte man sich daher auch die Künstler für ein Monument kommen lassen, das für die Bewohner der Mainzer Zivilsiedlung den Inbegriff des römischen Imperiums verkörperte (Schoppa). (Nachbildungen der Mainzer Jupitersäule sind auch bei der → Saalburg, im Gallo-Römischen Museum in St. Germain-en-Laye und im Museo del Impero in Rom aufgestellt.)

Einen bei der Jupitersäule stehenden **Altar** haben Q. Julius Priscus und Q. Julius Auctus im eigenen Namen gestiftet.
Der **Dativius-Victor-Bogen** wurde aus Abgüssen von Architekturfragmenten rekonstruiert,

die in den Jahren 1898–1911 in den Fundamenten der römischen Stadtmauer in der Nähe des Gautores gefunden wurden. Der Bogen wurde zum 2000-jährigen Stadtjubiläum 1962 am Ernst-Ludwig-Platz errichtet. Über das Bauwerk berichtet die Inschrift (fehlende Buchstaben ergänzt): „In honorem domus divinae Iovi Optimo Maximo Conservatori arcum et porticus quos Dativius Victor decurio civitatis Taunensium sacerdotalis Mogontiacensibus promisit, Victorii Ursus frumentarius et Lupus fili et heredes consummaverunt". (Zu Ehren des göttlichen Kaiserhauses haben dem Jupiter, dem Besten und Größten, dem Erhalter, den Bogen mit Säulenhallen, die Dativius Victor, Ratsherr des Gaues der Taunensier und ehemaliger Provinzialpriester des Kaiserkults, den Bürgern von Mainz versprochen hatte, Ursus (der Bär), Heereslieferant, und Lupus (der Wolf), seine Söhne und Erben, vollendet.)
Hauptort des Gaues der Taunensier war Nida (→ Frankfurt-Heddernheim), wo Dativius Victor, der Stifter des Ehrenbogens und der anschließenden Säulenhalle, hohe bürgerliche und priesterliche Würden bekleidet hatte. Er war wahrscheinlich nach dem Zusammenbruch des → Limes nach Mainz übergesiedelt und hatte als Dank für seine Aufnahme in der Stadt den Bürgern von Mainz das Bauwerk versprochen, das seine Söhne nach seinem Tode zu Ende führten. Der Bogen wurde im 3. Jahrhundert n. Chr. errichtet.
Der Bogenfries über dem Portaldurchgang ist mit dem Tierkreiszeichen geschmückt. In der Mitte, flankiert von Gottheiten, thronen Jupiter, die Weltkugel zu Füßen, und Juno, die Königin. Die anderen Reliefs stellen Opferszenen (oben und unten) dar. Zu beiden Seiten Rankenfriese und Schuppenmuster.

Die **Brunnen am Ernst-Ludwig-Platz** wurden ebenfalls im Jubiläumsjahr 1962 geschaffen. Die Quaderskulpturen an den Brunnenbecken sind Abgüsse von skulptierten Säulensockeln (Originale im Mittelrheinischen Landesmuseum, s. u.) spätestens aus dem 1. Jahrhundert n. Chr., die möglicherweise von einem Säulengang in den principia des Legionslagers oder von einem Siegesdenkmal stammen.

Den Spaziergänger in den Anlagen der ehemaligen Befestigungen von Mainz (von 1815–1866 eine Festung des Deutschen Bundes) erinnern Straßennamen wie „Römerwall", „Im Römerlager", „Augustusplatz", „Germanikusstraße", „Drususstraße" daran, daß er sich hier auf historischem Boden und auf dem Gebiet der ehemaligen römischen Legionsfestung befindet.

Mainz verfügt über zwei der wichtigsten archäologischen Museen in Deutschland: das **Römisch-Germanische Zentralmuseum** und das **Mittelrheinische Landesmuseum.** Beide Museen gehören zu den bedeutendsten ihrer Art in Europa. Sie unterscheiden sich nach Zweck und Wesen der Sammlungen.

Wie schon der Name andeutet, verdankt das Römisch-Germanische Zentralmuseum seine Entstehung dem Gedanken der Zusammenfassung von Einzelbestrebungen. Als im vorigen Jahrhundert überall in Deutschland mit Begeisterung Denkmäler der Vergangenheit erforscht und gesammelt wurden, bestand die Gefahr einer Zersplitterung in rein landschaftliche Unternehmen. Dem suchte Ludwig Lindenschmit vorzubeugen, als auf sein Betreiben im Jahre 1852 das Museum begründet wurde mit dem Ziel, „eine Sammlung von getreuen Nachbildungen und Zeichnungen der wichtigsten Altertümer aus Deutschland und seinen Nachbarländern zum vergleichenden Studium zu vereinen".

Heute ist das Römisch-Germanische Zentralmuseum das einzige Museum in Deutschland, dessen Sammlungen mit Hilfe von Originalfunden und Nachbildungen „einen systematischen Überblick über die Entwicklung der vor- und frühgeschichtlichen Kulturen in Deutschland und ihre weitreichenden Wechselbeziehungen" geben. Das Museum führt außerdem Forschungsvorhaben durch und verfügt über Laboratorien und Werkstätten, die der Konservierung von Altertümern gewidmet sind.

Das Mittelrheinische Landesmuseum im ehemaligen kurfürstlichen Marstall auf der Großen Bleiche (Golden-Ross-Kaserne) ist, soweit es sich um die Römerzeit handelt, der Sammlung von Kleinfunden und Steindenkmälern aus dem Mainzer Stadtbereich und dem mittelrheinischen Raum gewidmet.

Thema der *römischen Abteilung* des **Römisch-Germanischen Zentralmuseums** im ersten Stock des Kurfürstlichen Schlosses ist das römische Kaiserreich des 1.–3. Jahrhunderts n. Chr. Die Sammlung umfaßt Originalfunde, Nachbildungen, darunter Abgüsse von Steinreliefs mit zeitgenössischen Darstellungen von Handwerkern und Szenen aus dem täglichen Leben, Modelle und Karten und soll unter geschichtlichen und kulturgeschichtlichen Aspekten ein Bild des römischen Reiches von den Anfängen des Principats bis zur Reichskrise des 3. Jahrhunderts bieten.

Die Ausstellungsgegenstände gliedern sich in die folgenden Sachgruppen:

*Saal I:* Reich und Kaiser. Der römische Principat. Stellung des Kaisers, Kaiserkult. Entwicklung Roms und des Reiches.

*Saal II–IV:* Italien und die Provinzen des Reiches. Urbanisierung des Reiches. Verschiedene Traditionen und Kulturstufen in Italien, den Provinzen in Afrika und im griechischen Osten sowie in den Nord- und Westprovinzen. Stadtform. Wohnformen. Sozialstruktur, Erzeugnisse der Kunst und des Kunsthandwerks (Schmuck; Gefäße aus Silber, Bronze, Glas; Kleinbronzen; Keramik; Trachten.)

*Saal V:* Militärwesen: Organisation und Zusammensetzung des römischen Heeres. Militärgrenzen des Reiches. Kampftaktiken und Festungskrieg. Militäri-

**Mainz**

sche Anlagen. Bilder römischer Soldaten. Waffen und andere militärische Ausrüstungsgegenstände, darunter Infanterie- und Kavalleriehelme (Kampf- und Paradehelme), Schwerter, Dolche, Lanzenspitzen, Signalinstrumente (tuba, cornu, bucina, lituus), Feldzeichen (u. a. Kopf einer Drachenfahne und Teil eines Kohortenfeldzeichens aus dem Kastell Niederbieber (→ Neuwied-Niederbieber).

*Saal VI:* Wirtschaft, Kartographische Aufschlüsselung der Wirtschaft des Imperiums: Rohstoffe, Gewerbe und Industrie, Straßen und Wasserwege innerhalb des Reiches. Landwirtschaft. Rolle der Landwirtschaft. Geräte.

*Saal VII.* Wissenschaft. Geographie. Technik. Internationale Verkehrsverbindungen zu Afrika, Iran, Zentral- und Ostasien. Astronomie. Kalenderuhr. Steckkalender. Medizin (medizinische Instrumente). Maschinen: Orgel, Baukran.

*Saal VIII:* Traditionelle Religionen der Griechen und Römer. Einheimische Kulte. Übernationale Mysterien- und Erlösungsreligionen des Orients. Karte, Reliefs, Skulpturen. Kultgeräte.

*Saal IX:* Die Krise des Reiches. Zustand des Reiches unter Valerianus und Gallienus. Iranier und Germanen. Sarkophagdeckel (zum großen Ludovisischen Schlachtensarkophag im Thermen-Museum in Rom gehörig) mit Darstellung eines Feldherrn (Deutung unsicher, möglicherweise Hostilianus, jüngerer Sohn des Kaisers Traianus Decius, 249–251), einer Frau (möglicherweise Mutter des Hostilianus) und besiegten Barbaren.

Zwei Ausstellungsstücke verdienen besondere Beachtung: Rekonstruktionsmodell einer *römischen Wasserorgel* aus dem Jahre 228 n. Chr.; sie wurde 1931 im Quartier der Feuerwehr von Aquincum (Budapest) gefunden. Die Orgel (in der Inschrift als „hydra", Wasserorgel, bezeichnet, obwohl das Fundmaterial für eine pneumatische Orgel spricht) war ein Geschenk des Stadtrats von Aquincum und Kommandanten der Feuerwehr („decurio coloniae Aquinci aidilicius praefectus collegii centonariorium"), C. Julius Viatorinus, an seine Mannschaft („collegio supra scripto de suo donum dedit"), sicherlich, um den Feuerwehrleuten die langen Wartezeiten verkürzen zu helfen. Die Orgel hat 52 Pfeifen, 4 Register und eine Klaviatur mit 13 Tasten. Das Modell kann gespielt werden; es bietet die einzigartige Gelegenheit, antike Musik auf einem authentischen Instrument des Altertums zu hören, „diese seltsamen Töne... so klar, hart und scharf".

Das *Schwert des Tiberius,* ein römisches Stichschwert (gladius) (das im Garderobenraum ausgestellte Exemplar ist eine Kopie; das Original befindet sich im British Museum in London), wurde im August 1848 bei Mainz beim Bau der hessischen Ludwigsbahn nach Worms gefunden. Die Bauarbeiter unterschlugen den Fund und verkauften ihn an einen Mainzer Kunsthändler. Von dort gelangte das Schwert in den Besitz eines englischen Sammlers, der es 1866 dem British Museum schenkte. Die Bezeichnung „Schwert des Tiberius" stammt von Reliefdarstellungen auf der Schwertscheide. Die Deutung der Darstellungen ist allerdings unterschiedlich. Nach Klumbach (Zabernführer, Bd. 11, S. 127 f.) zeigt die Figurengruppe auf dem Mundblech der Scheide den Kaiser Augustus, auf einem Throne sitzend, umgeben von Mars und Victoria, wie er seinen Stiefsohn und Nachfolger Tiberius empfängt, der dem Kaiser eine kleine Siegesgöttin und einen Rundschild mit der Aufschrift „Felicitas Tiberii" überreicht hat. Dr. Stephan Türr (Katalog „Römer am Rhein", C 31, S. 205; s. a. Filtzinger, Limesmuseum Aalen, S. 86) deutet die sitzende Figur als Kaiser Tiberius und die vor den Kaiser tretende Gestalt als Germanicus, der in seiner Linken eine kleine geflügelte Victoria als Personifikation seiner Siege in Germanien 14–16 n. Chr. hält. Die Büste in dem Medaillon in der Mitte der Scheide stellt nach Klumbach den Kaiser Augustus, nach Türr Tiberius dar. Die Figur am unteren Ende der Schwertscheide, eine weibliche Gestalt mit Lanze und Amazonendoppelaxt, gilt nach beiden Deutungen als Verkörperung der Vindelicia, der von Tiberius und Drusus 15 v. Chr. eroberten Landschaft im Voralpengebiet. Ein Relief über der Vindelicia zeigt das Fahnenheiligtum (sacellum) eines Legionslagers mit Legionsadler und Feldzeichen. Wegen seines kostbaren Reliefschmucks sieht man in dem Schwert eine Ehrengabe, mit der ein verdienter Offizier ausgezeichnet wurde.

Die *Spätantike des 4. und 5. Jahrhunderts n. Chr.* wird im ersten Saal der Abteilung „Frühes Mittelalter" im zweiten Stock des Museums gezeigt, darunter: Wandkarten (Das Römerreich unter Diokletian. Das Römerreich beim Tode Justinians. Das Christentum im 1.–3. Jahrhundert. Das Christentum in der Spätantike); Pläne von Rom und Constantinopel in der Spätantike; eine prachtvolle Wiedergabe der Mosaiken (aus der Kirche San Vitale in Ravenna) des Kaisers Justinian mit Bischof Maximianus, Hofbeamten und Leibwache und der Kaiserin Theodora mit Gefolge.

Die Sammlungen des **Mittelrheinischen Landesmuseums** umfassen Funde römischer und provinzial-römischer Kultur aus der Zeit der Römerherrschaft am Rhein (13. v. Chr. bis 450 n. Chr.): Geräte aus Bronze, Eisen und Ton; Keramik der verschiedensten Arten und Terra-Sigillata-Funde sowie Zeugnisse der Götterverehrung; erlesene Gläser, meistens aus Kölner Werkstätten; Waffen und militärische Ausrüstungsgegenstände und zahlreiche Steindenkmäler.

In Saal 1 und 2 sind Gegenstände aus dem täglichen Leben der Bürger und Soldaten von Mogontiacum ausgestellt, darunter:

*Schmuck und Goldgegenstände* vorwiegend aus der späteren Kaiserzeit; 16 Solidi (Goldmünzen) der Kaiser Valentinian I., Valens und Honorius von einem Schatzfund aus Wiesbaden-Kastell (700 Silbermünzen aus dem gleichen Schatzfund werden im Museum in Wiesbaden aufbewahrt).

*Pferdegeschirr- und Wagenteile:* Trense, Sporen, halbmondförmiger Anhänger, Zügelführungsringe, Augenschutzkorb, Wagenstangenaufsatz, Scharniere.

*Bronzegegenstände:* Geschirr, Kasserollen, Kanne, Topf mit Feuerbock und Schöpflöffel, große Platte.

*Statuetten:* Römische Götter und Göttinnen (Mars, Minerva, Vulkan, Venus, Merkur, Genien), Medusenhaupt, Merkurstab.

*Terrakotten und Bronzen:* Provinzialrömische Erzeugnisse vorwiegend aus dem 2. Jahrhundert n. Chr., darunter Figuren von Gottheiten (Venus, Kybele, die keltische Pferdegöttin Epona), Tierfiguren, Flötenspieler, Figur eines Schreibers (Lehrers), Wagenlenker, Hand einer Großplastik, Bronzeblech mit Götterbildern, Weiheinschrift für Nemetona.

*Keramik:* Terra Sigillata italischer und südgallischer Herstellung aus der frühen Kaiserzeit und aus dem 2. und 3. Jahrhundert n. Chr.; späte Sigillata aus Rheinzabern; belgische Ware aus der frühen Kaiserzeit, Töpfe und Becher mit Tonschlickverzierung aus der 2. Hälfte des 1. Jahrhunderts n. Chr., Gesichtskrüge, Doppelhenkelgefäße, „Lichthäuschen" (Kaminaufsatz), Feldflasche, Affenkopfattachen, Statuette eines Äffchens im Kapuzenmantel (eine ähnliche Figur aus Glas im Kölner Museum), bemalte und marmorierte Keramik des 1. bis 4. Jahrh. n. Chr.

*Elfenbein und Beingeräte:* Nadeln, Griffe, Klappmesser, Gürtelschnallen, Beinnadeln und Griffel, Spielsteine mit Brettspiel auf einem Leistenziegel, Spinnwirtel, Würfel, Spielmarke, Zirkel, Löffel.

*Schuhe, Lederreste, Textilien:* Sohlen mit Nägeln, ornamentierte Sohlen, Nagelschuhe, Kindersandalen, zugeschnittene Lederteile aus einem Lederfund von einer 1857 und 1965–66 angeschnittenen Abfallgrube (die Funde lassen auf „auffallend produktionsstarke Schusterwerkstätten" in Mainz schließen [Esser]), Pantoffel, Zeltleder, verschiedene Textilreste, verziertes Lederstück, Köcherfutteral.

*Chirurgische Instrumente, Meßgeräte:* Skalpelle, Haken, Spateln, Sonden, Pinzetten, Schere, Schröpfkopf, Ohrlöffel. Ferner *Okulistenstempel* aus grünem Speckstein (mit diesem Stempel drückte der Augenarzt dem stangenförmigen Augenheilmittel, solange es noch weich war, seinen Namen und die Gebrauchsanweisung auf). Einer der Stempel nennt den Augenarzt Quintus Carminus Quintilianus; er verschrieb „penicillum" (um welches Präparat es sich dabei handelte, ist nicht geklärt, natürlich nicht das heutige Penicillin) gegen alle Arten von Augenentzündungen („ad omnem lippitudinem") und „dialepidos crocodes" (aus Krokus hergestelltes Heilmittel) gehen Rauhigkeit der Augenlider („ad asprituditem") (Trachom). Mit einem anderen Stempel verordnete Quintus Pompeius eine aus Myrrhen zusammengesetzte Salbe („diasmyrnos") (R. Waterman). „In sehr großen Mengen wurden diese Stempel der Augenärzte in den kalten und nebelreichen Gegenden des Kaiserreiches aufgefunden (Deutschland, Frankreich, England) ... Diese Krankheiten mußten ... in wahrhaft beunruhigender Weise in den Gegenden mit feuchtem Klima und langen und strengen Wintern, die sie besonders begünstigten, verbreitet gewesen sein" (U. E. Paoli).

*Persönliche Gebrauchsartikel:* Geldbörsen (Armringbörsen), Fibeln, Strigil, Spiegel.

*Schreibutensilien:* Schreibgriffel, Schreibtafel, Tintenfaß mit Feder, Zirkelteile.

*Schlüssel und Schloßbeschläge:* Schnellwaage mit Gewicht; großes und kleines Dodekaeder.

*Lampen* aus Ton und Bronze, Bilder- und Firmenlampen, zum Teil rauchgeschwärzt, mehrflammige Lampen, Hängelampe, rotbemalte Blattlampen, Kerzenhalter in der Form eines dreibeinigen Tischchens.

*Kannen und Krüge:* Gesichtsurnen, Gesichtskrüge, Teller, rotbemalte Wetterauer Ware, „Kranichkelch" des Ataius.

*Münzen:* darunter ein Schatzfund von 426 Kupfermünzen.

*Löwenkopf* als Wasserspeier von einem römischen Brunnen.

*Militärische Ausrüstungsgegenstände:* Phalerae, Signalhorn, Formstempel der XIV. Legion; Legionärshelme des 1. nachchristlichen Jahrhunderts (in Kalottenform mit abstehendem Nackenschutz und Wangenklappen); Gesichtsmaske von einem Reiterhelm (für die kultischen Spiele parthischer Reiter; s.a. → Straubing); Kurzschwert (gladius), in der Scheide steckend; Dolch; Schuppenpanzer; Schwertgehänge; Ortband; Lanzen- und Pfeilspitzen; Schildbuckel; großer Stangenaufsatz in der Form einer Speerspitze.

*Militärdiplom* des Kaisers Domitian aus dem Jahre 90 n.Chr. für den Reiter Mucapor der 1. Aquitanischen Veteranenkohorte, eine von sieben Zeugen (die Namen im Genetiv) beglaubigte Abschrift von der Bronzetafel, die in Rom „an der Mauer hinter dem Tempel des Augustus beim Standbild der Minerva" angeschlagen war. Der Text besagt, daß Domitian den im Diplom genannten Reitern von vier Aien (Aufzählung) und Infanteristen von 14 Kohorten (Aufzählung), die in Obergermanien stationiert sind, nach einer Dienstzeit von 25 Jahren oder mehr, ihren Kindern und Nachkommen das römische Bürgerrecht verliehen hat sowie das Recht zur Ehe mit ihren Frauen, die sie bei der Verleihung des Bürgerrechts hatten, oder, sofern sie ledig sind, mit den Frauen, mit denen sie später verheiratet sein werden, aber nur mit einer Frau. (Vollständiger Text des Diploms im Kölner Katalog „Römer am Rhein", C 45, S. 209, und bei Doppelfeld, Der Rhein und die Römer, S. VII.) Jedes Militärdiplom besteht aus zwei Bronzetafeln, die mit einem Drahtscharnier zum Auf- und Zuklappen miteinander befestigt waren. Der Text des Diploms auf der Innenseite wurde auf der Außenseite verkleinert wiederholt. Die zweite Tafel des hier ausgestellten Diploms befindet sich im Museum in → Worms.

Dazu *Grabstein* des Gnäus Petronius Asello, Kriegstribun, Präfekt der Reiterei und Präfekt der Pioniere („tribunus militum, praefectus equitum, praefectus fabrum").

Eine *restaurierte römische Wandmalerei* aus der 1. Hälfte des 2. Jahrhunderts n. Chr. nahm die Stirnwand eines Raumes ein, der sicherlich auch an den anderen Seiten durch Malereien geschmückt war.

*Gläser:* Nuppengläser, „Mainzer Kettenhenkelkannen" aus dem späten 3. und 4. Jahrhundert n.Chr.; blaugrünes Gebrauchsglas vorwiegend aus dem 2. Jahrhundert n.Chr., Zweihenkelkanne mit eingeschliffenen bacchantischen Szenen (der einzige Überrest reicher Grabbeigaben aus zwei 1869 gefundenen Sarkophagen); Viereckkanne; Saugfläschchen; Phiolen, Buntgläser; Aschenurne aus grünem Glas; Rippenschale; Schliffgläser mit Inschrift; das „große Mainzer Diathretglas" (Kopie; das Original wurde nach dem Ende des II. Weltkrieges im Auslagerungsdepot im Odenwald gestohlen). Kugelflasche mit Schliffverzierung, Kugelflasche mit Inschrift („Curre Puer M."); spätrömisches Buntglas aus Rheinhessen (Becher mit Inschrift), Nuppenpokalkanne, frühromische Henkelkanne.

Durch eine Vorhalle mit einer Tafel vergrößerter Münzbildnisse römischer Kaiser und Feldherren, die im Laufe der Jahrhunderte von 9 v.Chr. bis zur zweiten Hälfte des 4. Jahrhunderts in Mainz gewesen sind; Plänen des römischen Mainz; dem Modell eines Teiles der Mainzer Römerbrücke; dem Modell einer Töpferwerkstatt und vielfältigen Erzeugnissen römischer Keramik führt der Weg in Saal 3 („Steinsaal"), die wiederaufgebaute Reithalle des ehemaligen kurfürstlichen Marstalls und Ausstellungsort der Sammlung römischer *Steindenkmäler* (Altäre, Grabsteine, Skulpturen, Reliefs, Architekturteile, Inschriften, Meilensteine).

Die mehr als 300 Steindenkmäler, in optimaler Aufstellung, vom Licht der hohen Fenster umflutet, nehmen den Blick des Betrachters sogleich aufs stärkste gefangen.

Man hat die Anordnung der Denkmäler ein „raumkünstlerisch wohltuendes Arrangement, überschaubar bis in die Tiefe", genannt und hervorgehoben, daß die Denkmäler frei stehen, von jeder Seite zugänglich und anschaubar sind. Wer die frühere, fast beklemmend wirkende, dicht gedrängte Ansammlung der Steindenkmäler gekannt hat, wird die aufgelockerte Darstellung, die jedem der Denkmäler gerecht wird, wohltuend empfinden.

Die Ausstellung beginnt mit einer „Gräberstraße" von Soldatengrabsteinen (Legionären und Hilfstruppen). Auf der rechten Seite Grabsteine von Angehörigen aller zwischen 13. v.Chr. bis ins 4. Jahrhundert n.Chr. in Mainz stationierten Legionen:

*Legio XIIII Gemina.* 13 v.Chr.–43 n.Chr. Der die Legion repräsentierende Grabstein stellt den hochdekorierten (neun phalerae und zwei torques) aquilifer (Adlerträger) der Legion dar. Er starb mit 43 Jahren nach 23 Dienstjahren. Der Beiname „Gemina" bedeutet, daß die Legion aus zwei Legionen zusammengestellt war. Die Legion nahm i.J. 43 an der Eroberung Britanniens teil; erhielt als Auszeichnung für ihren Anteil an der Unterdrückung des Aufstandes der Königin Boudicca die Ehrentitel Martia Victrix; half bei der Niederschlagung des Bataveraufstandes 69/70; kehrte 71 nach Mainz zurück.

*Legio XVI Gallica.* 13 v.Chr.–43 n.Chr. Die Legion gehörte zusammen mit der XIV. Legion zu der ursprünglichen Besatzung des Mainzer Zweilegionenlagers. Der Beiname Gallica bezieht sich auf die Provinz, wo sich die Legion ausgezeichnet hatte. Von Mainz wurde die Legion im Jahre 43 nach Novaesium (→ Neuss) verlegt.

*Legio IIII Macedonica.* 40–70 n.Chr. Der Beiname bezieht sich auf die Provinz, in der sich die Legion ausgezeichnet hatte. Die Legion gehörte, wie die XVI. Legion, zu den Streitkräften, die sich in Vetera castra während des Bataveraufstandes den Aufständischen ergeben hatte, und wurde wegen dieses Verhaltens aufgelöst.

*Legio XV Primigenia.* 40–43. Die Legion war nach der Göttin Fortuna Primigenia benannt.

*Legio XXII Primigenia.* 43–71. Der Beiname bezieht sich, ebenso wie bei der XV. Legion, auf Fortuna Primigenia. Die Legion wurde nach dem Bataveraufstand (69/70) in die neu erbaute Festung Vetera II (→ Birten) verlegt. Der mächtige Grabstein des Legionärs („miles") Gaius Faltonius Secundus, Sohn des Gaius, aus der Tribus (Stimmkörper) Pomptina, gebürtig aus Dertona in Ligurien, zeigt den Verstorbenen in voller Ausrüstung, flankiert von zwei kleineren Gestalten in bürgerlicher Kleidung, eine mit Schreibgriffel und Tafel, die andere mit Geldbeutel. Der Legionär starb mit 46 Jahren nach 21 Dienstjahren.

*Legio I Adiutrix.* 71–86. Die Legion war von Nero aus Flottensoldaten, die noch nicht das römische Bürgerrecht besaßen, zur Verstärkung („adiutrix") der regulären Armee aufgestellt worden.

*Legio XIIII Gemina Martia Victrix.* 71–92. Im Zuge der Verringerung der Mainzer Garnison auf eine Legion nach dem Aufstand des Legaten Antonius Saturninus wurde die Legion nach Aquincum (Budapest) versetzt.

*Legio XXI Rapax.* 83–86. Nach Webster bedeutet der Beiname „Rapax" (gierig) die „alles vor sich wegfegende", daher „gierige", Legion. Die Legion kam von Mainz nach Aquincum, wo sie im Jahre 92 von der XIV. Legion abgelöst wurde. Q. Marcius Balbus, dessen Grabstein hier aufgestellt war, war ein ehrenvoll entlassener Veteran („missicus") der XXI. Legion.

*Legio XXII Primigenia pia fidelis.* 92 bis gegen Ende des 4. Jahrhunderts. Wegen ihrer Treue zu Domitian während des Aufstands des Mainzer Legaten Antonius Saturninus 88/89 hatte die Legion zusammen mit allen anderen Einheiten des niedergermanischen Heeres und der Rheinflotte die Ehrentitel „pia fidelis" (pflichtbewußt, getreu) erhalten. Die jahrhundertelange Stationierung in Mainz machte die „XXII.", wie bereits oben bemerkt, zur „Mainzer Hauslegion".

Die *Grabsteine von Auxiliarsoldaten* (Mitglieder von Alen und Kohorten) aus dem 1. Jahrhundert n.Chr. zeigen den Verstorbenen beim Totenmahl oder zu Pferde, wie er über den gefallenen Gegner hinweggaloppiert. Unter den Reitergrabsteinen verdient besondere Beachtung der vorzüglich erhaltene Grabstein des C. Romanius Capito, Reiter der Ala Noricorum (zur Ala Noricorum s. → Altkalkar) (in der Halle des Haupteingangs an der Großen Bleiche ausgestellt). Capito stammte aus Celeia (Cilli in der Steiermark) und hatte während seiner Dienstzeit das römische Bürgerrecht erworben. Er hatte 19 Jahre gedient, als er im Alter von 40 Jahren starb. Nach Gabelmann dient das Denkmal zur Kennzeichnung einer ganzen Gruppe von Reitersteinen (die „Romanius-Gruppe«). In ihm ist „der Typus mit dem über den gefallenen Barbaren sieghaft hinwegreitenden Römer... fertig ausgeprägt".

Ferner: Grabstein für Petronius Disacentus, Sohn des Denturbrise, Reiter in der Schwadron (turma) des Longinus, von der Cohors equitata VI Thracum; für Andes, Sohn des Sextus, aus Raetinium in Dalmatien, Reiter der Ala Claudia, mit der Darstellung einer bucina (Posaune) (nach Doppelfeld befremdlich, da die Posaune kein Blasinstrument der Kavallerie war); Grabstein (3. Jahrhundert) für Togius Statutus, „militi Numeri Exploratorum Divitiensium Antoniniorum", d.h. Angehöriger einer Kundschafterabteilung von Divitiensiern (s. → Neuwied-Niederbieber; der Beiname weist auf Caracalla hin). Den Stein setzte die Schwester des Verstorbenen, Togia Faventina, als Erbin.

Unter den *bürgerlichen Grabsteinen* des 1. Jahrhunderts n.Chr. (auf der gleichen Seite wie die Auxiliargrabsteine) sind zwei Grabsteine von Ehepaaren aus der keltisch-römischen Zivilbevölkerung von Mainz bemerkenswert. In den Darstellungen der Verstorbenen prägt sich der Stolz des Provinzialbürgertums auf soliden Wohlstand aus. Zugleich sind sie Beispiele für die fortschreitende Romanisierung der einheimischen Bevölkerung. Der Grabstein ohne Inschrift zeigt den Ehemann in gallischem Kapuzenmantel, breitbeinig mit Geldbeutel in der Hand auf einer Bank sitzend; die neben ihm stehende Ehefrau ist bereits nach Art der römischen Matronen gekleidet (Tunika, Mantel, Haarhaube, Medaillon und Ringe).

Das Ehepaar auf dem berühmten, oft abgebildeten Grabstein des Reeders Blussus ist in der landesüblichen Tracht dargestellt: Der Mann, wie auf dem erstbeschriebenen Grabstein, im Kapuzenmantel mit Geldbörse; die neben ihm auf der Bank sitzende, reichgeschmückte Ehefrau, mit Schoßhündchen und Spindel, trägt die seitlich verschließbare Frauenhaube, die als Bestandteil der Tracht der verheirateten Ubierinnen gilt und oft auf Matronensteinen zu sehen ist. Über ein langes Unterkleid fällt eine Robe, die auf den Seiten mit Spangen zugesteckt ist; ein Umhang wird auf der rechten Schulter mit einer Spange zusammengehalten und ist an den Zipfeln mit Bleigewichten beschwert.

Die Romanisierung äußert sich hier in der Namengebung: Während die Namen der Eheleute und des an der gleichen Stelle beerdigten Hausklaven noch keltisch sind (Blussus, Menimane, Satto), trägt der Sohn, der seinen Eltern den Grabstein setzte, bereits den lateinischen Namen Primus; ein weiteres Zeichen seiner Anpassung an römische Sitten ist die Kinderbulla um seinen Hals, die mit Vollendung des 17. Lebensjahres abgelegt wurde, wenn der Knabe die toga virilis erhielt.

Die Inschrift (auf der Vorderseite teilweise zerstört, aber auf der Rückseite im wesentlichen unzerstört wiederholt) lautet: „Blussus, Atusiri filius, nauta LXXV hic situs est... Menimanii Brigionis filia annorum... uxsor viva sibi fecit. Satto verna annorum... hic situs est. Primus filius parentibus pro pietate posuit" – Blussus, Sohn des Atusirius, Reeder, 75 Jahre alt, ist hier bestattet. Seine Gattin Menimane, Tochter des Brigio; ... Jahre alt ließ zu Lebzeiten den Grabstein anfertigen. Satto; ... Jahre alt, der Haussklave, ist hier beerdigt. Der Sohn Primus setzte in Liebe zu seinen Eltern den Grabstein.

Auf der Rückseite des Grabsteins ist das Bild eines Flußkahnes zu sehen, wie ihn Blussus für seinen offenbar einträglichen Frachtenhandel benutzte. „Nach dem gleichen Bauschema wie der Kahn des keltischen Schiffers Blussus aus der Mitte des 1. Jahrhunderts wurde noch bis ins 19. Jahrhundert hinein die sogenannte Mainzer Lade gebaut, die den Ober- und Mittelrhein mit seinen Nebenflüssen bis Köln abwärts befuhr, wo sie im Unterschied zu den niederländischen Schiffen ‚Oberländer' genannt wurde" (D. Ellmer, Zabernführer 11, Seite 186).

Auf einem Weihealtar für Jupiter, den Besten und Größten, und die Königin Juno werden als Stifter die „vicani Mogontiacenses vici novi" genannt, d.h. die Einwohner der Mainzer Neustadt. Die bürgerliche Siedlung war in mehrere Wohnviertel (vici) eingeteilt. Außer dem hier erwähnten vicus novus sind durch Inschriften ein vicus Apollinensis, vicus Salutaris und vicus navaliorum bezeugt.

Es folgen die Originalfragmente der *großen Mainzer Jupitersäule*, in drei Teilstücken zusammengesetzt. In einer Vitrine sind die dazugehörigen Fragmente (teilweise noch vergoldet) der Jupiterstatue ausgestellt (linker, sandalenbekleideter Fuß, Hand mit ausgestrecktem Zeigefinger, Blitzbündel, Adlerklaue). In den Boden eingelassen ein Teil des 1966 in Bad Kreuznach gefundenen Okeanos-Mosaiks; ferner ein römischer Brunnen mit steinernem Fischmonument in der Mitte des Raumes.

Sich gegenüber stehen zwei berühmte *Skulpturen* der Mainzer Sammlungen: der lebensgroße Bronzekopf (Fragment einer Statue) einer Göttin aus dem Merkurheiligtum in Finthen, wahrscheinlich eine Darstellung der keltischen Göttin Rosmerta, Gefährtin des Merkur (andere Deutungen: Luna, Juno, Fortuna). Die Augen waren mit Halbedelsteinen eingelegt. Die Statue wird auf das zweite Drittel des 2. Jahrhunderts n.Chr. datiert und gilt als südgallische Arbeit.

Auf der Seite gegenüber der *marmorne Porträtkopf*, der 1961 in der Mainzer Neustadt beim Ausschachten einer Baugrube für einen Wohnhausneubau zutage gefördert wurde. Nach ersten Deutungen handelte es sich um ein frühkaiserzeitliches Porträt eines julischclaudischen Prinzen. Kein Wunder, daß dieser aus der Zeit des ersten Erscheinens der Römer am Rhein stammende, auf Mainzer Boden ans Tageslicht getretene Fund am Vorabend des 2000jährigen Stadtjubiläums beträchtliches Aufsehen erregte und geradezu als Sendbote der römischen Vergangenheit zu den bevorstehenden Feierlichkeiten empfunden wurde.

In die Freude mischten sich allerdings bald mancherlei Zweifel. So erschien der antike Ursprung des Bildes ungewiß, und auch die Frage, um wessen Porträt es sich handelte, wurde streitig. Die Annahme, der Kopf sei eine moderne Arbeit oder sogar eine bewußte Fälschung, konnte überzeugend widerlegt werden.

Über die Identität des Dargestellten hat sich bisher jedoch noch keine Einigung erzielen lassen. Der Kopf wurde zunächst als Bildnis des Gaius Caesar (20 v.Chr.-4 n.Chr.), Enkel und Adoptivsohn des Kaisers Augustus, veröffentlicht und seine Entstehung auf das Jahr 10 n.Chr. datiert (E. Simon). Eine andere Deutung sieht in dem Bildwerk das Porträt des jugendlichen Augustus, das erst nach dem Tode des Kaisers (14 n.Chr.) entstanden ist (H. Kähler). Nach einer heute weitverbreiteten Ansicht handelt es sich um den Bildniskopf des im Jahre 2 n.Chr. verstorbenen Lucius Caesar, Enkel und Adoptivsohn des Kaisers Augustus. (Auf eine mögliche Anwesenheit des Prinzen in den rheinischen Provinzen weist eine Ehreninschrift im Landesmuseum in Trier hin.) Als Entstehungsort des Kopfes wird allgemein Rom und als Künstler ein griechischer Bildhauer angenommen.

Zum erstenmal der Öffentlichkeit vorgeführt sind *Arkaden einer Pfeilerhalle* von einem großen, offenbar reichverzierten Gebäude im Bereich des ehemaligen Legionslagers auf dem Kästrich. Das Bauwerk gehört zu der monumentalen Militärarchitektur des Militärlagers und bestand aus zwei rundum offenen Räumen, die durch einen Mittelgang voneinander getrennt waren (zentrale Säulenhalle des Lagers?). Die Architekturteile waren bisher als Teile eines Siegesdenkmals gedeutet worden.

Zu beiden Seiten der Arkadenpfeiler *skulptierte Säulensockel* (1898 in der römischen Stadtmauer gefunden) aus dem 1. Jahrhundert n.Chr. Sie stammen wahrscheinlich von einem Säulengang in den principia (Stabsgebäude) der Legionsfestung oder von einem Siegesdenkmal aus der Zeit Vespasians (69–79). Die Skulpturen zeigen u.a. behoste trauernde Germania; gefangene Germanen in Fesseln (nach Tacitus, Germania VI 8, kämpften die Germanen „mit nacktem oder nur mit einem Mantel leicht bekleideten Oberkörper"); Legionäre auf dem Marsch und im Kampf.

Als Abschluß des Mittelgangs die wiederaufgebauten Teile des *Dativius-Victor-Bogens*, dem Ehrenbogen mit dazugehöriger Säulenhalle; eine kleine Jupitersäule mit sitzendem Jupiter; ein Opferschrein (aedicula) für Jupiter in der Form eines Hauses mit Giebeldach, das mit „tegulae" (rechteckigen Ziegelplatten) und „imbrices" (Halbrundziegeln) gedeckt ist.

Zu der Sammlung von *Steindenkmälern* gehören ferner: Viergöttersteine; Ehreninschriften und Weihungen, darunter die Inschrifttafel des Grabmals der Brüder Marcus und Gaius Cassius, Veteranen der Legio XIII Gemina, wahrscheinlich Reste eines verlorenen Turmgrabmals etwa von der Art des Kölner Poblicius-Denkmals; Reliefplatte mit dem medaillonartig gefaßten Kopf des Jupiter Serapis mit einem Modius (Scheffel) auf dem Kopf; Ehreninschrift für Kaiser Claudius von „Kleinhändlern mit römischem Bürgerrecht" („cives Romani manticulari negotiatores"); ein dem kaiserlichen Statthalter Claudius Aelius Pollio, dem „untadeligen Vorsitzenden" („praesidio integerrimo") von den konsularischen Benefiziariern gewidmetes Denkmal. Ferner Votivaltäre und Meilensteine, darunter ein Meilenstein aus dem Jahre 44 n.Chr., auf dem zum erstenmal der Name „MOG(ontico)" erscheint. Die Inschrift ist das älteste Zeugnis des römischen Namens für Mainz.

Die 1981/82 an der Rheinstraße in Mainz aufgefundenen Reste *römischer Schiffe* (Teile abgewrackter Ruderschiffe für militärische Zwecke, Rest eines Reiseschiffes mit Mastspanten und abgebrochenem Achtersteven sowie einzelne Planken und Balken und ein kleines Boot in Einbaum-Form) werden zur Zeit restauriert und sind noch nicht aufgestellt.

# MANNHEIM

Der Raum um Mannheim gehörte in römischer Zeit zum Gebiet des Gaues der Neckarsueben (Civitas Ulpia Sueborum Nicretum) mit dem Vorort Lopodunum (→ Ladenburg). Die Stadt selbst hat keinen römischen Vorläufer. Was ihr einen hervorragenden Platz im „Römischen Deutschland" sichert, ist die Sammlung römischer Altertümer im Städtischen Reiss-Museum (nach dem Geschwisterpaar Anna Reiss (1836–1915) und Carl Reiss (1843–1914) benannt).

Die Anfänge der archäologischen Sammlungen des Museums gehen auf das Jahr 1763 zurück. Damals begründete Kurfürst Carl Theodor von der Pfalz (1724–1799) zusammen mit einer Kurpfälzischen Akademie der Wissenschaften das **Antiquarium Electorale** als Aufbewahrungsort für ausgewählte „Monumente des Altertums und Mittelalters", die, wie es in einem kurfürstlichen Reskript von 1749 heißt, „durch die unterthanen oder sonsten gefunden werden mögten" oder die von der Historischen Klasse der Mannheimer Akademie auf ihren „Itinera literaria" genannten wissenschaftlichen Reisen entdeckt und durch Überweisung an das Antiquarium „vor dem Untergang bewahrt" wurden. Die Sammlungen des Antiquariums wurden später mit denen des Mannheimer Altertumsvereins zu den „Vereinigten Altertums-Sammlungen" zusammengelegt. Der Verein war 1859 gegründet worden, nachdem die Mannheimer Akademie zu Beginn des 19. Jahrhunderts erloschen war. Nach dem I. Weltkrieg gingen die Sammlungen in städtische Verwaltung über und bildeten die Archäologische Abteilung des 1926 neueröffneten Schloßmuseums. Große Teile der Museumsbestände gingen im II. Weltkrieg verloren. Was gegenwärtig im Reiss-Museum gezeigt wird, ist das über den Krieg gerettete Gut des Schloßmuseums, bereichert durch Neufunde aus der Nachkriegszeit. Die folgende Beschreibung soll dem Museumsbesucher eine nach Sachgruppen geordnete Übersicht über die wichtigsten, im Untergeschoß aufgestellten römischen Fundgegenstände bieten, ohne daß bei der Beschreibung die gegenwärtige räumliche Anordnung der Aufstellung beachtet wurde.

Unter dem Motto: „Tu regere imperio populos, Romane, memento. Haec tibi erunt artes" (Vergils Mahnung an die Römer, sich ihrer Sendung als Weltherrscher bewußt zu sein) zeigt eine *Landkarte das „Imperium Romanum an Rhein und Donau"* zur Kaiserzeit (1.–5. Jahrhundert) mit Provinzgrenzen, Straßen, dem Verlauf des obergermanisch-rätischen Limes, Legionsfestungen und Städten (coloniae, municipia), bedeutenden Fundplätzen, Befestigungen aus der Zeit nach 260 n. Chr. und die sogenannte „Langmauer" bei Trier, möglicherweise die Umfriedung einer kaiserlichen Domäne.

*Römisches Religionswesen* wird durch Götterbilder, Weihesteine und -altäre veranschaulicht.

*Römische Götter:* Sandsteinplastik des *Jupiter* aus Ladenburg; das Standbild hat wahrscheinlich mit Juno und Minerva die kapitolinische Trias gebildet; reitender Jupiter und bärtiger Gigant, der obere Teil einer Jupitergigantensäule; zwei Reliefdarstellungen der *Juno*; die Reliefs, die die Göttin mit Szepter und Pfau darstellen, wurden 1764 bzw. 1770 in das Antiquarium verbracht. *Minerva* ist vertreten durch eine Sandsteinplastik aus Ladenburg. Fragmente eines Weihealtars aus Heidelberg-Rohrbach und einen Altar aus Alzey, der zu Ehren des Kaiserhauses von Secundinus gestiftet wurde.

*Merkur* erscheint auf einem Weihestein aus Rohrbach; einer Weiheinschrift aus Obrigheim; der Stein wurde auf Geheiß des Gottes von Bellonius zu Ehren des Kaiserhauses gestiftet, zugleich mit einem Tempel, einer Bildsäule des Gottes und Ackerland; und auf einem Relieffragment aus Nierstein, dessen Inschrift einen Tempel mit einem Bildnis des Gottes bezeugt („aedem cum signo").

*Mannheim, Victoria (Viergötterstein)*

Der Glücksgöttin *Fortuna* widmete einen Altar ein centurio der in Straßburg stationierten VIII. Legion; und einen Weihestein der Schwerthändler („negotiator gladiarius") Gentilius Victor, Veteran der XXII. Legion; der Stein mag ehemals eine Statue der Göttin getragen haben. Der Veteran, sicherlich auf Grund seines früheren Soldatenberufs mit hervorragendem Sachverstand im Waffenhandwerk ausgestattet, hatte es offenbar mit einem Schwerthandel zu Wohlstand gebracht. Er verkündet stolz in der Inschrift, daß ihn der Stein 8000 Sesterzen gekostet habe. Weniger Glück hatte er mit Kaiser Commodus, für dessen Wohlfahrt er den Stein gewidmet hatte. Der Name des Kaisers mußte in der Inschrift getilgt werden, als Commodus nach seiner Ermordung 192 n. Chr. auf Anordnung des Senats der damnatio memoriae verfiel.

Die Siegesgöttin *Victoria* ist auf einer Reliefplatte aus Ladenburg dargestellt; die Platte wurde 1912 neben dem Neckartor (porta praetoria) des Ladenburger Kastells ausgegraben.

Ein kleiner Weihealtar für *Herkules* stammt aus Remagen.

Darstellungen mehrerer Gottheiten finden sich auf *Viergöttersteinen,* von denen das Museum mehrere besitzt; derartige Steine bildeten für gewöhnlich die Sockel von Jupitergigantensäulen. Einer der Steine (vom Heiligenberg bei Heidelberg) ist eine Weihung der beiden Brüder Iulius Secundus und Iulius Ianuarius für Iupiter Optimus Maximus. Dargestellt sind auf der Vorderseite der Adler als Symbol Jupiters, über ihm innerhalb eines von Bändern durchflochtenen Kranzes die Weihinschrift; auf den Nebenseiten Vulkan mit Hammer und Zange, Fortuna mit Steuerruder und eine geflügelte Victoria, die mit einem Grif-

fel einen Ehrenschild beschriftet. Der oben ausgehöhlte Stein diente in christlicher Zeit in der Michaelskirche auf dem Heiligenberg als Weihwasserbecken und wurde 1763 in das Antiquarium verbracht.
Ein Viergötterstein war 1767 von Mitgliedern der Mannheimer wissenschaftlichen Akademie auf einem ihrer Itinera literaria in Godramstein entdeckt worden. Der Stein ist eine Widmung des Mansuetus Natalis an Jupiter, den Besten und Größten. Dargestellt sind Juno mit Opferschale, Altar und Pfau; Merkur mit Schlangenstab und Geldbeutel; Herkules mit Löwenfell und Keule, und Minerva mit Lanze und Schild. Ein Viergötterstein aus Iggelheim zeigt Juno, Mars, Vulkan und Victoria. Zwei Reliefplatten eines Viergöttersteins wurden in Neckarau, in einer Toreinfahrt eingemauert, aufgefunden; sie zeigen Vulkan mit Hammer und Zange und Fortuna mit Füllhorn. Weitere Gottheiten an den Säulen sind Apollo und Merkur.
Ebenfalls Teil einer Jupitergigantensäule war der *Wochengötterstein* von Neckarelz mit Darstellungen des Mars, Merkur, Jupiter, Saturn, Sol und der Venus und Luna.
Zu den Gruppendarstellungen gehören auch *Weihesteine* für *Wegegottheiten*. Der hier ausgestellte, 1866 in Stettfeld, Kreis Bruchsal entdeckte Weihealtar für die Wegegöttinnen war zu Ehren des Kaiserhauses von Ursinus und Ursinia gestiftet worden.
Der provinzialrömische Brauch, *galloromische Gottheiten* in Paaren darzustellen (der Gott mit römischem, die Göttin mit einheimischem Namen), wird durch den Weihestein aus Altrip veranschaulicht, den Justus und Dubitatus, Söhne des Silvinus, dem Gott *Mars* und der Göttin *Nemetona* in Erfüllung eines Gelübdes gerne und freudig widmeten. Nemetona ist die einheimische (keltische) Gefährtin des Mars und daher vielfach als Victoria romanisiert.
Zu den *einheimischen* und von den Römern verehrten *Gottheiten* gehören *Epona*, die keltische Pferdegöttin, die hier durch eine Statuette vertreten ist, und *Muttergöttinnen* (matres, matronae). Die Terrakottastatuette einer Muttergottheit stammt aus der Werkstätte des Kölner Meisters Servandus (→Köln); ein Weihedenkmal der Matronae Gesahenae wurde in Rödingen, Kreis →Jülich, gefunden, einem der Hauptgebiete der Matronenverehrung: Auf einer Bank die drei Göttinnen in der üblichen Tracht mit Fruchtkörben auf dem Schoß. Der Stein war von Marcus Julius Valentinus und Julia Julinna den Göttinnen auf deren Geheiß („ex imperio ipsarum") gewidmet worden. Die beiden Stifter sind auf den Schmalseiten dargestellt: links der Mann in geschürztem Chiton, rechts die Frau (der Oberkörper ist größtenteils zerstört). Das Denkmal kam 1785 in das Mannheimer Antiquarium. Drei Terrakottastatuetten von Muttergottheiten stammen aus dem Tempelbezirk von Gusenburg, Kreis Trier.
Stifter eines Tempels mit Bildsäule des keltischen Gottes *Visucius* war C. Candidius Calpurnianus, „decurio" (Ratsherr) des römischen Ladenburgs und zugleich Mitglied des Gemeinderats von Speyer. Der Stein war in der Michaelskirche auf dem Heiligenberg bei Heidelberg eingemauert gefunden worden.
Ein Sandsteinrelief des persischen Lichtgottes *Mithras*, einer der am häufigsten im römischen Germanien verehrten *orientalischen Gottheiten*, kommt vermutlich aus Ladenburg. Das Relief wurde 1613 am Brunnen vor dem Mannheimer Rathaus angebracht. Von dort wurde es 1763 in das Mannheimer Antiquarium überführt.
Das recht grob gearbeitete Relief zeigt rechts oben Mithras als Stiertöter, darüber der Rabe. Links von der Gruppe vermutlich Cautes, einer der beiden Begleiter des Mithras; er hält mit der Linken den Schwanz des Stieres und hebt mit der anderen Hand einen gebogenen Gegenstand empor. Hinter ihm ein Keiler; unter ihm eine Reihe von sieben Altärchen.

In der unteren Bildzone eine Kulthandlung: links eine Schlange, die sich um einen Mischkrug wickelt; ein Mann mit Opfergerät vor einem Altar und ein großer Hund, der zu Mithras emporblickt.
Zu den im römischen Germanien verehrten orientalischen Gottheiten gehört auch *Kybele*, die große Göttermutter aus Kleinasien. Eine Reliefplatte, einst in Düsseldorf eingemauert, stammt vermutlich aus →Neuss (dort wurde 1956 ein Heiligtum der Göttin entdeckt). Das Relief wurde 1769 in das Antiquarium verbracht. Es zeigt die Göttin mit Mauerkrone und Adler, in ihrer Rechten ein Ährenbündel, in der Linken einen kleinen Löwen; unten Blasinstrumente und Becken.
Die zweite Gruppe von Steindenkmälern umfaßt *Grabsteine von Soldaten und Bürgern,* darunter „Spitzenstücke sowohl im Hinblick auf künstlerische Qualität wie historisch-epigraphischen Informationsgehalt" (Cämmerer).
Die *Soldatengrabsteine* stammen größtenteils noch aus dem Antiquarium Electorale. Der Grabstein des Reiters *Togitio* aus Mainz-Gustavsburg wurde 1632 ausgegraben „als König Gustav von Schweden die Gustavsburg aufbauen wollte" und wurde zusammen mit einer ebenfalls in Gustavsburg 1633 gefundenen Statue eines römischen Soldaten 1766 in das Antiquarium übergeführt. Der Grabstein ist eines der frühesten Beispiele für die Reitersteine; noch fehlt der gestürzte Gegner unter den Hufen des Pferdes, der später regelmäßig zum Typ dieser Grabsteine gehört (Gabelmann). Der Verstorbene kam wahrscheinlich aus der Gegend von Langres an der oberen Marne. Der Grabstein des *Sibbaeus*, Trompeter in der I. Ituräischen Kohorte, ist seit 1766 in der Sammlung des Antiquariums. Die Ituräer waren ein syrisch-arabischer Wüstenstamm; sie waren im Altertum als Bogenschützen berühmt. Sibbaeus starb im Alter von 24 Jahren in Mainz nach acht Dienstjahren. C. *Tutius*, Reiter in der 4. Thrakischen, teilweise berittenen Kohorte (gebürtig aus Thrakien, dem heutigen Bulgarien) starb in Mainz im Alter von 35 Jahren nach zehnjähriger Dienstzeit. *Rufus*, Reiter in der Ala Hispanae, ein gebürtiger Helvetier, war 36 Jahre alt, als er in Mainz nach 18 Dienstjahren, also kurz vor seiner Entlassung aus der Armee, starb. Er dürfte einer der jüngsten Reiter gewesen sein, als er mit 18 Jahren in den Militärdienst eintrat. In seinem Regiment dienten offenbar auch Nicht-Spanier. (Eine eingehende Untersuchung der Stilelemente der Grabsteine von Tutius und Rufus bei Gabelmann, S. 156ff.)
*Die XIV. und XVI. Legion,* die erste Besatzung des Mainzer Legionslagers, sind durch Grabsteine von Mitgliedern dieser Legionen vertreten. Zur XIV. Legion gehörten *Braetius und Secundus Metilius*. Beide waren gebürtige Turiner. Braetius starb in Mainz im Alter von 35 Jahren nach dreizehnjähriger Dienstzeit. Metilius hatte sieben Jahre gedient, als er im Alter von 30 Jahren starb. Seine Kameraden („amici") hatten ihm den Grabstein gesetzt. *Antestius*, Soldat der XVI. Legion, starb nach nur zweijähriger Dienstzeit im Alter von 26 Jahren. Seine Heimatstadt war Piacenza. Sein Bruder sorgte für den Grabstein.
Zur Sammlung *bürgerlicher Grabdenkmäler* gehören: Grabstein des Freigelassenen Annius Januarius, den ihm seine Mutter Vervicia errichten ließ; Grabstein des Petoatix (keltischer Name), der im Alter von 80 Jahren, und seiner Ehefrau Medilla, die mit 60 Jahren starb; der Grabstein eines Vaters für seinen Sohn, der nur drei Jahre alt geworden war, und für dessen Mutter. Der Vater fügt in der Inschrift hinzu, er habe gehofft, daß er dereinst von seinem Sohn zu Grabe getragen werde; auf der linken Seite eine Weinausschank-Szene. Das häufig auf mosellländischen Grabmonumenten wiederkehrende Motiv einer Pachtzahlung findet sich auf dem Fragment eines Grabmals unbekannter Herkunft.

Ein über 2 m hohes Relief eines sitzenden Mannes stammt von einem nicht näher identifizierbaren Grabmonument.

Am Fuß der Treppe im Untergeschoß sind zwei *Meilensteine* aufgestellt. Der Meilenstein aus Remagen (seit 1769 im Antiquarium) datiert aus der Zeit der Kaiser Marcus Aurelius und Verus (162 n. Chr.) und gibt die Entfernung von Köln mit 30 römischen Meilen (ungefähr 45 km) an. („A COL AGRIPP(inensi) M(ilia) P(assuum) XXX") (s. a. den von der gleichen Fundstelle stammenden Meilenstein im Museum in →Remagen); der andere Meilenstein wurde 1883 in Ladenburg zusammen mit vier weiteren Meilensteinen gefunden; er war unter den Kaisern Valerian und Gallienus im Jahre 253 n. Chr. gesetzt worden.

Ein mächtiger *Zinnendeckel* gehört zur Wehrmauer eines spätrömischen burgus bei Mannheim-Neckarau. Der burgus war 369 n. Chr. von Valentinian I. an der damaligen Neckarmündung in den Rhein als Brückenkopf und Schiffslände erbaut worden. Die Reste der Befestigung wurden 1936 ausgegraben.

Ein Steinquader aus Neckarburken zeigt auf der Vorderseite Opfermesser und Krug. Der profilierte Fuß eines Kellertisches aus rotem Sandstein wurde 1873 in Ladenburg gefunden.

Die zahlreichen *Kleinfunde* von verschiedenen Fundorten (Ladenburg, Remagen, Bingen, Worms, Osterburken, Regensburg, Augsburg) sind in Vitrinen unter den Themen *„Römische Religion am Rhein"*, *„Römische Kultur am Rhein"* und *„Römische Kultur an der Donau"* ausgestellt. Unter den Gegenständen finden sich Terra-Sigillata-Gefäße, meistens Erzeugnisse der Töpfereien von → Rheinzabern und → Heidelberg-Neuenheim (eine Karte zeigt den Standort von Sigillata-Töpfereien); Nadeln aus Bein, Eisenschlüssel, Bronzeleuchter, Fibeln, Messer, Scheren, Kelch mit eingedelltem Rand, Schöpfbecher, Lampen, Weinkrüge, Kasserollengriff, eine Aschenkiste von Ladenburg, 1863 gefunden; Rasiermesser, chirurgische Instrumente; aus Mannheim-Feudenheim römische Mühlsteine, die zu dem Modell einer Handdrehmühle zusammengesetzt sind; Bronzelampe in der Form eines Kessels, Bronzefiguren; ein kleiner Marmorkopf vermutlich des Kaisers Marcus Aurelius.

## MAYEN

Die Gegend um Mayen ist reich an vulkanischem Gestein (Schiefer, Tuffstein, Basaltlava). Seit Jahrtausenden ist seine Gewinnung und Verarbeitung ein wichtiger Erwerbszweig der einheimischen Bevölkerung. Auch die Römer haben die Steinlager von Mayen ausgebeutet. Die Anwesenheit der Römer in Mayen ist durch Siedlungsspuren, Steinbrüche, Töpfereierzeugnisse und einen Friedhof aus dem 4. Jahrhundert auf dem „Römerberg" bei Mayen bezeugt. Ein römischer vicus entwickelte sich in unmittelbarer Nähe von Steinbrüchen nördlich von Mayen am Kreuzungspunkt der Straßen von Andernach und Koblenz nach Trier im Südwesten und nach Jünkerath im Westen. Die Straßen im Inneren des Landes wurden in spätrömischer Zeit durch zahlreiche Kastelle gesichert. Ein solches Kastell befand sich auch auf dem Katzenberg bei Mayen. Der Name der Stadt ist keltischen Ursprungs; kein römischer Name ist überliefert.

Der weiche, poröse Mayener Basalt eignete sich besonders für Mühl- und Reibsteine. Für beides herrschte in römischer Zeit starke Nachfrage. Insbesondere benötigten die Soldaten kleine Mühlsteine für ihre Handmühlen zum Mahlen ihrer Getreiderationen. Je eine Handmühle kam auf ein contubernium oder „Zeltgenossenschaft" von sechs bis acht Mann.

Große Mühlsteine wurden bis in die Donauprovinzen, nach Norddeutschland und nach Britannien versandt. Sie gingen roh behauen von Mayen nach → Andernach zur Fertigstellung und zum Weiterversand. Ebenso fand die Mayener Basaltlava als Baumaterial weiten Absatz über die Grenzen des Mayener Raumes hinaus. Die Pfeiler der Römerbrücke von → Trier bestehen aus Mayener Basalt. Schiefer aus der Gegend von Mayen wurde zum Dachdecken benutzt (s. die Nachbildung eines römischen Hauses im Lapidarium des Museums von Trier). Die Steinbrüche standen unter staatlicher Verwaltung und wurden in kleinen Parzellen an private Unternehmer verpachtet.

Neben der Steingewinnungsindustrie bestand in Mayen seit dem 4. Jahrhundert n. Chr. ein blühendes Töpfereigewerbe für grobe, rauhwandige Ware. Auch wurde in Mayen Glas hergestellt. Mayener Keramik war weit verbreitet. Man findet sie überall in Nieder- und Obergermanien, in den spätrömischen Kastellen des Donau-Iller-Rhein-Limes und in Befestigungen in der Schweiz. Ein Drittel des in dem spätrömischen Kastell → Alzey gefundenen Tongeschirrs stammt aus Mayen. In Trier scheinen Mayener Töpfereierzeugnisse gegen Ende des 4. Jahrhunderts die ähnliche Speicher-Ware (→ Bitburg) verdrängt zu haben.

Der Abzug der Römer aus dem Rheinland zu Beginn des 5. Jahrhunderts bedeutete nicht das Ende der Mayener Töpferei- und Glasindustrie; beide gingen ohne Bruch in die fränkische Zeit über. (Noch um 420 ist Mayener Geschirr im vicus von → Saarbrücken bezeugt.) Die Siedlung blieb offenbar unbefestigt und wurde widerstandslos in die neue Ordnung eingegliedert.

Funde aus der Römerzeit sind in der „Römischen Abteilung" des **Eifeler Landschaftsmuseums** auf der Genovevaburg untergebracht. (Ein Kurzführer für Lehrkräfte ist kostenlos erhältlich.)

Der Rundgang beginnt in der Abteilung „Geologie" mit einer Einführung in die Erdgeschichte der Eifel. Von Interesse für den römisch-orientierten Besucher ist vor allem ein großes Diorama, das den Abbau der Basaltlava in Mayen von der Römerzeit bis zur Gegenwart veranschaulicht. Die Römer führten die Technik der Keilspaltung ein, die bis ins 20. Jahrhundert beibehalten wurde. Lavablöcke mit römischen Spalt- und Keilspuren und römische Originalkeile sind zeitgenössische Zeugnisse dieser Steingewinnungstechnik.

13   Bonn: Goldmünze (aureus) des Caracalla (211–217 n. Chr.), als Schmuckanhänger gefaßt

14   Beispiele der hochentwickelten römischen Goldschmiedekunst

15   Der berühmte Schatzfund von Straubing mit dem Bronzekessel, der ihn enthalten hatte

16  Augsburg: Spätrömischer Glasbecher mit der Darstellung des Bacchus

17  Frankfurt: Buckelkännchen aus dem rhein-pfälzischen Raum

18  Bonn: Tafelgeschirr (terra sigillata) aus dem Rheinland (1. Jh. n. Chr.)

19  Bonn: Römisches Trinkgeschirr (Firnisware) aus dem Rheinland (3. Jh. n. Chr.)

20  Welzheim: Gesichtsurne

21  Bonn: Terra-Sigillata-Kelch mit Gelageszen

22  Salbflasche (Römisch-Germanisches Museum Köln)

23  Bronzenes Gefäß (Rainau-Buch)

24  Reich ausgestattetes Brandgrab (Heidelberg)

25  Kleine Ölflasche (Römisch-Germanisches Museum)

26  Münzschatzfund von Köngen

27  Münze des Cäsar

28  Verziertes beinernes Büchschen

29  Kollektion römischer Spielsteine

Einen Eindruck von der schweren Arbeit in Tuffsteinbrüchen – Tuffstein wurde schon in römischer Zeit unterirdisch abgebaut – vermittelt die Ritzzeichnung eines römischen Steinbrucharbeiters (Legionärs?) (hier ein Abguß; das Original befindet sich im Rheinischen Landesmuseum in → Bonn). Die Römer verwendeten Tuffstein als Baumaterial. Ein Beispiel dafür ist die untere Steinlage eines 1968 bei Miesenheim gefundenen Mausoleums; sie ist vor dem Eingang des Museums aufgestellt. Tuffstein wurde auch für Sarkophage und für Skulpturen verwendet. Der von einem optio (Leutnant), Führer eines Arbeitskommandos (vexillatio) der in Vetera (→ Birten) stationierten XXX. Legion Ulpia Victrix gestiftete Weihealtar für Herkules Saxsanus, Schutzgott der Steinbrüche und Steinbrucharbeiter, ist aus Tuffstein hergestellt.

Saal 3 und 4 sind ausschließlich der *Römerzeit* gewidmet.

Eine *Karte „Die Eifel in der Römerzeit"* zeigt die wichtigsten Straßen und Siedlungen mit ihren römischen Namen (Icorigium = Jünkerath; Marcomagus = Marmagen; Caldinacum = Keldenich; Matriniacum = Metternich; Sextametus = Sechtem; Belgica = Billig; Rufiniacum = Rübenach; Budeliacum = Büdlicherbrück).

Römische Zivilisation in der Eifel illustrieren *Fototafeln* von Teilen der römischen Wasserleitung, die Köln jahrhundertelang mit Quellwasser von der Eifel versorgte (→ Köln); von der Badeanlage in → Zülpich, sowie *Modelle* von villae rusticae.

Von besonderem Interesse wegen ihrer langen Baugeschichte ist eine villa rustica, deren Überreste 1922/23 in der Gemarkung „Im Brasil" ausgegraben wurden. Die Anlage begann als rechteckiger, strohbedeckter Holzbau, ein für gallische Verhältnisse normaler Wohnhaustyp. In augusteischer Zeit entstand – schon unter römischem Einfluß – ein Steinbau, wenn auch die Mauer wegen mangelnder Erfahrung mit der Steinbauweise noch mit Holzpfählen abgestützt war. Im Verlauf von fünf Umbauten wurde das Haus immer mehr „romanisiert". Eine römische Portikusfassade mit vorspringenden Eckflügeln wurde angefügt. Die nun schon stattliche villa erhielt ein Bad und wurde durch Nebengebäude erweitert. An die Stelle einer Vorratsgrube trat ein Keller und ein turmartiger Getreidespeicher.

Es wird angenommen, daß die villa seit ihren Anfängen im Besitz einer gallischen Familie gewesen ist, die das Haus im Laufe von vielen Generationen den steigenden Ansprüchen der römischen Zivilisation anpaßte. – Die aufgedeckten Baureste wurden zum besseren Schutz wieder zugeschüttet. (Eine Fototafel zeigt die Ausgrabungsstelle.)

Zu den wenigen bei Mayen gefundenen römischen *Steindenkmälern* gehören Weihesteine für Muttergottheiten aus dem Matronenheiligtum am Bellberg: ein kleiner Weihealtar aus Basaltlava mit der Inschrift „Deabus domesticis Aperionus Atticus" und ein großer Weihestein, der von Cassius, dem Sohn des Ortis, den „matris domesticis", d. h. den die Heimat des Stifters schützenden, „heimischen" Muttergottheiten, gewidmet war. Die Sandsteinskulptur eines mit Früchten gefüllten Korbes, das auf Matronenbildnissen stets wiederkehrende Attribut der Muttergottheiten, wurde im gleichen Heiligtum gefunden.

Von Grabmälern stammen Jünglingsgestalten, die eine Grabinschrift in den Händen halten. Ein aus Basaltlava gehauener Grabstein setzte Restia ihrem verstorbenen Gatten Amminius Adnamabus. Ein nicht näher identifizierter Weihestein der 26. Kohorte freiwilliger römischer Bürger wurde bei Kruft gefunden. (Die Cohors XXVI voluntariorum civium Romanorum lag in der ersten Hälfte des 2. Jahrhunderts n. Chr. in dem etwa 11 km entfernten Kastell Heddesdorf bei → Neuwied.)

Unter *römischen Kleinfunden und Kleinplastiken* in Schaukästen befinden sich: bronzener Möbelgriff; Terrakotten römischer und einheimischer Gottheiten (Merkur, Victoria, Fortuna, Venus, Muttergöttinnen) und von Tieren (ein Hahn, Hund mit Hase); der Kopf einer Bronzestatuette; Schelle; bronzene Schlüssel; Schreibgriffel; Kinderrassel; Gewandnadeln aus Bein.

*Römische Keramik* ist vertreten durch Terra Sigillata (Urnen, Schalen, Teller, ein Becher mit Szenen eines Gladiatorenkampfes; Schüsseln); Henkelkrug; Faltenbecher; eine Tempellampe mit fünf Brennern; ein glänzend-schwarz überzogener, reich bemalter Weinkrug mit der Inschrift: „Mitte me vinum" (Schick' mir Wein). Ferner eine Sammlung rauhwandiger Mayener Ware.

Sammelfunde aus Gräbern enthalten Aschenurnen, Krüge, Schälchen, zum Teil mit Goldglimmer belegt. Die reichhaltige Sammlung *römischer Gläser*, fast ausschließlich Funde von dem spätrömischen Gräberfeld auf dem Römerhügel, enthält u. a. Glaskannen, Nuppenschalen, Faltenschalen, zweihenkelige Faßgläser, und einfache Gebrauchsware. In einem Steinsarkophag (in der Eingangshalle aufgestellt) fand sich eine Glasamphore als Behälter für die Asche des Verstorbenen.

Eine Sammlung römischer *Münzen* umfaßt Münzen aus der republikanischen Zeit und Münzen fast aller römischer Kaiser bis zum Ende des 4. Jahrhunderts, sowie Medaillons.

# MILTENBERG

Die Stadt liegt am Südende des „nassen" → Limes, der sich am Main entlang von → Großkotzenburg im Norden bis Miltenberg erstreckte. Von hier zog der Limes als Pfahlgraben mit Wachttürmen und Kastellen nach → Walldürn und von dort in einer 80 km langen, schnurgeraden Linie nach Welzheim und bis zur Grenze von Obergermanien und Rätien bei → Lorch. Die Nahtstelle zwischen nassem Limes und Pfahlgraben bewachte ein Steinkastell am Ostrand von Miltenberg bei der heutigen Kreisberufsschule (Kastell Miltenberg-Ost).

Durch Inschriften, die in der Nähe des Kastells gefunden wurden, und durch einen Weihestein für Mercurius Cimbrianus von einem Merkurtempel auf dem Greinberg bei Miltenberg ist als Besatzung des Kastells eine Kundschafterabteilung, der Numerus exploratorum Seiopensium bezeugt. (Mercurius Cimbrianus wurde auch auf dem Heiligenberg bei → Heidelberg verehrt.) Aufgefundene Sockelquadern der Wehrmauer des Kastells zeigen sorgfältige Steinarbeit, wie sie von steinernen Wachttürmen am Odenwaldlimes her bekannt ist.

Das Kastell hatte vier Tore und war von einem Schutzgraben umgeben. Als Gründungsdatum des Kastells gilt die Zeit um 150 n. Chr. Von dem Kastell sind oberirdisch keine Spuren mehr vorhanden; das Kastellareal ist vollständig überbaut.

## Miltenberg

Ein größeres, für eine Kohorte bestimmtes Steinkastell lag nordwestlich von Miltenberg etwa 270 m vom Flußufer entfernt. Das Kastell – als Kastell Miltenberg-Altstadt bezeichnet – war einer der ersten festen Militärposten des äußeren (vorderen) Limes, der um die Mitte des 2. Jahrhundert entstand, als die Reichsgrenze etwa 30 km vom Odenwald und mittleren Nekkar nach Osten vorgeschoben wurde. Das Kastell hatte die üblichen vier mit Türmen bewehrten Tore, Eck- und Zwischentürme und war von zwei Spitzgräben vor der Wehrmauer umgeben. Etwa 60 m südlich des rechten Kastelltores sind die Reste des Kastellbades gefunden worden. Bemerkenswerte Besonderheiten des Bades waren eine „Wärmeschleuse" zwischen dem ungeheizten Frigidarium (Kaltwasserbad) und dem geheizten Tepidarium (lauwarmes Bad) und ein an kalten Tagen sicherlich geschätzter heizbarer Umkleideraum (Apodyterium).

Im Bade wurde ein Fortunaaltar und eine ebenfalls der Fortuna gewidmete Skulpturengruppe gefunden. Die Weihenden waren ein Kommandeur (praefectus) des Lagers und ein Legionscenturio, möglicherweise der Kommandant einer Kundschafterabteilung, der Exploratio Triputiensis, von der angenommen wird, daß sie eine Zeitlang im Kastell Miltenberg-Altstadt gelegen hatte. Als Besatzung des Kastells ist eine teilweise berittene Kohorte von Sequanern und Raurikern, die Cohors I Sequanorum et Rauricorum equitata, durch Inschriften bezeugt.(Die Kohorte war vorher im Kastell Oberscheidental stationiert.) Eine der Inschriften ist eine Weihung des centurio Mansuetinius Severus an Mercurius Cimbrianus und datiert vom Jahr 191 n.Chr.; sie stammt, ebenso wie die Weihung des Numerus des Ostkastells, von dem Merkurheiligtum auf dem Greinberg.

Das Altstadtkastell wurde wohl gleichzeitig mit dem Ostkastell spätestens im Zusammenhang mit dem Alamanneneinfall 259/60 geräumt und von den Alamannen zerstört. Im Mittelalter wurde die ursprünglich vor dem Kastell gelegene Zivilsiedlung in den Bereich des Kastells verlegt, dessen Mauern wieder aufgebaut wurden. Eine romanische Kirche entstand auf dem Gelände der ehemaligen principia (Stabsgebäude) des Kastells. Die Stadt wurde in einer Fehde des Pfalzgrafen mit dem Bischof von Mainz 1247 zerstört. Die Flurbezeichnung „In der Altstadt" erinnert an den untergegangenen Ort.

Von dem Kastell ist ein etwa 8 m langes Stück des Fundaments der nach dem Main zu gelegenen Nordostmauer erhalten; auf ihr ruhte die mittelalterliche Befestigung der ehemaligen Altstadt. Außerdem ist noch der Kirchturmstumpf der mittelalterlichen Kirche im Inneren des Kastells an der Stelle der principia sichtbar. Das heute landwirtschaftlich genutzte Kastellgelände liegt nördlich des Bahnhofs Miltenberg zwischen Main und Eisenbahnlinie ungefähr 100 m von einem in der Nähe des Eisenbahnstellwerks gelegenen Bahnübergang. Nach Überqueren des Bahnkörpers folgt man dem nach links abbiegenden Fußpfad parallel zur Bahn, der bis zum Kastell führt. (Man kann auch von Kleinheubach aus dorthin gelangen.) Keine Tafel weist auf die historische Bedeutung des Platzes hin. Die altertümlichen Mauerreste scheinen dem fortschreitenden Verfall ausgesetzt zu sein.

Außer diesen geringen Bauresten des Altstadtkastells und den Gegenständen im Museum (s. u.) ist ein sichtbares Zeugnis aus der Römerzeit der sog. *Toutonenstein* im Hof des Schlosses Miltenberg. Seit seiner Entdeckung im Jahre 1878 inmitten eines Steinbruchs auf dem Greinberg ist über Alter und Bedeutung des Steins viel gerätselt worden. Der hohe, oben spitz zulaufende und nach unten vierseitige Stein trägt die Inschrift. „Inter Toutonos C A H F". Die meisten Deutungsversuche – es gibt deren an die fünfzig – stimmen darin überein, daß mit Toutonos der germanische Volksstamm der Teutonen gemeint ist und daß es sich um einen unvollendet gebliebenen Grenzstein handelt. Darauf deutet das Wort „inter" hin, das der römischen Formel bei Grenzsteinen entspricht und dem Namen der Völkerschaft vorangeht. Über die Bedeutung der einzelstehenden Buchstaben gehen die Meinungen auseinander. Sie mögen die Anfangsbuchstaben von Volksnamen sein. Cimbern, Ambronen, Haruden, Hermunduren, Fundisier sind als mögliche Lösungen vorgeschlagen worden. Nach F. Behn erinnert die Steinsäule an die Tragödie der Cimbern und Teutonen, die von den Römern unter Marius 102 und 101 v. Chr. aufgerieben wurden, und ist ein Zeichen, daß „die Stämme hier längere Zeit gerastet und die Markierung der Grenzen für nötig befunden haben." F. Mössinger sieht in dem Stein ein wertvolles Dokument frühgermanischer Völker in römischer Zeit. Finsterwalder (zitiert bei Mössinger) hält den Stein für einen keltischen Menhir, der in römischer Zeit von römischen Soldaten durch Einhauen einer Inschrift zu einer Art Wegweiser umgestaltet wurde. J. Röder (Zabernführer, Bd. 8, S. 93) meint, man könne dem Stein nur die bescheidene Aussage zuerkennen, daß „zu einer nicht näher bestimmbaren Zeit während der römischen Okkupation des Dekumatenlandes Teutonen in der Gegend von Miltenberg saßen."

Der Stein gelangte offenbar nie an seinen Bestimmungsort. Die Inschrift blieb unvollendet „vielleicht weil der (römische) Schriftschläger nach mannigfachen Mißgeschicken sich seiner Aufgabe nicht gewachsen fühlte." (Für seine historische Bedeutung spricht die Tatsache, daß

ein Abguß des Steins im Museo della Civiltà Romana in Rom aufgestellt ist.)
Die sogenannten „*Heunesäulen*" am Bullauer Berg im Westen von Miltenberg, „die eindrucksvollsten Denkmäler in der Umgebung Miltenbergs", sind Sandsteinsäulen inmitten eines Blockmeeres. Man hat sie als Reste eines großen Auftrages gedeutet, die entweder nicht abgerufen wurden oder als unbrauchbar an Ort und Stelle verblieben. Ob sie römischen Ursprungs sind, ist zweifelhaft. Röder nimmt an, daß die Säulen für den Dom des Bischofs Willigis in Mainz bestimmt waren.

**Heimatmuseum in der Amtskellerei am Schnatterloch am Marktplatz.**
Funde aus der Römerzeit befinden sich in zwei Schauräumen im Erdgeschoß des Museums. In einem geplanten Erweiterungsbau sollen Funde aus Grabungen der letzten Jahre im Altstadtkastell (Grabungsleiter Dr. Bernhard Beckmann) und bisher nicht gezeigte Funde aus Grabungen während des letzten Jahrhunderts ausgestellt werden. Unter den Fundgegenständen sind hervorzuheben:
*Schildbuckel* (Nachbildung des Römisch-Germanischen Zentralmuseums; Original in Kopenhagen) in Gestalt einer Büste der Minerva. Die Göttin trägt einen korinthischen Helm mit dreifachem Helmbusch; der mittlere Kamm endet vorne in einem Adler mit aufgereckten Schwingen. In der erhobenen Rechten hält die Göttin eine Lanze, vor der linken Schulter einen Schild mit Gorgonenhaupt auf der Aegis. Rechts ein Löwe, links ein Dreizackvexillum mit Fransentuch. Gepunzte Inschrift: MAXIM/IUSTINI. Erstes Drittel des 3. Jahrhunderts n.Chr. *Sandsteinsäule* mit Sockelstein und einer neunzeiligen, teilweise getilgten und veränderten Inschrift, mit Nut zur Befestigung einer nicht erhaltenen Victoria, der die Weiheinschrift gilt. Gefunden 1975 an der Porta principalis dextra des Altstadtkastells. 231–234 n.Chr. *Kapitell* (Bruchstück) einer gleichartigen Säule, die ihr wahrscheinlich am Toreingang gegenüberstand.
Funde aus dem Badgebäude des Kastells umfassen den im Vorspann zu Miltenberg erwähnten *Fortunaaltar* mit Weihinschrift und die halbplastisch mit Eroten und Weiheinschrift gearbeitete *Fortunagruppe* sowie das nur im unteren Teil erhaltene *Relief einer Göttin*, wahrscheinlich ebenfalls Fortuna darstellend. Die Statuette eines *Genius* mit Weiheinschrift stammt aus der bürgerlichen Siedlung. Von der gleichen Fundstätte: Statuette des *Mars* (Kopf, Beine und rechter Arm fehlen); Reliefbild der *Minerva* (unten links ein Kopf. Medusenhaupt?); Altarbruchstück, dem Gott Santius geweiht.
Vollständig erhaltenes Kapitell einer *Jupitergigantensäule* (hierzu vielleicht das in der evangelischen Kirche von Kleinheubach eingemauerte Herkulesrelief). Ein *Altarbruchstück* mit Inschriftresten wurde beim Abbruch der mittelalterlichen Kirchenruine auf dem Gelände des Altstadtkastells gefunden; *die Statuette einer sitzenden Göttin*, wahrscheinlich Herecura darstellend, kam „unter dem Gerümpel eines Privathauses" zutage.
Funde aus dem Merkurheiligtum auf dem Greinberg: *Merkuraltar*, dem Mercurius Avernorigus geweiht; *Merkuraltar* mit Weiheinschrift für Mercurius Cimbrianus; ein weiterer *Merkuraltar* mit reich profiliertem Sockel; eine nur im Oberteil erhaltene Statuette des *Merkur*; zwei roh bearbeitete Sandsteine mit gefälschter, wahrscheinlich aus dem 19. Jahrhundert stammender Inschrift; Bruchstück eines *Merkurreliefs* ohne Kopf und teilweise fehlenden Beinen; links ein Bock. Ferner: Teil einer römischen *Wasserleitung*; *Sandsteinmörser*; *Schleuderkugeln*; Relief einer *Brunnennymphe*; zwei *Originalaufmaßpläne der römischen Badeanlage*, 1878 von Eisenbahningenieur Scherer gezeichnet.

## MOERS-ASBERG

Innerhalb der Gemarkung Asberg, einem Stadtteil von Moers, in dem dichtbesiedelten Industriegebiet an der Mündung der Ruhr in den Rhein, lag in römischer Zeit das Reiterkastell Asciburgium. Der Name ist germanischen Ursprungs und gehörte zu einer vorrömischen Siedlung. Die Römer übernahmen ihn zur Bezeichnung ihres Kastells. Eine Siedlung, die im Mittelalter in der Nähe des Kastells entstand, bewahrte den Namen fast unverändert bis zur Gegenwart.
Asciburgium wird von Tacitus in seiner „Germania" (III) im Zusammenhang mit einer Geschichte erwähnt, die dem Autor allerdings, wie er selbst zugibt, einigermaßen zweifelhaft erschien. Danach soll Ulixes (Odysseus) bei seinen Irrfahrten in das Nordmeer verschlagen worden sein und das Land der Germanen betreten haben. Asciburgium, am Ufer des Rheins gelegen und noch heute bewohnt, sei von ihm gegründet und benannt worden („Asciburgiumque, quod in ripa Rheni situm hodieque incolitur, ab illo constitutum nominatumque".) Man habe dort sogar einen von Odysseus seinem Vater Laertes gewidmeten Gedenkstein gefunden. Tacitus fügt hinzu, daß er nicht im Sinne habe, diese Geschichte mit Beweisen zu stützen oder zu widerlegen. Man mag ihr Glauben schenken oder ihr den Glauben versagen, wie es jedem beliebt („Quae neque confirmare argumentis neque refellere in animo est; ex ingenio suo quisque demat vel addat fidem.")
Die auf dem sogenannten Burgfeld in Asberg aufgedeckten Reste des Römerlagers stammen aus der Zeit des Augustus und Tiberius. Asciburgium könnte eines der 50 Kastelle gewesen sein, die Drusus links des Rheins um 15 v. Chr. zur Vorbereitung der Germanenfeldzüge angelegt hatte. An einem toten Rheinarm auf dem Westufer des Flusses gelegen, kontrollierte das Kastell zusammen mit einem in flavischer oder autoninischer Zeit bei Werthausen in der Gemeinde Rheinhausen errichteten kleineren Kastell den strategisch wichtigen Zugang zum rechtsrheinischen Stromgebiet der Ruhr. (Asbergs gegenwärtige Lage etwa 4 km vom Rheinufer entfernt beruht auf einer Verlagerung des Flußlaufes im späten 13. Jahrhundert.)
Die Garnison des Lagers bildete seit der Mitte des 1. Jahrhunderts die Ala I Tungrorum Frontiana, ein Reiterregiment, das sich hauptsächlich aus Germanen rekrutierte. Das Regiment wurde in den batavischen Aufstand des Julius Civilis 69/70 verwickelt und nach Pannonien,

dem heutigen Ungarn, verlegt. An seine Stelle trat in Asciburgium die Ala Moesia felix torquata (aus der Provinz Moesia an der unteren Donau). Der Zusatz „torquata" zur Regimentsbezeichnung weist auf eine militärische Auszeichnung (torques = Halskette aus Gold, Bronze oder Eisen) hin, die dem Regiment als Einheit verliehen worden war und an der Regimentsstandarte getragen wurde. Beim Lager bestand ein Wegepolizeiposten (statio beneficiarii) zur Überwachung der am Rhein entlang führenden Limesstraße (→ Limes) und wichtiger Nachschubstraßen.

Das Kastell gehörte zu den kleineren Befestigungsanlagen, die den Zwischenraum zwischen den großen Legionsfestungen am niedergermanischen Limes ausfüllten. Wie lange das Kastell bestanden hat, ist ungewiß. Der jüngste Münzfund datiert aus der Zeit des Kaisers Gratian (367–383). Im Zusammenhang mit der militärischen Verstärkung der Rheingrenze unter Valentinian I. (364–375) wurde in der Südostecke des Kastellgeländes ein burgus vom Typ der spätrömischen Miniaturfestungen mit 3 m starken Mauern und einer äußeren Wehrmauer von 1,2 m Durchmesser angelegt.

Bodenfunde aus dem Römerlager Asciburgium befinden sich in den Städtischen Sammlungen von Rheinhausen und im Grafschafter-Museum Moers (in der Stammburg der Grafen von Moers).

## MOSELTAL

Der Name des Flußes ist römischen Ursprungs. Die Römer nannten ihn „Mosella", die „kleine Mosa" (Maas). Für ein halbes Jahrtausend, seit dem Vordringen der Legionen Caesars an den Rhein 55 v. Chr. bis zur Eroberung des Rheinlandes durch die Franken um die Mitte des 5. Jahrhunderts, gehörte das Moseltal zum römischen Reich und nahm Anteil an der römischen Zivilisation. Zwischen den beiden Eckpfeilern → Trier im Westen und → Koblenz im Osten entstanden blühende Siedlungen. An den Abhängen der Moselberge lagen prächtige, säulengeschmückte Landhäuser.

**Trier** war schon vor seiner Erhebung zu einer der Hauptstädte des Reichs im 3. Jahrhundert n. Chr. ein bedeutender Handelsplatz. Im Moselhafen wurden die landwirtschaftlichen und industriellen Erzeugnisse der Umgebung zur Weiterbeförderung auf dem Wasserweg zu den Militär- und Wirtschaftszentren im Rheinland umgeschlagen. Die Bedeutung der Mosel für den Güterverkehr in römischer Zeit „kann kaum überschätzt werden" (Wightman). Wie kein zweiter Nebenfluß des Rheins verband die Mosel ein reiches Hinterland mit den Rheinlanden. Zeitgenössische Darstellungen der Moselschiffahrt sind Skulpturen auf Grabdenkmälern aus der Moselgegend von Frachtschiffen mit Weinfässern und Schleppkähnen, die mit Tuchballen beladen sind (s. Museum in Trier).

**Koblenz**, vom lateinischen Confluentes am Zusammenfluß von Rhein und Mosel benannt, entstand als römisches Kastell an der Mosel zum Schutz einer die Mosel im Zuge der Militärstraße auf dem linken Rheinufer überquerenden Brücke. Noch die aus dem römischen Koblenz hervorgegangene kurtrierische Stadt war jahrhundertelang zur Mosel orientiert.

Einer der wichtigsten Erwerbszweige im Moseltal war damals wie heute der *Weinbau und Weinhandel*. (Die Frage, ob schon vor dem Erscheinen der Römer im Moseltal Wein angebaut wurde, ist zur Zeit noch ungeklärt.) Die Weinproduktion wurde unter Kaiser Probus (276–282 n. Chr.) staatlich gefördert. Gesetze, die den Weinbau in den Provinzen zugunsten des Mutterlandes einschränkten, wurden aufgehoben. Weine von der Mosel wurden nach Südgallien und bis nach Rom geliefert.

An die römische Vergangenheit erinnern die Namen von *Nebenflüssen der Mosel* (zumeist wohl keltischen Ursprungs) wie Sauer (Sura), Kyll (Celbis), Ruwer (Erubis), Dhronbach (Drahonus) und von *Siedlungen*. Quint war eine römische Straßenstation „ad quintum lapidem" (beim fünften Meilenstein von Trier an der Römerstraße Trier – Andernach); Detzem liegt beim zehnten Meilenstein („ad decimum lapidem) an dieser Straße. Longuich entstand aus dem römischen „longus vicus" (langes Dorf). Riol ist das bei Tacitus erwähnte Rigodulum, wo im Jahre 70 n. Chr. ein römisches Heer aufständische Treverer schlug, die mit den batavischen Rebellen gemeinsame Sache gemacht hatten. Wintrich leitet seinen Namen von Vindriacum her. Im Namen von Piesport, das im Mittelalter Porto (Furt) Pigontio hieß, steckt der einheimische Beiname Bigentius des Gottes Merkur. Kesten ist nach dem lateinischen Castenatum (Kastanienheim) benannt. Dusemond erinnert an „dulcis mons", der süße Berg der Römer, so genannt, wie man wohl annehmen darf, nach der ausgezeichneten Qualität des Weines. Der Name wurde 1925 in Brauneberg umgewandelt, immer noch Kennzeichen für eine der besten Moselweinlagen.

Ebenfalls vom Lateinischen hergeleitet ist Calmont (calidus mons, heißer Berg). → Neumagen, das römische Noviomagus, war ein wichtiger Umschlags- und Handelsplatz an der Römerstraße Trier – Mainz.

Pommern hat nichts mit der ostdeutschen Provinz Pommern zu tun; im Ortsnamen hat sich das lateinische Wort pommaria (Obstdorf) erhalten. Im Ortsteil Karden der Verbandsgemeinde Treis-Karden lebt der bis in die römische Frühzeit zurückreichende vicus Cardena fort. Die gradlinig den Ort durchziehende Hauptstraße und die rechtwinklig dazu angelegten Nebenstraßen bewahren den Grundriss des römerzeitlichen vicus. Heute noch trägt der Martberg, das hoch über dem Ort gelegene Bergplateau in der Gemarkung Pommern, wo einst ein keltisch-römisches Heiligtum lag, den Namen des Landesgottes der Treverer, Lenus Mars. Der Grieche Tychikos, dessen inschriftliche Danksagung an Lenus Mars dort gefunden wurde (jetzt im Rheinischen Landesmuseum in → Bonn), mag einer der in Cardena ansäßigen Händler gewesen sein. → Nehren geht auf Nucaria, Nußhecke, zurück. Kattenes, eine durch den Fund von 14 000 römischen Kupfermünzen aus dem 3. Jahrhundert n. Chr. bezeugte römische Siedlung, mag mit dem lateinischen Wort catena für Kette zusammenhängen.

Kobern-Gondorf ist vermutlich identisch mit Contrua, das Venantius Fortunatus, Bischof von Poitiers, in der Beschreibung seiner Moselfahrt erwähnt, die er im 6. Jahrhundert als Begleiter des Frankenkönigs Sigebert I. unternahm. Enkirch ist römischen Ursprungs; der Ortsname bewahrt das lateinische Wort ancora, Anker.

Außer den Versen des Venantius Fortunatus gibt es eine antike Beschreibung der Mosel in dem Gedicht „Mosella" von Decimus Magnus Ausonius (310–385), Erzieher des Kronprinzen Gratian am Trierer Hof. Ansonius erblickte das Moseltal von den Höhen bei Niederemmel auf dem Weg von Bingen nach Trier bei seiner Rückkehr von dem Feldzug gegen die Alamannen, an dem er als Begleiter Kaiser Valentinians I. im Jahre 369 teilgenommen hatte. Die Straße, auf der Ausonius reiste, besteht z. T. noch heute (→ Hinzerath, → Neumagen). „Die ragenden Villen, auf hängenden Ufern gegründet", die Ausonius sah, sind verschwunden. Aber die Mosel bietet sich dem Betrachter von der Niederemmeler Höhe heute noch so dar, wie Ausonius sie beschrieben hat, als eine „spiegelnde Flut", die sich zwischen Wiesen und Feldern dahinzieht, entlang an den „grünenden Hügeln, die dem Bacchus gewidmet sind."

# MÜNCHEN

Mit der Eroberung des Gebiets zwischen Alpen und Donau und zwischen Bodensee und Inn im Jahre 15 v. Chr. durch Drusus und Tiberius, den beiden Stiefsöhnen des Kaisers Augustus, kam auch der Raum um München unter römische Herrschaft. Spätestens seit Kaiser Claudius (41–54 n. Chr.) gehörte das Gebiet zur Provinz Rätien. Bei Gauting an der südwestlichen Peripherie von München, am Schnittpunkt der wichtigen Römerstraßen von → Kempten über → Epfach und von → Augsburg nach Salzburg,

*München, Porträtbüste des Augustus*

lag die Militärstation Bratananium aus der Zeit des Kaisers Tiberius (14–37 n. Chr.).

Die Straßenkreuzung begünstigte das Entstehen eines nicht unbedeutenden Handelsplatz, wie die Aufdeckung von Resten großer Steinbauten (Thermenanlagen, eines Lagerhauses und möglicherweise einer Basilica) sowie einer Töpferei mit zahlreichen, auf Vorrat gefertigten Waren (über zweihundert Krüge und mehr als ein Dutzend Venusstatuetten; s. u. Museum) erwiesen hat. Mit der Verlegung der Garnisonen aus dem Inneren an die Donaugrenze unter Claudius verlor auch Bratananium seine Truppe. Der vicus blieb bestehen. Sein Schicksal nach dem Zusammenbruch des → Limes in der Mitte des 3. Jahrhunderts ist unbekannt. Eine befestigte spätrömische Straßenstation ist bei Grünwald im Süden Münchens nachgewiesen (der Flurname „Römerschanze" erinnert noch daran), ebenso eine kleine dörfliche Siedlung der mittleren und späteren Kaiserzeit. Im eigentlichen Stadtgebiet Münchens gab es keine römische Niederlassung.

Als Hauptstadt Bayerns ist München seit Jahrhunderten der Sammelpunkt für vor- und frühgeschichtliche Altertümer des Landes.

**Prähistorische Staatssammlung, Museum für Vor- und Frühgeschichte, Römische Abteilung**
Lerchenfeldstraße 2.

Mit der Eröffnung des Museums im Februar 1976 ist das reiche Fundgut aus Bayerns vierhundertjähriger Römerzeit, das seit der Bombenzerstörung der Alten Akademie im II. Weltkrieg nur teilweise und gelegentlich in Sonderausstellungen (zuletzt „Bayern vor der Geschichte", 1973) gezeigt werden konnte, wieder in vollem Umfang der Öffentlichkeit zugänglich gemacht worden. Das Museum gehört zu den bedeutendsten Sammlungen römischer Altertümer in Deutschland.

Aus Anlaß seiner Eröffnung schrieb der Leiter des Museums, Direktor Dr. Hans-Jörg Kellner, einen „Führer durch die Römische Abteilung". Nach einer historischen Einleitung folgt eine Darstellung der Fundgegenstände und ihrer kulturgeschichtlichen Zusammenhänge, die den wohldurchdachten Aufbau der Sammlungen erkennen läßt. Hellerleuchtete Vitrinen, in denen die römischen Fundsachen gefällig und leicht überschaubar angeordnet sind, und die wirksame Zurschaustellung einzelstehender Gegenstände durch geschickte Lichtführung in relativ kleinen Räumen schaffen eine Atmosphäre, in der sich, nach den Worten Direktor Kellners, der Betrachter „wohl fühlen" kann. Genaue Beschriftungen, Großphotos, Landkarten, Lageskizzen, Modelle und Nachkonstruktionen erleichtern das Verständnis und geben zusätzliche Informationen.

Die nachfolgenden Bemerkungen beschränken sich darauf, den Besucher, bevor er die Sammlungen betritt, mit dem System der Ausstellung und den wichtigsten Fundobjekten bekannt zu machen.

Das Fundgut ist nach zwei Hauptgesichtspunkten gegliedert: Bayern war vom 1. bis 5. Jahrhundert Teil der Militärprovinz Rätien. Der führenden Rolle des Militärs entsprechend wird der Besucher zunächst in die militärische Entwicklung des römischen Bayern eingeführt (Saal 7: *Eroberung und militärische Sicherung*). Daran schließt sich der bürgerliche Bereich (Saal 8: *Ausbau und Blütezeit*; Saal 9: *Spätzeit und Ende der Römerherrschaft*) mit Sonderausstellungen von Mosaiken in zwei Mosaikhöfen.

Bald nach der Eroberung des Voralpenlandes durch Drusus und Tiberius im Jahre 15 v. Chr. wurden kleinere Militärstationen zur Sicherung des Nachschubs und der Nachrichtenübermittlung an den wichtigsten Verkehrsadern eingerichtet. Einer dieser Militärposten aus *augusteischer Zeit* lag auf dem *Lorenzberg* bei → Epfach.

Funde aus diesem frührömischen Lager sind meistens Gegenstände, die von den Soldaten aus Oberitalien und Südgallien mitgebracht wurden (Terra Sigillata und feine Keramik, Buntglas, Schminkplatten, Fibeln, Spielsteine, Austernschalen). Ein Offiziersdolch mit Silber- und Messingtauschierung (von Oberammergau) gehört in die Frühzeit der römischen Besetzung, während es bei dem bekannten Helm eines Angehörigen der XVI. Legion aus Burlafingen-Neu-Ulm nicht sicher ist, ob er aus augusteischer Zeit stammt oder schon der tiberischen Zeit angehört. (Auf dem Nackenschutz des Helms ist der Name des Besitzers, des Legionärs Marcus Munatus aus der Centurie (Kompanie) des Arabus, eingeritzt –. LE (G) XVI (centuriae) Arabi M (arci) Munati – Eine davorstehende Inschrift des ersten Besitzers, des Fahnenträgers (signifer) Publius Aurelius, wurde gestrichen, als der Helm den Besitzer wechselte.)

In *tiberischer Zeit* (14 – 37 n. Chr.) sicherten nach dem Abzug der Legionstruppen Militärposten das eroberte Gebiet. Ein solcher Posten, eine Zivilsiedlung mit militärischen Funktionen und einer kleinen Garnison, lag auf dem *Auerberg* (Landkreis Weilheim-Schongau). Seit 1968 finden dort umfangreiche Grabungen statt. Eisenverarbeitung, Bronzegießerei, Glasverarbeitung und Töpferei haben sich nachweisen lassen. Funde umfassen Haushaltsgeschirr (Reibschüsseln, zweihenkelige Krüge), Tafelgeschirr, ein Preisetikett aus Blei für eine Textillieferung (auf der Vorderseite der Name des Werkstattbesitzers, auf der Rückseite Stückzahl und Preisangabe), Fleischergeräte (Hackbeil, Fleischerhaken), Öllampen, übelabwehrende Anhänger, Pferdegeschirr, Zapfhahn, Dolch mit Scheide, Lanze (pilum) und Lanzenspitze; zahlreiche Schlüssel aus der ortsansässigen Werkstatt des Schlossers Celsus.

Garnisonen sind durch entsprechende Funde auch für *Kempten* und, wie bereits oben erwähnt, *Gauting* bezeugt. Beide Plätze lagen strategisch günstig an wichtigen Straßenkreuzungen und Flußübergängen. Unter den Funden befinden sich Waffen und Ausrüstungsgegenstände, Reitersporn, Anhänger und Beschläge von Pferdegeschirr, Toilettengeräte (Schminktafel), Fibeln, Messer, Spinnwirtel, Spielsteine, Kasserolle, Lampen mit figürlichen Darstellungen, Gesichtsgefäß mit drei Öffnungen, Sigillaten, Glasgefäße (eine mehrfarbige einhenkelige Flasche), Terrakotten (Hund, eine Affenmutter).

Unter *Kaiser Claudius* (41 – 54), der die Provinzen Rätien und Noricum einrichtete, wurden die Truppen aus dem Hinterland an die Donau vorgeschoben und die Donaugrenze durch Militärlager gesichert. Eines der am besten erforschten Donaukastelle aus claudischer Zeit ist das Kastell *Oberstimm* (hier in einer Rekonstruktionszeichnung dargestellt) für eine Cohors quingenaria equitata von 360 Fußsoldaten und 120 Reitern. Dort aufgefundene einheimische Keramik läßt bereits römischen Einfluß erkennen (darunter sog. rätische Ware, dünnwandige Keramik mit Auflageverzierung). Ein bronzener Gürtelbeschlag mit der römischen Wölfin und Romulus und Remus gilt als römische Arbeit.

Weitere Funde: Beschläge von Panzern, Lanzenspitzen, Lanzenschuh, Ritzinschriften auf dem Boden einer Schüssel, auf einem Krug (Amanda Quartionis Castellana), Glasgefäße, Küchen- und Haushaltsgeschirr, Eßgeschirr (schwarztonige Ware), Messer, Schlüssel, Öllampen.

Aus dem Donaukastell *Pförring* stammt ein von dem Ersten Garde-Kavallerieregiment, dem pflichtbewußten, getreuen, aus römischen Bürgern unter dem Kommando des Präfekten Aelius Bassianus den Campestres (römischen Schutzgottheiten des Lagers, auch als keltische Muttergottheiten gedeutet) und der Epona (der keltischen Schutzgöttin der Pferde) gewidmeter Weihestein („Campestribus et Eponae Ala I singularium pia fidelis civium Romanorum cui praeest Aelius Bassianus praefectus V S L L M."). Die „equites singulares" waren aus Provinzialen rekrutierte Gardereiter, hier offenbar keltischer Herkunft, wie dies auch durch Weihesteine von equites singulares für die Campestres und Epona aus Rom und Britannien bezeugt ist. Die Einheit wird römisches Bürgerrecht als Auszeichnung für militärische Tüchtigkeit erhalten haben.

Aus der Zeit *Neros* (54 – 68) stammt die „früheste Urkunde aus Bayern", das auf den 15. VI. 64 datierte Militärdiplom von Geiselprechting, das die Verleihung des römischen Bürgerrechts nach ehrenvoller Entlassung aus dem Militärdienst in der Ala Gemelliana (Regiment des Gemellus) an den Helvetier Cattaus, seine Frau, die Helvetierin Sabina, seinen Sohn Vindelicus und seine Tochter Materiona durch den Kaiser Nero beurkundet.

Unter *Vespasian und Domitian (69 – 96)* wurde die Donau überschritten und der → Limes angelegt. Jenseits der Donau entstand eine Reihe neuer Kastelle. *Trajan* (98 – 117) gab endgültig alle Offensivpläne im Westen auf. Der Limes wurde eine rein defensive Grenzbefestigung. Unter Funden aus Limeskastellen ist vor allem das vollständig erhaltene Militärdiplom aus → Weißenburg hervorzuheben. Es datiert vom 30. VI. 107 n. Chr. und ist von Trajan ausgestellt. Das Diplom nennt mit vier Alen und elf Kohorten die gesamte Streitmacht der Provinz Rätien (exercitus Raeticus). Interessant ist die ethnische Zusammensetzung des rätischen Heeres. Außer Rätien waren Rekrutierungsbezirke für die in Rätien stationierten Einheiten Spanien, Thrakien, Gallien, Pannonien, Britannien und Niedergermanien.

Zum Thema *Bewaffnung und Ausrüstung* werden gezeigt: Ledersohlen, Lanzenspitzen, Dolche, Schildbuckel, Schwerter, Ortband, pilum, Beinschiene, Pfeilspitzen, Gürtelschnalle, Haumesser.

Kleinfunde aus den Kastellen Regensburg, Eining, Pfünz, Böhming, Theilenhofen geben einen Einblick in das *Alltagsleben der Soldaten im Kastell*: Kleidung (Reste von Ledersohlen, Nähnadeln); Gegenstände zur Körper- und Gesundheitspflege (Strigil, Traggriff für Strigiles und Ölflasche (Aryballos), Spiegel, Rasiermesser, medizinische Instrumente, Stempel eines Augenarztes); Kochgerätschaften (Bratrost, Reibschalen); Gegenstände des täglichen Gebrauchs (Öllampen, Schreibgriffel, Tintenfaß, Börsenarmring, Trinkgeschirr); Schmuck (Fibeln, Ringe, ein goldener Ring mit zwei sich fassenden Händen); Handwerkszeug und Geräte (Hammer, Zange, Säge, Hacke, Nagelzieher, Kelle, Meißel und Durchschläge); Gegenstände aus Bein und Horn (Spielsteine, Würfel); Pferdeausrüstung (Steigbügel, Ringverteiler, Hufschuh für hufkranke Pferde); Hauszubehör (Wasserleitung aus Bleirohren, Scharniere, Türangel, Schiebeschlüssel mit Türriegeln); Votivblech vom Großen St. Bernhard (Nachbildung) eines Verwaltungsbeamten der III. Italischen Legion („frumentarius Leg. III Italicae".

Für die Kavallerie der Hilfstruppen gab es *Paradeausrüstungen*, die bei Reiterspielen und besonderen Feiern getragen wurden. Hier ausgestellt sind ein Helm (mit Tragöse), Wangenklappe eines Helmes mit Bacschantrelief, bronzener Gesichtshelm, Paradeschildbuckel mit Minervabüste aus Miltenberg, Knieschutzteile, eine Beinschiene mit Darstellung des Mars und der Inschrift: Avitiani decuria.

Ein echtes „Paradestück" des Museums ist der berühmte *Sammelfund von Infanteriewaffen, Pioniergeräten und Ausrüstungsteilen aus dem Kastell* → Künzing. Die fabrikneuen Gegenstände wurden im Jahre 242 n. Chr. bei einem Alamanneneinfall vergraben. Den Truppen, die in spätrömischer Zeit in Künzing lagen, wären diese Gegenstände sicherlich von großem Nutzen gewesen. Aber die Kenntnis von der Existenz des wertvollen Gerätedepots war offenbar verloren gegangen.

Eine *Münzsammlung* unterrichtet über das römische Münzsystem und demonstriert zugleich die Bedeutung von Münzen als Instrument kaiserlicher Propaganda.

Unter *Marc Aurel* (161–180) kam nach 150-jähriger Unterbrechung wieder Krieg in die Provinz. Im Jahre 179 bezog die *Legio III Italica* die Festung Regensburg. Eine Nachbildung der im Museum in → Regensburg aufbewahrten *Bauinschrift* über die Fertigstellung der Festungsmauern mit Toren und Türmen ist an der Wand gegenüber dem Eingang zum Mosaikhof 1 angebracht. (Im Mosaikhof sind u. a. auch zwei Basen der die Hauptstraßen der Legionsfestung begleitenden Säulengänge aufgestellt.)

Unter *Steindenkmälern*, die sich auf die III. Italische Legion beziehen (in Saal 7 links neben der Treppe) befindet sich ein *Weihestein* (im Fundament des spätrömischen Burgus bei Untersaal, Landkreis Kelheim, schon zu Anfang des 16. Jahrhunderts entdeckt), den Flavius Vetulenus, centurio der III. Italischen Legion, dem Jupiter Stator zum Dank für seine glückliche Rückkehr vom Feldzug gegen die Buri in Erfüllung eines Gelübdes setzte („Iovi Optimo Maximo Statori Flavius Vetulenus centurio Legionis III Italicae reversus ab expeditione Burica ex voto posuit"). Das militärische Unternehmen gegen die Buri, ein Volksstamm im nordslovakischen Bergland, war eine Teilepisode in den Markomannenkriegen (166–180) Marc Aurels. „Heute noch, nach 1800 Jahren, spürt man angesichts des Steins die Erleichterung und Freude des Vetulenus, dem es gelungen war, wohlbehalten in seine Garnison zurückzukommen" (Kellner).

Ferner: Drei *Grabsteine*, die auf Mitglieder der III. Legion Bezug haben. Der in Ehren entlassene ehemalige Legionsreiter („missus honesta missione ex equite") M. Aurelius Militio errichtete zu seinen Lebzeiten einen großen Grabstein für mehrere Mitglieder seiner Familie, darunter seine liebevollste im Alter von 41 Jahren verstorbene Gattin um ihrer Verdienste als verehrungswürdige Frau willen („Iuliae Ursae coniugi pientissimae vixit annos XLI pro meritis feminae reverentissimae") und sogar für seine Freunde, deren Bildnisse an den Seiten des Grabsteins eingemeißelt sind und deren sterbliche Überreste hier beigesetzt werden dürfen („et amicis, quorum imagines lateribus sculptae sunt et post hobitum eorum ossa recipi in suo sepulcro permisit")

Claudius Donatus, ebenfalls Reiter in der berittenen Legionsabteilung, und seine Ehefrau Pedania Profutura widmeten einen Grabstein zum Andenken ihrer beiden Töchter Claudia Ursa, die nur zwei Jahre und zehn Tage lebte, und Gesatia Lucia, die mit vier Jahren starb; in der Grabnische sind die Eltern und die verstorbenen Töchter dargestellt. Der Grabstein für Flavius Amabilis, Walker („pollio") der III. Legion, und seinen Sohn Flavius Amandus war von seiner Witwe Flavia Maternina auch für den überlebenden Sohn Flavius Constans errichtet worden.

„Die Inschrift zeigt, daß in einer Werkstatt der Legion nicht nur militärische Dinge hergestellt wurden, sondern auch andere Handwerker tätig waren, wie der Verstorbene in der Textilherstellung." Die hier in der Museumsbeschriftung dem Ausdruck „pollio" gegebene Deutung ist indessen nicht unbestritten. Watson, The Roman Soldier (S. 182), weist darauf hin, daß nach einer anderen Inschrift „pollio" auch ein „eques" (Reiter) sein kann. Unter Berufung auf den Militärjuristen Tarruntenus Paternus, der in seiner Liste von „immunes", d. h. der wegen Sonderaufgaben vom allgemeinen Arbeits- und Wachtdienst befreiten Soldaten, den „pollio" neben dem „strator" (Stallmeister) aufführt, schlägt Watson als mögliche Übersetzung für „pollio" Zureiter (horse-trainer) vor.

Die mit Legionären der III. Legion verbundenen Grabsteine leiten über zu Grabsteinen und -funden aus dem *bürgerlichen Bereich* (Saal 8; der hier aufgestellte, aus Regensburg stammende Grabstein, den Aurelius Statianus, „custos armorum" (Waffenmeister) seiner Gattin Flavia Concessa errichtete, könnte noch zu den Grabdenkmälern der III. Legion gehören, obwohl die Legion in der Inschrift nicht ausdrücklich genannt ist. Der „custos armorum" ist eine militärische Charge und wird in der Liste des Paternus (s. o.) unter den „immunes" aufgezählt. Unter der Inschrift sind Zimmermannsbeil und Winkel dargestellt.

*Grabdenkmäler* variieren zwischen einfachen Grabsteinen und aufwendigen, skulpturengeschmückten Grabbauten. Beispiele der ersteren Art sind u. a. das Grabmal der Septimia Tyche, dessen Inschrift eine „rührende Liebesgeschichte" überliefert (Septimius Severus setzte den Grabstein seiner allerliebsten Frau und Freigelassenen „coniugi et libertae carissimae") und der Stein, den Marcus Proculeius Martialis, „decurio et IIvir" (Ratsherr und Bürgermeister) und Gavia Justina als Eltern („parentes") dem Gedächtnis ihres Sohnes Marcus Proculeius Justinus widmeten. Größere Plastiken von Grabbauten sind das Oberteil einer weiblichen Gewandstatue und die marmorne Figur einer sitzenden Frau, beide aus → Kellmünz, wo sie in den Fundamenten der spätrömischen Kastellmauer gefunden wurden. Die 1961 im Schutt eines schon in römischer Zeit benutzten Steinbruchs aufgefundene Statue eines „togatus" aus Nassenfels mag zur Aufstellung in einem Grabmal bestimmt gewesen sein.

Die römische Sitte, dem Toten alles nach Meinung der Überlebenden Nützliche und Unentbehrliche ins Grab mitzugeben, hat zur Bewahrung großer Mengen von *Gegenständen des täglichen Gebrauchs* geführt. Dazu gehören Behälter jeder Art für mitgegebene Speisen und Getränke, auch wohlriechender Essenzen, Trink- und Eßgeschirr und andere Dinge, die dem Toten lieb oder nützlich waren, wie Toilettengegenstände, Schmuckstücke, Schreibgriffel, Kinderspielzeug. Beispiele für besonders typische oder bemerkenswerte Grabbeigaben sind Lampen, Spiegel (der „Drei-Grazien-Spiegel" von Pförring), Glasreiber mit Vogel, Rest eines Schmuckkästchens, Maskengefäße, Glasflaschen.

In der Qualität der Grabbeigaben spiegeln sich auch soziale Unterschiede. Einer „Dame der Oberschicht" gehörte offenbar das ungewöhnlich reiche Grabinventar vom Friedhof von Wehringen südlich von Augsburg, das u. a. Toilettengegenstände (Alabasterschale mit Stössel zur Bereitung von Schminke, Balsamarien aus Bronze und Glas), komplette Eß-, Trink- und Kochgeschirre aus Glas und Ton, verschiedene Garnituren von Kannen, Kellen und Sieben und sogar Möbelstücke (faltbare Drei- und Vierfüße, Teile von einem Liegesofa oder einer Sänfte) enthält. (Vgl. auch das Grab der Frau eines „Treverbarons" im Museum in Trier und die Gegenüberstellung von Beigaben aus „Gräbern der Reichen" und „Gräbern der Armen" im Museum in Köln.) Vom Grab eines Arztes stammen chirurgische Instrumente und ein Arzneikästchen. Beachtenswert ist auch eine Bronzelampe in der Form eines Fußes mit Kappensandale. Die bei den Treverern beobachtete Sitte, ganze Geschirrsätze von Tellern, Tassen, Schüsseln und Krügen mit ins Jenseits zu nehmen (Schindler), war auch in Rätien verbreitet, wie ein Grab des Friedhofes von Neuburg erkennen läßt. Ein in Fundlage konserviertes Brandgrab vom gleichen Friedhof zeigt, wie ein Urnengrab angelegt war.

Zu einem gut ausgebauten *Straßennetz* gehörten *Meilensteine.* Die Inschriften enthielten nicht nur Entfernungsangaben, sondern auch die volle Titulatur der Kaiser, in deren Regierungszeit sie aufgestellt wurden, und dienten somit zugleich der kaiserlichen Propaganda. Zwei Meilensteine, der eine aus Valley und der andere aus Wehringen, sind in der Eingangshalle aufgestellt. An Straßenkreuzungen und Flußübergängen entstanden bedeutende *Handelszentren.* Aus dem vicus Bratananium (*Gauting*) stammt das oben erwähnte Verkaufslager von Krügen verschiedener Größe und auf Vorrat gearbeitete Venusstatuetten. In der *Handwerkersiedlung* von *Pocking* wurde hauptsächlich für das an der Donau stationierte Militär gearbeitet. Neben der Produktion von Keramik wurde Eisen verhüttet; Webgewichte lassen auf Textilverarbeitung schließen. Unter den Funden befindet sich sog. norische Keramik aus grauem Ton; ein Modell für das Oberteil einer Lampe; Terra-Sigillata-Bilderschüssel; Formschüsselfragment; ein Knochenpfriem; als Besonderheit eine Tonflöte. Die Mobilität der Bevölkerung – hier auch durch den Grabstein (Nachbildung) des Veteranen Tiberius Satto der X. Legion Gemina veranschaulicht, der aus Kempten stammte („Cambodunus") und in Aquincum (bei Budapest) starb – förderte die Romanisierung, deren Zentren die größeren Siedlungen waren, wie z. B. Kempten (Rekonstruktionszeichnung der Thermenstraße).

Auf *Handel und Verkehr* verweisen Funde wie Wagenbeschläge (weibliche Büste, bekränzter Bacchus), ein Sammelfund aus einer Wagnerwerkstatt (Zügelführungsringe, Hufschuhe, Wagenteile), bronzene und eiserne Waagen, Herkulesbüste als Laufgewicht, Knochenpfeife, medizinische Geräte, Strigil, Bronzekanne, Zapfhahn, Lampe mit Gladiatorendarstellung, Messer und Fibeln.

Der Handelsverkehr erforderte die Kenntnis des *Lesens und Schreibens.* Ausstellungsstücke dazu: Schreibgriffel und Tintenfässer; ein Brief auf beiden Seiten eines Soldatentellers; Ritzinschriften auf Tongefäßen; Bleistreifen mit Liebeszauber (s. → Bad Kreuznach und → Kempten für andere Beispiele solcher „defixionum tabellae").

Grundlage der Versorgung für das Militär wie für die Zivilbevölkerung war die bodenständige *Landwirtschaft.* Unter den Fundgegenständen zu diesem Thema befinden sich landwirtschaftliche Geräte (Sense, Viehglocken, Mistgabel, Flachshechel, eine Netznadel); Pferdegeschirr (Trense, Hufschaber); Bleirohre für Wasserleitungen; Werkzeuge zur Holzbearbeitung (Löffelbohrer, Stemmeisen, Zange, Säge, Äxte). Aus Gutsbetrieben stammen ferner Kesselketten, Kesselhaken, Kellen, Schere, Amphoren, Kasserollen, Schlüssel mit Griff in der Form eines Löwenkopfes, Messer, Reibschüssel, Fragment einer Marmorstatue (eine Hand, eine Kugel umfassend).

Die Verbreitung römischer Zivilisation und Lebensgewohnheiten, darunter vor allem die *römische Badekultur,* veranschaulicht die Rekonstruktion des Gewölbes zusammen mit geborgenen Fresken über der *Kaltwasserwanne* im Bad eines bei → Schwangau ausgegrabenen römischen Gebäudes.

Ein *Industriebetrieb* mit überörtlichem Absatzgebiet waren die *Töpfereien* von *Westerndorf* mit Zweigbetrieben in *Pfaffenhofen* (Pons Aeni) (ca. 180–260 n. Chr.). Sie versorgten die Truppen wie die Zivilbevölkerung mit feinem Tafelgeschirr (Terra Sigillata). Aus dem Fundmaterial dieser Betriebe werden u. a. gezeigt: Gefäße mit Glasschliff- und Barbotinedekor; Bilderschüsseln aus den Töpfereien des Helenius und Comitialis; Formschüssel für Bilderschüsseln; sog. rätische Reibschüsseln mit bemalten Rändern, Sparbüchsen, Räucherkelche, Scherben von Jagdbechern, ein Modell zur Herstellung einer Jupiterbüste, Blattpunze für Formschüsseln. Ferner Brennofenröhren und ein Brennofeneinsatz (zum Brand im Ofen gestapelte Teller mit Zwischeneinsatz).

Vom *Religionswesen* im römischen Bayern zeugen Weihesteine (in Saal 8) und Darstellungen von Gottheiten in Stein, Bronze und Ton (Saal 9).

Die *römische Götterwelt* ist vertreten durch *Weihesteine* für *I (upiter) O (ptimus) M (aximus)*, den obersten römischen Gott, und seine Gemahlin *Juno*, die Königin; für *Mercurius* Censualis (aus einem Merkurtempel bei Regensburg); Stifter waren Weihrauchhändler, die, wie die Inschrift berichtet, Tempel und Altar mitsamt den durch Alter vernichteten Statuen wiederherstellen ließen („negotiatores turarii restituerunt aedem et aram cum signis suis consumptis vetustate"); und für Diana die Göttin der Jagd. Eine neugefundene Kalksteinstatue des *Mars* ist in Saal 7 zu sehen.

*Bronzestatuetten* stellen dar: Jupiter, einen Lar (Hausgott), Genius (wahrscheinlich einer Truppe), Mars, Venus, Minerva (eine qualitätvolle, aus Italien importierte Statuette), Bacchus, Merkur, dazu ein Tropäum (Baum mit erbeuteten Rüstungsteilen – Panzer, Helm, Beinschienen) und eine Herme. Venus, Diana und Victoria erscheinen auch als Terrakotten. Ein Sandsteinrelief, z. T. noch mit roten und grünen Farbspuren, zeigt *Merkur* und *Vulkan*. Aus den Ruinen eines kleinen römischen Tempels auf dem Weinberg bei → Eining stammen die Kalksteinstatuetten der Soldatengottheiten *Mars* (mit erhobenem rechtem Arm in der Uniform eines römischen Feldherrn) und *Victoria*, auf der Weltkugel stehend. Beiden Statuen fehlen die Köpfe; sie wurden wahrscheinlich bei der Zerstörung des Tempels durch die Alamannen abgeschlagen. Ein Venustorso aus italischem Marmor wurde schon vor 1½ Jahrhunderten in Epfach gefunden.

Zeugnis für den *Kaiserkult* und die Verehrung der *römischen Hauptgötter Jupiter, Juno und Minerva* ist der Altar, den im Jahre 211 der Kommandeur von Eining zum Wohl der Kaiser Caracalla und Geta und ihrer Mutter Julia Domna, der kapitolinischen Trias und dem Genius der Kastellbesatzung weihte (das Original wurde im letzten Krieg zerstört; ein Abguß befindet sich auch im Museum in → Landshut).

Die Hand einer vergoldeten, überlebensgroßen Bronzestatue eines Kaisers aus Kempten sowie der lebensgroße, ehemals vergoldete Pferdekopf (s. Museum in → Augsburg; hier eine Nachbildung) von dem Reiterstandbild eines Kaisers weisen ebenfalls auf den Kaiserkult hin.

Dem Bedaius und den Alounen, einheimischen Gottheiten des Chiemgaues, der zum Territorium von Iuvavum-Salzburg gehörte, widmete C. Catius Secundianus, „IIvir" (duumvir) einen Weihestein. Der Stifter war wahrscheinlich Bürgermeister von Salzburg.

Von *orientalischen Gottheiten* fanden Eingang in Rätien u. a. der Kult der Großen Göttermutter aus Kleinasien, *Kybele* (Marmorfigur einer sitzenden Kybele aus Gauting) und vor allem der persische Lichtgott *Mithras*. Die Sandsteinfiguren seiner beiden Begleiter Cautes und Cautopates, Verkörperungen des Tages und der Nacht, sowie ein silbernes Weiherelief mit einer Darstellung der Tötung des Stiers durch Mithras stammen aus einem Mithraeum in → Stockstadt. (Als Leihgabe ist ein Kultbild des Gottes aus einem Mithrasheiligtum in Oberitalien ausgestellt.)

Zum Thema Religionswesen gehören schließlich verschiedene *Kultgegenstände*, darunter ein Weihrauchgefäß aus Kösching und ein Kultgefäß mit Schlangen- und Maskenauflagen aus Pocking.

*Schatz- und Sammelfunde* leiten über zur spätrömischen Zeit. Sie kamen zur Zeit der Alamannenstürme im zweiten Drittel des 3. Jahrhunderts n. Chr. in den Boden, darunter die neugefundenen Paraderüstungen des Verwahrfundes von Eining. Der Fund besteht aus Gesichtsmaske, Rückteilen von Helmen und Beinschienen. Ein *Silberschatz* wurde 1955 im Ringwall von *Manching* entdeckt. Er besteht aus Teilen eines Tafelservices, darunter großer runder Teller als Eßteller, ovale Platte als Teller für bestimmte Gerichte (Fleisch, Fisch), Schälchen für Saucen, Gemüse, verschieden gestaltete Löffel, eine Kasserolle mit eingelegten Goldbuchstaben. Wie in einer Beischrift bemerkt, muß offen bleiben, ob der Schatz von seinem Besitzer (einem römischen Offizier oder Gutsherrn aus Manching) vergraben oder als Beuteanteil eines Alamannen versteckt wurde.

Ebenfalls aus Manching stammt ein *Depotfund* von Wert- und Gebrauchsgegenständen, die der Besitzer durch Vergraben zu retten hoffte, darunter ein Bronzegeschirr (Tablett, Kasserolle, Sieb), Teile einer bronzenen Paraderüstung und eines eisernen Kettenpanzers, Eisengeräte (Kesselteile, Kesselgehänge, Schlüssel, Pflugschneide). Auch ganze *Münzschätze* kamen in den Katastrophenjahren der Alamanneneinfälle in den Boden, darunter Münzen aller Metalle aus dem vicus von →Eining und 52 Goldmünzen aus Augsburg.

Nach dem Fall des → Limes 259/60 war die Provinz Rätien schutzlos alamannischen Raubzügen ausgesetzt. Gegen Ende des 3. Jahrhunderts entstand eine neue *Grenzbefestigung an Iller und Donau*. Zerstörte Kastelle wurden in kleinerem Umfang wiederhergestellt oder neue Befestigungsanlagen errichtet. Den Typ der spätrömischen Grenzfestung mit hohen, dicken Mauern und an die Wehrmauer angelehnten Innenbauten veranschaulicht ein *Modell des Kastells „Bürgle"* bei Gundremmingen. Die Zivilbevölkerung fand in Notzeiten vielfach Zuflucht in *befestigten Höhensiedlungen*, wie auf dem Moosberg und der „Römerschanze" bei Grünwald.

Unter den Fundgegenständen aus spätrömischen Kastellen und Siedlungen befinden sich: Lavenz- (Speckstein-) Geschirr; Reitersporn; Zwiebelkopffibeln und Gürtelbeschläge („typische Uniformteile bzw. Rangabzeichen von staatlichen Hoheitsträgern der zweiten Hälfte des 4. Jahrhunderts"; s. a. → Bonn); Beschlag mit einem Medusenhaupt aus Kellmünz; vergoldeter Offiziershelm (Nachbildung) aus Augsburg-Pfersee; Fingerring (Nachbildung) aus Augsburg mit Inschrift: Fidem Constantino (Treuebekundung an Kaiser Konstantin); Rasiermesser; Eisengeräte aus der Römerschanze (Messer, Radnägel, Hufschuh, Beile, Amboß, Löffelbohrer, Hacken, Möbelbeschläge, Glocken, Türschloß, lange Kette); Armringe; Halsketten; Fibeln; Nadeln; Kämme; Löffel; Terra Sigillata aus den Argonnen; Eimer, Glasflaschen; Fragment eines Diatretglases mit Aufschrift: „Bibite multis annis".

Von *römischen Friedhöfen der Spätzeit* stammen bemerkenswerte Grabbeigaben, so aus einem Frauengrab eine Kette aus Gold- und Glasperlen mit Bergkristallanhänger und andere Schmuckstücke; aus einem anderen Grab ein hölzernes Schmuckkästchen (nach den aufgefundenen Beschlägen rekonstruiert) und sog. Spruchbecher aus dem Rheinland mit weiß aufgemalten Trinksprüchen.

Auf *Germanen vor der Grenze* und den *Zugang germanischer Elemente* in die noch römische Provinz Rätien weisen als germanisch anzusprechende Funde aus Kellmünz, Neuburg, Straubing und anderen Orten (Schnallen, Fibeln, Gürtelbeschläge, Riemenzungen, Schlüssel, handgeformte Keramik, Feuersteine, Lanzenspitzen).

Vom frühen *Christentum* in der Provinz Rätien sind bisher nur wenige Zeugnisse bekannt. Aus Eining stammt ein Siegelring (hier eine Nachbildung; das Original im Museum in → Landshut) mit der rückläufigen Inschrift: Vivas in Deo; aus Regensburg der Boden eines Goldglases mit der Darstellung der Apostel Petrus und Paulus und (in einer Nachbildung) der Grabstein der Christin Sarmannina mit Christogramm zwischen Alpha und Omega; aus Epfach eine Tonlampe mit Christogramm und aus Augsburg eine Bronzelampe mit Kreuz.

Zahlreiche in Rätien gefundene *Münzen* des 4. Jahrhunderts tragen im Münzbild Kreuz oder Christogramm; auf einem Goldmedaillon ist Constantius II. mit Labarum und der Aufschrift: In hoc signo victor eris, dargestellt.

Ein *Modell des Ausgrabungsbefundes auf dem Lorenzberg* bei Epfach (1956) zeigt die Grundmauern eines Baues aus dem 4. Jahrhundert, der als christliche Kirche angesehen wird.

Zwei *Grabaufsätze*, eine Nachbildung des „Löwen von Regensburg", Symbol des alles verschlingenden Todes und zugleich Wächter des Grabes, und ein Pinienzapfen, Sinnbild des ewigen Lebens, bilden den Abschluß der Steindenkmäler in Saal 9.

Die *Mosaikkunst* im römischen Bayern ist durch zwei Bodenmosaike vertreten. Das stattlichste Denkmal dieses Kunstzweiges ist ein 1856 in einer großen *Villa bei Westernhofen* (möglicherweise Jagdschloß des Provinzstatthalters) entdecktes Fußbodenmosaik. Es schmückt das an seiner Nordseite durch eine Apsis erweiterte quadratische Atrium (Hauptraum) der Villa. Die von reicher Ornamentik umgebenen inneren Rechtecke zeigen Gruppen von Meereswesen. Auf einer an den Übergang zur Apsis bildenden Schwelle befindet sich eine Jagddarstellung und in der Apsis, umgeben von verschiedenen Borten, eine Tierkampfszene aus der Arena. Das Mosaik wird auf den Anfang des 3. Jahrhunderts n. Chr. datiert; es steht also zeitlich dem Mosaik von → Nennig nahe.

Das andere Mosaik – ebenfalls Schmuck eines Fußbodens – stammt aus einer *villa rustica bei Marzoll* und gilt als Arbeit eines norischen Werkstattkreises um Salzburg. Es besteht im wesentlichen aus einem farbigen Peltenmuster und entstand im letzten Drittel des 2. Jahrhunderts n. Chr.

Zusammen mit dem Mosaik von Westernhofen sind ausgestellt: Kapitele von Kellmünz; zwei Säulenbasen aus Faimingen (man nimmt an, daß sie zu einer Kolonnade um den dortigen Tempel des Apollo Grannus gehört hatten); eine Säule von der Westerhofener Villa und vier Säulen von einem unbekannten Gebäude in Hausen bei Fürstenfeldbruck, „wo in einer Kiesgrube an der mehrere Meter hohen Wand immer wieder ganze Säulen herunterfielen" (Kellner).

Zu den Ausstellungsstücken im Mosaikhof 2 (Marzoll Mosaik) gehören: Steinossuarien von verschiedenen Friedhöfen; drei Steinsarkophage aus Regensburg; Fresken und Mosaikreste von einer Villa in Unterbaar (Ldkr. Augsburg); Freskenreste von den Wänden des ersten Forums von Kempten; Wandmalereien aus der römischen Siedlung von Schwangau.

Eine Auswahl von Funden aus der „Römerschanze" (s. o.) und der römischen Besiedlung im Raum südlich von München wird in dem 1979 eröffneten **Burgmuseum Grünwald,** einem Zweigmuseum der Prähistorischen Staatssammlung, gezeigt.

Der Freund römischer Altertümer wird nicht versäumen, die **Glyptothek** (griechische und römische Skulpturen) und die Antikensammlung (griechische Vasen, etruskischer und griechischer Goldschmuck) am Königsplatz zu besuchen.

Unter den Gegenständen in der **Staatssammlung ägyptischer Kunst** in der Residenz (Eingang vom Hofgarten) befinden sich Stücke, die in der römischen Kaiserzeit ihren Weg von Ägypten nach Rom gefunden hatten. Vor dem Eingang zur Staatssammlung steht ein Obelisk aus Ägypten aus dem Jahre 112 n. Chr. Nach der Hieroglyphenschrift ist der Obelisk eine Widmung des Titus Sextius Africanus an einen Kaiser, dessen Name nicht mehr zu lesen ist.

Dem Münchener Stadtmuseum am St. Jakobsplatz ist das **„Deutsche Brauereimuseum"** angegliedert. Dort läßt sich einiges über *„Bier in römischer Zeit"* erfahren. Eine Zeittafel (rechts vom Eingang) unterrichtet über die Entwicklungsgeschichte des Bierbrauereiwesens. Ein Abschnitt ist der Zeit des Römischen Imperiums gewidmet. Der „älteste deutsche Bierfund" von → Alzey wird hier erwähnt (Schwarzbiermaische in römischen Dolien aus konstantinischer Zeit). Unter den ausgestellten Gegenständen finden sich römische Vorratsgefäße und der Abguß eines Weihesteins, den ein Bierverleger den trierischen Muttergottheiten als Dank dafür widmete, daß er aus seinem Dienst als Matrose der römischen Rheinflotte gesund zu seinem Bierverlag in Trier zurückkehren konnte. (Das Original ist im Museum in → Trier. Der Abguß ist eine Stiftung der Brauerei Th. Simon aus Bitburg.)

## MURRHARDT

Der südöstliche Teil der Stadt liegt über einem römischen Kastell des vorderen oder äußeren → Limes, der um die Mitte des 2. Jahrhunderts n. Chr. unter Kaiser Antoninus Pius angelegt wurde. Das Lagerdorf (vicus) schloß sich nördlich und westlich an. Das Kastell wurde beim ersten Alamanneneinfall 233 n. Chr. beschädigt und ging nach dem Zusammenbruch des Limes 259/60 endgültig verloren. Die Garnison des Kastells war die 24. Kohorte freiwilliger römischer Bürger. Die Kohorte hatte ursprünglich in → Heidelberg-Neuenheim gelegen. Von dort kam sie nach Benningen am mittleren Neckar, bevor sie ihr endgültiges Standquartier in Murrhardt bezog.

Vom Kastell sind z. Zt. oberirdisch keine Spuren mehr sichtbar. (Wie Dr. R. Schweizer, Museumsleiter in Murrhardt, berichtet („Die Römer in Baden-Württemberg", S. 420), sind Bestrebungen im Gange, die noch im Boden verborgenen Überreste der porta praetoria des Lagers, des Lagerheiligtums und des rückwärtigen Lagertores vor weiterer Zerstörung zu bewahren und unter Schutz zu stellen.) Was heute noch an das Römerlager erinnert, ist die Riesbergstraße; sie verläuft genau im Zug der via principalis, die die beiden Seitentore des Kastells miteinander verband. Bei Grabungen 1963 an der Walterichskirche wurden Reste eines größeren Denkmals, Grabsteinfragmente und die Fundamentmauern eines Tempels (möglicherweise ein Heiligtum des persischen Lichtgottes Mithras) aufgedeckt.

(Die Walterichskirche und Walterichskapelle an der Nordseite der Stadtkirche erinnern an Walterich, den Gründer des Benediktinerklosters St. Januarius und naher Verwandter Kaiser Ludwigs des Frommen (814–840), dem er in seinem „Waldbruderhäuschen" Zuflucht gewährte, als sich der Kaiser auf der Flucht vor seinen Söhnen befand.)

Konserviert und zum Teil wiederaufgebaut sind die Reste von zwei steinernen Limeswachttürmen auf dem Linderst nordöstlich von Murrhardt in der Nähe der Jugendherberge. Man folgt der Siegelsbergerstraße (Eisenbahnunterführung, Wassermühle zur Linken) bis zur Gabelung mit der Straße nach Oberrot, geht auf dieser Straße weiter, an der Jugendherberge (zur Linken) vorbei bis zum Waldrand. Dort trifft man auf den gut bezeichneten Limesweg. Man folgt dem Waldpfad für ungefähr 150 m bis zu den beiden Türmen.

Der westliche Turm ist der ältere. Er brannte ab, möglicherweise bei einem Alamanneneinfall, und wurde durch den östlichen Turm ersetzt. Die Reste eines Turmes am Südhang des Lindersts gehören zum größten und höchsten Wachturm am Limes. Der Turm lag so tief im

Gelände, daß ohne eine Erhöhung über das übliche Maß hinaus der nächste, 6 km entfernt liegende Turm nicht hätte beobachtet werden können. Das Fundament eines Steinturmes ist am Waldrand in der Nähe von Westermurr auf dem Weg Murrhardt–Käsbach–Vorderwestermurr–Mettelberg zu sehen.

**Carl-Schweizer-Museum.**
Das seit drei Generationen im Besitz der Familie Schweizer befindliche Museum ist in erster Linie ein Naturkundemuseum, das ausgestopfte Exemplare von vielen wildlebenden mitteleuropäischen Vogel- und Säugetierarten in künstlerisch gestalteten Schaugruppen innerhalb ihres natürlichen Lebensraumes (Flüsse, Seen, Meeresküste, Wälder, Gebirge) zeigt. Die kleine römische Abteilung enthält Funde aus dem Kastell und vicus von Murrhardt.

Schon im Mittelalter wurden in Murrhardt römische *Bild- und Inschriftsteine* gefunden. Beim Anlegen des Walderichsees (im Bereich des heutigen Stadtparks) im Jahre 1499 kam ein römischer *Grabstein mit der Darstellung eines Totenmahles* zutage; er wurde im sogenannten Hexenturm eingemauert. Eine Abbildung des Steins erschien in der Inschriftensammlung des Peter Apianus von 1534. Die Kunde vom Verbleib des Steines ging verloren. Der Stein wurde 1956 durch einen Zufall wiederentdeckt, als ein Schweinestall, der an den Hexenturm angebaut war, zusammenbrach und den Stein freilegte. Die Reliefs auf dem Stein waren bis zur Unkenntlichkeit zerstört.
Die Nachbildung des Steins im Museum wurde nach der Abbildung bei Apianus angefertigt. Die Inschrift lautet: „Dis Manibus. Assonius Iustus miles Cohortis XXIII vol vixit annos XL. Cintusmus secundus heres sua voluntate fecit". – Den Totengöttern. Assonius Justus, Soldat der 24. Kohorte freiwilliger römischer Bürger, hat 40 Jahre gelebt. Cintusmus, sein zweiter Erbe, hat das Grabmal von sich aus (d. h. nicht kraft testamentarischer Verfügung) errichten lassen.
Um 1550 entdeckte man einen dem „Soli Invicto Mithrae" (dem unbesiegten Sonnengott Mithras) gewidmeten Altar, dessen Inschrift besagt, daß Sextus Julius Florus Victorinus, Sohn des Decimus, von der Horazischen Tribus, Tribun der 24. Kohorte freiwilliger römischer Bürger, durch Wiederherstellung des Tempels von Grund auf für sich und die Seinen sein Gelübde erfüllte. (Das Original des Steins befindet sich im Lapidarium in → Stuttgart (Nr. 9). Der tribunus, ein hoher Legionsoffizier, war im Einsatz bei Hilfstruppen gewöhnlich Kommandeur einer 1000 Mann starken Auxiliareinheit. Wenn er, wie hier, eine 500 Mann starke Kohorte befehligte, so ist dies Beweis für die Sonderstellung von Einheiten römischer Bürger (s. a. → Jagsthausen).
Neuere Funde: Aus den principia (Stabsgebäude) des Kastells: *Steininschrift der Kaiserin Julia Domna*, Mutter Caracallas (211–217 n. Chr.) „Iuliae Augustae matri indulgentissimi principis Marci Aurelii Antonini Pii Augusti, matri Senatus, matri castrorum, matri patriae cohors XXIIII voluntariorum Antoniniana civium Romanorum devota numini eius" – Der Julia Augusta, Mutter des allergnädigsten Fürsten Marcus Aurelius Antoninus, des frommen, erhabenen, Mutter des Senats, des Lagers und des Vaterlandes, die 24. Kohorte freiwilliger römischer Bürger mit dem Beinamen Antoniniana, ihrer Majestät ergeben; *Ehreninschrift für den Kaiser Severus Alexander* (222–235): „Imperatori Caesari Marco Aurelio Severo Alexandro Pio Felici Augusto cohors XXIIII voluntariorum Severiana civium Romanorum devotissima numini eius" – Dem Kaiser Marcus Aurelius Severus Alexander, dem frommen, glücklichen, erhabenen, die 24. Kohorte freiwilliger römischer Bürger mit dem Beinamen Severiana, seiner Majestät zutiefst ergeben. – Wie die beiden Inschriften erkennen lassen, führte die Kohorte als Beinamen den Namen des jeweils regierenden Kaisers: „Antoniniana" zur Zeit der Regierung Caracallas, „Severiana" unter der Regierung des Severus Alexander.
Von Ausgrabungen in der Walterichs- und Stadtkirche: *Grabstein mit Inschrift*. „Dis Manibus. Medillio Caranto patri et Victorinae matri Carantia Aelia filia dulcissima heres ex testamento posuit" – Den Totengöttern. Medillius Carantus, dem Vater, und Victorina, der Mutter, hat ihre liebste Tochter Carantia Aelia als Erbin auf Grund testamentarischer Verfügung diesen Grabstein gesetzt.
*Grabinschrift*. „Dis Manibus. Marco Cosseio, Natali filii, centurio exploratores Boiorum et Tribocorum, Sollemnia Victorina coniunx . . . . ." Den Totengöttern. Dem Marcus Cosseius, Sohn des Natalius, Hauptmann der Kundschafter aus Boiern und Tribokern, hat seine Frau Sollemnia Victorina . . ." (neueste Lesart nach Dr. R. Schweizer).
*Reliefbilder von einem größeren Denkmal*, darunter eine Darstellung der kapitolinischen Wölfin, die Romulus und Remus, die beiden Gründer Roms, säugt, Symbol der Stadt Rom. Ferner: Statuette des *Apollo*, 1955 in der Friedenstraße gefunden. Reliefbild eines *Stieres* und Relieffragment einer *Diana*.
Unter *Metallgegenständen* sind wegen ihrer Einzigartigkeit bemerkenswert ein *Bronzeschwert* mit Griff in Form eines Adlerkopfes von der lebensgroßen Statue eines (nicht identifizierten) Kaisers (s. Tafelteil Abb. 31); Tülle und Röhre eines *Hornes (cornu)* mit Mars und Minerva. Ferner: Bronzenadeln, Gürtelschnalle, Hufeisen, Speer, Eisenklumpen, sowie Münzfunde.
*Tonwaren* umfassen Terra Sigillata (Reibschalen, Teller); Hals einer Amphore; der Boden eines Gefäßes mit Stempeln „Temporini Placidus"; eine Wandplatte mit dem Stempel der 24. Kohorte; Ziegelsteine. Eine *Reliefkarte* zeigt das Kastell und seine Lage am Limes.

# N

## NECKARBURKEN, ELZTAL-

Als Teil der Befestigungsanlagen des Odenwaldlimes (→ Limes) entstanden zur Zeit des Kaisers Domitian (81 – 96 n. Chr) bei Neckarburken ein Kohortenkastell (Westkastell) und ein der Kohorte unterstelltes kleineres Numeruskastell (Ostkastell). Als Besatzung des Westkastells ist eine teilweise berittene Aquitanierkohorte römischer Bürger (Cohors III Aquitanorum equitata civium Romanorum) durch eine Bauinschrift bezeugt. Die Kohorte hatte unter Trajan in Stockstadt gelegen und wurde nach dem Bau des vorderen (äußeren) Limes um die Mitte des 2. Jahrhunderts nach → Osterburken versetzt. Die Besatzung des Numeruskastells, ebenfalls durch eine Bauinschrift nachgewiesen, war ein Numerus Brittonum Elantiensium, in den Odenwald umgesiedelte frühere Bewohner Nordenglands, die nach ihrem Siedlungsgebiet am Neckarnebenfluss Elz benannt waren.

Wie der Name des Numerus andeutet, bestand die Einheit aus Bewohnern der unmittelbaren Umgebung des Kastells (Neckarburken liegt im Elzbachtal). Aufgabe der numeri war der Wacht- und Patrouillendienst am Limes. Das verlangte enge Vertrautheit mit den örtlichen Gegebenheiten ihres jeweiligen Limesabschnittes. Die genaue Ortskenntnis seiner Brittonen wird dem Kommandanten des Kohortenkastells zur Erfüllung seiner militärischen Aufgabe unentbehrlich gewesen sein.

Zwischen den beiden Kastellen lag ein größeres Badegebäude. Reste seines Südteiles sind unmittelbar neben der Bundesstraße 27 freigelegt und konserviert; der Nordteil wird von der Bundesstraße bedeckt. Wenige Meter von der Baderuine entfernt befinden sich die konservierten Reste des Westtores (porta principalis sinistra) des Numeruskastells.

## NEHREN

Etwa 1,5 km nördlich von Nehren an der Mosel liegen in den Weinbergen 150 m über dem Flußtal zwei in den Jahren 1975/76 auf antiken Fundamenten wiederaufgebaute Grabkammern aus spätrömischer Zeit. Eines der Bauwerke, im Volksmund „Heidenkeller" genannt, wurde wahrscheinlich von den ersten Christen ausgeräumt, war dann verschüttet, im Mittelalter wiederentdeckt und wurde seitdem als Keller benutzt. In den zwanziger Jahren dieses Jahrhunderts war das Bauwerk der archäologischen Fachwelt bekannt geworden, aber wieder in Vergessenheit geraten. Bei erneuten Untersuchungen in den Jahren 1973/74 ergab sich, daß noch erhebliche Teile des antiken Mauerwerks vorhanden waren, die gerettet werden konnten. Was den Gedanken einer Konservierung der spätrömischen Ruine im besonderen nahelegte, waren Reste von Wandmalereien in der Grabkammer. Der Heidenkeller erwies sich als „der einzige noch erhaltene Raum aus der Antike im Rheinland, in dem die ursprüngliche Bemalung der Wände und des Gewölbes heute noch an Ort und Stelle weitgehend erhalten ist" (H. Eiden).

Der Grabbau besteht aus zwei Geschossen: der tonnengewölbten Grabkammer und darüberliegend ein Grabtempel mit Vorhalle und cella, deren Außenwände mit Blendarkaden geschmückt sind. In der Grabkammer befinden sich je eine Nische rechts und links vom (talwärts gelegenen) Eingang sowie eine Nische an der rechten Stirnmauer zur Aufnahme der Aschenurnen der Verstorbenen. Die Wände der Grabkammer sind verputzt. Die Tonbrandmalereien zeigen geometrische Muster in braun, gelb und orange, Weinbergmotive und Blumen mit Weinranken. Antiken Ursprungs im Mauerwerk des rekonstruierten Grabbaues ist das Tonnengewölbe der Grabkammer und vom Grabtempel die Grundmauern aus Grauwacke und Teile des Estrichbodens.

Bei den Untersuchungen kam für die Ausgräber überraschend wenige Meter neben dem Heidenkeller und mit ihm in einer Fluchtlinie gelegen ein zweiter im Aufbau völlig identischer Grabbau zum Vorschein. Im Gegensatz zum

Heidenkeller war das Gewölbe der Grabkammer eingestürzt; auch war die Bemalung bis auf wenige Reste vergangen. Dafür war der Estrichboden und der untere Teil eines in diesen eingelassenen Sarkophagtroges erhalten. Die Gruft wies nur eine Nische in der Wand gegenüber dem Eingang auf. Auch diese Grabkammer wurde, wie der Heidenkeller, auf den römischen Grundmauern mitsamt dem Estrichboden wiederaufgebaut.

Wem die Grabanlage gehörte, ist nicht bekannt. Inschriften fehlen. Es könnte sich um die Familiengrabstätte eines Weingutsbesitzers handeln, dessen Wohnsitz „in dem ausgedehnten Trümmerfeld zu suchen ist, das auf der Terrasse unmittelbar nördlich oberhalb der heutigen Ortslage Nehren wiederholt angeschnitten wurde". Die Grabbauten weisen Ähnlichkeiten mit der römischen Grabkammer von Weiden bei → Köln auf. Während bei den Grabbauten von Nehren genügend Anhaltspunkte für einen Raum oberhalb der Grabkammer vorhanden waren, die eine vollständige Rekonstruktion des Grabtempels möglich machten, konnte bei der Weidener Grabkammer das ursprüngliche Vorhandensein eines über der Kammer liegenden Oberbaues nur vermutet werden, wenn auch mit guten Gründen. Für Grabanlagen dieser Art gibt es auch sonst noch Beispiele. Das sogenannte „Grutenhäuschen" in den Weinbergen bei Igel (oberhalb der Eisenbahnlinie Trier-Luxemburg entlang der Bundesstraße 49) hat einen am Hang gelegenen Unterbau – die Gruft – und als Oberbau eine fast quadratische cella. Ähnlich wird bei der römischen Grabkammer von Ehrang bei Trier ein darüberliegender Aufbau in Tempelform angenommen. Das Bauwerk über der Grabkammer bei derartigen Anlagen diente möglicherweise als cella memoriae für Totenfeiern oder, wie in Weiden, zur Aufstellung eines Sarkophags.

Man erreicht die römischen Grabbauten von der Bundesstraße 49 her. Von Cochem kommend, biegt man in Nehren in die erste Straße nach rechts ein; sie führt nach etwa 200 m auf einen durch die Weinberge zu einem Parkplatz führenden asphaltierten Fahrweg. Die Grabbauten liegen ein wenig unterhalb des Parkplatzes. Auf dem Weg von Trier biegt man in Nehren in die erste Straße nach links ab, die gleichfalls zum „Parkplatz beim Heidenkeller" führt.

## NENNIG, PERL-

Das Dorf Nennig auf dem rechten Moselufer südwestlich von Trier birgt neben Bauresten einer römischen Prachtvilla deren Glanzstück, einen fast vollständig erhaltenen Mosaikfußboden mit Darstellungen von Szenen aus dem Amphitheater. Das Mosaik gehört zu den größten, die bisher auf deutschem Boden gefunden worden sind. Vom kunsthistorischen Standpunkt zählt das Mosaik „zu den größten Schöpfungen römischer Mosaikkunst im Gebiet nördlich der Alpen" (Schindler); es ist „das großartigste Bildwerk des Trierer Raumes aus dem 3. Jahrhundert n. Chr." und „das eindrucksvollste Zeugnis für das hohe künstlerische und technische Niveau der Mosaikwerkstätten des nördlichen Galliens" (Parlasca).

Das Mosaik wurde 1852 durch einen Zufall entdeckt, als ein Landwirt beim Graben in seinem Garten zu seinem nicht geringen Erstaunen auf das Mosaikbildnis eines Löwen stieß. Ein benachbarter Gutsbesitzer, der von dem Fund gehört hatte, verständigte die „Gesellschaft für nützliche Forschungen" in Trier, ein 1801 ursprünglich zur Förderung der „öffentlichen und privaten Wohlfahrt" gegründeter Verein, der sich in der Folgezeit der Sammlung und Erhaltung von Altertümern in Trier und Umgebung widmete. Der Gesellschaft gebührt das Verdienst, das kostbare Mosaik der Nachwelt erhalten zu haben. Sie erwarb das Gelände und ließ die Mosaikfläche durch ein Notdach schützen. Ein Jahr später übernahm der Staat die Obhut über das Mosaik. 1874 wurde über dem Mosaikfußboden ein Schutzbau errichtet. Systematische Untersuchungen des Geländes in den Jahren 1866 – 1874 ergaben, daß der Mosaikboden zu einem im Zentrum einer palastartigen Villa gelegenen Prunksaal gehörte. Die Villa – wegen ihres Umfangs und ihrer luxuriösen Ausstattung besser als „Schloß" bezeichnet – entsprach im Grundriß dem üblichen Schema der Risalitvillen, wie man sie überall in den gallischen und germanischen Provinzen des römischen Reiches antrifft, mit rechteckigem Hauptbau, dem eine Säulenfassade mit an beiden Seiten vorspringenden Flügeln vorgesetzt ist.

Bei der Nenniger Villa sind diese Grundelemente ins Großartige und Prachtvolle gesteigert. Der langgestreckte Hauptbau besaß einen zweigeschossigen Fassadenportikus; die drei Stockwerke hohen, leicht vorspringenden Seitenflügel waren durch zwei Nebengebäude mit tempelartigem Säulenoberbau zu imposanten Eckrisaliten erweitert. Der gesamte Gebäudekomplex war mit korridorartigen Gängen umgeben. Nach beiden Seiten erstreckten sich lange, bedeckte Wandelhallen.

Am Ende der einen Wandelhalle, und daher auch bei schlechtem Wetter bequem zu erreichen, befand sich ein Badehaus mit Schwimmbecken und mehreren, zum Teil heizbaren Baderäumen. (In seinem Führungsblatt zum „Römischen Mosaik von Nennig" hat R. Schindler ein eindrucksvolles Bild von der architektonischen Pracht des Gebäudes, der Vielzahl der Wohn- und Wirtschaftsräume und seiner Lage inmitten einer großartigen Fluß- und Parklandschaft gezeichnet.)

Was die Innenausstattung anlangt, so lassen aufgefundene Reste vom Wandverputz des Mittelsaals reiche, farbenprächtige Wanddekorationen mit Wasserpflanzen, Tieren und geometrischen Mustern erkennen. „Die Wandflächen waren rot und zeigten Rahmenmotive in zarten gelb, grün und rosa Pastellfarben. Als oberer Abschluß dienten ein hellblauer Fries und schwarzgemalte Füllungen; die Decke war wieder himmelblau" (Parlasca).

Über den Eigentümer dieser Schloßanlage ist nichts überliefert. Man glaubte, dem Rätsel auf der Spur zu sein, als der Bildhauer Schäfer, der die Ausgrabungen von 1866 leitete, von der sensationellen Entdeckung antiker Steintafeln berichtete, deren Inschriften besagten, daß die Villa ein Geschenk des Kaisers Trajan an Secundinius Severus, einer der Stifter der → Igeler Säule, gewesen sei. Die Platten waren gefälscht, wie ihr betrügerischer „Entdecker" selbst zugab, nachdem er eine Zeitlang mit seiner Geschichte bei einigen Glauben gefunden hatte. Das Geheimnis um den Eigentümer des Nenniger Schlosses wird sich wohl nie klären lassen. Es muß der Phantasie des einzelnen überlassen bleiben, ob er sich als Schloßbewohner ein Mitglied des Kaiserhauses, einen hohen Staatsbeamten, einen alteingesessenen Großgrundbesitzer oder einen reich gewordenen Industriellen vorzustellen wünscht.

Von der Schloßanlage sichtbar erhalten sind, abgesehen vom Mosaikfußboden, einige Fundamentreste und Säulenstümpfe, die bei den Ausgrabungen zutage traten. Das Mosaik wurde 1960 restauriert, nachdem sich unter dem Einfluß von Bodenfeuchtigkeit Risse und Aufwölbungen in der Mosaikdecke gezeigt hatten.

Der Besucher sieht von der Empore des Schutzbaues das Mosaik in seiner ganzen Ausdehnung, wie es sich einst den Römern von der Galerie des zweigeschossigen Prunksaales dargeboten hatte. Das Mosaik besteht aus zwei quadratischen Mittelfeldern und sieben kleineren Achtecken. Der Raum zwischen den Bildfeldern ist mit sternenförmigen Mustern ausgefüllt. Das unterste der quadratischen Felder zeigt den Kampf zweier Gladiatoren, den ein Schiedsrichter überwacht: ein retiarius mit Dreizack und Dolch versucht, den schwerbewaffneten secutor seines Schutzschildes zu berauben. Das obere Quadrat wird von einem Marmorbecken eingenommen.

Die sechs achteckigen Bildmosaike zeigen (von unten nach links): einen Mann an einer Wasserorgel und einen Tubabläser; sie sorgen für Unterhaltung während der Pausen oder geben eine musikalische Untermalung der Kämpfe; ein Tierkämpfer, der einen Panther besiegt hat und seine Arme zum Publikum beifallheischend emporhebt; ein Löwe, der seine Beute, einen Wildesel, verzehrt und von seinem Wärter aus der Arena geführt wird (dies war das Bild, auf das der Landwirt 1852 gestoßen war und das als erstes freigelegt wurde); ein Tigerweibchen, das einen Wildesel geschlagen hat und sich vorbereitet, sein Opfer zu verzehren; zwei Stockfechter, offenbar zur Erheite-

*Nennig, Gladiatorenmosaik*

rung des Publikums als Abwechslung zwischen den blutrünstigen Szenen gedacht. Zwischen den beiden quadratischen Feldern drei Fechter mit Peitschen und Armschutz im Kampf mit einem Bären, der einen seiner Gegner zu Fall gebracht hat. Das Bild auf dem siebten Achteck ist nicht erhalten. An seiner Stelle befindet sich jetzt eine Inschrift, die an die Entdeckung des Mosaiks 1852, seine Wiederherstellung 1874 und Restaurierung 1960 erinnert.

Bei der jüngsten Renovierung des 1874 gebauten Schutzhauses wurde auf der Empore ein kleines Museum mit römischen Funden und einem Modell der Villa eingerichtet; auch wurden die Gartenanlagen verbessert. Ein Rekonstruktionsbild der Villa ist in Raum 15 des Museums in → Trier zu sehen.

## NETTERSHEIM (Siehe Pesch)

## NEUMAGEN-DHRON

Die alte Römersiedlung Neumagen (heute mit dem Nachbarort Dhron vereinigt) leitet ihren Namen von dem römischen Noviomagus her. Der Name ist keltischen Ursprungs. Das gallische Suffix -magus bezeichnet „Feld", „Niederlassung", „Markt"; es kehrt u. a. in → Dormagen, → Remagen und Marmagen (Kreis Schleiden in Nordrhein-Westfalen) wieder. In der Zusammensetzung mit Novio bedeutet der Name entweder „Feld des Novio" oder „Neumarkt". Der Ort lag im Land der Treverer und wurde daher zum Unterschied von gleichnamigen Orten (→ Speyer und Nijmegen in Holland) Noviomagus Treverorum genannt.

Neumagen rühmt sich, der älteste Weinort Deutschlands zu sein. Hier bauten und kelterten Moselwein schon in römischer Zeit die „geschäftigen Winzer", die Ausonius bei ihrem Tun beobachtet und in seinem Gedicht „Mosella" beschrieben hat. Aber mehr noch als seiner uralten Weinkultur verdankt Neumagen seine Berühmtheit unter Deutschlands Römerstätten einem einzigartigen Schatzfund römischer Relief- und Inschriftsteine, die dem Ort die Ehrenbezeichnung „das rheinische Pergamon" eingebracht haben.

Die Steine waren in die Fundamente einer Befestigungsmauer eingelassen worden, die im 4. Jahrhundert n. Chr. unter Kaiser Konstantin dem Großen zum Schutz der strategisch und wirtschaftlich bedeutsamen Siedlung errichtet worden war. Schon zu Anfang des 19. Jahrhunderts waren Steine dieser Art gelegentlich aus der alten Mauer geborgen worden. Aber erst 1877 wurde mit systematischen Ausgrabungen begonnen. Seitdem sind bis 1967 über tausend Quadern und Steinfragmente zutage gefördert worden.

Es handelt sich dabei um Teile von Grabmonumenten verschiedener Formen (Grabaltäre, Stelen und vor allem Grabpfeiler nach Art der → Igeler Säule). Die Steine sind Neumagens kostbarstes Vermächtnis seiner römischen Vergangenheit. Die Reliefs mit lebendigen Darstellungen des täglichen Lebens der vor rund 1800 Jahren verstorbenen Bewohner des Mosellandes bieten ein Bild der sozialen und wirtschaftlichen Zustände an der Mosel während des 1. bis 3. Jahrhunderts n. Chr., wie es keine andere historische Quelle zu bieten vermag. (Die bedeutendsten Steine sind jetzt, z. T. wieder in ihrem ursprünglichen Aufbau zusammengesetzt, im Rhein. Landesmuseum in → Trier zu sehen.)

Man fragt sich, wie es dazu kommen konnte, daß Skulpturen von der künstlerischen Qualität der Neumagener Bildwerke in „barbarischer Zweckentfremdung" als Baumaterial einer Befestigungsmauer verwendet wurden. Nach Edith Mary Wightman war der Abbruch von Grabdenkmälern zur Gewinnung von Bausteinen für Festungsbauten eine außerordentliche, durch die Zeitumstände bedingte Maßnahme. Man nahm das Risiko strafrechtlicher Verfolgung wegen religiöser Entweihung in Kauf, weil Eile geboten war und Kosten gespart werden mußten. Möglicherweise hatte ein Kaiser wegen der Gefahrenlage eine Ausnahmegenehmigung erteilt. Manche Grabmäler mögen schon bei früheren Alamanneneinfällen zerstört worden sein. Die herumliegenden Steinblöcke boten sich den Festungsbauern, die unter Zeitdruck standen, als gebrauchsfertiges Baumaterial geradezu zwingend an. Die Verwendung der alten Grabmonumente für den spätrömischen Festungsbau war letztlich auch ein Zeichen für den gesellschaftlichen Verfall und die Verarmung und das Aussterben der alten Familien.

Noviomagus, im 1. nachchristlichen Jahrhundert ein kleiner Marktflecken, entwickelte sich wegen seiner verkehrsgünstigen Lage an der Mosel und am Schnittpunkt der Straße über den Hunsrück nach dem Rheinland und einer Verbindung zur Straße von Trier nach Koblenz und Andernach zu einem bedeutenden Umschlags- und Handelsplatz. Hier wurden Massengüter (landwirtschaftliche Erzeugnisse, Bauholz) auf Frachtkähne oder von Schiffen zum Weitertransport über Land verladen. Im Ort entstanden Werk- und Reparaturwerkstätten, Gastwirtschaften und Herbergen, wie man es bei einem betriebsamen Hafen- und Handelsplatz von der Bedeutung Neumagens erwarten kann. Die Germaneneinfälle in der zweiten Hälfte des 3. Jahrhunderts verwandelten den blühenden Ort in einen Trümmerhaufen. Nach der Wiederherstellung geordneter Zustände gegen Ende des Jahrhunderts unter Diokletian konnte sich auch Neumagen wieder erholen. Wegen seiner strategischen Lage auf dem Weg zur Reichshauptstadt Trier wurde der Ort in das Befestigungssystem einbezogen, das Konstantin der Große zu Anfang des 4. Jahrhunderts im Inneren des Landes errichtete.

Neumagen erhielt nach der Art spätrömischer Straßenstationen, wie sie von Beda (→ Bitburg), Iuliacum (→ Jülich) und Jünkerath her bekannt sind, einen polygonalen Mauerring mit Toren an beiden Enden der die Stadt durchquerenden Straße. Die etwa 3,50 m starke Wehrmauer war durch vierzehn zumeist auf quadratischen Sockeln ruhende, nach außen vorspringende Türme verstärkt. Eingemauert in die Fundamente dieser Bauten waren, wie oben bemerkt, die Kalk- und Sandsteinplastiken der moselländischen Grabmonumente.

Auf seiner Reise von Bingen nach Trier sah Ausonius nach beschwerlicher Fahrt von der Niederemmeler Höhe aus den mächtigen Festungsbau im Tal. „Und endlich erblickte ich im vorderen Grenzland der Belgen die berühmte Feste des göttlichen Konstantin" („... et tandem primis Belgarum conspicor oris Noiomagum, divi castra inclita Constantini"), schreibt er in seinem Lied von der Mosel. (Die „Ausoniusstraße" ist heute noch als unbefestigter Feldweg in den Weinbergen bei Dhron erhalten. Ihr Endpunkt liegt an der Straße Neumagen-Dhron-Niederemmel ungefähr 1 km vom Ortsausgang von Dhron entfernt auf der rechten Seite bei einer verfallenen Kapelle.)

Der Sage nach ist der Kronenberg bei Neumagen der Ort, wo Konstantin dem Großen, als er von seiner Residenzstadt Trier gegen Maxentius zu Felde zog, das Kreuz am Himmel mit den Worten erschien: „In hoc signo vinces" (In diesem Zeichen wirst du siegen). Die um ein Kreuz gruppierten Buchstaben „IHSV" im oberen Feld des Wappens der Verbandsgemeinde Neumagen-Dhron soll an diesen Vorgang erinnern, von dem die Missionierung und Christianisierung des Mosellandes ihren Ausgang nahm.

**Neumagen-Dhron, Neuss**

Nach der fränkischen Landnahme im 5. Jahrhundert wurde die Festung Eigentum der merowingischen Könige. Die Anlage wurde 882 von den Normannen zerstört. Von dem Bauwerk, von dem bedeutende Reste noch im 19. Jahrhundert vorhanden waren, ist heute nichts mehr zu sehen. Nur der Grundriß der konstantinischen Festung hat sich im Straßenplan der Stadt deutlich erhalten. Die „Römerstraße" verläuft im Zug der Hauptstraße, die die Festung durchquerte.

Ein Rundgang durch die Straßen der Stadt verschafft eine Vorstellung von der Ausdehnung und ovalen Gestalt des römischen Mauerrings. In der Nähe der Pfarrkirche erhebt sich auf antikem Fundament ein in rotem Sandstein zum Teil wieder aufgebauter Eckturm der Festung. Er dient als Stützmauer für die Terrasse, auf der die Pfarrkirche steht. Von der Kirche führt der Rundgang durch die Burgstraße – Krichelsbergstraße – Spielesgasse – Lehnertgasse. In der Krichelsbergstraße und Spielesgasse sind die Rückseiten der Häuser zum Teil noch in die Römermauer eingebaut.

An die römische Vergangenheit des Ortes erinnern auch Nachbildungen einiger aus der spätrömischen Befestigung geborgener Steinplastiken. An der Peterskapelle (Römerstraße 96) ist das „Weinschiff" aufgestellt. In einem kleinen Park unterhalb der Peterskapelle ist das Bild der „Morgentoilette" in eine Mauer eingelassen; ihr gegenüber ein neuzeitliches Standbild von Ausonius, dem „ersten Sänger der Mosel". In der Außenmauer der Verbandsbürgermeisterei ist eine Nachbildung der „Pachtzahlung" zu sehen. Ein Abguß des „Schulreliefs" befindet sich in der Volksschule. Auch sonst zeugen römische Architekturfragmente in Häusermauern von dem antiken Ursprung der Stadt.

übernahmen ihre Bezeichnung für Kastelle, die sie in der Nähe der Siedlung unweit der Mündung der Erft in den Rhein anlegten.

Die militärische Besetzung des Raumes um Neuss durch die Römer steht im Zusammenhang mit dem Plan des Kaisers Augustus (30 v. Chr. – 14 n. Chr.), Germanien bis zur Elbe zu erobern und in das römische Reich einzugliedern. Zur Vorbereitung der Offensive wurde an Plätzen, die für die Versammlung größerer Heeresverbände und für das Vordringen in das Innere Germaniens günstige geographische Voraussetzungen boten, Bereitstellungs- und Versorgungslager angelegt. Die Gegend an der Erftmündung entsprach diesen Bedingungen. Nach Westen breitete sich die Kölner Bucht bis zum niederrheinischen Tiefland aus. Der Wasserlauf der Erft diente als rückwärtige Verbindungsstraße. Auf dem gegenüberliegenden Rheinufer öffnete sich die weite Ebene der Düsseldorfer Bucht.

Für den Zeitraum vom Beginn der Offensive im 2. Jahrzehnt v. Chr. bis zu ihrer Einstellung unter Tiberius im Jahre 16 n. Chr. und dem Aufbau des niedergermanischen → Limes sind bei Neuss die Reste von insgesamt neun Lagern verschiedener Größe und eines Annexlagers festgestellt worden. Alle hatten einen polygonalen Grundriß und waren in Holz und Erde gebaut. Ihr Fassungsvermögen bewegte sich zwischen einer Legionsabteilung (vexillatio) oder einer Legion mit Hilfstruppen bis zu vier Legionen. Die Gründe für diese Vielzahl von Lagern verschiedener Größe sind noch ungeklärt.

Es wird angenommen, daß die XVII. Legion, die zusammen mit der XVIII. und XIX. in der Schlacht im Teutoburger Wald 9 n. Chr. vernichtet wurde, eine Zeitlang in Novaesium ge-

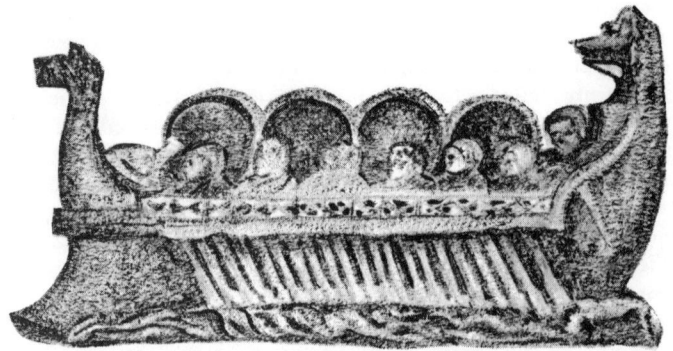

*Neumagen, Römisches Weinschiff*

## NEUSS

Der Name der Stadt ist von dem römischen Novaesium abgeleitet. Wahrscheinlich geht der Name auf eine vorrömische, bisher noch nicht aufgefundene Siedlung zurück; die Römer

legen hat. Auch gilt es als wahrscheinlich, daß Germanicus sein aus vier rheinischen Legionen bestehendes Heer (die I. und XX. aus Köln und die V. und XXI. aus Vetera) für seinen Germanenfeldzug im Jahre 14 n. Chr. in Neuss versammelt hatte, wo es beim Tod des Kaisers Au-

gustus zu einer schweren Meuterei kam. Eine der Hilfstruppen in dieser Zeit war ein Reiterregiment, die Ala Parthorum veterana.
Mit der Auflösung des Doppellegionslagers in Köln zwischen 30 und 40 n. Chr. änderte sich die Lage in Neuss – Novaesium. Die I. Legion kam nach Bonn; die XX. Valeria Victrix wurde nach Novaesium versetzt; als eine ihrer auxilia ist durch einen Soldatengrabstein (s. u. Museum) die Cohors III Lusitanorum bezeugt. Für die Legion wurde ein neues Lager, nunmehr unmittelbar an der Erftmündung, nach dem üblichen Rechteckschema zunächst noch als Holz-Erde-Bau angelegt. Im Jahre 43 wurde die Legion für die Invasion Britanniens abgestellt. Ihren Platz in Novaesium nahm die XVI. Legion Gallica ein; sie hatte zusammen mit der XIV. Legion die erste Garnison der Festung Mainz gebildet. Als Hilfstruppe diente ihr in ihrer neuen Garnison die Ala Gallorum Picentiana. Während ihrer Stationierung in Novaesium wurde das Lager in den fünfziger Jahren in Stein ausgebaut, aber schon bald danach während des Bataveraufstandes 69/70 zerstört. Nach der Unterdrückung des Aufstandes wurde die Legion wegen schmählichen Verhaltens aufgelöst – sie hatte auf das gallische Sonderreich einen Treueeid abgelegt und ihren Kommandeur erschlagen.
Die an ihre Stelle getretene VI. Legion Victrix baute die Festung wieder auf. Der Mauerring erhielt zwölf mit Geschützen bestückte Türme. Die vier Tore wurden durch flankierende Türme verstärkt. Als Folge der Verringerung des niedergermanischen Heeres auf zwei Legionen unter Domitian wurde Novaesium um 93 aufgegeben. Die Legion kam nach Vetera. Wenn auch nicht mehr Legionsfestung, so blieb Novaesium auch weiterhin ein militärischer Stützpunkt im Zug des niedergermanischen Limes. Um die Mitte des 2. Jahrhunderts n. Chr. wurde im Bereich der verlassenen Festung ein kleineres, fast quadratisches Auxiliarkastell erbaut, in dem zu Beginn des 3. Jahrhunderts ein Kavallerieregiment lag. Das Kastell wurde um 350 zerstört, aber 359 von Caesar Julian wiederaufgebaut und ist als castellum Nivisium bis zum Jahre 388 literarisch bezeugt. Noch im Jahre 387 unternahm der römische Feldherr Quintinus von dort aus einen erfolglosen Vorstoß über den Rhein gegen die Franken; er erlitt mit seinen Truppen das gleiche Schicksal, das Varus im Jahre 9 n. Chr. im Teutoburger Wald betroffen hatte.
Es ist die in den fünfziger Jahren des 1. Jahrhunderts in Stein ausgebaute Legionsfestung, die als das „Koenen-Lager" in die Geschichte der provinzialrömischen Archäologie eingegangen ist. Die Festung wurde von dem Neusser Heimatforscher Constantin Koenen 1878 entdeckt und von 1888 bis 1900 fast vollständig ausgegraben. Seitdem gehört Novaesium zu den am besten bekannten Legionslagern. (Ein Modell des Lagers befindet sich im Rheinischen Landesmuseum in → Bonn.) Weitere Ausgrabungen sind in Novaesium nach dem II. Weltkrieg unternommen worden.
Nach dem Ausgrabungsbefund hatte die Festung folgende Gestalt: Durch die via principalis zwischen den beiden Seitentoren wurde das Lager in zwei ungleiche Hälften geteilt. Die kleinere, dem Rhein zugewandte, praetentura genannte Hälfte enthielt neben Unterkunftsräumen Getreidespeicher, Werkstätten, die villenartigen Quartiere der sechs Stabsoffiziere (tribuni) und Gemeinschaftsräume für die verschiedenen Dienstgrade.
In der retentura genannten größeren Hälfte lagen in der Mitte an der Hauptstraße die principia (Stabsgebäude). Sie bestanden aus verschiedenen, um einen Innenhof mit Laubengängen gruppierten Gebäuden: Waffenkammern, Büros, eine große Halle (basilica), das sacellum (Fahnenheiligtum), wo Altäre, Feldzeichen und das Bild des regierenden Kaisers aufbewahrt wurden. Die palastartige Wohnung des Legionskommandeurs (legatus legionis) lag nach einem früheren Plan neben den principia an der Hauptstraße, in der letzten Bauphase der Festung aber hinter den principia an der Stelle, wo vorher das Dienst- und Wohngebäude des Festungskommandanten (quaestorium des praefectus castrorum) gestanden hatte.
Zu weiteren, von Koenen identifizierten Gebäuden gehört das Lazarett (valetudinarium), ein rechteckiger Bau mit Innenhof, um den die Krankenstuben gruppiert waren, mit einem großen, nach Funden von ärztlichen Instrumenten als Operationssaal gedeuteten Raum, und einer Apotheke, wie Reste von 1962 dort gefunder Heilmittelpflanzen vermuten lassen, sowie das Gefängnis (carcer).
Von der Festung ist oberirdisch nichts mehr erhalten. Die heutige Bundesstraße 9 verläuft auf der Linie der via principalis. Das Festungsgelände wird im Westen vom Nixhütterweg und im Osten vom Grünerweg begrenzt. Die beiden Straßen vermitteln eine Vorstellung von der Breite des Lagers. Wie bei Legionsfestungen üblich, entstand auch bei Novaesium nach dem Bau der Festung in der Mitte des 1. Jahrhunderts eine Lagervorstadt (canabae legionis) von Handwerkern, Gewerbetreibenden (Töpfereien), Groß- und Kleinhändlern, Gastwirten. Auch Thermen sind in den canabae festgestellt worden. Die Vorstadt umgab die Festung auf drei Seiten; ihr Zentrum lag rheinabwärts rechts und links der verlängerten via principalis. Die Siedlung überdauerte, wenn auch in geringerer Ausdehnung, die Auflassung der Festung, möglicherweise als Lagerdorf (vicus) des Hilfstruppenkastells.

Zur Siedlung gehörte ein heiliger Bezirk, der vielleicht den Muttergottheiten geweiht war. Dort wurde bei Ausgrabungen im Jahre 1956 eine als archäologische Sensation gewertete Entdeckung gemacht. Man fand an der Südwestecke der Nachfolgesiedlung einen Taufkeller (fossa sanguinis) des Kultes der Kybele, der Großen Göttermutter des Idagebirges (in Kleinasien). Eine Anlage dieser Art war bis dahin nur von einem Heiligtum des Kybelekults im Süden von Ostia, der Hafenstadt Roms, bekannt. Nach Münzfunden scheint erwiesen, daß der Keller noch bis in die zweite Hälfte des 4. Jahrhunderts benutzt wurde.

Der Kultkeller ist am Gepaplatz unter einem Schutzbau konserviert (erreichbar vom Grünerweg – Konradstraße – Gepaplatz). Ein dort erhältliches Führungsblatt unterrichtet über Einzelheiten der Kulthandlung in der fossa sanguinis (taurobolium oder criobolium, je nachdem ob ein Stier oder ein Widder geopfert wurde). Dem Besucher werden die steilen Treppenstufen auffallen, auf denen der Täufling in den Keller hinabstieg, um dort von dem Blut des auf einem durchlöcherten Boden über ihm rituell getöteten Stieres oder Widders überrieselt zu werden. Danach stieg er als Wiedergeborener („in aeternum renatus") wiederum auf unbequemen, steilen Stufen auf der anderen Seite aus der Grube empor und wurde von der umstehenden Gemeinde willkommen geheißen und geehrt.

In dem Schutzbau befindet sich an der Wand eine Karte des römischen Neuss und in einer Vitrine Nachbildungen von Weihegaben (Originale im Clemens-Sels-Museum s. u.). Über dem Taufkeller an der Wand sind Bilder aus dem Kybelezyklus angebracht (Trauernder Attis – Kybele findet Attis im Wald – Kybele und Attis im Löwenwagen – Kybele auf dem Löwenthron).

Eine bürgerliche Siedlung (vicus) peregrinen (d. h. nicht-römischen oder fremden) Rechts entstand in der ersten Hälfte des 1. nachchristlichen Jahrhunderts außerhalb des Legionsgebiets. Das Dorf wurde im Bataveraufstand eingeäschert, aber in verbesserter Bauweise, z. T. in Stein wiederaufgebaut. Der Fortbestand der Siedlung bis in die Zeit der fränkischen Landnahme im 5./6. Jahrhundert ist durch fränkische Gräber gesichert. Auf dem Boden des Zivilvicus erwuchs zwischen St. Quintin und Obertor die mittelalterliche Stadt.

Das nach der Zerstörung im II. Weltkrieg provisorisch im Obertor untergebrachte **Clemens-Sels-Museum** verfügt seit November 1975 über einen eigenen, mit dem Obertor durch eine Straßenbrücke verbundenen Museumsbau. Die römische Sammlung im Kellergeschoß des Neubaues besteht aus Gegenständen, die ausschließlich dem Boden der Stadt Neuss entstammen.

Unter *militärischen Ausrüstungsgegenständen* besonders bemerkenswert ist ein Infanteriehelm aus Kupferlegierung mit silbrigglänzendem Metall überzogen, mit Nackenschutz und konischem Helmbuschhalter. Auf beiden Seiten befinden sich Scharnierbleche für die (verlorenen) Wangenklappen. Am hinteren Rand des Nackenschutzes ist eine Durchbohrung zum Durchziehen einer Schleife, an der der Helm während des Marsches getragen wurde (siehe die Reliefdarstellung von Legionären auf dem Marsch auf dem Säulensockel im Mittelrheinischen Landesmuseum in → Mainz). Auf der Oberseite des Nackenschutzes ist eine noch nicht entzifferte Besitzerinschrift eingeritzt. Der Helm entspricht dem Standardinfanteriehelm des 1. Jahrhunderts. (Ein ähnlicher Helm eines Legionärs der XVI. Legion wurde 1959 bei Burlafingen gefunden. Siehe Prähistorische Sammlung → München.)

Ferner: Reitersporen mit rechteckigen Ösen für den Sporenriemen; zwei Zierscheiben, militärische Auszeichnungen (phalerae). Kurz- und Langschwerter; Helmbuschhalter; Pfeil- und Lanzenspitzen; Scharnierhaken von Brustpanzern; Gürtelschnallen; Teile von Pferdegeschirr (Zügelringe, Beschlagstücke eines Sattels, Ringverteiler von Zaumzeug, Jochaufsatz mit Zügelringen).

*Bronze- und sonstige Metallgegenstände:* Medizinische Instrumente; Glocken; Messer; Scheren; Fibeln; Gürtelschnallen; Beschläge; ein Laufgewicht in der Form eines Bacchus; Griffe von Spiegeln; Zirkel; bauchige Kanne mit reliefverziertem Henkel; Öllampe in der Form eines sandalenbekleideten Fußes; ein durch die Lebhaftigkeit der Darstellung bemerkenswertes Henkelkännchen in der Form eines hockenden Silens.

Eine *Münzsammlung* umfaßt Goldmünzen vom 1. bis 4. Jahrhundert, darunter aurei der Kaiser Augustus, Tiberius und Nero; solidi der Kaiser Constantius, Magnentius und Valentinians I.; auf der Rückseite der letzteren Münze ist der Kaiser stehend dargestellt, in der **Rechten Fahne und Kreuz, in der Linken die Erdkugel mit Victoria.**

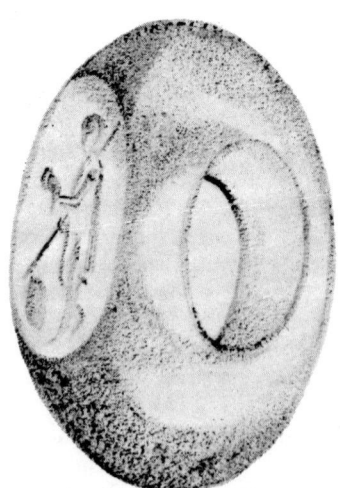

*Neuss, Totenring*

Unter *Kultgegenständen* ragt ein Totenring aus Bergkristall hervor. Auf der Schauseite eingeschnitten eine Darstellung des Mars; der Gott trägt über der Schulter einen kurzen Mantel (chlamys). In der Linken hält er einen Helm, auf dem sein Blick zu ruhen scheint; in der Rechten eine gesenkte Lanze. Vor dem Gott steht ein runder Schild.

Bergkristall galt als eine Art festen Wassers. Ringe aus diesem Gestein wurden den Toten als Schutz für die Wanderung durch die feurige Zone ins Jenseits mitgegeben. Ferner: Firstziegel mit Medusenhaupt und Dämonenfratze. Derartige Ziegel wurden an Gebäuden, Gräbern, Brunnen und anderwärts zur Abwendung von Unheil angebracht.

*Tongegenstände.* Ein arretinisches Reliefgefäß in Kelchform aus der Werkstatt des Perennius (auf der Gefäßwandung der Herstellerstempel „Perenni Pilades"; Pilades ist der Name des Töpfersklaven). Das Gefäß, eine besonders hervorragende Arbeit, stammt aus dem zweiten Jahrzehnt v. Chr. und wurde in der Ziegelei Sels gefunden. Die Reliefs zeigen traubenpflückende und traubenstampfende Satyrn. Ferner: Terra Sigillata (Urnen, Schüsseln, Krüge, Schalen, Teller); eine Kinderrassel; Kinderfläschchen. Glasierte Ware (Kochtopf, Trinkbecher mit schwarzem Glanztonüberzug); Spardose (aulula) mit Schlitz; Lampen; Brettsteine; Weinkrüge, braun und weiß bemalt; Gieß- oder Trinkgefäß in der Form eines Stieres; Gefäßscherbe mit geflügeltem Wesen (Victoria? Der für die Victoriastatuette von →Schwarzenacker charakteristische Gewandbausch vor dem Unterleib ist auch auf diesem Relief deutlich als isoliertes Merkmal erkennbar): Ziegelstempel der XVI. Legion.

*Glasgefäße* (1. bis 3. Jahrhundert): Krug mit Bandhenkel; Rippenschüssel; lange Parfümflasche (balsamarium); Becher mit vier großen Dellen; Krug mit Rundstabhenkel.

*Schmuckgegenstände*, darunter Ringe mit Gemmen aus Glaspaste.

Unter den *Steindenkmälern* ist von besonderem Interesse der 1923 auf der Ostseite der Kölner Straße aufgefundene Grabstein des Oclatius aus der zweiten Hälfte des 1. Jahrhunderts. Die Inschrift lautet (fehlende Buchstaben ergänzt): „Oclatio Carvi filio signifero alae Afrorum Tungro. Frater heres faciendum curavit". – Dem Oclatius, Sohn des Carvus, Angehöriger des Stammes der Tungrer, Feldzeichenträger im Reiterregiment der Afrikaner, hat sein Bruder als Erbe diesen Stein setzen lassen.

Die Tungrer, ein keltisch-germanischer Stamm, saßen an der unteren Maas. Daß ein Angehöriger dieses Stammes in einem Reiterregiment von Afrikanern diente, ist an sich nichts Ungewöhnliches, wenn man sich daran erinnert, daß spätestens seit Hadrian (117 – 138 n. Chr.) der Ersatz für die Hilfstruppen aus der Gegend des Standorts der Truppe kam; die Einheit behielt jedoch den Namen ihres ursprünglichen Rekrutierungsbezirks bei. (Die Ala war keine Hilfstruppe der in Novaesium stationierten Legionen; sie wird im benachbarten Auxiliarkastell Gelduba (→ Krefeld-Gellep) gelegen haben und ist auch für Burginatium (→ Altkalkar) bezeugt.)

Im oberen Teil des Grabsteins ist der Verstorbene dargestellt, in der Rechten das Feldzeichen, in der Linken einen Beutel. Im unteren Teil sieht man den Burschen des Verstorbenen mit dessen Pferd, einen Stallbesen auf der Schulter. Der Stein gilt wegen der qualitätvollen Reliefarbeit als eines der bedeutendsten Grabdenkmäler der römischen Provinzialkunst und stellt eine Variante der auf Soldatengrabsteinen sonst häufig verwendeten Totenmahlreliefs dar (Schoppa). Die Schrägstellung der Figur und die wechselnde Reliefhöhe betonen nach Schoppa die Tendenzen des Stiles um 100 n. Chr. Die Umrisse sind durch eingetiefte Furchen betont.

Vom Gelände der Neusser Legionslager stammt der Grabstein des Tiberius Iulius Pancuius, Soldat in der Kohorte der Lusitanier, der im Alter von 55 Jahren nach 28 Dienstjahren starb. („Tiberius Iulius Pancuius miles cohortis Lusitanorum annorum LV, stipendiorum XXVIII. Hic situs est.") Der Verstorbene war wahrscheinlich ein Spanier aus der Provinz Lusitania, dem heutigen Portugal. Er trat erst ziemlich spät, mit 27 Jahren, in den Militärdienst ein. Auf dem Relief hält der Verstorbene in seiner rechten Hand ein Feldzeichen; in der Inschrift wird er indessen lediglich als „miles", nicht als „signifer" (wie Oclatius) bezeichnet. Aus Vornamen und Gentilnamen ergibt sich, daß der Verstorbene zur Zeit des Kaisers Tiberius (14 bis 37 n. Chr.) das römische Bürgerrecht erhalten hatte. Der Stein wird in die dreißiger Jahre des 1. Jahrhunderts datiert, als die XX. Legion in Novaesium lag. Ferner: Statue eines thronenden Jupiter, Bekrönung einer Schuppensäule; der Gott hält in der Rechten das Blitzbündel (gefunden im heiligen Bezirk der Lagervorstadt); eine Sonnenuhr (horologium) aus den Legionscanabae. Zwei römische *Steintische* mit runden Platten sind insofern eine Besonderheit, als sie im Rheinland keine Parallele haben. Tische dieser Art gehörten zum festen Bestandteil von Kellern römischer Gutshöfe in Süddeutschland, wo sie häufig gefunden wurden.

Größe und Einrichtung des „Koenen-Lagers" werden durch einen alle Einzelheiten genau verzeichnenden, beleuchteten *Plan des Lagers* und durch eine *Diorama* anschaulich gemacht. Das mit Zinnfiguren lebendig gestaltete Diorama zeigt die im Bau befindliche Lagerumwallung mit der fertiggestellten Toranlage. Alle Bauten werden von den Legionären selbst ausgeführt. Eine vorgeschobene Palisade soll die mit den Arbeiten beschäftigten Legionäre vor Überfällen der Germanen schützen. Die zum Bau erforderlichen Ziegel werden von der Truppe hergestellt, wie eine Auswahl von Ziegeln mit dem Stempeln der XVI. Legion und der Legion Victrix dokumentiert. Die Ritzzeichnung eines Maulesels auf einer quadratischen Ziegelplatte ist die höchstpersönliche Hinterlassenschaft eines Legionärs, der sich entweder beim Ziegelstreichen gelangweilt oder seinem treuen Gefährten im Denkmal setzen wollte, das dann fast 2000 Jahre überdauert hat, wie auch der Abdruck von Hundepfoten auf einem anderen Ziegelstein.

Von den Gebäuden im Lager zeugen einige erhalten gebliebene Fragmente von Säulenbasen, ein Akanthuskapitell und reich ornamentierte Friesfragmente. Eine nach antiken Vorbildern aufgebaute *Küche* bildet die naturgetreue Kulisse für die Ausstellung von Küchengeschirr verschiedenster Formen (Reibschüssel, Kochtopf, Hängeamphore, Vorratsamphoren, in denen u.a. garum, die beliebte römische Fischsoße, gelagert wurde). Der Herd ist der Küche im Haus des Vettier in Pompeji nachgebildet. Das Vorbild für den Backofen lieferte das wiederaufgebaute römische Wohnhaus in Augst (Augusta Raurica) bei Basel. Das Dach der Küche ist nach römischer Art mit großen rechteckigen Ziegelplatten (tegulae) belegt, deren gefalzte Ränder mit langschmalen Halbrundziegeln (imbrices) abgedichtet sind.

Eine kurze *Diaschau* mit gesprochenem Text informiert über die Entstehung des Römerlagers und über wichtige Fundgegenstände.

---

# NEUWIED

Die Stadt liegt auf dem rechten Rheinufer im Zentrum des breiten Talkessels, der als „Neuwieder Becken" bezeichnet wird. Caesar überschritt dort zweimal den Rhein, in den Jahren 55 und 53 v. Chr. Seit dieser Zeit gehörte das Gebiet auf der linken Rheinseite zum römischen Reich. Der rechtsrheinische Teil des Neuwieder Beckens zusammen mit den angrenzenden Westerwaldhöhen wurde erst nach der Eroberung des unteren Maintales und der Wetterau in den Kriegen Domitians gegen die Chat-

ten 83 bis 85 und 88/89 n. Chr. zur strategischen Sicherung der neuerworbenen Gebiete in das römische Reich einbezogen und durch den → Limes gesichert, der bei → Rheinbrohl seinen Anfang nahm.
Auf dem Gebiet der heutigen Stadt Neuwied lagen in römischer Zeit die Kastelle Heddesdorf und Niederbieber. Sie bildeten die am weitesten nach Norden vorgeschobenen Truppenlager an der Limeslinie.
**Heddesdorf** ist das ältere der beiden Kastelle. Es wurde um 100 n. Chr. als Steinkastell erbaut. Mit einer Fläche von 2,8 ha, einem rechteckigen Grundriß mit abgerundeten Ecken, vier durch Türme geschützten Toren, Eck- und Zwischentürmen entsprach das Lager dem üblichen Schema eines Auxiliarkastells für eine Kohorte. In kurzer Entfernung außerhalb des Kastells nahe des östlichen Seitentores, der porta principalis dextra, lag ein geräumiges Badegebäude. Es war aus Tuffstein vom → Brohltal erbaut, mit Ziegeln gedeckt und besaß Glasfenster. Bei Ausgrabungen 1898/99 waren die Hypokausten heizbarer Räume noch gut erhalten. Die Fundamente des Kaltwasserbades mit anschließendem Schwimmbassin, der Lau-, Warm- und Heißwasserbäder konnten ermittelt werden. Das Lagerdorf (vicus) dehnte sich südlich, östlich und westlich des Kastells aus.
Die Besatzung bestand zunächst aus der 26. Kohorte freiwilliger römischer Bürger (Cohors XXVI voluntariorum civium Romanorum), die zuvor in → Baden-Baden gelegen hatte. In der Mitte oder zweiten Hälfte des 2. Jahrhunderts wurde die Kohorte durch die Zweite teilweise berittene Kohorte von Spaniern (Cohors II Hispanorum equitata) aus → Stockstadt abgelöst. Von dem Kastell sind oberirdisch keine Spuren mehr sichtbar. Die heutige Römerstraße im Stadtteil Heddesdorf verläuft genau im Zug der via principalis, die die beiden Seitentore des Kastells miteinander verband.
Zwischen 185 und 192 n. Chr., unter der Regierung des Kaisers Commodus, wurde mit der Errichtung des Steinkastells **Niederbieber** der nördliche Stützpunkt des Limes noch näher an den Grenzwall herangerückt. Das Kastell Heddesdorf wurde damals wahrscheinlich aufgelassen. Durch seine Lage auf dem Höhenrücken zwischen Wiedbach und Aubach beherrschte das neue Kastell die Zugangsstraße vom Limes zum Rhein. Mit einer Fläche von 5,25 ha übertraf Niederbieber an räumlicher Ausdehnung das Lager von Heddesdorf fast um das Doppelte und war eines der größten Kastelle am gesamten Limes.
Als Besatzung sind zwei Numeri bezeugt: der Numerus exploratorum Germanicorum Divitiensium und ein Numerus Brittonum. Die zuerst genannte Einheit war, wie ihr Name besagt, eine Aufklärungsabteilung und dürfte vollständig beritten gewesen sein. (Wie Baatz bemerkt, muß die Einheit „ungewöhnlich stark gewesen sein, denn als Chef (praefectus) ist ein römischer Ritter, T. Flavius Salvianus, überliefert, der das Amt als ‚militia quarta' bekleidete, was üblicherweise dem Kommando über ein tausend Mann starkes Reiterregiment [ala milliaria] entspricht".).
In welchem Zusammenhang der Numerus mit dem Kastell Divitia (Deutz, siehe → Köln-Deutz) gestanden haben mag, ist ungeklärt. Ebensowenig läßt sich über den Numerus Brittonum aussagen. Die vom Odenwaldlimes her bekannten Brittoneneinheiten sind meistens durch einen geographischen Beinamen, der hier fehlt, näher gekennzeichnet. Die Besatzung des Kastells dürfte eine Gesamtstärke von 1000 Mann gehabt haben. Sie stellte für den ganzen nördlichen Limesabschnitt von Rheinbrohl bis Bendorf-Sayn die Wachmannschaften für die Türme und Kleinkastelle.
Grabungen im Kastell Niederbieber haben schon im späten 18. und frühen 19. Jahrhundert stattgefunden. Systematische Untersuchungen des Kastells wurden aber erst von der Reichslimeskommission 1897 – 1912 durchgeführt. Da das Kastellgelände weitgehend unbebaut war, konnte das Lager nahezu vollständig ausgegraben werden. Nach dem Ausgrabungsbefund bestand die Wehranlage aus Spitzgraben und Umfassungsmauer mit dahinterliegendem Wall. Die Mauer war 2,20 bis 2,40 m stark und auf der Außenseite mit weißem Kalkputz überzogen, der, mit senkrechten und waagerechten roten Strichen bemalt, der Mauer das Aussehen von Quaderwerk gab. Die Schmal- und Längsseiten des Kastells waren durch weit vorspringende Türme mit Plattformen zum Aufstellen schwerer Katapulte befestigt. Das Lager hatte vier, von Türmen flankierte Doppeltore.
Bis auf das Garnisonbad, das abweichend von der Norm innerhalb des Kastells lag, entsprachen die Innenbauten dem üblichen Schema: In der Mitte des Kastells lagen die principia (Stabsgebäude) mit einer die via principalis überdeckenden Vorhalle. Daran schloß sich ein von gedeckten Säulenhallen umschlossener Binnenhof. An den Längsseiten lagen Waffenkammern; an der Rückseite eine Zimmerreihe (das Archiv, Büroräume, ein Vereins- und Versammlungsraum (schola), in der Mitte das Fahnenheiligtum). Östlich neben den principia lag ein Getreidemagazin, in dem bei den frühesten Ausgrabungen noch große Mengen von Weizen- und Gerstenkörnern gefunden wurden; westlich die Kommandantenwohnung. Die restliche Fläche wurde von Mannschaftsbaracken und Werkstätten eingenommen.
In einer Abfallgrube neben der Kommandantenwohnung fanden sich zahlreiche Austernschalen und die Scherben von feinen Trinkbe-

chern, ein Zeichen dafür, so darf vermutet werden, daß man verstand, selbst an diesem äußersten Vorposten des Reichs sich das Leben angenehm zu gestalten.

Das Kastell wurde beim Frankeneinfall 259/60 erobert und zerstört. Spuren deuten auf einen erbitterten Kampf hin. Die Besatzung wurde offenbar überrascht. So fanden die ersten Ausgräber noch Skelette von Gefallenen vor, eines im Hauptzimmer der principia in sitzender Stellung, daneben die Waffen des Soldaten. Das Kastell wurde nicht wiederaufgebaut. Nach der Wiederherstellung des Rheinlimes in spätrömischer Zeit wurde das Neuwieder Becken durch kleine Wehrbauten (burgi) bei Rheinbrohl und Engers und durch die beiden Grenzfestungen Andernach und Koblenz gesichert.

Von dem Kastell ist oberirdisch nichts mehr erhalten. Das Gelände ist größtenteils überbaut. Straßennamen wie „Römerstraße", „Im Römerkastell", „Ringmauer", „Burgstraße" (dort befindet sich ein Kinderspielplatz mit der Nachbildung eines römischen Wachtturms) erinnern an das Römerkastell. Steine des Kastells sind beim Bau einer Kirche verwendet worden. Das Kastell Niederbieber ist der Fundort von Weihedenkmälern für *militärische Genien* (Schutzgötter). Eine in der schola neben dem Fahnenheiligtum gefundene Sandsteinstatue ist dem *Genius der Fahnenträger und Träger des Kaiserbildnisses* geweiht. Die Statue zeigt den Genius bei der Darbringung eines Opfers. Der Unterkörper ist mit einem kleinen Mantel bedeckt, dessen eines Ende über die linke Schulter, das andere über den linken Unterarm herabhängt. Auf langem Lockenhaar trägt der Genius ein Diadem mit einer Rosette. Die Füße stecken in hohen Militärstiefeln. Mit der Rechten stützt er eine mit Weihrauchkörnern gefüllte Opferschale auf einen zylindrischen Altar; im linken Arm hält er ein großes Füllhorn, das mit Blättern geschmückt ist. Neben dem linken Fuß steht ein kleiner Amor.

Die auf den drei Vorderseiten angebrachte Inschrift lautet: „In honorem domus divinae. Genio vexillariorum et imaginiferorum Attianus Coresi filius vexillarius Fortionius Constitutus imaginifer signum cum aediculo et tabulam marmoream dono dederunt dedicaverunt imperatore domino nostro Gordiano Augusto et Aviola consulibus" – Zu Ehren des Kaiserhauses haben dem Schutzgott der Fahnen- und Kaiserbildträger Attianus, Sohn des Coresus, Fahnenträger, und Fortionius Constitutus, Träger des Kaiserbildnisses, ein Bildnis (des Genius) mit Tempelchen und eine Marmortafel geschenkt und geweiht, als Kaiser Gordianus Augustus, unser Herr, und Aviola Konsuln waren (239 n. Chr.). (Die Statue befindet sich im Rheinischen Landesmuseum in → Bonn. S. von Petrikovits, Auswahlkatalog. S. 54 f.)

Eine im Kastell gefundene Bronzestatuette des *Schutzgottes des Lagers* entspricht in der Grundkonzeption der Sandsteinfigur. Auch hier trägt der Genius einen um den Unterleib geschlungenen Mantel. In der Rechten hält er eine Opferschale. Das Füllhorn in der Linken fehlt. Auf dem mit langem Lockenhaar bedeckten Kopf sitzt, im Gegensatz zur Sandsteinfigur, eine Mauerkrone in der Form eines Kastells mit Ecktürmen, was den Genius als Schutzgott des Lagers kennzeichnet. Die Militärstiefel sind besonders robust gestaltet, „zweifellos mit Absicht; denn wie noch bei uns ist der Stiefel (caliga) das Symbol des schlichten, von der Pike auf dienenden Soldaten" (Doppelfeld).

Die Inschrift lautet: „In honorem domus divinae baioli et vexillari collegio Victoriensium signiferorum Genium de suo fecerunt VIIII (ante diem nonum) Kalendas Octobres Prasente et Albino consulibus. Hi XIIII (quattuordecim) de suo restituerunt". Zu Ehren des göttlichen Kaiserhauses haben die Meldereiter und Standartenträger für das Collegium der Viktoriensischen Feldzeichenträger den Genius aus eigenen Mitteln anfertigen lassen am 9. Tag vor den Kalenden des Oktobers (23. September, Geburtstag des Kaisers Augustus), als Praesens und Albinus Konsul waren (246 n. Chr.). Die folgenden vierzehn Männer haben den Genius auf eigene Kosten wiederherrichten lassen (folgt Aufzählung von je sieben Namen auf der rechten und linken Seite). – (Die Statue befindet sich in der Sammlung des Fürsten zu Wied.) Außerhalb des Lagers gefunden wurde der Sandsteinsockel eines Weihedenkmals für den *Genius der Lazarettgehilfen* des Numerus Divitiensium. Die Statue des Gottes ist verloren. Die Inschrift lautet: „In honorem domus divinae Genio capsariorum numeri Divitiensium Gordianorum Titus Flavius Processus medicus hordinarius sub Gaio Vibio Vitale prefecto numeri supra scripti dono posuit." – Zu Ehren des göttlichen Kaiserhauses hat dem Genius der Lazarettgehilfen des Numerus der Divitienser mit dem Beinamen der Gordianer Titus Flavius Processus, Militärarzt unter dem Kommando des Gaius Vibius Vitale, Kommandeur (Praefectus), des obengenannten Numerus (dieses Denkmal), als Geschenk errichten lassen.

Die capsarii sind Sanitätssoldaten, genannt nach der capsa, in der die Arzneimittel aufbewahrt wurden. Der Beiname „Gordianer" bezieht sich auf Gordianus III (238 – 244 n. Chr.) und wurde von den Divitiensern während der Regierungszeit des Kaisers getragen. „Medicus (h)ordinarius" als Bezeichnung für den Arzt eines militärischen Truppenteils kehrt häufig auf Inschriften wieder. Der medicus war in erster Linie Soldat (siehe die Inschrift von → Iversheim); es gab im römischen Heer keinen gesonderten militärischen Sanitätsdienst.

Ein weiterer bedeutender Fund aus dem Kastell Niederbieber ist ein bronzener *Porträtkopf des Kaisers Gordianus III.* (im Rheinischen Landesmuseum in → Bonn). Der Kopf weist Gußfehler und Reparaturstellen auf, die schon

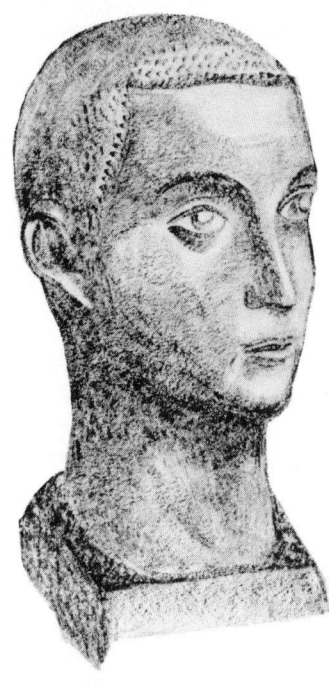

*Neuwied-Niederbieber, Kaiser Gordianus III.*

aus der Antike stammen, und gilt als die Arbeit einer örtlichen Werkstatt. Gordianus wurde im Alter von 19 Jahren ermordet. Der Kopf zeigt den Kaiser mit gereiften, männlichen Zügen, die es wahrscheinlich machen, daß er trotz seiner Jugend den Satz schreiben konnte: „Wehe dem Herrscher, vor dem man nicht die Wahrheit zu sprechen wagt."

Daß der Boden des Kastells Niederbieber immer noch Überraschungen birgt, erwies sich bei neueren Untersuchungen des Lagerdorfareals, als ein Tierkopf aus 1 mm starkem Kupferblech zutage kam. Das alle anderen Einzelfunde überragende Fundstück war „ehedem eine Reiterstandarte in Drachenform (drago), ein Feldzeichen, das im 2. Jahrhundert n. Chr. im römischen Heer eingeführt wurde und bisher nur aus Beschreibungen und Reliefdarstellungen bekannt war" (H. Eiden).

Funde aus den beiden Kastellen Heddesdorf und Niederbieber und andere römische Bodenfunde aus der Umgegend werden im **Kreismuseum**, Raiffeisenplatz, aufbewahrt. Neben Funden aus der Vor- und Frühgeschichte enthält das Museum Röntgenmöbel, Gemälde, kirchliche Kunst, Volkskunst, Gegenstände aus der Sayner Eisenhütte (1824 bis 1830 erbaut und bis 1876 von der Firma Krupp betrieben; „ein technisches Kulturdenkmal allerersten Ranges und dazu die älteste Hallenkonstruktion in Europa". Dehio, Rheinland-Pfalz, Saarland. 1972, S. 92).

Eine *Reliefkarte* von Neuwied und Umgebung (im Treppenhaus) zeigt u. a. den Verlauf des Limes und eine weitere Karte (im Saal: Römische Zeit im ersten Stock) die *römischen Wehranlagen* im Kreis Neuwied (Limes, Wachttürme, Kastelle).

Über *Daten zur römischen Geschichte* der Neuwieder Gegend informiert eine Wandtafel.

*Übersichtskarten* veranschaulichen die Grabungsergebnisse in den Kastellen Heddesdorf und Niederbieber.

In Schaukästen ausgestellte Kleinfunde aus den beiden Kastellen umfassen:
*Römische Keramik* (Terra-Sigillata-Gefäße, Lampen); Gürtelzunge; Griffel; Spielsteine; Merkurstatuette; Fibeln; Waagen; Bronzebügel; Bronzebuchstabe „R"; Schloßbeschlag; Schlüssel; mehrere Rasiermesser (eines mit Scheide und Griff in der Form eines Löwenkopfes); Löffel; ein Augenbadgefäß; Signumscheibe und Kohortenabzeichen („COH V"), möglicherweise Teil des Abzeichens der Cohors VII Raetorum, die dem ihr unterstellten Numerus in Niederbieber von ihrem Lager bei Niederberg (→ Koblenz-Ehrenbreitstein) zu Hilfe eilte; Waffenteile und Werkzeuge, darunter Feile, Scheren, Hobeleisen, Bohrer, Dübel, Dolch, Speerspitze; Hufschuhe; Kandare; Hufeisen.

*Nachbildung eines Helmes* und der *bronzenen Geniusfigur* des Lagers von Niederbieber.

Teile von *Holzpfosten*, die im Rhein bei Urmitz gefunden wurden; sie gelten als Überreste der Brücke, die Caesar 55 v. Chr. über den Rhein schlug.

Unter den Gegenständen aus der Sayner Eisenhütte (Raum links vom Eingang) befindet sich ein Bronzeabguß der → *Igeler Säule* nach einem Modell des Modelleurs H. Zumpf, der zusammen mit dem Zeichner Carl Osterwald das Monument im Jahre 1829 von einem Gerüst aus studiert und Zeichnungen angefertigt hatte, die noch im gleichen Jahr veröffentlicht wurden; Goethe schrieb dazu ein Vorwort (E. Zahn, Die Igeler Säule bei Trier, S. 6).

Im Ortsteil **Oberbieber** steht auf dem Wingertsberg, in der Nähe eines Wildschutzparks, ein rekonstruierter römischer **Limeswachtturm**. Der Turm soll an die römische Vergangenheit der Gegend erinnern und ist lohnendes Ausflugsziel bei Wanderungen durch die ausgedehnten Hochwälder, denen das nahe Rengsdorf seinen Ruf als Luftkurort verdankt.

# NIERSTEIN

Die Wurzeln der Stadt gehen auf die römische Siedlung Buconica an der Straße zwischen Mainz und Worms zurück. Während Nierstein heute durch die Qualität seiner Weine einen weit über den engeren Heimatbezirk hinausgehenden Ruf besitzt, war das römische Nierstein ein offenbar nicht unbedeutender Badeort. Dies ergab sich, als im Jahre 1802 durch einen Zufall eine seit eineinhalb Jahrtausenden verschüttete Heilquelle wieder entdeckt wurde. Bei ihrer Freilegung fand man eine römische Quellfassung, zahlreiche römische Münzen, Trümmer von Bauwerken, ein Becken, sowie Holzbalken und Dachziegel, die auf einen

Schutzbau über der Quelle hindeuteten. Das wichtigste Zeugnis für die Bedeutung der Brunnenanlage als Heilbad war ein bei der Quelle aufgefundener Weihealtar, den die Römerin Iulia Frontina offenbar aus Dankbarkeit für ihre Genesung in Erfüllung eines Gelübdes dem Götterpaar Apollo und Sirona gewidmet hatte („Deo Apollini et Sironae Iulia Frontina votum solvit libens laeta merito").

In Gemeinschaft mit Sirona, einer keltischen Mutter-, Fruchtbarkeits- und Quellgöttin, ist Apollo Heil- und Gesundheitsgott. Das Götterpaar ist häufig auf römischen Inschriften in der Nähe von heilkräftigen Quellen bezeugt (→ Bitburg, um nur ein Beispiel zu nennen).

Die bei der Quelle als Opfergaben für die Heilgottheiten niedergelegten Münzen reichen von Domitian (81–96) bis zu Postumus (258–268) und lassen den Schluß zu, daß die Heilquelle bis in die zweite Hälfte des 3. Jahrhunderts benutzt wurde.

Bald nach ihrer Entdeckung wurde die Brunnenanlage nach römischem Vorbild rekonstruiert. Der Weihealtar der Iulia Frontina wurde in einer Nische am Fundort wieder aufgestellt.

Die als „Sironabad" bezeichnete Anlage steht mit dem Restaurant „Sironahof" am Südausgang des Ortes in Verbindung und kann dort besichtigt werden.

# O

**OBERNBURG am Main**

Wer in Obernburg die Römerstraße entlang geht, befindet sich auf der Hauptstraße (via principalis) des römischen Hilfstruppenkastells Nemaninga. Zusammen mit → Stockstadt und Niedernberg schützte das Kastell die „nasse" Reichsgrenze, die zwischen → Großkrotzenburg und → Miltenberg vom Main gebildet wurde. Der Bau des Kastells war eine Defensivmaßnahme zur Verstärkung der Mainlinie, als sich unter Kaiser Trajan (98–117 n. Chr.) der Schwerpunkt der offensiven Reichspolitik nach Osten und zur unteren Donau verlagerte, während man im Westen auf Konsolidierung und Sicherung der in flavischer Zeit erzielten Geländegewinne bedacht war.

Das auf einer Hochterrasse gegenüber der Einmündung der Elsava in den Main gelegene Steinkastell beherrschte eine Mainfurt und die am Main entlang führende Heerstraße, von der südlich des Kastells eine Straße in das Mümlingtal abzweigte. Mit einer Fläche von 2,9 ha und einem rechtwinkeligen, an den Ecken abgerundeten Grundriß entsprach das Kastell dem üblichen Schema eines Kohortenkastells. Seine Front war nach dem Fluß zu ausgerichtet; dort lag die porta praetoria. Alle vier Tore hatten zwei Durchfahrten und waren von nach außen vorspringenden Türmen flankiert. An der Nord-, Süd- und Westseite standen Zwischentürme. Das Lager war auf drei Seiten von einem Schutzgraben umgeben; er fehlte auf der Mainseite, da hier die Böschung zum Fluß genügenden Schutz bot.

Von den Innenbauten konnten die principia festgestellt werden; sie zeigten die von Auxiliarkastellen her bekannte Gliederung in Vorhalle mit anschließendem Innenhof und Flügelräumen zu beiden Seiten, dahinter ein kleiner Hof mit dem Fahnenheiligtum in der Mitte der Rückseite. Ausgrabungen im Jahre 1967 brachten gut erhaltene Heizungsanlagen zutage.

Als Besatzung des Kastells ist durch eine Reihe von Inschriften die Vierte teilweise berittene Aquitanierkohorte römischer Bürger bezeugt (die Kohorte hatte vorher im Kastell → Friedberg gelegen); sie blieb bis zur Aufgabe des Kastells um 259/60 in Obernburg. Zwei der Inschriftsteine (im Museum in → Aschaffenburg) nennen als Kommandeur den Praefekten Lucius Petronius Florentinus aus Saldas in Italien. Ein dritter Weihestein des gleichen Stifters ist in der Außenmauer des Hauses Nr. 142 an der Hauptstraße eingemauert. („Iovi Optimo Maximo Lucius Petronius Florentinus domo Saldas praefectus cohortis IIII Aquitanorum equitata civium Romanorum votum solvit libens" – Dem Jupiter, dem Besten und Größten, hat Lucius Petronius Florentinus, Kommandeur der teilweise berittenen Aquitanierkohorte römischer Bürger, diesen Stein in Erfüllung eines Gelübdes gerne errichtet.)

Der Kohorte war ein numerus von Brittonen mit einer Kundschafterabteilung angegliedert (numerus Brittonum et exploratio Nemaningensis). Das Numeruskastell lag auf dem Gelände des heutigen Friedhofs; die Besatzung war aus den im Tal der Mümling (von Nemaninga) angesiedelten Brittonen rekrutiert.

Bei Ausschachtungsarbeiten im Jahre 1954 für eine Tankstelle vor dem oberen Tor an der Südseite des Kastells wurde eine Polizeistation zur Kontrolle und Sicherung der Limesstraße entlang des Mains aufgedeckt. An der Grabungsstelle fanden sich mehrere Weihealtäre; ihre Stifter waren Benefiziarier („beneficiarii consularis"), dem Provinzstatthalter (consularis) von Obergermanien unmittelbar unterstellte, mit straßenpolizeilichen Aufgaben betraute Legionäre der VIII. Legion Augusta aus Straßburg und der XXII. Legion Primigenia pia fidelis aus Mainz. (Die Steine befinden sich im Museum, s. u.) Bei Obernburg überschnitten sich offenbar die Militärbezirke der beiden Legionen. Nach den Inschriften wurden die Altäre jeweils am 13. Januar und 15. Juli geweiht; wahrscheinlich lösten sich an diesen Tagen die Wachmannschaften ab.

Das Lagerdorf entstand zu beiden Seiten der aus dem Kastell führenden Straßen. Nach Funden zu schließen, entwickelte sich der Ort zu einem blühenden Handelsplatz. Die Einwohnerzahl wird auf zweitausend geschätzt. Straßen- und Flurnamen im heutigen Obernburg wie „Römergäßchen", „Römergrund", „Auf der alten Mauer" erinnern an die römische Siedlung und lassen noch heute ihre Ausdehnung erkennen. Hinweise auf ein Heiligtum des persischen Lichtgottes Mithras wurden in der St. Annakapelle gefunden. Auch haben sich Überreste anderer römischer Tempel feststellen lassen.

Das Kastell war bei einem Chatteneinfall im Jahr 162 zerstört worden, wurde aber im gleichen Jahr wiederaufgebaut (s. die Bauinschrift im Museum). Wie alle anderen Kastelle am Main wurde auch Nemaninga aufgegeben, nachdem die Alamannen 259/60 den → Limes überrannt hatten. Bei der Wiederbesiedlung des Ortes im 4. und 5. Jahrhundert vermieden die alamannischen Eroberer zunächst das Kastellgelände. Erst die mittelalterliche Stadt dehnte sich über das Kastell aus. In den Straßenzügen der Obernburger Altstadt sind die Straßen des römischen Kastells noch weitgehend erhalten.

Funde aus dem römischen Obernburg, soweit sie nicht nach Aschaffenburg verbracht wurden, werden im **„Römerhaus Obernburg"**, dem Heimatmuseum beim Rathaus, einem 1953 für Museumszwecke umgebauten alten Fachwerkgebäude, aufbewahrt. Über das Museum unterrichtet die Schrift von Josef Michelbach „Römerhaus Obernburg. Funde aus dem Kastell Obernburg. 1954." Die folgenden Bemerkungen sind als Einführung und als Ergänzung zu dieser Schrift gedacht.

An der Wand rechts vom Eingang zum Ausstellungsraum (nach Durchschreiten eines kleinen Vorraums) ist über der Vitrine die reichornamentierte *Bauinschrift* aus dem Jahre 162 n. Chr. angebracht. Sie wurde 1921 in der Umgebung der principia gefunden und lautet: „Imperatori Caesari Marco Aurelio Antonino Augusto Pontifici Maximo consuli III et Imperatori Caesari Lucio Aurelio Vero Augusto tribunicia postestate II consuli II Cohors IIII Aquitanorum equitata civium Romanorum" – Dem Kaiser Marcus Aurelius Antoninus Augustus, dem Oberpriester, in seinem dritten Konsulat, und dem Kaiser Lucius Aurelius Verus Augustus, im zweiten Jahr seiner tribunizischen Amtsgewalt, in seinem zweiten Konsulat. Die Vierte teilweise berittene Aquitanierkohorte römischer Bürger.

Marcus Aurelius regierte von 161 bis 180 n. Chr.; sein Adoptivbruder Lucius Verus war Mitkaiser bis 169.

*Fundgegenstände in der Vitrine* (obere Reihe): Ziegel mit Kohortenstempel; mit Abdruck eines Nagelschuhs; Terra-Sigillata-Schälchen mit eingezogenem Spitzboden aus La Graufesenque (Südgallien) und dem Stempel des Töpfermeisters Fuscus; eingeritzt an der Seite ist der Name des Besitzers Senecio, wahrscheinlich ein Soldat; Terra-Sigillata-Reibschale mit Ausguß in der Form eines Löwenkopfes; Faltenbecher; Balsamarium; Parfümschale; Henkelkrug der rot bemalten oder gefirnißten sog. „Wetterauer Ware" des ausgehenden 1. und beginnenden 2. Jahrhunderts n. Chr.; Saucierensatz; Gebrauchskeramik; ein im frühen 3. Jahrhundert n. Chr. in Trier hergestelltes Vorratsgefäß.

Untere Reihe: Amphorenbruchstücke; Lampe; Terra Sigillata aus → Rheinzabern mit Graffiti; Schleuderkugeln mit abgeplatteten Stellen zum Festhalten der Kugeln auf dem Schleuderlöffel; Eisengeräte (Nägel, Hufeisen, Schlagmesser).

*An der Ostwand:* Relief der Victoria; Ziegelplattengrab in Hausdachform mit Grabbeigaben; Relief des Apollo mit der Leier, eines der wenigen Bildnisse aus dem römischen Deutschland, das den Gott in seiner ursprünglichen Bedeutung mit seinem musischen Attribut darstellt; er wurde hauptsächlich als Heil- und Gesundheitsgott in der keltischen Gestalt des Apollo Grannus verehrt; Sockel einer Herkulesstatuette; ein Säulenkapitell, das auf ein größeres Gebäude im römischen Obernburg schließen läßt; Karte des römischen Weltreichs; Schaubilder des Limes; eine Rekonstruktionszeichnung des Obernburger Kastells.

*In der Mitte des Raumes:* Unter Glas ein *Modell* des Kastells mit Lagerdorf und Friedhof. Die auf der Glasplatte eingezeichneten schwarzen Linien zeigen die spätmittelalterliche Stadtbefestigung, die weißen Linien den Verlauf der via principalis und einer zum Main führenden Kastellstraße. Vor dem Schaukasten: *Überreste einer Jupitergigantensäule*, 1959 aus einem römischen Brunnen geborgen. Dargestellt ist ein bärtiger Jupiter zu Pferde; er greift mit seinem linken Unterarm durch ein dreispeichiges Rad. Die Beigabe eines Rades als Attribut verbindet Jupiter eindeutig mit dem keltischen Himmels-(Rad-)Gott Taranis (Taranucnus) (Kellner). (S. a. Museum in → Alzey.) einem Bildnis des thronenden Jupiter ist ein Rad auf der linken Thronwange eingemeißelt.)

Die Hauptattraktion des Museums bilden die *Steinmonumente* an der Westseite.

In der Ecke links neben dem Eingang: *Grabstein des Ateius Genialis* aus Trier mit der Darstellung des Totenmahles. Die Inschrift lautet: „Dis Manibus. Ateius Genialis civis Treveris heres filius posuit" – Den Totengöttern. Ateius Genialis, ein Trierer Bürger, liegt hier begraben. Sein Sohn und Erbe hat ihm diesen Grabstein gesetzt. – Der Verstorbene hatte sich in der bürgerlichen Siedlung des Kastells wohl als Händler (von Moselwein?) niedergelassen und eine Familie begründet. Das Relief zeigt ihn auf dem Speisesofa (Kline) liegend; links ein Diener mit Serviertuch über dem Arm und einem Krug, den er zum Nachschenken bereithält; unter dem Speisesofa ein Henkelkrug und eine Viereckflasche. Auf der Tischplatte (zur besseren Sicht von oben dargestellt) liegen verschiedene Speisen.

Über der Nische links und rechts ein Löwenhaupt, in der Mitte eine Sphinx, beides Symbole der Macht des Todes und zugleich Grabwächter und Beschützer vor Dämonen. Die unterhalb der Inschrift dargestellten Hirsche mit einem stark stilisierten Baum dürften als Sinnbilder für die Darstellung eines Waldes gedacht sein. Eine ähnliche Totenmahlszene ist auf dem außerhalb des Raumes vor dem rückwärtigen Eingang aufgestellten Grabstein des Girisonius Cibitilius dargestellt.

Die sechs längs der Wand stehenden *Benefiziarieraltäre* wurden 1975 auf der in Köln veranstalteten Ausstellung „Das neue Bild der alten Welt" gezeigt, ein Beweis für ihren hohen Rang unter den kulturgeschichtlich bedeutsamen Neufunden in Deutschland aus der Zeit zwischen 1945 und 1975. Schon die meisterhaft ausgeführten Schriftzeichen der capitalis quadrata fesseln den Betrachter. Auch inhaltlich bieten die Inschriften manches Interessante. Bis auf einen sind die Altäre in erster Linie dem höchsten Gott Jupiter gewidmet. Die Ausnahme bildet der Altar des Gaius Sanctinius Mercator, der allen Göttern und Göttinnen („dis deabusque omnibus") geweiht ist. Mit dieser umfassenden Formel wollte der Stifter offenbar das Risiko vermeiden, durch Auslassen einer Gottheit deren Zorn zu erregen.

Unter den anderen Göttern, die mit der Stiftung eines Altars günstig gestimmt werden sollten, befindet sich der am Ort mächtige Schutzgeist („genius loci"), ferner Juno und Minerva, die zusammen mit Jupiter die kapitolinische Dreiheit bildeten und als oberste Gottheiten im Reich verehrt wurden. Manche fügten, ähnlich dem Beneficiarier Mercator, alle übrigen Götter und Göttinnen hinzu („ceterisque diis deabusque immortalibus"). Der Reliefschmuck an den Schmalseiten der Altäre besteht vor allem aus Symbolen, so dem Blitzbündel des Jupiter und Globus und Füllhorn als Zeichen für die Wohlfahrt des Erdkreises. In einem Fall sind der Kriegsgott Mars und die Siegesgöttin Victoria dargestellt.

Stifter des an der Rückwand aufgestellten *Votivsteins für Jupiter Dolichenus* (dem als Jupiter verehrten Ortsgott (Baal) von Doliche in Syrien) sind Angehörige eines Arbeitskommandos der XXII. Legion, die eine Zeitlang in Obernburg für Holzarbeiten („in lignariis") stationiert waren. In den „lignaria" (Holzhöfen) eines Kastells wurden von der Truppe benötigte Hölzer (zum Bau von Brücken, Baracken, zur Herstellung von Wurfmaschinen, zur Heizung der Quartiere und Bäder) aufgestapelt.

Zu den Arbeiten der „vexillatio agentium in lignariis", wie das Arbeitskommando in der Inschrift genannt wird, gehörte sicherlich auch das Bäumefällen in den benachbarten Wäldern. Reliefs an den Seiten des Weihesteins zeigen das Blitzbündel, Attribut Jupiters, und den Steinbock, das Abzeichen der XXII. Legion (s. Museum in → Wiesbaden).

*Diadomenus,* dessen Grabstein außerhalb des Raumes aufgestellt ist, war nach der Inschrift der Sohn eines Freigelassenen und Pflegesohn und Lieblingssklave für 16 Jahre („alumno vernae delicato suo annorum XVI") des Stifters des Grabsteins, des centurio in der VIII. Legion Augusta, Ulpius Vannius. Der Inschrift ist die Klausel beigefügt: „Hoc monumentum heredem non sequetur" (dieses Grabmal soll keinem Erben zufallen; siehe auch Poblicius-Grabmal im Museum in → Köln). Damit sollte die Veräußerung der Grabstelle vermieden werden.

## OBERRIEXINGEN

Die altertümliche Stadt bietet in ihrem neuen Teil eine Sehenswürdigkeit besonderer Art. Bei Ausschachtungen für Neubauten in der Weilerstraße in den Jahren 1957/58 kamen die Grundmauern eines römischen Gutshofs (villa rustica) zutage. Dem Landesdenkmalamt Baden-Württemberg in Stuttgart gelang es noch rechtzeitig, einen Teil des Kellers der Villa vor der Zerstörung durch die Baggermaschinen zu bewahren. Daß die römischen Baureste konserviert und der Öffentlichkeit zugänglich gemacht werden konnten, ist das Verdienst des Altbürgermeisters Louis Geiger, der das Grundstück kurzerhand erwarb, als die Erhaltung der archäologisch wertvollen Baureste gefährdet schien. Die Anlage wurde dem Württembergischen Landesmuseum in Stuttgart als Zweigmuseum angegliedert.

Nach dem Befund bestand die Villa aus einem rechteckigen Hauptbau, dem eine überdachte Säulenhalle (porticus) mit zwei vorspringenden Eckbauten (Risaliten) vorgesetzt war, ein Haustyp, der von vielen Beispielen in den gallischen und germanischen Provinzen und anderen Teilen des römischen Reichs her bekannt ist. Die Villa erstreckte sich mit einer Länge von 40,5 m über die gesamte Fläche der drei Häuser Weilerstraße 12, 14 und 16 und deckte mit ihrer Breite die Weilerstraße. Die Vorderfront mit der Portikusfassade war nach der heutigen Stadt zu ausgerichtet und lag etwa in der Linie der rückwärtigen Bauflucht der drei genannten Häuser. Der Säulengang war unterkellert; das erhaltene Kellerstück grenzte an den südlichen Eckflügel. An der Südwestecke des Hauses wurde eine Hypokaustanlage, die Heizung der Villa, entdeckt. Die Villa wurde offenbar im 3. Jahrhundert n. Chr. durch Feuer zerstört. Mehr läßt sich über ihr Schicksal nicht aussagen. Wem sie gehörte, ist unbekannt. Inschriften wurden nicht gefunden.

Weitere Einzelheiten des Bauwerks sind in Ph. Filtzingers Faltblatt „Der römische Weinkeller Oberriexingen" beschrieben. Nähere Angaben enthält auch eine Tafel im Keller selbst. Sie ermöglichen es dem Besucher, zusammen mit einer Rekonstruktionszeichnung, ein genaues Bild von der Villenanlage zu gewinnen.

*Oberriexingen, Weinkeller*

Der Reiz, einen für seine ursprüngliche Funktion als Lagerraum für Lebensmittel wiederhergestellten Keller eines römischen Gutshauses zu besichtigen, mit sorgfältig gefertigtem Mauerwerk, Wandnischen, schräg nach oben verlaufenden Lichtschächten und einem für römische Keller charakteristischen Steintisch zum Abstellen von Lebensmitteln oder Lichtern – dieser Reiz wird erhöht durch ein dem Keller vorgelagertes kleines **Museum**. Zunächst wurden dort römische Fundgegenstände aus der Zeit der Villa (2. und 3. Jahrhundert) aufbewahrt. 1972 wurde das Museum durch vier der Darstellung des *Weinhandels und Weinbaues in rö-*

*mischer Zeit* gewidmete *Dioramen* erweitert. Die Dioramen wurden von R. Probst, dem Schöpfer des Zinnfigurendioramas „Römer und Germanen am Limes" im Limesmuseum von → Aalen, entworfen und in Gemeinschaft mit Willy Müller-Gera in einer neuen Technik von geschnittenen Figuren und Malereien zu kleinen Meisterwerken lebendiger Darstellungskunst gestaltet.

Die Dioramen zeigen folgende Szenen:
1. *Mittelmeerhafen*: Umschlagplatz des italienischen und spanischen Weins für die nördlichen Provinzen des Imperiums (Gallien, Germanien, Britannien);
2. *Weinlese*: die Trauben werden mit dem Rebmesser geschnitten und in Weinlesekörben zum Wagen gebracht;
3. *Ein römischer Gutshof*: Einbringen der Weinernte, Keltern (drei Männer keltern die Trauben durch Treten in einem großen Behälter, aus dem der Most durch drei löwenkopfförmige Schnauzen in davor aufgestellte Gefäße fließt); der Most wird in Fässern gelagert.
4. *Weinhandel und Weinfest*: der Wein wird in Fässern und Amphoren zu Wasser und zu Lande versandt.
Ferner sind ausgestellt: Kunststeinnachbildung eines Reliefs des Gottes Silvanus-Sucellus, Schutzpatron der Winzer; der Gott ist dargestellt mit einem Winzermesser in der erhobenen Rechten; zwei römische Winzermesser aus Eisen; römische Weinamphore von der Ladung eines an der Mittelmeerküste untergegangenen Weintransportschiffes;
*Landkarten*: Weintransport von Massilia (Marseilles) in die gallischen und germanischen Provinzen; römische Siedlungen an der Enz (die Karte zeigt die Bedeutung von Oberriexingen als Enzübergang im Zug der Hauptverkehrsstraße von den westlichen Provinzen des Reichs zu den Donauprovinzen); römische Siedlungen in Südwestdeutschland.
In zwei *Wandvitrinen*: Kleinfunde von württembergischen Fundplätzen (römische Terra-Sigillata-Trinkbecher, bronzene Weinkanne, Weinschöpfer (colum vinarum), Bronzekessel, Küchen- und Tafelgeschirr aus Terra Sigillata; der Gebrauch dieser Gegenstände wird durch Fotos zeitgenössischer Darstellungen eines Familienmahles und einer Küchenszene auf der → Igeler Säule veranschaulicht. Ein Foto des Neumagener Weinschiffs (im Museum in → Trier) ergänzt das Bild vom Leben im römischen Deutschland, wie es die Familie kannte, die hier wohnte und in dem Keller nebenan ihre Vorräte an Wein und Lebensmitteln aufbewahrte.

Man erreicht den „Römerkeller" (so auf Hinweisschildern im Ort bezeichnet), indem man sich nach Überqueren der Enz nach rechts wendet. Hinweisschilder führen weiter.

## ÖHRINGEN

Schon im 18. Jahrhundert hatte der hohenlohische Archiv- und Regierungsrat Christian Ernst Hansselmann (1699–1775), der „erste Erforscher des Limes in Württembergisch Franken", im Osten und Nordwesten der Stadt zwei römische Auxiliarkastelle entdeckt. Sie konnten bei späteren Untersuchungen als Kastelle des äußeren oder vorderen → Limes, der zur Zeit des Kaisers Antoninus Pius (138–161) angelegt worden war, identifiziert werden. Die Kastelle lagen in der Mitte der schnurgraden Limesstrecke zwischen Walldürn und Welzheim.
(Der etwa 8 km südlich von Öhringen am Nordrand der Beckemer Ebene gelegene „berühmte sechseckige Steinturm" gilt als ein wichtiger Punkt für die Vermessung dieses gradlinigen Limesabschnittes. „Möglicherweise nahm die Vermessung von dort ihren Ausgang" (A. Böhme).
Die Turmruine wurde 1932 wieder instand gesetzt. Es wird angenommen, daß der Turm wegen der ungewöhnlichen Größe und Dicke der erhaltenen Mauern höher war als die anderen Türme am Limes. Die Ruine ist von der Straße Öhringen—Pfedelbach—Mainhardt her zu erreichen. Man biegt kurz vor Untergleichen nach links zur Saatschule ab und verfolgt von dort ungefähr 600 m einen nach Nordosten führenden Fußweg.)
Die beiden Kastelle (jetzt als Bürg- oder Westkastell und Rendel- oder Ostkastell bezeichnet) waren für Kohorten bestimmt, denen kleinere Einheiten, sogenannte numeri, zu Aufklärungszwecken unterstellt waren. (Die ungewöhnliche Konzentration von Hilfstruppen in Öhringen dürfte, wie Baatz annimmt, durch die Nähe germanischer Siedlungen bedingt gewesen sein.)
Als Besatzung der Kastelle sind die Cohors I Helvetiorum (sie lag vorher im Kastell Heilbronn—Böckingen) und die Cohors I Septimiana Belgarum durch Inschriften bezeugt. Durch Ziegelstempel sind ein Numerus Brittonum Murrensium (nach ihrem Siedlungsgebiet an der Murr benannt), ein Numerus Brittonum Cal (...) und ein Numerus Aurelianensium bekannt (vermutlich aus der Bevölkerung der Umgegend der Kastelle rekrutiert).
Die Frage der Verteilung der Truppen auf die beiden Kastelle ist ungeklärt (vgl. dazu im einzelnen Schönberger in Zabernführer Bd. 24 S. 119 ff.). Wie ihr Beiname besagt, war die Erste Belgerkohorte zur Zeit des Kaisers Septimius Severus (193–211) aufgestellt worden; sie hatte vorher in Mainz gelegen. Die erste Besatzung in Öhringen wird demnach die 1. Helvetierkohorte gewesen sein, unterstützt vom Numerus der Murrensischen Brittonen, der ihr schon in Heilbronn—Böckingen zugeteilt war (Baatz).
Die Kastelle waren zunächst in Holzbauweise errichtet worden und erhielten erst in späteren Bauphasen steinerne Umwehrungen. Von einem größeren Bauwerk, einer Wasserzuleitung zum Westkastell, berichten Inschriften auf Altären, die im Jahre 1911 in einem 16,40 m tiefen römischen Brunnen bei Ausschachtungsarbeiten für das Städtische Krankenhaus gefunden wurden. Die Altäre, so wird angenommen,

standen in einem Nymphaeum der principia (Stabsgebäude).

Wie sich aus der Inschrift eines „den Nymphen für das Wohl und den Sieg des Kaisers Commodus" gewidmeten Altars ergibt, wurde die Wasserleitung, da kein Wasser vorhanden war („quod aqua non esset"), erstmals im Jahre 187 angelegt, und zwar auf Befehl des kaiserlichen Statthalters der Provinz Obergermanien, Clemens Dextrianus, („iussu Clementis Dextriani legati Augusti pro praetore") – die Entscheidung über größere Bauvorhaben lag beim Provinzstatthalter – durch den centurio der VIII. Legion Iulius Demetrianus („induxit per Iulium Demetrianum centurionem legionis VIII Augustae piae fidelis constantis Commodae") auf einer Strecke von x Fuß (die Zahl der „pedes" ist auf der Inschrift nicht ausgefüllt). Leider hat es der Legionscenturion auch unterlassen, die seinem Befehl unterstellte Bautruppe zu nennen. Es kann sich um ein Arbeitskommando der Legion, aber auch um einen Numerus gehandelt haben, sicherlich nicht um eine Kohorte, die regelmäßig von einem praefectus kommandiert wurde. (Der in der Inschrift genannte Clemens Dextrianus hatte als Kommandeur der III. Italischen Legion und Statthalter der Provinz Rätien um 179/80 die Legionsfestung Castra Regina ([→ Regensburg] erbaut.)

Im Jahre 231 wird die Leitung, die nach dem regierenden Kaiser Severus Alexander „aqua Alexandriana" genannt wird, erneuert und am 23. Juli eingeweiht, wie sich aus der Inschrift auf einem zu Ehren des göttlichen Kaiserhauses errichteten Altar ergibt, und zwar „für die 1. Belgerkohorte Septimiana", die jetzt ebenfalls zusätzlich den Beinamen „Alexandriana" führt. Als für den Bau verantwortlich werden in der Inschrift der Provinzstatthalter (consularis) Sextus Catius Clementinus Priscillianus, der wohl auch hier das Vorhaben angeordnet hatte („sub cura") und der Kommandeur (praefectus) der Kohorte L. Valerius Optatus genannt. Die auf Severus Alexander hinweisenden Beinamen wurden nach der Ermordung des Kaisers (235) in der Inschrift getilgt. Die Leitung wurde offenbar während des Alamanneneinfalls 233 zerstört. Im Jahre 241 wird sie erneut wiederhergestellt.

Darüber berichtet ausführlich die Inschrift auf einem den nie versiegenden Quellnymphen („Nymphis perennibus") zu Ehren des göttlichen Kaiserhauses gewidmeten Altar. Die Leitung heißt jetzt nach dem 241 regierenden Kaiser Gordian III (238–244) „aqua Gordiana". (Auch die Erste Belgerkohorte hat den Beinamen „Gordiana" erhalten.) Wie in der Inschrift ausgeführt wird, war die Leitung lange Zeit unterbrochen gewesen („multo tempore intermissa"). Schließlich entschloß sich der römische Ritter und Kohortenkommandeur („eques Romanus, praefectus cohortis") Gaius Julius Rogatianus, nachdem er die Entscheidung des consularis eingeholt hatte (sein Name ist in der Inschrift nur unvollständig erhalten), die Brunnen in der Kommandantenwohnung und im Garnisonbad wieder mit Wasser zu versorgen („quod alere instituit iuges puteos in praetorii...s et in balineo"). Zu diesem Zweck baute er einen neuen Aquädukt über eine Strecke von 5907 Fuß (ungefähr 1,8 km) („novo aquae ducto perduxit per pedes VDCCCCVII"). Die Leitung wurde am 4. Dezember eingeweiht.

Bei den Kastellen entstanden die üblichen Lagerdörfer von Gewerbetreibenden, Händlern und Gastwirten. Auch entwickelte sich im Bereich der heutigen Stadt eine von den beiden Kastellen unabhängige bürgerliche Siedlung, der vicus Aurelianus, der wohl nach Kaiser Marc Aurel (161–180) benannt war. Nennenswerte Baureste der Siedlung sind nicht gefunden worden; aber Angaben auf Steininschriften aus Öhringen lassen erkennen, daß der vicus ein bedeutender Handelsplatz war.

So gab es dort ein collegium convenarum, d. h. eine Berufsvereinigung von Händlern, die sich regelmäßig zur Abwicklung von Geschäften in Öhringen trafen. Die Vereinigung ist als Stifterin einer Diana- und Herkulesstatue bezeugt. Beide Statuen stammen aus dem Jahr 232 n. Chr. und kamen 1961 beim Bau einer Tankstelle ans Licht. Ferner wird auf einem im Jahr 222 zu Ehren des Kaisers Severus Alexander aufgestellten Votivstein ein collegium iuventutis genannt. Diese staatliche Vereinigung, die nach dem Vorbild Roms die männliche Jugend umfaßte, war für die ludi iuvenales verantwortlich; sie bestanden aus sportlichen und halbmilitärischen Übungen und hatten kultische Bedeutung.

Der vicus Aurelianus war sehr wahrscheinlich auch der Hauptort der „civitas Aurelia G. S.", einer mit Selbstverwaltung ausgestatteten Gebietskörperschaft (Gau); sie wird auf Steininschriften aus Hagenbach und Neuenstadt genannt. Faustinus Faventinus, der ein Standbild der Minerva (Stuttgart Lapidarium Nr. 29) auf eigene Kosten für die Bewohner des vicus Aurelianus wiederherstellen ließ („vicanis Aurelianensibus signum Minervae suo impendio restituit"), bekleidete, wie die Inschrift auf dem Sockel des Standbilds besagt, das Amt eines „quaestor". Das ist die Amtsbezeichnung des Finanzbeamten einer Munizipalverwaltung, hier wohl der civitas Aurelia.

Die Kastelle und bürgerlichen Siedlungen wurden möglicherweise schon bei dem Alamanneneinfall von 233 zerstört. Sicherlich überdauerten sie nicht den Fall des Limes 259/60.

Außer dem römischen Brunnen, der 1911 entdeckt und vor dem Städtischen Krankenhaus wiederhergestellt wurde, sind von den Kastellen und Siedlungen keine Spuren mehr sichtbar. Auf dem Gelände des Westkastells erhebt sich jetzt das Städtische Krankenhaus. Die Straße „Am Römerbad" kennzeichnet die Lage des Kastellbades.

**Weygang Museum,** Karlvorstadt 38.
Das Museum trägt seinen Namen nach dem früheren Hauseigentümer, Meisterzinngießer August Weygang, der sein Haus und seine Werkstatt der Stadt zur Einrichtung eines Museums hinterließ.

Das Museum enthält die Zinngießerei des Stifters und Sammlungen von Zinngegenständen, Fayencen, Kupfergefäßen, Steingut, eine Zunftstube u. a. Zwei Räume im Erdgeschoß sind römischen Funden gewidmet.

Die in Öhringen bei verschiedenen Gelegenheiten aufgefundenen *Inschriftsteine und Bildwerke* sind meist nur durch Nachbildungen und Fotos vertreten. Die Originale befinden sich zum überwiegenden Teil im Stuttgarter Lapidarium. Außer den Altären, die mit dem Bau der Wasserleitung des Westkastells in Verbindung stehen (s. Nr. 11, 17 und 33 im Lapidarium in → Stuttgart) sowie den ebenfalls schon erwähnten Statuen der Minerva, Diana und des Herkules gehören zu den Steindenkmälern aus Öhringen eine Weiheinschrift aus dem Jahre 169 n. Chr. von nach Öhringen zugewanderten Galliern; ein dem Wohl des Kaisers Septimius Severus, seiner Kinder und seines Hauses von der Ersten Helvetierkohorte und den numeri der Brittonen und Aurelianern gewidmeter Weihestein; die Bauinschrift einer centuria (Kompanie) der VIII. Legion, die besagt, daß eine Arbeitsstrecke (pedatura) der centuria vollendet wurde („opus perfectum"). (Das Original befindet sich im Schloßmuseum von Neuenstein.)

An Originalfunden sind ausgestellt: Relief der keltischen Pferdegöttin Epona; Relief des Vulkan; Reliefplatte mit den drei Gottheiten Merkur, Minerva und Apollo; Oberteil eines Altars.

Unter *Kleinfunden* befinden sich: Fragmente von Basaltlavamühlsteinen aus → Mayen; Dachziegel mit dem Abdruck von Hundepfoten; Bodenplatten; Wandplatten mit Rillen zum Festhalten des Mörtels; Teilstück einer hölzernen Wasserleitung (am Limes beim Bau einer Wasserleitung gefunden). Keramik: glatte und verzierte Terra Sigillata; Gebrauchsgeschirr (Schüsseln, Teller, Krüge, Reibschalen); Amphoren; Lampen; Räucherkelch für Kultzwecke; Münzen; Bronzen (Statuette eines Silens, des Merkur); Knochen von Haustieren; Modell eines Hilfstruppenlagers; Fototafeln eines 1925 in der Hallerstraße aufgedeckten römischen Kellers.

## OSTERBURKEN

Der Reisende, der mit der Eisenbahn nach Osterburken kommt, wird schon bei seiner Ankunft auf die römische Vergangenheit der Stadt aufmerksam gemacht. In der Eingangshalle des Bahnhofs ist auf einem Wandgemälde von O. Ried das Römerkastell dargestellt, dem die Stadt ihren Ursprung und teilweise ihren Namen (-burken) verdankt.

Das Kastell gehörte zu den Befestigungsanlagen des sog. äußeren oder vorderen → Limes, der um die Mitte des 2. Jahrhunderts n. Chr. unter Kaiser Antoninus Pius erbaut wurde, und lag an der gradlinigen Strecke zwischen Walldürn und dem Haghof bei → Welzheim. Die Besatzung des Kastells war die Dritte, teilweise berittene Aquitanierkohorte römischer Bürger (Cohors III Aquitanorum equitata civium Romanorum). Die Kohorte hatte vorher in → Neckarburken gelegen und war ursprünglich in → Stockstadt stationiert.

Unter Kaiser Commodus (180-192) wurde das Kastell um einen trapezförmigen Anbau für einen der Kohorte unterstellten Numerus erweitert. Die steinerne Wehrmauer des Numeruskastells umschloß einen steilen Abhang, an dessen Fuß das Kohortenkastell lag. Diese taktisch ungünstige Lage mag der Grund gewesen sein, warum in Osterburken abweichend von der Regel, daß Numeruskastelle von den Kohortenkastellen getrennt, wenn auch in deren Nähe, errichtet wurden, das Numeruskastell unmittelbar an das Kohortenkastell angeschlossen war. Mit dieser Anordnung wurde der ursprüngliche taktische Fehler weitgehend ausgeglichen (Baatz). Nach einer Bauinschrift wurde das Numeruskastell von einem Arbeitskommando der Straßburger VIII. Legion pia fidelis constans Commoda von Grund auf („a solo") neu erbaut. Es handelte sich also nicht um den Wiederaufbau einer schon früher vorhanden gewesenen Anlage. (Die Beinamen „constans Commoda" hatte die Legion als Auszeichnung für die Niederschlagung eines Aufstandes gegen Kaiser Commodus im Jahre 186 n. Chr. erhalten.) Die Besatzung des Numerus-Kastells hat sich bisher noch nicht mit Sicherheit bestimmen lassen. Es wird aber mit gutem Grund vermutet, daß bei der Aufgabe des Odenwaldlimes mit der im rückwärtigen Kastell Neckarburken stationiert gewesenen Aquitanierkohorte auch der dortige Numerus Brittonum Elatiensium nach Osterburken versetzt wurde.

Aus Münzfunden und Inschriften wird geschlossen, daß das Kastell bis gegen Mitte des 3. Jahrhunderts bestanden hat.

Das Gelände des Kohortenkastells ist vollständig überbaut. Nur das Fundament der südöstlichen Mauer ist noch erhalten. Das Innere des Numeruskastells dagegen ist frei von Gebäuden und bildet mit zwei Ehrenmalen einen dem Gedächtnis der Gefallenen gewidmeten Park. Um ihn zieht sich die weitgehend erhaltene und konservierte Wehrmauer des Kastells mit Toren und Türmen. In die Südwestecke der Kastellmauer ist die oben erwähnte Bauinschrift der VIII. Legion eingelassen. (Nachbildungen von zwei weiteren Bauinschriften befinden sich an der Südostecke der Mauer und kurz nördlich davon.) Das Kastell liegt südlich des Bahnhofs. Ein holzgeschnitztes Schild weist den Weg.

Osterburken ist der Fundort eines der berühmtesten Mithrasreliefs aus dem römischen

Deutschland; es wird im Badischen Landesmuseum in → Karlsruhe aufbewahrt. Das Kultbild stammt aus einem Mithraeum der römischen Lagerdorfsiedlung, auf deren Gelände sich die heutige Stadt erhebt. Die hervorragende künstlerische Qualität des Kultbildes läßt auf beträchtlichen Wohlstand der Siedlung schließen. Inzwischen sind in Osterburken weitere bedeutende Funde aus der römischen Vergangenheit der Stadt zutage getreten.

Bei Umbauarbeiten eines Lichtspieltheaters wurden Teile eines *Kastellbades* untersucht und durch Ziegelstempel der XXII. Legion auf die Mitte des 2. Jahrhunderts, als der Limes vorverlegt wurde, datiert. Sichtbare Reste sind nicht mehr vorhanden. Dagegen wurde ein zweites Militärbad fast vollständig ausgegraben und konserviert. Es ist in einem über der Badruine errichteten Museumsbau der öffentlichen Besichtigung zugänglich. Das zum Teil noch sehr gut erhaltene und im übrigen vorzüglich ergänzte Mauerwerk der Thermenanlage bietet ein anschauliches Bild des römischen Badevorgangs in seinen verschiedenen Phasen – Kaltbaderaum (frigidarium) mit Kaltwasserwanne (piscina) – Schwitzraum (sudatorium) – Lauwarmbaderaum (tepidarium) und Heißbaderaum (caldarium) mit Heißwasserwanne. Bauliche Einzelheiten, wie Hypokaustpfeiler, Wandhohlziegel (tubuli) zur Weiterleitung der Heißluft in den Wänden, Präfurnien (Feuerungsräume), Wasserabflußrohre u. a., verstärken den lebendigen Eindruck der Badeanlage. Ziegelstempel der VIII. Legion lassen vermuten, daß das Bad zu dem ebenfalls von der VIII. Legion erbauten Numeruskastell gehört hat.

Eine archäologische Sensation war die Entdeckung eines Benefiziarier-Weihebezirks. Nachdem man bei Tiefbohrungen für eine Straßenbrücke im Spätsommer des Jahres 1982 auf einen römischen Altarstein gestoßen war, wurden bei nachfolgenden Grabungen sieben von Nord nach Süd ausgerichtete Reihen von über 30 solcher Weihesteine aufgedeckt. Stifter der Steine waren Benefiziarier, von den niederen Diensten befreite, dem gehobenen Unteroffiziersstand angehörende, an Straßenstationen abkommandierte Soldaten der XXII. Legion in Mainz, der VIII. Legion in Straßburg und der III. Italischen Legion in Regensburg, die für die Sicherheit und den Unterhalt der Straßen verantwortlich waren. Die Steine waren den römischen Hauptgottheiten (Jupiter, Juno, Mars) sowie – die Benefiziarier waren offenbar vorsichtige Leute – „allen übrigen Göttern und Göttinnen" gewidmet. (Ähnliche Altäre sind bei einer Straßenstation in Obernburg a. M. gefunden worden.) Daß sich die Benefiziarier veranlaßt sahen, nach Beendigung ihres zeitlich begrenzten Kommandos den Göttern in Erfüllung eines Gelübdes solch aufwendige Dankeszeichen zu setzen, mag in der besonders verantwortungsvollen und vielleicht auch gefährlichen Art ihres Dienstes begründet gewesen sein. Bei Antritt ihres Dienstes wollten sie des Schutzes der Götter gewiß sein. Daß die Götter in jedem Fall den Schutz auch gewährt haben, dafür sind die Widmungen der dankbaren Stifter beredtes Zeugnis.

Die Steine des Weihebezirkes und als Spolien in der Osterburkener Kilianskirche gefundene Weihungen umfassen den Zeitraum von 174 bis 234 n. Chr. Sie zeigen, wie die Obernburger Altäre, sorgfältig ausgemeißelte Schrift und sauber gearbeitete Reliefs, beispielsweise Truppenstandarte, Adler und Stier, Opfergeräte und Blitzbündel sowie pflanzliche Ornamente. Besonders reizvoll die Darstellung eines Baumes mit Vogelnest und lebensnah in einem Altargiebel eine Spiel- oder Rechenszene, in der zwei Männer sich gegenübersitzen und ein Brettspiel oder einen Abakus zwischen sich halten. (Eine ähnliche Szene findet sich auf einem im Landesmuseum in Trier ausgestellten Reliefstein.) Einige dieser Steine besaßen noch die ursprüngliche Bemalung.

Ein besonders wichtiger Fund im Weihebezirk war eine vollständig erhaltene Benefiziarierlanze, Symbol der wegepolizeilichen Autorität der Benefiziarier. Und ebenfalls von großem Seltenheitswert: In einem kleinen Schutzhaus fand man den Altaruntersatz zur Aufnahme des Reliefbildes der „Dea Candida", einer kaum bekannten Gottheit, wenn sie auch durch eine Sitzstatue, Weihung eines Centurio der 2. Räterkohorte, für das Gebiet des obergermanischen Limes bezeugt ist (siehe → Frankfurt).

Ein dritter, außergewöhnlicher Fund in Zusammenhang mit der Aufdeckung des Benefiziarier-Weihebezirks waren hervorragend erhaltene Balken- und Schwellenbauten eines Holzbauwerks, wie sie in diesem Umfang und Erhaltungszustand für die römische Zeit noch nicht bekanntgeworden sind. Die dendrochronologische Untersuchung hat ergeben, daß es sich um Holzbauten aus der Mitte des 2. nachchristlichen Jahrhunderts handelt. Die Holzteile gehören daher offenbar zu Bauten des Lagerdorfes, das demzufolge wenige Jahre nach der Errichtung des äußeren Limes und beim Bau des Osterburkener Kohortenkastells entstanden ist.

## OTRANG, FLIESSEM-

Otrang ist der Name eines Flurdistrikts in der Gemarkung des Eifeldorfes Fließem (jetzt ein Teil der Verbandsgemeinde Bitburg-Land), mit dem eine der bedeutendsten Fundstätten des römischen Altertums im Trierer Land, eine mit Mosaiken ausgestattete römische Villa, bezeichnet wird.

# Otrang

Die Entdeckung der Villa gehört zu den Zufallsfunden, wie sie sich so häufig in der Geschichte der deutschen Provinzialarchäologie ereignet haben. 1825 grub der Eigentümer des Geländes, im Volksmund Weilerbüsch (Weiler von Villa?) genannt, unter einem Haufen von Steingeröll nach Ziegelsteinen für den Bau eines Backofens, als er auf ein Säulenfragment und bald darauf, mit Hilfe von Nachbarn, auf ein Stück Mosaikfußboden stieß. Die Entdecker hielten ihren Fund für so bedeutsam, daß sie beschlossen, die Behörden zu benachrichtigen. Der Beamte, der von der Entdeckung schließlich Kenntnis erhielt, war ein Mitglied der „Gesellschaft für nützliche Forschungen", die 1801 in Trier zunächst zur Förderung des allgemeinen Wohls begründet worden war, sich aber bald mit der Sammlung und Bewahrung von Altertümern in Trier und Umgebung befaßte. (Die Gesellschaft war entscheidend an der Erhaltung des Mosaiks der Villa in → Nennig beteiligt.) Auf Betreiben der Gesellschaft wurde das Gelände untersucht und ausgegraben. König Friedrich Wilhelm IV. von Preußen, damals noch Kronprinz, besuchte 1838 auf einer Rundreise durch die Rheinprovinz die Grabungsstätte und veranlaßte ihre Übernahme durch den preußischen Staat.

Die ersten Grabungen waren 1850 abgeschlossen. Man hatte festgestellt, daß das aufgedeckte Mosaik zu einem jener reichen und prächtigen Gutshäuser gehörte, wie man sie auch sonst im Moselland gefunden hat. Das Villengebäude lag innerhalb einer ausgedehnten rechteckigen Umzäunung, was auf die Verwendung der Gutsanlage für Viehwirtschaft hindeutet. Das zum Teil zweistöckige Gebäude besaß 66 Räume, von denen mindestens 13 mit Mosaiken ausgestattet waren. Außer einer kleinen Bronzetafel, wohl aus einem Hausheiligtum der Villa, auf der die Namen der Eheleute M. Iedussius Magnus und Iulia Iutiniana als Stifter, wie es scheint, eines Altars oder einer Statue des Lenus Mars, Landesgott der Treverer, genannt werden, gibt es keine weiteren schriftlichen Hinweise oder sonstige Überlieferungen über den Eigentümer der Villa. Es wird angenommen, daß sie Wohnsitz eines durch Viehzucht im Großbetrieb reich gewordenen romanisierten einheimischen Großgrundbesitzers gewesen ist. Wahrscheinlich war die Villa über viele Generationen im Besitz der gleichen Familie.

Die Villa ist eingehend beschrieben von H. Cüppers, „Römische Villa Otrang" (Mainz 1975). Die folgenden Bemerkungen beschränken sich auf einige Hauptpunkte.

In der Baugeschichte der Villa haben sich mehrere Abschnitte unterscheiden lassen. Das Gebäude entstand zunächst im 1. nachchristlichen Jahrhundert nach dem in den gallischen und germanischen Provinzen üblichen Schema der villa rustica mit rechteckigem Hauptbau und vorspringenden Eckbauten (Risaliten). Dazu kam eine kleine Badeanlage. In der zweiten Bauphase wurde der nordwestliche Eckbau zu einer großen Badeanlage umgestaltet. Gegen die Mitte des 2. Jahrhunderts wurde im Süden eine Portikusfassade angebaut, mit vorspringenden Eckflügeln, die in runden Aussichts- und Sonnenpavillons endeten. Der Eingang zur Villa lag im Westen und führte zu der großen Reichsstraße, die Trier mit Köln verband. Es wird angenommen, daß die Bewohner im 4. Jahrhundert angesichts der zunehmenden Unsicherheit auf dem Lande als Folge fortgesetzter Germaneneinfälle die Villa aufgaben. Die eindringenden Franken fanden das Gebäude verlassen vor. Die Anlage wurde wahrscheinlich zwischen dem 4. und 5. Jahrhundert durch Feuer zerstört.

Von den aufgefundenen Mosaiken sind vier erhalten geblieben und in Schutzbauten konserviert. Die Grundrisse der Räume zwischen diesen Bauten sind durch Ziegelstreifen markiert. Über den Resten der großen Badeanlage ist ein Fachwerkbau errichtet. Ein weiteres Gebäude dient als Restaurant und zu Verwaltungszwecken. Ein Teil der südlichen Portikusfassade ist auf den alten Grundmauern rekonstruiert. Einige der antiken Säulen wurden wieder aufgerichtet und geben der Anlage ihren südländischen Akzent. Der Rundgang beginnt in Schutzhaus 1 und 2 (gegenüber dem Verwaltungsgebäude). Das erste Mosaik befindet sich in Raum 44, einem Wohnzimmer; es besteht aus einem Muster von Pelten mit darübergebreitetem Teppich, dessen Innenmusterung aus großen und kleinen Rauten so angelegt ist, daß „die Illusion perspektivisch geschauter, plastischer Körper" erweckt wird (Parlasca). Das nächste Mosaik ist in dem runden Raum 46, ursprünglich eine nach Norden offene Halle, zu sehen. Auch dieses Mosaik hat das Aussehen eines Teppichs. Das Grundmuster besteht aus fünf Sechsecken, um die Quadrate angeordnet sind. Die Zwischenräume sind mit Dreiecken und Trapezen ausgefüllt.

Von hier führt eine Treppe in den Kryptoportikus, möglicherweise der Weinkeller des Hauses, wo ein vergitterter Luftkanal und die Hypokaustheizung unterhalb des Raumes 44 zu sehen sind.

Die beiden anderen Mosaike befinden sich im Schutzhaus 3, das man durch Raum 20 (hier auch ein Modell der Villa) betritt. Raum 23 (zur Rechten) wird als Schlafgemach gedeutet. Das bestimmende Motiv des farbigen Mosaiks in diesem Raum sind die „in fünf Schrägreihen angeordneten siebzehn Flechtbandkreise mit Rosettenfüllung" (Parlasca). Die Zwischenräume zwischen den Rosettenmedaillons werden von Spitzquadraten eingenommen.

Das größte der erhaltenen Mosaike liegt in dem als Wohn- und Speisezimmer gedeuteten Raum 19, dem eine Apsisrundung angefügt ist. Das Mosaik besteht aus einem Quadrat und dem durch eine Schwelle abgetrennten Apsidenteil. Die Quadrat- und Apsismosaike sind aus reichgegliederten geometrischen und sternförmigen Mustern zusammengesetzt. Abweichend davon zeigt das Mosaik der Schwelle Rankenwerk mit Darstellungen von Tieren: links ein Löwe, der einen Wildesel verfolgt, rechts eine vor einem Panther fliehende Antilope. Als Füllfiguren dienen zwei Eichhörnchen in der Mitte, eine Eule rechts und ein Kranich links. Von Raum 22 führt eine Treppe zu einer Feuerstelle für eine Heizungsanlage.

Zwischen Schutzhaus 3 und 4 (dem Fachwerkbau über der großen Badeanlage) befindet sich eine unter einem Schutzdach erhaltene Klein- und Einzelwanne für Kaltwasser (auch Kinderbad genannt).

Man betritt die große Badeanlage in Schutzhaus 4 durch den Umkleideraum (apodyterium). Rechts das Kaltbad (frigidarium), links das Warmbad (caldarium) und, durch Wandhohlziegel (tubuli) gekennzeichnet, das Heißbad (sudatorium).

Der Rundgang endet mit dem Aufstieg über die Treppe zu dem freien Platz, der eine Übersicht über die gesamte Anlage gewährt. (Dort auch ein neuerbautes Schutzhaus über dem sog. Gesindebad.)

Man sollte nicht versäumen, von dem Weg unterhalb der Südfassade einen Blick auf die Villa an der Hanglage zu werfen. Von dort läßt sich leicht eine Vorstellung von dem Aussehen des Bauwerks in römischer Zeit gewinnen. Von der wiederaufgebauten Säulenhalle aus sieht man das Wiesental und die Wälder mit dem Auge des Besitzers, der sich diesen Ort als Wohnstätte aussuchte. Wenig mag sich seitdem hier geändert haben. Kühe weiden wie ehedem auf den Wiesen. In der Stille der verzauberten Landschaft fühlt man sich wie kaum an einem anderen Ort des römischen Deutschlands mit den Menschen verbunden, die vor fast zweitausend Jahren hier gelebt und gewirkt haben. Der Zugang zur Ausgrabungsstätte biegt von der B 257 ungefähr 4 km nördlich von Bitburg nach Osten ab.

# P

## PAUSSAU

Der Name der Stadt ist das Vermächtnis einer Truppe des römischen Heeres. Er leitet sich von „castra Batava", auch „Batavis" (bei den Batavern) her. So hieß ein Kastell der 9. teilweise berittenen, eintausend Mann starken Bataverkohorte (Cohors IX Batavorum milliaria equitata), von dem die Geschichte der Stadt ihren Anfang nahm.

Die Bataver waren ein germanischer Stamm an der Rheinmündung und seit den Zeiten des Kaisers Augustus (30 v. Chr. bis 14 n. Chr.) Bundesgenossen der Römer. Ein erfolgloser Aufstand unter ihrem Führer Iulius Civilis 69/70 n. Chr. blieb Episode. Die Bataver waren loyale Anhänger der Römer bis ans Ende der römischen Herrschaft und leisteten in mehreren Auxiliarformationen Militärdienst für Rom. (Aus Tacitus, Germania, c. 29, erfahren wir, daß den Batavern „die Ehre und die Auszeichnung alter Waffenbrüderschaft mit Rom geblieben ist. Kein Tribut erniedrigt sie, und kein Steuerpächter saugt sie aus".)

Das Kastell im heutigen Stadtgebiet von Passau auf der schmalen Landzunge zwischen Donau und Inn wurde für die Neunte Bataverkohorte um 140 n. Chr. im Zuge einer allgemeinen Verstärkung der Befestigung an der rätischen Donaugrenze angelegt. Die Truppe ist unter der Bezeichnung Cohors IX equitata Batavorum milliaria exploratorum durch eine Weiheinschrift auch für das Kastell Biriciana (→ Weissenburg) bezeugt.

Reinecke nimmt an, daß die Kohorte einige Zeit in Weißenburg gestanden hatte und von dort

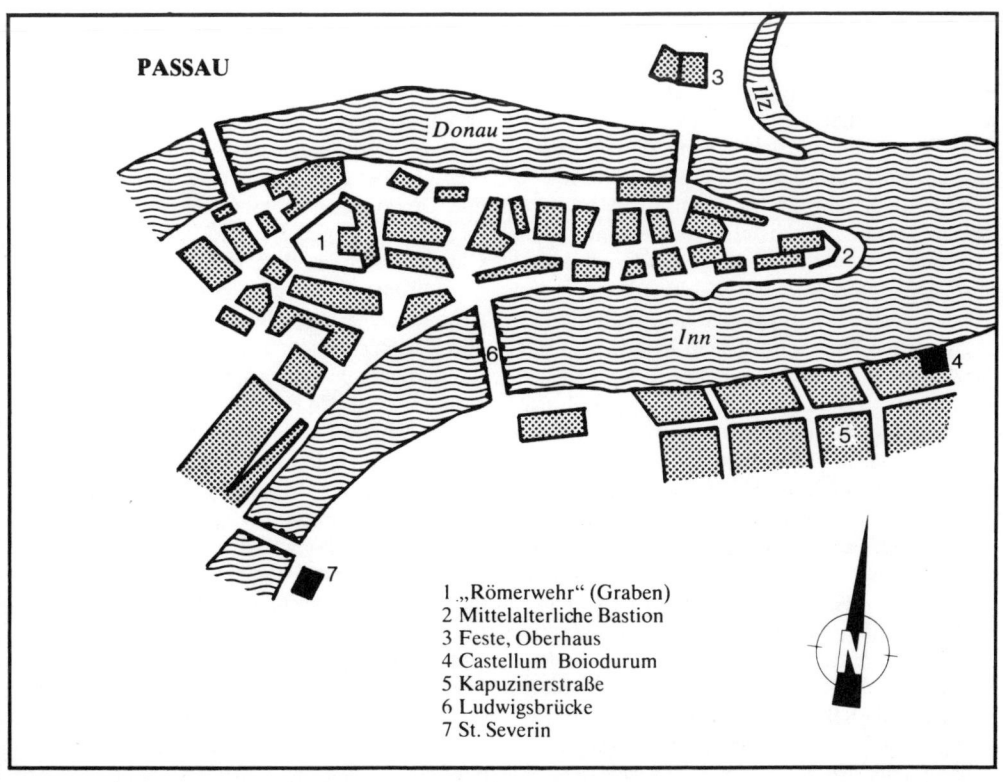

1 „Römerwehr" (Graben)
2 Mittelalterliche Bastion
3 Feste, Oberhaus
4 Castellum Boiodurum
5 Kapuzinerstraße
6 Ludwigsbrücke
7 St. Severin

nach Passau verlegt wurde. Nach Kellner ist die Inschrift so zu deuten, daß die Truppe, die während der Kämpfe mit den Alamannen in der ersten Hälfte des 3. Jahrhunderts abseits in Passau gelegen hatte, nach dem siegreichen Abschluß der Kämpfe unter Kaiser Maximinus Thrax (235–238) am → Limes bei Wiederaufbauarbeiten eingesetzt wurde.

Gleichzeitig mit dem Bataverkastell auf der rätischen Seite des Inn bestand auf dem gegenüberliegenden Ufer in der Provinz Noricum in der heutigen Innstadt von Passau etwa an der Stelle, wo Inn und Donau zusammenfließen, ein kleiner Militärposten. Er war zur Zeit des Kaisers Domitian (81–96 n. Chr.) errichtet worden, als nach den Kämpfen mit den Chatten ein intensiver Ausbau des Limes einsetzte. Das Kastell für etwa die Hälfte einer Kohorte hieß Boiodurum nach einer keltischen Siedlung, die seit vorrömischer Zeit auf dem heutigen Altstadthügel von Passau gelegen hatte.

Die Siedlung, so wird angenommen, verschwand nach der Errichtung des römischen Kastells; ihr Name wurde auf das Kastell am gegenüberliegenden Ufer übertragen. Neben dem Kastell Boiodurum gab es eine Station des illyrischen Zollgebietes (publicum portorium Illyrici), wie durch den Grabstein des Zollaufsehers Faustinianus, der hier im 3. Jahrhundert n. Chr. starb, bezeugt ist. (Der Grabstein ist in der Kirche St. Severin – auf dem rechten Innufer am westlichen Ausgang der Innstadt – rechts vom Eingang unter der Empore aufgestellt, wo er als Weihwasserbecken dient.) Auch stand beim Kastell ein Straßenpolizeiposten unter einem Benefiziarier. Wie üblich entwickelte sich in der Nachbarschaft ein Lagerdorf, das den Namen des Kastells führte.

Das Kastell Boiodurum scheint den Alamanneneinbruch nach dem Fall des Limes in der 2. Hälfte des 3. Jahrhunderts nicht überdauert zu haben. Das Bataverkastell dagegen konnte sich in seiner geschützten Lage auf der Donauhalbinsel behaupten. Mit dem Wiederaufbau der rätischen Grenzbefestigungen in spätrömischer Zeit wurden Mannschaften der Kohorte als Besatzungen von Militärposten an der Donaugrenze abgestellt. Für den Rest der Kohorte mitsamt dem Kommandostab wurde ein kleineres Lager auf dem Passauer Altstadthügel, dem Ort der vorrömischen Keltensiedlung Boiodurum, angelegt. Das Kastell war durch eine Wehrmauer nach Westen zu abgeriegelt. In diese Festung zog sich auch die durch Germaneneinfälle gefährdete Zivilbevölkerung zurück, wie dies in ähnlicher Weise in Cambodunum (→ Kempten) geschehen war, wo die Bevölkerung nach Aufgabe der zerstörten Stadt auf dem linken Illerufer Zuflucht auf der zur Festung ausgebauten Burghalde fand. Als befestigte Stadtsiedlung hat das Bataverkastell, damals Batava genannt, mitsamt seiner Besatzung noch bis in die Mitte des 5. Jahrhunderts bestanden. Sie wurde die Keimzelle der mittelalterlichen Stadt.

Auch das Gebiet der heutigen Innstadt auf dem rechten (norischen) Ufer des Inn war in spätantiker Zeit fest in römischer Hand. In der „Vita" des hl. Severin von Eugippius ist überliefert, daß Severin im Jahre 460 bei Boiotro, wie das alte Boiodurum damals hieß, in der Nähe einer Basilika eine kleine Mönchszelle einrichtete. Möglicherweise schon gegen Ende des 3. Jahrhunderts, als der Iller-Donau-Limes gebaut wurde, aber wohl spätestens unter Kaiser Valentinian I. (364–375) entstand bei Boiotro eine Festung, die nach Ausweis der Notitia Dignitatum Sitz des tribunus (Kommandeurs) einer Kohorte des norisch-pannonischen Heeres war.

Diese hier in kurzen Zügen geschilderte Geschichte des römischen Passau kann sich nur zum Teil auf archäologische Zeugnisse stützen. Wegen der dichten Bebauung des Passauer Stadtgebiets konnten nirgends Spuren des ersten Bataverkastells aus dem 2. Jahrhundert festgestellt werden. Der Altstadthügel wird für eine 1000 Mann starke Kohorte mit Pferden und Ställen nicht genügend Platz geboten haben. So wird angenommen, daß das spätrömische Batava mit dem ersten Bataverkastell räumlich nichts zu tun hat. Das alte Kohortenkastell wird beim heutigen Ludwigplatz vermutet. Vom spätrömischen Kastell auf dem Altstadthügel zeugt die sogenannte „Römerwehr", die Bezeichnung für die oben erwähnte Wehrmauer, die das Kastell nach Westen zu abriegelte. Die Mauer lehnte sich an eine natürlich vorgebildete gebogene Grabenmulde an (ihren Verlauf bezeichnet die heutige Grabenstraße), die sich quer über die Landzunge zwischen Inn und Donau zog.

In ihrem heutigen Bestand ist die Mauer (im Garten des Bischöflichen Priesterseminars; für die Öffentlichkeit nicht zugänglich) die 980 aufgeführte Stadtbefestigung; sie ruht, wie durch Ausgrabungen festgestellt wurde, auf der Fundamentsohle der spätrömischen Festungsmauer und wurde z. T. mit Steinen der Römermauer erbaut, die ihrerseits wiederum auf den Ruinen des keltischen Boiodurum errichtet wurde. (Die Verwendung spätrömischer Befestigungen für mittelalterliche Stadtmauern hat sich auch anderswo, z. B. in → Andernach und → Boppard, feststellen lassen.)

Das domitianische Kastell Boiodurum in Passau-Innstadt konnte durch Ausgrabungen von 1909–1911 und bei weiteren Untersuchungen 1955 in seinen wesentlichen Teilen ermittelt werden. Das Kastell hatte einen rechteckigen Grundriß mit abgerundeten Ecken und eine Innenfläche von 1,17–1,3 ha. Im frühen

12. Jahrhundert wurde in der Mitte des Kastellgeländes die Pfarrkirche St. Ägidius errichtet. Der heute noch vorhandene Restbau wird schon seit längerer Zeit als Wohnhaus benutzt. Das Gebäude läßt sich am besten vom Park an der ,,Ortsspitze" am Zusammenfluß von Inn (rechts), Donau (Mitte) und Ilz (links) beobachten. Es fällt durch sein merkwürdig hohes, steiles Giebeldach auf, das die anderen Häuser auf dem gegenüberliegenden Innufer überragt. An seiner Stelle lagen die principia (Stabsgebäude) des Kastells. Die Südfront des Kastells wird von der Kapuzinerstraße begrenzt. Die Nordfront ist infolge der Ufererosion durch den Fluß und durch die am Ufer entlangführende Eisenbahnstrecke längst vergangen. (Die Mauer an der ,,Römerstraße" in Passau-Innstadt ist die mittelalterliche Stadtbefestigung.)

Seit dem 7. November 1974 ist auch das bisher größte Rätsel in der Stadtgeschichte, die Lage des spätrömischen Boiotro, aufgeklärt. An diesem Tage stießen Bagger beim Ausschachten einer Baugrube für einen Kindergarten in der Nähe der St. Severinkirche (s. o.) auf eine Mauer von 3,60 m Stärke, die sich nach sofort angestellten Untersuchungen zusammen mit einem zu gleicher Zeit entdeckten Festungsgraben als ein spätrömisches Befestigungswerk herausstellte. Damit war das lange gesuchte Kastell Boiotro gefunden, in dem eine Kohorte des norisch-pannonischen Heeres gelegen hatte und das auch die Siedlung Boiotro aus der Zeit des hl. Severin mit einschloß. Bis dahin war unklar, ob die Kohorte etwa das alte Kastell Boiodurum noch unzerstört vorgefunden und wiederbenutzt hatte oder ob für die Kohorte ein neues Lager angelegt wurde.

Auch das Schicksal des Lagerdorfes Boiodurum und seine Entwicklung zum späteren Boiotro lag im Dunkeln. Nach dem vorläufigen Ergebnis der Ausgrabungen (sie dauern an) handelt es sich bei den Mauerruinen um einen Festungstyp, der ,,donauabwärts von einer ganzen Reihe spätantiker Befestigungen her bekannt und dessen bezeichnendstes Merkmal die fächerförmige Grundriß der Ecktürme ist" (R. Christlein). Im Namen ,,Beiderwies", einem Ortsteil von Passau-Innstadt, und dem ,,Beiderbach", der unmittelbar an der Westmauer der aufgefundenen spätrömischen Festung vorbei in den Inn fließt, hat sich das antike ,,Boiotro" bis heute erhalten.

Römische Funde aus Passau, einschließlich der Innstadt, sind im **Oberhausmuseum** (in der Feste Oberhaus) aufbewahrt. Die kleine Sammlung ist im ersten Raum des Historischen Stadtmuseums untergebracht. Sie besteht im wesentlichen aus Steindenkmälern, Metallgegenständen und Keramik.

Der *Grabstein* des Veteranen Iulius Primitivus stammt aus Straubing; er war in einem Haus in Passau eingemauert. Ein Stein mit drei Brustbildern war in einer Gartenmauer in der Innstadt eingelassen. Zwei Löwenskulpturen stammen möglicherweise von einem Grabmal.

Der schönste Fund ist eine 23 cm große bronzene *Jupiterstatuette* aus dem 3. Jahrhundert n. Chr., die 1914 auf dem Gelände einer Gärtnerei unmittelbar am Beginn des steilen Aufstiegs zum Mariahilfer Berg, also außerhalb des Kastells Boiodurum, gefunden wurde. Unter *Metallgegenständen* finden sich: Lanzenspitzen; Spitze von einem Geschütz- oder

*Passau, Jupiterstatuette*

Armbrustpfeil; Bronzeknopf; Zimmermannswerkzeuge; zwei eiserne Muffen zum Verbinden aneinanderstoßender Holzrohre, Bronzefibeln; ein Schiebeschlüssel.

Die wenigen *Keramikgegenstände* sind weder ansehnlich noch kostbar. Ihr Wert liegt in dem, was sie aussagen. Abgesehen von einigen Münzen waren sie die ersten römischen Kleinfunde aus Passau-Altstadt und damit beweiskräftige Zeugnisse der römischen Vergangenheit der Stadt.

Die Gegenstände umfassen Terra-Sigillata-Schüsseln von → Rheinzabern aus der Werkstatt der Töpfermeister Comitialis II (mit Graffito Fuic auf dem Rand der Schüssel) und des Severianus (mit Graffito Donatus) und Westerndorf; Soldatenteller; Fragment eines Dachziegels (tegula) mit dem Abdruck einer Hundepfote; Bruchstück einer Firmenlampe; ein Dachziegel aus dem Kastell Boiodurum mit dem Stempel ,,Numer", was aber nicht zu bedeuten hat, daß in Boiodurum ein Numerus lag. Nach Schönberger bezeugt diese tegula zusammen mit einem anderen, nicht mehr vorhandenen Ziegel mit dem Stempel ,,Ala" lediglich die Zugehörigkeit des Kastells zum nordwestlichen Teil der Provinz Noricum (Raum Wels-Linz-Enns).

Unter *Glasgegenständen* finden sich: der Unterteil einer prismatischen blau-grünlichen sog. Merkurflasche mit erhabenem Bodenstempel; Bruchstück einer Rippenschale; zwei Randbruchstücke von Fensterglas.

Der an der Wand wiedergegebene Ausschnitt aus der *Peutinger Tafel* zeigt das Kastell Boiodurum, ältester Hinweis auf Passau, sowie die Römerstädte der Provinz Rätien (Regino – Regensburg; Serviodurum – Straubing).

# PESCH, NETTERSHEIM-

In der Geborgenheit der Wälder in der Nähe des Eifeldorfes Pesch, auf einer „Addig" genannten Anhöhe, liegen die Reste eines römischen Tempelbezirks, im Volksmund „Heidentempel" genannt. Das sichtbare und konservierte Mauerwerk gehört zu Gebäuden, die um 330–350 n. Chr. an Stelle einer früheren, bescheideneren Tempelanlage aus dem 2. nachchristlichen Jahrhundert errichtet wurden. Das Heiligtum wurde zu Anfang des 5. Jahrhunderts gewaltsam zerstört, ob von plündernden Germanen oder eifernden Christen, läßt sich nicht entscheiden. Vier Gebäude des Tempelbezirks lagen in gleicher Fluchtlinie und gleichem Abstand an der Westseite und ein fünftes Gebäude in der südöstlichen Ecke eines rechteckigen Festplatzes. Auf der gegenüberliegenden Seite war der Platz durch eine etwa 100 m lange überdeckte Wandelhalle abgeschlossen. In der Mitte der Halle befand sich ein 13 m tiefer Brunnen. Der Platz diente rituellen Versammlungen und Prozessionen der Gläubigen. Der Tempelbezirk wurde 1913–1917 ausgegraben und von 1963–1966 nachuntersucht. Nach Ausweis zahlreicher, im Brunnen der Wandelhalle in Trümmern aufgefundener Weiheinschriften war das Heiligtum in erster Linie den Matronae (Muttergottheiten) Vacallinehae geweiht. Der Beiname Vacallinehae kommt außer im Pescher Matronenheiligtum und seiner unmittelbaren Umgebung sonst nirgends vor und mag mit den Vacallii, einem Stammesteil der Eburonen, zusammenhängen, deren Schutzgottheiten die Pescher Matronen gewesen sein mögen.

Matronae oder Matres waren einheimische Muttergöttinnen, die Fruchtbarkeit spendeten und Familie, Haus und Hof schützten. Sie werden meistens in Dreiergruppen dargestellt, mit Fruchtkörben im Schoß, oder auch einzeln mit einem Kind im Arm oder an der Seite. Schwerpunkt ihres Kultes war die Provinz Niedergermanien. Die zahlreichen Beinamen (siehe Museum in → Köln) leiten sich von Familien- und Stammesnamen oder Örtlichkeiten ab.

Außer den Muttergottheiten wurde in Pesch auch Jupiter, der höchste römische Gott, verehrt, worauf Fragmente einer ebenfalls im Brunnen der Wandelhalle gefundenen Jupiterstatue hinweisen. Eines der Gebäude, ein basilikaartiger Kultbau, ist als Heiligtum der kleinasiatischen Göttermutter Kybele gedeutet worden, von deren Kult im Pescher Tempelbezirk Spuren gefunden wurden. (Nach H. G. Horn – Zabernführer, Bd. 26, S. 85 – diente der Basilikabau vermutlich dem lokalen Männerbund, einer Kurie, als Versammlungsraum; der Kult der Göttermutter Kybele, so meint er, wird keine große Rolle gespielt haben.) Wie Rudolf Pörtner bemerkt, lebten in Pesch „friedlich unter einem Dach: die heimischen Matronen, der olympische Jupiter und die Große Göttermutter aus Kleinasien. Und gemeinsam gingen sie unter".

Von Inschriften auf den Weihesteinen, die größtenteils aus den Jahren 150–250 n. Chr. stammen, sind gegen dreihundert Namen lateinischer, keltischer und germanischer Herkunft bekannt. Da in der Umgebung des Pescher Tempelbezirks keine größeren Siedlungen lagen, wird es sich bei den Dedikanten um die einheimischen Bewohner der zahlreichen Gutshöfe (villae rusticae) in dieser Gegend gehandelt haben. Weitaus die meisten Namen sind lateinisch und zeugen von der weitgehenden Romanisierung der Bevölkerung.

Von einigen der im Tempelbezirk aufgedeckten Bauten sind Teile des Mauerwerks erhalten und konserviert. Nach der auf der nächsten Seite gezeigten Skizze standen in dem Heiligtum folgende Bauten:

**A.** Ein sogenannter galloromischer Umgangstempel. Der Typ dieses einheimischen Tempels ist überall in Gallien verbreitet gewesen und hat sich auch in Britannien gefunden, wo der britische Tempel dem keltischen Muster folgte. Um eine fast quadratische, hochaufragende cella zog sich im Norden, Süden und Westen in halber Höhe ein Umgang, dessen herabgezogenes Dach auf Sandsteinsäulen ruhte. In der cella stand hier in Pesch das Kultbild der vacallinehischen Matronen.

Da keiner ihrer Weihesteine so weit erhalten geblieben ist, daß er als Beispiel hätte dienen können, hat man einen unbeschädigten Weihestein der Matronae Aufaniae vor der cella des Tempels aufgestellt (ein Abguß, das Original ist im Rheinischen Landesmuseum in Bonn). Der Stein stammt aus dem benachbarten Nettersheim, wo 1909 ein Heiligtum der Aufanischen Matronen aufgedeckt wurde.

**B.** Ein ummauerter, fast rechteckiger offener Hof mit je einem kleinen Gebäude in der nördlichen und südlichen Ecke. Der Hof diente möglicherweise für die Aufstellung von Altären und Weihesteinen. Innerhalb des Hofes stand ein kleiner sechseckiger Bau, der verschiedentlich als Jupitertempel gedeutet worden ist. Die Anwesenheit des höchsten römischen Staatsgottes in dieser Versammlung einheimischer Gottheiten könnte den Sinn gehabt haben, klarzumachen, wer „Herr im Hause" war (**H**).

**C.** Ein dreischiffiger, als Basilika bezeichneter Kultbau, mit einer rechteckigen, unterkellerten Apsis. Die Seitenschiffe waren von dem überhöhten Mittelschiff durch Säulenreihen getrennt und die Säulen durch Schranken aus Stein und Holz miteinander verbunden. Auf dem Estrich des Mittelschiffs haben sich Spuren von Sitzbankfüßen gefunden. Erhalten sind u. a. Reste der mittleren und der westlichen Säule der südlichen Säulenreihe.

**D.** Der nach dem Festplatz zu offene Wandelgang. Er ist heute durch eine Heckenanpflanzung kenntlich gemacht. **E** bezeichnet den Brunnen, Fundort der zertrümmerten Steindenkmäler des Tempelbezirks.

**F und G.** Fachwerkbauten, von denen keine Spuren mehr erhalten sind. Die Funktionen dieser Bauten sind unsicher. Nach einigen Deutungsversuchen handelt es sich bei Haus F in der Südostecke um die Wohnung eines Priesters oder allgemein des Kultpersonals. Das gegenüberliegende Gebäude G wird als Vorrats- oder Geräteschuppen interpretiert.

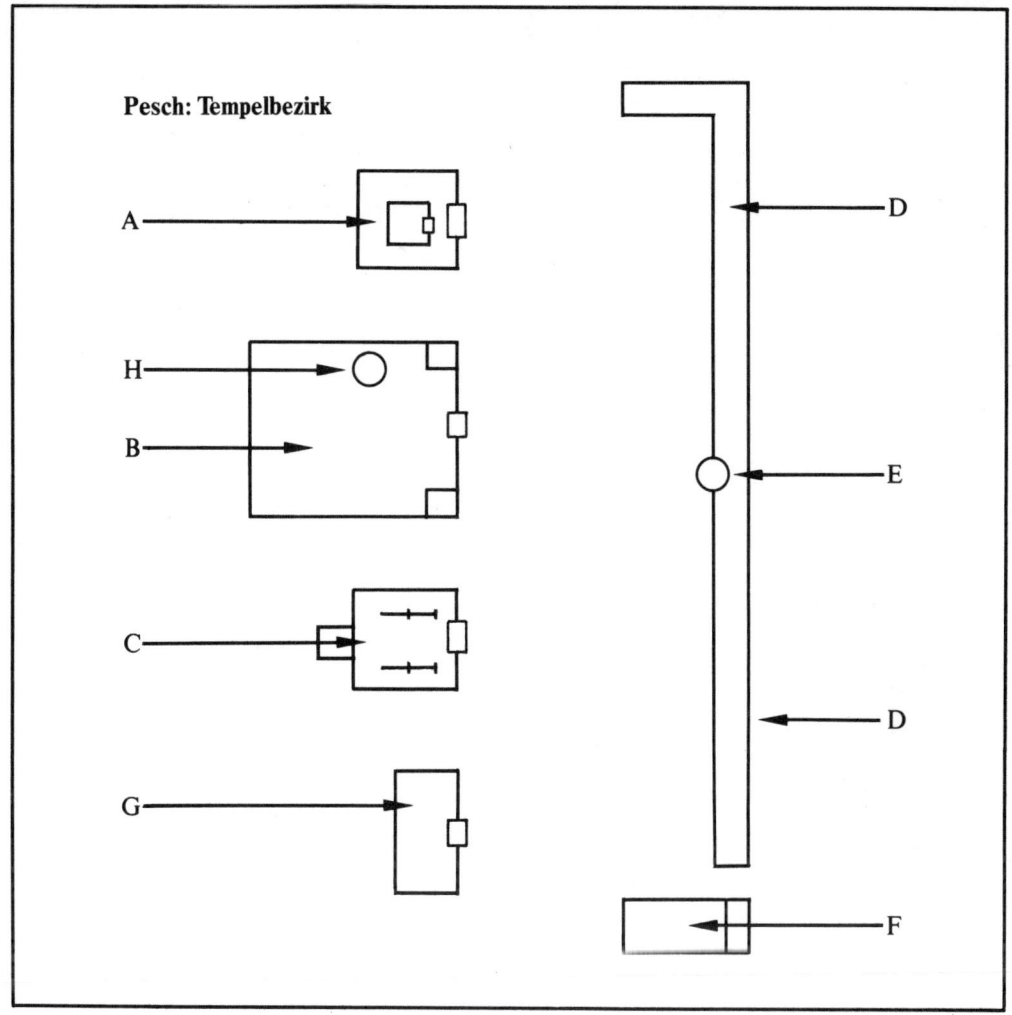

*Modelle* des Tempelbezirks sind in den Museen von → Blankenheim und → Bonn aufgestellt.

Man erreicht den Tempelbezirk von Münstereifel her über die Straße nach Nöthen–Pesch (in Richtung Blankenheim). Knapp 2 km nach dem Ortsausgang von Nöthen erscheint auf der rechten Straßenseite eine Hinweistafel „Römisches Tempelheiligtum". Man biegt hier nach links in das Hornbachtal ein und folgt dem Weg bis zum Tempelbezirk.

Der Tempelbezirk von Pesch ist nicht das einzige Matronenheiligtum in dieser Gegend. Wenige km südwestlich von Pesch, im Ortsteil **Zingsheim** unweit der Landstraße nach Nettersheim, wurden 1963 die Fundamente eines gallorömischen Umgangstempels ergraben. Inschriftsteine weisen die Anlage als Weihstätte für die Matronae Fachinehae aus. Der Tempel war vermutlich Teil eines größeren Bezirks, dessen volle Ausdehnung noch nicht bekannt ist. Die Mauerreste (cella und Umgang) sind restauriert und im Gelände gesichert worden. Das Matronenheiligtum, unter der Bezeichnung „Vor Hirschberg" bekannt, hat vermutlich vom 2. bis zum ausgehenden 4. nachchristlichen Jahrhundert bestanden. Zwei Weihesteine für die Fachinehischen Matronen, die als Teile fränkischer Plattengräber auf einem Gräberfeld bei Zingsheim gefunden wurden und sicherlich aus diesem Heiligtum stammen, sind in Abgüssen an ihrem ursprünglichen Standort innerhalb des Heiligtums wieder aufgestellt. Die Inschriften auf beiden Steinen sind unversehrt erhalten geblieben. Der größere der beiden Steine ist eine Weihung des Lucius Chuaiionius Primus für die „Fachinehis". Der kleinere Stein ist den „Matronis Fachinehis" von Lucius Celeris für sich und die Seinen („pro se et suis") gern und nach Verdienst (der Matronen) in Erfüllung eines Gelübdes gestiftet worden.

Die Fachinehischen Matronen sind bisher nur von diesem Heiligtum und von Euskirchen bekannt.

Im Rahmen eines größeren Projekts zur Erhaltung von Römerstätten in Verbindung mit der Anlage von archäologischen Wanderwegen in diesem an römischen Denkmälern besonders reichem Gebiet ist ein weiterer Tempelbezirk auf der „Görresburg" bei **Nettersheim** ebenfalls freigelegt und weitgehend wiederhergestellt worden.

Der Tempelbezirk besteht aus drei „cellae" innerhalb einer gemeinsamen Umfassungsmauer. Er ist den Aufanischen Matronen („Matronis Aufaniabus") gewidmet, die aus Köln, Xanten, Zülpich, Bonn und Mainz bekannt sind. Die Tatsache, daß die im Heiligtum aufgefundenen und dort in Abgüssen wieder aufgestellten Weihesteine sämtlich von „beneficiarii consulares", Straßenpolizisten im Stab des Statthalters, gestiftet sind, legt die Vermutung nahe, daß in der Nähe des Tempelbezirks an der Straße Köln-Trier eine Straßenpolizeistation bestanden hat. Auf den zum Teil recht gut erhaltenen Weihesteinen sind die drei Matronen in der für sie charakteristischen Weise dargestellt: in einer von zwei Pilastern flankierten Nische auf einer hochlehnigen Bank sitzend, in der für die Aufanischen Matronen üblichen Tracht: die beiden äußeren mit hohen Hauben und die mittlere, kleinere ohne Haube, Früchtekörbe oder Kästchen im Schoß haltend. Das unmittelbar neben dem Eingang zur größten cella aufgestellte und am besten erhaltene Denkmal wurde von dem Straßenpolizisten Marcus Aurelius Agripinus den „Deabus Aufanis" für das Heil des unbesiegten Kaisers („pro salute invicti Antonini Augusti") gewidmet. Da mit dem unbesiegten Kaiser höchstwahrscheinlich Caracalla gemeint ist, läßt sich der Stein in die Zeit von 212–217 n. Chr. datieren. (Das Original des Steines befindet sich im Rheinischen Landesmuseum in Bonn.) Das Heiligtum hat wahrscheinlich vom Ende des 2. bis ins 4. Jahrhundert bestanden.

Etwa 1 km von der „Görresburg" in südöstlicher Richtung entfernt liegt die sog. „Steinrütsch", eine Ansammlung aus römischer Zeit stammender Steine unbekannter Bestimmung und Fundort spätrömischer Keramik, von Bronze-, Blei- und Eisengegenständen sowie zahlreicher Münzen.

Möglicherweise lag hier die Straßenpolizeistation, die von den Stiftern der Weihesteine für die Aufanischen Matronen im Nettersheimer Heiligtum besetzt war. Ein auf dem Gelände gefundener und in einem ergänzten Abguß nahe seinem Fundplatz aufgestellter Meilenstein aus der Zeit des Kaisers Decius (249–251) spricht für diese Vermutung. Das Gelände ist als „römischer Werkplatz" auf Spezialkarten ausgewiesen.

Etwa 3½ km nördlich von Nettersheim liegt die römische Brunnenstube „Grüner Pütz". Sie ist im Zusammenhang mit der römischen Wasserleitung nach Köln auf Seite 153 näher beschrieben.

## PFORZHEIM

Durch die Inschrift auf einem 1934 bei Friolzheim gefundenen römischen Meilenstein aus dem Jahr 245 n. Chr. (s. u. Museum) ist erwiesen, daß sich der Name der Stadt von dem lateinischen Wort „portus" (Furt) herleitet. Diese Furt lag kurz unterhalb der heutigen Altstädter Brücke in der Höhe der Altstädter Kirche im Zug der um 90 n. Chr. erbauten Militärstraße von Straßburg nach Cannstatt, die hier die Enz überschritt. Im Zusammenhang mit dem Truppen- und Handelsverkehr auf der Straße entwickelte sich zu beiden Seiten des Enzübergangs eine Siedlung an der Furt („vicus Port...").

Im 2. und 3. Jahrhundert bildete die Siedlung den Mittelpunkt eines landwirtschaftlich intensiv genutzten Gebietes, wie die Häufung römischer Gutshöfe in der Umgebung von Pforzheim deutlich erkennen läßt. (Eine dieser villae rusticae wird z. Zt. in Pforzheim-Hagenschieß etwa 2 km östlich der Altstädter Enzbrücke ausgegraben. Der Gutshof gilt als eine „der besterhaltenen und vollständigsten Anlagen dieser Art, die im ehemaligen badischen Landesteil entdeckt wurden".) Aus dem Umschlag landwirtschaftlicher Erzeugnisse, Handwerksleistungen für die Gutshöfe und dem Durchgangsverkehr auf der bedeutenden Handelsstraße erwuchs der wirtschaftliche Wohlstand des Ortes.

Die Siedlung wurde im 3. Jahrhundert Vorort einer mit Selbstverwaltung ausgestatteten Gebietskörperschaft, der „Civitas Port...", wie ihr überlieferter Name lautet. Im Alamannensturm 259/60 ging die Stadt unter. Aber die Siedlungskontinuität blieb bewahrt. Die überlebende Bevölkerung gab den Namen an die neuen fränkischen Siedler weiter, die sich im 6./7. Jahrhundert innerhalb der alten Römersiedlung (in der Gegend der heutigen Altstädter Kirche) niederließen.

Seit dem 16. Jahrhundert sind im Gebiet der Altstadt römische Funde zutage gekommen. Die wichtigsten Funde stammen indessen von Ausgrabungen nach dem II. Weltkrieg, insbesondere von elf römischen Brunnen, die beim Bau des neuen Städtischen Krankenhauses auf dem Südufer der Enz aufgedeckt wurden. Das reiche Fundmaterial ist im Heimatmuseum ausgestellt. Von römischen Bauresten ist oberirdisch nichts erhalten. Die Grundmauern des ältesten Teils der Altstädter Kirche ruhen auf den Fundamenten eines römischen Großbaues, der offenbar im 3. Jahrhundert begonnen, aber nicht mehr vollendet wurde, vermutlich eine Marktbasilika für die zum Civitashauptort erhobene Siedlung. Eine Parallele hierzu bietet die St. Gallus-Kirche in → Ladenburg, die

ebenfalls zum Teil auf den Grundmauern einer römischen Marktbasilika aus dem 3. Jahrhundert errichtet wurde.
Römische Funde aus Pforzheim und Umgebung werden im **Heimatmuseum** in der St.-Martin-Kirche aufbewahrt. Römische Steindenkmäler und Architekturteile, soweit sie nicht im Heimatmuseum gezeigt werden, sind in der alten Kirche in Pforzheim-Brötzingen eingelagert (Viergötter- und Wochengöttersteine, Einzelreliefs und Inschriftbruchstücke).

**Außerhalb des Museums** ausgestellt (von der Eingangshalle aus zu sehen) sind eine Gruppe von Hypokaustziegeln einer römischen Bodenheizung; der Abdeckstein eines der beim Krankenhaus entdeckten römischen Brunnen; ein römischer Grabstein und ein Viergötterstein, der Sockel einer Jupitergigantensäule.
In der *Eingangshalle* vor dem Eingang (nach links) zu dem Raum mit den römischen Funden steht der Abguß (Original im Badischen Landesmuseum in → Karlsruhe) einer Jupitergigantengruppe.
*In der Mitte des Raumes:* Abguß (das Original ist im Lapidarium in → Stuttgart, Nr. 15) des oben erwähnten *Meilensteins aus dem Jahre 245 n. Chr.* Die Inschrift lautet: „Imperatore Marco Iulio Philippo Pio Felici Augusto Pontifici Maximo tribunicia potestate consuli patre patriae et Marco Iulio Philippo Caesare. A Portu L V." – Unter dem Kaiser Marcus Julius Philippus, dem Frommen, Erhabenen, Oberpriester, mit tribunizischer Gewalt, dem Konsul, Vater des Vaterlandes, und dem Caesar Marcus Julius Philippus. Von Portus 5 Leugen (11 km).
Philippus, mit dem Beinamen Arabs (er war der Sohn eines arabischen Scheichs), regierte von 244–249. Er folgte auf Gordian III., den er ermorden ließ, und fiel bei Verona im Kampf gegen den Gegenkaiser Decius zusammen mit seinem Sohn Philippus, den er 247 zum Augustus (Mitkaiser) erhoben hatte. Zur Zeit der Errichtung des Meilensteins war der Sohn Caesar (Thronfolger).
Die Funde im ersten Schaukasten an Wand 2 stammen aus dem alten Reuchlinmuseum, das im II. Weltkrieg zerstört wurde (Keramik-Krug mit Ausguß, Mörser; der Kopf einer Merkurstatue; ein eiserner Pfahlschuh).
Ein *Lackfilmprofil* mit der Abfolge römischer Fundschichten aus der Altenstädter Kirche veranschaulicht die Siedlungsgeschichte Pforzheims: von den ersten Kulturablagerungen über eine Schicht von Enzsand durch Lehmfußböden und Brandschichten bis in die Zeit um 130 n. Chr.
*Unter Keramikgegenständen aus der Frühzeit* des römischen Pforzheims befinden sich: Ein Becher mit rauher äußerer Wandung (Griesbecher); Glanztonkeramik; Becher mit Zirkusszene in Barbotinetechnik; Faltenbecher; Schuppenbecher; einheimische Ware (terra nigra).
Auffallend unter Kleinbronzen ist eine *Groteskbüste;* sie wird als Abschluß eines Weingärgefäßes gedeutet und stammt aus „Krankenhausbrunnen" Nr. 2. Ebenfalls Brunnenfunde sind: Bronzestatuette einer geflügelten Victoria mit einem Kranz in der erhobenen Rechten; Platten eines Panzerhemdes; Griff einer Kasserolle.
Von anderen Fundstellen stammen: ein *Kummetaufsatz* (Zügelringe); Münzen; Kleinfunde (Nadeln aus Knochen, Eisengeräte); Terra Sigillata; eine große Amphore mit Graffiti.
Der rekonstruierte Schnitt (im Maßstab 1 : 3) des ersten beim Krankenhausbau 1949 gefundenen Brunnens veranschaulicht die Lage der Fundgegenstände im Schlamm an der Brunnensohle, wo sie, luftdicht abgeschlossen, über einen Zeitraum von fast 1900 Jahren erhalten blieben.
Neben Keramik und zahlreichen Eisenfunden kamen vor allem *Holzgegenstände* zutage, wie sie kein anderes Museum römischer Altertümer in Deutschland aufweisen kann: Eine Holzfigur der keltischen Quellgöttin Sirona; sie wurde häufig als Gefährtin Apollos in seiner Eigenschaft als Heil- und Gesundheitsgott bei Heilquellen verehrt (siehe → Alzey, → Bitburg, → Nierstein). Es wird angenommen, daß die Sironafigur mit einer Figur des Apollo in einem Nutholz befestigt war. Ferner: ein vollständig erhaltenes hölzernes Joch und Teile eines Eselpacksattels, beides Gegenstände, die mit dem Gütertransport, einem der wichtigsten Erwerbszweige des römischen Pforzheims, zusammenhängen.
Unter *Eisengegenständen* finden sich: Eimer mit Haken und Kette; Nägel; Haken.
Zwischen Wand 2 und 3: Ein (teilweise rekonstruierter) römischer *Steintisch;* der antike Teil wurde in einem römischen Keller in der Nähe des Krankenhauses gefunden. Steintische dieser Art kommen häufig in römischen Kellern vor.
Eine Landkarte veranschaulicht das dichte Netz *römischer Gutshöfe in der Umgebung von Pforzheim.* Auf der Photographie des *Kellers* einer römischen villa rustica bei Kieselbronn sind die charakteristischen Wandnischen zu sehen, die auch im Keller von → Oberriexingen und vor allem in → Schwarzenacker beobachtet werden können.
Zum römischen *Bauhandwerk* gehören: Bruchstücke von Wandverputz, Heizungsziegel (tubuli) mit Seitenöffnungen und aufgerauhter Außenseite zum Festhalten des Mörtels; ferner Baubeschläge und Bauwerkzeuge (Scharniere, Äxte, Nägel). Ein Schaubild zeigt das Bad mit Bodenheizung im Hauptbau des römischen Gutshofes bei Kieselbronn. Private Bäder in Landhäusern zeugen von der Anpassung der einheimischen Bevölkerung an den römischen Lebensstil. Von der gleichen Villa stammen Fragmente eines Fußbodenestrichs. Ein römisches Dach ist mit Ziegeln (tegulae und imbrices) aus Kieselbronn und Pforzheim rekonstruiert.
*Römische Werkzeuge zur Holz- und Metallbearbeitung* (Meißel, Hobel mit Resten von Holzspänen, Haken) stammen aus Brunnen Nr. 4.
*Römische Keramik aus Pforzheim* umfaßt Terra-Sigillata-Schüsseln, doppelhenkelige Amphoren.
Die in der letzten Vitrine ausgestellten *landwirtschaftlichen Geräte* sind, wie die Werkzeuge zur Holz- und Metallbearbeitung, Funde aus Brunnen Nr. 4 (u. a. Sense, Rechen – die eisernen Zinken sind auf einer modernen Holzleiste aufmontiert –, Ketten, Haken, Heugabel, Hufeisen). Darunter: Bodenstein einer Mühle.
Die Gegenstände in dem Schaukasten an der 4. Wand stammen aus der Zeit der *fränkischen Besiedlung* im 6. und 7. Jahrhundert (Funde aus Reihengräbern) und aus dem Mittelalter.

## PFÜNZ, WALTING–

Auf einer Anhöhe über dem Altmühltal südlich von Dorf und Bahnhof Pfünz lag in römischer Zeit das Auxiliarkastell Vetoniana. Das Kastell wurde um 90 n. Chr. erbaut, als nach dem erfolgreichen Abschluß der Kämpfe Domitians gegen die Chatten die Grenzverteidigung am rätischen → Limes nördlich der Donau verstärkt wurde. Das Kastell hatte die Aufgabe, zusammen mit einem kleineren Kastell bei

→ Böhming, den Übergang des Limes über die Altmühl zu überwachen und das Tal zu sichern. Die Besatzung des Kastells war die Erste teilweise berittene Breukerkohorte römischer Bürger (Cohors I Breucorum civium Romanorum equitata). Die Breuker waren ein illyrischer Stamm aus Pannonien, dem heutigen Ungarn, und waren seit dem Jahr 10 v. Chr. römische Untertanen. Die Kohorte wird das römische Bürgerrecht als Auszeichnung für Tapferkeit erhalten haben.

Das Kastell war zunächst ein Holz-Erde-Bau und wurde zur Zeit des Kaisers Antoninus Pius (138–161) in Stein ausgebaut. Bei einem Einfall der Markomannen, einem im heutigen Böhmen ansässigen suebischen Stamm, wurde das Kastell schwer beschädigt, aber einige Jahre später von der Besatzung wieder aufgebaut.

Im ersten großen Alamannensturm des Jahres 233 wurde das Kastell zerstört und die Besatzung aufgerieben. Nach dem Befund von Ausgrabungen am Kastell muß der Angriff das Lager völlig unerwartet getroffen haben. So fand man Skelette von Wachmannschaften auf ihren Posten, wo sie vom Feind überrascht und erschlagen wurden. Bei den Ausgrabungen in den principia kam, wie Baatz berichtet, eine eiserne Kette zum Vorschein, „in deren verschließbarem Ring noch die Knochen des unglücklichen Gefangenen steckten, der von der letzten Zerstörung des Kastells überrascht wurde."

Ein Münzfund in unmittelbarer Nähe des Dolichenustempels vor dem Kastell legt nach Kellner Zeugnis ab von einer anderen dramatischen Episode aus der Katastrophennacht in Pfünz. „Diesen Schatz von rund 100 Denaren hatte einer, vielleicht der Priester, während des Überfalls aus seinem versteckten Aufbewahrungsort geholt, um damit zu flüchten. Nur wenige Meter weit war er gekommen und dann samt seinem Schatz im brennenden Inferno geblieben."

Reste der steinernen Wehrmauer, des Süd- und Westtores des Kastells sind erhalten und konserviert. Ein Schutthaufen vor der Nordwestecke des Lagers deckt die Fundamente eines Rundtempels. Von dem ausgedehnten Lagerdorf an der Südseite des Kastells ist nichts mehr zu sehen. Bei Grabungen fand man dort außer Wohnungen und Speichern drei Heiligtümer, darunter den oben erwähnten Tempel des Jupiter Dolichenus. Aus aufgefundenen Weihetäfelchen ist sogar der Name des Priesters Demittius überliefert. Vielleicht war er es, der bei dem Versuch, den Tempelschatz zu retten, im Feuersturm des Alamannenüberfalls umkam.

Bei Pfünz treffen zwei Römerstraßen von Südwesten und Südosten auf die Verbindungsstraße zwischen Pfünz und dem Kastell Biriciana (→ Weißenburg). Die Straße, die durch Türme gesichert war, zog von Pfünz in einiger Entfernung vom Limes über Preith und das Kleinkastell in der Harlach (→ Burgsalach) nach Weißenburg und ist teilweise noch als Fußweg erhalten. Funde aus Vetoniana werden im Museum auf der Willibaldsburg bei → Eichstätt aufbewahrt.

## POHLHEIM-GRÜNINGEN

Der obergermanische → Limes ändert bei der → Saalburg seine Richtung von Osten nach Nordosten. Die Linie erreicht ihren nördlichsten Punkt bei Pohlheim-Grüningen.

Der Name der 1970 geschaffenen Großgemeinde Pohlheim, die den Ortsteil Grüningen mit einschließt, ist von einer seit langem verschwundenen Siedlung im Bereich der neuen Gemeinde übernommen worden, die ihren Namen von der Lage „am Pohl" herleitete. Das Wort „Pohl", auch „Pahl" geht auf das lateinische Wort palus, Pfahl, zurück und ist die alte germanische Bezeichnung für den obergermanischen Limes, der in seinem letzten Bauzustand auf seiner gesamten Länge von einer aus Eichenpfählen bestehenden Palisade begleitet war. Auf die Palisade folgte ein Graben. Deshalb wird der Limes mancherorts auch „Pfahlgraben" genannt.

Bei Pohlheim-Grüningen biegt der Limes um etwa 90° scharf nach Osten ab, verläuft für ungefähr 14 km in dieser Richtung, wendet sich dann nach Süden, um bei → Großkrotzenburg den Main zu erreichen.

Die Schwenkung des Limes von Norden nach Osten ist heute noch klar im Gelände zu erkennen und läßt sich am besten vom Sandberg bei Grüningen aus beobachten. Von dort hat man einen weiten Blick über Felder und Wiesen bis zu den entfernten Wäldern. Der Verlauf des Limes ist durch Hecken und Buschwerk gekennzeichnet.

Diese Linie ist bis heute unverändert erhalten geblieben, seit sie vor rund 1900 Jahren von der Hand Roms eingezeichnet wurde.

An dem Beobachtungspunkt hat im Jahre 1912 der Arzt Professor Dr. Sommer aus Gießen ein Erinnerungsmal in der Form eines römischen Weihesteins errichten lassen, der auf seiner Vorderseite die Inschrift trägt: „Memoriae Romanorum Barbarus" (Ein Barbar hat diesen Stein dem Gedächtnis der Römer gewidmet). Auf der Rückseite steht zu lesen: „Robertus Sommer cum uxore civis Giessensis".

1963 wurde ein wenig oberhalb des „Barbarensteins", wie das Denkmal im Volksmund heißt, eine „Limes-Schutzhütte" errichtet. 1968 wurde der an dieser Stelle noch gut erhaltene Limesgraben in einer Länge von 25 m baulich gesichert und ein Palisadenzaun sowohl als Flechtwerkzaun wie auch mit Pfählen vor den Graben gesetzt. Außerdem wurde an der Stelle des Wachtturms 49 im Streckenabschnitt 4 (nach der Zählung der Reichslimeskommission) ein steinerner Limesturm rekonstruiert, der als Aussichtsturm dient und bestiegen werden kann. (Der runde Turmstumpf, der am östlichen Horizont sichtbar ist, die sogenannte „Grüninger Warte", ist nicht römisch; er ist der Rest einer Windmühle, die auf dem Fundament eines Wartturmes der mittelalterlichen Landwehr errichtet wurde.)

Wer sich dem Sandberg von Lang-Göns her auf der Straße nach Grüningen nähert, trifft an der Abzweigung nach Holzheim (kurz nach Passieren der Autobahnüberführung) auf den Limes, der hier die Straße überquert und nach beiden Richtungen hin leicht verfolgt werden kann. Ungefähr 200 m von der Abzweigung entfernt liegen links im Wald an der Straße nach Grüningen die Reste des Kleinkastells Holzheimer Unterwald. Ein weißes Hinweiszeichen in Form eines Pfeiles ungefähr 100 m von der Abzweigung weist in die Richtung des Kastells.

Nach Verlassen des Ortsteils Grüningen auf der Straße nach Gießen wird der Limesturm auf dem Sandberg zur Linken sichtbar. Ein ungepflasterter Weg führt nach links zu einer Kiesgrube. Von dort läßt sich der Turm auf einem Feldweg erreichen oder auch auf einem der Feldwege, der vom Marsteiner Hof in südwestlicher Richtung abzweigt.

Für Limesausflüge ist die Gegend von Pohlheim wegen des teilweise vorzüglich erhaltenen Römerwalles besonders geeignet. Wer hier wandert, wird auf der Karte den seltsam klingenden Namen „Leihgestern" bemerkt haben. Wie im Namen von Pohlheim steckt auch in dieser Ortsbezeichnung eine Erinnerung an die Römerzeit. Nach Weigand, Oberhessische Ortsnamen, ist der Name zusammengesetzt aus dem mittelhochdeutschen leite = zu und dem lateinischen castrum, aus dem sich kesteren, kestrich (→ Mainz), gesterern entwickelte. Der Name bedeutet daher soviel wie „zu dem Lager (befestigter Ort), wohin der Zuweg führt".

# R

## RAINAU

In den Gemarkungen der Gemeinden Schwabsberg, Buch und Dalkingen, die in jüngster Zeit zur Gemeinde Rainau zusammengefaßt worden sind, befindet sich das **„Freilichtmuseum am rätischen Limes"**. Die Anlage hat nirgendwo ihresgleichen. Auf einem etwa 4,5 km langen archäologischen Wanderweg durch eine Wald-, Wiesen- und Feldlandschaft werden dem Besucher alle wesentlichen Befestigungsarten und Bauten am rätischen Limes im Zusammenhang vorgeführt. Der Rundweg bietet die einzigartige Gelegenheit, auf einer erholsamen Wanderung ein Stück römisch-deutscher Geschichte zu erleben.

Die Wanderung beginnt im sogenannten „Mahdholz" (kleiner Wald) westlich der Bundesstraße 290 etwa 8 km nördlich von Buch (auf der linken Straßenseite nach einem Hinweisschild „Parken am Limes"). Dort befindet sich ein Parkplatz mit Picknickbänken und -tischen und weiteren Hinweisschildern. Vom Mahdholz geht es zum teilweise ausgegrabenen Kastell Buch mit Kastellbad und von dort um den Speichersee über Dalkingen zum Limestor und am Limes entlang zurück zum Mahdholz. **Limesmauer und Wachtposten im Mahdholz.** Vom Parkplatz führt ein Fußweg (Hinweisschild) zur Ausgrabungsstätte im Mahdholz. Dort wurde 1969 ein Stück der am Ende des 2. Jahrhunderts erbauten rätischen Mauer und die

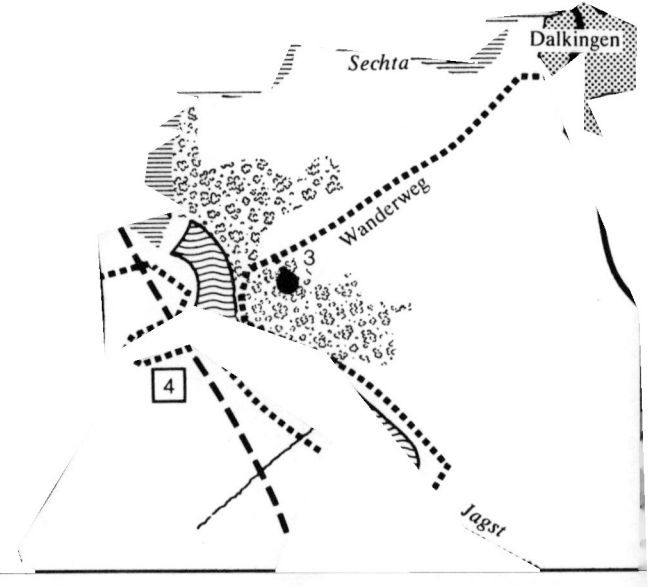

Fundamente von zwei Steintürmen unterschiedlichen Alters ausgegraben.
Der ältere, rechteckige Turm stammt aus der Zeit vor Errichtung der Mauer; der jüngere, fast quadratische Turm wird gleichzeitig mit der Mauer entstanden sein. Die Limesmauer war noch bis zur Höhe von 0,8 m erhalten. Auf der Außenseite war das Mauerwerk ausgefugt und die nachgezogenen Fugen rot ausgemalt.
Die Fundamente der Steintürme wurden konserviert und die Mauer in ursprünglicher Höhe von 2,5–3 m wiederaufgebaut. Es handelt sich hier um das am besten erhaltene Stück der rätischen Mauer in Baden-Württemberg. Der Besucher erhält einen guten Eindruck vom ursprünglichen Aussehen dieser gewaltigen Anlage, die sich in einer Länge von 166 km von Lorch bis Hienheim a. d. Donau erstreckte. Der Platz ist gut beschildert. Zur allgemeinen Orientierung dienen Karten: „Die Römer im Kreis Aalen" und „Der Verlauf des Limes". Zu sehen sind ferner Fototafeln von der Trajanssäule in Rom, mit der Wiedergabe von steinernen Wachttürmen, und das Schaubild eines Modells des Kastells Buch (s. u.).
Unmittelbar am Waldrand ist die Limespalisade und ein hölzerner, von einer Palisade umgebener Wachtturm rekonstruiert. (Ein antiker Turm ist an dieser Stelle nicht nachgewiesen.) In der ersten Bauphase des rätischen Limes waren die Wachttürme Holzbauten; sie wurden erst später durch Steinbauten ersetzt. An die Stelle der Palisade trat am Ende des 2. Jahrhunderts die rätische Mauer. Ein eindrucksvolles Stück der Mauer ist als ein am Waldrand entlang laufender Damm noch deutlich erkennbar.

**Kastell Buch.** Der genaue Zeitpunkt der Anlage des Kastells ist ungewiß. Dr. Dieter Planck, der Leiter der Ausgrabungen, vermutet, daß das Kastell spätestens in der Mitte des 2. Jahrhunderts n. Chr., möglicherweise aber auch schon um 140 n. Chr. erbaut wurde. Jedenfalls war das Kastell von Anfang an in Stein gebaut; Hinweise auf eine ältere Holz-Erde-Bauperiode fehlen. Unweit der Stelle gelegen, wo die Jagst den Limes durchschneidet, kontrollierte das Kastell einen natürlichen Zugang zum römischen Reich und gleichzeitig einen beträchtlichen Teil des rätischen Limes.
Mit einer Fläche von 2,1 ha war das Kastell für eine 500 Mann starke Kohorte (cohors quingenaria) bestimmt. Über die Besatzung liegen keine Zeugnisse vor. Eine Thrakerkohorte, die Cohors III Thracum veterana, wird in der Literatur als mögliche Garnison von Buch genannt. Im Lager gefundene Teile von Pferdegeschirr und Bruchstücke mehrerer Gesichtshelme aus Bronze, wie sie von Cannstatt, Echzell, Stockstadt und vor allem von Straubing her bekannt sind, sowie Fragmente eines Augenschutzkorbes für Pferde sind Anzeichen für die Stationierung einer Kavallerieabteilung im Kastell.
Das Kastell hatte einen fast regelmäßigen rechteckigen Grundriß. Seine Front war dem Limes zu nach Osten ausgerichtet. Das Osttor war demnach die porta praetoria. Für drei der insgesamt vier Tore ist eine doppelte Durchfahrt nachgewiesen; das rückwärtige Lagertor (porta decumana) hatte nur eine Durchfahrt. Die Tore waren von rechteckigen Türmen flankiert. Die Befestigungsmauer war auf allen vier Seiten mit je zwei Zwischentürmen verstärkt; auch die Kastellecken waren mit Türmen bewehrt. Das Kastell umgab ein Spitzgraben, dem noch ein weiterer kleinerer Graben vorgelagert war. Von den Innenbauten sind vor allem die principia (Stabsgebäude) näher untersucht worden. Sie entsprechen dem bei Auxiliarkastellen üblichen Schema: eine die via principalis zwischen Nord- und Südtor überdeckende Exerzierhalle; daran, nach Westen anschließend, ein Innenhof mit Seiten- und rückwärtigen Räumen, darunter das Fahnenheiligtum. Ein nördlich der principia gelegener Steinbau war möglicherweise ein Getreidemagazin (horreum). Mehr als siebenhundert eiserne Geschoßspitzen sowie ein zweischneidiges Langschwert (spatha) sind im Bereich eines Gebäudes südlich des östlichen Zwischenturmes an der Nordseite des Lagers zutage gekommen. Vermutlich lag hier die Waffenkammer.
Nordöstlich nahe der Jagst befand sich das Kastellbad (s. u.). Das Lagerdorf (vicus), das sich südlich des Kastells ausbreitete, wird seit 1976 eingehend untersucht. Straßen und Gebäude waren rechtwinklig angelegt. Eine im vicus gefundene Weiheinschrift des Germanen Ruincus für eine Merkurstatue und rätische Keramikreste germanischer Herkunft lassen vermuten, daß unter den Dorfbewohnern auch Germanen lebten, die mit der Kastellbesatzung Handel trieben und ihren Bedarf an Töpferwaren selbst herstellten.
Über das Ende des Kastells gibt es ebensowenig feste Anhaltspunkte wie über seinen Beginn. Auf Grund von Sigillata- und Münzfunden nimmt Dr. Planck an, daß das Kastell bis zur Aufgabe des rätischen Limes im Alamannensturm der Jahre 259/60 bestanden hat.
Oberirdisch erhalten und konserviert sind Teile der Südmauer, des südlichen Tores (porta principalis dextra) mit zwei Durchfahrten und flankierenden Türmen, deren Eingang an der zur Durchfahrt weisenden Innenseite liegen, sowie der Mittelpfeiler des Tores und Reste eines der Zwischentürme auf der Südseite.
Das **Kastellbad** konnte ebenfalls vollständig freigelegt und restauriert werden. Ursprünglich lag im Nordteil das Warmwasserbad (mit Hypokaustheizung). Daran schloß sich nach Süden das Tepidarium (lauwarmes Bad) an. Hier war die Unterflurheizung, im Gegensatz zum Nord-

teil, noch sehr gut erhalten. Später scheint das Tepidarium zum Warmwasserbad umgestaltet worden zu sein. Die Ausgrabungen lieferten eine Reihe interessanter Kleinfunde, insbesondere aus den Abwässerkanälen an der Ost- und Westseite der freigelegten Räume. Zahlreiche Haarnadeln lassen den Schluß zu, daß das Bad auch der Zivilbevölkerung des Lagerdorfes zur Verfügung stand. Auch ungewöhnlich viel Fensterglas wurde gefunden. In den Heizkanälen entdeckte man Holzkohlenreste.

Als eine gewisse Sensation gilt eine auf die Spätzeit Domitians (81–96 n. Chr.) datierte Sigillata-Scherbe, die neues Licht auf den Zeitpunkt der Anlage des rätischen Limesabschnittes in Ostwürttemberg werfen dürfte. (Die Funde aus Buch werden im Limesmuseum in → Aalen aufbewahrt.)

Die Untersuchungen im Lagerdorf Buch sind 1979 abgeschlossen worden (s. den Bericht von Dieter Planck: Brunnenfunde aus dem römischen Kastelldorf bei Buch, Gemeinde Rainau, Ostalbkreis, in „Denkmalpflege in Baden-Württemberg", Jahrg. 8, Heft 3, Juli–September, 1979, S. 115ff.). Abgesehen von wichtigen neuen Einblicken in die Struktur eines Kastelldorfes am äußeren Limes (langrechteckige Holzbauten) erbrachten die Ausgrabungen, vor allem aus zahlreichen Brunnen, eine Fülle wohlerhaltener, qualitätvoller und z. T. einmaliger Einzelfunde, insbesondere den umfangreichsten und wertvollsten römischen Bronzeschatzfund des Landes. Unter den Funden ragen hervor ein vollständig erhaltener Bronzekessel mit einem Durchmesser von 71 cm und einer Höhe von 40 cm; eine Bronzeflasche, wohl für duftende Essenzen, die mit einem noch heute funktionierenden Drehdeckel verschlossen werden konnte, und eine größere Bronzekanne, beides Gegenstände, wie sie bisher in Württemberg in dieser Qualität nicht gefunden wurden. Dazu weiteres Bronzegeschirr und Eisengeräte sowie Bronzefiguren (Jupiter, Mars, Amor) und eine etwa 25 cm große Holzfigur eines gebuckelten Mannes, die einzige guterhaltene römische Holzskulptur aus Württemberg. Gleichfalls erstmalig für Württemberg ist der Fund eines römischen Infanteriehelmes aus Bronzeblech des späten 2. und frühen 3. nachchristlichen Jahrhunderts mit Nackenschutz und Wangenklappen; er lag auf der Sohle einer 10,5 m tiefen Zisterne. Die Funde sind im Limes-Museum in Aalen ausgestellt. (S. Tafelteil Abb. 33.)

**Das Limestor bei Dalkingen.** Bis in die jüngste Zeit war das jetzt als Limestor bezeichnete römische Bauwerk bei Dalkingen als „Feldwache Dalkingen" bekannt. 1885 wurden hier die Fundamente eines quadratischen Gebäudes mit einem Tor in der Mitte und vorspringenden Torwangen freigelegt; seine Nordseite war in die rätische Mauer eingebunden. Obwohl das Gebäude damals schon als Tor angesprochen wurde, galt es in der Folgezeit als Kleinkastell ähnlich den Meilenkastellen der Hadriansmauer in England, die gleichermaßen an die Limesmauer angebaut sind. Der Bau war ohne Parallele am rätischen Limes. Die Baureste lagen einige Zeit frei, bis sie wieder unter einem Erdhügel verschwanden.

Erneute Untersuchungen und Grabungen, die infolge einer Flurbereinigung 1973 und 1974 notwendig geworden waren, erbrachten gänzlich neue und überraschende Erkenntnisse über Aussehen und Zweck des Bauwerks. Seitdem gehört die Dalkinger Anlage zu den architektonisch und geschichtlich interessantesten Denkmälern am rätischen Limes.

Was heute an dieser Stelle zu sehen ist, ist das Ergebnis mehrerer Bauphasen. Die Örtlichkeit war wegen eines vorrömischen Weges, der hier in das Reich führte, militärisch bedeutsam. Vermutlich schon vor 150 n. Chr. wurde hier ein quadratischer Holzturm mit beiderseitig anschließendem Zaun zur Grenzüberwachung errichtet.

Offenbar bald nach 150 trat an die Stelle des Turmes ein rechteckiges Holzgebäude, das sich mit seiner Nordseite unmittelbar an eine Palisade anschloß, mit einer Toröffnung in der Mitte der Südseite und einem Mittelgang im Inneren, an dessen beiden Seiten je drei kleine Räume lagen. Das Bauwerk dürfte als Unterkunftshaus für eine Wachmannschaft gedient haben, die vom nahegelegenen Kastell Buch abgestellt wurde. In kurzer Entfernung stand nördlich ein Steinturm, ob gleichzeitig mit dem Holzbau oder nach dessen Abbruch, ist noch ungeklärt. Im Zusammenhang mit dem Bau der rätischen Mauer wurde das Holzgebäude durch einen rechteckigen Steinbau ersetzt, dessen Nordseite in die Limesmauer eingebaut war. Wie durch eine steinerne Schwelle erwiesen, befand sich dort ein Tor, das die römische Provinz Rätien mit dem freien Germanien verband. (Mit seiner Breite von 2 m erinnert dieser enge Zugang an die 1,80 m breite Durchfahrt durch das Osttor des Kastells Köln-Deutz, die gerade einen Wagen durchließ.) Neben dem Tor in der rätischen Mauer lag rechts und links je ein Raum. Wie das ältere Holzgebäude diente auch der steinerne Torbau zur Überwachung des Limesdurchganges und als ständige Unterkunft für die Wachmannschaft.

Eine ungewöhnliche Änderung erfuhr der Bau im frühen 3. Jahrhundert. An die südliche, d. h. ins Landesinnere gerichtete Seite wurde eine mit Pilastern architektonisch gegliederte Fassade angebaut, deren Innenfläche mit Netzmauerwerk (opus reticulatum) aus Kalksinter verziert war. Der Sockel bestand aus profilierten Quadern. In der Mitte der Fassade befand sich ein Tor. Große Sandsteinquader zu beiden Seiten des Tores wurden als Auflagen für einen Bogen gedeutet.

Der Anbau ist als „Prunkfassade" bezeichnet worden (Dr. Planck). Für einen militärischen Zweckbau – denn an der militärischen Funktion des Bauwerks als überwachtes Tor eines Limesdurchgangs dürfte sich nichts geändert haben – stellt sie etwas ganz Ungewöhnliches dar und hat nirgendwo sonst am Limes eine Parallele.

Ein einzigartiger Fund an der gleichen Stelle scheint eine Möglichkeit zur Klärung des Rätsels um die Prunkfassade zu bieten. Bei den Ausgrabungen kamen mehr als 50 Bruchstücke einer überlebensgroßen Panzerstatue zum Vorschein. Der mit einem Adlerkopf verzierte Knauf eines zur Statue gehörenden Schwertes ließ erkennen, daß es sich um eine Kaiserstatue handelte; denn eine derartige Verzierung war dem Kaiser vorbehalten. (Ein ähnliches Schwert befindet sich im Museum in → Murrhardt.)

Als Datum der Statue konnte das frühe 3. Jahrhundert ermittelt werden. Wie sich aus Münzfunden und einer Brandschicht ergab, muß der Bau im Alamannensturm des Jahres 233 zerstört worden sein. Für die Errichtung der Prunkfassade im Zusammenhang mit der Panzerstatue kommt daher die Zeit von etwa 200–233 in Frage. Es ist bekannt, daß sich Caracalla im Jahre 213 in Rätien aufgehalten hat, zur Vorbereitung seines Feldzuges gegen die Alamannen, aus dem er als „Germanicus Maximus" (überragender Sieger über die Germanen) zurückkehrte. Möglicherweise ist sogar ein Teil der Invasionsarmee beim nahegelegenen Aalen, dem größten Kastell am rätischen Limes, versammelt worden. (Das Diorama im Limesmuseum in Aalen, das allerdings vor der Entdeckung des Dalkinger Limestores aufgebaut wurde, beruht auf dieser Hypothese.) Nach der Überlieferung hat Caracalla sein Heer persönlich durch den rätischen Limes („per limitem Raetiae") geführt. Es ist also durchaus möglich, daß Caracalla im Jahre 213 auch in Aalen gewesen ist und von dort aus den Limes und insbesondere den Torbau bei Dalkingen inspiziert oder sogar an dieser Stelle den Limes auf seinem Vormarsch in das germanische Gebiet überschritten hatte.

So mag die triumphbogenartige Fassade zum Gedächtnis des Kaiserbesuches oder als Denkmal zur Erinnerung an den Sieg über die Alamannen errichtet worden sein. Die überlebensgroße Panzerstatue wird Caracalla dargestellt haben. Sie wird vor dem Triumphbogen des Tores gestanden haben, den Blick von der beherrschenden Höhe in das Landesinnere gerichtet und möglicherweise die Rechte zum imperialen Gestus des Friedens erhoben, den er, so mag der Kaiser geglaubt haben, durch seinen „größten Sieg" über die Germanen dem Land gesichert hatte.

Das Freilichtmuseum erreicht man von Aalen:
1. auf der alten Bundesstraße 290 in Richtung Ellwangen. Nach ca. 500 m Parkplatz am Limes beim Wald Mahdholz, der auch als Ausgangspunkt zur Wanderung empfohlen wird;
2. über die neue Bundesstraße 290 bis zur Abzweigung Stausee Buch. Vom Parkplatz beim Ahlbach zum Kastell, Kastellbad und vicus;
3. zum Limestor bei Dalkingen über Schwabsberg, wo man kurz nach Überquerung der Jagst rechts in südlicher Richtung (Hinweisschilder) zum Limestor kommt.

## REGENSBURG

Der Name der Stadt entstand aus der wörtlichen Übersetzung des lateinischen „Castra Regina"; so hieß die römische Legionsfestung, die im Jahre 179 n. Chr. am Zusammenfluß von Donau und Regen/Reganus angelegt wurde. Der Name wurde später an die bajuwarischen Nachfolger der Römer weitergegeben, die ihn in ihre eigene Sprache übertrugen, im Gegensatz zu anderen Römerstädten, die ihren alten römischen Namen auch nach der germanischen Landnahme beibehielten. Im französischen „Ratisbonne" und dem italienischen und spanischen „Ratisbona" für Regensburg lebt der Name „Ratasbona (Rataspona)" fort, der in frühmittelalterlichen Quellen für Regensburg übermittelt ist und auf eine vorrömische Keltensiedlung in oder um Regensburg zurückgeht. (Wo Ratasbona lag, ist noch ungeklärt.)

Die Römer übernahmen die Ortsbezeichnung wahrscheinlich für ein Kohortenkastell, daß auf dem Königsberg im heutigen Stadtteil Kumpfmühl unter Kaiser Vespasian im Zusammenhang mit einer Neuordnung der Grenzverteidigung nach den innerpolitischen Wirren der Jahre 68/69 ungefähr 100 Jahre vor der Gründung der Legionsfestung angelegt wurde.

Das Kohortenkastell war zunächst ein Holz-Erde-Bau und wurde zur Zeit Hadrians (117–138) in Stein umgebaut. Das Kastell war für eine 500 Mann starke Kohorte (cohors quingenaria) bestimmt und hatte die Aufgabe, einen Donauübergang zu sichern und die weit ins Hinterland führenden Talfurchen der Flüsse Laabe, Naab und Regen, die zu gefährlichen Aufmarschwegen für mögliche Gegner werden konnten, zu überwachen.

Durch Ziegelstempel ist als Besatzung des Kastells u.a. eine teilweise berittene Kohorte von Aquitaniern, die Cohors II Aquitanorum equitata, nachgewiesen. Beim Kastell hat, wie üblich, ein Lagerdorf (vicus) bestanden, das sicherlich auch vom Kastell den Namen Ratasbona übernommen hatte.

**Regensburg**

Das Lager wurde in den Kriegen Marc Aurels gegen die Markomannen (166-180) zerstört. Angesichts der wachsenden Unruhe unter den germanischen Stämmen nördlich der Reichsgrenze erhöhte sich die strategische Bedeutung des Platzes. An die Stelle des Auxiliarkastells, das nicht wieder aufgebaut wurde, trat eine mächtige Legionsfestung am Donauufer unmittelbar gegenüber der Mündung des Regen.

Die Festung wurde für die III. Italische Legion (Legio III Italica concors) gebaut, die zusammen mit der Legio II Italica pia von Marc Aurel im Jahre 165 in Italien ausgehoben wurde, um die Verluste auszugleichen, die eine von Osten eingeschleppte Pestepidemie im römischen Heer verursacht hatte.

Wie aus einer Bauinschrift (s. u. Museum) zu entnehmen ist, war der Festungsbau 179 vollendet. Die Legion war schon 172 in die Provinz Rätien verlegt worden. Wo sie in der Zwischenzeit bis zu ihrer Stationierung in Regensburg ihr Standlager hatte, ist noch nicht geklärt. (Möglicherweise haben Teile der Legion während der Bauarbeiten im Auxiliarlager Abusina [→ Eining] gelegen.)

Mit der III. Italischen Legion war seit 150 Jahren wieder eine Legion in der Provinz stationiert. Ihr Kommandeur war militärischer Oberbefehlshaber und zugleich Provinzstatthalter (Legatus Augusti pro praetore). Er hatte seinen Amtssitz in der Provinzhauptstadt Augusta Vindelicum (Augsburg), wo außer den Beamten der Zivilverwaltung auch Kommandos der Legion beim militärischen Stab des Statthalters und als dessen Leibwache Dienst taten (s. Grabmal für ein Mitglied der III. Italischen Legion im Museum in → Augsburg).

Die Festung hatte den bei römischen Militärlagern üblichen rechteckigen Grundriß mit abgerundeten Ecken. Die Front war nach Norden zur Donau hin gerichtet; an der Nordseite lag auch die porta praetoria. Alle vier Tore waren von Turmbauten flankiert. Die 8 m hohe und 2 m starke Wehrmauer war mit Zwischen- und Ecktürmen verstärkt.

Von den Innenbauten ist nur wenig bekannt. Einige Mauerzüge der principia (Stabsgebäude) und des sich südlich daran anschließenden Legatenpalastes sind ermittelt worden und geben durch ihre Mächtigkeit Kunde von der Pracht dieser Bauten. Die via praetoria von der gleichnamigen porta zu den principia und die Hauptstraße (via principalis) zwischen den beiden Seitentoren waren von überdachten Säulenhallen begleitet. (Die Rekonstruktion eines solchen porticus vor dem Städtischen Museum vermittelt einen Eindruck von Glanz und Ausmaß dieser repräsentativen Lagerstraßen.)

Hand in Hand mit der Festung wurde die Lagervorstadt (canabae legionis) planmäßig unter der Leitung eines für das Legionsgebiet und die Lagervorstadt zuständigen Verwaltungsbeamten (aedilis) angelegt. Wir besitzen über dieses Bauvorhaben ein einzigartiges steinernes Dokument. Aurelius Artissius mit der Amtsbezeichnung „aedilis territorii contributi et canabarum Reginensium" (Oberbeamter in dem der Legionsfestung zugeteilten Gebiet und der Vorstadt der Reginafestung) weihte aus Dankbarkeit für die Vollendung des Baues dem Vulkan, Gott des Feuers und zugleich Beschützer gegen Feuergefahr, am Vulkanstag (23. August) des Jahres 178 einen Altar aus eigenen Mitteln (s. u. Museum).

Im Osten und Süden der Festung lagen Begräbnisplätze und ein ausgedehnter Friedhof im Südwesten an der Fernstraße nach Augsburg. Beim Bau von Eisenbahn und Bahnhof 1872/74 wurden große Teile dieses bedeutenden Gräberfeldes freigelegt. Von den rund 6000 Gräbern konnten nur etwa 1500 untersucht und geborgen werden. Aus den Grabinschriften und Grabbeigaben ergibt sich das Bild einer nicht unbedeutenden Siedlung, die aber im Gegensatz etwa zu den canabae der Mainzer Legionsfestung niemals den Rang eines städtischen Gemeinwesens mit eigener Selbstverwaltung (municipium) erhielt.

Die Festung hielt den großen Alamanneneinbrüchen der Jahre 233 und 259/60 stand, wurde aber so schwer beschädigt, daß Ausbesserungsarbeiten an den Wehrbauten notwendig wurden. Insbesondere sind Ende des 3. und Anfang des 4. Jahrhunderts Bauarbeiten im großen Stil unternommen worden.

Die III. Italische Legion blieb an ihrem Standort als „Hauslegion" von Regensburg, ebenso wie die XXII. Legion in Mainz, bis zum Ende der Römerherrschaft, wenn auch in verminderter Stärke. Im Zug der Neuordnung des Heeres unter Diokletian (284-305) waren aus der Legion sechs Abteilungen gebildet worden. Nur eine davon verblieb in Regensburg. Die anderen wurden zur Sicherung der Alpenstraßen und zum Grenzschutz eingesetzt.

Auch die diokletianische Verwaltungsreform wirkte sich auf Regensburg aus. Die Provinz Rätien wurde für Zwecke der Zivilverwaltung in eine westliche Alpenprovinz (Raetia prima) mit der Hauptstadt Curia (Chur in der Schweiz) und eine nordöstliche Provinz (Raetia secunda) mit der Hauptstadt Augusta Vindelicum (Augsburg) unter je einem praeses eingeteilt. Das militärische Kommando verblieb für beide Provinzen einheitlich in der Hand eines Dux provinciae Raetiae primae et secundae mit Sitz in Augsburg.

Die Lagervorstadt wurde in spätrömischer Zeit verlassen. Ihre Bewohner suchten Schutz hinter den Mauern der Festung, wie dies auch in anderen Siedlungen der Provinz geschah (Eining, Epfach, Kellmünz, Kempten, Passau).

Die Festungsstadt wurde unzerstört von den Bajuwaren besetzt und war seit dem 6. Jahrhundert Residenz der bayerischen Herzöge. Noch im 8. Jahrhundert beschreibt ein Augenzeuge, der Bischof Arbeo von Freising, in seiner Darstellung des Lebens des hl. Emmeram die mächtigen Quadern und hochragenden Türme, die Regensburg (Radaspona) uneinnehmbar machten („Urbs, ut praediximus, Radaspona inexpugnabilis, quadris aedificata lapidibus, turrium exaltata magnitudine...").
Frühchristliche Funde aus den Gräberfeldern, die vom 2. bis zum 6. Jahrhundert kontinuierlich belegt waren, und vor allem die Grabinschrift der Sarmannina (s. u. Museum) lassen darauf schließen, daß es in Regensburg schon im frühen 4. Jahrhundert Christen und auch Märtyrer gegeben hat.
Abgesehen vom Namen der Stadt hat sich die römische Vergangenheit Regensburgs im Straßenplan der Altstadt, die den Grundriß der Festung bewahrt, und in bedeutenden Bauresten erhalten. Untere und obere Bachgasse verlaufen entlang der Westseite der Festung (die römische Mauer wurde im frühen Mittelalter abgebrochen, als sich die Stadt nach Westen erweiterte). Die Fröhliche Türkengasse läßt die Richtung der via decumana erkennen, die von der Mitte der Festung zum Südtor (porta decumana) führte. Der Verlauf der via principalis kann vom Dachauplatz durch die Schwarze Bärenstraße über den Neupfarrplatz bis zum Beginn der Gesandtenstraße verfolgt werden.
Teile der römischen Wehrmauer sind an verschiedenen Stellen zu sehen. Die Erhardikrypta liegt an der Nordostecke der Festung und ist innen an die Römermauer angelehnt (Schlüssel im Kolpinghaus; beachte unter den römischen Quadern wiederverwendete Steine, sog. Spolien).
Mauerreste sind ferner unter dem neuen Parkhaus am Dachauplatz und vor allem an der Südostecke der Festung (Maximilianstraße–Ernst-Reuter-Platz) zu sehen. Die dort konservierten Reste der gewaltigen Quadermauer von Castra Regina wurden 1955 beim Bau des Verwaltungsgebäudes einer Versicherungsgesellschaft aufgedeckt. An dieser Stelle befindet sich auch einer der Ecktürme des Römerlagers. Der „Römerturm" auf dem Alten Kornmarkt besitzt teilweise römisches Mauerwerk, ist aber sonst, trotz seines Namens, ein mittelalterlicher Bau.
Das bedeutendste Bauwerk aus der Römerzeit ist die Porta Praetoria, das Nordtor von Castra Regina, in der Straße „Unter den Schwibbögen". Das Tor war 1649 in die Bischöfliche Brauerei einbezogen worden und wurde dort 1885 bei Erneuerungsarbeiten entdeckt. Heute ist der Römerbau ein Teil des Hotels Bischofshof. Erhalten ist die mittlere Durchfahrt und der östliche, rechteckige, an der Frontseite halbkreisförmig vorspringende Flankenturm der einst zweitürmigen Toranlage. Der Turmrest steht noch 11 m über dem heutigen Straßenniveau (der römische Stadtboden liegt 3 m tiefer).
Über einem aus mächtigen Quadern gebildeten fensterlosen Unterbau erhebt sich das erste Obergeschoß mit fünf Rundbogenfenstern. In römischer Zeit folgte ein weiteres, ähnlich gegliedertes Stockwerk. Es wird angenommen, daß die Porta in ihrer gegenwärtigen Gestalt aus dem 4. Jahrhundert stammt, als im Zuge einer allgemeinen Verstärkung der Festungsbauten auch das ursprünglich im Jahre 179 n. Chr. nach dem gleichen Plan entworfene Tor neu gebaut wurde. (S. Tafelteil Abb. 9.)
Wie oft betont, gleicht die Regensburger Porta Praetoria im Grundriß und Bautyp der Porta Nigra in Trier. Beide Bauwerke gelten als die ältesten Hochbauten in Deutschland; in beiden sind die mächtigen Quadern ohne Mörtel aufeinandergesetzt. Der Betrachter, der den Regensburger Bau frontal ins Auge faßt, spürt, wie Rudolf Pörtner schreibt, „seine archaische Kraft und Strenge" und zugleich „den Stolz und das Selbstbewußtsein seiner Erbauer."
1977 wurden auf einer Luftaufnahme in der Nähe des Grabungsgeländes von Großprüfening im Westen von Regensburg, etwa gegenüber der Mündung der Naab in die Donau, in der jungen Saat eines Ackers die Umrisse eines rechteckigen Areals entdeckt. Bei Untersuchungen des Geländes durch das Landesamt für Denkmalpflege ergab sich, daß die aus der Luft als dunkle Streifen erkennbaren Umrisse von im Boden liegenden Grundmauern herrührten. Die zum Teil noch sehr gut erhaltenen Mauerzüge mitsamt einem der Mauer vorgelagerten Spitzgraben erwiesen sich als Umwehrung eines bis dahin völlig unbekannten, ja nicht einmal vermuteten Kastells, dem dritten im Regensburger Raum. Die Entdeckung wurde als „kleine Sensation" empfunden. Eine zivile Ortschaft gegenüber der Naabmündung und längs des Donauufers aus römischer Zeit war seit langem durch Grabungen und Funde bekannt. Seiner Größe nach war das Kastell für einen numerus, einen etwa 130 bis 150 Mann starken Verband für Aufklärungs- und Sicherungsaufgaben, bestimmt. Die Besatzung wird zur Beobachtung der Naabmündung eingesetzt gewesen sein. Das Kastell hat offenbar zugleich mit der Legionsfestung bestanden.

**Museum der Stadt Regensburg,** Dachauplatz (ehemalige Minoritenkirche).
Die römischen Funde umfassen die Kaiserzeit von 15 v.Chr. bis ins 5. nachchristliche Jahrhundert. Sie sind in der Römischen Abteilung ausgestellt. Die Fundgegenstände sind in dem

reichillustrierten Buch „Regensburg zur Römerzeit" (Forschungsgeschichte, Geschichte, Fundplätze, Funde) von Karl-Heinz Dietz und Mitarbeitern (Regensburg, Pustet 1979, 2. Auflage) eingehend beschrieben. (Seitenzahlen im Text beziehen sich auf dieses Buch.) Die nachfolgenden Bemerkungen sollen den Besucher der Römischen Abteilung in großen Zügen davon unterrichten, was ihn bei seinem Besuch erwartet.

Die Ausstellung beginnt mit einer Einführung in die Geschichte von Regensburg.

Die älteste Römersiedlung – Kastell und Lagerdorf (vicus) von *Regensburg-Kumpfmühl* – ist durch reiches Fundgut vertreten. Dazu gehört das erste, 1873 auf Regensburger Gebiet gefundene Militärdiplom, die beglaubigte Abschrift eines kaiserlichen Sammelerlasses, der den Mitgliedern der im Erlaß genannten Militäreinheiten nach 25 Dienstjahren den Erwerb des römischen Bürgerrechts und des Eherechts mit einer Nichtrömerin bestätigt. Das Diplom gehörte einem gewissen Secco oder Sicco, der als Reiter in der Cohors II Aquitanorum in Kumpfmühl gedient und sich nach seiner ehrenvollen Entlassung aus dem Militärdienst im Jahre 166 n. Chr. im Lagerdorf seiner ehemaligen Garnison niedergelassen hatte, wo sicherlich schon während seiner Dienstzeit die ihm noch nicht im Rechtssinn angetraute Frau gewohnt hatte. Der als keltisch geltende Kurzname Secco läßt die Annahme zu, daß der Veteran ein Aquitanier gewesen ist, also aus Südfrankreich stammte, wo er auch zum Militärdienst eingezogen wurde. Seine Heimat wird er kaum wiedergesehen haben. Zwei weitere Veteranen aus der Kumpfmühlener Siedlung sind uns ebenfalls aus Militärdiplomen bekannt: Secundus, Sohn des Sasirus, hatte 25 Jahre in dem in Aalen stationierten, 1000 Mann starken Reiterregiment gedient, bevor er nach Regensburg zog, um dort den wohlverdienten Ruhestand zu genießen. Marcus Ulpius Fronto, Sohn des Pero, war am 16. Dez. 113 aus der Cohors I Batavorum milliaria civium Romanorum, der 1000 Mann starken 1. Bataver-Kohorte römischer Bürger, ehrenvoll entlassen worden (das römische Bürgerrecht hatten Soldaten der Kohorte wahrscheinlich als persönliche Auszeichnung erhalten). Fronto, ein aus dem Gebiet der Rheinmündung stammender Bataver, hatte mit seiner Einheit an den Feldzügen Trajans gegen die Daker (im Gebiet des heutigen Rumänien) teilgenommen (101-102) und durfte nach der Verleihung des Bürgerrechts den Vor- und Familiennamen des regierenden Kaisers (Marcus Ulpius Traianus) führen. Auch ihn hatten wohl, ähnlich wie beiden anderen Veteranen, persönliche Bindungen in die Regensburger Gegend geführt.

Unter militärischen Einheiten, die durch in Kumpfmühl gefundene Ziegelstempel ausgewiesen sind und möglicherweise als Garnisonen des Kastells zu verschiedenen Zeiten in Frage kommen, befindet sich die schon erwähnte 2. Aquitanierkohorte (die Kohorte ist auch als Besatzung – wohl in flavischer Zeit – eines der Kastelle von Rottweil nachgewiesen); ferner die Cohors I Flavia Canathenorum milliaria equitata sagittariorum (1. flavische teilweise berittene 1000 Mann starke und aus Bogenschützen bestehende Kanathenerkohorte). Ein Ziegelstempel der Ala I Flavia singularium civium Romanorum (1. flavisches „Feldjäger"-Regiment römischer Bürger) wird als Hinweis gedeutet, daß ein Teil der Ala vorübergehend in Kumpfmühl gelegen hat. (Für eine Ala in voller Stärke war das Kumpfmühler Lager zu klein.)

Als verläßliches Zeugnis für die Anwesenheit einer bestimmten Einheit im Kumpfmühler Kastell gilt die Besitzerinschrift auf einem für Pferde bestimmten Augenschutzkorb, der im Lagerdorf zusammen mit einer Beinschiene, beides Teile einer Paraderüstung, gefunden wurde. Laut Inschrift gehörte der Augenschutzkorb dem Lucius, Veterinär der Cohors III Britannorum equitata, der 3. teilweise berittenen Britannerkohorte, von der angenommen wird, daß sie die erste Besatzung des Kumpfmühler Kastells gewesen ist. Die Beinschiene war Eigentum des decurio (Rittmeister) Avitianus, der sicherlich zu der gleichen Einheit gehört hatte. Die Kohorte lag später in Abusina (Eining).

Unter den Funden aus Kastell und Lagerdorf beansprucht die Keramik, vor allem das feine römische Tafelgeschirr mit glänzendrotem Überzug (terra sigillata) besonderes Interesse, da sie als „Zeitmesser" (S. 182) dient. Bemerkenswert ein reliefgeschmückter Trinkbecher sowie Näpfe und Teller aus süd- und mittelfranzösischen Werkstätten des 1. und der 1. Hälfte des 2. nachchristlichen Jahrhunderts sowie spätere Terra-Sigillata-Lieferungen aus Rheinzabern. Zu letzteren gehört eine Schüssel mit dem Namen des Töpfermeisters Cobnertus, der von Rheinzabern bekannt ist.

Funde aus Kastell und Lagerdorf umfassen: Lanzenspitzen, Hufschuhe für verletzte oder schwer beladene Pferde in schwierigem Gelände, Gürtelschnallen, Schmelztiegel, eiserne Türangeln, eiserne Schlüssel, Wetzstein, Strigiles (Schaber), Pinzetten, Fibeln, die linke aus Bronze getriebene, mit silberfarbigem Metall überzogene Wangenklappe eines Prunkhelms mit eingearbeitetem Ohr und Darstellung der Göttin Minerva, eisernen Schildbuckel, Dolch und Ortband. Ferner: Küchengeschirr, Vorratsgefäße mit Angabe von Inhalt und Menge, Schmelztiegel, eiserne Türangeln, eiserne Schlüssel, Pinzetten, Glocken, Schminksteine, Nähnadeln, Messer, Schreibgriffel, Gürtelschmuck, Fibeln, einen silbernen Anhänger.

Auch aus dem schon seit 1911 bekannten Grabungsgelände um die *römische Siedlung (vicus) von Großprüfening* sind reiche Funde zutage getreten. 1978 wurde dort ein ganzes Gewerbeviertel ausgegraben, in dem u. a. Leder und Textilien hergestellt und Nahrungsmittel verarbeitet wurden. Man fand „Darren" (Räucherkammern), in denen Lebensmittel (Getreide, Fleisch) durch Trocknen haltbar gemacht wurden. Möglicherweise wurde hier auch Bier gebraut, das den Kelten und Germanen wohlbekannt war. Unter den Funden aus Kastell und Lagerdorfsiedlung Großprüfening befinden sich u. a.: eiserne Gebißstange einer Trense, ein Kästchen, Ringbeschläge, eiserne Sporen, Anhänger, Silbermünzen, Toilettenartikel, Haarnadeln, Kerzenhalter, Messer, Hobelleisten, Meißel, Schlüssel, Pfeilspitzen, Griffel, Pinzetten, Fibeln, Münzen und Tafelgeschirr.

Von der *Entstehung der Legionsfestung Castra Regina* zeugt die monumentale Bauinschrift aus dem Jahre 179 n. Chr. Von der Inschrift ist nur die rechte Hälfte antik; die andere Hälfte beruht auf einer Ergänzung von Theodor Mommsen. Die Inschrift war im Jahre 180 n. Chr. über dem Osttor der Festung, der porta principalis dextra, angebracht worden und wurde bei der Verstärkung der Wehrmauer um die Wende des 4. Jahrhunderts n. Chr. in die Fundamente des Tores eingebaut. Dort wurde sie 1873 beim Ausschachten einer Baugrube für den Neubau des ehemaligen Karmeliterbräuhauses entdeckt. Die Inschrift ermöglicht

es, das Jahr 179 als Zeitpunkt für die Vollendung des Festungsbaus zu bestimmen.
Die Inschrift lautet (fehlende Buchstaben ergänzt): „Imperator Caesar Marcus Aurelius Antoninus divi Pii filius, Veri frater, divi Hadriani nepos, divi Traiani Parthici pronepos, divi Nervae abnepos, Augustus Germanicus Sarmaticus Pontifex Maximus tribuniciae potestatis XXXVI, Imperator VIIII, Consul III, Pater Patriae, et Imperator Caesar Lucius Aurelius Commodus Augustus Sarmaticus Germanicus Maximus Antonini Imperatoris filius, divi Pii nepos, divi Hadriani pronepos, divi Traiani abnepos, divi Nervae adnepos, tribuniciae postestatis IV, Imperator II, Consul II, vallum cum portis et turribus fecerunt per legionem III Italicam concordem procurante Marco Helvio Clemente Dextriano legato Augustorum pro praetore." (Kaiser Marcus Aurelius Antoninus, Sohn des göttlichen Pius, Bruder des Verus, Enkel des göttlichen Hadrian, Urenkel des göttlichen Trajan, des Siegers über die Parther, Ururenkel des göttlichen Nerva, der Erhabene, Sieger über Germanen und Sarmaten, Oberpriester, im 36. Jahr seiner tribunizischen Gewalt, Feldherr zum 9. Mal, Konsul zum 3. Mal, Vater des Vaterlandes, und Kaiser Lucius Aurelius Commodus, der Erhabene, Sieger über die Sarmaten, größter Sieger über die Germanen, Sohn des Kaisers Antoninus, Enkel des göttlichen Pius, Urenkel des göttlichen Hadrian, Ururenkel des göttlichen Trajan, Ururenkel des göttlichen Nerva, im 4. Jahr seiner tribunizischen Gewalt, Feldherr zum 2. Mal, Konsul zum 2. Mal, haben die Mauer mit Toren und Türmen errichten lassen durch die III. Italische Legion, die Einträchtige, unter der Leitung des kaiserlichen Provinzstatthalters Marcus Helvius Clemens Dextrianus.)
Wie es beim Bau der Festung tatsächlich zuging, zeigt das eindrucksvolle Modell einer römischen Großbaustelle (ähnlich dem Modell im Rheinischen Landesmuseum in Bonn). Hier wird am Beispiel der Porta Praetoria der Regensburger Legionsfestung dargestellt, mit welchen technischen Hilfsmitteln die Römer ihre Hochbauten errichteten. Mit Hebekränen und Flaschenzügen wurden die mächtigen, zentnerschweren, mit Kähnen auf der Donau zur Baustelle beförderten Quader von oben auf die vorgeschriebenen Stellen im Gefüge der Mauern herabgelassen. Neben seiner Bestimmung als uneinnehmbare Festung war der Bau zugleich eine Demonstration der Macht des Römerreiches. Die hochentwickelte römische Technik, die sich in diesen Bauten offenbarte, sollte den staunenden Barbaren auf der gegenüberliegenden Seite des Stromes die Macht und Schlagkraft des Weltreiches sichtbar vor Augen führen.
*Von Zerstörung und Wiederaufbau der Festung* in der Mitte des 3. Jahrhunderts berichtet ein Ausgrabungsbefund vom Frauenbergle 4 aus den Jahren 1952/53. Beim Neubau eines bombengeschädigten Hauses fand man zwei übereinanderliegende Säulenstümpfe einer Säulenhalle an der via praetoria, die bewiesen, daß der Bau zweimal zerstört und wiederaufgebaut wurde.
In der zum unteren Säulenstumpf gehörigen Schicht aus der ersten Bauperiode von 179/80 fand sich eine Münze des Kaisers Alexander Severus vom Jahr 227, was den Schluß zuläßt, daß das Gebäude beim ersten Alamanneneinfall 233 zerstört wurde, und zwar, wie eine Brandschicht andeutet, durch Feuer. Der zerstörte Sockelstumpf diente bei einem Neubau als Unterlage für einen neuen Pfeiler. Auch diese zweite porticus ging zugrunde, nach einem Münzfund beim zweiten großen Alamanneneinfall 259/60.
Eine naturgetreue Rekonstruktion der Fundlage mit den Originalsäulenstümpfen ist maßstabgerecht im Museum aufgestellt.
*Über Mannschaftsunterkünfte und die innere Bebauung* in der Legionsfestung informieren erläuternde Texte und graphische Darstellungen.
*Ausrüstungsgegenstände und Waffen* der Legionäre schließen ein: Legionärshelm (moderne Rekonstruktion); Phalerae (Metallscheiben mit plastischen Köpfen, z. B. einem Medusenhaupt, einem Löwenkopf), die als Tapferkeitsauszeichnungen verliehen und auf der Brust über dem Panzer getragen wurden; bronzenen Schwertgurtverschluß in der Form einer Beneficiarierlanzenspitze (Abzeichen eines Benefiziariers, der für die Sicherheit auf den Straßen und deren Instandhaltung verantwortlich war). Ein Benefiziarier mit den Namen Marcus Cassius Severus, „beneficiarius tribuni Legionis III Italicae", ist von einem Grabstein bekannt, den ein Claudius Peregrinus dem Verstorbenen für 2000 Sesterzen nach dem Willen des Testaments („ex voluntate testamenti") hatte errichten lassen. Ferner: Schwertgurte, Legionärsgürtel (cingulum), Zierbeschläge für Lederriemen, Gürtelschnallen, Gürtelbeschläge, Lanzenspitzen, Steigbügel, Handmühle (die Soldaten mußten ihre Getreideration selber mahlen), pilumartige Gürtelbeschläge, Lanzen- und Geschoßspitzen, rekonstruierter Legionärsschild, Wurflanzen.
Zu diesen Ausrüstungsgegenständen gehören auch die bereits erwähnten Teile einer Paradeausrüstung (versilberte Beinschiene mit der Darstellung des Mars mit Helm, Schild, Panzer und Beinschienen zwischen zwei Schlangen, Glücksemblem des Kaisers; über ihm ein doppelhenkliges Gefäß und rechts und links zwei Masken; Augenschutzkorb für ein Pferd). Ferner: Pioniergeräte (Ziehhacke, Flachhacke, Kreuzhacke, Keile).
*Gliederung und soziale Stellung des römischen Heeres* werden durch Texte erläutert. Eine Tafel zeigt die Nordgrenze des Römischen Reiches und den Ansturm der Germanen im 3. Jahrhundert. Ein Wandtext unterrichtet über das Ende der Castra Regina.
Das überaus reiche Fundmaterial aus Grabungen im Regensburger Stadtbereich, vor allem von Gräberfeldern, umfaßt das *gesamte soziale und wirtschaftliche Leben im römischen Regensburg* und wird in eingehenden, nach Sachgruppen gegliederten Texten erläutert. Das römische Regensburg war von Anfang an in ein *Straßensystem* einbezogen. Archäologischer Hinweis ist ein ursprünglich in der Kirche von Burgweinting eingemauerter römischer Meilenstein von der Straße Augsburg–Regensburg. Er stammt aus dem Jahre 215 n. Chr. und gibt die Entfernung vom Standort des Meilensteins von Augsburg („ab Augusta") und von der Legion („a legione") in römischen Meilen (milia passuum) wieder. Mit der „legio" ist die Legionsgarnison Castra Regina gemeint, wie man auch den Standort der 2. flavischen Ala „ala" und den der „Fünften" Kohorte „Quintana" nannte – Bezeichnungen, die sich in den Ortsnamen „Aalen" und „Künzing" erhalten haben. Auch „Passau" leitet sich von einer dort einmal stationierten römischen Truppe, der 9. Bataverkohorte, her.
Die Entfernungsangabe ist nicht die einzige Zweckbestimmung des Meilensteins; die Inschrift dient zugleich der kaiserlichen Propaganda. Der regierende Kaiser, der den Stein setzen ließ, in diesem Fall Caracalla (Marcus Aurelius Antoninus Pius), wird mit schmeichelhaften Attributen bedacht: Er ist der tapferste Augustus („fortissimus Augustus"), der glücklichste Herrscher („felicissimus princeps"), der allergnädigste Herr („dominus indulgentissimus"). Aus

**Regensburg**

der Tatsache, daß in der gleichen Inschrift auch Caracallas Vater, Kaiser Septimius Severus, mit einer dem Jahr 195 entsprechenden Titulatur genannt ist, wird geschlossen, daß schon Septimius Severus Bauarbeiten an der Straße hat durchführen lassen, die von Caracalla mit der Erwähnung seines Vaters in der Inschrift dokumentiert wurden, als er selbst, Caracalla, zwanzig Jahre später die Arbeiten zu Ende führte.

*Zum Thema Handel und römischer Import nach Regensburg* wird ein römisches Holzfaß gezeigt, in dem Wein aus Oberitalien für das Militär in Regensburg eingeführt worden war und das nach Gebrauch als Brunnenverschalung gedient hatte. Das hier ausgestellte Faß war eines von zwei übereinandergestellten Holzfässern, die 1954 in einem Brunnenschacht im vicus des Kumpfmühler Kastells gefunden wurden. Das untere Faß war besser erhalten und ließ sich zu zwei Dritteln konservieren. Es hatte eine Kapazität von 650 Litern. Ferner: Austernschalen (auch in Regensburg wollte man auf diese, schon bei den Römern beliebte Vorspeise nicht verzichten und ließ sich Austern vom Mittelmeer oder vom Atlantik kommen, wohl in Essig oder Öl eingelegt, damit sie auf dem Transport nicht verdarben, S. 340); Börsenarmbänder aus Bronze, die diebstahlsicher am Arm getragen wurden; Lederetui für ein kleines Messer (der Bronzebeschlag ist erhalten), das ein gewisser Gemelianus in seiner Werkstatt in Aquae Helveticae (Baden in der Schweiz) hergestellt hatte. Ein Offizier der Regensburger Legion hatte für sein Tafelgeschirr ein Bronzetablett mit reichverzierten Handgriffen aus den gallisch-germanischen Provinzen bezogen.

Daß *Keramik* aller Art (Geschirr, Öllampen) aus Süd- und Mittelfrankreich und später auch aus Rheinzabern eingeführt wurde, war früher schon bemerkt worden. Es gab auch einheimische, spezifisch rätische Ware, die in Rätien hergestellt wurde, die sog. „Rätische Firnisware", „eine dünnwandige, hartgebrannte, auffallend verzierte und mit einem dunkelbraunen bis schwarzen Überzug versehene Tonware".

Der oben erwähnte Altar für Vulkan des Ädilen Artissius mag vom Spender (neben vielen anderen möglichen Deutungen für das Motiv der Weihung) als Schutz vor künftigen Bränden, als eine Art antiker Feuerversicherung, gedacht gewesen sein.

Daß es trotzdem zu Feuersbrünsten kam, vor allem während des Markomanneneinfalls um 170 n. Chr., als die canabae und das Kastell Kumpfmühl eingeäschert wurden, wird an einem eindrucksvollen Schnitt durch die *römischen Siedlungsschichten* unter dem Bismarckplatz vorgeführt: über einer nur wenige Zentimeter starken Brandschicht der Holzhäuser lag eine 40 cm dicke Schuttschicht der Ziegeldächer. Bei den Grabungen konnten mindestens drei übereinanderliegende, durch ihre unterschiedliche Beschaffenheit klar voneinander abgegrenzte Schichten erkannt werden, die sich jeweils aus einer Kulturschicht mit mehreren Wohnhorizonten und einer dazugehörigen Zerstörungsschicht zusammensetzten (S. 232).

Im Zusammenhang mit Funden, die sich auf *Handwerk und Gewerbe* im römischen Regensburg beziehen, gibt es einen Hinweis auf das Metzgerhandwerk in dem Relief von einem Grabmal (oder war es ein Ladenschild?) mit der Darstellung eines aufgeschlitzten, an einem Haken hängenden Schweins; dazu ein Fleischermesser. Unter Werkzeugen zur Holzbearbeitung finden sich Hobelgeräte, Schnitzmesser, Säge, Äxte, Stemmeisen, Beile, Bartaxt, Tüllenmeißel, Löffelbohrer. Vom Schmiedehandwerk zeugen ein Bleirohling, Schlacken, Schmelztiegel, Amboß, Hammer; dazu Fertigprodukte: Messer, Ketten, Ringe, Pfriemen.

Von Bronzegießern sind tönerne Schmelztiegel zur Bronzeverarbeitung erhalten. Knochenschnitzerbetriebe sind durch Rohmaterial (Hirschgeweihe, Tierknochen) und fertige Produkte (Messergriffe, Taschenmesser zum Zusammenklappen – auf dem Griff ein Hund, der einen Hasen jagt –, Haar- und Nähnadeln, Spielsteine, Schreibgriffel, Flöten und Scharniere) belegt. Wie das Töpferhandwerk betrieben wurde, zeigt ein rekonstruierter Töpferofen; Fehlbrände ließen sich nicht vermeiden. Wo der Töpfer nicht mehr helfen konnte, mußte der Geschirrflicker einspringen. Am Beispiel eines Terra-Sigillata-Tellers wird deutlich gemacht, wie zerbrochenes Geschirr mit Hilfe von Bleiklammern geflickt wurde.

Eine der wichtigsten Errungenschaften römischer *Technik* war der Heizungsbau, hier an einem Schema dargestellt.

Ebenso bedeutsam als technische Leistung der Römer ist die Ziegelbauweise. Militärische Einheiten deckten ihren Bedarf in eigenen Ziegeleien. Die größte Ziegelei in Rätien war die Werkstatt der III. Italischen Legion in Bad Abbach. Dächer wurden mit tegulae (rechteckigen Ziegeln) und imbrices (halbrunden Ziegeln) belegt. Für Heizanlagen gab es spezielle Ziegelformen (z. B. Hohlziegel – tubuli). Das Tagespensum eines Ziegelstreichers in einer Militärziegelei ist durch eine in Kursivschrift auf einen Ziegel eingeritzte Abrechnung bekannt („... ecoli fec[it] CX" ... hat 110 Ziegel gemacht). Ein Aufsichtsführender hatte die Abrechnung mit dem Legionsstempel versehen, wohl um die Richtigkeit zu bescheinigen. Unter den Funden: Ziegelplatten mit Mörtelbelag; Ziegel mit Tierspuren (große Dogge) und mit den Eindrücken genagelter Schuhe. Den Besitzer oder Pächter einer Privatziegelei in der Nähe von Regensburg kennen wir von seinen Ziegelstempeln (rd. 40 mit dem Stempel „M VINDEL SURINI" sind erhalten) sowie von einem Grabstein, den der von Schmerz betroffene Vater („infelix pater") Vindelicius Surinus seinen allerärmsten Kindern („miserrimi") Hermogenianus, Victor und Sura gesetzt hat. Welch tragisches Schicksal die drei Kinder hinweggerafft hat, ist unbekannt; möglicherweise waren sie Opfer der um 180 eingeschleppten Pest.

Auf das *Bauhandwerk* bezieht sich ein tönerner Dachaufsatz (Kaminaufsatz) in der Form eines zweigeschossigen Rundturmes aus dem römischen Gutshof von Burgweinting (zunächst als „Lichthäuschen" bezeichnet); ferner: Fensterglas, eiserne Strebe eines Fenstergitters, Maurerkellen, Zirkel, Lot, Splinte, verschiedene Nagelformen und Krampen, Nagelzieher, Kreuzhacke, Löffelbohrer, eine Kelle zum Holz- und Steinespalten, Schlüssel, Schiebeschlösser, Türbeschläge, Verriegelungen, Türbänder, die Basis einer Türschwelle.

*Geselliges Leben* wird durch die Rekonstruktion einer Theke in einem römischen Wirtshaus vor Augen geführt. **Wie es in einer römischen Kneipe zuging, wird durch die Reliefplatte von einem Grabmal** (oder war es ein Wirtshausschild?) mit der Darstellung einer Wirtshausszene deutlich gemacht: Mehrere Männer sind um einen Tisch versammelt, auf dem drei doppelhenkelige Weinkrüge stehen. Einer der Gäste greift nach dem Wein, ein anderer nach einer „Saaltochter", die ihn auffordert, mit ihr hinter einem Vorhang zu verschwinden. (Szenen aus dem täglichen Leben kommen besonders häufig auf Pfeilergrabmälern aus der Moselgegend vor. S. Igeler Säule und die Neumagener Steindenkmäler im Lapidarium des Trierer Museums.) Ein Hinweis auf den Weinbau ist ein von einem optio (Stellvertreter des centurio) Salutaris dem „liber pater", dem Gott der Rebe und des Weines gewidmeter Altar; in der Inschrift erklärt der Stifter, daß er einen Säulengang (wohl im Zusammenhang mit einem Tempel des Gottes) hat errichten lassen. Der Stein wurde in einem Grab des frühbayerischen Reihengräberfeldes „Am Weinberg" gefunden und gilt als mögliches Zeugnis frühen Weinbaues in der Regensburger Gegend (Kellner). Sonst ist die Verehrung des Weingottes in Rätien nur wenig belegt (Weber). Ein Spruchbecher mit dem aufgemalten Trinkspruch „Vinum tolle" (trinke Wein) stammt aus dem Trierer Raum, ist eine „besondere Kostbarkeit" der Regensburger Sammlungen.

Vom *Essen und Trinken* handeln: Trink- und Tafelgeschirre, ein silberner Löffel, Messer, Bratspieß, der oben erwähnte bronzene Beschlag einer ledernen Scheide, in der das Eßbesteck aufbewahrt wurde.

Zum Thema *Haushalt und Wohnen*: Eimer, Kanne, Schöpfkelle, verschiedene Glasbehälter, Möbelbeschläge und ein aus Originalfunden rekonstruiertes Holzkästchen mit bronzenen Beschlägen, Griffe von Truhen, Henkel einer Bronzekanne, verschiedene Schlüssel (Steck-, Drehschlüssel, Schlüsselringe, die man sicherheitshalber als Fingerring trug).

Zur *Beleuchtung* verwendete man Lampen der verschiedensten Art, darunter sog. Firmenlampen nach dem Firmenstempel auf dem Boden der Lampe, Bilderlampen, Doppellampen, Kerzenhalter. Zum Auffüllen von Öllampen dienten Glasfläschchen.

Auf die *Landwirtschaft* beziehen sich: ein eiserner Kamm zum Flachshecheln, Stahlketten, Gartengeräte, Glocken für Schafe und Ziegen, ein Rebmesser und verbranntes Gemüse (Saubohnen).

*Das römische Haus* wird durch zwei maßstabgerechte Rekonstruktionen dargestellt: ein Wohnraum mit Fußbodenheizung, Wandmalereien, Estrich, Tisch, Tonkrüge, Bronzekannen, Türen und Schlösser nach Ausgrabungsbefunden und eine Küche (nach Ausgrabungsfunden aus Pompeji) mit Kochtopf, aufgehängter Amphore, großer Reibschale, Mörser, gemauertem Herd, Getreidemühle, Mühlstein, stehendem Vorratsfaß und Fenstergitter. Dazu Modelle von Fußböden aus Ziegeln im Fischgrätenverband (opus spicatum) und aus Solnhofener Kalkschieferplatten. Fußböden dieser Art wurden in einem spätrömischen Haus auf dem Alten Kornmarkt 1901 aufgedeckt und gelten als Zeugnis für die Anwesenheit einer Zivilbevölkerung innerhalb der Legionsfestung in spätrömischer Zeit. Ferner: Muster einer römischen Dachabdeckung aus Dach- und Hohlziegeln.

Zum Thema *Öffentlicher und privater Alltag* gehören Gesundheits- und Schönheitspflege. Eine im Altertum besonders in großen Siedlungen verbreitete Augenkrankheit war das Trachom. Mittel gegen die Krankheit waren Salben, die von Augenärzten mit Hilfe eines Augensalbenstempels (Kollyrienstempel) verordnet wurden. Der auf dem großen Gräberfeld in Regensburg gefundene Stempel (quadratisches Täfelchen aus grünem Speckstein) des Augenarztes Quintus Pompejus Graecinus zeigt auf den Schmalseiten den Namen des Okulisten, die Bezeichnung der verschiedenen Medikamente und die Augenkrankheiten, für die sie verschrieben wurden. (Genauer Wortlaut des Stempels siehe S. 427). Wie Kellner bemerkt, wurde ein Stempel des gleichen Augenarztes im vicus Dalheim (Luxemburg) gefunden, was bedeuten könnte, daß Graecinus nicht in Regensburg praktiziert hatte und daß der Stempel von einem anderen Augenarzt oder von einem Arzneimittelverkäufer erworben wurde, um die darauf vermerkten Salben in Regensburg zu vertreiben.

Der Name des Legionsarztes ist von einem Grabaltar bekannt. Ulpius Lucilianus war „medicus ordinarius" bei der III. Italischen Legion, wobei die Bedeutung des Wortes „ordinarius" umstritten ist. Möglicherweise handelt es sich um einen als Berufssoldat dienenden Arzt (S. 283).

Ferner: medizinische und kosmetische Geräte (Pinzetten, Spachteln, Sonden, Ohrlöffel, Reibstein, Paletten, Gläser und Töpfchen für Öle, Parfüms und Salben, Schminksteine, ein Schminktöpfchen aus Bernstein, Bronzespiegel mit Überzug aus weißem Metall).

*Latein* war im Westen des Reiches die Amtssprache der Verwaltung und Kommandosprache der Armee und für die anderssprachige Provinzbevölkerung ein Mittel, das ihr den Zugang zur Geisteswelt der Römer öffnete. Zahlreiche Kritzeleien auf Wänden und Gefäßen, sog. graffiti, sind in Regensburg gefunden worden, meistens auf terra sigillata (beispielsweise auf einem Tonkrug die Ritzinschrift, nach der eine Donata den Gott Mercurius bittet, ihr allzeit glückbringend zu sein). Zum Schreiben auf Papyros oder Pergament benutzte man Rohrfedern und Tinte oder man ritzte mit einem Griffel (stilus) aus Knochen, Eisen oder Bronze die Worte auf ein mit Wachs überzogenes Holztäfelchen, hier anschaulich gemacht durch eine Rekonstruktion. Ferner: Siegelringe mit eingelegten Gemmen. Auch Gemmen ohne Ringfassung wurden gefunden.

Wie man sich zur Römerzeit *kleidete*, ist aus Darstellungen (in einer Vitrine) zu ersehen. Die spezifisch Regensburger Tracht ist in Bildnissen auf Grabsteinen überliefert, insbesondere vom Grabdenkmal für die Schwestern Flavia Ispana und Todia Interpetrata (s. u.) und von dem Grabstein für ein Ehepaar. „Die Männer ... lassen am Halsausschnitt ein glattes Untergewand erkennen, über dem ein langes Übergewand in weiten Falten liegt, worüber sie nochmals einen Mantel aus dickem Stoff geworfen haben, der in schweren, geraden Falten nach unten fällt. Die Frauen tragen ein langes Kleid mit Gürtel und darüber einen Mantel, manchmal mit Kapuze" (S. 344 f.). Von *Schuhen* ist der Abdruck einer genagelten Schuhsohle ausgestellt sowie eiserne Schuhnägel.

Die Römerin legte Wert auf *Schmuck*. Aus Regensburg stammt ein Goldschmuck (Ohrringe mit eingelegtem Bergkristall, Sinnbild verfestigten Wassers, das den Verstorbenen das Durchschreiten eines unterirdischen Feuers erleichtern sollte (siehe → Neuss); Halsketten; Anhänger; sog. Schlüsselringe, die gleichzeitig als Schmuck und zum Verschließen kleiner Schatullen oder Kästchen dienten; Fibeln; Pinzetten, Armringe aus Bronze mit eingepunzter Verzierung, aus Silber, Gold, aber auch aus Eisen, Knochen und Gagat. Dazu Börsenarmringe aus Bronze. In Armreifen dieser Art trugen vor allem Frauen ihre Barschaft bei sich; durch Aufschieben auf den Arm wurde der Deckel geschlossen und so jeder Verlust unmöglich gemacht. Ferner: sog. „Fuchsschwanzketten" aus verschlungenen Drahtösen; bronzene, silberne, emaillierte fibulae, darunter eine „Pfeifenfibel" (Trillerpfeife in Form einer Brosche); silberne Zwiebelkopf-Fibeln, Gürtelschnallen, Ketten.

Von *Kunst* zeugen zahlreiche Figuren (Votivfiguren) aus Bronze und Stein, darunter Statuette des Kriegsgottes Mars; der fast lebensgroße und durch seine Porträtähnlichkeit lebendig wirkende Kalksteinkopf eines jungen Mannes mit Helm, möglicherweise Darstellung des Kriegsgottes Mars, „eine der schönsten Freiplastiken der Provinz Rätien" (S. 4); Bronzestatuette der Fortuna, der Minerva mit Helm, des Gottes Merkur, insbesondere die Bronzestatuette des Merkur

**Regensburg**

mit Flügelhut, Umhang, Schlangenstab, Köcher über der rechten Schulter, den Rest eines Geldsackes in der rechten Hand und Flügelschuhe an den Füßen. „Die meisterhafte Statuette, die wohl aus dem Hausheiligtum eines... römischen Gutshofes stammt, ist das Spitzenerzeugnis einer italischen Werkstatt" (S. 21). Venusstatuette mit Amor, Kalksteinstatuette des Merkur, Terrakottafigur einer Frau mit einem Säugling an der rechten Brust (die „nutrix" als Symbol des Fruchtbarkeitsgedankens, s.a. Museum in Köln); Tonhühner; Gläser der verschiedensten Formen und Arten, darunter eine viereckige, blaue Glasflasche mit Henkel; ein doppelhenkeliges Glas mit weißer Schlangenfadenauflage; ein Glaskännchen mit aufgelegten Glasfäden (Kölner Erzeugnisse).

Zum Thema *Freizeit und Spiel* ist die tönerne Maske eines Schauspielers aus dem Lagerdorf des Kastells Kumpfmühl Zeugnis für ein Theater, das der Garnison des Kastells wie auch der Zivilbevölkerung Unterhaltung bot. Musik zur Umrahmung von Theateraufführungen wurde auf der Panflöte (syrinx) gemacht. Das Original einer solchen Flöte aus Buchsbaumholz wurde im Brunnen einer villa rustica bei Regensburg-Barbing gefunden. Andere Musikinstrumente: Pfeifen aus Knochen; zwei bronzene Trillerpfeifen, von denen eine, wie schon bemerkt, eigentlich eine Fibel war; die andere mag die Signalpfeife eines ehemaligen Feldwebels gewesen sein. Die Pfeife „gibt heute noch einen scharfen, hellen Pfiff von sich" (S. 334). Ferner: Spielsteine, Würfel, strigiles zur Reinigung des Körpers nach dem Bad.

Zum Thema *Glaube und Aberglaube* wird ein rekonstruiertes Lararium gezeigt. Diese „Hauskapelle" mit Bildnisen der Penaten und Laren (häuslichen Schutzgöttern) und dem Genius des Hausherrn (pater familias) war die Hauptstätte der Religionsausübung des täglichen Lebens. Ferner: silbernes Amulettbüchschen, das um den Hals getragen wurde und mit Zaubersprüchen beschriftete Blättchen enthielt; Statuetten von Merkur, Vulkan, von Laren. Beachtenswert insbesondere die vorzüglich gearbeitete Bronzefigur eines mächtig vorwärtsschreitenden Stieres; in dem zwischen den beiden Hörnern befindlichen Loch war einst eine Mondsichel, Sonnenscheibe oder Isisfigur befestigt. Die Figur ist das Symbol des Apisstieres, der in Ägypten als Gott verehrt wurde. Dieses „...uralte Symbol der Fruchtbarkeit, von Tod und Wiedergeburt wurde in der Kaiserzeit zum Sinnbild von der Auferstehung auch des Menschen, von einem besseren Leben in einem glücklicheren Jenseits" (S. 372). In diesem Zusammenhang das „große und kleine Eiergrab", in dem sich Münzen befanden, die mit einer dicken Schicht von Schalen zerdrückter Eier belegt waren und jeweils das Skelett eines Rindes enthielten. Möglicherweise stammen die Rinderskelette von Stieren, die im Apiskult verehrt wurden (siehe auch das „Eieropfer" im Wetterau-Museum von Friedberg/Hessen). Der Boden eines Goldglases mit der Darstellung der Apostel Petrus und Paulus gilt als Zeugnis frühen Christentums in Regensburg.

Die in Regensburg gefundene Grabplatte der Sarmannina wird als die älteste steinerne Urkunde des Christentums in Rätien angesehen. Die mit dem Christogram zwischen Alpha und Omega versehene Inschrift ist dem seligen Gedächtnis der Sarmannina gewidmet, die hier bei den Gräbern der Märtyrer zur ewigen Ruhe bestattet wurde („In piam memoriam Sarmannine quiescenti in pace martiribus societatae").

Der Inschrift läßt sich entnehmen, daß es in Regensburg Märtyrer gegeben hat; ihre Namen sind nicht bekannt. Zugleich ist sie Zeugnis dafür, daß in Regensburg schon eine christliche Gemeinde bestanden hat, noch bevor das Christentum durch das Toleranzedikt von Mailand 313 als Religionsgemeinschaft anerkannt wurde.

Das Museum verfügt über eine Reihe eindrucksvoller, für die Erkenntnis der Geschichte und des kulturellen Lebens von Castra Regina bedeutsamer *Steindenkmäler*.

*Kultdenkmäler* stammen vorwiegend aus einem Merkurheiligtum auf dem Ziegetsdorfer Berg im südlichen Stadtteil an der Fernstraße nach Augsburg. Nach dem Befund der Ausgrabungen (1934/35) bestand das Heiligtum aus einem quadratischen Hauptbau vom Typ des galloromischen Umgangstempels (eine hochaufragende cella umgeben von einem niedrigen Säulengang) und zwei kleineren rechteckigen Tempeln. Im Innenraum des Haupttempels stand in einer apsidenartigen Nische das Kultbild des Gottes Merkur.

Nach Kellner läßt sich aufgrund des Fundmaterials (Kultbilder, meistens zerschlagen, Altäre und Inschriften, darunter die ursprüngliche Tempelwidmung und Weiheinschriften) die Geschichte des Heiligtums folgendermaßen rekonstruieren: In den letzten Jahrzehnten des 2. Jahrhunderts n.Chr. wurde nach dem Bau der Legionsfestung ein erster, dem Merkur geweihter Tempel errichtet. Durch weitere Tempelbauten und die Aufstellung zahlreicher Standbilder und Weihealtäre, entweder in den Tempeln oder auf dem Tempelvorplatz, entwickelte sich die Anlage zu einem bedeutenden Kultmittelpunkt. Im ersten großen Alamanneneinfall von 233 wurde der Tempelbezirk geplündert und vernichtet, bald darauf aber wieder aufgebaut, wie aus einer Bauinschrift ersichtlich ist, die besagt, daß ein Leutnant (optio) der III. Italischen Legion den durch Feuer zerstörten Merkurtempel wiederherstellen ließ. Einer erneuten Zerstörung beim zweiten Alamanneneinfall von 259/60 folgte wiederum ein Neubau. Das ergibt sich daraus, daß der Stein mit der Bauinschrift des Leutnants in den Fundamenten des neuen Tempels als Baumaterial verwendet wurde. In konstantinischer Zeit ging das Heiligtum endgültig zugrunde. Die Kultbilder wurden zerschlagen, ob von plündernden Germanen oder eifernden Christen, ist eine Frage, die sich aufgrund der Funde nicht entscheiden läßt.

Hier ausgestellt sind: die Gründungsinschrift; sie berichtet von der *Widmung* des Merkurtempels durch zwei Personen, Brüder oder Vater und Sohn; die *Wiederaufbauinschrift* des Leutnants C. Rufonius Placidus, der in Erfüllung eines Gelübdes den eingeäscherten Tempel des Mercurius Cultor wieder aufbauen ließ („templum ignae consumptum restituit"); in einer Nische an der Südwand des Raumes das *Kultbild* des Gottes aus dem Haupttempel (der Gott trug ursprünglich einen goldenen Lorbeerkranz); in der Mitte des Raumes ein großer *Altar*, der von C. Servandius Serotinus, einem centurio der III. Italischen Legion, und seinem Sohn Servandius Herculanus in Erfüllung eines Gelübdes dem Gott Merkur und seiner Mutter Maia gewidmet war; eine *Weiheinschrift* für Merkur von C. Iuvalius Atrectus und C. Acceptus, reisenden Kaufleuten und Bürgern von Trier, in Erfüllung eines Gelübdes (sicherlich als Dank für den erfolgreichen Abschluß von Geschäften); ferner zahlreiche große und kleine Standbilder des Merkur, stets mit Geldbeutel und Heroldsstab dargestellt; die Statuen waren in römischer Zeit bemalt.

Die Inschrift auf einer Marmortafel (nur ein Bruchstück ist erhalten) berichtet, daß 57 Soldaten einer Verpflegungstruppe dem *Mars und der Victoria* für das Wohl des Kaisers Severus Alexander (222–235) ein Weihegeschenk dargebracht haben. Dies deutet, wie Kellner vermutet, auf eine persönliche Anwesenheit des Kaisers in Regensburg hin. (Severus Alexander war 234 mit seiner Mutter Julia Mamaea auf dem Weg von Italien nach Mainz, wo unter Leitung von Maximinus Thrax ein Heer zum Kampf gegen die Alamannen versammelt wurde. Der Kaiser wurde in Mainz mit seiner Mutter von den Soldaten erschlagen, als er versuchte, mit den Alamannen zu verhandeln.)

Zum Thema *Totenbrauchtum und Grabmäler* ist eine reiche Sammlung von Grabsteinen ausgestellt. „Durch die Toten gewinnen wir ein Bild der Lebenden".

Die *Inschriften* auf Grabstelen enthalten außer den Namen der Verstorbenen und des Stifters oft Angaben über Alter, Herkunft, Verwandtschaftsbeziehungen und Beschäftigung der Verstorbenen. Den Hinterbliebenen bot die Inschrift zugleich die Möglichkeit, ihren persönlichen Empfindungen Ausdruck zu geben. So sind die Inschriften häufig Zeugnisse echter Gemütsbewegungen, die uns noch heute den Schmerz über den Verlust eines nahen Verwandten spüren lassen und uns zeigen, daß die Menschen des Altertums in vielem nicht anders dachten und fühlten als wir Heutigen.

Hier einige Beispiele unter den ausgestellten Grabsteinen: Marcellinius Marcianus, Feldzeichenträger der III. Italischen Legion, widmete den Grabstein dem Andenken seiner heißgeliebten und unvergleichlichen Gattin („memoriae dulcissimae Flaviae Florinae... coniugi incomparabili"); ihrem „teuren" Sohn Aurelius Patruinus, Soldat der III. Italischen Legion, der im Alter von 29 Jahren starb, haben Vater und Mutter das Denkmal setzen lassen; Julius Lucilianus nennt den Veteran Julius, der nach sechzehnjähriger Dienstzeit im Alter von 35 Jahren starb, seinen „liebsten Bruder"; der centurio Aurelius Valerianus und seine Frau Maria verloren ihren „süßen Sohn" im Alter von sieben Jahren und acht Tagen; ein Grabstein mit vier Brustbildern wurde für Flavia Ispana, die mit 18 Jahren starb, und ihre Schwester Todia Inpetrata, die nur neun Jahre alt wurde, von Iulia Victorina, der „liebenden" Mutter, auch für Flavius Fortio, ihren Schwiegersohn, zu dessen Lebzeiten gesetzt.

Die Totenmahlszene auf einer Platte von einem Grabdenkmal (der Verstorbene liegt auf einer Kline, vor ihm ein dreibeiniger Tisch und ein Weinkrug; ein Diener, der eine Kanne hält, reicht ihm eine Schale) ist ein auf Soldatengrabsteinen häufig wiederkehrendes Motiv, kommt aber auf bürgerlichen Grabsteinen nur selten vor (s. a. → Obernburg).

Eine große, sorgfältig gearbeitete Grabinschrift verewigt das Andenken des ehrenvoll entlassenen Veteranen und ehemaligen Tubabläsers der III. Italischen Legion Septimus Impetratus, der im Alter von 52 Jahren starb; die Inschrift wurde dem Verstorbenen zugleich auch für seinen Bruder Terentius Vitalis und seinen Neffen Maiorinus, die beide noch am Leben waren, von seiner Gattin Terentia Pervinka und seiner Tochter Septimia Impetrata gesetzt.

Auf Grabsteinen finden sich auch Reliefs mit mythologischen Darstellungen oder Szenen aus dem täglichen Leben, so auf dem Teilstück eines Grabdenkmals die Wiedergabe des Selbstmordes des Ajax, der, nachdem er dem Odysseus im Streit um die Waffen des Achilles unterlegen war, in Wahnsinn verfiel, und das Bild eines Ehepaares in landesüblicher Tracht, dem von Dienerinnen und Dienerinnen – auf den Seiten des Grabsteins dargestellt – Wasserkessel, Tuch und andere Badeutensilien gebracht werden. Pinienzapfen, Sinnbild des ewigen Lebens, und Löwen- und Sphinxskulpturen, Symbole der Macht des alles bezwingenden Todes und zugleich Hüter des Grabesfriedens, dienten vielfach zur Bekrönung von Turmgrabmälern.

Auf den Sarkophagen (wie übrigens auch auf Grabdenkmälern) sind häufig Steinmetzwerkzeuge (Beil, Setzwaage) abgebildet. Diese Gegenstände, so wird angenommen, galten als Symbol des Rechtsschutzes, den ein römisches Grab genoß. Einen der Sarkophage hatte nach der Inschrift Claudius Reticus, Veteran der III. Italischen Legion, für seine liebe Frau Aurelia Lucina, die 35 Jahre lebte, und für seine drei Kinder, den Sohn Ursio, zwölf Jahre alt, die Töchter Regula, fünf Jahre, und Lucia, drei Jahre, anfertigen lassen. Waren Gattin und Kinder gemeinsam Opfer eines Unglücksfalles geworden? Oder waren sie von einer Krankheit hinweggerafft worden? Die Inschrift läßt nur Vermutungen auf eine Familientragödie zu.

# REMAGEN

Der Name der Stadt geht auf den Ort Ri(e)gomagus zurück, der auf der Peutingerschen Tafel an der Stelle des heutigen Remagen zwischen Antunnaco (Andernach) und Bonnae (Bonn) verzeichnet ist. Der Ort ist keltischen Ursprungs; das gallische Suffix -magus bedeutet soviel wie „Feld", „Siedlung", „Markt" (des Rigo). Die Römer verwendeten den Namen zur Bezeichnung eines Kastells, das bald nach 16 n. Chr. im Zusammenhang mit der Anlage des niedergermanischen → Limes in der Nachbarschaft der keltischen Siedlung zur Sicherung der Rheintalstraße errichtet wurde. Südlich und südöstlich des Kastells entwickelte sich das übliche Lagerdorf (vicus) von Handwerkern, Händlern und Gastwirten mit Wohnungen und Werkstätten, darunter Töpfereien, die aus der südgallischen Sigillata-Industrie hervorgegangen waren.

Das Lager war zunächst ein Holz-Erde-Bau und war für eine Kohorte bestimmt. Nach der Zerstörung im Bataveraufstand 69/70 n. Chr. wurde das Kastell in Stein und in vergrößertem Maßstab wiederaufgebaut. Von Innenbauten konnte ein größerer Gebäudekomplex mit Säulengang an der via principalis (der heutigen Kirchstraße) festgestellt werden. (Ein kleiner Teil des Säulenganges ist unter der Kapelle, die als Museum dient, erhalten. S. u.) Der Bau ist verschieden gedeutet worden: als die principia (Stabsgebäude), als Bad oder tempelartige Anlage.

An weiteren Innenbauten wurden u. a. ein Wohngebäude mit Hypokausten, ein Keller mit Nischen und Entwässerungskanäle aufgedeckt. Bei dem Kastell bestand (nachweisbar für die 2. Hälfte des 2. bis zur Mitte des 3. Jahrhunderts) eine Straßenpolizeistation unter einem Polizeimeister (statio beneficiarii) zur Überwachung der Rheintalstrasse, die südlich am Kastell vorbeiführte, und möglicherweise auch einer Schiffslände oder eines Hafens.

Das Steinkastell wurde im letzten Viertel des 3. Jahrhunderts aufgegeben. Bald danach entstand an seiner Stelle durch Erhöhung und Verbreiterung der Steinkastellmauer eine Festung, die auch der Bevölkerung des Lagerdorfs in Notzeiten Schutz bot. Teile der mächtigen spätrömischen Befestigungsanlage sind hinter dem Rathaus und in der südlichen und westlichen Umfassungsmauer der Pfarrkirche St. Peter und Paul erhalten. Die Stelle des Treppenaufgangs an der Südwestecke der Kirche nahm vermutlich ein Rundturm der Festung ein. Als spätrömisch vermutete Mauerzüge innerhalb der Kirche mögen zu Innenbauten der Festung gehört haben. (Die Mauer und der Torbogen vor der Kirche sind mittelalterlich.)

Remagen war einer der wenigen befestigten Plätze im Rheinland, die den wiederholten Einbrüchen der Franken erfolgreich Widerstand leistete. Auf seinem Zug entlang des Rheins im Jahre 356 fand Caesar Julian, der spätere Kaiser Julian Apostata, Remagen noch unzerstört vor, während die meisten anderen Städte in Trümmern lagen. Der Ort dürfte auch das Ende der Römerherrschaft im 5. Jahrhundert überdauert haben. Für die Kontinuität der Besiedlung spricht die Überlieferung des Namens und die Bewahrung des römischen Grundrisses im heutigen Ortsplan.

Aus Inschriften auf Grabsteinen und Weihedenkmälern, die im Kastellgelände und im Bereich der Pfarrkirche bei Bauarbeiten zu Beginn dieses Jahrhunderts zum Vorschein gekommen sind, hat sich ein ziemlich vollständiges Bild von der Besatzung des Kastells gewinnen lassen. Im Kastell lag zunächst (in julischer Zeit) die Erste Thrakerkohorte (Cohors I Thracum, möglicherweise teilweise beritten = equitata). Ihr folgte noch vor der Mitte des 1. Jahrhunderts n. Chr. bis zur Zerstörung des Kastells die Achte Kohorte von Breukern, einem in Pannonien, dem heutigen Ungarn, ansässigen Stamm (Cohors VIII Breucorum).

Die erste Truppe im Steinkastell war die Zweite teilweise berittene Varcianerkohorte römischer Bürger (Cohors II Varcianorum equitata civium Romanorum) bis zum Beginn des 2. Jahrhunderts; die Kohorte war aus einem heute unbekannten Volksstamm rekrutiert. Ständige Besatzung des Kastells, seit etwa 195 und bis 250 nachweisbar, war die Erste teilweise berittene Flavische Kohorte von Spaniern (Cohors I Flavia Hispanorum equitata pia fidelis). Die Kohorte gehörte schon in domitianischer Zeit zum niedergermanischen Heer und wird die Ehrentitel „pia, fidelis" wegen loyaler Haltung zum Kaiserhaus während des Aufstandes des Mainzer Legaten Antonius Saturninus im Jahre 88 zusammen mit allen anderen Einheiten des Heeres erhalten haben. Die Truppe der spätrömischen Zeit ist unbekannt.

Außer Angaben zur Militärgeschichte von Remagen enthalten die Inschriften Hinweise auf das religiöse Leben der Besatzung, die einer Vielfalt von Kulten anhing. In erster Linie sind es die römischen Hauptgötter und -göttinnen Jupiter, Juno, Minerva, Victoria, Fortuna, Herkules, Mars und Merkur, denen Weihesteine gewidmet sind. Dazu kommt der Schutzgott des Ortes, der Genius loci, dem sich vor allem die Leiter des Straßenpolizeipostens, die beneficiarii consularis, meistens Soldaten der XXX. in Vetera (→ Birten) stationierten Legion, verpflichtet fühlten.

Einer von ihnen, der Benefiziarier Titus Flavius Stilo, fügte seiner Weihung an den Ortsgeist den als Gott verehrten, mächtigen Rheinstrom hinzu („genio loci flumini Rheno"), für den er wohl bei seinem Dienst am Ufer des Flusses ein Gefühl besonderer Anhänglichkeit entwickelt hatte. Der Benefiziarier Iucundus hielt es wie sein Kollege Mercator in → Obernburg. Um das Risiko zu vermeiden, durch Auslassen einer Gottheit, der er möglicherweise Dank schuldete, deren Zorn zu erregen, widmete er seinen Altar kurzerhand allen Göttern und Göttinnen („dis deabusque omnibus").

Unter einheimischen Gottheiten stehen die Muttergöttinnen (matronae) an erster Stelle. Ihr Kult ist durch Bruchstücke einer Reihe von Altären für Remagen bezeugt. Möglicherweise gehören zu den einheimischen Muttergottheiten auch die Ambiomarc (ae), die auf einem Altar mehrerer Soldaten, wahrscheinlich Benefiziariern der XXX. Legion, gemeinsam mit römischen Göttern genannt sind.

Valerius Bassus, optio (Leutnant) der I. in Bonn stationierten Legion Minervia, ein Angehöriger des germanischen Stammes der Sunici (s. o. → Düren), weihte seiner Stammesgöttin Sunuxal einen Altar, als er vorübergehend nach Remagen zur Dienstleistung abkommandiert war. Auch orientalische Mysterienkulte fanden Anhänger unter den Remagener Soldaten. Zeugnis dafür ist u. a. die „steinerne Schenkungsurkunde" des Arcias Marinus, Priester des Jupiter Dolichenus, des mit Jupiter identifizierten höchsten Gottes von Doliche in der syrischen Commagene. In der Inschrift auf einem Altar erklärt der Priester, daß er den Reitern der Ersten Flavischen Kohorte ein (nicht näher beschriebenes) Geschenk gemacht habe („In honorem domus divinae. Arcias Marinus sacerdos Dolicheni donum donavit equitibus cohortis I Flaviae Decio et Grato consulibus" [250 n. Chr.]).

Auf den Kult des persischen Lichtgottes Mithras deutet ein Altar hin, den der Benefiziarier Marcus Superinus Felix dem „deo Soli Invicto Mithrae" widmete. Der Altar sollte offenbar später zu einem christlichen Grabstein umgearbeitet werden. Das ergibt sich aus der unvollendet gebliebenen letzten Zeile der Inschrift. Auf ein Kreuzeszeichen folgen die Worte (in korrumpiertem Latein des 5. Jahrhunderts): „in hunc tumulo..."

Daß es im 5. Jahrhundert in Remagen Christen gab, wird auch durch den Grabstein der Meteriola bezeugt, den ihr Gatte setzte. (Die Inschrift lautet in Übersetzung: Hier ruht Meteriola, meine heißgeliebte Gattin, die mit mir viele Jahre zusammengearbeitet hat, die mir 23 Jahre Gattin und acht Jahre, sieben Monate und 18 Tage Schwester (soror) in unserm Herrn Jesus Christus war, der mich für würdig halten möge, mir seine Wege zu zeigen, auf denen ich ihm folgen kann.) „Soror, die genaue Angabe der in Enthaltsamkeit zugebrachten Zeit der Ehe, ist ungewöhnlich" (Lehner).

Von einer kritischen Lage im Kastell berichtet eine Bauinschrift vom Jahre 218. Die Uhr im Lager war durch Alter defekt geworden und zeigte die Stunden nicht mehr richtig an. Das mag zu erheblichen Schwierigkeiten im täglichen Dienst geführt haben: Die Wachen traten unpünktlich an; Signale wurden zur falschen Zeit gegeben.

Der Kohortenkommandeur Petronius Athenodorus sah offenbar ein, daß gehandelt werden mußte. Was er tat, hat uns eine Inschrift bis heute bewahrt. „...Petronius Athenodorus, praefectus cohortis I Flaviae horologium ab horis intermissum et vetustate colapsum suis inpendis restituit" – Petronius Athenodorus, Kommandeur der Ersten Flavischen Kohorte, ließ die Sonnenuhr, die falsch ging und durch Alter baufällig geworden war, auf seine Kosten wiederherstellen.

**Heimatmuseum** in der Kapelle der Abtei Knechtsteden (zweite Hälfte des 15. Jahrhunderts). Das Gebäude wurde 1903 von Max von Guillaume der Stadt geschenkt und in den Jahren 1904/07 zu einem Museum umgebaut. Die meisten der ausgestellten Fundgegenstände wurden durch Apotheker E. Funck zutage gefördert und dem Museum überwiesen. Nach dem II. Weltkrieg sind viele Gegenstände verlorengegangen. Trotz dieser Verluste bietet die heutige Sammlung durch die Mannigfaltigkeit der Funde einen lehrreichen Einblick in das Alltagsleben einer kleinen römischen Garnison am Rhein.

Durch einen Ausschnitt im Fußboden der Kapelle sind die Säulenbasen mit dazwischenliegenden Schwellen vom Säulengang des obenerwähnten römischen Baues sichtbar gemacht.

*Steindenkmäler:* Relief eines Genius, wahrscheinlich des Schutzgeistes der Garnison; Statue des Jupiter in sitzender Haltung von einer Jupitersäule aus dem 3. Jahrhundert n. Chr.; Weiherelief für die Muttergottheiten; Kopf eines Satyrn (der Rest einer bacchantischen Gruppe); Fragment eines zu Ehren des Kaisers Antoninus Pius zwischen 140 und 145 n. Chr. errichteten Meilensteins, der die Entfernung von Köln mit 30 römischen Meilen (ungefähr 45 km) angibt („A Colonia Agrippinensium milia passuum XXX"); die Inschrift ist nach einem ähnlichen Meilenstein von der gleichen Fundstelle (im Museum in → Mannheim) ergänzt; Fragment einer Bauinschrift für ein nicht näher bestimmbares Gebäude (aus den Jahren 241–244), das durch den Kommandeur der Ersten Flavischen Kohorte, Julius Merculiaris, unter der Regierung des Kaisers Gordian III. und seiner Gemahlin Sabinia Tranquillina errichtet wurde; Grabstein (Abguß) des Dasmenus, Sohn des Dasius, Soldat der Achten Breukerkohorte, der im Alter von 35 Jahren nach zwölfjähriger Dienstzeit starb; unter der Inschrift eine tanzende Maenade, „Vertreterin des Dionysischen Thiasos (Festschwarm des Dionysos), der den Verstorbenen im Jenseits empfängt" (Lehner).

(Im Eingang der Pfarrkirche aufgestellt sind zwei Benefiziarierweihungen, die 1969 im Inneren der Kirche in den Fundamenten einer nachkastellzeitlichen Mauer gefunden wurden (H. Eiden). Einer der Steine ist ein Weihealtar für Jupiter; Stifter ist Sextus Senius Secundus, Soldat („miles") der I. Legion Minervia pia fidelis (der Bonner Legion) und „BF COS" (beneficiarius consularis). Der andere Altar wurde Jupiter und dem Schutzgeist des Ortes von dem Benefiziarier Titus Farfenna Januarius und dem centurio der XXX. Legion Ulpia, Gaius Isaurius Calendino gesetzt.

*Bauten und Baumaterialien.* Reste einer Fußbodenheizung (Hypokaust); eine römische Dachkonstruktion mit Leisten- und Hohlziegeln; ein Grab aus Dachziegeln; Teilstück einer römischen Wasserleitung aus Ton; zahlreiche Ziegelbruchstücke mit den Stempeln militärischer Einheiten, in deren Ziegeleien die Ziegel hergestellt wurden, darunter die Legio V (aus Vetera, → Birten), Legio I Minervia pia fidelis, das niedergermanische Heer (exercitus Germanicus inferior), die rechtsrheinische Heeresziegelei (tegularia Thransrhenana), die Legio XXII Primigenia pia fidelis (aus Vetera, später Mainz), die spätrömischen milites Menapii (zum Mainzer Generalkommando gehörig).

*Militärische Ausrüstungsgegenstände.* Ein Langschwert (spatha), Lanzenspitzen, Hufeisen, Reitersporen, ein Zügelring.

*Tonwaren.* Terra Sigillata (Schüsseln, Näpfe, Teller); Bilderschüsseln (mit Jagdszenen und Barbotineverzierung); Schüsseln mit Ausgüssen in Gestalt von Tierköpfen; schwarze Tonware mit Sprüchen in weisser Farbe; Faltenbecher; Jagdbecher (die Tierbilder in Barbotinetechnik aufgetragen): marmorierter Teller (Sinziger Fabrikat); „Feldflasche"; Lampen. Auf den Wandungen einiger Gefäße sind Graffiti eingeritzt, meistens die Namen der Besitzer. Töpferstempel nennen u. a. die Meister Cunius, Vitalis, Rufin...

*Gläser.* Becher; Stachelflasche; Warzenbecher; Fußbecher mit ausgeblasenen rüsselförmigen Wülsten; Schlangenfadengefäße (Kölner Ware); Schälchen; Kugelflasche; Parfümflasche.

*Tonfiguren.* Frauenbüste; Tiere (Schaf, Eber, Huhn, Steinbock); Venusstatue; Fortuna; Eroten; ein eberschlagender Löwe.

*Metallgegenstände.* Armringe; Fibeln; Beschläge eines Spiegels; Haarnadeln; bronzener Truhengriff; eine Minervastatuette als Geräteaufsatz; Schreibgriffel.

*Knochengegenstände* (Spielsteine und Würfel).

*Römische Münzen.*

## RHEINBROHL

Mit dem Werbeslogan „Das Weindorf am Römerwall" weist Rheinbrohl auf seine Lage am → Limes hin, dem römischen Grenzwall zwischen Rhein und Donau. Mancher andere Ort im römischen Deutschland kann das Gleiche für sich in Anspruch nehmen. Die Besonderheit im Fall Rheinbrohl – das gilt auch für die Nachbargemeinde Bad Hönningen – liegt darin, daß am Rheinufer zwischen diesen beiden Orten der Limes seinen Anfang nahm. Hier lag der durch ein steinernes Kleinkastell geschützte caput limitis.

1974 steht am caput limitis der rekonstruierte Wachtturm Nr. 1, der erste in der Reihe der nahezu tausend Wachttürme, die von hier bis zur Donau den Limes begleiteten.

Das Steinmaterial des Turmes wurde schon in römischer Zeit gebrochen; es entstammt der Ruine des Römerturms Nr. 8 im nahe gelegenen Wald und wurde in römischer Füllmauertechnik in dem Neubau verwendet. Ein großer Teil der Wiederaufbauarbeiten wurde freiwillig geleistet.

Der Turm kann von allen Richtungen her, auch vom Schiff auf dem Rhein und von der gegen-

*Rheinbrohl, Limeswachtturm*

Ihm gegenüber auf dem linken Ufer mündet der Vinxtbach in den Rhein; er bildete seit augusteischer Zeit die Grenze zwischen den Militärbezirken des niedergermanischen und obergermanischen Heeres und nach Einrichtung der Provinzen Nieder- und Obergermanien unter Domitian (81–96 n. Chr.) die Provinzgrenze. Wegen seiner Bedeutung als Grenzbach hat man seinen Namen mit „finis" (Grenze) in Zusammenhang gebracht. Der Limes ist im Gelände nicht mehr sichtbar, hat aber seine Grenzfunktion als Trennungslinie zwischen den Gemarkungen Rheinbrohl und Bad Hönningen bis heute bewahrt.

In jüngster Zeit hat man der Sonderstellung Rheinbrohls am Limes durch ein einzigartiges Denkmal sichtbaren Ausdruck verliehen. Seit

überliegenden Rheinseite aus, gut gesehen werden. An seinem historischen Standort rekonstruiert ist der Turm heute wieder wie im Altertum Markstein für die Grenze des Römischen Reichs.

Der Abguß einer Grabstele für den Feldzeichenträger Pintaeus der Fünften Asturerkohorte aus Nordwestspanien (das Original ist im Rheinischen Landesmuseum in Bonn) soll an die aus allen Teilen des Weltreichs am Limes stationierten Truppen erinnern.

Man erreicht den Turm von Rheinbrohl über die Arienhellerstraße, die von der Bundesstraße Nr. 42 nach Norden abzweigt. Auf dem Weg zum Turm passiert man die neue Gemeinschaftsschule, die, dem genius loci entsprechend, den Namen „Römerwallschule" trägt.

# RHEINZABERN

Die Stadt ist römischen Ursprungs. Sie erscheint unter dem Namen Tabernae Rhenanae im Itinerarium Antonini, einem Reiseführer aus dem 3. Jahrhundert n. Chr., und ist als Tabernis auf der Peutingerschen Tafel verzeichnet. Die Siedlung geht auf die Zeit des Kaisers Claudius (41–54 n. Chr.) zurück. Der in der Gegend reichlich anstehende Ton diente Mainzer Legionen (der IV., XIV. und XXII.) im 1. Jahrhundert zur Herstellung von Ziegeln. So wurden Ziegelstempel der XXII. Legion aus dem Jahre 70 im Quaestorenpalast (unterhalb der Aula Constantina) in Trier gefunden. Im Zusammenhang mit der Besetzung des Wetteraugebietes im Chattenkrieg Domitians (83–85) wurden die Militärziegeleien von Rheinzabern nach Nied in der Nähe von Frankfurt-Höchst am Zusammenfluß von Main und Nidda verlegt. Die Ziegelproduktion in Rheinzabern wurde durch private Unternehmer weitergeführt.

Im Jahre 140 erschienen in Rheinzabern Töpfermeister der Sigillata-Betriebe aus Heiligenberg im Elsaß. Aus ihrer Produktion erwuchs „einer der bedeutendsten keramischen Großbetriebe des Altertums... mit Sicherheit die größte keramische Fabrikationsstätte für Tafelgeschirr in den nördlichen Provinzen des römischen Reichs" (Roller).

Rheinzabern bot einen idealen Standort für die Herstellung der im ganzen römischen Reich so begehrten Terra-Sigillata-Ware: Ton von höchster Qualität, unerschöpfliche Vorräte von Brennmaterial und die Lage an der Wasserstraße des Rheins. Die Töpfermeister kennzeichneten ihre Erzeugnisse mit Namensstempeln oder Fabrikmarken (die daraus hergeleitete Bezeichnung Terra Sigillata – gestempelte Keramik – ist modernen Ursprungs). Einer der bedeutendsten Betriebe war der des Comitialis. Andere Namen, die auf Rheinzaberner Ware erscheinen, sind Cerealis, Victor, Reginus.

Die Töpfer waren in Kollegien zusammengeschlossen. Zum Produktionsprogramm gehörte vor allem glattes Tafelgeschirr (Teller, Näpfe, Tassen, Becher). Dazu kamen reliefverzierte Gefäße (Schüsseln, Becher), deren Ornamentik entweder von Bilderschüsseln stammte (mit Negativmustern, in die der weiche Ton des herzustellenden Gefäßes hineingepreßt wurde) oder in Barbotinetechnik auf die Außenwandung des Gefäßes aufgetragen wurde. Sonderanfertigungen waren Tintenfäßer und Krüge verschiedenster Formen.

Was den Umfang der Produktion anlangt, so wird die Jahresleistung einer Werkstatt auf 200 000 bis 300 000 Gefäße geschätzt. In Rheinzabern arbeiteten mehrere Werkstätten zu gleicher Zeit. Sie könnten bis zu einer Million Stück pro Jahr hergestellt haben. Nimmt man an, daß die Rheinzaberner Töpferöfen ungefähr 80 Jahre lang in Betrieb waren (s. u.), so ist die Zahl von 50 Millionen Gefäßen für die Gesamtproduktion von Rheinzaberner Terra Sigillata sicher nicht zu hoch gegriffen.

Rheinzaberner Ware wurde vor allem in den germanischen Provinzen und Rätien abgesetzt, aber auch nach Britannien und in die Donauprovinzen ausgeführt. Geschirr aus Rheinzabern ist sogar außerhalb der Grenzen des römischen Reiches (Polen, Dänemark, Schweden) gefunden worden.

Der Vertrieb von Keramik lag in den Händen von Geschirrhändlern, „negotiatores artis cretariae" oder einfach „negotiatores cretarii" – Bezeichnungen, die von Grabinschriften her bekannt sind (siehe u. a. Lapidarium in Stuttgart, Nr. 20, und Wiesbaden Museum). Aus Augsburg ist ein „negotiator artis cretariae et flatuariae" bezeugt, ein Keramikhändler, der zugleich bronzene Gegenstände vertrieb.

Die wachsende germanische Bedrohung des Reiches zu Beginn des 3. Jahrhunderts scheint auch auf den Handel mit Sigillaten lähmend gewirkt zu haben. Seit dieser Zeit ist ein Absinken in der Qualität der Rheinzaberner Ware beobachtet worden. Schon vor der Zerstörung der Töpfereibetriebe durch alamannische Invasoren nach dem Verlust des Limes 259/60 scheint die Rheinzaberner Geschirrindustrie erloschen zu sein.

Die Vernichtung der Sigillata-Manufaktur bedeutete noch nicht das Ende von Rheinzabern. Gleichzeitig mit dem Rückzug der römischen Armee aus den rechtsrheinischen Gebieten wurden die Heeresziegeleien in Nied aufgegeben und nach Rheinzabern zurückverlegt, wo die Ziegelproduktion für militärische Zwecke, wenn auch nicht die Herstellung von Töpferwaren, wieder aufgenommen wurde. Unter Julian (361–363) wurde Rheinzabern befestigt und in das linksrheinische Verteidigungssystem eingegliedert. Beim Einfall der Vandalen 406 wurde Rheinzabern völlig zerstört.

Um die Ausgrabung und die Kenntnis der römischen Terra-Sigillata-Töpfereien von Rheinzabern hat sich Wilhelm Ludowici in den achtziger Jahren des vorigen Jahrhunderts große Verdienste erworben. Er besaß selbst eine Ziegelei in der Nähe der römischen Produktionsstätten. Die schönsten Funde aus der Sammlung Ludowici sind im Museum in → Speyer ausgestellt.

# RISSTISSEN, EHINGEN (Donau)-

Das Dorf nahe der Einmündung der Riß in die Donau geht auf die Römerzeit zurück. Hier lag im 1. Jahrhundert n. Chr. eines der Kastelle, die unter Kaiser Claudius (41–54) zum Schutz der Nordgrenze der Provinz Rätien am südlichen

Ufer der Donau angelegt wurden. (Riusiava war vermutlich der antike Name des Kastells.) Während der innerpolitischen Wirren nach Neros Tod im Jahre 68 wurde das Kastell durch Brand zerstört, aber nach dem Sieg Vespasians über seine Rivalen in den siebziger Jahren wiederhergestellt. Mit der Vorverlegung der Grenze um 85 auf die Alblinie nördlich der Donau verlor das Kastell seine militärische Bedeutung.

Das claudische wie das vespasianische Kastell waren Holz-Erde-Bauten und für eine Besatzung von 500 Mann bestimmt. Der Name der Truppe ist nicht bekannt. Im Kastell aufgefundene Teile von Pferdegeschirr lassen darauf schließen, daß auch Kavallerie im Lager stationiert war.

Im Verlauf von Ausgrabungen im Kastellgelände im Jahre 1959 wurden Reste von Steingebäuden aus der Zeit nach der Räumung des Kastells aufgedeckt. Das hat den Leiter der Ausgrabungen, G. Mildenberger, zu der Frage veranlaßt, ob hier ein Hinweis auf eine römische Verwaltungspraxis vorliegen könne, wonach verlassene Kastelle im Hinterland von den Militärbehörden weiterhin für militärische Zwecke verwendet wurden, etwa als Nachschubbasen für die Grenztruppen oder als Durchgangsquartiere für Truppen auf dem Marsch, oder ob sie von Zivilbehörden, etwa als Zollstellen oder für andere öffentliche Zwecke, in Anspruch genommen wurden. Es gilt als wahrscheinlich, daß die Gebäude zu einer Straßenstation (statio, mansio) gehört haben.

Ein Wasserturm und das Schulgebäude markieren heute die Lage des Kastells. An die Römerzeit erinnern auch die Schloß- und Bahnhofstraße, in deren schnurgeradem Verlauf sich die Römerstraße zur Donaugrenze erhalten hat. Das um das Kastell entstandene Lagerdorf (vicus) blieb auch nach Abzug der Truppen bestehen. Inschriften und Steindenkmäler, die seit ihrer Entdeckung beim Neubau der Kirche 1784 in die Außenmauer der Kirche eingemauert sind, deuten auf nicht unbeträchtlichen Wohlstand der Nachfolgesiedlung hin. Es handelt sich dabei um Reliefdarstellungen aus der antiken Sagenwelt und von Szenen aus dem Alltagsleben, wie sie namentlich von moselländischen Grabdenkmälern her bekannt sind (→ Igeler Säule). Sehr wahrscheinlich stammen auch die Reliefs von Rißtissen von einem turmartigen Grabmal (Filtzinger). Zu den Steindenkmälern gehört ferner eine Weiheinschrift für Jupiter und den Flußgott Danuvius (Donau).

Das kleine **Museum in der Kastellschule** enthält neben graphischen Darstellungen (u. a. Plan des Kastells Rißtissen) Kleinfunde aus Kastell und Lagerdorf, darunter Waffen (Schwertgriff, Lanzen-, Pfeilspitzen, Panzerbeschläge), Eisen- und Bronzegeräte, Schlüssel, Gewichte, Bronzespiegel), ein Arztbesteck, Gegenstände aus Bein (Nadeln, Würfel), Keramik (Terra-Sigillata-Gefäße, tongrundige Ware) und, als Kuriosum, Tonformen einer Falschmünzerwerkstatt, die 1920 inmitten der bürgerlichen Siedlung entdeckt wurde. (Vielleicht handelte es sich, ähnlich wie bei der Münzfälscherei von Pachten, s. Museum in → Saarbrücken, um eine zur Behebung des Mangels an Kleingeld in Notzeiten amtlich zugelassene Werkstatt.)

## ROTTENBURG a. Neckar

Die Stadt geht in ihren Ursprüngen auf eine keltische Siedlung zurück. Ihr keltischer Name Sumelocenna wurde der Nachwelt durch die Römer überliefert, die unter Kaiser Domitian zwischen 85 und 90 n. Chr. dort eine Niederlassung gründeten. Ob damit auch der Bau eines Kastells verbunden war, wie verschiedentlich angenommen wird, ist bis heute nicht sicher nachweisbar (D. Planck). Als möglicher Hinweis auf einen Militärposten gilt ein aus Rottenburg stammender Weihealtar für Jupiter, dessen Inschrift als Stifter ein Reiterregiment, die Ala Vallensium, nennt („Iovi Optimo Maximo ala Vallensium posuerunt ex voto laeti libentes merito").

Die Ala war aus Wallisern, den Bewohnern der vallis Poenina in der Schweiz, rekrutiert und wird die Normalstärke von 500 Mann besessen haben. Sonst ist über die Ala nichts weiter bekannt; insbesondere konnte sie bisher an keinem anderen Ort nachgewiesen werden.

Zur Zeit des Kaisers Trajan (98–117) ist Sumelocenna Amtssitz des Chefs (procurator) einer kaiserlichen Domänenverwaltung (saltus Sumelocennensis). Die Pächter der Domanialländereien (coloni) sind, wie aus einer Weihinschrift (Lapidarium in → Stuttgart, Nr. 24) hervorgeht, zu einer Vereinigung mit einem Gemeinderat (ordo) und Ortsvorstehern (magistri) nach dem Muster römischer Kommunalverwaltung zusammengeschlossen. Um die Mitte des 2. Jahrhunderts wird der Domanialbezirk aus der unmittelbaren kaiserlichen Verwaltung entlassen. An seine Stelle tritt eine Gebietskörperschaft mit kommunaler Selbstverwaltung; Sumelocenna wird Hauptort der neuen Stammesgemeinde (civitas Sumelocennensis).

Dank seiner verkehrsgünstigen Lage an der Hauptverkehrsstraße von Vindonissa (Windisch in der Schweiz) über Arae Flaviae (Rottweil), Grinario (Köngen) nach Stuttgart-Bad Cannstatt entwickelte sich der Ort zu einem Gemeinwesen stadtartigen Chrakters mit allen wesentlichen Elementen römischer Stadtkultur: Tempeln, Verwaltungsgebäuden mit Säulenvorhallen, großflächigen Steinbauten und Bädern, die über eine 7,16 km lange gemauerte Leitung mit Wasser aus dem Rommelstal versorgt wurden. (Die Leitung ist z. T. noch sichtbar, insbesondere an zwei Stellen in Obernau.) Trotz seiner wirtschaftlichen und kommunalpolitischen Bedeutung behielt der Ort den Rechtsstatus eines vicus ohne eigene Selbstverwaltungsorgane, wenn auch seine Bewohner als Angehörige der Gebietskörperschaft an deren Verwaltung teilnahmen.

Der Stadt war nur eine kurze Blütezeit beschieden. Die drohenden Wetterzeichen der herannahenden Alamannenstürme zu Beginn des 3. Jahrhunderts zwangen die Bürger, ähnlich wie in Nida (→ Frankfurt-Heddernheim) und Lopodunum (→ Ladenburg), zu kostspieligen Verteidigungsmaßnahmen. Die Stadt erhielt eine bis zu 2 m starke und nahezu 10 m hohe Wehrmauer, der ein 3,5 m tiefer und bis zu 9 m breiter Spitzgraben vorgelagert war. Die Befestigung mag die Stadt vor der Vernichtung während des ersten großen Alamanneneinbruchs von 233 bewahrt haben. Aber wie andere Römersiedlungen versank auch Sumelocenna in Trümmer, nachdem der Verlust des Limes 259/60 die Gebiete rechts des Rheins den Alamannen ausgeliefert hatte. Die Stadt verschwand im Dunkel der Geschichte, bis sie im 13. Jahrhundert als Sitz der Grafen von Hohenberg neu erstand.

Vom römischen Rottenburg sind nur wenige Reste erhalten geblieben. Römische Säulen in öffentlichen Anlagen und in der „Kesselhalde" im westlichen Teil der Stadt oberhalb des Neckartales stammen von römischen Gebäuden, deren Fundamente bis zu 3 m tief im Boden vergraben liegen. Ein Segment der römischen Wasserleitung ist im Süden des Eugen-Bolz-Platzes wiederaufgerichtet.

Das eindrucksvollste Baudenkmal aus der römischen Vergangenheit sind die in einem Anbau zum Eugen-Bolz-Gymnasium in der Mechthildstraße konservierten und dort sichtbaren Grundmauern eines Bades. Die einzelnen Räume sind deutlich erkennbar: Neben dem Auskleideraum (apodycterium) das Laubad (tepidarium); daran anschließend das Kaltbad (frigidarium) und in einem wannenartigen Raum das Warmbad (caldarium) mit einem Teil der Hypokaustheizung und dem Heizkanal. Eine im Ausstellungsraum angebrachte Karte des römischen Rottenburg unterrichtet über die Lage von Bädern, Gräbern, Töpfereien, den Verlauf der römischen Stadtmauer, der Wasserleitung und von Römerstraßen.

Römische Kleinfunde und Steindenkmäler, zumeist aus Rottenburg, sind im **Sülchgau-Museum**, Bahnhofstraße, untergebracht.

Ein *Modell* der Römerstadt Sumelocenna dient der allgemeinen Orientierung; die Wasserversorgung der Stadt wird an der oben erwähnten Wasserleitung verdeutlicht (eine Rekonstruktion der römischen Wasserleitung bei Rottenburg ist im Limesmuseum von → Aalen zu sehen).

Unter *militärischen Funden* befindet sich der Weihestein der Ala Vallensium und Ziegelstempel der VIII. Legion Augusta aus Straßburg (einer davon mit dem Abdruck eines Nagelschuhs, wie ihn Legionäre trugen).

*Geräte des täglichen Gebrauchs* umfassen Schmuck, Eßgeschirr, eine Waage, ärztliche Instrumente.

Eine Sammlung von *Handwerkszeug* enthält Säge, Meißel, Bohrer, Kelle, ein Lot u. a.

Zum Thema *Landwirtschaft* werden eine Reihe landwirtschaftlicher Geräte gezeigt (Schaufel, Hacken, Pflug).

*Keramikgegenstände* stammen z. T. aus Rottenburger Töpfereien. Auf einer Karte sind Terra-Sigillata-Manufakturen angegeben, deren Erzeugnisse nach Sumelocenna geliefert wurden. Töpferwaren auf dem nachgebildeten Regal eines römischen Geschirrhändlers veranschaulichen den Formenreichtum der römischen Keramik (Reibschüsseln, Kochtöpfe, Vorratsgefäße).

Mittelpunkt der *Steindenkmäler* bildet ein fast lebensgroßes Relief des Gottes Merkur mit den ihn kennzeichnenden Attributen (Flügelhut, Heroldsstab, Geldbeutel, Chlamys und neben ihm ein Ziegenbock). Ferner: ein qualitätvolles Relief, möglicherweise von einem Grabmal, mit der Darstellung des Quell- und Heilgottes Apollo Grannus, auf einem Stuhl sitzend, in der Linken eine Harfe, hinter ihm eine Nymphe. Auf einem Relief aus dem Römerbad von Bad Niedernau (hier eine Kopie) ist Apollo ebenfalls mit Harfe dargestellt.

Von dem Meilenstein aus Grinario (→ Köngen), der die Entfernung von Sumelocenna mit 29 römischen Meilen (42,86 km) angibt, ist eine Nachbildung aufgestellt (das Original befindet sich im Lapidarium in Stuttgart, Nr. 16).

In der Sammlung *römischer Münzen* verdient besondere Beachtung ein Falschmünzerfund aus dem frühen 3. Jahrhundert n. Chr.

Insgesamt vermittelt das Museum einen lebendigen Eindruck von der Römerstadt Sumelocenna, die als Verwaltungsmittelpunkt eines großen Gaugebietes zu den bedeutendsten Ortschaften im römischen Württemberg gehörte.

Die Peutingersche Tafel hebt sie durch zwei Türme hervor, „eine Signatur, die nur wenigen Orten in den germanischen Provinzen zukommt".

# ROTTWEIL

Die Geschichte der Stadt beginnt in römischer Zeit mit der Besetzung des Schwarzwaldgebiets und des oberen Neckartales in den Jahren 73/74 n. Chr. durch den Straßburger Legaten Cn. Pinarius Cornelius Clemens. Sein mit fünf Legionen und dazugehörigen Hilfstruppen geführter Feldzug hatte das Ziel, eine Querverbindung vom Oberrhein zur Donau zu schaffen. Während der Kämpfe zwischen den rivalisierenden Thronprätendenten nach dem Tod Neros 68 n. Chr. und des damit in Zusammenhang stehenden Aufstandes der Bataver unter Julius Civilis 69/70 waren die Nachteile des zeitraubenden Umweges von Gallien nach Rätien über Basel und das südliche Bodenseeufer besonders deutlich geworden. Damals hing Erfolg oder

Mißerfolg des römischen Gegenschlages von dem rechtzeitigen Eintreffen der norischen Truppenverbände auf den Kriegsschauplätzen an Rhein und Mosel ab.

Eine der ersten Maßnahmen des römischen Feldherrn in den neu gewonnenen Gebieten war daher der Bau einer Straße von Argentorate (Straßburg) über Offenburg durch das Kinzigtal an den oberen Neckar und von dort weiter nach Tuttlingen an der oberen Donau mit Anschluß an die südlich der Donau verlaufende Heerstraße. Bei dem heutigen Rottweil kreuzte sich diese Ost-West-Verbindung mit einer Heerstraße, die im Süden von Vindonissa (Windisch in der Schweiz) über Brigobanne (Hüfingen) zum mittleren Neckar führte.

Die wichtige Straßenkreuzung wurde militärisch gesichert. Aus flavischer Zeit (69–96 n.Chr.) stammen drei Kastelle (nach der Zeitfolge ihrer Entdeckung Kastell III, IV und V genannt) auf der Flur Hochmauren in Rottweil-Altstadt auf dem rechten Neckarufer. Zwei weitere Kastelle (I und II) fanden sich auf dem linken Neckarufer auf der Flur Nikolausfeld im südöstlichen Teil der heutigen Stadt. Kastell I war 9 ha groß und war vermutlich ein während des Feldzuges von 73/74 nur kurzfristig belegtes Marschlager für eine größere Einheit, vielleicht sogar eine Legion (Planck). Kastell II, gleichfalls auf dem Nikolausfeld gelegen, war etwa 6 ha groß und wurde in der Zeit des Kaisers Trajan (98–117) angelegt, zunächst als Holz-Erde-Bau. Später wurde die Anlage in Stein ausgebaut. Das Kastell war nur in trajanischer Zeit belegt und wird um 110 bis 115 geräumt worden sein.

Die Entdeckung im Jahre 1980 einer Kastellecke südöstlich der beiden Kastelle I und II auf dem Nikolausfeld mit zwei Spitzgräben und den Fundamenten eines Eckturmes aus Holz hat zu der Annahme geführt, daß hier ein weiteres Kastell gelegen hat. Damit hat sich die Zahl der Rottweiler Kastelle auf sechs erhöht.

Über die Besatzungen dieser Kastelle gibt es bisher im wesentlichen nur Vermutungen. Sie stützen sich auf Ziegelstempel militärischer Einheiten, die zu verschiedenen Zeiten gefunden wurden, zuletzt bei der Aufdeckung des großen Bades auf dem Nikolausfeld (s. u.), wo sich gestempelte Ziegel in zweiter Verwendung in den Hypokaustpfeilern des Bades fanden. Durch Ziegelstempel sind für Rottweil sechs Truppeneinheiten nachgewiesen: Legio XI Claudia pia fidelis (I. Claudische Legion, die zuverlässige, getreue); Cohors II Aquitanorum equitata civium Romanorum (2. teilweise berittene Aquitanerkohorte römischer Bürger); Cohors I Biturgium (1. Biturigerkohorte); Cohors III Dalmatarum pia fidelis (3. Dalmatinerkohorte, die zuverlässige, getreue); Cohors I Flavia (1. flavische Kohorte); ihr Name läßt sich vielleicht zu Cohors I Flavia Damascenorum milliaria equitata sagittariorum (1. flavische teilweise berittene Kohorte Damaszener Bogenschützen) ergänzen (A. Rüsch); Cohors II Hispanorum (2. spanische Kohorte), möglicherweise teilweise beritten (equitata). Eine vexillatio (abkommandierte Truppe) der XI. Legion aus Vindonissa war im Kastell I stationiert. Die 3. Dalmatinerkohorte hat vermutlich im großen Kastell II gelegen und war daher die letzte der in Rottweil stationierten Einheiten. Die Verteilung der anderen Truppenteile auf die verschiedenen Kastelle ist noch nicht geklärt.

Der militärischen Bedeutung des Platzes, die in der Anlage von sechs Kastellen innerhalb weniger Jahrzehnte zum Ausdruck kommt, entsprach die Sonderstellung der bürgerlichen Siedlung südlich der Kastelle III und IV auf dem Gelände zwischen Neckar und Prim in der heutigen Altstadt.

Aus dem üblicherweise zu einem Kastell gehörigen Lagerdorf (vicus) von Handwerkern und Kaufleuten entstand sehr bald eine stadtartige Siedlung. Der für Rottweil überlieferte römische Name Arae Flaviae weist darauf hin, daß hier Altäre zur Ehrung des Flavischen Kaiserhauses errichtet wurden, die für die neu gewonnenen Gebiete rechts des Rheins eine ähnliche Bedeutung als zentrales Staatsheiligtum besessen haben mögen, wie das Heiligtum der Roma und des Augustus in Lugdunum (Lyon) für Gallien und die Ara Ubiorum in Köln für Niedergermanien.

Die Arae Flaviae war die einzige Römersiedlung im rechtsrheinischen Germanien mit dem Status eines nach italischem Stadtrecht organisierten Gemeinwesens mit eigenen Selbstverwaltungsorganen (municipium). Die Stadt besaß öffentliche Bäder, steinerne, mit Mosaikfußböden ausgestattete großflächige Wohnhäuser, zahlreiche Handwerksbetriebe, darunter Töpferwerkstätten, Schmiede, eine Metallgießerei, Kalkbrennöfen, einen Tempelbezirk mit Umgangstempeln des galloromischen Typs.

Es scheint, daß die Stadt vom späten 1. bis um die Mitte des 2. Jahrhunderts ihre größte Blüte erreichte, dann aber an Bedeutung verlor und allmählich von Sumelocenna (→ Rottenburg), dem Verwaltungszentrum des Neckargebietes, politisch und wirtschaftlich überflügelt wurde, wenn auch die verkehrsgeographisch günstige Lage Rottweils das Überleben der Stadt für einige Zeit sicherstellte. Mit der Eroberung der rechtsrheinischen Gebiete durch die Alamannen nach dem Verlust des Limes 259/60 endete auch für Rottweil die römische Phase seiner Geschichte.

Seit dem 18. Jahrhundert bis in die jüngste Zeit hat man der römischen Vergangenheit Rottweils nachgeforscht und dabei u. a. im Jahre

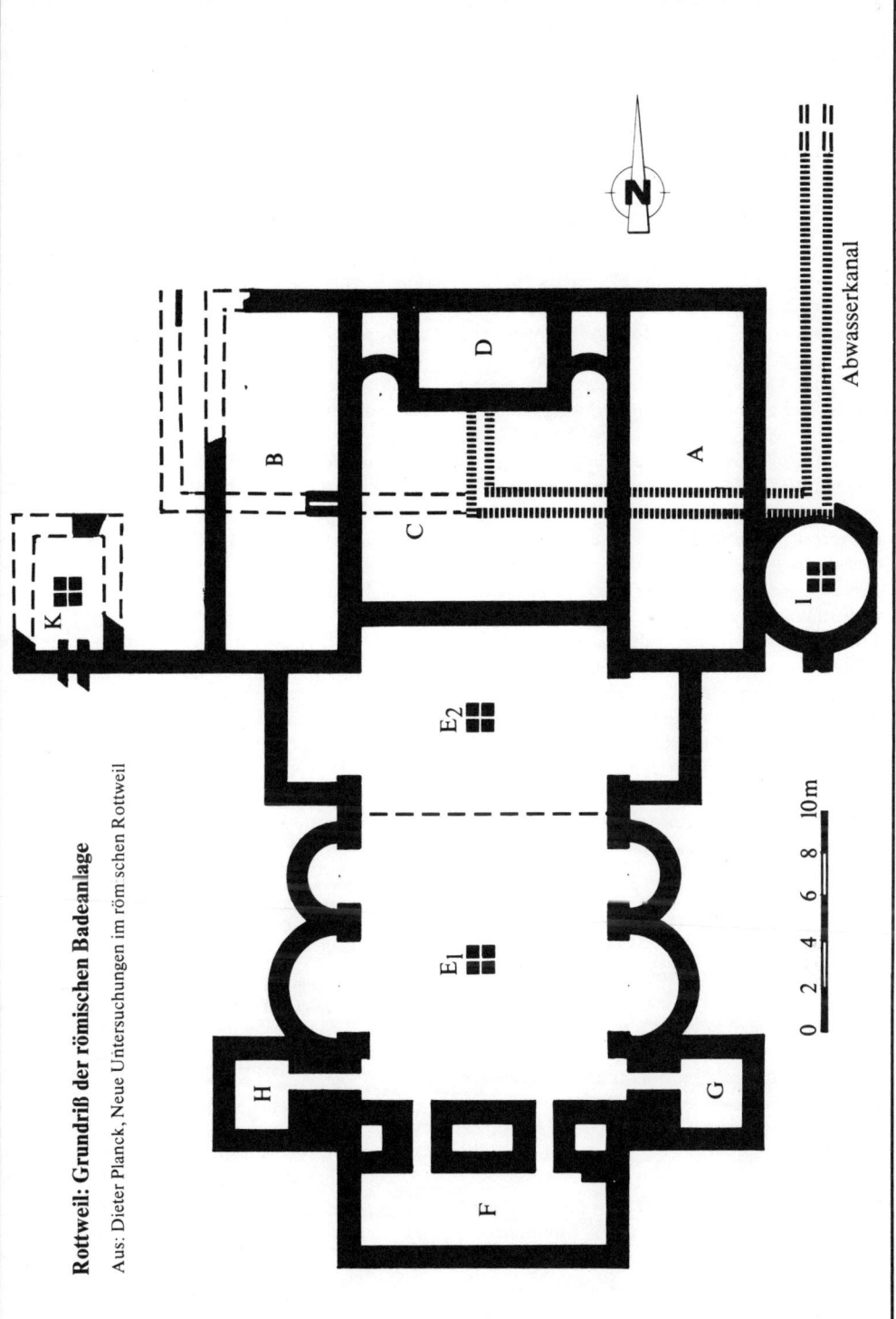

**Rottweil: Grundriß der römischen Badeanlage**
Aus: Dieter Planck, Neue Untersuchungen im röm schen Rottweil

A,B = Auskleideräume
C = Kaltbad (frigidarium)
D = Badebecken (piscina)
E1 = Warmwasserbad (caldarium)
E2 = Warmluftraum (tepidarium)
F = Große Heizungsanlage (praefurium)
G,H = Kleinere Heizungsräume
I = Schwitzbad (sudatorium)
K = Raum unbestimmter Verwendung (vielleicht Aufenthaltsraum für das Badepersonal).

1834 in einem der großen villenartigen Stadthäuser in Rottweil-Altstadt das berühmte Orpheusmosaik entdeckt, das sich jetzt im Museum der Stadt Rottweil (s. u.) befindet, nachdem man es bis 1869 unter einem Schutzdach am Fundort gelassen hatte. Ferner fand man zu Beginn dieses Jahrhunderts die Kastelle I und II auf dem Nikolausfeld und 1898 unterhalb der Pelagiuskirche in Rottweil-Altstadt die Reste eines römischen Bades; ein Hypokaustraum des Bades ist erhalten und kann besichtigt werden. Vor der Kirche ist ein römisches Wasserbecken (labrum) mit modernem Aufsatz aufgestellt; es wurde 1899 im Fundament der Kirche gefunden.

Neue, überraschende Entdeckungen stammen aus jüngster Zeit. Bei der Erweiterung des städtischen Friedhofs an der Ruhe-Christi-Kirche im Gelände des Nikolausfeldes kamen im Sommer 1967 die Grundmauern einer großen römischen Badeanlage zutage. In einer mehrmonatigen Grabungskampagne wurden die Mauern freigelegt, in ihrer Gesamtheit konserviert und zum Teil restauriert. Von Grünflächen mit Ruhebänken umgeben, bildet die römische Badruine, die bis zur Entdeckung des Römerbades in → Heidenheim größte Anlage ihrer Art in Württemberg, eines der anziehendsten und eindrucksvollsten Freilichtdenkmäler des römischen Deutschland (an der Bundesstraße 14/27 auf dem Weg von Rottweil nach Tuttlingen). Römische Säulen einer Wandelhalle (porticus) und römische Wasserrinnen von Fundstellen in Rottweil-Altstadt verstärken den architektonischen Reiz der Anlage.

In seiner Schrift „Das Rottweiler Römerbad" (Kleine Schriftenreihe des Stadtarchivs Rottweil 2, 1972) gibt Dr. Dieter Planck, Leiter der Ausgrabungen, eine eingehende Schilderung des Bades und seiner Geschichte. Hier sei auf die Markierungsbuchstaben in der Skizze auf S. 261 hingewiesen.

Das Bad liegt auf dem Nikolausfeld innerhalb des Kastels II abseits des Stadtkerns von Arae Flaviae und wird auf die Jahre 110–120 n. Chr. datiert, d. h. auf die Zeit als Rottweil keine Garnison mehr besaß.

Man nimmt an, daß geplant war, die Stadt nach dem Abzug der Truppen auf das nunmehr frei gewordene ehemalige Militärgelände auf dem linken Neckarufer auszudehnen. Ob und gegebenenfalls wie weit es dazu kam, ist noch ungeklärt. Siedlungsreste sind dort bisher noch nicht nachgewiesen. Wahrscheinlich wurde das Projekt fallengelassen, als das Wachstum der Stadt zurückging. Immerhin verdankten die Rottweiler Bürger den Erweiterungsplänen ihrer Stadtväter eine der großzügigsten Badeanlagen im römischen Deutschland.

Systematische Ausgrabungen in Rottweil seit Aufdeckung des Römerbades haben zu weiteren wichtigen Ergebnissen geführt. So wurde 1968 das für die Militärgeschichte Rottweils bedeutsame Kastell III im Norden der Flur Hochmauren aufgedeckt und in jüngster Zeit die Spuren von Kastell IV und V ebenfalls im Gebiet von Rottweil-Altstadt. Dazu kommt die Entdeckung eines weiteren Bades in der alten Römerstadt, von Töpferwaren nach Art der helvetischen Sigillataimitation mit Stempeln der einheimischen Töpfer Atto und Vattus, Vertretern des keltischen Elements innerhalb der Bevölkerung, von größeren Steinbauten und zahlreicher Kleinfunde (Keramik und Metallgegenstände) von guter Qualität, die von dem Reichtum und der wirtschaftlichen Blüte der Stadt vor ihrem Abstieg im 2. Jahrhundert Zeugnis ablegen.

**Museum der Stadt Rottweil**
(gegenüber dem mittelalterlichen Rathaus in einem Bürgerhaus der Patrizierfamilie Herderer, aus der Bartholomäus Herder, der Gründer des Freiburger Herder Verlages, stammt.

Die römische Abteilung beginnt im Erdgeschoß rechts.

Zur Einführung dienen *Karten und Modelle*. Eine Karte des römischen Rottweils veranschaulicht die Lage von Kastell II auf dem Nikolausfeld und die bürgerliche Siedlung auf dem rechten Neckarufer. Von dort stammen die meisten der ausgestellten Gegenstände. Auf einem Ausschnitt aus der Peutingerschen Tafel erscheint Rottweil mit der Bezeichnung Aris Flavis (zu den flavischen Altären). Das neuentdeckte Kastell III auf dem Hochmauren wird in einem *Modell* vorgeführt. Zu sehen sind die vier Tore, das Stabsgebäude, praetorium, und Mannschaftsbaraken.

*Schaukasten 1.* Bronzene Jupiterstatuetten; Terra-Sigillata-Gegenstände; Balken einer Schnellwaage; Reste mehrerer mit Zirkusszenen dekorierter Becher; ein gallorömischer Steckkalender („bisher einmalig in Württemberg"); in den beiden oberen Reihen befinden sich zwölf Löcher zur Bezeichnung der Monate; in der dritten Reihe sieben Löcher für die Wochentage; in der unteren Reihe dreißig Löcher für die Monatstage. Oben das Tierkreisbild der Zwillinge mit Herkules und Apollo, rechts unten die Wochengottheiten Venus und Jupiter.

*Schaukasten 2.* Pferdchen mit Reitern; Glocken; Amulette; Kämme; ägyptische Fayencefigur; Schmuckscheibe; Siebgefäß; mehrschnauzige Lampe.

*Schaukasten 3. Arztinstrumente.* Rezeptstempel der Augenärzte M. Ulpius Theodorus (möglicherweise griechischer Abstammung) und Honestius Laetinus (ein romanisierter Gallier). Mit seinem Stempel drückte der Augenarzt seinen Namen, Bezeichnung einer Augenerkrankung und das verordnete Medikament auf die Augensalbe. Die Aufschrift auf dem Stempel des Theodorus lautet: „M. Ulpi Theodori Crocodes" (crocodes war ein aus Krokus hergestelltes Mittel gegen Bindehautentzündung (Trachom) ).

Ferner: Sonden mit Kolben; längliche Löffel; löffelartiges Instrument zum Abheben der Lidhaut bei Trachom oder zur Behandlung von Fistula; Pinzetten; zweischneidiges spatelförmiges Messerchen; ein Salbenreibstein.

Metallgeräte: Zirkel, Schreibgriffel, Nagelreiniger.

Von höchstem Interesse für die Geschichte des römischen Rottweil ist ein *Schreibtäfelchen von 186 n. Chr.*, bei dem sich die Schrift durch die (inzwischen vergangene) Wachsschicht in das Holz eingedrückt hatte und heute noch lesbar ist. Der Text ist ein amtlicher Erlaß, der die Bestrafung derjenigen unter der Bevölkerung Obergermaniens vorschreibt, die an einem Aufstand und der Belagerung der VIII. Legion in Straßburg teilgenommen hatten. Darunter steht: „Actum municipio Aris pridie N (9?) Augustas". Gegeben in der Munizipalstadt Arae Flaviae am 4. (12.) August.

Die kleine Tafel ist die älteste Urkunde Rottweils und zugleich Zeugnis für den Status der Stadt als municipium. Die Tafel wurde 1950 in Rottweil-Altstadt in einem Brunnen gefunden.

Bemerkenswert unter dem Fundmaterial sind ferner beinerne Geräte (Haarnadeln, darunter eine Nadel mit geschnitztem Frauenkopf; Nähnadeln, Spielsteine, Würfel); ein bronzener Wasserhahn für kaltes und warmes Wasser; Holzeimer aus einem Brunnen; Gemmen; eine Sammlung von Gewandnadeln (Fibeln); Keramikgegenstände (Terra Sigillata). Eine Karte veranschaulicht die Beziehungen von Arae Flaviae zu auswärtigen Sigillata-Manufakturen.

Neben eigener Fabrikation bezog Rottweil seine Terra-Sigillata-Ware vor allem aus Südgallien und den ostgallisch-germanischen Betrieben. Rheinzaberner Sigillata ist nur wenig in Rottweil vertreten. Die Sigillata-Produktion wurde in → Rheinzabern erst um die Mitte des 2. Jahrhunderts n. Chr. aufgenommen, als Rottweil bereits seine Garnison verloren hatte und wirtschaftlich stagnierte.

*Rottweil, Orpheus-Mosaik*

Das *Orpheus-Mosaik* bildete den Boden eines viereckigen Raumes in einem der großen Steingebäude in Rottweil-Altstadt längs der Straße von Vindonissa. Das in seinen äußeren Teilen stark beschädigte Mosaik besteht aus einem quadratischen Mittelfeld mit anschließenden Rechtecken und trapezförmigen Feldern in den von den Rechtecken gebildeten Winkeln. Verhältnismäßig gut erhalten ist das Mittelbild. Es zeigt Orpheus mit phrygischer Mütze, auf einem Felsen sitzend, das Haupt nach rechts gewendet; er hält eine fünfsaitige Kithara mit neun Schallöchern auf dem Schoß. Um ihn herum Rabe, Elster, Storch (fast nichts mehr erhalten) und Hund, die er mit seinem Gesang bezaubert. Auf den anschließenden rechteckigen Bildfeldern waren Rennwagenszenen dargestellt; sie waren beim Umschreiten des Raumes dem Betrachter zugewandt. Noch gut erkennbar ist auf dem Feld über dem Orpheusbildnis der Wagenlenker mit Siegeskranz in der erhobenen Rechten. Auf dem äußersten Feld zur Rechten glaubt man eine Jagdszene zu erkennen: ein Mann mit Fangschlinge folgt nach links fliehenden Tieren.

Von einem zweiten farbigen Mosaik sind nur wenige Fragmente erhalten. Auf dem Hauptfeld dargestellt ist *Sol*, an Strahlenkranz und Peitsche kenntlich, wie er nach der Meeresgöttin Leukothea greift, die erschreckt zurückweicht. Das Mosaik wurde schon 1784 gefunden und freigelegt, war dann aber in Vergessenheit geraten und wurde erst 1915/16 nur knapp 100 m von der Fundstelle des Orpheusmosaiks entfernt wiederentdeckt. Die beiden Mosaike sind die bedeutendsten Mosaikfunde Württembergs.

Der *Aufbau einer Hypokaustheizung* wird an zwei Beispielen aus der Badeanlage des Kastells III demonstriert. Das Bad war ursprünglich als Militärbad von der XI. Legion oder von der Ersten Biturigerkohorte, eine der Garnisonen von Rottweil, erbaut worden. Nach Abzug der Truppen wurde es von der Zivilbevölkerung weiterbenutzt und durch ein Frauenbad erweitert.

In der älteren Bauperiode bestand die Anlage aus Ziegelplattenpfeilern; darüber lagen aneinandergefügte Abdeckplatten, ein mehrschichtiger Terazzoboden von 32 cm Dicke und der glattgeschliffene Estrich eines Badebeckens mit bleiernem Abflußrohr.

Die Konstruktion der späteren Zeit zeigt auffallend hohe Pfeiler von 123 cm Höhe aus Keupersandstein und Backsteinen in Rollenform; darüber lagen die Deckplatten.

Die *Wände* der beheizten Räume waren mit vierkantigen Ziegelröhren (tubuli) zum Weiterleiten der Heißluft bedeckt. Die Öffnungen an den Seiten führten zu Nachbarkanälen. Rillen an den Außenseiten dienten zum Festhalten des Verputzes.

Die *Dächer* der Badegebäude bestanden aus Flachziegeln mit erhöhten Längsseiten (tegulae) und konisch zulaufenden Hohlziegeln, mit denen die Fugen überdeckt wurden.

Ebenfalls aus einem Römerbad stammt ein Fußbodenbelag aus kleinen hochkantig gestellten und fischgrätenartig angeordneten Ziegelplatten (opus spicatum).

Eine Sammlung von *Steindenkmälern* (im Außenhof, dem früheren Garten des Hauses) enthält:

*Zinnensteine* verschiedener Größe zur Abdeckung von Mauern und Wehranlagen; auf einigen sind Namen („Avit", „Pulic") mit vorgesetztem Centurionenzeichen eingeritzt.

*Hausinschriften* zur Kennzeichnung von Häusern mit dem Namen des Eigentümers („Apro(nius) Aug(ustalis)"; „L(ucius) Pervinc(us) Satur(ninus)" auf einem Türsturz in Vulgärschrift abweichend von der sonst bei Steininschriften üblichen capitalis quadrata;

*Ziegelstempel* der XI. Legion (LEG XI C(laudia) p(ia) f(idelis)); die Legion war von 69–101 n. Chr. in Vindonissa stationiert; sie hatte die Ehrentitel „pflichtbewußt, treu ergeben" von Kaiser Claudius wegen ihrer loyalen Haltung während des Aufstandes des L. Arruntius Camillus Scribonianus, Legat von Dalmatien, im Jahre 42 erhalten, und der 1. Biturigerkohorte.

Eine *Bauinschrift* berichtet von dem Bau der „Mauer(?) der neuen Siedlung" vermutlich unter Kaiser Nerva, eine andere Bauinschrift bezieht sich auf ein unbekanntes Gebäude, das ein Tribun oder Praefekt Lucius Metilius der Ersten Flavischen Kohorte, das durch diese Inschrift für Rottweil bezeugt ist, unter Aufsicht eines centurio errichten ließ.

Eine *Jupiterstatue mit Giganten*, bei der Auffindung noch unversehrt, zerbrach beim Transport.

Der *Kopf einer Statue,* vielleicht einer Göttin, ist bemerkenswert durch die reiche Frisur und den Kranz im gescheitelten Haar.

Unter *Tongefäßen* befinden sich Urnen zum Aufbewahren der Asche der Verstorbenen.

Ein *Steintisch* stammt aus dem Keller eines römischen Gebäudes. Tische dieser Art gehörten zum Kellerinventar; sie dienten zum Abstellen von Speisen als Schutz gegen Mäuse (s. die Steintische in den Römerkellern im Lapidarium des Museums in → Karlsruhe und → Oberriexingen).

*Bauteile* (Sandsteinquader mit Seitenprofilierung, Kapitelle, Gesimsstücke) veranschaulichen die städtische Architektur des municipium Arae Flaviae.

# S

## SAALBURG

Die Saalburg bei Bad Homburg v. d. Höhe ist ein am obergermanischen → Limes gelegenes, über den antiken Grundmauern fast vollständig wiederaufgebautes römisches Auxiliarkastell. Es ist das einzige seiner Art im Gebiet des römischen Reichs. Wenn auch neuere Erkenntnisse manche Einzelheiten des Wiederaufbaues in Frage gestellt haben, so ist die Saalburg doch als Ganzes ein Anschauungsobjekt, das wie kein anderes Bauwerk am Limes die einstige Wirklichkeit der römischen Militärgrenze in Deutschland wiedererstehen läßt. MacKendrick nennt die Saalburg „das Schaustück am Limes". Die jährliche Zahl der Besucher aus dem In- und Ausland geht in die Hunderttausende. (Busverbindung von Bad Homburg.)
Der Name Saalburg – er veranlaßt „leider manche Besucher immer wieder zu dem völlig abwegigen Vergleich mit mittelalterlichen Burgen" (Schönberger) – ist für die römische Kastellruine erst seit dem 17. Jahrhundert nachweisbar und hat sich bisher noch nicht völlig befriedigend erklären lassen. Manche bringen ihn in Verbindung mit dem Wort „Saal" für Halle. Am wahrscheinlichsten gilt die Deutung, daß der Name von der Bezeichnung „Sal" oder „Sala" für ein südlich des Kastells gelegenes mittelalterliches Jagdhaus abgeleitet ist, die später für die römischen Ruinen verwendet wurde.
Eine historische Überlieferung für die Saalburg gibt es nicht. Das bei Tacitus in den Annalen I,56 erwähnte „Kastell im Taunusgebirge", das Germanicus im Jahre 15 n. Chr. auf den noch sichtbaren Resten eines Stützpunkts seines Vaters Drusus errichten ließ, wird auf eine Anlage auf dem Burgberg von → Friedberg bezogen.
Die Saalburg liegt in der Mitte eines Taunuspasses, über den seit alters her Völkerstraßen führten. (Der sattelartige Einschnitt im Taunuskamm läßt sich von Frankfurt und Bad Homburg aus gut erkennen.) Das Kastell hat mehrere Bauphasen durchlaufen. Die frühesten Wehranlagen (sogenannte „Schanzen") entstanden vielleicht während des ersten Chattenkriegs Domitians (83–85 n. Chr.) zusammen mit anderen Erdwerken als Flankendeckung für den Vormarsch des römischen Heeres durch die Wetterau.
Im Zusammenhang mit dem Bau des Limes um das Jahr 90 nach dem Aufstand des Mainzer Legaten Antonius Saturninus und der endgültigen Niederwerfung der Chatten, die mit dem rebellischen Legaten gemeinsame Sache gemacht hatten, trat an die Stelle der Schanzen ein Holzkastell für 100 bis 120 Mann, dem unter Trajan (98–117) ein steinernes Badegebäude hinzugefügt wurde. (Beide Anlagen traten bei Ausgrabungen zutage und sind teilweise noch sichtbar.) Im Zug der Vorverlegung der Hilfstruppen an die Reichsgrenze unter Hadrian (117–138) wurde das kleine Holzkastell aufgegeben und durch ein Kohortenkastell in der vorgeschriebenen Größe von 3,2 ha ersetzt. Die Besatzung bestand aus der etwa 500 Mann starken Zweiten teilweise berittenen Raterkohorte römischer Bürger (Cohors II Raetorum civium Romanorum equitata), die vorher in → Butzbach gelegen hatte. Die Kohorte blieb die Garnison der Saalburg bis zur Aufgabe des Kastells um 260 n. Chr. Zwei ihrer Kommandeure, die Präfekten C. Mogillonius Priscianus und L. Sextius Victor, sind aus Inschriften bekannt.
Die Umwehrung des Kastells ist mehrfach verändert worden. Sie bestand zunächst aus Holz und Stein mit gedecktem Wehrgang (ein Modell der eigenartigen Bauweise ist im Museum, s. u., zu sehen; ein Stück dieser Mauer ist in der Nordwestecke des Kastells rekonstruiert). In der zweiten Hälfte des 2. Jahrhunderts wurde die Holz-Stein-Mauer durch eine massive, zinnenbekrönte Mörtelmauer mit dahinterliegendem Erdwall ersetzt. Die Hauptgebäude im Inneren des Kastells, die bis dahin aus Fachwerk bestanden hatten, wurden ebenfalls in Stein umgebaut. Der Wiederaufbau der Saalburg entspricht dieser Bauphase (Steinbauweise). Nach dem Alamanneneinfall von 233 scheint das Kastell noch einmal vor seiner Räumung umgebaut worden zu sein.

**Saalburg**

Mit dem Abzug der Truppen um 260 erlosch auf der Saalburg alles Leben. Das Lagerdorf (vicus), das sich, wie es bei römischen Kastellen üblich war, in der Nachbarschaft der Saalburg entwickelt hatte, wurde schon bei dem Alamanneneinfall von 233 zerstört und war nicht wiederaufgebaut worden. Das Kastell verfiel und geriet in Vergessenheit. Vom Mittelalter bis in die Neuzeit lieferten die Ruinen den Bewohnern der Umgegend gebrauchsfertiges Baumaterial. Zu den Benutzern dieses Steinbruchs gehörte auch der Landgraf Friedrich II. von Hessen-Homburg (der „Prinz Friedrich von Homburg" des Kleist' schen Dramas), der sich für sein Schloß in Homburg Steine von der Saalburg holen ließ. Erst im Jahre 1818 wurde durch Gebot des Landgrafen Friedrich V. Ludwig dem weiteren Steinraub Einhalt geboten.

Endgültig gesichert wurde die historische Stätte durch den Landgrafen Friedrich VI. Josef, der im Jahre 1821 den Walddistrikt, in dem die Saalburg liegt, käuflich erwarb. Nach vorläufigen Untersuchungen in den fünfziger Jahren des 19. Jahrhunderts wurde das Kastellgelände seit 1870 systematisch ausgegraben. Die steinerne Umfassungsmauer und die Mauern der Innenbauten waren damals noch bis zu 2 m über dem Erdboden erhalten.

Auf Veranlassung des letzten deutschen Kaisers Wilhelm II. wurde 1898 mit dem Wiederaufbau der Saalburg begonnen. Nach zehnjähriger Arbeit war das Werk vollendet. Die Rekonstruktion beruht auf dem Forschungsstand der damaligen Zeit. Als Unterlagen dienten das antike Schrifttum, Ausgrabungsergebnisse von anderen Kastellen und Reste römischer Wehrbauten, insbesondere das Legionslager Lambaesis in Nordafrika.

Der rechteckige Grundriß des Kastells mit abgerundeten Ecken entspricht dem Normalschema römischer Auxiliarlager. Zwei Spitzgräben, die wegen des starken Gefälles nach Norden nie mit Wasser gefüllt waren, umgeben das Kastell. Dahinter erhebt sich die Wehrmauer. Heute wissen wir, daß Mauer und Torbauten in römischer Zeit weiß verputzt waren und daß auf dem weißen Verputz mit roten Strichen eine Steinquaderung aufgetragen war. Auch nimmt man an, daß die römische Mauer mit weniger Zinnen bewehrt war als die moderne Rekonstruktion; etwa die Hälfte der Zinnen muß man sich wegdenken.

Man betritt das Kastell durch das **Haupttor (porta praetoria)** (s. Tafelteil Abb. 12). Im Gegensatz zum domitianischen Holzkastell, das nach Norden auf den Limes zu ausgerichtet war und dessen porta praetoria das feindwärts gelegene Nordtor war, liegt die Front des Steinkastells im Süden, wo eine schnurgerade Straße das Hauptort mit einem Tor von Nida, dem Haupttor der civitas Taunensium (→ Frankfurt-Heddernheim), verband. Die drei anderen Tore sind die beiden, durch die via principalis miteinander verbundenen **Seitentore** (porta principalis sinistra und porta principalis dextra – linkes und rechtes Tor, wenn man mit dem Rücken zum Mittelgebäude steht) und die rückwärtige, dem Limes zugewandte **porta decumana**. Nur das Haupttor hat zwei Durchfahrten.

Die lateinische Inschrift in Bronzebuchstaben über dem Tor (an Stelle einer im Fahnenheiligtum (s. u.) aufbewahrten antiken Bauinschrift) erinnert an den Wiederaufbau der Saalburg („Guilelmus II Friderici III filius Guilelmi Magni nepos anno regni XV in memoriam et honorem parentum castellum limitis Romani Saalburgense restituit" – Wilhelm II., Sohn Friedrichs III., Enkel Wilhelms des Großen (eine niemals volkstümlich gewordene Bezeichnung für den ersten deutschen Kaiser Wilhelm I.) hat im 15. Jahre seiner Regierung zum ehrenden Andenken an seine Eltern das römische Limeskastell wiederaufbauen lassen).

Die Bronzestatue des Kaisers Antoninus Pius (138–161 n. Chr.) vor dem Haupttor ist eine Nachbildung einer antiken Panzerstatue durch den Berliner Bildhauer Götz (1901) und nimmt die Stelle einer dort für die römische Zeit vermuteten Basaltstatue eines Kaisers ein, von der Reste im Schutt des Tores gefunden wurden. Die lateinische Sockelinschrift besagt, daß Wilhelm II., Kaiser der Deutschen, dem Kaiser der Römer, Titus Aelius Hadrianus Antoninus Pius, diese Statue errichtet hat.

Vom Haupttor geht die **via praetoria** des Kastells aus. Rechts an der Straße liegt das **Getreidemagazin** (horreum), in dem das Museum (s. u.) untergebracht ist. Über den beiden Toren des Gebäudes ist die Nachbildung einer bei einem gleichartigen Bauwerk des Kastells → Kapersburg gefundenen Inschrift angebracht, die auf die Bestimmung des Gebäudes als horreum hinweist. Der Bau auf der linken Straßenseite besteht aus mehreren Räumen und dient Verwaltungszwecken. Seine Verwendung in römischer Zeit ist ungewiß. Da einige Räume heizbar waren, mag es die Wohnung des Kohortenkommandeurs (praetorium) gewesen sein.

Die Mitte des Kastells im Schnittpunkt der beiden Hauptlagerstraßen (via praetoria und via principalis) wird von den **principia** (Stabsgebäude) eingenommen. Sie bestehen, wie in allen größeren Auxiliarkastellen, aus einer über der via principalis errichteten großen Vorhalle, unterschiedlich als überdachter Antreteplatz, als „Exerzierhalle" für Truppenübungen bei schlechtem Wetter oder auch als Reitbahn gedeutet (wie erinnerlich, war die Besatzung der Saalburg teilweise beritten). Daran schließen sich, an einem offenen Innenhof gelegen, auf der Ost- und Westseite Räume an, die als Waffen- und Gerätekammern dienten. Der dahinterliegende, heute offene Hof war nach neueren Forschungsergebnissen aus anderen Kastellen in römischer Zeit überdacht und bildete eine Querhalle parallel zur Exerzierhalle.

In der Mitte der Rückseite liegt das Fahnenheiligtum (sacellum), in dem die Feldzeichen und das Bildnis des regierenden Kaisers aufbewahrt wurden. Das Gebäude hatte in den meisten Kastellen einen Kellerraum; dort befanden sich die Regimentskasse und die Ersparnisse der Soldaten. Das sacellum der Saalburg war ursprünglich nicht unterkellert; beim Wiederaufbau wurde ein Keller angelegt. Die jetzt nach dem Hof zu offenen Flügelbauten waren in römischer Zeit geschlossene Räume und enthielten die Amtsstuben des Kohortenstabes.

Die auf dem Hof vor dem Fahnenheiligtum aufgestellten, antiken Panzerstatuen nachgebildeten Bronzestatuen der Kaiser Hadrian (117–138) und Severus Alexander (222–235) stammen aus der Zeit der Rekonstruktion der Saalburg. (Unter Hadrian wurde der gesamte Limes mit Holzpalisade versehen; zur Zeit des Kaisers Severus Alexander durchbrachen die Alamannen zum ersten Mal den Limes.)

Mit Ausnahme von zwei **Mannschaftsbaracken** sind die zahlreichen Holz- und Fachwerkbauten, mit denen das Innere des Kastells dicht besetzt war (Baracken, Ställe, Werkstätten, Schuppen), nicht wiederaufgebaut worden. Nur Innenbauten, die in der letzten Bauphase aus Stein bestanden (Getreidespeicher, Kommandantenwohnung, Principia), wurden rekonstruiert. Der Besucher der Saalburg muß sich stets vor Augen halten, daß von Bäumen und Grünflächen in römischer Zeit innerhalb des Kastells nichts zu sehen war.

Außerhalb des Kastells südwestlich vom Haupttor liegen die Ruinen eines **Gästehauses** (mansio) für durchreisende Beamte und Militärs und die Grundmauern eines großen **Badegebäudes**. Ein nach Art einer villa rustica angelegtes Gebäude mit zentraler Halle und Eckrisaliten vor dem Westtor des Kastells war ein aufwendigerer Wohnbau als die übrigen Häuser des Kastelldorfes (Baatz).

Das **Lagerdorf (vicus)** lag im Süden, Westen und Osten des Kastells. Besonders dicht war die Besiedlung rechts und links der Straße nach Nida. Die Häuser waren langgestreckte Rechteckbauten, die mit ihren Giebelfronten der Straße zugekehrt waren (s. a. → Butzbach, Friedberg). Alle Häuser waren unterkellert; die meisten besaßen eigene Brunnen. In der Siedlung wohnten Händler, Handwerker, Gastwirte und Soldatenfamilien. Germanische Keramik, die auf der Saalburg gefunden wurde, läßt vermuten, daß auch Germanen im Lagerdorf angesiedelt waren (wie vor allem im vicus des Kastells → Zugmantel).

Weiter nach Nida zu lagen rechts der Straße Heiligtümer (ein Mithraeum für den persischen Lichtgott Mithras, ein Metroon für Kybele, die Große Göttermutter aus Kleinasien) sowie Gräberfelder. Östlich des Kastells sind die Reste eines gallorömischen Umgangstempels mit Sandsteinskulpturen des gallischen Unterweltgottes Sucellus und seiner Kultgenossin und (nicht mehr sichtbare) Spuren eines Tempels für Jupiter Dolichenus gefunden worden. Die Heiligtümer werfen ein bezeichnendes Licht auf die Vielgestaltigkeit des religiösen Lebens im Kastell und Lagerdorf. (Die Jupitersäule neben dem Saalburg-Restaurant ist eine Nachbildung der Mainzer Jupitersäule → Mainz, und steht in keiner Beziehung zur Saalburg.)

Zur Versorgung der Kastellbesatzung und der Dorfbewohner mit Wasser dienten vornehmlich Brunnen. Neunundneunzig Brunnen sind innerhalb und außerhalb des Kastells nachgewiesen. Die Brunnen bestanden nicht alle zur gleichen Zeit. Für versiegte Brunnen wurden neue angelegt. Dieser Vorgang hat sich in der 170 Jahre währenden Besatzungszeit der Saalburg sicherlich oft wiederholt. Auch wird man naheliegende Quellen nutzbar gemacht haben, insbesondere für die Wasserversorgung des Bades. Das Quellwasser wurde in Holz- oder Bleirohrleitungen an die Verbrauchsstellen geführt.

Das in zwei Räumen des Getreidemagazins untergebrachte **Museum** enthält bis auf wenige Ausnahmen, die ausdrücklich als solche bezeichnet sind, nur Funde von der Saalburg. Den Besucher erwarten keine hervorragenden Kunstgegenstände, wie sie andere Museen römischer Altertümer in Deutschland aufweisen können.

Was während etwa 170 Jahren in diesem Militärposten an der Nordgrenze des römischen Reichs in den Boden kam, sind überwiegend Gerätschaften und Gegenstände des täglichen Gebrauchs. Überraschend ist ihre Fülle und Mannigfaltigkeit. Insbesondere haben die zahlreichen Werkzeuge verschiedener Handwerkszweige durch ihre zeitlose Form die Besucher schon immer gefesselt. Die Funde vermitteln ein umfassendes Bild vom Leben und Treiben, von gewerblichen Tätigkeiten, von Handel und Wandel in einer kleinen römischen Garnison.

Der Rundgang beginnt in *Raum I* rechts vom Eingang bei Gegenständen, die sich auf das *Bauwesen* beziehen: Wandplatten mit Rillen und Ornamenten zum Festhalten des Verputzes; Ziegelplatten mit Stempeln militärischer Einheiten, die sie herstellten und als Baumaterial für die Saalburg lieferten, darunter die in Mainz stationierte XXII. Legion Primigenia pia fidelis, in deren Kommandobereich die Saalburg lag; die VIII. Legion Augusta, die Garnison von Argentorate (Straßburg), die wie die XXII. Legion zum obergermanischen Heer gehörte; die Vierte Vindelikerkohorte, die in Großkrotzenburg lag; ihre Ziegel waren am ganzen Limes verbreitet; auch die Zweite Räterkohorte stellte Ziegel für ihr Kastell her; ferner Dachbedeckung (Schiefer, Leistenziegel, Hohlzie-

# Saalburg

gel); Wandziegel (tubuli); das Original einer Hypokaustheizung mit dazugehörigem Estrich, auf dem der Fußboden lag, und Modelle von Hypokausten; Leitungsrohre aus Ton; ein Modell der Holz-Stein-Mauer des Kastells aus der zweiten Bauphase. An der Wand Fototafeln vom Wiederaufbau der Saalburg (Principia, Verteidigungsgraben vor dem Haupttor).
Unter *Geräten und Werkzeugen der Bauhandwerker* befinden sich: T-Nägel; Klammern und Kloben; Muffen zur Verbindung hölzerner Rohre. Ferner *Steinmetzwerkzeuge* (Hammer, Spitzhacke); *Schmiedewerkzeuge* (Amboß, Hammer, Zange, Schmelztiegel, Reste von Bronzeguß; Nagelamboß; Meißel); *Maurerwerkzeuge* (Schippe, Kelle).
Von *Häusern* stammen: Fensterglas (das Glas von der Saalburg ist ausschließlich Natronglas, hellgrün oder farblos); rauhe Unterseite von Fensterglas, Stück eines Fensterrahmens; Fenstergitter; Fensterbeschläge; Fensterverschluß; teilweise bemalter Wandputz; Türbeschläge (Türringe, Scharniere, ein Haken zum Festhalten der Tür); Schlösser und Schlüssel (Teile eines Holzschlosses, Modell und zwei Schlüssel für gleichartige Schlösser, Anhängeschlösser mit Drehschlüssel, Modell eines Schiebeschlosses, zahlreiche Schlüssel für verschiedene Schiebeschlösser von „Feldkisten" der Soldaten).
*Militärische Ausrüstungsgegenstände*: Reiterhelme (Nachbildungen); Feldzeichenspitze, dreikantige Pfeilspitze; zusammengerostetes Kettenpanzerhemd (die einzelnen Eisenringe sind deutlich zu erkennen; ein Fund vom Feldbergkastell); Schwerter; Schwertriemenhalter; unterer Abschluß von Schwerter- und Dolchscheiden; Dolchscheidenbeschläge; Modelle von Wurf- und anderen Lanzen; Lanzenspitzen; eiserne „Schuhe" von Lanzen mit Holzschäften zum Einrammen in die Erde; Spitzen von Wurfgeschossen und Wurflanzen; hölzerne Geräte unbestimmter Verwendung.
*Bilder römischer Soldaten*: Legionäre bei Bauarbeiten während eines Feldzuges (nach Reliefs auf der Trajanssäule in Rom); Römische Auxiliarsoldaten (Anfang des 2. Jahrhunderts n. Chr.) (Bekleidung: hemdartige tunica, dreiviertellange enge Lederhosen, Halstuch, Schnürschuhe, mantelartiger Überwurf; Bewaffnung: Kettenpanzerhemd, Helm, ovaler Schild, Schwert und Wurfspeer.
*Funde aus Brunnen* (die Gegenstände haben sich unter Luftabschluß im Brunnenschlamm erhalten): Holzgegenstände (Möbelreste, Zeltpflöcke, Beschläge einer Brunnenfassung, Backofenschieber, Quirl); Eimerdauben; Eimerbeschläge, Dauben von Fässern; Eimerhaken; Seilrollen; Brunneneimer.
*Werkzeuge der Zimmerleute und Schreiner*: Bankeisen zum Festhalten von Werkstücken; Glattbeil; Keile; Meißel; Nägelauszieher; Hobel (zum Vergleich ein neuzeitlicher Hobel, der im Griff ist verschieden); gerilltes Hobeleisen mit eingeschlagener Fabrikmarke; Bohrer; Schnitt- und Glättmesser; Reste einer Rahmensäge, von Sägeblättern; Beile; zusammengerostete eiserne Geräte, die ehemals in einem inzwischen vergangenen Holzeimer aufbewahrt waren.
Unter *landwirtschaftlichen Geräten* befinden sich: Hacken und Kratzen; Sicheln und Sensen; Ketten und Kettenteile; Pflugschar; Haumesser; Rechen- und Eggenzinken; Scheren zur Schafschur; Mistgabel.
*Schanzwerkzeuge* (Schaufeln und Spaten). *Wagengeräte und Pferdegeschirr*: Teile einer Deichsel; Wagenrad und Wagenbeschläge; Geschirrbeschläge; Axnagel; Hufschuhe (zum Schutz bei Verletzungen oder zum Fesseln weidender Pferde); Schnallen; Sporen und Hufeisen; Trensen; Sattelstütze; eiserne Schellen für das Zugvieh.
(In der Mitte des Raumes): *Modell der Saalburg* (Zustand am Anfang des 3. Jahrhunderts) und *Modell des Taunuslimes* (Saalburgabschnitt).

*Raum II*. Entlang der Ostwand eine Sammlung von auf der Saalburg gefundener *Keramik* verschiedener Perioden (vom Anfang des 2. bis zur Mitte des 3. Jahrhunderts) und Herstellungsorte, darunter Terra Sigillata süd- und ostgallischer Töpfereien.
Den Formenreichtum des Tongeschirrs veranschaulichen Stapel von Schalen, flachen Tellern, Schüsseln und andere Sigillaten mit Ornamenten in Barbotinetechnik, dünnwandige, rotbemalte Ware; Trink- und Tafelgeschirr aus der ersten Hälfte des 2. Jahrhunderts (Imitation von Bronzeformen); einhenkelige Krüge in der Reihenfolge ihrer zeitlichen Entwicklung von 100 n. Chr. bis zur Mitte des 3. Jahrhunderts; Tonkrüge zum Aufbewahren von Wasser, Wein und Öl; Verschlußstopfen für Amphoren; Reibschale mit angerauhter Innenwand: zwei Bruchstücke von Formschüsseln.
(Zur Veranschaulichung eine nicht auf der Saalburg gefundene Formschüssel aus Rheinzabern. Von solchen Formschüsseln mit negativ eingedrückten Figuren wurden Bilderschüsseln mit positiven Figuren ausgeformt; Oberteil und Füße wurden auf der Drehscheibe angefertigt.) Da auf der Saalburg keine Sigillaten hergestellt wurden, hat der Fund der beiden Bruchstücke überrascht.
*Kochgeschirr und Kochgerätschaften*: Kochtöpfe (Kessel mit Henkel; aus weißem Ton mit zugehörigem Deckel); Schöpfgefäße aus Bronze; Trichter aus Ton; Bronze- und Tonsiebe;
(an der Südseite des Raumes): Messer; Schleifstein; Bratrost; Löffel; Kesselhaken.
Vergrößerte *Meßbildaufnahmen von der Saalburg* vor dem Wiederaufbau: Nordwestecke der Wehrmauer von außen gesehen; Nordtor; Principia; Horreum.
*Metallgegenstände* (in der Mitte des Raumes): kleine Bronzeartikel; Schnallen aus Bronze; Riemenverteiler; Endbeschläge von Riemen; Schmuckplatte zum Befestigen durchgesteckter Riemen; Zügelringe; bronzenes Dodekaeder („Kerzenhalter? Die Ecken des aus zwölf fünfeckigen gleichseitigen Flächen gebildeten Hohlkörpers sind mit Knöpfen besetzt, so daß in jeder Lage des Dodekaeders fünf Knöpfe als Füße dienen. Die zwölf Fünfeckflächen haben kreisrunde Durchbohrungen von verschiedener Größe". Germania Romana, V (Text) S. 8); gefunden im Feldbergkastell; gleichartige Artikel in den Museen in → Mainz (Mittelrheinisches Landesmuseum) und → Krefeld; Brennstempel aus Eisen; Pinzetten; Kästchenbeschläge; Trompetenmundstücke; Bronzeglokken; Kasten- und Gefäßgriffe; Schildchen zur Kennzeichnung von Ausrüstungsgegenständen; schildförmige Beschläge; Messergriff; bronzene Endbeschläge von Trinkhörnern; Beschlagplatten; Knöpfe (darunter einige in der Form moderner Manschettenknöpfe); Nägel; insbesondere Bronzebeschlag in der Gestalt eines germanischen Auxiliarreiters.
*Schmuck- und Toilettengegenstände*: Fingerringe aus Eisen, Bronze und Gold; Gemmen aus Glaspaste; Haarnadeln; Kämme aus Eisen, Holz und Horn; Metallspiegel; Steinplatten zum Anreiben von Salben; Strigilis (Schabeisen zum Abstreifen von Salben nach Turnübungen im Bad).
*Ärztliche Instrumente*: Rezeptstempel des Augenarztes Caius Xanthus mit seinem Namen, dem verschriebenen Heilmittel und der Augenkrankheit (zugleich Gebrauchsanweisung). Die Inschriften auf zwei langen Schmalseiten lauten: 1. „Caii Xanthi penicille ad impetum" (eine penicille (-um) genannte Substanz – s. a. → Mainz, Mittelrheinisches Landesmuseum – gegen Anfall von Augenentzündung); 2. „Caii Xanthi diamisus ad aspritudinem" (eine Eisensulfatsalbe wird gegen Rauhigkeit der Augenlider- Trachomverordnet). (Seiten 3 und 4 sind unleserlich.)
Ferner: Spatelsonden, Löffelsonden; Knopfsonden; Griff eines Operationsmessers und anderes.

Eine Abbildung von der Trajanssäule zeigt einen *Verbandsplatz des römischen Heeres*. Links: ein verwundeter Legionär, von einem Kameraden gestützt auf einem Felsblock sitzend, wird von einem Sanitäter untersucht; rechts: ein capsarius (Lazarettgehilfe, nach der capsa, einer Rundbüchse für Verbandszeug und Medikamente genannt) verbindet einen am rechten Oberschenkel verwundeten Auxiliarsoldaten.

Von *Lebensmitteln* auf der Saalburg geben Kunde zahlreiche Obstkerne (Hauspflaume, Vogel- und Süßkirsche, Pfirsich), Haselnuß, Walnuß, verkohlter Weizen, Austernschalen, Knochen von Hasen, Biber, Bär, Tierresten von Hirsch, Gans, Perlhuhn, Huhn, Schwein, Schaf, Ziege und Rind.

Unter den Gegenständen im Schaukasten über dem Schautisch befinden sich Gesichtsurnen; ein Trinkbecher mit der Aufschrift „Valeas" (es möge dir wohlergehen; wohl bekomm's); sog. Jagdbecher (mit Jagdszenen); Faltenbecher; Glasperlen; bearbeitete Knochen, Knöpfe aus Knochen.

*Schreibgeräte*: Tintenfaß aus Terra Sigillata; Tintenfaß und Feder aus Bronze (der Deckel des Tintenfasses ist um eine Achse drehbar), Schreibgriffel aus Eisen (das breite Ende des Griffels diente zum Tilgen der Schrift auf der Wachstafel); Reste von hölzernen Schreibtafeln. Gegen Langeweile halfen *Brettspiele* (Nachbildung eines auf einen Ziegelstein eingeritzten Brettes); Spielsteine aus Glas, Stein, Keramik. Interessante Funde sind auch Reste von Korbgeflecht, Brunnenseile, *Stoffreste*.

Eine *Münzsammlung* umfaßt Münzen von republikanischer Zeit bis Kaiser Valerian (253–259).

Verschiedene Funde: Reste der Bronzestatue eines Kaisers; Tonstatuetten (meistens Weihegaben an Gottheiten); ein kleiner Hausaltar; Schnellwaage mit Gewicht; Glasurnen und andere Glasgefäße.

Unter *Schmuck- und anderen Bronzegegenständen* werden gezeigt: Fibeln (Gewandnadeln) jeder Art, mit Glasschmelze in der Form von Schuhsohlen, Tiergestalten, mit Durchbrucharbeit; Beschläge und Knöpfe mit Glasschmelzeinlage; Arm- und Halsreifen (dazu als Beispiel ein Halsreifen, der tief in einem Brunnen unter Luftabschluß gelegen und dadurch sein ursprüngliches Aussehen bewahrt hatte. „So hatten einmal alle Gegenstände aus Bronze ausgesehen, bevor sie unter die Einwirkung der Luft grüne Patina ansetzten"); Siegelkappen; Anhänger (einige in der Form von Lanzenspitzen und Schwertern; sie hingen ursprünglich an Lanzenspitzen); Ketten und Haken; figürliche Bronzen.

Einzig dastehend ist eine *Sammlung von Ledersachen*, die sich im Brunnenschlamm unter dem Grundwasserspiegel fast zwei Jahrtausende lang erhalten haben. Darunter: Schuhe und Sandalen mit einfachen bis reich durchbrochenen Mustern; Frauen- und Kinderschuhe (aus dem Lagerdorf); genagelte Sohlen; Schuhsohlen mit mehrfachen Auflagen; Täschchen; die Hälfte eines Lederwamses. Dazu: Handwerksgeräte des Schusters (Ahle, Ledermesser, Pfriem, Hammer); Lederabfälle.

*Beleuchtungsgegenstände*: Kerzen- und Kienspanhalter; Lampen aus Ton und Bronze.

Von der *Arbeit der Hausfrau* berichten außer den bereits erwähnten Küchengerätschaften Spinnwirtel und Nähnadeln.

Unter *Steindenkmälern* am Ausgang des Museums befinden sich: Skulptur eines Widderkopfes, wahrscheinlich von einer größeren Merkurgruppe; Köpfe von drei Genien; Relief eines Genius.

Nach dem Besuch des Museums ein Blick in die **Vorhalle** („Exerzierhalle") der principia. An der Südwand Bilder eines römischen Legionärs und eines Reiters der Hilfstruppen (nach dem Bronzebeschlag im Museum, s. o.); Karten vom Gesamtverlauf des Limes und vom Taunus-Wetterau-Limes; Schaubilder von den Entwicklungsphasen der Saalburg.

Die Halle dient vor allem zur Ausstellung größerer *Modelle*. In der Nordwestecke eine nach Funden aus dem Kastell → Zugmantel rekonstruierte große *Getreidemühle*; sie wurde von mehreren Soldaten mit der Hand betrieben.

Die übrigen Modelle sind von Generalmajor E. Schramm gefertigte Nachbildungen *antiker Geschütze*, wie sie in dieser Vollständigkeit kein anderes Museum aufzuweisen hat.

In der südwestlichen Ecke (gegenüber der Getreidemühle) das kleine Modell eines einarmigen Steinschleudergeschützes (nach der Beschreibung von Ammianus Marcellinus, römischem Offizier und Historiker [um 330–400 n. Chr.]): Durch ein Bündel aus Frauen- oder Tierhaaren wurde ein Spannarm gesteckt, an dessen oberen Ende eine Schleuder aus Hanf oder Leder befestigt war. Der Arm wurde vermittels eines Flaschenzuges zurückgezogen. Durch Auslösung eines Sicherungsriegels schlug der Arm nach oben und schleuderte den in die Schleuder gelegten Stein in hohem Bogen bis zu 300 m weit auf sein Ziel. Wegen seines heftigen Rückstoßes nannten die Soldaten das Geschütz „onager", die Bezeichnung für den wegen seines bösartigen Ausschlagens gefürchteten Wildesels.

In der südöstlichen Ecke: links ein Pfeilgeschütz (griechischer Name Euthytonon). Die Torsionskraft wurde durch gedrehte Roßhaare erzeugt. Die Reichweite des Geschützes betrug 340 m. In der Mitte: ein Mehrlader (Polybolon), das antike Maschinengewehr (kleines Modell). (Das Funktionieren des Geschützes ist in einer erklärenden Beschreibung erläutert). Rechts: Pfeilgeschütz mit Erzspannung (Chalkotonon) (kleines Modell). Statt mit Roßhaar wird die Spannkraft durch federnde Schienen aus gehärtetem Eisen erzeugt.

In der Nordostecke: Leichtes Pfeilgeschütz in natürlicher Größe. Die einzelnen Teile sind nach dem Befund des Hauptteiles des Geschützes (gefunden in Ampurias in der Nähe von Barcelona, Spanien) rekonstruiert. Die lateinische Bezeichnung des Geschützes ist catapulta oder, in der Soldatensprache, „scorpio" wegen seiner Ähnlichkeit mit dem Insekt und der tödlichen Wirkung seines „Stichs".

*Römische und germanische Funde aus dem Limeskastell Zugmantel* sind in Räumen an der Ostseite des Innenhofes untergebracht.

Eine Abbildung von der Trajanssäule in Rom zeigt den Kaiser beim Empfang einer germanischen Gesandtschaft.

Unter den ausgestellten Kleinfunden befinden sich: Webgewichte (aus dem Lagerdorf); Spinnwirtel; Faltenbecher; Sieb; Wagenteile; Backofenschieber; Feuerschaufel; Axt; Doppelhacke; Schreinerwerkzeuge; Sense; Dengelstock; Waffen und Waffenteile (Kettenpanzerhemd; Schildbuckel; Schwert; Beschläge von Dolchscheiden); Pferdegeschirr (Trensen, Hufschuh, Zügelring, Trensengestell aus Bronze); Brunnenrolle und Eimer; Holzbearbeitungswerkzeuge (Schaber, Sägeblatt, Fischschwanzsäge, Schindelmesser); Pionieraxt (dolabra); Beile; Ketten; Schlösser; Bleirohre; eine große Bleiplatte, nachträglich in zwei Stücke zerlegt; sie war mit eisernen Nägeln auf Holz befestigt und diente zur Dichtung eines hölzernen Wasserbehälters; Handschellen und Schlösser zum Fesseln von Gefangenen; Kultgefäß; Tonstatuette; Bau- und Pionierwerkzeuge; Schuhsohle (mit Nägelbeschlag); Schuhe; Lederriemen; Schusterwerkzeuge; Kochtöpfe aus Ton und Metall; Zahnradgetriebe für eine Mühle; Schmuck; Beschläge; eiserne Lampe; ein Terra-Sigillata-Service für zwei Personen; Krüge und Vorratsgefäß.

Die *Bauinschrift* einer zum Mauerbau abkommandierten Kompanie der Kastellbesatzung vom Westtor des Kastells lautet: „Centuria Leubacci Gemelli pedatura pedum LXXII sub cura Crescentini Respecti centurionis legionis VIII Augustae" – Die Kompanie des Leubaccus Gemellus hat ihren Arbeitsauftrag, ein Mauerstück von 72 Fuß (etwa 21,3 m) Länge zu bauen, unter der Leitung des centurio Crescentinus Respectus von der VIII. Legion Augusta ordnungsgemäß ausgeführt. – Ferner zwei steinerne Stiere, die einen Altartisch aus einem Jupiter-Dolichenus-Heiligtum tragen.

Unter den Kolonnaden auf der Westseite des Innenhofes sind *Steindenkmäler* ausgestellt, darunter aus dem Kastell → Stockstadt ein von einem beneficiarius consularis (Wegepolizeimeister unter dem unmittelbaren Kommando des Provinzstatthalters) den apollinischen Nymphen geweihter Altar; ein Altar für Jupiter Dolichenus, gewidmet von der teilweise berittenen Ersten Aquitanierkohorte mit dem Beinamen Veterana, unter dem Befehl des Präfekten Titus Fabius Liberalis; aus dem → Feldbergkastell der Sockelstein für eine Büste der Kaiserin Julia Mamaea, Mutter des Kaisers Severus Alexander (222–235).

In dem nordwestlichen Eckraum des Innenhofes sind die römischen Wandmalereien und die Paradegesichtsmaske aus dem Limeskastell Echzell ausgestellt. Die Wandmalerei ist die „einzige, vollständig erhaltene militärische Wandmalerei aus dem europäischen Teil des Römerreichs" (Baatz).

In Räumen auf dieser Seite: Römische Gläser aus Köln (keine Saalburgfunde); Bronzegegenstände aus zwei Hortfunden der Urnenfeldzeit (vor rund 2800 Jahren) aus Bad Homburg v. d. Höhe, wahrscheinlich das Versteck eines Händlers oder Bronzegießers.

Im *Fahnenheiligtum* (in der Mitte der Nordfront des zweiten Innenhofes) werden Nachbildungen *römischer Feldzeichen* gezeigt (Legionsadler, Kohortenstandarte) sowie *Steindenkmäler* von der Saalburg, darunter ein Pinienzapfen, vermutlich Bekrönung eines Grabmals, ein Merkuraltar und andere Denkmäler, die auf die *Religion der Soldaten* Bezug haben, insbesondere Weihungen an Genien (Schutzgötter) der militärischen Einheiten, z. B. der centuria (Kompanie) des Claudius Celer; ein wahrscheinlich aus Sparsamkeitsgründen zweimal verwendeter Genienstein (für den Genius der centuria des Sattonius Aeneas und der Kompanie des Sosius Cupitus); Bauinschrift vom Metroon, dem Heiligtum der Großen Göttermutter Kybele, gewidmet von einem centurio der XXII. Legion; ein Altar, den Caius Mogillonius Priscianus, Kommandeur der Zweiten Räterkohorte, für Fortuna in Erfüllung eines Gelübdes errichten ließ.

Ferner *Inschriftsteine*, insbesondere der Sockelstein für ein Denkmal des Caracalla („Imperatori Caesari Marco Aurelio Antonino pio felici Augusto, pontifici maximo, Britannico Maximo, Parthico Maximo, tribuniciae potestatis XV, consuli III., patri patriae, proconsuli, cohors II Raetorum Antoniniana civium Romanorum devota numini eius" – Dem Herrscher und Kaiser Marcus Aureiius Antoninus, dem Frommen, Glücklichen, Erhabenen, dem Oberpriester, dem größten Sieger über die Britannier und Parther, im 15. Jahr seiner tribunizischen Amtsgewalt, unter seinem 3. Konsulat, dem Vater des Vaterlandes, dem Prokonsul, hat die Zweite Räterkohorte römischer Bürger mit dem (während der Regierungszeit Caracalla geführten) Beinamen die Antoninische, seiner Majestät ergeben dieses Denkmal errichtet (212 oder 213 n. Chr.).

(Ein Abguß dieses Steines ist am Weißen Turm des Schlosses in Bad Homburg v. d. Höhe eingemauert.)

Eine vielleicht ehemals über dem Hauptttor des Kastells angebrachte Inschrift zu Ehren Caracallas (durch Nennung des Amtsjahrs des Kaisers in der Inschrift läßt sich das Jahr 213 n. Chr. als Datum für die Inschrift bestimmen. Nach dem Muster dieser Inschrift ist die moderne Inschrift über dem Haupttor gestaltet); Sockelstein eines Denkmals des Kaisers Antoninus Pius, gestiftet von der Zweiten Räterkohorte.

In den halboffenen Räumen zu beiden Seiten des Fahnenheiligtums (sie waren in römischer Zeit geschlossen) sind links vom Betrachter *Nachbildungen römischer Steindenkmäler* aufgestellt, u. a. Kultbilder des persischen Lichtgottes Mithras aus Heiligtümern in → Frankfurt-Heddernheim, → Heidelberg-Neuenheim (s. Museum in → Karlsruhe) und → Dieburg, sowie Soldatengrabsteine, darunter der Grabstein des Marcus Caelius (s. Museum in → Bonn).

*Größere Holzfunde* von der Saalburg werden in dem Raum rechts vom Fahnenheiligtum aufbewahrt.

In einem Raum der mansio, dem Gästehaus außerhalb des Kastells (s. o.), ist eine gut erhaltene *Hypokaustanlage* zu sehen. Auf kleinen Ziegelsteinpfeilern ruht der Estrich, unter dem die heißen Gase aus der Feuerung durch Hohlziegel in der Wand nach oben abgeleitet wurden. Das Prinzip der Hypokaustheizung ist von Vitruvius (Ende des 1. Jahrhunderts n. Chr.) in seinem Buch „De architectura", V, 10 beschrieben.

Die auf einer Tafel hier wiedergegebene Stelle lautet: „Suspensurae ita sunt faciendae: ut primum tegulis solum sternatur, supraque laterculis pilae struantur, supraque conlocentur tegulae quae sustineant pavimentum." – (Die schwebenden Fußböden sind so herzustellen, daß man zunächst den Fußboden mit Ziegelsteinen bedeckt; darauf stellt man Pfeiler aus Ziegeln und darüber legt man Ziegelplatten, die den Estrich tragen.)

Der Besuch der Saalburg sollte mit einem Gang zum Limes abgeschlossen werden, der Grenze des römischen Reiches, die hier etwa 170 Jahre lang vom Saalburgkastell überwacht wurde. Man erreicht den Erdwall auf der alten Römerstraße, die zwischen dem Osttor und den Grundmauern der „villa rustica" auf den Wald zuführt. Die obere Steinlage der Straße ist zum Teil noch erhalten. Der Limes läßt sich nach beiden Richtungen hin gut verfolgen. (Für den lohnenden Gang nach Osten geht man am besten zurück zur Fußgängerbrücke über die B 456, wendet sich nach Überqueren der Straße nach links und geht am Waldrand entlang auf den Limes zu.)

# SAARBRÜCKEN

Geographisch gesehen liegt die römische Vergangenheit von Saarbrücken einige Kilometer südöstlich des Stadtkerns im Stadtteil Brebach am Fuß des Halberges, einem Waldkegel auf dem rechten Ufer der Saar. Das seit dem II. Weltkrieg völlig überbaute Gelände wird durch die Bundesstraßen 40 und 51 begrenzt. Straßennamen wie „An der Römerbrücke", „Am Römerkastell", „Römerstadt" weisen darauf hin, daß dies historischer Boden ist. Eine ähnliche Verkehrslage bestand an dieser Stelle schon im Altertum. Eine Straße von Metz nach Worms kreuzte nach Überschreiten der Saar die uralte Völkerstraße von Trier nach Straßburg. Flußübergang und Straßenkreuzung zogen Siedler an. Um die Mitte des 1. Jahrhunderts n. Chr. entstand hier eine Siedlung von Handwerkern, Händlern und Fuhrleuten.

Die Bevölkerung wohnte in bequemen, dreiräumigen Häusern mit Straßenfronten bis zu 16 m. An einen heizbaren Wohnraum stießen zwei Alkoven, die wahrscheinlich als Schlafräume dienten. Nach Westen schlossen sich zwei weitere Räume an, von denen einer unterkellert war. Die Keller besaßen die von vielen Römerhäusern her bekannten, in die Wände eingemeißelten oder besonders gemauerten Nischen (s. u. a. die Keller von → Oberriexingen und → Schwarzenacker). Von Steintischen, dem „festen Mobiliar" römischer Keller, haben sich Bruchstücke gefunden.

In bevorzugter Lage am Ufer der Saar sind die Überreste einer luxuriösen villa urbana entdeckt worden. Der Grundriß des Hauses entspricht dem üblichen Schema der Risalitvillen: ein zentraler, langgestreckter Hauptbau mit vorgelagertem Säulengang war von vorspringenden Ecktürmen flankiert. Auffallend war die große Zahl heizbarer Räume. Das Bad im Haus besaß eine Wanne, die von unten und an den Seiten mit Heißluft umspült wurde. Der letzte Besitzer hieß Masusus; sein Name fand sich in Kursivschrift eingeritzt auf einer Weinamphore im Keller der Villa.

Für ihre Wasserversorgung waren die Einwohner nicht ausschließlich auf Brunnen angewiesen. Das Gemeinwesen war wohlhabend genug, um sich eine aufwendige Wasserleitung leisten zu können, die frisches Quellwasser vom Schwarzberg im Norden der Siedlung über einen Aquädukt und durch unterirdische Kanäle zu einem Verteilerbecken im Ort heranführte. Nach einem Bericht aus dem 18. Jahrhundert glich der Aquädukt den noch heute aufrecht stehenden Bögen der Metzer Wasserleitung bei Jouy-aux-Arches.

Der Wohlstand des Ortes beruhte auf seiner Funktion als Nachschubbasis für die Kastelle am obergermanischen → Limes. Trotz seiner wirtschaftlichen Bedeutung haben sich bisher am Ort keine Anzeichen gefunden, die auf seinen Namen hindeuten. Man nimmt an, daß sich die Bezeichnung „vicus Saravus" auf einer 1863 auf dem Donon im Elsaß gefundenen Steininschrift auf das römische Saarbrücken bezieht.

Beim Germaneneinfall von 275/76 wurde der Ort offenbar stark beschädigt, in der Folgezeit aber wieder aufgebaut. Fast ein Dreivierteljahrhundert später, in den Jahren 350–53, fiel der Ort erneut germanischen Eindringlingen zum Opfer.

Wegen seiner guten strategischen Lage am Flußübergang und Straßenkreuzung wurde Saarbrücken in das Verteidigungssystem eingeschlossen, das Valentinian I. (364–375) zum Schutz der Siedlungen im gallischen Hinterland der zusammengebrochenen Limesfront anlegte. Am Flußufer entstand eine mächtige Festung mit sechseckigem Grundriß und einer 2,80 m starken, mit vier Rundtürmen bewehrten Mauer. Die Festung entsprach dem Typ der spätrömischen Straßenkastelle, wie sie von Bitburg, Neumagen und Jünkerath her bekannt sind. Eine Anzahl von Privathäusern und auch Teile der villa urbana mußten dem Festungsbau weichen. Das Kastell war für eine Kohorte von 500 Mann bestimmt.

Zusammen mit den Kastellen von Pachten (Contiomagus) und Saarburg (Pons Saravi) sollte Saarbrücken eine rückwärtige Verteidigungslinie bilden mit der besonderen Aufgabe, den Übergang über die Saar zu sperren. Es ist zweifelhaft, ob die Festung ihre Aufgabe je erfüllt hat. Offenbar ist der Bau nie vollendet worden. So fehlte z. B. die Nordmauer zwischen zwei Rundtürmen. Auch haben sich keine Spuren von Innenbauten zur Aufnahme einer Garnison gefunden, wie sie in den Kastellen von → Altrip und → Alzey nachweisbar sind.

Wie sich das weitere Schicksal der Straßenfestung entwickelt hat, ist ungewiß. Auf Grund von Münz- und Töpfereifunden (Mayener Ware) wird angenommen, daß der Ort als kleine Siedlung noch bis zum Anfang des 5. Jahrhunderts bestanden hat und dann allmählich in den Wirren der Völkerwanderung versank. Das verlassene Gelände wurde von Wald überzogen. Erst im Mittelalter entstand mehrere Kilometer westlich vom römischen vicus eine neue Siedlung mit dem Saarbrücker Schloßberg als Mittelpunkt.

Reste mehrerer Keller von Privathäusern der bürgerlichen Siedlung zusammen mit Teilen des Mauerwerks der spätrömischen Festung, darunter die Fundamente eines der Rundtürme, sind in einem kleinen Park im Winkel zwischen den Straßen „Am Römerkastell" und „An der Römerbrücke" erhalten, in unmittelbarer Nähe der Großmarkthalle, des Schlacht- und Viehhofes und von Lagerhäusern.

Von der Wasserleitung wurde 1956 beim Bau eines Gasbehälters unterhalb des Halberges ein Stollen mit elf Schächten aufgedeckt. Die Wasserleitung gehört zu den wenigen Überresten des römischen Saarbrückens.

Ein einzigartiges Denkmal aus der Römerzeit ist ein Heiligtum des persischen Lichtgottes Mithras in einer Naturhöhle des Halberges, im Volksmund „Heidenkapelle" genannt. Eine Grotte war für die Verehrung des Mithras die natürliche Kultstätte. „Alter Tradition gemäß sollte ein Mithraeum ein spelaeum, spelunca oder antrum sein, weil die Grotte für die Gläubigen das Himmelsgewölbe darstellte" (Vermaseren). Wo eine Naturgrotte fehlte, wurde das

**Saarbrücken**

Innere der Mithrastempel künstlich als Grotte ausgestaltet. In Deutschland gibt es außer dem Saarbrückener Mithraeum nur noch in Schwarzerden (Saarland) eine Felsenhöhle als Mithrasheiligtum.

Aus Münzfunden konnte geschlossen werden, daß die Höhle für die Mithrasverehrung von der zweiten Hälfte des 3. Jahrhunderts bis Ende des 4. Jahrhunderts benutzt wurde. Danach scheint sie von Christen zerstört worden zu sein. Im 15. Jahrhundert wurde die Höhle als christliche Wallfahrtstätte eingerichtet. 1772 ließ der damals regierende Fürst die Heidenkapelle ausräumen und als Naturgrotte in die Parkanlagen seines auf dem Halberg erbauten Barockschlößchens einbeziehen.

Durch Eingriffe in nachrömischer Zeit ist der ursprüngliche Zustand der Höhle verändert worden. Insbesondere sind Nischen und Vertiefungen innerhalb der Höhle und an den äußeren Felswänden spätere Zutaten. Trotz dieser Veränderungen vermittelt die Höhle als Ganzes noch heute den Eindruck einer Kultstätte des persischen Lichtgottes. Das hohe Deckengewölbe des Mittelschiffs, die niedrigen Seitenschiffe, der eingetiefte mittlere Korridor und die leicht erhöhten Seitenpodien für die Liegebänke der Eingeweihten, die Rückwand, vor der einst das Kultbild des Gottes, sein Strahlenkranz durch eine Lampe von hinten beleuchtet, gestanden hatte: dies alles sind die noch heute sichtbaren Elemente des ursprünglichen Mithraeums. Im Licht der untergehenden Sonne übt das altertümliche Grottenheiligtum in der Einsamkeit des Waldes eine seltsam mystische Wirkung auf den Betrachter aus.

(Über weitere Einzelheiten unterrichtet das Führungsblatt 2 des Staatlichen Konservatoramts Saarbrücken „Die Mithrashöhle von Saarbrücken" von Reinhard Schindler und der entsprechende Abschnitt in Zabernführer Band 5 [Saarland].)

Man erreicht die Höhle, indem man sich vom Parkplatz vor Schloß Halberg (nahe dem Verwaltungsgebäude des Saarländischen Rundfunks) auf einem Fußweg nach Westen wendet. Die Höhle ist auf dem Stadtplan von Saarbrücken als „Mithrasheiligtum" angegeben.

**Landesmuseum für Vor- und Frühgeschichte.**
Ludwigsplatz, Palais Freital, an der Nordseite des Platzes 1763-1766 errichtet. (Das Museum ist im Einzelnen beschrieben in dem „Führer durch das Landesmuseum für Vor- und Frühgeschichte Saarbrücken" von Reinhard Schindler unter Mitwirkung von Alfons Kolling und Walter Schähle. Oktober 1965). Alle Gegenstände sind eingehend beschriftet. Die nachfolgenden Bemerkungen sollen vor allem der Orientierung dienen.

In der *Eingangshalle* sind *Steinbilder* (Originale und Abformungen) römischer und gallorömischer Gottheiten aufgestellt. Am häufigsten erscheint *Merkur*, Schutzpatron der Kaufleute, des Verkehrs und Reichtums und nach Caesars Beschreibung Hauptgott auch unter den einheimischen Göttern Galliens. Auf einem Relief ist der Gott in gallischem Kittel mit Heroldsstab und Geldbeutel dargestellt; auf einem anderen sieht man ihn zusammen mit seiner einheimischen Kultpartnerin *Rosmerta*. Die spezifisch römische Götterwelt ist vertreten durch *Jupiter*, Himmelsgott und Göttervater (Jupiterkopf und Kultbild des thronenden Jupiter); *Minerva*, Glied der kapitolinischen Trias; den Waldgott *Silvanus* (Fragment eines Reliefs); *Ritona*, Göttin der Furten (Weiheinschrift der Einwohner von Contiomagus-Pachten („;.. pro salute vicanorum Contiomagiensium") mit Resten eines Reliefs); Torso einer Panfigur.

Rein keltische Gottheiten sind *Epona*, Schutzgöttin der Pferde und Maultiere (hier zwei Reliefs; das größere stammt aus → Schwarzenacker und zeigt die Göttin mit einer Früchteschale auf dem Schoß zwischen ihren Schützlingen sitzend; das Steinbild wurde an einer Mauer oder Hausfront angelehnt gefunden); *Sucellus*, (der „Schlegelgott", häufig Gott der Unterwelt, hier Gott der Erde und des Wachstums und mit Silvanus gleichgesetzt) und seine Gefährtin *Nantosvelta* (die beiden Waldgottheiten sind auf „Drei Kapuziner" genannten Felsbildern aus St. Barbara dargestellt).

Die Figuren im *Glaspavillon* (geradeaus) werden beherrscht von der Statue eines stehenden Jupiter; davor Einzelreliefs von einem Viergötterstein (Herkules, Minerva, Juno, Jupiter) (Basis einer Jupitergigantensäule); dazu eine Nachbildung der Jupitergigantensäule von Merten (Lothringen). Aus der Kastellmauer von Pachten stammt ein Sitzstein (s. u. Steinsaal) mit Inschrift. In einer Nachbildung wird ein qualitätvolles Bacchusrelief auf einer Tischsäule aus Tholey gezeigt. Ein römisches Brandgrab aus Püttlingen enthält eine Glasurne mit Deckel, Bronzelampe und Bronzevase.

Unter den Ausstellungsstücken im *Steinsaal* (rechts von der Eingangshalle am Ende des Ganges) sind vom kulturhistorischen Standpunkt besonders bemerkenswert eine Reihe von *Sitzsteinen* aus dem Tempeltheater des gallorömischen Tempelbezirks von Pachten, einer dörflichen Siedlung, mit den Familiennamen der Tempelbesucher (die Steine waren als Baumaterial in den Fundamenten des spätrömischen Kastells verwendet worden). Die Namen (einige sind an der Wand in Zeichnungen wiedergegeben) lassen darauf schließen, daß, jedenfalls soweit die Namensgebung in Betracht kommt, die ländliche Bevölkerung weniger romanisiert war als die Stadtbewohner (Wightman).

Unter Teilen römischer *Grabdenkmäler* (meistens Nachbildungen) befinden sich: Grabrelief eines Mädchens; Familiengrabstein mit Vater, Mutter und Sohn; Grabrelief eines Kaufmannes in langer Gewandung, in der linken Hand ein Buch oder eine Schatulle (das Relief stammt aus Brebach und verkörpert nach Schindler das bürgerliche Element unter den vorwiegend der ländlichen Sphäre zugehörigen Grabdenkmälern); Grabrelief eines Schmiedes (Original im Museum in Trier); Relief einer Tuchprobe (von einem Grabpfeiler).

*Architekturteile:* Vier Säulen und eine Säulenbasis von der römischen Villa von Bierbach (s. Museum in → Speyer); Gesimsstein; Stuckfries. Zu den Ausstellungsstücken gehört schließlich ein *Modell* der römischen Siedlung am Halberg mit der spätrömischen Festung und der Brücke über die Saar.

*Fotos* in einer Vitrine in der Eingangshalle zeigen *Ausgrabungsbefunde* römerzeitlicher Bauwerke aus der Halbergsiedlung; Mauern einer Villa; Schächte zu

einem römischen Wasserleitungsstollen; Grabstein eines Kindes aus der Halbergsiedlung.
Die *Mithrashöhle* (Heidenkapelle) ist in einem Ölgemälde (im Treppenhaus vor Betreten der Ausstellungsräume im 1. Stock) dargestellt. Davor eine Vitrine mit Funden aus dem Mithrasheiligtum (Spendenschälchen, Öllampe, bronzene Zwiebelkopffibel, Bleiplakette mit der Darstellung einer orientalischen Symbolfigur).
*Raum 1* ist einer *geologischen Übersicht* über die Bodenschätze des Saarlandes und ihrer Bedeutung für die Kulturgeschichte unter Berücksichtigung der Römerzeit gewidmet.
*Kohle*: Die auf dem Reliefmodell des Saarlandes in weißleuchtenden Stäbchen dargestellten Kohlenflöze wurden z. T. in römischer Zeit abgebaut.
*Kupfer*: Bronzeschlacke aus Pachten; Gipsabdruck der Felsinschrift des „Emilianusstollens" im römischen Kupferbergwerk bei Wallerfangen (St. Barbara). Sie lautet: „Incepta officina Emiliani Nonis Mart" – Dieser Stollen wurde durch Emilianus am 27. März in Betrieb genommen.
Die Inschrift war seit dem 19. Jahrhundert bekannt, der dazugehörige Stollen wurde aber erst 1964 freigelegt. (Ein Wandbild zeigt die Lage der Inschrift oberhalb des Stolleneingangs.) Im Stollen fand man Bergwerksgerät, Scherben und Knochenreste.
Alle Gruben gehörten dem römischen Staat, wurden aber zur Ausbeutung für fünf Jahre verpachtet. Die Inschrift sollte vermutlich die Übergabe des Bergwerks an einen Privatunternehmer durch die Armee bestätigen (Schindler).
*Eisen:* Römische Eisenschlacke; römischer Hammer zum Zerkleinern von Erzbrocken; Tondüse eines römischen Eisenschmelzofens.
*Kalk und Gips*: Römischer Kalkmörtel von Nennig; bemalter römischer Wandputz aus Pachten; Abguß einer römischen Stuckleiste aus Lebach.
*Ton und Lehm, Schiefer*: Römische Dachschieferplatte; römischer Töpferton; römisches Fensterglas (grünliche Färbung); römische Wasserleitung aus Tonröhren; Dachschindeln; Muster einer römischen Dachbedeckung aus Leisten- und Hohlziegeln (tegulae und imbrices); Ziegel mit Tierspuren; Auswahl von Hypokaustziegeln und Hohlziegeln für römische Heizungsanlagen in Häusern und Bädern (einer der Ziegel trägt den Stempel der in Mainz stationierten XXII. Legion Primigenia pia fidelis).
*Basalt*: Frührömische, zweiteilige Getreidemühle aus rheinischem Basalt.
*Raum 7. Gallorömische Epoche des 1. bis 4. Jahrhunderts n. Chr.* (Eine Karte in Raum 6 gibt einen Überblick über die gallischen Stämme zur Zeit Caesars.) Die Fundgegenstände sind nach Sachgruppen geordnet. Dazu zeigen zeitgenössische Darstellungen (Kopien von Reliefs römischer Grabdenkmäler) für die einzelnen Gruppen typische Szenen aus dem römischen Alltagsleben.
*Bäuerliche Kultur.* Szenen: Pflügender Bauer; Bauern bei der Gartenarbeit; Pferdehändler; weidender Hirte.
Gegenstände: Pflugeisen, Pflugmesser, Hammeraxt, Spatenbeschlag, Sense, Mistgabel, Feldhacke, Haumesser, Sägeschränke, Dengelstock, Kummetaufsatz, Fischspeer, Kastrierzange, Fleischgabel, Schafschere, Radsplint, Kuhglocke, Kette, Reitersporn, Wasserleitungsmuffen.
*Handel und Gewerbe.*
Szenen: Schmiede; Schuhmacher; Bauern auf dem Apfelmarkt; Steuereinnehmer.
Gegenstände: Schmiedezange, Eisenbohrer, Maurerkelle, Steinbrecherkeil, Nägel, Kloben, Haken, Axt mit der Marke des Herstellers, Zimmermannsbeil, Arbeitsaxt, Flachmeißel, Löffelbohrer, Bleigewicht, figürliches Gewicht, Torangeln, Kastenscharniere, Türscharniere, Eisenbarren.

*Tischgerät, Schmuck und Körperpflege.*
Szenen: Spielende Kinder; Dame bei der Morgentoilette; Familienmahl.
Gegenstände: Nadeln aus Bein und Bronze, Fingerringe mit Gemmen, Emailleschmuck, Pinzetten, ärztliche Instrumente, Distelfibeln, Schreibgriffel, Streuflasche, Beschlag eines Lederetuis, Gagatring (des Kindes Ursula aus einem Steinsarg des 3. Jahrhunderts n. Ch.), Gürtelschnalle, goldene Halskette, Bronzepfanne mit Stempel, Knocheninstrument.
Eine reichhaltige *Münzsammlung* setzt sich aus verschiedenen Münzschatzfunden zusammen (dazu: Karte der römischen Münzfunde im Saarland). Die Münzschätze wurden im 3. und 4. Jahrhundert n. Chr. während der großen Alamanneneinfälle vergraben, als Städte, Dörfer und Gutshöfe in Trümmer sanken, und sind stumme Zeugnisse des tragischen Schicksals ihrer Eigentümer.
Zum Münzfund von Wiesbach-Mangelhausen (400 Denare, vermutlich 254 vergraben) gehört ein goldener Fingerring mit blauer Gemme; er war zusammen mit den Münzen in dem erhalten gebliebenen Tontopf versteckt. Die Münzen des Schatzes aus Neunkirchen-Wellesweiler bestehen aus sog. Antoninianen des 3. Jahrhunderts, ein moderner Name für die zuerst unter Kaiser Caracalla (Marcus Aurelius Antoninus) seit 214 n. Chr. geprägten schweren Silbermünzen (Doppeldenare).
Wirtschaftliche Notzeiten spiegeln sich in den tönernen Münzförmchen aus der sogenannten römischen *Münzfälscherei von Pachten*. Silberdenare und Bronzemünzen wurden zur Herstellung der Formen verwendet. Nach den Fundumständen zu urteilen, befand sich die Werkstatt im Hof eines Hauses, wo die Münzgießerei durchaus offen betrieben wurde. Daraus hat man geschlossen, daß es sich nicht um Falschmünzerei, sondern um eine amtlich zugelassene Werkstatt gehandelt habe mit dem Auftrag, einem Mangel an Kleingeld abzuhelfen. Eine Zeichnung verdeutlicht eine in Resten vorhandene Sammelform, mit der das Gießen beschleunigt werden konnte.
Eine Sammlung von *Keramik* ist chronologisch (früh-, mittel-, spätrömisch) angeordnet. Zur frührömischen Keramik gehört die einheimische Nachahmung der von italischen und südfranzösischen Töpfereien eingeführten Tongeschirrs. Weil ihre Erzeugnisse vornehmlich in der Provinz Belgica (das Saarland gehörte dazu) beheimatet waren, wird das Geschirr „belgische Ware" genannt; in ihr bewahrte sich keltische Töpfertradition (u. a. pokalförmige, rauhwandige Becher, einhenkelige Krüge, ein „Schlauchgefäß", Fußpokal, ein grauer Teller mit drei Töpferstempeln).
Mittelrömische Keramik ist u. a. durch ein rauhwandiges, vasenförmiges Gefäß, Zierkrüglein und dunkelgraue, glattwandige Becher mit Barbotineverzierung vertreten. Unter spätrömischer Keramik befinden sich Henkelkrüge mit kleeblattförmiger Mündung, Faltenbecher, graue Henkeltasse.
Für die Herstellung von *Terra Sigillata*, dem feinen römischen Tafelgeschirr, gab es im Saarland die bedeutenden Werkstätten von Blickweiler und Eschweilerhof. Ihre Erzeugnisse (glattwandige Schalen, reliefverzierte Bilderschüsseln, Becher, Henkelkrüge) werden in einer besonderen Ausstellung gezeigt (darunter auch ein Stapel mißratener Ware). Eine Karte der Absatzgebiete saarländischer Terra Sigillata zeigt, daß Abnehmer dieser Ware vornehmlich die am Limes stationierten Garnisonen waren.
Ein *Modell des römischen Töpferofens* von Homburg-Schwarzenbach mit drei Öfen an einem Bedienungsschacht veranschaulicht eine rationale Produktionsweise. Ein römischer *Eisenschmelzofen* ist aus Originalteilen aufgebaut.
Eine Sammlung von *römischem Glas* enthält u. a., „Schminkkugel", schlauchförmiges Fläschchen, bauchiges Fläschchen, doppelhenkelige Urne.

Eine Sammlung römischer *Kleinbronzen* besteht aus Statuetten von Gottheiten (Jupiter, Mars, Merkur mit Sparbüchse, Diana, Amor auf Panther); Tierfiguren (Panther, Stier); Öllampen.

Unter *Terrakotten* und anderen Gegenständen keramischer Kleinkunst befinden sich ebenfalls Tierfiguren (als Kinderspielzeug), Muttergottheit, reitende Göttin, Tonmedaillon mit Reliefkopf eines Verstorbenen, Öllampen (davon eine in der Form eines Fußes), Zierkrüge mit plastischen Verzierungen, bemalte Kragenschüssel, Firnisbecher, Gesichtsväschen, Räucherschale.

In einem kleinen Saal des Museums befinden sich *Wandmalereien* aus der Villa von Mechern bei Merzig/Saar. Es handelt sich um eine der bedeutendsten römischen Wandbildserien nördlich der Alpen (Jagddarstellungen, Szenen aus dem Amphitheater, Stilleben). Im gleichen Raum sind der Torso eines überlebensgroßen, in Stein gehauenen *Pan* („sehr seltene Figuration"-Kolling), zwei korinthische *Kapitelle* aus einer Fundstelle von Rehlingen sowie *Säulen* mit Weinranken- und Schuppendekor (Fremersdorf) und *Kleinfunde* aus den Villen von Mechern (Grabinventar) und Dillingen ausgestellt.

Bedeutsamer Neufund ist die Brustpartie einer lebensgroßen bronzenen *Panzerstatue* (»außerordentlich seltenes Stück«-Kolling) aus dem Kasbruchtal bei Neunkirchen/Saar.

## SATZVEY-FIRMENICH

Auf der Ostseite der Landstraße zwischen Mechernich und Satzvey-Firmenich im Veihbachtal erheben sich die „Katzensteine", eine in mehrere Köpfe zerklüftete Felswand im östlichen Ausläufer des Buntsandsteins und „eines der malerischsten Geländedenkmäler der Nordeifel" (Löhr, Zabernführer 26, S. 134).

Hier wurden in jüngster Zeit Spuren eines römischen Steinbruchs entdeckt. Es handelt sich um eine der ältesten Anlagen dieser Art im römischen Rheinland. Nach dem Befund wurde der Steinbruch schon im 1. nachchristlichen Jahrhundert in Betrieb genommen. Er hatte offenbar nur lokale Bedeutung und wurde bis etwa 300 n.Chr. je nach Bedarf benutzt. Der Stein war von minderer Qualität und wurde im wesentlichen für Weihesteine verwendet. Die bei den Kalköfen von → Iversheim gefundenen Weihedenkmäler sind aus dem Sandstein der Katzensteine hergestellt.

Der Steinbruch ist seit römischer Zeit nicht mehr in Betrieb gewesen. Deshalb haben sich die römischen Abbauspuren – Schrotgräben, Keillöcher – bis heute gut erhalten. Nach diesen Spuren zu urteilen, wurden nur kleine Werkstücke gewonnen, wie es dem örtlichen Bedarf entsprach. Dazu mag ein kleiner Tempel für Diana gehört haben, dessen Ruinen in der Nähe der Katzensteine liegen.

Etwa 400 m südlich der Katzensteine ist ein Teilstück des Kanals der römischen Wasserleitung nach → Köln sichtbar. Die Steine des Kanals wurden im Mittelalter ausgebrochen. Übriggeblieben ist der Graben der Ausbruchs- grube und der Wall des beim Ausbruch angefallenen Schutts.

## SCHLOSSAU, MUDAU-

Ungefähr 2 km westlich von Schlossau im Waldbezirk „Schneidershecke" liegt die Ruine des am besten erhaltenen steinernen Wachtturms am Odenwaldlimes (→ Limes). Sie wurde 1884 zusammen mit den Spuren eines hölzernen Wachtturmes und den Fundamenten eines zweiten steinernen Wachtturms westlich der Ruine entdeckt.

War schon die Häufung von Wachttürmen an der gleichen Stelle an sich ungewöhnlich, so vertiefte sich das Geheimnis, als man bei näheren Untersuchungen der Turmruine eine Reihe erstaunlicher Entdeckungen machte. Ein an der Nordseite der Turmwand rechtwinklig angesetzter Anbau wurde als steinerne Freitreppe gedeutet. Innerhalb der Ruine fand man Wandverputz in roten, gelben und grünen Farben von einer Ausmalung, wie sie bei Wachttürmen unbekannt war, und eine Anzahl keilförmiger Gewölbesteine für einen Bogen von etwa 3 m Spannweite. Auch die Bedachung aus roten Ziegelplatten und Hohlziegeln mit Stempeln der VIII. Legion (Standort Straßburg) und der 24. Freiwilligenkohorte (Cohors XXIIII voluntariorum civium Romanorum) wich von den sonst bei Wachttürmen üblichen Schindel- und Strohdächern ab.

Das Überraschendste aber war die Entdeckung einer Gruppe von drei prachtvollen Standsteinstatuen, die im Schutt des Turmes gelegen hatten. Allen fehlten die Köpfe. Zwei weibliche Gestalten konnten als Salus, die göttlich verehrte Wohlfahrt, und als Victoria gedeutet werden. Auf dem Schild der Victoria-Statue war die Inschrift „Victoria Augusta" teilweise noch lesbar. Die dritte Statue war eine männliche Gestalt mit Panzer, Beinschienen und einem über der rechten Schulter gehefteten Mantel, das Schwert hoch an der linken Hüfte gegürtet und der rechte Arm, zum Teil verstümmelt, zum Gruß erhoben.

Wen stellte die männliche Figur dar und wie kamen die Standbilder in diese Waldeinsamkeit? Mit Hilfe eines Bruchstückes des Schildes der Victoria-Statue, das im Kastell Oberscheidental gefunden wurde, gelang der Nachweis, daß die drei Statuen ursprünglich im Fahnenheiligtum des Kastells gestanden hatten. Fabricius, der Altmeister der Limesforschung, hat die Auffassung vertreten, daß die männliche Figur zu dieser Zeit den Kaiser Domitian (81–96 n.Chr.) dargestellt habe, der häufig auf Münzen zusammen mit Salus und Victoria erscheint. Nach der Verdammung des Gedächtnisses des Kaisers durch den Senat seien die Statuen zer-

Gründen wurde der Turm in ein Heiligtum umgewandelt. An Stelle des in seiner Funktion veränderten Turmes errichtete ein Arbeitskommando der 1. Sequaner- und Raurikerkohorte für den Wachtdienst am Limes einen neuen Wachtturm. Darauf bezieht sich die Weiheinschrift für Jupiter. (Die drei Statuen von der Schneidershecke und die Bauinschrift der Oberscheidentaler Kohorte werden im Museum in → Karlsruhe aufbewahrt.)

Eindrucksvoll an der Ruine des Turmheiligtums ist das guterhaltene, in sauberer Steinmetzarbeit ausgeführte, mit einem Sockel verzierte untere Stockwerk des Turmes.

Auf Grund der Funde glaubt man, den ursprünglichen Zustand des Turmes etwa folgendermaßen rekonstruieren zu können: Das Bauwerk war gut 11 m hoch, war außen hell verputzt und von einem breiten roten Ziegeldach überdeckt. Über eine Steintreppe gelangte man in einen hohen Innenraum mit buntbemalten Stuckwänden und einer gewölbten Nische (dazu gehörten die keilförmigen Gewölbesteine), in der drei fast lebensgroße Götterstandbilder zur Verehrung aufgestellt waren.

Man erreicht die Schneidershecke von der Straße Amorbach-Eberbach, indem man an der Kreuzung mit der Straße Hesselbach-Mudau nach Osten in Richtung Schlossau (Mudau) abbiegt. Nach ungefähr 500 m sieht man auf der linken (nördlichen) Straßenseite ein kleines Hinweisschild mit der Aufschrift „Limesanlage". Von hier führt ein Waldweg nach etwa 150 m zu den Turmfundamenten.

*Schlossau, Marsstatue*

stört worden, wie alles, was an den in Unehre gefallenen Herrscher erinnerte. Später, als die Erinnerung an das schmachvolle Ende Domitians längst vergangen war, seien die Bruchstücke nach entsprechender Behandlung wieder zusammengesetzt und die Statuen in den Wachtturm am Limes verbracht worden, der zu diesem Zweck in ein Heiligtum umgewandelt wurde. Die männliche Statue erhielt in dieser Versammlung von Gottheiten die Bedeutung des Kriegsgottes Mars.

Zur Chronologie der Turmbauten gibt es verschiedene Meinungen. Nach dem Limeswerk wurden die beiden Steintürme etwa zur gleichen Zeit zwischen 120 und 160 n.Chr. erbaut, als die Erste teilweise berittene Kohorte der Sequaner und Rauriker (Cohors I Sequanorum et Rauricorum equitata), von der ein Weihestein an der Ruinenstätte gefunden wurde, im Kastell Oberscheidental lag. (Der Stein ist eine Weihung an Jupiter, dem ein Arbeitskommando der Kohorte für die erfolgreiche Vollendung eines „burgus" genannten Wachtturms [„ob burgum explicitum"] Dank sagt.) Beim Abzug der Kohorte von Oberscheidental nach → Miltenberg um etwa 155 n.Chr. sei dann der Ostturm für die zurückgebliebene Bevölkerung mit den renovierten Statuen aus dem Kastell in ein Heiligtum umgewandelt worden.

Nach Baatz ist der Ostturm der ältere der beiden Steintürme; er wurde wahrscheinlich 145 oder 146 n.Chr. als Ersatz für einen hölzernen Wachtturm erbaut. Aus uns unbekannten

## SCHRAMBERG-WALDMÖSSINGEN

Wie die Militäranlagen von Rottweil, erinnert das Kastell von Waldmössingen an eine der wichtigsten und erfolgreichsten Kriegshandlungen der Römer aus der Frühzeit der Römerherrschaft im südwestlichen Deutschland. 73/74 n.Chr. brachte der Oberbefehlshaber des obergermanischen Heeres, Cn. Pinarius Cornelius Clemens, mit einem Vormarsch vom Legionslager Straßburg (Argentorate) den Schwarzwald und das Gebiet des oberen Neckars unter römische Kontrolle. Die damit verbundene Grenzkorrektur war von höchster strategischer Bedeutung. Seit das Land südlich der gesamten Donau durch den Alpenfeldzug der Stiefsöhne des Kaisers Augustus, Tiberius und Drusus, im Jahre 15 v.Chr. und durch spätere Vorstöße dem Römerreich einverleibt worden war, verlief die Grenze des Reiches von der oberen Donau zum Hochrhein und von dort über Basel rheinabwärts. Das zwischen Donau und Rhein wie ein Keil eingeschobene nichtrömische Gebiet erwies sich während des Vier-Kaiser-Jahres 69 n.Chr. und des gleichzeitigen

Bataveraufstandes als schweres Hindernis für Truppenverschiebungen vom Rhein zur Donau und zum Balkan; sie mußten den Umweg über das Rheinknie bei Basel nehmen. Mit der Eroberung der Gebiete zwischen Rhein und Donau und dem Bau einer Straße von Straßburg über Offenburg und durch das Kinzigtal über Rottweil nach Tuttlingen an der oberen Donau wurde dieses Hindernis beseitigt. Die neue West-Ost-Verbindung wurde durch Kastelle gesichert. Zu dieser Kette militärischer Stützpunkte gehörte auch das Kastell von Waldmössingen. (Der Verlauf der Römerstraße nach Straßburg hat sich beim Kastell im Gelände als schnurgerader Feldweg erhalten.)

Strategisch günstig auf einem Geländesporn über einem Flußtal gelegen, war das Kastell zunächst ein Holz-Erde-Bau, der später in Stein ausgebaut wurde. Der Flächeninhalt von 2 ha läßt auf eine 500 Mann starke Kohorte (cohors quingenaria) als Besatzung schließen. Welche Truppe im Kastell gelegen hat, ist nicht bekannt. Außerhalb des Kastells entstand unmittelbar nach dem Kastellbau das übliche Lagerdorf (vicus) von Handwerkern, Kaufleuten, Gastwirten und Familienangehörigen der Garnison.

Das Kastell hatte vier Tore mit je zwei Seitentürmen. Die Durchfahrt war unterteilt. Von Innenbauten haben sich die principia mit sacellum (Fahnenheiligtum) und eine offene Exerzierhalle feststellen lassen. Spuren anderer Räume lassen keinen Schluß auf ihre Zweckbestimmung zu (A. Rüsch). 1975 wurde an der Südwestecke des Kastells das Fundament eines Turmes freigelegt und der Turm mit Teilen der angrenzenden Wehrmauer in voller Höhe, als „staatlich geschütztes Kulturdenkmal", in Stein wiederaufgebaut.

Vom vicus sind Gebäudereste und ein Töpferofen gefunden worden. Wichtigstes Indiz für das Bestehen des Lagerdorfes sind Kleinfunde von Keramikresten, insbesondere ein Eisen-Depotfund, der bei der Anlage eines Weihers im Heimbachtal zum Vorschein kam. Er enthielt u. a. Türbeschläge und -scharniere, Wagenteile mit Achsenbuchsen und Eisenreifen, Sense, Schwert, eine Glocke, Meißel, Griffe von Eimern, Hufeisen, Riegel, Splinte und Nägel und ein bleiernes „Fluchtäfelchen" mit einem „Diebeszauber".

Das Kastell wurde aufgelassen, nachdem mit der Anlage des Neckar- und Alblimes gegen Ende des 1. Jahrhunderts die Reichsgrenze weiter nach Norden über die Donau vorgeschoben war und das Kastell mit der Zeit seine militärische Bedeutung verlor. Das Lagerdorf blieb als selbständige Siedlung bestehen und wird eine Art Handels- und Einkaufszentrum für die umliegenden Gutshöfe gewesen sein, die sicherlich Zugang zu der Straßburger Fernstraße hatten. Der Ort wie die Gutshöfe haben die Alamannenstürme 233 und 260 nicht überlebt. Der Eisen-Depotfund wird in den Boden gekommen sein, als man versuchte, das wertvolle Metall vor den mordend und plündernd umherziehenden Eindringlingen zu retten.

Funde aus dem Lagerdorf und eine bronzene Herme und Tierplastiken aus einer in der Nähe des Kastells gelegenen Straßenstation sind im Kastellturm ausgestellt.

# SCHWÄBISCH GMÜND

Auf einer Anhöhe über dem Remstal im westlichen Teil der Stadt liegt das Areal des nach dem dort befindlichen Gehöft benannten römischen Kohortenkastells Schirenhof. Das Kastell hat etwa von der Mitte des 2. Jahrhunderts n.Chr. bis zum Alamanneneinfall von 259/60 bestanden und war nach Ausweis von Ziegelstempeln von der Ersten Räterkohorte (Cohors I Raetorum) belegt. Oberirdisch sind vom Kastell keine Reste mehr zu sehen.

In den Jahren 1972/73 wurde das westlich vom linken Kastelltor unmittelbar am Rande des Talabhangs gelegene Kastellbad ausgegraben. Das Bauwerk war vorzüglich erhalten. Mauerreste standen noch bis zu 1 m hoch über dem Fußboden. An manchen Stellen bedeckte der dicke Estrich auf den Ziegelpfeilern der Hypokaustanlage noch die ganze Fläche des Raumes. Als erstmalig angesehen wurde die Entdeckung von Holzböden, die über dem Estrichboden wohl als Hitzeschutz verlegt waren. Auch Reste von Wandbeheizungen wurden gefunden. Badebecken für die verschiedenen Phasen im Ablauf des Badevorgangs (Laubad, Warm-, Kaltwasserbad) waren deutlich zu erkennen. Drei Bauperioden haben sich feststellen lassen. Im ersten Drittel des 3. Jahrhunderts hatte das Bad seine größte Ausdehnung erreicht.

Unter den zahlreichen Kleinfunden befanden sich außer Spielsteinen, Fibeln, Münzen und vereinzelten militärischen Ausrüstungsgegenständen Haarnadeln, was den Schluß zuläßt, daß das Bad auch Frauen zugänglich war, wahrscheinlich den Frauen der Soldaten, die von etwa 200 n.Chr. ab gesetzliche Ehen schließen durften.

Ein Teil der Badeanlage ist innerhalb einer Grünfläche konserviert, wobei allerdings manches von dem antiken Reiz der Baureste geopfert werden mußte. Zu sehen sind (die schwarz ausgezogenen Mauern auf dem Plan, S. 277): Man erreicht die Anlage über Goethestraße-Eutighoferstraße zum Gasthof „Zum Römerkastell"; von dort an der Tankstelle vorbei links die Straße hinauf. Das Römerbad liegt hinter der neuen katholischen St. Michael-Kirche.

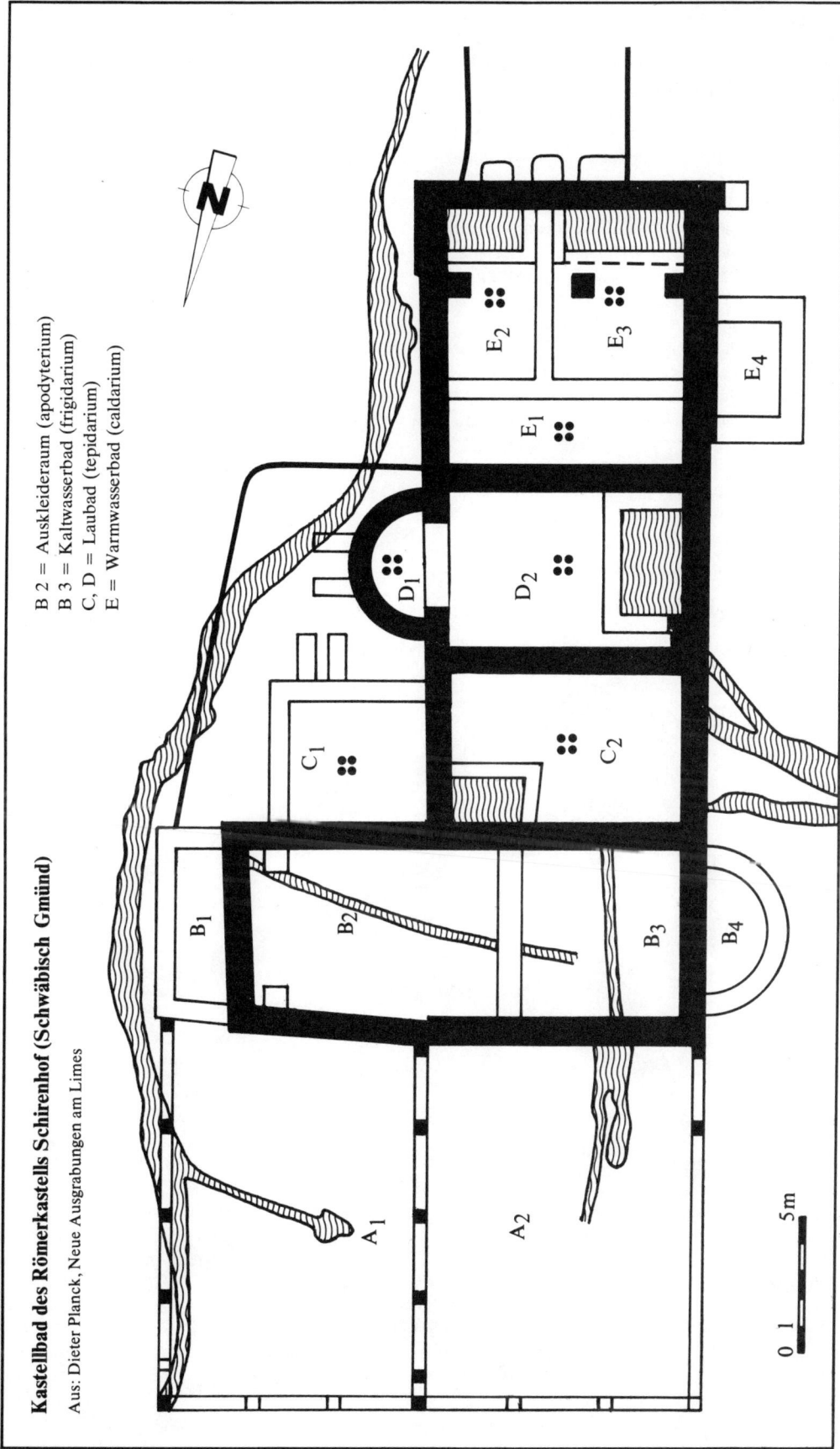

# SCHWANGAU

Seit 1934/35 ist bekannt, daß am Hang des Tegelberges bei Schwangau eine römische Siedlung gelegen hatte. Damals wurden bei Instandsetzungsarbeiten an der Wasserversorgung für die Gemeinde Schwangau Fundamente mehrerer römischer Häuser aufgedeckt. Der Charakter der Siedlung war schwer zu bestimmen. Die Häuser lagen unregelmäßig verstreut; es fehlte an einem Straßensystem nach Art einer städtischen oder dörflichen Siedlung. Für eine villa rustica war die Anzahl der Gebäude zu groß. Eine militärische Anlage schied aus. Merkwürdig war auch die geographisch ungünstige Lage der Siedlung im Schatten des Tegelberges, wo die Sonne im Spätherbst erst um die Mittagszeit über dem Bergrücken erscheint. Nach Krahe mögen wirtschaftliche Faktoren die Wahl des Wohnplatzes bestimmt haben. Eisenschlacke im Bereich der Siedlung und die Nähe von Erzgruben könnten einen Zusammenhang der Siedlung mit dem Erzbau als möglich erscheinen lassen.

Erneutes Interesse an der Siedlung wurde erweckt, als im Jahre 1966 beim Bau der Talstation der Tegelbergbahn die Fundamente eines größeren römischen Wohnhauses zutage traten. Die Besonderheit des Fundes lag in der Entdeckung einer überraschend großen Fülle von Resten qualitätvoller Wandmalereien. Beim Einsturz des verlassenen Gebäudes war der bemalte Wandverputz in die Heizungsanlage gelangt und war dort durch Mauerschutt und spätere Schlamm- und Geröllüberdeckung vor der Zerstörung bewahrt geblieben. „Die Farben dieser Malereien waren bei der Aufdeckung frisch wie in römischer Zeit." Die Abbildungen bestanden aus geometrischen Mustern und Darstellungen von Menschen und Tieren.

Ein Jahr später, als der zur Talstation gehörige Parkplatz angelegt wurde, stieß man wieder auf römische Gebäudefundamente. Die Mauern waren bis zu 2 m Höhe erhalten. Aus der An-

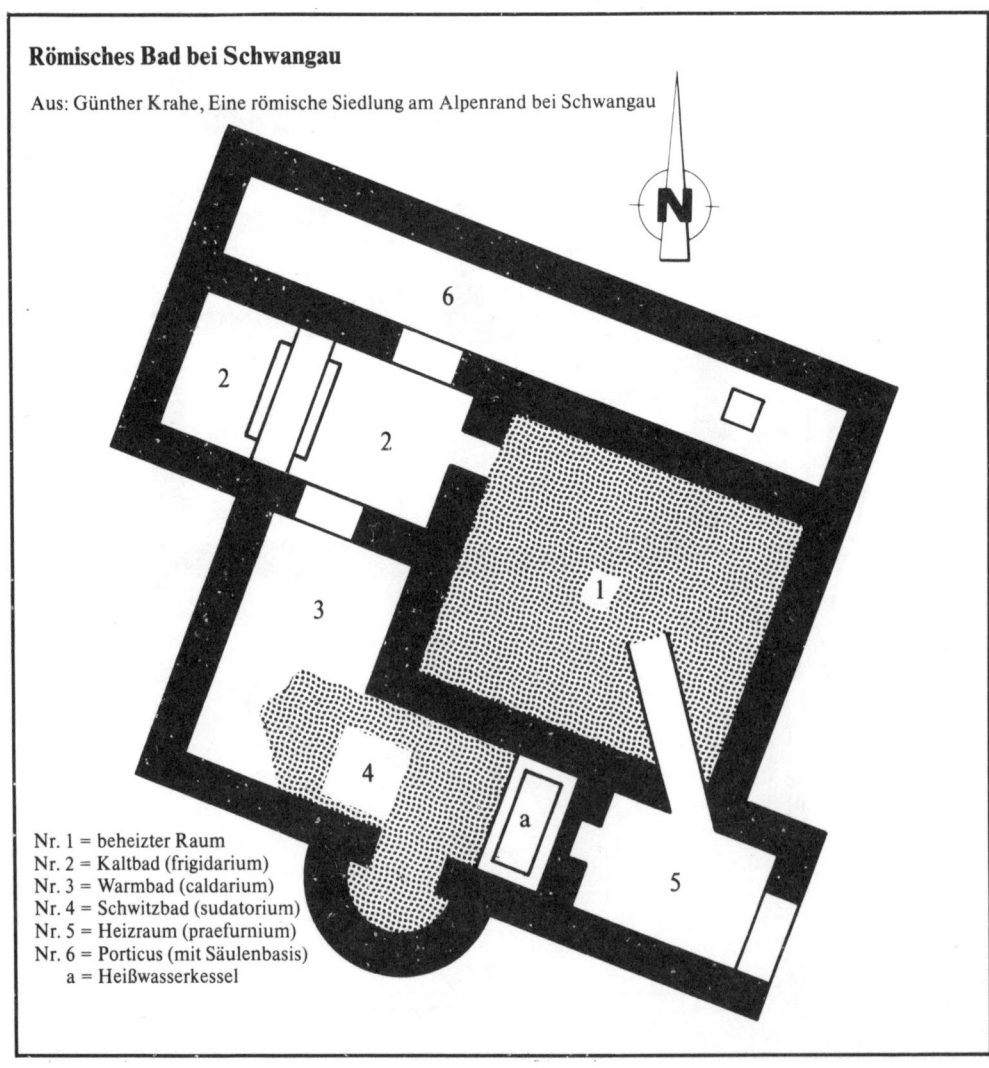

**Römisches Bad bei Schwangau**

Aus: Günther Krahe, Eine römische Siedlung am Alpenrand bei Schwangau

Nr. 1 = beheizter Raum
Nr. 2 = Kaltbad (frigidarium)
Nr. 3 = Warmbad (caldarium)
Nr. 4 = Schwitzbad (sudatorium)
Nr. 5 = Heizraum (praefurnium)
Nr. 6 = Porticus (mit Säulenbasis)
a = Heißwasserkessel

ordnung der Räume, der Ausstattung mit Betonwannen und Abflußrohren ließ sich die Zweckbestimmung des Gebäudes als Badehaus leicht erkennen. Es handelte sich offenbar um das Privatbad des im Jahr zuvor aufgedeckten Hauses. Auch das Badegebäude war im Inneren reich mit Wandmalereien ausgeschmückt, die an Qualität denen des Hauptbaues nicht nachstanden. Zu den Gegenständen der Malereien gehörten menschliche Gestalten, Fabelwesen und, was in einem Badegebäude nicht überraschen kann, Wasserszenen mit Fischen und Wassergöttern. Aus Resten von Fensterglas vor den Außenwänden ließ sich die Lage von Fenstern bestimmen.

Spuren gewaltsamer Zerstörung der Siedlung sind nicht gefunden worden. Die Ortschaft wurde offenbar im 3. Jahrhundert geräumt und dem Verfall überlassen. Einer der Räume des Bades scheint in späterer Zeit als primitive Unterkunft gedient zu haben.

Den gemeinsamen Bemühungen örtlicher und staatlicher Stellen gelang es, die Ruine des Bades (mit Ausnahme der Säulenhalle, Nr. 6 auf dem Grundriß S. 278) zu konservieren. Das römische Bauwerk kann von einer Plattform und von der vorbeischwebenden Gondel der Bergbahn aus betrachtet werden.

Das Bad wurde von dem außen zugänglichen Heizungsraum (praefurnium) (Nr. 5) zentral beheizt. Von hier aus strömte die Heißluft durch Heizungskanäle unter die Fußböden von Raum 4 und 3. Genau über dem Heizungskanal von 5 nach 4 befand sich ein Heißwasserkessel, der die Wanne in Raum 4 und dem apsidenförmigen Anbau speiste. Raum 3 war, wie Raum 4, für Heiß- und Warmwasserbäder bestimmt. Raum 2 war nicht heizbar und enthielt das Kaltwasserbad. Wie in den anderen Räumen floß auch von hier das Wasser durch Bleirohre ab. Nr. 6 ist eine Säulenhalle (porticus), in der eine Statue gestanden haben dürfte. (G. Krahe)

Das Gewölbe über der Kaltwasserwanne in Raum Nr. 2 ist im Museum für Vor- und Frühgeschichte der Prähistorischen Staatssammlung in → München mit den geborgenen Freskoresten rekonstruiert.

## SCHWARZENACKER, HOMBURG -

Der Ort, neuerdings Stadtteil von Homburg (Saar), leitet seinen Namen von der schwarzen Färbung seiner Ackerflur her. Dabei handelt es sich nicht um eine durch natürliche Einwirkungen schwarzgefärbte Humuserde. Der schwarze Farbton rührt von einer gallorömischen Siedlung her, die vor rund 1700 Jahren einer verheerenden Brandkatastrophe zum Opfer fiel und deren Trümmer von diesem Zeitpunkt an unter der Feldflur verborgen lagen. Seitdem das Land beackert wird, hat der Pflug immer wieder schwarze Schutterde verbrannter Häuser emporgeworfen.

Während Schwarzenacker in seiner heutigen Ausdehnung erst im 19. Jahrhundert entstand, ist die Örtlichkeit selbst uraltes Siedlungsgebiet. Als sich die Römer im 1. nachchristlichen Jahrhundert hier niederließen, fanden sie eine keltische Siedlung vor. Dank ihrer verkehrsgünstigen Lage an der römischen Fernstraße Trier-Straßburg und nur wenige Kilometer von der Kreuzung mit der Straße Metz-Worms entfernt, entwickelte sich die Siedlung in den folgenden Jahrzehnten zu einem städtischen Gemeinwesen.

Der Ort besaß ein rechtwinkeliges Straßennetz nach italischem Muster. Die Straßen waren von Bürgersteigen, mit Bohlen gedeckten Kanälen und Säulengängen begleitet. Die Häuser waren solide Fachwerk- und Steinbauten.

Es gab im wesentlichen zwei Haustypen: kleine Reihenhäuser mit schmaler Straßenfront (6–7 m), aber beträchtlicher Tiefe, bestehend aus Wirtschaftsraum und unterkellertem Wohnzimmer, an das sich ein Garten und eine Latrine am Ende des Grundstückes anschloß. Fast jedes Haus besaß eine Kühltruhe (aus Platten zusammengesetzte Steinkiste mit Holzdeckel) und einen Backofen.

Größere Häuser mit breiter Straßenfront hatten einen Binnenhof mit nach innen abgeschrägtem Dach, mehrere Räume, darunter regelmäßig ein heizbares Wohnzimmer, und einen aus Quadern gebauten Keller. Bei manchen Häusern war das Mauerwerk außen weiß gestrichen; die Fugen waren mit rotbrauner Farbe nachgezogen. Wer es sich leisten konnte, schmückte sein Haus mit geometrischen oder figürlichen Wandmalereien. Trinkwasser entnahm man aus Schachtbrunnen oder Leitungen aus Holz- oder Tonrohren.

Für die Entwässerung sorgte ein System von überdeckten Abwässerkanälen. Jedes Haus war an die Kanalisation angeschlossen. In Abständen waren Siphons (Vierkantsteine mit rundem Loch) über den Kanälen angebracht, in die die Hausfrauen ihr Gebrauchtwasser einschütten konnten.

Die Bevölkerung bestand aus Ackerbürgern und Gewerbetreibenden, darunter Stellmacher, Eisenschmiede, Töpfer, Tuchwalker, Küfer und Gastwirte.

Als Marktzentrum eines reichen landwirtschaftlichen Hinterlandes gelangte die Stadt zu beträchtlichem Wohlstand. Sie bedeckte schließlich ein Areal von 25 ha und war größer als das mittelalterliche Worms. Wie andere Städte im Schutz des → Limes, blieb auch Schwarzenacker unbefestigt.

Als nach dem Zusammenbruch der Limesverteidigung um 259/60 Scharen von Alamannen plündernd und sengend bis tief ins Innere Galliens vorstießen, erfüllte sich, wahrscheinlich während des Alamanneneinfalls von 275, das Schicksal des Marktorts. Das Ende kam offenbar mit dramatischer Plötzlichkeit. Beim Her-

## Schwarzenacker

annahen der Germanen verließ die Bevölkerung unter Zurücklassung ihrer Habe fluchtartig die Stadt. Die Eroberer ließen die Häuser in Flammen aufgehen. Wochenlang mag der Brand gedauert haben. Die zusammengestürzten Häuser hinterließen eine dicke Brandschicht.

Da der Ort keine strategische Bedeutung besaß, wurde er im Gegensatz zu anderen Römersiedlungen, die Wehrmauern und Kastelle erhielten (Alzey, Bad Kreuznach, Saarbrücken), auch nach der Wiederherstellung geordneter Zustände gegen Ende des 3. Jahrhunderts nicht wieder aufgebaut. Das Trümmerfeld wurde im Lauf der Jahrhunderte zur „Wüstung".

Im Mittelalter machten Mönche des nahegelegenen Zisterzienserklosters Wörschweiler die untergegangene Siedlungsstätte urbar. Sie waren sich des römischen Ursprungs der Ruinen bewußt und nannten die versunkene Stadt „Wolmaria", obwohl es keine archäologischen Hinweise für diesen Namen gab.

Im späten 18. Jahrhundert ließ Herzog Carl II. August von Pfalz-Zweibrücken die Gegend nach römischen Altertümern für ein nach der Mode der Zeit auf seinem Schloß Carlsberg eingerichtetes Antiquarium untersuchen. Die Ausgräber gelangten in den Friedhof des Ortes und bargen an die 300 Ton- und Glasurnen. (Die Sammlung ging beim Brand des Schlosses 1792 zugrunde.) Als sich die Hoffnung auf die Entdeckung spektakulärer antiker Kunstwerke nicht erfüllte, wurde die Aktion eingestellt.

Was den Ausgräbern nicht gelungen war, brachte in der Folgezeit der Zufall zuwege. Noch vor einer systematischen Erforschung des Geländes der alten Römerstadt kamen aus dem Boden zwei erlesene Kunstgegenstände des klassischen Altertums ans Tageslicht: ein bronzener Schildbuckel mit der Darstellung des Ganymed, des „Schönsten der Sterblichen", den Zeus durch seinen Adler auf den Olymp entführen ließ, und ein bronzener Kentaurenkopf, Teil einer Statuette, die schon im Altertum zu einem Gewicht für eine Schnellwaage umgearbeitet worden war (beide Gegenstände im Museum in → Speyer).

Der Schildbuckel wurde 1819 bei Straßenarbeiten gefunden. Der Kentaurenkopf kam um 1860 im Garten des sog. „Edelhauses" innerhalb der Wüstung des römischen vicus zutage. Zähne und Augen waren in Silber eingelegt. Im Jahr 1915 wurde ein Schatz von 4811 Silbermünzen (Denare und Antoniniane von Caracalla bis Postumus und Gallienus, 211–268), der sicherlich angesichts der drohenden Alamannengefahr in der zweiten Hälfte des 3. Jahrhunderts vergraben worden war, entdeckt und gleichfalls dem Museum in Speyer überwiesen.

Das Gebiet der Römerstadt bei Schwarzenacker blieb Ackerland bis in die jüngste Zeit. Als nach dem II. Weltkrieg das Gelände immer dichter bebaut wurde, begann man 1954 mit größeren Grabungen. 1965 übernahm die Deutsche Forschungsgemeinschaft die Finanzierung für eine große Flächengrabung. Der aufgedeckte Grabungskomplex (1,5 ha von den ehemals 25 ha des Stadtareals) ergab das oben beschriebene Bild einer gallorömischen Kleinstadt mit einer Siedlungs- und Wirtschaftsstruktur, wie es nördlich der Alpen nicht ihresgleichen hat.

Die Siedlung gilt als einer der wenigen wirklich bedeutenden römischen vici zwischen Mosel und Rhein und als hervorragendes historisches Zeugnis. Der vorzügliche Erhaltungszustand der Baureste und bedeutende Funde, wie eine Stele der keltischen Pferdegöttin Epona und sechs Bronzestatuetten von Gottheiten, führten zu dem Entschluß, die Ausgrabungsstätte zu einem Freilichtmuseum zu gestalten und Funde aus Schwarzenacker am Fundplatz selbst in einem zu diesem Zweck originalgetreu wiederaufgebauten Römerhaus zur Schau zu stellen. Zur Durchführung dieser Pläne wurde 1967 die Stiftung „Römerhaus Schwarzenacker in Einöd-Saar" ins Leben gerufen. Das Freilichtmuseum ist inzwischen geschaffen und ein Haus im Ganzen zur Aufnahme von Funden und ein zweites zum Teil rekonstruiert worden. (Weitere Rekonstruktionen sind geplant.)

Viele Modelle in deutschen Museen, Rekonstruktionen und konservierte Baureste veranschaulichen römische Lebens- und Wohngebräuche auf dem Land, in großen Städten und in den Lagern des römischen Heeres. Wie es in einer römischen Kleinstadt zuging – dafür fehlte es bisher in Deutschland an Anschauungsmaterial. Der Besucher des Freilichtmuseums Schwarzenacker erlebt hier zum ersten Mal auf deutschem Boden, ähnlich wie in Pompeji, wenn auch in erheblich kleinerem Maßstab, an der antiken Siedlungsstätte die unmittelbare Berührung mit dem Alltagsleben der Bewohner einer römischen Stadt.

Seit dem Brand von 275 hat es hier keine tiefergreifenden Veränderungen mehr gegeben. Was damals der Zerstörung entging oder in den Boden kam, ist bis heute größtenteils in seinem ursprünglichen Zustand erhalten geblieben.

Der Besucher erhält als Eintrittskarte zum Freilichtmuseum einen „Kurzführer durch das römische Schwarzenacker" mit einem Plan der Ausgrabungen und einer Beschreibung des Rundgangs.

Hier mag genügen, auf einige besonders beachtenswerte Einzelheiten hinzuweisen: die Prellsteine am Haus Nr. 1. zum Schutz der Hauswand gegen das Anstoßen von Fuhrwerken; die Fahrspuren in der Straße; der Siphon über dem Abwässerkanal; die „Kühltruhen" mit den Kerben für die hölzernen Klappdeckel; verschiedene Backöfen; das aufwendige Quaderwerk in mehreren Kellern; die Wandnischen in den Kellern zum Abstellen von Lebensmitteln oder Kerzen; die Balkenlöcher für die Fußböden über den Kellern; Hypokaustanlagen mit teilweise erhaltenem Estrich; beim Brunnen Nr. 11 die tiefe Schleifspur am Brunnenrand vom Hochziehen der Eimer.

Das **Museum** ist in einem über dem zugehörigen Keller wiederaufgebauten Römerhaus untergebracht. Der Keller wies eine Reihe von architektonischen Besonderheiten auf. Auffallend waren, abgesehen von seiner Größe, die schön gequaderten Wände und zehn Wandpfeiler und fünf elfenbeinfarbige Mittelsäulen; in die Schäfte von zwei dieser Mittelsäulen waren Tischplatten eingefügt.

Was den Keller aber von allen anderen unterschied, waren die Gegenstände, die beim Brand von dem oberen Raum in den Keller gestürzt waren: Neben Geräten, Werkzeugen, verkohlten Möbelteilen, Ton-, Bronze- und Glasgefäßen fanden sich im Schutt die bereits erwähnten sechs Bronzestatuetten römischer Gottheiten (nähere Beschreibung s. u.); ferner ein eiserner Stangenaufsatz in Form einer Doppelaxt und bekrönt von einer Lanzenspitze, der als Kultobjekt oder als Abzeichen eines Standes oder einer Genossenschaft gedeutet wird, und außerhalb des Hauses die Schellen eines Tamburins. Wegen dieser Funde gilt das Gebäude als Versammlungs- oder Vereinshaus, das auch kultischen Zwecken gedient haben mag. Außerdem fanden sich Bruchstücke eines Wandgemäldes mit lebensgroßen Figuren, das die Wand der östlichen Schmalseite des Raumes über dem Keller geschmückt hatte.

Zwei Bauperioden ließen sich feststellen: Das Haus bestand zunächst aus einem in seiner ganzen Länge unterkellerten Saal. Später wurde an der westlichen Kellerwand ein heizbarer Raum abgeteilt. Die Rekonstruktion gibt den Bauzustand der 1. Phase wieder.

Unter den in mehreren Schaukästen im oberen Raum ausgestellten Fundgegenständen befinden sich:

*Die Bronzestatuetten.* Schon als geschlossener Fund eine Seltenheit. (Dazu: Alfons Kolling, Die Bronzestatuetten aus dem Säulenkeller. Verlag Stiftung Römerhaus Schwarzenacker 1967)

*Victoria.* Die Göttin hielt in der Rechten den (verlorenen) Siegeskranz, in der Linken den gleichfalls verlorenen Palmzweig. Sie ist dargestellt, wie sie mit hochgerecktem Kopf und ausgebreiteten Flügeln ihren Flug vollendet. Der an der Statuette so auffällige Gewandbausch um den Unterleib dürfte, wie Kolling bemerkt, kein Kunstfehler sein; das Merkmal des isolierten Gewandbausches scheint vielmehr von einem für Statuetten dieser Art verbindlichen gemeinsamen Vorbild zu stammen. – Die Zeitbestimmung der Statuette ist ungewiß.

*Sitzender Merkur.* Der Gott ist mit seinen Attributen, Hut, Heroldsstab (gesondert aus Silber gearbeitet) und Geldbeutel in der Linken dargestellt. Von den ihn begleitenden Tieren kündigt der Hahn den betriebsamen Tag an; der Bock symbolisiert die Funktion des Gottes als Schützer des Kleinviehs. Die Deutung des realistisch in erregter Haltung dargestellten Ebers ist ungewiß (Hinweis auf die Schweinezucht in Gallien?). Als Zeitpunkt der Entstehung der Merkurstatuette gilt das frühe 2. Jahrhundert n.Chr.

*Stehender Merkur,* mit Flügelkappe und Geldbeutel in der rechten Hand. Der Heroldsstab in der Linken ist verloren. „Anspruchsloses, provinzielles Kunsthandwerk". Zeitstellung nicht vor dem 3. Jahrhundert n.Chr.

*Apollo,* in der rechten Hand das Plektron zum Schlagen der Kithara. Die überkreuz gestellten Beine erforderten eine Stütze, die eine verlorengegangene Kithara gewesen sein mag. 3. Jahrhundert n.Chr.

*Thronender Neptun,* in der erhobenen Linken einen Stab haltend, den wohl ein Dreizack krönte. Das Attribut in der rechten Hand ist verloren. Der Thron hat fischgestaltige Armlehnen. Thron und Figur sind gesondert gearbeitet. Es handelt sich „um die erste aus dem Saar-Moselgebiet und der Rheinpfalz überhaupt bekanntgewordene Neptun-Statuette". Neptun war auch Schutzherr über die Binnengewässer. Entstehungszeit 3. Jahrhundert n.Chr.

*Schwarzenacker, Genius Populi Romani*

*Genius Populi Romani,* das Glanzstück unter den Statuetten des Säulenkellers. Der Genius ist die Personifikation des römischen Volkes. Er hält in der Rechten das lange Szepter; in der Linken hielt er ein verlorengegangenes Füllhorn. Die Halbstiefel aus Blech und der fehlerhaft gegossene Zeigefinger der linken Hand sind besonders angelötet. „Dem äußerst fein modellierten Gesicht und Haar entsprechen die minutiös ausgearbeiteten nervigen Hände."

Als Entstehungszeit der Statuette gilt die Mitte des 1. Jahrhunderts n.Chr.; sie wird aus Italien selbst stammen, während die anderen Statuetten Bronzen aus den Nordwestprovinzen des Reichs sind. Kolling urteilt, daß diese erlesene Statuette „auch im Gemach eines römischen Senators einen Platz gehabt haben könnte."

Die Tatsache, daß die aus unterschiedlicher Zeit stammenden und auch an Kunstqualität von einander abweichenden Statuetten in einem Raum beisammen standen, ließe sich nach Kolling damit erklären, daß die Statuetten von dem vermuteten Kultzirkel als Spenden eingebracht wurden.

Aus dem Säulenkeller stammt auch das oben erwähnte *Kultabzeichen* (Stangenaufsatz) und aus der unmittelbaren Umgebung des Kellers die ebenfalls schon erwähnten *Schellen eines Tamburins* (hier in eine moderne Trommel eingefügt, die es ermöglicht, die Schellen wie vor 1700 Jahren wieder erklingen zu lassen. ,,Ob das Tamburin und der Stangenaufsatz auf einen orientalischen Kult hinweisen?" Diese Frage wird wohl ebenso unbeantwortet bleiben müssen, wie die Frage nach dem spezifischen Kult, der im Säulenkellerhaus praktiziert wurde.

Andere Fundgegenstände:
*Keramik:* Terra-Sigillata-Geschirr mit Barbotineverzierung; Jagdbecher mit Jagdszenen; Tassen mit Korbverzierung; terra-nigra-Flasche (einheimische Imitation der Terra Sigillata); ein ,,Spruchbecher" mit aufgemalter Schrift: Gebrauchsgeschirr; Kasserolle; Amphoren (im Keller des Hauses Nr. 6 wurden elf Weinamphoren in ursprünglicher Lage gefunden; auf einer an anderer Stelle gefundenen Amphore war der Name des Eigentümers ,,Victoris" eingeritzt).
*Toilettengegenstände* (Reibtäfelchen; Badefläschchen; Tablett mit Salbentöpfchen; Ohrlöffel; Haarnadeln).
Schreibgriffel; Tintenfaß.
Glasiertes Tongefäß; Ausgüsse von Glasgefäßen.
Die Vielgestaltigkeit von *Handwerk und Gewerbe* in der Stadt veranschaulichen Gegenstände wie Wagenzubehör; Zügelführung; Pferdeschuh; Schnellwaage; Hackmesser mit dem Stempel des Messerschmiedes; Küferwerkzeuge; Nägel; Meißel; Äxte; Pickel (dolabra); Hacke; Ziegenschelle; ein ausgezeichnet erhaltener Hobel; Löffelbohrer zur Herstellung von hölzernen Wasserleitungsrohren.
*Aus dem häuslichen Bereich:* Fenstergitter; Herdbock; Möbelbeschläge; Kastenscharniere und -beschläge; ein eisernes Scharnier verklebt mit Wandputz und Ziegelbrocken; Türriegel und -scharniere; Schloßbleche; Kesselkette; Reste einer figürlichen Wandmalerei (von der Ostseite des Versammlungsraumes).
Ferner: Bronzestatuette eines ,,Küfers" (Mann mit Lederschurz); Spielknöpfe.
Eine Photographie zeigt den Säulenkeller im Fundzustand 1966.

Das zweite, in Teilen originalgetreu wiederaufgebaute große Bürgerhaus (N. 7 auf dem Plan des Kurzführers) ist, wie ein im Schutt des Hauses gefundener Rezeptstempel für eine Augensalbe vermuten läßt, das ,,*Haus eines Augenarztes*". Rekonstruiert ist das Wohnzimmer mit Speisenische. Der Raum wurde durch eine Hypokaustanlage geheizt; die Feuerung (praefurnium) lag außerhalb. Die Abgase wurden durch in die Wände eingelassene vierkantige Ziegelröhren nach oben abgeleitet; sie gaben gleichzeitig Wärme ab. Ein Teil der Unterbodenheizung ist durch eine Öffnung im Fußboden sichtbar gemacht, die auch die Konstruktion des Estrichs erkennen läßt.
Die Heizung hat die Erinnerung an eine Tiertragödie bewahrt. Man fand dort das Skelett eines Hundes. ,,Er lief in das Hypokaustum und starb in den Gasen." Wandmalereien sind nach vorgefundenen Resten und zeitgenössischen Vorbildern in originalgetreuen Farben nachgeahmt. Abweichend von den sonst im römischen Speiseraum (triclinium) üblichen Speisesofas, auf denen man im Liegen aß, sind in der Eßnische ein Sofa und zwei Korbstühle zum Sitzen aufgestellt. Wie in der Beschriftung dazu ausgeführt wird, war dies die im Norden des Reichs bevorzugte Tafelsitte. Die hier gezeigten Korbsessel und Holzmöbel wie auch Tischtuch, Serviette und Überkleid sind originalgetreu nach alten Vorbildern hergestellt.

Eine Vitrine enthält Funde aus dem Haus, vor allem den Rezeptstempel, der uns den (keltischen) Namen des Augenarztes überliefert hat. Er hieß Sextus Ajacillaunus und verschrieb als Vorbeugungsmittel gegen Augenentzündung (,,ad diathesis") ein Eisensulfatpräparat (,,diamisus"). Außerdem fand man im Haus Terra Sigillata, einen Firnisbecher mit Rädchenverzierung, Faltenbecher, (in der Herdasche) ein Küchenmesser, eine Venusterrakotte, Gebrauchsgeschirr und einen Türschlüssel zum Wohn- und Speisezimmer. Im Hof stehen drei Amphoren in einer der steinernen Kühltruhen.

In der Außenmauer des Hauses sind die Fugen mit roten Farbstrichen nachgezogen. In dem zum Teil wiederhergestellten Säulengang an der Straße ist eine Nachbildung der in Schwarzenacker gefundenen Stele der keltischen Pferdegöttin Epona aufgestellt (das Original befindet sich im Museum in → Saarbrücken).

## SCHWEINSCHIED

Südlich des Ortes auf der rechten Seite der Straße nach Löllbach befinden sich an einem Waldabhang, in den gewachsenen roten Sandstein gehauen, die Reste eines römischen Grabdenkmals. Von dem ursprünglich zweigeschossigen Denkmal sind zweieinhalb Achsen des unteren Geschosses erhalten.

Die Reliefs in flachen Rundbögen sind stark verwittert. Das mittlere Relief zeigt die Figur eines Reiters mit Lanze, der über einen am Boden liegenden Gegner hinwegspringt. Unterhalb der Reiterfigur wird die heute vergangene Inschrift gestanden haben. Auf dem Relief zur Rechten (vom Betrachter) ist unmittelbar unter dem Bogen ein Greif erkennbar (Greifen kommen in der Kaiserzeit häufig auf römischen Grabaltären und Sarkophagen vor.) Das Relief in dem rechteckigen Rahmen stellt eine Pinie dar.

Die rechte Schmalseite enthält Bilder einer Tänzerin (Hinweis auf dionysische Kulte) und des trauernden Attis, des jugendlichen Geliebten der Großen Göttermutter aus Kleinasien, Kybele, der unter einer Pinie starb und als Symbol der Wiederauferstehung häufig auf Grabdenkmälern dargestellt ist. Nach einer Rekonstruktion von D. Krencker waren auf dem oberen Geschoß die Gestalten von Personen ein-

gemeißelt, zu deren Gedächtnis das Grabmal errichtet war.
Der Stein gehörte zu einem nahegelegenen Gutshof (villa rustica), von dem Spuren gefunden wurden. Nach O. Guthmann läßt das aufwendige Monument auf eines der größeren, luxuriös ausgestatteten Landhäuser schließen. Von den Namen der Gutseigentümer oder Verstorbenen ist nichts überliefert.

## SEEON-SEEBRUCK

Seebruck gehört zu den Orten Deutschlands, die tief in die Römerzeit hineinreichen. Es kann sich einer fast 400jährigen römischen Vergangenheit rühmen. Daß Seebruck in der Peutingerschen Tafel und im Itinerarium Antonini aus dem 3. Jahrhundert n. Chr. mit seinem lateinischen Namen Bedaio (Bedaium) bezeichnet wird, ist in der deutschen Geschichtslandschaft an sich nichts Außergewöhnliches. Es teilt dieses Zeugnis ehrwürdigen Alters mit anderen deutschen Städten. Man vergleiche nur die vielen Orte entlang des Rheins, die auf der Peutingerschen Tafel erscheinen (Confluentes–Koblenz; Antunnaco–Andernach; Ricomagus–Remagen; Bonnae–Bonn; Agripina–Köln). Aber Seebruck wird schon in der antiken Literatur erwähnt, und von dieser Art Städte gibt es in Deutschland nur wenige. In seiner Aufzählung norischer Städte nennt der Geograph Claudius Ptolemäus (um 85–160 n. Chr.) ein „Bedakon" oder „Badakon", das sich, so wird mit guten Gründen angenommen, auf das Bedaium der antiken Ortsverzeichnisse bezieht. Denkt man an deutsche Städte, die in Werken des Altertums genannt werden, so wird man auf Worms verweisen können, dessen keltischer Name Borbet bei Ptolemäus verzeichnet ist. Von Trier weiß der Geograph Pomponius Mela in seiner Länderkunde (um 40 n. Chr.) zu berichten, daß es die prächtigste Stadt („urbs opulentissima") Galliens war. Tacitus nennt in seiner „Germania" Augsburg die glanzvolle Hauptstadt der Provinz Rätien („splendidissima Raetiae provinciae colonia"), und Plinius d. Ä. rühmt in seiner Naturkunde „Gelduba" (Krefeld-Gellep) als Herkunftsort eines besonders von Tiberius geschätzten, nicht näher bezeichneten Gemüses.
Mit der Erwähnung in einer antiken Quelle steht Seebruck somit in gleicher Reihe mit einigen der ältesten und berühmtesten deutschen Städte. Eine weitere Besonderheit liegt in der Bedeutung von Bedaium als Kultmittelpunkt. Hier stand ein Heiligtum des Gottes Bedaius, von dem der Ort auch seinen Namen herleitet. Wie der Gott ausgesehen hat, ist nicht bekannt. Es fehlen Bildnisse, was bei der Überzahl von überlieferten Götterbildern – römischen und einheimischen – einigermaßen überrascht. Ebensowenig kennt man seine Aufgaben und seine Stellung im römischen Götterhimmel. In Weiheinschriften heißt er der Erhabene („Augustus") oder der Heilige („Sanctus"). Er wird auch „zusammen mit Arubianus, einer einheimischen, dem Jupiter gleichgestellten Gottheit, und in Verbindung mit den Alounae genannt, bei denen es sich wahrscheinlich um Schutzgöttinnen der keltischen Alauni handelt" (Czysz/Keller). Da Bedaius nirgendwo sonst nachgewiesen ist, mag sich in ihm, so nimmt man an, der „personifizierte Seegott des Chiemsees" verbergen. Besondere Gunst scheint er bei den Stadtvätern von Iuvavum (Salzburg) genossen zu haben, dem Vorort Nordwestnoricums, zu dem auch Bedaium gehörte. Wir kennen mehrere „duumviri" (Bürgermeister) der Stadt, die ihm Weihesteine, doch wohl wegen erwiesener Wohltaten, gesetzt haben.
Bedaium wurde in claudischer Zeit, kurz vor der Mitte des 1. Jahrhunderts, am Übergang der Fernstraße Salzburg–Augsburg über die Alz gegründet. Wegen seiner verkehrsgünstigen Lage erlebte der Ort bald einen wirtschaftlichen Aufschwung. Es ist nicht bekannt, ob sich dort auch eine Straßenstation befunden hat. Zwar gibt es aus dem Heiligtum des Bedaius Weihesteine von Benefiziariern, die u. a. für die Unterhaltung von Brücken zuständig waren. Wenn auch manches dafür spricht, so besagen die Weihesteine an sich noch nicht, daß ihre Stifter auch am Ort des Heiligtums stationiert gewesen sind.
Bedaium erhielt militärische Bedeutung, als um 300 zum Schutz von Straße und Flußübergang ein Kleinkastell angelegt wurde. Die Bauweise des Kastells entsprach dem spätrömischen Festungsstil: ein quadratischer Bau mit hohen, starken und zinnenbewehrten Mauern. Die Mannschaftsquartiere waren kassemattenartig an die Rückwände der Wehrmauer angelehnt, ähnlich wie im Kastell von Alzey. Als Steinmaterial benutzte man, was schnell und leicht zur Hand war, Grabmonumente, Skulpturen, Architekturteile, wie dies auch bei anderen spätrömischen Festungsbauten geschah (Noviomagus–Neumagen; Celio Monte–Kellmünz; Abodiacum–Epfach). Der Name der Besatzungstruppe ist nicht bekannt. Das Kastell diente der Zivilbevölkerung als Zuflucht vor alamannischen Juthungen, die um die Mitte des 4. Jahrhunderts das Land unsicher machten (s. a. Kempten). Der Fund eines Frauenkammes aus dem letzten Drittel des 4. Jahrhunderts innerhalb der Befestigung läßt darauf schließen, daß die Bevölkerung bis zum Abzug der rätischen Truppen 401 im Kastell verblieb.
Im Gegensatz zu Orten, in denen eine romanische Restbevölkerung überlebte und mit ihr der römische Name, ist der Name Bedaiums nicht

erhalten geblieben. Das hat zu der Annahme geführt, daß es wohl keine Siedlungskontinuität vom 4. Jahrhundert bis ins frühe Mittelalter gegeben hat.

Innerhalb des Kastellbereichs entstand die Pfarrkirche von Seebruck. Erst in jüngster Zeit konnte man feststellen, daß beträchtliche Teile von Chor und Schiff aus Steinmaterial des spätrömischen Kastells bestehen. Das erklärt die Lage der Kirche im Kastellgelände, wo das erforderliche Baumaterial leicht zu beschaffen war.

Die nordwestliche Ecke der Kastellmauer wurde 1976 freigelegt und 1977 auf einer Länge von 9 m nach dem Originalbefund restauriert. „Dies in antiker Technik rekonstruierte Mauerstück bildet ... ein Geschichtsdenkmal von hohem Rang."

Neben Steindenkmälern, die als Spolien in der Kastellmauer oder in der Pfarrkirche St. Peter entdeckt wurden – Pfeilergrabsteine bekrönt mit Pinienzapfen, Steinaltäre für Bedaius –, umfaßt das römische Fundgut eine Fülle von Gebrauchsgegenständen aus allen Bereichen des täglichen Lebens, darunter Tafelgeschirr aus südgallischen Töpfereien, Schmuck und Trachtenzubehör, Handwerkszeug, Beschläge, Tintenfaß und Schreibgriffel, eiserne Zimmermannsgeräte (Löffel eines Bohrers), Schlüssel. Unter den wichtigeren Funden befindet sich ein besonders gut erhaltener eiserner Pferdehufschuh, ein im Arsenal von Römerfunden häufiger Gegenstand. Als „hervorragendes Beispiel römischer Zimmermannskunst" wurde ein 9 m langer Schwellbalken mit Ständerresten der Prähistorischen Staatssammlung zur Konservierung für Ausstellungszwecke übergeben. Aus dem Kastellbereich stammen Waffenfunde, darunter ein Langschwert mit Tragbügel, Lanzenspitzen und ein Reitersporn.

Das Fundmaterial hat sich erheblich erweitert, seit 1972 der römische Friedhof von Bedaium mit Brandgräbern entdeckt wurde. Die Gräber erbrachten zahlreiche Grabbeigaben, vornehmlich Keramik, das Inventar eines Fischers mit einem bronzenen Angelhaken, und von besonderem Interesse, weil als Bestandteil der Frauen- und Mädchentracht nur für den norisch-pannonischen Raum typisch, sog. Flügelfibeln, die paarweise auf der Schulter getragen wurden, wo sie das ärmellose Obergewand zusammenhielten.

Ein Teil der reichen Funde ist im Römerhaus Bedaium ausgestellt.

## SPEYER

Um 45 n.Chr. entstand in der Gegend der heutigen Kleinen und Großen Pfaffengasse ein römisches Kastell, das später wohl infolge Hochwasserbedrohung in die Nähe des heutigen Königsplatzes verlegt wurde. Sein Name Noviomagus deutet auf keltische Siedlungstradition hin (→ Neumagen, → Remagen). Während der großen Offensivfeldzüge unter Augustus in Südwestdeutschland und zwischen Rhein und Elbe lag das pfälzische Gebiet außerhalb der Reichsplanung. Erst nach Aufgabe der Offensive gegen Germanien durch Tiberius im Jahre 16 n.Chr., als die Rheingrenze durch eine Kastellinie zum Schutz gegen die unbesiegten Germanenstämme befestigt wurde, wurde auch der Oberrhein in die Verwaltungs- und Militärorganisation des Reiches einbezogen.

Das Kastell Noviomagus lag im Siedlungsbereich des germanischen Volksstammes der Nemeter, die im Verband der suebischen Stämme unter dem Suebenkönig Ariovist um 70 v.Chr. nach Gallien gezogen waren und sich nach der Vertreibung Ariovists aus Gallien durch Caesar im Jahre 58 v.Chr. im Einverständnis mit den Römern auf dem linken Rheinufer im Gebiet der keltischen Mediomatriker niedergelassen hatten. Mit der Vorverlegung der römischen Reichsgrenze auf das rechte Rheinufer in flavischer Zeit (69–96 n.Chr.) verlor das Kastell seine militärische Bedeutung und wurde aufgegeben.

Die bürgerliche Siedlung, die sich bei dem Kastell entwickelt hatte, blieb bestehen und wurde Hauptort des Gaues (civitas) der Nemeter. Unter Kaiser Postumus (258–268 n.Chr.) erhielt der Ort den Rang einer colonia. Mit dem Verlust des → Limes um 259/60 und der Besetzung des rechtsrheinischen Gebiets durch die Alamannen wurde Noviomagus wieder Grenzstadt und erhielt im Zug der Neuordnung der Grenzverteidigung unter Kaiser Valentinian I. (364–375) ein Kastell; seine Besatzung waren die milites Vindicum. Der Abzug der Grenztruppen zu Beginn des 5. Jahrhunderts beendete die römische Herrschaft.

Eine Zeitlang war das Gebiet der Nemeter in den Händen der Burgunder, die sich als römische Föderaten dort niederließen. In fränkischer Zeit übernahm die Stadt wieder die Funktion eines regionalen Verwaltungsmittelpunkts und wurde unter dem Namen Spira Hauptort des Speyergaues.

**Historisches Museum der Pfalz.**

Über die Geschichte des Museums und Einzelheiten der Sammlungen unterrichtet der als Gemeinschaftsarbeit der Wissenschaftler des Museums verfaßte „Wegweiser durch die Sammlung" (Speyer 1969). Die folgenden Bemerkungen sind als Orientierungshilfe gedacht.

Die rechts und links vom Hauptportal aufgestellten *römischen Reiterstandbilder* wurden 1887 unfertig in einem Steinbruch bei Breitfurt a.d. Blies gefunden.

Sie gelten als die größten römischen Rundplastiken im Gebiet nördlich der Alpen. A. Kolling (Ausgrabungen 1, S. 444; Homburger Hefte 1966, S. 7) nimmt an, daß die Standbilder zur Aufstellung auf dem Forum von → Schwarzenacker bestimmt gewesen seien, das in der Zeit des 2. und frühen 3. Jahrhundert n.Chr. als Mittelpunkt des unteren Bliessgaues überregionale Bedeutung besaß. Nach einer Bemerkung im „Wegweiser" handelt es sich um vermutlich für Trier bestimmte Kaiserstandbilder aus dem 4. Jahrhundert.

Die *römischen Sammlungen* (römische Kaiserzeit vom 1. bis 5. Jahrhundert) sind in den Räumen 6-14 untergebracht.

Raum 6 ist dem Thema *„Göttersteine und Weiheinschriften"* gewidmet. Die Säulentrommel in der Mitte des Raumes (Fundort Speyer) mit der allegorischen Darstellung einer Weinlese, umrahmt von Weinranken und Tieren (Eichhörnchen, Eule, Taube und Pfau) gehört nach jüngsten Erkenntnissen zu einer Jupitergigantensäule. Die Vier-, Sieben- und Achtgöttersteine sind Bestandteile von Jupitergigantensäulen. Die Bildnisse und Inschriften in der linken Raumhälfte beziehen sich auf *römische und orientalische Gottheiten*. Unter den Weiheinschriften für einheimische Götter ist vor allem bemerkenswert das kunstgeschichtlich bedeutsame *Weiherelief für Diana*. Unter dem Relief ist die Inschrift angebracht („Pollionis ex v. Num.") Die Göttin ist von einem Hund begleitet; hinter ihr eine Hirschkuh. Die Arme sind abgebrochen. In der Linken hält die Göttin den Köcher, aus dem sie mit der Rechten einen Pfeil zieht.

„Der Typus ist für die Darstellung der Diana in der provinzialrömischen Kunst außerordentlich beliebt... In der Gewandbehandlung... macht sich der Einfluß der einheimischen Bevölkerung geltend. Die Frisur mit den Haarbüscheln über dem Stirnscheitel geht auf die Haartracht der römischen Kaiserinnen zurück" (Schoppa, Die Kunst der Römerzeit, S. 56, Abb. 86; s. a. Doppelfeld, Der Rhein und die Römer, S.X, Abb. 67).

Ein Altar für *Jupiter* wurde im Chorfundament des konradinischen Domes gefunden; ein anderer Jupiteraltar stammt aus Altrip, wo er beim Bau der valentinianischen Festung verwendet wurde. Der Stifter Addo erhoffte sich von seiner Weihung Gesundheit und Wohlergehen. Ein Weihestein für *Silvanus* zeigt den Gott des Waldes in Begleitung von zwei Hunden.

Ebenfalls aus Altrip, wohin sie aus Worms verschleppt war, kommt die Säulenbasis mit einer Weiheinschrift für *Virtus Bellona*, der altrömischen Kriegsgöttin, die später mit der kappadokischen Muttergöttin Mâ gleichgesetzt wurde. Mâ ihrerseits stand in enger kultischer Beziehung zu Kybele, der Großen Göttermutter aus Kleinasien. Die Inschrift wurde von einer Priesterin der Göttermutter gestiftet („sacerdotis M (agnae) D (eorum) M (atris)").

Das gleiche Schicksal – Verwendung als Baumaterial für das Kastell Altrip – erlitt der Sockelstein für eine *Dianastatue*, ebenfalls ursprünglich aus Worms. Stifter des Steins war ein als Kassenverwalter, möglicherweise in der Finanzverwaltung der civitas (Worms) angestellter Sklave (solche Aufgaben wurden häufig von Sklaven oder Freigelassenen wahrgenommen) und seine Frau, die eine Freigelassene war. Die Statue war der Magna Mater geweiht.

Ein *Fünfgötterrelief* (Apollo, Fortuna, Vulkan, Minerva und Merkur) aus Rheinzabern zeigt Vulkan in zentraler Stellung als Gott der Schmiede und der „auch mit dem Feuer arbeitenden Töpfer".

Rechte Raumhälfte: *Göttersteine und Inschriften einheimischer Gottheiten*, denen die Römer die Namen ihrer eigenen Gottheiten gaben, wenn Wesensähnlichkeit oder -gleichheit vorlag (interpretatio Romana). Unter ihnen befinden sich:

Weiheinschrift an *Mars und Nemetona*, Stammesgöttin der Nemeter;

Altar für *Merkur und Rosmerta*; Stifter ist ein Ratsherr (decurio) einer „civitas St....'"; neben der civitas Nemetum, deren Hauptort Speyer war, bestand in der Pfalz offenbar noch ein anderer Gau, dessen Vorort vermutlich Eisenberg war;

Relief der Göttin *Nantosvelta*, einer keltischen Waldgöttin; dies ist eine der wenigen Darstellungen der Gottheit (s. a. → Saarbrücken); Altar für *Vosegus*, Gott des Wasgenwaldes; Weihestein mit Relief des keltischen *Merkur Cissonius*; Votivstein für das Götterpaar *Mars Smertrius und Ancamna* (der römische Kriegs- und Siegesgott mit einheimischem Beinamen und die keltische Siegesgöttin). Auf Meilensteinen von der römischen Rheinstraße wird Speyer mit „CN" (Civitas Nemetum) bezeichnet. Ein zur Zeit des Kaisers Postumus im Jahre 267 n.Chr. gesetzter Meilenstein nennt Speyer „COL (onia) N (emetum)" und gilt als dokumentarischer Beleg für die Erhebung Speyers in den Rang einer colonia.

*Raum 7* ist als *Heiligtum des persischen Lichtgottes Mithras* gestaltet, mit einem Mithraskultbild und Nebenaltären eines Mithraeums aus Gimmeldingen. Nach der Inschrift am Kultbild wurde das Heiligtum von einem „corax" (Rabe), einem Mithrasanhänger des ersten Weihegrades, auf seinem Grundstück errichtet. Die Weihung wurde von einem „pater", dem höchsten Weihegrad und Vorsteher der Gemeinde, bestätigt. Das Mithraeum stammt aus dem Jahr 325 n.Chr. und gilt als das jüngste bekannte Mithraeum.

*Raum 8* enthält *Grabmäler, Grabinschriften und Steindenkmäler* in zweiter Verwendung (Bauspolien). In der Mitte eine Tiergruppe als Bekrönung eines Grabmales; dargestellt ist ein Löwe, Symbol der Macht des Todes, über einem Giganten und ein Eber über einer Bache.

Links das Grabmal eines Forstbeamten (saltuarius), kenntlich an der Axt in seiner Linken, und seiner Frau; sie trägt in der Linken einen bronzenen Börsenarmring mit Deckel, in dem Frauen ihre Barschaft mit sich trugen (in vielen Beispielen erhalten); ein über den Arm geschobener Ring diente als Sicherung gegen Verlust. Die Gestaltung der Figuren ist primitiv und flächig. „Der ornamental gewellte Mantelsaum der Frau ist auf den Einfluß der einheimischen Bevölkerung zurückzuführen" (Schoppa). Das Denkmal wird auf den Anfang des 2. Jahrh. n.Chr. datiert.

Rechts: Grabstein mit der Darstellung des Totenmahls für einen Ratsherrn des Nemetergaues (D (ecurio) C (ivitatis) N (emetum), gesetzt von Sohn und Enkel.

*Raum 9. Römischer Grabbau von Bierbach* (Saarland), eine Rekonstruktion unter Verwendung von Originalstücken (durch dunkle Färbung kenntlich). Das Grabmal stand ursprünglich vor dem Portikus eines großen ländlichen Herrensitzes, der 1924 entdeckt und 1929 ausgegraben wurde. Es handelt sich dabei um eine vor der Mitte des 2. Jahrhunderts n.Chr. im Bliestal entstandene villa urbana – mit Zentralbau und Eckrisaliten, zwischen denen eine offene Galerie lag – nach Art der Prunkvilla von → Nennig, wenn auch wesentlich kleiner.

Der Grabbau aus rotem Sandstein gehört zum Typ der mittelmeerischen Baldachingrabmäler und besteht aus einem ornamentierten quadratischen Sockel, der innen hohl und zur Aufnahme der Urne mit dem Leichenbrand des Verstorbenen bestimmt war. Vier Säulen an den Ecken tragen ein horizontales Gebälk mit pyramidenförmigem Dach. Das Grabmal war mit einem (noch vorhandenen, aber in Blieskastel verbliebenen) Pinienzapfen bekrönt. Unter dem Baldachin wird ursprünglich eine (nicht aufgefundene) lebensgroße Statue des Verstorbenen gestanden haben.

# Speyer

Die Reliefs auf dem Sockel sind der antiken Mythologie entnommen. Dargestellt sind: Apollo im Musikwettstreit mit Marsyas; Aktaeon überrascht Diana im Bad und wird von der Göttin in einen Hirsch verwandelt; Herkules in der Unterwelt, mit Zerberus und dem nemeischen Löwen; Herkules befreit Hesione. Nach Schindler (Zabernführer 5, S. 57) weisen die Szenen auf die an der Wende zum 2. Jahrhundert n.Chr. beobachtete erste Periode hellenistischer Einflüße in der galloromischen Skulptur hin.

Zur gleichen Zeit finden sich auf Bilderschüsseln der ostgallischen Terra-Sigillata-Manufaktur, die zu den Kastellen am mittelrheinischen Limes ausgeführt wurde, Motive der antiken Mythologie, die „dem Geschmack der römischen Soldateska zu entsprechen trachten". (Zur Bedeutung der dargestellten mythologischen Szenen im Totenkult s. die erklärenden Hinweise des Museums; in dem Bildzyklus sind „symbolisch umgesetzte Vorstellungen spätantiker heidnischer Religion über den Tod enthalten.")

*Raum 10. Kunsthandwerk und Geräte aus der Römerzeit.* Unter den ausgestellten Gegenständen befinden sich Bronzebeschläge; Wagner- und Holzfällerwerkzeuge; landwirtschaftliche Geräte. Ferner Terrakotten, darunter eine Statuette der keltischen Pferdegöttin Epona; ein Brotstempel mit Kreuz und Christogram und der Inschrift „ad panem pingere – utere felix" (auf das Brot zu drücken – zu gesegnetem Gebrauch), gefunden im spätrömischen Burgus von Eisenberg, eines der frühesten Zeugnisse des Christentums in der Pfalz (K. Böhner, Zabernführer 13, S. 120); verschiedene römische Gläser; Pferdegeschirrteile; Wagenbeschläge; Bronzelampe.

*Speyer, Centaur*

Unter den Kleinbronzen sind besonders hervorzuheben die beiden berühmten Funde aus → Schwarzenacker, der *Kentaurenkopf* und der *Schildbuckel von einer Paraderüstung.* Der Kentaurenkopf ist eine späthellenistische Gußplastik; er wurde im Bereich der Stadt Rom in der zweiten Hälfte des 1. Jahrhunderts v.Chr. nach einem hellenistischen Original als Vorbild gefertigt. Die Bronze, ehemals Teil einer Statuette, wurde schon im Altertum zu einem Laufgewicht für eine römische Schnellwaage „zweckentfremdet".

Die getriebene Plastik auf dem Schildbuckel zeigt (nach herkömmlicher Ansicht) den trojanischen Prinzen Ganymed, der durch den Adler des Zeus in den Olymp entrückt wird. (Nach Bracker, „Römer am Rhein", C 28 (S. 204) handelt es sich um die „Darstellung des siegreichen Feldherrn mit erhobener Rechten" (Ganymed ist nicht gemeint) und ist eine „erstrangige, provinzielle Arbeit aus dem Osten" aus konstantinischer Zeit.)

Eine Leuchtkarte veranschaulicht die *Besiedlung der Pfalz in römischer Zeit.*

*Raum 11.* Zur „*Militärgeschichte der Pfalz unter den Römern*" wird, u. a., gezeigt: Keramik aus der frühen Römerzeit in noch weitgehend einheimischer Tradition, die von militärischen Siedlern stammen könnte; Schmiede- und Schreinerwerkzeuge aus einem Werkzeugfund; Schnellwaagen; Funde aus dem Bereich des Speyerer Kastells; Ziegelstempel römischer Truppeneinheiten; Legionärsdolch und Gürtelgarnitur; eine Leuchtkarte zur Entwicklung der Reichsverteidigung im süddeutschen Raum vom 1. bis 5. Jahrhundert n.Chr.; Funde aus dem spätrömischen Kastell Altrip, insbesondere eine bronzene Lampe in der Form einer Taube („Die Taube ist eines der ältesten christlichen Symbole und erscheint in dieser Bedeutung auf vielen Gegenständen. Die Lampe ist zweifellos ein Kultgerät". Behn);

Funde aus dem frührömischen Kastell von Rheingönheim und dem Lagerdorf, der Nachfolgesiedlung und Gräberfeldern, insbesondere die qualitätvolle Bronzebüste eines kaiserlichen Prinzen (die Deutung ist ungewiß; als „Kandidaten" für die Büste sind u. a genannt worden: Seianus, Prätorianerpräfekt unter Tiberius; Marcus Antonius; Agrippa; Gaius Caesar, Enkel und Adoptivsohn des Kaisers Augustus; Lucius Domitius Ahenobarbus, 1 v.Chr. – 1 n.Chr. Befehlshaber am Rhein).

*Raum 12.* Funde aus Speyer zum Thema „*Das römische Speyer*" veranschaulichen den Reichtum des römischen Kulturgutes in einer Römersiedlung vom Rang Speyers (Schmuck; „Firmenlampen" mit dem Stempel des Herstellers; Kannen „Speyerer Form", darunter weißbegossene Kanne mit roter Tupfenverzierung; Tongeschirr, z. T. Erzeugnisse einer vor dem heutigen Museum gelegenen Töpferei; verschiedene Gegenstände des Kunsthandwerks; Schatzfund (vom Angelhof) von Bronzegefäßen.

*Raum 13. Antikes Münzkabinett* (enthält u. a. keltische Münzen; eine Darstellung des römischen Münzsystems und seiner Entwicklung; Kaiserbildnisse auf römischen Münzen).

*Raum 14. Handwerk und Industrie in römischer Zeit.* Ein Modell des Militärsteinbruchs Kriemhildenstuhl bei → Bad Dürkheim; gegenüber: Abgüße einer Auswahl von Inschriften und Felszeichnungen im Steinbruch. – Erzeugnisse der Bronze-Gießereien von Eisenberg; der Sigillata-Töpfereien von Blickweiler und Eschweiler Hof (s. a. → Saarbrücken, Museum); der Geschirrbestand eines Haushalts aus dem 4. Jahrhundert (wurde wohl insgesamt in unruhigen Zeiten vergraben; auch das Haushaltsgeschirr war kostbar geworden).

*Erzeugnisse der Terra-Sigillata-Töpfereien von* → Rheinzabern aus den Sammlungen von Wilhelm Ludowici. Die Ausstellung veranschaulicht den Formenreichtum des glatten und ornamentierten (barbotine-, Kerbschnitt- oder reliefverzierten) Geschirrs der Rheinzaberner Töpfereibetriebe.

Zu beachten: Napfkuchenform; Bilderschüsseln; die großen Milchsatten, wohl die größten Gefäße, die in Rheinzabern hergestellt wurden; Tintenfässer; ein doppelwandiger Topf;

Freistehend: der sog. Gladiatorenkrug mit engem Ausguß, das berühmteste Erzeugnis der Rheinzaberner Töpfereien. Die Verzierung ist nicht in der Formschüssel gepreßt, sondern in Barbotinetechnik auf die Wand des auf der Töpferscheibe fertig gedrehten Gefäßes aufmodelliert. Dargestellt ist ein mit Netz und Dreizack bewaffneter Netzkämpfer (retiarius), der einen mit Schwert und Schild bewaffneten Gladiator (secutor) verfolgt; ein Mann begleitet den Kampf auf

*Speyer, Gladiatorenkrug aus Rheinzabern*

einer Wasserorgel (s. Mosaik von → Nennig); dazwischen Grasbüschel und Blätter (Entstehungszeit Mitte des 2. Jahrhundert n.Chr.).

Angeschlossen an das Museum ist ein **Weinmuseum** mit einer reichhaltigen Sammlung von Gegenständen zur Veranschaulichung der jahrtausendealten Geschichte von Weinbau und Weinpflege in Deutschland.

Unter römischen Gegenständen befinden sich: Küferstempel (Abguß); Schöpfkellen; Münzen des weinbauförderndern Kaisers Probus (276–283 n.Chr.); ein Relief des römischen Wald- und Weingottes Silvanus mit Winzermesser; die Hinterlassenschaft eines römischen Winzers und Küfers (Schnitzmesser, Faßzirkel; Dächsel; Gläser) um 350; römische Winzermesser; dolium und amphora als Lagergefäße für Wein; römische Trinkgefäße aus Glas, Keramik und Metall; Bronzekannen; und das berühmte „Unikum" der Sammlung: eine Flasche mit Wein, verschlossen mit einem Stöpsel aus verhärtetem Olivenöl, Jahrgang: um 300 n. Chr. (die „Lage" ist unbekannt).

Unter römischen Steindenkmälern im Binnenhof befinden sich Sarkophage; römischer Schöpfbrunnen.

## STOCKSTADT a. Main

Wegen günstiger Ausgrabungsbedingungen gehört des Auxiliarkastell Stockstadt zu den am besten bekannten Kastellen am Main-Limes. Von dem Namen des Kastells sind auf einer Weiheinschrift nur die Buchstaben „castris E...id" erhalten geblieben.

Das Kastell wurde 1885 südlich der Ortschaft entdeckt. Systematische Ausgrabungen begannen gegen Ende des Jahrhunderts, als im Kastellgelände ein Zellstoffwerk gebaut wurde. Die Ausgrabungen gingen Hand in Hand mit dem Fortschritt der Bauten und sind bis in die jüngste Zeit im Zug der zunehmenden Erweiterung des Werkes fortgesetzt worden. Außer den Grundmauern des Kastellbades, die 1968 maßstabgetreu in den Park von Aschaffenburg-Nilkheim an das Mainufer verlegt wurden, ist heute von dem Mauerwerk des Kastells, das beim Auffinden teilweise noch gut erhalten war, nichts mehr zu sehen. Der gesamte Komplex des Kastells und seines Lagerdorfes liegt unter den modernen Anlagen der Zellstoffwerke.

Der Freund des Altertums mag dies bedauern; aber es war der Bau dieser Fabrik, der den Anstoß zur intensiven Untersuchung des Kastells gegeben hat und von dem eine tatkräftige Förderung der Forschungen ausging. Begleitet waren die Ausgrabungen von einer Fülle von Einzelfunden, die teils im Museum in → Aschaffenburg, teils auf der → Saalburg aufbewahrt werden. Zum besseren Verständnis dieser Funde sind einige Bemerkungen über die Geschichte des Kastells und seiner Anlagen gerechtfertigt. (Eine eingehende Schilderung gibt Dr. F. Rattinger in seiner Schrift „Das Römerkastell Stockstadt". 1968.)

Stockstadt gehörte zu der Linie von Kastellen, die entlang der „nassen Grenze" des Main von Großkrotzenburg bis Miltenberg den natürlichen Schutz des Flusses verstärkten. Wie bei der Saalburg beginnt die Entstehungsgeschichte des Kastells in domitianischer Zeit (um 90 n.Chr.) mit einem kleinen Holz-Erde-Kastell, das unter Trajan (98–117) durch ein Kohortenkastell, gleichfalls zunächst in Holz-Erde-Bauweise, ersetzt wurde.

Gegen Ende der Regierungszeit Hadrians (117–138) wird das Holzkastell in Stein umgebaut. Mit seiner Größe von 3,2 ha entspricht es genau der Saalburg. Beide Kastelle waren für eine teilweise berittene Kohorte von 500 Mann bestimmt. Während die Saalburg während der ganzen Zeit ihres Bestehens von der gleichen Truppe besetzt war (die Zweite Räterkohorte römischer Bürger), hat die Garnison von Stockstadt mehrfach gewechselt.

Zunächst lag dort die Dritte teilweise berittene Aquitanierkohorte römischer Bürger (Cohors III Aquitanorum equitata civium Romanorum). Die Kohorte wurde im Zug der hadrianischen Neuorganisation der Limesverteidigung von der Zweiten teilweise berittenen Spanierkohorte (Cohors II Hispanorum equitata) abgelöst, die aber schon nach kurzer Zeit, in der Mitte oder zweiten Hälfte des 2. Jahrhunderts, in das Kastell Heddesdorf (→ Neuwied) verlegt wurde. Ihr Ersatz in Stockstadt waren wiederum Aquitanier aus dem südwestlichen Gallien, die Cohors I Aquitanorum veterana equitata.

Aus Weiheinschriften sind die Namen von drei Kohortenkommandeuren bekannt: Titus Fabius Liberalis; L. Caecilius Caecilianus aus Thaenae in Afrika und M. Julius Rufus Papirianus Sentius Gemellus aus Berytos (Beirut) in der römischen Provinz Phoenicia. (Die Häufung der Namen mag, wie im Falle des Kommandeurs der I. Legion auf einem Weihestein von Bonn-Bad Godesberg, auf Adoption und Hinzufügung von Namen mütterlicher Verwandter beruhen). Für kurze Zeit lag in Stockstadt ein Arbeitskommando der XXII. Legion, das, ähnlich wie in Obernburg, mit Holzarbeiten beschäftigt war.

Das Kastell scheint während der Chatteneinfälle in antoninischer Zeit und dann noch einmal im ersten Jahrzehnt des 3. Jahrhunderts durch germanische Eindringlinge Schaden erlitten zu haben. Nach dem Zusammenbruch des Main-Limes im Alamannensturm in der zweiten Hälfte des 3. Jahrhunderts wurde das Kastell aufgegeben.

Das Kastell hatte den rechteckigen Normalgrundriß mit abgerundeten Ecken und war, wie das Kastell → Obernburg, mit seiner Front nach dem Fluß (der Feindseite zu) ausgerichtet. Das dort gelegene Haupttor (porta praetoria) hatte als einziges der vier Kastelltore eine doppelte Durchfahrt. Eine auch beim Kastell Niederbieber beobachtete Besonderheit waren die vorspringenden Ecktürme, die bis in den Graben hineinreichten.

Von Innenbauten sind die principia (Stabsgebäude) – sie entsprachen dem üblichen Schema mit Vorhalle über der via principalis, einem Hauptbau mit Binnenhof und einer rückwärtigen Halle mit Fahnenheiligtum und Büroräumen –, sowie eine Bäckerei, Stallungen und Barackenbauten festgestellt worden.

*Stockstadt, Benefiziarieraltar*

Das außerhalb des Kastells dicht am Main gelegene Bad war, wie das Bad der Saalburg, mit seinem Eingang dem Haupttor des Kastells zugewendet und stellt auch in der Anordnung der Räume eine ziemlich genaue Parallele zum Bad der Saalburg dar. Vom Auskleideraum, an den sich seitlich Kaltwasserbassins und Schwitzbäder anschlossen, gelangte man in das lauwarme (tepidarium) und warme (caldarium) Bad. Am Ende des Gebäudes befand sich der Heizraum. Gleichfalls außerhalb des Lagers und in unmittelbarer Nähe des Flußufers lag der Straßenpolizei- und Grenzüberwachungsposten eines Wegepolizeibeamten (beneficiarius consularis). Die Station war durch die Lage des Kastells an der Hauptverkehrsstraße entlang des Main und an einem Flußübergang bedingt. (Reste einer dem Anschein nach römischen Holzbrücke konnten bei Stockstadt festgestellt werden). Beim Lager befand sich ein Schiffsanlegeplatz, an dem Frachtkähne von erheblichem Tiefgang ankern konnten.

Das Lagerdorf (vicus) erstreckte sich rechts und links der von den beiden Seitentoren des Kastells im Zuge der via principalis ausgehenden Straßen. Über fünfzig Keller und kleinere Gebäude des vicus sind aufgedeckt worden. Die Keller bestanden, wie üblich, aus einem Raum und besaßen Wandnischen zum Abstellen von Lebensmitteln. Als Fenster dienten aus einem Stück gehauene Sandsteinrahmen. In Abfallgruben wurden u. a. Austernschalen entdeckt. In einem Töpferofen fand man zahlreiche Scherbenreste.

Das religiöse Leben der Soldaten und der Zivilbevölkerung war ähnlich vielgestaltig wie auf der Saalburg. Wie dort wurden auch in Stockstadt neben den römischen Staatsgöttern orientalische Gottheiten verehrt. Zwei zeitlich aufeinanderfolgende Heiligtümer des persischen Lichtgottes Mithras wurden entdeckt. Von dem steinernen Kultbild des Gottes waren nur Reste erhalten. Dagegen fand man vollständige Sandsteinfiguren des Cautes und Cautopates, den beiden Begleitern des Mithras und Verkörperungen von Tag und Nacht, sowie ein bemerkenswertes silbernes Weiherelief, auf dem die Tötung des Stieres durch den Gott dargestellt ist (die Funde sind in der römischen Abteilung der Prähistorischen Staatssammlung in → München zu sehen).

Außerdem gab es bei Stockstadt ein Dolichenum für Jupiter Dolichenus, ursprünglich der Stadtgott von Doliche in Syria, der vor allem von den Soldaten als Himmels-, Kriegs- und Erlösergott verehrt wurde. (Das oben erwähnte Arbeitskommando der XXII. Legion ist durch einen im Brunnen des Dolichenum gefundenen Weihestein aus dem Jahre 214 n.Chr. bezeugt. „IOM Dolicheno vexillatio legionis XXII Primigeniae Antoninianae agentium in lignariis..."; der Name des Kohortenkommandeurs Lucius Caecilius Caecilianus erscheint als Stifter auf einem Statuensockel aus dem Keller des Dolichenum. „IOM Dolicheno L. Caecilius Caecilianus praefectus cohortis Aquitanorum domo Thaenis VSLLM".) 1951 wurden Weihesteine gefunden, die auf ein Heiligtum der Kybele, der Großen Göttermutter aus Kleinasien, hindeuten (im Museum in → Aschaffenburg).

Im Gegensatz zur Saalburg, wo spätestens mit dem Abzug der Truppen in der zweiten Hälfte des 3. Jahrhunderts alles Leben erlosch, gab es in Stockstadt auch nach Aufgabe des Kastells noch eine Bevölkerung. Das freigewordene Kastellgelände wurde von den zurückgebliebenen Dorfbewohnern in Besitz genommen. In der Nähe des Lagers entstand eine germanische Siedlung. Es scheint, daß die Offensive, die Constantius II. mit dem Ziel der Wiedereroberung der verlorenen rechtsrheinischen Gebiete unternahm, in der Nähe von Stockstadt zum Stehen kam.

Unter den Funden aus Stockstadt sind vor allem die beiden im Museum in Aschaffenburg aufbewahrten Münzfunde, sowie eine eiserne Gesichtsmaske, ebenfalls in Aschaffenburg, zu nennen. Auf der Saalburg befinden sich vor allem eine Reihe von Steininschriften, die über die Besatzung des Kastells und das religiöse Leben in Stockstadt Auskunft geben.

## STRAUBING

Im Zug einer militärischen Verstärkung der Donaugrenze unter Kaiser Vespasian (69–79 n.Chr.) entstand ungefähr 2 km östlich vom Kern der heutigen Stadt das Römerkastell Sorviodurum. Der Name stammte von einer keltischen Siedlung. Das Kastell war zunächst in Holz-Erde-Bauweise errichtet. Seine Besatzung war die Zweite Räterkohorte (Cohors II Raetorum, nicht zu verwechseln mit der als Garnison für die → Saalburg bezeugten, dem obergermanischen Heer angehörenden Zweiten Räterkohorte römischer Bürger). In der ersten Hälfte des 2. Jahrhunderts wurde die Räterkohorte durch eine 1000 Mann starke, teilweise berittene Kohorte von kanathenischen Bogenschützen, einem Volksstamm aus dem Hauran im südlichen Syrien, abgelöst (Cohors I Flavia Canathenorum milliaria (equitata) sagittariorum). Das Lager wurde zur Aufnahme der verstärkten Besatzung entsprechend erweitert. In der Mitte des 2. Jahrhunderts wurde die hölzerne Wehranlage durch eine Steinmauer mit festen Türmen und Toren ersetzt.

Grabungen seit 1976 als Folge starker Bautätigkeit haben zu überraschenden neuen Erkenntnissen über die militärgeschichtliche Entwicklung von Sorviodurum geführt. Bei der Untersuchung des Nordtores des Steinkastells wurden Teile von drei bisher unbekannten Kastellanlagen angeschnitten. Sie fallen in die Jahrzehnte um die Wende des 1. zum 2. Jahrhundert n.Chr. Als Besatzung dieser Kastelle ist außer der bereits erwähnten 2. Raeterkohorte die 1000 Mann starke, teilweise berittene Cohors III Batavorum equitata milliaria durch Ziegelstempel bezeugt, wenn sich auch die Verteilung dieser Truppen auf die verschiedenen Kastelle noch nicht bestimmen läßt. Von der 3. Bataverkohorte ist bekannt, daß sie im Jahre 84 n.Chr. in Britannien stationiert war, dann unter Trajan (98–117) nach Raetien und wohl sogleich in das Straubinger Kastell verlegt wurde und schon bald darauf, im Jahre 112, im Partherkrieg zum Einsatz kam.

Außer den neuen Kastellanlagen wurden 1979 die Thermen der 1. Canathenerkohorte entdeckt; ihre Erhaltung wird erwogen.

Beim großen Alamanneneinfall von 233 n.Chr. wurde auch das Straubinger Kastell in Mitleidenschaft gezogen. Damals ereignete sich ein Vorfall, der Straubing einen Sonderplatz auf der Landkarte der provinzialrömischen Archäologie verschafft hat.

Die allgemeine Verwirrung während des Germanenangriffs machte sich offenbar ein Plünderer zunutze. Er raffte aus der Waffenkammer des Kastells Teile von vergoldeten Paraderüstungen und Waffen, sowie aus einem Heiligtum Bronzestatuetten von Gottheiten zusammen, dazu eine Menge eiserner Gerätschaften, die er in der Eile aufsammeln konnte, packte alles in einen großen Kupferkessel und suchte mit seiner kostbaren Beute das Weite. Die Last erwies sich als zu schwer. Er vergrub den Schatz in der Nähe eines Landhauses westlich der heutigen Stadt bei der Siedlung „Alburger Hochweg" zur künftigen Nutzung. Dazu kam es nicht. Der wertvolle Metallhort wartete in seinem Versteck vergebens auf die Rückkehr seines glücklosen Herrn. Erst 1950 wurde der Schatz bei Baggerarbeiten ans Tageslicht befördert. Was zu seiner Zeit als ruchlose Tat erscheinen mußte, erwies sich 1700 Jahre später für die archäologische Wissenschaft und alle, die heute den Schatz im Gäubodenmuseum (s. u.) bewundern, als ein Glücksfall ohnegleichen.

Sorviodurum blieb auch nach den Alamannenstürmen in der zweiten Hälfte des 3. Jahrhunderts ein befestigter Platz und bildete ein Glied in der Kette von Festungen des spätrömischen Donau-Iller-Rhein-Limes mit einer Kohorte (Cohors VI Valeria Raetorum ?) als Besatzung.

**Gäuboden- und Stadtmuseum,** Fraunhoferstraße 9.

Die römische Abteilung des Gäubodenmuseums wurde 1978 neu gestaltet und nimmt jetzt das

**Straubing**

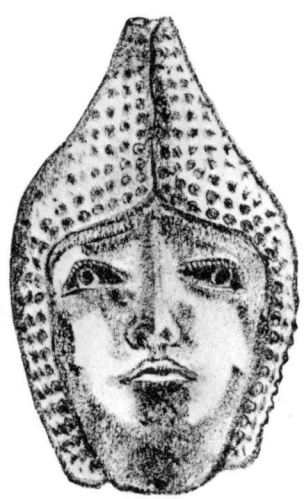 

*Straubing, Gesichtshelme*

gesamte Obergeschoß des Gebäudes in der Frauenhoferstraße ein. In fünf Sälen sind die römischen Funde nach Sachgebieten ausgestellt. Einzigartiges Anschauungsmaterial zur Entwicklungsgeschichte von Sorviodurum und zugleich zur Technik archäologischer Forschung bietet das in einer Länge von 42 m in die Wand des ersten Saales eingelassene Lackprofil, das einen in den Jahren 1976/77 im Steinkastell angelegten Profilschnitt im Original wiedergibt. Neben Resten des Nordtores zeigt der Schnitt die darunterliegenden Torreste des vorangegangenen hölzernen Kastells und Wehrgräben von zwei der drei neuentdeckten Kastelle. Im ersten Saal werden ferner Waffen und Funde aus dem Bereich von Handel und Handwerk gezeigt. Im zweiten Saal befindet sich der berühmte Schatzfund, das Glanzstück der römischen Fundgegenstände und ein „im ganzen römischen Reich einmaliger Fund" (Kellner). (S. Tafelteil Abb. 15.)

Er besteht aus Teilen von Paraderüstungen, wie sie von der römischen Auxiliarkavallerie bei Paraden und Kampfspielen getragen wurden, darunter sieben bronzene, ehemals vergoldete oder versilberte Gesichtshelme, eine eiserne Hinterhaupthälfte zu diesen Helmen, fünf reichverzierte Bronzeschienen mit Knieschutz und acht ebenfalls kunstvoll mit Reliefs dekorierte Kopf- und Augenschutzplatten für Pferde. Vier der Gesichtshelme zeigen griechisch-römische Züge, während die drei anderen einen orientalischen Typ darstellen, mit nach oben spitz zulaufenden, weit über die Stirn gezogenen und die Ohren bis zum Kinn bedeckenden Mützen aus kurzlockigem Fell. (Wie bemerkt, war die Besatzung des Kastells seit dem 2. Jahrhundert, also z.Zt. des Germaneneinfalls, ein Regiment teilweise berittener syrischer Bogenschützen, das sicherlich, wie bei Auxiliareinheiten üblich, von römischen Offizieren befehligt wurde. Die Gesichtszüge auf den Masken scheinen individuell gestaltet zu sein.)

Die Motive des mit höchster Kunst gefertigten plastischen Schmuckes der Beinschienen und Pferdeschutzplatten sind der griechisch-römischen Götterwelt und Mythologie entnommen. So finden sich auf den Beinschienen Darstellungen von Herkules mit Löwenfell und Keule, Büsten der Minerva und vor allem die Gestalt des Kriegsgottes Mars in voller Rüstung. Auf den Schutzplatten für die Pferde sieht man u. a. Ganymed und geflügelte Viktorien mit Siegeskranz.

Das metallische Glitzern der Helme, Waffen und Pferderüstungen, die Farbenpracht der Uniformen, die dem Betrachter der kunstvollen Paraden und Kampfspiele eine erlesene Augenweide boten, hat ein zeitgenössischer Augenzeuge im einzelnen anschaulich beschrieben. In seinem Buch über Kriegstaktik (136 n.Chr.) berichtet Flavius Arrianos (75–175), Offizier und später hoher Beamter im römischen Staatsdienst, von den gelben Federbüschen auf den Helmen, die beim Trab der Pferde auch bei leichtem Luftzug im Winde flattern, von den farbigen Drachenstandarten, die beim Reiten vom Wind aufgebläht werden, den buntverzierten Schildern, den scharlachroten, purpurnen, blauen oder im Ganzen bunten Wämsen, die die Reiter an Stelle von Panzern trugen, den höchste Geschicklichkeit und reiterliche Kunst erfordernden Figuren und Bewegungen der Reiterspiele.

Ebenfalls zum Straubinger Schatzfund gehören eine Reihe von bronzenen Götterfiguren, darunter die qualitätvolle Statuette eines tanzenden Lar und, ein Zeichen für die Verehrung des Jupiter Dolichenus im Straubinger Kastell, eine Figur des Gottes, die zu den besonderen Kostbarkeiten des Schatzes gehört. Dazu kommen Statuetten von Mars, Merkur und Diana.

Unter eisernen Gegenständen, die offenbar als „Altmaterial" ihres Metallwertes wegen dem Schatz beigepackt waren, befinden sich Waffen (ein Langschwert, Dolch, Lanzenspitzen); Werkzeuge (Brechstange, Baumsäge, Sägeblätter, Hobeleisen, Kelle, handgeschmiedete Nägel, Sense); Pferdegeschirr (Trense, Pferdekamm, Hufschuhe für fußkranke Pferde); ferner Radnabe; Handschelle zum Fesseln von Gefangenen; Schlüssel; Torbeschläge; Türangel; Haken. Auch der Kupferkessel, in dem der Schatz verborgen war, ist ausgestellt.

In den Sälen 3 und 4 sind Gegenstände aus dem häuslichen Leben, insbesondere Tafelgeschirr (Terra sigillata und rätische Ware) sowie Toilettengeräte und Schmuck zu sehen. Die Funde aus dem Kastell, der bürgerlichen Siedlung, der villa rustica am Alburger Hochweg umfassen: Schuppenpanzer; Schildbuckel; Militärdiplom aus dem Jahre 157 n. Chr.; syrische Hängelampe; Spielsteine, Waage mit Gewicht; Rezeptstempel des

Augenarztes C. Iulius Stephanus; ärztliche Instrumente; Schreibgeräte; Angelhaken; Hausgeräte, darunter ein Bratspieß; bronzenes Börsenarmband; Fibeln, zum Teil emailliert; landwirtschaftliche Geräte der verschiedensten Art; Wagenschuh; Hammer; Nagelzieher; Pferdegeschirr; Weinsieb; Kastengriff; Markierungstäfelchen mit Beschriftung; Fensterglas.
Ein interessanter Neufund ist eine bronzene Laterne aus dem Steinkastell. Kultgegenstände (Kultgefäß mit Schlange und Eidechse) und Funde aus Körper- und Brandgräbern schließen die Sammlung ab.

## STUTTGART

Das heutige Stadtgebiet gehörte in römischer Zeit zu einer dichtbesiedelten, landwirtschaftlich intensiv genutzten Ackerbaulandschaft. Villae rusticae waren über die ganze nähere Umgebung verstreut; bei Bad Cannstatt bestand eine geschlossene Siedlung.
Der Name der Stadt erinnert an ihren Ursprung als „Stutgarten" (Gestüt), der um 950 gegründet wurde. Die Pferdezucht mag in dieser Gegend auf eine uralte Tradition zurückgehen. Die vielen Weihungen für Epona, die keltische Schutzgöttin der Pferde, die hier gefunden wurden, könnten darauf hindeuten. Das Wappen der Stadt schmückt noch heute ein sich aufbäumendes Rößle.
Als Hauptstadt Württembergs wurde Stuttgart frühzeitig Sammelpunkt der römischen Altertümer des Landes. Schon im Jahre 1583 gründete Herzog Ludwig eine Sammlung aller im Lande gefundenen römischen Steindenkmäler. Ein Teil der im Lauf der Zeit vielfach vermehrten Sammlung ist seit 1957 als **„Lapidarium des Württembergischen Landesmuseums"** im Stiftsfruchtkasten am Schillerplatz der Öffentlichkeit zugänglich. Ein lateinisch-deutsches Distichon von Josef Eberle auf einer Steininschrift an der Außenwand des Stiftsfruchtkastens neben dem Eingang zum Lapidarium verkündet dem Besucher, was ihm in den römischen Steindenkmälern entgegentritt. „Intrans ave hospes! tibi conscia saxa loquentur. Chartae quod taceant hic manifestat humus" – Gruß Dir Besucher zuvor: Nun lausche den redenden Steinen. Schweigen die Bücher sich aus, macht es der Boden Dir kund.
Es sind in der Mehrzahl keine bildhauerischen Meisterwerke, die zum ästhetischen Genuß oder wegen besonderer kunsthistorischer Bedeutung hier ausgestellt sind; die schlichten Denkmäler sind, wie das Distichon zu verstehen gibt, die Seiten eines in Stein geschriebenen Buches über die Römerzeit in Württemberg. Für vieles, was ihre Inschriften berichten, gibt es keine anderen Quellen. Als unmittelbare Zeugnisse der Menschen, die vor fast 2000 Jahren in diesem Lande lebten, entfalten sie einen Reiz, der den Betrachter von der ersten Begegnung an gefangen nimmt und ihn durch die ganze Ausstellung in Spannung hält. Jeder Abschnitt wird in einer einführenden Beschriftung erläutert.
Die nachfolgenden Bemerkungen dienen der Orientierung und gelegentlichen Ergänzung. (Die Nummern beziehen sich auf die einzelnen Denkmäler.)
Kapitel 1 behandelt *„Das Land und seine Bewohner"*. In den heutigen Namen von vier Flüssen klingt noch der antike Name an, der sich aus Steininschriften ableiten läßt. In der Bezeichnung des „collegium Matisonensium", einer Genossenschaft, der drei Männer (ihre Namen sind nur unvollständig erhalten) die Statue eines Genius stifteten, steckt der Name der bei Bietigheim in die Enz mündenden Metter (Matisa oder Matisona) (Nr. 2). Die Donau wurde als Gott Danuvius verehrt, dem ein Altar geweiht ist (Nr. 3). Auf einem dem Vulkan gewidmeten Altar (Nr. 4) werden die Dorfbewohner an der Murr („vicani Murrenses") als Stifter genannt. Die „confanenses Armisenses", die Tempelgenossen an der Erms, weihten dem Jupiter einen Altar (Nr. 5).
Der antike Name des Schwarzwaldes ist als Göttin Abnoba überliefert (→ Badenweiler); ihr setzte ein „stator" (ein zum Stab des Kommandeurs eines Reiterregiments gehöriger Militärbeamter, der Polizeidienst tat) einen Weihestein (Nr. 1).
Von der Einwanderung keltischer Siedler nach Südwestdeutschland zeugen die Grabinschriften Nr. 6 und 7. Tessia Iuvenilis, die im Alter von 37 Jahren starb, war eine aus der Schweiz stammende Helvetierin („Helvetia"); ihr Gatte Silius Victor, ebenfalls ein Helvetier („civis Helvetius") ließ den Grabstein für sich und seine verstorbene Gattin setzen. Aus Gallien kam Jumma, ein Mediomatriker („civis Mediomatricus"); die Stammesbezeichnung lebt im Namen der Stadt Metz fort. Jumma lebte 100 Jahre, seine Gattin Atuns 80 Jahre. Die Grabinschrift setzte den Eltern der Sohn und Erbe Domeius Quartus (die Romanisierung der „zweiten Generation" zeigt sich im römischen Namen des Sohnes; die Eltern tragen noch keltische Namen. Insgesamt sind in dieser Inschrift fünf keltische Namen enthalten).
Der nächste Abschnitt unterrichtet über das *römische Heer*. (Nr. 8 – 13) Ziegelstempel geben die Namen der Einheiten an, die sie herstellten: die beiden in Obergermanien stationierten Legionen, die VIII. Augusta in Straßburg und die XXII. Primigenia pia fidelis in Mainz, und eine Reihe von Hilfstruppen dieser Legionen, die in Kastellen des → Limes lagen.
Die Ziegelstempel und Steininschriften lassen die Gattung der Auxiliareinheiten erkennen (ala, Reiterregiment; cohors, Fußtruppe) sowie die Rekrutierungsgebiete (Provinzen, Völkerschaften). So gehörten zu den in Württemberg stationierten Hilfstruppen die Ala II Flavia und Kohorten von Dalmatern, Helvetiern, Rätern, Spaniern, Germanen, Belgen, Brittonen. Auf den Inschriften Nr. 9 und 13 wird die 24. Kohorte freiwilliger römischer Bürger genannt.
Auxiliareinheiten bestanden während der ersten beiden Jahrhunderte n.Chr. grundsätzlich aus „Peregrinen" (Nicht-Bürgern); in den Legionen dienten ausschließlich Römer und Italiker. Der Auxiliarsoldat erhielt das römische Bürgerrecht bei der ehrenvollen Entlassung aus dem Militärdienst nach Ablauf seiner 25-jährigen Dienstzeit.
Es konnten aber auch, wie die 24. Kohorte beweist, römische Bürger in den Auxilien als Freiwillige dienen, wenn ihnen der Dienst in den Legionen zu schwer war. Es wird auch angenommen, daß es sich bei diesen „Freiwilligen" um ehemalige Sklaven gehandelt habe, die durch den Militärdienst Freiheit und Bürgerrecht erwarben. Manchen Hilfstruppeneinheiten wurde das römische Bürgerrecht noch vor der Entlassung aus dem Militärdienst wegen besonderer militärischer Verdienste verliehen. Die Kohorten römischer Bürger genossen Vorrang vor anderen Kohorten (s. Jagsthausen).
Neben den Alen und Kohorten gab es seit der Heeresreform Hadrians (117 – 138) sogenannte numeri, leichtbewaffnete, aus der Bevölkerung der Nachbarschaft des Standorts gebildete, meistens für den Pa-

trouillendienst eingesetzte Truppen mit Aufklärungseinheiten („exploratores") (Nr. 12). Aus den Inschriften läßt sich vielfach auch der Rang von Kommandeuren der Auxiliartruppen erkennen. Die 24. Voluntarierkohorte befehligte ein „tribunus", Stabsoffizier (Oberst) einer Legion; ein numerus von Brittonen und seine Kundschafterabteilung wurden von einem Legionscenturio als „praepositus" kommandiert („centurio legionis VIII Augustae praepositus Brittonum et exploratorum").

Die Inschriften auf Nr. 9,10,12 und 13 geben Aufschlüsse über die *Religion im römischen Heer.* Vorrang unter den römischen Göttern, die vom Militär verehrt wurden, hatte Jupiter, Oberhaupt des römischen Götterhimmels und zugleich Verkörperung der weltlichen Macht des Reichs und des Kaisers in den Provinzen, oft auch zusammen mit seiner Gattin Juno, der Königin (Nr. 10,12). Für die Verehrung des persischen Lichtgottes Mithras in Limeskastellen zeugt der Altar Nr. 9, dessen Inschrift von dem Wiederaufbau eines baufällig gewordenen Tempels des Gottes durch den Kommandeur der in Murrhardt stationierten 24. Voluntarierkohorte berichtet. Die campestres waren Schutzgöttinnen des Exerzierplatzes; ihnen widmeten Altäre P. Quintius Terminus aus Sicca Veneria (El Kef in Tunesien), Oberst der 24. Voluntarierkohorte (Nr. 13), und C. Sanctinius Aeternus, Kommandant des Kastells Böckingen (Nr. 50).

Von *Bauten des römischen Heeres* handeln die Inschriften 11, 14–17. Zur Grenzverteidigung und wirksamen militärischen Kontrolle gehörte ein gut ausgebautes Straßensystem, das die schnelle Verschiebung von Truppen ermöglichte und den Nachschub sicherte. Auch die polizeiliche Überwachung der Straßen war Aufgabe des Militärs.

Auf *Straßenbau und Straßenpolizei* bezieht sich ein Altar, den der Wegepolizeimeister (beneficiarius consularis) Serenius Atticus den Vierwegegöttinnen („deabus Quadrivis"), Jupiter und, wie dies häufig auf Weihungen von Benefiziariern zu beobachten ist (→ Obernburg, → Remagen), allen Göttern und Göttinnen („dis deabusque omnibus") setzte; der Altar war in der Nähe der Polizeistation (statio beneficiarii) an der Kreuzung der Rhein-Donau-Straße mit der Neckarstraße vor der porta principalis dextra (rechtes Lagertor) des Kastells Cannstatt (s. u.) aufgestellt (Nr. 14).

Über das weitverzweigte Straßennetz verteilte *Meilensteine* gaben die Entfernung vom nächsten Hauptort an und dienten durch die Beschriftung mit der Titulatur des regierenden Kaisers zugleich der kaiserlichen Propaganda. Nr. 15 ist der originale Meilenstein aus → Pforzheim („A Portu"); Meilenstein Nr. 16 wurde in → Köngen gefunden und gibt die Entfernung nach Sumelocenna (→ Rottenburg) an.

Auskunft über den Bau einer *Wasserleitung* durch das Militär geben die Weihesteine Nr. 11, 17 und 33 aus → Öhringen (dort nähere Beschreibung).

Unter *bürgerlichen Berufen,* die durch Steindenkmäler in der Stuttgarter Sammlung bezeugt sind, befinden sich Schiffer (nautae, Nr. 18); ein Händler mit Tonwaren, „negotiator artis cretariae", so nennt sich Fidelis auf dem Grabstein (Nr. 20), den er, der vielgeliebte Sohn („dulcissimus filius"), seinem Vater, einem unvergleichlichen Menschen („homo incomparabilis"), und seiner Mutter setzte mit dem Wunsch, daß den Eltern die Erde leicht sein möge („sit vobis terra levis"); ein Schmied, dargestellt mit seinem Werkzeug (Nr. 21).

Vom *Vereinswesen* geben Kunde: Weihestein für den Schutzgeist (Genius) der Schiffergilde („collegium nautarum") (Nr. 18); eine von einer Zunftgenossenschaft („contubernales") gestiftete Weiheinschrift (Nr. 19); die Inschrift für eine Statue der Victoria, die für einen Verein der Fremden („collegium peregrinorum") aufgestellt wurde (Nr. 22); eine Stiftung von fünf Dedikanten für einen Jugendverein („collegium iuventutis") (Nr. 31). Den Gedanken menschlicher Gemeinschaft schlechthin symbolisiert das Relief zweier Männer, die sich die Hand reichen; die Inschrift „concordia" (Freundschaft) erläutert die Geste (Nr. 23).

Das Thema *Verwaltung der römischen Provinz (Gemeinden und Verwaltungsbezirke)* behandeln die Inschriften Nr. 24–34. Die häufigste Siedlungsform auf dem Lande war neben der villa rustica das *Lagerdorf* (vicus) der Limeskastelle (Nr. 29,30). Für das kaiserliche Domänialland gab es eine besondere Verwaltungsform, den *„saltus",* hier „Sumelocennensis" (→ Rottenburg) (Nr. 24).

An seiner Spitze stand ein kaiserlicher Procurator. An Selbstverwaltungsorganen besaß der saltus einen Gemeinderat (ordo), dessen Beschlüsse, wie aus der Weihinschrift hervorgeht, von den beiden Vorstehern des Ortes (magistri) ausgeführt wurden („e decreto ordinis saltus Sumelocennensis curam agentibus Iulio Dextro et C. Turranio Marciano magistris").

Größere Gebietskörperschaften (Völkerschaftsbezirke, Gaue) wurden *civitates* genannt; ihre Bewohner besaßen das Recht kommunaler Selbstverwaltung. Verwaltungsmittelpunkt war eine stadtartige Siedlung (vicus) als Haupt-(Vor-)ort. Steininschriften nennen: die „civitas Sumelocennensis", zu der der saltus um die Mitte des 2. Jahrhunderts n.Chr. umgebildet worden war; der Weihestein für Merkur Visucius und die Göttin Visucia, der die civitas beurkundet, war von einem Bezirksrat des Gaues (decurio) gestiftet worden (Nr. 25); zur civitas Sumelocennensis gehörte der vicus Grinario (Köngen), dessen Bewohner sich in der Bauinschrift für die Umfassungsmauer eines Jupiterheiligtums als „cives Sumelocennenses" bezeichnen (Nr. 30); ferner die „civitas Aurelia Aquensis" (Baden-Baden), die auf den Weihinschriften Nr. 26–28 genannt wird. Stifter der Weihungen waren decuriones der civitas.

Der Quaestor Faustinus Faventinus, der im Jahre 232 n.Chr. den „vicani Aurelianenses" eine wiederhergestellte Statue der Minerva schenkte (Nr. 29), dürfte der Finanzbeamte der „civitas Aurelia G.S." (→ Öhringen) gewesen sein.

Mehrere Verwaltungsbezirke bildeten eine *Provinz.* Württemberg gehörte zu den Provinzen Obergermanien (Germania Superior) und Rätien (Raetia). Der Titel des Statthalters der Provinz Obergermanien, „legatus Augusti pro praetore", findet sich in der Inschrift auf dem Nymphenaltar von Öhringen (Nr. 33); der Statthalter der Provinz Rätien wird auf einer Weihinschrift für den persischen Lichtgott Mithras „vir perfectissimus praeses provinciae Raetiae" genannt (Nr. 34). („Vir perfectissimus" war ein hohen Staatsbeamten zustehender Titel, beispielsweise dem „Praefectus Aegypti" (Vizekönig von Ägypten). Andere Titel: „vir egregius"; „eminentissimus vir" für den Gardepräfekten in Rom; s. Inschrift auf dem Altar für Vagdavercustis im Museum in → Köln.)

Auf den *Totenkult* beziehen sich Nr. 35–39. Grabstein Nr. 35 veranschaulicht die römische Sitte, in der Inschrift neben dem Namen des Verstorbenen sein Alter sowie die Namen dessen, oder derer anzugeben, die den Stein setzen ließen. Flavius Serenus widmete den Grabstein in treuer Liebe („piissimus") seiner Mutter Aelia Novella (70), seiner Gattin Victoria (40) und seinem Sohn Hermes (19).

Das Grab Nr. 37 ist als „Haus des Toten" mit einer viereckigen Höhlung für die Aschenurne gestaltet. Der Kopf eines Löwen (Nr. 38), Sinnbild der alles bezwingenden Macht des Todes und zugleich Hüter des Grabes, krönte ein Grabmonument. Die vier Köpfe (Nr. 39) (zwei Sphinxköpfe, Attis-Kopf und bärtiger Kopf) sind beispielhaft für monumentale Grabdenkmäler mit reichem Reliefschmuck, etwa nach der Art der → Igeler Säule.

Das weite Feld des *Religionswesens* veranschaulichen zahlreiche Götterdenkmäler und Inschriften (Nr. 32, 40–63). Den Götterhimmel der Bewohner des römischen Württembergs bevölkerten römische, einheimische und orientalische Gottheiten.
*Römische Gottheiten.* Den Kult des *vergöttlichten Kaisers* verkörpert eine überlebensgroße Statue (aus Köngen) des Kaisers Commodus (180–192), von der nur der Kopf und der linke Unterarm erhalten sind (Nr. 32). Die Statue wird schon im Altertum verstümmelt worden sein, als der Kaiser nach seiner Ermordung der damnatio memoriae verfiel.

die Gemahlin des Dis pater, ist auf einem Relief (Nr. 44) auf einem Thron sitzend dargestellt, mit Früchtekorb auf dem Schoß, der andeutet, daß die Göttin auch in den Bereich der Fruchtbarkeitsgottheiten gehört.
Dem Kriegsgott *Mars* und der ihn ergänzenden Siegesgöttin *Victoria* ist der Altar Nr. 49 gewidmet; der keltische Beiname „Caturix" auf dem Altar Nr. 57 weist Mars als keltischen „Kampfkönig" aus. *Silvanus*, der Gott des Waldes, ist auf dem Relief Nr. 53 mit einem Rebmesser dargestellt; in den gallischen und germanischen Weinbaugebieten hatte Silvanus auch

*Stuttgart, Eponarelief*

Weihealtäre für *Jupiter*, den höchsten Gott der Römer, widmeten, wie bereits oben erwähnt, die Tempelgenossen an der Erms (Nr. 5) und Centurionen von Hilfstruppen (Nr. 10 zusammen mit *Juno*, und Nr. 12). Von Jupitergigantensäulen (s. u.) stammen zwei Viergöttersteine mit Darstellungen von Juno, Apollo, Herkules und Minerva (Nr. 41) und Juno, Minerva, Herkules und Merkur (Nr. 63 a) sowie Siebengöttersteine mit den Gottheiten der Wochentage (Nr. 43; Saturn, Sol, Luna, Mars, Merkur, Jupiter, Venus) und einer buntgemischten Götterschar (Nr. 42: Sol, Luna, Venus, Vesta, Neptun, Merkur, Maia Rosmerta).
*Minerva*, Göttin der Künste und des Handwerks und dritte Gottheit der kapitolinischen Trias, mit ihren Attributen Lanze und Brustschild mit Medusenhaupt, ist insbesondere durch ein Relief auf einem Standbildsockel (Nr. 40) und durch eine Statue (Nr. 56) vertreten.
Ferner *Merkur* mit seinen Attributen Flügelhut, Schlangenstab und Geldbeutel (Nr. 47: Relief; Nr. 52: Altar für Mercurius Cultor; Nr. 54: Reliefplatte mit der Darstellung von elf weiteren Gottheiten, darunter Jupiter). Die zentrale Stellung Merkurs auf dieser Platte läßt darauf schließen, daß Merkur bei der keltischen Bevölkerung vermutlich als oberster Gott verehrt wurde (R. Roeren).
Auf der schon erwähnten Inschrift Nr. 25 trägt Merkur den einheimischen Beinamen „Visucius" und wird zusammen mit der „sancta Visucia" genannt; die Statue Nr. 64 stellt den Gott in Gemeinschaft mit seiner einheimischen Kultgenossin Rosmerta dar; *Apollo* (auf dem Weiherelief Nr. 40 zusammen mit Merkur und Minerva); als Apollo Grannus, dem der Altar Nr. 28 gewidmet ist, repräsentiert er den keltischen Heils- und Gesundheitsgott; er wird gewöhnlich mit seiner Gefährtin Sirona verehrt; so war der Tempel, den ein Veteran der XXII. Legion und seine Familie errichten ließen (Bauinschrift Nr. 55), dem Götterpaar Apollo und Sirona geweiht.
Die Gottheiten der Unterwelt, *Dis pater* und *Proserpina*, werden auf dem Altar Nr. 45 genannt; *Herecura*,

die Funktionen eines Landbau- und Weingottes. Auf dem Relief Nr. 51 erscheint *Diana*, die Göttin der Jagd, mit ihren Attributen Bogen, Köcher und Jagdhund. Den *Nymphen,* Göttinnen des quellenden Wassers, wird im Zusammenhang mit dem Bau von Wasserleitungen besondere Verehrung zuteil (Nr. 17 und 33).
*Einheimische Gottheiten.* Taranucnus *(Taranis),* der keltische Donnergott und eng verwandt mit dem germanischen Gott Donar, wird auf dem Altar Nr. 58 genannt. Die keltische Schutzgöttin der Pferde, *Epona*, ist auf dem Weiherelief Nr. 65 dargestellt. Drei weitere Weihereliefs der Göttin wurden zusammen mit der Jupitergigantensäule von Hausen (s. u.) gefunden. Das Relief der drei *Matronen* (Nr. 46) ist eines der wenigen Denkmäler des Kultes der keltisch-germanischen Muttergöttinnen im südwestdeutschen Raum; sie wurden vornehmlich am Niederrhein verehrt. *Sirona,* die keltische Göttin der heilkräftigen Quellen und Partnerin des Apollo Grannus, und *Rosmerta*, die keltische Kultgenossin Merkurs, wurden bereits oben erwähnt.
Als einzige *orientalische Gottheit* erscheint auf den Steindenkmälern des Lapidariums der persische Lichtgott *Mithras*. Ihm hatte, wie oben schon erwähnt (Altar Nr. 9), der Kommandeur der 24. Kohorte freiwilliger römischer Bürger ein Gelübde dargebracht, das er durch die Wiederherstellung eines baufällig gewordenen Tempels von Grund auf für sich und seine Familie einlöste („Soli Invicto Mithrae. Sextus Iulius, Decimi filius, Horatia, Florus Victorinus tribunus cohortis XXIIII voluntariorum civium Romanorum templo a solo restituto votum pro se et suis solvit"). (S.a. → Murrhardt). Nach der Weiheinschrift Nr. 34 war der Statthalter der Provinz Rätien ein Anhänger des persischen Lichtgottes. Teile von Mithraskultbildern sind der Kopf des Mithras (Nr. 59); eine männliche Gestalt (Nr. 60); die untere Umrahmung eines Mithrasreliefs (Nr. 61); zwei Reliefs mit den Köpfen von Windgöttern (Nr. 62).
Ganz in Kunststein wiederhergestellt ist eine *Jupiter-*

*gigantensäule*, deren Teile 1964 bei Hausen a.d. Zaber gefunden wurden. Derartige Säulen sind am Mittelrhein und im Neckarland häufig. Sie sind Ausdruck der Religiosität der Landbevölkerung, die mit derartigen Weihungen den Schutz der Götter für das Gedeihen der Ernte zu sichern suchte. „Die Jahreszeiten am Kapitell und die Wochengötter versinnbildlichen die ewige Wiederkehr des Jahresablaufes, über den der oberste Himmelsgott gebietet."
Die Säulen bestehen für gewöhnlich aus einem Viergötterstein als Basis, gefolgt von einem Zwischensockel (Wochengötterstein oder Siebengötterstein) und einer geschuppten Säule mit Basis und Kapitell. Als Bekrönung trägt die Säule eine Skulpturengruppe, die Jupiter über einen schlangenfüßigen Giganten reitend zeigt, Symbol für den Sieg des höchsten Gottes über die Urkräfte der Erde.
Die hier rekonstruierte Säule hatte C. Vettius Connougus um 200 n.Chr. für Jupiter, der als Wettergott Wachstum und Gedeihen der Feldfrüchte bestimmte, auf seinem Gutshof aufstellen lassen. Die Originalteile der Säule sind gesondert ausgestellt. Eine Nachbildung der Säule wurde in einem archäologischen Freigelände in der Nähe der Fundstelle in → Hausen a.d. Zaber errichtet. Ein Viergötterstein, ein Siebengötterstein (Nr. 63 a) und eine reliefverzierte Säule mit Basis und Kopfkapitell (Nr. 63b) stammen von einer Jupitergigantensäule aus Waldheim. Eine getreue Nachbildung der Säule ziert das Parkmuseum in → Aalen.
Original-römisch sind eine hölzerne Brunnenverschalung, ein Holzeimer aus Sulz a. Neckar und ein Leitrad mit Aufhängung aus Eisen und Holz, das in Stuttgart-Bad Cannstatt gefunden wurde (Nr. 66). Ein Neufund ist eine Fortuna aus Wimpfen.

**Römisches Fundgut aus Württemberg**, das während einer Übergangszeit von 12 Jahren in Magazinen gelagert war, ist seit 1980 in Saal 13 des 2. Obergeschosses im **Alten Schloß** in einer **Die Römer in Württemberg** betitelten Ausstellung des Württembergischen Landesmuseums der Öffentlichkeit zugänglich gemacht worden. Gezeigt werden in reicher Fülle Gegenstände des römischen Alltags aus dem 1. bis 4. nachchristlichen Jahrhundert, wie sie auf dem Lande, in Dörfern und Städten und beim Militär in Gebrauch waren, sowie militärische Ausrüstungsgegenstände und Steindenkmäler.

Beim Eintritt in den Saal fällt der Blick des Besuchers zunächst auf zum Teil rekonstruierte sog. *Gesichtshelme*. Helme dieser Art wurden von Verbänden der Hilfstruppenkavallerie bei Reiterspielen und bei Paraden getragen. Die hier ausgestellten Helme stammen aus dem 3. Jahrhundert n. Chr. und sind offenbar beim Rückzug der Truppen während der Alamanneneinfälle in den Lagern zurückgelassen worden. Die Gesichtspartien sind aus versilbertem Kupferblech oder Eisenblech getrieben. Bei den Gesichtshelmen aus Stuttgart-Bad Cannstatt sind die Stirnpartie, Haar und Backenbart mit feinem Bronzeblech belegt.
Das in Vitrinen längs der Wände ausgestellte Material mit eingehenden, die geschichtlichen und sachlichen Zusammenhänge beschreibenden Texten vermittelt in seiner Mannigfaltigkeit ein eindrucksvolles Bild römischer Zivilisation.
Die Gegenstände beziehen sich auf den Weinbau, römische Badekultur, den landwirtschaftlichen Betrieb, Verkehr, Handel, Handwerk, römisches Haus und römischen Haushalt.

Aus dem *militärischen Bereich*: Geschützbolzen, Speer, Speerspitzen, Pfeilspitzen, Lanzenspitzen, Dolch, Schwert, Reste eines Kettenpanzers, Geschützkugeln aus Stein, Fußfesseln mit Schloß, Panzerbeschläge, Reste eines bronzenen Militärdiploms, das die um 130 n. Chr. in Obergermanien stationierten Infanterie- und 13 Kavallerieeinheiten aufzählt sowie den bisher nicht bekannten Namen des Mainzer Statthalters Lucius Roscius Aelianus Maecius Celer nennt.
Aus der *Landwirtschaft*: Hufschuh, Pferdegeschirr, Heugabel.
Aus *Haus und Haushalt*: Bruchstücke eines Freskos, eiserner Rost, Feuerschaufel, Winzermesser, Sense, Sichel, Beil, Axt, Spaten, Schreibgerät, Geschirr (terra sigillata), darunter ein Spruchbecher mit der Aufschrift „pie", griechisch für „bibe" (trinke), ein Ziegel mit dem Fußabdruck eines Kindes, Ohrlöffel (ein langer aus Bein oder Bronze bestehender, mit einem kleinen runden Plättchen an der Spitze versehener Stab, der zum Reinigen des Ohres diente), eine Waage mit Gewicht und Waagschale, Spiegel, Kamm, Pinzette, Eisenhaken mit Hängevorrichtung, Haumesser, Löffelbohrer, Schmiedezange, ein kleines Tropäum (Siegeszeichen), Weinkanne, eine Gabel, Bronzekessel sowie der geschnitzte Beingriff eines Klappmessers, einen Lammträger darstellend.
Steckkalender aus Ton mit Löchern für die Monate und Wochentage (dargestellt sind Venus und Jupiter, Herakles und Apollo), ein Leuchthäuschen mit Kerzenhalter, Räucherkelch, Jagdbecher, Weinsieb, Lampenständer, ein Fenstergitter, Schlüssel, eiserne Kette mit Haken, Dreizack, Armringe, Bronzenadeln, Fibeln, ein Votivring mit der Inschrift „Divixta Argentias Litta Celori d(ono) d(ederint) l(aeti) l(ibentes) m(erito)". (Divixta, Tochter der Argentia, Litta, Sohn des Celorus, haben den Ring geweiht, freudig, gerne und nach Gebühr.)
Der bei → Lauffen am Neckar, Kreis Heilbronn, bei der Rebflurbereinigung an den Westhängen des Nekkars 1977 entdeckte und *restaurierte römische Gutshof* aus dem 2./3. Jahrhundert mit beheizbaren Räumen und einem Bad ist in einem Modell zu sehen.
Es folgen: *Bronzefiguren*, darunter ein Löwenkopf, Frauenkopf und *Bronzegegenstände*: gravierte Silberschale, Fibeln verschiedener Größe, Arm- und Fingerringe, Zügelringe, Türbeschläge, Türangeln, Schlüssel, eine Halskette mit Perlen, Spielsteine, ein Holzeimer, eine Fibel mit der Inschrift: „Amor(is) Spes Si Me Amas" (Du darfst auf Liebe hoffen, wenn du mich liebst), Messer mit Beingriff, eine Ledersohle, Fensterglas und vom römischen Speisezettel Austernschalen und Muscheln.
Unter dem Motto *Tod und Religion* sind steinerne Götterfiguren ausgestellt, darunter ein Kopf der Minerva mit korinthischem Helm; Kopf einer Statue der Dea Virtus (Göttin der Tapferkeit); das Relief einer behelmten Minerva, die sich mit der Rechten auf eine Lanze stützt und mit der linken Hand den Rand eines neben ihr stehenden Schildes faßt; ein Hochrelief der Herecura, Göttin der Toten; sie gilt auch als Bringerin des Wohlstandes, der Fruchtbarkeit und des Wachstums der Pflanzen ist hier nach Art der Muttergottheiten auf einem Thron sitzend mit einem Fruchtkorb dargestellt; Reliefs der keltischen Schutzgöttin der Pferde, Epona, im Quersitz reitend, mit Fruchtkorb im Schoß; Relief einer Fruchtbarkeitsgöttin; Bruchstücke einer Grabplatte mit Inschrift „Sicna Crispini F(ilia) Vix(it) An(nos) XI. Pro(culus) Maritus M(erenti) F(ecit)". (Sicna, die Tochter des Crispinus, hat 40 Jahre gelebt. Proculus, ihr Gatte, hat die Grabplatte nach Gebühr anfertigen lassen.)

*Bronzestatuetten von Gottheiten* mögen von Hausaltären stammen. Dargestellt sind: Jupiter, Minerva, Hercules mit Löwenfell und Keule und in anderer Ausführung mit den Äpfeln der Hesperiden. Außerdem: Merkur mit Flügelhut und Beil als Gewicht einer Waage, die feingearbeitete Figur eines Mannes in Kauerstellung mit geschorenem Kopf und Kletterseil sowie ein bronzener Klappstuhl.

Unter *Handwerkszeug* und *landwirtschaftlichen Geräten* finden sich Schöpfkelle, ein Aufsatz mit Zügelringen, Bolzen, eine Haltevorrichtung mit Ketten, Deichsel, Kummetaufsatz, Hufschuhe, Holzeimer, Bleirohre, Sense, Feuerschaufel, Hacke, Heugabel, Schere, Zirkel, Kelle, Meißel, Löffelbohrer, Haumesser, Schmiedezange, Beil, Floßketten, Faschinenmesser, Rinderschäler, Stecheisen, Mörser und Beile.

Eine kleine Sammlung *römischen Glases* enthält eine Rippenschale, Saugfläschchen und Glasurne.

In Vitrinen neben und hinter dem Mithrasrelief in dem angrenzenden kleinen Raum sind außer zwei Mumienporträts, Würfeln, Halsketten, Fingerringen, Haarnadeln und zwei wohl im Zusammenhang mit Germaneneinfällen vergrabenen *Schatzfunden*, darunter 777 folles (eine von Diokletian eingeführte Kupfermünze), vor allem *Funde aus dem Kastell Vemania* (→ Isny) ausgestellt, die hier zum erstenmal zu sehen sind. Insbesondere aus der im Kastell nachgewiesenen Eisenschmiede: Meißel, Stech- und Haumesser, Eisenbolzen, Löffelbohrer, Pfriem, ein Wagenaufsatz mit Führungsringen, Reste einer Pferdetrense, Kummetbeschläge mit Schlangenverzierung, Radnägel, Radbolzen, Achsenringe. 50 Fragmente einer vergoldeten Kaiserstatue waren offenbar für Bronze zur Bearbeitung eingeschmolzen.

Von Tieren im Kastell zeugt eine Sammlung von *Knochenfunden*, darunter Kamelknochen (möglicherweise von einem als Maskotte gehaltenen und von einem Reiter aus seiner Dienstzeit in Afrika mitgebrachten Kamel), Knochen von Hasen, Enten, Grashuhn, Braunbar, Rind, Schaf, Haus- und Wildschwein, Biber, Elch und Pferd. Von *Uniformen und Bewaffnung* der in Vemania stationierten Reiter fanden sich Sporen, Schnallen, Gürtelbeschläge und von *Hausrat* im Kastell Winkelbeschläge, Türbeschläge, Türangeln, eiserne Torkettenzwinge (Metallschließe) und Reste eines Wandverputzes. Einen Eindruck von der Bedrohung durch alamannische Überfälle vermitteln drei Münzschatzfunde, darunter 387 Antoninianen aus dem 3. Jahrhundert, vor allem aber ein goldener Frauenschmuck. Ferner ein aus dem gleichen Anlaß vergrabener Münzschatz aus dem Kastell Köngen (555 Denare und Antoninianen). Aus dem Lagerdorf Rainau-Buch stammen Sieb, Schüssel mit Ausguß und Bronzekessel.

Unter den im Saal ausgestellten großfigurigen *Steindenkmälern* befinden sich mehrere Weihungen für Epona, darunter ein Hochrelief der Göttin mit perükkenartigem Haar, auf einem Thron sitzend und flankiert von Pferden; sie hält mit beiden Händen einen Fruchtkorb im Schoß.

Vom Gegenstand her bemerkenswert ein zweiteiliges *Weihrelief für Epona* als Dank für glückliche Heimkehr von einer Reise. Im oberen Feld sieht man die thronende Göttin mit Fruchtkorb im Schoß, von links und rechts kommen Pferde herbei; im unteren Feld ist der Reisende im keltischen Kapuzenmantel dargestellt, wie er mit einem von drei Pferden gezogenen, vierrädrigen Wagen von der Reise zurückkehrt. Von rechts schleppt ein Mann ein Opferschwein an den Hinterfüßen herbei, während ein anderer, zum Opfer das Gewand über den Kopf gezogen, auf einem Altar ein Opfer darbringt. Im Hintergrund auf einem Tisch eine dickbauchige Amphore.

Besonders eindrucksvoll die *Bekrönung einer Jupitergigantensäule*: Jupiter, hoch aufgerichtet in Herrscherpose, reitet mit einem Zweigespann über einen schlangenbeinigen Giganten hinweg, der mit vor Schmerz und ohnmächtiger Wut weit geöffnetem Mund auf dem Boden in die Knie gesunken ist und mit den Händen die Vorderhufe der Pferde hält.

Ein den *Nymphen* geweihtes Relief zeigt drei bekränzte Quellnymphen auf niedrigen Felsblöcken sitzend, mit Schilfstengeln in der einen Hand, während sie mit der anderen Hand nach ihren Gewändern greifen.

Der *Fortuna respiciens* („der Rücksicht nehmenden Glücksgöttin") hat ein Hauptmann (centurio) der in Straßburg stationierten VIII. Legion und Kommandeur der I. Kohorte der Helvetier in Öhringen (Vicus Aurelianus) einen Altar gewidmet. Das Steindenkmal wurde im Jahr 148 n. Chr. gesetzt.

Eine *Ehreninschrift für Caracalla und seine Mutter Julia Domna*, hier „Mater Castrorum", Mutter der Lager, genannt, feiert den Sieg des Kaisers über die Germanen („ob victoriam Germanicam"). Der Stein bezieht sich auf den Sieg Caracallas im Jahr 213 über die Alamannen am Main. Der Kaiser hatte mit seinem Kriegszug gegen die Alamannen mit seinem Heer wahrscheinlich bei Dalkingen (→ Rainau) den Limes überschritten.

Ein vorzüglich erhaltener *Meilenstein* stammt aus Vemania. Er wurde unter dem Kaiser Septimius Severus und seinen Söhnen Caracalla und Geta gesetzt und ist auf das Jahr 201 n.Chr. datiert. Die Inschrift berichtet, daß der Kaiser „die Straßen und Brücken wiederherstellen ließ" und gibt die Entfernung von Kempten mit 11000 Doppelschritten = 1 röm. Meile oder 1478 m an. („A Camboduno M[ilia] P[assuum] XI"). Der Meilenstein stand an der Straße Bregenz (Brigantium) – Kempten (Cambodunum) – Epfach (Abodiacum) – Gauting (Bratananium) – Salzburg (Juvavum).

In dem anschließenden kleinen Raum ist in der Mitte ein *Relief des persischen Sonnengottes Mithras* (Fundort Fellbach Rems-Murr-Kreis) ausgestellt. Es zeigt den Gott, wie er in einer Felsgrotte den Stier tötet. Sein Hund springt an dem Stier empor und leckt das Blut aus der Wunde. Ein Skorpion, Symbol des Bösen, packt den Stier an den Hoden. Aus dem Schweif des Stieres wachsen Ähren empor. Ein Rabe auf dem Mantel des Gottes überbringt den Befehl, den Stier zu töten. Außerdem sind dargestellt: in den oberen Ekken Luna und Sol und um den Kopf des Stieres Öllampe, Messer und Altar; unter dem Stier ein mit Wasser gefüllter Krug, in den eine Schlange ihren Kopf taucht, und ein Löwe, der zum Sprung ansetzt.

Reliefplatten von der Umrahmung eines Mithras-Altares zeigen Szenen aus der Mithrasmythologie, u. a. die Felsgeburt des Gottes, die Götterversammlung, das Wasserwunder in zwei Bildern und den Stierraub. Mithras wurde vor allem von Soldaten verehrt. Hierzu neben dem Mithras-Relief der Votivstein eines Soldaten der in Mainz stationierten XXII. Legion mit der Inschrift: „Invicto Mitrae Publius Aelius Vocco, Miles Legionis XXII Primigeniae Piae Fidelis VSLLM". (Dem unbesiegbaren Mithras hat Publius Aelius Vocco, Soldat der XXII. Legion mit dem Beinamen Primigenia [von „Fortuna Primigenia"], der pflichtbewußten und getreuen, den Votivstein aufstellen lassen und damit sein Gelübde froh, freudig und nach Gebühr eingelöst.) Der Stein wurde in Rottenburg (Sumelocenna) gefunden, wo der Legionär wohl ein Sonderkommando versah.

## STUTTGART-BAD CANNSTATT

Wer sich, von dem Straßennamen „Am Römerkastell" angeregt, auf der Suche nach der römischen Vergangenheit von Bad Cannstatt der Gegend dieser Straße am Hallschlag nähert, findet dort einen neuzeitlichen Kasernenbau. Eine Inschrift an der dem Hallschlagweg zugewandten Seite der Kaserne verkündet, daß dies die 1908–1910 erbaute „Königsdragonerkaserne" ist. Eine in die Wand an der gleichen Stelle eingezeichnete Karte zeigt den Grundriß der Kaserne und innerhalb des Kasernengrundrisses einen zweiten. Dies ist der Grundriß des Römerkastells, auf das der Straßenname hindeutet. Die Dragonerkaserne hat das Kastellgelände überbaut.

Das Kastell entstand um 90 n.Chr., als nach dem erfolgreichen Abschluß der Chattenkriege unter Domitian die Grenze des Reichs auf den Taunuskamm, in die Wetterau, zum Main bis Stockstadt, zum Odenwald und mittleren Neckar vorgeschoben wurde. Das Kastell schützte die wichtige Kreuzung der von Straßburg und Mainz kommenden Rheinstraßen zu den Donauprovinzen mit der Neckarstraße und den Übergang der bei Cannstatt zusammentreffenden Straßen über den Neckar. Zunächst in Holz und Erde errichtet, wurde das Kastell um 100 n.Chr. in Stein umgebaut. Als Besatzung gilt ein 500 Mann starkes Reiterregiment, die Ala I Scubulorum.

Das Kastell wurde um 150 n.Chr. aufgegeben; die Truppe kam nach → Welzheim. Etwa 1800 Jahre später folgten den römischen Kavalleristen auf der Cannstatter Steige die württembergischen Königsdragoner.

Bei dem Kastell befand sich ein Straßenpolizeiposten (statio beneficiarii) zur Überwachung des Straßenverkehrs und Flußübergangs (→ Lapidarium in Stuttgart Nr. 14). Das Lagerdorf erstreckte sich westlich und nördlich des Kastells. Auch das Neckartal wurde auf beiden Ufern besiedelt. Nach Aufgabe des Kastells wurde das Kastellgelände in die Nachfolgesiedlung einbezogen.

Dank ihrer verkehrsgünstigen Lage entwickelte sich die Siedlung zum Hauptort des mittleren Neckargebiets. Das mittelalterliche Cannstatt entstand innerhalb der römischen Zivilsiedlung auf der rechten Neckarseite und ist ein Beispiel für die Siedlungskontinuität von Kastellen und Lagerdörfern am Limes (eindrucksvoll dokumentiert vor allem am „äußeren" Limes: s. S. 179).

30  Wiesbaden: Benefiziarierabzeichen.   31  Murrhardt: Adlerknauf des Bronzeschwerts einer Kaiserstatue.   32  Oberammergau: Offiziersdolch mit Silber- und Messingtauschierung

33  Rainau-Buch: Helm (cassis)

34  Einige der 1976 im Ostkastell von Welzheim entdeckten römischen Lederschuhe

35 Sulz a. N.: Merkurstatue

36 Auf einer Säulentrommel (Hausen a. d. Zaber) dargestellter Gigantenkampf

37 Bonn: Terrakottagruppe der Matronen, zweite Hälfte des 2. Jh. n. Chr.

38 Hausaltärchen mit Venus (Terrakotta) aus Köln

39  Frankfurt: Jupitergigantensäule (Reitender Jupiter, Gigant und Kapitell)

40 Trier: Römische Palastaula (Basilika), Thronsaal des Kaisers Konstantin (4. Jh. n. Chr.)

41 Bonn: Grabstein des Centurio Marcus Caelius, der im Feldzug des Varus fiel

42 Bonn: Grabstein des gallischen Kavalleristen Vonatorix von der Ala Longiniana

# T

## THEILENHOFEN

Ungefähr 500 m nordwestlich von Theilenhofen an der Straße nach Pfofeld lag in römischer Zeit das Kohortenkastell Iciniacum. Der Zeitpunkt seiner Errichtung hat sich nicht mit Sicherheit bestimmen lassen; es gilt aber als wahrscheinlich, daß es im Zuge einer Verstärkung des → Limes als Folge des Übergangs zur reinen Verteidigungsstrategie im Gebiet nördlich der Alpen unter Trajan (98–117 n.Chr.) entstanden ist.

Seit der Mitte des 2. Jahrhunderts oder nach Kellner, möglicherweise schon um die Jahrhundertwende, war das Kastell ein Steinbau. Statuenfragmente lassen ein im Mittelpunkt des Lagers aufgestelltes Kaiserstandbild vermuten. Die Besatzung war eine 500 Mann starke, teilweise berittene Kohorte von Spaniern, die Cohors III Bracaraugustanorum equitata. Die Kohorte nahm am jüdischen Feldzug Hadrians 132/35 teil. Das Kastell wurde nach dem Zusammenbruch der Limesverteidigung um die Mitte des 3. Jahrhunderts zerstört.

Noch bevor die Lage des Kastells durch Grabungen der Reichslimeskommission zwischen 1879 und 1895 festgestellt werden konnte, war die Gegend um das Kastell als Fundort römischer Altertümer bekannt. Insbesondere kamen so große Mengen römischer Münzen zum Vorschein, daß, so wird berichtet, die Bauern ihr Bier in den Gaststätten mit römischem Geld zu bezahlen pflegten.

Vom Kastell ist oberirdisch nichts mehr zu sehen. Umso eindrucksvoller ist die Ruine des Kastellbades, die 1968/69 im Verlauf einer Flurbereinigung entdeckt und nach Freilegung restauriert und zur Besichtigung erhalten wurde.

Das Bad liegt in südwestlicher Richtung ungefähr 250 m vom Kastell entfernt. Diese für ein Kastellbad ungewöhnlich weite Entfernung war durch die Lage der einzigen, für die Wasserversorgung des Bades geeigneten Quelle bedingt. Etwa 10 m nördlich der Ruine sind Mauerreste eines älteren Badegebäudes erhalten. Auch das Bad in seinem gegenwärtigen Zustand ist das Ergebnis mehrerer Umbauten. Wichtigste Änderung gegenüber dem ursprünglichen Zustand war der Anbau eines Kaltwasserbades mit apsidenartig vorspringenden Becken, an das sich nach Süden ein Schwitzbad (sudatorium) anschloß.

Anhand des Grundrißplans lassen sich die einzelnen Räume, wie folgt, bestimmen:

Man betrat das Bad durch den Umkleideraum (apodyterium, Nr. 1). Hier war ein von der Kastellbesatzung der Göttin Fortuna geweihter Altar aufgestellt, der umgestürzt nahe der Westwand gefunden wurde. Raum Nr. 2 war ursprünglich ein Kaltwasserbad (frigidarium) und wurde wahrscheinlich ebenfalls Umkleideraum, möglicherweise mit Fußbodenheizung für Benutzung im Winter, als das neue Kaltwasserbad entstand.

Die Räume Nr. 3 und 4 waren zunächst getrennte Laubäder und wurden nach Abbruch der Trennwand zu einem einzigen Laubad (tepidarium) vereinigt. Die Heizkammer ist an der Westwand zu sehen. Der sich anschließende Raum Nr. 5 ist das Warmbad (caldarium); es wurde von Süden her beheizt. Die starken Fundamente zu beiden Seiten des Heizungskanals trugen vermutlich einen metallenen Heißwasserbehälter. Durch seine Südlage erhielt der Raum zusätzliche Sonnenwärme.

Raum Nr. 7 ist das Schwitzbad mit seinem Heizungskanal, Raum Nr. 6 das Kaltbad. Wände und Boden des Apsidenbaues waren ursprünglich mit Solnhofer Platten bedeckt. In den Kastellbädern von Pfünz und Weißenburg hatte man schon früher Solnhofer Schiefer als Auskleidung von Räumen gefunden. In der Apsis stand eine Kaltwasserwanne zur Abkühlung nach dem Schwitzbad.

Der freundlichen Mitteilung von Frau Paula Glückstein, Haßfurt, verdanke ich den Hinweis, daß die Solnhofer Platten aus dem Apsidenbau des Bades erhalten geblieben und im Solnhofer Museum beim Solnhofer Aktienverein, Maxberg bei Solnhofen, ausgestellt sind.

„Nach der Ausgrabung des Kastellbades Theilenhofen (1968–1970) durch das Bayerische Landesamt für Denkmalpflege wurden die Solnhofer Platten, mit denen dieses Becken (BK) ausgekleidet war, dem Museum beim Solnhofer Aktien-Verein überlassen und dort nunmehr in einer genauen Nachbildung wieder eingebaut."

Die Badruine liegt etwa 1 km nordwestlich von der Ortsmitte von Theilenhofen (an der Bundesstraße 13). Dort verweist ein Hinweisschild auf den Weg zum „Römerbad".

## Theilenhofen: Römisches Kastellbad

Aus: Fritz-Rudolf Hermann, Das römische Kastellbad von Theilenhofen im Landkreis Gunzenhausen

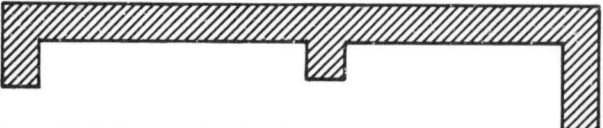

1 = Umkleideraum (apodyterium)
2 = ursprünglich Kaltwasserbad (frigidarium), später wahrscheinlich ebenfalls Umkleideraum
3, 4 = Laubad (tepidarium). Ursprünglich waren zwei getrennte Laubäder vorhanden, die nach Abbruch der Trennwand zu einem einzigen Laubad vereinigt wurden
5 = Warmbad (caldarium)
6 = Kaltbad
7 = Schwitzbad

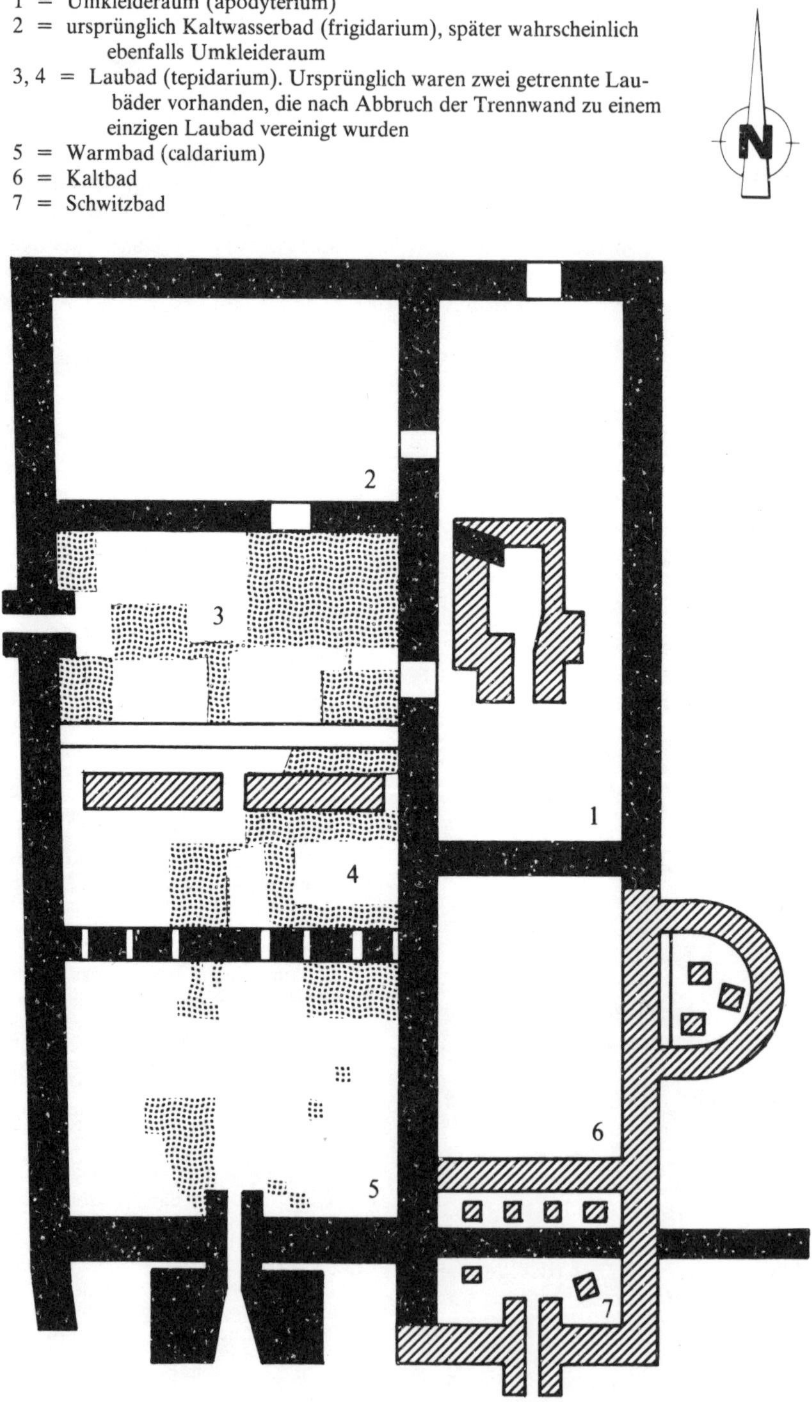

# TRIER

Berühmt ist der lateinische Spruch vom Alter der Stadt, der über den Fenstern des ersten Obergeschosses auf der Sandsteinfassade des „Roten Hauses" von 1684 westlich der Steipe in goldenen Lettern verkündet: „Ante Romam Treviris stetit annis mille tercentis. Perstet, et aeterna pace fruatur. Amen" (1 300 Jahre vor Rom stand Trier. Möge es weiter bestehen und ewigen Friedens sich erfreuen. Amen). Wenn sich auch der Anspruch, daß Trier schon mehr als 2 000 Jahre vor Christi Geburt bestanden habe, auf nichts Stichhaltigeres stützen kann als auf die geheimnisvolle Sage von der Gründung der Stadt durch den babylonischen Prinzen Trebeta, Stiefsohn der Königin Semiramis, so liegen doch hinreichende historische Anhaltspunkte vor, die die Ursprünge der Stadt mit dem Erscheinen der Römer im Moselland in den ersten Jahrzehnten des 1. vorchristlichen Jahrhunderts in Zusammenhang bringen und den Ruf Triers begründen, die älteste Stadt Deutschlands zu sein.

Ein genauer Anfangstermin für die Entstehung Triers hat sich bisher nicht mit Sicherheit bestimmen lassen. Eine Anknüpfung an einen vorrömischen Stammesmittelpunkt der keltisch-germanischen Treverer, von denen Trier seinen Namen empfing, scheidet nach jüngsten Erkenntnissen aus.

Auch für die oft geäußerte Ansicht, Trier sei von Kaiser Augustus bei seinem Aufenthalt in Gallien im Jahre 16 v.Chr. gegründet worden, fehlen archäologische Beweise. Das Reliefbruchstück eines römischen Legionars und die Grabinschrift eines Soldaten der spanischen Kavallerie, beide aus Trier (s. u. Museum), lassen das Vorhandensein eines militärischen Stützpunktes in frühaugusteischer Zeit in oder bei Trier vermuten. Zum Kastell wird, wie üblich, eine bürgerliche Siedlung gehört haben, die den Kern der späteren Stadt gebildet haben mag (Wightman).

Freilich ist eine stadtartige Anlage mit einem rechtwinkligen Straßensystem erst für die Zeit des Kaisers Claudius (41–54 n.Chr.) nachweisbar. Was vorher bestand, war eine lockere Streusiedlung aus Fachwerkhäusern und Steinbauten mit einer aus eingesessenen Treverern und zugewanderten Römern gemischten Einwohnerschaft. Mangels eines überkommenen einheimischen Namens erhielt die Siedlung die Bezeichnung Augusta Treverorum, die Kaiserstadt der Treverer, möglicherweise zu Ehren des Kaisers Augustus, dessen Einwilligung zur Namensgebung erforderlich war. Aus einer Ehreninschrift für L. Caesar (s. u. Museum) wird geschlossen, daß die frührömische Siedlung schon über monumentale Gebäude verfügte.

Dank ihrer günstigen Lage am Schnittpunkt der Fernstraßen Lyon-Metz nach Andernach und von Paris-Reims nach Mainz und an einem Übergang über die Mosel entwickelte sich die Siedlung schnell zu einem wirtschaftlich blühenden Gemeinwesen, dem schon nach verhältnismäßig kurzer Zeit eine doppelte Ehrung zuteil wurde: die Stadt wurde Hauptort der civitas (Gebietskörperschaft) der Treverer und erhielt unter Kaiser Claudius den Rang einer Kolonie mit dem Namen „Colonia Augusta Treverorum".

Ein weiteres Zeugnis für die wirtschaftliche und politische Bedeutung der Stadt war die Verlegung des Amtssitzes des höchsten Finanzbeamten der Provinz Belgica, dem später auch die beiden germanischen Provinzen unterstellt wurden (procurator Belgicae et duarum Germaniarum), nach Trier. Ein Zeitgenosse, der Geograph Pomponius Mela, nennt die colonia schon in claudischer Zeit die prächtigste Stadt („urbs opulentissima") Galliens. An öffentlichen Bauten entstand eine auf Pfahlrosten ruhende Moselbrücke (41 oder 44 n.Chr.) und um etwa 100 n.Chr. ein Amphitheater, das 20 000 bis 30 000 Zuschauern Platz bot.

Die Colonia und Hauptstadt des Treverergaues war zugleich religiöser Mittelpunkt. Ein in seinen Ausmaßen und der Mannigfaltigkeit der Kulte im ganzen römischen Imperium einzigartiger heiliger Bezirk lag im Altbachtal im Süden der Stadt. Über siebzig Tempelgrundrisse verschiedener Größe und Form sind aufgedeckt worden. Die meisten Tempel entsprachen dem Typ des gallorömischen Umgangstempels mit quadratischem, vieleckigem oder rundem Mittelbau (cella), der von einem gedeckten Säulengang umgeben war. Auch ein Kulttheater ist nachgewiesen.

Es waren überwiegend einheimische Gottheiten, manche in römischem Gewand, denen die aus Stadt und Land zusammenströmende Bevölkerung in einer „Atmosphäre fröhlichen Gedränges" (Wightman) hier ihre Gelübde oder Dankesopfer darbrachte. Unter den mehr als zwanzig Gottheiten des Altbachbezirkes befinden sich der gallorömische Jupiter, dargestellt als Reiter; Merkur und Apollo Grannus, der keltische Heilgott; die Trierer Muttergöttinnen (matres Treverae); Epona, die keltische Schutzgöttin der Pferde; Artio, die Bärgöttin; Ritona, die Göttin der Furten.

Im 3. Jahrhundert kam ein kleines Heiligtum des persischen Lichtgottes Mithras hinzu. Am Heiligkreuzberghang, lag ein prächtiger Tempel von klassischer Bauform („Tempel am Herrenbrünnchen" genannt). Ein weiterer heiliger Bezirk außerhalb Triers am westlichen Moselufer galt dem treverischen Stammesgott Lenus Mars und seinen Kultgenossinnen, den Xulsigiae, Quell- und Heilgottheiten, die vor allem bei Kinderkrankheiten angerufen wurden.

Der mit dem römischen Mars gleichgesetzte keltische Gott Lenus wurde als Beschützer des Stammes und als Spender von Gesundheit und allgemeiner Wohlfahrt verehrt. Das Heiligtum bestand aus einem zentralen Tempel mit klassischer cella, dem ein Altar vorgelagert war. Man betrat den Tempelbezirk über eine weit ausladende Freitreppe, die zu einem die ganze Breite der Anlage einnehmenden, überdeckten Doppelportico führte. Ähnlich wie der Altbachbezirk war auch das Lenus-Mars-Heiligtum mit einem Kulttheater verbunden. (Ein Wandbild des Lenus-Mars-Tempels ist im Raum 9 des Museums zu sehen.)

In der Ausstattung der steinernen Häuser und Paläste Triers spiegelte sich die Wohnkultur einer wohlhabenden Römerstadt. Man hatte fließendes Wasser und Privatbäder im Haus. Die Räume waren vielfach heizbar und mit Wandmalereien und Mosaikfußböden geschmückt. Die mehr als fünfundsiebzig Mosaike, die im Trierer Stadtgebiet im Lauf der Zeit aufgedeckt wurden, machen den größten Teil der in Deutschland gefundenen römischen Mosaike aus. Die Straßen waren gepflastert; die Abwässer wurden in unterirdischen Kanälen abgeleitet.

Quellen des Wohlstandes waren Landwirtschaft, Handel und Gewerbe. Trier war Mittelpunkt einer bedeutenden Töpferindustrie. Es gab Schiffswerften, Gerbereien und Webereien. Auch Metallwaren wurden in Trier gefertigt. Im Moselhafen wurden Massengüter (landwirtschaftliche Produkte, Textilien, Töpfereiwaren, Baumaterialien) zur Versorgung der Garnisonen am Rhein und am→ Limes umgeschlagen. Kaufleute aus Trier gründeten Niederlassungen in anderen Provinzen zur Förderung des Handels mit ihrer Heimatstadt.

Die wirtschaftliche Blüte der Stadt begann mit der Befestigung der römischen Herrschaft und der zunehmenden Romanisierung der einheimischen Bevölkerung nach Überwindung separatistischer Bestrebungen der Frühzeit. Führer der Treverer hatten sich den Bataverrebellen unter Julius Civilis während der inneren Wirren nach dem Tode Neros 69/70 angeschlossen mit dem Ziel der Errichtung eines gallischen Sonderreichs.

Mit dem Sieg einer römischen Armee über die Rebellen bei Rigodulum, dem heutigen Riol, zerrann der Traum gallischer Unabhängigkeit. Damit waren auch die antirömischen Energien erschöpft und die Bevölkerung nahm an, was ihnen der siegreiche General Cerealis empfohlen hatte, nämlich dem „Starrsinn, der zum Verderben führt, zu entsagen und den Geist der Fügsamkeit zu wählen, der Sicherheit verbürgt" („obsequium cum securitate", Tacitus, Historiae IV, 74).

In der nun folgenden Zeit des Friedens und Wohlstandes zu Beginn des 2. Jahrhunderts n.Chr. entstanden die Barbarathermen, die zu den zehn größten Badeanlagen des römischen Reichs gehörten. Das ursprünglich in Holz errichtete Amphitheater wurde vergrößert und in Stein umgebaut. Um 140 wurde die Moselbrücke durch eine Steinpfeilerbrücke ersetzt. Weitgehende Folgen für Trier hatte der Einfall der Chauken, eines germanischen Stammes von der Nordseeküste, im Jahre 173/74, der den Anlaß zum Bau der Stadtmauer gab. Damals wurde im Zug des Mauerbaues auch die Porta Nigra (s. u.) errichtet.

Es wird angenommen, daß die Stadtmauer ihre Bewährungsprobe während einer „obsidio" (Belagerung) durch Truppen des Gegenkaisers Clodius Albinus im Jahre 197 bestand, als die Stadt durch die Mainzer XXII. Legion aus ihrer Bedrängnis befreit wurde. „Kein einziges Bauprogramm hat die äußere Erscheinung der Stadt so einschneidend verändert wie der Mauerbau; durch die Festlegung der Stadtgrenzen in Stein und Mörtel wurde Trier aus einer offenen zu einer geschlossenen Stadt" (Wightman).

Die Bedrohung des Limes durch die Alamannen in der ersten Hälfte des 3. Jahrhunderts bewirkte für Trier wegen seiner Lage weit im Hinterland wahrscheinlich zunächst nur verstärkte Betriebsamkeit im Hafen als der Nachschubbasis für die Armeen am Rhein und Limes während der Feldzüge des Caracalla 213 und des Maximinus Thrax 235.

Der Verlust des Limes 259/60 dagegen legte den Keim zu einer grundlegenden Änderung im Charakter der Stadt. Die Zentralregierung in Rom hatte den germanischen Invasionen gegenüber versagt. Für eine wirksame Verteidigung mußten Regierungs- und Kommandogewalt auf höchster Ebene in die Nähe der gefährdeten Grenzen verlegt werden. So führten weniger nationalistische Unabhängigkeitsbestrebungen, die der Rebellion von 69/70 zugrunde lagen, als vielmehr Erwägungen der Grenzverteidigung im Jahre 258 zur Gründung des gallischen Sonderreichs durch den Oberbefehlshaber des niedergermanischen Heeres und Statthalter von Gallien, Marcus Cassianius Latinius Postumus. Der gallische Sonderkaiser regierte sein Reich, das die römischen Provinzen des Westens umfaßte, zunächst von → Köln aus, wo er sich zum Kaiser hatte ausrufen lassen.

Aber auch Trier erlebte während der Zeit des gallischen Sonderreichs den Glanz einer Kaiserresidenz. So ist für Trier unter Postumus eine kaiserliche Garde nach dem Vorbild der Prätorianer bezeugt, was auf eine Hofhaltung in Trier schließen läßt. Auch war Trier, wie Köln, Münzstätte des gallischen Reichs. Postumus gelang für einige Zeit die Abwehr der äußeren Gefahren. Aber sein Imperium Galliarum war nur von kurzer Dauer. Postumus selbst wurde

268 von seinen eigenen Soldaten erschlagen, als er ihnen die Plünderung von Mainz untersagte, wo sich der Legionskommandeur Laelianus gegen den Kaiser erhoben hatte. Tetricus, der letzte gallische Sonderkaiser, ergab sich im Jahre 274 dem Kaiser Aurelian, der die Reichseinheit wiederherstellte.

Im Jahre 275 legten Scharen von Germanen weite Teile Galliens in Schutt und Asche. Auch Trier ging in Flammen auf. Wenn es auch Kaiser Probus (276–282) gelang, die Ordnung wiederherzustellen und der Wirtschaft neue Impulse zu geben – er ließ z. B. den Weinbau im Moseltal durch staatliche Maßnahmen fördern –, so war doch die Zeit der alten zentralistischen Reichsorganisation vorbei. Die regionale Organisation des gallischen Kaisertums hatte sich bei der Abwehr äußerer Gefahren bewährt. In der Neuordnung des Staates durch Diokletian (286–305) kam der Grundsatz der militärischen und verwaltungsmäßigen Dezentralisation endgültig zum Durchbruch.

Für Trier bedeutete diese Entwicklung, daß es für hundert Jahre Reichshauptstadt und Kaiserresidenz wurde. Nach dem System der Tetrarchie, wie die diokletianische Reichsreform genannt wurde, war das Reich in eine westliche und östliche Hälfte eingeteilt. An der Spitze jeder der beiden Reichshälften stand ein Augustus (Oberkaiser), dem ein Unterkaiser mit dem Titel eines Caesar als Gehilfe und Thronfolger beigeordnet war. Jeder der vier Herrscher hatte seine eigene Hauptstadt, Armee und einen Beamtenapparat, der von einem praefectus praetorio als höchstem Beamten geleitet wurde.

Augustus des Ostens war Diokletian mit Galerius als Caesar. Im Westen herrschte Maximianus Herculius. Seine Hauptstadt war Mailand. Sein Unterkaiser war Constantius Chlorus, Gatte der später heilig gesprochenen Helena und Vater Konstantins des Großen. Ihm wurde Trier als Residenz zugewiesen. Chef der Verwaltung und oberster Zivilberater des Kaisers war der praefectus praetorio Galliarum. Als Folge der Reichsteilung unter Valentinian I. (364–375) wurde Trier schließlich die alleinige Metropole des Westreichs. Seit der Erhebung zur Kaiserresidenz war der Name der Stadt Treviri oder Treviris. Beide Namen sind im italienischen Treviri und im spanischen Treviris bis heute erhalten.

Der Aufstieg Triers zur Reichshauptstadt war von einer beispiellosen Bautätigkeit begleitet. Aus den Trümmern der Zerstörungen von 275 erwuchs eine Stadt mit monumentalen Repräsentationsbauten, wie sie einer Kaiserresidenz zukamen. Im Osten entstand ein Palastbezirk, dessen Kernbau, die Aula Palatina, noch heute die Dächer der modernen Stadt überragt. Später wurde ein Teil des Bezirks von einer mächtigen Doppelbasilika eingenommen. Ein Thermengebäude, das an Größe nur noch von den Thermen des Caracalla und Diokletian in Rom übertroffen wurde, schloß sich an die Kaiserpaläste an. Vorhandene Bauten, wie die Barbarathermen, das Amphitheater und ein „Circus Maximus", wurden dem Repräsentationsbedürfnis der Hauptstadt entsprechend erweitert. Die Straßen erhielten Kalksteinpflaster, das Abwässersystem wurde verbessert.

Was die Zahl der Einwohner anlangt, so meint R. Schindler, daß man mit der oft geäußerten Annahme, sie habe 80 000 betragen, offensichtlich zu hoch gegriffen habe. Man müsse sich mit einem reichlichen Viertel dieser Zahl begnügen. Der Verwaltungsstab der gallischen Präfektur wird auf ungefähr zweitausend Beamte geschätzt.

Auch im religiösen und geistigen Bereich wurde Trier die führende Metropole des Westens. Trier wurde Bischofsstadt. Berühmte Kirchenmänner – Ambrosius, Augustinus, Hieronymus, Verfasser der lateinischen Bibelübersetzung („Vulgata"), Martin von Tours und Athanasius – hielten sich in Trier auf.

Die Hauptstadt war Sitz einer Universität. Einem Edikt des Kaisers Gratian (375–383) zufolge erhielten die „nobiles professores" der Trierer Schulen ein höheres Gehalt als ihre Kollegen in anderen Städten des Reichs. Lehrer und Mentor Gratians war Decimus Magnus Ausonius (etwa 310–395), Professor für Grammatik und Rhetorik an der Universität Burdigala (Bordeaux), den Valentinian I. als Erzieher des Kronprinzen nach Trier berufen hatte. Gratian blieb seinem Lehrer zeit seines Lebens treu ergeben und stattete ihn mit der Würde eines Konsuls aus.

Für die Zeitgenossen war Trier durch den Glanz seiner Bauten und seines geistigen Ruhms ein „zweites Rom", das „Rom des Nordens" geworden. Der Historiker Ammianus Marcellinus (330–400) nannte das aus der Asche wiedererstandene Trier „domicilium principum clarum", die hochberühmte Kaiserresidenz.

Als letzter Kaiser des Westreichs residierte Valentinian II., der Bruder Gratians, in Trier. Unter dem wachsenden Druck germanischer Invasionen wurde die Hauptstadt im Jahre 390 zunächst nach Mailand und um 404 nach Ravenna verlegt. Noch vor dem Abzug der römischen Truppen vom Rhein zu Beginn des 5. Jhrds. verließ auch die gallische Präfektur Trier; sie zog nach Arelate (Arles) in Südfrankreich. Der Abzug des Hofes und der Beamtenschaft bedeutete das Ende Triers als Reichshauptstadt. Unter dem Ansturm der Franken und Alamannen löste sich die römische Herrschaft im Westen allmählich auf. Trier wurde wiederholt von plündernden Germanen heimgesucht, bis es zwischen 460 und 480 endgültig in die Hände der Franken fiel.

Als „Rom des Nordens" bot Trier im 4. Jahrhundert den Anblick einer in römisch-mediterranem Stil erbauten Stadt. Der Reisende, der von Westen her kam, erblickte das Panorama der Hauptstadt mit hohen Toren und turmbewehrtem Mauerring. Zur Linken am Moselufer lag der Hafen mit ankernden Schiffen, Kais und Speicheranlagen. Nach Eintritt in die Stadt durch das monumentale Brückentor (das noch im Mittelalter die „Porta Inclyta", das berühmte Tor hieß) ging man auf dem breiten decumanus maximus, der Ost-West-Achse (heute Südallee und Kaiserstraße) auf das Forum zu, zur Rechten der mächtige Baukomplex der Barbarathermen mit seiner reichgegliederten, von Skulpturen geschmückten Nischenfassade. Das Forum, Verwaltungs- und Geschäftszentrum der Stadt, besaß auf der Süd- und Nordseite je eine Doppelreihe von Läden, die zum Forum und den angrenzenden Straßen hin offen waren. Nach Osten zu erblickte man die hochragenden Bauten der Kaiserthermen, denen ein weiter, mit Laubengängen umgebener, quadratischer Platz vorgelagert war. Am Bergabhang dahinter gewahrte man das in den Stadtmauerring eingeschlossene Amphitheater und zur Rechten die klassische Fassade des Tempels am Herrenbrünnchen. Nach Norden zu erhob sich im kaiserlichen Palastbezirk die Palastaula und daran anschließend die konstantinische Doppelkirche.

Keine andere Römerstadt in Deutschland hat so viele Bauwerke aus ihrer römischen Vergangenheit in zum Teil fast unversehrtem Zustand bewahrt wie Trier. (Die einzelnen Bauten sind in Sonderheften ausführlich beschrieben. Die nachfolgenden Bemerkungen sollen nach Art eines Kurzführers auf die Bauten hinweisen und einige wichtige Einzelheiten erläutern.)

Die Besichtigung der Trierer Römerbauten beginnt mit der **Porta Nigra,** dem Nordtor der römischen Stadtbefestigung. Die Bezeichnung „Schwarzes Tor" nach der durch Alter und Verschmutzung hervorgerufenen dunklen Verfärbung des ursprünglich hellen Sandsteins taucht erst im Mittelalter auf. Für die Entstehung der Porta, der größten unter den erhaltenen römischen Torburgen, wird, wie bereits oben erwähnt, nach neuesten Erkenntnissen, die sich u. a. auf Scherbenmaterial aus dem Steinhauerschutt stützen, die Zeit um 180 n.Chr. angenommen.

Der unfertige Zustand des Bauwerks, der u. a. an zahlreichen, wie Bosse aus dem Mauerwerk vorspringenden Quadern und an den nur roh behauenen Säulenkapitellen erkennbar ist, wird auf vorzeitigen Abbruch der Baugerüste zurückgeführt, der durch die Belagerung der Stadt im Jahre 197 durch Truppen des abtrünnigen Kaisers Clodius Albinus erzwungen wurde. Später, so wird angenommen, habe man die Ge-

*Trier, Porta Nigra*

rüste nicht wiederaufbauen wollen. Auch hat die Porta niemals Torflügel besessen. Zur Feindseite hin wurde sie durch ein Fallgatter abgeschlossen. Die Einschnitte dafür im Mauerwerk sind noch zu sehen. Die Quadern der Porta Nigra sind ohne Mörtel aufeinandergesetzt und waren im Altertum durch bleivergossene Eisenklammern miteinander verbunden. Die Erhaltung der Porta im Gegensatz zu den anderen, ebenso prächtigen Stadttoren, die im Lauf der Zeit Steinräubern zum Opfer fielen, ist dem Umstand zu verdanken, daß um das Jahr 1000 Simeon aus Syrakus den Ostturm des Tores als Einsiedlerklause erwählte. Nach seinem Tod wurde die Porta von Simeons Freund, dem Trierer Erzbischof Poppo von Babenberg, zu einer Doppelkirche umgebaut, ohne daß die römische Bausubstanz entscheidend verändert wurde. Nach der Einverleibung Triers in das französische Staatsgebiet befahl Napoleon 1804, die Porta „von allen späteren An- und Einbauten zu befreien und ihr das ursprüngliche Aussehen wiederzugeben." Nach 1815 übernahm der preußische Staat diese Arbeiten, die 1876 vollendet wurden.

Seitdem bietet die Porta im Wesentlichen das Aussehen der Römerzeit: Ein dreigeschossiger Mittelbau mit offenem Innenhof (Zwinger) und zwei Torduchfahrten, flankiert von vierstöckigen Türmen, die nach der Feldseite zu halbkreisförmig vortreten, während sie auf der Stadtseite flächige Risalite bilden. Das vierte Obergeschoß des Ostturms wurde im Mittelalter abgetragen, wahrscheinlich gleichzeitig mit dem Anbau der Chorapsis. Die Obergeschosse sind durch Rundbogenfenster zwischen Halbsäulen gegliedert. Die gleiche architektonische

Gliederung findet sich bei den Wehrgängen, die den Innenhof umschließen.

Von der Feldseite her erscheint die Porta als mächtiges Bollwerk, das durch seine Wucht und Höhe beeindruckt. Von der Stadtseite her gesehen, bietet die Porta eine palastartige Front. In der Verbindung von Wehrhaftigkeit und Pracht symbolisiert die Porta wie kein anderer Römerbau nördlich der Alpen die „maiestas imperii", die Macht und Größe des römischen Reichs.

Seit der gründlichen Restaurierung zwischen 1966 und 1973 ist der Torbau wieder Besuchern zugänglich. Von zwei Standorten läßt sich am besten ein Eindruck von der Mächtigkeit des Bauwerks gewinnen. Vom Hof des Simeonstiftes aus gesehen zeigt die hochaufragende Westseite die „Kraft und Herrlichkeit der römischen Architektur"; vom ersten Joch der Wehrgänge im zweiten Obergeschoß erkennt man die Gesamthöhe des Baues.

Ein besonderer Anziehungspunkt für den Betrachter ist die hervorragende römische Quadertechnik; der Blick wird immer wieder auf die kunstvollen Fugenschnitte gelenkt. Bemerkenswert sind ferner die zahlreichen Steinhauermarken (gleich nach Betreten im Inneren des Westturms links vom Eingang und rechts unterhalb der Treppe und auf Quadern der westlichen Tordurchfahrt), meistens drei Buchstaben, die als Kontrollzeichen der Steinhauer entweder in den Steinbrüchen oder auf dem Werkplatz der Porta zum Zweck der Abrechnung angebracht wurden (E. Zahn).

Rechts vor den Ostturm wurden 1969 Reste der originalen römischen Plattenstraße verlegt, die, auf beiden Seiten von Pfeilern begleitet (heute durch Pfeilerstümpfe angedeutet), auf das Tor zuführte. Vom Marktplatz her gesehen, legt sich der Torbau wie ein gewaltiger Riegel vor das Straßenende und vermittelt so einen Eindruck von der Funktion der Porta als mächtiges Befestigungswerk im schützenden Mauerring.

In südwestlicher Richtung von der Porta Nigra liegt der Pferdemarkt. Von dort gelangt man über Oerenstraße-Paulusplatz-Kalenfelsstraße zum **Bürgerhospital St. Irminen.** Die Oerenstraße und St. Irminen stehen in einem inneren Zusammenhang. Im Namen der Oerenstraße hat sich das lateinische Wort „horrea", Getreidespeicher, erhalten. Damit sind die römischen Speicherhallen am Moselhafen gemeint. Die Speicher wurden im 4. Jahrhundert n.Chr. errichtet. Die Anlage bestand aus zwei parallel zueinanderstehenden zweigeschossigen, von einer Ladestraße getrennten Hallen, deren äußere Mauerfläche durch zwei Reihen von Blendarkaden gegliedert war.

Schon in fränkischer Zeit wurde das Kloster der Benediktinerinnen St. Irmin in die römischen Speicherhallen eingebaut. Im 19. Jahrhundert wurde das ehemalige Kloster Krankenhaus und Altersheim. Ein Teil des spätrömischen Mauerwerks aus Kalksteinquadern mit Ziegeldurchschuß der zur Mosel gelegenen Längswand der westlichen Halle ist im Bürgerhospital St. Irminen erhalten.

Am Krahnen-Ufer entlang führt der Weg zur **Römerbrücke.** Von den sieben Brückenpfeilern stehen heute noch fünf so im Fluß, wie sie um 140 n.Chr. errichtet wurden, um die ältere, aus dem Jahre 41 n.Chr. stammende Pfahlrostbrücke etwa 5 m stromabwärts zu ersetzen. (Der letzte Pfeiler am linken Ufer und der zweite Pfeiler auf dem rechten Ufer wurden 1715 erneuert.) Die Quadern aus Mayener Basalt waren ebenso wie die Blöcke der Porta Nigra ohne Mörtel zusammengesetzt und nur durch eiserne Klammern miteinander verbunden. Die Steinbögen sind mittelalterlich; zur Römerzeit lag eine hölzerne Fahrbahn auf den an einigen Pfeilern noch sichtbaren vorragenden Konsolsteinen.

Die römischen Brückenpfeiler haben über 1 800 Jahre lang Strömung, Eisgang, Hochwasser und selbst kriegerischen Einwirkungen standgehalten und ertragen heute, ohne Schaden zu nehmen, selbst die starken Belastungen des modernen Straßenverkehrs.

Die **Barbarathermen** (nach dem mittelalterlichen Vorort St. Barbara genannt) im Zuge der Kaiserstraße-Südallee stammen, wie oben bemerkt, aus dem 2. Jahrhundert n.Chr. und wurden noch in fränkischer Zeit benutzt. Im 12. Jahrhundert dienten die aufrechtstehenden Teile des Warmbades (caldarium) den „Herren von der Brücke" (möglicherweise nach der Römerbrücke benannt) als Wohnburg.

Noch zu Anfang des 17. Jahrhunderts waren große Teile des alten Römerbaues erhalten. Ein zeitgenössischer Stich zeigt die mehrgeschossige, mit Nischen geschmückte äußere Mauer des Palastes der „Herren de Ponte" (nach der Beschriftung aus einem „Triumphbogen der Kaiser Valentinian und Gratian" entstanden) und einen als Fischweiher benutzten Hochbehälter des caldarium. Das Bauwerk diente in der Folgezeit als Steinbruch, zunächst für die Stadtmauer und später für das Jesuitenkolleg, aus dem das Friedrich-Wilhelm-Gymnasium hervorging, und wurde mit der Zeit bis auf die Fundamentmauern abgetragen.

Die Räume der Thermen waren auf einer nord-südlichen Hauptachse angeordnet: im Süden das der Bestrahlung durch die Mittagssonne ausgesetzte Warmbad, flankiert von zwei heizbaren Schwimmbecken, daran anschließend das Laubad (tepidarium) und nach Norden das Kaltbad (frigidarium) mit einer säulenumstandenen Palaestra, die sich bis unter die heutige Südallee und Kaiserstraße ausdehnte. Erhalten sind die Mauern der Kellergänge und Teile der Erdgeschoßmauern.

Der Zugang zu den Ruinen ist von der Südallee her, wo sich einst die Prachtfassade des frigidarium erhob. Von dort führt der Rundgang zum tepidarium und zum Kellergeschoß des caldarium. Man beachte die Betonwölbungen mit Abdrücken der römischen Holzverschalungen, die Luft- und Lichtschächte, die Feuerstellen der heizbaren Wannen und Räume, Abwässerkanäle und originale Fußbodenplatten.

Den monumentalen Abschluß des decumanus maximus nach Osten bilden die **Kaiserthermen.** Der Name hat sich für den Bau eingebürgert, obwohl er nie seiner Bestimmung als Badepalast gedient hat. Begonnen wurde der Bau unter Kaiser Konstantin im 4. Jahrhundert als Badeanlage nach dem üblichen Schema von Warm-, Lau- und Kaltbad. Er bildete den südlichen Abschluß des kaiserlichen Palastbezirkes und erstreckte sich, wie neueste Forschungen 1960/66 im westlichen Teil ergeben haben, in ein schon im 1. Jahrhundert n.Chr. dichtbesiedeltes Wohnviertel, das dem kaiserlichen Bauvorhaben weichen mußte. Dabei wurde eine Reihe von Wohnbauten abgerissen, darunter ein großes Peristylhaus, von dem noch Reste von Wandmalereien und figürliche Mosaikfußböden (s. u. Museum) vorhanden waren.

Als Konstantin im Jahre 316 seine Residenz Trier verließ, war der Bau noch unvollendet. Er blieb jahrzehntelang als Torso liegen, bis unter Valentinian in den 60er Jahren des 4. Jahrhunderts ein Umbau für einen noch unbekannten Zweck vorgenommen wurde. Das gewaltige Kaltbad (frigidarium) – die 7 m starken Fundamente der Ostwand sind beim Rundgang durch das Kellergeschoß zu sehen – wurde abgebrochen und durch einen großen, quadratischen, von Säulenhallen umgebenen Vorplatz ersetzt. Kernbau der neuen Anlage bildete das Warmbad mit dem Laubad als Vorhalle.

Über den Zweck des umgebauten Bades gibt es verschiedene Vermutungen. W. Reusch (Trier-Kaiserthermen, 1971) nimmt an, mit dem Umbau sei die Umwandlung der Thermen in ein repräsentatives Kaiserforum bezweckt gewesen, wobei das caldarium als forensische Basilika gedient haben könne. Andere sehen in dem Bau den Amtssitz des praefectus praetorio Galliarum, der damit in die unmittelbare Nähe des Kaiserpalastes rückte oder auch eine Kaserne für die kaiserliche Garde.

Ähnlich wie die Barbarathermen, wurden auch die Reste der Kaiserthermen im Mittelalter zu Wohnzwecken benutzt. Die fränkischen Burggrafen schlugen dort ihre Residenz auf. Später wurde das caldarium als östliche Eckbastion in die mittelalterliche Stadtmauer einbezogen. Ein Fenster der unteren Reihe in der Südapsis wurde ausgebrochen und diente bis 1817 als Stadttor. Erst 1912/14 wurde der antike Bau systematisch untersucht und freigelegt.

Zugang zu den Kaiserthermen ist von der Ostallee her. Man betritt den Saal des Warmbades. Vor dem Umbau lag der Fußboden 2 m über dem heutigen Niveau auf Hypokaustpfeilern. Man muß sich den gewaltigen Raum, der heute offen unter freiem Himmel liegt, überdeckt vorstellen, um einen Begriff von seinen Ausmaßen zu erhalten (fast die ganze Porta Nigra würde in den Raum passen). Das Innere des Saales war mit Säulen und Marmorplatten prächtig ausgestattet. Beachtenswert sind die zahlreichen, konzentrisch übereinanderliegenden Entlastungsbögen im Mauerwerk über den von außen in den Raum mündenden Heizungskanälen.

Eine Betrachtung der meisterhaften römischen Mauertechnik mit ihrem Wechsel von weißen Kalksteinquadern und rotem Ziegeldurchschuß – insbesondere von der Außenseite her gegen das grüne Laub der Bäume unter blauem Himmel – gehört zu den unvergeßlichen Eindrücken eines Besuches der Kaiserthermen. (Vieles erinnert an die Thermen des Konstantinpalastes in Arles.) (S. Tafelteil Abb. 10.)

Den Rundgang durch das Kellergeschoß, der größten erhaltenen römischen Anlage dieser Art, beschreibt W. Reusch in der oben zitierten Broschüre (S. 25ff.) an Hand eines Grundrisses, in den die Nummern der einzelnen Kellergänge eingetragen sind. Das Kellergeschoß war zum Bedienen der Heizung und als Abflußsystem für die Abwässer des Bades bestimmt. Die Abwässerkanäle und die Bedienungs- und Verbindungsgänge bilden ein wahres Labyrinth unter den Thermenbauten. Ähnlich wie in den Barbarathermen, sieht man auch hier im römischen Beton die Abdrücke der Holzverschalungen. Das Negativ eines Zirkels, den ein Zimmermann im Mörtel stecken ließ, hat sich in der Betondecke erhalten. Durch eine Öffnung im Scheitel des halbkreisförmigen Umgangs, der das Schwimmbecken des (niedergelegten) frigidarium umschließt, hat man einen Blick auf einen Rundbau mit einer Kaltwasserwanne des vorthermenzeitlichen Peristylhauses, das beim Bau der Kaiserthermen zusammen mit anderen Wohnbauten abgerissen wurde.

Neben öffentlichen Bädern gehörten Theater zu den Annehmlichkeiten des Lebens in einer Römerstadt. Dank seines Wohlstandes konnte sich Trier schon frühzeitig ein **Amphitheater** zur Unterhaltung seiner Bürger leisten. Das östlich der Kaiserthermen an der Olewigerstraße in den Hang des Petrisberges eingebaute Amphitheater ist der älteste der Trierer Römerbauten. Der Erdwall der Westseite ist aus dem Aushub des Ostabhanges aufgeschüttet; in ihm befinden sich zwei gewölbte Zugänge (vomitaria). Die Arena umgibt eine teilweise noch erhaltene Abschlußmauer, in der sich 12 Kammern (einige sind sichtbar) als Gewahrsam für wilde Tiere befanden.

Das Amphitheater war nicht für musische Spiele bestimmt. Das Mosaik in der Villa von → Nennig schildert in zeitgenössischen Bildern die Tierhetzen und Gladiatorenkämpfe, die in der Arena von Trier stattfanden. Im Keller in der Mitte der Arena (zur Besichtigung zugänglich) befand sich die Maschinerie einer versenkbaren Bühne, mit deren Hilfe Landschaftsszenerien, wie man sie für Tierkämpfe brauchte, aus der Tiefe der Arena auftauchten. Von seiner düsteren Vergangenheit als Kerker für zum Tode in der Arena verurteilte Gefangene zeugen Verfluchungstäfelchen, die 1908 bei einer Kellergrabung gefunden wurden.

Im letzten Drittel des 2. Jahrhunderts wurde das Amphitheater in den Mauerring eingeschlossen. Vom südlichen Eingang, der als äußeres Tor diente, zog sich die Mauer über den Kamm der westlichen Hälfte zum Nordeingang, der das innere Stadttor bildete, und von dort weiter an der Ostseite der Stadt entlang. Die Arena lag als mächtiger Zwinger zwischen den beiden Toren.

Im Mittelalter wurde das Amphitheater als Steinbruch benutzt, insbesondere von den Mönchen des Zisterzienserklosters Himmerod. Damals verschwanden die Steinsitze der drei Zuschauerränge, die heute in den Grashängen angedeutet sind. Man schätzt, daß zwanzig- bis dreißigtausend Zuschauer in dem ovalen Rund des Theaters Platz fanden.

Von der anderen Stätte für Massenunterhaltung, dem circus maximus im Osten der Stadt, wo die Wagenrennen stattfanden (s. das Polydusmosaik im Museum), sind oberirdisch keine Spuren mehr erhalten. Dort, wo sich die große Wendekurve mit der „meta", der Zielsäule, befand, an der die „glühenden Räder der Wagen hart vorbeirasten" (Horaz, Oden, I) zieht heute die Agritiusstraße ihren gekrümmten Lauf.

Von den Höhen auf dem Westufer der Mosel aus gesehen, wird das Stadtbild Triers von der mächtigen, arkadengegliederten Westfassade der **Aula Palatina** beherrscht, dem fast unversehrt erhaltenen Zentralbau des kaiserlichen Palastbezirks aus der Zeit, als Konstantin der Große in Trier residierte.

Der Bau wurde um 310 von Konstantin an der Stelle eines älteren öffentlichen Gebäudes, vermutlich des Palastes des Prokurators, als Teil einer weitläufigen Palastanlage errichtet und diente fast hundert Jahre lang als der prunkvolle Empfangs- und Repräsentationssaal der Herrscher des Westreichs. Nach dem Zusammenbruch der römischen Herrschaft an Mosel und Rhein um die Mitte des 5. Jahrhunderts und dem Übergang Triers in die Hände der Franken wurde der Bau Amtssitz der fränkischen Gaugrafen.

Allmählich verfiel der Steinbau wegen mangelnder Unterhaltung. Was übrig blieb, war ein ungedeckter, geschlossener Innenhof, an dessen Mauern sich kleinere Bauten, wie Wohnungen und Stallungen, ansiedelten. Ende des 12. Jahrhunderts übernahmen die Trierer Erzbischöfe die römische Ruine und richteten dort ihren Wohnsitz ein, wobei die Apsis durch eine Mauer vom Langhaus getrennt und zu einem Wohnturm mit zwei Geschossen umgebaut wurde.

Beim Neubau der bischöflichen Residenz im 17. Jahrhundert wurde der Römerbau als Westflügel in das neue Palais einbezogen. Dabei wurde die gesamte römische Ostwand und ein Teil der Südwand bis auf die Fundamente abgetragen. Eine neue Ostwand wurde näher an die Westwand herangerückt; die Höhe der Westwand wurde um mehrere Meter verkürzt. Nur die Apsis blieb als Eckbastion des neuen Palastes unbeschädigt erhalten. „Aus dem gewaltigen Repräsentationssaal der römischen Kaiser war ein schmaler Wohnflügel des kurfürstlichen Palastes geworden."

Die französischen Revolutionsheere, die 1795 Trier besetzten, benutzten die verlassene Residenz der Kurfürsten zunächst als Lazarett und später als Kaserne. Dem gleichen Zweck diente der Bau den preußischen Truppen, die seit der Eingliederung der Rheinlande in den preußischen Staat i. J. 1815 in Trier lagen. 1844 verfügte König Friedrich Wilhelm IV. von Preußen, die konstantinische Palastaula in ihrer ursprünglichen Gestalt wiederaufzubauen und der vereinigten evangelischen Zivil- und Militärgemeinde Triers als Gotteshaus zu übergeben. Ost- und Südwand wurden in rotem Sandstein auf den römischen Fundamenten neu errichtet. 1856 wurde der wiederhergestellte Römerbau als „Kirche zum Erlöser" eingeweiht. Die Kirche wird auch als „Konstantin-Basilika" bezeichnet. (S. Tafelteil Abb. 40.)

Der Name Basilika für die Palastaula stammt aus dem 19. Jahrhundert, als man glaubte, die Kaiserthermen seien der Kaiserpalast gewesen, auf den sich der überkommene Name „palatium" beziehe. Bei dem römischen Teil des Residenzschlosses habe es sich um eine Marktbasilika (Gerichtsgebäude) gehandelt. Seitdem man den echten Charakter der Thermen erkannt hatte (ihr endgültiger Zweck ist, wie oben erwähnt, noch ungewiß), ließ sich auch die Bestimmung der „Basilika" klären, für die sich in der Literatur die Bezeichnung „Aula palatina (Palastaula)" eingebürgert hat. Der Name „Basilika" ist für die evangelische Kirche beibehalten worden.

Bei einem Luftangriff 1944 wurde das Innere der Kirche durch Brandbomben und Granaten vollständig zerstört. Die antiken Ziegelwände widerstanden dem Bombensturm. Nach eingehenden archäologischen Untersuchungen wurde der Bau wiederhergestellt und im Jahre 1956, hundert Jahre nach der ersten Einweihung, der evangelischen Gemeinde wieder als Gotteshaus übergeben.

Im Äußeren entspricht die Kirche dem antiken Römerbau: ein rechteckiges Gebäude mit Apsis, dessen Längswände durch neun Arkaden und zwei Reihen von Rundbogenfenstern gegliedert sind. Die Apsis ist durch Arkaden in ähnlicher Weise architektonisch aufgeteilt. Sie ist im Ganzen, die Westwand zum größten Teil römisch. Nichts läßt die antike Authentizität der Westwand deutlicher erkennen als die Reste des rötlichen, zum Teil dekorativ bemalten römischen Buntputzes, die sich in den äußeren Fensternischen, vor allem der unteren Reihe, über 1 600 Jahre lang erhalten haben. Teile des grauweißen Mörtelverputzes, mit dem im Altertum die Außenwände (außer den Fensterleibungen) bedeckt waren, sind an der Nordostwand der Apsis zu sehen. Der in der untergehenden Sonne herrlich aufleuchtende rote Ziegelton der Wände ist den Menschen im römischen Trier niemals vor Augen gekommen.

Dem aufmerksamen Beobachter der Westwand werden auch die schräg verlaufenden dunklen Verfärbungen unterhalb der Fensterreihen auffallen. Sie rühren von zwei hölzernen Galerien her, die in römischer Zeit zur Wartung der Fenster und Regelung der Heizung dienten. Das Mauerwerk unterhalb der Laufstege war nicht verputzt und verwitterte, nachdem die hölzernen Galerien wegen Baufälligkeit abgestürzt waren, während die übrigen Teile der Wand noch durch ihren Verputz gegen die Elemente geschützt waren. Auch die rechteckigen Löcher für die Balken, auf denen die Planken der Laufstege lagen, sind noch erkennbar.

Der Besucher findet im Inneren der Kirche nichts mehr von dem Glanz und der farbenprächtigen Ausstattung der kaiserlichen Palastaula. Das Erlebnis des Besuchs ist die Großartigkeit der Ausmaße, sind die gewaltigen Raumdimensionen. Keine stützenden Säulen, keine Pfeiler oder Emporen hindern den Blick in diesem „größten ungeteilten Raum, der sich aus der Antike erhalten hat" (Dehio).

Der Eindruck der Weitläufigkeit wird noch gesteigert durch einen perspektivischen Kunstgriff, den sich der Architekt mit der Apsis erlaubt hat. Die oberen Fenster der Apsis sind tiefer gesetzt als die Fenster der Längswände, und die mittleren Fenster sind kleiner als die äußeren. In der auf diese Weise in noch größere Entfernung gerückten Apsis saß der Kaiser auf erhöhtem Thron. Dies war die „sedes imperii".

Hier, in der Hauptstadt Trier, an dieser Stelle, lag das Zentrum der politischen und militärischen Macht, die in den weiten Gebieten zwischen Rhein und Atlantischem Ozean, von Schottland bis zur Straße von Gibraltar die Völkerschaften im Verband des weströmischen Reiches zusammenhielt.

„Und in diesem Saal hat sich das Leben der Kaiserresidenz für hundert Jahre in ihren Spitzen konzentriert. Der unnahbare römische Kaiser trat hier von Zeit zu Zeit vor die Öffentlichkeit. Konstantin der Große und seine Söhne, Julian, Valentinian I. und Gratian, Magnus Maximus haben nacheinander in der Apsis gethront, umgeben von ihrem Hofstaat. Der funkelnde Glanz von Goldbrokat, Perlen und Edelsteinen, wie ihn dies Jahrhundert liebte, beherrschte das prachtvolle Bild der Staatsakte und Empfänge, die hier stattfanden. Hier wurden Caesaren mit dem Purpur bekleidet, Konsuln wie Ausonius feierlich in ihr Amt eingesetzt, Staatsedikte verlesen, siegreiche Feldherrn begrüßt, vielleicht auch Kirchenstreitigkeiten vor dem Kaiser ausgetragen. Gratians Vermählung mit der Enkelin Konstantins wurde in Trier vollzogen, ob in diesem Saal?" (von Massow).

In römischer Zeit stand die Aula nicht isoliert wie heute. Dem Eingang vorgelagert war eine Querhalle. An den beiden Längsseiten befanden sich Höfe mit Laubengängen, die auch die Heizkammern für die Fußbodenheizung des Gebäudes, diesem „Meisterwerk antiker Ingenieurkunst", einschlossen.

Bei den Wiederherstellungsarbeiten wurden die Reste eines älteren Baues, vermutlich, wie bereits bemerkt, der Amtssitz des Prokurators, unterhalb der Aula aufgedeckt, konserviert und zur Besichtigung zugänglich gemacht. Das Gebäude wurde wahrscheinlich während des Germaneneinfalls von 275 n.Chr. zerstört. Deutlich sichtbar sind die Grundmauern der Apsis des ehemaligen einschiffigen Saales. Hinweistafeln erläutern die Bedeutung der Mauerreste. Kleinfunde von der Ausgrabungsstelle sind in Schaukästen ausgestellt.

(Ein Modell der Aula ist im Lapidarium des Museums bei den Hermen der Villa von Welschbillig zu sehen.)

Von den auf die Römerzeit zurückgehenden Bauten Triers hat der **Dom** mit der Römerbrücke gemein, daß er wie diese heute noch die gleiche Funktion erfüllt wie zur Zeit seiner Errichtung. Der Dom ist aus der Nordkirche der Doppelkirchenanlage erwachsen, die Konstantin der Große um 326 innerhalb des kaiserlichen Palastbezirkes bauen ließ. (S. u. Bischöfliches Museum zu den Deckengemälden, die 1945/46 in einer römischen Bauschuttschicht des Domes entdeckt wurden.)

Kaiser Gratian erneuerte 380 den Ostabschluß der Nordkirche durch einen „Quadratbau", dessen Dach auf vier Säulen aus Granit vom → Felsberg im Odenwald ruhte. Die Säulen wurden später durch Kalksteinsäulen ersetzt. Der Rest einer der ursprünglichen Granitsäulen liegt als „Domstein" vor dem Westportal.

Der römische Kernbau mit dem charakteristischen spätrömischen Mauerwerk aus Kalksteinquadern mit Ziegeldurchschuß läßt sich am besten an der Nordseite in der Windstraße beobachten. Dort sind auch einige der weiten römischen Fenster zu sehen, die im Mittelalter verkleinert wurden.

Eine ähnliche Kontinuität von der Römerzeit bis zur Gegenwart liegt beim **Friedhof von St. Matthias** vor, der Wallfahrtskirche im Süden der Stadt mit dem Grab des Apostels Matthias. Der heute noch benutzte Friedhof diente als Begräbnisstätte schon in heidnischer und frühchristlicher Zeit. Im 19. Jahrhundert wurden auf dem Friedhofsgelände mehrere antike Grabmäler entdeckt.

Im Zusammenhang mit Restaurierungsarbeiten an der Kirche 1964/68 kam ein antiker Reliefsarkophag aus dem 3. Jahrhundert n.Chr. zum Vorschein. Es wird vermutet, daß er zu einer Grabanlage gehörte, die Albana, Witwe eines römischen Senators, für sich und ihren verstorbenen Ehemann errichten ließ. Der Legende nach gewährte Albana dem Bischof von Trier, Eucharius, Zuflucht in ihrem Haus. Eucharius ließ später über der Grabanlage der Albana eine Johanniskirche bauen. Der Sarkophag ist jetzt wieder in der Mitte der Grabkammer an seinem alten Platz aufgestellt und zur Besichtigung zugänglich. Zwischen antiken Sarkophagen und frischen Gräbern spannt sich hier die Zeit vom Altertum bis zur Gegenwart.

In den Römerbauten Triers spiegeln sich Glanz und Größe der römischen Kaiserresidenz. Vom täglichen Leben ihrer Bewohner berichten die Fundgegenstände im **Rheinischen Landesmuseum**. Man wird gut tun, gleich nach den Bauten das Museum zu besuchen. In großer Fülle sind hier die Zeugnisse jener antiken Kultur ausgebreitet, die in den Häusern und Palästen, in den Tempeln und auf dem Forum der Augusta Treverorum gepflegt wurde.

Das Museum wurde 1877 als Rheinisches Provinzialmuseum begründet. Es gehört zu den ältesten und wegen der Reichhaltigkeit und hohen Qualität seiner Sammlungen bedeutendsten archäologischen Museen Deutschlands. Über das Museum im einzelnen berichtet der „Führer durch das Landesmuseum Trier von Reinhard Schindler (Trier 1977).

Die nachfolgenden Bemerkungen sollen einen Eindruck vom Aufbau und Umfang der Ausstellungsobjekte vermitteln und die Orientierung erleichtern.

Die römische Abteilung umfaßt die Räume 8–12 im ersten und 14–24 im zweiten Stock. Dazu kommt die von Raum 9 aus zugängliche Sammlung von Steindenkmälern (Lapidarium). Jeder Raum ist einem in sich geschlossenen Thema gewidmet. Eine Landkarte im Treppenraum veranschaulicht die römischen Handels- und Straßenniederlassungen im Hinterland des Limes und macht die verkehrsgünstige Lage Triers und seine Bedeutung als Etappenort und Warenlieferant für die Garnisonen am Rhein und Limes deutlich. Der Rundgang beginnt in *Raum 8*. Von der *Frühen römischen Kaiserzeit* in Trier erzählen Inschriftsteine, Skulpturen und in Schaukästen ausgestellte Gegenstände des täglichen Gebrauchs.

Auf einen vermuteten, aber bisher noch nicht sicher nachgewiesenen *militärischen Stützpunkt* im augusteischen Trier weisen die beiden Steindenkmäler gleich rechts neben dem Eingang hin. Das eine ist der Grabstein des Titus Lucretius, Soldat eines spanischen Reiterregiments aus der Stadt Clunia, im diesseitigen Hispanien, der nach 15-jähriger Dienstzeit wohl in Trier starb und dort begraben wurde („Titus Lucretius A. exs. Hispania... Cluniensis eques alae Hispanorum stipendiorum XV hic situs est"); das andere ist das Reliefbruchstück eines römischen Legionärs.

Zum Thema *Verwaltungsorganisation* gehört die von zwei römischen Bürgern, C. Iulius und Iulius Faber, gestiftete Quaderinschrift, die die Zugehörigkeit Triers zur „Provincia Belgica" bezeugt. Eine Randsiedlung Triers, der „vicus Voclannionum", wird auf einem Postament mit einer Darstellung der Juno und einer Weiheinschrift für Jupiter genannt. Zeugnis für einen Gräberbezirk am Rande der frührömischen Siedlung ist eine Grabmalbekrönung mit einer Vase zwischen zwei Greifen.

Von *öffentlichen Großbauten* im frühen Trier zeugen eine Ehreninschrift für Lucius Caesar (gestorben im Jahre 2 n.Chr.), Sohn von Agrippa und Julia, Enkel und Adoptivsohn des Kaisers Augustus. Der Wortlaut der Inschrift, von der nur ein Bruchteil erhalten ist, wird folgendermaßen ergänzt: „In memoriam Lucii Caesaris Augusti filii divi nepotis consulis designati principis iuventutis". Der Titel eines „princeps iuventutis", der dem Verstorbenen und seinem Bruder Gaius Caesar von der römischen Ritterschaft (ordo equester) verliehen worden war, bedeutet soviel wie „Anführer der (adligen, wehrfähigen) Jugend"; ferner ein altarförmiger Inschriftstein, der sich auf das um 100 n.Chr. errichtete Amphitheater bezieht: Axsillius Avitus, auch Sacruna genannt, widmete den Stein dem Schutzgeist der Arenakämpfer, die sich in Trier aufhalten („genio arenariorum consistentium").

Zu den frühesten *Einwohnern* Triers gehörten aus Italien zugewanderte römische Bürger. Dies wird u. a. durch den Grabstein des Marcus Sextilius, Sohn des Marcus, bezeugt. Der römische Name und der Hinweis in der Inschrift auf die tribus Pomptina (hier fälschlich Pomentina geschrieben), einem Wahlbezirk in Mittelitalien, weist den Verstorbenen als römischen Bürger aus.

In der Statue eines mit Toga und Ärmeltunika bekleideten Mannes und der Grabstele eines Knaben in der Toga spiegelt sich der Stolz einheimischer Treverer auf ihre römische Bürgerschaft (Wightman). Auf das römische Element in der Einwohnerschaft Triers weisen auch Steindenkmäler römischer Staatsgötter (Juno, die kapitolinische Trias Minerva, Jupiter und Juno) hin, denen die römische Bürgerschaft die vorgeschriebene Verehrung darbrachte. Verschiedene Porträtköpfe (u. a. eine Frau mit Korkenzieherlocken) vermitteln einen Eindruck vom Aussehen der Bewohner des frühen Triers.

Unter den zahlreichen *Gegenständen des täglichen Gebrauchs* befinden sich Gläser aus italischen Werkstätten (Rippenschale, Flasche, Becher, Balsamarium); Fibeln (Gewandnadeln) verschiedener Formen; Tonlampen mit Namenstempeln der Hersteller (sog. „Firmenlampen"); Keramik, darunter Importware (Terra Sigillata) aus Italien und Südfrankreich und einheimische Ware, die den zunehmenden Einfluß der römischen Vorbilder erkennen läßt.

Von besonderem Interesse ist der geschlossene Fund von Grabbeigaben für die Frau eines „Trevererbarons", darunter Becher, Schüsseln, Schalen, Teller, Fibeln, eiserner Dreifuß für einen großen bronzenen Kochkessel, silberner Taschenspiegel.

*Räume 9–11* sind dem Thema *Götter und Kultur* gewidmet. Die Steindenkmäler und Inschriftsteine in Raum 9 beziehen sich auf *römische Götter und einheimische Gottheiten* (einige davon in römischem Gewand nach der „interpretatio Romana", die in gallorömischen Doppelnamen der Gottheiten ihren Ausdruck findet).

**Trier**

Der Altar links neben dem Eingang stammt aus dem Heiligtum für *Lenus Mars*, dem Stammesgott der Treverer; eine Wandzeichnung über den Steindenkmälern vermittelt eine Vorstellung vom Aussehen des Tempelbezirks. Der Altar ist dem Gott und seinen Kultgenossinnen, den Xulsigien („Leno Marti et Xulsigiis") gewidmet; die Öffnung auf der Oberseite des Altars diente als Opferstock. Eltern hinterließen den Xulsigien als Dank für die Gesundung ihrer Kinder Opfergaben in der Form von Kinderfiguren aus Marmor, Kalk- oder Sandstein.

Der Altar (daneben) für *Mars Jovantucarus* (der Beiname bezeichnet Lenus Mars in seiner besonderen Eigenschaft als Schützer der Jugend. Wightman) ist ein Dankopfer in Erfüllung eines Gelübdes für die Heilung des Sohnes des Dedikanten.

Die anderen Steindenkmäler von unterschiedlicher künstlerischer Qualität sind überwiegend Weihungen an römische Götter, zuweilen gemeinsam mit ihren einheimischen Begleitern.

*Jupiter*, der Beste und Größte („I O M"), erscheint in einer Reihe von Denkmälern: einer Skulptur des sitzenden Gottes mit einer Darstellung des Herkules auf der Rücklehne des Stuhls; einer Weiheinschrift, die von der Widmung eines Bogens mit Eingang für einen Jupitertempel zu Ehren des göttlichen Kaiserhauses berichtet („In honorem domus divinae IOM arcum cum ostiis Melius Finitimus ex voto s. l. m."); einer Weiheinschrift, die neben Jupiter die Gottheit des Kaisers und den Schutzgott der Nachbarschaft erwähnt („IOM et numini Augusti et genio vicinae"); rote Farbspuren der Inschrift sind noch erkennbar; einer Weiheinschrift für Jupiter und den Stadtbezirk (vicus) der Voclannionen, der bereits oben in einer Inschrift (Raum 8) genannt war. Zum Jupiterkult gehören auch die beiden Viergöttersteine, die als Sockel für Jupitergigantensäulen dienten.

*Merkur* findet sich (neben Darstellungen auf den Viergöttersteinen) als Skulptur mit Mantel und Flügelhut; auf einer Weiheinschrift, nach der Sautus, der Sohn des Novialichus, dem Gott zwei Tempel mit Ausstattung in Erfüllung eines Gelübdes stiftete („Deo Mercurio sacrum. Sautus Novialchi filius aedes duas cum suis ornamentis et triburna V S L M"); rote Farbspuren sind auf der Inschrift nicht sichtbar; zusammen mit Venus und Juno auf einem Reliefbruchstück mit dem Urteil des Paris; und zusammen mit seiner einheimischen Kultgenossin *Rosmerta* auf einem aus dem 1. Jahrhundert n. Chr. stammenden Reliefstein (rechts neben dem letzten Fenster zum Ausgang hin aufgestellt).

Der Stein gilt als eines der interessantesten Beispiele für die Verschmelzung keltischer und römischer Religionsvorstellungen: Merkur, als römischer Gott durch die klassischen Attribute von Heroldstab, Geldbeutel und Hahn gekennzeichnet, trägt einen gallischen Halsring; zwischen ihm und Rosmerta steht eine Geldkiste, über die der Gott seinen Beutel hält. Auf der rechten Seite des Steins erscheint der keltische Gott *Esus* (zuweilen mit Mars, aber auch mit Merkur gleichgesetzt), wie er einen Baum fällt; in den Wipfeln des Baumes sind ein Stier und drei Kraniche. „Hinter diesem Bild verbergen sich keltische Mythen und religiöse Symbole; es gibt dafür keine befriedigende Deutung" (Wightman).

Eine Statue des *Apollo* zeigt den römischen Gott der Künste mit der Leier, die er lässig auf einen Greifen stützt; eine andere Statue stellt den gallischen Heilgott *Apollo Grannus* dar mit einem Zweig in der Linken und einer Wasserkanne in der Rechten. Neben ihm die keltische Heilgöttin *Sirona*, die gewöhnlich zusammen mit Apollo Grannus verehrt wurde; die Göttin hält in ihrer linken Hand eine Opferschale, während eine Schlange, Symbol der Fruchtbarkeit, des Heiles und der Unterwelt, sich um ihren rechten Arm windet, um an die Eier oder Früchte in der Schale zu gelangen.

E. Wightman urteilt, daß die Sandsteinstatuen des Apollo und der Sirona mit einer für Werke der Provinzialplastik ungewöhnlichen Kunstfertigkeit und Feinheit gearbeitet sind und, wenn sie auch klassische Figuren darstellen, eine gewisse reizvolle Naivität und eine Stilisierung der Gesichtszüge zeigen, die eher Merkmale der keltischen als der römischen Kunst sind.

Auch die beiden hier gezeigten Skulpturen der *Diana*, Göttin der Wälder und der Jagd, gehören zum Thema der Angleichung römischer und einheimischer Glaubensvorstellungen. Während die in klassischem Stil geformte und vermutlich aus einer italischen Werkstatt stammende Marmorstatue die Göttin darstellt, wie sie in der römischen Götterwelt erscheint, entspricht das provinzielle Reliefbild der Göttin, wie Schindler bemerkt, „nur noch entfernt dem römischen Idealbild der marmornen Ausführung".

Der kaiserliche Prokurator Titus Julius Saturninus, vom Fabischen Stimmbezirk, widmete dem römischen Gott der Heilkunst *Aeskulapius* (hier in seiner griechischen Bezeichnung *Asclepios*) eine (verlorene) Statue, sicherlich aus Dankbarkeit für die Wiederherstellung seiner Gesundheit. Die klassische Vollendung der capitalis quadrata der Sockelinschrift verrät die Hand eines Meisters.

Das *Bacchusmosaik* in der Mitte des Raumes wurde 1902 im Speiseraum eines römischen Hauses in Trier gefunden. Im achteckigen Mittelfeld sieht man den Gott mit Thyrsusstab und Kantharus auf einem Panthergespann, das von einem Satyr mit Hirtenstab geführt wird. Die weiblichen Figuren in den ovalen Eckfeldern versinnbildlichen die Jahreszeiten; die vier trapezförmigen Felder enthalten kleine von Ebern, Panthern, Löwen und Hirschen gezogene Gespanne; mit Ausnahme des Hirschgespanns, das mit Zweigen beladen ist, liegen Masken auf den Gefährten. Das Mosaik umgibt eine Randleiste aus paarweise angeordneten Delphinen.

(Von Raum 9 führt eine Treppe zum Lapidarium, das am Schluß des Rundgangs durch das Museum beschrieben wird. S. u.)

*Raum 10* ist Gottheiten gewidmet, die im *heiligen Bezirk des Altbachtales* verehrt wurden. Ein Modell veranschaulicht den Typ des im Altbachtal vorherrschenden *gallorömischen Umgangstempels*. Unter den weiblichen Gottheiten überwiegen die *Trierer Muttergöttinnen (Matres Treverae)*. Im Gegensatz zu den im Rheinland verehrten Muttergöttinnen, die gewöhnlich als Dreiheit erscheinen (siehe→ Köln, Museum), werden die Trierer matres in der Regel einzeln dargestellt.

Ihnen widmete ein Trierer Bierverleger („negotiator cervesarius artis offecture") eine Dankinschrift; er hatte als Matrose in der Rheinflotte Dienst getan („miles classis Germanice"). Vielleicht fühlte er sich den Muttergöttinnen, die auch als Spenderinnen von Glücksgütern galten, zu Dank verpflichtet, weil er nach Ablauf seines Militärdiensts wohlbehalten zu seinem lukrativen Bierhandel zurückkehren konnte (s. a.→ München, Deutsches Brauereimuseum).

Ferner: eine thronende Muttergöttin mit Früchtekorb; eine Weiheinschrift des L. Martius Gasculus, die außer den Gottheiten der Kaiser die Iunones erwähnt, „ein römischer Sammelbegriff für die gallischen Muttergottheiten" (Schindler; s. a.→ Zülpich). Unter anderen Darstellungen weiblicher Gottheiten sind zu nennen: eine sitzende *Danaë* mit schwebendem Eros; eine *Fortuna* mit Adoranten; *Diana* mit Köcher; wie die Statue in Raum 9 wird auch diese Statue italischer Herkunft sein; die keltische Pferdegöttin *Epona* im Damensattel auf einem munter dahertrabenden Pony mit Früchtekorb im Schoß; die Einwohner des Straßendorfes Belginum (→ Hinzerath) widmeten der Göttin durch ihren Finanzbeamten eine Weiheinschrift zu Ehren des göttlichen Kaiserhauses

("In honorem domus divinae Deae Epone vicani Belginates posuerunt curante C. Velorio Sacrilio quaestore").

Unter den Darstellungen männlicher Gottheiten des Altbacher Tempelbezirks ragt hervor eine Statue des *Mars*, eine Rekonstruktion aus Teilen, die nach Zerstörung der Statue in christlicher Zeit in ein Wohnhaus verbaut wurden (Farbreste an einigen der Originalteile); ferner ein *Wassergott*, als Stier dargestellt.

Die *Terrakotten* im Wandschrank sind *Opfergaben;* sie wurden von Gläubigen bei den Tempeln der Gottheiten niedergelegt, deren Beistand sie anriefen oder denen sie Dank schuldeten. Unter den Figuren sind Götter und Göttinnen, Muttergottheiten, Kinder, Liebespärchen, ein bärtiger Zwerg als Glückstalisman.

*Raum 11* enthält eine Ausstellung von *Zeugnissen griechischer, orientalischer und einheimischer Kulte.* Hauptgestalt der orientalischen Kulte im römischen Deutschland – sie kamen durch Kaufleute und Soldaten bei Versetzungen militärischer Einheiten in den Westen – ist der persische Lichtgott *Mithras.* Aus dem Mithrasheiligtum des Altbachtalbezirks stammen ein Steinquader mit einer Darstellung der Felsgeburt des Gottes und zwei Altäre mit der Weiheinschrift für Sol Invictus und Mithras Invictus.

Alter Tradition gemäß sollten mithräische Kultstätten Grotten sein (→Saarbrücken, Heidenkapelle).

Andere orientalische Gottheiten, die von den Bewohnern Triers verehrt wurden, sind *Kybele*, die Große Göttermutter aus Kleinasien, hier mit einer Terrakottafigur vertreten; die ägyptische Göttin *Isis*, deren Marmorkopf mit Lotosblume einst die Barbarathermen schmückte.

Unter griechischen Gottheiten erscheinen *Eirene*, die Friedensgöttin und eine der drei Töchter des Zeus und der Themis; *Ganymed*, der trojanische Königssohn, den Zeus entführte; *Orpheus*, der mythische Sänger.

In einer Sammlung von Bronzestatuetten die berühmte Merkurstatuette mit Hahn aus dem Altbachtal; ein sitzender Merkur; Mars; eine Quellnymphe mit silbernem Büstenhalter.

Zu beachten sind ferner ein (beschädigter) tönerner Steckkalender; er zeigt die Wochengötter Saturn, Sol, Luna, Mars und Merkur (Jupiter und Venus fehlen) und der Kopf eines Priesters mit Mauerkrone und Einbohrungen über der Stirn zur Anbringung einer Strahlenkrone.

*Raum 12.* Abgüsse von Reliefs der → Igeler Säule und einige der schönsten Steindenkmäler aus den Funden von → Neumagen vermitteln ein Bild von *Transport und Verkehr* im römischen Moselland.

*Flußschiffahrt.* Kernstück der Ausstellung ist das oft abgebildete Weinschiff mit dem humorvollen Porträt des „fröhlichen Steuermannes"; den Kopf an ein Weinfaß angelehnt, scheint der leicht nach oben gerichtete Blick des Steuermannes anzudeuten, daß er vom Inhalt seiner Ladung schon reichlich genossen hat. (Das Denkmal ist nur zum Teil erhalten; ein zweites, vollständig erhaltenes Weinschiff, beide vom Grabmal eines Weinhändlers, steht in Raum 14.)

Den Treidelverkehr auf der Mosel veranschaulichen der Abguß eines Reliefs der Igeler Säule und ein Relief von Neumagen, das einen Lastkahn mit strohumwickelten Amphoren zeigt; ein Treidelknecht (nur sein linkes Bein ist zu sehen) zieht das Schiff an einem Seil, das an einem Bootsmast befestigt ist.

Vom *Straßenverkehr* berichten Teilabgüsse von Reliefs der Igeler Säule (Warentransport mit Maultieren im Bergland; Kutschwagen mit Meilenstein, der die Entfernung zwischen Igel und Trier mit vier Leugen, etwa 9 km angibt) und Neumagener Steindenkmäler, darunter die meisterhafte Darstellung von Maultieren, die einen (nicht sichtbaren) Karren ziehen; das Relief einer zweirädrigen Kutsche mit geflochtenem Wagenkorb; auf dem Wagensitz eine Frau und der Kutscher; ein Weinfaß auf einem vierrädrigen Wagen.

Ferner zwei Meilensteine, an der gleichen Stelle zu verschiedenen Zeiten aufgestellt, von der Römerstraße Bitburg-Köln; die Entfernung zwischen Nattenheim und Trier ist mit zweiundzwanzigtausend Schritt (33 km) angegeben.

Drei *Bauinschriften aus* → *Bitburg* stehen nur indirekt mit dem Straßenverkehr in Verbindung; sie sind hier aufgestellt, weil sie von dem wichtigen Handels- und Straßenort Beda (Bitburg) auf der Strecke zwischen Trier und Köln stammen und durch ihren Inhalt die Bedeutung des Ortes erkennen lassen.

Die erste, stark verstümmelte Inschrift aus dem Jahre 253 n.Chr. (unter Kaiser Volusianus), auf jeder Seite von einer Victoria mit Palmenzweig gehalten, berichtet vom Bau eines Theaters und weiterer Gebäude, die zu Ehren des göttlichen Kaiserhauses der Gottheit des Kaisers und dem Schutzgott der Bewohner von Beda gewidmet waren („In honorem domus divinae numini Augusti et genio vicanorum Bedensium... dedicatum Volusiano II et Maximo consulibus").

Die nächste Inschrift, aus der Zeit des Kaiser Philippus Arabs und seines Sohnes Philippus bezieht sich auf den Bau eines Feuersignalturmes durch eine Jungmännervereinigung auf ihre eigenen Kosten auf einem von der Gemeinde Beda der Vereinigung zuerkannten und ihr geschenkten Grundstück, als Secundius Securus und noch ein anderer Mann (sein Name ist nur unvollständig erhalten) Bürgermeister (curatores) waren; das Datum der Widmung ist der 13. Juli 254 n.Chr. („In honorem domus divinae numinibus Augustorum fara...rem exaedificaverunt suo impendio iuniores vici huc consistentes loco sibi concesso et donato a vikanis Bedensibus. Dedicatum effectum III idus Iulias Imperatore domino nostro Philippo Augusto et Titiano consulibus curatoribus....tio et Secundio Securo").

Die dritte ist die sogenannte Theaterinschrift aus dem Jahre 198 n.Chr.; sie berichtet von der großzügigen Stiftung des L. Ammiatius Gamburio von 50 000 Denaren für eine Schaubühne mit Loge; aus den Zinsen sollte das Bauwerk unterhalten werden und sollten die Bürgermeister die jährlichen Frühjahrsspiele am 30. April ausrichten („In honorem domus divinae et numinibus Augustorum Iovi Optimo Maximo L. Ammatius Gamburio proscenium cum tribunali et eo amplius XL, es quorum usuris tutela prosceni et ludos omnibus annis pri.Kal. Mai. curatores vici procurare debent, fide mandavit. Dedicatum Saturnino et Gallo consulibus").

Den Abschluß bildet eine Sammlung von bronzenen *Pferdegeschirrteilen* (Zügelführungen, Kummetbeschläge, Peitschenhalter) und bronzenem *Wagenschmuck* von hoher handwerklicher Qualität. Die Funde zeigen, daß es in römischer Zeit üblich war, Wagen mit Bronzeaufsätzen und Appliken zu schmücken (s.a. → Köln, Museum).

*Treppenaufgang zum 2. Stock (Raum 13).* Durch das Fenster fällt der Blick auf die Nachbildung der Igeler Säule, des gewaltigen Grabmonuments der Tuchhändlerfamilie der Secundinier. Auf halber Höhe rechts die bescheidene Grabplatte für die menschenfreundliche Hebamme Iulia Pieris, die im Leben „keinem beschwerlich war" („Iulia Pieris obstetrix hic iacet nulli gravis").

Eine Wandzeichnung oberhalb des Eingangs zu Raum 14 zeigt die Topographie des römischen Triers und die Lage der in Rekonstruktionszeichnungen dargestellten Großbauten.

Unter dem Motto „*Römische Plastik der Blütezeit*" sind in *Raum 14* drei der berühmtesten Steindenkmäler aus Neumagen („Spitzenwerke der provinzialrömischen Kunst des Mosellandes") aufgestellt:

Das *Weinschiff,* das im Ganzen erhaltene Gegenstück zum Schiffsfragment mit dem fröhlichen Steuermann; die *Pachtzahlung.* Die lebendig geschilderte Szene zeigt Beamte des Gutsherrn bei der Entgegennahme von Pachtzahlungen, ein vielfach auf Grabreliefs dargestellter Vorgang. Über die geschuldeten Beträge wird genau Buch geführt; auch werden die eingezahlten Münzen sogleich auf ihre Echtheit nachgeprüft; der Pächter in der Mitte muß dies zu seinem Leidwesen erfahren;

*die Schulszene,* ein Relief vom Grabmal eines reichen Mannes, der seine Söhne von einem griechischen Grammatiker, durch seinen Bart als solcher gekennzeichnet, unterrichten läßt. Der von rechts eintretende, die rechte Hand zum Gruß erhebende Schüler ist nicht, wie manchmal angenommen wird, unpünktlich und daher leicht verlegen, sondern kommt zur Schreibstunde, wie das Bündel von Schreibtäfelchen in seiner linken Hand erkennen läßt, und im rechten Augenblick, um seine beiden Brüder, die offenbar für ihre Lesestunde schlecht vorbereitet sind, aus ihrer Verlegenheit zu befreien.

*Raum 15. Häusliches Leben, Landwirtschaft, gallorömische Bauern- und Gutshäuser.* Abgüsse von Reliefs der Igeler Säule zu beiden Seiten des Eingangs veranschaulichen: ein *Familienmahl* im Speiseraum des Hauses mit gedecktem Tisch in der Mitte; die Männer liegen römischer Sitte gemäß auf Ruhebetten, die Frauen sitzen auf Stühlen; links ein Schankraum, rechts die Anrichte; eine *Küchenszene* mit Köchen bei der Arbeit an einem gemauerten Herd, an einer Reibschüssel und in der Anrichte.

Am anderen Ende des Saales wird auf einem Grabrelief ein etwas bescheideneres Mahl dargestellt. Hier sitzen Hausherr und Hausfrau an einem dreibeinigen Klapptisch; eine Dienerin stellt ein gebratenes Huhn auf den Tisch. Auf der linken Seite des Steins ein Mann beim Wiegen eines Wollballens auf der Schnellwaage, rechts zwei Männer beim Umtrunk; eine Dienerin steht zum Nachfüllen bereit.

Der *Badekomfort,* der auch in den Gutshäusern auf dem Lande üblich war, wird durch die lebensgroße Figur eines Mannes im sagum auf dem Wege zum Bad demonstriert; in der Rechten trägt er verschiedene Badeutensilien.

Die Schaukästen enthalten eine reiche Sammlung von *Haushaltsgegenständen* jeder Art: Glas-, Bronze- und Tongefäße, Weinsieb, Kasserolle, ein eiserner Bratrost; bronzenes Becken mit Deckelplatte über dem Ausguß; Tafelgeschirr.

Zum Thema *Landwirtschaft* werden gezeigt: *landwirtschaftliche Geräte* (darunter Hacken, Sicheln, Beile, Sensen, Rebmesser); Stachelhalsband für den Hofhund; Schnellwaage; eine Reliefdarstellung der gallorömischen Mähmaschine. (Für eine Beschreibung s. Kölner Römer-Illustrierte 2 (1975) S. 181).

*Modelle der Villen von Otrang und Bollendorf und Portikussäulen* von der Vorderfassade der römischen villa rustica von Franzenheim vermitteln einen Begriff von Aussehen und Größe der Bauern- und Gutshäuser, die allenthalben über das Land verstreut lagen. Dazu das zeitgenössische Wandbild eines Landhauses mit zentralem Säulengang und vorgezogenen Risalitflügeln; der von der Reise zurückkehrende Gutsherr in kurzem Kapuzenumhang wird von seinen Dienern begrüßt („Kampanisches Idyll in der Eifel" [Doppelfeld]).

Steinreliefs und Mosaike stellen Szenen aus dem Landleben dar: ein Hirt zu Pferde treibt eine Schafherde; ein davongaloppierendes Rind wird vom Hütejungen und Hund gejagt; ein Bär im Obstgarten; Pachtzahlung auf dem Fries eines Sarkophags (Pächter bringen Naturalabgaben) und einem Trierer Bildquader: ein Geldsack wird auf einem Tisch ausgeleert; der Buchhalter prüft die Konten; auf der linken Seite sind zwei Männer dargestellt, die mit Hilfe einer Rechenmaschine (abacus) die Bilanz aufstellen; ein dritter Mann gibt den Männern an der Rechenmaschine Hilfestellung; er ist ein sogenannter „Fingerrechner", der Zwischenprodukte durch entsprechende Krümmung der Fingerglieder festhält (Kretzschmer, Bilddokumente römischer Technik, S. 11).

*Raum 16. Das Bildungswesen im Spiegel der Mosaiken.* Hier werden einige der berühmtesten Mosaike aus dem reichen Schatz der Trierer Mosaikkunst gezeigt.

*Musenmosaik,* so genannt nach der Darstellung der neun Musen. Wegen teilweiser Zerstörung der Attribute lassen sich nur einige mit Sicherheit identifizieren. In der obersten Reihe Thalia mit Maske und Hirtenstab; Terpsichore mit Leier, Klio mit Buchrolle; in der zweiten Reihe ganz rechts Erato mit der schweren Leier und in der unteren Reihe Urania mit Globus.

*Monnusmosaik,* benannt nach dem Mosaizisten, der es mit seinem Namen gezeichnet hat; es stammt aus dem Apsidensaal eines städtischen Palastes auf dem Gelände des jetzigen Museums. Das Mosaik ist zum größten Teil zerstört; wahrscheinlich fiel es einer Brandkatastrophe während des Germaneneinfalls von 275 zum Opfer. In neun achteckigen Feldern, eines davon im Zentrum des Mosaiks, war je eine Muse dargestellt, die den durch sie vertretenen Künstler oder Weisen in ihrer Kunst unterrichtete. Die kleinen, um das Mittelfeld gruppierten Quadrate enthalten die Büsten von Künstlern und Schriftstellern. Die an die achteckigen Felder anstoßenden Quadrate waren mit Bildern von Schauspielern geschmückt. In den äußeren Feldern befanden sich Darstellungen der Jahreszeiten und die Zeichen des Tierkreises.

*Rhetorenmosaik* (auch Literatenmosaik genannt) aus dem vorkonstantinischen Prokuratorenpalast. Auf einem der ganz erhaltenen sechseckigen Hauptfelder sind zwei Musen in lebhaftem Gespräch dargestellt. Auf einigen der erhaltenen quadratischen Felder sieht man einen Schüler mit Schriftrolle, einen anderen mit Schreibgerät, sowie die Figuren von Philosophen und Dichtern.

Von einem weiteren Musenmosaik stammen die Büsten der *Thalia* und *Terpsichore.*

Ebenfalls nur als Einzelstück erhalten ist das Bild des *Anaximander* von Milet, des Erfinders der Sonnenuhr. Das Mosaik gilt als eines der bedeutendsten Werke der mosselländischen Mosaikkunst und war wahrscheinlich Teil eines Mosaiks mit den Bildern von Gelehrten.

Die *Schreibkunst* veranschaulichen: eine Sammlung antiken Schreibgeräts (Tintenfässer, Schreib- und Ziehfedern, eine Bronzehülse mit verschiebbarem Farbstift, emaillierte Siegelbüchsen zum Schutz von Siegeln auf Briefen oder Warensendungen während des Transports) und Schriftproben verschiedener Art (Tongefäße mit eingeritzter Kursivschrift, ein Honigtopf mit Angaben über Inhalt und Gewicht).

Die Vorstellung von einer antiken *Bibliothek* vermittelt das (verlorengegangene) Bild auf einem Neumagener Grabrelief. Das Relief war in einem Buch von Brower über Trierer Antiquitäten abgebildet und ist hier in einer Photographie zu sehen.

*Raum 17, „Schöne Marmorskulpturen",* enthält eine Sammlung der besten Marmorplastiken aus Trier, die z. T. die Nischenfassaden der Barbarathermen schmückten. „Platzwahl, Lichtverhältnisse und Farbtönung im Raum sind sorgfältig aufeinander abgestimmt, um die bestmögliche Wirkung zu erzielen" (H. Eiden). Gezeigt werden u. a. die berühmteste Marmorplastik des Museums, die Amazone aus den Barbarathermen; Torso eines Athleten; Kopf eines Jünglings; eines Mädchens; eines Pan; ein Männerporträt; Skulptur eines schlafenden Amor. In der Mitte des Raumes ein Rosettenmosaik aus einem Trierer Wohnpalast.

Zwischen den Räumen 17 und 18 ist ein dreiseitig

skulptierter Reliefblock mit Darstellungen von Kampfszenen zwischen Römern und Barbaren aufgestellt. Nach H. Cüppers war der Block Teil eines Monuments im Trierer Stadtgebiet, möglicherweise eines Ehrentores, das im Verlauf der zur römischen Pfahlrostbrücke führenden Straße stand.

*Raum 18* stellt die *„Bürgerliche Kultur der Blütezeit"* Triers zur Schau. Steinreliefs von Grabmälern berichten über die *Tätigkeit des Kaufmanns* und zeigen u. a. Tuchprobe; Küfermeister am Schanktisch (das sogenannte „Mundschenkrelief"); Kaufladen.

Eine „Bürgerliste" in Stein (von einem Weihedenkmal aus dem Altbachbezirk) enthält die Namen von sechzig der ältesten „Trierer", wahrscheinlich Mitglieder eines Berufskollegiums oder einer Handwerkervereinigung.

Eine Sammlung von *Kleinbronzen* zeugt von dem hohen Stand des Trierer Kunsthandwerks. Darunter befinden sich das bekannte „Treverermännchen" in der einheimischen Tracht mit Kapuzenmantel (nach der Handstellung zu urteilen wahrscheinlich die Darstellung eines Bauern beim Pflügen); Büste eines „Glatzkopfes".

Unter *Beinschnitzereien* fallen auf Amor als Dornauszieher; Venusfigur und die Statuette einer orientalischen (indischen?) Gottheit.

Goldene und silberne *Schmuckgegenstände* (silberne Haarnadel; Fibeln der verschiedensten Arten; Armreifen; Anhänger; Fingerringe, darunter Ehe-, Verlobungs- und Freundschaftsringe mit Aufschriften wie „Marina vivas" (Du sollst leben, Marina), „Vivas mi pia Optata" (Lebe für mich, treugesinnte Optata) „Fidem Constantino", ein Treugelöbnis für Kaiser Konstantin; ein ähnlicher Ring im Museum in → Augsburg).

*Toilettengegenstände* (beinerne Nadeln, Taschenspiegel, Pinzetten, Ohrlöffel, strigilis).

*Medizinische Instrumente* (Fläschchen und Phiolen zum Aufbewahren von Medikamenten und Salben; chirurgische Instrumente wie Nadeln, Pinzetten, Spatel, Messer, Hohl- und Löffelsonden, Meißel, Sägen, Schaber, Kautern; zahnärztliches Hakeninstrument; Stempel des Augenarztes Secundius Antonius, der eine Augensalbe mit Safranzusatz verschreibt, und der Stempel seines Kollegen Cattius Victorinus mit dem Rezept für eine Vitriolsalbe „ad claritatem oculorum"; Apothekergeräte, wie Mörser und Stößel, Waagen und Feingewichte).

*Glasgegenstände* (Henkelkannen, Becher mit Zirkus- und Gladiatorenszenen, Fußkelch, Kugelflaschen, Trinkgläser).

*Gegenstände des täglichen Gebrauchs*, darunter ein Nähbesteck mit Nähnadeln und Fingerhut, bronzener Maßstab, Spick- und Filiernadeln, Würfel.

Möbelbeschläge, Möbelgriffe, Kannenhenkel, Schlüsselgriffe mit figürlichen Elementen.

Teile von überlebensgroßen *Bronzefiguren*, die in den öffentlichen Bädern oder auf öffentlichen Plätzen der Stadt aufgestellt waren.

Das *Schrottdepot* eines Metallgießers aus Detzem läßt erkennen, was als schlecht, unbrauchbar oder veraltet angesehen wurde.

Eine Sammlung von *Goldmünzen* (darunter solche Trierer Prägung) und *anderer Münzen* wird ergänzt durch den Barockpokal mit dazugehörigem Tablett des Trierer Domdechanten Karl Kasper Emmerich von Quadt aus dem Jahre 1732 mit 49 römischen Goldmünzen aus allen vier Jahrhunderten der Römerherrschaft.

Über dem Ausgang zu Raum 19 ist eine Mosaikinschrift aus dem Trierer Haus des *Marcus Piavonius Victorinus* angebracht, der im Jahre 268 n.Chr. als Nachfolger des Postumus gallischer Kaiser mit Residenz in Trier wurde. Zur Zeit der Inschrift war Victorinus Kommandeur der Prätorianergarde in Trier. Die Inschrift, die an der Türschwelle des Atriums seines Stadtpalastes angebracht war, besagt, daß Victorinus ein Mosaik auf seine Kosten wiederherstellen ließ („M.Piaonius Victorinus tribunus pretorianorum de suo restituit").

*Raum 19. Kaiserbildnisse, Sakralarchitektur, Mysterienmosaik.* Der Raum dient als eine Art Ehrenhalle zur Aufstellung von Standbildern römischer Kaiser, die dem Boden Triers entstammen, insbesondere von Herrschern, die mit der Geschichte Triers verbunden sind.

Links neben dem Eingang ein Porträtkopf der Kaiserin *Julia Soaemias*, der Mutter des Kaisers Elagabalus; sie starb 222 n.Chr. Daneben Marmorkopf *Vespasians* (69–79 n.Chr.) aus einem öffentlichen Bad; rechts neben dem Eingang Marmorkopf des jugendlichen *Severus Alexander* (entstanden ungefähr 222; der Kaiser wurde 235 zusammen mit seiner Mutter Julia Mamaea in Mainz ermordet; seine Bildnisse wurden zerstört; die Verstümmelung der Büste stammt daher wahrscheinlich schon aus der Antike).

Zwischen fünf Säulen eines gallorömischen Umgangstempels aus dem Altbachtal ist ein überlebensgroßer Kopf Gratians (375–383) aufgestellt; darunter das Postament für ein (verlorenes) Standbild des Constantius Chlorus, des Vaters Konstantins des Großen und von 293–305 Kronprinz (Caesar) und Verwalter Galliens und Britanniens, mit einer Ehreninschrift des Militärbefehlshabers (dux) in der Provinz Belgica Prima, Valerius Concordius (seit Diokletians Reichsreform waren Militär- und Zivilgewalt in den Provinzen voneinander getrennt).

In der Ecke rechts Teile eines Grabmales mit einer allegorischen Darstellung des Totenkopfes, ein korinthisches Mamorkapitell und eine spätantike Porträtbüste aus weißem Marmor.

In der Mitte des Raumes das *Mysterienmosaik* (auch Ledamosaik genannt) aus einem Gebäude, das man als Versammlungsstätte eines Kultvereins der spätrömischen Epoche gedeutet hat. (Das Mosaik scheint zu den Sehenswürdigkeiten Triers zur Zeit des Ausonius gehört zu haben; der Dichter hat darüber ein Epigramm verfaßt. S. Doppelfeld, Die Römer am Rhein, Seite IX.)

Über den religiös-symbolischen Gehalt der Darstellungen gibt es verschiedene Meinungen (Dioskurenverehrung; Beziehungen zum Kult ägyptischer Gottheiten; ein Kult zur Erlangung des guten Lebens im Jenseits).

Vier Hauptgruppen von Bildmotiven lassen sich unterscheiden: die Vorbereitung der Kulthandlung durch die Kultdiener Theodulus (mit Bronzekanne), Calemerus (mit Krug und Schale), Andegasus und Florus; die Kulthandlung mit dem Priester Quodvoldeus und seinen Gehilfen Felix und Andegasus; das Kultmahl mit je zweimal erscheinenden Speiseträgern Felix, Paregorius und Eusebius und den Tänzerinnen Criscentia und Eleni, die für Unterhaltung sorgen; der mythologische Hintergrund der Kulthandlung, die Drillingsgeburt der Dioskuren und der Helena aus einem Ei in der Asche eines Opferaltars, über dem mit ausgebreiteten Flügeln der Adler Jupiters schwebt; rechts und links vom Altar Agamemnon und Lyda (Leda). Am Eingang steht der Pförtner Secundus mit Fackel.

*Raum 20* ist dem Thema *Weinbau und Trinksitten in römischer Zeit* gewidmet. Dazu werden gezeigt: Trinkgefäße aus Glas und Ton, insbesondere Weißbarbotinebecher mit Trinksprüchen („Ave" – sei mir gegrüßt; „Bene tibi sit" – Dir zum Wohl; „Bibite vinum" – trinkt Wein; „misce" und „remisce" – mische mir Wein (noch einmal) und viele andere); eckige Tonflaschen; Weinamphoren und Amphorenhenkel mit Herstellernamen; Gesichtsvasen; die Göttervase" mit aufgemalten Büsten von Merkur, Minerva, Fortuna und Bellona; Krüge; ein eisernes Rebmesser (zum Vergleich dazu ein modernes Rebmesser).

Auf den Weinbau beziehen sich die Darstellungen achtförmig gebundener Rebensprosse auf dem Grabmal des Aprossus, eines „sevir Augustalis" (Mitglied eines Sechsmännerkollegiums, das für die Abhaltung öffentlicher Feiern, Spiele und Kulthandlungen zuständig war; dieses Amt zu bekleiden war eine große Ehre und war den reichgewordenen Einheimischen vorbehalten); ferner Reliefs bogenförmig gezogener Rebstöcke mit Trauben auf der Seitenwand eines Sarkophags und kordonartig gezogener Weinranken auf der Bekrönung eines Grabmals. Das Relief von einem Grabmal mit Weinreben, geflügelten Dämonen und Schlangen soll die dem Weinbau drohenden Gefahren symbolisieren. Das Reifen der Trauben und die Weinlese behandelt ein Relief mit Genien, Akanthusblättern und traubenpickenden Vögeln und eine Darstellung von Amor bei der Weinlese. Ein Steintisch gehört fast stets zum Mobiliar eines Weinkellers (→ Oberriexingen); auf der Tischsäule ist hier ein jugendlicher Bacchus mit Trauben abgebildet.

*Raum 21* gibt unter dem Stichwort *„Handwerk"* einen Einblick in verschiedene Handwerkszweige des römischen Triers.

Eine der wichtigsten Industrien war die *Töpferei* (ars cretaria). Auf einem Sarkophagdeckel ist die Grabinschrift eines Meisters dieses Gewerbes eingemeißelt. Eine Sammlung von Tonlampen – viele durch Gebrauch rauchgeschwärzt – zeigt die Mannigfaltigkeit von Ornamenten. Zu den Tonwaren gehören Baumaterialien (Lehmziegel, Dachziegel, Hypokaustziegel, Platten, viereckige Hohlziegel für den Rauchabzug). Aus der Frühzeit Triers, als die Ziegelproduktion noch im wesentlichen eine Angelegenheit des Militärs war, stammen einige Ziegel von öffentlichen Bauten mit den Stempeln der militärischen Einheiten, die sie anfertigten, darunter die XXII. Legion aus Mainz. Einige Ziegel sind mit Abdrücken von Tierpfoten „gestempelt."

Das *metallverarbeitende Gewerbe* ist durch Gußtiegel, Bronzeschlacken, Gußformen und einen Bronzebarren vertreten.

Bruchstücke von Rohglas und Fensterglas mögen auf das Vorhandensein einer *Glasindustrie* im römischen Trier hindeuten.

*Raum 22* behandelt das Thema *„Töpferkunst der gallorömischen Epoche."* Eine Töpferscheibe und das Modell eines Töpferofens veranschaulichen Arbeitsmethoden der antiken Töpfer. Die Bedeutung der Trierer Tonindustrie wird durch eine imponierende Sammlung von Töpfereierzeugnissen, nach Form- und Fabrikationsgruppen angeordnet, vor Augen geführt. Der Besucher wird sich aus der Fülle des Gebotenen die ihn besonders interessierenden Gegenstände heraussuchen. Es sei hingewiesen auf Spruchbecher, Parfümbehälter in Tiergestalt, Spardosen mit Schlitzöffnungen, Kerzenständer, Theatermasken, eine Form für einen Steckkalender mit Wochengöttern und Jahreszeiten, Terra-Sigillata-Bilderschüsseln, ein besonders hoch entwickeltes Erzeugnis der Trierer Töpferwerkstätten. Auch finden sich Beispiele der weißtonigen, rauhwandigen, mit der Trierer Industrie in scharfem Wettbewerb stehenden Speicherware (→ Bitburg), die in der römischen Spätzeit von der Mayener Ware (→ Mayen) verdrängt wurde. Die in *Raum 23* zusammen mit einem Mosaikfußboden ausgestellten *Wandmalereien* vermitteln einen Eindruck von der *Wohnkultur* im römischen Trier. Einige frührömische, aus geometrischen Mustern bestehende Malereien stammen aus einem Fachwerkhaus aus der ersten Hälfte des 1.Jahrhunderts n.Chr. Die sogenannte „Grüne Wand" vom Anfang des 2. Jahrhunderts schmückte einen Saal in einem Wohnpalast. Auf einer von korinthischen Säulen eingefaßten viereckigen Fläche ist der Raub des Goldenen Vlieses (links Medea, rechts Jason) dargestellt.

Zu diesem Bild gehörte als obere Zone die Wandmalerei (rechts) eines Stieropfers für Jupiter; zwei Opferdiener stehen mit Schöpfgefäß und Glaskanne vor dem Altar; von links führt ein Opferdiener (popa) mit Schurz und Hammer das Opfertier, den weißen Stier, heran.

Das ausgezeichnet erhaltene *Dionysosmosaik* in der Mitte des Raumes zeigt im Mittelfeld den Gott des Weines beim Gelage mit Ariadne und zwei Gefährtinnen. Auf den Außenfeldern bacchantische Spiele.

Eine Sammlung von qualitätvollen Werken der *Kleinkunst* legt noch einmal Zeugnis ab von der Blüte des trierischen Kunstgewerbes. Bei der Moselkanalisierung wurde 1963 nahe der römischen Moselbrücke die Bronzestatuette des Attis gefunden, des Kultbegleiters der kleinasiatischen Magna Deorum Mater, Kybele, in phrygischer Tracht mit phrygischer spitzer Mütze und einteiligem Gewand.

Ferner: das bronzene Vorderteil (prora) von dem Modell eines Votivschiffes eines Moselschifferkollegiums mit einem Frauenkopf und einer Inschrift, die besagt, daß Cracuna und Mettus der Gottheit des Kaisers und dem Schutzgott der „proretae" (Auguckposten) das Schiff gestiftet hatten; ein bronzener Apoll mit silberner Folie; bronzene Tierfiguren (Löwe, Pantherweibchen); ein laufender Amor; Marmortorso einer Venus; eine marmorne Satyrstatue u. a.

Dazu *Schmucksachen* und *Gebrauchsgegenstände* (Fingerringe, Gemmen, goldene Ohrringe, Scheibenfibel, Alabastergefäße, Silberkanne, Grünsteinteller, Lavezbecher) und *Münzschätze* aus der Zeit der beginnenden Unruhe um die Mitte des 3. Jahrhunderts nach dem Fall des Limes und *Münzen* aus der Spätzeit.

*Raum 24* schließt die Ausstellungen mit der *spätrömischen Epoche* (Ende des 3. bis Anfang des 5. Jahrhunderts).

Zeugnisse, die unmittelbar auf das Herrscherhaus der Spätzeit Bezug haben, sind u. a. ein korinthisches Säulenkapitell mit männlichen Brustbildern (Konstantin mit seinen Söhnen Crispus, Constantin II und Constantius II) und der Grabstein des Hariulfus, des Sohnes eines Burgunderfürsten, der als Offizier der kaiserlichen Leibgarde um die Mitte des 4. Jahrhunderts im Alter von 20 Jahren, neun Monaten und neun Tagen in Trier starb; sein Onkel Reutilo setzte ihm den Grabstein („Hariulfus protector domesticus filius Hanhavaldi regalis gentis burgundiorum qui vixit annos XX et mensis nove et dies nove. Reutilo avunculus ipsius fecit"). Der Grabstein bezeugt die Aufnahme germanischer Fürstensöhne in die Leibgarde des Kaisers.

Die spätrömische Hinterlassenschaft Triers wird in geschlossenen Grabfunden zur Schau gestellt. Unter Glasbeigaben befinden sich einige erlesene Glasgefäße wie der Konchylienbecher (drei Reihen von Meerestieren, jede einzeln für sich geblasen, wurden auf das Krystallglas aufgesetzt, zuunterst die auf dem Meeresboden lebenden Schaltiere [Konchylien], gefolgt von Schollen und Fischen der oberen Gewässer) (s. a. Museum in →Köln); eine gläserne Trinkschale mit eingravierter Darstellung der Antaeussage; ein Trinkhorn mit reichem Netzwerk; und das Prunkstück der Glasgefäße, ein Diatretbecher, dessen Netzwerk (nach einer nicht unbestrittenen Ansicht) aus dem Rumpf des Glaskörpers herausgeschliffen wurde (ein ähnliches Glas im Kölner Museum).

Unter christlichen Zeugnissen befinden sich eine Glasschale mit der Opferung Isaaks; eine Elfenbeindose des 5. Jahrhunderts mit Reliefschnitzereien der Jünglinge im Feuerofen und Daniels in der Löwengrube.

Wie die folgenden Beispiele zeigen, bieten die Inschriften auf den zahlreichen *christlichen Grabsteinen* manches sachlich oder sprachlich Interessante: „Hic Amantiae in pace hospita caro iacet" (Hier ruht in Frieden der Körper der Amantia, in dem sie als Gast weilte) – ein Hinweis auf die christliche Auffassung, daß der Körper nur eine vorübergehende Wohnung der Seele darstellt;

„Ursiniano subdiacono sub hoc tumulo ossa quiescunt, qui meruit sanctorum sociari sepulcra, quem nec tartarus furens nec poena saeva nocebit. hunc titulum posuit Ludula dulcissima coniux. recessit ante diem V. Kalendas Decembres. vixit annis XXXIII." (Unter diesem Hügel ruhen des Subdiakons Ursinianus Gebeine. Er hat es verdient, daß sein Grab den Gräbern der Heiligen beigesellt werde; dem weder der wütende Tartarus noch die bittere Pein (dieses Ortes) etwas anhaben werden. Diese Inschrift setzte Ludula, seine innig geliebte Gattin. Er verließ diese Welt am 27. November. Er hat 33 Jahre gelebt.) (Man beachte die Nennung des Tartarus, des heidnischen Straflortes für frevelnde Götter, auf diesem frühchristlichen Grabstein.)

„Hic requiescit vir venerabilis adoliscens Numodoal qui vixit plus minus annos XVI, obiet in pace quod ficit mensis Februarius dies VIII, cuius pater et mater in amure ipsius titulum posuirunt in pace" – (Hier ruht der ehrenwerte Herr, der Jüngling mit Namen Odoaldus, der etwa 16 Jahre gelebt hat. Er starb in Frieden am 8. Februar. Sein Vater und seine Mutter haben aus Liebe zu ihm die Grabschrift gesetzt in Frieden.)

Der äußerlich unscheinbare Grabstein (am mittleren Fenster) des Vicarius Hlodericus aus dem 6. Jahrhundert, als Trier bereits fest in fränkischer Hand war, verdient wegen seines Inhalts und seiner religionsgeschichtlichen Bedeutung in der Entwicklung der christlichen Ikonographie besondere Beachtung.

Die Inschrift lautet: „Hic requies data Hloderici membra sepulcrum, qui capus in nomero vicarii nomine sumsit. fuit in pupulo gratus et in suo genere primus. cui uxor nobelis pro amore tetolum fieri iussit. qui vixit in saeculo annus plus menus . . . cui deposicio fuit in saeculo VII Kalendas Augustas." (Hier ist den Gebeinen des Hlodericus [latinisierte Form des fränkischen Namens Chloderich] ein Ruheplatz gegeben; es ist sein Grab. Er nahm eine führende Stellung unter den Menschen ein mit dem Titel eines Vicarius. Er war bei dem Volk beliebt und war das hervorragendste Mitglied seiner Familie. Seine Gattin aus adligem Geschlecht ließ ihm aus Liebe diese Grabschrift setzen. Er lebte in der Zeitlichkeit etwa . . . Jahre. Seine Beisetzung in der Zeitlichkeit fand am 26. Juli statt.) Unter der Inschrift befindet sich ein Fries von drei Tierwesen. Victor H. Elbern (Der Grabstein des Vicarius Hlodericus. Aachener Kunstblätter 1972, S. 143 ff.) deutet die Tierwesen (Vierfüßler, Fisch und Vögel) als eine der frühesten Darstellungen der „tria genera animantium", d. h. des auf eine knappe Formel gebrachten Mythos von der Neuschöpfung der Welt aus der Gnade Christi im Bild der um den Lebensbaum gruppierten drei Tiergattungen als Vertreter der biblischen Schöpfung. Auf einem christlichen Grabstein symbolisiert dieses Bild den Auferstehungsglauben.

Zeugnisse der *frühchristlichen Bischöfe Triers* sind die untere Hälfte des Reliefsarkophags des Bischofs Agritius (314–336) mit den Bildern des guten Hirten in der Mitte, links Adam und Eva am Baum der Erkenntnis und rechts die drei Jünglinge im Feuerofen, sowie silberne Beschlagsplatten von dem Holzsarg des Bischofs Paulinus (er starb 358) mit biblischen Szenen; als Stifterin der Beschläge nennt sich „Eleuthera, die Sünderin".

Eine durch Steinwürfe bis zu völliger Unkenntlichkeit verstümmelte *antike Venusstatue* (ehemals neben der Basilika St. Matthias aufgestellt) ist sichtbares Zeichen für den Glaubenseifer früher Christen, die durch die Steinwürfe ihre Abkehr von der heidnischen Glaubenswelt symbolisch zum Ausdruck brachten.

**Lapidarium**
Seit dem Sommer 1974 sind einige der schönsten Steindenkmäler aus der Fülle der Neumagener Funde, die bisher magaziniert waren, in einem besonderen Ausstellungssaal (von Raum 9 zu erreichen) der Besichtigung zugänglich. Die Grabmäler sind z. T. in ihrem ursprünglichen Aufbau zusammengesetzt. Die Lebendigkeit und Individualität der Reliefdarstellungen legen Zeugnis ab von der hohen künstlerischen Qualität der provinzialrömischen Plastik; realistische Porträts der Verstorbenen und Schilderungen von Szenen aus dem täglichen Leben lassen den Betrachter Anteil nehmen an den Schicksalen der Menschen, deren Andenken die Skulpturen wachhalten sollten.

Im Vorraum zwischen den beiden Treppen ist das bei → Ernzen 1964 gefundene Tempelchen (aedicula) mit Weihealtar für den keltischen Gott *Intarabus* mit den Originalteilen wiederaufgebaut. Das im Altertum in der aedicula aufgestellte Götterbild ist nicht mehr vorhanden. Die unvollständig erhaltene Inschrift besagt, daß ein Mann mit dem Beinamen Germanus Statue und Altar auf eigene Kosten stiftete („Deo Intarabo sua impensa Germanus...").

Links: Wandmalereien aus dem vorthermenzeitlichen Peristylhaus, das 1960/66 bei Ausgrabungen im Südwestteil der Kaiserthermen zum Vorschein kam (Sockel mit Fischreiher und Wasserpflanzen; Kandelaber auf schwarzem Grund); Rekonstruktion eines römischen Hauses zur Veranschaulichung der bautechnischen Hilfsmittel der Römerzeit und von Dachbedeckungen aus Ziegel und Schiefer; im Inneren des rekonstruierten Hauses Wandmalereien von einem römischen Gebäude am Konstantinplatz und Nachbildungen von Teilen des Hildesheimer Silberschatzes (→ Hildesheim); anschließend die rekonstruierte Fußboden- und Wandheizung eines römischen Hauses.

Das erste Denkmal, das dem Besucher des Lapidariums entgegentritt, ist der Monumentalcippus, den *C. Albinius Asper* für seine Gattin Secundia Restituta und für sich selbst zu Lebzeiten errichten ließ. Der Pfeiler besteht aus einem Sockel mit Inschrift, einer Doppelnische mit den Darstellungen des Ehepaares und einem ornamentierten Abschlußgesims. Secundia Restituta trägt ein langes Gewand und Mantel, Hals- und Armreife; der bärtige Ehemann Toga, Tunika und weiche Schuhe. Auf den beiden Seiten Reliefs von Tänzerinnen und Weintrauben.

Im Raum zur Linken (Vortragssaal) steht an der Stirnwand der sogenannte *Iphigenienpfeiler,* rekonstruiert mit Originalquadern, mit Darstellungen der Ödipus- und Iphigeniensage (das ursprüngliche Aussehen des Pfeilers veranschaulicht eine Zeichnung). Links daneben Teile von zwei Grabpfeilern mit Skulpturen von Knaben, Girlanden mit Vögeln und Früchtekörben.

In den um den Raum angeordneten Schaukästen sind Grabfunde (Keramik), drei eiserne Krampen von der Römerbrücke und Porta Nigra und Geräte zur Steinbearbeitung ausgestellt.

Beim Rundgang durch den Steinsaal befindet man sich sozusagen „im Schatten" der Igeler Säule, deren Nachbildung im Hof des Museums daran erinnert, daß viele der ausgestellten Denkmäler zu ähnlichen Pfeilergrabmälern gehört haben, wenn auch die Igeler Säule wohl einen extrem großen Typ darstellt.

Im einzelnen: eine prachtvolle Skulptur von Bär und Eber; eine später als Sarkophagdeckel verwendete Grabinschrift; Bruchstück einer Inschrift vom Grab eines „Musicus Romanus"; Grabpfeiler mit Mann und Frau; an den Seiten Tänzerinnen, Rosetten mit Blattmustern, Seetiere; ein Schuppendach mit Pinienzapfen; Grabaltar mit Tritonenfries; Originalteile des Giebels von einem Grabmal (mit farbigen Ergänzungen) mit der Darstellung eines Familienmahls: am Tisch mit Fransendecke und Früchteschale drei

Männer auf Speisesofas, zwei Frauen auf Stühlen; in den Ecken vierkantige Henkelflaschen.
Auf der linken Schmalseite des rekonstruierten sogenannten *„Elternpaarpfeilers"* (der Ehemann mit Testamentsrolle reicht seiner Frau die Hand; zwischen ihnen der kleine Sohn) befindet sich eine der berühmtesten Neumagener Reliefdarstellungen, die *„Morgentoilette":* die Hausherrin, auf einem Korbstuhl sitzend, die Füße auf einen Schemel aufgestützt, wird von ihren Mägden, alle in gleicher Tracht und mit der gleichen Scheitelknotenfrisur, bei der Morgentoilette bedient. Jede der Mägde hat ihre Aufgabe: die eine ordnet der Herrin das Haar; eine andere hält eine Flasche, wohl mit duftenden Essenzen, in der Armbeuge; eine dritte hält einen Spiegel vor, in dem sich die Herrin kritisch, aber offenbar zufrieden betrachtet; eine vierte hält in der Linken eine Henkelkanne. (Eine ähnliche Szene – die Herrin mit zwei Dienerinnen bei der Morgentoilette – ist auf der linken Seite des Avituspfeilers [an der Wand hinter dem Negotiatorpfeiler, s. u.] abgebildet; auf diesem Pfeiler auch das Bild des reitenden Gutsherrn mit flatterndem Umhang, Kapuze und Peitsche.)
Auf dem Elternpaarpfeiler noch rechts oben: Der Hausherr zu Pferde von der Jagd zurückkehrend; darunter eine Pachtzahlung (der Einnehmer mit aufgeschlagenem Kontobuch und ein mißtrauisch dreinblickender Pächter); auf der Rückseite Rosetten mit Blattwerk und ein Fries mit schwimmenden Seetieren. Pilasterpfeiler sind mit trinkenden und tanzenden Figuren geschmückt.
Reliefblöcke eines Grabmals mit Ergänzungen: eine unbeschriftete Grabplatte wird von geflügelten Amoretten gehalten; auf den Pilastern Satyrfiguren.
Am Fenster der *„Negotiatorpfeiler",* so genannt nach der Inschrift: „D.M. Materno negotiatori...", das Grabmal eines Weinhändlers (fünf Originalquader mit Ergänzungen sind seitenteilig versetzt).
Zu dem Denkmal gehört die ebenfalls berühmte Skulptur, der schöne Mädchenkopf von einer Abschiedsszene, als *„Treverermädchen"* bekannt. „Wehmütig und schmerzlich ist der Kopf zur Seite gewandt... Die bestechende Natürlichkeit des Porträts kommt... in der Mischung von jugendlicher Anmut und zaghafter Wehmut zum Ausdruck" (Cüppers).
Rechts vom Negotiatorpfeiler Teile einer Grabinschrift für den sevir Augustalis, Aprossus (s. o. Raum 20), und seine Gemahlin Saturnina sowie für Aquilo und Hattossa, von Aprossius Ursicius für seine Eltern, Großeltern und für sich selbst gesetzt.
Skulptur eines Löwen und Ebers; Quaderteile von drei Grabaltären, zu einem Denkmal vereint mit Ergänzungen; ein Fries mit Tritonen, Silenen und Seetieren; am Sockel ein gefesselter Kriegsgefangener, darunter ein Einschnitt für die Urnenkammer.
Ein Denkmal mit der Darstellung eines *Familienmahls* (mit mehr Einzelheiten als die oben beschriebene Szene; die farbigen Ergänzungen nach Farbresten auf den Originalteilen). Am derben Speisezimmertisch mit Fransendecken liegen zwei Männer auf Klinen; zwei Frauen sitzen auf Stühlen. Zwei Dienerinnen und ein Mundschenk am Schanktisch bedienen die Speisenden. Von Tischgeräten dargestellt sind ein Henkelgefäß und die Korbflasche mit Schöpfkelle. Darunter in Schaukästen: Einzelköpfe von verschiedenen Grabdenkmälern (aus den Fundamenten des spätrömischen Kastells von Neumagen).
Das *Zirkusdenkmal.* Auf der Vorderseite zu beiden Seiten der (fehlenden) Inschrift sieht man die Wendemarken (metae) der Rennbahn; je ein Stallknecht hält ein Rennpferd. Auf der rechten und linken Seite des Blocks Pachtzahlungsszenen. Auf der Rückseite Rosetten, geometrisch umrandetes Blätterwerk; die Farbgebung nach erhaltenen Farbresten. Auf dem Denkmal Teile vom Grabmal eines Weinhändlers;

eine Amphorenpyramide. (Die beiden Schiffe rechts und links gehören zu einem anderen Denkmal.)
Gegenüber am Fenster: Reliefquader vom Grabmal eines Tuchhändlers; ein Mann im Ärmelkittel hält eine Tuchprobe empor. Auf einem Reliefblock von einem großen Grabdenkmal sieht man zwei Schiffsknechte mit Stangen; Pilaster sind mit Amoretten geschmückt.
Ein zu einem späteren Zeitpunkt zu einem Sarkophag umgearbeiteter Reliefblock zeigt Amor, der das schildförmige Ende einer Schrifttafel hält.
Sarkophag eines Kindes. Zwei Genien halten die Inschrifttafel, die besagt, daß die Eltern den Tod ihres 5 Monate, 20 Tage alten Kindes betrauern.
Reliefblock mit mythologischen Darstellungen und Reliefquader vom Grabmal eines sevir Augustalis mit einer Opferszene mit Stierführer, Opferdiener und zwei Rindern im unteren Teil. Einige Farbreste sind erhalten.
Das *Rennfahrer-Mosaik* am Ende des Raumes wurde 1962 unter der Palaestra der Kaiserthermen entdeckt. Das Mosaik bildete den Fußboden in einem Raum des Peristylhauses, zu dem auch die im Vorraum zum Lapidarium ausgestellten Wandmalereien gehörten.
Das Mosaik zeigt den Rennfahrer Polydus aufrecht in seinem Rennwagen stehend. In der Linken hält er neben dem Zügel die Siegespalme; in der erhobenen Rechten Lorbeerkranz und Peitsche. Sein Schutzhelm ist durch ein Kinnband fest angezogen. Sein rotes Gewand weist ihn als Wagenlenker der roten Partei aus (die Renngesellschaften waren an den Farben ihrer Fahrer kenntlich). Oberkörper und Arme sind mit schützenden Bandagen fest umwickelt. Links außen (vom Wagenlenker gesehen) ist das Leitpferd angeschirrt, das „Star"-Pferd, von dem wesentlich der Sieg abhängt. Das Pferd trägt eine mit einer Glocke verzierte Kette und ein breites Halsband, wahrscheinlich beides Siegestrophäen.
Am unteren Bildrand steht der Name des Leitpferdes, „Compressor" (von comprimere, zusammendrücken, zerquetschen, d. h. den Gegner aus dem Felde schlagen) im Ablativ, der als ablativus instrumentalis erklärt wird und soviel besagt wie: Polydus siegt mit Compressor (s. W. Reusch, Wandmalereien und Mosaikboden eines Peristylhauses im Bereich der Trierer Kaiserthermen. Zeitschrift für Geschichte und Kulturgeschichte 1966. S. 220).
Der Betrachter sieht die quadriga mit Polydus auf sich zufahren: Mit den Insignien des Sieges ausgestattet, fährt Polydus eine Ehrenrunde in der Rennbahn.
Im anschließenden Raum ist das *Hermengeländer* von der Einfassung eines Weihers im Park einer großen Villa bei Welschbillig aus der Zeit Valentinians I. (364–375 n. Chr.) aufgestellt. Welschbillig liegt innerhalb des sogenannten Langmauerbezirks zwischen Trier und Bitburg, in dem man eine kaiserliche Domäne vermutet. 112 Hermen (Steinpfeiler mit Köpfen) umstanden den Weiher. Von den 71 ausgegrabenen Hermen sind 47 aufgestellt. Die Köpfe stellen, so wird angenommen, Philosophen, Feldherren, Völkertypen dar. Einige sind z. B. durch ihren Halsschmuck als Gallier ausgewiesen. Manche Köpfe kommen mehrfach vor. Die Villa war möglicherweise Sitz des kaiserlichen Domänenverwalters.
In der Mitte des Raumes, auf einem römischen Fußbodenmosaik, ist ein *Modell des Hermenweihers* aufgestellt. An den Wänden Figurenfriese von den Mosaiken einer Stadtvilla am Trierer Forum.

Im **Bischöflichen Museum** ist untergebracht, was als „der bedeutendste spätkaiserzeitliche Fund der Nachkriegszeit nördlich der Alpen" bezeichnet worden ist, die berühmten Deckengemälde aus dem Konstantinspalast, die zum Besten gehören, was an spätrömischer Malerei

entdeckt worden ist. Ebenso außergewöhnlich wie der Fund sind die Fundumstände.
Bei Grabungen im Inneren des Trierer Domes im Zusammenhang mit der Beseitigung von Kriegszerstörungen stieß man im Winter 1945/46 und in den Jahren 1965–68 auf Tausende von Bruchstücken eines farbig bemalten Putzes, dessen Rückseite Mörtelabdrücke eines Lattengeflechtes aufwies. Das ermöglichte die Bestimmung der Bruchstücke als Teile von Deckenmalereien aus einem großen Raum, der vor Errichtung der Nordkirche der frühchristlichen Doppelkirche um 326 zum kaiserlichen Palastbezirk gehört hatte.
Durch Münzen konnten als Entstehungszeit der Malereien die Jahre zwischen 316 und 326 ermittelt werden, als Crispus, der älteste Sohn Konstantins, als Statthalter für seinen Vater in Trier residierte.
In jahrelanger mühevoller Werkstattarbeit gelang es, die Bruckstücke zusammenzusetzen. Dabei ergaben sich zunächst außer Darstellungen von Paaren tanzender Eroten überlebensgroße Brustbilder von drei reichgeschmückten Damen mit nimbusumstrahlten Häuptern.
Die Bilder, nach der Reihenfolge ihrer Auffindung mit 4,7 und 8 numeriert, stellen dar: (Nr.4) eine junge Frau in ärmelloser Tunika mit Blütenkranz im Haar; in der rechten Hand hält sie ein Plektron zum Spielen eines Musikinstruments, das im zerstörten rechten Teil des Bildes als Lyra ergänzt ist; (Nr.7) eine juwelengeschmückte Frau mit durchsichtigem Schleier; sie hält im linken Arm eine Schmuckkassette, aus der sie mit spitzen Fingern eine Perlenkette zieht; (Nr.8) eine juwelengeschmückte Frau, die mit der rechten Hand einen feinen, durchsichtigen Schleier hebt.
Die Deutung der Porträts ist umstritten. Die Mehrheit der Meinungen geht dahin, daß es sich bei den Bildern nicht um Symbolgestalten, sondern um Idealporträts von Mitgliedern des Kaiserhauses handelt. Welchen Familienmitgliedern allerdings die einzelnen Bilder zuzuweisen sind, hat sich bisher nicht für alle Teile befriedigend klären lassen. Drei Persönlichkeiten wurden genannt: Flavia Helena, die Mutter Konstantins; Helena, die Gattin von Crispus; und Maxima Fausta, die Gemahlin Konstantins (W. Reusch, Frühchristliche Zeugnisse im Einzugsgebiet von Rhein und Mosel. Trier 1965. S. 243 ff).
Th. K. Kempf (Kölner Römer-Illustrierte 2, S. 175 f.) sieht in Bild Nr. 4 die jüngere Helena, die durch ihren Blütenkranz als Braut des Crispus gekennzeichnet sei. Die Dame mit dem Schleier (Nr.8) wird als Flavia Helena, die „erste Dame am Kaiserhof", und Nr. 7 als Maxima Fausta gedeutet. In der gleichen Veröffentlichung (S. 176 ff.) geht J.G. Deckers in seiner Deutung der Bildzusammenhänge von der zentralen Stellung der Dame mit dem Schleier (Nr.8) aus, die dem Betrachter beim Betreten des Saales zugewandt war, während die anderen Bilder „ auf dem Kopf standen." Nach Deckers kennzeichnet der Gestus des Anhebens des Schleiers die dargestellte Figur als Braut und zwar als Helena, die Braut des Crispus. Die Dame mit dem Schmuckkasten (Nr.7) wird, schon ihres überaus reichen Schmuckes wegen, der den der Braut bei weitem übertrifft, als die regierende Kaiserin Maxima Fausta angesehen, die als Begleiterin der Braut das kostbare Besitztum der Braut stolz vorzeigt. Das Mädchen mit dem Blütenkranz ist im Rahmen dieser Auslegung keine Dame des Kaiserhauses („es ist in diesen Zeiten undenkbar, daß eine Angehörige der kaiserlichen Familie sich mit nackten Armen darstellen läßt"), sondern eine der glückbringenden Horen (Göttinnen der Jahreszeiten), die bei jeder Hochzeit anwesend gedacht werden. Die Ergänzung der Lyra gilt daher als wenig wahrscheinlich.

Die Weiterführung der Arbeiten an den konstantinischen Deckenmalereien während der letzten Jahre hat neue Entdeckungen und Erkenntnisse gebracht. Zu den bisher bekannten drei Frauenbildnissen (bei Nr. 8 ist ein goldener Kantharos in der linken Hand zu ergänzen) ist eine vierte Frauengestalt (Bild Nr. 13) hinzugekommen. Außerdem sind drei Männerbildnisse entdeckt worden. Das neu zusammengesetzte Bild Nr. 13 zeigt, wie Bild Nr. 8, eine reichgeschmückte Dame mit nimbusumstrahltem Haupt und Schleier; sie hält in der rechten Hand einen Spiegel. Ihr Schmuck entspricht im wesentlichen demjenigen der Frau des Bildes Nr. 7; beide Frauen tragen als besonderes Attribut einen goldenen Lorbeerkranz im Haar.
Zur Deutung der Bilder vgl. jetzt Th. K. Kempf. Die konstantinischen Deckenmalereien aus dem Trierer Dom (Archäologisches Korrespondenzblatt 7, 1977, S. 147–159); –, Das Haus der heiligen Helena (Beiheft zum Neuen Trierischen Jahrbuch 1978).
Das zentrale Bild der Dame mit dem Schleier und dem goldenen Kantharos (Nr. 8) gilt, wie bisher, als eine Darstellung von Flavia Helena, der Mutter Konstantins und „ersten Dame am Kaiserhof". Bei Bild Nr. 7 handelt es sich nicht, wie früher angenommen, um Maxima Fausta, die Gemahlin Konstantins, sondern um Constantia, die Schwester des Kaisers, da sie kaiserliche Insignien trägt und ihre Gesichtszüge denen Konstantins entsprechen. Maxima Fausta wird demnach durch das neu zusammengesetzte Bild Nr. 13 dargestellt. Der goldene Lorbeerkranz im Haar von Constantia und Fausta weist beide Frauen als geborene Prinzessinnen aus. Von den Männerbildnissen, alle ohne Nimbus, sind bisher nur Nr. 9 und Nr. 11 zusammengesetzt worden. Nr. 9 zeigt einen alten Philosophen mit Buchrolle; Nr. 11 einen bärtigen Rhetor mit grünem Lorbeerkranz im Haar.
Die Neufunde, so wird angenommen, haben wesentlich dazu beigetragen, daß sich die von J. G. Deckers vorgeschlagene Deutung der Bildnisse nicht halten läßt. (Vorstehende Bemerkungen zu den Neufunden nach Dr. Winfried Weber.)
Der Palast mit den Deckengemälden dürfte demnach die Wohnung des Caesars Crispus und seiner Gattin Helena gewesen sein. Der Grabungsbefund hat ergeben, daß dieser Palast absichtlich zerstört wurde. Crispus wurde 326 wegen angeblicher unerlaubter Beziehungen zu seiner Stiefmutter Maxima Fausta auf Veranlassung Konstantins in Pola mit Gift getötet. Im Schutt des zerstörten Palastes wurde eine auf das Jahr 326 datierbare Münze gefunden. Beide Ereignisse fanden demnach zur gleichen Zeit statt. Mit der Hinrichtung des der Verdammung anheimgefallenen Herrschers wurde auch sein Palast mit Bildern seiner Hochzeit zerstört. Das Gelände wurde der Kirche vermacht, möglicherweise zur Entsühnung des Frevels. An die Stelle des Palastes trat die gewaltige Anlage der beiden parallel zueinander liegenden Basiliken (s. Modell), von denen die nördliche die Keimzelle des heutigen Trierer Domes wurde.
So dürften die Deckengemälde die mittelalterliche Legende, wonach der Dom aus einem Palast der Kaiserin Helena entstanden ist, zum mindesten in ihrem Kern bestätigt haben.
Andere Ausstellungsgegenstände aus spätrömischer Zeit sind Grabdenkmäler und frühchristliche Graffiti aus dem Chor der Südkirche der Doppelkirche, der späteren Liebfrauenkirche sowie Fundstücke aus der Nordkirche und ein Modell der konstantinischen Doppelkirche, das dem Beschauer in eindrucksvoller Weise die mächtige Kirchenanlage aus der Frühzeit des Christentums vor Augen führt.

## TRIER-PFALZEL

Der Ortsname Pfalzel, ein Stadtteil von Trier, hat seinen Ursprung in dem lateinischen palatiolum. Das Wort bedeutet „kleine Pfalz" im Gegensatz zum palatium, wie die Palastaula in Trier seit der Übernahme in fränkischen Besitz genannt wurde, und bezieht sich auf eine festungsartige Kaiserresidenz, die um die Mitte des 4. Jahrhunderts in Pfalzel errichtet wurde. Damals weilte Julian, der spätere Kaiser, als Caesar des Westreichs im Trierer Land, um nach den Verwüstungen der Germaneneinfälle Ruhe und Ordnung wiederherzustellen. In der teilweise zerstörten Stadt Trier herrschten Anarchie und Hungersnot. So wurde der Wohnsitz des Herrschers abseits der Hauptstadt als fester Platz in strategisch günstiger Lage an das Moselufer verlegt.

Der Bau bestand aus vier um einen Innenhof gelegenen, ein geschlossenes Rechteck bildenden Flügelbauten mit vorspringenden Eck- und Zwischentürmen. Die Ecktürme standen rechtwinklig zueinander und entsprachen, wie die Zwischentürme, der Breite der Flügelbauten. Der Hauptzugang lag im südlichen Mittelturm. Das Bauwerk war mindestens drei Stockwerke hoch. Die Räume im Erdgeschoß erhielten ihr Licht durch Rundbogenfenster im ersten Stock. Das zweite Stockwerk besaß rechteckige Fensteröffnungen an den Turmvorbauten, während die Flächen zwischen den Turmvorsprüngen in Loggien gegliedert waren.

Die Räume im Inneren waren, wie es einer Kaiserresidenz zukam, mit Mosaikfußböden und marmornem Wanddekor prächtig ausgeschmückt. In einer zweiten Bauperiode wurden die Mosaikfußböden, soweit sie Bildfelder enthielten, zerstört und durch Marmorplatten ersetzt; die ornamentale Rahmung (Rosetten- und Flechtbandmuster) blieb dagegen fast unversehrt an Ort und Stelle, wenn auch mit schwarz-weißen Marmorplatten verkleidet, erhalten. Es wird angenommen, daß die Bildfelder der Mosaike den Vorstellungen Julians, des ersten Schloßbewohners, entsprechend heidnische Motive enthielten, die dem christlichen Nachfolger Valentinian unpassend und verdammungswürdig erschienen.

Nach der Verlegung der gallischen Präfektur von Trier nach Arles um 400 verfiel der Bau. Aber noch im 6. Jahrhundert boten die hochragenden Mauern des einstigen Festungspalastes einen imponierenden Eindruck, wie ein zeitgenössischer Beobachter, Venantius Fortunatus, der Bischof von Poitiers, auf einer Moselfahrt im Jahre 588 feststellen konnte. Um 700 wurde in dem Bauwerk ein Kloster eingerichtet.

Die Südostecke des palatiolum wurde durch Niederlegung der inneren Trennwände in eine kreuzförmige Kirche umgebildet, aus der die heutige Liebfrauen-Stifts-Kirche hervorgegangen ist. Im 12. Jahrhundert entstand innerhalb der Palastruine eine Burg des Trierer Erzbischofs. Heute liegen im Gelände von Römerpalast und erzbischöflicher Burg die Häuser des Ortes – ähnlich wie aus dem Palast Diokletians in Split im Lauf der Jahrhunderte eine städtische Anlage wurde.

Aufgehendes Mauerwerk des römischen Baues in der charakteristischen Bauweise von weißen Kalksteinquadern mit rotem Ziegeldurchschuß sowie Umrisse von Fenstern lassen sich an der Außenwand der Stiftskirche beobachten, wo das römische Mauerwerk noch bis zu 12 m erhalten ist. Der Chor der Kirche und der östliche Kreuzarm bestehen aus dem Quadrat und dem Vorsprung des südöstlichen Turms der kaiserlichen Residenz. Der westliche Kreuzarm und das Langhaus sind die angrenzenden Räume, deren Zwischenwände niedergelegt wurden. So vermittelt der Altarraum der Stiftskirche heute noch eine lebendige Vorstellung von der Größe der Repräsentationsräume in den Flügelenden des spätrömischen Kaiserpalasts.

Im nördlichen Vorraum der Kirche ist ein Teil des Mosaikfußbodens mit darübergelegten Marmorplatten des palatiolum konserviert und sichtbar gemacht. Zugang ist durch den Torbogen zwischen der Kirche und dem angrenzenden Privathaus (in dem ebenfalls Reste der römischen Mauer und ein Rundbogenfenster des Palastes erhalten sind). Nach Betreten des Innenhofes wendet man sich nach rechts.

# U

## UNTERBÖBINGEN

Das Kohortenkastell bei Unterböbingen (heute Gemeinde Böbingen) auf der linken Seite des Remstales ist schon vor Jahrzehnten von der Reichslimeskommission teilweise untersucht worden. Sichtbare Reste des Lagers waren von diesen Untersuchungen nicht zurückgeblieben. Das hat sich jetzt geändert. Ausgrabungen, die im Frühjahr und Sommer 1973 wegen geplanter Baumaßnahmen auf dem seit den ersten Forschungen unzerstört gebliebenen Kastellgelände notwendig wurden, haben dazu geführt, daß die Grundmauern der Bauten im gesamten Bereich des rückwärtigen Lagers untersucht und Teile der Kastellbefestigung zur Besichtigung erhalten wurden.

Als Entstehungszeit des Kastells gilt die Mitte des 2. Jahrhunderts n. Chr. Das Kastell war von Anfang an in Stein gebaut. Die Besatzung war eine nicht näher identifizierte 500 Mann starke Infanteriekohorte (Baatz meint, es könne eine Kohorte von Spaniern, die Cohors VI Lusitanorum, gewesen sein, die in der Mitte des 2. Jahrhunderts in Rätien lag, über deren Standort aber sonst nichts bekannt ist). Brandspuren lassen darauf schließen, daß das Kastell, sicherlich im Zug der Eroberung des Limes durch die Alamannen 260 n. Chr., durch Feuer zerstört wurde.

Das Kastell lag strategisch günstig auf einer Hochfläche oberhalb des Remstales und war nach Norden auf die rätische Mauer zu ausgerichtet.

Vom Kastell aus ließ sich der → Limes auf einer Strecke von 15 km mit 20 Wachttürmen überblicken. (Diese „einmalige topographische Lage" des Kastells gilt als Musterbeispiel für die Aufgabe von Limeskastellen, einen bestimmten Abschnitt des Grenzwalles zu überwachen (Planck).) Das Kastell hatte etwa quadratischen Grundriß mit abgerundeten Ecken, besaß die üblichen vier von Türmen flankierten Tore, von denen drei doppelte Ausfahrten hatten, trapezförmige Ecktürme und quadratische Zwischentürme.

Der Kastellmauer waren drei Spitzgräben vorgelagert. Von den Innenbauten konnten das Stabsgebäude (principia) mit Vorhalle und heizbaren Räumen, westlich davon ein Getreidespeicher (horreum) und auf der östlichen Seite das Wohnhaus des Kommandanten (praetorium) festgestellt werden. Überrascht waren die Ausgräber von dem umfangreichen System von Abwassergräben. Stellenweise waren die Entwässerungsleitungen mehr als 80 cm tief in den Felsboden eingehauen.

Der gesamte vordere Teil des Kastells wurde 1935 durch einen Steinbruch zerstört. Die heutige Hangkante bezeichnet annähernd die Mittellinie des Kastells zwischen den beiden Seitentoren. An der Stelle des heutigen Schulgebäudes lag der Nordteil des Kastells mit der porta praetoria, dem feindwärts gerichteten Ausfallstor.

Das Lagerdorf (vicus) lag südlich, südöstlich und östlich des Kastells.

Unter den Kleinfunden befinden sich ein Zeltpflock, Waffenteile, Münzen, Fibeln, der Daumen eines überlebensgroßen Bronzestandbildes, ein vergoldeter Metallbuchstabe (P) von einer Inschrift, ein versilberter Gürtelbeschlag, die Zierscheibe von einem Pferdegeschirr, ein bronzener Schlüssel und nicht zuletzt ein vorzüglich erhaltener silberner Löffel.

Konserviert sind die Grundmauern des rückwärtigen Tors, des porta decuma, des einzigen der vier Tore, das nur eine Durchfahrt besaß; ferner die Südostecke mit Eckturm und ein Zwischenturm an der Ostseite mit Sockel in Fischgrätenbauweise (opus spicatum) und Teile der östlichen Wehrmauer. Man erreicht das Römerlager von der Bundesstraße Nr. 29 aus auf der Straße nach Oberböbingen-Heubach. In Oberböbingen führt die „Römerstraße", eine Abzweigung nach links, zum Römerkastell.

# W

## WAIBLINGEN

Die Stadt war in römischer Zeit Standort einer bedeutenden Töpferindustrie. Das haben Zufallsentdeckungen von römischen Töpferöfen, Gruben mit Töpfereiabfällen, Brunnen und anderen römischen Siedlungsspuren in den zwanziger Jahren des vorigen Jahrhunderts und später sowie systematische Ausgrabungen 1912/14 und 1967 ans Licht gebracht.

Die Fabrikationsstätten lagen an der Heerstraße von Bad Cannstatt zum äußeren → Limes. Es wird angenommen, daß die Anlagen mit der Vorverlegung des Limes in der Mitte des 2. Jahrhunderts n. Chr. in Zusammenhang stehen. Dank ihrer verkehrsgünstigen Lage und auf Grund reicher Tonvorkommen, die auch heute noch industriell genutzt werden, entwickelte sich die Waiblinger Töpferei zu einem Großbetrieb, der vor allem das Limesgebiet bis nach → Fining (s. a. → Mainhardt) mit Keramikwaren versorgte.

Das Produktionsprogramm umfaßte neben gewöhnlichem Gebrauchsgeschirr (Töpfen, Bechern, Schüsseln, Tellern, Näpfen, Amphoren, ein- und mehrhenkeligen Krügen) auch bessere Ware, insbesondere Terra Sigillata, das feine römische Tafelgeschirr, darunter glattwandige Gefäße (Schüsseln, Teller, Näpfe) und reliefverzierte Schüsseln. Die Produktion dieser Bilderschüsseln ist durch Bruchstücke von Formschüsseln und Bildstempeln zum Eindrücken in die Innenwände der Formschüsseln (Vogel, Greif, ein Peitschenschwinger, ein Kämpfer mit Speer und Schild) nachgewiesen.

Die Übereinstimmung von Töpfernamen auf Waiblinger Terra-Sigillata-Gefäßen mit Namen von Töpfern der Sigillata-Manufaktur von → Rheinzabern läßt darauf schließen, daß Waiblingen ein „schwäbischer Filialbetrieb" des großen rheinischen Werkes gewesen ist.

Die Waiblinger Töpfereien, so wird vermutet, haben den Einbruch der Alamannen nach dem Fall des Limes 259/60 nicht überdauert. Spätestens um diese Zeit werden sie ihre Produktion eingestellt haben.

Gefäße der römischen Töpfereien von Waiblingen und Nachbildungen der oben erwähnten Bildstempel für Terra-Sigillata-Keramik sind im Limesmuseum in → Aalen zu sehen. Von den römischen Töpfereien sind oberirdisch keine Spuren erhalten. Konserviert und zugänglich ist am Nordrand der Stadt ein vermutlich zu einer villa rustica gehöriger römischer Keller.

## WALLDÜRN

Die Geschichte des bekannten Wallfahrts- und Luftkurortes im badischen Odenwald geht auf die Römerzeit zurück. Um die Mitte des 2. Jahrhunderts n. Chr., als die Grenze des römischen Reichs von der hinteren Odenwaldlinie um etwa 30 km nach Osten vorgeschoben wurde, entstand bei Walldürn gleichzeitig mit den Kohortenkastellen → Osterburken, → Jagsthausen und → Öhringen ein kleines Numeruskastell als nördliche Verankerung des äußeren → Limes, der sich von hier in einer schnurgeraden Linie auf einer Länge von 80 km bis zum Haghof bei → Welzheim erstreckte. Das Kastell hat etwa hundert Jahre bestanden. Spätestens während des großen Alamannensturms 259/60 wird es geräumt worden sein.

Das Kastell war nach einer Holz-Erde-Bauphase in Stein umgebaut worden. Seine Besatzung war eine Kundschafterabteilung („exploratores Stu..."). Jedes Auxiliarkastell, auch das kleinste, hatte sein Bad, wo die Soldaten nach Dienstschluß Erholung finden und neue Kräfte sammeln konnten. „Die römische Badekultur kam selbst den Auxilien in vollem Umfang zugute" (Pörtner). Walldürn machte davon keine Ausnahme. 1971/72 wurde das Walldürner **Kastellbad** freigelegt; die Mauerreste (in der Nähe der Marsbachquelle rechts von der Waldstettener Straße) wurden zur Besichtigung konserviert. Dem konservierten Bauzustand ging ein älterer Bau voraus. Die Inschrift eines im Umkleideraum des Bades gefundenen, auf den 13. August 232 n. Chr. datierten Altars für Fortuna berichtet von dem Wiederaufbau des durch „Altersschwäche" baufällig gewordenen Bades („balineum vetustate conlapsum"). (Eine Nachbildung des Altars ist am Fundort aufgestellt; das Original befindet sich im Museum in Karlsruhe.) Zu den nach Ausweis der Inschrift an dem Bau beteiligten Militäreinheiten gehörten außer der Besatzung des Kastells die „Brittones gentiles et officiales Brittonum dediticiorum Alexandrianorum" (Anführer einer irregulären Hilfstruppe).

Das alte und das neue Bad besaßen ein hölzernes Apodyterium (Umkleideraum) am südlichen Ende. Von dort gelangte man in das Kaltbad (frigidarium) mit einem Kaltwasserbecken auf der Westseite und dem Schwitzbad oder Sauna (sudatorium) auf der Ostseite. An das Kaltbad schloß sich das Laubad (tepidarium) an. Ihm folgte das Warmbad (caldarium) mit Warmwasserbecken auf beiden Seiten. Am Nordende und auf der Ostseite lagen Heizungsräume zur Bedienung der Heizung (s. Abbildung eines Modells des Bades in Ausgrabungen, Teil 3, S. 337 f.) (Eine Informationstafel berichtet über den Gesamtplan, über die technischen Details und historischen Daten der Badeanlage.)

Einen besonderen Anziehungspunkt für den römisch Interessierten bildet der **„Limes-Lehrpfad der Stadt Walldürn"**, ein etwa 2,2 km langer Waldpfad (1 Stunde hin und zurück) auf der Grenzlinie des Imperium Romanum. Der Pfad wurde durch das staatliche Forstamt Walldürn unter Mitwirkung des Landesdenkmalamtes Baden-Württemberg mit finanzieller Unterstützung durch das Land Baden-Württemberg angelegt. Der Wanderer erblickt in den Grundmauern konservierte Limeswachttürme; Holzschilder unterrichten über den Limes im allgemeinen, den Limesverlauf im Bereich Walldürn und die Sehenswürdigkeiten entlang des Lehrpfades.

Von besonderem Interesse sind die konservierten Steinfundamente der Limestürme Lindig-Süd (der Umfassungsgraben – Traufgraben - stammt ebenfalls aus der Römerzeit) und Lindig-Nord. Das sogenannte „Steinhaus" am Ende des Lehrpfades, bestehend aus einem kleineren Turmfundament und einem dazugehörigen Nebengebäude, war möglicherweise eine Art Feldwache oder Unterkunftshaus für eine Wachmannschaft.

Man erreicht den Limes-Lehrpfad von Walldürn, indem man die Seestraße bis zur Eisenbahnüberführung verfolgt. Nach Überqueren der Bahn auf der Hebelstraße (erste Straße rechts, steiler Hügel) bis zum Parkplatz am Waldrand.

Etwa 5 km südlich von Walldürn liegt auf der rechten Seite der Straße nach Altheim (Parkplatz) das 1968/69 freigelegte **Kleinkastell Hönehaus** von fast quadratischem Grundriß mit Toren auf der Ost- und Westseite. Die hölzernen Mannschaftsbaracken im Inneren waren unmittelbar an die Wehrmauer angelehnt (eine namentlich bei den spätrömischen Festungsbauten angewandte Bauweise). Das Kastell stammt aus der ersten Hälfte des 3. Jahrhunderts, ist also erst nachträglich in die Kastellreihe des vorderen Limes eingeschoben worden. Baatz meint, daß zur Besatzung dieses wie auch anderer Kleinkastelle die „Brittones dediticii Alexandriani" (eine irreguläre Hilfstruppe mit dem auf Kaiser Severus Alexander hinweisenden Beinamen Alexandriani) gehört haben könnten, deren Anführer („officiales", Unteroffiziere) nach der Inschrift auf dem oben erwähnten Fortunaaltar am Neubau des Walldürner Militärbades beteiligt waren.

## WEISSENBURG i. Bayern

In der malerischen alten Reichsstadt sind Mittelalter und Gegenwart von der Römerzeit durch einen Eisenbahndamm voneinander getrennt. Auf einer Hochfläche jenseits der Schienen lag in römischer Zeit das Kohortenkastell Biriciana, der älteste und zugleich militärisch wichtigste Wachtposten an diesem Abschnitt des rätischen → Limes.

Das Kastell entstand am Ende des 1. Jahrhunderts n. Chr., als nach erfolgreichem Abschluß der Chattenkriege Domitians ein intensiver Ausbau des Limes zu einer sicheren Grenzsperre einsetzte. Zunächst in Holz und Erde errichtet, wurde das Kastell in der ersten Hälfte des 2. Jahrhunderts in Stein umgebaut. Während eines Germaneneinfalls 174/75 erlitt das Kastell Beschädigungen, widerstand aber offenbar dem Alamannensturm von 233 und wurde 254 zerstört, als nach dem Abzug des Kaisers Valerian nach Rom Germanenstämme die geschwächte Grenzverteidigung in Rätien überrannten.

Ein Lagerdorf (vicus) von Händlern und Handwerkern entwickelte sich südlich des Kastells. Vor dem Westtor wenige Meter außerhalb des Kastells lag das Militärbad.

Das Kastell mit einer Innenfläche von 3,1 ha hatte den vorgeschriebenen rechteckigen Grundriß und war mit zwei die Kastellmauer umgebenden Spitzgräben befestigt. Das nördliche Ausfallstor (porta praetoria) besaß im Gegensatz zu den drei anderen Toren nur eine Durchfahrt, die von vorspringenden Halbrundtürmen flankiert war. Die anderen Tortürme waren quadratisch und lagen innerhalb der Wehrmauer. Die abgerundeten Ecken der Kastellumwehrung waren, ähnlich wie im Kastell → Unterböbingen, mit trapezförmigen, die Seiten mit quadratischen Türmen bewehrt.

Von den Innenbauten sind die principia (Stabsgebäude) mit einer Vorhalle über der via principalis (der Straße zwischen Ost- und Westtor), einige kleinere heizbare Unterkünfte, östlich an die principia anschließend ein Getreidespeicher (horreum) und die mit mehreren heizbaren Räumen ausgestattete Kommandantenwohnung (praetorium) festgestellt worden.

Als Besatzung ist ein 500 Mann starkes Reiterregiment von Spaniern, die Ala I Hispanorum Auriana, durch Inschriften bezeugt. Schwierigkeiten bereitet die für Biriciana inschriftlich nachgewiesene Cohors IX Batavorum equitata milliaria exploratorum, die als Besatzung von → Passau belegt ist. Wie dort ausgeführt, nimmt Kellner an, daß die Kohorte in der ersten Hälfte des 3. Jahrhunderts vorübergehend in Weißenburg bei Arbeiten zum Wiederaufbau zerstörter Limesbauten eingesetzt war, während nach Reinecke die Kohorte zunächst in Biriciana stand, bevor sie nach Passau verlegt wurde.

Das Kastellgelände ist nie überbaut worden und ist als städtische Anlage erhalten geblieben. Die aufgehenden Mauern der Umwehrung und der Innenbauten, soweit sie noch vorhanden waren, sind in neuerer Zeit abgetragen worden. Die Grundrisse der Bauten sind durch Betonplatten sichtbar gemacht und mit Hinweistafeln versehen. Vom Getreidespeicher sind die Grundpfeiler des Fußbodens konserviert.

Das Kastell liegt westlich des Bahnhofs. Nach Passieren der Eisenbahnunterführung wendet man sich nach links und nimmt die erste Abzweigung nach rechts.

1977 wurde etwa 200 m westlich des Kastells beim Anlegen von Reihenhäusern eine römische Badeanlage mit einer Länge von 650 m und einer größten Breite von 42,5 m entdeckt, vollständig ausgegraben und unter einem freitragenden Schutzdach konserviert.

Die Weißenburger Thermenanlage ist das größte erhaltene Römerbad in Süddeutschland. Seinen Außmaßen nach war es kein Militärbad, sondern ein öffentliches Bad für die Bevölkerung der Zivilsiedlung, ein offenbar wohlhabendes stadtähnliches Gemeinwesen, in dem man sogar den Hauptort einer civitas vermutet hat. Die Anlage wurde während der Markomannenkriege nach 168/69 zerstört, wieder aufgebaut und ging endgültig bei den Alamanneneinfällen 233 durch Feuer zugrunde.

Trotz der Zerstörungen ist das Bad in seiner archäologischen Bausubstanz hervorragend erhalten. Bodenplatten aus Solnhofer Schiefer liegen in Badebecken so, wie sie vor 1800 Jahren verlegt worden waren. Im Unterboden einer Hypokaustanlage sieht man noch den durch das Holzfeuer verursachten Ruß.

Das Mauerwerk der Heiz- und Abwässerkanäle zeigt sich in seiner ursprünglichen Vollkommenheit. Beim Rundgang durch die Thermen auf hölzernen Laufstegen fühlt sich der Besucher wie kaum sonst bei Anlagen dieser Art in Deutschland in die Wirklichkeit eines römischen Bades versetzt.

Seit 1931 waren römische Funde aus Weißenburg und Umgebung im Heimatmuseum der Stadt ausgestellt. Angeregt durch den großen Schatzfund (s. u.) von 1979, den die Prähistorische Staatssammlung in München erworben hatte, wurde das Museum durch Vertrag mit dem Freistaat Bayern ein Zweigmuseum der Prähistorischen Staatssammlung und als solches unter der Bezeichnung **Römermuseum Weißenburg** im September des Jahres 1983 in einem renovierten Gebäude aus dem frühen 19. Jahrhundert der Öffentlichkeit übergeben.

Die römischen Sammlungen sind von Hans-Peter Kuhnen in seinem *Führer durch die Abteilungen Vorgeschichte und Römerzeit im Römermuseum Weißenburg* (München 1984) eingehend beschrieben. Die nachfolgenden Bemerkungen sollen den Leser, der Weißenburg auf sein Besuchsprogramm gesetzt hat, kurz über den Aufbau der Ausstellung unterrichten und auf einzelne Funde aufmerksam machen.

Der Besucher wird zunächst durch *Steininschriften* in unmittelbare Beziehung zu Menschen gesetzt, deren kulturelle Hinterlassenschaft im Museum aufbewahrt ist.

Publius Tenatius Essimnus, der auf einem Grabstein (im Erdgeschoß) genannt ist, war Weingroßhändler („negotians vinarius"), stammte aus Julia Tridentum und starb im Alter von 57 Jahren. Den Grabstein setzte dem ehrenwertesten Vater („patri pientissimo") der Sohn Publius Tenatius Paternus.

Ebenfalls im Erdgeschoß steht der Weihealtar, den die 9. teilweise berittene 1000 Mann starke Bataverkohorte von Kundschaftern unter ihrem Kommandanten, dem Präfekten M. Victorius Provincialis, für Jupiter, den Besten und Größten, weihte. Der Stein wurde im Mittelalter auf der Rückseite mit einer Muttergottesfigur versehen und als Spolie in die Weißenburger St. Andreaskirche eingebaut, wo man ihn 1892 entdeckte.

In der St.-Andreaskirche eingemauert war auch der Grabstein, den Martinus in Erfüllung einer testamentarischen Verfügung („ex testamento") den „göttlichen Ahnen" des Victor setzen ließ.

Auf die Besatzung von Biriciana, die Ala Auriana, weist der (im Vorraum des Obergeschosses aufgestellte) Weihestein hin, den Flavius Raeticus, „optio equitum Alae Aurianae" (Stellvertreter des Rittmeisters im Aurianischen Reiteregiment) dem Merkur für das Heil des Kaisers Antoninus Pius widmete. Der Stein stammt aus dem Jahre 153 n. Chr. und war in zweiter Verwendung im Kirchturm von Emetzheim eingemauert. Nach Kellner zeigt der Weihestein, daß man einen keltischen Gott mit dem vielseitigen und beliebten Merkur identifizierte; denn Merkurs Wirkungskreis ging weit über Geschäftsangelegenheiten hinaus.

Das gleiche gilt für den Weihestein, den Decimus Iulius Priscinus dem Merkur froh, gern und nach Gebühr widmete.

# Weissenburg

Eine 1980 entdeckte Bauinschrift berichtet vom Bau oder der Reparatur in Stein von Mauern mit Toren des Kastells Sablonetum auf Befehl des kaiserlichen Statthalters Quintus Spicius Cerialis durch eine „Infanteriegarde" unter Leitung des centurio Aurelius Argivus von der III. Italischen Legion („kastello Sablonetum murum cum portis lapidibus substitutum iussu Quinti Spici Cerialis legati Augusti pro praetore ... per singulares pedites cura agente Aurelio Argivo centurione Legionis III Italicae"). Das Kastell Sablonetum lag etwa 1,8 km vom rätischen Limes und etwa 4 km vom Kastell Weißenburg entfernt. Seiner Größe nach war das Kastell für eine Aufklärungs- und Beobachtungsabteilung (numerus) bestimmt. Der Name der Truppe ist nicht bekannt. Die Bauinschrift stammt aus dem Jahre 182 n. Chr., dem dritten Regierungsjahr von Kaiser Commodus. Der Name des Kaisers war in der Inschrift getilgt worden, als er nach seiner Ermordung der damnatio memoriae verfiel. Im Gegensatz zu der Bauinschrift vom Kastell Böhming (im Museum in Eichstädt) blieb der Name gelöscht, obwohl das Verdammungsedikt später aufgehoben wurde.

Von der Arbeit der römischen Gardesoldaten, dem Aufbau des Kastells in Stein, können wir uns heute noch eine Vorstellung machen. Nachdem 1980/82 im Zuge der Flurbereinigungen das gesamte Areal des Kastells untersucht worden war, wurde der Nordwestturm, ein Teil der Mauer und die Grundmauern von zwei Tortürmen rekonstruiert. »Bei der Rekonstruktion ... sollte kein künstliches Bauwerk mit verschiedenen, mehr oder weniger gesicherten Einzelheiten, sondern ein Zustand wiederhergestellt werden, der dem Besucher den visionären Eindruck einer verfallenen römischen Festung vermittelt." Dabei dient der Turm zugleich als Aussichtspunkt, von dem „der Besucher auf ungefähr gleicher Höhe wie der römische Wachsoldat das Land überblickt". (Man erreicht Kastell Sablonetum von der Ortsmitte von Ellingen ungefähr 3 km von Weißenburg auf der Straße nach Höttingen. Nach ungefähr 400 m taucht links der Turm des Kastells auf. Ein ausgeschilderter Weg führt zum Kastell.)

Das römische Fundgut ist unter drei Hauptgesichtspunkten (Weißenburg in römischer Zeit – Römisches Militär und der Limes – Römische Zivilisation) nach Sachgruppen geordnet in den Räumen 2–4 des Obergeschosses ausgestellt.

Unter *Römischen Bronzeplastiken* befinden sich Trümmer von Bronzestatuen verschiedener Kaiser, darunter ein Schwertgriff. Vom *Römischen Militär in Weißenburg* zeugen vor allem Ausrüstungsgegenstände der Reiterei. Beachtenswert ein Reitersporn. Mit Lanzenspitzen nicht zu verwechseln sind eiserne Spitzen als Abzeichen römischer Würdenträger, beispielsweise das Rangabzeichen der Beneficiarier (Straßenpolizisten). Aus der *Rüstkammer der Weißenburger Garnison* stammen Bruchstücke von Paraderüstungen. Ein *Modell des Kastells Weißenburg* zeigt die für ein Kohorten- oder Alenlager typische quadratische Form mit abgerundeten Ecken, wie oben beschrieben. Bei Gegenständen des *Handwerks* findet sich ein bronzenes Klappmaß mit verschiedenen Maßeinheiten („Fuß", „Handbreite", „Daumenbreite", „Fingerbreite"). Ferner: bemalter Wandputz, eiserne Nägel zur Befestigung von Wand- und Eckenverkleidungen, ein eisernes Messer mit eingestempeltem Herstellernamen. Zum Thema *Badeleben* werden Funde aus der Weißenburger großen Therme gezeigt. Sie beziehen sich größtenteils auf Körperpflege (Pinzetten, Sonden, Spiegel). Von hohem kulturhistorischem Interesse sind Bruchstücke von Glasfenstern aus den Thermen. Aus *Haushalt und Landwirtschaft* stammen außer Tafel-, Koch- und Vorratsgeschirr Messer, Schere und Nadeln, Gegenstände zur Sicherung des Eigentums (Vorhängeschloß, Schloßbleche). Ferner: Öllampen, ein Fläschchen mit kosmetischer Flüssigkeit. Sicheln und Sensen entsprechen den noch heute gebräuchlichen Formen.

Auf dem Bruchstück einer Kalksteinplastik aus Weißenburg ist *Epona*, die römisch-keltische Schutzgöttin der Pferde, dargestellt.

*Limeskastelle um Weißenburg* lieferten reiches Fundmaterial (Riemenbeschläge, Brettspiel, Spielsteine, Würfelbecher, Werkzeuge und Geräte, Mühlsteine, Löffel, Handmühle, Schleuderkugeln, Schreibgriffel, Siegelkapseln, Helmbuschhalter, Panzerverschlüsse, Schildnägel zur Befestigung des Schildbuckels; ein verstellbarer Verschluß illustriert die Trageweise des Schwertes; Zeltheringe; ein Fingerring mit Kästchenschlüssel trägt die Aufschrift: „Q. Caturius der Deonyso"; Gemmen von Fingerringen). Ein *eisernes Fenstergitter* stammt aus einem römischen Gutshof (villa rustica) in Schambach bei Treutlingen.

Zum Thema *Lesen und Schreiben* werden gezeigt: ein Weihetäfelchen mit der Aufschrift: Für Victoria von Flavius Primus, „curator" (Unteroffizier z.b.V.) der „turma" (Schwadron) des Maximinius; Tintenfässer mit Verzierungen; ein rekonstruiertes Schreibtäfelchen; Ziegel mit eingeritztem Alphabet, „vermutlich die Schreibübungen eines Ziegelarbeiters, vielleicht aber auch ein Zauberstück"; Ritzinschriften auf terra sigillata; vergoldete Bronzelettern vom Osttor des Weißenburger Kastells.

Unter *Militärdiplomen* besonders zu beachten ein vollständig erhaltenes Diplom (1867/68 beim Bau des Weißenburger Bahnhofs gefunden). Das Diplom wurde am 30. Juni 107 n. Chr. ausgestellt und verzeichnet vier Alen (darunter die Weißenburger Garnison) und elf Kohorten, aus denen sich die in der Provinz Rätien stationierten Streitkräfte, das „exercitus Raeticus", zusammensetzten. Das Diplom ist die für Mogetissa, Sohn des Comatullus, aus dem keltischen Stamm der Boier, Reiter in der Ala Auriana, gefertigte Abschrift des „in Rom am Tempel des Augustus" angeschlagenen Originals des kaiserlichen Erlasses, aufgrund dessen den Soldaten des rätischen Heeres, die am Tage des Erlasses nach 25jähriger Dienstzeit ehrenvoll aus dem Militärdienst entlassen wurden, das römische Bürgerrecht verliehen wurde sowie das „ius connubium", d.h. das Recht, eine gesetzlich anerkannte Ehe einzugehen. (Der volle Wortlaut des Diploms mit Übersetzung ist in dem oben angegebenen Museumsführer abgedruckt.)

Unter Funden zur *Schönheitspflege* werden Handspiegel mit „teuren vergoldeten Rückseiten" gezeigt. Die Rückseiten dienten zur Darstellung von Szenen aus der Welt römischer Sagen.

*Das Römische Münzwesen* wird an Hand einer großen Schautafel römischer Münzen anschaulich gemacht. Da man ausschließlich mit „barer Münze" zahlte, mußte man sich gegen Verluste schützen, z. B. mit einem bronzenen „Börsenarmreifen", der am Oberarm getragen wurde. Ein Schlitz in der Mitte des Deckels erlaubte den Einwurf von Münzen, ohne daß man den Deckel öffnete.

Den Schluß der Ausstellung bildet *Römische Keramik*, die hier in ihren verschiedenen Formen, vom einfachen Geschirr aus Küche und Keller zum feinen rotglänzenden Tafelgeschirr, der terra sigillata, vorgeführt wird und als Beweis für einen gehobenen Lebensstandard der Bürger von Biriciana gelten mag.

Mit der Ausstellung des **Römischen Schatzfundes von Weißenburg** rückt das Römermuseum Weißenburg in die Reihe der bedeutenden archäologischen Sammlungen Deutschlands und darüber hinaus. Niemand, der sich ein Bild von der römischen Zivilisation in Deutschland verschaffen will, kann an dieser Ausstellung vorbeigehen.

Es handelt sich bei dem Fund um das Inventar eines Tempels oder Heiligtums am Kastell der Ala Auriana, das um 233 vergraben wurde, als Scharen von plündernden und mordenden Alamannen das Land südlich des Limes durchzogen, ohne daß die römische Militärmacht der Invasion Einhalt gebieten konnte. Der Schatz kam 1979 beim Anlegen eines Spargelbeetes auf einem Grundstück in der Nähe der großen Therme zu Tage. Die Presse berichtete damals über die „Nacht- und Nebelaktion" des Entdeckers, der den freigelegten Fund nicht auf seinem ungeschützten Grundstück liegen lassen mochte, sondern den gesamten Schatz noch in der gleichen Nacht zusammen mit anderen hob, wobei allerdings wichtige Hinweise auf die Umstände der Vergrabung verlorengingen. Einer möglichen Abwanderung oder gar Verschleuderung des wertvollen Fundes wurde durch die rechtzeitige Eintragung des Schatzes in die Liste zum Schutz gegen Abwanderung deutschen Kulturgutes und in die Denkmalliste als bewegliches Denkmal vorgebeugt.

Der Schatz besteht aus 11 Votivtafeln aus getriebenem Silberblech; sie zeigen in einem architektonischen Rahmen jeweils einen oder mehrere Götter, deren Hilfe der Dedikant anruft; ferner 16 bronzene Götterstatuetten (dargestellt sind, z.T. mehrfach, Jupiter, Juno, Minerva, Apollo, Merkur, Venus, Herkules sowie Haus- und Ortsgötter, darunter ein „togatus", ein Opfernder in der zur Opferhandlung vorgeschriebenen Toga mit verhülltem Kopf (die Statuetten kamen aus ganz verschiedenen Gegenden des Römischen Reiches über einen Zeitraum von mehr als hundert Jahren in Weißenburg zusammen); Paraderüstungsteile (Gesichtsmasken, Hinterkopfhelm); 20 Gefäße und Gefäßteile (Kannen, Eimer, Sieb, Kessel, Teller, Schalen, darunter zwei, die auf der Innenseite eine Weihung an Epona tragen, und eine Schale mit einer geritzten Darstellung der Göttin, umgeben von Pferden und mit Ähren und Füllhorn in der Hand); Beschläge für die Ausrüstung von Soldaten und Pferden und für Möbel und Kästen; Eisengeräte (Küchengeräte, Zubehör zu Pferd und Wagen, Holzbearbeitungsinstrumente) sowie als Besonderheit ein raffiniert konstruierter eiserner Klappstuhl, eine Art Statussymbol für eine hochgestellte Persönlichkeit und durchaus dem Rang eines Priesters angemessen.

Dr. Hans-Jörg Kellner, Direktor der Prähistorischen Staatssammlung, und Dr. Gisela Zahlhaas, Konservatorin an der Prähistorischen Staatssammlung, haben den Schatzfund in einem Katalog ausführlich beschrieben. Der Weißenburger Schatz sei, so die Autoren, der „größte seiner Art nicht nur in Bayern, sondern auch in der Bundesrepublik". Die Gruppe der silbernen Votivbleche gehöre „mit zu den umfangreichsten, die von Objekten dieser Art jemals gemacht wurden". Was die künstlerische und handwerkliche Qualität der Götterstatuetten anlangt, so fallen sie nach dem Urteil der Autoren „völlig aus dem Rahmen der bisher in Bayern, ja in ganz Deutschland gefundenen Figuren... Sie stellen in ihrer Größe, Qualität, ihrem Erhaltungszustand, zum Teil auch in ihren Motiven einmalige Stücke dar".

Die Aufstellung des Schatzfundes in geschickt beleuchteten Einzelvitrinen erleichtert das Anschauen und erhöht den Reiz dieses einzigartigen Denkmals einer versunkenen Zeit, das nach 1750 Jahren Vergessenheit plötzlich in das Licht einer von Grund auf veränderten Welt getreten ist.

Von Weißenburg leicht zu erreichen, abgesehen von Kastell Sablonetum bei Ellingen, ist der sog. „Burgus in der Harlach" südwestlich von Burgsalach. Auf ihrer Karte „Wandern um Weißenburg" empfiehlt die Stadt einen „Limesweg" (Pleinfeld – Arbachschlucht – Auhof – Rohrbach – Steinerne Rinne – Römerturm bei Burgsalach [hier Rundwege] – Hohloch – [Ziegelhütte – Seuversholz]).

## WELZHEIM

Welzheim am südlichen Ende des geradlinigen vorderen → Limes besaß wie → Öhringen zwei Kastelle unterschiedlicher Ausdehnung. Das südwestlich des Ortskerns von Welzheim gelegene Westkastell mit einer Innenfläche von 4,3 ha war eines der größten Kastelle am obergermanischen Limes und war für ein 500 Mann starkes Reiterregiment bestimmt. Von einer auf die Besatzung des Kastells bezüglichen Inschrift sind nur die Worte „Ala I" erhalten. Es wird angenommen, daß es sich dabei um die vorher in Cannstatt (→ Stuttgart–Bad Cannstatt) gelegene Ala I Scubulorum handelt. (Nach Baatz kommen außerdem die Ala I Flavia Gemina und die Ala Indiana Gallorum als Besatzungen des Westkastells in Frage.) Das Gelände des Westkastells ist völlig überbaut. Die Straße nach Schorndorf verläuft im Bereich der Kronenstraße etwa auf der Linie der via principalis, die die Seitentore des Kastells miteinander verband.

Das erheblich kleinere Ostkastell am Ostrand der Stadt auf der Hochfläche über dem Leintal mit einer Innenfläche von 1,6 ha war, wie aus der Weiheinschrift eines centurio der in Straßburg stationierten VIII. Legion und aus Ziegelstempeln hervorgeht, von zwei kleineren Einheiten, einem Numerus von Brittonen und einer Aufklärungsabteilung (exploratores) besetzt.

Das Kastellgelände konnte von der Bebauung freigehalten werden und soll künftig als Angelpunkt eines geplanten Freilichtmuseums dienen, das nach dem Vorbild des „Freilichtmuseums am rätischen Limes" bei →Rainau auf einem Rundwanderweg römische Wehranlagen (das Ostkastell, Kleinkastell und den Limes mit Graben und Türmen) vor Augen führen soll.
Bei Grabungen im Innenbereich des Kastells wurden mehrere holzverschalte Brunnen aufgedeckt, die erstaunliche Funde lieferten, insbesondere Teile von weit über 100 Lederschuhen jeder gebräuchlichen Form, von Kleinkinderschuhen bis zu halbhohen Stiefeln, die, abgelaufen und unbrauchbar geworden, in den als Abfallgrube benutzten Brunnen geworfen wurden. Andere aufsehenerregende Funde waren große Teile eines eisernen Gesichtshelms und Holzgeräte, die im Brunnenschlamm erhalten geblieben waren (Holzschaufel, Holzjoch, hölzerne Schreibtafel, sog. pila muralia, doppelspitzige Hölzer mit Einkerbungen in der Mitte, die wahrscheinlich als Annäherungshindernisse dienten); ferner mehrere Teile eines Korbes und Keramik. Im Brunnenschlamm fanden sich außerdem Samen und Früchte von Feigen, Zedern und Zypressen, von Obst (u. a. Weintrauben, Zwetschgen, Äpfel, Walderdbeeren, Himbeeren, Brombeeren, Walnüsse, Haselnüsse), Gemüse und Salate, Hülsenfrüchte und Gewürze (Dill, Thymian, Sellerie, Koriander). Von einheimischen Holzarten wurden u. a. Reste von Buche, Eiche, Tanne und Ahorn entdeckt. Die Funde sind im Limesmuseum in Aalen ausgestellt. (S. Tafelteil Abb. 34.)
Als ein fast mystisch anmutender Zeuge aus der Vergangenheit überrascht den Besucher des Ostkastells das mit antikem Steinmaterial in voller Höhe naturgetreu wiederaufgebaute, von zwei Tortürmen flankierte Westtor, möglicherweise die porta praetoria des Kastells, mit einem Teil der Wehrmauer und dem sie begleitenden, auf Holzpfosten errichteten Wehrgang. Um eine möglichst unverfälschte Rekonstruktion des Kastelltores zu ermöglichen, wurden Zinnensteine, profilierte Gesimssteine, Tür- und Fensterbeschläge, die in Welzheim nicht gefunden wurden, von Originalfunden aus benachbarten römischen Kastellen nachgebildet. Im Bestand konserviert ist die bis 1,20 m erhaltene Wehrmauer im Süden sowie im Westen mit einem rechteckigen Eckturm an der Südwestseite und einem Zwischenturm an der Westseite. Ein der Wehrmauer an der Westseite vorgelagerter Graben wurde nach dem Ausgrabungsbefund wiederhergestellt. Beachtenswert in der Südmauer die Abwasserkanäle, die dazu dienten, das durch den Mergel nicht absickernde Regenwasser abzuleiten.
Was als Ergebnis dem Betrachter mit den wiederaufgebauten Teilen des Ostkastells geboten wird, ist das eindrucksvolle Bild einer römischen Militäranlage in ihrer ursprünglichen Beschaffenheit.
In der Südostecke des Kastells wurde ein Badegebäude freigelegt. Es wird vermutet, daß das Bad erst nach Aufgabe des Kastells im frühen 3. Jahrhundert angelegt wurde und mit dem Lagerdorf durch eine feste Straße verbunden war. (Man erreicht das Gelände des Ostkastells von der Ortsmitte - St.-Gallus-Kirche - über Rienharzer Straße oder Aderlingstraße - Goethestraße.)
Im Herbst 1974 wurden etwa 1,5 km nördlich des Westkastells und rund 40 m innerhalb des Limesgrabens die Mauerzüge eines „Kleinkastells" vollständig ausgegraben, nachdem dort schon 1895 im Auftrag der Reichslimeskommission Grabungen stattgefunden hatten. Die Ruine, als **Kleinkastell Rötelsee** bezeichnet, ist inzwischen restauriert. Es wird vermutet, daß der Bau im späten 2. Jahrhundert n. Chr. entstand und beim Alamanneneinfall von 260 durch Feuer zerstört wurde.
Das Kastell mit einer Innenfläche von 0,34 ha hat einen quadratischen Grundriß mit abgerundeten Ecken und einem Tor in der Mitte der Ostseite. Es war für etwa zwanzig Wachsoldaten bestimmt. Die etwa 1 m starke Wehrmauer war von einem 2 m breiten Graben umgeben. Im Inneren führte ein hölzerner Wehrgang entlang der Mauer. Die Innenbauten bestanden aus einem hufeisenförmigen hölzernen Unterkunftshaus mit überdachtem Umgang. Die Pflasterung des Innenhofes war bei der Freilegung des Baues noch gut erhalten. An der Stirnseite wurde eine Herdstelle ermittelt. Über weitere Einzelheiten unterrichten Beschilderungen und Rekonstruktionszeichnungen an der Ausgrabungsstätte (s. a. Dieter Planck, Führer zu römischen Militäranlagen in Süddeutschland (1983), S. 66 f.).

## WIESBADEN

Die Inschrift „Aquis Mattiacis" (Zu den Bädern im Mattiakerland) auf der Prachtfassade des Kurhauses erinnert daran, daß Wiesbaden schon zur Zeit der Römer Kur- und Badestadt war.
Die heißen Quellen im Land der Mattiaker, einem Teilstamm der Chatten, Vorläufern der heutigen Hessen, haben jahrhundertelang heilungsuchenden Römern Linderung und Genesung gebracht. So berühmt waren die Quellen, daß Plinius der Ältere sie in seiner Naturgeschichte erwähnt. „In Germanien gibt es auch jenseits des Rheins die heißen Mattiakischen Quellen, deren Wasser alle drei Tage sprudelt. An den Rändern setzt das Wasser einen rötlichen Sinter ab." Dieser Sinter wurde zu einem

Haarfärbemittel verarbeitet, das die Haare in „flammendes Rot" verwandelte. Römerinnen, die blond statt dunkel erscheinen wollten, erreichten dies mit Hilfe der „pilae Mattiacae" (Mattiakische Kugeln) oder des „spuma Chattica" (chattischer Schaum), und Martial empfahl seinen Lesern, gegen ergrauendes Haar die Kugeln der Mattiakischen Quellen anzuwenden, statt sich die Haare auszureißen. „Denn was soll dir der Kahlkopf (quo tibi calva)?"

Die Geschichte Wiesbadens beginnt in der Römerzeit mit der Anlage eines Militärpostens im Gebiet der heutigen Altstadt, möglicherweise schon im Zusammenhang mit der Unternehmung Caligulas gegen die Chatten im Jahre 40 n. Chr. oder erst unter Kaiser Claudius (41–54). Als Besatzung dieses ersten Kastells

Das Kastell hatte den üblichen Rechteckgrundriß der Auxiliarlager. Die durch Spitzgräben gesicherte Wehrmauer war in den abgerundeten Ecken mit trapezförmigen und an den Seiten mit quadratischen Türmen bewehrt. Von den steinernen Innenbauten sind das Stabsgebäude (principia), das Haus des Kommandanten (praetorium), mehrere Speicher und Werkstätten (fabricae) festgestellt. Zwei Kastellbäder sind bekannt: ein früheres, das die Schützenhofquelle benutzte, und ein nach 89 am Kochbrunnen erbautes Bad.

Als Besatzung des Steinkastells gilt die Cohors III Dalmatorum, die nach Ausweis von Ziegelstempeln das Lager erbaute. Die Anwesenheit der Zweiten Räterkohorte in Wiesbaden ist durch Soldatengrabsteine bezeugt. Die Frage,

*Wiesbaden, Kurhaus*

sind durch Grabsteine Truppeneinheiten von Balkanvölkerschaften nachgewiesen, die Fünfte Kohorte von Dalmatiern, die Erste Kohorte von Pannoniern und die Vierte Kohorte von Thrakern. Das Kastell überstand den Chattenkrieg des Jahres 50, wurde aber während der inneren Wirren nach dem Tode Neros 68/69 durch Brand zerstört.

Mit dem erneuten Vorrücken der Römer auf dem rechten Rheinufer unter den flavischen Kaisern (69–96) wurde auch in Wiesbaden wieder ein Kastell errichtet, diesmal nicht in der sumpfigen Niederung, sondern auf dem die Mainebene überragenden Heidenberg (an der Stelle der Städtischen Kliniken). Zunächst ein Holz-Erde-Bau, wurde das Kastell unter Domitian als strategische Sicherung während der Chattenkriege von 83/85 und 89 in Stein umgebaut.

ob die Kohorte tatsächlich die Besatzung des Kastells gebildet hat, ist umstritten. Jedenfalls dürfte die Kohorte auf Grund neuerer Forschungen schon zu einem verhältnismäßig frühen Zeitpunkt in → Butzbach gelegen haben. Mit der Verlegung der rechtsrheinischen Garnisonen aus dem Hinterland an die Grenze im Zuge der Reorganisation der Grenzverteidigung unter Hadrian (117–138) wurde das Wiesbadener Kastell um 121/122 aufgegeben. Das Lagerdorf (vicus), das sich wie üblich beim Kastell gebildet hatte, wurde nach Abzug der Truppen und der damit verbundenen Auflösung der Militärverwaltung Hauptort der Gebietskörperschaft der Mattiaker (civitas Mattiacorum). Der römische Name der Stadt, Aquae Mattiacorum (auch Mattiacae) erscheint zum ersten Mal auf einem Meilenstein aus Wiesbaden-Kastell aus dem Jahre 122 n. Chr.; die Entfernung wird mit sechs Meilen „ab Aquis Mattiacorum" angegeben.

Die Kastellbäder blieben auch nach der Räumung des Lagers bestehen und dienten der Mainzer Legion und den Besatzungen der Limeskastelle als Kurbad und Erholungszentrum wie Aachen dem niedergermanischen Heer und Baden-Baden der Garnison von Straßburg. Das bedeutete aber nicht, daß die Bäder dem Militär vorbehalten waren. Sie waren auch den Einwohnern der Stadt und der Bevölkerung der Umgebung zugänglich. Mittelpunkt des Badebetriebes waren die Thermen am Kranzplatz. Nahe der Thermen fand man einen mehrräumigen Bau, eine Art Gästehaus ähnlich der mit den Ostthermen von Nida (→ Frankfurt-Heddernheim) verbundenen mansio. Erst die Badeanlagen des 19. Jahrhunderts haben wieder den Umfang und die Ausstattung der römischen Thermen erreicht.

An den Quellen wurden heimische Heilgottheiten verehrt. Apollo Toutiorix und seine Gefährtin Diana Mattiaca, Gottheiten der Wiesbadener Quellen, und Sirona, die keltische Göttin der heilbringenden Quellen und Gefährtin des Heilgottes Apollo Grannus, sind durch Weiheinschriften bezeugt. Auch orientalische Kulte fehlten nicht im religiösen Leben der „vicani Aquenses". Der persische Lichtgott Mithras hatte ein Heiligtum in Wiesbaden; es lag unmittelbar hinter der „Heidenmauer" und wird heute von der Straße zwischen Coulinstraße und „Am Römertor" überdeckt. Ein Tempel des syrischen Jupiter Dolichenus ist durch eine Inschrift gesichert.

Neben seiner Bedeutung als Heilbad scheint Wiesbaden auch als Handelsstadt eine gewisse Rolle gespielt zu haben. Darauf deutet die Errichtung eines Versammlungshauses für Kaufleute (s. u. Museum). Einen dieser Kaufleute, einen Händler in Töpferwaren („negotiator artis cretariae") kennen wir von einem Grabstein (s. Museum). Auch war Wiesbaden Standort einer bescheidenen Töpferindustrie.

Um 259/60 wurden als Folge des Durchbruchs der Alamannen durch die Limesverteidigung die Truppen auf das linke Rheinufer zurückgenommen. Das rechtsrheinische Gebiet wurde allmählich von den Alamannen besetzt. Das bedeutete für Wiesbaden das Ausscheiden aus dem Verband des römischen Reichs. Wenn auch die Stadt durch die Kämpfe während der Alamannenstürme stark gelitten hatte, so erlosch doch nicht alles römische Leben. Eine kleine römische Bevölkerung blieb in Wiesbaden zurück. Auch die Thermen verblieben im römischen Einflußbereich.

Unter Kaiser Valentinian I. (364–375) wurde noch einmal der Versuch unternommen, das verlorene Limesgebiet rechts des Rheins zurückzugewinnen. Wiesbaden wurde in dieser Zeit von römischen Truppen besetzt mit dem Ziel, die Stadt als Brückenkopf der Mainzer Festung in das rheinische Verteidigungssystem einzubeziehen. Die sogenannte „Heidenmauer" – außer ein paar Säulenresten in der Parkanlage westlich der Wilhelmstraße der einzige sichtbare Überrest der Römerzeit in Wiesbaden – gilt als der Anfang eines unvollendet gebliebenen spätrömischen Kastells. (Man erreicht die Heidenmauer von der Langgasse oder Coulinstraße her. Das „Römertor" in der Mauer wurde 1902 gebaut, als bei der Anlage der Coulinstraße die römische Mauer durchbrochen wurde.)

Der Abzug der römischen Truppen vom Rhein zu Beginn des 5. Jahrhunderts lieferte Wiesbaden schutzlos den alamannischen Scharen aus, die um 406/07 den Rhein in breiter Front überschritten. Damit war auch für Wiesbaden die Zeit der Römerherrschaft beendet.

In Wiesbaden ist das meiste, was im Stadtkern steht, nicht viel älter als hundert Jahre, obwohl die Geschichte der Stadt bis ins Altertum zurückreicht. Aber in dem, was die Stadt darstellt, lebt die antike Tradition fort: Wie zur Zeit der Römer ist Wiesbaden auch heute noch Hauptstadt, Badeort und Garnison.

**Museum Wiesbaden. Sammlung Nassauischer Altertümer.**

Das römische Fundmaterial aus Wiesbaden und Umgebung ist im Erdgeschoß des Museums, dem sog. „Römischen Steinsaal", und in einem Saal im ersten Stock unter dem zusammenfassenden Titel „Die römische Kaiserzeit" ausgestellt. Dazu kommt im Erdgeschoß ein rekonstruiertes Mithrasheiligtum. Die Sammlungen sind von Helmut Schoppa in Führungsheften eingehend beschrieben (Schriften des Städtischen Museums Wiesbaden Nr. 2, 3 und 6). Die folgenden Bemerkungen sind dazu bestimmt, einen Eindruck von den Sammlungen zu vermitteln und die Orientierung zu erleichtern.

Man beginnt den Besuch am zweckmäßigsten mit dem Steinsaal und legt die Besichtigung des Mithraeums ans Ende.

Im *Steinsaal* sind *römische Grabsteine und Götterdenkmäler* ausgestellt. Unter den Grabsteinen überwiegen *Soldatengrabsteine;* die meisten sind in zweiter Verwendung in den Fundamenten eines römischen Gebäudes auf dem Kranzplatz gefunden worden. Für den kunsthistorisch Interessierten sind die Grabsteine wertvolle Studienobjekte für Stilentwicklungen. Wer historische Belehrung sucht, findet in den Skulpturen der verstorbenen Soldaten und den Inschriften Einzelheiten über das römische Kriegswesen. Menschliche Anteilnahme erwecken die Grabdenkmäler mit ihren Angaben über die persönlichen Lebensumstände der Verstorbenen.

Die Reliefskulpturen zeigen den Toten entweder wie er im Leben erschien (als Soldat, als Zivilist) oder beim Totenmahl, wie auf dem ersten Grabstein gleich rechts vom Eingang (von dem Namen der militärischen Einheit sind nur wenige Buchstaben erhalten geblieben).

Der Reiter *Muranus* des Ersten flavischen Kavallerieregiments („eques ex Ala I Flavia") ist ebenfalls auf einem Speisesofa (Kline) liegend mit Trinkgeräten dargestellt. Er war ein Angehöriger des keltischen Stammes der Sequaner aus der Gegend von Besançon in Frankreich und starb nach 22 Dienstjahren.

*Titus Flavius Germinus* war als Veteran der in → Mainz stationierten XXII. Legion Primigenia pia fidelis römischer Bürger, wenn auch batavischer Abstammung („natione Bataus"), wie in der Inschrift angegeben. Er kam also vom Niederrhein. Germinus starb im Alter von 50 Jahren. Auf dem Grabstein ist eine mythologische Szene dargestellt.

*Titus Flavius Celsus*, gleichfalls ein Veteran, der mit 50 Jahren starb, hatte im Reiterregiment der Scubuler („Ala Scubulorum") gedient, das als Besatzung des Kastells von Cannstatt (→ Stuttgart–Bad Cannstatt) bezeugt ist und möglicherweise später in → Welzheim lag. Celsus war Angehöriger des thrakischen Stammes der Sappäer („cives Sappaus").

*Capito* war ein Veteran der 2. Räterkohorte und starb in Wiesbaden im Alter von 52 Jahren.

*C. Valerius Crispus* aus Berta (einer Stadt in Macedonien), römischer Bürger, der in der tribus Menenia stimmberechtigt war, hatte 21 Jahre in der VIII., zuletzt in Straßburg stationierten Legion Augusta gedient, als er mit 40 Jahren starb. Die VIII. Legion stand bis zum Jahre 69 n. Chr. in der Provinz Moesia, wo sie Rekruten aus Macedonien, unter ihnen Crispus, einstellte. Von ihrem Standort Straßburg aus nahm die Legion an dem Feldzug des Cn. Pinarius Cornelius Clemens 73/74 in das obere Neckartal und an den Chattenfeldzügen Domitians 83/85 und 88/89 im Taunus und in der Wetterau teil. Crispus wird auf einem der Chattenfeldzüge gefallen oder in Wiesbaden verstorben sein und wurde in Wiesbaden beerdigt. Der Verstorbene ist in voller kriegsmäßiger Ausrüstung eines Legionärs dargestellt (Helm mit Federbusch, Panzer, kurze Lederhose, Schild, Wurflanze, Schwert, einen mit Metallblättchen beschlagenen Gurt). „Der Stein ist wohl eines der bekanntesten Denkmäler des Rheinlandes und wird vielfach als typische Darstellung des römischen Legionärs benützt" (Germania Romana, III. (Text) S. 29). Nach Webster (S. 123) durfte die kurze, bis zu den Knieen reichende Lederhose allerdings nur in kalten Gegenden getragen werden, da „bracae" als etwas Fremdartiges und Unmännliches angesehen wurden.

Der Grabstein des *Licaius* vermittelt einen Eindruck vom Aussehen eines Infanteristen der Hilfstruppen. Der Verstorbene, ein Thraker, hatte 16 Jahre in der Ersten Kohorte von Pannoniern (Cohors I Panoniorum) gedient, die eine Zeitlang in Wiesbaden stationiert war, und starb mit 30 Jahren. Er trägt Tunika und Soldatenmantel und um den Leib einen mit Metallplatten beschlagenen Gürtel, an dem rechts das Schwert und links der Dolch hängt. In der Rechten hält er zwei Lanzen; links der Schild.

*Dolanus* war Kavallerist („eques") in der Vierten Thrakerkohorte, die daher teilweise beritten („equitata") gewesen sein muß (im Namen ist der Zusatz nicht enthalten). Der Tote ist dargestellt, wie er über einen am Boden liegenden Feind hinweggaloppiert, in Helm und Lederpanzer und mit Lanze und Schwert bewaffnet.

In der ersten Abteilung auf der linken Seite steht der Doppelgrabstein für *C. Julius Clemens* aus Forum Julii (Fréjus in Südfrankreich) und seinen Sohn *C. Julius Sabinus*. Der Vater war Veteran, sicherlich einer Legion, und der Sohn centurio der Zweiten Räterkohorte. (Nach Schoppa, Bonner Jahrbücher 1972, S. 231, Anm. 31, spricht dieser Grabstein für die Stationierung der Zweiten Räterkohorte in Wiesbaden, da der Vater dem Sohn offenbar in dessen Garnison gefolgt war.) Der Vater starb mit 60 Jahren; der Sohn wurde 25 Jahre alt. Der Vater ist in der Tracht des römischen Bürgers (Tunika und Toga) dargestellt; der Sohn hält in der Rechten den vitis (Rebstock), das Abzeichen seines Ranges als centurio.

Der letzte der Soldatengrabsteine für *Quintus Vibius Agiustus*, Soldat der Zweiten Räterkohorte, steht außerhalb des Saales am Ausgang zur Treppe. Agiustus starb mit 30 Jahren nach 13 Dienstjahren.

Schräg gegenüber vom Doppelgrabstein steht der einzige *bürgerliche Grabstein* des Steinsaales, ein Familiengrabstein aus Ingelheim mit Mann und Frau (beachte die Farbspuren). Das Denkmal gilt als Arbeit einer Mainzer Bildhauerwerkstatt aus der Mitte des 1. nachchristlichen Jahrhunderts und ist bezeichnend für die Romanisierung der einheimischen Bevölkerung. Der Mann zeigt in seiner Kleidung (Tunika und Toga), daß er das römische Bürgerrecht erhalten hatte; die Frau trägt über ihrer einheimischen Tracht die Stola der römischen Matrone. Die übrigen Steindenkmäler sind *religiöse Monumente* (Statuen von Gottheiten, Weiheinschriften), darunter, in der Reihenfolge der Aufstellung:

Weihereliefs für *Fortuna*; die keltische Pferdegöttin *Epona*; Statuen zweier *Genien* aus → Frankfurt-Heddernheim, dem römischen Nida; eine der Statuen ist dem Genius des Platzes von Nida-Neustadt („genio platiae novi vici") gewidmet; die andere, aus dem Jahre 230 n. Chr., stellt den Genius der Hauptstraße von Nida-Neustadt dar („genium plateae novi vici") und ist, zusammen mit einem Tempelchen („edicula") und Altar, eine Widmung der drei Brüder Titus Flavius Sanctinus, Perpetuus und Felix und ihrer Mutter Aurelia Ammias, einer römischen Bürgerin („civis Romana").

Alle drei Brüder waren verdiente Soldaten. Sanctinus war Legionär der XXII. Legion Primigenia pia fidelis mit dem Beinamen Alexandriana nach dem regierenden Kaiser Severus Alexander (der Beiname wurde nach der Ermordung des Kaisers und seiner damnatio memoriae in der Inschrift getilgt) und außerdem ein „immunis consularis", d. h. ein vom Provinzstatthalter für Sonderaufgaben vom allgemeinen Dienstbetrieb befreiter Soldat. Perpetuus und Felix waren Veteranen der Dritten Praetorianerkohorte, der pflichtbewußten, schützenden („veterani cohortis III praetoriae piae vindicis"), hatten also in Rom gedient. Die drei Brüder erwähnen, offenbar mit Stolz, daß sie durch Abstammung von ihrem Vater („ex origine patris Titi Flavii Materni") römische und taunensische (d. h. der civitas Taunensium angehörende) Bürger sind („cives Romani et Taunenses").

Auf einem achteckigen Zwischenstück einer Jupitergigantensäule sind die *sieben Wochengötter und Fortuna* dargestellt. In der Mitte des Saales eine *Jupitergigantensäule* aus Wiesbaden-Schierstein; Stifter der Säule war ein Kavallerist der XXII. Legion (zu jeder Legion gehörte eine berittene Abteilung für Aufklärungs- und Meldezwecke); Weihereliefs für *Merkur* und *Fortuna* und für *Merkur* und seine einheimische Gefährtin *Rosmerta* (eine andere Darstellung desselben Götterpaares auf der Vorderseite des Viergöttersteines der Melonier, s. u.); ein thronender Jupiter (der Typ des kapitolinischen Jupiters); ein Relief mit *Minerva, Vulkan und Merkur;* das Kapitell einer Jupitergigantensäule; profilierter Rundbogen mit dem Relief der *Victoria;* eine Tiergruppe von einem Grabmal.

Stifter eines *Viergöttersteins* (Basis einer Jupitergigantensäule) waren Cavantus und Jucundus von der Familie der Melonier; sie gaben das Denkmal auf ihre Kosten („de suo") als Geschenk an den „vicus novus Meloniorum", den neuen Ortsteil der bürgerlichen Siedlung von Wiesbaden-Kastell („Castellum Mattiacorum"), der nach der Familie der Melonier benannt war.

Im Treppenhaus (Aufgang zum 1. Stock) sieht man Pfeiler von römischen Brücken über Ahr, Main, Mo-

# Wiesbaden

sel, Neckar und Rhein; einige davon haben noch eiserne Rammschuhe.

Die Sammlung römischer Kleinfunde, Bronzen und Steindenkmäler im Saal *„Die römische Kaiserzeit"* unterrichtet über das militärische und zivile Leben in der römischen Garnison- und Badestadt. In der folgenden Übersicht werden die wichtigsten Gegenstände nach Sachgruppen geordnet beschrieben.

## A. Das römische Militär

Eine Karte an der Wand gegenüber dem Eingang zum Saal zeigt die Kastelle Mainz, Wiesbaden, Hofheim, Zugmantel, Feldberg und Saalburg mit originalen Ziegelstempeln der Einheiten, die in den jeweiligen Kastellen stationiert waren (von etwa 70–260 n. Chr.). Eine Rekonstruktionszeichnung vermittelt einen Eindruck vom Aussehen des Wiesbadener Steinkastells auf dem Heidenberg. Der allgemeinen historischen Unterrichtung dienen eine Karte des römischen Reichs und eine Sammlung von Münzen der römischen Kaiserzeit.

*Waffen und militärische Ausrüstungsgegenstände und Geräte,* darunter Waffen des römischen Legionärs (Wurflanze, Dolch, Feldbeer, bronzene Beschläge einer Schwertscheide) und des Auxiliarsoldaten (Langschwert, Pfeil- und Lanzenspitzen); Schildbuckel; Hacken; Beil; Teil eines Militärdiploms, das die Verleihung des römischen Bürgerrechts und des zivilen Eheschließungsrechts nach 25jährigem, ehrenvollem Militärdienst an den Soldaten der Zweiten Räterkohorte Cn. Cornelius beurkundet (im Wiesbadener Steinkastell gefunden); Bronzeschuppen eines Lederpanzers; Teile von Pferdegeschirr; Beschlag eines Ledersattels; Eisenmesser; insbesondere: ein ausgezeichnet erhaltener Infanteriehelm (aus Hofheim).

*Militärische Ehrenzeichen* veranschaulicht der Grabstein des Quintus Cornelius, Soldat der XVI. Legion, aus Mainz. Der Verstorbene trägt über seiner Rüstung die ihm verliehenen Dekorationen, „phalerae" und „torques" (vgl. auch den Grabstein des Marcus Caelius im Museum in → Bonn und die „Lauersforter Phalerae" im Museum in → Krefeld).

*Ärztliche Instrumente* (Sonden; Löffelsonden; Etui mit Instrumenten; Rezeptstempel der Augenärzte Titus Livius und Maricius Catulus; auch der Name des Apothekers Titus Martius Servandus, der wohl die verordnete Augensalbe herstellte oder verkaufte, ist auf dem Stempel genannt.)

*Römische Feldzeichen und Signalinstrumente,* darunter das Abzeichen eines Straßenpolizeimeisters unter dem Befehl des Provinzstatthalters („beneficiarius consularis"), nach Schoppa das „einzige erhaltene Original" (s. Abb. 30); gleichfalls seiner Seltenheit wegen häufig abgebildet ist das Capricorn-(Steinbock-) Feldzeichen; während alle Legionen den Adler als gemeinsames Wahrzeichen führten, hatte jede Legion ihr eigenes Emblem, das sie von anderen unterschied. Wappenbild der XXII. Legion war der Steinbock; ihn trugen auch die Unterabteilungen der Legion (Centurien, Manipeln); die im Inneren runde Hülse des Feldzeichens wurde auf einer Stange befestigt.

Die Kavalleriestandarte (vexillum) bestand aus einer in einer Lanzenspitze endenden Stange mit Querstange, an der ein Tuch mit Fransen befestigt war; das hier ausgestellte Gestänge eines vexillum wurde im Kastell Zugmantel gefunden und gilt als Zeichen dafür, daß die dort stationierte Kohorte eine „equitata", d. h. teilweise beritten, war; Bruchstück und Abguß des Originals einer tuba, des Signalinstruments der römischen Infanterie zur Weitergabe von Befehlen.

## B. Die Wiesbadener Thermen

Eine Wandzeichnung zeigt den Grundriß der Thermenanlage am Kranzplatz.

Vom Röhrensystem des Bades an der Schützenhofquelle sind Bruchstücke von bleiernen Wasserleitungsrohren mit dem Stempel der XIV. Legion Gemina Martia Victrix erhalten; die Legion war nach der Teilnahme an der Eroberung und Besetzung Britanniens von 71–92 n. Chr. in Mainz stationiert. Ferner bronzene Wasserhähne und ein Laufbrunnen.

Unter *Bade- und Toilettengegenständen* befinden sich Salben- und Ölfläschchen, ein Strigil zum Abschaben überflüssigen Öles, Spiegel, Haarnadeln, verschiedene Glas- und Bronzegefäße.

Römische Thermen waren stets mit *Marmorskulpturen* geschmückt. Das hier als *Tiberiuskopf* bezeichnete Marmorporträt eines Prinzen des julischen Kaiserhauses wurde im Schutt der Thermenanlage am Kranzplatz gefunden.

*Spielsteine* weisen darauf hin, daß die römischen Badeanlagen auch der Unterhaltung dienten. Eine *Schauspielermaske* entspricht ähnlichen Masken in den Museen von Köln, Ladenburg und Worms.

Ein zeitgenössisches Dokument für die Heilwirkung der Wiesbadener Quellen ist die Weiheinschrift der Frau des Mainzer Legionskommandeurs, die aus Dankbarkeit für die Genesung ihrer Tochter Porcia Rufiana der *Diana Mattiaca,* Schutzgöttin der Wiesbadener Heilquellen, ein Standbild setzte („Antonia M...ia, uxor Titi Porci Rufiani Legati legionis XXII Primigeniae piae fidelis pro salute Porciae Rufianae filiae suae Dianae Mattiacae voto signum posuit").

## C. Handel und Gewerbe

Eine *Wandkarte* zeigt die bedeutendsten Herstellungsorte für Terra Sigillata, dem feinen römischen Tafelgeschirr, in Oberitalien, Süd-, Mittel- und Ostfrankreich und in Deutschland.

Die ausgestellten *Terra-Sigillata-Gefäße* (Tassen, Schüsseln, Becher) und andere Tongegenstände (glatte und reliefverzierte Ware) stammen aus mittel- und ostgallischen Werkstätten, aus Rheinzabern, Trier und Frankfurt-Heddernheim. Auch in Wiesbaden wurde Terra Sigillata hergestellt. Unter der Keramik befinden sich außer den obengenannten Gefäßen Spruchbecher und eine Sammlung von Öllampen (reliefverzierte Lampen und sogenannte „Firmenlampen", die mit dem Namen des Herstellers gestempelt sind).

Von der Errichtung eines *Versammlungshauses* der Wiesbadener Kaufleute zu Ehren des göttlichen Kaiserhauses und für die ewige Unversehrtheit des Kaisers berichtet eine Bauinschrift aus dem Jahre 212 n. Chr. („In honorem domus divinae. Pro perpetua incolumitate Imperatoris negotiatores civitatis Mattiacorum scholam de suo fecerunt. Duobis Aspris consulibus"). Einer dieser Kaufleute war, wie bereits oben erwähnt, ein Händler in Kunstkeramik; ihm, dem „teuersten Vater", setzte seine Tochter den hier aufgestellten *Grabstein* („Dis Manibus. Memoriae Secundi Agricole negotiatori artis cretariae Agricolia Agripina filia patri pientissimo faciendum curavit").

## D. Kunstgewerbe

*Metallarbeiten aus Bronze und Messing; Schmuck; Glasgefäße.* Eine der schönsten *Kleinbronzen,* die nördlich der Alpen gefunden wurde, ist die Statuette eines Wagenlenkers, die vielleicht Alexander den Großen darstellt. Unter Bronzegefäßen befindet sich eine feingearbeitete Weinkanne mit Fuß und schnabelförmigem Ausguß; der Griff ist mit einem Medusenhaupt und dem Vorderteil eines Pferdes geschmückt. Ferner: Kasserolle; Henkelkanne; Eimer; figürliche Bronzebeschläge; Bronzelampe in der Form eines Schuhes; Lampe mit Aufhängeösen in der Form von Entenköpfen und einer zum größten Teil originalen Aufhängekette; Salbengefäß in Büstenform; Gefäßhenkel in der Form eines weiblichen Panthers.

Unter *Schmuckgegenständen* befinden sich Goldringe, darunter ein Siegelring mit der Inschrift Q. Vinius

Martine; Ohrgehänge; eine kleine Goldstatuette; Halsketten; Armbänder; Fibeln; Haarnadeln aus Gagat.
Eine Sammlung feiner *Gläser* enthält Schlangenfadengläser, ein Kölner Produkt; Parfümbehälter; Nuppengläser; Henkelkännchen; zylindrische Becher.

### E. Häusliches Leben; Kleidung; Möbel

Antike Kleidung wird durch Modelle veranschaulicht: die römische toga (purpurgesäumt für Freigeborene und kurulische Beamte – Konsul, Prätor, Censor, Ädil - hieß sie toga praetexta); keltische Tracht; germanische Frauentracht (nach dem Matronenaltar des Quintus Vettius Severus im Museum in Bonn).
Dazu: Fibeln (Gewandspangen); ein Börsenarmring; Sohlen und Schuhformen aus einer Mainzer Werkstatt; ein genagelter Schuh; Schusterwerkzeug.
*Gebrauchsgeschirr* (Kochtopf mit Deckel; Teller; Näpfe); Waagen und Gewichte; Amphoren (Wein- und Ölbehälter); die zeitgenössische Darstellung eines Familienmahles (Abguß eines Reliefs von der → Igeler Säule) veranschaulicht den Gebrauch einzelner hier ausgestellter Gegenstände.
*Einrichtungen des römischen Hauses:* Steinerne Tische, wie der hier ausgestellte Tisch, gehörten zum üblichen Mobiliar römischer Keller; Bruchstück eines bronzenen Falttisches mit der Nachahmung eines vollständigen Tisches; Bruchstück des figürlich verzierten Beines eines Falttisches; Bronzetür, wahrscheinlich aus dem Mainzer Legionslager oder aus einem profanen oder sakralen Gebäude der mittleren bis späteren Kaiserzeit (Zabernführer 11, S. 41); die Tür wurde in zweiter Verwendung in die frühchristliche Albanskirche in Mainz eingebaut.

### F. Zeugnisse römischer, einheimischer und orientalischer Gottheiten

*Römische Götter* (in Schaukästen und einzeln aufgestellt): Aus Wiesbaden-Kastell (Castellum Mattiacorum) Statuette der *Juno* auf antikem Sockel mit einer Inschrift, die besagt, daß Titus Veterius Atessus und Sextus Mascius Concessus der Königin Juno die Statuette „an der Straße rechts, wenn man nach Nida geht", in Erfüllung eines Gelübdes geweiht haben („Iunoni Reginae platea dextra euntibus Nidam T. Veterius Atessus et Sextus Mascius Concessus dono fecerunt"); Statuette des *Jupiter; Merkur* mit Flügelhut, Geldbeutel und Heroldstab; Bronzestatuette eines *Genius;* eines *Lar* (Hausgott); Terrakottastatuette der sitzenden *Fortuna;* eine Terrakottagruppe zeigt *Venus* in der klassischen Gestalt als Liebes- und Schönheitsgöttin und daneben (kleiner) als Schützerin von Kindern, offensichtlich in der Rolle einer Muttergottheit; Statuette der Venus nach dem Bad; eine sitzende *Minerva* (auch auf einer Lampe dargestellt); Statuette des *Vulkan;* Lampe mit der Darstellung des *Herkules;* Kastenbeschlag mit Darstellung der *Victoria.*
*Einheimische Gottheiten* (oft im Gewand römischer Götter durch Beinamen als einheimische Götter kenntlich); Bronzetäfelchen mit Weihung für *Mars Leucetius* (Loucetius); der Beiname stammt von einem Wurzelwort, das soviel wie „Licht" bedeutet (Wightman).
Eine Weiheinschrift für *Mars mit einer Gans* als Attribut, das ihn als germanischen Kriegsgott kennzeichnet; die Inschrift nennt die Kohorte der Treverer als Stifterin; Fundort ist das Lagerdorf von → Zugmantel; Weiheinschrift für *Apollo Toutiorix,* Gott der Wiesbadener Quellen und Kultgenosse der Diana Mattiaca, gewidmet von Lucius Marinius Marinianus, centurio in der Legio VII Gemina, die während der Regierungszeit des Kaisers Severus Alexander (222–235 n. Chr.) den nach dem Tode des Kaisers von der Inschrift getilgten Beinamen Alexandriana führte; eine Inschrift des Tempelpflegers (curator templi) Gaius Julius Restitutus für die keltische Quell- und Gesundheitsgöttin *Sirona* weist auf einen Tempel der Göttin in Wiesbaden hin.
*Orientalische Gottheiten:* Von besonderem Interesse ist ein Votivblech für *Jupiter Dolichenus,* dem insbesondere von den Legionen verehrten Himmels- und Kriegsgott, ursprünglich der Stadtgott von Doliche in Syrien. Im Zentrum des pfeilartig zugeschnittenen Bleches ist der Gott dargestellt im römischen Legionspanzer mit phrygischer Mütze, auf dem Rücken eines Stieres stehend, in der Linken ein sechszackiges Blitzbündel, in der Rechten eine Doppelaxt; über ihm schwebt Victoria mit Kranz und Palmenwedel, darüber der Sonnengott; im unteren Feld eine Göttin auf einer Hirschkuh mit Attributen der ägyptischen Göttin *Isis;* zu beiden Seiten Giganten (Berggötter), auf ihren Häuptern die Büsten des Sonnengottes und der Mondgöttin, in den Händen Dreiblattzweige; Bruchstück eines bronzenen Weihereliefs in der Form einer Lanzenspitze für denselben Gott mit einer Büste des ägyptischen Gottes *Serapis,* der auch auf einem Lampengriff dargestellt ist; zu den ägyptischen Gottheiten gehört ferner *Jupiter Ammon,* der auf dem Bruchstück eines Lampenspiegels erscheint. Eine Bauinschrift berichtet von der Erneuerung eines durch Alter baufällig gewordenen Tempels für *Jupiter Dolichenus* durch die Bürger von Wiesbaden.
„In honorem domus divinae. Templum Iovi Doliceno vicani Aquenses vetustate dilabsum de suo restituerunt sub cura Carei Saturnini et Pinari Veri Imperatore Severo et Albino consulibus" – 194 n. Chr.; Weiherelief für den persischen Lichtgott *Mithras;* das Bruchstück eines Kultgefäßes (mit aufgelegten Reliefs), das im Mithraskult verwendet wurde, wird auf die Zeit zwischen 80 und 90 n. Chr. datiert und gilt als frühestes Zeugnis für den Mithraskult in der Wiesbadener Gegend.

### G. Entwicklung der römischen Reichsgrenze zwischen Rhein und Main

Eine *Bauinschrift* aus Bronzebuchstaben, die in eine Steintafel eingelassen waren, stammt aus dem Kastell → Holzhausen auf der Haide, das unter Kaiser Caracalla wohl um 213 n. Chr. von der in der Inschrift genannten Trevererkohorte mit dem Beinamen Antoniniana in Stein umgebaut wurde. Die Inschrift lautet: „Imperatori Caesari Marco Aurelio Antonino Pio Felici Parthico Maximo Britannico Maximo Germanico Maximo Pontifici Maximo Tribuniciae Postestatis XVI, Imperatori III, Consuli IIII, Proconsuli, Patri Patriae Invictissimo Augusto Cohors Antoniniana Treverorum devota ac dicata maiestati eius" – Dem Kaiser, dem Caesar Marcus Aurelius Antoninus (Caracalla), dem Frommen, Glücklichen, dem größten Sieger über die Parther, Britannier und Germanen, dem Oberpriester, im 16. Jahre seiner tribunizischen Amtsgewalt, als er im dritten Jahre Kaiser, im vierten Jahre Konsul war, dem Prokonsul, dem Vater des Vaterlandes, dem stets unbesiegten Augustus, hat die Kohorte der Treverer mit dem Beinamen Antoniniana, seiner Majestät ergeben und untertänig, (diese Tafel geweiht).
Eine *Leuchtkarte „Befestigungsanlagen am Limes zwischen Rhein und Main"* veranschaulicht die Entwicklungsphasen der Befestigungen durch verschiedenfarbige Lampen, die nacheinander zum Aufleuchten gebracht werden können.
In Schaukästen sind Funde aus Kastellen der verschiedenen Entwicklungsphasen ausgestellt:
*Erdkastell Hofheim* (claudische Epoche 40–50 n. Chr.). (Keramik, darunter ornamentierte Terra Sigillata aus Gallien; terra-Nigra-Ware; rauhwandiges Geschirr; Glas- und Bronzegefäße; ärztliche Instrumente).

*Steinkastell Wiesbaden und Lagerdorf des Steinkastells Hofheim* (domitianische Zeit 83–89 n. Chr.) (Keramik; Waffen und Geräte; Terrakotten; Scherben eines Terra-Nigra-Gefäßes mit der Aufschrift in Kursivschrift „Felix si fueris multos" (zu ergänzen: „numerabis amicos") aus Ovid, Tristien I, 9,5. „Freunde, die zählst du in Menge, solange das Glück dir noch hold ist." (In Ovids Originaltext heißt es: „Donec eris felix", was der Schreiber hier aus uns unbekannten Gründen leicht abgewandelt hat.)
*Kastell Zugmantel* (Zeit Hadrians 117–138). Die sogenannte „Pedatura-Inschrift", die von der Fertigstellung eines Abschnittes der Kastellmauer in einer Länge von 96 Fuß (etwa 28,4 m) durch ein Kommando der Trevererkohorte, der Besatzung des Kastells, unter Aufsicht des centurio Crescentinus Resbectus von der VIII. Legion Augusta berichtet („Pedatura Treverorum pedum LXXXXVI sub cura agente Crescentino Resbecto centurione Legionis VIII Augustae"). (Für eine ähnliche Inschrift s. → Saalburg Museum).
*Kastell Marienfels.* Die sog. „Lichterhäuschen" stammen wahrscheinlich von einem Heiligtum; Münzen eines Schatzes, der ursprünglich aus 1500 Münzen bestand und in einem Honigtopf vergraben war, reichen von Faustina d. J. bis zu Maximinus Thrax (161–238 n. Chr.).
*Kastell Holzhausen auf der Haide* (213–233 n. Chr.). Eine Minervastatuette; eine Fibel in der Form eines Beneficiarierabzeichens; Fibeln; Eisenschlüssel.
Das **Mithraeum** ist von H. Schoppa in Heft 2 der Schriften des Städtischen Museums Wiesbaden eingehend beschrieben. Hier nur eine kurze Übersicht über die im Mithraeum ausgestellten Denkmäler:
Ein *Kultbild des Gottes Mithras* aus dem ersten Mithraeum von Nida. Auf der Vorderseite ist die Stiertötung mit Bildern aus der Mithrasmythologie dargestellt; auf der Rückseite erscheinen Sol und Mithras beim heiligen Mahl über dem getöteten Stier; Sol bietet Mithras eine Weintraube an; Mithras hält in der Rechten ein Trinkhorn; zu beiden Seiten des Stiers Jünglinge in orientalischem Gewand mit Fruchtschalen; verschiedene *Standbilder von Cautes und Cautopates*, den beiden Begleitern des Gottes; ein Standbild der *Felsgeburt des Mithras* aus dem ersten Mithraeum von Nida; ein kleiner *Altar* mit der Darstellung des Cautes, die Stiftung eines Mithras-Eingeweihten, der den Grad eines „miles" (Soldat), den dritten von sieben Weihegraden, erreicht hatte; ein *Altar für Mithras* aus dem Wiesbadener Mithraeum. Stifter des Altars waren drei Veteranen der XXII. Legion, die damit ein Gelübde erfüllten; C. Varonius Lupulus stellte den Veteranen sein Grundstück zur Aufstellung des Altars zur Verfügung.
Weihereliefs mit Darstellungen der *Minerva*, der *Epona*, der keltischen Pferdegöttin, und des *Merkur* gehören nicht zum Mithraskult. Sie wurden im ersten Mithraeum von Nida zusammen mit den hier ausgestellten Kultbildern gefunden.

# WINNINGEN

Im Jahre 1971 wurden beim Bau eines Autobahnparkplatzes nördlich der Winninger Autobahnbrücke über die Mosel Fundamente einer römischen villa rustica aufgedeckt. Die Mauerreste wurden freigelegt, konserviert und für Besucher zugänglich gemacht.
Der Grundriß des Gebäudes entspricht dem Schema der in den germanischen und gallischen Provinzen verbreiteten mediterranen Risalitvillen, bestehend aus einem Mittelbau und vorspringenden Eckbauten, die von einer offenen Säulenhalle vor dem Mittelbau miteinander verbunden waren. Im Inneren gehörten Fußbodenheizung, Badeanlage und Keller zur üblichen Ausstattung.
Diese Elemente des römischen Landhauses lassen sich auch bei der Winninger villa rustica beobachten. Der Mittelhalle B, wo sich der Herd des Hauses befand, ist die Portikusveranda A vorgelagert, von der aus sich der Blick heute wie zur Römerzeit weit nach Südosten über das Moseltal erstreckt.
Von der Mittelhalle gelangt man in die Seiten- und rückwärtigen Räume (Schlaf- und Speisezimmer). C ist ein Kellerraum. Die Badeanlage liegt im Westflügel. Der vom Heizungsraum E aus beheizte Raum F war das Warmbad; G war Umkleideraum; in dem apsidenförmigen Anbau lag das Kaltbad mit einem Becken, von dem der Verputz und die Viertelstäbe zur Abdichtung noch gut erhalten sind. Die Abflußrinne für das Badewasser ist noch deutlich erkennbar. Wahrscheinlich lag über E ein Schwitzraum (Sauna). I mag ein Warmluftraum gewesen sein, wie er in ähnlichen Badeanlagen römischer Gutshöfe zu finden ist. D war ein heizbarer Raum.
Der aufgedeckte Bauzustand stammt aus dem 2. Jahrhundert n. Chr. Die villa gehörte zu einem von einer Mauer umschlossenen Hofbezirk, dessen ältester Teil ein Kellerraum aus dem 1. Jahrhundert n. Chr. ist. Das Dach dieses Raumes wurde bei der Konservierung ergänzt. In die Kellerwand sind überwölbte Abstellnischen aus Tuffstein eingebaut. Andere Wirtschaftsgebäude innerhalb des Gutshofes sind durch Luftaufnahmen ermittelt, aber nicht freigelegt worden.
Die Ausgrabungsstätte liegt an der Autobahn Koblenz–Mainz zwischen der Anschlußstelle Koblenz–Dieblich und dem Autobahnkreuz Koblenz knapp nordöstlich der Moseltalbrücke auf einer Anhöhe über dem Tal. Die Entfernung vom Stadtzentrum Koblenz bis zur Villenanlage beträgt etwa 12 km. Zu Fuß erreicht man die Villa von Winningen aus auf einem Fußpfad durch die Weinberge in etwa 45 Minuten.

# WORMS

Wie ein fernes Echo bewahrt der Name der Stadt die Erinnerung an die keltische Siedlung Borbetomagus, Heim der keltischen Muttergöttin Borbet, von der die Geschichte der Stadt ihren Ausgang nahm. Der keltische Name ist in antiken Quellen überliefert (von dem Geograph Claudius Ptolemäus, 83–161 n. Chr.; in

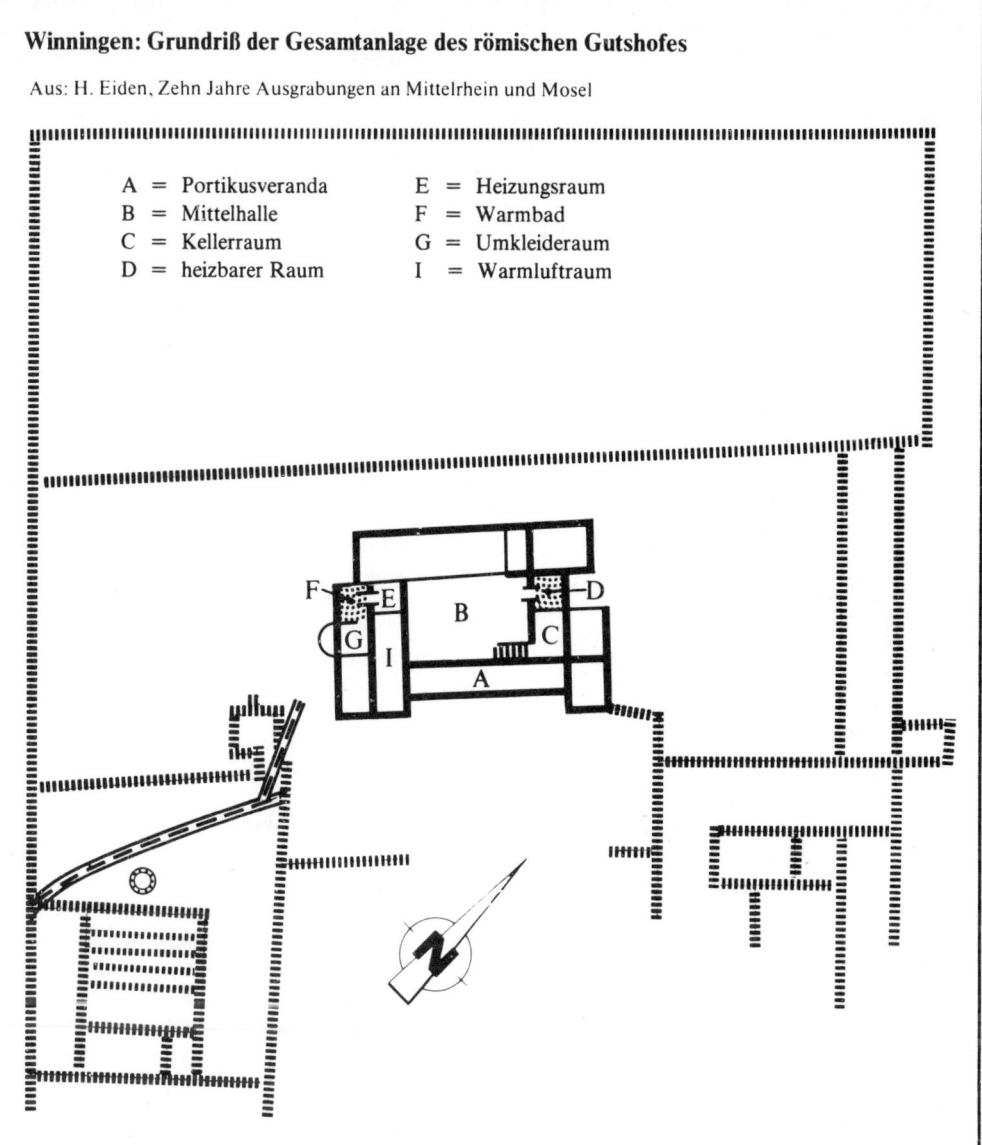

**Winningen: Grundriß der Gesamtanlage des römischen Gutshofes**

Aus: H. Eiden, Zehn Jahre Ausgrabungen an Mittelrhein und Mosel

A = Portikusveranda
B = Mittelhalle
C = Kellerraum
D = heizbarer Raum
E = Heizungsraum
F = Warmbad
G = Umkleideraum
I = Warmluftraum

dem Itinerarium Antonini aus dem 3. Jahrhundert n. Chr. und auf der Peutingerschen Tafel). Seit dem 2. Jahrhundert n. Chr. erscheint auch der „amtliche" römische Name, Civitas Vangionum, Hauptort des Gaues der Vangionen. Die Vangionen waren ein germanischer Volksstamm, der im Gefolge des suebischen Heerkönigs Ariovist mit anderen germanischen und keltischen Volksteilen nach Südwestdeutschland gezogen war. Bei dem Versuch, im römischen Gallien neue Siedlungsgebiete zu finden, war Ariovist im Jahre 58 v. Chr. von Caesar über den Rhein zurückgeworfen worden. Den Vangionen wurde in der frühen römischen Kaiserzeit gestattet, sich auf dem linken, römischen Rheinufer im Gebiet der germanisch-keltischen Treverer und ihrer Stammeshauptstadt Borbetomagus niederzulassen.

Möglicherweise schon in augusteischer Zeit, sicherlich aber seit dem zweiten Jahrzehnt des 1. Jahrhunderts n. Chr., als unter Tiberius nach Aufgabe der Expansionspläne des Augustus das linke Rheinufer militärisch befestigt wurde, entstand auf dem heutigen Domhügel ein Erdkastell. Durch Soldatengrabsteine aus Worms sind eine Reihe von Kohorten und Alen bezeugt, die sich offenbar in rascher Folge als Besatzungen des Kastells ablösten (Ala Hispanorum, möglicherweise aus Trier; die von dem Treverefürsten Julius Indus in der ersten Hälfte des 1. Jahrhunderts n. Chr. aufgestellte Ala Indiana Gallorum; Ala Sebosiana; Ala Agrippiniana; Cohors Raetorum; Cohors Raetorum et Vindelicorum; Cohors Thracum; Cohors VII Breucorum).
Auch ist die Anwesenheit von Angehörigen der

II. Legion Parthica, der VII. und XVI. Legion im Wormser Lager nachgewiesen. Mit der Schaffung eines breiten, militärisch geschützten Vorfeldes auf dem rechten Rheinufer unter den flavischen Kaisern (69–96 n. Chr.) verlor das Kastell seine militärische Bedeutung und wurde aufgegeben.

Die bürgerliche Siedlung von Händlern und Gewerbetreibenden blieb bestehen. Im Gegensatz zu anderen Civitas-Hauptorten, die als vici niemals Städte im Rechtssinne waren, besaß **Worms den Rechtscharakter eines municipium,**

*Worms, Gesichtskrüge*

d. h. einer Stadt nach italischem Recht mit Selbstverwaltungsorganen. Dank ihrer günstigen Verkehrslage am Schnittpunkt der linksrheinischen Durchgangsstraße mit einer Ostwestverbindung entwickelte sich die Stadt zu einem wirtschaftlich blühenden Gemeinwesen. Ihre Bürger wohnten in Steinhäusern, die mit Wandmalereien geschmückt waren. Man benutzte feines Glasgeschirr, wie reiche Glasfunde erkennen lassen. Ein Theater, stets ein Zeichen bürgerlichen Wohlstandes, sorgte für Unterhaltung. Töpferwerkstätten stellten Gesichtskrüge, eine Wormser Spezialität, her.

Auf dem Forum (dem Platz des heutigen Doms) stand ein Tempel und eine dreischiffige Marktbasilika, der ein rechteckiger Peristylhof vorgelagert war, sowie ein zweiter säulenumgebener Hof. Nach Norden schloß sich ein Tempelbezirk an, der den Kulten römischer und einheimischer Götter, unter ihnen Mars Leucetius, Sucellus, Rosmerta, Epona und den Muttergottheiten, gewidmet war.

Mit dem Fall des → Limes und der Besetzung der rechtsrheinischen Gebiete durch die Alamannen in der zweiten Hälfte des 3. Jahrhunderts n. Chr. rückte Worms, wie die anderen linksrheinischen Städte, wieder an die Grenze des römischen Reichs. Damals wurde Worms mit einer schützenden Mauer umgeben, die es der Stadt ermöglichte, sich in der immer wieder anbrandenden Flut alamannischer Vorstöße über den Rhein zu behaupten.

Im spätrömischen Verteidigungssystem erhielt Worms als Besatzung eine Abteilung der II. Legion Flavia unter einem praefectus, der dem Kommandeur des Grenzheeres in Mainz, dem dux Mogontiacensis, unterstellt war. Es scheint, daß nach dem Germaneneinfall von 355, der weite Gebiete des Westens in Schutt und Asche legte, die wirtschaftliche Kraft der Stadt gebrochen war. Die Stadt blieb aber soweit erhalten, auch nach dem Vandalenvorstoß von 406/07, daß Kaiser Honorius im Jahre 413 die Burgunder als foederati im Wormser Gebiet ansiedeln konnte.

Worms wurde Hauptstadt der burgundischen Föderaten. Bestrebungen nach Ausdehnung der burgundischen Macht und der Errichtung eines unabhängigen germanischen Reichs führten zum Zusammenstoß mit dem römischen Feldherrn Aëtius, in dessen Verlauf das Burgunderreich im Jahre 436 mit Hilfe hunnischer Hilfstruppen in römischen Diensten vernichtet wurde. Der Rest des Stammes wurde im Gebiet des heutigen Savoyen angesiedelt. Der tragische Untergang des Wormser Reichs und der burgundischen Königsfamilie bildet das Hauptmotiv des Nibelungenliedes.

Nach einer Periode alamannischer Herrschaft seit 451 fiel Worms mit dem Sieg der Franken über die Alamannen im Jahre 496 in die Hände der Franken. Der Fortbestand des alten keltischen Namens Borbetomagus, den die Stadt unter den Burgundern an Stelle des römischen Namens Civitas Vangionum angenommen hatte, läßt auf das Weiterleben einer galloromischen Bevölkerung schließen.

Ein Teil der spätrömischen Wehrmauer ist hinter dem Westtor des Doms erhalten. Beachtenswert ist die Verwendung verschiedenfarbiger Steine im Mauerwerk zur Bildung geometrischer Muster ähnlich wie beim Kölner Römerturm (→ Köln). Der westliche Abschluß der mittelalterlichen Stadtmauer ruht auf Fundamenten der römischen Mauer.

Eine Tafel am Dom verkündet, daß hier an der Stelle der römischen Marktbasilika Königin Brunichildis um 600 die erste fränkische Bischofskirche St. Peter als Mittelpunkt des Bistums Worms erbaute. Eine Bronzetafel am Heylschen Schlößchen weist darauf hin, daß in diesem Gelände der heilige Bezirk der Römer gelegen hatte (und später die Königsburg der Nibelungen, die Kaiserpfalz Karls des Großen und der Hof des Fürstbischofs von Worms).

Das **Museum der Stadt Worms** ist im ehemaligen Andreasstift untergebracht, das der Wormser Bischof Burchard im Jahre 1020 begründete. In seiner gegenwärtigen Gestalt ist das Stiftsgebäude im wesentlichen das Ergebnis von Umbauten nach der Stadtzerstörung 1689 und für Museumszwecke 1928-30. Der Bau wurde im II. Weltkrieg schwer beschädigt. Nach seiner Wiederherstellung wurde das Museum 1965 neu eröffnet. (Eine kurze Beschreibung der römischen Abteilung im 1. Stock findet sich im Bd. 13, S. 48 des Zabernführers. Dr. Georg Illert schrieb einen „Führer durch das Museum der Stadt Worms im Andreasstift". 5. Auflage, 1969.)

Im Kreuzgang gleich rechts neben dem Eingang sind *römische Steindenkmäler,* insbesondere *Soldatengrabsteine,* die vor den Toren der Stadt gefunden wurden, aufgestellt.

*Leubius* – er starb im Alter von 75 Jahren – hatte in der Ala Sebosiana gedient und war bei seinem Tode, wie die Inschrift besagt, ein „eques missicus", ein ehrenvoll aus dem Militärdienst entlassener Kavallerist. Das Relief auf dem Grabstein stellt den Verstorbenen dar, wie er, die Lanze in der Rechten zum Stoß angesetzt, über den gefallenen Gegner hinwegsprengt. Sein Sohn Gratus, wie der Vater Soldat, aber nicht Reiter, sondern „miles", Infanterist, setzte den Grabstein auf Grund testamentarischer Verfügung.

*Quintus Carminius Ingenuus* war Feldzeichenträger in der spanischen Kavallerie. Wie auf dem Relief des Verstorbenen zu erkennen ist, bestand das Feldzeichen aus einer Lanze mit Querstange, an der birnenförmige Blätter aus Blech hingen. Ein signum dieser Art gilt als Feldzeichen einer turma (Reiterschwadron).

*Licinius,* ein Helvetier, hatte im Zweiten spanischen Kavallerieregiment (Ala II Hispanorum) gedient. Die Grabstele des *Valerius Maxantius* vom Ende des 4. Jahrhunderts n. Chr. fällt durch die primitive Darstellung des Verstorbenen auf. Im Gegensatz zu den Reitergrabsteinen des 1. nachchristlichen Jahrhunderts, auf denen der Verstorbene in der Haltung des Siegers über den gefallenen Gegner erscheint, fehlt dem Relief des Maxantius diese kämpferische Geste der frühzeitlichen Reitermonumente. Dargestellt ist nicht die Überwindung des Feindes. „Steif und in allen perspektivischen Formen falsch steht das Pferd mit seinem Reiter da" (Illert). Auch Buchstabenform und Schriftanordnung der Inschrift lassen deutlich den kulturellen Verfall der Spätzeit erkennen.

Nach der Inschrift war Maxantius, als er im Alter von 32 Jahren und sechs Monaten starb, ein „eques ex numero Katafractariorum". Die catafractarii waren „schwere" oder Panzerreiter, die von den Römern zunächst im Orient als Gegengewicht gegen die gepanzerten Reitergruppen der Parther und Sassaniden aufgestellt waren. Sie wurden unter Kaiser Severus Alexander im Jahre 234 zur Bekämpfung der Alamannen in den Westen gebracht. Bei diesen schweren Reitern waren Reiter und Pferd vollständig gepanzert. Von der Bewaffnung des Verstorbenen ist der lange Kettenpanzer, vor allem aber die schwere Lanze, auf dem Relief zu erkennen. Die Katafractarier gelten als Vorläufer der mittelalterlichen Ritter. (Für einen weiteren Katafractariergrabstein s. Limesmuseum in → Aalen.)

Szenen aus dem täglichen Leben (ein Tuchkontor; Absendung eines Boten) finden sich auf *bürgerlichen Grabsteinen.*

Auf zwei *Meilensteinen* aus dem Jahre 253 und 293 n. Chr. ist Worms als „C(ivitas) V (angionum)" bezeichnet.

Ferner ausgestellt sind ein Viergötterstein (Sockel einer Jupitergigantensäule) und eine von Amandus Devas, Sohn des Velugnius, zu Ehren des göttlichen Kaiserhauses gestiftete Weiheinschrift für Mars Loucetius.

*Wandbilder* auf der rechten Seite der „Römischen Abteilung" veranschaulichen die geschichtlichen Entwicklungsstufen des Wormser Raumes vom letzten Jahrhundert v. Chr. bis zum 5. Jahrhundert n. Chr. Eine Sammlung römischer *Münzen* von der Republik bis zu den spätrömischen Kaisern des 5./6. Jahrhunderts - jede Münze ist durch eine vergrößernde Photographie verdeutlicht – bietet zusätzliches historisches Anschauungsmaterial.

Von der Innenausstattung von Häusern im römischen Worms zeugen Reste von *Wandmalereien* an den Pfeilern des Ganges gegenüber den Fenstern.

Rechts vom Eingang eine große Reibschüssel.

In den Schaukästen links frührömische Keramik des 1. nachchristlichen Jahrhunderts.

Wie durch das *Modell eines römischen Legionärs* angedeutet wird, sind die meisten Ausstellungsgegenstände in der ersten Abteilung militärische Ausrüstungsgegenstände und Geräte; darunter: zwei Legionärshelme; Schwerter; Dolche; Lanzenspitzen; ein Feldzeichen und die Scheide eines Feldzeichens; Mundstück einer tuba, dem Signalinstrument der römischen Infanterie (s. a. Museen in Bonn und Wiesbaden); Steigbügel; Zügelringe; Sandalen; Schreibgriffel; Spielsteine und Würfel; Ziegelstempel der XXII. Legion und ein Anker mit der Aufschrift: LEG XXII.

Das hier ausgestellte Militärdiplom vom 27. Oktober 90 n. Chr. für den Reiter Mucapor aus Thrakien von der Ersten Aquitanischen Veteranenkohorte ist die andere Hälfte des gleichen Diploms im Mittelrheinischen Landesmuseum in → Mainz.

Eine Karte zeigt den Verlauf des *Limes zwischen Rhein und Donau.*

Die nächste Abteilung enthält eine Sammlung *römischer Gläser,* darunter ein Doppelgesichtsglas; Schlangenfadengläser aus Kölner Werkstätten; Rippenschale; Trinkhorn mit Netzwerk; vierhenkeliger Becher; Kanne mit Henkel und länglichem Hals.

Auf den *Weinbau* beziehen sich ein Weinsieb, Rebmesser, Faßpfropfen, Amphore.

Unter *Gegenstände des täglichen Gebrauchs* befinden sich: Schöpflöffel; Waage mit Bleigewicht; Maßstab; Schreibgriffel und Wachstäfelchen; Tintenfaß; Zirkel; Nähnadeln; Glöckchen; Angelhaken; Schlittschuhe aus Knochen und Holz; Ringschlüssel; Schlüssel und Schloß; Beschläge; ein Steinmetzhammer.

*Ärztliche Instrumente* umfassen Schröpfköpfe und Pinzetten.

An der Wand eine *Ansicht des Forums* der Civitas Vangionum.

*Terra-Sigillata-Ware* ist in der nächsten Abteilung zu sehen, darunter Schalen und Becher mit Ornamenten in Barbotinetechnik, Krüge, Teller, Schüsseln. Auf einer rotierenden Scheibe ein Pokal mit Barbotineverzierung und einem Spruch in weißen Buchstaben.

*Toilettengegenstände:* Spiegel; Schabeisen (strigilis); Parfümfläschchen; Kamm und Haarnadeln; sogenannte Duftkugel (zur Aufbewahrung wohlriechender Essenzen); ein Manikürgerät mit sechs verschiedenen Instrumenten an einem emaillierten Bügel (als Anstecknadel oder Anhänger verwendbar); Schminkplatte und Schminkkästchen.

*Schmuck:* Armbänder und Ringe aus Gagat; Ziergegenstände aus Bernstein; Goldschmuck, Gagatschmuck und Geräte aus dem Grab einer römischen Tänzerin; Tamburinteile, Gagatnadeln; ein Glasstab. – Kette mit Rheinkiesel; Kette aus Glas und Bernstein; Fingerring mit eingeschliffener Figur; Phallussymbol aus Elfenbein.

*Steindenkmäler:* Ein Weiherelief mit Darstellungen der Minerva mit Helm, Speer und Schild; Merkur mit Flügelhut, Geldbeutel und Heroldsstab; Vulkan mit Hammer, Zange und Amboß; ein Viergötterstein,

Sockel einer Jupitergigantensäule mit Juno, Minerva, Herkules und Apollo.
*Tonröhren* einer römischen Wasserleitung.
In der letzten römischen Abteilung an der Wand eine römische *Schauspielermaske* (ähnliche Masken in den Museen von Köln, Ladenburg und Wiesbaden); eine Sammlung von *Öllampen,* darunter eine mit fünf Brennern;

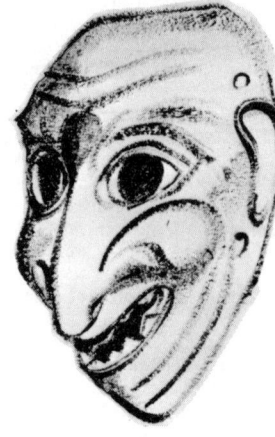

*Worms, Schauspielermaske*

*Keramik* (Gefäße mit weißer Barbotineverzierung; terra nigra, die einheimische Töpferware; der Fehlbrand aus einer römischen Töpferei);
*Tonfiguren* von Göttern und Tieren (Löwe, Panther); Figuren aus weißem Ton, darunter ein Liebespaar (s. a. Museum in Trier); die Statuette einer Muttergöttin mit der charakteristischen, turbanartigen Kopfbedeckung der am Niederrhein verehrten Matronen; *die Wormser Gesichtskrüge;* eine Sammlung von *Fibeln* (Gewandnadeln) enthält Distel- und Zwiebelkopffibeln, Fibeln mit Emailleeinlage; *Silbermünzen* und eine Tonsparkasse; große Bronzeschüssel.
Im anschließenden Raum als Abschluß: Burgundische Keramik und Bronze und alamannische Keramik.

## WÜRZBERG, MICHELSTADT-

Im Wald bei Würzberg, einem Teil des Naturparks Bergstraße–Odenwald, befinden sich die freigelegten und konservierten Mauerreste der Badeanlage des Auxiliarkastells Würzberg. Die Ruine gehört zu den am besten erhaltenen Römerbauten des Odenwaldlimes (→ Limes). Von dem etwa 70 m vom Bad entfernten Kastell selbst sind nur ein Erdwall, der die Reste der ursprünglichen steinernen Umwehrung bedeckt, und Spuren des der Kastellmauer vorgelagerten Verteidigungsgrabens sichtbar. Seit der umgebende Jungwald niedergelegt ist, läßt sich die Umwehrung leicht rundum verfolgen.
Das Kastell war für einen Numerus, eine der kleinen, leicht bewaffneten und im wesentlichen zu Kundschafterdiensten am Limes verwendeten Auxiliareinheiten, bestimmt. Über die Identität der Besatzung ist nichts bekannt. Sie mag eine Abteilung der am Odenwaldlimes vielfach angetroffenen Brittones Triputienses gewesen sein.
Das Kastell wurde zu Anfang des 19. Jahrhunderts von Graf Franz zu Erbach-Erbach (→ Erbach) aufgedeckt. Ein Tor des Kastells ist im englischen Garten von → Eulbach wiederaufgebaut. Aus Steinen des Kastells ist der Obelisk errichtet, den der Besucher als erstes Römermonument im Park antrifft.
Das Kastellbad wurde zur gleichen Zeit wie das Kastell ausgegraben. 1952 wurden die Überreste konserviert und unter Denkmalschutz gestellt.
Das Bad ist auf eine Nord-Süd-Achse ausgerichtet. Man betrat das Gebäude durch den Nordeingang, der dem Südosttor des Kastells gegenüberlag. Die Steinschwelle des Eingangs ist noch vorhanden. Der erste Raum (A) war das Apodyterium (Umkleideraum). Zur Linken lag das Kaltwasserbad (P) (frigidarium); in dem fast kreisrunden Raum zur Rechten das Schwitzbad (S) (sudatorium) mit anschließender Heizung und Heizungskanal. Vom Apodyterium gelangte man in das Laubad (tepidarium) (T) mit einem Bassin für lauwarmes Wasser. Der Raum erhielt seine Wärme durch Öffnungen in der Trennmauer zum anschließenden Warmbad (caldarium) (C), das, wie das Schwitzbad, eine eigene Heizungsanlage (H) besaß.
Durch seine Lage an der Südseite wurde dem Raum von der Sonnenstrahlung zusätzliche Wärme zugeführt. Über dem Heizkanal war ein Kessel für das Heißwasser des Badebeckens eingebaut. Die Abwässer wurden durch gemauerte Kanäle abgeleitet. Eine der Öffnungen eines Ablaufkanals ist noch zu sehen.
Das Gebäude war außen weiß verputzt. Der Verputz der Innenwände wird mit Malereien geschmückt gewesen sein. Alle Räume hatten Glasfenster.
Woher das Bad sein Wasser erhielt, ist nicht einwandfrei geklärt. Die Bodengestaltung schließt das Vorhandensein einer Quelle aus. Wahrscheinlich benutzte man nahegelegene Brunnen.
Ein Rekonstruktionsgemälde des Bades ist im Heimatmuseum in → Amorbach zu sehen. Zugang zu der Badruine ist von Würzberg aus (Abzweigung von der Bundesstraße 47). Man durchfährt den Ort auf der Straße nach Breitenbuch (scharfe Rechtskurve am Ortsausgang) bis zum Parkplatz „Römerbad". Geradeaus weiter. Bei der Wegegabelung nach rechts ungefähr 500 m auf der „Hohen Straße". Die Ausgrabungsstätte liegt rechts im Wald. Westlich von Würzberg befindet sich an der „Hohen Straße" ein Parkplatz, von dem die römische Ruine etwa $1^1/_2$ entfernt ist.
(Die Gegend um das Kastell Würzberg ist Wildschweingehege.)

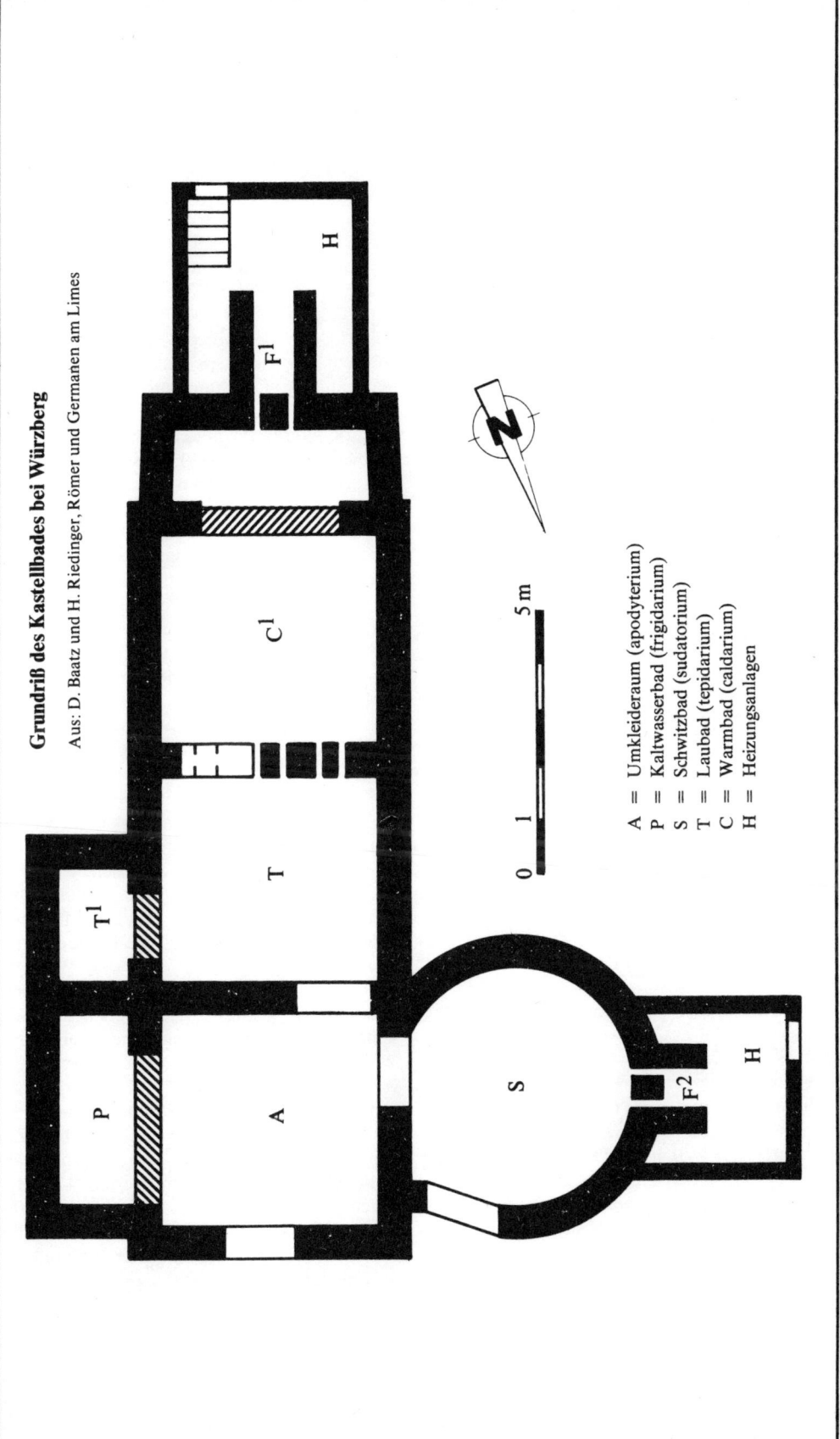

**Grundriß des Kastellbades bei Würzberg**

Aus: D. Baatz und H. Riedinger, Römer und Germanen am Limes

A = Umkleideraum (apodyterium)
P = Kaltwasserbad (frigidarium)
S = Schwitzbad (sudatorium)
T = Laubad (tepidarium)
C = Warmbad (caldarium)
H = Heizungsanlagen

# X

## XANTEN

Die Ursprünge des neuzeitlichen Xanten liegen nördlich der mittelalterlichen Stadt auf einem Gelände, das noch bis in die jüngste Zeit ausschließlich Ackerland war und erst allmählich der städtischen Besiedlung erschlossen wird. Keine oberirdisch sichtbaren Spuren (soweit sie nicht inzwischen durch Ausgrabungen freigelegt wurden) ließen erkennen, daß hier in römischer Zeit an Stelle von Wiesen und Feldern eine Stadt mittelmeerischer Prägung gestanden hatte, die Colonia Ulpia Traiana (CUT), nach Köln die zweitgrößte Römerstadt der Provinz Niedergermanien. Wie der Name andeutet, war die Stadt eine Gründung des Kaisers M. Ulpius Traianus (98-117 n. Chr.).

Ein genaues Gründungsdatum steht nicht fest; es wird aber angenommen, daß die Stadt etwa um 100 n. Chr. entstanden ist. Ähnlich wie die Kolonie Thamugadi (Timgad) in Nordafrika, die etwa zu gleicher Zeit von Trajan zur Ansiedelung von Veteranen der im nahen Lambaesis stehenden Legion gegründet wurde, wird auch die Stadt am Niederrhein vorzugsweise Veteranen aus der benachbarten Legionsfestung Vetera castra (→ Birten) als Siedlungsstätte gedient haben.

Schon vor der Gründung der CUT hatte an dieser Stelle eine Siedlung der einheimischen Cugerner bestanden. Ihr Name ist nicht bekannt. Sie besaß aber eine Ausdehnung, die über den Bereich eines Dorfes hinausging, und hatte einen gewißen städtischen Wohlstand erreicht. Es gilt daher als wahrscheinlich, daß die Siedlung der Vorort des von Tacitus erwähnten Gaues (civitas) der Cugerner gewesen ist. Das Gebiet der civitas wurde später der CUT zugewiesen, die damit auch die verwaltungsmäßigen Aufgaben eines Civitas-Hauptortes übernahm.

Gemäß ihrer Rechtsstellung als einer colonia war die Stadt von einer Wehrmauer nach Art eines Militärlagers mit vier turmbewehrten Haupttoren, Nebentoren, Eck- und Zwischentürmen umgeben. Der Grundriß der Stadt war ein Rechteck mit einer durch einen schiffbaren Zufluß zum Rhein bedingten Abschrägung im Nordosten. Dort lag der Hafen. Das Straßensystem war schachbrettartig angelegt; das städtische Areal war in rechteckige Häuserviertel (insulae) eingeteilt. Die Limesstraße (→ Limes), die am linken Rheinufer entlang die Militärposten und Siedlungen miteinander verband, durchquerte die CUT im Verlauf der heutigen Siegfriedstraße, die in etwa der großen Nord-Süd-Straße (cardo maximus) der Römerstadt entspricht. Die Straßen waren von Laubengängen und Abwasserkanälen begleitet.

Ihr Wasser bezog die Stadt aus Brunnen und aus den Quellen des Hees, einem bewaldeten, hügeligen Endmoränengebiet südwestlich von Xanten. Das Quellwasser wurde über Aquädukte und durch unterirdische Kanäle in die Stadt geführt und über ein System von Rohrleitungen an die Verbraucher, vornehmlich die öffentlichen Bäder, verteilt. Eine weitläufig ausgebaute Kanalisation sorgte für die Abführung der Abwässer.

Die Stein- oder Fachwerkhäuser waren zum Teil mit Fußbodenheizungen und Freskomalereien ausgestattet. An öffentlichen Bauten gab es, soweit bisher bekannt, ein Amphitheater (im Osten der Stadt, s. u.), einen palastartigen Komplex unbekannter Bestimmung, einen im Bereich der sog. ,,Alten Burg" auf Grund von Grabungen vermuteten Tempel der kapitolinischen Trias, durch Weiheinschriften nachgewiesene Heiligtümer und Tempel des persischen Lichtgottes Mithras, des syrischen Jupiter Dolichenus, der Wegegöttinnen (Quadriviae) und der einheimischen Muttergöttinnen, und vor allem eine großzügige Badeanlage, ,,eine der wenigen, fast ganz ausgegrabenen Großthermen des Rheinlandes."

Die Thermenanlagen wurden 1957/59 freigelegt und genau untersucht, als auf dem Gelände mit dem Bau eines Betonwerkes begonnen werden sollte. Der ganze Komplex der Grundmauer war ungewöhnlich gut erhalten; es fanden sich noch Marmorreste von der Verkleidung von Wannen. Die Ausgrabungen wurden später eingeebnet und sind inzwischen von dem

Betonwerk überbaut. „Damit war ein wichtiger Gebäudekomplex der antiken Stadt auf unabsehbare Zeit wieder im Boden verschwunden" (Böcking).
Nach dem Befund nahm der Großbau einen ganzen Häuserblock im Westen der Stadt ein und bestand aus einem von Laubengängen umgebenen Gymnastikhof (palaestra) und dem eigentlichen Badetrakt mit der üblichen Reihenfolge der Räume: einem Umkleideraum (apodyterium), Kaltbad (frigidarium) mit seitlichen Kaltwasserbecken, zwei Laubädern (tepidaria) und dem Warmbad (caldarium) mit seitlichen Wasserbecken. Zwischen Kalt- und Laubad waren Schwitzbäder (sudatoria) eingebaut. In einem kleinen Raum in der Mitte der Westseite wurden ärztliche Instrumente gefunden. Möglicherweise war ein „Badearzt" ständig im Haus anwesend. In der Südecke der Anlage befand sich eine große Latrine mit umlaufenden Sitzbänken und einer Wasserspülung aus dem verbrauchten Badewasser.
Sicherlich gehörten noch andere öffentliche Bauten zum Bild der Stadt, insbesondere Verwaltungsgebäude für die Behörden der colonia und der civitas der Cugerner. Das Vorhandensein eines Forums ist durch die bekannte Inschrift im Museum in Bonn über den Transport von Baumaterialen zum Bau des „forum coloniae Ulpiae Traianae" durch die Rheinflotte belegt.
Der Wohlstand der Stadt – das Amphitheater und die Thermen sind dafür beredter Ausdruck – beruhte auf Handwerksbetrieben, darunter Buntmetallwerkstätten und Töpfereien; der Name eines Töpfermeisters Victor ist auf einem Terrakottabruchstück eingeritzt. Dazu kam ein lebhafter Handelsverkehr, dem die rheinische Durchgangsstraße und der Rheinhafen dienten. Im Hafen wurden die Erzeugnisse aus Stadt und Land umgeschlagen. Auch die Rheinflotte wird dort einen Lagerplatz besessen haben. Die Zahl der Einwohner wird auf 20 000 geschätzt. (Ein Grundriß der CUT ist im Museum in Bonn ausgestellt.)
Über das Schicksal der Colonia ist wenig bekannt. Es scheint, daß die Stadt in der zweiten Hälfte des 2. Jahrhunderts n. Chr. eine schwere Brandkatastrophe erlebte. Die oben erwähnte Inschrift – sie stammt aus der Zeit um 160 n. Chr. – über den Bau des Forums der CUT wird mit dem Wiederaufbau der Stadt nach diesem Brand in Zusammenhang gebracht. Offenbar wurde die Stadt durch die um die Mitte des 3. Jahrhunderts einsetzenden Germanenstürme in Mitleidenschaft gezogen. Auf Grund von Grabungen und Funden wird angenommen, daß die CUT bis an das Ende des 4. Jahrhunderts bestanden hat.
Durch Münzfunde ist erwiesen, daß die Thermen noch im Jahre 353 in Betrieb waren. Nach Entdeckungen der letzten Jahre (s. H. Hinz, Kölner Römer-Illustrierte 2 (1975) S. 154) gilt es als erwiesen, daß der von Ammianus Marcellinus (für 359 n. Chr. als civitas und für 360 als oppidum) erwähnte Platz Tricensimae (Tricesima) mit der von Caesar Julian 359 zur besseren Verteidigung auf verkleinertem Areal wiederaufgebauten CUT identisch ist; (ein ähnlicher „Schrumpfungsprozeß" in spätrömischer Zeit hat sich auch bei anderen Städten beobachten lassen, beispielsweise → Dieburg, → Jülich). Der Name Tricensimae (Tricesima), so wird angenommen, ist von der im nahen Vetera II (→ Birten) als „Hauslegion" stationiert gewesenen Legio XXX Ulpia Victrix abgeleitet.
Zu Anfang des 5. Jahrhunderts scheint die Stadt durch die Franken geplündert und zerstört worden zu sein. Das Ruinenfeld verödete im Lauf der Zeit. Ähnlich wie die Legionsfestungen bei Birten dienten auch die Bauten der CUT als Steinbruch für das an Natursteinen arme Gebiet des Niederrheins. Noch bis in die neuere Zeit sind Steine aus der Römerstadt geborgen worden. Bereits im Mittelalter verwandelte sich das Areal der CUT in Ackerland.
Südlich der Römerstadt erstreckte sich ein Gräberfeld. Zwischen 358–368 wurden auf dem römischen Friedhof zwei 35 bis 40 Jahre alte Männer begraben, die eines gewaltsamen Todes gestorben waren. Dieses Doppelgrab wurde offenbar eine Zeitlang von einer in der CUT zurückgebliebenen römischen Restbevölkerung als Mittelpunkt des Gräberfeldes besonders gepflegt. Über dem Grab entstand eine Totenmemoria mit einer mensa zur Abhaltung des Totenmahles. Um 752/68 wurde die Memorie in eine christliche Kirche umgewandelt.
Offenbar knüpfte sich an diese Grabstätte die Tradition, daß es sich um das Grab frühchristlicher Märtyrer handelte, für die nach schriftlichen Quellen Victor und Mallosus in Frage kamen. Bald nach dem Bau der Kirche wurden bei der Suche nach den sterblichen Überresten der Märtyrer andere Gräber aufgedeckt, die man gleichfalls für Märtyrergräber hielt und mit dem um ihres christlichen Glaubens wegen erschlagenen Angehörigen der Thebäischen Legion in Zusammenhang brachte. Damals entstand für die Grabstelle die Bezeichnung „ad Sanctos", bei den Heiligen.
Die Märtyrerkirche und die ihr durch die Jahrhunderte folgenden, in der monumentalen Stiftskirche gipfelnden Bauten bildeten den Kern der mittelalterlichen Stadt, die den Namen „Xanten", von „ad Sanctos" abgeleitet („te Santen" im Nibelungenlied), übernahm. 1933 wurde unter dem Chor des Domes das *Doppelgrab der Märtyrer* ungestört aufgefunden, ein bisher einmaliger Fall. (Das Grab kann in der Krypta des Domes besichtigt werden.)
Von den Bauten der Römerstadt wurde 1935

das Amphitheater freigelegt und zur Besichtigung konserviert. Das Theater war zur Zeit der Gründung der Kolonie über ovalem Grundriß zunächst als Holzbau errichtet worden und wurde im 2. Jahrhundert in Stein umgebaut. Die Arena umgab eine 2-3 m hohe Schutzmauer. In der Mitte der Arena befand sich, ähnlich wie im Amphitheater von Trier, ein Keller mit einer Hebebühne zum Transport von Szenerien, wie man sie für Tierkämpfe verwendete. Im Theater fanden auch Gladiatorenkämpfe statt. Der Bau war eingeschossig und bot 8000 bis 10000 Zuschauern Platz.

Seit einigen Jahren besitzt Xanten unter der Bezeichnung *Archäologischer Park* ein römerzeitliches Freilichtmuseum, das an Zahl und Mannigfaltigkeit der Sehenswürdigkeiten nicht seinesgleichen hat. (S. Tafelteil Abb. 5.)

Der Park verdankt seine Entstehung einem glücklichen Umstand. Seit die Ruinen der einst blühenden, von rund 10000 Menschen bewohnten Colonia Ulpia Traiana im Laufe der Jahrhunderte unter Äckern und Wiesen verschwanden, ist das Areal der Stadt niemals überbaut worden. Das heutige Xanten war außerhalb der Mauern der Colonia auf dem Gräberfeld der alten Römerstadt entstanden. Erst in jüngster Zeit, nach dem Zweiten Weltkrieg, wurden die Freiflächen der Stadt, unter denen sich die Trümmer aus der Römerzeit verbargen, zunächst im westlichen Teil baulich erschlossen. Daß es dabei Verluste an wertvollen Baudenkmälern gab, wurde bereits oben vermerkt. Man ging behutsamer vor, als auch der Ostteil des Geländes in die Bauplanung einbezogen wurde. Statt, wie ursprünglich geplant, dort eine Freizeitlandschaft mit einem großen See als Mittelpunkt, Bootshäusern und Ausflugsrestaurants zu schaffen, führte der genius loci dazu, die versunkene Römerstadt wenigstens in Teilen mit freigelegten Resten und rekonstruierten Bauten wiedererstehen zu lassen. Durch Zusammenwirken von Landes- und Kommunalbehörden, des Landschaftsverbandes Rheinland und des Rheinischen Landesmuseums Bonn ist dort in jahrelangen Grabungs- und Bauarbeiten ein kulturhistorisches Denkmal geschaffen worden, dessen Anziehungskraft, wie die jährlich wachsende Besucherzahl beweist, unvermindert anhält.

Der besondere Reiz der Anlage liegt in den auf antiken Fundamenten naturgetreu aufgebauten Rekonstruktionen, die dem Besucher Bauten einer Römerstadt wirklichkeitsnah vor Augen führen. Am Ausgang zum früheren Rheinhafen steht das „Kleine Hafentor" mit seiner schmalen Toröffnung, am östlichen Ende der großen Ost-West-Straßenachse, dem decumanus maximus, der Turm des „Großen Hafentores". Eindrucksvoll vor allem die rekonstruierten Teile der Stadtbefestigung, die zinnenbewehrte Stadtmauer mit Wehrturm und südöstlichem Eckturm (in dem sich auch die Rekonstruktion eines Kastenbrunnens befindet). Zum Park gehört das oben schon erwähnte Amphitheater mit Originalbefunden und der Teilrekonstruktion eines Viertelsegments, das für Freilichtspiele vorgesehen ist. Vor dem Amphitheater die Rekonstruktion eines Baukranes (sog. Fünferrolle), mit dessen Hilfe die Römer ihre Großbauten errichteten. Von weiteren Rekonstruktionen sind hervorzuheben: ein Straßenbrunnen in der Form eines Kastens aus Eichenbohlen; eine Zisterne, die als Sammelbecken für Regenwasser von überdachten Bürgersteigen diente, und ein Abwasserkanal aus Eichenbohlen, ein zum Teil originaler Ausgrabungsbefund. Original römisch sind Pfeilerfundamente des Amphitheaters, die von ihrer ursprünglichen Stelle in den Park versetzt wurden, weil sie sich für die Rekonstruktion des Theaters wegen starker Verwitterung als nicht tragfähig erwiesen hatten.

Originalfunde sind ferner: Teile einer Wasserleitung, die Quellwasser in die Stadt führte; Pfahlroste eines Molenturms. Ein „Lapidarium" enthält Nachbildungen von Steindenkmälern (Weihe- und Inschriftsteine) aus den Museen von Bonn und Xanten, die mit der Geschichte der CUT in unmittelbarem Zusammenhang stehen, sowie Architekturteile (Kapitelle, Säulenfragmente, Gesimse). Die XXX. Legion, Hauslegion von Vetera, ist durch den Abguß eines Weihedenkmals des Bärenwärters (ursarius) Cessorinius Amausius vertreten.

Die Nachbildung einer Jupitergigantensäule, Weihung des Gaius Vettius Connougus, stellt insofern etwas Besonderes dar, als Säulen dieser Art kaum aus der Gegend des Niederrheins, wohl aber aus Süddeutschland bekannt sind, wo sie als Schutz gegen Gefahren und Unwetter oder auch als Dankeszeichen für gute Ernten auf Gutshöfen errichtet wurden. Die hier nachgebildete Säule wurde in Hausen an der Zaber gefunden (s. eingehende Beschreibung der Säule auf S. 111).

Wie die Straßenseite eines Hauses mit überdecktem Gehsteig ausgesehen hat, zeigt ein rekonstruiertes Haus am Kleinen Hafentor mit Portikus, das auf einer restaurierten Ausgrabung errichtet ist. Wegen seiner vielen Zimmer ist das Gebäude als Herberge gedeutet worden.

Ein Informationszentrum unterrichtet über Lage und Geschichte der CUT sowie über römische Kultur und über Methoden archäologischer Forschung. An einem Modell erhält der Besucher einen Gesamtüberblick über die Stadt nach dem neuesten Stand der Forschung. Baumpflanzungen machen das Straßennetz der alten Römerstadt sichtbar.

Und schließlich gibt auf die Frage, womit sich die Römer ernährten, ein Versuchsfeld am Kleinen Hafentor Antwort, auf dem zur Römerzeit übliche Getreidearten (Dinkel, Emmer, Gerste und Hafer) und Hülsenfrüchte angebaut sind.

**Regionalmuseum Xanten** (Haupteingang an der Domseite).

Das Museum in einem modernen Bau unmittelbar neben dem Dom auf dem Platz der ehemaligen Bischofsburg wurde 1974 eröffnet und ist der Geschichte und Kultur der Stadt Xanten und des Niederrheins gewidmet. Seine Aufgabe, nicht nur „zu bewahren", sondern darüber hinaus „dem Sehen und Lernen" zu dienen, erfüllt das Museum neben Sammlungen von Originalfundstücken durch Karten, Nachbildungen und in ihrer realistischen Gestaltung eindrucksvolle Modelle.

Die Sammlungen sind in 10 Abteilungen gegliedert. Die Abteilungen III und IV handeln von der Römerzeit.
**Abteilung III. Römisches Militär. Das Lager von Vetera Castra**
Eine Landkarte unterrichtet über den Verlauf des *niedergermanischen Limes*. (Die Karte zeigt alle römischen Legions- und Haupttruppenlager in der niedergermanischen Rheinzone, die durch archäologische Funde oder aus antiken Quellen bekannt sind. Die eingezeichneten Wehranlagen haben nicht alle zur gleichen Zeit bestanden.)
*Modell des Stabsgebäudes (principia) der Legionsfeung Vetera I.* Das zentrale Gebäude der Zweilegionenfestung war ein rechteckiger Gebäudekomplex. Um einen säulenumstandenen Innenhof gruppieren sich das Verwaltungsgebäude, Waffenkammern der beiden Legionen und die sogenannte Basilika (Empfangs- und Versammlungshalle, Exerzierhalle und Gerichtsgebäude). An den Schmalseiten die unterkellerten Fahnenheiligtümer der Legionen.
*Grundriß des Zweilegionenlagers Vetera I.* Die Zeichnung zeigt den neronischen Bauzustand. Innenbauten: Mannschaftsbaracken; principia; Wohn- und Verwaltungsräume der Legionskommandeure und der Militärtribunen (Stabsoffiziere); Spezialbauten (Lazarett).
Bronzener Reiterhelm aus Kalkar-Hönnepel mit aufgenietetem Stirnschutz (3. Jahrhundert n. Chr.).
*Signalinstrumente.* Zwei Mundstücke von cornua (Hörner) aus Vetera. Ferner: Glocken (sie dienten als Signalinstrumente in den Kasernen und wurden auch im Zivilbereich, z. B. zur Ankündigung von Beginn und Schluß des Marktes und der Öffnung der Bäder, verwendet).
*Pferde- und Reiterausrüstungen.* Jede Legion hatte eine berittene Abteilung von etwa 120 Mann für Aufklärungs- und Meldezwecke. In einem Schaukasten ausgestellt: Hufeisen mit Nägeln; Sporen; Stangentrense; Teile eines silbertauschierten Kappzaumes; Pferdeanhänger; verschiedene Ringverteiler.
*Zeltpfosten.* Je acht Mann bildeten eine Zeltgemeinschaft (contubernium).
*Bewaffnung des Legionssoldaten:* Schildbuckel (aus Vetera); halbkugeliger Helm aus Bronze (sog. „Hagenau Typ"; auf dem Scheitel ein konischer Helmbuschträger; an den beiden Seiten je ein Scharnierblech für die – verlorengegangenen – Wangenklappen); Helmbuschhalter; Wangenklappen eines Helmes; Teile eines Schienenpanzers mit Schließen; zweischneidiges Kurzschwert (gladius); Ortbänder, Dolch (pugio); Artilleriekugel; verschiedene Pfeilspitzen aus den Waffenkammern (armamentaria) von Vetera; Wurflanzenspitze; Soldatenschuh (caliga) mit Rekonstruktionen von Soldatenschuhen aus Originalresten; Abdruck eines Nagelschuhes auf einer Tonplatte.
*Modell eines Schienenpanzers und Legionärhelmes.*
Eine Sammlung römischer *Gemmen* ist eine Leihgabe des Xantener Altertumsvereins.
Die Gemmen wurden im Gebiet von Vetera I gefunden. Als Material wurden verwendet Sardonyx, Achat, Amethyst, Karneol und die reinen Jaspiden. Gezeigt werden besonders charakteristische Stücke im Original und Abguß.
Die eingeschnittenen Bilder zeigen u. a.: römischer Siegesadler zwischen zwei Feldzeichen; Kaiserdarstellungen (Augustus mit seinen Enkeln und Adoptivsöhnen Lucius und Gaius Caesar; Tiberius); Menschen (bärtiger Kopf; weibliche Büste, Jäger mit Hund); das Militär (Amor als Kriegsgott, zwei gefesselte Barbaren); römische Gottheiten (Mars, Victoria, Pluto, Minerva, Fortuna, Merkur); mythologische Darstellungen und Halbgötter (Mänade, Dioskuren, Silen, Tänzerin); Tierdarstellungen (Stier, Wolf); Symbole (Füllhorn, Ring mit Silenkopf).
*Römische Militärorden.* Die 1858 auf dem Gut Lauersfort bei Moers gefundenen Phalerae (Nachbildungen; die Originale in den Staatlichen Museen in Berlin; s. a. Museum in Krefeld). Der Besitzer der Orden war Titus Flavius Festus; er hatte seine Auszeichnungen in einem kupfernen, mit Silber beschlagenen Kästchen vergraben. Die Art, wie die militärischen Dekorationen auf dem Legionärspanzer getragen wurden, ist auf den Grabsteinen des Marcus Caelius im Museum in Bonn und des Quintus Cornelius im Museum in Wiesbaden dargestellt. (Abgüsse des Marcus-Caelius-Steins befinden sich im gleichen Raum des Regionalmuseums, in der Mauer gegenüber den Türmen des Xantener Domes und auf dem Platz vor der Kirche in Birten.)
*Religiöses Leben:* Kultkrone aus Bronze, Fundort Vetera I (Abguß; das Original im Museum in Bonn); in der Mitte Darstellung der *Kybele*, der Großen Göttermutter aus Kleinasien. Die Krone stammt wahrscheinlich von einem unterlebensgroßen Kultbild aus Stein, das bei der Plünderung von Vetera I im Jahre 70 n. Chr. durch die Bataver vernichtet wurde; die Bronzekrone blieb im Graben liegen.
*Weihesteine* für:
*Silvanus* (gefunden in Birten; Entstehungszeit zwischen 222 und 234). „Deo Silvano. Cessorinius Ammausius ursarius legionis XXX Ulpiae Victricis Severianae Alexandrianae". Der auf Kaiser Severus Alexander weisende Beiname der Legion ermöglicht die Datierung des Steines. Stifter war ein Bärenwärter (ursarius). Bären wurden bei den Kampfspielen im Amphitheater verwendet. Silvanus galt als Beschützer der Bären und ist hier in gegürtetem Gewand mit einem Bären an der Seite dargestellt;
*Mithras*, den persischen Lichtgott (von einem Mithraeum außerhalb der CUT). „Deo Invicto. Marcus Iulius Martius centurio legionis XXX Ulpiae Victricis, legionis XXII Primigeniae piae fidelis. Silanis duobus consulibus." Der Stifter, der centurio Marcus Julius Martius, gibt seine militärische Karriere rückläufig an. Er hatte zuerst als centurio in der in Mainz stationierten XXII. Legion gedient und wurde dann mit dem gleichen Rang nach Vetera II zur XXX. Legion versetzt. Die Namen der Konsuln datieren den Stein auf das Jahr 189 n. Chr.;
*Jupiter Conservator.* „IOM. Conservatori. Tertinius Vitalis, miles legionis XXX Ulpiae Victricis Severianae Alexandrianae librarius praefecti pro se et suis VSLM. VI. Kal. Maias. Lupo et Maximo consulibus". Der Stifter, ein Soldat der XXX. Legion, war Sekretär des Lagerkommandanten („librarius praefecti (castrorum)"); er setzte den Stein für den bewahrenden Jupiter für sich und die Seinen in freudiger Erfüllung eines Gelübdes für erwiesene Wohltaten am 26. April

des Jahres 232 n. Chr. Jupiter ist in einer tempelartigen Architektur stehend dargestellt; in der Linken hält er das Szepter; in der Rechten das Blitzbündel; am Boden darunter sitzt ein Adler; auf den Seiten des Steins Opferszenen.
(Im Steinhof außerhalb des Raumes) Weihestein für die drei *kapitolinischen Götter Jupiter, Juno und Minerva,* von dem gleichen Steinmetzen gearbeitet, der den Conservatorstein schuf.
Unter Bronzestatuen römischer Gottheiten befinden sich: ein *Lar* (Schutzgott des Hauses); *Genius der Feldzeichenträger* der XXX. Legion (in Vetera II gefunden); nur die Platte des Bronzesockels ist erhalten mit folgender Inschrift: „Genio signiferorum legionis XXX Ulpiae Victricis Paelius Severinus testamento poni iussit"; der Stifter hatte die Weihung in seinem Testament angeordnet; blitzschleudernder *Jupiter; Victoria.* Dreihörniger Stier.
*Soldatengrabstein* für:
*Gaius Iulius Primus,* Sohn des Treverers Adarus, Reiter in der Ala Noricorum. Der Verstorbene hatte als „stator" beim Stab des Regimentskommandanten (praefectus) Polizeidienste geleistet. Er ist in bürgerlicher Kleidung auf dem Speisesofa liegend beim Totenmahl dargestellt. In der Linken hält er ein gefaltetes Tuch (mappa); am Fußende ein Diener; vor dem Speisesofa ein Tischchen mit Trinkbechern und einer Fruchtschüssel, rechts neben dem Tisch ein zylindrischer einhenkeliger Krug.
*Ziegelstempel,* im Xantener Raum gefunden, identifizieren folgende Einheiten: Legio XXX; Legio V Alaudae; Exercitus Germanicus inferior, und die rechtsrheinische Heeresziegelei tegularia Transrhenana; der Standort der Ziegelei konnte bisher noch nicht ermittelt werden. – Einige Hypokaustziegel sind mit Tierpfoten „gestempelt".
*Die Arbeit der Truppe. Werkzeuge* der römischen Soldaten veranschaulichen die zivilisatorische Rolle der Rheinarmee, die vom Ausgang des 1. bis zum 3. nachchristlichen Jahrhundert nur selten zum Kriegsdienst eingesetzt wurde. Ausgestellt sind: Geräte der Steinbrucharbeiter, der Maurer, Zimmerleute, landwirtschaftliche Geräte (Beil, Hammer, Nagelauszieher, Stemmbeitel, Äxte, Schaufel, Schalaxt, Spitzhacke, Schlichthammer, Rodehacke, Hausichel, Dreschflegeltülle, Pflugschar).
*Modell* des Brennofens einer Militärziegelei (der Ofen wurde am Südrand der römischen Stadt auf dem Territorium der Legionsfestungen Vetera I und II gefunden; die Ziegelei wurde von den Legionen des 1. Jahrhunderts n. Chr. und der XXX. Legion nacheinander benutzt).
*Wandkarten:* Xanten und Umgebung (Colonia Ulpia Traiana; Vetera I und II); das römische Reich unter Trajan (117 n. Chr.)
Eine Sammlung *römischer Stirnziegel* veranschaulicht den Brauch, an den Traufen der Ziegeldächer mit Masken, Medusenhäuptern oder Palmettenornamenten verzierte Ziegelsteine zur Abwehr von Unheil anzubringen (u. a. Museum in Neuss).
*Münzen, Maße, Gewichte:* Eine Schnellwaage; zusammenlegbare Waage; Gewichte aus Stein, Eisen, Bronze; Blei; ein Gewicht mit vier Gewichtsangaben; Maßstab aus Bronze mit Maßangaben auf der Vorder- und Rückseite.
Das *Münzsystem der Römer* wird an Münzen römischer Kaiser (vornehmlich aus Niedergermanien) erläutert. Barbarisierte Münzen, die in lokalen Münzstätten des Rheinlandes hergestellt wurden, waren offiziell geduldetes Notgeld mit begrenztem Umlaufsbereich und beschränkter Umlaufszeit.

### Abteilung IV. Die römische Stadt: Colonia Ulpia Traiana

Römische *Wandmalereien* sind nach Originalen aus einem Haus der CUT rekonstruiert.

Ein *Modell* der CUT zeigt die Ergebnisse der bisherigen Ausgrabungen.
*Das römische Handwerk.* In der Mitte des Saales das fesselnde *Modell* eines römischen Handwerkerviertels, wie man es in Xanten ausgegraben hat. Das Blockgeviert (insula) ist ringsum von einem Laubengang umgeben und im Inneren in Parzellen und Hausplätze aufgeteilt. Der größte Raum eines jeden Hauses lag zur Straße und diente oft als Laden oder Werkstatt. In den Hinterhöfen lagen verschieden genutzte Schuppen.
Am Modell werden im einzelnen gezeigt: Mühlenbetrieb und Bäckerei; Bronzewerkstatt (s. u.); das Haus eines Stellmachers; Garküche mit Kneipe und öffentlicher Latrine; eine Tuchwalkerei; Beinschnitzerwerkstatt (s. u.); Metzgerei. – An den äußeren Hauswänden sind (nach dem Vorbild der Funde in Pompeji) Wahlaufrufe angebracht, z. B. „C. Cuspium Pansam aed(ilem) aurifices universi rog(ant)" – Den Gaius Cuspius Pansa erbitten als Ädilen sämtliche Goldschmiede.
Das Fundgut im Schaukasten *„Aus einer Bronzewerkstatt"* stammt teilweise von Ausgrabungen in der CUT und enthält zum Verschmelzen vorbereitete Bronzeteile (Statuettenfragmente, Schlüssel, ganze und zerkleinerte Kastenbleche, aufgewickelte Blechstreifen und -drähte, Beschläge aller Art, Glocken); Teile einer Glockenform; eiserne Tiegelgreifer; Holzkohlenreste; Schmelztiegel mit Schlacke.
*Aus der Werkstatt eines Beinschnitzers,* die 1961 bei Ausgrabungen in der CUT entdeckt wurde, sind ausgestellt: die vorgefundenen Rohmaterialien; halbfertige und fertige Werkstücke sowie Abfallprodukte, darunter gleichlang gesägte Geweihstücke; aufgespaltenes und teilweise bearbeitetes Knochenmaterial. Unter den Erzeugnissen der Werkstatt befinden sich Haarnadeln, Knöpfe und Zierscheiben, Klappmessergriff in der Form eines Hahnes, Scharnierteile, Messergriff, Spielsteine, Griffe.
*Römische Töpferware.* Töpferöfen lagen südlich der CUT im Bereich des heutigen Domvorplatzes. Dort waren in einer kleinen Ansiedlung die Werkstätten verschiedener Handwerker vereinigt, vor allem Schmiede und Töpfer, die wegen der Feuergefährlichkeit ihrer Betriebe nur außerhalb der Stadt arbeiten durften.
*Beigaben aus römischen Brandgräbern* veranschaulichen den antiken Brauch, den Toten alles mitzugeben, was sie auf der Reise ins Jenseits benötigen, vor allem Keramik und Gläser, darunter Terra-Sigillata-Schalen und -teller, einhenkelige Krüge, Becher mit Glanztonüberzug und Stichelverzierung, Glasfläschchen, Faltenbecher aus entfärbtem Glas, Zinnlöffel, Räucherkelch, muschelförmige Lampe mit elf Brennlöchern.
Von dem hohen Stand des *römischen Kunstgewerbes und Handwerks* zeugen: Rest eines Klapptisches; Aufsatz in Gestalt einer Minervabüste; Möbelbeschläge (darunter eine Büste der Luna, Maske); Kästchenbeschläge; Statuetten des Merkur und eines Opferpriesters mit Weihrauchkästchen; Tischbeinaufsatz in Gestalt einer Büste des Bacchus; Wagenaufsätze in Form eines Greifs, einer Hand und eberzahnförmig mit Eberkopf; Kästchen- und Truhengriffe; Schlüsselgriffe in der Form eines Löwen und eines Eselskopfes; Schloßbelag mit weißsilbernem Überzug und Schlüssel; qualitätvolle *Bronzefigur der Venus,* die im Begriff ist, ein Bad zu nehmen und mit der Rechten die Sandale des aufgehobenen linken Fußes löst (hier ein Abguß; das Original im Museum in Bonn); die Figur wurde 1967 im Handwerkerviertel des CUT in einer Abfallgrube gefunden, wohin sie offenbar in beschädigtem Zustand gelangt war; *Silberbecher* (calathus) (der Henkel fehlt) aus Xanten-Lüttingen (hier eine Nachbildung; das Original im Museum in Bonn) aus augusteischer Zeit; in getriebener

Arbeit ist die Hochzeit des griechischen Sagenhelden Jason mit seiner zweiten Gattin Kreusa dargestellt, vermutlich eine Anspielung auf die Hochzeit des Tiberius mit Julia im Jahre 11 v. Chr., die für Tiberius ebenfalls eine zweite Hochzeit war.

**Häusliches Leben. Römischer Alltag**

*Das Modell eines römischen Wohnhauses* leitet zu Fundgegenständen über, die einen Einblick in das tägliche Leben der Bewohner des römischen Xanten geben. Das Modell stellt das Wohnhaus eines wohlhabenden Bürgers dar, wie es im Westen der Stadt in einem größeren Wohnbezirk aus dem 2. Jahrhundert n. Chr. ausgegraben wurde. Das Haus besteht aus einem zweigeschossigen Haupttrakt mit einstöckigen, vorspringenden Seitenflügeln, die durch einen Säulengang miteinander verbunden sind. Fast alle Räume waren heizbar. Die verputzten Innenwände waren zum Teil farbig ausgemalt. Das Haus war an die städtische Kanalisation angeschlossen.

*Das Tafelgeschirr* wird in einer Sammlung von Terra-Sigillata-Ware gezeigt, darunter Näpfe, Teller, Trinkgeschirr, Bilderschüsseln aus süd- und ostgallischen Werkstätten; weißtonige Ware; barbotineverzierte Ware (ein Becher auf hohem Fuß); Reibschüsseln, im Inneren durch Quarzsand aufgerauht, mit einer Löwenkopfmaske als Ausguß (vielleicht zur Zubereitung von Quark oder Saucen benutzt).

Unter *Bronzegefäßen* befinden sich eine große Badeschüssel mit flachem Griff; Bronzeamphora; patera-Griff mit Maske und Amorbüste; Weinkanne mit Deckelverschluß und maskenförmiger Henkelattasche; zwei Auftragteller mit weißem Metallübergang und eingeritztem Besitzernamen; Schöpfgefäße (Kasserollen) mit Scheiben- und ruderförmigem Griff; großer Eimer mit später erneuertem, angenietetem Boden; Schöpflöffel (simpulum) mit geradem Stil.

*Lampen*, darunter eine große Lampe mit zwei Brennlöchern; Bilder- und Firmenlampen; Bronzelampe in der Form eines menschlichen Fußes; zerlegbarer Kandelaber mit Füßen in Gestalt von Delphinen.

*Römischer Schmuck:* Anhänger aus Glas mit Eroskopf; Fingerring mit geschnittenem Stein (Apollokopf); Gemmen; Hals- und Armreifen aus Bronze; Fibeln (Gewandnadeln) verschiedener Formen (Distel-, Augen-, Aucissafibeln); der Schatzfund von der Siegfriedstraße (Originale im Museum in Bonn), um die Mitte des 3. Jahrhunderts vergraben, als die Stadt die ersten Germanenstürme erlebte (Silbermünzen, ein silbernes Schälchen, drei Silberlöffel, zwei davon in Niellotechnik verziert mit der Besitzerinschrift „Galieni", zwei goldene durchbrochene Ohrringe, goldener Ring mit Gemme).

*Toilettengeräte:* Balsamarien (Parfümbehälter) aus Glas, Ton und Bronze; beachte die Reste von „rouge" (roter Schminke) „für die Wangen einer antiken Frau bestimmt und bei Ausgrabungen in der CUT gefunden; die Salben für den Teint wurden auf Reibplatten zubereitet;" Spiegel; Haarnadeln.

*Römisches Glas:* Figürliche Applike; Scherben von buntem Glas; Flakon in Taubenform; Schminkkugeln, verschiedene Balsamarien; Fadenbandschälchen; Faßkanne; Saugkännchen; zweihenkeliger Becher; Flasche mit Rippen; Teller mit Medusenhaupt.

*Replika des „stummen Dieners"*, der bei Lüttingen 1858 im Rhein gefunden, sicherlich aus Vetera castra stammenden Bronzestatue eines schreitenden Knaben, der wahrscheinlich in den ausgebreiteten Händen ein großes Tablett hielt (das Original ist in den Berliner Staatlichen Museen; weitere Nachbildungen in den Museen von Bonn und Krefeld).

*Skulpturen zum Totenkult:* Reliefkopf eines jungen Mannes vermutlich von einem Grabmal; Rundaltar (Original in Bonn), ebenfalls vermutlich von einem Grabmal; auf dem Tischchen stehen drei doppelhenkelige Becher; unter dem Tischchen hocken zwei Sphinxen; sie galten als Grabeswächter und finden sich häufig auf Grabmonumenten.

*Tempelarchitektur.* Fragment einer Schuppensäule, 1974 in der Siegfriedstraße gefunden; bei Ausgrabungen im westlichen Teil der CUT wurde ein Tempelbezirk, vermutlich eine Weihestätte der Aufanischen Matronen, aufgedeckt. Tempel vom Typ des gallorömischen Umgangstempels waren rings von einer Säulenhalle umgeben. Der Bezirk dürfte um die Mitte des 2. Jahrhunderts angelegt worden sein. „Die ausgestellte Schuppensäule, wahrscheinlich ein Rest einer Tempelarchitektur, ist der einzige bedeutsame Architekturfund aus dem ergrabenen Tempelareal."

Vor dem Museum befindet sich ein aus Beton gearbeitetes Modell des *Amphitheaters;* in einer Vitrine unter einem Schutzdach ein *Modell der Grundmauern der Thermenanlage* der CUT, wie sie durch die Ausgrabungen ermittelt wurden; und ein wiederaufgebauter *römischer Brunnen*.

# Z

## ZINGSHEIM (Siehe Pesch)

## ZUGMANTEL

Das Auxiliarkastell Zugmantel am → Limes (der Name taucht als „Zuckmantel" erst in einer Urkunde des Jahres 1724 auf) wurde nach 90 n. Chr. unter Kaiser Domitian zunächst als Erdkastell angelegt und später in mehreren Bauphasen, zuletzt um 223, in Stein umgebaut. Es hat bis zum Verlust des Limes 259/60 bestanden.

Das Kastell lag unmittelbar an einem vorgeschichtlichen Handelsweg, dessen Verlauf noch heute in der sogenannten „Hühnerstraße" (Bundesstraße 417) erhalten ist. Das Kastell hatte die Aufgabe, die Kreuzung dieses Handelsweges mit einer anderen vorgeschichtlichen Straße (in Richtung Schwalbach–Idstein) zu überwachen und zu schützen.

Das Kastell war zunächst von einer der kleineren, als numeri bezeichneten Aufklärungs- und Beobachtungsabteilungen von Treverern besetzt. Der Numerus wurde unter Caracalla (211–217) angesichts der wachsenden Alamannengefahr in eine teilweise berittene Kohorte, die Cohors I Treverorum equitata, umgewandelt.

Zugmantel ist eines der am besten erforschten Limeskastelle. Schon 1853 hat man dort gegraben. Die Umfassungsmauern des Steinkastells sind noch als Erdwälle sichtbar. Die vier Tore waren mit Türmen oder Geschützständen bewehrt. Von den Innenbauten kennt man die principia (Stabsgebäude) mit zwei Innenhöfen und einer die via principalis überdeckenden Querhalle. Eine nördlich des Kastells gelegene „Rundschanze" mit zwei Eingängen wird als kleines Amphitheater gedeutet. Eine zweite, etwas kleinere Rundschanze, gilt als „vivarium" (Tierzwinger). Außerhalb des Kastells und vom Osttor zu erreichen lag das Kastellbad an der Aarquelle. In dieser Richtung erstreckte sich auch der Kern des Lagerdorfes (vicus), das im Süden, Osten und Westen des Kastells nachgewiesen ist.

Das reiche Fundgut aus Kastell und vicus ist in den Museen der → Saalburg und in → Wiesbaden untergebracht.

Man erreicht das Kastell auf der Bundesstraße 417. Etwa 2,5 km nördlich von Neuhof liegt der Parkplatz **„Römerturm"** unmittelbar neben dem Kastell. Dort befindet sich auch ein wenige Meter von der Fundstelle eines antiken Römerturmes wiedererrichteter steinerner Limesturm und ein gut erhaltener Teil des Limes mit rekonstruierter Palisade. Turm, Limes und Palisade sowie das Kastell Zugmantel mit den beiden Rundschanzen sind in einen **„Archäologischen Wanderweg"** einbezogen, der vom Parkplatz Römerturm seinen Ausgang nimmt.

## ZÜLPICH

Die Gabelung der Bundesstraßen 265 und 477 vor den Toren Zülpichs ist ein Erbe der römischen Vergangenheit des Ortes. Hier trennten sich in römischer Zeit die wichtigen Handelsstraßen Köln–Reims und Köln–Trier, deren Verlauf streckenweise in den beiden genannten Bundesstraßen bis heute erhalten geblieben ist. An diesem Schnittpunkt entstand die römische Siedlung Tolbiacum – ihr Name lebt fast unverändert in der heutigen Ortsbezeichnung fort.

Daß der Ort in der römischen Frühzeit oder als Teil des Binnenlandverteidigungssystems im 4. Jahrhundert n. Chr. eine Befestigungsanlage besaß, gilt als wahrscheinlich, hat sich bisher aber archäologisch noch nicht nachweisen lassen. Mehr als wahrscheinlich ist, daß in Tolbiacum eine Wegepolizeistation – statio beneficiarii – zur Überwachung und Sicherung der beiden für die Provinz Niedergermanien wichtigen Verkehrsadern bestanden hat.

Tolbiacum wird von Tacitus (Historiae IV, 79) im Zusammenhang mit dem Bataveraufstand des Julius Civilis 69/70 n. Chr. erwähnt. In dem Ort lag eine aus Chauken und Friesen bestehende Kohorte, die der Rebellenführer für einen Angriff auf Köln bestimmt hatte. Der Plan scheiterte; die Kohorte wurde, noch bevor sie zu ihrer Mission aufbrach, von loyalen Kölnern niedergemacht.

Dank seiner verkehrsgünstigen Lage entwickelte sich der Ort zu einer bedeutenden Handelsniederlassung. Davon zeugen ein größerer Tempelbezirk, auf den Weihungen für verschiedene Muttergöttinnen, für die Schutzgöttinnen der Wegekreuzungen (Quadriviae, Quadrubiae) und ein Weihestein der „vicani Tolbiacenses" (der Gemeinde von Zülpich) für die Junones (römischer Sammelname für die gallischen Muttergottheiten) hinweisen, sowie Reste aufwendiger Grabmonumente, von denen insbesondere die qualitätvolle Skulptur eines Knabenkopfes aus neronischer Zeit (58–69 n. Chr.) erhalten geblieben ist (das Original ist im Museum in Bonn).

Zülpich ist der einzige Ort des gesamten Voreifelraumes, dessen römerzeitliche Besiedlung ohne Bruch in die frühmittelalterliche übergeht (M. Schulze, Zabernführer 26, S. 37). Eine römische Restbevölkerung überlebte dort die Wirren der Völkerwanderungszeiten. Ob Tolbiacum der Schauplatz der Entscheidungsschlacht von 496 gewesen ist, in der die Franken durch ihren Sieg über die Alamannen die Vorherrschaft im Westen gewannen, wie frühere Historiker annahmen, ist heute umstritten.

Wichtigster baulicher Überrest aus der Römerzeit ist eine Badeanlage, die zuerst 1931 bei Kanalisationsarbeiten aufgedeckt und 1954 bei Wiederherstellungsarbeiten an der im II. Weltkrieg zerstörten Peterskirche in ihrer ganzen Ausdehnung freigelegt wurde. Die Anlage ist konserviert und als Teil des Heimatmuseums in der Probstei für die Öffentlichkeit zugänglich. Teile des Grundrisses der Thermen sind in der Pflasterung des Museumsvorplatzes kenntlich gemacht. Aufgehendes Mauerwerk ist teilweise bis über 1 m erhalten.

Das Bad entspricht in seiner Anlage dem üblichen Schema des Badevorganges. Vom Umkleideraum (apodyterium) gelangt man in das Kaltbad (frigidarium) mit zwei Kaltwasserbecken (der Verputz und die der Abdichtung dienenden Viertelstäbe eines der Becken sind teilweise gut erhalten); daran schließen sich Laubad (tepidarium) und Warmbad (caldarium) mit Heißwasserwannen an. Am Nordende des Gebäudes lag der Heizraum (praefurnium). Ein Schwitzbad (sudatorium) wurde in einer späteren Bauphase an das Warmbad angebaut.

Von den technischen Einrichtungen der Badeanlage sind interessante Einzelheiten erhalten, darunter die Hypokaustanlage im Warmbad mit senkrecht aufsteigenden Zugkanälen der Wandheizung (tubuli), Abwässerkanäle und Bleirohre des Rohrnetzes für die Frischwasserzufuhr.

Es scheint, daß ein Teil der Badeanlage in fränkischer Zeit als Töpferwerkstatt benutzt wurde und daß die erste Christengemeinde in Zülpich dort eine Taufkapelle einrichtete.

Römische Funde im **Heimatmuseum** (Probsteimuseum) umfassen Geräte des täglichen Gebrauchs, Schmuckgegenstände, darunter ein goldener, edelsteinbesetzter Ohrring, Architekturfragmente, eine bronzene Merkurstatuette, Ton- und Glasgefäße, Weihesteine für Matronen, Dachziegel, einen Meilenstein und römische Münzen, überwiegend Prägungen des Gallienus (253–268), Tetricus (270–273) und Valentinians III (424–455).

# ANHANG

# Zeittafel

| | |
|---|---|
| 58–51 v. Chr. | Caesar unterwirft Gallien; der Rhein wird Grenze des röm. Reichs. |
| 55–53 | Caesar überschreitet den Rhein bei Urmitz. |
| 44 | Ermordung Caesars |
| 38 | Gründung des oppidum Ubiorum (des späteren Köln) durch Agrippa. |
| 30 v. Chr. – 68 n. Chr. | Julisch-claudisches Kaiserhaus |
| 27 v. Chr. | Der Senat erhebt C. J. Caesar Octavianus zum Augustus; Beginn des Principats. |
| 16–13 | Augustus und Agrippa in Gallien; Plan entsteht, Germanien bis zur Elbe zu unterwerfen. |
| 15 | Sommerfeldzug des Drusus und Tiberius; Eroberung der rätischen Alpen und des nördlichen Alpenvorlandes. |
| 12 v. Chr. – 16 n. Chr. | Feldzüge der Römer im rechtsrheinischen Germanien mit dem Ziel, die Grenze des Reichs bis zur Elbe auszudehnen. |
| 9 v. Chr. | Tod des Drusus; Tiberius übernimmt das Kommando über die in den Germanenfeldzügen eingesetzten Legionen. |
| 9 n. Chr. | Schlacht im Teutoburger Wald; das rechtsrheinische Heer unter dem Legaten P. Quinctilius Varus wird aufgerieben; der Rhein wieder Grenze des Reichs. |
| 13 | Germanicus Statthalter in Gallien und Germanien; residiert als Oberbefehlshaber der Rheinarmee im oppidum Ubiorum. |
| 14 | Tod des Augustus; Meuterei der rheinischen Legionen (24 000 Mann); wird von Germanicus unterdrückt. |
| 14–16 | Feldzüge des Germanicus in Germanien |
| 14–37 | Tiberius |
| 16/17 | Abberufung des Germanicus von den germanischen Kriegsschauplätzen; Abzug der Legionen aus dem Alpenvorland; Anlage des Legionslagers Vindonissa (Windisch). |
| 35 | Anlage der Legionsfestung Bonn |
| 37–41 | Caligula (C. Iulius Caesar Germanicus) |
| 40 | Chattenfeldzug des Caligula |
| 41–54 | Claudius |
| 43 | Invasion Britanniens mit vier Legionen. |
| 46 | Anlage der via Claudia von Italien nach Augsburg; Einrichtung der Provinz Raetia. |
| 50 | Gründung der Colonia Claudia Ara Agrippinensium (Köln) im Gebiet des oppidum Ubiorum. |
| 54–68 | Nero |
| 64 | Feuersbrunst in Rom. Beginn der Christenverfolgungen; Tod von Petrus und Paulus. |
| 69 | Vitellius, Legat des niedergermanischen Heeres, wird in Köln zum Kaiser ausgerufen; marschiert mit Teilen des niedergermanischen Heeres nach Rom; fällt dort im Straßenkampf am 20. Dezember |
| 69/70 | Bataveraufstand am Niederrhein; Versuch der Errichtung eines gallischen Sonderreichs. Thronfolgewirren. Niederwerfung des Aufstandes durch Q. Petilius Cerealis im Auftrag des Kaisers Vespasian. |

# Zeittafel

| | |
|---|---|
| *69–96* | Flavisches Kaiserhaus |
| *69–79* | Vespasian. Wiederaufbau der Grenzkastelle an Rhein und Donau. |
| *70–80* | Bau des Kolosseums (amphitheatrum Flavium) in Rom. |
| *73/74* | Vorstoß des Legaten Cn. P. Cornelius Clemens vom Oberrhein zum Nekkar mit dem Ziel, die Verbindung zwischen Rhein und Donau abzukürzen. |
| *74* | Bau einer Straße vom Rhein zur Donau. |
| *79* | Naturkatastrophe in Italien: Ausbruch des Vesuvs; Vernichtung der Städte Pompeji, Herkulaneum und Stabiae. |
| *81–96* | Domitian |
| *83* | Die Legio I Minerva bezieht ihr Standquartier für die nächsten 300 Jahre in Bonn. |
| *83/85* | 1. Chattenkrieg Domitians. Überschreitung der Donau. Anlage des Alblimes. |
| *85/90* | Taunus-Wetterau-Limes. Kastelle am mittleren Neckar. |
| *88/89* | Aufstand des Mainzer Legaten Antonius Saturninus. 2. Chattenfeldzug. Niederschlagung des Aufstandes durch den Legaten des niedergermanischen Heeres. |
| *90* | Einrichtung der Provinzen Niedergermanien und Obergermanien; Köln und Mainz werden Provinzhauptstädte. |
| *um 92* | Die Legio XXII Primigenia pia fidelis bezieht ihr Standlager in Mainz, wo sie bis Ende der Römerherrschaft verbleibt. |
| *96–98* | Nerva |
| *98–117* | Trajan |
| *um 100* | Gründung der Colonia Ulpia Traiana (Xanten). |
| *101–106* | Dakerkriege Trajans |
| *117–138* | Hadrian; der Limes wird durch eine fortlaufende Palisade verstärkt. |
| *121/122* | Hadrian besucht im Rahmen seiner ersten Reichsreise (121–125) die Provinz Raetia; Erhebung der Provinzhauptstadt Augsburg zum Municipium Aelium Augustum. |
| *122* | Die von Trajan begründete Legio XXX Ulpia Victrix bezieht ihr Standlager in Vetera II, wo sie die nach Britannien versetzte Legio VI Victrix ablöst. |
| *138–161* | Antoninus Pius |
| *um 150* | Vorverlegung des Odenwald-Neckar-Limes nach Osten (Miltenberg bis Lorch). |
| *161–180* | Marc Aurel |
| *166* | Pest in Rom und im Reich. |
| *166–180* | Markomannenkriege |
| *173* | Errichtung der Reiterstatue Marc Aurels auf dem Kapitolsplatz in Rom. |
| *179/80* | Die Legio III Italica bezieht ihr Standlager in Castra Regina (Regensburg), wo sie bis gegen Ende der Römerherrschaft in Raetia verbleibt. |
| *180* | Tod Marc Aurels im Heerlager Vindobona (Wien). |
| *180–192* | Commodus |
| *193–235* | Severisches Kaiserhaus |
| *193–211* | Septimius Severus |
| *195* | Machtergreifung des Caesars P. Clodius Albinus in Britannien und Gallien; „obsidio" (Belagerung) Triers (197) wird durch die aus Mainz herbeigeeilte XXII. Legion aufgehoben. |
| *211–217* | Caracalla (M. Aurelius Antoninus) |
| *212* | Alle freien Reichsuntertanen erhalten das römische Bürgerrecht (Constitutio Antoniniana). |
| *213* | Auftauchen alamannischer Reiterscharen am Limes; Caracalla überschreitet den rätischen Limes. 1. Feldzug gegen die Alamannen. |
| *222–235* | Severus Alexander |
| *233* | Einbruch der Alamannen in Obergermanien und Rätien. |
| *235* | Ermordung des Severus Alexander und seiner Mutter Julia Mamaea in Mainz. |
| *235–238* | Maximinus Thrax. Feldzug gegen die Alamannen. |
| *238–244* | Wiederherstellung der Reichsgrenze. Gordian III. |

| | |
|---|---|
| 239 | 1. Frankeneinfall am Niederrhein. |
| um 242 | Überfall der Alamannen auf Osträtien. |
| 244–249 | Philippus Arabs |
| 248 | Tausendjahrfeier der Gründung Roms. |
| 253–268 | Gallienus |
| 257 | Gallienus in Köln. |
| 258 | Köln durch die Franken geplündert. |
| 258 | M. Cassianius Latinius Postumus, Oberbefehlshaber des niedergermanischen Heeres, erhebt sich gegen Gallienus in Köln. Gründung des gallischen Sonderreichs. |
| 259–274 | Alle römischen Provinzen des Westens im gallischen Sonderreich vereinigt. Köln und Trier werden Kaiserresidenzen. |
| 259/60 | Alamannen und Franken stoßen über Rhein und Donau bis weit nach Westen und Süden vor. Das Limesgebiet in Obergermanien und Rätien geht dem Reich verloren. Rhein und Donau bilden wie zu Beginn der Germanenfeldzüge unter Augustus wieder die Reichsgrenze. |
| 270–275 | Aurelian. Wiederherstellung der Reichseinheit („Restitutor orbis"). Die Stadt Rom wird befestigt (Aureliansmauer, 270–282). |
| 275 | Franken und Alamannen fallen in Gallien ein. |
| 276–282 | Probus. Anlage des Iller-Donau-Rhein-Limes. |
| 284–305 | Diokletian und drei Mitregenten. Reichsreform. |
| 293 | Trier wird Residenz des Caesars des Westens, C. Flavius Constantius Chlorus. |
| 306–337 | Konstantin der Große |
| 313 | Mailänder Toleranzedikt. Christentum offiziell als gleichberechtigt anerkannt. |
| 316 | Tod Diokletians in seinem Palast in Spalatum (Split). |
| 330 | Konstantinopel wird Hauptstadt des römischen Reichs. |
| 340–350 | Constans, Sohn Konstantins d. G., Kaiser im Westen. |
| 340–361 | Constantius II., Sohn Konstantins d. G., Kaiser im Osten. |
| 355 | Julian („Apostata"), Vetter der Kaisersöhne, wird Caesar des Westens. Köln durch die Franken geplündert. |
| 357 | Julian besiegt die Alamannen bei Straßburg. Regensburg von den Juthungen belagert. |
| 361–363 | Julian Alleinherrscher des römischen Reiches. |
| 364–375 | Valentinian I. Ausbau und Verstärkung der Festungsanlagen an der Grenze und im Inneren Galliens. |
| 365 | Alamannen fallen in Gallien ein. |
| 368/69 | Feldzug Valentinians in das ehemalige Limesgebiet. |
| 375–383 | Gratian. |
| 378 | Alamannen überschreiten den Rhein. |
| 395 | Reichsteilung: Honorius im Westen (bis 423), Arcadius im Osten (bis 408). |
| 390 | Verlegung der Hauptstadt des Westens nach Mailand (später Ravenna). |
| 400 | Verlegung der gallischen Präfektur von Trier nach Arelate (Arles). |
| 400/402 | Abzug der römischen Truppen vom Rhein und aus Rätien. |
| 410 | Westgoten plündern Rom. |
| 436 | Der römische Heermeister Aëtius vernichtet mit Hilfe eines hunnischen Kontingents das Burgunderreich mit der Hauptstadt Worms. |
| 451 | Sieg des Aëtius über den Hunnenkönig Attila auf den Katalaunischen Feldern. |
| 454 | Das Rheinland wird endgültig fränkisch. |
| 476 | Der letzte römische Kaiser des Westens, Romulus Augustulus, wird von dem germanischen Heermeister Odoaker abgesetzt. |

# Museumsverzeichnis

**5100 Aachen**
Museum Burg Frankenberg, Bismarckstraße 68, Tel. (0241) 432412.
*Öffnungszeiten:* Di–Fr 10–17, Sa, So 10–13 Uhr, Mo geschlossen.
*Eintritt:* frei.

**7080 Aalen**
Limesmuseum Aalen, Sankt-Johann-Straße 5, Tel. (07361) 500230.
*Öffnungszeiten:* Di–So 10–12 und 13–17 Uhr, Mo geschlossen.
*Eintritt:* Erw DM 2,00, Jgdl DM 1,00, Schüler DM 1,00, Gruppen ab 10 Pers DM 1,00.

**6508 Alzey**
Museum Alzey, Antoniterstraße, Tel (06731) 1313.
*Öffnungszeiten:* täglich von 9–12 Uhr, oder nach vorheriger Vereinbarung.
*Eintritt:* frei.

**8762 Amorbach**
F. L. Sammlungen-Heimatmuseum, Kellereigasse, Tel. F. L. Verwaltung Schloßplatz 1, Tel. (09373) 336–337.
*Öffnungszeiten:* Di, Do, Sa 14–17.30, Mi 8.30–12.30, So. 13.30–17.30 Uhr, Mo geschlossen.
*Eintritt:* DM 1,00, Schüler DM 0,50.

**5470 Andernach**
Andernacher Stadtmuseum, Hochstraße, Tel. (02632) 4061.
*Öffnungszeiten:* 1. 4.–31. 10. Mo–Do 10–12.30, 14–17, Fr 10–12.30 Uhr. Außerhalb d. o. g. Zeiten ist eine Besichtigung mit Führung nach vorheriger Vereinbarung möglich.
*Eintritt:* frei.

**8750 Aschaffenburg**
Stiftsmuseum der Stadt Aschaffenburg, Am Stiftplatz, Tel. (06021) 30312.
*Öffnungszeiten:* 15. 4.–15. 10. tägl., außer Di, 10–13, 14–17 Uhr.
*Eintritt:* DM 1,00, Ermäßigung für Studenten, Vereine, Gruppen ab 10 Personen DM 0,50.

**8900 Augsburg**
Kunstsammlungen der Stadt Augsburg, Römisches Museum, Dominikanergasse 15, Tel. (0821) 3242172 oder 3242180.
*Öffnungszeiten:* Di–So 10–16 Uhr, Jan–Dez auch an Feiertagen.
*Eintritt:* frei.

**6380 Bad Homburg v. d. H. 1**
Saalburgmuseum und Saalburgkastell, Tel. (06175) 348.
*Öffnungszeiten:* tägl. 8–17 Uhr, auch an Sonn- und Feiertagen.
*Eintritt:* Erw DM 1,20, Gruppen Erw (ab 10 Personen) DM 1,00, Kinder DM 0,50.

**6550 Bad Kreuznach**
Karl-Geib Museum, Kreuzstraße 69, Tel. (0671) 92248.
*Öffnungszeiten:* Mo–Fr 9–12 und 15–17 Uhr, jeder 1. und 3. Sonntag im Monat von 10.30–12.30 Uhr.
*Eintritt:* frei.

**5358 Bad Münstereifel**
Toni-Hürten-Heimatmuseum, Langenhecke, Tel. (02253) 991.
*Öffnungszeiten:* 1. 4.–31. 10.: Di–So 9–12, Mi 14–16, Jan–März Sa 14–16, So 10–12, 14–16 Uhr.
*Eintritt:* DM 1,00.

**5358 Bad Münstereifel-Iversheim**
Römische Kalkbrennerei Iversheim, Tel. (02253) 991, App. 32.
*Öffnungszeiten:* nach vorheriger Anmeldung bei der Stadtverwaltung, Bad Münstereifel.
*Eintritt:* frei.

**6350 Bad Nauheim**
Salzmuseum, Staatliches Kurhaus Bad Nauheim, Tel. (06032) 344–1.
*Öffnungszeiten:* Di, Do, Sa von 15.30–17.30, So 9.30–11.30 Uhr.
*Eintritt:* DM 2,00, Ermäßigung für Schülergruppen, DM 1,50 pro Person.

**5483 Bad Neuenahr-Ahrweiler**
Heimatmuseum (Ahrgau-Museum), Marktplatz 12, Tel. (02641) 34583.
*Öffnungszeiten:* Di und Fr 10–12 und 14–17, So 10–12 Uhr, Nov–März geschlossen.
*Eintritt:* Erw DM 1,00, für Gruppen Ermäßigungen.

**7570 Baden-Baden**
Stadtgeschichtliche Sammlungen Baden-Baden, Schloßstraße 22, (Torgebäude des Neuen Schlosses) Tel. (07221) 278381.
*Öffnungszeiten:* tägl., außer Mo von 10–12.30 und 14–17 Uhr. Februar und März geschlossen.
*Eintritt:* Erw DM 2,00. Gruppen ab 20 Pers., Schüler ü. 18 Jahre, Studenten DM 1,00. Kinder und Schulklassen frei.

## Museumsverzeichnis

**1000 Berlin 19**
Antikenmuseum, Staatliche Museen, Preußischer Kulturbesitz, Schloßstraße 1, Tel. (030) 3 20 12 16.
*Öffnungszeiten:* Mo, Di, Do, Sa, So 9–17 Uhr. Freitag geschlossen.
*Eintritt:* frei.

**6530 Bingen/Rhein 1**
Bingener Heimatmuseum, Burg Klopp, Tel. (0 67 21) 18 40.
*Öffnungszeiten:* Di–So 9–12 und 14–17 Uhr, Mo geschlossen.
*Eintritt:* DM 1,00. Ermäßigungen für Schüler, Studenten, Schwerbehinderte, Eintritt DM 0,50.

**5520 Bitburg**
Kreismuseum, Denkmalstraße 6, Tel. (0 65 61) 41 06 oder (0 65 61) 1 51.
*Öffnungszeiten:* 1. 4.–30. 9. Mo, Di, Do, Fr von 9–11 Uhr, 1. 10.–31. 3. Di, Do von 9–11 Uhr.
*Eintritt:* Erw DM 1,00, Jugendl DM 0,50, Ermäßigungen für Schulen und Gruppen.

**5300 Bonn**
Rheinisches Landesmuseum, Colmantstraße 14–16, Tel. (02 28) 63 21 58.
*Öffnungszeiten:* Di–Fr 9–17, Mi 9–20, Sa und So 10–17 Uhr. Mo geschlossen.
*Eintritt:* Erw DM 2,00, Kinder und Jugendliche bis 18 Jahre und Gruppen ab 10 Personen DM 1,00. Frei an jedem ersten Sonntag im Monat.

**6308 Butzbach**
Heimatmuseum Butzbach, Griedelerstraße 18, Tel. (0 60 33) 6 50 05.
*Öffnungszeiten:* Mo geschlossen, Di–Fr 10–12, Mi 14–17, Sa 15–18, So 11–13 und 14–17 Uhr.
*Eintritt:* frei.

**6100 Darmstadt**
Hessisches Landesmuseum, Friedensplatz 1, Tel. (0 61 51) 12 54 34.
*Öffnungszeiten:* Di–So 10–17, Mi 19–21 Uhr.
*Eintritt:* frei.

**6110 Dieburg**
Kreis- und Stadtmuseum, Schloß Fechenbach, Tel. (0 60 71) 26 11, App. 87.
*Öffnungszeiten:* täglich (außer Mo) 15–17 Uhr.
*Eintritt:* frei.

**5160 Düren**
Leopold-Hoesch-Museum, Hoeschplatz 1, Tel. (0 24 21) 12 18 16–8 18.
*Öffnungszeiten:* Di–Sa 10–12, 14–17, So 10–13, 14–17 Uhr, Mo geschlossen.
*Eintritt:* frei.

**8833 Eichstätt**
Sammlungen des Historischen Vereins Eichstätt im Juramuseum, Willibaldsburg, Tel. (0 84 21) 29 56.
*Öffnungszeiten:* tgl. 9–12, 13–16 Uhr (außer Mo), April–September täglich 10–12, 13–16 Uhr.
*Eintritt:* DM 3,00, Schüler, Studenten, Gruppen DM 2,00, Kinder bis 16 J. frei.

**6120 Erbach**
Gräfliche Sammlungen, Schloß Erbach, Gräfliche Rentkammer, Tel. (0 60 62) 34 23 u. 37 00.
*Öffnungszeiten:* 1. 3.–31. 10. tägl. von 8.30–12, 13.30–17 Uhr (letzte Führung 11 und 16 Uhr). November bis Februar nach Vereinbarung.
*Eintritt:* DM 4,00 für Einzelpersonen, DM 3,50 für Vereine und Reisegesellschaften ab 20 Personen, Schwerbeschädigte, Militär, Studenten u. Schüler über 14 Jahre, DM 2,50 für Schulklassen über 14 Jahre, DM 1,50 für Schulklassen bis 14 Jahre und Kinder von 6–14 Jahren. Nur mit Führung.

**6120 Erbach-Eulbach**
Englischer Garten, Gräfliche Rentenkammer, Tel. (0 60 62) 34 23 u. 37 00.
*Öffnungszeiten:* tgl. von 8.30–17.30 Uhr.
*Eintritt:* DM 4,00 Einzelpersonen, DM 3,50 Vereine und Reisegesellsch. ab 20 Personen, Militär, Studenten. Schüler und Schulklassen über 14 Jahre, Kinder von 4–14 Jahren DM 1,50.

**5521 Fließem-Otrang**
Römische Villa Otrang, Tel. Bickendorf (0 65 69) 8 07
*Öffnungszeiten:* vom 1. 4.–30. 9. 9–13, 14–18 Uhr, vom 1. 10.–31. 3. 9–13, 14–17 Uhr. Mo geschlossen sowie im Monat Dezember.
*Eintritt:* DM 1,50, Ermäßigungen für Rentner DM 0,80, Erwachsene in Gruppen (mehr als 20 Personen), Kinder in Gruppen (mehr als 20 Personen), Kinder einzeln DM 0,80.

**6360 Friedberg**
Wetteraumuseum, Haagstraße 16, Tel. (0 60 31) 8 82 15.
*Öffnungszeiten:* Di–Fr 9–12, 14–17, Sa 9–12, So 10–17 Uhr.
*Eintritt:* Erwachsene DM 1,00, Jugendliche und Kinder DM 0,50, Schulklassen pro Person DM 0,20.

**8022 Grünwald b. München**
Burgmuseum Grünwald, Zeilerstraße 3 (Zweigmuseum der prähistorischen Staatssammlung München) Tel. (089) 6 41 32 18.
*Öffnungszeiten:* Mi–So 10–16 Uhr, 1. 12.–Ende Februar geschlossen.
*Eintritt:* DM 2,00, gesamte Ausstellung DM 3,50.

**8870 Günzburg**
Heimatmuseum Günzburg, Rathausgasse, Tel. (0 82 21) 60 01 (Stadtverwaltung).
*Öffnungszeiten:* tgl. (nach Vorsprache b. Hausmeister).
*Eintritt:* DM 0,50 für Erw und Kinder.

**4358 Haltern**
Römisch-Germanisches Museum, Schulzentrum, Holtwicker Straße, Tel. (0 23 64) 10 01 (Stadtverwaltung. Verlegung geplant.)
*Öffnungszeiten:* Mo 8.30–12.15, 14.15–17.30, Di–Do 8.30–12.15, 14.15–16, Fr 8.30–13 Uhr.
*Eintritt:* frei.

**6450 Hanau a. M. 1**
Historisches Museum, Schloß Philippsruhe, Tel. (0 61 81) 2 95 6 16.
*Öffnungszeiten:* Di–So 10–12, 14–17 Uhr.
*Eintritt:* frei.

**6900 Heidelberg**
Kurpfälzisches Museum, Hauptstraße 97, Tel. (0 62 21) 5 85 22.
*Öffnungszeiten:* Di–So 10–17 Uhr.
*Eintritt:* DM 1,00, Ermäßigungen für Gruppen, Schüler, Studenten.

# Museumsverzeichnis

**7920 Heidenheim an der Brenz**
Museum Schloß Hellenstein, Tel. (07321) 43381 u. 23322.
*Öffnungszeiten:* Di–So 10–12, 14–17 Uhr.
*Eintritt:* Erw DM 1,00, Kinder DM 0,50.

**3200 Hildesheim**
Roemer-Pelizaeus Museum, Am Steine 1, Tel. (05121) 32983.
*Öffnungszeiten:* Di, Fr, So 10–16.30, Sa 10–13 Uhr.
*Eintritt:* Erw DM 1,00, Kinder DM 0,20. Für Führungen wird ein Zuschlag von DM 0,50 erhoben.

**6650 Homburg (Saar)–Schwarzenacker**
Stiftung Römerhaus Schwarzenacker, Am Edelhaus 66, Tel. (06848) 875.
*Öffnungszeiten:* April–Nov Mo–Sa 9.30–12, 13.15–17.30, So 9.30–12, 13.15–18 Uhr, Dez–März Mi 9.30–16.30, Sa, So 12–16.30 Uhr (bei gutem Wetter).
*Eintritt:* Erw DM 3,00, Schüler, Studenten DM 2,00.

**7109 Jagsthausen**
Schloßmuseum, Tel. (07943) 2335.
*Öffnungszeiten:* April–Oktober 10–12, 13–17 Uhr.
*Eintritt:* DM 1,50, Ermäßigungen für Gruppen DM 1,20, Schüler einzeln DM 1,00, Klassen DM 0,80.

**5170 Jülich**
Römisch-Germanisches Museum, Altes Rathaus, Tel. (02461) 63245.
*Öffnungszeiten:* 1. Sonntag im Monat 10–12 Uhr.
*Eintritt:* frei.

**7500 Karlsruhe**
Badisches Landesmuseum, Schloß, Tel. (0721) 135 65 42.
*Öffnungszeiten:* tägl. außer Do 10–17.30, Do 10–21 Uhr, Mo geschlossen. An folgenden Feiertagen bleibt das Museum geschlossen: 25. und 31. Dezember.
*Eintritt:* frei.

**8960 Kempten**
Römische Sammlung Cambodunum im Zumsteinhaus, Tel. (0831) 252–406 (Kulturamt).
*Öffnungszeiten:* Di und Fr 10–12, 14–16.30, Do 14–16.30, 19–20.30, Sa 14–16.30, So 9–12 Uhr.
*Eintritt:* Erw DM 1,00, Jgdl DM 0,75, Kinder frei. Ermäßigungen für Gruppen, Schwerbehinderte und Rentner.

**5400 Koblenz**
Mittelrhein-Museum, Florinsmarkt 15, Tel. (0261) 129575-8.
*Öffnungszeiten:* Di–Sa 10–13, 14.30–17.30, Di bis 20, So 10–13 Uhr. Mo geschlossen.
*Eintritt:* frei.

**5400 Koblenz-Ehrenbreitstein**
Landesmuseum Koblenz, Staatliche Sammlung für technische Kulturdenkmäler, Festung Ehrenbreitstein, Hohe Ostfront, Tel. (0261) 71715.
*Öffnungszeiten:* 22. 3.–1. 11. tägl. 9–17 Uhr.
*Eintritt:* frei.

**5000 Köln 1**
Römisch-Germanisches Museum, Roncalliplatz 4, Tel. (0221) 2214590.
*Öffnungszeiten:* tgl. 10–17, Mi und Do 10–20 Uhr. Mo geschlossen.
*Eintritt:* Erw DM 3,00, Kinder bis 6 Jahre frei, ab 6 Jahre DM 1,00.

**7316 Köngen a. N.**
Museum im Kastellturm, Tel. (07024) 81377.
*Öffnungszeiten:* So 9.30–12, 14–16 Uhr, sonst jederzeit nach Vereinbarung.

**4150 Krefeld 12**
Museumszentrum, Albert-Stege-Straße, Tel. (02151) 570230
*Öffnungszeiten:* tgl. außer Mo April–Okt 10–13, 15–18, So und feiertags durchgehend 10–18 Uhr. Nov–März 10–13, 14–17 Uhr.
*Eintritt:* DM 3,00, Schüler und Studenten DM 1,50.

**6802 Ladenburg**
Lobdengaumuseum, Bischofshof.
*Öffnungszeiten:* So 11–12.30, Sa, So 14.30–17.30 Uhr.
*Eintritt:* Erw DM 1,00, Kinder DM 0,50.

**8300 Landshut**
Stadt- und Kreismuseum, Altstadt 79, Tel. (0871) 88218.
*Öffnungszeiten:* Oktober–März 9–12, 13–16 Uhr, Mo geschlossen. April–September 9–12, 13–17 Uhr.
*Eintritt:* DM 1,50, DM 1,00 Ermäßigungen für Schüler, Studenten, Gesellschaften.

**7073 Lorch**
Heimatmuseum Lorch, Kloster Lorch, Tel. (07172) 6473.
*Öffnungszeiten:* tägl. 8–17 Uhr.
*Eintritt:* frei.

**7173 Mainhardt**
Römisches Museum, Hauptstraße 7, Tel. (07903) 2308 (Hermann Pasler) oder (07903) 2759 (Horst Clauß).
*Öffnungszeiten:* nach Bedarf

**6500 Mainz**
Römisch-Germanisches Zentralmuseum, Forschungsinstitut für Vor- und Frühgeschichte, Ernst-Ludwig-Platz 2, Tel. (06131) 232231. Bis auf weiteres geschlossen.
Mittelrheinisches Landesmuseum, Große Bleiche 49/50, Tel. (06131) 21944–45.
*Öffnungszeiten:* Di–Sa 10–17, So 10–13 Uhr. Mo geschlossen.
*Eintritt:* frei.

**6800 Mannheim 1**
Archäologische Sammlungen der Stadt Mannheim im Reiß-Museum, Tel. (0621) 2932219.
*Öffnungszeiten:* Di–Sa 10–13, 14–17, zusätzlich Mi 17–20, So 10–17 Uhr.
*Eintritt:* frei.

**5440 Mayen**
Eifeler Landschaftsmuseum, Genovevaburg, Tel. (02651) 88262.
*Öffnungszeiten:* Di–Sa 9–12, 14–17, So 10–13 Uhr. Mo geschlossen.
*Eintritt:* Erw DM 2,50, Ermäßigungen für Gruppen, Schüler, Studenten, Soldaten, Versehrte DM 1,00.

**8760 Miltenberg**
Heimatmuseum Miltenberg, am Marktplatz, Tel. (09371) 6317.
*Öffnungszeiten:* tägl. 10–12, 14–16 Uhr. April–Oktober Mo geschlossen.
*Eintritt:* Erw DM 2,00, Jugendliche DM 1,00. Führung nach Vereinbarung möglich. Tel. (09371) 3456 Museumsleiter K. Reffel.

# Museumsverzeichnis 358

**4130 Moers**
Grafschaftermuseum, Kastell 9 - Schloß -, Tel. (02841) 26457.
*Öffnungszeiten:* Di-Fr 9-18, Sa 10-17.30, So 11-18 Uhr.
*Eintritt:* Erw DM 1,00, Kinder DM 0,50, Schulklassen und Vereine DM 0,30. Eintrittsfrei: Schwerbeschädigte u. Besucher aus der DDR.

**8000 München**
Prähistorische Staatssammlung, Museum für Vor- und Frühgeschichte, Lerchenfeldstraße 2, Tel. (089) 293911.
*Öffnungszeiten:* Di-So 9.30-16, Do auch 16-20 Uhr. Mo geschlossen.
*Eintritt:* DM 2,00. Sonderausstellung DM 4,00.

**7157 Murrhardt**
Carl-Schweizer-Museum, Am Stadtpark, Tel. (07192) 5402.
*Öffnungszeiten:* Karfreitag-31. 10.: So und feiertags 10-12, 14-17, werktags 11-12, 16-18 Uhr.
*Eintritt:* Erw DM 2,50, Kinder DM 1,00, Ermäßigungen für Gruppen und Schulklassen, Voranmeldung erwünscht.

**6641 Nennig**
Römische Villa Nennig, Römerstraße 11, Tel. (06866) 279.
*Öffnungszeiten:* 1. April-30. September 8.30-12, 13-18 Uhr. 1. Oktober-31. März 9-12, 13-16.30 Uhr. Letzter Besuchereinlaß jeweils 30 Minuten vor Schließung des Museums. Mo geschlossen. Fällt ein Feiertag auf den Montag, so ist der darauffolgende Werktag (Dienstag) geschlossen.
*Eintritt:* Schulklassen DM 0,50, Vereine und Studentengruppen DM 0,75, Einzelbesucher DM 1,00.

**4040 Neuss**
Clemens-Sels-Museum, Am Obertor, Tel. (02101) 25955.
*Öffnungszeiten:* Di-Do 10-17 Uhr.
*Eintritt:* DM 1,00. Ermäßigungen für Schüler, Rentner, Gruppen. Schulklassen frei.

**5450 Neuwied 1**
Kreismuseum Neuwied, Raiffeisenplatz 1a, Tel. (02631) 803-379.
*Öffnungszeiten:* Mo-Fr 10-13, 14-17, So 10.30-13 Uhr.
*Eintritt:* Erw DM 1,00, Schüler DM 0,50.

**8753 Obernburg**
Römerhaus, Mainstraße 1, Tel. (06022) 9034.
*Öffnungszeiten:* Während der allgemeinen Dienststunden.
*Eintritt:* Erw. DM 0,50, Kinder DM 0,30, Schulklassen DM 0,20.

**7141 Oberriexingen a. d. Enz**
Römischer Weinkeller, Zweigmuseum des Württ. Landesmuseums, Tel. (07042) 4570.
*Öffnungszeiten:* jederzeit nach Vereinbarung.
*Eintritt:* Erw DM 0,50 (freiw. Unkostenbeitrag), Kinder DM 0,10 (freiw. Unkostenbeitrag).

**7110 Öhringen**
Weygang-Museum, Karlsvorstadt 38, Tel. Museumspfleger: (07941) 2061, Stadtverwaltung: (07941) 6829 3.
*Öffnungszeiten:* 10-12, 14.30-16.30 Uhr, Mo geschlossen.
*Eintritt:* Erw DM 1,00, Schüler DM 0,50.

**6960 Osterburken**
Römermuseum Osterburken, Römerstraße
*Öffnungszeiten:* So 10-12 Uhr, sonst nach Vereinbarung mit der Stadtverwaltung Osterburken, Tel. (06291) 8001.

**8390 Passau**
Oberhausmuseum, Tel. (0851) 39 63 52.
*Öffnungszeiten:* 15. 3.-31. 10. tägl. 9-17 Uhr, Mo geschlossen.
*Eintritt:* DM 3,00, Ermäßigungen für Schüler, Studenten und Gruppen ab 10 Personen.

**7530 Pforzheim**
Heimatmuseum in der St. Martinkirche, Westliche Karl-Friedrich-Straße 243, Tel. (07231) 39 21 27/ 25 64.
*Öffnungszeiten:* Di-Sa 10-17, Mi 10-20, So 10-13, 15-17 Uhr, Mo geschlossen. An gesetzlichen Feiertagen geschlossen, ausgenommen Ostermontag, Pfingstmontag, 2. Weihnachtstag.
*Eintritt:* frei.

**8400 Regensburg**
Museum der Stadt Regensburg, Dachauplatz 2-4, Tel. (0941) 5072942.
*Öffnungszeiten:* Di-Sa 10-16, So 10-13 Uhr.
*Eintritt:* Erw DM 2,00, Ermäßigungen für Schüler, Studenten, Renten- und Versorgungsempfänger, Schwerbeschädigte DM 1,00.

**5480 Remagen**
Römisch-Fränkisches Heimatmuseum, Stadtverwaltung Remagen, Abt.: III, Rathaus, Tel. (02642) 2010.
*Öffnungszeiten:* nach Vereinbarung mit der Stadtverwaltung.
*Eintritt:* frei.

**7407 Rottenburg a. N.**
Sülchgau-Museum, Bahnhofstraße 16, Tel. (07472) 1760.
*Öffnungszeiten:* So 10.30-12.30, 14.30-16.30 Uhr.
*Eintritt:* Erw DM 1,00, Schüler 0,30, Gruppen DM 0,50.

**7210 Rottweil**
Stadtmuseum Rottweil, Tel. (0741) 94255.
*Öffnungszeiten:* vormittags Mo-Sa 9-12, So 10-12, nachmittags: Mo-Do, Sa 14-17 Uhr
*Eintritt:* frei.

**6600 Saarbrücken 1**
Landesmuseum für Vor- und Frühgeschichte, Am Ludwigsplatz 15, Tel. (0681) 500601.
*Öffnungszeiten:* Di-Fr 10-16, Sa 10-13, So 10-18 Uhr, Mo geschlossen.
*Eintritt:* frei.

**6720 Speyer**
Historisches Museum der Pfalz, Große Pfaffengasse 7, Tel. (06232) 75185.
*Öffnungszeiten:* tägl. 9-12, 14-17 Uhr, ausgenommen 24., 25., 31. 12. und 1. 1. jeden Jahres.
*Eintritt:* DM 1,50 pro Person. Ermäßigungen für Gruppen ab 10 Personen, Schüler, Studenten und Militär.

**8440 Straubing**
Gäubodenmuseum, Fraunhoferstraße 9, Tel. (09421) 16326.
*Öffnungszeiten:* Di-So 10-16 Uhr, Mo geschlossen.
*Eintritt:* DM 1,00, Ermäßigungen für Kinder, Studenten und Gruppen ab 20 Personen, Schulklassen, Behinderte DM 0,50.

**7000 Stuttgart 1**
Württ. Landesmuseum Stuttgart:
Ausstellung „Die Römer in Württemberg", Provinzialrömische Sammlung. Altes Schloß, 2. Obergeschoß, Saal 13.
Ausstellung im Römischen Lapidarium im Fruchtkasten, Schillerplatz, Tel. (0711) 2193–2918.
*Öffnungszeiten:* tgl. außer Mo 10–17 Uhr, Mi 10–19 Uhr.
*Eintritt:* frei.

**5500 Trier**
Bischöfliches Dom- und Diözesenmuseum, Banthusstraße 6, Tel. (0651) 7105/255.
*Öffnungszeiten:* Mo–Fr 10–12, 14–17, Sa 10–12, an Sonn- und Feiertagen 10–13 Uhr.
*Eintritt:* DM 1,00, Ermäßigungen für Schüler und Studenten DM 0,50, Gruppen DM 0,50 je Person.
Kirche zum Erlöser, Konstantinsbasilika, Tel. (0651) 42829–72468.
*Öffnungszeiten:* Mo–Sa 9–13, 14–18, So 11–13, 14–18 Uhr.
*Eintritt:* frei.
Rheinisches Landesmuseum, Ostallee 44, Tel. (0651) 48368.
*Öffnungszeiten:* Mo–Sa 10–16, So 9–13 Uhr.
*Eintritt:* frei.

**8831 Weißenburg i. B.**
Römermuseum Weißenburg, Dr.-M.-Luther-Platz 3, Tel. (09141) 2031 Nebenstelle 307.
*Öffnungszeiten:* Mi, Fr 10–12.30, 14–17 Uhr. 1. Sonntag im Monat 10–12, 14–16 Uhr. Gruppen nach Vereinbarung Di, Fr 9–12 Uhr.
*Eintritt:* frei, lediglich Spenden erbeten.

**6200 Wiesbaden**
Museum Wiesbaden, Friedrich-Ebert-Allee 2, Tel. (06121) 368770–82.
*Öffnungszeiten:* tgl. außer Mo 10–16, Di 17–21 Uhr.
*Eintritt:* frei.

**6520 Worms**
Museum der Stadt Worms, Andreasstift, Weckerlingplatz, Tel. (06241) 853-333/-334-336/-337.
*Öffnungszeiten:* Sommer 1. 4.–30. 9. 9–12, 14–17 Uhr. Winter 1. 10.–30. 3. 10–12, 14–16 Uhr.
*Eintritt:* Erw DM 1,00, Schüler DM 0,50. Ermäßigungen für Erw-Gruppen DM 0,70, Schüler-Gruppen DM 0,30.

**4232 Xanten**
Regionalmuseum Xanten, Kurfürstenstraße 7–9, Tel. (02801) 3311.
*Öffnungszeiten:* Di–Do 9–17, Fr 9–14, Sa, So 11–18 Uhr, Mo geschlossen, 1. 11.–1. 3. tägl. 10–17, So 10–18 Uhr, Mo geschlossen.
*Eintritt:* Erw DM 1,00, Jugendliche, Schüler DM 0,50, jeder 1. Sonntag im Monat freier Eintritt.
Archäologischer Park Xanten, Tel. (02801) 3362.
*Öffnungszeiten:* 9–18 Uhr.
*Eintritt:* Erw DM 2,50, Jugendliche DM 1,00, Ermäßigungen für Gruppen, Kinder, Behinderte.

# Literaturverzeichnis

**Handbücher und Nachschlagewerke**

*Dehio*, G., Handbuch der deutschen Kunstdenkmäler. Rheinland-Pfalz, Saarland. Bearbeitet von Hans Caspary, Wolfgang Götze und Ekkhart Klinge. Deutscher Kunstverlag 1972.
*Führer* zu archäologischen Denkmälern in Deutschland. Regensburg – Kehlheim – Straubing II (Stuttgart 1984).
*Handbuch* der historischen Stätten Deutschlands (Alfred Kröner Verlag, Stuttgart).
Band III: Nordrhein-Westfalen (2. Auflage 1970).
Band IV: Hessen (2. Auflage 1967).
Band VI: Baden-Württemberg (1965).
Band VII: Bayern (2. Auflage 1965).
*Zabernführer* – Führer zu vor- und frühgeschichtlichen Denkmälern (Verlag Philipp von Zabern, Mainz).
Band 3: Mannheim, Odenwald, Lorsch, Ladenburg.
Band 5: Saarland.
Band 6: Passau, Kellmünz, Straubing, Cham.
Band 8: Miltenberg, Amorbach, Obernburg, Aschaffenburg, Seligenstadt.
Band 11: Mainz.
Band 12: Nördliches Rheinhessen: Ingelheim, Bingen, Bad Kreuznach, Alzey, Oppenheim.
Band 13: Südliches Rheinhessen – Nördliche Vorderpfalz: Worms, Kirchheim-Bolanden, Donnersberg.
Band 14: Linker Niederrhein: Krefeld, Xanten, Kleve.
Band 22: Aalen, Lauchheim, Ellwangen.
Band 24: Hohenloher Land: Öhringen, Jagsthausen, Künzelsau, Langenburg.
Band 25: Nordöstliches Eifelvorland: Euskirchen, Zülpich, Bad Münstereifel, Blankenheim. Teil I: Einführende Aufsätze.
Band 26: Nordöstliches Eifelvorland: Euskirchen, Zülpich, Bad Münstereifel, Blankenheim. Teil II: Exkursionen.
*Irmscher, J.*, Das große Lexikon der Antike. München 1974.
*Landesdenkmalamt Baden-Württemberg*, Führer zu römischen Militäranlagen in Süddeutschland. Stuttgart 1983.
*Lexikon* der Alten Welt. Zürich und Stuttgart 1965.
The *Oxford Classical Dictionary*. (2nd edition) Oxford 1970.
*Museen* in Baden-Württemberg. Stuttgart und Aalen 1976.
*Museen* in Nordrhein-Westfalen. Recklinghausen 1974.
*Museen* in Hessen. Kassel 1970.
*Handbuch* der bayerischen Museen und Sammlungen. Regensburg 1968.
*Wolff, G.*, Das Römisch-Germanische Köln, Führer zu Museum und Stadt. Köln 1981.

**Bücher, Schriften, Aufsätze**

*Alföldy, G.*, Ein römisches Weingedicht. (Das Rheinische Landesmuseum Bonn 2/67, S. 28.)
*Baatz, D.*, Lopodunum-Ladenburg (Badische Fundberichte). Karlsruhe, 1962.
Der römische Limes. Berlin 1974.
*Baatz, D.* und *Riediger, H.*, Römer und Germanen am Limes. Frankfurt 1966.
*Barfield, L.H.*, (mit anderen) Ein Burgus in Froitzheim, Kreis Düren. Düsseldorf 1968.
*Barthel, W.*, Die Erforschung des obergermanisch-rätischen Limes 1908–1912. (Römisch-Germanische Kommission. VI. Bericht 1910–1911. Frankfurt 1913).
*Behn, F.*, Römertum und Völkerwanderung. Stgt. 1963.
*Bellinghausen, H.*, 2000 Jahre Koblenz. Boppard 1971.
*Bersu, M.*, Kunstgewerbe und Handwerk (Germania Romana, V, 2. Auflage). Bamberg 1930.
*Binsfeld, W.*, Aus dem römischen Köln. Köln 1966.
*Böcking, W.*, Die Römer am Niederrhein und in Norddeutschland. Die Ausgrabungen in Xanten, Westfalen und Niedersachsen. Frankfurt 1974.
*Bogaers, J.E.* und *Rüger, C.B.* (Herausgeber). Der niedergermanische Limes. Materialien zu seiner Geschichte. Köln 1974.
*Caspar, A.*, 16 Ausflüge zu den alten Römern an Mosel und Rhein. Bern und Stuttgart 1976.
*Christ, K.*, Das Römische Weltreich: Aufstieg und Zerfall einer antiken Großmacht. Herderbücherei Band 445. Freiburg im Breisgau 1973.
*Cüppers, H.*, Neumagen-Dhron an der Mosel (Rheinische Kunststätten, Heft 5, 1971).
*Czysz, W.*, und *Keller, E.*, Bedaium. Seebruck zur Römerzeit. München 1981.
*Doppelfeld, O.*, Römische und fränkische Zeit (Ausgew. Quellen zur Kölner Stadtgesch.). Köln 1958.
Römisches Glas und fränkisches Glas in Köln. Köln 1966.
Das neue Kölner Diatretglas („Germania" 38 (1960) S. 403ff.)
Das Kölner Diatretglas und die anderen Netzdiatrete. Köln 1961.
Römische Großbauten unter dem Kölner Rathaus („Germania" 34 (1956), S. 83ff.).
The Dionysian Mosaic at Cologne Cathedral. Köln 1964.
Der Rhein und die Römer. Köln 1970.
*Drexel, F.*, Die bürgerlichen Siedlungen (Germania Romana, II, 2. Auflage) Bamberg 1924.

# Literaturverzeichnis

*Esser, K. H.* Mogontiacum. (Bonner Jahrbücher 1972, S. 212).
Die Fundsituation des römischen Marmorkopfes (Mainzer Zeitschrift 58 (1963).
*Elbern, Victor H.*, Der Grabstein des Vicarius Hlodericus (Aachener Kunstblätter 43 (1972), S. 142ff.).
Das erste Jahrtausend. Kultur und Kunst im werdenden Abendland. Textband 1 (1962).
*Filtzinger, Ph.* (Herausgeber mit *Planck, D.* und *Cämmerer, B.*), Die Römer in Baden-Württemberg. Stuttgart und Aalen. 1976.
*Fischer, U.* Aus Frankfurts Vorgeschichte. Frankfurt am Main. 1971.
*Fremersdorf, F.*, Dionysos-Mosaik. Köln 1949.
Die Denkmäler des römischen Köln, Bd.II. Köln 1950.
Das Römergrab in Weiden bei Köln. Köln 1957.
*Gabelmann, H.*, Römische Grabmonumente mit Reiterkampfszenen im Rheingebiet. (Bonner Jahrbücher 1973,S.134ff.).
Die Typen der römischen Grabstelen am Rhein. (Bonner Jahrbücher 1972,S.65ff.).
*Gehrig, U.*, Der Hildesheimer Silberfund. Berlin 1959.
*Goerbig, Dr.*, Der römische Grenzwall (Limes Romanus). Neuwied 1936.
*Graf, R.*, Augsburg. Die Geschichte einer 2000jährigen Stadt. Augsburg 1954.
*Gropengiesser, E.*, Die ur- und frühgeschichtlichen Forschungen in Mannheim und die archäologischen Sammlungen des Reiss-Museums. Mainz 1965.
*Günter, R.*,Wand, Fenster und Licht in der Trier Palastaula und in spätantiken Bauten. Herford 1968.
*Guthmann, O.*, Bad Kreuznach und Umgebung in römischer Zeit. Bad Kreuznach 1969.
*Haberey, W.*, Die römischen Wasserleitungen nach Köln. Düsseldorf 1971.
*Hachmann, R.*,Kelten, Römer und Germanen an der Saar. (Homburger Hefte 1968/69).
*Haebler, R.G.*,Geschichte der Stadt und des Kurortes Baden-Baden. Baden-Baden 1956.
*Hainz, J. et al.* Geschichte von Bitburg. Trier 1965.
*Haselier, G.*,Das römische Breisach (Breisach Festschrift 1969).
*Haynes, E.B.*, Glass through the Ages.(Penguin Book), 1948.
*Hermann,F.R.*, Das römische Kastellbad von Theilenhofen im Landkreis Gunzenhausen. (Probleme der Zeit. Neue Ausgrabungen in Bayern. München 1970, S. 28ff.).
*Hildebrand,B.*, Geschichte der Altertumsforschung im Bezirk Aalen-Ellwangen. Ellwanger Jahrbuch XXV.
*Hinz, H.*,Xanten zur Römerzeit. Xanten 1971.
*Jorns, W.*, Das Lagerdorf des Kastells Butzbach. (Saalburg Jahrbuch XIV. 1955, S.12ff.).
*Kähler, H.*, Rom und sein Imperium. Baden-Baden 1962.
*Kaemmerer, W.*, Quellentexte zur Aachener Geschichte. Aachen 1960.
Geschichtliches Aachen. 3. Auflage. Aachen 1967.
*Katz, S.*, The Decline of Rome and the Rise of Mediaeval Europe. Ithaca and London 1972.
*Kellner, H.J.*, Die Römer in Bayern. 3. Auflage.München 1976.
Das spätrömische Kellmünz. Neu-Ulm 1957.
– *und Zahlhaas, G.*, Der römische Schatzfund von Weissenburg. München/Zürich. 2. Aufl. 1984.
*Kleemann, O.*, Vor- und Frühgeschichte des Kreises Ahrweiler. Bonn 1971.
*Kleine Schriften* zur Kenntnis der römischen Besetzungsgeschichte Südwestdeutschlands. Württembergisches Landesmuseum Stuttgart.

*Otto Roller,* Die römischen Terra-Sigillata-Töpfereien von Rheinzabern 1 (Aalen 1965)
*Otto Doppelfeld,* Die Blütezeit der Kölner Glasmacherkunst 2 (Stuttgart 1966)
*Günter Ulbert,* Römische Münzen aus Süddeutschland. Zeit des Augustus und Tiberius 4 (Stuttgart 1969)
*Elisabeth Nau,* Römische Münzen aus Süddeutschland. Zeit des Augustus und Tiberius 5 (Stuttgart 1969)
*Jochen Garbsch,* Der spätrömische Donau-Iller-Rhein-Limes 6 (Stuttgart 1970)
*Philipp Filtzinger,* Limesmuseum Aalen 7 (Stuttgart 1971), 2. erweiterte Auflage 1975
*Fritz-Rudolf Herrmann,* Die Ausgrabungen in dem Kastell Künzing/Quintana 8 (Stuttgart 1972)
*Hans-Jörg Kellner,* Die Sigillatatöpferein von Westerndorf und Pfaffenhofen 9 (Stuttgart 1973)
*Maarten J. Vermaseren,* Der Kult des Mithras in römischen Germanien 10 (Stuttgart 1974)
*Astrid Böhme,* Schmuck der römischen Frau 11 (Stuttgart 1974)
*Dieter Planck,* Neue Ausgrabungen am Limes 12 (Stuttgart 1975)
*Koch, W. und Baumhauer, H.*, Caesaren – Herren am Limes. Stuttgart und Aalen 1969
*Koepp, F.*, Die Römer in Deutschland. 3. Auflage. Bielefeld und Leipzig 1926.
Die Grabdenkmäler (Germania Romana III, 2. Auflage)Bamberg 1926.
Die Weihedenkmäler (Germania Romana IV,2. Auflage)Bamberg 1928.
*Kolling, A.*, Das Römische Saarbrücken. Saarbrücken 1964.
Die Villa von Bierbach. Einöd-Saar 1968.
Die Bronzestatuetten aus dem Säulenkeller. Einöd-Saar 1967.
Die Römerstadt bei Schwarzenacker. Saarbrücken 1967.
Ein römisches Freilichtmuseum. Projekt Schwarzenacker. 1966.
Schwarzenacker an der Blies. (Bonner Jahrbücher 1972. S. 238ff.).
Grabungen im römischen vicus Schwarzenacker. (Ausgrabungen Teil I, S. 434ff.).
*Krahe, G.*, Eine römische Siedlung am Alpenrand bei Schwangau. (Probleme der Zeit. Neue Ausgrabungen in Bayern. München 1970.).
Neue Ausgrabungen in Bayerisch-Schwaben. Augsburg 1970.
*Kretzschmer, F.*, Die Heizung der Aula Palatina in Trier. („Germania"33 [1955] S. 200ff.).
Bilddokumente römischer Technik. Düsseldorf 1967.
*Kreuer, W.*, Der Kottenforst im Naturpark Kottenforst-Ville. 2. Auflage. Recklinghausen 1974.
*Kreusch, F.*, Über Pfalzkapelle und Atrium zur Zeit Karls des Großen. Aachen 1958.
*Krieger. G.*, Nach Pompeji an der Ahr (Rheinischer Merkur/Christ und Welt Nr. 40, 2. Oktober 1981).
*Künzl, E.*, Römische Steindenkmäler.Düsseldorf 1967. (Rheinisches Landesmuseum Bonn. Kleine Museumshefte 2).
*Kunkel, O.*, (Hrsgb.) Vor- und frühgeschichtliche Archäologie in Bayern. München 1972.
*La Baume, P.*, Colonia Agrippinensis. Köln 1958.
Die Römer am Rhein. Bonn.
Die Auffindung des Poblicius Grabmonuments in Köln. Köln 1971.
Das römische Köln. (Bonner Jahrbücher 1972,S.271ff.).
*Lehner, H.*, Die antiken Steindenkmäler des Provinzialmuseums in Bonn. Bonn 1918.
Vetera. Die Ergebnisse der Ausgrabungen des Bonner Provinzialmuseums bis 1929. Berlin und Leipzig 1930.

Lewis, N., and Reinhold, M., Roman Civilization. SourcebookII: The Empire. New York 1955.
Lindemann, K., Der Hildesheimer Silberfund.Varus und Germanicus. Hildesheim 1967.
Mac Kendrick, P., Romans on the Rhine. Archaeology in Germany. New York 1970.
von Massow, W., Die römische Kaiserresidenz (Merian, Städte und Landschaften. Trier, S. 6ff.) Hamburg 1949.
von Matt, L., und Kühne, H., Die Caesaren. Zürich 1964.
Menzel, H., Römische Bronzen im Rheinischen Landesmuseum Bonn. Düsseldorf 1969.
Mössinger, F., Die Römer im Odenwald (2. Auflage) Heppenheim 1967.
Müller, G., Novaesium. Die Ausgrabungen in Neuss von 1955 bis 1972 (Ausgrabungen I, S. 384.
Oswald, J., Passau in Geschichte und Kunst.Passau 1970.
Paoli, U. E., Das Leben im alten Rom. Bern 1948.
Parlasca, K., Die römischen Mosaiken in Deutschland. Berlin 1959.
von Petrikovits,H., Novaesium. Das Römische Neuss. Köln 1957.
Das römische Rheinland. Archäologische Forschungen seit 1945. Köln und Opladen 1960.
Die römischen Streitkräfte am Niederrhein. Düsseldorf 1967.
Picard, G., Living Architecture: Roman. New York 1965.
Architektur der Welt. Imperium Romanum. München 1965.
Planck, D., Neue Untersuchungen im römischen Rottweil (Beiträge zur Landeskunde. Beilage des Staatsanzeigers für Baden-Württemberg Nr.4, August 1970).
Die Topographie des römischen Rottweil (Bonner Jahrbücher 1972, S.195ff.).
Das römische Landgut bei Lauffen. Nachrichtenblatt des Landesdenkmalamtes. Heft I/1979.
Das Freilichtmuseum am raetischen Limes im Ostalbkreis. Stuttgart 1983.
Pörtner, R., Mit dem Fahrstuhl in die Römerzeit, Düsseldorf 1959.
Die Erben Roms. Düsseldorf 1964.
Das Römerreich der Deutschen. Düsseldorf 1967.
Priestley, H. E. Britain under the Romans. London 1967.
Rattinger, F., Das Römerkastell Stockstadt. Stockstadt 1968.
Reinecke, P., Günzburg zur Römerzeit (Kleine Schriften zur vor- und frühgeschichtlichen Topographie Bayerns, S. 86ff.) Kellmünz 1962.
Zur Frühgeschichte von Passau (Kleine Schriften zur vor- und frühgeschichtlichen Topographie Bayerns,S.131ff.) Kellmünz 1962.
Rettig, L., Den alten Odenwaldlimes entlang. (Anhang zu Mössinger, Die Römer im Odenwald. Heppenheim 1967, S. 73ff.)
Reusch, W., Die Aula Palatina in Trier („Germania" 33 [1955] S. 180ff.)
Frühchristliche Zeugnisse im Einzugsgebiet von Rhein und Mosel. Trier 1965.
Trier Kaiserthermen. Mainz 1971.
Robertson, D. S., Greek and Roman Architecture. (2nd ed.) Cambrigde 1969.
Röder, J., Die mineralischen Baustoffe der römischen Zeit im Rheinland.
Rüsch, A., Das römische Rottweil (Stuttgart 1981).
Sattler, P. W., Pohlheim. Zur Geschichte des Namens der Großgemeinde. (Heimat im Bild. Giessener Anzeiger. April 1972).
Schauer, P. und Betzler, P. S., Die Geschichte des Main-Wetterauegebietes zur Römerzeit (Höchster Geschichtshefte 11/12. 1967. S. 26ff.)

Schindler,R., Die Mithrashöhle von Saarbrücken. Saarbrücken 1964.
Augusta Treverorum. (Bonner Jahrbücher 1972,S.258ff.)
Schleiermacher, W., Der römische Limes in Deutschland (3. Auflage). Berlin 1967.
Schmid, A. und R., Die Römer an Rhein und Main. Frankfurt 1972.
Schönberger, H., Das Römerkastell Boiodurum-Beiderwies zu Passau-Innstadt. (Saalburg Jahrbuch XV (1956) S.42ff.).
The Roman Frontier in Germany: An Archaeological Survey (Journal of Roman Studies 1969,pp.144ff.)
Schoppa, H., Römische Götterdenkmäler in Köln. Köln 1959.
Die Kunst der Römerzeit in Gallien, Germanien und Britannien. Deutscher Kunstverlag 1957.
Schoppa, H. mit K. Wurm, Aus Wiesbadens Vorzeit. Bonn 1972.
Schoppa, H. mit K. Wurm, H.-E. Mandera, E.Pachali. Vorgeschichte und römische Zeit zwischen Main und Lahn. Bonn 1972.
Aquae Mattiacorum und Civitas Mattiacorum (Bonner Jahrbücher 1972, S.228ff. )
Schweizer, R., Palisade, Wall und Graben – der römische Limes (Merian, Der Schwäbische Wald, Juni 1965,S.70ff.)
Signon, H., Die Römer in Köln. Frankfurt 1970.
Simon, E., Das neugefundene Bildnis des Gaius Caesar in Mainz (Mainzer Zeitschrift,58 (1963).)
Sölter, W., Römische Kalkbrenner im Rheinland. Düsseldorf 1970.
Sontheimer, W., Tacitus, Annalen. Übersetzung und Anmerkungen. Philipp Reclam. Stuttgart 1967.
Staehlin, F., Die Schweiz in römischer Zeit.Basel 1948.
Stelzmann, Illustrierte Geschichte der Stadt Köln. Köln 1958.
Stein,G., Boppard, eine römische Festung (Faltblatt der städtischen Verkehrsanstalten).
Ternes, Charles-Marie, Die Römer an Rhein und Mosel. Stuttgart 1975.
Das römische Luxemburg. Küsnacht -Zürich.
Tholen, P.J. Iuliacum-Jülich, Eine topographische Studie. (Bonner Jahrbücher 1975, S.231ff.)
Toynbee, J.M.C., Death and Burial in the Roman World. Ithaca,N.Y.1971.
Ulbert, R., Das römische Regensburg als Forschungsproblem (Verhandlungen des historischen Vereins für Oberpfalz und Regensburg. Bd. 105 (1965).
Unverzagt, W., Neue Ausgrabungen im Römerkastell Alzey (Rheinhessen) (Römisch-Germanische Kommission. 49. Bericht 1968) Sonderdruck Berlin 1970.
Watermann, R., Von römischer Medizin der Rheinlande (Materia Medica Nordmark Nov./Dez. 1974.)
Watson, G.R., The Roman Soldier. Ithaka 1969.
Weber, L., Als die Römer kamen... Augusta Vindelicorum und die Besiedlung Raetiens. Landsberg am Lech 1973.
Webster, G., The Roman Imperial Army. New York 1969.
Wheeler, Sir Mortimer, Roman Art and Architecture. New York 1964.
Wightman, E.M., Roman Trier and the Treveri.London 1970.
Zahn, E., Die Igeler Säule bei Trier.Köln 1970.

**Museumsführer, Ausstellungskataloge**

Alzeyer Museum, Herausgegeben vom Kuratorium Museum Alzey. 1973.

# Literaturverzeichnis

*Andernach* Katalog zu den Sammlungen des Stadtmuseums (1976).

*Ausgrabungen.* Ausgrabungen in Deutschland gefördert von der Deutschen Forschungsgemeinschaft 1950–1975 (Ausstellung vom 12. Mai – 31.Juli 1975 im Kurfürstlichen Schloß zu Mainz).
Teil 1: Vorgeschichte Römerzeit;
Teil 2: Römische Kaiserzeit im freien Germanien. Frühmittelalter I;
Teil 3: Frühmittelalter II. Archäologie und Naturwissenschaften. Katalog. Karten und Modelle;
Teil 4: Beilagen.
Mainz 1975. Verlag des Römisch-Germanischen Zentralmuseums.

*Baatz, D.,* Die Saalburg. Ein Führer durch das römische Kastell und seine Geschichte. (2.Auflage) 1970.

*Bayer, H.,* Heimatmuseum der Stadt Bingen am Rhein. Burg Klopp.1969.

*Belz, W.,* Das Wetterau-Museum Friedberg. 1969.

*Bonn,* Rheinisches Landesmuseum, Auswahlkatalog 1963 (Aus rheinischer Kunst und Kultur). Rheinland-Verlag Düsseldorf.

Luftbild und Archäologie (Ausstellung 4. Dezember 1961 – 4. Februar 1962). Rheinland Verlag Düsseldorf.

Rheinische Ausgrabungen '76 (Katalog zur Ausstellung vom 20. Januar bis 27. Februar 1977 und im Regionalmuseum Xanten vom 13.März bis 17. April 1977) Bonn 1977.

*Cüppers, W.,* Römische Villa Otrang. (Führungsheft 5.Landesamt für Denkmalpflege Rheinland-Pfalz). Mainz 1975.

Die Römer an Mosel und Saar. Mainz 1983.

*Eiden, H.,* Zehn Jahre Ausgrabungen an Mittelrhein und Mosel (Ausstellung des Staatlichen Amtes für Vor- und Frühgeschichte vom 22. 6. bis 17. 10. 1976 im Landeshauptarchiv Koblenz).

*Eisinger, A.,* Civitas Aurelia Aquensis. Römische Badruinen Baden-Baden.

*Feldhaus, I.,* Das Clemens-Sels-Museum Neuss. Zweite neu bearbeitete und erweiterte Auflage 1975.

*Feldbusch, H.* Aachen, Burg Frankenberg (Rheinische Kunststätten, Heft 4/5, 1965.)

*Filtzinger, Ph.,* Limesmuseum Aalen. 3. erweiterte Auflage, Stuttgart 1983.

Römer und Germanen am Limes. Zinnfiguren Diorama im Limesmuseum Aalen.

Römischer Weinkeller in Oberriexingen. Stuttgart 1970.

Hic saxa loquuntur. Hier reden die Steine. Stuttgart 1980.

*Fischer, W.,* Einführung in die Ausstellung des Museums für Vor- und Frühgeschichte zu Frankfurt am Main (1969).

Römische Steine aus Heddernheim im Museum für Vor- und Frühgeschichte der Stadt Frankfurt am Main (1971).

Grabungen und Funde (1964).

*Fremersdorf, F.,* Inschriften und Bildwerke aus römischer Zeit (Führungsblatt durch eine Auswahl von Steindenkmälern beim Dionysos-Mosaik. 6. Auflage). Köln 1956.

*Gäubodenmuseum Straubing.* Römische Abteilung (Johannes Prammer und Johannes Segieth)

*Gerhards, J.,* Was der Boden uns erzählt. Die archäologische Sammlung im Leopold-Hoesch-Museum der Stadt Düren.

*Gollub, S.,* Remagen in ältester Zeit. Führer durch das Heimatmuseum.

*Gose, E.,* Das Amphitheater zu Trier (Führungsblätter des Rheinischen Landesmuseums Trier, 2. Auflage 1954).

*Helm, J.,* Das römische Kurbad zu Badenweiler (Wegweiser durch die Ruine). 3. Auflage 1973.

*Heukemes, B.,* Das Lobdengau-Museum im Bischofshof (In „Ladenburg am Neckar. Führer durch die zweitausendjährige Stadt und durch das Lobdengau-Museum").Ladenburg 1970.

*Hilgers, W.,* Kurzführer durch das Rheinische Landesmuseum Bonn I. Die archäologischen Abteilungen. Bonn 1973.

*Hoffmann, K.,* Ladenburg.Ein Rundgang durch die Stadt. 1970.

*Illert, G.,* Führer durch das Museum der Stadt Worms im Andreasstift. 5. Auflage. Worms 1969.

*Irsch, N.,* Der Dom zu Trier. Ein Führer. Trier 1959.

*Jacobi, H.,* Führer durch das Römerkastell Saalburg. 7. Auflage. Bad Homburg v. d. H. 1913.

*Kellner, H.-J.* Prähistorische Staatssammlung. Führer durch die Römische Abteilung. München 1976.

Kirche und Burg in der Archäologie des Rheinlandes (Kunst und Altertum am Rhein, Nr. 8). Ausstellung im Rheinischen Landesmuseum in Bonn 31.Oktober–31. Dezember 1962.

*Kolling, A.,* Führer durch das Freilichtmuseum Römerhaus Schwarzenacker in Homburg-Saar. Homburg 1974.

*Kölner* Römer Illustrierte 1. 1974 (Römisch-Germanisches Museum der Stadt Köln).

Römer Illustrierte 2. 1975. Das neue Bild der alten Welt (Historische Museen der Stadt Köln).

*Kuhnen, H.-P.,* Führer durch die Abteilungen Vorgeschichte und Römerzeit im Römermuseum Weissenburg. München 1984.

*Mainhardt (Gemeinde),* Kleiner Museumsführer.

*Meyer-Plath, M.,* Die Porta Nigra in Trier. Trier 1965.

*Michelbach, J.,* Römerhaus Obernburg. Funde aus dem Kastell Obernburg. Obernburg am Main 1954.

*Monheim, I.,* Aachen. Ein Stadtführer (2. Auflage)Neustadt a. d.Aisch 1968.

*Mylius, H.* und *Nierhaus, R.,* Badenweilers Kurbad. Ein Führer durch die Ruine. Freiburg 1953.

*Nida-Heddernheim* Römische Ausstellung des Frankfurter Museums für Vor- und Frühgeschichte im Deutschordenshaus, Brückenstraße 3–7 (Faltblatt).

*Pirling, R.,* Landschaftsmuseum des Niederrheins. Krefeld, Burg Linn.

*Reh, O.,* Das Eifeler Landschaftsmuseum. Mayen, Genovevaburg. 2. Auflage. 1971.

*Reusch, W.* und *Vogel,* Konstantin-Basilika, Kirche zum Erlöser, Trier.

*Römer an der Donau.* Noricum und Pannonien. Landesausstellung Schloß Traun, Petronell, NÖ. 25. Mai bis 28. Oktober 1973. (Katalog des Niederösterreichischen Landesmuseums. Neue Folge Nr. 55. Wien 1973.)

*Römer am Rhein.* Katalog zur Ausstellung des Römisch-Germanischen Museums, Kunsthalle Köln, 15. April-30. Juni 1967.

*Roeren, R.,* Frühgeschichtlicher Abschnitt in „Kleine Vor- und Frühgeschichte Württembergs im Gang durch das Württembergische Landesmuseum" (ed. W. Fleischhauer). Stuttgart 1963.

*Rom am Dom.* Ausgrabungen des Römisch-Germanischen Museums in Köln. (Schriftenreihe der Archäologischen Gesellschaft Köln Nr. 16).

*Rübeling, K.,* Das römische Badegebäude in der Burg Friedberg/Wetterau. (Herausgegeben vom Magistrat der Stadt Friedberg).

*Rüger, Ch. B.,* Die römische Besiedlung des Rheinlandes. Ein Führer zum Rheinlandrelief. (Rheinisches Landesmuseum Bonn, Kleine Museumshefte Nr. 1).

*Scharenberg, W.,* Römisch-Germanisches Museum Jülich. Kleiner Führer durch das Museum Jülich 1967.

*Schindler, R.,* Führer durch das Landesmuseum für Vor- und Frühgeschichte Saarbrücken. Saarbrücken 1965.

Landesmuseum Trier. Führer durch die vorgeschichtliche und römische Abteilung. 2. Auflage Trier 1972.

Das römische Mosaik von Nennig. (Führungsblatt des staatlichen Konservatoramtes Saarbrücken).

*Schönberger, H.,* Führer durch das Römerkastell Saalburg. Bad Homburg v. d. H. 1960.

*Schoppa, W.,* Der römische Steinsaal. Wiesbaden 1965.

Die römische Kaiserzeit. Wiesbaden 1967. (Schriften des Städtischen Museums Wiesbaden).

*Speyer,* Historisches Museum der Pfalz in Speyer. Wegweiser durch die Sammlungen (2. Auflage). Speyer 1969.

*Stein, E.,* Stiftsmuseum der Stadt Aschaffenburg. 1974.

*Stroh, A.,* Führer durch die Sammlungen der Stadt Regensburg. I.Vor- und frühgeschichtliche Abteilung. 2. Auflage 1958.

*Weber, L.,* Römisches Museum (Städtische Kunstsammlungen Augsburg. Band III). Augsburg 1973.

*Werner, H. W.,* Die römische Villa in Otrang.

# Namen- und Sachregister
Die **halbfetten** Ziffern verweisen auf besonders ausführliche Textstellen

Abacus 230, 314
Abens, Fluß 89
Abnoba → Diana Abnoba
Abwässer → Kanalisation
Achilles 125
Ackerbau 32
Acutius, Q., Legat 72
Adamklissi, Siegesdenkmal 151
Adenauer, K. 152
Adler → Legionsadler
aedilis 142, 246
aedituus (Tempelhüter) 47
Aegidius, röm. General 144
Aemilius Carus, L., Legionskommandeur 163
Aeneas 156
aeneatores 134
Aequitas 188
Aesculapius 41, 75, 158, 162, 312
Aetius, Flavius, Heermeister 37, 53, 336
Afra, heilige 44, 48
agri decumates 177, 202
Agrippa, M. Vipsanius 141, 157, 184, 286
Agrippina, Iulia (d. J.) 142, 145, 157
Agrippina, Vipsania (d. Ä.) 142
Agrippinenses 142, 157 f.
Agritius, Bischof 317
agulia (agila) 123, 181
Ajax 253
Aktaeon 286
ala 29, 291
ala Afrorum veterana 35, 163, 167, 219
- Agrippiniana 335
- Claudia 192
- Gallorum Picentiana 217
- Gemelliana 206
- Hispanorum 195, 311, 335
- Indiana Gallorum 87, 163, 327, 335
- Longiniana 30, 69, 72
- Moesia felix torquata 87, 204
- Noricorum 29, 35, 84, 345
- nova firma milliaria catafractaria 33
- Parthorum veterana 217
- Pomponiania Gallorum 69
- Sebosiana 335 f.
- Siliana 47
- Vallensium 32, 258
- Vocontiorum 35
- I Cannenefatium 170
- I Flavia Gemina milliaria 87, 96, 327
- I Flavia Raetorum 169
- I Flavia singularium civium Romanorum 248
- I Hispanorum Auriana 325
- I Scubulorum 296, 327, 381

- I Tungrorum Frontiana 69, 203
- II Flavia pia fidelis Domitiana milliaria 28 f., 117
- II Flavia singularis 47
- II Hispanorum 337
- II Valeria Sequanorum 125
Alamannen 31, 33, 36, 52, 58, 91, 106, 113, 175, 178, 181, 185, 324, 330
Alb, Schwäbische → Schwäbische Alb
Albana 311
Albinus (D. Clodius Septimius Albinus) röm. Kaiser 195 ff., 304
Alexander d. Gr. 92
Alexandria 159
Alföldy, G. 168
Alienus, Caecina, Legat 142
Aliso 109 ff., 120
Alontas (Terek) 71, 159
Alounen 209, 283
Alpenfeldzug 43, 205
Altmühl, Fluß 68, 240
Amazone 74, 314
Ambiomarcae 254
Ambrosius, Bischof 305
Amerikanische Armee 80, 114
Amme 162, 252
Ammianus Marcellinus, Geschichtsschreiber 267, 305, 342
Ammon → Jupiter Ammon
Amor 314
Amphitheater 66, 161, 305, 308 f., 342 f.
Amphore 42, 47, 83, 159, 184, 282, 286
Anaximander 314
Ancamna 285
Andromeda 125
Anker 73, 337
Antoninian (Münze) 273, 280, 295
Antoninus Pius (T. Aelius Hadrianus Antoninus) röm. Kaiser 138–161
- 29, 129, 165, 178, 183, 266
Antonius Saturninus, Legat 28, 71, 185
Anubis 162
Apadeva 159
Aphrodite 162
Apis 162, 252
Apollo 41, 74, 133, 159, 162, 188, 225, 293, 312
- Augustus Sanctus Conservator 47
- Demioncus 38
- Grannus 25, 36, 47, 58, 67, 75, 217, 259, 293, 303, 312, 330
- Pythius 32
- Toutiorix 330
Apotheke(r) 217, 315, 332
aqua Alexandriana 228
- Gordiana 228

Aquädukt → Wasserleitung
aquilifer 42, 55
Aquincum (Budapest) 190, 192, 205
ara Ubiorum 136, 141 f., 185
- turaria 47
Arae Flaviae 136, 260
Aratos 160
Arbeo, Bischof 247
Arbogastes, Flavius, Heermeister 86, 162
architectus 59, 113
Arduinna → Dea Arduinna (Ardbinna)
Arelate (Arles) 305
arenarii 311
aries 30
Ariovist, suebischer Heerkönig 36, 284, 335
Aristoteles 160
Arminius 84, 118, 121
Armringbörse 102, 174, 190, 208, 291, 326, 333
Arrianos, Flavius 290
ars cretaria 316
- quadrata 83
- sutoria 83
Artillerie 30, 77, 90, 105, 114, 125, 269
Artio 27, 303
Arzt → medicus
Arztbesteck 32, 62 f., 190 f., 258, 332.
S. a. → Medizin, Instrumente
As 104
Asclepios → Aesculapius
Astigi (Ecija) 172
Asturer 183
Athanasius, Bischof 305
Athena 121
- Parthenos 160
Attis 101, 162, 218, 292, 316
Augenarztstempel 73, 191, 207, 251, 262, 268, 282, 290 f., 315
Augenkrankheit 191, 251
Augusta Raurica (Augst) 61, 219
Augustalis → sevir Augustalis
Augustinus 305
Augustus, röm. Kaiser 30 v. Ch.–14 n. Chr.
- 27, 29, 43, 64, 120, 132, 157 f., 176, 184, 190, 303
Augustusporträt 132, 193, 205
aulula → Sparbüchse
Aurelianus (L. Domitius) röm. Kaiser 270–275
- 67, 90, 142, 305
Ausfuhr 73, 144, 257
Ausonius, Decimus Magnus 122, 166, 205, 214 ff., 305, 315
Austernschalen 31, 84, 85, 115, 130, 206, 221, 251, 269, 288, 294

# Register

Auszeichnungen, militärische 30, 72, 76. S. a. Corona civica, → phalera, → torques
auxilia 30, 72, 291
– Ausrüstung 30, 53, 72, 88, 268, 332
Auxiliarkastell → Kastell
Avitus Alexianus (C. Iulius), Statthalter 49

**B**aatz, D. 87, 93 f., 178, 180, 215, 220, 227, 229, 240, 270, 321, 324, 327
Bacchus 158, 162, 168, 251, 312
Backofen 219, 279
Bad 25, 28, 56, 60, 87, 90, 101, 103, 117 f., 128, 202, 208, 220, 230, 232, 243 f., 261, 265, 267, 277 f., 288, 302, 323, 332, 338 f., 348. S. a. → Thermen
„Bäderstraße" 122
baioli 221
Bajuwaren 245
Baldachingrab 285
Bandel, E. von 119
Bankier 158
Barbotinetechnik 114, 286
Bär 27, 161, 344
Basalt 39, 141, 196, 273
Basilika 170, 309
Bataver 140, 233, 331
Bataveraufstand 28, 62, 65, 72, 121, 129, 136, 138, 143, 157, 167, 176, 185, 204, 217, 276, 304, 347
Bauinschrift 47 f., 51, 53, 58 f., 67 f., 72, 88, 103, 107, 118, 122, 134, 147, 151, 158, 163, 189, 207, 225, 229, 248 f., 252, 255, 264, 270, 313, 326, 332 ff.
Baumeister → architectus
Bautechnik 73, 88, 249 f.
Bayer, H. 63
Bedaius 206, 283
Behn, F. 84, 124, 202, 286
Beinschiene 30, 249, 290
Beinschnitzereien 84, 102, 190, 206, 269, 315, 345
Beinschnitzerwerkstatt 345
Belagerungstechnik 30, 189, 269
Beleuchtung 102, 154, 261
Belgica, Provinz → Provinzen Belgica
Bellinghausen, H. 140
beneficiarius 33, 38, 41, 55, 67, 104, 113 f., 158, 184, 224, 230, 238, 253, 270, 288, 332. S. a. statio beneficiarii
Benefiziarierabzeichen 72, 230, 326, 332
Benefiziarierinschriften 225 f., 230
Bergbau 201, 273
Bergengruen, W. 110
Bergkristall 160, 209, 218, 251
Bernstein 144, 149, 160, 162
Berta (Stadt in Macedonien) 331
Berufe, bürgerliche 52, 83, 144, 292. S. a. → Gewerbe
Berufsgenossenschaft → collegium, → contubernium
Berytos (Beirut) 287
Bes 160
Bett 155
Bettflasche 37, 165
Betz, W. 103
Bibliothek 314
Bier 36, 172, 248
Bilderschüssel 208, 268, 273, 286, 323
Bierverleger 312

Bildhauer 83 f., 188
Bildstempel 323
Binnenzoll → Zoll
Bituriger 84
Blankenheim, Hermann Graf von Blankenheim-Manderscheid 67
Bläserkorps 134
Blei 73, 269
Bleianhänger 137, 206
Bleibarren 73, 81, 109
Bleirohr → Wasserleitung
Blussusgrabstein 192
Böcking, W. 110, 119, 342
Bodenschätze 73, 273
Bogaers, T. E. 176
Bogen 30
Bogenschützen 30, 53, 81, 195, 289
Böhme, A. 178
Böhner, K. 286
Bononia (Bologna) 74
Borbet 334
Borger, H. 70, 152, 163
Börsenarmreifen → Armringbörse
Boudicca (Königin) 133, 191
Boyken, M. 121
braca 331
Bracker, J. 82, 286
Braun, Jean 37
Brennstempel 115, 268
Brettspiel 47, 115, 190, 269
Breuker 53, 88, 240, 335
Brigantier 137
Britannien 76, 159, 183
Britannienfeldzug 133, 190, 217
British Museum 29, 190
Brittonen 40, 92, 178, 212, 224, 227, 327
Brittones dediticii 134, 324
– Elantienses 92, 212
– gentiles 134, 324
– Murrenses 32, 92
– Triputienses 92, 134, 338
Bronzegegenstände 27, 37, 48, 59, 82, 84, 110, **162**, 169, 171, 190, 218, 244, 258, **269**, 270, 286, 294, 332, 346
Bronzegießerei 250, 295, 314, 345
Bronzen 30, 48, 64, 67, 74, 77, 82, 85, 129 f., 133 f., 155, 160 f., 168, 190, 201, 208 f., 221 f., 229, 235, 238, 251, 262, 274, 281, 286, 290, 294, 313, **315**, 316, **327**, 333, 345
Bronzeschwert 211, 245
Brotstempel 37, 286
Brücke → Mosel-, → Nahe-, → Neckar-, → Rhein-
Brunnen 32 f., 148, 155, 173, 238, 267, 328, 343
Brunnenstein 134, 193
Brunnenstube 153
bucina 190, 192, 332
bucinator 59, 74, 84, 195
Burgidala (Bordeaux) 305
Burgunder 37, 53, 186, 284, 316, 336
burgus 79, 104, 114, 126, 134, 181, 196, 204, 221, 286
Bürgerliste 315
Bürgermeister → curatores, → duoviri
Buri 207
Büttner, A. 82, 83

**C**aecilius Pudens, Q., Legat 129
Cämmerer, B. 133, 180

Caesar (C. Iulius Caesar) 39, 73, 91, 141 f., 222
caliga (Soldatenschuh) 221, 328, 344
Caligula (C. Iulius Caesar Germanicus) röm. Kaiser 37–41
– 185, 328
campestres 206, 291
canabae legionis (Lagervorstadt) → Legion, Lagervorstadt
Canathener 267
Candida → Dea Candida
Cannenefaten 170
capitalis quadrata 74, 88, 157, 159, 225, 312
capsarius 221, 269
Caracalla (M. Aurelius Severus Antoninus) röm. Kaiser 211–217
– 26, 29, 31, 45, 58, 68, 72, 90, 122, 133, 137, 158, 173 f., 178, 209, 245, 249, 270, 295, 333
carcer 70, 217
cardo maximus 141, 144, 146, 341
Carl II. August, Herzog von Pfalz-Zweibrücken 280
Carl Theodor, Kurfürst von der Pfalz 194
Caroeser 67
Cassius Dio, Geschichtsschreiber 26, 186
castellum → Kastell
catafractarii 33, 337
catapulta 110
Caudium, Schlacht bei –321 v. Chr. 32
Cautes 41, 83, 101, 116, 209, 288, 334
Cautopates 41, 83, 101, 116, 162, 209, 288, 334
Celeia (Cilli) 192
Celer (Lutinus Roscius Aelianus Maecius Celia) Statthalter 294
cella memoriae 70, 75, 342
Celtis, Conrad 44
Centaur, s. Kentaur
centenaria 79, 178, 182
centurio 40, 74, 76, 92, 101, 126, 133, 202, 228, 252, 270, 291, 333
Ceres 186
Chatten 102, 177, 184, 225, 329
Chattenkriege 38, 96, 103, 142, 177, 257, 329
Chauken 120, 304, 349
Cheilon 160
Cherusker 102, 122, 141
Chirurgie → Medizin, Instrumente
Christentum 44, 48 f., 70, 91, 162, 174, 190, 209, 247, 252, 255, 286, 311, 316 f., 319
Christlein, R. 235
Christogram 54, 70, 91, 209, 286
Cimbern 202
circus maximus 309
Civilis, C. Iulius, Bataverfürst → Bataveraufstand
civis Agrippinensis 142
– Helveticus 291
– Kaletus 118
– Mediomatricus 291
– Sappaus 331
– Sumelocennensis 166, 258, 292
– Taunensis 331
civitas 117, 292
– Agrippinensis 142
– (Aurelia) Aquensis 58, 134, 292
– Auderiensium 83
– Aurelia G. S. 226, 292
– Cugernorum 341
– Estionum 136

# Register

- Mattiacorum 330
- Nemetum 284f.
- Port . . . 238
- St . . . 285
- Sumelocennensis 165, 258, 292
- Taunensium 96, 131, 189, 331
- Treverorum 303
- Tricensimae 342
- Ulpia Sueborum Nicretum 113, 115, 134, 170, 193
- Vangionum 335f.

classis Augusta Germanica 39, 72f., 75, 79, 148, 159, 176, 312
Claudius (Tiberius Claudius Caesar Augustus Germanicus) röm. Kaiser 41–54
- 65, 72, 91, 106, 142, 164, 205f., 303
Claudius Julianus, Statthalter 73
Clematiusinschrift 151, 162
Clemens Dextrianus, M. Helvius, Statthalter 228, 253
Clementianus, Claudius Paternus, Statthalter 47, 91
Clementinus Priscillianus (Sextus Catius), Statthalter 228
Clunia (Stadt in Spanien) 311
coactor argentarius 159
Codex Theodosianus 78, 166
cohors 30, 291
cohors Lusitanorum 219
cohors Raetorum 30, 39, 72, 335
- Raetorum et Vindelicorum 335
- Thracum 335
- Treverorum 333
- I Aquitanorum (equitata) 103
- I Aquitanorum veterana 191, 270, 287
- I Asturum equitata 183
- I Batavorum milliaria Romanorum 248
- I Belgarum Septimiana 227
- I Biturgium 260
- I Breucorum civium Romanorum equitata 68, 88, 240
- I civium Romanorum 41
- I Classica 47
- I Flavia 260
- I Flavia Canathenorum milliaria (equitata) sagittariorum 178, 248, 289
- I Flavia Damascenorum milliaria equitata sagittariorum 103
- I Flavia Hispanorum equitata pia fidelis 254
- I Germanorum civium Romanorum (equitata) 128
- I Helvetiorum 227
- I Ituraeorum 195
- I Pannoniorum 53, 62, 331
- I Raetorum 275
- I sagittariorum 48, 53, 56, 62
- I Sequanorum et Rauricorum equitata 134, 202, 275
- I Thracum (equitata) 69, 133, 156, 254
- I Treverorum equitata 347
- II Alpina 156
- II Aquitanorum equitata civium Romanorum 245, 248, 260
- II Augusta Cyrenaica equitata 80, 112
- II civium Romanorum pia fidelis Domitiana 39
- II Hispanorum equitata 41, 220, 287
- II Raetorum 289
- II Raetorum civium Romanorum equitata 80, 101, 265, 328, 331
- II Treverorum Antoniniana 122
- II Tungrorum milliaria 89
- II Varcianorum equitata civium Romanorum 169, 254
- III Aquitanorum equitata civium Romanorum 212, 229, 287
- III Bracaraugustanorum equitata 301
- III Britanorum 89, 173, 175
- III Britanorum equitata 89, 248
- III Dalmatorum pia fidelis 260, 329
- III Herculea Pannoniorum 135
- III Lusitanorum 217, 219
- III Praetoria pia vindex 331
- III Thracum civium Romanorum equitata 169
- III Thracum veterana 243
- IIII Aquitanorum equitata civium Romanorum 40, 103, 224
- IIII Delmatorum 30, 53, 62
- IIII Gallorum 89, 175
- IIII Thracum equitata 195, 329, 331
- IIII Vindelicorum 107, 267
- V Asturum 30, 69, 72, 256
- V Bracaraugustanorum 169
- V Dalmatorum 329
- VI Lusitanorum 321
- VI Thracum equitata 192
- VI Valeria Raetorum 289
- VII Breucorum 335
- VII Raetorum equitata 58, 139
- VIII Breucorum 254
- IX Batavorum milliaria equitata exploratorum 233, 325
- XXIIII voluntariorum civium Romanorum 111, 172, 210f., 274, 291
- XXVI voluntariorum civium Romanorum 58, 201, 220
- XXX voluntariorum civium Romanorum 87

collegium centonariorum 190
- convenarum 33, 213
- fabrum tignariorum 159
- iuventutis 228, 292
- Matisonensium 291
- nautarum 292
- peregrinorum 292
- pisstricorum 159
- Victoriensium signiferorum 221
colonia 142
- Augusta Treverorum 303
- Claudia Ara Agrippinenesium 33, 73f., 133f., 157
- Nementum 284f.
- Ulpia Traiana 73, 341
columbarium 148
comitatenses 176
Commodus (M. Lucius Aelius Aurelius Antoninus) röm. Kaiser 180–192
- 88, 221, 228f., 249, 292, 326
Constans (Flavius Iulius) röm. Kaiser 337–350
- 150
Constantinus I. → Konstantin d. Gr.
Constantinus II. (Flavius Iulius Claudius) röm. Kaiser 337–340
- 158
Constantius I. Chlorus (Flavius Valerius) röm. Kaiser 293–306
- 36, 123, 176, 186, 303, 315
Constantius II. (Flavius Iulius) röm. Kaiser 337–361
- 143, 288

contubernales 292
contubernium 117
- nautarum 60, 133
Cornelius Clemens, Cn. Pinarius, Legat 111, 177, 259, 275, 331
cornicularius 104
cornu 29, 190, 211, 332, 344
corona civica 75
criobolium 218
Crispus (Sohn Konstantins d. Gr.) 319
Cumont 133
Cüppers, H. 231, 315, 318
curator veteranorum 76
curatores vici 313
custos armorum 63, 207
Cyrenaika 112
Cybele → Kybele


**D**achbedeckung 172, 219, 250, 255, 264, 267f., 273, 317
Dädalus 87
Dakerkriege 30, 71, 170, 176
damnatio memoriae 45, 88, 326
Danaë 312
Danuvius 258, 291
Dativius-Victor-Bogen 188f., 193
Daverzer 53
Dea Arduinna (Ardbinna) 27, 86
Deae Aufaniae → Matronae
Dea Candida 101, 230
Deae Quadriviae 32, 104, 138, 157, 195, 292, 341, 348
Deckengemälde 319
Deckers, J. G. 319
decurio (Rittmeister) 31, 39
decurio (Ratsherr) 43, 45, 47, 67, 73, 83, 158, 163, 189f., 208, 285, 292
defixionum tabella 52, 74, 102, 138, 208, 276
Dehio, G. 310
Dekumatenland → agri decumates
dendrophori Augustales 108
Denkmalpflege 117, 145, 165, 171, 175, 212, 226, 260, 266, 301, 343
„Der gute Hirte" 47, 161
Deutsche Forschungsgemeinschaft 280
Deutscher Bund 106
Dhron, Fluß 204
Di conservatores 147
Diana 41, 50, 69, 111, 161f., 188, 208, **285,** 293, 312
- Abnoba 61, 134, 291
- Mattiaca 329, 332
diatretarii 144
Diatretglas 144, 161, 191, 209, 316
dies Imperii 184
Diogenes 93, 160
Diokletian (M. Aurelius Caius Valerius Diocletianus) röm. Kaiser 284–305
- 44, 48, 125, 176, 246, 305
Dionysos 122, 132, 144, 152, **154,** 162, 288, 316
Diorama
Bergbau 201; Cambodunum 137; Gräberfeld 116; Legionslager 219; Römer und Germanen am Limes 31f.; Steinbruch 73, 141, 286; Weinbau, Weinlese, Weinhandel 227
Dioskuren 188, 315
Dis pater 293

Divitienses 162f., 192
Dodekaeder 168, 191, 268
dolabra 39, 269
dolabrarii 39
Dolch 30, 206
dolium 37, 287
Domäne, kaiserliche → saltus
Domitian (Titus Flavius Domitianus) röm. Kaiser 81–96
– 28, 55, 80, 96, 116, 139, 165, 185, 191, 207, 275
Domitius Ahenobarbus, L. 286
Donau, Fluß 177f.
– Gott 258, 291
Donaugrenze 107, 135, 178, 206
Doppelfeld, O. 61, 87, 144, 156f., 160, 190f., 221, 285, 314f.
drago (Standarte) 140, 190, 222
Dreigötterstein 48, 130
„Drei Grazien" 208
„Drei Juffen" 68
Drusus (Nero Claudius Drusus Germanicus) 38 v. Chr.–9 n. Chr. 39, 43, 64, 69, 102, 110, 138, 141, 184, **186**, 203, 265, 265
duoviri aedilicia potestate 44
– iure dicundo 44, 142, 208 f.
duplicarius 84
dux Mogontiacensis 77, 186, 336
– provinciae Belgicae 315
– provinciae Raetiae primae et secundae 44, 246

**E**ber 318
Eberle, J. 291
Eburonen 25, 141, 230
Eckerle, K. 59
Edelsteinschleiferei 144
Ehreninschrift 48, 58, 73, 94, 133, 174, 211, 270, 295, 311
Ehrentitel 48, 55, 71, 94, 133, 185, 211
Eiden, H. 77, 141, 212, 222, 314
Eier 104, 252
Eifel 138, 151, 201
Eigentumsmarken 174, 268
Einfuhr 73, 102
Eirene 313
Eisenerz 56, 271
Eisengeräte 84, 101, 115, 168, 201, 238f. 244
Eisenverhüttung 56, 67, 273
Elagabalus (M. Aurelius Antoninus Varius Avitus Bassianus) röm. Kaiser 218–222
– 68, 72, 134
Elbe, Fluß 64, 141, 177
Elbern, Victor H. 317
Elefant 160
„Elefantenschlacht" 255 v. Chr. 32
Elfenbein 149, 162
Ellmer, D. 193
Elsava, Fluß 224
Elz, Fluß 93, 212
Entlassung, ehrenvolle → missio honesta
Entschlammungsanlage 152
Enz 227, 238
Epikur 161
Epona 31, 34, 73, 77, 89, 101, 103, 137, 172, 182, 184, 195, 206, 229, 272, 282, 286, 293 ff., 303, 312, 317, 331, 333

epulum funebre → Totenmahl
equites singulares 206, 284
– stablesiani 45
Erbach-Erbach, Graf Franz zu 91, 180, 338
Erft 127, 216
Erms, Fluß 32, 291
Erziehung → Schule
Esser, K. H. 185 f., 191
Eßgeschirr 73, 121, 154, 208
Estionen 135
Estrich 57, 112, 172, 175, 275
Esus 312
Etikett (Anhänger) 137f., 206
Eucharius, Bischof 311
Eutropius, Geschichtsschreiber 186
evocatus 76, 124
exactus consularis 46
Exercitus Germanicus inferior 72, 79, 148, 217, 254f., 345
– Germanicus superior 255, 267
– Raeticus 207, 326
Exerzierhalle 34, 266, 269, 344
Exerzierplatz, Göttinnen des → campestres
exploratio Halicanensium Alexandriana 94
– Nemanigensis 224
– Triputiensis 202
explorator 115, 129
exploratores 291, 327
– Divitienses 163, 192
– Seiopenses 202
– Stu... 134, 323

**f**abrica 70, 81
Fabricius, E. 178 f., 273
Fahnenheiligtum → sacellum
Falschmünzerwerkstatt 33, 258, 273
Falttisch 121, 332, 346
Familienmahl 75, 84, 125, 314, 317
Fausta (Flavia Maxima Fausta, Gattin Konstantins d. Gr.) 319
Faustina d. Ä. 74
Feldflasche 139, 160, 162, 273
Feldwache 244
Feldzeichen 30, 72, 140, 190, 221, 268, **270, 332,** 336
Feldzeichenträger → signifer, → vexillarius
Felicitas 188
Fensterglas 31, 86, 101, 129, 173, 235, 250, 268, 316, 326
Fensterrahmen 41
Festung, spätrömische → Kastell, spätrömisches
Festungskrieg 30
Feuerturm 66, 313
Feuerwehr 101, 190
Fibel (fibula) 70, 81, 101, 108, 110, 115, 158, 175, **269**, 311, 332f., 338
Filtzinger, Ph. 29, 158, 180, 190, 226, 258
Fingerring 161, 175, 209, 315
Firstziegel 218, 345
Fischer, U. 101
Fischsauce → garum
Flavius Constans, T., Praetorianerkommandeur 159
Fleischergeräte 206
Florus, L. Annaeus, Geschichtsschreiber 39

Flöte 208, 252
Flotte → classis Augusta Germanica
Flottenstation 39, 143
Flötenspieler 161
Fluchtafel → defixionum tabella
Flußgötter 159
Flußschiffahrt 125, 159
folles 48, 50
Formschüssel 266
Fortuna 32, 38, 40, 92, 134, 159, 175, 186, 194, 202, 254, 293, 312, 323, 331, 333
– balnearis 129
– Primigenia 65, 192
– Redux 129
– respiciens 295
– Salutaris 75
Forum 13, 136, 306, 308, 309, 342
Forum Julii (Frejus) 331
Förster → saltuarius
fossa sanguinis 74, 218
Franken 40, 69, 75, 96, 104, 139, 143, 163, 168, 176, 217, 221, 305
Freigelassene(r) 134, 154f., 159, 163, 195, 208, 226, 285
Freilichtmuseum 48f., 92, 173, 242ff., 280, 328, 343
Fremersdorf, F. 149, 165
Fresken → Wandmalerei
Friedrich II., Landgraf von Hessen-Homburg 52, 266
Friedrich III., Deutscher Kaiser, König von Preußen 266
Friedrich V. Ludwig, Landgraf von Hessen-Homburg 266
Friedrich VI., Josef, Landgraf von Hessen-Homburg 266
Friedrich Wilhelm IV., König von Preußen 231, 309
Friesen 347
Frühjahrsspiele 313
Frühlingsfest 101
frumentarius 189, 207
Funck, E. 255
Fünfgötterstein 285
Furt 111, 138, 204, 224, 238
Fußbodenheizung → hypocaustum

**G**abelmann, H. 140, 192, 195
Gaetulicus, Cornelius Lentulus, Legat 185
Gagat 144, 162
Gai (pagus) 67
Gaius Caesar 191, 286
Gaius Caesar, Porträt 132, 157, 191
Galerius (C. G. Valerius Maximianus) röm. Kaiser 305–311
– 48, 305
Gallia (Personifizierung) 188
Gallienus (P. Licinius Egnatius) röm. Kaiser 253–268
– 136, 143, 148, 157, 160
Gallisches Sonderreich → Imperium Galliarum
Gantuna 158
Ganymedes 124, 280, 286, 290, 313
Gartenbau 32
garum 47, 172, 179
Geiger, L. 226
Geld 33, 326
Geldbörse. S. → Armringbörse
Geldverleiher 159

Gemme 344
Genius 41, 184, 221, 254, 269, 331, 333
- arenariorum 311
- canabariorum 188
- capsariorum 266
- civitatis 133
- collegii nautarum 292
- von Kaisern 51
- loci 41, 179, 226, 253
- plateae novi vici 331
- populi Romani 281
- proretariorum 316
- Rheinstrom 254
- signiferorum 345
- von Truppeneinheiten 65, 126, 175, 209, 254, 270
- veredariorum 104
- vexillariorum et imagineferorum 73, 221
- vicanorum 83
- vicinae 312
Genossenschaft → contubernium
Gereon, heiliger 150
Germanenfeldzüge 102, 109, 141, 184f., 216, 284
Germania (Personifikation) 191
- inferior 142, 178, 256
- superior 178, 185, 256
Germanicus, C. Iulius Caesar 65, 102, 111, 120, 142, 157, 185, 190, 216, 274
Gerste 220, 344
Geschirrhändler 47, 258, 275
Geschütz → Artillerie
Geschützkugeln 88, 173, 184, 225, 325, 344
Gesellschaft für nützliche Forschungen 213, 231
Gesichtshelm 30, 88, 191, 243, 270, 289, 294, 326
Gesichtskrug 336
Gesichtsurne 191
Geta (L. Publius Septimius) röm. Kaiser 211-213
- 44, 48, 158, 175, 209
Getreidedarre 172, 248
Getreidemühle 130, 140, 269, 273
Getreidespeicher → horreum
Gewerbe 46, 125, 130, 158f., 172, 273, 304
Gewicht 73, 104, 159, 208, 345
Giganten 111, 125
Gladiatoren 54, 73, 139, 162, 214, 286, 315, 343
Glas 40, 48, 63, **74**, 82, 86, **114f.**, 130, 140, 144, 148, 155, **160f.**, **168, 191**, 201, 206, 219, 235, 252, 255, 269f., 273, 282, 311, 314f., **316**, 332, 337, 346, 348
Glasindustrie 144, 316
Glocke 104, 137, 268, 344, 346
Goethe, J. W. von 96, 125, 128, 222
Gold 172, 191
Gontia 108
Gordian III. (M. Antonius Gordianus) röm. Kaiser 238-244
- 74, 134, 222
Grab 48, 58, 74, 84, **116**, 168, 208, 225, 253, 272, 292
Grabinschrift 46ff., 89, 118, 124, 132f., 155f., 162, 192, 207, 211, 219, 225, **253**, 313, 316, 331
- christliche 162, 252, 317
Grabkammer 148, 150, 212, 311
Grabmal → Baldachingrab, → Grabkammer, → Grabtempel, → Pfeilergrab

Grabstein, bürgerlicher 34, 45, 54, 63, 74, 115, 139, 152, 161, **192**, 195, 207, 211, 225f., 272, 285, 331, 337
- Soldaten- 30, 33, 39, 47, 53, 64, 72, 76, 92, 140, 156, **191f.**, 195, 207, 211, 219, **253**, 311, **330f.**, 337
Grabtempel 158
Gräberfeld 116, 168
Graffiti 57, 102, 206, 208
Granit 95, 141
Grannus → Apollo Grannus
Gratianus (Flavius) röm. Kaiser 375-383
- 26, 305, 310, 315
Gregor XVI., Papst 43
Greif 284
Grenzgötter 179
Grenzstein 67, 202
Grenztruppen 176
Griechen 54
Griechisch 41, 73, 162
groma 31, 73, **89**
gromaticus 31
Grotesken 159, 161, 238
Grubenlampe 40
Guillaume, Max von 255
Günz, Fluß 107
Gürtel (cingulum) 29
Guthmann, O. 54, 284
Gutshof → villa rustica

**H**aarfärbemittel 328f.
Haarnadeln 84, 102, 244, 278
Haartracht 149, 155, 264, 285, 311
Haberey, W. 143, 151
Hadrian (Publius Aelius Hadrianus) röm. Kaiser 117-138
- 43, 57, 80, 142, 169, 176f., 183
Hadriansmauer 244
Hadrianstein 120
Haebler, R. G. 58
Hafen 39, 145f., 159, 185, 306f.
Hainz, J. 67, 92
„Halbwalzendeckel" 67
Handelsbeziehungen 47, 102, 144, 159
Handmühle 140, 196
Handschellen 30, 88, 184, 269, 290
Handwerkerviertel 345
Hansselmann, E. Chr. 180, 227
Hariulfusgrabstein 316
Harpokrates 162
Haselier, G. 78
Hauran (Syrien) 289
Hausgötter 161
Hausinschriften 264
Hauszubehör 73, 154, 251, 282, 332
Hebamme 162, 213
Hebebühne 343
Heer, niedergermanisches → Exercitus Germanicus inferior
- obergermanisches → Exercitus Germanicus superior
- rätisches → Exercitus Raeticus
- römisches 29, 189, 249, 291
Heeresziegelei 96, 148, 255, 257, 345
„Heidenkapelle" 217, 273
„Heidenkeller" 212
„Heidenkirche" 95
„Heidenmauer" 53, 330
„Heidentempel" 236
Heilgötter 25, 37, 40, 67, 75
Heiliger Bezirk 25, 70, 75, 218, 236

Heiliges Römisches Reich deutscher Nation 96
Heilkunst → Medizin
Heilmittelpflanzen 215
Heilquellen 25, 36, 50ff., 58, 60, 67, 75, 222, 329
Heizung → hypocaustum
Helena (Tochter von Zeus und Leda) 315
Helena (Flavia) (Gattin Constantius I. Chlorus) 123, 150, 319
Helena d. J. (Gattin von Crispus) 319
Helm, Infanterie- 29, 45, 72, 102, 110, 191, 206, 218, 222, 332, 337, 344
- Offiziers- 45, 209
- Reiter- 30, 102, 104, 189, 268, 290. S. a. Gesichtshelm
Helm, J. 61
Herecura 34, 133, 293
Herkules 14, 83, 125, 129, 158, 160, 162, 173, 188, 193, 286
- Barbatus 79
- Invictus 79
- Magusanus 73
- Saxanus 39, 72, 141, 201
Hermanubis 132
Herme 206, 318
Hesione 161, 286
Heukemes B. 116, 170
Heunesäulen 203
Hieronymus 305
Hilfstruppen → auxilia
Hilgers, W. 71
Hinz, H. 342
Hlodericusgrabstein 317
Hluthena 126
Hoffmann, K. 171
Holzbearbeitung 46, 284
Holzbrunnen 32, 238, 343
Holzfaß 46, 250
Holzfigur 238, 244
Holzgegenstände 238, 262, 270
Holzhöfe → lignaria
Holzkohle 244
Holzpfosten (Brücken-, Kai) 63, 114, 159, 177, 187, 207, 222, 230, 301
Holzrohr → Wasserleitung
Honigtopf 314
Honorius (Flavius) röm. Kaiser 393-423
- 336
Honos 186
Horatius (Quintus Horatius Flaccus) 309
Horn, H. G. 236
Horngegenstände 84, 207
horologium 219, 255, 314
horreum 70, 104, 307
Hostilianus, röm. Kaiser 249-251
- 190
Hufschuh 30f., 207, 248, 269, 294, 325
Hund 263, 282
Hunnen 37
Hygi(ei)a 75, 157
Hylas 125
hypocaustum 32, 54, 57, **59**, 103, 112, 118, 129, 184, 231, 246, 250, 268, **270**, 281, 317

**I**ller, Fluß 134
Illert, G. 336
imaginifer 73, 221

# Register

immunis 207, 331
Imperium Galliarum 66, 142, 176, 186, 304
„In hoc signo vinces" 215
Indus, Iulius 163, 335
Inkassoagent 158
Inn, Fluß 48
Inschrift → Bauinschrift, → Ehreninschrift, → Grabinschrift, → Weiheinschrift
Instrumente, medizinische → Medizin, Instrumente
Intarabus 92, 317
interpretatio Romana 285, 311
Iphigenie 85, 317
Isis 132, 143, 150, 162, 313, 333
Istituto Centrale del Restauro 154
Italia (Personifizierung) 188
Itinerarium Antonini 125, 134, 166, 335
Ituräer 192
iuniores vici 66, 313
Iunones 312, 348

**J**agd 318
Jagdbecher 144, 158, 184
Jagst, Fluß 128
Jahreszeiten 111, 133, 170f.
Jannsen, W. 67
Janus Matutinus 47
Jason 346
Joch 236
Jorns, W. 83, 95, 104
Jovinus, röm. Kaiser 411–413
– 186
Jüdischer Feldzug 169
Julia Domna, röm. Kaiserin 158, 175, 209, 211
Julia Mamaea, röm. Kaiserin 94, 126, 185, 253, 270
Julia Soaemias, röm. Kaiserin 315
Julian Apostata (Flavius Claudius Iulianus) röm. Kaiser 361–363
– 62, 75f., 106, 143, 176, 186, 217, 253, 258, 320, 342
Jungmännerverein → iuniores vici
– → collegium iuventutis
Juno 38, 40, 111, 173, 188, 194, 209, 254, 291f., 311, 333
Jupiter 38, 40, 51, 59, 101, 116, **162**, 173, 177, 184, 188, 193, 208, 225, 235f., 254, 272, 285, 291f., 303, 312, 325, 333, 345
– Ammon 74, 333
– Conservator 189, 345
– Dolichenus 31, 42, 101, 143, 158, 162, 226, 254, 267, 270, 288, 290, 333, 341
– Sabazios 162
– Serapis 162, 193
– Stator 207
Jupitergigantensäule 32, 34, 54, 83, 102, **111**, 115f., 129f., 133, 162, 166, 172, **173**, 225, 238, 272, 284, **294**, 295, 343
Jupitersäule 73, 85, 130, **188**, 193
Jürgens, A. 153
Justinian, röm. Kaiser 527–565
– 190
Jüttner, P. 164

**K**abiren 160
Kähler, H. 191
Kaianlagen 159, 249, 343
Kaiserkult 94, 136, 141, 175, 209, 260, 292, 316
Kaiserpalast 165, 305, 309, 320
Kalender 190, 262, 294
Kalk 127, 273
Kalkbrennofen 126
Kamel 91, 295
Kanalisation 80, 143, 151, 175, 279, 304, 341
Kanalsinter 55, 144, 152
Kapitolinische Trias → Trias, kapitolinische
Karl d. Gr., Kaiser 800–814
– 25ff.
Karriere → Laufbahn
Kastell 31, 178
– Alen- 31, 35, 84, 87, 117, 170, 296, 324, 327
– Kohorten- 39, 80, 89, 103, 107, 122, 128, 139, 165, 169, 183, 202, 210, 212, 220f., 224, 227ff., 233, 239, 243, 245, 248, 253, 258, 260, **265**ff., 276, 286, 301, 321, 323, 327, 347
– Klein- 79, 234, 328
– Meilen- 244
– Numerus- 68, 131, 202, 212, 229, 241
– spätrömisches 35ff., 40, 52, 62, 66, 76f., 90, 106, 108, 114, 125, 129f., 135f., 139, **163**, 169, 171, 176, 181, 209, 215, 254, 271, 284
Kaukasus 71, 158
Keller 116, 134, **226**, 280, 288
Kellertisch → Steintisch
Kellner, H. J. 48, 135f., 169, 176, 206, 252, 271, 290, 324, 327
Kempf, Th. K. 319
Kentaur 278, 285f.
Keramik 158, 238
– belgische 40, 63, 68, 83, 104, 157, 190, 273; helvetische 261; Mayener 50, 55, 101, 139, 196; norische 208; rätische 206, 208, 250; Schwarzfirnisware 168; Speicher 67, 196, 316; Wetterau 225
Kerzenhalter 102
Kinderbulle 192
Kinderspielzeug 48, 74, 155, 201, 208, 326
Kinzig, Fluß 259
Klappmaß 326
Kläranlage 151
Kleemann, O. 58
Kleiderstoff 267
Kleidung 70, 73, 135, 155, 157, 192, 207, 251, 285, 311, 315, 317, 333
Kleobulos 160
Kline 149
Klumbach, H. 186, 190
Knabenkopf 74, 82, 348
Knochengeräte → Beinschnitzereien
Kochgeräte 207, 219, 251, 268f., 290, 332
Koenen, C. 217
Koepp, F. 120, 172, 187
Kolling, A. 274, 281, 284
Konchylienbecher 161, 316
Konrad, W. 120
Konstantin d. Gr. (Flavius Valerius Constantinus) röm. Kaiser 306–337
– 36, 66, 143, 148, 150, 163, 166, 176, 215, 308f., 316, 319

Kontinuität 33, 61, 83, 90f., 103, 107f., 130, 135f., 168, 170, 196, 238, 254, 284, 296, 348
Korbstuhl 149, 282
Körperschaft → collegium
Krahe, G. 278
Kran 73, 249, 343
Krencker, D. 284
Kreta 53
Kretzschmer, F. 143, 172, 314
Kreuer, W. 76
Kreusch, F. 27
Kriemhildenstuhl 50
Küche 57, 125, 155, 175, 219, 251, 269, 314
Küfer 282, 315
Küferwerkzeuge 287
Kühltruhe 279, 280
Kuhnen, H.-P. 325
Kultgenossen 101
Kultgerät 84, 116, 161, 172, 209, 218, 281, 286, 333
Kultkeller 116, 218
Kultstätte → Heiliger Bezirk, → Tempelbezirk
Kulttheater 272, 303f.
Kummet 82, 236
Kundschafter → explorator
Kundschafterabteilung → exploratio
Künzl, E. 71f.
Kupferbergwerk 273
Kurier 104, 131, 221
Kursivschrift 141, 155, 158, 168, 250, 314, 326, 333
Kybele 31, 42, 54, 74, 85, 101, 138, 162, 191, 195, 209, **218**, 236, 267, 285, 288, 313, 316, 345
Kyll, Fluß 204

**L**aabe, Fluß 245
La Baume, P. 157
labrum 260
Laelianus, Legat 186
Lager → Kastell
Lagerdorf → vicus
Lagervorstadt → canabae legionis
Lahn, Fluß 51
Lambaesis 266
Lampen 40, 64, 102, 114, **162**, 191, 206, 251, 269, 286, 311, 332
Landvermessung → Vermessung
Landwirtschaftliche Geräte 32, 64, 73, 81, 83, 190, 208, 239, 251, 259, 268, **273**, 286, 290, 294, 314, 345
Längenmaß 326
Langmauer 191, 318
Lappa 53
lappidarius 59
Lar 116, 188, 252, 290, 333, 345
Lastkahn 193
Latein 88, 155, 162, 251, 255
Latrine 169, 346
Lauersforter Phalerae 169
Laufbahn (Karriere) 47, 76, 163, 345
Laufgewicht 286
Lauter, Fluß 165
Lavezgeschirr 108, 209, 316
Lazarett → valetudinarium
Lazarettgehilfe → capsarius
Lebensmittel 115, 166, 269, 328, 343f.
Lech, Fluß 45, 90
Leda 313

# Register

Leder 154, 191, 207, 269
Lederbearbeitung 144, 154
Legatus Augusti pro praetore 44, 49, 89, 129, 142, 185, 187, 228, 246, 292
legio I Adiutrix 42, **59**, 172, **192**
- I Germanica 69, 71, 85, 142, 216
- I Italica 108
- I Martia 78
- I Minervia 30, **71**, 72, 74 f., 126, 148, 159, 161, 163, 176, 254 f.
- II Adiutrix 183
- II Flavia 334
- II Italica Divitensium 164
- II Italica pia 245
- II Parthica 334
- II Traiana 31
- III Cyrenica 126
- III Italica concors 28, 44, 46, 48, 68, 88, 136, 173, 181, 207, 228, **246**, 249, 253, 326
- IIII Macedonica 62, **192**
- V Alaudae 65, **156**, 216, 255, 345
- VI Vitrix 25, 65, 72, 79, 129, 161, 217
- VII Gemina 333, 335
- VIII Augusta pia fidelis constans 29 f., 40 f., 59, 113, 128, 172, 179, 224, 226, 228 f., 259, 262, 267, 270, 274, 291, **331**, 333
- IX Hispana 25
- X Gemina 30, 72, 79, 158, 208
- XI Claudia pia fidelis 47, 59, 264
- XIV Gemina Martia Victrix 55, 59, 76, 96, **133**, **191** f., 195, 217
- XV Primigenia 65, 72, 141, 158, 192
- XVI Gallica 43, 73, 191, 195, 217, 219, 332, 336
- XVII 64, 120, 141, 216
- XVIII 64, 120, 141, 216
- XIX 64, **81**, 109, 120, 141, 216
- XX Valeria Victrix 142, 216, 219
- XXI Rapax 65, 71, 79, 183, **192**, 215
- XXII Primigenia pia fidelis 38, 40, 51, 54 f., 62, 72, 77, 79, **80**, 96, 104, 128 f., 148, 163, 170, **185**, **192**, 224, 226, 267, 287, 291, 331, 334
- XXX Ulpia Victrix 25, 55, 65, 126, 148, 163, 179, 201, 342, 345
Legion
- Adler 120, 270
- Kommandeur (legatus legionis, praefectus legionis) 65, 74, 162, 217, 332
- Lager (Festung) 31, 43, 65 f., 69, 81, **217**, 219, 245
- Lagervorstadt (canabae legionis) 66, 69, 184, 188, 217, 246
- Marschleistung 110
- Territorium 70, 246
- Wappentier 226, 332
Legionär, Ausrüstung 29 f., 72, 249, 266, 332, 343
- Darstellung 189, 268 f., S. a. → Modell
Lehner, H. 64 f., 68, 85, 122, 130, 255
Lehrer 155, 159, 314
Lein, Fluß 327
Lenus Mars 73, 205, 303, 312
leuga 60, 104, 125, 134, 239
Leukothea 261
Liber Pater → Bacchus
librarius 345
„Lichthäuschen" 48, 104, 190, 250, 333
lignaria 226, 288
Liktor 102
„limes" 172

Limeswanderweg 35, 122, 180 f., 324
limitanei 176
limitatio 141
Lindemann, K. 119 f.
Lindenschmit, L. 189
Lippe, Fluß 64, 109
liquamen 47
lituus 190
Livia, röm. Kaiserin 163
Loeschcke, G. 61
Löhr, H. 274
Löwenkopf 104, 163, 209, 225, 253, 284, 292
Lotharkreuz 27
Lucius Caesar 303, 311
Lucretia 158
ludi iuvenales 228
Ludowici, W. 244, 286
Ludwig, Herzog von Württemberg 291
Ludwig I., König von Bayern 43
„luftgeborene Archäologie" 31, 247
Lugdunum (Lyon) 104, 136, 141, 186, 188
Luna 162, 188
Lupia (Lippe) 64, 110
Lysippos 91, 129

**Ma** 285
MacKendrick, P. 82, 87, 175, 265
Magie 73, 102, 138, 208
magister calcariorum 126
- equitum et peditum 142
magistri 258, 292
Magna Mater → Kybele
- magus (Endsilbe) 84, 214, 253
Mähmaschine → vallus
Maia 188, 252
Mailand 72, 296
Main, Fluß 64, 179, 184
Mainbrücke 288
Mainzer Lade 193
Mänade 154, 156
mango 157
Manikürgerät 337
Mansfeld, Graf von 123
mansio 90, 96, 258, 267, 329
Marc Aurel (M. Aurelius Antoninus), röm. Kaiser 161–180
- 68, 159, 207, 225, 245, 249
Marc-Aurel-Säule 180
Marcus Antonius 286
Marcus Caelius, Grabstein des centurio 30, 64, 74, 169, 270, 345
Markomannen 239
Markomannenkriege 44, 68, 207, 245
Marktbasilika 114, 171, 336
Marmor 104, 135, 144, 160
Marmorplastik 149, 160, 191, 196, 208, 312, 314, 332
Mars 29, 38, 41, 67, 77, 89, 104, 125, 133, 143, 162, 188, 195, 208 f., 254, 275, 285, 293, 313, 333
- Camulus 72
- Caturix 293
- Jovantucarus 312
- Leucetius (Loucetius) 333, 336 f.
- Smertrius 285
Marsaker 163
Marsyas 132, 285
Martial (M. Valerius Martialis) 329
Martinus von Tours 48, 137, 305
Märtyrer 44, 70, 150, 252, 342

Maske 108, 172, 252, 332, 337
Massow, W. von 310
Maßstab 88, 315, 326, 345
„mater castrorum" 94, 211
Matres suae 39
- Treverae 210, 303, 312
Matronae 104, 138, 159, 163, 183, 195, 201, 218, **236**, 254 f., 293, 336
- Alhihahenae 134
- Arvagastae 85
- Aufaniae 68, 73 f., 130, 238
- Corstvahenae 86
- domesticae 201
- Etrahenae 130
- Fachinehae 237
- Gesahenae 130, 195
- Gesationum 130
- Rumanehae 129
- swebische 163
- Vacallinehae 55, 236
Mattiaker 185, 329
Mauer, rätische 178, 242
Mauerwerk 57, 73, 77, 118, 134, 146, 149, 165, 226, 281, 308, 320, 336
Maurerwerkzeug 101 f., 137, 306
Maxentius (M. Aurelius Valerius) röm. Kaiser 306–312
- 48
Maximianus (M. Aurelius Valerius Maximianus Herculius) röm. Kaiser 286–305
- 135, 305
Maximilian II. Joseph, König von Bayern 88, 120
Maximinus Thrax (C. Iulius Verus) röm. Kaiser 235–238
- 72, 83, 178, 185
Maxsteine 88, 120
medicus 41, 126, 221, 251
Mediomatriker 59, 67, 101, 291
Medizin 73, 156, 269
- Instrumente 32, 50, **63**, 73, 84, 137, 155, 172, 190, 196, 207, 213, 246, 262, 268, 271, 291, 315, 332 f. S. a. Augenarztstempel
Meduna 50
Medusa 83, 125, 135, 209, 218
Meeresgottheiten 82
Mehlhändler 158
Meilenkastell 244
Meilenstein 34, 44, 59, 73, 83, 104, 125, 134, 137, 139, 157, 166, 193, 208, 238, 249, 259, 285, 292, 295, 313, 329 f., 337
Mela, Pomponius, Geograph 303
Meleager 161
Menzel, H. 71
Merkur 34, 38, **41**, 45, 59, 63, 83 f., 118, 133 f., 138, 158, 162, 173, 188, 193, **252**, 259, 270, 272, 281, 285, 292 f., 303, 313, 315, 325, 333 f., 337, 348
- Augustus 151, 162
- Bigentius 204
- Censualis 208
- Cimbrianus 113, 116, 202
- Cimiacinus 47
- Cissonius 285
- Cultor 293
- Gebrinius 73
- Susurrio 26
- Toutenus (Tourenus) 63
- Visucius 293
meta 309, 318
Metter, Fluß 291
Metzger 158
Michelbach, J. 225

# Register 374

Mildenberger, G. 258
Militärdiplom 30, 175, **191**, 206, 248, 294, 326
milites Armigeri 186
- ballistarii 77
- Bingenses 62
- Menapii 255
- Ursariensium 108
- Vindicum 284
militia quarta 220
Millefioriglas 110, 160
Minerva 34, 59, 89, 127, 130, 133 f., 162, 173, 188, 194, 208, 228, 254, 272, 292, 333 f., 347
Mischkrug 120
missio honesta 30, 191, 336. S. a.
 → Militärdiplom
Mithraeum 267, 271, 285, 334
Mithras 31, 34, 41, 63, 74, 84, 103, **116**, 143, 151, 162, 170 f., 195, 209 f.,267, **271 f.**, 285, 288, 291, 293, 295, 303, 313, 331, 333, 341, 345
Mithrasaltar 63, 74, 83 f., 96, 101, 104, 110, 116, 132, 171, 204, 211, 229, 254, 270, 288, 293, 295, 333
Möbel 73, 149, 208, 251, 333, 346
Modell
 Amphitheater 73, 346; Anker 73; Aquädukt 73; Ausgrabungen 36, 209; Bad 40, 59; Brücke 40, 73, 114, 148; Doppelkirche, konstantinische 320; Feldzeichen 29, 270; Forum 127; fossa sanguinis 74; Geschütze 30, 114, 269; Getreidemühle 269, 273; Gräberstraße 68; Großbaustelle 67, 249; Handmühle 193; Handwerkerviertel 345; Haus (villa rustica, urbana, suburbana) 31 f., 38, 48, 73, 201, 314, 346; Heiligtum 68; Hypokaust 231, 262, 268, 291; Igeler Säule 222; Kalkbrennöfen 73, 127; Kran 116; Kastell, Auxiliar- 30, 38, 89, 113, 176, 225, 262, 268, 326; Legions- 72, 219; spätrömisches 37, 114, 126, 175, 209; Kastellmauer 268; Limes 268; Panzer 344; praetorium 149; principia 344; Signalinstrument 332; Töpfer-, Ziegelöfen 32, 73, 102, 114, 130, 208, 273, 316, 345; gallorömischer Umgangsstempel 268; Wachtturm 29; Wasserleitung 73, 130; Wasserorgel 190
Mogon 184
molinarii 108
Mommsen, Th. 88, 110, 125, 164, 180
Monnus, Mosaizist 314
mons Brisiacus 77
„Morgentoilette" 216, 318
Mosaik 82, 132, 154, 157, 161, 190, 304, 314
- -fußboden 54, 74, 153, 160 f., 209 f., 214, 231, 262, 312, 314 ff., 318, 320
Mosel, Fluß 138, 190
Moselbrücke 138, 140, 303 f., 307
„Mosella" (Gedicht) 122, 166, 205, 215
Mössinger, F. 95, 180, 202
Mühlberg, F. 186
Mühlespiel 27, 148
Mühlstein 39, 41, 140, 172, 196, 229
Müller-Gera, W. 227
Mümling, Fluß 224
municipium 43, 91, 136, 185, 260 f., 336

Münzen, römische 48, 54, 59, 64, 83, 89, 110, 119, 129 f., 152, 157 f., 175, 191, 195, 207, 209, 218, 255, 259, 269, 286, 315 f., 325, 337, 345, 348
Münzschatz 37, 41, 46, 50, 56, 114, 125, 135, 209, 273, 280, 295, 316, 333
Münzstätte 48
Münzsystem 175, 326
Murr, Fluß 32, 92, 291
Musen 314
Museo della Civiltà Romana 203
Musik 154, 161, 190
Muta 138
Muttergöttinnen → Matres, Matronae
Mylius, H. 60
Myron 102
Mythologie, griechische 161

Naab, Fluß 245
Nachrichtenübermittlung 178, 181, 206
Nagelschuh 172, 191, 251, 259, 269, 344
Nahe, Fluß 62
Nahebrücke 62 f.
Nähzeug 84, 101 f., 137, 154, 262, 269, 315, 337
Namengebung 155, 287
Nantosvelta 133, 272, 285
Napoleon I. 95, 306
nauta 133, 185, 192, 292
Neckar, Fluß 117, 165, 296
Neckarbrücke 114 f.
Neckarsweben 113, 133, 170, 193
negotiator
- artis cretariae 258, 292, 332
- artis cretariae et flatuariae 47, 257
- artis lapidariae 159
- artis purpurariae 47
- Britannicianus 159
- cervesarius artis offectur(a)e 312
- gladiarius 194
- lanio 159
- nummularius 159
- pistorius 73
- porcarius 47
- seplasiarius 144, 159
- turarius 208
- vestiariae et linteariae 47
- vinarius 325
Negotiatorpfeiler 318
Nehalennia 159
Nemeter 284
Nemetona 195, 285
Neptun 37, 108, 113, 133, 188, 281
Nero (Claudius Drusus Germanicus Caesar) röm. Kaiser 54-68
- 65, 72, 158, 187 f., 206
Nerva (M. Cocceius) röm. Kaiser 96-98
- 142
Neuwieder Becken 177, 220
Nibelungenlied 37, 53, 336
Niedergermanien → Germania inferior
Niedergermanisches Heer → Exercitus Germanicus inferior
Noricum 47, 283
Notitia dignitatum 90, 108, 125, 134, 234
numerus 30, 51, 94, 177, 212
numerus Aurelianensium 227

- Brittonum Cal . . . 227
- Brittonum Elantiensium 212
- -Murrensium 227
- -Triputiensium 92
- exploratorum Germanicorum Divitiensium 163, 192
- exploratorum Seiopensium 201
- Nidensium 103, 131
nutrix 162, 252
Nymphen 36, 38, 228, 270, 293

Obelisk 92
Obergermanien → Germania superior
Obergermanisches Heer → Exercitus Germanicus superior
Oberländer, G. 56
Obst 32, 269, 328
obstetrix 313
Oceanus 54, 82 f., 101, 160
Odenwald 177
officiales 134, 324
Okulistenstempel → Augenarztstempel
„onager" 30, 269
Opfergerät 137
Opferhandlung 158, 178, 316
oppidum Ubiorum 140, 146, 157
optio 71, 184, 252, 254, 325
opus caementicum 73
- reticulatum 244
- spicatum 67, 77, 264, 321
ordo decurionum 258, 292
Orgel 190, 214
Orpheus 260, 262, 313
Osiris 132, 162
Ostia 40, 218
Ovid (Publius Ovidius Naso) 333

Pachtzahlung 125, 195, 314, 317
Packsattel 238
pagus 67
- Carucum 67
palatini 78
Palisade 177
Pan 154, 156, 160, 274
Pannonier 53
Panzer 30, 48, 88, 173, 191, 209, 238, 268 f., 290, 326, 331, 343
Panzerreiter → catafracterii
Panzerstatue 29, 245, 266 f., 274 f.
Paoli, U. E. 191
Parade 268
Paradehelm → Gesichtshelm, → Helm, Reiter-
Paraderüstung 88, 169, 207, 209, 249, 289 f., 326
Paradiesflüsse 27
Parfümhändler 144, 158
Paris, Urteil des 312
Park, Archäologischer 343
Parkmuseum 34
Parlasca, K. 82, 213 f., 231
Partherkrieg 71, 159, 176
Pasler, H. 183
pater sacrorum 63
Paterculus, Velleius 120
Paulinus, Bischof 317
Pax 186

# Register

pedatura 229, 270, 333
pedites singulares 79, 163, 326
Perseus 125
Pervincus, Mosaizist 82
Pest 246
Petilius Cerealis, Q., Legat 72, 304
Petrikovits, H. von 72, 164, 176
Peutinger, C. 33, **44**, 47, 283
Peutingersche Tafel → Tabula Peutingeriana
Pfahlschuh 114, 173, 239
Pfeife 30, 33, 209, 251 f.
Pfeilergrab 33, 45 f., 116, 123, 133, 156, 258, 317 ff.
Pferdegeschirr 30, 46, 101, 137, 159, 190, 206 f., 208, 238, 255, 268 f., 286, 288, 295, 313, 332, 344
Pferdeschuh 46, 294
Pflanzen 51, 328
Phaetonmythos 83
phalera 76, 101, 169, 218, 249, 332, 344
Philippus Arabs (M. Iulius) röm. Kaiser 244–249
– 90, 129, 238, 313
pila muralia 30, 328
Pinienzapfen 27, 44, 67, 116, 125, 172, 209, 270
Pionierwerkzeuge 31
Pippin, Frankenkönig 26
Pirling, R. 167 f.
Placentia (Piacenza) 60
Planck, D. 180, 243 f., 258, 261 f., 274, 321, 328
Plato 160
pleroma 39
Plinius d. Ä. 167, 328
Plotinus 160
Pluto 48
Pobliciusgrabmal 155 f.
pollio 207
Pomona 160
Pompeji 89, 219, 251
Poppo von Babenberg, Bischof 306
porta praetoria (Regensburg) 247
Portikusvilla 111 f.
Pörtner, R. 50, 60, 70, 103, 109 f., 119, 123, 153, 236, 247, 323
Porträtkunst 74, 82, 103, 132, 149, 157, 191, 221, 315
Postumus, M. Cassianius Latinius, röm. Kaiser 258–268
– 66, 142, 148, 160, 176, 186, 284, 304
praefectus 54, 220
– alae 32, 48, 206, 345
– castrorum 25, 66, 202, 217, 345
– cohortis 47, 172, 183 f., 224, 228, 255, 265, 270, 287 f., 325
– collegii centonariorum 190
– praetorio Galliarum 305, 308
– vexillationis 126
praefurnium 57 f., 96
praeses 44, 49, 292
Prätorianer 158, 304, 315, 331
praetorium 148
Precht, G. 164
Priapus 82, 162
Priester(in) 49, 159, 189, 236, 240, 254, 285, 313, 316
primus pilus 25
princeps (militärischer Rang) 76, 141
princeps iuventutis 311
Principat 189
principia 34, 65, 70, 217, 266
Probst, R. 32, 227
Probus (M. Aurelius) röm. Kaiser 276–282

– 48, 75, 90, 125, 176, 181, 204, 287, 305
procurator 28, 43, 47, 258, 292, 312
– Belgicae et duarum Germaniarum 303, 310
prora 316
proreta 159, 316
proretarii 316
Proserpina 41, 101, 132, 188, 293
protector 54, 316
Provinzen: 29, 88
  Africa 47; Arabia 126; Belgica 122, 311; Germania inferior 142, 176; Germanica magna 29; Germania superior 214, 180, 185, 255, 265, 289; Judaea 47; Noricum 30, 47, 135, 206, 234; Phoenicia 53, 287; Raetia 28, 44, 88, 135, 137, 182, 206, 258, 292; – prima 44, 246; – secunda 44, 246; Sardinia 47
Provinzstatthalter → Legatus Augusti pro praetore, → praeses, → procurator
Prunkfassade 245
Ptolemäus, Cl. Geograph 334

**Q**uadriviae → Deae Quadriviae
quaestor 44, 74, 141, 228, 292
quaestorium 70
Queich, Fluß 105
Quellnymphen 125, 159, 228, 313
Quintinus, röm. Feldherr 217

**R**aiser, J. N. von 44, 47
Rangtitel 48, 129, 158, 292
Rasiermesser 27, 101, 155, 207, 209, 222
Ratsherr → decurio
Rattinger, F. 287
Raetien → Provinzen
Rätisches Heer → Exercitus Raeticus
Rätische Mauer 182, 243
Räucheraltar → ara turaria
Räucherkelch 102, 173
Rebmesser → Winzermesser
Rechen (Harke) 239
Rechnen 314
Reeder → nauta
Regen, Fluß 245
Regia 147
Regino 36
Reichslimeskommission 102, 180
Reichsreform 305
Reims 72, 162
Reinecke, P. 90, 108, 233
Reisen 73, 122
Reisewagen 33, 73, 159
Reiterkampffries 140
Reiterstandbild 46, 209, 284
Religion 73, 293, 311, 333
Remer 72, 163
Remus 125, 206
Rennfahrer 318
Rettig, L. 180
Reusch, W. 308, 318 f.
Rhea Silvia 124
Rhein, Fluß 120, 177 f.
– Gott 254

Rheinbrücke 40, 71, 138, 142, 148, 159, 164, 185, 187, 222
Rheinflotte → classis Augusta Germanica
Rheingrenze 65, 120, 171, 176, 178
Rhetorenschule 314
Richmond, I. A. 181
Ried, O. 229
Rigodulum (Riol) 204, 304
Ritona 272, 303
Rittmeister → decurio
Röder, J. 51, 202
Roeren, R. 175, 292
Roller, O. 257
Roma (Gottheit) 136, 141, 188
Romanisierung 68, 163, 192, 201, 208, 236, 239, 272, 291, 331
Römisch-Germanische Kommission 102
Romulus 125, 206
Rosmerta 39, 133, 138, 190, 272, 285, 292, 312, 331, 336
Rübeling, K. 103
Rüger, C. B. 71, 176

**S**abazios 162
sacellum 28, 90, 94, 95, 117, 179, 267
Sagittarii → Bogenschützen
Salböl 115, 149
Saldas 224
saltuarius 285
saltus Sumelocennensis 258, 292
– Teutoburgensis 119
Salus 29, 40, 133, 274
– Augusta 101
San Vitale (Ravenna) 190
Sandstein 141
Sappäer 327
Sarkophag 27, 45, 130, 150, 161, 169, 190, 210, 253, 285, 287, 311
Satyr 82, 154, 156, 160
Sauer, Fluß 68, 204
Saugflasche 84 f., 190
Säulenhalle 74, 172, 253
Schankszene 47, 125, 250
Schanzzeug 268
Scharenberg, W. 130
Schatzfund 110, 120 f., 137, 191, 209, 286, 289, 295, 346
Scheffel, V. von 111
Schenke 250
Schiefer 196, 273, 317
Schiff 159, 192 f. S. a. → Weinschiff
Schiffahrt 159, 204
Schiffer → nauta
Schiffergilde → contubernium nautarum
Schiffskapitän 75
Schild 30
Schildbuckel 169, 191, 280, 286
Schindler, R. 208, 213, 272, 286, 305, 311 f.
Schirmkandelaber 160
Schlangenfadenglas 74, 144, **161**, 169, 255, 337
Schleiermacher, W. 94, 103, 108, 180
Schleifstein 130
Schleuderer 30, 88
Schleuderkugel 41, 88, 173, 184, 225, 325, 343
Schlittschuhe 337
Schloß (Möbel-, Tür-) 268 f.

Schlüssel 54, 104, 115, 191, 206, 268, 282
Schmied 273, 292
Schminke 101, 346
Schminkgerät 48, 169, 172, 206, 208
Schmuck 39, 63, 73 f., 125, 134, 137, **162**, 169, 190, 207, 209, 218, 251, 268 f., 273, 286, 290, 315, 332, 337, 346, 348
Schneider, E. 41
Schnellwaage 155, 281, 285
Schola: Kultgebäude 101 ; Vereins- und Versammlungsraum 220, 332
Schönberger, H. 227, 235, 265
Schoppa, H. 74, 84, 188, 217, 284 f., 330, 334
Schreibgerät 37, 47, 73, 88, 102, 115, 137, 155, 172, 191, 208, 262, 269, 282, 314, 326, 337
Schreibtafel 155, 262, 269, 337
Schrift 47, 73 f., 138, 155, 162, 225, 262, 314
Schuh (caliga) 30, 221, 328, 343
Schuhmacherhandwerk 83, 332
Schuhzeug 32, 154, 169, 191, 207, 269, 328, 332
Schule 155, 216, 314
Schulze, M. 348
Schusterwerkstatt 273
Schutter, Fluß 89
Schwäbische Alb 117, 165
Schwäbischer Albverein 165
Schwarzwald 61, 275, 291
Schweizer, R. 210
Schwert 30, 88
„Schwert des Tiberius" 29, 190
Sckell, F. L. von 92
„scorpio" 30, 269
Scribonianus, L. Arruntius Camillus, Legat 59, 264
scrinium 135, 156
Sechsmännerkollegium → sevir Augustalis
Seetiere 82, 125, 161, 316
Seianus, L. Aelius, Prätorianerpräfekt 286
Semele 162
Sense 41, 208, 239, 269
Septimius Severus (L. Septimius Severus Pertinax) röm. Kaiser 193–211
– 51, 74, 137, 227
Sequaner 41, 77, 331
Serapis 162, 333
Severin, heiliger 151, 234
Severus Alexander (M. Aurelius Severus Alexander) röm. Kaiser 222–235
– 94, 126, 179, 185, 211, 252, 315
sevir Augustalis 316, 318
Sicca Veneria (El Kef) 291
Sidon 53
Siebengötterstein 34
Sieben Weise 160
Siegesmal → tropaeum
Signalinstrument 72, 332. S. a. → bucina, → cornu, → lituus, → tuba
signifer 72, 129, 206, 219, 221, 336
Signon, H. 143, 146, 151, 155
signum → Feldzeichen
Silber 74, 120 f., 169, 189, 346
Silberschatz 120, 209, 317
Silberservice 122, 209
Silen 42, 154, 218
Silvanus (Gott) 73, 92, 137, 272, 285, 287, 293, 345

Silvanus, Heermeister 143, 148
Silvinus, Bildhauer 83
Simeon, heiliger 306
Simon, E. 191
singulares 47, 79, 163, 206, 326
Sinope 93
Sirona 31, 38, 41, 67, 223, 238, 293, 312, 330, 333
Sitzstein 38, 133, 171, 272
Sklave(in) 72, 134, 155, 163, 192, 226, 285, 291
Sklavenhändler 157
Sokrates 160
Sol 67, 74, 83, 116, 162, 188, 264. S. a. Sonnengott
– Elagabalus 49
Solnhofer Schiefer 301, 325
Sölter, W. 127
Sommer, Dr. 240
Sonnengott 74, 83, 104, 125
Sonnenuhr → horologium
Sophokles 160
Sparbüchse 102, 219
Speicherware 67
Speiseservice 121, 137, 251
Sphinx 104, 156, 225, 253, 292, 346
Spicius Cerialis, Statthalter 88, 326
Spiegel 101, 115, 133, 162, 190, 208, 218, 326, 332
Spiele (Kinder-) 154
Spielstein 54, 84, 88, 115, 130, 154, 190, 206, 252, 332
Spielzeug → Kinderspielzeug
Spinnwirtel 41, 54, 102, 206, 269
Spolien 28, 36 f., 41, 89, 91, 135, 215, 285, 325
Sporen 190, 209, 218, 255, 268, 284, 326
Sport 73
Spruchbecher → Trinkspruch
Stadtanlage 73, 136, 141, 279, 341
Stadtrat → ordo decurionum
Statilius Proculus, T., Legionskommandeur 74
statio beneficiarii 33, 38, 41, 107, 113 f., 129, 179, 204, 230, 234, 253, 288, 292, 296, 347
stator 35, 291, 345
Steckkalender 190, 260, 294, 303
Stein, G. 77
Steinbock (Abzeichen) 226, 332
Steinbruch 50, 72 f., 79, 85, 95, 143, 196, 274
Steinhauer 73
Steinhauermarken 51, 95, 307
Steinhauerwerkzeug 40
Steinkohle 56, 70, 273
Steinmetz 59
Steintisch 134, 172, 219, 226, 239, 264, 271, 315, 332
Stelzmann, A. 143
Stenographie (Tachygraphie) 161
„Steuermann, der fröhliche" 313
Stilicho, Flavius, röm. Reichsfeldherr 176
Strabo, Geograph 137
Straßen 33, 44, 46, 62, 66, 76, 90, 96, 107, 111 ff., 117, 122 f., 129 ff., 134, 138, 144 f., 148, 151, 170, 175 f., 183, 190, 203, 205, 224, 240, 253, 258 f., 266, 270, 276, 279, 296, 303, 323, 341, 347
Straßenkarten 33
Straßenpolizei → statio beneficiarii
Straßenpolizeiposten → statio beneficiarii

Straßenturm 55
strator (Stallmeister) 163
„Stummer Diener" 75, 169, 346
Sucellus 133, 227, 267, 272, 336
Suetonius, Gaius Suetonius Tranquillus, Geschichtsschreiber 186
Suleviae 170
Sulpicius Scribonius Proculus, P., Statthalter 158, 187 f.
Sulpicius Scribonius Rufus, P., Statthalter 158, 188
Sunici 85, 254
Sunuxal 85, 254
suovetaurilia 34


**T**abula Peutingeriana 33, 35, **44**, 47, 235, 253, 259, 262, 283, 335
Tacitus, Cornelius, Geschichtsschreiber 44, 46, 64, 75, 102, 110, 119 f., 144 f., 167, 175 f., 191, 203 f., 233, 265, 304, 347
Tafelservice 154
Tafelsitten 73, 125, 149, 154, 314
Taktik (Kampf-) 30, 189
Tamburin 282, 337
Taranis (Taranucnus) 38, 225, 293
Tarquitius Catulus, Q., Statthalter 147 f.
Taufkeller → fossa sanguinis
Taunus 102, 265
taurobolium 203
Technik 56, 59, 63, 73, 102, 126, 143, 172, 190, 201, 250, 269, 317
tegularia Transrhenana 148, 255, 345
Tempel 151, 303, 346. S. a. → Umgangstempel, gallorömischer
Tempelbezirk 136, 138, 141, 236, 252, 272, 303, 313, 336, 346, 348
Tempelgenossen 288
Tempelhüter 47
Terek, Fluß 71, 159
Terrakotten 37, 82, 101, 133, 139, 144, 159, 162, 190, 201, 206, 208, 255, 269, 273, 286, 313, 337
Terra Sigillata 33, 37, 39, 48, 54, 56, 59, 63, 67, 73, 80, 83 ff., 101, 104, 110, **114**, 129 f., 133, 135, 137, 148, **154**, **168**, 172, 184, 190, 196, 201, 206, 208 f., 211, **219**, 222, 225, 227, 229, 235, **248**, 255, **257**, 258 f., 262, **268**, 273, 282, **286 f.**, 311, **316**, 323, 326, 332, 337, 347
territorium legionis → Legion, Territorium
Tetrarchie 305
Tetricus, C. Esuvius, röm. Kaiser 270–274
– 142, 305
„Teufelsmauer" 108, 120
Teutoburger Wald, Schlacht im 74, 76, 81, 110, 119, 142, 176, 185
Teutonen 202
Thaenae 288
Theater 170
Thebäische Legion 66, 150, 342
Theodosius II., röm. Kaiser 408–450 78
Thermen 25, 44, 58 f., 60 f., 82, 101, 170, 304, 306, **307**, **308**, **325**, 329, 332, 341 f.
thiasus 82, 255
Tiberius, Claudius Nero, röm. Kaiser 14–37

- 35, 43, 64, 135, 167, 176, 190, 206
ticnarius 159
Tiere 84, 91, 127, 130, 148, 172, 175, 229, 235, 237, 269, 282, 295
Tierkampf 55, 210, 214
Tierkreis 125, 189
Tintenfaß 115, 155
Titel → Ehrentitel, → Rangtitel
Tivoli 91
„togatus" 208, 327
Toilettengegenstände 37, 48, 54, 101, 155, 172, 175, 190, 207 f., 262, 268, 273, 282, 315, 332, 337, 346
Tolbiacum, Schlacht bei 348
Tonrohr → Wasserleitung
Töpferei 33, 86, 104, 113 f., 158, 208, 257, 316, 323, 346
torques 47, 76, 204
Totenkult 33, 74, 89, 101, 116, 156, 162, 168, 253, 285, 292
Totenmahl 149, 211, 219, 225, 285, 331, 345
Totenring 218
Toutonenstein 202 f.
Trachyt 141
Trajan (M. Ulpius Traianus), röm. Kaiser 117–138
- 29, 65, 83, 96, 132, 148, 170, 177, 207, 224, 341
Trajanssäule 30, 179, 269
Transportwesen 73, 79, 125, 127, 313
Trebeta 303
Treideln 125, 313
Treverer 35, 66 f., 122, 134, 214, 225, 303
„Treverermädchen" 318
„Treverermännchen" 315
tria genera animantium 317
triarchus 75
Trias, kapitolinische 73, 143, 151, 175, 209, 226, 311, 341, 345
Tribunenbauten 65, 217
tribunus 47, 65, 128 f., 135, 162, 183, 211, 217, 234, 291, 293, 315
- praetorianus 158
tribus (Stimmbezirk): Claudia 41, 134, 142; Fabia 312; Galeria 63; Horatia 211, 293; Lemonia 74; Menania 331; Oufentina 72; Pollia 92; Pomptina 192; Publilia 25; Sergia 49; Teretina 156; Veturia 60
Trinkgeschirr 39, 64, 121
Trinkhorn 75, 159 f., 169
Trinkspruch 40, 54, 85, 154, 161, 169, 201, 209, 251, 269, 315
Trompeter → bucinator, → tubicen
tropaeum 31, 48, 156, 208, 294
- Alpium 46, 137
tuba 190, 214, 332, 337
tubicen 79
Tuchhandel 47, 124 f.
Tuchprobe 125, 272, 315, 318
Tuffstein 72, 79, 140, 201
Tungrer 219
Turin 195
turma 31 f.
Tür 332
Türr, S. 190
turris ambulatoria 30

Ubier 141, 147, 157, 167
Udalrich, Abt 27

Uhr → horologium
Ulixes (Odysseus) 203
Ulrich, A. 136
Umgangstempel, gallorömischer 25, 136, 138, 236, 260, 267, 303, 312, 315, 346
Unterkunftshaus → mansio
Uraeusschlange 64
ursarius 345
Ursula, heilige 150

Vacallii 236
Vagdavercustis 159
Valens (Fabius), Legat 142, 146
Valens (Flavius), röm. Kaiser 364–378 35
Valentinian I. (Flavius Valentinianus), röm. Kaiser 364–375
- 36, 52, 76 f., 90, 166, 170, 176, 186, 234, 271, 284, 308, 318, 330
Valentinian II. (Flavius Valentinianus), röm. Kaiser 375–392
- 305
Valentio (Septimius), Statthalter 48
Valerianus (P. Licinius), röm. Kaiser 253–260
- 157
Valerianus (Sohn des Gallienus) 160
valetudinarium 66, 70, 109, 169, 217
Valkenburg 35, 175
vallis Poenina 258
vallus (gallische Mähmaschine) 32, 140, 273, 314
Vandalen 258
Vangiones 36, 334
Varus (P. Quinctilius), Legat 38, 64, 81, 104, **120,** 121
Venantius Fortunatus (Venantius Honorius Clementianus Fortunatus), Bischof 44, 48, 137, 205
Venus 38, 48, 74, 101, 111, 155, 162, 169, 188, 191, 208, 281, 317, 333, 346
Verbandsplatz 269
Vercana 53
veredarii 104, 131
Vereinswesen 289. S. a. collegium
Vergil, P. Vergilus Maro 193
Verhüttung 56
Verkehr 33, 190
Vermaseren, M. J. 84, 116, 171, 271
Vermessung 31, 88, 141, 157, 227
verna (Hausssklave) 192, 226
Vespasian (Titus Flavius Vespasianus), röm. Kaiser 69–79
- 28, 60, 103, 142, 170, 176, 185, 207, 245, 315
Vesta 188
Vetera, Schlacht bei (70 n. Chr.) 72
Veteran 76, 125, 142, 156, 158, 194, 208, 235, 331 f.
Veterinärarzt 248
vexillarius 221
vexillatio 51, 55, 126, 134, 141, 226, 288
vexillum 30, 332
Via Claudia Augusta 44, 90
vicani Altiaienses 36
- Aquenses 333
- Aurelianenses 228, 292
- Bedenses 313
- Belginates 313
- Contiomagienses 272

- Iuliacenses 130
- Lopodunenses 133
- Mogontiacenses 193
- Murrenses 291
- Nidenses 101
- Saliobrienses 116
- Tolbiacenses 340
vicarius 162, 317
Victor, heiliger 66
Victoria 29, 38, 41, 104, 111, 133 f., 162, 188, 190, **194,** 209, 219, 238, 254, 274, 281, 292 f., 333, 344
Victorinus, M. Piavonius, röm. Kaiser 315
vicus, Lagerdorf 31, 80, 96, 103, 106, 112, 117, 165, 170, 179, 218, 224 f., 228, 243, 245, 253, 258, 260, 267, 288, 292, 329
- Siedlung 51, 62, 66, 89, 103, 107, 122, 129, 131, 134, 138, 157, 185, 193, 202, 204 f., 218, 228, 238, 279, 296, 311, 334
Viergötterstein 34, 59, 73, 82 f., 101, 111, 116, 133 f., 173, 194, 238, 272, 284, 312, 331, 337
Vierwegegöttinnen → Deae Quadriviae
- villa rustica 31 f., 67 f., 106, 111, 130, 134, **174,** 201, 210, 226, 230 f., 238, 267, 314, 334
- suburbana 48
- urbana 54, 57, 271, 285
Vindelicia 190
Vindeliker 43, 46, 107, 135, 137
Vindonissa (Windisch) 43, 58
Vinxtbach 179, 185, 256
Virtus 41, 188
- Bellona 285
Visucia 293
Visucius 195, 293
Visuna 59
Vitellius (Aulus), röm. Kaiser 75, 142, 148
vitis 332
Vitruvius (Pollio) 268
Volusianus (C. Vibisus Afinius Trebonianus Gallus), röm. Kaiser 251–253
- 313
Völkerwanderung 48
vomitoria 308
Vosegus 281
Votivtafel 327
Vulkan 38, **67,** 111, 188, 195, 209, 229, 246, 250, 285, 291, 333, 337

Waage 73, 169, 208, 315, 332, 337, 345
Wachturm 29, 51, 55, 61, 79 f., 93, 106, 131, 178, 182, 210, 222, 227, 240, 242, 256, 278, 324, 347
Waffen 46, 64, 72, 88, 101, **169,** 172 f. 189, 191, 206, **207,** 222, 255, 259, 268 f., 325, 332, 337, 344
Waffenfries 156 f.
Wagen 73, 125, 133, 159, 268, 315
Wagenbeschläge 73, 159, 208, 268, 313, 346
Wagenlenker 318, 332
Wagnerwerkstatt 208
Wanderweg, archäologischer 237, 242, 327, 347
- Limes- 324

# Register

Wandmalerei 48, 87, 102, 160, 172, 191, 208, 210, 212, 270, 274, 279, 281, 314, 316 f., 337, 345
Wandverputz 57, 67, 80, 84, 101 f., 129, 137, 212, 239, 268, 272
Wärmflasche 37, 155
Wasserbecken 175, 260
Wasserhahn 261, 330
Wasserleitung 26, 38, 41, 50, 58, 67, 73, 76, 86, 110, 129, 130, **143 f., 152,** 172, 184, 187, 201, 227, 229, 255, 258, 268, 271, 273, 292, 332
Wasserorgel 190, 214
Wasserspeier 41
Wasserwaage 102
Watermann, R. 191
Watson, G. R. 207
Weber, L. 45, 136, 251
Weber, W. 319
Webster, G. 65, 128, 178, 192, 331
Webstuhlgewicht 130, 269
Wegegottheiten 195. S. a. Deae Quadriviae
Weihegrade, mithraische 63, 285, 334
Weiheinschrift 41 f., 51, 72, 92, 101, 116, 118, 133 f., 147, 159, 173 f., 187 f., 221 f., 224 f., 228, 237, 246, 275, 284, 288, 291, 293, 302, 325, 332, 345
Weihrauchhändler 208
Wein 287
Weinbau 141, 204, 214, 227, 251, 287, 305, 315, 337

Weingedicht 168
Weinhandel 204, 227
Weinhändler 318, 325
Weinlese 160, 227, 284
Weinmuseum 64, 287
Weinschiff 204, 216, 313
Weinschöpfer 227
Weintransport 204, 227
Weizen 109, 172, 220
Werkzeug 30 f., 46, 54, **72,** 84, 110, 115, 140, 169, 173, 184, 206 f., 222, 235, 239, 259, 268 f., 273, 282, 286, 294, 345
Werner, J. 91
Wertach 42
Westerwald 177, 219 f.
Westgoten 36
Wetterau 177, 179, 265
Wetzstein 130
Wied, Fürst zu 222
Wightman, E. 67 f., 204, 215, 272, 303 f., 311 f.
Wilhelm I. Deutscher Kaiser, König von Preußen 51, 266
Wilhelm II. Deutscher Kaiser, König von Preußen 266
Wilhelmi, K. 140
Willigis, Erzbischof von Mainz 62
Winzermesser 227, 287, 293, 316, 337
Wochengottheiten 111, 292, 313, 331
Wochengötterstein 195, 238
Wölfin, kapitolinische 145, 206, 211

Wotan 75, 84
Würfel 56, 84, 102, 207, 262


**X**ulsigien 303, 312


**Z**ahlhaas, G. 327
Zahn, E. 123 f., 307
Zahnradgetriebe 269
Zeltgenossenschaft → contubernium
Zeltpflöcke 46, 169, 326, 344
Ziegel 59, 84, 140, 172, 239
Ziegelei 96, 135, 250, 257
Ziegelofen 131, 345
Zimmermann 60, 159
Zinnenstein 196, 264
Zirkel 37, 41, 101, 262, 308, 337
Zirkus 161, 309
Zirkusdenkmal 318
Zirkusschale 115, 161
Zirkusspiele 214, 318
Zivilsiedlung → vicus
Zoll 72, 234
Zollaufseher 234
Zollpächter 72
Zunftgenossen 292
Zweilegionenlager 44, 65, 109, 141, 184, 344
Zwiebelkopffibel 70, 209, 338